浙江财政年鉴

Finance Year Book of Zhejiang

2009

(总第9卷)

浙 江 省 财 政 厅 主 办

浙江财政年鉴编辑委员会编

中華書局

图书在版编目(CIP)数据

浙江财政年鉴. 2009 /《浙江财政年鉴》编辑委员会编.
—北京:中华书局,2009.12
ISBN 978-7-101-07128-3

Ⅰ. 浙… Ⅱ. 浙… Ⅲ. 地方财政—浙江省—2009—年鉴
Ⅳ. F812.755—54

中国版本图书馆 CIP 数据核字(2009)第 215240 号

责任编辑:朱 慧
施惠萍

浙江财政年鉴 2009

《浙江财政年鉴》编辑委员会编

*

中 华 书 局 出 版

(北京市丰台区太平桥西里 38 号 100073)

http://www.zhbc.com.cn

E-mail:zhbc@zhbc.com.cn

杭州长命印刷有限公司印刷

*

889 * 1194 1/16 38 印张 76 插页 1300 千字

2009 年 12 月第 1 版 2009 年 12 月第 1 次印刷

印数:1 — 3000 册 定价:260 元

ISBN 978—7—101—07128—3

《浙江财政年鉴》编辑委员会

《浙江财政年鉴》编辑部

《浙江财政年鉴》联络员名单

曹杭丽（省国税局）	徐利君（省地税局）
汤建新（办公室）	陈　坚（人教处〈离退休干部处〉）
杨慧芳（机关党委）	何一平（总预算局）
吴月宝（预算执行局）	莫建斌（综合处）
王新江（政策法规处）	程少春（会计处）
陈亚谊（行政政法处）	叶乃杰（教科文处）
邵金泉（资产管理处）	王　静（农业处）
赵国瑛（省农发办）	苗林炯（基层财政管理处）
沈燕萍（企业处）	赵　虹（外金处）
陈志远（社保处）	杨　博（经建处）
王翾锋（监督局）	傅小普（绩效评价处）
冯　华（采购监管处）	杨一斐（监察室）
赵春霞（省级机关会计核算中心）	施惠萍（省财税政研室）
王洪俊（省财税信息中心）	张光敏（省会计人员服务中心）
尤敏强（省财务开发公司）	张海艳（杭州市财政局）
单柳青（宁波市财政局）	林　坚（温州市财政局）
刘　俊（嘉兴市财政局）	赵明明（湖州市财政局）
丁　玲（绍兴市财政局）	陈志坚（金华市财政局）
郑成岗（衢州市财政局）	邵裕龙（舟山市财政局）
卢云芬（台州市财政局）	方伟英（丽水市财政局）

编 辑 说 明

《浙江财政年鉴》是浙江省财政厅主办的省级财政专业年鉴。本卷年鉴以文为主，辅以图表，图文并茂，全面系统反映浙江省财政工作各方面的基本情况，是资料性与史实性相结合的全省财政系统管理、研究和教学的必备工具书。

《浙江财政年鉴》每年出版一卷，2009年卷(总第9卷)以翔实的资料和图表，记载了2008年浙江省财政改革与发展情况，具体反映了全省各级财政部门深入学习贯彻党的十七大和省委第十二次党代会精神，扎实推进"创业富民、创新强省"总战略，深入实施"全面小康六大行动计划"，依法治税、为民理财、务实创新、廉洁高效，努力优化财政收支结构，不断深化财政管理改革，积极推进经济发展方式转变，为促进全省经济建设、事业发展和社会稳定而作出的贡献。

本卷年鉴主体结构继续保持了以往年鉴整体架构的稳定性和内容的连续性，全卷分八篇和附录共九大部分，计130万字，依次为：重要财经文献、全省财政工作、市县(市、区)财政工作、财经统计资料、财经法规选编、重要财政文选、财政工作大事记、财政机构人员以及附录。本卷年鉴在具体内容上较之上卷有如下变化：

一、在"市县(市、区)财政工作"篇目中，除继续收录各市及所辖县(市、区)财政工作概述外，将历年所收录的宁波、温州、丽水等市所辖非政府行政建制五个区的财政工作概述未作收录。

二、对"财经统计资料"篇中的全省一般预算收支决算总表，改为从2007年起的历年预算收支决算总表；根据2008年财政支出科目，增加了"地震灾后恢复重建支出"表；"全省各乡镇财政总收入排序"表不包括宁波市所属各乡镇。本卷选录的各项财政数据均为2008年财政决算数。

三、对"财经法规选编"篇中收录的法规文件作了必要的版式规范化及技术性处理。

四、"附录"部分增加了"辉煌三十年"栏目，收编有关改革开放三十年浙江财政工作的回顾性文章。

五、本卷年鉴出版时继续附赠全文检索数据库电子版年鉴光盘，并在光盘内增加视频数据，主要收录2008年浙江省财政工作的有关视频信息。

本卷年鉴的编纂工作，在年鉴编辑委员会的领导下，依靠省财政厅各处室局及有关单位和各市、县(市、区)财政局提供大量的资料、文稿和图片，经编审、不断修改补充后众手成书。在本卷年鉴编纂过程中，得到了省国税局、省地税局以及各级财政部门的关心和支持，对此深表感谢。为进一步提高浙江财政年鉴的编辑水平，欢迎读者对本卷年鉴及年鉴编纂工作存在的不足之处给予批评指正。

《浙江财政年鉴》编委会办公室

2009年12月

目 录

重要财经文献

●省十一届人大二次会议重要文件

政府工作报告
/吕祖善 …… (1)
浙江省第十一届人民代表大会第二次会议
关于政府工作报告的决议 …… (6)
关于浙江省2008年国民经济和社会发展计划执行情况、
2009年国民经济和社会发展计划草案的报告(摘要)
/浙江省发展和改革委员会 …… (7)
浙江省第十一届人民代表大会财政经济委员会
关于浙江省2008年国民经济和社会发展计划执行情况、
2009年国民经济和社会发展计划草案的审查报告 (10)
关于2008年全省和省级预算执行情况
及2009年全省和省级预算草案的报告(摘要)
/浙江省财政厅 …… (11)
浙江省第十一届人民代表大会财政经济委员会
关于2008年全省和省级预算执行情况
及2009年全省和省级预算草案的审查报告 …… (14)

●省委省政府重要财经文件

中共浙江省委 浙江省人民政府
关于认真实施"创业富民、创新强省"总战略
加快推进社会主义新农村建设的若干意见 …… (16)
中共浙江省委 浙江省人民政府
关于进一步做好支援四川抗震救灾工作的通知 … (20)
浙江省人民政府
关于下达2008年浙江省国民经济
和社会发展计划的通知 …… (21)
中共浙江省委办公厅 浙江省人民政府办公厅
关于在全省农村开展"千镇万村种文化"活动
的意见 …… (23)
中共浙江省委办公厅 浙江省人民政府办公厅
关于保障民安促进社会和谐稳定的意见 …… (25)
中共浙江省委办公厅 浙江省人民政府办公厅
关于2008年度改善民生促进社会和谐
的实施意见 …… (27)

●全省经济工作会议主要精神

全省经济工作会议明确明年工作主线
保增长 抓转型 重民生 促稳定 …… (30)

●省财政地税工作会议文件

在全省财政地税工作会议上的讲话
/吕祖善 …… (32)
增收节支 保稳促调 推动全省经济社会平稳较快发展
/钱巨炎 …… (34)
审时度势 克难攻坚 推动全省经济税收
持续稳定健康发展/单美娟 …… (40)

全省财政工作

●全省财税工作概况

全省财政工作 …… (45)
全省国税工作 …… (48)
全省地税工作 …… (49)

●财政分项工作概况

办公室 …… (51)
财政人事教育(老干部)管理 …… (52)
机关党建 …… (53)
财政预算(税政) …… (54)
财政国库管理 …… (56)
财政综合 …… (57)
财政法制 …… (58)
会计管理 …… (59)
行政政法财政财务管理 …… (59)
教科文财政财务管理 …… (60)
行政事业单位资产管理 …… (62)
农业财政管理 …… (62)
农业综合开发 …… (63)
农村综合改革 …… (64)
契税耕地占用税征管 …… (65)
企业财政财务管理 …… (65)
外债金融资产财务管理 …… (66)
财政社会保障 …… (67)
经济建设财政财务管理 …… (68)

财政监督 …… (69)
财政绩效评价 …… (69)
政府采购(控购)监督管理 …… (70)
财政纪检监察 …… (71)

●财政企事业单位工作概况

国库集中支付和会计集中核算 …… (72)
财政科学研究 …… (72)
财政信息化建设 …… (73)
省会计人员服务中心 …… (74)
财政项目预算审核 …… (75)
省农业综合开发服务中心 …… (75)
省财政干部教育中心(省中华会计函授学校) …… (76)
全省注册会计师管理 …… (77)
省农业综合开发工程勘测设计室 …… (78)
财政票据管理 …… (78)
省财务开发公司 …… (79)

市县(市、区)财政工作

●杭州市财政工作概况

杭州市 …… (81)
杭州市上城区 …… (82)
杭州市下城区 …… (83)
杭州市江干区 …… (84)
杭州市拱墅区 …… (85)
杭州市西湖区 …… (86)
杭州高新技术产业开发区(滨江) …… (87)
杭州市萧山区 …… (88)
杭州市余杭区 …… (89)
富阳市 …… (90)
建德市 …… (91)
临安市 …… (92)
桐庐县 …… (93)
淳安县 …… (95)

●宁波市财政工作概况

宁波市 …… (97)
宁波市鄞州区 …… (98)
宁波市海曙区 …… (99)
宁波市江东区 …… (100)
宁波市江北区 …… (101)
宁波市镇海区 …… (102)
宁波市北仑区(宁波经济技术开发区) …… (103)
宁波大榭开发区 …… (104)
余姚市 …… (105)
慈溪市 …… (106)
奉化市 …… (107)
宁海县 …… (108)
象山县 …… (109)

●温州市财政工作概况

温州市 …… (111)
温州市鹿城区 …… (112)
温州市龙湾区 …… (113)
温州市瓯海区 …… (114)
瑞安市 …… (115)
乐清市 …… (116)
永嘉县 …… (117)
洞头县 …… (118)
平阳县 …… (120)
苍南县 …… (120)
文成县 …… (122)
泰顺县 …… (123)

●嘉兴市财政工作概况

嘉兴市 …… (125)
嘉兴市南湖区 …… (126)
嘉兴市秀洲区 …… (127)
海宁市 …… (128)
平湖市 …… (129)
桐乡市 …… (130)
嘉善县 …… (131)
海盐县 …… (133)

●湖州市财政工作概况

湖州市 …… (134)
湖州市吴兴区 …… (135)
湖州市南浔区 …… (136)
德清县 …… (137)
长兴县 …… (138)
安吉县 …… (139)

●绍兴市财政工作概况

绍兴市 …… (141)
绍兴市越城区 …… (142)
绍兴县 …… (143)
诸暨市 …… (144)
上虞市 …… (145)
嵊州市 …… (147)
新昌县 …… (148)

●金华市财政工作概况

金华市 …… (150)
金华市婺城区 …… (151)
金华市金东区 …… (152)
兰溪市 …… (153)
东阳市 …… (154)
义乌市 …… (155)
永康市 …… (156)
武义县 …… (157)
浦江县 …… (158)
磐安县 …… (159)

●衢州市财政工作概况

衢州市 …… (160)
衢州市柯城区 …… (161)
衢州市衢江区 …… (162)
江山市 …… (164)
龙游县 …… (165)
常山县 …… (166)
开化县 …… (167)

●舟山市财政工作概况

舟山市 …… (169)
舟山市定海区 …… (170)
舟山市普陀区 …… (171)
岱山县 …… (172)
嵊泗县 …… (173)

●台州市财政工作概况

台州市 …… (175)
台州市椒江区 …… (176)
台州市黄岩区 …… (177)
台州市路桥区 …… (178)
临海市 …… (180)
温岭市 …… (181)
玉环县 …… (181)
天台县 …… (183)
仙居县 …… (184)
三门县 …… (185)

●丽水市财政工作概况

丽水市 …… (187)
丽水市莲都区 …… (188)
龙泉市 …… (189)
缙云县 …… (190)
青田县 …… (192)
云和县 …… (193)
遂昌县 …… (194)
松阳县 …… (195)
庆元县 …… (196)
景宁畲族自治县 …… (197)

财经统计资料

1978—2008年浙江省财政收支情况 …… (199)
2007—2008年浙江省一般预算收支决算 …… (200)
2008年浙江省省级一般预算收支决算 …… (201)
2008年浙江省政府性收支决算 …… (202)
2008年浙江省政府性基金收支决算分级 …… (204)
2008年浙江省一般预算收支决算分级 …… (206)
2008年浙江省社会保险基金收支 …… (207)
2008年浙江省财政一般公共服务支出 …… (207)
2008年浙江省财政教育支出 …… (208)
2008年浙江省科学技术支出 …… (208)
2008年浙江省文化体育与传媒支出 …… (208)
2008年浙江省医疗卫生支出 …… (208)
2008年浙江省社会保障和就业支出 …… (209)
2008年浙江省环境保护支出 …… (209)
2008年浙江省城乡社区事务支出 …… (209)
2008年浙江省农林水事务支出 …… (210)
2008年浙江省交通运输支出 …… (210)
2008年浙江省工业商业金融等事务支出 …… (210)
2008年浙江省地震灾后恢复重建支出 …… (210)
2008年浙江省市县级一般预算收支 …… (211)
2008年浙江省市、县(市)财政总收入 …… (227)
2008年浙江省11个市地方财政收入排序 …… (228)
2008年浙江省11个市本级地方财政收入排序 …… (228)
2008年浙江省县(市)地方财政收入排序 …… (229)
2008年浙江省乡镇财政总收入排序 …… (230)
2008年浙江省乡镇财政基本情况 …… (248)
2008年全省国民经济和社会发展总量与速度 …… (250)
2008年浙江省国民经济和社会发展统计公报 …… (251)

财经法规选编

浙江省人民政府

关于抓好2008年粮食生产的通知 …… (257)

浙江省人民政府
关于在全省开展政策性农业保险的通知 ……… (258)
浙江省人民政府
关于试行国有资本经营预算的意见 ……………… (259)
浙江省人民政府
关于金融服务"三农"发展的意见 ……………… (260)
浙江省人民政府
关于浙江金融业深化改革加快发展的若干意见 … (262)
浙江省人民政府
关于建立健全覆盖城乡居民的养老保障制度的意见 (265)
浙江省人民政府
关于做好耕地占用税征管工作的通知 ………… (266)
浙江省人民政府
关于完善省对市县财政体制的通知 …………… (267)
浙江省人民政府
浙江省服务业发展规划(2008～2012年) ……… (269)
浙江省人民政府
关于进一步加快发展服务业的实施意见 ……… (274)
浙江省人民政府
关于调整用人单位基本养老保险费缴费比例
有关工作的通知 ……………………………… (277)
浙江省人民政府
关于做好增收节支工作的意见 ………………… (278)
浙江省人民政府
关于贯彻成品油价格和税费改革的实施意见 --- (279)
浙江省人民政府
关于进一步建立健全困难群众基本生活
价格补贴机制的通知 ………………………… (280)
浙江省人民政府办公厅转发省财政厅省教育厅
关于化解义务教育债务意见的通知 …………… (281)
浙江省人民政府办公厅
关于建立政府优先强制采购节能环保和自主创新
产品制度的通知 ……………………………… (282)
浙江省人民政府办公厅
2008年浙江省深化改革实施意见 ……………… (284)
浙江省人民政府办公厅转发省发改委
关于浙江省对口支援青川县灾后恢复重建
项目管理办法的通知 ………………………… (286)
浙江省财政厅 浙江省农业厅转发财政部
关于印发《农民专业合作社财务会计制度(试行)》
的通知 ………………………………………… (288)
浙江省财政厅转发财政部
关于做好资产评估机构过渡期末
有关工作的通知 ……………………………… (302)
浙江省财政厅 浙江省卫生厅转发财政部 卫生部
关于印发新型农村合作医疗基金财务制度
的通知 ………………………………………… (303)
浙江省财政厅转发财政部
关于印发《新型农村合作医疗基金会计制度》
的通知 ………………………………………… (306)
浙江省财政厅转发财政部办公厅
关于加强地方财政监督工作的若干意见的通知 … (313)
浙江省财政厅 浙江省国土资源厅转发财政部 国土资源部
关于探矿权采矿权有偿取得制度改革有关问题
的补充通知 …………………………………… (315)
浙江省财政厅 浙江省国家税务局转发
财政部 国家税务总局
关于城市商业银行和农村合作金融机构
财务管理工作的通知 ………………………… (317)
浙江省财政厅
浙江省省级政府采购协议定点项目网上采购
管理暂行办法 ………………………………… (317)
浙江省财政厅 浙江省对外贸易经济合作厅
关于印发浙江省开发区建设发展
专项资金使用管理办法的通知 ……………… (321)
浙江省财政厅
浙江省副食品风险基金管理办法 ……………… (322)
浙江省财政厅 浙江省人民政府金融工作领导小组办公室
浙江省人民政府农业和农村工作办公室 中国人民银行
杭州中心支行 中国银行业监督管理委员会浙江监管局
浙江省银行业金融机构农业贷款风险补偿
暂行办法 ……………………………………… (322)
浙江省财政厅 浙江省经济贸易委员会
关于印发浙江省关停小火电机组容量费收缴
使用管理办法的通知 ………………………… (323)
浙江省财政厅
浙江省农村商贸服务体系建设专项资金管理
暂行办法 ……………………………………… (324)
浙江省财政厅
关于加强抗震救灾捐赠款物使用管理
的紧急通知 …………………………………… (325)
浙江省财政厅
浙江省省直机关培训费开支规定 ……………… (326)
浙江省财政厅

浙江省政策性农业保险试点阶段
财政补贴结算办法 …………………………………… (326)
浙江省财政厅 浙江省文化厅
关于调整基层文化设施建设和农村电影
专项资金补助标准的通知 ……………………………… (327)
浙江省财政厅 浙江省文化厅 浙江省文物局
浙江省博物馆纪念馆免费开放专项资金管理办法 (328)
浙江省财政厅 浙江省残疾人联合会 浙江省民政厅
浙江省残疾人共享小康工程省级补助资金
管理办法 ……………………………………………… (329)
浙江省财政厅
浙江省农业综合开发财政有偿资金
管理实施细则 …………………………………………… (330)
浙江省财政厅 浙江省司法厅
浙江省人民调解补助经费管理暂行办法 ……… (331)
浙江省财政厅 浙江省公安厅
关于进一步完善道路交通违法罚没收入收缴
有关问题的通知 ……………………………………… (332)
浙江省财政厅 浙江省经济贸易委员会
浙江省节能及工业循环经济财政专项资金
管理办法 ……………………………………………… (333)
浙江省财政厅
浙江省中介机构参与绩效评价工作规程(试行) … (334)
浙江省财政厅 浙江省安全生产监督管理局
浙江省安全生产应急救援体系建设
专项资金使用管理办法 ………………………………… (335)
浙江省财政厅 浙江省环境保护局
关于印发浙江省"811"环境保护新三年行动
专项资金管理暂行办法的通知 ……………………… (336)
浙江省财政厅 浙江省发展和改革委员会
浙江省中心镇培育专项资金管理暂行办法 …… (338)
浙江省财政厅 浙江省发展和改革委员会
浙江省人民政府经济技术协作办公室
关于印发浙江省山海协作专项补助(贴息)资金管理
暂行办法和浙江省参与西部大开发专项补助(贴息)
资金管理暂行办法的通知 ……………………………… (339)
浙江省财政厅 浙江省质量技术监督局
浙江省技术标准战略专项资金管理办法 ……… (341)
浙江省财政厅 浙江省物价局
关于对从事个体经营的人员实行收费优惠政策
的通知 ………………………………………………… (342)
浙江省财政厅
浙江省省级政府非税收入计划管理试行办法 … (343)
浙江省财政厅
关于进一步做好契税征收管理工作的通知 …… (344)
浙江省财政厅
关于农业综合开发资金若干投入比例的通知 … (344)
浙江省财政厅 浙江省对外贸易经济合作厅
浙江省促进机电和高新技术产品出口专项资金
管理办法 ……………………………………………… (345)
浙江省财政厅 中国人民银行杭州中心支行
浙江省省级预算单位公务卡管理办法 ………… (347)
浙江省财政厅
关于新型农村合作医疗补助资金国库集中支付
管理及会计核算有关事项的通知 ………………… (348)
浙江省财政厅 浙江省农业厅
浙江省林业厅 浙江省海洋与渔业局
浙江省现代农业生产发展资金和
项目管理实施细则(试行) ………………………… (350)
浙江省财政厅
浙江省财政地税系统建立健全惩治和
预防腐败体系 2008～2012 年实施细则 ………… (352)
浙江省财政厅 浙江省环境保护局
浙江省自然保护区专项资金管理暂行办法 …… (357)
浙江省财政厅
浙江省耕地占用税实施办法 ……………………… (358)
浙江省财政厅 浙江省建设厅 浙江省民政厅
浙江省省级廉租住房保障专项资金管理办法 … (360)
浙江省财政厅 浙江省卫生厅
浙江省"城乡社区卫生服务机构建设工程"
实施方案 ……………………………………………… (361)
浙江省财政厅 浙江省国土资源厅
浙江省中央分成新增建设用地土地有偿
使用费项目暨资金管理暂行办法 ………………… (362)
浙江省财政厅
浙江省农产品出口企业境外参展资金
管理暂行办法 ………………………………………… (366)
浙江省财政厅
浙江省省级农业展会资金管理暂行办法 ……… (367)
浙江省财政厅 浙江省地方税务局
关于进一步明确省级金融业税收
范围及征管问题的通知 …………………………… (368)
浙江省财政厅 浙江省总工会
浙江省送温暖帮扶财政专项资金管理办法 …… (368)

重要财政文选

●省领导论财政

在全省农业综合开发工作会议上的讲话(摘要)/茅临生 …… (369)

●厅(市)领导谈财政

提高思想认识 狠抓工作落实 大力推进惩治和预防腐败体系建设(摘要)/钱巨炎 …… (373)

依法治税 为民理财 务实创新 廉洁高效(摘要)/钱巨炎 …… (374)

认清形势 理清思路 深入推进财政地税事业科学发展(摘要)/钱巨炎 …… (377)

有心 有责 有力 有效 加快推进基本公共服务均等化(摘要)/钱巨炎 …… (381)

坚持务实创新 推动科学发展(摘要)/钱巨炎 …… (385)

总结经验 与时俱进 改革开放 创新发展(摘要)/罗石林 …… (390)

推行国库集中收付改革 建立预算执行新机制(摘要)/罗石林 …… (391)

提升五种能力 推动办公室工作再上新台阶(摘要)/罗石林 …… (393)

总结经验 务实创新 努力开创人教工作新局面(摘要)/傅钱生 …… (395)

学习实践科学发展观 开创外债金融工作新局面(摘要)/傅钱生 …… (400)

认清形势 明确任务 不断将反腐倡廉建设引向深入(摘要)/金慧群 …… (404)

全面实施“两创”战略 支持发展现代农业 努力促进社会主义新农村建设(摘要)/金慧群 …… (408)

学习实践科学发展观 推动农业综合开发工作再上新台阶(摘要)/金慧群 …… (413)

在全省财政支农资金整合试点工作现场会上的讲话(摘要)/金慧群 …… (416)

实现“三个转变” 做好六项基础性工作(摘要)/金慧群 …… (419)

注册会计师要做“创业富民创新强省”的实践者和推动者(摘要)/薛小杭 …… (421)

以统筹发展理念推进城乡基本公共服务均等化/孙建国 …… (423)

以新渔农村建设为重点 以解决民生问题为着力点 大力推进基本公共服务均等化/周国辉 …… (425)

积极实施企业主辅分离 大力推进服务业发展/钱建民 …… (428)

关注民生 统筹发展 加快推进欠发达地区基本公共服务均等化/卢子跃 …… (431)

建设民生服务型财政 推进基本公共服务均等化/劳红武 …… (433)

●处、县(市、区)领导议财政

全面落实科学发展观 认真实施生态名县战略/黄继满 …… (436)

加快生态文成建设 推进又好又快发展/谢作雄 …… (438)

用“小财政”构筑“大民生”/连小敏 …… (441)

建设最优生态环境 促进又好又快发展/陆为民 …… (444)

科学的发展观与财源建设/章舜年 …… (447)

关于完善财政生态投入机制的思考与对策/沈建平 …… (448)

财政工作大事记

浙江省 …… (451)

杭州市 …… (454)

宁波市 …… (455)

温州市 …… (457)

嘉兴市 …… (458)

湖州市 …… (459)

绍兴市 …… (460)

金华市 …… (461)

衢州市 …… (463)

舟山市 …… (465)

台州市 …… (466)

丽水市 …… (467)

财政机构人员

浙江省财政厅厅领导名单 …………………………… (469)
浙江省财政厅机构设置及中层干部名单 ………… (469)
浙江省各市、县(市、区)财政局领导名单 ………… (472)
浙江省财政系统职工基本情况统计 ……………… (478)

附 录

●社会团体活动

浙江省财政学会 ………………………………………… (483)
浙江省会计学会 ………………………………………… (483)
浙江省预算会计研究会 ………………………………… (484)
浙江省农村财政研究会 ………………………………… (484)
浙江省财税系统思想政治工作研究会 ……………… (485)
浙江省珠算心算协会 …………………………………… (485)

●专题经验介绍

完善财政体制 推动产业升级 促进经济发展(摘要)
/ 杭州市财政局 ………………………………………… (486)
落实财政新体制 促进经济转型升级(摘要)
/ 绍兴市财政局 ………………………………………… (488)
加强财政专项资金管理 提高资金使用绩效(摘要)
/ 杭州市余杭区财政局 ………………………………… (489)
加强管理 整合资源 努力提高行政事业单位
国有资产使用效益(摘要)
/ 衢州市财政局 ………………………………………… (490)
财政工作导入质量管理体系的实践与思考(摘要)
/ 桐乡市财政局 ………………………………………… (492)
立足侨乡 巧设载体 扎实推进财税文化建设(摘要)
/ 青田县财政局 ………………………………………… (494)

●调研报告精选

浙江省生态环保财力转移支付制度实施
跟踪调查报告(摘要)
/ 省财政厅办公室课题组 ……………………………… (496)
浙江省基本公共服务均等化的财政保障机制研究(摘要)
/ 省财政厅预算处课题组 ……………………………… (498)
城镇财政发展比较研究(摘要)
/ 温州市财政局课题组 ………………………………… (504)
海宁市主导产业动态能力实证分析与
地方财力互动机制研究(摘要)
/ 海宁市财政局课题组 ………………………………… (508)

●辉煌三十年

改革开放三十年浙江财政改革发展回顾与启示
/ 浙江省财政厅 ………………………………………… (514)
浙江省财政工作三十年大事记 ……………………… (519)
共赢的博弈
——波澜壮阔的三十年财税体制改革(摘要)
/ 翁礼华 ………………………………………………… (522)
“实、稳、优”:浙江财政改革 30 年的科学发展之路(摘要)
/ 钱巨炎 ………………………………………………… (543)
在“浙江公共财政建设 30 年:回顾与展望”研讨会
结束时的总结发言(摘要)
/ 朱忠明 ………………………………………………… (545)

2008 年浙江省地方财政收入组成图

单位：亿元

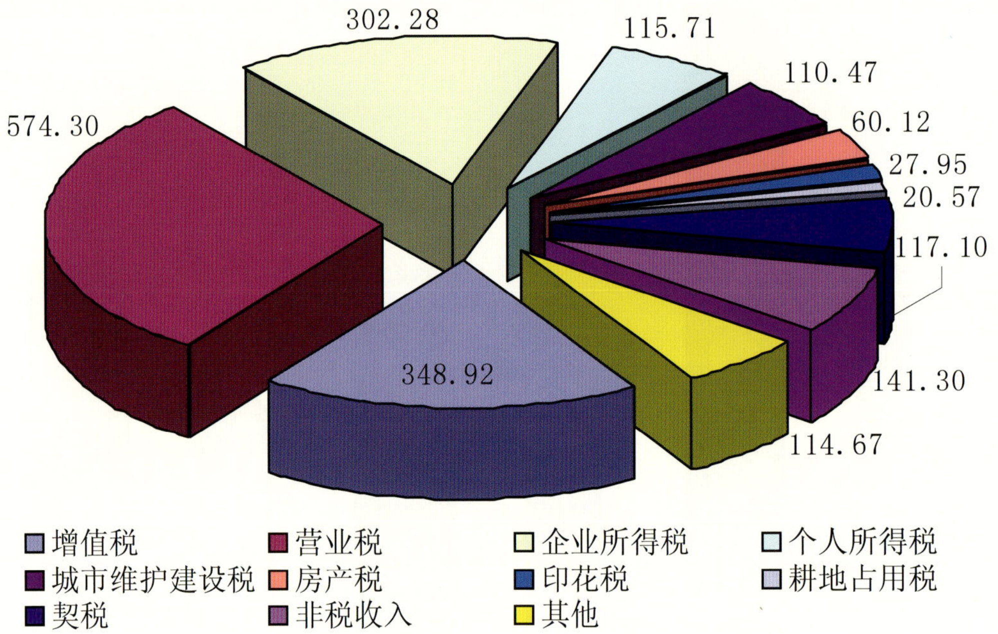

2008 年浙江省财政支出组成图

单位：亿元

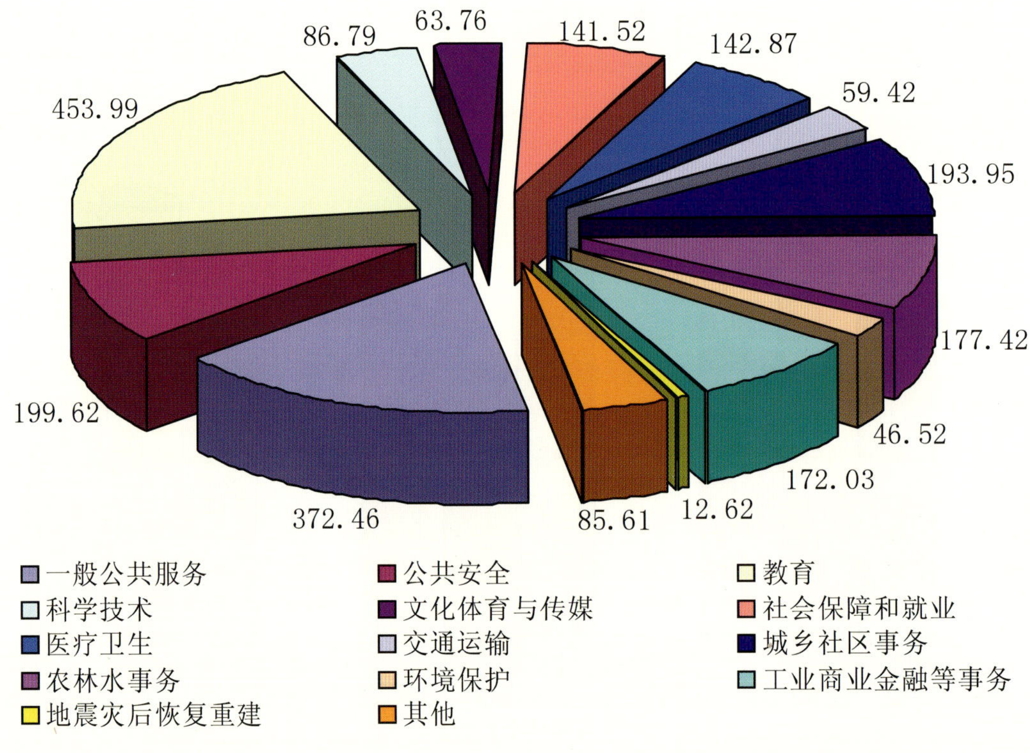

省领导视察省财政厅

2008年5月29日下午，省委书记、省人大常委会主任赵洪祝赴省经济综合部门调研我省经济运行情况。他强调，全省上下要坚持经济建设为中心不动摇，充分认识做好当前经济工作的重要性，高度重视和认真解决经济运行中的新情况、新问题，进一步营造加快发展的浓厚氛围，努力保持经济平稳较快增长。各级党委、政府和有关部门要加强调查研究，进一步增强经济工作的针对性和有效性，牢牢掌握经济工作的主动权。

赵洪祝一行来到省财政厅走访了部分处室，看望了工作人员，并听取了厅领导的情况汇报。

全省财政地税工作

2009年1月12日至13日，全省财政地税工作会议在杭州召开。全省各市、县(市、区)财政(地税)局长、省有关部门负责人、省级各单位财务处长及省财政厅、省地税局所属各部门、各单位负责人参加会议。会议深入学习贯彻党的十七届三中全会、省委十二届四次全会、全省经济工作会议、全国财政工作会议和全国税务工作会议精神，回顾总结2008年全省财政地税工作，全面分析当前十分严峻的财税经济形势，安排2009年财政收支计划，部署新一年财政地税工作的主要任务。省委副书记、省长吕祖善到会并讲话。省财政厅厅长、省地税局局长钱巨炎作工作报告。

会议

省财政厅领导调研活动

厅长钱巨炎在庆元县调研

厅党组成员纪检组长金慧群在基层调研

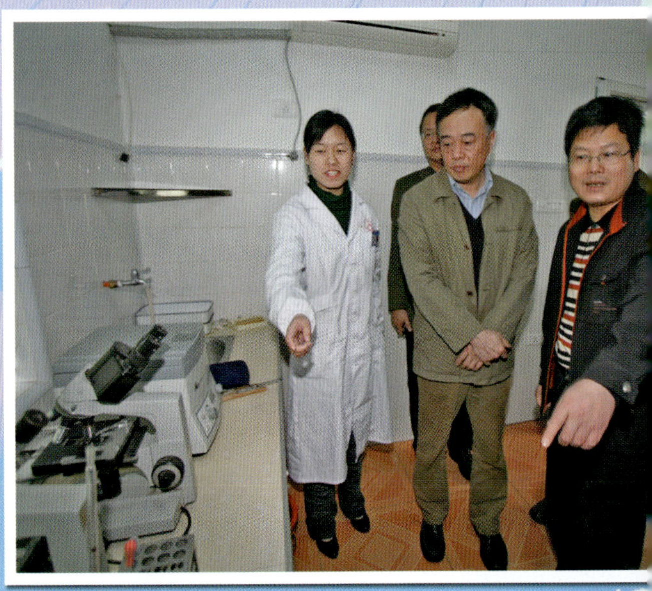

副厅长魏跃华在兰溪市调研

副厅长罗石林在衢州调研

副厅长傅钱生在青田县调研

2008 年，省财政厅领导率有关业务处室干部深入全省各地开展工作调研，根据“创业富民、创新强省”总战略，出台一系列政策措施，帮助企业克服国际金融危机的影响，推动经济发展方式转变。同时利用体制优势，优化财政收入结构，推进基本公共服务均等化，切实改善民生。

副厅长薛晓杭在舟山市调研

副厅长朱忠明在财政理论研讨会上

深入学习实践科学发展观活动

财税文化建设

配合社区扫雪行动

举办新春团拜会

厅党组书记厅长钱巨炎在学习实践科学发展观活动中作《坚持务实创新 推动科学发展》专题辅导报告

2008年，浙江省财政厅党组制订“关于在全省财政地税系统开展财税文化建设的意见”，提炼财政地税文化核心价值理念，加强财政地税部门思想、组织、业务、作风和制度建设，增强财政地税组织的文化软实力。以“深化财税改革，完善公共财政体系，推动全省经济社会发展”为实践载体，深入开展学习实践科学发展观活动。举办青年财税文化沙龙活动，开展“人生观、价值观、权力观”讨论。征集相关文章、图片资料，举办图片展，举行改革开放30周年纪念活动。举办全省财税系统运动会，组建各类兴趣小组丰富业余文化生活，举办文艺活动，加强精神文明建设。

举办青年财税文化沙龙

浙江省财政地税系统2008年运动会在嘉兴举行

全省『两保两挂』市、县(市)会议

2008年9月23日至24日，浙江省"两保两挂"市、县(市)会议在衢州市召开，全省30个市、县(市)的政府主要领导和财政局局长参加了会议。会议的主题是"以解决民生问题为着力点，加快推进基本公共服务均等化"和"落实科学发展，保护生态环境"。衢州市、丽水市、舟山市等8个市、县(市)的政府主要领导就推进基本公共服务均等化和生态文明建设进行了交流发言。

省财政厅厅长钱巨炎在会上作了《有心 有责 有力 有效 加快推进基本公共服务均等化》的主旨发言。这次会议采取虚实结合的方法，通报了新一轮省对市县财政体制的拟定方案，听取各地代表意见。

财政反腐倡廉建设

全省财政地税系统反腐倡廉建设工作会议在杭州召开

省委省政府检查组对省财政厅两年来的党风廉政建设责任制落实情况进行实地检查，经量化打分，考核成绩列省直机关第二名。

2008 年，省财政厅落实党风廉政建设责任制，深化系统惩防体系建设，依托监察、人教、机关党委、法制等部门努力构建廉政“大宣教”格局，开展“三看一听”廉政专题教育活动，进一步规范权力运行，加强资金监管，优化行业作风，促进财政系统创业创新，推动财政事业更好更快发展。

设立“廉政图书专栏”

厅机关 200 余名党员干部参观全国廉政书画展

加强绩效评价制度建设

2005年开始，浙江省在全国较早地开展了财政支出绩效评价工作。制定绩效评价办法和实施意见、中介机构和专家管理等制度；初步建立“项目单位自评——主管部门评价——财政部门评价”三层次评价体系，对社会关注度高、影响力大，特别是涉及民生的项目实施重点评价，同时积极试行单位整体支出评价工作；探索评价结果应用机制；加快信息库建设，初步建立中介机构库、专家库和评价指标库。至2008年底，全省共对4221个项目实施了评价，涉及评价资金774亿元，部门和单位的绩效理念及责任意识不断强化，支出效益逐步提高。

全省政府采购工作会议

推进政府采购制度改革

依法·廉政·科学·和谐

浙江省政府采购管理工作树立“依法采购、廉政采购、科学采购、和谐采购”四大理念，加快推进政府采购制度改革，全面提升政府采购监督管理水平，注重发挥政府采购的政策功能。2008年政府采购预算504.12亿元，实际采购金额437.97亿元，资金节约率为13.12%。

省级政府采购督察员工作座谈会

省政府采购中心在车辆招标过程中组织专家对样车进行打分

帮扶企业解困发展

2008年8月21日，省财政厅召开民主恳谈会，问政于民，研究完善财税政策措施，帮扶企业解困发展。来自全省的纺织业、制造业、服务业、外贸等行业的省国贸集团、恒逸集团、红蜻蜓集团、阿里巴巴公司等7家企业老总参加会议，并介绍了各自企业发展现状和面临的诸多困难，以及企业自身所做的努力和采取的应对措施，同时也提出了对财税部门的希望和建议。

支持建设高职院校实训基地

浙江经济职业技术学院汽车实训基地

浙江工贸学院印刷实训基地——四色印刷实训

自 2001 年浙江省第一批高职院校挂牌成立以来，为提升高职院校的办学质量，提升高职学生技能水平，将高职院校建成技能型人才的培训中心，省财政每年投入资金用于高职院校实训基地建设。至 2008 年累计投入财政资金近 3 亿元，7 所职业技术学院共建成“机电实训基地”“汽车实训基地”“物流实训基地”等 37 个实训基地，为我省先进制造业和现代服务业输送了一大批技能人才。

浙江商业职业技术学院应用工程实训基地——冷库实训室

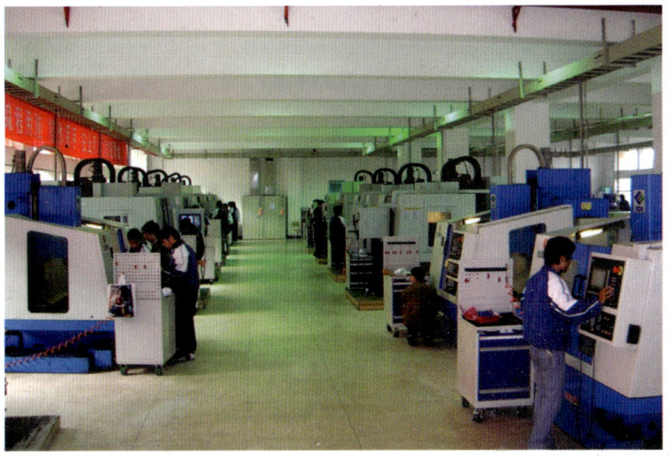

浙江机电职业技术学院数控实训基地

浙江经济职业技术学院自动化分拣系统（物流实训基地）

永嘉县岭东山区小流域农业生态工程

谋农业发展

2008 年，浙江省农业综合开发在财政部、国家农业综合开发办公室的大力支持下，认真贯彻落实中央和省各项针政策，适应农业发展和农村改革的要求，围绕新农村建设的中心任务，求真务实，加强管理，开拓创新，扎实工作，得了显著成效。一方面，农业综合开发促进了全省各类农业资源的合理开发和利用，保护和改善了农业生态环境和产条件，提升了农业特别是粮食的综合生产能力，推动了农业的可持续发展。另一方面，农业综合开发促进了农业产结构的调整，加快了农业规模经营，推进了农业产业化发展，提高了农产品竞争力和农业比较效益，增加了农民收入。

临海 2007 年河头中低产田改造项目

佑康产业化经营项目速冻食品生产线

助农民增收 促农村繁荣

国家农发办主任王建国在嘉善县考察农综合开发项目

2008年副省长茅临生视察嘉兴市农业综合开发项目区

苗木大棚

台州市路桥区金清中低产田改造项目

省财政支持边防建设结硕果

近三年，省财政每年投入经费用于全面改善我省边防部队的执法、训练和办公设施，其中包括基层104个边防派出所装备建设，边防海警部队海上执法及渔场整治行动。加强海防基础设施建设，提高“科技管港”、“科技管海”的能力和水平。加大投入力度，支持边防反偷渡及打击走私活动。投入4200万建造618B巡逻舰，该舰是目前闽浙海域最大的海警舰艇，它的服役改变了我省公安边防海警部队长期没有大吨位舰艇，难以承担远距离和恶劣海况下海上执勤任务的历史，为更好地打击海上违法犯罪活动，建设“平安浙江”、构建和谐社会服务。

港口“千里眼”

618B 巡逻舰下海

支持边防基础设施建设——石塘边防

构建海上和谐——浙江海警

边防警务信息化

边防基层装备发放仪式

浙江省体育彩票公益金资助运动员训练基地建设

2008 年，省财政加强彩票发行销售监督管理工作，全省共发行彩票 80.96 亿元，筹集地方彩票公益金 13.32 亿元。图为浙江省体育彩票公益金资助运动员训练基地建设项目（萧山体育训练基地）

田径场外景

萧山体育训练基地全景

田径馆内景

游泳馆

加强对廉租住房保障资金的筹集和使用管理

2008年，省财政贯彻国家和省有关落实城镇廉租住房保障资金的文件精神，督促各地严格按照规定筹集廉租住房保障资金，使廉租住房保障资金有一个长期、稳定的来源渠道，同时加强对资金的监督检查。

湖州市廉租住房项目——都市家园一期

杭州市廉租住房项目——三墩都市水乡

财政支持现代农业生产发展

绍兴县高标准现代养殖示范基地

安吉毛竹基地

2008年，围绕粮油产业和省政府明确的农业十大主导产业，浙江省全面启动并有序推进现代农业生产发展，财政支持现代农业生产发展资金总额近3亿元，重点支持蔬菜、淡水养殖和竹产业发展。支持环节体现了公共性、示范性、引导性及对农户的带动性等特点，促进了高效生态农业的发展和农产品市场竞争力的提升。

萧山区中华鳖高标准养殖基地

为财税干部搭建学习平台

省财政干部教育中心(函校)发挥职能作用，以提高财政干部综合素质为己任,围绕财政中心工作,积极开展财政干部培训与会计人员继续教育工作;发挥中华函校办学网络优势,坚持“从严治学,质量第一”的办学方针,加强对全省各分校、函授站和教学点的指导和服务,努力培养财会人才。继续加强财政教育培训网建设,为广大财税干部搭建学习交流平台。

省财政扶持市县中心粮库建设成效显著

为改善粮食仓储条件，确保储备粮安全，根据省委、省政府关于加强市县中心粮库建设，逐步实现市县储备粮集中存放中心库的要求，省财政支持市县中心粮库建设，累计拨付以奖代补资金11357万元。截至2008年底，64个市县累计投资17.13亿元建设中心粮库，其中51个市县中心粮库已整体竣工并投入使用，已建成标准仓521幢、仓容21亿斤。这些粮库的建成改善了粮食仓储条件，为科学化储粮、机械化储粮创造了条件，并形成了全省布局合理的市县粮食储备体系，对政府宏观调控、确保粮食安全具有重要的意义。

平湖中心粮库

粮食输送机

温岭中心粮库

粮食干燥机

永康中心粮库

重要财经文献

省十一届人大二次会议重要文件

政府工作报告

——2009年1月16日在浙江省第十一届人民代表大会第二次会议上

浙江省省长 吕祖善

各位代表：

现在，我代表省人民政府向大会作工作报告，请予审议，并请省政协委员和其他列席人员提出意见。

一、2008年政府的主要工作

2008年，是本届政府履行职责的第一年，也是很不寻常、很不平凡的一年。面对历史罕见的国际金融危机的严峻挑战，面对低温雨雪冰冻等自然灾害的严重影响，省政府在党中央、国务院和中共浙江省委的正确领导下，高举中国特色社会主义伟大旗帜，坚持以邓小平理论和"三个代表"重要思想为指导，深入贯彻落实科学发展观，全面实施"创业富民、创新强省"总战略，积极推进"全面小康六大行动计划"，紧紧依靠全省各族人民，开拓进取，扎实工作，全省经济保持较快增长，结构调整和发展方式转变取得积极进展，人民生活继续改善，社会保持稳定。

初步统计，全省生产总值超过21000亿元，比上年增长10%左右；地方财政收入按可比口径增长15.3%；研究与试验发展经费支出占生产总值比例1.6%；单位生产总值能耗下降4%以上，化学需氧量、二氧化硫排放量均下降3%以上；城镇居民人均可支配收入22727元，农村居民人均纯收入9258元，扣除价格因素，分别增长5.4%和6.2%；居民消费价格总水平上涨5%；城镇新增就业74万人，城镇登记失业率3.5%；人口自然增长率4.6‰。除城乡居民收入增长和居民消费价格总水平外，年初确定的主要预期目标顺利实现，为民办实事的十方面任务全面完成。

一年来，国际金融危机加速蔓延，对我国经济社会发展的影响不断加深，以出口型、加工型为特征的我省经济首当其冲。我们围绕省十一届人大一次会议确定的目标任务，针对经济社会发展面临的新情况、新问题，及时提出"标本兼治、保稳促调"的思路，实施一系列政策措施，努力保持经济平稳较快发展和社会和谐稳定。

着力保持经济运行平稳。及时把握经济运行中出现的趋势性问题，在积极向中央反映情况、争取支持的同时，加强对企业的解困、扶持和服务，着力强化促进经济平稳较快发展的措施。不断加大与金融机构沟通协调力度。积极争取扩大信贷规模，出台加快金融业创新发展、加大金融对经济发展支持等政策意见，组织推动银企对接，增加小企业贷款风险补偿金，开展小额贷款公司和村镇银行试点，引导金融机构支持好的、扶持弱小的、帮助困难的企业，全省金融机构本外币贷款新增4740亿元，同比多增532亿元。不断加大减轻企业负担、促进企业发展的力度。广泛开展政企联动的"企业服务年"活动，取消和暂停征收100多项行政事业性收费，降低部分涉企经营服务性收费标准，减免困难企业相关税费，减轻企业负担50多亿元；安排省级外贸发展资金3.5亿元，促进外贸稳定健康发展，外贸出口总额1543亿美元，增长20.3%。不断加大项目推进力度。制定实施重大项目建设行动计划，大力推动基础设施网络、惠民安康和产业提升等"三个千亿"工程建设，以国家扩大内需为契机，加快组织实施一批保障性安居、农林水利、基础设施、社会事业、生态环保、自主创新等重大项目，积极筹措财政资金保障重大项目建设，"三个千亿"工程完成投资1410亿元，新增高速公路422公里、6000千瓦以上发电装机容量370万千瓦、500千伏输变电线路513公里，杭州湾跨海大桥等一批项目建成，甬台温、温福铁路等项目进展顺利，宁杭、杭甬客运专线和杭州铁路东站扩建等项目开工。不断加大经济运行协调和市场监管力度。强化煤电油运等综合协调，切实保障农产品有效供给和粮食安全，加强价格监管，努力保持物价稳定。

加快经济发展方式转变。大力推动自主创新。制定实施自主创新能力提升行动计划，深入实施知识产权、标准化和品牌战略，加快推进33个重大公共创新平台建设，新引进113个科技创新载体，组织实施26个重大科技专项，发明专利授权量增长47.7%，全省财政科技支出86.8亿元，增长21.3%。大力推动工业转型升级。制定实施推动工业创新和转型升级的政策，实施行业龙头企业技术赶超计划和技术改造"双千工程"，工业结构进一步优化。大力推动服务业发展。制定实施服务业发展规划和政策，完善促进服务业发展的体制机制，服务业增加值增幅高于生产总值增幅。大力推动新型城市化。修编省域城镇体系规划，基本完成县市域总体规划编制，协调推进都市经济圈、城市群和中心镇建设。大力推动新农村建设。制定实施推进农村改革发展的意见，加大支农惠农政策力度，加快发展高效生态农业，实施新一轮"千村示范、万村整治"工程，完成3395个村庄环境综合整治任务，新解决303万农村人口饮水安全问题，城镇集中供水覆盖农村人口新增154万，改建通村公路3755公里，各级财政

“三农”投入626亿元，增长26.2%。大力推动生态文明建设。制定实施资源节约和环境保护行动计划，组织实施节能降耗、节约集约用地和环境保护等工程，启动循环经济试点省建设。扩大重点用能监管范围，淘汰小火电、小水泥等落后产能。通过土地整理和开发利用，新增耕地27万亩。新增城镇污水日处理能力78万吨、生活垃圾日处理能力1800吨，八大水系、运河、主要湖库地表水环境功能区水质达标率提高7.6个百分点。

扎实推进民生改善。制定实施基本公共服务均等化和低收入群众增收行动计划，健全为民办实事的长效机制，全省财政支出增量的72.2%用于民生。认真做好就业和社会保障工作。加大对就业困难人员特别是城镇零就业家庭和农村低保家庭就业的帮扶力度，探索覆盖城乡居民的养老保障制度，提高企业退休人员基本养老金和城乡居民最低生活保障标准，提高重点优抚对象抚恤补助标准和医疗保障水平，加快推进养老服务体系建设。企业基本养老保险、城镇职工基本医疗保险、失业保险和工伤保险参保人数分别新增211万、193万、125万和240万，省级财政对城镇居民基本医疗保险补助标准提高1倍。完善落实低收入居民价格补贴办法，实施残疾人共享小康工程，新增廉租住房受益家庭1.3万户，新开工经济适用房343万平方米。加大对欠发达地区和海岛地区的支持力度。省级财政转移支付193亿元，增长15.3%，缓征林业“两金”，扩大欠发达地区下山搬迁农户补助范围，提高补助标准，完成下山搬迁7.3万人，山海协作项目到位资金230亿元。积极推动教育、卫生、文化等社会事业发展。全面免除义务教育阶段学生课本费、作业本费和外来民工子女借读费，初中、小学生均公用经费标准分别提高到450元和300元，率先实行农村教师任教津贴制度，全面落实困难学生资助和高校学生补助政策，全面开展化解义务教育债务工作，实施新一轮职业教育六项行动计划，积极推动高等学校教育质量提升。完善城乡医疗服务和公共卫生体系，健全社区卫生服务网络，加强重大疫情和重大传染病防控，深入实施农民健康工程，省级财政对新型农村合作医疗补助标准提高1倍，农民健康体检补助标准进一步提高。推进中医药事业加快发展。加强人口和计划生育工作，启动实施免费婚前医学检查、免费孕前优生检测，开展计划生育家庭特别扶助。实施推动文化大发展大繁荣纲要，推进文化建设八项工程和新农村文化建设十项工程，广泛开展“种文化”、送文化活动，基本实现所有行政村通有线电视，全面减免城乡低保家庭有线电视网络初装费。扎实做好迎接北京奥运会的各项工作，我省运动员在奥运会和残奥会上取得优异成绩，全民健身活动深入开展。做好法律援助工作。积极发展妇女、儿童、老龄和残疾人事业。推进城乡社区建设。加强外来务工人员服务和管理。认真做好民族、宗教、外事、侨务、对港澳台事务等工作。

深入推进改革开放。总结浙江30年改革开放经验，努力构建有利于科学发展的体制机制。组织实施综合配套、统筹城乡和民营经济创新发展改革试点。完善落实促进民营经济发展政策，积极解决民营经济发展中遇到的困难和问题，促进民营企业创新发展。推动省属国有企业改革重组，加强与央企等战略合作，完善国有资产监管制度。加快资源要素市场化改革，推动地方金融创新，全面推进政策性农业保险和农村住房保险，完善土地“招拍挂”制度，开展排污权交易试点，深化集体林权制度改革。深化行政审批制度改革，全面推进扩权强县。进一步扩大对内对外开放。推动开发区（园区）改造提升，规划建设宁波梅山保税港区，完善出口加工区功能，开展境外经贸合作区建设。加大引进外资工作力度，加强与境内外优势企业战略合作。落实国家推进长三角地区改革发展的政策，全面深化长三角地区合作与交流。积极参与西部大开发、东北振兴和中部崛起。加强援藏援疆对口支援和帮扶工作。

切实维护社会稳定。加强食品药品质量安全监管，积极处置“问题奶粉”等公共安全事件，开展农村“十小”行业质量安全整治。着力预防化解经济金融风险，推动企业兼并重组解困，妥善处置企业债务问题引发的社会矛盾，加强企业拖欠工资的防范处置工作。大力实施强塘固房工程，除险加固水库235座，加固堤防205公里、海塘25公里、水闸39座，完成1.88万户农村困难群众危旧房改造。完善和落实安全生产责任制，加强重点行业和领域的安全专项整治，安全生产事故起数、死亡人数和直接经济损失分别下降13.5%、5.1%和6.2%。扎实开展平安创建活动，坚持并发展“枫桥经验”，健全社会治安综合治理和防控体系，依法打击各类刑事犯罪活动，切实维护国家安全和社会稳定。进一步做好信访工作，妥善处理信访突出问题和群体性事件。大力支持国防建设，深入开展拥军优属、军民共建活动，进一步推动国防动员工作，加强国防后备力量建设。

加强政府自身建设。认真开展深入学习实践科学发展观活动，大力弘扬求真务实的工作作风，直面困难，坚定信心，狠抓保稳促调各项措施的贯彻落实，努力应对国际金融危机冲击，着力破解制约科学发展的突出问题，竭力为基层和企业排忧解难。切实加强科学民主决策，完善省政府工作规则等规章制度，坚持重大事项向人大报告和政协通报制度，推行政府领导领办人大代表建议、政协提案和听取意见制度，自觉接受人大依法监督、政协民主监督和社会监督。加强依法行政，制定实施公民权益依法保障行动计划，全面推行政府信息公开，加快建设电子政务监督系统，规范行政行为。积极构建公共财政体系，完善省管县财政体制，加强政府投资项目管理，大力压缩行政性开支。健全廉政建设责任制，强化审计监督、行政监察和行政层级监督，实行审计情况通报制度，努力从源头上预防和治理腐败。

2008年，我们还遭遇了严重的自然灾害。面对50年一遇的特大低温雨雪冰冻灾害，我们及时启动应急预案，组织实施电网、农林基础设施的恢复重建，省财政下拨救灾资金3.68亿元，救助灾民63万人次，修复重建房屋2301间，灾区生产生活秩序得到较快恢复，驻浙人民解放军和武警部队作出了重大贡献。汶川特大地震发生后，按照党中央、国务院的总体部署，全力支援抗震救灾。先后派出应急救援、医疗救护和支教队伍44支2512人，捐赠款物43.5亿元，接收治疗灾区伤病员1020名，提前完成帐篷生产任务31.3万顶，建成过渡安置房5.5万套。设立对口援建机构，编制援建规划，安排财政援建资金16.5亿元，启动建设一批公共服务设施，援建工作进展顺利。

各位代表！过去一年的成绩来之不易，这是党中央、国务院和中共浙江省委正确领导的结果，是全省各族人民大力弘扬浙江精神，齐心协力、克难攻坚的结果。我代表省人民政府，向在各领域辛勤劳动的全省各族人民和外来建设者，向给予政府工作支持和监督的人大代表、政协委员，表示崇高的敬意和衷心的感谢！向各民主党派、工商联、各人民团体和社会各界人士，向驻浙人民解放军和武警部队官兵、中央驻浙各单位，向关心和支持浙江发展的香港和澳门特别行政区同胞、台湾同胞、广大侨胞和海内外朋友们，表示衷心的感谢！

我们清醒地看到，当前我省经济社会发展面临很多困难和问题。国际金融危机仍在快速蔓延，对实体经济的影响正在加深，经济社会发展面临全球市场需求萎缩、国际贸易保护主义抬头、经济金融潜在风险增加、社会稳定压力加大等严峻挑战。经济下行加快、企业生产经营困难加剧、财政收支平衡压力加大等问题突出，而且趋势还在延续。全省生产总值增幅逐季回落，预计全年回落超过 4.5 个百分点，从 10 月份开始规模以上工业企业利润累计出现负增长，11 月份开始地方财政收入当月出现负增长。长期积累的经济结构性、素质性、体制性矛盾依然存在，自主创新能力和产业竞争力亟待增强，节能减排压力依然较大，农业增效、农民增收的难度增加，保障科学发展的体制机制有待进一步健全。就业压力不断加大，部分低收入群众生活困难，食品药品安全和安全生产问题突出。政府工作还有不少差距，依法行政能力有待提高，一些政府工作人员服务意识不强、作风不实、效率不高，腐败现象在一些地方和领域还比较严重。我们一定高度重视，进一步增强忧患意识、责任意识，采取更扎实、更有效的措施，努力加以解决。

二、2009 年的主要目标和总体要求

2009 年将是新世纪以来我省经济发展最为困难的一年，也是蕴含重大机遇的一年。我国正处于工业化、信息化、城镇化、市场化、国际化加速发展时期，国内市场需求潜力巨大；中央实施扩大内需、保持经济平稳较快发展的一系列政策措施，为我省经济发展提供了有力保障；世界经济增长明显减速，在导致国际市场需求萎缩的同时，也带来能源原材料等资源要素价格的回落，为我省企业降低成本、更好地利用国际先进技术和人才等要素资源提供了有利条件；经过 30 年的改革发展，我省综合实力和国际竞争力显著提高，市场主体抗风险能力和创新活力明显增强，加上多年来应对各种风险挑战积累的成功经验和一年来应对国际金融危机形成的工作基础，为我省经济社会发展提供了有效支撑。我们坚信，在中央和省委的坚强领导下，只要我们紧紧依靠全省各族人民，大力弘扬创业创新的浙江精神，坚持科学发展不动摇、转型升级不畏难、苦练内功不浮躁，就一定能够化挑战为机遇，变压力为动力，实现经济社会平稳较快发展，继续走在科学发展前列。

综合考虑经济社会发展趋势和目标导向，建议 2009 年全省经济社会发展的主要预期目标是：全省生产总值增长 9%左右，地方财政收入增长 6%左右；研究与试验发展经费支出占生产总值比例 1.7%左右；单位生产总值能耗下降 4%以上，化学需氧量排放量下降 3%以上，二氧化硫排放量下降 3%左右；城镇居民人均可支配收入增长 7%，农村居民人均纯收入增长 7%；居民消费价格总水平涨幅控制在 4%以内；新增城镇就业 60 万人，城镇登记失业率控制在 4%以内；人口自然增长率控制在 6‰以内。

今年国际国内发展环境的不确定因素很多，全面实现上述目标有较大难度，我们要充分利用一切有利条件，全力做好工作，力争完成各项预期目标。

政府工作的总体要求是：全面贯彻党的十七大、十七届三中全会和中央经济工作会议精神，以邓小平理论和“三个代表”重要思想为指导，深入贯彻落实科学发展观，全面实施“创业富民、创新强省”总战略，扎实推进“全面小康六大行动计划”，着力保增长、抓转型、重民生、促稳定，努力推动经济社会又好又快发展。

在具体工作中，努力把握好以下几个方面：

坚持标本兼治，保稳促调。把保持经济平稳较快发展作为首要任务，着力解决影响经济运行平稳的突出矛盾和问题，大力推进结构调整和发展方式转变，努力实现速度与结构、质量、效益的有机统一。

坚持民生为本，企业为基。把保障和改善民生放到更加突出的位置，充分发挥企业在经济发展和保障民生中的基础性作用，主动为企业排忧解难，大力推动企业提升发展、做优做强，努力为民生持续改善提供有力支撑。

坚持改革创新，克难攻坚。把解放思想、改革创新作为根本动力，大力弘扬浙江精神，用改革的办法破解难题，以创新的举措应对挑战，切实在重点领域和关键环节的改革上取得新突破，努力为经济社会发展增添动力和活力。

坚持统筹兼顾，协调发展。统筹城乡、区域、经济社会、人与自然和国际国内发展，兼顾长远与当前、全面与重点、需要与可能的关系，合理配置公共资源，最大限度地调动各方面积极性，努力增强发展的协调性，确保社会和谐稳定。

三、确保经济持续平稳协调较快发展

把保持经济平稳较快增长与加快经济转型升级有机结合起来，努力为更长时间、更高水平的发展打下坚实基础。

进一步加大投资力度。抓住国家扩大内需机遇，围绕结构调整和发展方式转变，加快实施“三个千亿”工程。安排政府主导性投资 1838 亿元，带动社会投资 5000 亿元以上。抓紧开工建设一批政府主导性重大项目。省级财政筹措 100 亿元，大力推进以“六线两枢纽”为重点的铁路项目建设，力争通过 4 年左右的努力，基本建成全省现代化轨道交通网。以高速公路为重点加强公路网建设，抓紧实施港口、机场、内河航运等重大项目，加强高速公路与国、省道联网和与铁路、港口的相互衔接。积极推进以核电、电网和天然气管网为重点的能源建设，组织实施一批千库保安、海塘和堤防加固、水资源保障、重点围涂、防洪排涝等水利重大项目，全面推进“811”环境保护新三年行动确定的环保设施项目建设，加大廉租住房、农村基础设施、卫生教育文化设施的建设力度。积极引导和扩大社会投资。充分利用增值税转型和财政贴息等政策，鼓励企业加大技术改造和高新技术产业、现代服务业、装备制造业、先进临港产业等项目投资。加强项目建设的要素保障和协调推动。抓紧新一轮土地利用总体规划修编，优化配置建设用地资源，着力解决建设用地空间结构和占补平衡问题。做好重大项目资金平衡和融资对接，创新融资方式，推动金融机构加大重点项目资金投入，积极争取中央资金支持，加大招商引资力度。在符合科学发展要求和依法依规的前提下，抓紧做好项目论证审批、政策处理和组织实施等工作，创造良好的投资环境，防止低水平重复建设。

推动消费快速增长。深入实施低收入群众增收行动计划，多渠道增加城乡居民收入，增强居民消费能力。深入实施基本公共服务均等化行动计划，健全教育、医疗等基本公共服务体系，完善就业和社会保障制度，稳定居民消费预期。加快培育旅游、文化、信息服务、教育培训、体育健身等消费热点，发展社区商业、物业、家政等服务性消费，积极开展“家电下乡”。加大农村水、电、气、路等设施建设力度，健全城乡消费品、生产资料和农产品流通网络体系，发展和完善消费信贷，加强市场监管，规范市场秩序，进一步改善消费环境。认真落实中央关于促进房地产市场稳定健康发展的政策措施，支持和鼓励普通自住住房和改善型住房消费，加快发展二手房市场和住房租赁市场，促进房地产业健康发展。

努力保持出口平稳较快增长。充分利用两个市场、两种资源，积极推动外贸增长方式转变，优化出口产品结构，努力提升开放型经济发展水平。实施市场多元化战略，引导企业在巩固北美、欧盟、日本等传统市场的同时，大力开拓中东、俄罗斯、拉美、非洲等新兴市场，积极为企业开拓新兴市场提供信息和服务，有重点地组织企业到新兴市场开展商务考察、会展等活动，积极稳妥推进企业“走出去”发展。支持企业建立健全国际营销网络，创新生产经营模式，提高市场拓展能力。优化外经贸发展环境，加快推动大通关建设，提高通关效率，加强保税港区、出口加工区建设。扩大先进技术装备和紧缺资源性商品进口，加强重要物资的战略储备。

积极调整和优化产业结构。利用国际金融危机形成的倒逼机制，推动产业结构调整。加快优势制造产业振兴。抓住国家制订实施产业振兴规划的机遇，积极争取把我省石化、船舶、钢铁、汽车、电子信息、装备制造、轻工、纺织、有色金属等行业的重点项目纳入国家规划，抓紧编制我省重点产业振兴实施计划，明确主攻方向、重点项目和措施，推动企业加快技术改造，促进产业转型升级。推动企业管理创新。引导企业强化战略思维和现代经营管理理念，完善法人治理结构和经营决策机制，优化业务流程，加强市场营销，提高企业核心竞争力。推进块状经济向现代产业集群转型。整合提升各类开发区(园区)，推动专业市场提升，发展电子商务，建设面向块状经济的研发设计、营销、物流和信息等公共服务平台。加快培育高新技术产业。加强科技企业孵化器和高新技术产业基地建设，组织实施一批高技术产业化示范项目，发展创业风险投资，促进电子信息、新能源、新材料、生物医药等产业加快发展。大力发展服务业。着力优化服务业发展环境，进一步放宽市场准入，完善落实促进服务业加快发展的政策，积极推动企业主辅业务分离，推进政府服务外包，引导居民扩大服务性消费，鼓励服务业经营模式创新。加快发展生产性服务业，积极推动金融保险、现代物流、科技服务、信息服务、文化创意等产业发展，加强现代服务业集聚区建设，大力引进国内外优势服务企业和高端人才，培育总部经济、楼宇经济和服务外包基地。积极发展就业吸纳能力强和市场需求大的生活性服务业。进一步推动产业布局优化。编制实施主体功能区规划，健全三大产业带建设协调推进机制，积极推动杭州、宁波、温州等都市经济圈和浙中城市群发展，增强中心城市集聚辐射功能，加强中心镇建设，加快新型城市化进程。推动港航强省建设，统筹沿海城市产业布局，加强海域和海岛资源管理，积极发展先进临港产业和海洋渔业、海洋生物、海洋旅游等产业，建设“海上浙江”。

大力推动自主创新。全面实施知识产权、标准化和品牌战略，深入推进自主创新能力提升行动计划。支持企业技术研发和技术引进。加大科技投入，落实企业研发费加计抵扣等政策，鼓励企业通过多种方式掌握核心技术和先进技术，推动产学研联合，实施重大科技专项，着力突破制约产业优化升级的关键技术和共性技术。大力推进创新平台和创新载体建设。积极鼓励省内外高校和科研院所与地方、企业共建创新平台，鼓励科技人员深入企业开展科技创新活动。大力推动人才资源开发与利用。实施海内外高层次人才引进等计划，大力引进和培养科技领军人才、创新团队和产业发展紧缺人才，营造有利于人才集聚和创业创新的良好环境。

加快推进农村改革发展。完善落实促进农村改革发展的政策，加快新农村建设，促进城乡统筹协调发展。确保粮食和主要农产品供给。落实粮食安全行政首长负责制，整合运用各类政策资源，推动1500万亩标准农田改造提升，稳定粮食播种面积，着力提高粮食单产水平，提高粮食最低收购价格，加强农产品供给保障和质量安全监管。确保农民增收。采取综合措施，着力增加农村中低收入群众的收入。完善落实农资综合直补、良种补贴、农机具补贴等各项支农惠农政策，加大财政“三农”投入，推动各类政策资源更多地转化为农民的直接收入。大力发展高效生态农业，深入实施“种子种苗”工程和“农产品品质提升”工程，大力推广“一村一品”、“一乡一品”，鼓励发展各类专业大户、农民专业合作社、农业龙头企业等现代农业生产经营主体和社会化服务组织，引导工商企业投资发展现代农业，推动农产品精深加工，支持发展设施农业、休闲观光农业、农家乐，推进标准渔港建设。大力推动农民创业就业，扎实开展先进实用技能培训，加强对农民工返乡就业创业的信息、金融、技术等服务，鼓励发展农村家庭工业和社区服务业。进一步优化农村发展环境。深入实施“千村示范、万村整治”工程，加强中心村规划，推动村内道路硬化、卫生改厕、安全饮水、污水治理和垃圾处理等设施建设，加快发展农村社会事业。稳定和完善农村基本经营制度，按照依法、自愿、有偿原则，积极促进土地承包经营权流转和适度规模经营，深入实施集体林权制度改革，发展多种形式的新型农村金融组织，扶持发展农业信用担保机构，加快推进林权抵押贷款，探索推动大型农用生产设备等抵押贷款，扩大政策性农业保险和农房保险，强化农业农村发展的制度保障。

进一步推动区域协调发展。创新支持欠发达地区发展的体制机制和政策。加大财政转移支付力度，完善生态环境补偿机制，支持欠发达地区、海岛地区的基础设施和重大产业项目建设，深入实施“山海协作”工程，提高欠发达地区发展能力。以低收入农户集中村为重点，加大对困难农户的结对帮扶力度，扶持低收入农户发展生产，大力发展来料加工业，支持革命老区、少数民族地区、偏远海岛和贫困山区困难群众脱贫致富奔小康。坚持保护为先，合理开发利用山区资源，大力发展特色林业和森林旅游等产业，加快建设“山上浙江”。切实做好对口支援青川灾后恢复重建工作。积极推进长三角地区一体化发展，主动对接、服务上海世博会。进一步加强与中西部地区、东北等老工业基地的合作与交流。继续做好援疆援藏工作。深入推进与港澳台地区的经贸合作。

切实加强资源节约和环境保护。深入实施资源节约和环境保护行动计划。加快推动节能降耗十大工程，严格执行重点耗能行业能耗限额标准，抓好6000余家重点耗能企业节能改造，加快淘汰小火电等落后产能，健全落后生产能力退出机制，扩大差别电价实施范围，鼓励发展风能、太阳能、生物质能等新能源和可再生能源。加强节地、节水、节材和资源综合利用工作，落实"365"节约集约用地实施方案，推进低丘缓坡和滩涂的合理开发利用，加快农村宅基地整理，鼓励建设多层厂房，加大对地下空间资源的利用和开发，严格执行用水定额管理，深化水价改革。深入推进"811"环境保护新三年行动和环境保护八大工程，加快太湖流域水环境综合治理步伐，加强钱塘江流域氮磷污染控制和重点河段监管，加强水库水源地保护和农村饮用水安全管理，加强重点环境问题整治。制定实施重点污染行业准入标准，禁止新上高污染项目，推进燃煤发电机组脱硫改造，加强对重点工业污染源的"飞行监测"。加大城乡环境综合整治力度，严格控制农业农村面源污染，防治大气、土壤、近岸海域污染。完善环境监测监控体系，加强环保执法监管，推进排污权交易。加快循环经济试点省建设，推动开发区(园区)生态化改造。

四、确保民生改善和社会稳定

经济越是困难，越要高度重视民生和社会稳定。紧紧围绕事关群众切身利益和社会和谐稳定的热点、难点问题，进一步加大工作力度。

把推动就业再就业工作放在更加突出的位置。高度重视企业下岗失业人员再就业和新增劳动力就业问题。努力稳定现有就业岗位，加强对全社会就业的分析监控，制定扩大失业保险基金支出范围的政策措施，实施与就业挂钩的企业发展支持政策，引导企业采取在岗培训等多种措施减少裁员。千方百计拓展就业门路，充分发挥政府投资和重大项目带动就业的作用，积极增加社区服务、公共服务等公益性岗位，完善落实鼓励自主创业、自谋职业的政策，降低创业门槛，把小额担保贷款、贷款贴息、职业培训补贴等优惠政策扩大到城乡所有创业人员。完善城乡就业公共服务和救助体系，加强对失业人员的就业技能培训，健全城镇零就业家庭、农村低保家庭等就业困难群体的就业援助长效机制。高度重视高校毕业生就业，增加农村中小学教师编制，鼓励高校毕业生到基层就业，完善离校未就业大学生见习制度，引导各类孵化器为大中专毕业生提供低成本创业平台。努力扩大招生规模，让更多的中学、大中专毕业生继续就学深造。

进一步加强社会保障工作。完善养老保障制度，稳步推进城镇职工基本养老保险省级统筹，探索新型农村社会养老保障制度。完善医疗、工伤等保险制度，加强城镇职工和城镇居民基本医疗保险、新型农村合作医疗之间的政策衔接，启动实施大学生医疗保障制度。完善社会救助体系，健全低保、医疗和农村五保、城镇"三无"人员等救助制度，完善困难群众物价补贴机制，加强临时救助制度建设，扩大社会救助覆盖面。加快发展老龄事业、社会福利事业和慈善事业，健全养老服务体系，以残疾人共享小康工程为抓手，加快残疾人事业发展，切实保障妇女、未成年人和残疾人合法权益。完善住房保障体系，健全经济适用房和廉租房制度，提高廉租住房实物配租比例，多渠道解决城市低收入家庭和其他群体的住房困难，加快农村危旧房改造。加强城乡法律援助体系建设。

切实做好教育、卫生、文化和体育等工作。加快提升教育发展水平。进一步推动基础教育均衡发展，落实义务教育学校绩效工资制度，保障外来民工子女接受义务教育，积极发展学前教育，重视发展特殊教育。努力提高职业教育质量，大力开展职业技能培训。优化高校专业设置和学科结构，提高高校办学水平和教学质量。大力推动医疗卫生事业改革发展。健全基层医疗卫生服务体系，加强县级和城乡社区卫生服务机构能力建设，深入实施农民健康工程，开展乡镇卫生院体制改革试点。加快发展中医药事业。加强重大传染病、职业病防控，增强突发公共卫生事件处置能力。积极推动文化大发展大繁荣。坚持用社会主义荣辱观引领社会风尚，广泛开展社会公德、职业道德、家庭美德、个人品德教育。深化文化体制改革，加强公共文化设施建设，大力发展文化事业和文化产业，培育文化服务品牌。深入开展送文化下乡和"种文化"活动，提升乡镇综合文化站公共文化服务能力。积极发展哲学社会科学、广播影视、新闻出版和文学艺术事业。继续做好文化遗产保护工作。深入开展全民健身活动，认真做好全国残运会和省运会的筹备工作。加强人口和计划生育基层基础工作，稳定低生育水平，强化出生缺陷防控。进一步做好民族、宗教和外事、侨务工作。

努力维护社会稳定。切实防范化解经济金融风险，积极构建全方位、多层次的风险预警系统，建立健全风险协调处置机制，严肃查处企业欠薪逃匿行为，推进企业、个人征信建设，引导督促企业履行社会责任。加强市场监管，完善价格监测和重要物资储备制度，确保市场稳定。健全产品质量安全监管体系，加强食品药品质量全程监管，强化源头预防和治理，全面推进农村"十小"行业质量安全整治。落实安全生产责任制，加强基层安全生产监管，开展安全生产事故隐患排查和重点行业、领域的安全生产专项整治，防止重特大事故发生。完善突发公共事件应急处置机制，推进"强塘固房"等防灾减灾工程建设，加强基层应急管理，提高应急处置能力。推广新时期"枫桥经验"，推进居住证制度改革，深入开展和谐社区、和谐企业创建活动。贯彻国务院信访条例，完善利益表达、权益保障、矛盾调处机制，预防和妥善处理各类群体性事件。健全社会治安防控体系，加大社区矫正工作力度，统筹推进城乡警务一体化，依法打击各类违法犯罪活动。加强国家安全工作。大力支持驻浙人民解放军和武警部队建设，进一步加强国防教育、国防动员、国防后备力量建设和人民防空工作，扎实推进"双拥"共建活动，切实落实优抚安置政策。

围绕保障和改善民生，努力办好十方面实事。就业方面，帮助25万名城镇失业人员实现再就业，确保城镇零就业家庭发现一户、解决一户。基本生活保障方面，新增企业职工基本养老保险参保人数60万；提高企业退休人员基本养老金、重点优抚对象抚恤补助和城乡居民最低生活保障标准。医疗保障方面，新增城镇职工基本医疗保险参保人数60万，城镇居民基本医疗保险参保人数达到425万，工伤保险基本实现全覆盖；省级财政继续提高对新型农村合作医疗的补助标准，所有市县新农合人均筹资达到 140 元以上；完善重点优抚对象基本医疗保障、政府医疗补助、医疗救助和医疗优惠“四位一体”的医疗保障制度。住房保障和养老服务方面，新增廉租住房受益家庭 1 万户以上，基本实现低保标准 1.5 倍以下的城镇低收入住房困难群体廉租住房应保尽保，新开工经济适用房 300 万平方米以上，完成 1.6 万户农村困难群众危旧房改造，新增机构养老床位 1.5 万张。教育方面，初中、小学生均公用经费最低标准分别提高到 550 元和 350 元，免除本省户籍年人均收入 4000 元以下农村家庭子女就读中等职业学校的学费，农村中小学爱心营养餐标准从每生每年 200 元提高到 350 元。农村环境建设方面，完成 3000 个村庄环境综合整治任务，完成通村公路路基路面改造 2500 公里，完善 1500 公里农村公路安全设施，新解决 210 万农村人口安全饮水问题，新增城镇集中供水覆盖农村人口 130 万，完成“万里清水河道”建设 2000 公里，新增村级连锁便利店 1000 家。文化方面，组织 1.5 万场演出、15 万场电影、100 万册图书到农村，免除城乡低保家庭有线电视网络初装费和视听维护费。扶贫方面，完成高山远山区、地质灾害危险区、重点库区贫困群众下山搬迁 5 万人；省级重点生态公益林补助标准提高到每亩 17 元。污染防治方面，建成 100 个镇的生活污水处理设施，配套建设污水管网 1000 公里，新增城镇生活垃圾日处理能力 1600 吨，完成生猪存栏 200 头以上规模养殖场的排泄物治理。公共安全方面，完成三类坝水库和重点小型二类坝水库除险加固工作，安全生产事故起数、死亡人数和直接经济损失三项指标继续保持零增长，并力争有所下降；亿元生产总值事故、工矿商贸企业十万从业人员事故和万车死亡率稳步下降。

五、全面加强政府服务和管理

围绕确保经济持续平稳较快发展、确保民生改善和社会稳定，进一步加强政府自身建设，努力创造良好的发展环境。

转变职能，强化服务。深入开展“企业服务年”活动，加大对企业的解困、扶持和服务力度。切实减轻企业负担，落实增值税转型、出口退税、高新技术企业税收优惠和涉企行政事业性收费取消、暂停等政策，预计减轻企业负担 400 亿元以上。引导企业扩大出口，省级财政继续安排 3.5 亿元外贸发展资金，重点支持出口企业优化产品结构、创建自主品牌、参加境外展会等。鼓励企业加快技术改造，整合省级现有工业类、科技类财政性资金，新增 2 亿元，设立总额为 5 亿元的工业转型升级专项资金，重点用于企业技术改造的贷款贴息，推动企业产品创新、技术创新、管理创新和节能减排。努力改善企业融资环境，引导和督促金融机构认真落实中央适度宽松的货币政策，继续安排省级小企业贷款风险补偿资金 6500 万元，加快发展产业投资基金和创业风险投资基金，大力引进各类金融机构，积极稳妥发展小额贷款公司，加快完善中小企业信用担保体系，努力缓解企业特别是中小企业的资金瓶颈制约。积极推动企业资产重组，鼓励行业龙头企业和优势企业加大对落后企业、困难企业兼并重组，鼓励关联产业、上下游企业联合重组，提高规模效益。建立健全企业联系制度，省级部门重点联系销售收入前 300 位的大企业，掌握企业生产经营状况，帮助协调解决发展中遇到的问题，采取有效形式开展企业家培训，推动企业创新发展，增强企业发展活力和抗风险能力。

改进作风，提高效能。把开展深入学习实践科学发展观活动与保稳促调各项工作紧密结合起来，推动各级各部门聚焦保稳促调中心任务，大力弘扬求真务实之风，集中精力破解重点难点问题，集中财力保障民生、促进发展。健全目标责任管理制度，加强政策落实的督促检查，强化行政问责。深化行政审批制度改革，全面清理和规范非行政许可审批事项，全面推行行政审批全程代理制、重大项目联合审批制和限时办结制，加快推进网上办事大厅和电子政务监督系统建设，加强效能监察。开展新一轮政府机构改革，深入实施三大省级综合配套改革试点，积极推进扩权强县和中心镇扩权改革。加强节约型政府建设，大力倡导艰苦奋斗、勤俭节约，各级党政机关公用经费压缩 5%，专项经费、会议经费“零增长”，省级部门公务用车购置冻结一年，出国经费支出压缩 20%。

依法行政，规范行为。严格执行人大及其常委会的决议、决定，自觉接受人大及其常委会的法律和工作监督，定期报告重大工作事项，认真接受人民政协的民主监督，主动听取各民主党派、工商联、各人民团体和社会各界人士的意见建议，切实做好人大代表建议和政协提案办理工作。健全科学民主决策制度，完善重大事项公众参与、专家论证和政府集体决策相结合的决策机制。加强政府立法工作，规范行政执法，加强行政复议工作。深入实施政府信息公开制度，保障公民的知情权、表达权、参与权、监督权。认真贯彻落实公务员法，切实加强对公务员的教育、管理和监督。强化政府层级监督，充分发挥监察、审计等专门监督的作用。进一步加强反腐倡廉工作，落实廉政建设责任制，深化人事、财政等体制改革，加强政府性资金绩效评价，加强国有资产和工程招投标、政府采购、土地出让等重点领域的监管，坚决纠正损害群众利益的不正之风，严肃查处各类违法违纪案件。

各位代表！今年我省经济社会发展的任务十分艰巨。我们要紧密团结在以胡锦涛同志为总书记的党中央周围，在中共浙江省委的领导下，坚定信心，振奋精神，锐意进取，扎实工作，以优异的成绩迎接新中国成立六十周年！

浙江省第十一届人民代表大会第二次会议关于政府工作报告的决议

（2009 年 1 月 20 日浙江省第十一届人民代表大会第二次会议第三次全体会议通过）

浙江省第十一届人民代表大会第二次会议听取和审查了吕祖善省长代表省人民政府所作的政府工作报告。会议充分肯定省人民政府过去一年的工作，同意报告提出的 2009 年全省经济社会发展主要目标、任务和措施，决定批准这个报告。

会议指出，2009年是新世纪以来我省经济发展最为困难的一年，也是蕴含重大机遇的一年。做好今年工作，保持经济社会平稳较快发展，具有十分重要的意义。省人民政府要全面贯彻党的十七大、十七届三中全会和中央经济工作会议精神，以邓小平理论和“三个代表”重要思想为指导，深入贯彻落实科学发展观，全面实施“创业富民、创新强省”总战略，扎实推进“全面小康六大行动计划”，坚持“保增长、抓转型、重民生、促稳定”的工作主线，积极应对挑战，狠抓工作落实，努力完成全年经济社会发展目标任务。

会议号召，全省人民紧密团结在以胡锦涛同志为总书记的党中央周围，在中共浙江省委的领导下，坚定信心，振奋精神，克难攻坚，开拓奋进，为全面建设惠及全省人民的小康社会、率先实现社会主义现代化而努力奋斗。

关于浙江省2008年国民经济和社会发展计划执行情况、2009年国民经济和社会发展计划草案的报告(摘要)

——2009年1月16日在浙江省第十一届人民代表大会第二次会议上

浙江省发展和改革委员会

一、2008年我省国民经济和社会发展计划执行情况

2008年，面对国际金融危机的严重冲击和低温雨雪冰冻等自然灾害的重大影响，全省上下以科学发展观为统领，认真贯彻党的十七大和省第十二次党代会精神，切实落实中央宏观调控政策，扎实推进“创业富民、创新强省”总战略，积极实施“全面小康六大行动计划”，坚持“标本兼治、保稳促调”的经济工作方针，全省经济继续较快增长，结构调整优化，发展协调性增强，民生不断改善，社会保持稳定。省十一届人大一次会议确定的主要预期目标，除居民消费价格指数、城镇居民人均可支配收入、农村居民人均纯收入指标外，其他目标均能够完成。

(一)经济继续保持较快增长

初步统计，全省生产总值增长10%左右，全社会固定资产投资增长10.4%，社会消费品零售总额增长19.8%，外贸出口增长20.3%。总体上看，经济仍处于较快增长区间。农业生产总体平稳，工业结构继续调整优化，服务业发展水平有所提升。

(二)发展方式转变步伐加快

自主创新能力提高。全省财政科技支出86.8亿元，增长21.3%。节能减排成效进一步显现。预计全省生产总值综合能耗下降4%以上，化学需氧量和二氧化硫排放量均比上年削减3%以上。

(三)重点建设成效明显

“三个千亿”工程加快推进。完成“三个千亿”工程投资1410亿元。全省重点建设项目完成投资978亿元。其中，交通项目完成投资379亿元，新增高速公路通车里程422公里，宁杭客专、杭甬客专、沪杭客专、杭州铁路东站扩建、金温铁路扩能改造等项目获得了国家的审批、核准，部分项目正式开工；能源项目完成投资228亿元，新增6000千瓦以上发电装机容量370万千瓦；工业项目完成投资159亿元；社会发展项目完成投资49亿元。

(四)城乡区域发展协调性增强

新农村建设加快推进。农村生活状况进一步改善。深入实施“千村示范、万村整治”工程，建设环境综合整治村3395个，污水治理提升村1040个。欠发达和海岛地区发展加快。舟山、丽水、衢州规模以上工业增加值增幅位居全省前列。长三角地区合作与交流进一步加强。全力做好对口支援青川灾后恢复重建工作和“援藏”、“援疆”工作。

(五)改革开放迈出新步伐

重点领域改革不断深化。省属国有企业改革重组加快推进，统筹城乡、民营经济创新等三大省级综合配套改革试点全面启动，扩权强县改革稳步推进，基础设施和社会事业用地有偿使用制度改革积极推动，排污权交易改革试点取得成效，政策性农业保险和农村住房保险参保面继续扩大。对外开放取得新成绩。对外贸易稳定增长，利用外资结构优化，“走出去”步伐加快。

(六)民生工作得到加强

社会事业发展态势良好。全省十五年教育普及率96.2%，高等教育毛入学率超过40%。公共文化服务体系建设稳步推进，城乡医疗服务和公共卫生体系进一步完善。人口和计划生育工作继续加强。全民健身活动深入开展。就业和社会保障工作力度加大。不断加大对困难群众帮扶力度。居民收入继续增加，城镇居民人均可支配收入实际增长5.4%；农村居民人均纯收入实际增长6.2%。

在充分肯定2008年我省国民经济和社会发展计划执行情况良好的同时，也要清醒地看到当前我省经济社会发展中还存在不少问题，比较突出的是经济增速下滑势头仍在延续，企业生产经营困难加剧，就业压力增大，农业增效难度增加，财政收入和城乡居民收入增长减缓，我省经济长期积累的结构性、素质性、体制性矛盾依然存在，区域经济竞争力亟待提高。对这些问题将高度重视，密切关注发展态势，采取有效措施努力加以解决。

二、2009年我省国民经济和社会发展计划主要目标

(一)关于全省生产总值增长的预期目标

全省生产总值增长9%左右。主要考虑我国及我省仍处于重要战略机遇期，经济发展的基本态势没有改变，国家宏观调控政策不断完善，安排9%左右的经济增长目标有利于增强信心、稳定预期，对扩大城乡就业、增加居民收入和保持社会稳定也是十分必要的。但是也要看到，根据2009年国内外经济发展环境的

复杂性和严峻性，我省安排9%左右的预期目标是不低的，实现这一目标有很大难度，需要我们创造条件，加倍努力，力争实现。

为此，将深入贯彻落实科学发展观，坚定不移地深入实施“两创”总战略，扎实推进“全面小康六大行动计划”，坚持“标本兼治、保稳促调”的工作方针，着力加快经济转型升级，确保我省经济平稳较快发展。做精做深第一产业。继续加大财政对农业的投入，加强农业生产基础设施建设，发展多种形式的适度规模经营，推动农业经营体制创新，着力提高农业比较效益。大力发展农产品加工流通业，提高农产品精深加工水平。做高做优第二产业。制订实施我省重点产业振兴规划，明确主攻方向和政策措施。推动高新技术产业和装备制造业加快发展。继续实施重点技术改造工程，加快应用信息技术改造提升传统产业。研究推进企业兼并重组的政策措施，着力提高重点产业的集中度。加强对中小企业的扶持力度。做大做强第三产业。进一步完善和落实促进服务业发展的各项政策措施，积极推动现代服务业与工业转型升级、现代农业联动发展，大力推进“六个一批”工作，进一步完善服务业发展的推进机制，推动服务业加快发展。

(二)关于地方财政收入预期目标

地方财政收入增长6%左右。近年来我省经济的较快发展为财政收入的平稳增长奠定了基础，加强税收征管等也促进了财政增收。但经济增速放缓、企业利润大幅下滑、房地产市场低迷、增值税转型改革，以及新的企业所得税法、减轻企业税费负担等政策的实施都将明显减少财政收入。

为保持地方财政收入的稳定增长，将采取有效措施努力优化财政收入结构，促进地方可用财力的稳定增长。完善税收收入征管机制，继续规范税收征管秩序，提高税收征管效率。重视政府非税收入的征收管理，切实增强地方政府财政实力。同时，严格控制行政成本，继续压缩各级党政机关公用经费，专项经费、会议经费“零增长”，进一步压缩公务用车购置、接待、出国等经费支出，暂停审批党政机关办公楼项目。

(三)研究与试验发展经费支出占生产总值比例预期目标

在“两创”总战略的推动下，我省创新环境将不断改善，自主创新投入的力度将继续加大，但各级财政和企业困难增加，增加科技投入的难度较大，2009年研究与试验发展经费支出占生产总值比例1.7%左右。

为此，将深入实施“自主创新能力提升行动计划”，不断增强科技创新对经济增长的驱动力。认真贯彻落实鼓励自主创新的政策措施，全面实施知识产权、标准化和品牌战略，加快引进和培养一批紧缺人才。引导各类创新主体加大创新投入，推动创新要素向企业集聚，大力加强区域、行业等创新平台建设，加快科技中介机构发展。组织实施重大科技专项和重大科技创新工程，攻克一批共性技术和关键技术难题。

(四)关于三大需求增长的预期目标

全社会固定资产投资增长11%左右。从全国看，国家将着力扩大内需，实行积极的财政政策和适度宽松的货币政策，中央财政投资力度加大，项目审核进程将会加快，投资环境将得到较大改善。从我省看，今年是全面实施“重大项目建设行动计划”特别是政府主导性重大建设项目计划的重要一年，一批重大基础设施项目将付诸实施；部分市场竞争力比较强、效益比较好的制造业企业会抓住增值税转型的机会增加技术改造的投入，各级政府对技改和高新技术产业的扶持力度也会进一步加大。但受政府资金紧张、企业发展信心和投资能力不足、房地产市场面临进一步调整等因素影响，保持我省投资稳定增长的难度仍然较大。

为此，将按照有力、有序、有效的原则推进投资工作，确保投资在优化结构的基础上保持适度较快增长。突出保障性安居、农林水利、基础设施、民生、环保、自主创新等六个领域，加快实施“三个千亿”工程，深入实施《浙江省2009～2010年政府主导性重大建设项目计划》和2009年重点建设投资计划，确保完成政府主导性投资1800亿元以上和重点建设投资1000亿元以上。进一步完善重点项目推进工作机制，坚持重点建设联席会议制度，加强协调推进力度，着力攻克重点项目建设政策处理难、征迁征用土地难等问题，切实保障重点项目土地、资金等要素的合理需求，加快建设进度。继续推进重点技术改造，加大千亿产业提升工程实施力度。

社会消费品零售总额增长12%左右。随着新农村建设的加快，“低收入群体增收行动计划”的大力实施，社会保障水平的不断提高，居民消费价格的回稳，消费需求会保持稳定增长。但考虑到今年企业效益下降、就业困难进一步增加、城乡居民收入增长难度较大、财产性收入减少等因素，将会影响居民的消费能力，消费需求会受到一定抑制。

为促进消费稳定增长，将努力提高城乡中低收入群体收入水平，不断提高农民和企业职工收入，增强消费能力。大力拓展消费市场。加强农村商业流通体系建设，新建和改造一批农家店和农村商品配送中心，新建或改造一批农产品批发和农贸市场，落实“家电下乡”、“农机下乡”等政策，加大农村水、电、气、路等基础设施建设力度，为扩大农村消费创造良好条件。大力培育新的消费热点，拓展消费空间。落实促进房地产健康发展的政策措施，支持住房消费，加快发展二手房市场和租赁市场。促进城市耐用品消费升级换代。完善城市社区便民服务设施。不断优化消费环境，抓好涉农、交通、教育、医药、房地产等价格收费的监督检查，规范市场秩序，维护消费者合法权益。

外贸出口增长9%。国家进一步提高出口产品出口退税率等，我省促进外贸稳定健康发展的政策效应也将进一步显现，有利于保持出口稳定增长。但随着世界经济增长进一步放缓，市场需求减弱，相当部分企业外贸订单明显减少，我省出口会面临更多的困难，今年出口增速进一步回落的趋势难以避免。

为此，将在积极扩大内需的同时，加大引导力度，全面落实国家稳定出口的政策措施，充分发挥外贸扶持政策作用，努力保持出口稳定增长。引导企业转变外贸发展方式，加快出口基地和品牌建设，着力提高出口产品附加值，大力发展服务贸易和技术贸易。加大国际市场开拓力度，在巩固北美、欧洲、日本等传统市场的基础上，大力开拓中东、拉美、非洲等新兴市场。完善贸易摩擦应对机制，指导企业积极应对国际贸易壁垒，有效防范贸易风险。

(五)关于价格总水平的预期目标

居民消费价格总水平涨幅控制在4%以内。经济增长放缓，能源、原材料需求减少，国际初级产品价格涨幅明显回落，粮食等主要农产品价格相对稳定，对居民消费价格上涨的推动作用将会明显减弱。但2009年国家政策性调价因素对我省居民消费价格上涨可能产生一定影响。

为实现价格调控预期目标，将加强价格监测预警，改进价格调控，保持市场价格基本稳定。加强与经济发展和民生改善密切相关的重要商品的价格监测分析，准确把握重要商品市场价格和居民消费价格总水平变动趋势。对出台政府提价项目实行必要的计划管理，完善重要商品储备制度，健全价格应急预案，防止重要商品价格大起大落。

(六)关于城乡居民收入增长的预期目标

城镇居民人均可支配收入和农村居民人均纯收入均增长7%。随着农村改革的加快推进、低收入群众基本生活保障措施的完善等，城乡居民的收入将会持续增加。但由于全省经济增长放缓，企业用工减少，城镇就业难度增加，城镇职工收入增长将趋缓。农民收入受农产品价格下降、非农产业特别是工资性收入减少等因素影响，增收十分困难。受股市、房市低迷等影响，城乡居民财产性收入增收难度较大。

为实现城乡居民收入的稳定增长，将深入实施“低收入群众增收行动计划”，着力增加城镇中低收入居民收入，提高企业退休人员基本养老金水平和城乡居民最低生活保障标准；落实中央和省里支农扶农政策；大力开展农民培训，提高农村劳动力的素质，增加农民非农产业收入。加大财政转移支付力度，支持欠发达地区和海岛地区加快发展。继续实施下山搬迁工程，加大对欠发达地区特色种养业和来料加工业的扶持力度，深入开展结对帮扶活动。

(七)关于人口、就业和社会保障目标

人口自然增长率控制在6‰以内。综合考虑我省生育旺盛期妇女人数减少，因取消生育间隔而提前生育的人数增加等因素，人口自然增长率会有所提高。为此，将继续稳定低生育水平，提高出生人口素质；加强对流动人口的服务和管理；积极应对人口老龄化问题。进一步重视妇女儿童和青少年工作。

城镇登记失业率控制在4%以内，城镇新增就业人数60万人。在经济不景气的情况下，企业为保生存将裁减部分员工，新增就业岗位的难度更大，失业人数会有所增加，加上被征地农民、城镇新增劳动力、大中专毕业生的就业压力较大，今年城镇登记失业率会有所上升。但各级政府将进一步加大就业再就业工作力度，特别是认真做好城镇下岗失业人员和零就业家庭、农村困难家庭人员的就业再就业工作，进一步发挥中小企业、民营经济以及服务业在增加就业中的作用，全省城镇就业人数将会持续增加。

围绕实现就业预期目标，将继续落实就业工作目标责任制，大力实施保增长、促调整和稳就业相互促进的措施，强化政府促进就业的公共服务能力，发挥公共投资、公益性岗位和国有企事业单位对稳定就业的导向作用；实施鼓励企业尤其是民营企业稳定就业岗位、鼓励劳动者自主创业和自谋职业的政策；努力做好高校毕业生就业、复员转业军人安置就业和零就业家庭人员就业援助工作；支持企业稳定农民工就业。

新增企业基本养老保险参保人数60万人，新增城镇职工基本医疗保险参保人数60万人，工伤保险基本实现全覆盖。为此，将按照“广覆盖、保基本，多层次、可持续”的要求，以“五费合征”为抓手，不断完善社会保障体系。继续做好养老保险扩面工作，抓紧研究养老保险关系在省内转移、接续的办法，研究实现省级统筹的具体办法。进一步完善城镇职工基本医疗保险制度，全面启动大学生医疗保障制度建设，稳步推进新型农村合作医疗制度改革。切实做好工伤、生育、失业保险各项工作。

(八)关于节能降耗和主要污染物减排的目标

万元生产总值综合能耗下降4%以上、化学需氧量排放量下降3%以上、二氧化硫排放量下降3%左右。2006～2008年3年节能减排成效明显，万元生产总值综合能耗降幅已完成“十一五”目标任务的60%左右，化学需氧量和二氧化硫排放量削减率分别完成“十一五”目标任务的60%左右和80%左右。按照国家下达的5年节能减排工作目标的要求，2009年是完成“十一五”节能减排目标任务的关键一年，必须进一步加大推进力度。

为此，将深入实施“资源节约与环境保护行动计划”，突出工作重点，确保预期目标完成。节能方面，将加快推进节能降耗“十大工程”，抓好6050家重点耗能企业节能改造，严格执行重点能耗行业限额标准，继续制定一批高耗能行业和产品的能耗限额标准，加快淘汰落后生产能力，鼓励发展风能、太阳能、生物质能等新能源和可再生能源，加强节能降耗的统计和考核工作。减排方面，将深入实施“811”环境保护新三年行动和环境保护八大工程，加强重点区域、流域、行业、企业污染整治，推进排污权交易，积极推进燃煤发电机组脱硫脱硝改造。加快循环经济试点省建设，加强开发区(园区)生态化改造。加大太湖流域治理重点项目推进力度。

为实现2009年我省国民经济和社会发展主要目标，将着力深化重点领域和关键环节的改革，完善有利于科学发展的体制机制，重点抓好以下几方面的改革：

一是继续推进三大省级综合配套改革试点。杭州市重点组建产业投资基金，创新新城管理体制和开发机制，深化医疗卫生“四改联动”改革，健全投资项目审批代办制度，开展公务用车改革试点。嘉兴市、义乌市重点推进土地承包经营权流转、实施新型户籍制度改革、农合联组织组建与运行、扩权强镇等改革。温州市、台州市重点推进公平市场准入、金融组织和融资产品创新、海域和滩涂开发利用机制、拓展民营经济发展空间等改革。

二是深化农村改革。深化农业发展体制改革，健全统分结合的双层经营体制，创新农村土地承包经营权流转机制，努力提高农业规模化水平。大力培育现代农业生产经营主体。探索农村非农建设用地制度改革。建立健全稳定增长的支农惠农长效投入机制。推进中心镇扩权改革，赋予中心镇部分县级经济社会管理权限。继续推进农业政策性保险和农房保险工作。

三是推动行政管理体制改革。推进大部门体制改革，提高行政运行效能。全面推进扩权强县改革，扩大县级政府经济社会管理权限。深化审批制度改革，继续推进市级机关内部行政许可职能整合与集中改革，推广行政审批服务全程代理制，切实方便群众办事。

四是加快要素市场化配置改革。放宽农村金融准入门槛，鼓励和引导民间资金进入农村金融服务机构。深化土地要素市场化配置改革，推进基础设施和社会事业用地有偿使用，积极稳妥地推进集体建设用地使用权流转。构筑要素资源节约集约利用的新格局，深化水价改革，实施燃油税改革，完善流域生态环境保护的激励机制。

三、2009年政府主导性重大建设项目实施计划

2009年政府主导性重大建设项目实施计划是根据中央扩大内需促进经济增长的重大决策部署，结合我省重大项目建设行动计划以及“十一五”重大建设项目规划的要求编制的。需要说明的是，实施计划主要安排政府主导性重大项目及相关财政性资金(纳入财政预算管理的专项建设资金也列为财政性资金，国家和省国资委管理的国有独资和国资控股企业集团的项目投资，在本实施计划中也视为政府主导性资金)安排的项目，以企业投资为主的产业类项目不列入，将在年度重点建设计划中予以安排体现。

(一)实施计划编制的原则

1.符合国家政策导向。尤其是符合国家扩内需、保增长、促调整的政策导向，尽可能地争取国家对实施计划的支持。

2.与相关规划相衔接。主要与“全面小康六大行动计划”和“十一五”总体规划、区域规划和重点专项规划相衔接，保持项目计划的连续性，同时，根据新情况、新要求作相应的调整。

3.突出重点。主要安排保障性安居、农林水利、基础设施、民生、环保、自主创新等六个方面。

4.量力而行，尽力而为。既千方百计加大项目实施力度，又充分考虑政府资金安排的可能。

(二)实施计划的主要内容

实施计划共安排81个项目，项目总投资8811亿元，其中2009年投资1838亿元，引导和带动社会投资5000亿元以上。

1.保障性安居项目。计划安排廉租住房、经济适用房、农民工公寓、固房工程等4类项目，投资66.7亿元。建设廉租住房20万平方米，新增廉租住房受益家庭1万户以上；争取新开工经济适用房300万平方米以上；新建农民工公寓40万平方米；加大对农村困难家庭危旧房改造的力度。

2.农林水利项目。计划安排千库保安、海塘和堤防加固、水资源保障、重点围涂、重大防洪排涝等14类项目，投资210.8亿元。积极实施千万亩标准农田质量提升工程，加快低丘缓坡开发；继续实施沿海防护林体系建设工程。

3.基础设施项目。计划安排交通、能源、信息网络等项目50个，投资1177.4亿元，其中，交通项目34个，投资727.8亿元；能源项目15个，投资367.6亿元；信息网络项目1个，投资82亿元。加快实施《浙江省2009年上报国家审批、核准的重大项目前期工作计划》，加快37个、总投资达4877亿元的交通、能源、水利和产业等项目的前期工作进程。

4.社会事业项目。计划安排项目6个，投资164.9亿元。加强公共就业服务场所建设，推进教育设施建设，加快公共卫生服务设施网络建设，加快农村文化基础设施建设，推进民政设施项目建设，继续实施一批包括减灾救灾工程、城乡供水一体化、低收入农户集中村特色农业基地建设等民生项目。

5.生态环保项目。计划安排项目5个，投资381亿元。继续实施浙江太湖流域水环境综合治理，建设一批提高水环境容量、城镇污水处理和垃圾处置、工业污染治理、农业面源污染治理、生态修复、河网综合治理、“三大清水环境工程”等综合治理项目。

6.自主创新和产业提升项目。计划安排省重大科技创新平台、科技创新载体建设两类项目，投资25.7亿元。计划安排中石化镇海炼化分公司1500万吨/年炼油扩建项目等一批产业提升项目。

浙江省第十一届人民代表大会财政经济委员会关于浙江省2008年国民经济和社会发展计划执行情况、2009年国民经济和社会发展计划草案的审查报告

(2009年1月19日浙江省第十一届人民代表大会第二次会议主席团第三次会议通过)

浙江省第十一届人民代表大会第二次会议审议了省发展和改革委员会受省人民政府委托提出的《关于浙江省2008年国民经济和社会发展计划执行情况、2009年国民经济和社会发展计划草案的报告》。财政经济委员会根据各代表团的审议意见，对计划报告和计划草案进行了审查。现将审查结果报告如下：

一、2008年，省人民政府认真贯彻党的十七大和十七届三中全会精神，全面落实科学发展观，深入实施“创业富民、创新强省”总战略，坚持“标本兼治、保稳促调”的要求，积极应对国际金融危机和自然灾害的严重影响，采取有效措施，努力克服困难，为推动经济社会平稳较快发展做了大量富有成效的工作。省十一届人大一次会议批准的经济和社会发展的主要预期目标基本完成。但同时也要看到，受严峻宏观经济形势和我省经济长期积累的结构性、素质性、体制性矛盾叠加的影响，目前全省经济社会发展中也存在经济下行加快，企业生产经营困难加剧，就业压力加重，城乡居民收入增速减缓等困难和问题。虽然这些困难和问题是暂时的，但仍需引起高度重视。要振奋信心，奋发有为，积极采取并落实各项措施，确保全省经济平稳较快发展和社会稳定。

二、财政经济委员会认为，2009年国民经济和社会发展计划草案指导思想明确，主要预期目标符合我省实际，各项政策措施积极可行。建议批准省人民政府提出的2009年国民经济和社会发展计划草案，批准《关于浙江省2008年国民经济和社会发展计划执行情况、2009年国民经济和社会发展计划草案的报告》。

三、2009年，是我省经济发展形势严峻并蕴含重大机遇的一年。要深入贯彻实施科学发展观，保增长、抓转型、重民生、促

稳定，抢抓机遇，共克时艰，推动我省经济社会又好又快发展，以优异成绩迎接新中国成立60周年。为顺利完成今年计划，财政经济委员会建议：

（一）努力在保增长上下工夫，促进经济平稳较快发展。把保持经济平稳较快增长作为今年经济工作的首要任务。抓住当前中央宏观经济政策调整的有利时机，以对经济社会发展有较大带动作用的重大项目建设为抓手，加大投资力度，促进有效投资较快增长。在扩大投资规模的基础上，更加注重优化投资结构，提高投资质量和效益。切实保障项目建设土地、资金等要素的合理需求，加强沟通协调，确保项目建设扎实推进。进一步拓展消费新领域，培育消费新热点，提升消费对经济增长的拉动作用。加大外贸发展的扶持力度，引导企业优化出口商品结构，努力拓展外贸新兴市场。加快出口基地和品牌建设，推动外贸转型升级。加大对欠发达地区和海岛地区支持力度，促进区域协调发展。

（二）切实帮助企业排忧解难，为企业生存发展创造条件。面对严峻的经济形势，要大力传递政府支持企业发展的决心，提振企业创业发展信心。进一步强化服务意识，加大帮扶力度，落实中央、省扶持企业的各项政策措施。引导和支持金融机构认真贯彻适度宽松的货币政策，着力缓解企业特别是中小企业资金紧缺问题。坚持企业为基，综合运用财政、税收等手段，帮助企业排忧解难，推动企业创新发展。积极推进企业兼并重组，鼓励企业做精做强。建立企业经营状况监测预警和服务体系，掌握企业生产经营状况，切实防范化解经济金融风险。

（三）大力推动自主创新，促进经济转型升级。大力实施知识产权战略，进一步提升自主创新能力，推进经济发展方式转变和结构调整。完善科技创新机制，着力破解产业优化升级的关键技术和共性技术。不断推进农业科技进步，深化农业经营体制改革，加快发展现代农业。调整和优化产业结构，积极发展高新技术产业、装备制造业和临港工业，扎实推进先进制造业基地建设。以生产性服务业为重点，改造提升传统服务业，着力发展现代服务业，力争在地方金融、现代物流、文化创意和旅游等产业上取得新进展。

（四）着力解决民生问题，保持社会和谐稳定。坚持民生为本，把改善民生作为保增长的出发点和落脚点。实施更加积极的就业政策，尤其要做好城镇失业人员、大中专毕业生和城镇新增就业人员的就业工作。大力增加城乡低收入群众收入，稳步提高企业职工收入。完善落实农村改革的政策措施，提高新农村建设水平。建立健全覆盖城乡居民的社会保障体系，重点完善基本养老、基本医疗、最低生活保障和住房保障制度。继续大力发展教育事业，完善城乡公共卫生服务体系。全力推动文化大发展大繁荣，不断增强文化软实力。深入推进节能减排工作，加强资源节约和环境保护，切实完成节能降耗目标任务。高度重视并切实抓好食品药品质量安全，强化安全生产责任制，进一步促进社会和谐稳定。

关于2008年全省和省级预算执行情况及2009年全省和省级预算草案的报告（摘要）

——2009年1月16日在浙江省第十一届人民代表大会第二次会议上

浙江省财政厅

一、关于2008年全省和省级预算执行情况

2008年，面对国际金融危机的严峻挑战和低温雨雪冰冻等自然灾害的严重影响，我们以科学发展观为指导，深入贯彻党的十七大和省第十二次党代会及历次全会精神，坚决执行国家宏观调控政策，扎实推进“创业富民、创新强省”总战略，认真实施“全面小康六大行动计划”，积极创新理财思路，完善财政体制，推动经济发展方式转变，强化收入征管，优化支出结构，深化财税管理改革，财政收入超额完成年初省人代会确定的任务，同时通过不断调整和优化支出结构，有力保障了各项重点支出的需要，促进了全省经济建设、事业发展和社会稳定。

2008年全省地方财政收入汇总预算为1850.00亿元，执行数为1933.39亿元，完成预算的104.5%，比上年增长17.2%，按可比口径计算比上年增长15.3%。2008年全省财政支出汇总预算为2000.00亿元，执行数为2208.58亿元，完成预算的110.4%，比上年增长22.2%，按可比口径计算比上年增长15.1%。预计2008年全省财政收支平衡，略有结余。

2008年省级地方财政收入预算为195.00亿元，执行数为205.98亿元，完成预算的105.6%，比上年增长17.8%，按可比口径计算比上年增长10.6%。2008年省级财政支出预算为226.80亿元，执行数为251.25亿元，完成预算的110.8%，比上年增长21.3%，按可比口径计算比上年增长9.9%。预计2008年省级财政收支平衡。

2008年是认真贯彻党的十七大精神，全面落实省第十二次党代会提出的各项任务，深入实施“创业富民、创新强省”总战略的第一年。一年来，我们在省委的领导和省人大常委会的监督指导下，按照省十一届人大一次会议关于财政预算报告决议精神，牢固树立忧患意识、公仆意识和节俭意识，开拓创新，积极进取，较好地完成了各项预算收支任务。

（一）完善财政体制，推动经济转型升级。按照科学发展观的要求，完善省对市县财政体制，建立健全有利于科学发展的财税体制机制，进一步发挥财政体制的导向、杠杆作用，促进产业结构优化、经济转型升级和发展方式转变。按照大稳定、小调整的要求，将“两保两挂”、“两保一挂”财政政策统一调整为“分类分档激励奖补机制”；实行市县营业税增收上交返还奖励政策和省级金融保险业营业税增收奖励政策，适当提高电力生产企业所在地增值税分成比例，提高市县发展服务业特别是金融等现代

服务业的积极性；完善财政转移支付制度，加大一般转移支付力度，逐年增加因素法转移支付和生态环保财力转移支付的力度，增强经济薄弱及相对薄弱市县基本公共服务能力，积极推进基本公共服务均等化。

（二）支持经济平稳较快发展，做好做大财政“蛋糕”。面对极其复杂多变的宏观经济形势，认真落实国家宏观调控政策和“标本兼治、保稳促调”的方针，积极发挥财税职能作用，促进经济平稳较快发展。加大财政科技投入，重点支持科技公共基础条件平台、行业和区域创新平台建设，扶持大型科研院所22个实验室建设，支持创新型人才队伍建设，引导大学生开展创新活动，促进科技创新。完善外经贸促进政策，支持外向型经济结构调整和产业升级。筹措落实“三个千亿工程”省级财政性资金，争取中央预算内和国债基建补助，推进实施“重大项目建设行动计划”，支持铁路“三线一枢纽”、萧山机场二期等一批重大项目建设。增加中小企业发展专项资金和小企业贷款风险补偿资金，完善信用担保体系，扶持中小企业健康发展。对企业社会保险费缴纳比例实行临时性适当下浮，取消和暂停征收部分行政事业性收费，及时做好地方税费减免工作，减轻企业负担。加大“三农”投入，整合财政支农资金，加大农业综合开发投入，完善支农惠农政策，扩大农业政策性保险覆盖面，建立农业贷款风险补偿制度，支持农业基础设施和现代农业产业体系建设；落实扶持粮食生产的各项政策，支持粮食安全体系建设；支持“强塘固房”工程、农民饮用水工程、病险水库除险加固、标准渔港建设和百万亩生态型水产养殖塘标准化建设工程。完善财政支持服务业发展的政策措施，推进万家企业电子商务工程建设，支持农村商贸流通服务体系建设、农村专业合作社以及金融服务业等发展。整合节能相关财政专项资金，并加大支持力度，促进节能降耗工作。调整政府外债投向结构，着力向环保、节能和社会发展等倾斜。

在支持经济发展的基础上，遵循“均衡入库、持续增长、优化结构、调控有力”的收入组织原则，加强税收征管，推进社保费“五费合征”，完善新版政府非税收入征管信息系统，进一步加强土地出让收入、海域使用金等征收管理，全面清理历年欠缴省级农业土地开发资金，将彩票公益金纳入政府性基金预算管理，增强政府财力。财政收入的结构进一步优化，质量进一步提升。

（三）着力改善民生，促进社会和谐稳定。认真贯彻落实省委《关于全面改善民生促进社会和谐的决定》，积极实施“全面小康六大行动计划”，着力解决人民群众最关心、最直接、最现实的利益问题。2008年全省财政增量用于民生支出比例达到72.2%。一是支持抗灾救助。支持冰冻雨雪灾害应对及各项灾后重建工作。及时从省级预备费中安排捐赠资金，调减省级部门公用经费预算5%，按照地方财政收入1%的要求落实筹措青川灾后恢复重建资金，支持四川灾区抗震救灾和灾后重建。二是支持教育事业发展。深化义务教育经费保障机制改革，小学、初中公用经费标准已提高到每生每年300元、450元，全部免除城乡义务教育阶段学生课本费、作业本费，免除符合条件的民工子女义务教育借读费；实施新一轮“职教六项行动计划”，全面落实困难学生资助、高校食堂和学生补助政策；实行农村教师任教津贴政策，提高农村教师待遇。三是支持创业富民。完善支持自主创业、自谋职业政策，加强农村劳动力素质培训，支持零就业家庭、大中专毕业生和农村剩余劳动力创业就业。安排下山脱贫等扶贫资金，推进“低收入农户奔小康工程”建设，扶持低收入农户发展来料加工业、特色产业和绿色农产品，拓宽增收渠道。四是支持社会保障和医疗卫生事业发展。加大社会保障投入，提高省财政对城镇居民医疗保险、新型农村合作医疗、农民健康体检的补助水平，全省所有市县新型农村合作医疗人均筹资达到100元以上。支持实施残疾人共享小康工程，提高残疾人基本生活、基本照料、基本康复保障水平。全面提高乡镇卫生院以基本医疗和公共卫生服务为重点的卫生服务能力，支持手足口病防治工作，做好婴幼儿奶粉事件免费救治的经费保障。五是支持文化大省建设。加大公益文化投入，支持农村公共文化服务体系和文化重点项目建设，加强全省博物馆、图书馆等免费开放经费保障，繁荣文化艺术创作，加大文化遗产保护力度，构建公共文化服务体系。支持奥运会备战和火炬传递，推进全民体育健身工程建设。六是支持“平安浙江”建设。完善基层政法机关经费保障机制，制定基层司法行政机关公用经费保障标准，全省县级公安机关公用经费保障标准全部达标；建立社区矫正经费保障机制，支持法律援助、人民调解工作。加大产品质量和食品安全监督投入，推进食品安全检验检测体系建设。支持全省安全生产应急救援体系建设和安全技术推广应用。七是支持生态环境保护和节能减排。完善财政激励约束机制，全面实施省对主要水系源头45个市、县（市）的生态环保财力转移支付制度。加大生态环保投入，运用“以奖代补”等政策措施，支持全省重要流域、区域和欠发达地区生态环境保护及污染整治、农村环境治理及生态保护，推进污染减排工作。八是保障低收入群体基本生活。密切关注价格上涨对民生的影响，提高城市、农村低保对象补助水平，给予高校学生临时伙食补贴，缓解物价上涨对特定群体的影响。争取中央财政石油价格改革财政补贴，确保油价补贴资金及时发放和兑付。筹措落实副食品风险基金和省级储备商品管理补贴资金，加强省级储备商品管理。支持政策性农村住房保险和农村困难群众危旧房改造工作，建立欠发达地区城市低收入家庭住房困难救助体系。加大对欠发达地区和海岛地区的支持力度。

（四）深化财政改革，完善公共财政体系。推进“收入一个笼子、预算一个盘子、支出一个口子”改革，严格执行“收支两条线”政策，加强预算内外资金统筹力度，完善综合预算管理模式，并在部分省级行政单位进行试点。完善事业单位财政供给制度，省级监督管理类事业单位实行“零基法”编制预算，加大事业单位“花钱买服务”改革力度。深化国库集中支付改革，确保省级改革规范运行，全省11个设区市均已实施；稳步推进财税库银横向联网和公务卡制度改革。完善绩效评价制度，落实44个省级部门138个项目的绩效自评工作，推进重点项目评价实施工作，拓宽评价广度和深度，初步建立绩效评价结果应用机制。建立政府优先强制采购节能环保和自主创新产品制度，推进节约型社会和创新型省份建设；加快政府采购信息化建设，完善政府采购目录和采购限额标准，扩大政府采购范围和规模，预计全年政府采购金额430亿元，节约资金60亿元。深化农村综合改革，切实推进乡镇政府职能转变，36个县（市、区）开展乡镇委托授权行政执法试点；加大对村级组织运转扶持力度，增强村集体经济活力。完善“金财工程”一体化软件并全面推广，软件开发由应用层转向管理层。

(五)加强财政监督,提升财政管理水平。扎实开展财政法制宣传教育,深入实施《浙江省省级预算审查监督条例》和《政府信息公开条例》,建立健全政府财政信息公开制度,强化财政执法监督,推进依法行政依法理财工作。加强财政支出项目审核,完善政府投资项目全过程监管。加强政府性债务管理,全面启动化解义务教育负债工作,全省70%以上的县(市、区)建立县对乡镇政府性债务管理制度,防范和化解乡镇政府性债务;加强政府外债管理,完善偿债机制,对11个外债项目开展绩效评价。牢固树立节俭意识,修订完善培训费、会议费开支标准和管理制度,严格控制一般性财政支出过快增长。积极支持国有企业和地方金融业改革,建立国有资本经营预算制度,探索国有产权收益收缴管理。加强行政事业单位国有资产管理。加强财政监督,开展会计信息质量和会计师事务所执业质量检查,进一步规范会计、注册会计师、注册资产评估行业秩序。

2008年全省财政运行总体情况较好,但预算执行和财政工作中还存在一些不容忽视的问题,主要是:由于经济增长乏力、企业经济效益下滑等原因,财政收支矛盾比较突出;公共财政体系不够完善,公共财政职能发挥还不够充分;有些专项资金尚需有效整合,财税管理的质量有待进一步提高,等等。我们一定高度重视这些问题,通过深化财税改革、创新工作机制、严格财税管理等措施逐步加以改进和解决。

二、关于2009年全省和省级财政预算草案

2009年,从宏观经济形势来看,经济出现全球性衰退的风险越来越大。国际经济形势恶化对我国经济增长、就业、企业效益、财政收入和金融安全等方面的负面影响已经显现并日益加重,经济增速放缓已经成为当前和今后一个时期经济运行中的主要矛盾。我省受国内外环境变化和自身结构性、素质性矛盾叠加的影响,全省经济面临巨大的挑战。但随着中央实行积极的财政政策和适度宽松的货币政策,出台扩大内需的有力措施,以及我省全面深入贯彻落实科学发展观和国家各项宏观调控政策,实行"标本兼治、保稳促调"的方针,大力推动经济结构调整和经济发展方式转变,全省经济有望继续保持平稳较快发展。

从财政收支来看,一方面,由于经济增长乏力,企业效益明显下滑,中小企业生存困难,财政收入增长的空间被挤压;实施增值税转型改革,暂免征收居民个人储蓄存款利息所得税,降低房地产交易税费,取消和停征部分行政事业性收费等,都不同程度地减少财政收入,财政收入增长面临较大的下行压力。另一方面,加快推进以改善民生为重点的和谐社会建设,各级财政要不断加大对教育、农业、科技法定支出及就业、医疗卫生、社会保障、环境保护等公共服务领域的投入;为落实中央扩大内需政策,将加大财政投资力度,加强基础设施和民生工程建设,还需安排地方财政收入的1%支援四川灾区重建资金,财政支出增长势头较为迅猛,支出刚性不断增强。与此同时,公共财政体制改革进入攻坚阶段,改革任务十分繁重。总之,2009年将是近年来全省财政经济运行最为困难的一年,财政减收增支的矛盾十分突出,财政收支平衡面临严峻考验。因此,我们必须清醒认识严峻的财税经济形势,树立强烈的忧患意识,牢固树立过紧日子的思想,坚定信心,迎难而上,扎实做好保增长、抓转型、重民生、促稳定的各项工作,确保圆满完成财税收支任务,为全面建设惠及全省人民的小康社会打下坚实基础。

根据对2009年经济形势的分析和预测,按照中央和省委对经济工作的总体部署,我省2009年财政预算安排的指导思想是:高举中国特色社会主义伟大旗帜,全面贯彻党的十七大、十七届三中全会和省委十二届三次、四次全会精神,深入贯彻落实科学发展观,紧紧围绕"创业富民、创新强省"总战略和"标本兼治、保稳促调"的方针,遵循"集中财力办大事"和"一要吃饭、二要建设、三要有所积累、四要增强宏观调控能力"的理财原则,按照"依法治税、为民理财、务实创新、廉洁高效"的总体工作思路,贯彻落实积极的财政政策,不断推进经济发展方式转变,优化财政收支结构,深化财政管理改革,完善财政运行机制,加强干部队伍建设,为推动全省经济社会平稳较快发展,促进社会主义和谐社会建设作出新贡献。

按照这个指导思想,根据2009年全省国民经济预期指标以及实施增值税转型、高新技术企业所得税优惠政策、降低房地产交易税费、暂免征收居民个人储蓄存款利息所得税翘尾巴等财政减收政策,调整燃油税费改革因素后,2009年全省及省级财政收支预算(草案)编列如下:

安排2009年全省地方财政收入预算2042.00亿元,增长6.0%左右。按照现行分税制财政体制计算,2009年当年全省地方财政可用资金为2406.00亿元。安排2009年全省财政支出预算2406.00亿元,增长5.0%。2009年全省财政收支平衡。

安排2009年省级地方财政收入预算211.30亿元,增长6.0%左右。按照现行分税制财政体制计算,2009年省级财政可用财力为309.30亿元。安排2009年省级财政支出预算309.30亿元,增长5.0%。2009年省级财政收支平衡。

三、关于2009年全省财政工作的主要任务

2009年是认真贯彻党的十七大和十七届三中全会精神,深入学习实践科学发展观,推进"创业富民、创新强省"总战略,促进经济发展方式转变,推动经济转型升级的关键一年。做好2009年的全省财政工作,意义重大。为此,我们主要抓好以下几项工作。

(一)狠抓增收节支,确保财政收支平衡。坚持依法治税、规范管理,不断优化税种结构、税源结构、税费结构,增强组织收入的前瞻性和主动性。积极推广运用新版政府非税征管信息系统,加强土地出让金、海域使用金征收管理,探索研究国有资源类、资产类非税收入和国有资本收益的征管办法,拓宽政府非税收入征收范围和征收渠道;进一步推进社会保险费"五费合征"工作,扩大社会保险覆盖面。牢固树立"两个务必"的思想,加大财政支出结构调整力度,严格控制行政成本,各级党政机关公用经费继续压缩5%,专项经费、会议经费"零增长",公务用车购置冻结一年,出国经费支出压缩20%,把财政资源更多地用于提供公共服务、保障民生的各项支出,保障重点支出需要,确保财政收支平衡。

(二)落实积极的财政政策,推动经济平稳较快发展。积极贯彻落实国家宏观调控政策,筹措落实"三个千亿工程"建设资金,加大政府性投资力度,支持以铁路现代化为重点的基础设施和民生工程建设,扩大国内需求。贯彻执行新一轮省对市县财政体制，充分发挥财政奖补机制特别是营业税奖励政策的导向作用，促进经济转型升级，增强地方财政实力。认真实施增值税转型改革，取消和暂停征收部分行政事业性收费项目，减免困难企业相关税费，改善企业生产经营环境。调整和优化财政支持企业发展的政策措施，通过财政贴息、产业扶持、风险投资、财税优惠等措施，推进经济结构调整。进一步加大对服务业的支持力度，扎实推进工业企业分离发展服务业工作，研究和规范现代物流、工业设计、技术服务、检测检验、仓储运输、文化创意等应税劳务的政策和管理；以支持自主创新为重点，充分发挥新企业所得税法“产业优惠”导向作用，为高新技术产业、现代服务业发展营造良好的政策环境。进一步完善小企业贷款风险补偿办法和中小企业信用担保体系，缓解中小企业融资难问题。调整完善外贸出口发展扶持政策，促进外贸出口稳定增长和结构优化。大力支持节能技术改造，推进重点耗能企业节能新技术、新工艺和新产品的研究开发和推广应用。

（三）加大“三农”扶持力度，推进农村改革发展。创新财政支农投入，按照存量适度调整、增量重点倾斜的原则，建立健全支农资金稳定增长机制，提高公共财政用于农村的总量和比重，扩大公共财政向农村覆盖的领域和范围，加快推进社会主义新农村建设。完善各项强农惠农政策，着力支持现代农业发展、农业基础设施建设和农民创业，促进农村经济繁荣；加大农业综合开发投入，积极扶持农业龙头企业和农民专业合作社发展，提升农业产业化经营水平；积极支持推进集体林权制度改革、国有农林渔场改革及农技推广和畜牧兽医体系改革，为新农村建设提供体制保障。支持粮食安全体系建设，稳定和强化提高粮食综合生产能力的各项措施，完善种粮直补、农机具购置和作业补贴政策，落实农资综合直补和油菜种植补贴等，确保涉农补贴资金及时发放到位。完善农业贷款风险补偿机制，做好政策性农业保险和农村住房保险，鼓励金融业服务“三农”。

（四）健全民生投入机制，保障和改善社会民生。深入推进义务教育经费保障机制改革，全面落实和完善城乡义务教育各项政策措施，将小学、初中生均公用经费最低标准分别提高到350元和550元；加大财政对学前教育的投入，逐步提高学前教育水平；加大职业教育投入力度，免除本省户籍年人均收入4000元以下农村家庭子女就读中等职业学校的学费。加快公共文化服务体系建设，逐步建立覆盖城乡的公共文化服务体系财政保障机制。支持实施积极的就业政策，加大就业补助资金投入，支持公共就业服务场所建设，加快建立城乡统筹的就业机制，进一步发挥失业保险促进就业、稳定就业功能。支持创新型人才队伍和科技创新体系建设，优化财政科技投入结构和科技资源配置，不断改善科研基础条件，提升创业创新能力。扩大职工基本养老保险覆盖面，推进事业单位基本养老保险制度改革试点。加快城乡社区卫生服务体系建设，完善城乡居民基本医疗保障制度建设，健全社会各类救助制度。继续提高对新型农村合作医疗的补贴标准，全省所有县（市、区）新型农村合作医疗人均筹资水平达到140元以上。加大政法经费投入，支持“平安浙江”建设。加大对环境保护和生态建设的投入，逐步完善财政生态保护转移支付制度，推进生态省建设。加大扶贫投入，支持实施“低收入农户奔小康工程”，改善欠发达地区生产生活条件，提高增收致富能力。不断加大一般转移支付力度，逐步提高县乡基本公共支出最低保障水平，逐步推进基本公共服务均等化。

（五）深化财政管理改革，提升财政管理水平。大力加强财政专项资金管理，严格控制新增项目，清理整合已有项目，规范专项转移支付管理制度和类别档次，提高财政资金使用效益。加大“三个子”预算管理改革力度，积极构建预算编制、执行、监督“三分离”的预算管理体系。试行省级债务计划管理制度，探索建立国有资本经营预算和社会保障预算制度。深化部门预算改革，完善预算定额体系、费用支出标准体系、资产配置标准体系，建立健全公益类事业单位“花钱办事”机制。全面推行国库集中支付改革，提高国库资金运行管理水平，不断扩大公务卡结算范围。进一步完善绩效评价制度，推进省级部门项目支出绩效自评，选择部分民生项目实施重点评价，强化绩效评价结果应用。推进政府采购信息化建设，进一步发挥政府采购政策功能，加大对节能、环保、自主创新等产品的支持力度，不断扩大政府采购规模。巩固提高农村综合改革成果，全面化解义务教育阶段公办学校因修建校舍和购置设备形成的债务。完善省财政扶持村级组织运转补助办法，加大对村级组织运转扶持力度。

加快财政法制建设，全面推进依法行政依法理财工作。进一步加强地方政府性债务管理，防范和化解地方财政风险。加大清费减负力度，深入开展涉农、涉企、教育、机动车辆乱收费等专项治乱减负工作。加强会计监管力度，改变会计监督方式，提高监管覆盖面和检查效率。

浙江省第十一届人民代表大会财政经济委员会关于2008年全省和省级预算执行情况及2009年全省和省级预算草案的审查报告

（2009年1月19日浙江省第十一届人民代表大会第二次会议主席团第三次会议通过）

浙江省第十一届人民代表大会第二次会议审议了省财政厅受省人民政府委托提出的《关于2008年全省和省级预算执行情况及2009年全省和省级预算草案的报告》。财政经济委员会根据代表们的审议意见进行了审查。现将审查结果报告如下：

一、2008年，我省各级政府和财税部门以科学发展观为指导，积极贯彻国家宏观调控政策，认真执行省十一届人大一次会议决议，采取积极有效措施，进一步完善财政管理制度，加强收入征管，优化支出结构，较好地完成了预算任务，为全省经济建设、事业发展和社会稳定做了大量扎实有效的工作。预计全省和省级财政收支平衡。同时，预算执行中也存在部分市县财政收支矛盾突出，有的财政专项资金尚需有效整合，防范和化解财政风险的任务较重等困难和问题。对此，省政府和财政部门要予以高度重视，采取切实有效措施，严格财税管理，促进经济社会平稳较快发展。

二、财政经济委员会认为，省人民政府提出的2009年全省和省级预算草案，符合预算法等法律、法规的规定，收支安排积极稳妥，符合我省实际，措施是可行的。财政经济委员会建议，批准省人民政府提出的2009年省级预算草案，同意省财政厅受省人民政府委托提出的《关于2008年全省和省级预算执行情况及2009年全省和省级预算草案的报告》。

此外，本次会议还对省政府提交的25个省级部门预算草案进行了审查。财政经济委员会对省农业厅、科技厅部门预算草案进行了重点审查，审查情况报告附后。

三、2009年将是全省财政经济运行较为困难的一年。随着全球金融危机蔓延，对实体经济影响逐步加深，经济增速放缓已成为当前和今后一个时期经济运行中的主要矛盾，对财政收入的影响将日益显现。增值税转型改革、降低房地产交易税费、取消和停征部分行政事业性收费等政策的实施，都会不同程度地减少财政收入。同时，落实积极的财政政策、加强基础设施和民生工程建设、支援四川地震灾区重建，财政保民生、保稳定、促发展的任务繁重，减收增支的矛盾将十分突出。因此，必须清醒认识当前严峻的财政形势，增强忧患意识，牢固树立过紧日子思想，坚定信心，迎难而上，扎实做好增收节支各项工作，努力完成全年财政收支任务。根据代表们的审议意见，财政经济委员会建议：

（一）落实积极的财政政策，促进经济平稳较快发展。加大“三农”投入，保证各级财政对农业投入增长高于经常性收入增长幅度。积极筹措资金，支持政府主导的重大基础设施和民生工程建设。调整和优化财政支持经济发展的政策措施，着力推动科技创新，促进产业转型升级，促进中小企业发展和外贸进出口的稳定增长，促进节能减排和循环经济发展，促进高新技术产业和现代服务业发展，切实提高公共投资的经济效益、社会效益和带动效应。

（二）狠抓增收节支，确保收支平衡。坚持依法治税，优化税收结构，增强地方财力。探索创新非税收入征收管理，增强政府统筹调控能力。调整优化财政支出结构，重点保障对农村建设、科教文卫、就业创业、社会保障和环境保护等民生领域的投入，加大对低收入家庭的补贴和救助力度。压缩机关公用经费，严格控制会议、出国等经费开支，坚持勤俭办事业，努力降低行政成本。

（三）加强财政监管，提高资金使用绩效。强化预算约束，落实预算责任，严格预算执行，切实维护预算的严肃性。进一步做好财政专项资金清理整合工作，有效整合资金用途相近的专项资金，及时清理长期未使用的沉淀资金，盘活财政专项资金存量。加强专项资金监管，确保专款专用。积极开展财政支出绩效评价和绩效审计工作，不断提高财政资金使用效益。加强政府性债务监管，防范和化解财政风险。

（四）深化财政改革，推进公共财政建设。继续推进部门预算、国库集中支付、政府采购等预算管理制度改革。完善转移支付制度，逐步扩大一般性转移支付，促进区域协调发展。探索建立国有资本经营预算，强化国有资产监督。健全预算编制、执行、监督“三分离”的预算管理体系，充分发挥公共财政职能，不断提高财政管理水平。

省委省政府重要财经文件

中共浙江省委 浙江省人民政府 关于认真实施“创业富民、创新强省”总战略 加快推进社会主义新农村建设的若干意见

(2008年3月12日 浙委〔2008〕25号)

根据党的十七大和省第十二次党代会精神，2008年我省农业和农村工作的指导思想是：高举中国特色社会主义伟大旗帜，以邓小平理论和“三个代表”重要思想为指导，深入贯彻落实科学发展观，全面实施“创业富民、创新强省”总战略，以推进城乡经济社会一体化发展为主线，进一步加大统筹城乡产业发展、统筹城乡创业就业、统筹城乡基础设施建设、统筹城乡社会事业发展和改善民生、统筹城乡综合配套改革的力度，着力推动欠发达地区加快发展和低收入农户奔小康，努力促进农业增产增效、农民增收致富、农村全面进步，推动我省社会主义新农村建设跃上新台阶。

一、创新农业发展方式，提升高效生态农业发展水平

1.确保粮食安全和“菜篮子”产品供给。按照稳定粮食种植面积，提高单产和总产量的要求，层层落实粮食工作市、县行政首长负责制，减少耕地季节性抛荒，制止全年抛荒。组织开展粮食优质高产竞赛活动，大力推广优质高产的良种良法。省里对早稻种植户实行普惠制补贴。各级要提高种粮大户直接补贴、良种补贴等标准，完善农机具购置和作业补贴政策，落实粮农农资综合直补和油菜种植补贴等政策。加大对粮食生产服务组织的扶持力度。全面实行水稻、油菜生产政策性保险。落实化肥、农药分级储备制度。继续实行稻谷最低收购价政策，提高“订单粮食”价外补贴标准，继续实行粮食预购定金政策。加强粮食物流体系建设，落实地方粮油储备等措施。强化“菜篮子”市长负责制，落实生猪、奶牛生产等扶持政策，加强生猪、蔬菜、禽蛋奶、水产品等规模化生产基地建设，完善猪肉应急供应保障制度。

2.优化农业产业结构。大力培育发展农业十大主导产业和新兴产业，科学编制农业功能区规划，扎实推进农业特色产业强县强镇强村建设。调整优化种养业区域布局，实行人畜、村畜分离，大力发展农林牧结合的规模化生态畜牧业。整合财政支农专项资金，加快建设一批区域化布局、产业化经营、标准化生产的特色农业基地，配套推进农产品加工功能区和农产品物流基地建设。

3. 积极培育农业经营主体。大力扶持规模经营的专业大户、农民专业合作社和农业龙头企业发展壮大。各地要积极建立现代农业创业资金，金融机构要积极开办创业贷款，引导、支持和鼓励农业大中专毕业生、农村能人参与现代农业创业。实行浙江籍学生免费就读省内大中专院校、电大、农广校等种养专业政策。探索高等学校农林水专业学生毕业后到农村基层从事农林水专业工作达到一定年限后，由政府代偿国家助学贷款等政策。鼓励农民专业合作社投资建设农产品加工流通项目，并享受专业合作社有关优惠政策。继续引导工商企业投资高效生态农业。鼓励农业龙头企业推进科技创新，健全利益联结机制，发展跨区域经营，培育知名品牌，提高带动和竞争能力。企业从事种植业、养殖业、远洋捕捞和农林产品初加工业，可按规定免征减征企业所得税。落实畜禽饲养地、设施农业用地视作农业用地的政策和农产品批发市场用地按工业用地对待的政策。

4.推进农业科技创新。加快实施现代农业科技创新工程和农村科技推广工程。开展新农村建设科技示范县、示范乡镇、示范村试点。推进农业科技创新平台建设，深入实施种子种苗工程，组织开展农产品精深加工和系列开发、多功能农机装备与设施、现代农业节水节能节地等技术攻关，发展农业高新技术产业。大力推进农作制度改革和生产模式创新，重点推广设施农业、循环农业、精准农业、休闲农业、有机农业等高效生态模式。整合各级农技推广力量，建立健全省、市、县农技推广中心及分中心，全面推行乡镇责任农技员制度，充分发挥各级首席推广专家、责任农技员、农技指导员和科技特派员等的作用；鼓励高等院校、科研机构与各地联合兴办区域性农业科技研发推广中心和科技示范园区，努力构建农科教、产学研一体化的新型农技创新与推广体系。大力发展各类社会化农技服务组织。农业科技企业从事技术转让、培训、咨询、服务、开发业务所得的收入免征水利建设专项资金，农业技术推广项目免征企业所得税。各级都要加大对农业科技的投入，省里对农技推广相关资金进行整合，结合责任农技员制度的实施，实行推广项目到户到田(场)、责任到人的项目化管理。

5.加快农业标准化生产。大力推行农业产前产中产后全过程标准化，进一步加强农产品质量控制。加快农业标准制定，完

善农业标准体系。普及农业标准化知识,积极推进农业标准化生产示范园区建设,推广清洁、安全和节约的新型农作制度。改善农产品产地环境。切实加强农产品质量检验检测服务体系建设。建立健全农产品市场准入、质量可追溯制度和农业投入品管理制度。进一步抓好无公害农产品、绿色食品、有机食品认证工作。

6.推进农业服务创新。充分发挥“农民信箱”等信息化工具的作用,加强农产品产供销信息服务。大力培育农机、植保、农产品购销运等专业合作社和服务大户,提高农业生产和营销的组织化水平。支持和引导专业合作社的联合,组建农民专业合作社联合社。加快推进专业合作、供销合作、信用合作“三位一体”的农村新型合作服务体系试点。大力培育农产品现代流通体系,加快构建跨区域的农产品流通骨干网络,改造提升农贸市场,加大对农产品、农资等配送中心、连锁门店建设的扶持力度。农资连锁经营龙头企业视同农业龙头企业,享受有关优惠政策。进一步完善农产品运输“绿色通道”制度。

二、加强农业基础设施建设,改善农业生产条件

7.实施“千万亩标准农田质量提升工程”。按照确保300亿斤粮食生产能力和1500万亩标准农田数量的要求,严格落实耕地保护责任制,开展标准农田及地力状况调查。启动“千万亩标准农田质量提升工程”,各级都要加大对土地开发整理、农业综合开发和标准农田配套建设的扶持力度,继续实施“沃土工程”,通过提升土壤有机质、农艺修复、农牧结合等措施,增强农田地力。大力开展测土配方施肥,扶持有机肥生产和推广应用。

8.开展高效生态农业现代科技示范园建设。积极发展设施农业。结合农业主导产业的发展,引进消化吸收国内外先进设施、技术和标准,建设若干个高效生态农业现代科技示范园,发挥其在标准化生产、节水节地、中低产田改造利用、科技成果转化推广等方面的示范效应。各级财政要安排相应的高效生态农业现代科技示范园建设资金。

9.启动实施“强塘固房工程”。加大对水库、江塘、海塘等重点水利基础设施建设和农村危房改造的投入力度。按照三年内基本完成病险水库除险加固任务的要求,加快实施“千库保安工程”。抓好山塘整治,大规模开展农田水利基础设施建设。加快“百亿水资源保障工程”等骨干水利工程建设。深入实施“千万亩十亿方节水工程”,加大灌区节水改造力度,大力推广微喷灌等先进技术。抓好山区小流域综合治理和地质灾害防治,引导受益群众参与水利建设和管理,健全水利基础设施维护管理长效机制。根据农房防灾能力普查和地质灾害隐患点普查成果,组织指导农村危房户开展房屋改造,加快建设农村避灾场所,探索引入市场机制强化农房建设管理和技术服务,不断提高农房的抗灾防灾能力。

10.加快标准鱼塘和标准渔港建设。抓好鱼塘改造,结合实用技术推广提高养殖水平。按照标准渔港建设规划,加快重点渔港防波堤、护岸、码头等公益性基础设施建设,对前期工作准备充分、自筹资金落实的渔港项目,省里优先立项扶持。全面实施海洋渔业船舶安全救助信息系统建设。积极组织开展渔船节能降耗工作。

11.大力实施农业机械化促进工程。加快推进粮油生产全程机械化,积极推广应用经济作物、养殖业和农产品贮藏加工机械。加快引进、试验和示范推广主导产业关键环节机械装备。贯彻落实农业机械化税费优惠政策,对农机作业服务项目免征企业所得税,对从事田间作业的拖拉机免征养路费,落实农机跨区作业免费通行政策。

12.加强林业生态建设。加强生态公益林建设管理,继续提高省补偿标准。深入开展公益林示范县创建活动。进一步完善对钱塘江源头等主要河流源头地区生态补偿的省财政转移支付政策。加快沿海沿湖防护林体系建设,重点抓好沿海岸基干林带、平原农区和城镇防护林网建设。开展“关注森林”活动,推动森林城市和森林城镇建设。继续实施“百万亩阔叶林发展工程”和“万里生物防火林带工程”建设。深入实施“兴林富民示范工程”,加快低产低效竹林改造和珍稀干鲜果、珍贵用材林发展,发展油茶产业,提升种苗、花卉产业。从2008年起,对林业生产经营者全额返还集体林育林基金和更新改造资金,具体办法由省财政厅、省林业厅另行制定。

三、支持鼓励农民创业,促进农村经济繁荣

13.深入实施中心镇培育工程。充分发挥中心镇在带动新农村建设中的重要作用,按照县(市)域总体规划和城镇功能定位,完善中心镇规划布局,促进农村产业和人口向中心镇集聚,把有条件的中心镇建设成为现代化小城市。按照节约集约利用土地原则,开展农村居民宅基地复垦置换城镇住宅试点,促进农民在中心镇安居创业。按照城镇社区的要求对城中村、城郊村进行整治。完善和落实强镇扩权政策,选择若干中心镇开展乡镇行政综合执法改革试点。研究制定中心镇基础设施配置标准,加快中心镇道路、供水、污水和垃圾处理等基础设施建设,改善中心镇的投资环境和人居条件,健全中心镇服务功能,促进供水、环卫、公交、卫生、文化等公共服务延伸到村。

14.提升乡镇企业和特色块状经济发展水平。鼓励乡镇企业推进技术创新、产品创牌,提升块状经济发展水平。企业与家庭工业户签订加工合同,经相关部门认定,支付的加工费计入企业生产成本。优化乡镇工业功能区的规划布局,加强基础设施建设,增强产业承载功能。进一步健全区域性专业批发市场功能,加强区域性科技研发中心建设,发挥行业协会的作用,提高中小企业的整体竞争力。积极发展“一村一业”、“一村一品”的特色村域经济。

15.加快发展来料加工业。把发展来料加工业作为农民就业和创业的重要途径,大力培育和扶持来料加工经纪人、专业村、重点企业,带动农户增收致富。来料加工经纪人的培训统一纳入各地农村劳动力培训工程。启动实施“百万妇女来料加工推进计划”,动员广大妇女积极参与和发展来料加工业。各级都要安排资金,专门用于扶持发展来料加工业。省财政重点支持欠发达地区发展来料加工业。

16.大力发展农家乐休闲旅游业和农村社区服务业。加大对农民发展农家乐休闲旅游业的扶持力度,加强对农家乐休闲旅游业的人员培训、规范管理,发展中介服务组织,开展农家乐经营户服务质量星级评定,不断提升农家乐休闲旅游业发展水平。积极发展商贸、保洁、保安、保健、养老、幼教等农村社区服务业。鼓励金融机构加大对农民发展农家乐休闲旅游业和社区服务业的信贷支持力度。

17.加强农民就业创业能力建设。深入实施"千万农村劳动力素质培训工程",把农民技能培训与职业教育、成人教育结合起来,使受训农民获得专业技能证书和学历证书。提高省财政对农民技能培训的补助标准,支持培训就业指导服务体系建设。实施"百万农村实用人才培养计划",重点培训种养能手、科技带头人、农村经纪人和专业合作组织领办人等,把一批有技术和经营特长的农村能人培育成为新的创业者。充分发挥职业学校、电大、农函大、农广校等在提升农民群众科技文化水平和文明素质中的作用。实施农村计划生育特殊家庭扶助制度。

四、深入实施"千村示范、万村整治"工程,进一步改善农村环境

18.全面推进村庄整治。以村内道路建设、饮水安全、垃圾集中处理、生活污水治理和卫生改厕项目为重点,全面推进村庄整治,抓好农村环境"五整治一提高工程",切实改善村庄环境。省有关部门要提出整治标准和要求,并与各市、县(市、区)签订项目实施责任书,确保完成年度村庄整治任务。各级都要增加对村庄整治建设的投入。强化农房规划建设管理,加强农房建设技术服务。

19.加强农村基础设施建设。统筹城乡基础设施建设,年内解决288万农村人口的饮水安全问题,新增城镇集中供水覆盖农村人口130万人,力争在两年内基本解决农民饮水安全问题;完成清水河道等建设2000公里;改建通行政村公路路基路面3500公里,提高农村客运通达率,建立城乡统一的客运管理体制。抓好畜禽养殖场污染治理,加快绿化造林、农村信息化等建设。继续推进新农村电气化建设,全面改造村级电网,提高农村供电可靠性和供电质量。探索农村基础设施管理养护的长效机制,确保安全、有效运行。探索建立"统一领导、分级管理,以县为主、乡村尽责"的农村公路养护体制,落实各级农村公路养护资金。

20.加快农村新社区建设。按照县市域总体规划、村庄布局规划与土地利用总体规划相衔接的要求,做好土地利用总体规划修编工作,加快中心村建设和城中村、城郊村、空心村改造,积极推进村庄整理和宅基地置换,鼓励建设多层公寓,引导农民向中心村集聚。适当提高对宅基地和村庄整理新增耕地指标的奖励资金标准。宅基地和村庄整理新增的非农建设用地指标,优先用于中心村建设。着力整合农村社区各类服务资源,建立农村社区公共服务中心,把一批中心村建设成为经济繁荣、服务完善、管理有序、文明祥和的农村新社区。

五、着力提高农村公共服务水平,不断改善民生

21.推进城乡教育均衡化。完善农村中小学空间布局,加快城市优质教育资源向农村配置,推进农村学前教育和高中段教育的高标准普及。提高义务教育阶段中小学校生均公用经费标准,免除城乡义务教育阶段学生课本费、作业本费和符合借读条件的农民工子女义务教育借读费。加强农村中小学校教师队伍建设,逐步提高教师待遇。继续加大对农村尤其是欠发达地区办学的支持力度,改善农村办学条件,探索优秀教师留农村机制。落实第二轮教育对口支援,完善城镇优秀教师支援农村教育的制度。

22.健全农村公共卫生服务体系。加快发展农村医疗卫生事业,促进城市医疗卫生资源向农村流动,健全城乡全覆盖的公共卫生服务体系。深入实施"农民健康工程",增加农民免费体检项目,提高体检经费补助标准。将乡镇中心卫生院和村卫生室分别改建成为乡镇卫生服务中心和村卫生服务站,实行乡镇中心对村站的一体化管理,省里对欠发达地区的乡镇中心和村站建设给予适当补助。加强农村卫生技术队伍建设,强化面向农村需要的全科医学教育,定向为农村培养医疗卫生人才。建立城乡医院对口支援、高中级卫生技术人员定期到农村服务的制度。建立农村责任医生制度。加强农村计划生育服务体系建设,稳定低生育水平。

23.健全农村社会保障体系。完善农村新型合作医疗制度,提高农村新型合作医疗筹资标准。全面实行参加农村新型合作医疗的人员门诊费用报销制度,适当提高住院医疗费用报销比例。加快推进职工养老、医疗等社会保险向农民工覆盖。探索开展个人缴纳、集体补助、政府补贴的规范化新型农村养老保险试点。完善被征地农民基本生活保障制度。进一步完善农村低保制度,确保应保尽保和应退尽退。被征地农民的土地全部被征收的,其基本生活保障水平应当与当地城市居民最低生活保障标准相适应。完善医疗救助制度。完善农村五保对象集中供养制度。加强农村"星光老年之家"建设,大力发展慈善事业。实施"农村住房解困工程"。实施"残疾人共享小康工程",在就业帮扶、康复、基本生活保障等方面对残疾人采取优惠扶持政策。

24.维护进城务工农民合法权益。大力推进城乡统筹就业,加强对农民工的服务和管理,积极推进居住证制度改革试点。严格执行最低工资保障制度,健全农民工工资正常增长和支付保障机制。鼓励有条件的地方和企业通过多种形式提供符合农民工特点的低租金住房,改善农民工居住条件。坚持以公办学校为主接收农民工子女就学。农民工输出地要为"留守儿童"创造良好的学习、寄宿和监护条件。

25.繁荣农村文化体育事业。全面实施农村文化建设十项工程,加强乡镇综合文化站和村文化室建设,深入开展"送文化"下乡,扶持农民自办文化活动。广泛开展"千镇万村种文化"活动,加大农村优秀文化遗产保护力度,提升农村文化队伍素质,推进文化示范村建设。加快推进新一轮广播电视村村通工程。抓好广播电视对农节目的制作和播出。大力支持农村文化产业发展,引导和鼓励社会力量投入农村文化建设。广泛开展农民小康健身活动。

六、全面实施"低收入农户奔小康工程",提高扶贫开发水平

26.落实低收入农户的帮扶责任。在全面开展低收入农户调查的基础上,按照"扶贫重心下移到村、扶贫对象明确到户"的要求,建立"一户一策"的帮扶机制,以市、县(市、区)、乡(镇)为责任主体,进一步落实各级各部门的扶贫工作责任制。省财政加大对欠发达地区实施"低收入农户奔小康工程"的扶持力度,省、市、县(市、区)有关部门对低收入农户集中村发展特色产业要明确任务、包干扶持。

27.推进下山脱贫。以高山远山区域、地质灾害隐患重点区域、重点水库库区为重点,加快推进下山脱贫,改善低收入农户生存发展环境。省里重点扶持的下山脱贫搬迁补助标准统一调整为5600元。各地要安排专项资金，落实搬迁小区建设用地指标。交通、水利、电力、通信、广电等有关部门要对搬迁小区的基础设施建设给予重点支持。抓好搬迁农户原宅基地的还耕还林，鼓励搬迁农户承包的土地、山林等资源以使用权租赁、转包、入股等形式进行流转。

28.开展小额信贷扶贫。建立扶贫小额信贷制度，由金融机构为低收入农户发展特色产业和下山脱贫提供小额信贷，省、市、县(市、区)各级财政给予相应支持。开展建立贫困村村级发展互助资金试点。

29.动员社会力量参与帮扶工作。继续实行省直单位、经济强县、经济强镇与欠发达乡镇结对帮扶的制度，帮扶举措要落实到村到户。各地要组织机关、事业单位和干部、职工分别与低收入农户集中村和低收入农户开展结对帮扶。广泛动员企业开展“村企结对”。进一步加大“山海协作”工作力度，促进资本与劳动力的双向对流。

七、增加“三农”投入，健全以工促农以城带乡长效机制

30.加大公共财政投入力度。不断提高公共财政用于农村的总量和比重。今年各级财政支农投入的增量要明显高于上年，固定资产投资用于农村的增量要明显高于上年，政府土地出让收入用于农村建设的增量要明显高于上年，耕地占用税新增收入主要用于“三农”，重点加强农田水利、农业综合开发和农村基础设施建设。各地预算安排的城市维护建设支出要确定部分资金用于乡村规划、基础设施建设和维护。推进支农资金的有效整合，提高使用效益。引导社会力量支持新农村建设，企事业单位通过公益性社会团体或县级以上人民政府及其部门向新农村建设中符合税法规定的公益性项目捐赠建设资金，在不超过其年度利润总额12%的部分，可以税前扣除。

31.加大金融服务“三农”的力度。采取多种措施支持农村合作金融机构发展，充分发挥其在农村信贷资金供给中的主力军作用。农业发展银行要积极拓展支农业务范围，国家开发银行要积极参与新农村建设，邮政储蓄银行要通过多种方式扩大涉农业务范围，各商业银行要有效增加支农信贷投入。积极培育小额信贷组织，鼓励发展信用贷款和联保贷款，逐步发展农村金融互助组织。通过批发或转贷等方式，解决部分农村合作金融机构资金来源不足问题。建立健全农村信用担保体系，大力推进农村贷款担保方式创新，扩大有效抵押品范围，增加农村信贷资金供给。继续推行小企业贷款风险补偿制度，尽快建立农业贷款风险补偿制度。建立健全社会信用评价体系，广泛开展信用乡镇、信用村、信用户评定。积极开展林权抵押贷款试点。在全省全面推开政策性农业保险，适当增加保险品种，提高财政补贴标准。继续实行政策性农村住房保险制度和渔船保险制度。继续支持农村互保组织发展。

32.坚持和完善农村基本经营制度。稳定土地承包关系，加强土地承包规范管理。按照“依法、自愿、有偿”的原则，健全土地承包经营权流转市场，发展和规范土地流转中介服务组织，大力鼓励多种形式的土地适度规模经营。全面推进集体林权制度改革，稳步推进国有农林场改革。

33.深化农村土地征收制度改革。进一步完善土地征收补偿安置机制，提高征地补偿标准，切实保障农民土地权益。探索和规范农村集体非农建设用地使用权流转办法。

34.开展统筹城乡发展综合配套改革试点。在嘉兴市和义乌市开展统筹城乡发展综合配套改革试点，推进城乡发展规划、产业布局、基础设施、公共服务、劳动就业、社会管理等方面的一体化，为加快消除城乡二元结构、缩小城乡差距等探索路子提供经验。深化农村综合改革，加快转变乡镇政府职能，抓紧清理乡村债务，重点推进农村义务教育历史债务化解工作。建立完善农民负担监督管理长效机制，确保农民负担继续减轻不反弹。

八、加强农村民主政治建设，提高农村社会管理水平

35.加强农村基层组织建设。继续深化农村党的建设“三级联创”活动，不断推进“先锋工程”建设。着力做好村级组织换届工作，努力建设一支高素质的社会主义新农村建设带头人队伍。加强以村党组织为核心的村级组织配套建设，健全基层党组织领导的充满活力的基层群众自治机制，保障农民群众的知情权、参与权、表达权、监督权。继续从优秀村干部中考录乡镇公务员。大力推进农村党员干部现代远程教育工作，切实抓好建制村站点全覆盖建设。全面开展农村基层干部新一轮大规模培训活动，提高农村基层干部整体素质。全面开展“百厅千局万企联村”活动，建立健全城乡党的基层组织互帮互助机制。完善农村工作指导员制度，建立乡镇专职驻村指导员队伍。建立农村基层党建工作经费保障机制，健全并落实村干部误工报酬和村级组织运转经费保障制度。

36.发展壮大村级集体经济。积极探索壮大村级集体经济新路子，落实集体非农建设留用地政策，大力发展物业经济。继续推进农村社区股份合作制改革。加强村级集体资产管理和财务监督管理。加大对集体经济薄弱村的帮扶力度，增加薄弱村村干部误工报酬，激励农村基层干部为民服务、创业富民。

37.加强农村社会治安综合治理。加强基层平安建设，广泛深入地开展农村普法教育，增强农民的法制观念，提高农民维护合法权益和依法履行义务的自觉性。强化农村交通安全管理。切实加强农村消防、森林防火、海上渔业安全等工作。加强农村警务工作，扎实推进农村社会治安综合治理，确保农村社会和谐稳定。

九、加强党对新农村建设的领导，提高统筹城乡兴“三农”的能力

38.毫不松懈地抓好农业农村工作。深刻认识“三农”工作面临的新形势新任务，切实把解决好“三农”问题作为全省工作的重中之重，不断强化对农业和农村工作的领导。进一步加强农村工作综合部门建设，充分发挥综合协调、指导服务的职能。进一步明确各级部门的服务农村职能，充分发挥工青妇等群团组织的作用，合力推进新农村建设。

39.不断加强工作作风建设。各级党委、政府及其领导干部要牢记和发扬“两个务必”的优良传统，巩固和发展“作风建设年”活动成果，切实增强为“三农”服务的自觉性和责任感，进一步转变工作作风，在支农扶农中树新形象、创新业绩。完善考核制度，加强对新农村建设的督查考核，确保各项政策措施落到实处。

40.营造全社会参与支持新农村建设的氛围。各行各业要发挥各自优势，积极参与支持新农村建设。各级党委、政府及有关部门要采取政策支持、舆论宣传、荣誉激励等形式，引导社会各方对新农村建设结对帮扶、捐资捐助和智力支持。各级党委宣传部门和新闻单位要以开展党的十七大精神主题宣传教育活动为契机，大力宣传在新农村建设中创业创新的先进典型和模范人物，努力营造全社会支持新农村建设的浓厚氛围。

中共浙江省委 浙江省人民政府
关于进一步做好支援四川抗震救灾工作的通知

（2008 年 5 月 20 日 浙委〔2008〕56 号）

各市、县（市、区）党委和人民政府，省直属各单位：

5 月 12 日四川汶川发生特大地震灾害，给灾区人民生命财产造成了严重损失。党中央、国务院高度重视，紧急部署，号召举全国之力抗震救灾。按照党中央、国务院的部署和要求，省委、省政府及时研究部署，精心组织安排，广泛动员全省各方面力量抗震救灾，各项支援灾区工作正在有力有序有效进行。当前，抗震救灾工作处于关键时期，面临繁重艰巨的任务。根据省委常委会议研究的意见，现就进一步做好支援四川抗震救灾工作通知如下：

一、进一步加强对支援抗震救灾工作的组织领导。各地各部门要牢固树立“全国一盘棋”的观念，切实把支援四川抗震救灾作为一项重大政治任务和当前的头等大事，摆上重要议事日程，全力以赴支援灾区抗震救灾和灾后重建。省委、省政府决定成立支援四川抗震救灾工作领导小组，由省委书记赵洪祝任组长，省委副书记、省长吕祖善任常务副组长，省委常委、常务副省长陈敏尔和副省长陈加元任副组长。各市、县（市、区）也要成立相应机构，加强领导，统筹协调，努力把支援灾区工作做得更加扎实有效。

二、进一步落实支援抗震救灾的各项措施。各地各部门要坚持一切为了灾区，全力支援灾区，努力做好支援灾区的各项工作。一要继续做好抗震救灾物资筹集、生产和运输，尽最大努力满足灾区要求，做到灾区需要什么，就尽最大努力提供什么。当前，尤其要抓紧组织落实帐篷、活动板房等救灾物资的筹集和生产，并以最快速度送往灾区，帮助灾区解决燃眉之急。二要切实加大捐赠工作力度，利用各种形式开展捐赠活动，多渠道、全方位募集救灾资金和物资。充分发挥我省民营经济发达的优势，引导民营企业家和在外浙商勇担社会责任，积极捐款捐物。三要按照中央统一安排，及早做好支持灾区生活安置、恢复重建等工作，做到立足当前、着眼长远，在人力、物力、财力等方面提供更多的帮助。特别要认真负责地做好对四川广元市的对口支援工作。四要把奥运火炬传递和支援抗震救灾结合起来，积极开展捐款、献血等活动，努力营造“圣火传递温暖、奥运凝聚关爱、浙江支援四川”的浓厚氛围。

三、进一步发挥各级党组织和党员干部的作用。抗震救灾是对党组织和党员干部最现实最直接的考验。各级党组织要认真贯彻落实 5 月 19 日召开的中央党的建设工作领导小组会议精神，充分发挥领导核心作用和战斗堡垒作用，继续动员社会各界力量向灾区伸出援助之手，帮助灾区群众渡过难关。同时，要竭诚关心我省赴灾区救援人员的家庭困难，努力为他们解决后顾之忧；认真做好灾区在浙工作、生活和学习人员的安抚和救助工作，尽可能地为他们提供帮助。各地各部门党政主要领导要以身作则、身先士卒，亲自部署、亲自督促检查，切实抓好本地本部门各项支援灾区工作。广大党员干部要心系灾区群众，带头发扬“一方有难、八方支援”的精神，在支援灾区工作中充分发挥先锋模范作用。

四、进一步加大对支援抗震救灾工作的宣传力度。各级宣传部门和新闻媒体要按照中央和省委的要求，认真做好抗震救灾宣传报道工作，加强正面舆论引导，大力宣传党和政府对抗震救灾作出的一系列科学决策，大力宣传万众一心、共克时艰的社会主义协作精神，大力宣传军民团结、共渡难关的鱼水深情，大力宣传我省支援四川抗震救灾的先进典型和感人事迹，努力营造团结一致、众志成城、不畏艰辛、奋力拼搏、无私奉献的良好氛围。

五、进一步加强我省防灾减灾和应急救援准备工作。各地各部门要坚持以人为本、科学防御，加快实施“强塘固房”工程，扎实做好防汛防台抗旱各项工作。加强防灾减灾基础设施建设，完善应急管理体系和工作机制，不断提高应对和防范各类自然灾害的能力。加强对台风、洪涝、雷电和地质灾害等自然灾害的危害性宣传，最大程度地普及防御和救灾知识，提高全民的灾害防范意识和避灾自救能力。

六、进一步做好当前经济社会发展各项工作。各地各部门要以支援四川抗震救灾为动力，深入贯彻落实科学发展观，认真实施“创业富民、创新强省”总战略，扎实推进我省改革发展稳定工作。要以纪念改革开放 30 周年活动为契机，大力弘扬浙江精神，全面推进经济、政治、文化、社会等领域的各项改革。加快转变经济发展方式，积极推进产业转型升级，确保我省经济健康稳定运行。坚持把维护稳定作为第一责任，着力保障和改善民生，妥善处理人民内部矛盾，努力促进社会和谐稳定。广大干部群众要立足本职岗位，争创一流业绩，以推动我省经济社会又好又快发展的实际行动，支援灾区抗震救灾，为全国大局多作贡献。

浙江省人民政府
关于下达2008年浙江省国民经济和社会发展计划的通知

(2008年2月19日 浙政发〔2008〕11号)

各市、县(市、区)人民政府,省政府直属各单位:

2008年浙江省国民经济和社会发展计划已经省十一届人大一次会议审议批准,现印发给你们,请认真组织实施。有关专业计划由省发改委另行下达。

2008年是全面贯彻党的十七大和省第十二次党代会精神的第一年,是改革开放30周年。做好今年工作,保持经济社会发展的良好势头,具有十分重要的意义。今年的经济社会发展工作,要按照省十一届人大一次会议的要求,进一步贯彻落实科学发展观,坚决执行中央宏观调控政策,认真实施"创业富民、创新强省"总战略,深入推进"全面小康六大行动计划",着力推进自主创新和结构调整,着力深化改革和扩大开放,着力统筹城乡和区域发展,着力加强节能减排和环境保护,着力促进改善民生和社会和谐,努力实现全省经济社会又好又快发展。

2008年我省国民经济和社会发展主要预期目标是:

——生产总值增长10%以上,其中:第一产业增加值增长3%,第二产业增加值增长12%,第三产业增加值增长13%;

——全社会固定资产投资增长10%;

——社会消费品零售总额实际增长12%以上;

——外贸出口总额增长15%以上;

——地方财政收入增长12%;

——研究与试验发展经费支出占生产总值比例达到1.6%以上;

——单位生产总值能耗下降4%以上,化学需氧量、二氧化硫排放量均下降3%左右;

——城镇居民人均可支配收入实际增长7%,农村居民人均纯收入实际增长7%;

——居民消费价格总水平涨幅控制在4.2%以内;

——城镇新增就业65万人,城镇登记失业率控制在4%以内;

——人口自然增长率控制在6.2‰以内。

按照上述要求和目标,各地、各部门在今年计划安排和组织实施过程中,要切实做好以下几个方面的工作:

一、努力促进经济发展方式加快转变

推进自主创新。进一步完善区域创新体系,强化企业技术创新主体地位,加大政府扶持力度,引导创新要素向企业集聚,鼓励企业加强研究开发和科技成果转化。综合运用财税、金融等政策手段,加快建设"六个一批"创新载体、公共科技基础条件平台、行业和区域创新平台,深化产学研合作,组织实施一批重大科技专项和重点科技项目。加大知识产权创造、应用和保护力度,强化自主品牌和标准化建设。深化科技管理体制改革,加强科技发展战略研究。加大对创业风险投资的支持,加快发展技术市场和科技中介服务,鼓励中小企业特别是科技型企业自主创新。积极培养和引进各类创新人才,改革人才评价、职称评定和岗位聘用制度,完善技术要素参与股权和收益分配政策,注重培养一线创新人才,努力营造创新人才脱颖而出、各尽所能的良好环境。

加快产业结构优化升级。着力提高环杭州湾产业带发展水平,大力推进温台沿海和金衢丽高速公路沿线产业带建设,推动基础设施完善和产业集聚提升。加快建设先进制造业基地,继续实施"958"行业龙头企业技术赶超计划和技术改造"双千"工程,努力提升传统产业,积极发展装备制造业,提升高新技术产业规模和层次,推动块状经济向现代产业集群转变。进一步发展建筑业。加快企业信息化建设。把发展服务业放在更加突出的位置,健全工作机制,制定政策措施,大力发展金融、物流、软件、创意、会展、咨询等生产性服务业,积极发展空港经济。进一步改善消费环境,扩大旅游、通信、文化、健身、休闲等消费,形成服务业新的增长点。加强都市经济圈和城市群规划建设,提高中心城市综合服务功能。制定实施港航强省建设规划,加快完善港口布局,推进宁波—舟山港一体化,研究组建全省港口联盟,健全集疏运体系。合理开发和利用海洋资源,加强标准渔港建设,积极发展临港型产业、现代渔业和海洋新兴产业。

加强资源节约和环境保护。强化节能减排工作责任制,完善和落实节能减排统计、监测和考核体系。严格执行能效标准和环保标准,加快淘汰电力、钢铁、建材、造纸等行业的落后产能。深入开展十百千节能行动,突出抓好重点行业、重点企业节能减排,推进建筑节能、交通节能和公共机构节能。制定实施循环经济试点省建设方案,继续实施循环经济"991"和工业循环经济"4121"示范工程,推广应用节能环保新技术和先进管理模式。启动"811"环境保护新三年行动,狠抓流域水污染等重点环境问题整治。加快燃煤电厂二氧化硫脱硫改造进度,控制污染排放。加快太湖流域城镇及钱塘江流域临江城镇等污水处理设施建设,抓紧生活污水处理厂配套管网建设。加强农业农村面源污染防治,抓好大气、土壤、近海和辐射环境污染综合整治。推进水土流失治理、湿地保护和重点生态公益林、沿海防护林建设,组织实施生态修复工程。探索合同能源管理、排污权交易等市场化新机制。落实最严格的土地管理制度,加强耕地保护,加快编制新一轮土地利用总体规划,切实推进节约集约利用土地,科学有序推进滩涂围垦和低丘缓坡综合开发,完善工业用地招标拍卖挂牌出让制度,鼓励建设多层标准厂房和"零增地技改",切实提高土地利用效率。开展资源节约与环境保护全民行动,使节约环保成为每个企业、单位和家庭的自觉行为。

二、着力提高统筹城乡和区域协调发展水平

加快社会主义新农村建设。把发展现代农业、繁荣农村经济放在首位，促进农业增产增效、农民增收致富。落实粮食行政首长分级负责制，在稳定播种面积基础上主攻粮食单产，加大对粮食生产扶持力度，确保粮食安全。抓好"菜篮子"产品生产，保障主要农产品基本供给。加快培育专业大户、农业龙头企业等现代农业生产经营主体，扶持农业主导产业发展，完善农业产业化经营机制。加强以标准农田为重点的农业基础设施建设。大力推进科教兴农，实行责任农技推广制度，加强动植物疫病防控，促使绿色安全等农业技术进村入户。实施"千村示范、万村整治"等工程，重点解决农村安全饮水、道路交通、治污保洁等问题，加强电网、通信、广播电视和商贸流通等设施建设，改善农村基本生活条件。加强农村职业教育，开展农民"双证制"教育培训和预备劳动力技能培训。健全村民自治机制。巩固和完善支农惠农政策，各级财政支农资金投入的增量要明显高于上年，政府固定资产投资和土地出让收入用于农村的增量也要明显高于上年，让农民群众得到更多实惠。

支持欠发达地区加快发展。按照主体功能区规划要求和基本公共服务均等化原则，完善欠发达地区发展的扶持政策和机制，加大财政转移支付力度，优先支持欠发达地区基础设施、社会发展等项目建设，支持欠发达地区发展特色产业和生态经济。继续实施山海协作工程，重点在产业发展、社会事业、人力资源开发等领域开展合作与帮扶，健全教师、医生等专业人才交流任职制度，促进欠发达地区人口内聚外迁、合理流动。扩大江河源头地区生态保护财政专项补助试点，逐步完善生态环境补偿机制。加大革命老区、少数民族地区、偏远海岛和贫困山区扶贫开发力度。以欠发达地区为重点推进低收入农户奔小康工程，全面建立低收入农户档案，抓好低收入农户集中村结对帮扶，推进地质灾害隐患点、高山远山村等农户下山搬迁，采取扶贫小额信贷、劳动力转移培训、社会救助等措施，进一步使扶贫工作取得实效。

三、深入推进经济体制改革和对内对外开放

深化经济体制改革。统筹推进重要领域改革攻坚，抓好一批综合配套改革试点。继续优化民营经济发展环境，引导民营企业推进制度、技术和管理创新，进一步打造"浙商"品牌。深化国有企业改革，推动资产重组和股权结构优化，完善法人治理结构，健全激励、约束与监督机制。积极发展和利用资本市场，支持企业境内外上市，加强对"三农"和中小企业金融服务。着力推进土地、水、电、劳动力等要素市场化配置改革，积极开展排污总量控制和排污权交易制度改革。进一步深化教育、文化体制、收入分配制度改革，积极推进医疗卫生体制改革。稳妥推进居住证制度改革，优化外来务工人员的就业和创业环境。进一步扩大县级政府的管理权限，开展中心镇执法体制改革试点。深化审批制度改革。加强和规范新开工项目管理，完善投资管理体制。进一步推进破解城乡二元体制的改革，促进城乡经济社会发展一体化。扩大支农资金整合改革试点。积极扩大政策性农业保险试点，进一步完善政策性农村住房保险制度。推进企业和个人信用体系建设，促进行业协会和市场中介组织健康发展。

提高对内对外开放水平。健全对外开放服务平台，提升开发区、保税区和出口加工区发展水平，推进保税港区、"区港联动"等规划和建设，发挥国际贸易会展功能，完善大通关体系。切实转变外贸增长方式，积极培育国家级出口基地，扩大具有自主知识产权的产品出口。大力发展服务贸易，推进服务外包产业基地建设。促进加工贸易转型升级。鼓励进口先进技术装备和大宗资源产品。健全对外贸易、产业损害等监测预警和应对机制。深化选商引资、"以民引外"，大力引进先进技术、管理经验和高素质人才。鼓励民营企业在研发设计、生产销售、资源利用等方面开展国际化经营，积极创建境外经贸合作区。加强外事、侨务工作。围绕基础设施、科技创新、市场准入、环境保护等重点领域，深化与沪苏合作。做好参与上海世博会相关工作。促进与中西部地区和东北地区的互动发展，做好对口帮扶工作。继续深化与港澳台的合作和交流。

四、切实加强重点项目建设

抓好以"三个千亿"工程为主体的重点项目建设。深入实施"十一五"重大建设项目规划，以"三个千亿"("千亿基础网络"、"千亿惠民安康"、"千亿产业提升")工程为主体推进一批重点项目建设，保持投资适度增长，着力优化投资结构。加快高标准铁路客运专线、城际轨道交通、航空枢纽港等规划和建设，完善高速公路网络，提高干线公路通畅水平和农村公路通达深度。加快电网建设与改造，推进重点电源和天然气项目建设，健全石油、煤炭等能源储运体系，开发利用清洁能源和可再生能源。实施水资源保障百亿工程，加快浙东、浙北等引水项目建设进程，推进城乡一体化供水。完善通信网络、"数字城市"等信息基础设施。加强防汛防台、城市防洪排涝等设施建设和管理。加大新农村建设、欠发达地区、海岛地区和社会发展以及生态环境等惠民方面的投资力度。大力推进高新技术产业、传统产业改造、临港产业、装备制造业和现代服务业等一批产业提升项目的实施。

完善重点项目推进机制。着力破解土地、资金等要素制约，尤其要加强对重点项目征地拆迁、政策处理工作的协调和指导力度，引导银行贷款向重点项目倾斜。进一步完善重点项目推进机制，以落实"四制"(项目法人制、招标投标制、工程建设监理制、合同管理制)和"四控制"(质量控制、进度控制、投资控制、安全控制)为突破口，提高重点项目建设的规范化、科学化、法制化管理水平。加强重点建设质量、安全监管，开展重点工程专项检查，加大督查考评力度，落实奖惩措施，健全激励约束机制，推动重点项目的组织实施。

五、加大社会主义和谐社会建设力度

大力发展社会事业。坚持优先发展教育，加大义务教育保障力度，进一步加强农村基础教育，制定落实化解义务教育债务的措施。研究制定农村教师队伍的激励政策，着力提高教师素质。健全扶贫助学体系，落实和完善农民工子女接受义务教育的各项政策。大力发展职业教育，优化专业设置和课程结构，加强实训基地建设。加快高等教育改革和发展，加强重点学科建设。研究制定促进学前教育发展的政策措施。鼓励和规范社会力量兴办教育。深入实施农民健康工程，完善农村和城市社区卫生服务网络，加强基层卫生技术人员培训。抓好重大传染病预防控制工作。扶持中医药事业发展。积极构建公共文化服务体系，推进文化建设"八项工程"和新农村文化建设"十项工程"。开展"全民健身与奥运同行"主题活动，努力提高竞技体育水平，做好参加北京奥运会、残奥会的各项工作。继续稳定低生育水平，实行免费婚检和免费孕前优生检测，提高出生人口素质，综合治理出生人口性别比和流动人口生育率偏高问题。

加强就业和社会保障。贯彻实施就业促进法和劳动合同法，推进城乡统筹就业，建立城镇零就业家庭动态帮扶长效机制，全面加强农村低保家庭就业援助，开展对大中专毕业生、复退军人的就业服务。研究制定鼓励自主创业的政策措施。加强和改进劳动合同管理，大力推进工资集体协商，规范企业工资支付。以“五费合征”为抓手，扩大社会保险覆盖面。完善职工基本养老保险制度，夯实缴费基数，逐步做实个人账户。稳步开展农村养老保障试点工作。全面推进城镇居民基本医疗保险，继续提高新型农村合作医疗保障水平，确保所有市县建立覆盖城乡居民的医疗保障制度。妥善解决城镇部分破产、关闭企业未参保职工的养老、医疗保障问题。完善最低生活保障制度，健全分层分类救助办法。巩固和完善农村“五保”和城镇“三无”对象集中供养、被征地农民基本生活保障等制度，研究制定独生子女伤残和死亡家庭扶助政策。健全城镇住房保障体系，合理调整住房供应结构，加大廉租住房保障力度，改进和规范经济适用住房政策，多渠道改善农民工居住条件。实施农村住房解困工程。推进新型社会福利体系建设，加强老龄工作，实施残疾人共享小康工程，积极支持慈善事业发展。做好维护妇女、未成年人合法权益的各项工作。抓好救灾工作，妥善安排受灾群众的生产生活。

切实维护社会稳定。实施塘固房工程，重点抓好海塘、江塘、山塘和水库除险加固工作，加强灾害频发地区民房的安全管理。研究制定重点市县地质灾害防治措施。严格安全生产责任制，加强道路交通、消防等重点行业和领域专项整治，全面开展隐患排查治理，切实预防和减少重特大事故的发生。继续整顿和规范市场经济秩序，强化以食品药品为重点的产品质量安全监管，开展农村小作坊、小餐饮等“十小”企业质量安全整治行动。完善突发公共事件应急机制，抓好“多员合一”的农村公共安全协管员队伍建设。创新社会管理体制，推进城乡和谐社区、和谐企业建设。进一步做好信访工作，强化对困难群众的法律援助，完善人民调解制度。加强国家安全工作。深入开展平安创建活动，夯实基层基础工作，强化社会治安综合治理，依法打击各类违法犯罪活动，进一步增强人民群众的安全感。

六、加强规划引导和经济监测预警工作

充分发挥规划的引导作用。大力推进“十一五”规划纲要及各专项规划实施，进一步落实环杭州湾、温台沿海、金衢丽高速公路沿线三大产业带规划年度实施计划。开展“十一五”规划纲要中期评估。加快推进主体功能区规划编制工作，引导形成主体功能定位清晰，人口、经济、资源环境相互协调，公共服务和城乡人民生活水平差距不断缩小的区域协调发展格局。创新规划综合管理和衔接协调的体制机制，推进规划工作法制化，逐步形成以国民经济和社会发展规划为依据，以主体功能区规划为基础，以城乡规划和土地规划为支撑的规划体系，促进全省经济社会全面协调可持续发展。

加强经济运行的监测预警和综合协调。完善月度、季度经济形势分析和重要情况报告制度，特别是对固定资产投资、房地产业、产能过剩行业、节能减排、物价、就业、收入分配等方面的变化趋势和突出矛盾，进行密切跟踪，加强调研，及时发现苗头性、趋势性问题并采取有效措施加以解决。制定和落实重要生产资料的储备、应急预案，重点做好有序用电工作。认真做好土地、资金等要素供给的综合协调。坚决落实国家价格调控各项政策措施，加强市场价格调控监管，严格控制政府定价和政府指导价的调整，对群众基本生活必需品适时进行价格干预，健全价格监测、预警和应急机制，努力保持重要消费品和服务价格基本稳定。完善和落实低收入群众价格补贴办法。

附件：2008年浙江省国民经济和社会发展计划主要指标（略）

中共浙江省委办公厅 浙江省人民政府办公厅关于在全省农村开展“千镇万村种文化”活动的意见

（2008年3月24日 浙委办〔2008〕23号）

在农村开展“种文化”活动，充分发挥广大农民群众在农村文化建设中的主体作用，丰富农民群众的精神文化生活，保障农民群众的基本文化权益，提升农民群众的文明素质，是新时期我省加快建设公共文化服务体系、加强农村社会主义精神文明建设的一项重要举措。经省委、省政府同意，现就在全省农村开展“千镇万村种文化”活动提出如下意见。

一、指导思想

开展“千镇万村种文化”活动，要以邓小平理论和“三个代表”重要思想为指导，以科学发展观为统领，深入贯彻落实党的十七大精神，紧紧围绕省委“创业富民、创新强省”总战略，坚持社会主义先进文化的前进方向，坚持以社会主义核心价值体系为根本，坚持以改革创新精神推进文化建设，紧密结合我省农村实际，着力发挥农民群众参与文化建设的积极性和创造性，着力增强农村文化的吸引力和内生力，着力形成加强农村文化建设的整体合力和长效机制，不断满足农民群众的精神文化需求，提升农民群众的文明素质，形成积极健康和谐的农村社会风尚，促进广大农民群众为加快建设社会主义新农村、共同创造美好生活而奋斗。

二、活动目标

力争通过5年的努力，形成一批组织有力、活动经常、设施齐全、特色鲜明的“种文化”活动先进乡（镇）、村，传承一批积淀深厚、内涵丰富、形式独特、群众喜爱的优秀传统乡土文化，培养一批源于民间、扎根农村、各具特色、各有专长的农村文体队伍和文化能人，使农村文体活动成为农民群众健康生活的重要内容，使农村文化阵地成为农民群众娱乐活动的主要场所，使农村文化生活成为农民群众素质提升的有效载体，努力在繁荣发展农村文化中加快建设乡风文明的社会主义新农村。

三、主要任务

1. 丰富农民群众文化生活。广泛开展各类适合农民群众参与、为农民群众喜闻乐见的农村基层文体活动。扩大农村文体活动覆盖面，为农民开展经常性文体活动搭建平台；注重提高农民群众参与农村文化建设的主动性、积极性，使他们真正成为农村文化建设的主体；关注欠发达地区农民群众文化生活，为他们参与各项文化活动创造必要条件。

2. 弘扬与传承优秀民俗文化。逐步建立民族民间文化传承基地、传统节日标志地和文化生态保护区，积极组织开展特色鲜明的传统文化活动。挖掘区域文化历史底蕴，梳理传统民间文化发展脉络，加强对优秀民俗文化传承人的培育，着力构建民间艺术资源保护体系，对濒临消失的传统民族民间艺术进行抢救性保护，对具有民族传统和地域特色的民间艺术和民俗表演项目进行合理开发。

3. 创作与传播大众文化产品。适应农民群众对文化生活的新需求，切实推进大众文化产品的创作生产和传播服务，为各类农村自办文化提供内容支撑。加强面向农村的现代文化娱乐产品的创作生产，提供一批内容健康、样式丰富、传播便捷的文化产品。加强面向农村的教育服务类文化产品的创作生产，把科学理论、政策方针、道德规范以及与农民群众生产生活密切相关的科学技术、卫生保健、经营管理等内容和知识融入文化产品之中，让农民群众在享受文化生活中接受思想教育和信息服务。

4. 培养农村文体队伍。重视培养乡(镇)、村文体工作者、民间业余文体队伍、民间文体爱好者，发挥他们在农村“种文化”活动中的骨干作用。根据农民群众的不同兴趣、爱好和需求，建立、培养和扶持各类农民业余特色文体团队和农村文化能人。通过基层文体骨干队伍的组织、传授、引导、带动，不断提升农民群众对文体活动的参与、鉴赏和创造能力。大力支持和扶持农民自办文化和自主开展文体活动，使农民自编自演、自娱自乐、自主参与的文体活动真正成为农民群众求知、求美、求乐、求健康的主要途径。

5. 培育科学健康的生活方式和文明和谐的社会风尚。注重培育新型农民，突出“种文化”活动的思想内涵，发挥文化感染人、引导人、教育人的功能，让农民群众在参与文化活动的过程中，潜移默化地接受教育、提升素质。结合实施农村文明素质工程、千万农村劳动力素质培训工程、科普惠农工程、体育健身计划、文明礼仪教育和农村乡风评议等载体，切实加强农民群众文化素质、文明修养和职业技能的教育和培养，提高农民群众的思想道德素质、科学文化素质和健康素质。

四、实施途径

1. 利用有效载体，丰富“种文化”活动内容。利用春节、元宵、清明、端午、重阳、中秋、国庆等传统、重大节日和各地农村的文化节、集市、庙会等特色节庆日，广泛开展花灯、龙舟、舞狮、舞龙等民间艺术和民俗表演活动，开展文艺演出、体育竞赛、科普宣传等特色文化活动，开展古镇游、生态游、农家乐等旅游文化活动，不断丰富农村文化活动载体，活跃农民群众文化生活。适时举办“浙江省农民文化节”等“千镇万村种文化”成果展示活动，推动各地“种文化”活动深入开展。

2. 加强培训辅导，培育“种文化”活动主体。围绕启发农民群众文化自觉、提高农民群众文化素养、激发农民群众参与文化建设的热情，大力开展各类文化培训辅导活动，不断提升农民群众组织和参与文化活动的能力。充分发挥县、乡(镇)基层文化馆(站)和基层体育、科普组织的服务指导作用，发挥农村文化示范户、科技示范户的示范引导作用，发挥回乡离退休干部、老教师和农村文体骨干、民间文化能人的传帮带作用，探索农村文化讲师团、农村文化指导员等文化下乡的新形式，组织农民群众参加各类辅导班、讲坛、讲座等文化培训活动，组建各类农民文体俱乐部、读书社、书画社、运动队等农村业余文体社团、队伍，培养各类能编会演、善于组织、热心传授、群众喜爱的乡土艺术家、文化能手和农村文化经纪人。

3. 开展结对共建，拓宽“种文化”活动渠道。按照政府主导、社会支持、农民主体的要求，整合各种资源，调动各方力量，开展多种形式的农村文化结对共建。发挥文联、社联、科协、体协等社团组织以及企事业单位、民间团体等社会力量的作用，运用文化信息、人才队伍、资金技术等方面的资源优势，把“送文化”与“种文化”有机结合起来，大力支持和参与农村“种文化”活动。把“种文化”作为各类城乡共建、文明创建、文化信息资源共享等活动的重要内容，拓宽“种文化”活动渠道，为农村文化的繁荣发展注入生机和活力。

4. 加强宣传推广，扩大“种文化”活动影响。发挥各级新闻单位的舆论引导作用，运用各类媒体，广泛开展宣传报道，反映农民群众的文化愿望，激发农民群众的参与热情，宣传农民群众“种文化”的生动实践，推广农民群众“种文化”的经验成果，树立“种文化”活动的先进典型，努力在全社会营造支持和参与“种文化”活动的良好氛围，不断扩大“种文化”活动的社会影响力。

五、工作要求

1. 加强领导，精心组织。各地各部门要充分认识“千镇万村种文化”活动的重要意义，把这项工作作为建设公共文化服务体系、提升农民文明素质、推进社会主义新农村建设的重要举措，摆上重要位置，切实加强领导，认真抓好落实，努力形成各级党委宣传部门牵头协调、各有关部门共同参与、全社会大力支持、农民群众发挥主体作用的“种文化”活动良好格局。建立全省农村“种文化”活动部门联席会议，由省委宣传部、省文明办牵头，省文化厅、省农办、省体育局、省新闻出版局、省广电局、省文联、省社联、省科协、团省委、省妇联、浙江日报报业集团、浙江广电集团等部门和单位共同参与，协调指导全省开展“千镇万村种文化”活动。省级各有关部门要发挥各自职能作用，制定工作计划，落实工作措施和工作责任，确保活动深入有效开展。各市、县(市、区)党委宣传部门要切实发挥牵头协调作用，根据实际组建相应活动组织，建立健全各项工作制度，发挥乡(镇)、村基层组织作用，扎实推进“种文化”活动。

2. 广泛发动，积极引导。始终把农民群众作为农村文化建设的主体，注重激发和保护广大农民群众开展文化活动、参与文化建设、享受文化生活的热情和愿望，广泛发动和组织广大农民群众参与到“千镇万村种文化”活动中来。加强宣传和引导，聚合和放大"种文化"活动的积极效应，增强农村群众参与"种文化"活动的积极性和主动性，使广大农民群众成为"种文化"活动的真正参与者和最大受益者。

3.结合实际，统筹安排。紧密结合各地农村实际，因地制宜地开展"千镇万村种文化"活动。当前，开展"千镇万村种文化"活动要与各地党委、政府贯彻落实党的十七大精神、推进新农村建设的中心工作、开展新农村建设主题活动结合起来，与各地保护和弘扬优秀传统文化的具体举措结合起来，与各部门在农村文化建设中的工作载体结合起来，充分调动和发挥各级各部门的积极性和主动性，整合各地各部门的工作资源，统筹安排，齐抓共管，形成工作合力。

4.加大扶持，健全机制。各地要加大公共财政对农村文化建设的投入力度，保障"种文化"活动的深入开展。各部门对欠发达地区农村"种文化"活动要有政策倾斜，为"种文化"活动创造良好条件。对活动中涌现出来的先进典型要进行表彰和奖励，不断把"千镇万村种文化"活动引向深入。

中共浙江省委办公厅 浙江省人民政府办公厅关于保障民安促进社会和谐稳定的意见

(2008年5月13日 浙委办〔2008〕40号)

为认真贯彻落实党的十七大和省第十二次党代会精神，深入实施"创业富民、创新强省"总战略，根据《中共浙江省委关于全面改善民生促进社会和谐的决定》和《浙江省社会治安综合治理条例》的规定，现就保障民安、促进社会和谐稳定提出如下意见。

一、总体要求和基本原则

1.总体要求。高举中国特色社会主义伟大旗帜，以邓小平理论和"三个代表"重要思想为指导，深入贯彻落实科学发展观，紧紧围绕"创业富民、创新强省"总战略，以维护人民利益为根本，以严格公正执法为核心，以化解社会矛盾为主线，以创新发展"枫桥经验"为抓手，全力维护社会和谐稳定，促进社会公平正义，扎实推进平安建设各项工作，努力把我省建设成为全国最平安的省份之一，为加快建设惠及全省人民的小康社会提供有力保障。

2.基本原则。坚持围绕中心、服务大局，正确处理改革发展稳定的关系；坚持党委领导、政府负责、社会协同、公众参与，形成各方齐抓共建的合力；坚持以人为本、服务群众，使人民群众共创共享平安成果；坚持统筹兼顾、标本兼治，着力解决影响社会和谐稳定的突出问题；坚持立足基层、夯实基础，筑牢维护和谐稳定的第一道防线；坚持解放思想、开拓创新，不断推进思路、举措、机制和载体创新，努力提高平安建设实效。

二、着力解决影响社会稳定的突出问题，保障人民群众生命财产安全

3.依法打击各类刑事犯罪活动。坚持"严打"方针不动摇，不断完善经常性"严打"工作机制，加大对治安混乱地区和突出治安问题的整治力度，严厉打击以黑恶势力为重点的有组织犯罪，以命案为重点的严重暴力犯罪，以抢劫、抢夺和入室盗窃为重点的多发性侵财犯罪，切实维护良好的治安秩序，增强人民群众的安全感。加大对各类经济犯罪特别是非法吸收公众存款、集资诈骗、传销等涉众型经济犯罪的打击力度，切实维护市场经济秩序。深入推进反腐败斗争，依法查办群众反映强烈、案件多发行业和领域的职务犯罪案件，严厉打击贪污贿赂、渎职、挪用公款等职务犯罪。

4.认真贯彻宽严相济的刑事司法政策。既要依法严厉打击严重刑事犯罪，增强打击的威慑力，又要着眼于促进社会和谐，重视依法从宽、依法从轻的一面，做到该宽则宽，当严则严，宽严相济，罚当其罪。规范、完善轻微刑事案件的和解制度，引导当事人尽可能以和解方式结案。重视刑事附带民事案件中民事部分的调解。对教育改造过程中主观恶性小、确有悔改表现的，及时依法减刑、假释，有效促进罪犯回归社会。认真总结社区矫正试点工作经验，强化工作保障，加快推进社区矫正工作。

5.建立完善社会治安动态防控体系。坚持专群结合、动静结合、人技物结合，完善社区群防、街面巡逻、重点部位监控和卡点堵截网络建设，大力发展多形式、多层次的群众性治安防范队伍。按照服务大局、联网运作、资源共享的要求，有效整合基层技防资源，力争2008年底前全省经济发达地区城区，2010年底前全省中心城镇、重点集镇、主要街区、繁华地段、公共场所和交通路口重点部位以及治安混乱地区全面建立治安动态视频监控系统。鼓励和引导企事业单位加强视频监控、自动报警等技防设施建设。各级财政都要按照规划，视财力可能，把治安动态视频监控系统建设经费列入预算。

6.有效预防和化解社会矛盾。创新发展"枫桥经验"，着力构建以人民调解为基础，人民调解、行政调解和司法调解相互衔接、相互补充的工作体系。建立健全重大决策、重点工程项目稳定风险评估机制，从源头上预防化解矛盾。健全矛盾纠纷预测预报、信息报送、督查指导、领导包案、责任查究等制度，采取定期排查、随机排查和专项排查等方式，认真落实省级每半年、市级每季度、县级以下每月集中开展一次排查的要求，及时掌握苗头，落实化解责任，认真加以调处。进一步完善预防处置群体性事件工作机制，推广重大群体性事件隐患"专案经营"机制，提高预警、控制和处置能力。

三、坚持严格公正文明执法，维护和促进社会公平正义

7.进一步加强执法规范化建设。坚持以规范促公正，大力加强执法责任体系、执法质量考评体系和执法监督体系建设，大力推进执法办案信息化，建立比较完善的执法规范化体系。坚持以整改促公正，继续抓住容易发生徇私枉法、权钱交易、侵犯当事人权利的岗位和环节，深入整改突出问题。坚持以监督促公正，注重加强对执法全过程的动态监督，进一步完善执法公开制度，完善行政执法与刑事执法相衔接机制，切实加强对执法过程的法律监督、社会监督、舆论监督和群众监督。

8. 着力解决"打官司难"、"执行难"、"维权难"等问题。加快立案接待大厅规范化建设，健全便民机制，优化司法服务，切实保障当事人依法行使诉讼权利。进一步创新和谐审判机制，通过规范自由裁量权行使、强化对合议庭的管理和监督、正确适用证据规则、实行判后答疑释理等，进一步提高办案质量。建立健全执行威慑、执行惩戒、执行协作等工作机制和网络，综合治理"执行难"问题。进一步完善司法救助制度，拓宽救助范围，扩大救助对象，增加救助资金，力求涉案困难群众及时得到救助。加强司法鉴定管理，提供优质司法鉴定服务。加强法律援助工作，规范律师收费。进一步加强涉法涉诉信访工作，落实包案化解责任，综合运用各种手段，做好息诉罢访工作。

9. 深入开展法制宣传教育。广泛开展多种形式的法制宣传教育活动，大力宣传和弘扬法治精神，扎实推进法制宣传教育进机关、进乡村、进社区、进学校、进企业、进单位，努力在全社会营造学法守法用法的氛围。加强基层和行业依法治理，深入开展"民主法治村(社区)"创建活动，不断提高基层依法自治水平。加大社会治安综合治理及平安建设宣传力度，不断创新平安建设宣传载体，努力提高人民群众维护社会治安、参与平安创建的积极性和主动性。

四、加强和改进社会管理，提高公共服务水平

10. 加强对流动人口等重点人群的服务管理。按照公平对待、搞好服务、合理引导、完善管理的要求，积极探索建立流动人口服务管理专门组织，加强组织协调，强化部门协作，实行综合管理。积极推进居住证制度改革，优化流动人口居住、子女教育、社会保障、医疗卫生等公共服务，切实维护流动人口合法权益。加强闲散青少年、流浪儿童以及服刑在教人员的未成年子女、农村留守儿童等人员的教育、管理、服务和救助等工作。进一步做好归正人员安置帮教工作，加强对监外执行罪犯的管理。深入开展"无毒社区"创建活动，按照规定建立美莎酮药物维持治疗点和永久性禁毒宣传教育基地。

11. 加强对网络安全和社会组织的管理。强化公安、国家安全、宣传文化、网络监管、信息产业等职能部门的协作配合，加强以互联网为重点的信息系统安全管理，强化安全技术措施，加大网上巡查力度。深入开展"文明办网、文明上网"活动，净化网络环境，努力营造文明健康、积极向上的网络文化氛围。坚持培育扶助与引导管理相结合，把各种社会组织纳入有序管理之中，特别要加强对新经济组织、新社会组织以及境外在浙社会组织、境外在浙非政府组织的管理。

12. 加强安全生产监督管理。认真落实安全生产责任制和事故责任追究制，强化企业主体责任和政府监管责任，加强基层基础工作，完善安全生产监管体系。深入宣传贯彻"安全第一、预防为主、综合治理"的方针，广泛开展安全生产隐患排查治理，加强应急救援和事故防范工作。继续深入开展道路交通、消防、危险化学品、渔业捕捞及海上运输、建筑施工和特种设备等重点行业、领域的安全专项整治，强化安全监管和行政执法，确保安全生产事故总数、死亡人数和直接经济损失三项指标继续保持零增长，并力争有所下降。

13. 建立健全公共安全应急管理机制。落实各类应急预案的宣传、演练和相关预防措施，切实提高应对自然灾害、事故灾难、公共卫生事件和环境安全等突发公共事件的能力。积极推进农村小作坊、小餐馆等"十小"行业质量安全整治和食品药品放心工程建设，加强食品、药品、餐饮卫生监管，确保人民群众饮食、用药安全，全面提升食品药品安全总体水平。加强环境治理保护工作，加快建设资源节约型、环境友好型社会。加强对重大节庆活动的安全管理。积极推进"数字城管"，运用现代化信息手段提高城市日常管理和应急管理水平。

五、严格实行领导责任制，把维护社会和谐稳定各项措施落到实处

14. 切实加强对维护稳定工作的组织领导。各级党委、政府要牢固树立发展是政绩、稳定也是政绩的观念，把促进改革发展与保持社会稳定有机结合起来，从指导思想、工作部署、物质投入等各个方面，落实改革发展稳定协调推进的要求。进一步健全党委定期分析社会稳定形势制度，及时研究解决工作中的重大问题。重视维护稳定工作专门机构建设，建立科学有效的领导体制和工作机制，形成维护稳定工作的合力。

15. 严格落实维护社会稳定工作责任制。认真落实社会治安综合治理责任制、安全生产责任制和信访责任制，切实把维护社会稳定的责任落实到各级各单位的主要负责人，列入年度工作目标考核。进一步发挥平安考核的导向作用，加大平安考核奖惩力度，注重考核结果的应用。切实增强法人的平安创建意识，落实法人的平安创建责任，通过签订责任状、加强日常检查指导等途径，一级抓一级，层层抓落实。

16. 继续推进平安基层基础规范化建设。以乡镇(街道)综治工作中心为平台，有效整合基层综治、信访、司法行政、调解、警务、流动人口服务管理、安全生产以及反邪教工作等社会管理组织资源，并将综治工作网络向村居、社区、学校、企业等基层单位延伸，努力做到组织建设网络化、机制建设系统化、硬件建设标准化、领导保障制度化和经费保障多元化。2008年底前，所有街道和中心镇的综治工作中心，以及属于省里要求建立的行政村、城市社区和规模企业综治工作室，都要达到规范化建设的标准；2010年底前，全省所有乡镇(街道)综治工作中心要达到规范化标准，村居、社区综治工作室要达到全覆盖，学校、企业等综治组织覆盖面进一步扩大。按照省里提出的建设标准和要求，县(市、区)、乡镇(街道)两级财政每年要安排计划，落实综治工作中心建设经费。

17. 切实加强基层政法综治组织建设。大力加强基层综治委(办)建设，配齐配强领导干部，配强专职综治干部，使其能够切实履行好牵头协调、组织指导、督促检查等职能。各级政法部门要以"两所一庭"建设为重点，从人员力量、组织网络、工作规范、条件保障、考核导向等方面进行统筹规划，不断深化公安机关"三基"工程建设、"三位一体"的检察基础建设、争创"模范五好法庭"活动、基层司法所规范化建设和国家安全人民防线建设，不断提高基层政法综治组织的活力和战斗力。

18. 加大对民安工作的经费保障力度。切实把平安建设、综合治理和维稳工作所需经费列入当地财政年度预算，并随着当地经济的发展和财力的增长而逐步增加，为平安建设提供物质保障。省财政每年安排一定的经费，加大对欠发达地区民安工作的财政转移支付力度。同时，要按照"谁受益、谁出资"的原则，通过受益单位出资、社会捐助、村级集体经济资助等多种途径，多渠道落实群防群治经费保障。

中共浙江省委办公厅 浙江省人民政府办公厅 关于2008年度改善民生促进社会和谐的实施意见

（2008年5月23日 浙委办〔2008〕44号）

关注民生、保障民生、改善民生，解决好群众最关心、最直接、最现实的利益问题，让全体人民共享改革发展成果，是贯彻落实科学发展观的具体体现，是构建社会主义和谐社会的基本要求，是实施"创业富民、创新强省"总战略的重要内容。根据《中共浙江省委关于全面改善民生促进社会和谐的决定》（浙委〔2008〕38号）精神，现提出我省2008年度改善民生促进社会和谐工作的实施意见。

一、努力扩大城乡就业

1. 继续实施积极的就业政策。按照《中华人民共和国就业促进法》的要求，建立健全就业登记和失业登记制度，进一步完善促进创业政策，积极开辟公益性岗位，足额安排就业专项资金，完善目标考核制度。全年实现城镇新增就业65万人，引导和帮助25万名城镇失业人员实现再就业，其中就业困难人员再就业6万人。全省城镇登记失业率控制在4%以内。

2. 完善就业援助制度。在继续做好"4050"、城镇零就业家庭、城乡低保户等就业困难人员就业援助工作的基础上，将就业困难人员对象范围扩大到长期失业人员、低保边缘户人员、需赡养患有重大疾病直系亲属的人员、农村复转军人和被征地农民中的就业困难人员。继续开展创建充分就业社区活动，在巩固成果的基础上，建立长效机制，确保城镇零就业家庭"出现一户、帮扶一户、解决一户"。对农村低保户人员普遍开展"送政策、送技能、送岗位"为内容的就业援助工作，使农村低保家庭有劳动能力和就业愿望的劳动力50%以上实现就业。

3. 加强就业技能培训。抓好下岗失业人员的再就业培训和创业培训，以培训促进就业，以创业带动就业。继续落实企业职工技能素质提升计划，提升在岗职工技能和素质。深入实施"千万农村劳动力培训工程"，抓好农民专业技能证书和学历证书培训，积极培育农村创业型人才，提高农民就业创业能力。积极开展跨区域的订单式异地培训，全省农民转移就业培训获证率达到80%，获证后转移就业率达到70%。

4. 加强公共就业服务。按照"中心城区有市场、主要乡镇有网点、街道社区有窗口"的目标，制定实施全省公共就业服务机构服务场所建设规划，通过3年努力，在全省全面建立城乡统一的人力资源市场。

5. 切实维护劳动者合法权益。进一步建立健全最低工资标准和职工工资正常增长机制，加快推进工资集体协商，使职工工资增长与企业效益增长相协调。认真贯彻实施《中华人民共和国劳动合同法》，推进各类企业与劳动者普遍依法签订劳动合同，维护劳动关系和谐稳定。加强按比例分散安排残疾人就业和集中安置残疾人就业单位的劳动监察，维护劳动者合法权益。对部分行业实施工资支付保证金制度，健全工资支付应急周转金制度，进一步完善解决企业拖欠工资问题的长效机制。

二、进一步完善社会保障体系

6. 扩大企业职工基本养老保险覆盖面。继续抓好基本养老保险扩面工作，全年新增参保人数60万人。根据国家统一部署，改革事业单位养老保险制度。

7. 加快推进城镇职工基本医疗保险制度改革。鼓励城镇个体劳动者和灵活就业人员依照相关政策参保，鼓励企业按现行规定将农民工纳入参保范围，全省新增城镇职工基本医疗保险参保人数60万人。

8. 加快建立城镇居民基本医疗保险制度。实现城镇居民基本医疗保险制度全覆盖，参保率达到60%，人均筹资水平提前两年达到国务院提出的工作目标。

9. 提高医疗救助水平。加大医疗救助资金投入，在确保原有救助对象的基础上，从2008年起，将年收入在低保标准150%以内的家庭纳入救助范围。全面推行门诊救助和住院定额救助，门诊救助和住院定额救助要与当地职工基本医疗保险、新型农村合作医疗和城镇居民基本医疗保险制度相衔接。

10. 全面实施工伤保险制度。贯彻执行农民工先行参加工伤保险等政策，加快推进建筑业等行业从业人员参加工伤保险，新增工伤保险参保人数200万人，实现全省工伤保险基本全覆盖。增加政府和企业职业病监管、防治经费投入，加强职业病防护，保障劳动者健康。

11. 加强城乡居民住房保障。城镇新增廉租住房受益家庭1万户以上，对经济欠发达地区，省财政给予适当补助；新开工经济适用房300万平方米以上；积极推行农房设计和农房建设第三方监管，完成农村困难群众危旧房改造1.6万户，解决1000户连家渔船渔民上岸定居问题，省财政给予一定补助。

12. 加强被征地农民基本生活保障。确保被征地农民基本生活保障的政府出资部分及时足额到位，使被征地农民的基本生活保障水平与当地城市居民最低生活保障标准相衔接。新增被征地农民实现即征即保。

13. 稳步开展农村养老保障制度试点。鼓励有条件的地区探索以农民缴费为主、政府补贴为辅、村集体经济组织给予补助,有一定统筹性质的农村社会养老保障制度,保障水平与当地农村经济社会发展水平相适应。

14. 完善最低生活保障制度。按照应保尽保、应补尽补的要求,进一步完善覆盖城乡的最低生活保障制度。健全低保标准动态调整和物价补贴机制,及时调整2008年度城乡低保标准,相应提高低保对象的实际救助金额。

15. 建立临时社会救助制度。对低保边缘困难群众和其他因突发性灾害、事故造成生活暂时困难的群众,各地要因地制宜地制订临时社会救助办法,合理划定救助范围,明确救助对象,安排好临时救助所需资金。切实加强灾民救助工作,确保灾民基本生活。着力做好生活无着的流浪乞讨人员救助工作,进一步加强对流浪未成年人的救助和保护,抓紧建设设区市流浪未成年人救助保护机构和设施。

16. 提高农村老党员、老游击队员、老交通员的生活保障水平。从2008年起,省财政对农村老党员、老游击队员、老交通员安排一定的医疗费补助,解决其就医难问题。

17. 全面落实供养政策。农村五保和城镇"三无"对象实现应保尽保、按标施保,集中供养率稳定在80%以上。

18. 发展城乡养老服务和儿童福利事业。建立和完善城市社区、居家养老服务网络,鼓励县(市、区)设立示范型城市社区居家养老服务中心。全面实施"农村老年福利服务星光计划",新建农村社区"星光老年之家"3000家以上。积极发展民办养老服务机构,对民办养老服务机构给予适当补助,加快推进养老服务社会化。加大对儿童福利机构的投入,加快实施"儿童福利机构蓝天计划",完成60%的设区市儿童福利机构新(改、扩)建任务。

19. 实施残疾人共享小康工程。积极帮扶残疾人康复,年内为贫困听力残疾人免费验配助听器21300台;为13200例贫困白内障患者免费施行复明手术;为2000名贫困低视力者免费验配助视器;为贫困下肢缺失者免费安装下肢假肢2000条。着力保障残疾人基本生活,对符合最低生活保障条件的城乡贫困持证成年重度残疾人给予单独列户施保,全额享受低保救助金,并落实2000名重度残疾人的托养任务。

20. 完善计划生育奖励扶助政策。农村现有一个子女和无子女的计划生育家庭,夫妇双方每人每年按不低于600元的标准享受奖励扶助金。根据国家人口计生委、财政部《关于印发全国独生子女伤残死亡家庭扶助制度试点方案的通知》精神,制定出台我省的实施办法,年内全面实施计划生育家庭特别扶助制度。

三、加大义务教育保障力度

21. 全面实施义务教育教科书免费制度。从2008年春季入学时开始,对全省城乡义务教育阶段学校中小学生,包括符合就读条件的外来人员子女,免费提供列入《浙江省中小学教学用书目录》的国家课程教科书、地方课程教科书。

22. 提高义务教育阶段学校日常公用经费标准。在2007年的基础上,进一步提高全省义务教育阶段中小学生日常公用经费标准。

23. 提高农村中小学爱心营养餐标准。从2008年秋季入学开始,适当提高"爱心营养餐"标准。加强对中小学食堂服务的管理,坚持学校食堂服务公益性原则,使财政的补助真正用于学生。

24. 免除义务教育阶段学校外来民工子女借读费。从2008年秋季入学起,免除符合入学条件的外来民工子女义务教育借读费。

25. 加强农村师资队伍建设。坚持因地制宜、分类实施、按需施教、学用结合的原则,采取多种形式开展农村教师培训,不断提高教师素质。

26. 加强农村小规模学校建设。从2008年开始,力争用两年时间,完成全省555所6个班规模以下农村小学(教学点)调整改造任务,促进城乡教育均衡发展。

四、改善医疗卫生服务

27. 加强公共卫生服务。落实公共卫生任务,建立城乡社区公共卫生项目管理制度,公共卫生项目任务落实率达到85%。增加公共卫生投入,城市、农村分别安排城乡社区公共卫生服务经费。健全社区卫生服务网络,90%以上的县(市、区)完成城乡社区卫生服务规划,年内力争城乡社区卫生服务中心设置数达到规划设置数的90%,社区卫生服务站设置数达到规划设置数的60%。新建乡镇国民体质监测站100个。

28. 巩固完善新型农村合作医疗制度。全省新型农村合作医疗参合率稳定在90%以上,所有县(市、区)人均筹资标准达到100元以上。开展第二轮全省参合农民健康体检,适当提高健康体检经费标准,增加乙型病毒性肝炎等相关检查项目,确保参检率在45%以上。

29. 加强妇女健康保障。深入实施"母婴健康工程",进一步降低孕产妇和新生儿的死亡率。扎实推进"妇女健康促进工程",以县为单位,对全省80%以上已婚育龄妇女进行两年一次的免费常见妇科疾病检查。

30. 提高出生人口素质。加强计划生育技术服务网络体系建设,积极实施出生缺陷一级干预工程,全面实施免费婚检和免费孕前优生检测,做好优生宣传、咨询、指导和服务,育龄群众优生知识普及率80%以上,对存在出生缺陷高发风险的再生育夫妇全程服务率90%以上。

五、加强农村公共文化服务

31. 加大送文化下乡活动力度。继续实施送戏、送电影、送书下乡活动,全省全年实现送1.5万场戏、12万场电影、100万册书到农村。

32. 加强农民种文化培育工作。通过文艺骨干培训、农民文艺汇演等方式,提高农村文化自我发展能力。年内组织培训农村基层文艺骨干10000名,其中省文化部门统一组织培训600名,各县(市、区)组织培训100名。组织开展100场县级农村文化展示汇演和1000场乡镇级农村文化展示汇演活动。

33. 加快农村基层文化体育设施建设。重点扶持建设100个欠发达地区乡镇综合文化站,扶持1000个行政村配置文化活动器材,建成3000个小康体育村,进一步改善农村文化体育活动条件。

34. 继续实施有线电视"村村通"工程。年内完成6个乡镇、500多个行政村的有线联网任务,基本完成新一轮有线电视"村村通"工程任务。

35. 启动实施农村有线广播"村村响"工程。在"十一五"时期，基本实现全省行政村建有广播室，有线广播农户收听覆盖率达到 80%。年内完成总建设任务的 40%。

36. 启动实施广播电视"文化低保"工程。在财政补助的基础上，通过减免网络入网费、基本收视维护费以及发动社会捐赠电视机等措施，解决农村低保户等贫困群众无法收看电视的问题。年内在武义、龙游、青田三县开展试点工作。

37. 加强广播电视对农宣传服务功能。发挥省电视台新农村频道对农宣传服务的龙头示范作用，市级广播和电视自办对农栏目每周两档以上，县级广播和电视自办对农栏目每周三档以上，努力提高栏目质量和服务水平。

六、改善城乡居民生产生活条件

38. 切实减轻农民负担。全面落实各项支农惠农政策，健全村民"一事一议"筹资筹劳制度，坚持和完善涉农税收、价格、收费公示制和涉农负担案件责任追究制，确保农民负担继续减轻不反弹。从 2008 年起，暂缓征收育林基金和更新改造资金，提高省级以上重点生态公益林森林生态效益补偿标准。

39. 加大扶贫开发力度。提高下山搬迁补助标准，完成欠发达地区低收入农户下山搬迁 5 万人次以上。扶持欠发达地区低收入农户发展特色农业和来料加工业。加快实施"百乡千村兴林富民"示范工程，完成竹林道路建设 2000 公里。

40. 加强农村基础设施建设。加强基本农田、标准农田(鱼塘)管护，启动"千万亩标准农田质量提升"工程，继续实施"百万亩标准鱼塘建设"工程，提高综合生产能力。继续实施"千万农民饮用水"和城乡供水一体化工程，解决 288 万农村人口饮水安全问题，其中新增城镇集中供水覆盖农村人口 130 万人。完成 100 个建制镇的污水处理设施建设。提高农村公路建设标准，改建通村公路 3500 公里。继续实施"万里清水河道"和"千库保安"工程，完成 2000 公里河道和 1000 公里农村河沟疏浚整治，杭嘉湖河道清淤 2000 公里，完成 200 座病险水库除险加固任务。加快海岛码头、海上主要交通设施和标准渔港建设。

41. 优化农村生活环境。继续实施"千村示范、万村整治"工程，深入推进农村环境"五整治一提高"工程，完成 3000 个村庄环境整治任务，提升 1000 个已整治村的生活污水处理水平，完成 500 个村庄生活垃圾资源化、减量化、无害化收集处理设施建设。农村生活垃圾收集处理的行政村覆盖面提高 10 个百分点；开展农村生活污水治理的农户增加 79.5 万户，农户覆盖率提高 7.5 个百分点；新增卫生厕所的农户 46.55 万户，农户覆盖率提高 4.4 个百分点；新建或改建村内主干道硬化里程 5250 公里以上；发展户用沼气池 1.5 万户，完成 300 个省级示范村生活污水处理示范工程。

42. 加强农村面源污染治理。推进畜禽规模养殖场排泄物治理，完成生猪年存栏 300 头、牛 30 头(太湖流域杭嘉湖地区，其中杭州、嘉兴生猪 200 头、牛 20 头，湖州生猪 100 头、牛 10 头)以上的畜禽养殖场治理，新建 25 个畜禽类便收集处理中心。开展测土配方施肥行动，建立示范区 150 万亩，推广面积 1800 万亩，肥料利用率提高 3%～5%。

43. 扩大政策性农业保险试点。年内将政策性农业保险试点范围从 32 个县(市、区)扩大到 86 个县(市、区)，试点品种增加油菜、奶牛等品种，提高水稻、生猪保险费率和财政保费补助比例。

44. 深化食品放心工程。完善城乡现代流通网络，继续实施"千镇连锁超市、万村放心店"工程，将"放心店"建设进一步向社区、校区、景区、厂区延伸。加强食品质量安全监测，实施食品类监测 15000 批次以上。整合食品生产加工领域和流通领域食品质量安全检验检测资源，统筹实现"县县配备食品安全巡查检验车"。做好农产品质量认证和检测工作，全省主要食用农产品抽检合格率在 95%以上。加快生猪屠宰管理向乡镇延伸，全省生猪定点屠宰率达 96%。在餐饮业全面实施监督量化分级管理制度。

45. 加强药品安全监管。完善药品不良反应检测体系建设，在 11 个设区市配备药品快检车，药品监督抽检覆盖面达到 50%以上，50 个县(市、区)达到药品"两网一规范"示范县创建标准。

46. 整顿和规范市场经济秩序。巩固全省产品质量和食品安全专项整治工作成果。以农村为重点，全面启动食品加工小作坊、小餐饮店等"十小"行业质量安全整治行动，通过帮扶一批、改造一批、关停一批，使乡镇以上范围的"十小"行业生产经营行为符合规范要求。严厉打击制假售假、非法传销、商业欺诈、盗版侵权、虚假广告等违法行为，进一步改善消费安全环境。

47. 加强安全生产监管。落实安全生产责任制和事故责任追究制，推进"安全生产隐患排查治理年"活动，深入开展交通、消防、渔船捕捞、危险化学品、建筑施工、人员密集场所等重点行业、领域的安全整治，年底前全省基本消除"三合一"场所火灾隐患，确保全省安全生产事故起数、死亡人数和直接经济损失三项指标继续保持零增长，并力争有所下降。

48. 推进城乡社区建设。深入开展城市和谐社区创建，建设一批街道社区服务中心，完善社区服务功能，改善社区工作条件。积极推进农村社区建设，在有条件的行政村建立农村社区服务中心，促进社会救助、社会福利、文化教育、综治警务、计生卫生等公共服务向农村社区覆盖。

49. 加强社会治安综合治理。依法打击各类刑事犯罪活动，增强人民群众的安全感。建立和完善社会治安动态防控体系，年底前在全省经济发达地区城区全部建立治安动态视频监控系统。加强人民调解工作，完善矛盾纠纷调处工作机制，有效预防和化解社会矛盾和纠纷。

50. 加强对流动人口的服务和管理。积极探索户籍制度改革，进一步推进居住证制度改革试点工作。优化流动人口居住、子女教育、社会保障、医疗卫生等公共服务，维护流动人口合法权益。构建全省统一的综合信息平台，努力提高流动人口基础信息管理和应用水平。

51. 健全公共安全应急管理机制。完善各类突发事件应急预案，落实各类应急预案的宣传、演练和相关预防措施，切实提高应对自然灾害、事故灾害、公共卫生事件和环境安全等公共突发事件的能力。

各地各部门要结合实际，抓紧制定具体实施办法，进一步明确责任，确保完成任务。

全省经济工作会议主要精神

全省经济工作会议明确明年工作主线
保增长 抓转型 重民生 促稳定

赵洪祝吕祖善讲话 周国富等出席 夏宝龙主持

会议强调，坚持把“保增长”作为明年经济工作的首要任务，确保实现明年经济增长预期目标；坚持把“抓转型”作为明年经济工作的主攻方向，加快经济转型升级，促进经济可持续的又好又快发展；坚持把“重民生”作为明年经济工作的出发点和落脚点，使经济发展成果更多地体现在提高人民生活水平、促进人的全面发展上；坚持把“促稳定”作为明年经济工作的重要保障，在构建和谐社会中凝聚力量，在维护社会稳定中促进发展

12月25日，全省经济工作会议在杭州召开。省委书记赵洪祝在会上强调，明年我省经济工作的总体要求是：认真贯彻党的十七大、十七届三中全会和中央经济工作会议精神，深入贯彻落实科学发展观，全面实施“创业富民、创新强省”总战略，坚持“保增长、抓转型、重民生、促稳定”的工作主线，在应对挑战上出实招，在狠抓落实上下工夫，促进经济社会又好又快发展。

省委副书记、省长吕祖善讲话。省政协主席周国富和其他省委常委出席会议。省委副书记夏宝龙主持会议。

赵洪祝在讲话中深入分析了当前国际国内形势，认真总结了2008年经济工作。他指出，2009年可能是新世纪以来我省经济发展最为困难的一年，也是蕴含重大机遇的一年。如何应对前所未有的挑战，抓住前所未有的机遇，关键是要有坚定的信心。我们要以全球视野、战略眼光和大局观念，清醒认识全省经济发展的大势，国际经济环境深刻变化的大势和国家宏观经济政策调整的大势。从对经济形势的准确把握中坚定发展信心，从中央保增长的决策部署中凝聚发展信心，从工作举措的充分准备中增强发展信心，特别是要增强干部的工作信心、企业家的投资信心、老百姓的消费信心，以百倍的信心做好明年经济工作。

赵洪祝强调，要实现明年经济工作的目标要求，必须抓住关键，突出重点。要坚持把“保增长”作为明年经济工作的首要任务，确保实现明年经济增长预期目标；坚持把“抓转型”作为明年经济工作的主攻方向，加快经济转型升级，促进经济可持续的又好又快发展；坚持把“重民生”作为明年经济工作的出发点和落脚点，使经济发展成果更多地体现在提高人民生活水平、促进人的全面发展上；坚持把“促稳定”作为明年经济工作的重要保障，在构建和谐社会中凝聚力量，在维护社会稳定中促进发展。

赵洪祝指出，在当前发达国家经济陷入衰退、外部需求大量减少的情况下，我们要坚持扩大内需为主与稳定外需相结合，努力形成投资、消费、出口协调拉动的新格局，确保经济平稳较快发展。要以大工程大项目建设为抓手，加强重点项目建设，优化项目结构，加强投资项目保障，促进有效投资较快增长。要以拓展国内省内特别是农村市场为重点，增加城乡居民收入，着力改善消费环境，促进消费持续增长。要以加快转变外贸增长方式为突破口，大力推进出口市场多元化，着力提升出口商品竞争力，努力优化外贸发展环境，促进外贸出口稳定增长。

赵洪祝指出，要大力推动高效生态农业、先进制造业和现代服务业优化发展，进一步加快建立现代产业体系，积极抢占国际产业价值链的高端环节，不断提高我省产业的国际竞争力。要大力推进农业规模化集约化经营，深入推进农业结构战略性调整，不断强化农业发展支撑。要加快发展高新技术产业，大力发展装备制造业，积极发展先进临港工业，加快改造提升传统产业，继续推进节能减排。要大力发展生产性服务业，优化发展生活性服务业，加快推进现代服务业集聚区建设。要千方百计帮扶企业，帮助它们渡过难关，支持它们转型升级。围绕城乡区域、经济社会、对内对外开放三大方面，进一步加大统筹发展力度，努力从统筹发展、协调发展中挖掘和培育新的经济增长点。要以联动推进新型城市化和新农村建设为载体，推动城乡区域统筹发展；以全面改善民生为着力点，推动经济社会统筹发展；以发展“浙江人经济”为途径，推动对内对外统筹发展。我们要继续在深化体制改革、加强自主创新、促进文化繁荣这三方面下工夫，不断为加快经济社会发展提供动力、增添活力。

赵洪祝强调，做好明年经济工作，保持经济平稳较快发展，关键是提高各级党委政府领导科学发展的能力。各级党委政府和领导干部要适应新形势、新任务的要求，统揽经济工作全局，加强综合协调，不断提高领导科学发展的思想水平和能力素质，

确保完成明年经济社会发展的各项任务。各级党委政府和领导干部要加强学习调研，不断提高领导经济工作的能力；加强科学决策，及时对重大经济工作作出部署；切实抓好落实，确保各项工作取得实效；切实维护社会稳定，为发展创造良好环境。

吕祖善就做好明年我省经济工作提出具体要求。他指出，做好明年经济工作，要加大帮扶企业工作力度，稳定经济社会发展基础，努力为企业转型升级创造良好环境。要积极扩大国内需求，拉动经济平稳较快增长，努力在优化结构基础上推动投资较快增长，结合改善民生推动消费快速增长，努力推动房地产业稳定健康发展。要大力开拓国内国际市场，扩展经济发展空间，大力推动市场多元化、建立健全企业营销体系、专业市场转型提升、电子商务和物流配送。要着力调整结构，增强经济发展后劲，围绕产业升级，大力推动自主创新，切实加强资源节约和环境保护，提高可持续发展能力。要突出抓好“三农”工作，推动城乡区域协调发展，进一步落实农业补贴等政策，加快现代农业发展，促进农民创业就业，促进农业农村设施建设和农村改革，促进城乡和区域统筹协调发展，促进农民增收。要努力改善民生，确保社会稳定，把推动就业再就业工作放在更加突出的位置，进一步加强社会保障工作，努力解决群众就学、就医难等问题，努力维护社会公共安全。要进一步转变工作作风、优化发展环境，着重在“聚焦、提效、规范、节约”四个方面下工夫。聚焦，就要集中精力抓重点，紧紧围绕“保稳促调”这一中心任务，破解重点、难点问题。提效，就要从快、从急、从重、从简，提高工作效率。规范，就要坚持依法行政，规范行政行为；坚持清正廉洁，规范约束自己。节约，就是要大力降低行政成本，努力建设节约型政府。

副省以上领导干部，各市、县（市、区）委书记，市、县（市、区）长和省部属有关单位主要负责人参加会议。在杭副厅以上领导干部列席会议。（据《浙江日报》2008年12月26日消息）

省财政地税工作会议文件

在全省财政地税工作会议上的讲话

浙江省省长 吕祖善

同志们：

这次全省财政地税工作会议是在国内外经济环境发生很大变化的一个关键时刻召开的重要会议。昨天，巨炎同志作了一个很系统、完整的工作报告，我都看了，讲得很好。今天我和冯明同志来，主要是看望大家，感谢大家长期以来的辛勤努力、积极工作，特别是去年在经济发展面临那么多困难和矛盾面前，通过大家的努力全省财政地税工作仍然取得了好的发展态势，向大家表示衷心的感谢！并就在当前的经济环境下进一步做好财税工作讲几点意见。

一、认清形势，增强信心

（一）认清形势

认清形势要把握两个方面：一是既要看到当前经济运行当中的困难矛盾，也要看到克服困难和矛盾的有利条件；二是要利用当前的经济困难，作为调整优化经济结构、转变经济发展方式的机遇。

去年，我省遭遇到改革开放30年来前所未有的困难。由美国引发的金融危机，使世界主要经济体——美国、欧盟、日本经济走向衰退，造成国际市场、国际贸易需求不足，这对以外贸出口为主的我省经济无疑是一个巨大的冲击。如果扣除汇率和价格因素，2008年我省对美出口实际增幅为零增长。出口增幅下降到一定程度会影响到整个工业，2008年我省工业增加值从一季度开始逐月下滑，全年仅增长10.3%，比上年回落7.6个百分点。工业增幅下降后，必然反映到投资和消费领域。我省投资主要靠企业，不是靠政府。2008年全社会投资9300多亿元，其中80%以上是企业投资，比上年增长10.4%，扣除物价因素，增长1%。在经济下行期，市场前景不明朗，初级产品价格暴涨暴跌的形势下，企业不会贸然投资，投资必然会下降。消费方面，去年消费零售总额7400多亿元，比上年增长19.8%，扣除价格因素，增长12.7%，但实际增幅比上年只提高0.3个百分点，预计还要下降。消费主要是住和行，预计今年这两个行业不会迅速回升。另外，股市低迷，全国有1亿多股民，其中70%是能真正带动消费的群体，由于这部分人资产大幅度缩水，因此消费还会继续下降。

工业、投资、消费、出口增幅下滑，必然反映到财政。2008年全省财政总收入3730亿元，增长15%；其中地方财政收入1933亿元，增长17.2%，这个成绩来之不易。但是，财政收入和工业经济一样呈现下降的趋势，去年10月份财政收入增长1.7%，11月份已经是-7.1%，12月份-6.6%，今年一季度财政收入负增长几成定局。下行趋势有个惯性，再加上去年上半年财政收入高增长，这样一反差，有的地方整个上半年都可能是负增长。去年宏观调控从年初紧缩的货币政策转向10月份适度宽松的货币政策，但在经济下行期，银行必然会谨慎放贷。因此，尽管今年实行适度宽松的货币政策，但上半年金融环境仍不会有明显改善。

财政和金融是经济的核心，最后必然从经济层面反映到社会层面，这将对社会管理带来新的挑战，我们要时刻保持清醒。在经济上行期，收入都能增加，不少矛盾被掩盖；一旦经济下行，收入下降，就可能诱发矛盾。如果多年积累的矛盾在一个时间集中爆发，会对社会稳定带来新的压力。在一定程度上，稳定的压力比经济下行的压力更大。财政不仅要保经济增长，还必须保稳定。

（二）增强信心

在看到困难的同时，我们也要看到克服困难和矛盾的有利条件，增强发展信心。去年我省除城乡居民收入水平没达到年初人代会的目标外，其余各项工作都完成了年初预期目标。2008年，城镇居民人均可支配收入22727元，增长5.4%；农村居民人均纯收入9258元，增长6.2%，没有完成年初预期7%的目标。GDP预计增长10%左右，能达到21000亿元；外贸出口总额超过1500亿美元，增长20%，扣除汇率和价格因素，增长10%；万元GDP能耗下降4%以上，两项污染排放下降超过3%，都完成年初预期目标。目前困难还在发展，形势将更加严峻，今年将面临更大的挑战。当然面临的困难已今非昔比，对克服困难要充满信心。经过30年改革开放，我们的经济实力特别是驾驭市场经济的能力和水平有了很大提升。去年，面对严峻的经济形势，中央反应迅速，处置果断，及时调整宏观政策，说明以胡锦涛为总书记的党中央完全有能力应对金融危机的冲击。我省中小企业多、产业门类多，尽管所有产业都会面临挑战，但是时间有差异、程度有差异，东方不亮西方亮，我省经济下滑速度与全国相比有所减缓。另外，我省经济下滑快一年，从企业到政府到社会，心理承受能力都比较强，而且各级政府出台了应对的举措，有些举措已经开始显现效果。从这点分析，我们更应该有信心。要形成共识，抓住经济下行的周期来把握结构调整、经济发展方式转变的机遇，利用倒逼机制推动结构调整和发展方式转变，真正为新一轮经济增长做好充分准备。

经济下来了，能够平平安安、稳稳当当地过去，这是关键的关键。现在矛盾太多，社会必须稳定。积极的财政政策各地要有点安排。我们既看到严峻的形势又要看到应对的条件、能力，要把这两个关键问题把握好。

二、落实好积极的财政政策，切实做好财政地税工作

全省经济工作会议明确提出，今年的经济工作要深入贯彻落实科学发展观，全面实施"创业富民、创新强省"总战略，坚持"保增长、促转型、重民生、抓稳定"的工作主线。今年的财税工作要根据全省经济工作会议的总体部署，紧紧围绕工作主线，在保持经济平稳较快增长的同时保稳促调。今年确定地方财政收入增长6%的目标，完成这一目标也是需要我们努力的，各级财税部门要围绕这个目标，做实、做好收入结构，做大地方收入。

（一）按照"保增长"的要求，落实好积极的财政政策。一是支持基础设施建设。省里提出两年8000多亿元政府主导性投资，其中今年政府主导性投资1800多亿元，这都是"十一五"规划以及去年年初省第十二次党代会议定的"六大行动计划"中重大项目建设行动计划"三个千亿工程"的项目，要实实在在地把这些项目搞好。如公共服务均等化项目，农村特别是欠发达地区的公共服务设施建设；低收入人群众增收行动计划，对一些贫困群众的帮扶脱贫，欠发达地区农村奔小康等民生项目，各地财政要趁此机会保障好、安排好。此外，交通的重点是要建设现代化的铁路。现代化的铁路不管是它的运量、能耗、效率以及对土地的占有，都有其独特的优势。省财政新增100亿元，重点用于"三个千亿工程"、以铁路现代化为重点的基础设施和民生工程建设，并提出两年完成"六线两枢纽"。通过四年的时间，浙江除海岛外全部实现轮轨连接，这将会对浙江经济社会发展带来巨大的变化。六条铁路在我省境内有1000公里，需要投资1300～1400亿元，资本金600亿元，其中省里要出资300亿元。公路可以市场化运作，现在铁路还不行，这就要通过积极的财政政策来保障。原来我说"一要吃饭、二要建设、三要有所积累、四要加强宏观调控"，说我抠门，我就是抠那些花花俏俏的钱。在民生上花钱，我比谁都大方，100亿元是几年抠下来的，"有所积累"这时就派上用场。我们不可能天天过好日子，财政就应该为各级党委政府把好关。但是再困难，建设铁路各地总要出一点。另外是发国债，中央要帮助地方解决资本金问题，代发2000亿元国债，由各省市统借统还，省里可转贷给地方。交通除了铁路以外，还要建设好高速公路，形成高效便捷的网络。趁此机会，还要把核电、电网、天然气管网、水利、环境污染治理设施搞上去，这既是基础设施又是解决资源保障、民生减灾防灾的项目，这些事关浙江长远发展的民生项目要实事求是，积极稳妥，尽力而为，量力而行。二是要支持企业发展。要以"民生为本、企业为基"。企业是基础，企业是保增长的基础，也是保民生的基础。去年，我省为企业减负100亿元得到了中央的高度肯定，要把企业减负、增强企业活力，作为保增长的一个主要内容。利用增值税转型机会，支持企业改造、购买装备，引进新工艺、新技术。这既是减负，又是促调。有的地方已经做了不少工作，要把工作做得更有效。企业特别是中小企业信贷支持仍然是当前经济运行中的突出矛盾，要通过财政政策来激励金融机构直接或间接地加大对企业特别是中小企业的支持，这是帮扶企业解困的一个主要内容。省里今年安排了6500万元小企业贷款风险补偿。金融要支持好的、帮助困难的、扶持弱小的，积极地给企业特别是给保增长、促转型有望的企业以扶持和支持。三是压缩行政开支。积极的财政政策必须反映在压缩行政开支上，要加大力度压缩不必要的开支。今年公用经费压缩5%，压缩会议费、接待费，专项经费"零增长"，出国费用压缩20%，机关购车冻结一年。实施积极的财政政策，该支的要支，该节省的要节省。省钱也是积极的财政政策，省下的钱用到积极的上面去。上项目要量力而行，对一时看不准，意见不统一的可以放一放。该干哪些、该省哪些，该先干哪些、该迟干哪些，都是积极的财政政策的理念。

（二）按照"促转型"的要求，切实优化财政资源配置。积极的财政政策保当期合理的增长以外，更要着眼于长远，重点在结构调整、转型升级和经济发展方式转变上下工夫。一是要不折不扣、竭尽全力落实好中央出台的一系列促进经济转型升级政策。要鼓励引导企业用好政策，促进结构调整和转型升级，这是浙江的前途，是我们抓住机遇的关键。各地财税部门要主动地帮助企业，把用足用好政策作为财税促进转型升级的强有力的手段。收入要考核，但这些政策的落实也要考核，这是促转型积极的财政政策很重要的一条。二是要鼓励企业技术改造。从投资量来讲，企业投资是大头；从结构调整、转型升级来讲，没有企业投资不可能加快结构调整和转型。财税部门要按照促进经济转型的要求，加大力度整合专项资金等财政资源，调整优化支出结构。现有的专项资金该归并的归并，该削减的削减，并与增量资金统筹考虑，有针对性地支持一批重点领域和项目，通过财政资金"四两拨千斤"，引导、鼓励、支持企业技术改造、重组、兼并，支持企业淘汰落后产能，加快转变发展方式，增强企业发展后劲和竞争力。省财政通过存量调整和增量安排，设立5亿元工业转型升级专项资金，对企业技术改造投入实行财政贴息。地方和省可以联手，如果企业愿意投入，银行愿意贷款，地方财政有贴息，可以把项目报上来，省再优选一部分。如果确实有效，明年财政有能力可以适当加大力度，真正使财政、金融、企业联手，来推动企业技术改造。三是加快发展服务业。要落实支持服务业的政策措施，鼓励加快发展现代服务业。四是支持外贸发展。今年国际市场需求萎缩，出口企业困难增多，要继续安排外贸发展资金，加大对企业出口的扶持力度，推动外贸方式转变，确保今年出口平稳增长。省财政安排了3.5亿元省级外贸发展资金，省里和地方要一起配合。

（三）按照"重民生"的要求，切实保障民生支出需要。已经定的民生项目不能因为经济下行、财政困难有所退步，必须要保障民生支出需要；中央出台的政策也必须要保障好。义务教育学校教师绩效工资是不小的支出，又是非常敏感的问题，财政必须安排好。除此以外，积极的财政政策还要保就业。中央已经出台促进就业的政策，例如扩大失业保险基金支出范围，创造就业岗位，解决下岗失业人员、大学毕业生就业。要好好研究运用财政政策支持鼓励企业少裁员、多培训，通过各方面素质水平的提高，为以后经济好转打下基础。要落实好保稳定的应急经费。

（四）按照"抓稳定"的要求，切实防范财政风险。积极的财政政策还必须切实防范财政风险。实施积极财政政策，扩大政府投资是必要的，但如果不能保持清醒的头脑，不顾财力可能盲目扩大投资，最终会导致地方政府性债务不断增加，财政风险扩大。

从全省总体来讲，地方债务规模不高，但是不平衡，有的地方超出承受能力。适当的负债没有问题，在度的把握上可以适度调整。但是，财税局长心中要有数，经济下行可能要有两年甚至三年的时间，要有过较长时间紧日子的准备，不要过度积累财政风险，要把真实情况、承受的能力、承受的范围如实地向党委政府主要领导报告，提出你们的建议意见，做好应急的安排。

三、加快推进体制机制创新，着力完善公共财政体制

当前形势是加快推进公共财政体制机制创新的机遇。这几年，浙江按照公共财政要求做了很多的探索，但还处在起步阶段，开了个头。譬如，实行收入“一个笼子”、预算“一个盘子”、支出“一个口子”，应该说是公共财政探索的一大创新。如果真正做到了这三条，理财、管财就有了有力的制度保证，公共财政体制就向前推进了一大步。要抓住这个机遇，把“三个子”往前推进，推进财政管理科学化精细化。要加强专项资金的绩效评估。目前，部分专项资金名目繁多，资源分散，效率极其低下，要利用这个机遇，下大决心，切实加强专项资金整合。要严格内部管理，确保财政支出手续完备、程序合法，对各专项资金、重大项目跟踪问效，实施事前、事中、事后全过程监控，完善绩效评价制度，进一步加强财政资金使用绩效评估工作，提高财政资金使用绩效。

越是经济困难，越是任务繁重，越要抓好自身的队伍建设。做好新形势下的财税工作，高素质的财税干部队伍是重要的组织保证。多年来，财税部门有一个好的传统，要结合学习实践科学发展观活动，抓好队伍班子建设。各级财税部门要把开展深入学习实践科学发展观活动与推进财税改革和发展结合起来，建好班子，带好队伍。

新年快到了，趁此机会向在座的，向全省财税系统的干部职工，致以春节的问候，祝大家在新的一年里身体健康、工作顺利、阖家欢乐！谢谢大家！

（2009 年 1 月 13 日 根据录音整理，未经本人审阅）

增收节支 保稳促调
推动全省经济社会平稳较快发展

——2009 年 1 月 12 日在全省财政地税工作会议上的讲话

浙江省财政厅厅长兼省地方税务局局长 钱巨炎

同志们：

这次全省财政地税工作会议的主要任务是，深入学习贯彻党的十七届三中全会、省委十二届四次全会、全省经济工作会议、全国财政工作会议和全国税务工作会议精神，回顾总结2008 年全省财政地税工作，全面分析当前十分严峻的财税经济形势，安排 2009 年财政收支计划，部署新一年财政地税工作的主要任务。省委、省政府对这次会议非常重视，省委副书记、省长吕祖善将到会看望大家并作重要讲话。下面，我代表厅党组先讲几点意见。

一、2008 年全省财政地税工作回顾

刚刚过去的一年，是很不寻常、很不平凡的一年。一年来，全省各级财政地税部门以科学发展观为指导，认真贯彻党的十七大和省第十二次党代会、省委十二届各次全会精神，扎实推进“创业富民、创新强省”总战略，坚决执行国家宏观调控政策和“标本兼治、保稳促调”的方针，深入实施“全面小康六大行动计划”，按照“依法治税、为民理财、务实创新、廉洁高效”的总体工作思路，念好“实、稳、优”三字诀，牢固树立政治意识、经济意识、法治意识、创新意识、服务意识、风险意识，积极推动经济发展方式转变，努力优化财税收支结构，不断深化财税管理改革，全面加强干部队伍建设，有力促进了全省经济建设、事业发展和社会稳定。2008 年，全省地方财政收入 1933.39 亿元，增长 17.2%；全省财政支出 2208.58 亿元，增长 22.2%；地税部门组织各项收入 2325.98 亿元，增长 17.7%，其中税收收入 1494.40 亿元，增长 15.8%。

（一）积极应对宏观经济新形势，支持经济平稳较快发展。面对复杂多变的宏观经济形势，积极发挥财税职能作用，促进经济平稳较快发展。一是完善财政体制。建立健全有利于科学发展的财税体制机制，将“两保两挂”、“两保一挂”财政政策统一调整为“分类分档激励奖补机制”；实行市县营业税增收上交返还奖励和省级金融保险业营业税增收奖励政策，适当提高电力生产企业所在地增值税分成比例，促进产业结构优化、经济转型升级和发展方式转变。二是加大政府投资。筹措落实“三个千亿工程”省级财政性资金 54.78 亿元，争取中央预算内和国债基建补助 15.66 亿元，推进实施“重大项目建设行动计划”，支持铁路“三线一枢纽”、萧山机场二期等一批重大项目及海防基础设施建设。三是扶持企业发展。对企业社会保险费缴纳比例实行临时性适当下浮，取消和暂停征收部分行政事业性收费，及时做好地方税费减免工作，减免各类涉企税费 100 亿元。安排省级外贸发展资金 3.50 亿元，支持外向型经济结构调整和产业升级。开展小额贷款公司试点，增加中小企业发展专项资金和小企业贷款风险补偿资金，扶持中小企业健康发展。完善和落实财税支持服务业发展的政策措施，积极推动工业企业分离发展服务业，推进万家企业电子商务工程和农村商贸流通服务体系建设，支持农村专业合作社及金融服务业等发展，加快发展现代服务业。整合节能相关财政专项资金并加大支持力度，促进节能降耗工作。调整政府外债投向结构，着力向环保、节能和社会发展等倾斜，当年已列入国家贷款计划 3 个项目 1.43 亿美元。四是扶持现代农业发展。加大“三农”投入，全省用于“三农”支出的财政性资金626.23亿元，增长26.2%。整合财政支农资金，加大农业综合开发投入，完善支农惠农政策，扩大农业政策性保险覆盖面，建立农业贷款风险补偿制度，支持农业基础设施、现代农业产业体系和现代农业社会化服务体系建设，促进农村经济繁荣，增加农民收入。落实扶持粮食生产的各项政策，筹措粮食补贴资金和农资综合直补资金，支持粮食安全体系建设。五是推进科技创新。加大财政科技投入，全省财政科技支出86.79亿元，增长21.3%，重点支持科技公共基础条件平台、行业和区域创新平台及大型科研院所实验室建设，支持创新型人才队伍建设，引导大学生开展创新活动等。出台地税支持“两创”的实施意见，认真贯彻新企业所得税法，完善研究开发费加计扣除政策，2007年度全省(不含宁波)加计扣除金额14.70亿元，是上年的2.2倍。

(二)加强组织收入管理，做好做大财税“蛋糕”。坚持“抓大、评中、定小”的征管方向，持续改进和深化应用《税友2006》，不断完善“数据采集—税源监控—税收分析—纳税评估—税务稽查”互动机制，依法加强地税征管，积极探索调研式稽查，全面推进社保费“五费合征”，着力推进地税管理科学化、精细化、专业化。开发应用契税、耕地占用税一体化征管软件，切实抓好房地产交易环节税收一体化征管；完善新版政府非税收入征管信息系统，进一步加强土地出让收入、海域使用金等征收管理，全面清理历年欠缴省级农业土地开发资金，将彩票公益金纳入政府性基金预算管理，增强政府财力。全省地方财政收入占财政总收入的比重为51.8%，比上年提高0.9个百分点，地方财政收入中税收收入占92.7%，财税收入结构进一步优化，质量进一步提升。

(三)着力改善民生，促进社会和谐稳定。认真贯彻落实省委《关于全面改善民生促进社会和谐的决定》，积极实施“全面小康六大行动计划”，综合运用税费优惠和财政支出手段改善民生、促进和谐。全省财政增量用于民生支出的比例达72.2%。一是支持抗灾救助。支持冰冻雨雪灾害应对及各项灾后重建工作。及时从省级预备费中安排捐赠资金3000万元，调减公用经费预算5%，按照地方财政收入1%的要求筹措青川灾后恢复重建资金16.50亿元，支持四川灾区抗震救灾和灾后重建。二是支持教育事业发展。深化义务教育经费保障机制改革，提高中小学生均公用经费标准，全部免除城乡义务教育阶段学生课本费、作业本费，免除符合条件的民工子女义务教育借读费；实施新一轮“职教六项行动计划”，全面落实困难学生资助政策；实行农村教师任教津贴政策，提高农村教师待遇。三是支持创业富民。完善支持自主创业、自谋职业政策，加强农村劳动力素质培训，支持零就业家庭、大中专毕业生和农村剩余劳动力创业就业。安排下山脱贫等扶贫资金4.97亿元，推进“低收入农户奔小康工程”建设，扶持低收入农户发展来料加工业、特色产业和绿色农产品，拓宽增收渠道。四是支持社会保障和医疗卫生事业发展。加大社会保障投入，预计全省用于社会保障的财政支出达367亿元，增长22%。提高省财政对城镇居民医疗保险、新型农村合作医疗、农民健康体检的补助水平，全省所有市县新型农村合作医疗人均筹资达到100元以上。支持实施残疾人共享小康工程，提高残疾人基本生活、基本照料、基本康复保障水平。全面提高乡镇卫生院以基本医疗和公共卫生服务为重点的卫生服务能力，支持手足口病防治工作，做好婴幼儿奶粉事件免费救治的经费保障。五是支持文化大省建设。加大公益文化投入，支持农村公共文化服务体系和文化重点项目建设，加强全省博物馆、图书馆等免费开放经费保障，繁荣文化艺术创作，加大文化遗产保护力度，构建公共文化服务体系。支持奥运会备战和火炬传递，推进全民体育健身工程建设。六是支持“平安浙江”建设。完善基层政法机关经费保障机制，全省县级公安机关公用经费保障标准全部达标；实施政法补助专款项目，改善欠发达地区政法部门基础设施和技术装备建设；建立社区矫正经费保障机制，支持法律援助、人民调解工作。加大产品质量和食品安全监督投入，推进食品安全检验检测体系建设。支持全省安全生产应急救援体系建设和安全技术推广应用。七是支持生态环保和节能减排。完善财政激励约束机制，全面实施省对主要水系源头45个市、县(市)的生态环保财力转移支付制度。加大生态环保投入，全省各级财政安排生态环保资金182.70亿元，增长24.8%，运用“以奖代补”等政策措施，支持全省重要流域、区域和欠发达地区生态环境保护及污染整治、农村环境治理及生态保护，推进污染减排工作。八是保障低收入群体基本生活。密切关注价格上涨对民生的影响，提高城市、农村低保对象补助水平，给予高校学生临时伙食补贴，缓解物价上涨对特定群体的影响。争取并落实中央财政石油价格改革财政补贴43.66亿元，筹措副食品风险基金和省级储备商品管理补贴资金，加强省级储备商品管理。支持政策性农村住房保险和农村困难群众危旧房改造工作，建立欠发达地区城市低收入家庭住房困难救助体系。

(四)深化财税改革，完善公共财政体系。推进“收入一个笼子、预算一个盘子、支出一个口子”改革，严格执行“收支两条线”政策，加强预算内外资金统筹力度，完善综合预算管理模式，并在部分省级行政单位进行试点。完善事业单位财政供给制度，省级监督管理类事业单位实行“零基法”编制预算，加大事业单位“花钱买服务”改革力度。深化国库集中支付改革，确保省级改革规范运行，全省11个设区市均已实施；稳步推进财税库银横向联网和公务卡制度改革。完善绩效评价制度，落实44个省级部门138个项目的绩效自评工作，推进重点项目评价实施工作，拓宽评价广度和深度，初步建立绩效评价结果应用机制。建立政府优先强制采购节能环保和自主创新产品制度，加快政府采购信息化建设，完善政府采购目录和采购限额标准，扩大政府采购范围和规模，预计全年政府采购金额430亿元，节约资金60亿元。深化农村综合改革，在全面完成乡镇机构改革的基础上，切实推进乡镇政府职能转变，36个县(市、区)开展乡镇委托授权行政执法试点；加大村级组织运转扶持力度，推进村级组织运转保障机制建设。完善“金财工程”一体化软件并全面推广，软件开发由应用层转向管理层。扎实推进地税管理创新与技术创新融合发展，成功开发和试点应用《税友2006》快捷查询系统、税收执法质量管理系统、税务稽查查账软件、不动产建筑业项目管理软件和个人出租房管理软件，加快推进地税数据共享和收入源头控管，不断提升地税管理质量和效率。

(五)加强财税监督，提升财税管理绩效。扎实开展财税法制宣传教育，深入实施《浙江省省级预算审查监督条例》和《政府信息公开条例》，建立健全政府信息公开制度，强化财税执法监督，推进依法行政依法理财治税工作。加强财政支出项目审核，完善政府投资项目全过程监管，全省各级财政项目审核机构累计审核各类财政支出项目14115个，净核减82.86亿元，平均核减率8.9%。加强政府性债务管理，全面启动化解义务教育负债工作，全省70%以上的县(市、区)建立县对乡镇政府性债务管理制度；加强政府外债管理，完善偿债机制，建立政府外债风险监测体系，共对14个外债项目进行财政检查和绩效评价。牢固树立节俭意识，修订完善培训费、会议费开支标准和管理制度，严格控制一般性财政支出过快增长。积极支持国有企业和地方金融业改革，建立国有资本经营预算制度，探索国有产权收益收缴管理。加强行政事业单位国有资产管理，落实规范公务员津贴补贴实施方案。开展会计领军(后备)人才挖掘培养工作，推进会计人员继续教育。加强财政监督，开展会计信息质量和会计师事务所执业质量检查，进一步规范会计、注册会计师、注册资产评估师、注册税务师行业秩序。深入开展税收执法、执法监察、税收票款检查和内部经费审计，建立税收政策执行情况反馈报告制度，进一步建立健全地税管理内控机制。

(六)深入开展学习实践活动，加强干部队伍建设。以“深化财税改革，完善公共财政体系，推动全省经济社会科学发展”为实践载体，认真开展深入学习实践科学发展观活动，切实提高理财治税能力。扎实推进“树新形象、创新业绩”主题实践活动，召开民主恳谈会、现场会，听取基层特别是乡村、企业和干部群众对财税工作的意见和建议，帮助基层和企业解决实际问题。积极培育财税文化，提炼财政地税文化核心价值理念，加强财政地税部门思想、组织、业务、作风和制度建设，增强财政地税组织的软实力。加强学习型机关建设，创建机关网络学习园地，提高干部职工自主学习能力。进一步加强干部教育培训工作，组织各类干部岗位能力培训，提升干部能力素质。建立健全公务员管理机制，加大对年轻干部培养锻炼力度，加大系统选调公务员力度，不断优化干部队伍结构。组织开展“重品行、做表率、转作风”主题教育活动，巩固作风建设年活动成果。认真落实党风廉政建设责任制，深化党风廉政教育，持续推进系统惩防体系建设，强化监督检查，进一步健全权力运行监控机制，加强反腐倡廉建设工作。以老为尊，做好老干部工作。开展系统运动会等形式多样、健康有益的文体活动，努力营造“勤学、善思、践行”的工作氛围，培养健康、文明、阳光的生活情趣，加强系统精神文明建设。

一年来，全省财政地税系统广大干部职工迎难而上，积极进取，扎实有为，为全省经济和社会事业平稳较快发展作出了应有的贡献。这是省委、省人大、省政府和财政部、国家税务总局正确领导的结果，是各地、各部门特别是省级单位广大财务工作者大力支持的结果，也是全省财政地税战线广大干部职工共同努力的结果。在此，我谨代表厅党组，向奋战在财政地税战线上的广大干部职工表示最诚挚的问候！向一直以来关心、支持财政地税工作的各级领导、各有关部门和广大财务人员表示最衷心的感谢！

在充分肯定成绩的同时，我们也清醒地看到，财政地税工作还存在一些不容忽视的问题，主要是：由于经济增长趋缓、企业经济效益严重下滑等原因，财政收支矛盾比较突出；公共财政体系不够完善，公共财政职能发挥还不够充分；有些专项资金尚需有效整合，财税管理的质量有待进一步提高；个别干部职工的工作作风、廉洁意识和执法水平有待进一步转变和提高；等等。对此，我们要引起高度重视，积极采取措施，严格财税管理，深化财税改革，完善工作机制，逐步予以解决。

二、深入贯彻十七届三中全会和省委十二届四次全会精神，促进经济发展方式转变

党的十七届三中全会从中国特色社会主义事业总体布局和全面建设小康社会战略全局出发，作出了推进农村改革发展若干重大问题的决定，进一步明确了新时期下推进农村改革发展的指导思想、目标任务、重大原则和战略举措。省委十二届四次全会认真总结改革开放30年我省发展的实践，作出深入学习实践科学发展观，加快转变经济发展方式、推进经济转型升级的重大战略抉择，提出了我省加快经济转型升级的总体思路、工作重点和主要举措，积极探索具有浙江特色的科学发展之路。推进农村改革发展，加快经济转型升级是当前及今后一个时期面临的艰巨任务。财政税收是社会主义市场经济条件下政府资源配置、宏观调控的重要手段，全省财政地税部门一定要深入贯彻落实科学发展观，解放思想、实事求是、与时俱进，不断完善有利于科学发展的财税体制机制，发挥好财税作为物质基础、政策手段和体制保障的职能作用，为全面建设社会主义新农村，推进经济转型升级和经济社会科学发展做出新的更大的贡献。

(一)以落实新一轮省对市县财政体制为重点，建立健全推动经济发展方式转变的导向机制。建立健全符合科学发展观要求、有利于全省经济社会发展的财政体制，可充分发挥财政体制的导向、杠杆作用，促进经济发展方式转变。新一轮省对市县财政体制围绕省委、省政府的决策部署，建立健全财政激励奖补机制，让经济发展方式转得快、转得好的地方多得益，着力增加地方财政收入总量、优化收入结构，增强地方财政实力。各地要深刻领会新体制的精神实质，积极采取有效措施认真贯彻落实，把体制的引导作用传导到产业和企业，大力发展现代服务业，加大工业企业主辅分离推动力度，实现产业结构优化和经济转型升级。

(二)以推进农村改革发展为重点，建立健全民生财政保障机制。加大社会公共投入，推进农村改革发展，是公共财政建设的内在要求，也是构建和谐社会的核心内容。要加大财政资金投入，健全财政支农资金稳定增长机制；运用财税政策措施，引导更多的信贷资金和社会资金投向农村，形成多元化的支农投入格局；巩固和强化促进现代农业发展的财税政策，加大农业综合开发力度，大力发展现代农业，不断提高农业综合生产能力，繁荣农村经济；支持加快农村民生工程和农村基础设施建设，继续深化农村综合改革，创新体制机制，促进农村公共服务体系建设。同时，要整合各种财税资源，增加公共服务领域投入，建立健全保障和改善民生的长效机制，重点加大教育、就业和社会保障、医疗卫生、生态环保、公共安全等方面的投入，重视和加强民生支出的财政制度设计，稳步推进民生保障体系建设，扩大公共财政覆盖范围，实现经济发展与民生改善协调共进。

(三)以深化财税改革为重点，建立健全“三位一体”公共财政运行机制。深化财税管理改革，完善以部门预算为龙头的预算编制体系、以国库集中收付为龙头的预算执行体系和以绩效评价为龙头的预算监督体系的“三位一体”的财政运行机制。积极推进预算管理改革，完善综合预算制度，强化预算的完整性，切实做到“收入一个笼子、预算一个盘子”；全面实行国库集中支付制度，实施财税库银横向联网改革，稳步推进公务卡制度改革，做到“支出一个口子”；加强财政预算监督，完善绩效评价制度和办法，落实财政支出绩效评价结果的应用机制，提高财政资金使用绩效。整合优化预算编制、执行及监督机构职能，探索建立与“三位一体”财政运行机制相适应的组织机构和专业人才库。积极探索地税数据省级集中，进一步提高地税管理的效率。

（四）以加强专项资金整合为重点，建立健全财政资金监管机制。认真落实省委、省政府主要领导对加强财政专项资金管理的要求，全面清理、合理归并、整合使用专项资金，将专项资金整合用于重点领域、重点项目和重点地区，切实提高财政资金使用效益。建立健全财政资金有效监督管理机制，进一步完善预算支出标准体系，加强标准的执行力度，促进预算支出的标准化，提高预算管理的公平性；运用信息化、专业化和系统化管理技术，精确、细致、深入地实施预算管理，实现对预算编制、预算执行等各环节的精确掌控，提高预算管理的规范性；推进以提高公共服务质量为主要内容的绩效评价工作，建立激励约束机制和整改机制，提高预算管理的有效性；推进制度创新，推进事业单位财政供给方式改革，建立健全行政事业单位国有资产管理制度体系，推动预算管理与资产管理、财务管理相结合，提高预算管理的科学性。

（五）以建设财税文化为重点，建立健全干部队伍管理长效机制。要坚持以提高人文素养为目标，全面加强财税文化建设，提升干部队伍综合素质。构建财税系统核心价值体系，使之成为财税干部职工普遍认同和共同遵守的核心价值体系，营造健康向上的工作氛围，培育可持续发展的精神动力。开展具有财税行业特征的财税文化创建活动，积极发挥财税文化的管理功能，建立文化管理与制度管理相融合的新型管理机制，努力将先进的文化理念融入财税管理实践中，充分发挥财税文化潜移默化作用，实现文化管理对制度管理的柔性互补，建立健全干部队伍管理长效机制，促进财税事业的科学发展。

三、坚定信心，圆满完成2009年财政地税工作任务

（一）清醒认识十分严峻的财税经济形势

2009年是认真贯彻党的十七大和十七届三中全会精神，深入学习实践科学发展观，推进“创业富民、创新强省”总战略，促进经济发展方式转变，推动经济转型升级的重要一年，也是我省经济发展面临挑战最为严峻的一年。做好2009年的全省财政地税工作，意义重大。从国际情况看，世界经济形势恶化的影响仍在蔓延，国际金融危机对全球实体经济的冲击和造成的损失进一步扩大，出现全球性经济衰退的风险越来越大。从国内情况看，国际经济形势恶化对我国经济增长、就业、企业效益、财政收入和金融安全等方面的负面影响已经显现并日益加重，经济增速放缓已经成为当前和今后一个时期经济运行中的主要矛盾，而且会越来越突出。从我省情况看，受国内外环境变化和自身结构性、素质性矛盾叠加共振的影响，全省经济面临巨大的挑战。

同时我们也要看到，我国经济长期增长的内在条件没有改变，资金、劳动力、技术等要素保障水准较高，国内消费、投资市场继续拓展的空间仍然很大，中央实行积极的财政政策和适度宽松的货币政策，出台扩大内需的有力措施，将使我国继续保持经济平稳较快发展的总体态势；我省全面深入贯彻落实科学发展观和国家各项宏观调控政策，实行“标本兼治、保稳促调”的方针，大力推动经济结构调整和经济发展方式转变，全省经济将继续保持平稳较快发展。

从财政收支来看，一方面，由于经济增长乏力，企业效益下滑，中小企业生存困难，财政收入增长的空间被挤压；实施增值税转型改革，暂免征收储蓄存款利息所得税，降低房地产交易税费，取消和停征部分行政事业性收费等，都不同程度地减少财政收入，财政收入增长面临较大的下行压力。另一方面，加快推进以改善民生为重点的和谐社会建设，各级财政要保障教育、农业、科技等法定支出，加大就业、医疗卫生、社会保障、环境保护等公共服务领域的投入；为落实中央扩大内需政策，将加大财政投资力度，加强基础设施和民生工程建设，还需安排地方财政收入的1%约19亿元左右支援四川灾区重建，财政支出增长势头较为迅猛，支出基数很高、刚性不断增强。同时，公共财政体制改革进入攻坚阶段，深化财税改革的任务十分繁重。

总之，2009年将是近年来全省财税经济运行最为困难的一年，财政减收增支的矛盾十分突出，财政收支平衡面临严峻考验。因此，我们必须对十分严峻的财税经济形势有清醒的认识，把思想统一到中央和省关于当前经济形势和发展阶段的认识和判断上来，把行动统一到落实中央宏观调控和省委、省政府的各项决策部署上来，牢固树立强烈的忧患意识和过紧日子的思想，坚定信心，迎难而上，以更加昂扬的精神状态、更加扎实的工作作风、更加有力的政策措施，扎实做好保增长、抓转型、重民生、促稳定的各项工作，确保圆满完成财税收支任务，为全面建设惠及全省人民的小康社会打下坚实基础。

（二）2009年财政地税工作的指导思想和总体要求

根据对经济形势的分析和预测，按照中央和省委、省政府对经济工作的总体部署，2009年全省财政地税工作的指导思想是：高举中国特色社会主义伟大旗帜，全面贯彻党的十七大、十七届三中全会和省委十二届三次、四次全会精神，深入贯彻落实科学发展观，紧紧围绕创业富民、创新强省总战略和“标本兼治、保稳促调”的方针，遵循“集中财力办大事”和“一要吃饭、二要建设、三要有所积累、四要增强宏观调控能力”的理财原则，按照“依法治税、为民理财、务实创新、廉洁高效”的总体工作思路，贯彻落实积极的财政政策，不断推进经济发展方式转变，优化财税收支结构，深化财税管理改革，完善财税运行机制，加强干部队伍建设，为推动全省经济社会平稳较快发展，促进社会主义和谐社会建设作出新贡献。

按照这个指导思想，调整燃油税费改革因素后，2009年全省财政收支计划初步安排如下：全省地方财政收入预算2042.00亿元，增长6.0%；全省财政支出预算2406.00亿元，增长5.0%；全省财政收支平衡。省级地方财政收入预算211.30亿元，增长6.0%；省级财政支出预算309.30亿元，增长5.0%，省级财政收支平衡。

2009年全省财政地税工作总体上要着重把握好两个方面：

1. 深化“实、稳、优”三字诀

一是求实。要大力弘扬财税“实”的文化，以求实的精神、务实的作风、扎实的工作推进各项工作，切实做到“为人实、工作实、数字实”。牢固树立经济意识，把保经济增长放在工作的首要位置，充分发挥财税职能作用，促进经济平稳较快发展，夯实财源基础。不断强化“地方财政收入”概念，在提高地方财政收入中税收收入比重的前提下，提高财政总收入中地方财政收入的比重，不断增强地方可用财力。坚持实事求是，充分考虑经济增长预期指标及各种税收政策调整因素，深入、全面地分析测算税源增减情况，适当下调预算收支指标，按照以收定支、收支平衡、留有余地的原则，合理安排预算盘子，使财政预算安排更加吻合经济运行实际。牢固树立法治意识，依法理财治税、规范管理、优化服务，做细做实收支管理工作。

二是保稳。充分利用当前财税经济形势趋紧的客观事实，因势利导，引导领导、部门、地方树立长期过紧日子的意识，扭转敞开口子花钱的思维，杜绝铺张浪费的现象，并形成一种制度、形成一种氛围，把经济增长下行的“坏事”转化为观念更新的“好事”，促进增收节支，确保收支平衡。坚持积极稳妥的原则，贯彻落实好积极的财政政策，科学把握财税政策实施的节奏、力度和重点，做好保稳促调工作。牢固树立风险意识，增强科学发展理念，切忌不顾财力可能盲目扩大投资，切实防范财政风险，确保财政稳健运行。牢固树立政治意识，确保已经出台的民生政策措施落实到位，切实做好改善民生、保障民生的各项工作，维护社会稳定。

三是创优。牢固树立创新意识，建立健全有利于科学发展的财税体制机制，建立编制科学、执行严格、监督有力、各环节有机衔接的财税运行机制，提高财政精细化科学化管理水平。优化财政支出结构，大力支持社会事业制度建设和体制创新，重点支持收入分配制度改革、社会保障体系建设、教育体制改革和公共卫生体制改革等，理顺各种分配关系，改善和稳定居民的心理预期，扩大和刺激消费需求。加强财政专项资金管理，建立健全覆盖所有政府性资金和财政运行全过程的监督机制，提高财政资金使用效益。牢固树立服务意识，进一步提高专业素质，优化业务流程，完善岗责体系，提高服务质量和服务水平，为经济社会发展提供优质的财税服务。

2.切实处理好三个关系

一是处理好扩大内需与防范风险的关系。一方面，要发挥积极的财政政策作用，增加政府公共投资，扩大投资和消费需求，促进经济平稳较快发展。同时，要保持清醒的头脑，立足当前，着眼长远，统筹谋划，做到当前需要与长远发展相互兼顾，发展速度与财力可能均衡匹配，债务规模与偿债能力有机统一，为党委、政府负起责任做实事当好参谋，并进一步强化政府债务监测、预警体系，做到债务可控，主动防范财政风险。

二是处理好落实政策与依法治税的关系。越是收入形势严峻，越要正确处理落实优惠政策与坚持依法治税的关系。要严把税收政策关，不得突破税法“红线”随意开政策口子，坚决维护税法严肃性和税收刚性，倍加珍惜来之不易的税收执法环境。要把依法治税与帮扶企业统一起来，通过依法治税为中央结构性减税政策落实奠定坚实基础，为地方政府帮扶企业提供财力支撑，为企业公平竞争营造良好环境。

三是处理好减税增支与增收节支的关系。一方面，要综合运用减免税费、增加支出、财政贴息等多种手段，促进经济增长和结构调整。同时处理好减税与保持财政基本公共服务保障能力的关系。加强财税科学管理，坚持依法理财治税，切实强化收入征管。严格控制一般性支出，特别要压缩行政开支，降低行政成本，严肃财经纪律。

（三）2009年全省财政地税工作的主要任务

1.大力开展增收节支，确保财政收支平衡。增收节支保平衡事关财税工作全局。要坚持依法治税、规范管理，强化税收分析预测，把握税源变化趋势，及时做好组织收入的应对预案，增强组织收入的前瞻性和主动性，不断优化税种结构、税源结构、税费结构。全面贯彻落实营业税新条例及实施细则，加强营业税分行业分税目税源管理，拓展水利工程水费、楼宇经济等税源新增长点；稳步推进车船税保险机构代收代缴工作；认真把握城镇土地使用税的土地等级范围，积极做好外资企业城镇土地使用税征管工作；进一步规范土地增值税预征管理。积极稳妥地做好“五费”降率工作。加大新版政府非税征管信息系统推广应用力度，积极探索研究国有资源类、资产类非税收入和国有资本收益的征管办法，拓宽政府非税收入征收范围和征收渠道，增强地方政府财力。牢固树立“两个务必”的思想，加大财政支出结构调整力度，严格控制行政成本，各级党政机关公用经费继续压缩5%，专项经费“零增长”，停止购买公务用车一年，严格控制会议、接待、出国等经费的开支，把财政资源更多地用于提供公共服务、保障民生的各项支出，保障重点支出需要，确保财政收支平衡。

2.落实积极的财政政策，推动经济平稳增长。把保增长作为财税工作的首要任务。积极贯彻审慎灵活的宏观调控政策，筹措落实“三个千亿工程”建设省级财政性资金，加大财政投资力度，支持以铁路现代化为重点的基础设施和民生工程建设，扩大国内需求。贯彻执行新一轮省对市县财政体制，充分发挥财政奖补机制特别是营业税奖励政策的导向作用，促进经济转型升级，优化财政收入结构。认真实施增值税转型改革，取消和暂停征收部分行政性收费项目，减免困难企业相关税费，改善企业生产经营环境。优化财政科技投入结构和科技资源配置，支持以营造创新环境、培养创新人才、改善创新条件、提升创新能力为主要内容的科技创新体系建设。调整和优化财税支持企业发展的政策措施，省财政设立5亿元工业转型升级专项资金，通过产业扶持、财政贴息、财税优惠等措施，推进经济结构调整。扎实推进工业企业分离发展服务业工作，研究和规范现代物流、工业设计、技术服务、检测检验、仓储运输、文化创意等应税劳务的政策和管理；以支持自主创新为重点，充分发挥新企业所得税法“产业优惠”导向作用，为高新技术产业、现代服务业发展营造良好的政策环境。完善小企业贷款和担保机构的风险补偿办法，加快发展产业投资基金和创业风险投资基金，缓解中小企业融资困难。调整外贸出口发展基金政策，促进外贸出口稳定增长和结构优化。积极落实燃油税费改革，管好用好中央转移支付资金。建立多元标准化经费筹措机制，支持“标准化战略”实施；大力支持节能技术改造，推进重点耗能企业节能新技术、新工艺和新产品的研究开发和推广应用。积极有效合理利用政府外债，加大与国际金融组织私营部门的合作，为中小企业转型升级搭建融资平台。

3. 加大"三农"扶持力度，推进农村改革发展。把扶持现代农业发展、提高农民收入作为保增长、扩内需的重要内容。创新财政支农投入，按照存量适度调整、增量重点倾斜的原则，建立健全支农资金稳定增长机制，提高公共财政用于农村的总量和比重，扩大公共财政向农村覆盖的领域和范围，加快推进社会主义新农村建设。全省各级财政预计安排"三农"支出661.00亿元。完善各项强农惠农政策，加大农业综合开发投入，着力支持现代农业发展、农业基础设施建设和农民创业，促进农村经济繁荣；积极扶持农业龙头企业和农民专业合作社发展，培育新型经营主体，增加农民收入；积极支持推进集体林权制度改革、国有农林渔场改革及新型农技推广体系改革，为新农村建设提供体制保障。支持粮食安全体系建设，完善种粮直补、农机具购置和农机作业补贴政策，落实农资综合直补和油菜种植补贴等，稳定和强化提高农业综合生产能力特别是粮食生产能力的各项措施。做好成品油价格补贴发放工作。完善农业贷款风险补偿机制，推进政策性农业保险和农村住房保险，鼓励金融业服务"三农"。

4. 健全民生投入机制，保障改善社会民生。把改善民生作为保增长的出发点和落脚点，推动经济社会统筹发展。深入推进义务教育经费保障机制改革，全面落实和完善城乡义务教育各项政策措施，将中小学生均公用经费最低标准分别提高到550元和350元，农村中小学爱心营养餐标准提高到每生每年350元；加大财政对学前教育的投入；免除年人均收入4000元以下家庭子女就读中等职业学校的学费；支持高等教育发展，加强高等院校财政财务管理，提升教学质量和办学水平。加快公共文化服务体系建设，逐步建立覆盖城乡的公共文化服务体系财政保障机制。加大就业补助资金投入，支持实施积极的就业政策，加快建立城乡统筹的就业机制，进一步发挥失业保险促进就业、稳定就业功能。扩大职工基本养老保险覆盖面，加快城乡居民基本医疗保障制度建设，启动大学生医疗保障制度。继续提高新型农村合作医疗补贴标准，全省所有县市人均筹资水平达到140元以上。加快城乡社区卫生服务体系建设，提高城乡居民公共卫生和基本医疗服务可及性和公平性。健全社会各类救助制度。支持全民健身运动。加大政法经费投入，支持安全生产、产品质量和食品安全基础设施建设，促进"平安浙江"建设。加大环境保护和生态建设投入，逐步完善财政生态保护转移支付制度，推进生态省建设。认真落实各项税收优惠政策，积极维护社会稳定。加大扶贫投入，支持实施"低收入农户奔小康工程"，提高重点生态公益林补助标准，提高农民增收致富能力。加大一般转移支付力度，逐步提高县乡基本公共支出最低保障水平，逐步推进基本公共服务均等化。

5. 深化财税管理改革，提升财税管理水平。把深化改革、完善有利于科学发展的财税体制机制作为保增长的强大动力。大力加强财政专项资金管理，严格控制新增项目，清理整合已有项目，规范专项转移支付管理制度和类别档次，提高财政资金使用效益。加大"三个子"预算管理改革力度，积极构建预算编制、执行、监督"三位一体"又相互分离的预算管理体系。试行省级债务计划管理制度，探索建立国有资本经营预算制度，完善省级社会保障预算制度。深化部门预算改革，完善预算定额体系、费用支出标准体系、资产配置标准体系，建立健全公益类事业单位"花钱办事"机制。全面推行国库集中支付改革，提高国库资金运行管理水平，不断扩大公务卡结算范围。进一步完善绩效评价制度，推进省级部门项目支出绩效自评，选择部分民生项目实施重点评价，强化绩效评价结果应用。推进政府采购信息化建设，进一步发挥政府采购政策功能，加大对节能、环保、自主创新等产品的支持力度，不断扩大政府采购规模。巩固提高农村综合改革成果，落实村主要干部报酬问题，完善财政扶持村级组织运转补助办法，加大对村级组织运转扶持力度。积极开展与地税数据大集中相适应的管理方式调研，整合、集中《税友2006》业务流，形成更加高效的数据运行平台。以强化数据增值利用为重点，深入挖掘《税友2006》管理和应用功能，全面推广应用快捷查询和不动产建筑业税收项目管理软件。采取切实有效措施，加强信息网络安全。

加快财税法制建设，全面实施"人机结合"方式的执法责任制考核评议工作，认真执行重大税务案件集体审理制度，预防和化解行政争议，全面推进依法行政依法理财治税工作。进一步加强政府性债务管理，防范和化解地方财政风险；强化政府外债管理，优化外债项目结构，强化债信管理，防范外汇风险。逐步理顺管理体制机制，加快建立与公共财政相适应的行政事业单位国有资产管理监督体系。推进公务员津贴补贴规范工作，统筹考虑机关退休人员及其他相关人群特别是义务教育学校教师待遇问题，维护社会稳定。加大清费减负力度，深入开展涉农、涉企等专项治乱减负工作。加强会计监管力度，推进会计人员网络化管理，改变会计监督方式，提高监管覆盖面和检查效率。

6. 加强财税文化建设，提高科学发展能力。财税文化事关财税干部队伍的长远发展，是财税事业不断前进的有力保障。要扎实推进深入学习实践科学发展观活动，确保取得实效。深入开展财税文化建设，探索财税文化建设的各种有效载体。深入推进以提升能力素质为核心的分层次、分专业岗位培训，启动财政人才库建设，全面提升干部队伍综合素质。积极做好"三位一体"机构改革的前期准备工作；认真开展厅局机关处级干部选拔任用和调配工作，加强优秀年轻干部的培养锻炼，优化和完善干部队伍结构。深入开展反腐倡廉宣传教育，全面落实党风廉政建设责任制，持续深化以"教育、制度、监督、惩处、作风、改革"为内容的惩防体系建设。发挥党团工妇作用，积极引导干部职工开展形式多样、健康有益的活动，丰富业余文化生活，结合庆祝建国60周年活动，举办全省财税系统第三届文艺汇演，推进机关精神文明建设；认真落实老干部"两项待遇"，优化细化老干部管理服务工作，不断增强队伍的凝聚力、向心力。

同志们，2009年财政地税工作任务十分繁重而艰巨。我们要深入学习贯彻落实科学发展观，全面实施"创业富民、创新强省"总战略，坚定信心，扎实工作，以优异的成绩迎接新中国成立60周年。

审时度势 克难攻坚
推动全省经济税收持续稳定健康发展

——2009年1月12日在全省地税工作会议上的讲话

浙江省地方税务局副局长 单美娟

同志们:

这次全省地税工作会议的主要任务是,深入学习贯彻党的十七届三中全会、省委十二届四次全会、全省经济工作会议和全国税务工作会议精神,回顾总结2008年全省地税工作,深入分析地税工作面临的形势,部署2009年地税工作任务。全省各级地税机关要认真贯彻吕祖善省长重要指示和钱巨炎局长重要讲话精神,细化工作举措,务求工作实效。下面,我讲几点意见:

一、围绕中心、服务大局,2008年全省地税工作取得显著成绩

2008年是国际国内形势变化最为复杂的一年,是大事多、难事多,冲击大、压力大,不平凡、不寻常的一年。面对新形势,全省地税系统在省委、省政府和国家税务总局的正确领导下,坚持以邓小平理论和"三个代表"重要思想为指导,深入贯彻落实科学发展观,认真执行中央宏观调控政策,紧密围绕"创业富民、创新强省"总战略和"标本兼治、保稳促调"总思路,积极践行"依法治税、为民理财、务实创新、廉洁高效"工作理念,坚持一手抓组织收入工作,确保地税收入平稳增长,收入结构不断优化;一手抓优惠政策落实,真心实意与企业共渡难关,大力促进经济转型升级,为全省经济社会又好又快发展作出了积极贡献。2008年全省地税部门共组织各项收入2325.98亿元,增长17.73%,增收350.33亿元;其中:税收收入1494.40亿元,增长15.82%,增收204.17亿元;社保费661.63亿元,增长23.73%,增收126.91元。全省地方税比重达59.39%,比上年提高2.89个百分点;地税税收收入中,构成地方财政收入的税收收入增长18.54%,快于全部税收收入增幅2.72个百分点。

2008年全省地税工作在六大方面取得了显著成绩:

(一)支持"两创"、改善民生

紧密围绕省委省政府重大战略部署,出台了《浙江省地方税务局关于贯彻省委推进创业富民创新强省决定的实施意见》,提出要坚持公平正义原则,努力为各种所有制经济的发展创造公平的税收环境;要在全省地税系统形成尊重创业、鼓励创新的良好氛围,既支持全社会创业创新,又加强自身创业创新。出台了《浙江省地方税务局关于贯彻省委全面改善民生促进社会和谐决定的实施意见》,提出要充分发挥地税服务民生的"杠杆"作用,全面落实惠及民生的各项税费优惠政策;发挥税收筹集收入的职能作用,为改善民生提供物质基础;发挥税收调节收入分配的作用,缩小初次分配带来的收入差距。出台的两个实施意见,严格遵循税收法治的原则,坚持在税收法律法规框架内,进一步梳理和整合税费政策,使政策的导向作用更加显著;进一步优化征管流程,创新服务举措,使政策的落实更加有针对性、更具操作性。"两创"方面突出对自主创新、转型升级、节能减排、总部经济、人才引进等的扶持,共涉及38条具体措施;民生方面突出对教育、就业、医疗、社保、农村发展等的扶持,共涉及21条具体措施;并积极推进社会保险费"五费合征",社会保险费收入持续稳定增长,社会保险覆盖面不断扩大,圆满完成了省政府确定的实现社会保险费"五费合征"制度全覆盖的目标任务。这些政策和工作举措的深入贯彻落实,有力推动了我省经济社会的全面协调可持续发展。

(二)助推"保稳"、积极"促调"

针对经济形势的急剧变化,迅速贯彻省政府"减免相关税费、减轻企业负担"的重要精神,坚持在依法合规的前提下,及时高效地把中央和省委、省政府各项扩大内需、促进经济平稳增长的税费政策落到实处。认真抓好社会保险费临时性下调缴费比例集中减征,困难企业房产税、城镇土地使用税和水利建设专项资金的减免工作。加快落实降低社会保险费费率政策,促进经济民生统筹发展。在"保稳"的同时积极"促调",以贯彻新企业所得税法为契机,深入落实支持企业自主创新、现代服务业发展的各项税费优惠政策,协同省级有关部门共认定高新技术企业1331家。深入贯彻省委省政府"推进工业企业分离发展服务业"决策部署,加强调研、解决问题、总结经验、树立典型,加强与省有关部门协作配合,着力推进在工业转型升级中分离发展科技服务、现代物流、国际贸易、专业化配套服务、文化创意服务等生产性服务业,进一步优化了产业结构和税源结构。

(三)依法治税、维护公平

坚持把依法治税作为税收工作的"灵魂",全面加强依法行政、依法治税考核,积极稳妥推进税收执法责任制,深入开展税收执法检查和执法监察,认真做好重大税务案件审理,严格落实规范性文件会签会审、备案审查和公告制度,建立健全税收政策执行情况反馈报告制度。坚持内外并举、刚柔相济,为依法治税营造良好的执法环境。依法办理税务行政复议,妥善解决税务行政争议,力争把行政争议化解在基层、化解在初发阶段、化解在行政程序中。2008年各级地税机关共收到申请复议案件8件,涉及税务行政诉讼案件3件,基本得到了妥善解决。深入开展"五五"普法和依法治理工作。坚持突出重点、整体推进,整顿规范税收秩序,深入开展行业税收专项检查、区域税收专项整治和大型企业集团税收专项检查,突出大要案查处重点,妥善处理好举报案件的受理、查处、督办工作,与公安等部门联合开展打击制售假发票专项整治行动,查处了金华"3·10"及温州"4·11"、

“4·18”等在全国有重大影响的制售假发票案件。发挥稽查案件警示教育作用，进一步加大涉税违法案件曝光力度。全面贯彻落实《政府信息公开条例》，做到主动公开全面细化、依申请公开规范高效、信息把关保密安全，最大限度地满足公众的涉税信息公开需求，进一步加强“阳光”执法、文明执法。

（四）务实创新、强化管理

以深化应用《税友 2006》为主线，加快推进地税管理科学化、专业化、精细化。开发快捷查询管理软件，深化基础数据增值利用；开发和完善执法质量管理系统、纳税评估系统、税务稽查查账软件，强化地税“后台”管理技术支撑；开发不动产建筑业税收项目管理软件、个人出租房管理软件，加快跨部门数据信息共享步伐。坚持“抓大、评中、定小”的征管方向，调整重点税源监控行业分布，开展建筑业、餐饮业、广告业、旅游业和资源税纳税评估，规范行业定额核定标准。加强发票集中管理，推广应用机打发票，开展有奖发票试点工作。积极研究营业税差额征税管理办法；扎实推进个人所得税明细申报和年所得 12 万元以上自行纳税申报工作；全面贯彻城镇土地使用税和车船税两个新条例，深入开展城镇土地使用税税源清查；认真做好城建税、教育费附加、地方教育附加与“两税”的信息比对；开展车船税保险机构代收代缴试点；进一步加强国际税收情报交换工作。积极探索解剖式稽查，着力推动管查互动，实现以查促查、以查促管。

（五）优化服务、降低成本

把优化服务作为构建和谐征纳关系的纽带，把降低纳税成本作为营造良好税收环境的基础，推出一系列纳税服务新举措：以“网送税法”为载体，拓展税法宣传新平台；与国税部门联合办理税务登记和开展纳税信用等级评定，推行“一次性告知制”和“补正承诺制”，解决纳税人办税“多头找、多次跑”的问题；实现个体工商户“三证并两证”，鼓励和推广个体工商户税务登记证与工商营业执照的“一窗式”办理；在扩大税务登记免填单、免收工本费范围的基础上，进一步加大力度，扩大工本费免收范围，节约纳税人办税时间和办税成本；大力推行“同城通办”，真正做到管理划区域，服务无界限；在办税服务厅大力推广 POS 机刷卡缴税（费），方便纳税人缴纳税（费），提高办税效率。充分发挥“12366”纳税服务热线“桥梁”作用，了解纳税人的需求、倾听纳税人的意见、解决纳税人的问题，2008 年全省地税系统共接听来电 81.3 万话次，发送短信 410.3 万条，分别比上年增长 139.1%和 17.8%。

（六）转变作风、廉洁高效

以“树新形象、创新业绩”主题实践活动和科学发展观学习实践活动为契机，深入开展支持自主创新、促进服务业发展、社会主义新农村建设税费优惠政策落实情况专题调研，以调研带宣传抓落实。围绕第 17 个税收宣传月“税收·发展·民生”主题，召开“优化税收服务、支持创业创新”基层现场会，省局领导民主恳谈、听取意见、开门纳谏。积极开展财税文化建设，加强干部能力建设，创新教育培训模式，研究制订全省地税系统教育培训规划，按照“金字塔型”人才构架要求，进一步规范各级人才库建设。全面开展争先创优活动，全省地税系统共有 156 家单位获省级以上“基层文明单位”、“巾帼文明岗”、“青年文明号”和“群众满意基层站所”等荣誉称号。认真落实《浙江省财政地税系统建立健全惩治和预防腐败体系 2008～2012 年实施细则》，制订浙江地税系统贯彻落实国家税务总局惩防体系 2008～2012 年工作规划实施办法的分工方案和廉政预警实施办法，认真做好违纪案件防范和查处工作，努力降低违纪案件发生率。2008 年由地方纪检监察部门查处的地税干部违纪案件 6 件，涉案 8 人。

2008 年地税工作面临的形势复杂多变，面对的困难超乎预料，取得的成绩来之不易。这是省委、省政府、国家税务总局和厅党组正确领导的结果，是各地、各部门和广大纳税人大力支持的结果，是全省地税干部职工团结拼搏的结果。在此，我代表省局领导班子向关心支持地税工作的各级领导、各有关部门、广大纳税人表示最衷心的感谢！向广大干部职工表示最诚挚的问候！

在肯定成绩的同时，我们也要清醒地看到地税工作中存在的问题：一是如何规避和防范税收执法风险，规范税收自由裁量权，需要进一步研究和落实；二是少数地税干部执法能力不适应现实工作要求，执法不当行为还有发生，执法水平有待进一步提高；三是外部涉税信息共享机制还需加快推进，部门协作机制还需继续深化；四是征管基础工作有待进一步夯实，税源分析和收入把握能力有待进一步提高。对于这些问题我们必须高度重视，结合深入开展学习实践科学发展观活动，切实采取有效措施，认真加以解决。

二、认清形势、坚定信心，增强地税部门服务大局的意识和能力

（一）清醒认识经济税收面临的挑战

2008 年以来，美国次贷危机引发的金融危机迅速从局部扩展到全球，从发达国家传导到新兴市场国家和发展中国家，从金融领域扩散到实体经济领域，酿成了一场历史罕见、冲击力极强、波及范围很广的国际金融危机。2009 年主要发达国家经济可能全面衰退，新兴市场经济体和发展中国家经济增速将进一步放缓，我国经济发展的外部环境将更加严峻。我省经济以出口型、加工型和中小企业为主要特征，2009 年将面临国际需求明显减少与贸易保护主义上升的挑战、市场竞争日趋激烈与传统竞争优势逐步弱化的挑战、企业生产经营困难加剧与社会稳定压力加大的挑战。综合来看，2009 年可能是新世纪以来我省经济发展最为困难的一年。

地税工作也将面临巨大的挑战：经济下行趋势仍未见底，新企业所得税法实施带来的减收效应将在 2009 年汇算清缴时进一步显现，连续降息将减缓金融业税收增速，房地产业税收增长目前难有起色，刺激经济增长新的减税政策仍在不断出台，再加上 2008 年一季度税收增长的高基数，都将使 2009 年组织收入面临前所未有的挑战，尤其是 2009 年上半年的压力将更为突出。在减收因素增多的同时，保增长、保民生、保稳定等刚性支出，将进一步加大地方财政收支矛盾。综合分析，2009 年将是我省税务机构进一步分设以来地税部门组织收入最为困难的一年。因此，各级地税部门必须牢固树立过紧日子的思想，增强忧患意识、危机意识，把困难预计得更充分一些，把措施制订得更周全一些，把工作做得更扎实一些，以清醒、有为、奋发的姿态应对挑战。

（二）努力把握挑战中蕴涵的机遇

尽管经济发展和组织收入面临着严峻挑战，但我们应该用辩证的眼光、战略的思维、全局的观念看待这些前进中的困难，善于从经济形势的准确把握中坚定信心，从中央保增长的决策部署中凝聚信心，从工作举措的充分准备中增强信心。应该看到，我国目前还处于工业化、信息化、城镇化、市场化、国际化加速发展时期，国内市场需求潜力巨大，为我省经济发展提供了广阔的空间。我省产品在国际市场上仍然具有一定的比较优势，资源要素价格大幅回落，有利于降低企业成本。尤其是经过30年来的改革发展和市场洗礼，涌现了大批优秀企业家，加上具有鲜明特点的浙江精神，这是我们应对挑战和困难的最大法宝。

从地税工作来看，我们更要克难攻坚、因势利导、化危为机。要深刻认识到，"沧海横流方显英雄本色"，越是经济形势严峻的时候，越需要我们深入学习实践科学发展观，把地税工作进一步纳入科学发展的轨道；越是组织收入严峻的时候，越是凸显地税部门地位和考验地税干部能力的时候。这场国际金融危机，中央既灵活运用货币政策，又突出财政政策的作用，从财税、金融、外贸、投资等方面相继出台了许多保增长、扩内需、调结构的政策举措，其中税收"杠杆"在整个政策体系中发挥十分重要的作用。最近，中共中央政治局常委、国务院副总理李克强对税收工作作出重要批示，在充分肯定2008年税收工作的同时，指出"做好2009年税收工作，对保持经济平稳较快发展有特别重要的意义"。总体来看，在这样一个特殊的经济背景下，无论是确保财政收支平衡，还是实施结构性减税政策，政府、企业、民众都寄予了税收工作更多的责任和厚望。因此，我们惟有百倍努力，才能不负重托。

(三)正确处理服务大局的几对关系

刚刚结束的全省经济工作会议强调，坚持把"保增长"作为2009年经济工作的首要任务，确保实现经济增长预期目标；坚持把"抓转型"作为2009年经济工作的主攻方向，加快经济转型升级，促进经济可持续的又好又快发展；坚持把"重民生"作为2009年经济工作的出发点和落脚点，使经济发展成果更多地体现在提高人民生活水平、促进人的全面发展上；坚持把"促稳定"作为2009年经济工作的重要保障，在构建和谐社会中凝聚力量，在维护社会稳定中促进发展。地税部门增强服务大局意识和能力的关键，就是要紧密围绕"保增长、抓转型、重民生、促稳定"这一工作主线，在应对挑战上出实招，在狠抓落实上下工夫，在改革创新上迈新步；要把握方向、突出重点，正确处理好减轻税负与增加收入的关系，盘活存量与拓展增量的关系，组织收入与改善民生的关系，规范管理与优化服务的关系，积极促进经济社会协调发展。

一是坚持依法治税"保增长"，正确处理好减轻税负与增加收入的关系。在当前特殊的经济环境下，减轻税负与增加收入的压力都非常大。一方面，"保增长"就是保企业效益的增长，要求我们依法落实好各项税费减免政策，尤其要及时做好支持企业兼并重组有关税费政策的宣传、辅导和落实工作，为企业减负、解困；另一方面，"保增长"还要保地方财政收入的增长，要求我们依法加强税收征管，为地方政府调控经济和保障民生提供财力支撑。在减负和增收中寻求平衡的关键是依法治税，特别是形势越严峻的时候，越要旗帜鲜明地贯彻落实依法征税的组织收入原则，切实维护税法严肃性和税收刚性。既不能因为减轻企业负担而突破税法"红线"随意减免税费；也不能因为税收任务压力而不落实优惠政策或"寅吃卯粮"收过头税。严格依法征税，既是2009年审计部门外部监督的重点，也是省局执法检查和执法监察内部监督的重点，各地务必引起高度重视，努力防范税收执法风险，坚决维护来之不易的税收执法环境。

二是坚持务实创新"抓转型"，正确处理好盘活存量与拓展增量的关系。加快经济转型，是省委十二届四次全会作出的一项重大战略举措，也是保持我省2009年经济平稳较快发展的根本所在。经济转型是一项任重道远的工作，我们既要以务实的精神盘活存量，支持传统产业升级发展；又要以创新的思路拓展增量，促进新兴产业加快发展；努力实现平稳较快增长和加快转型升级双重目标。从税收角度看，盘活存量，就是要通过研究开发费加计扣除、加速折旧等税收优惠政策导向，支持企业技术研发和设备更新，加快推进浙江制造业从"低、小、散"向"高、精、尖"转型。拓展增量，就是要积极落实新企业所得税法产业优惠政策，以及新修订的营业税条例支持服务业政策，深入推进工业企业分离发展服务业，大力发展高新技术产业和生产性服务业，加快形成先进制造业和现代服务业双轮驱动的主体产业群。

三是坚持以人为本"重民生"，正确处理好组织收入与改善民生的关系。发展经济的根本目的是满足人民群众日益增长的物质文化需要。坚持以人为本，要求我们既要保发展、促就业，又要强保障、重民生。对地税工作来说，就是要着眼长远、注重长效，坚持在发展经济基础上不断改善民生，在依法治税、规范管理的前提下，一手抓组织收入，一手抓涵养税源，为持续改善民生提供财力保障。要正确看待地税增收减速与民生支出刚性的关系，尽力而为、量力而行，淡化收入排名，夯实收入基础，优化收入结构，增强可用财力，通过组织有效益的收入来保障有质量的民生。要将重民生贯穿于组织收入工作始终，在地税征收管理、政策落实、法治建设、纳税服务过程中，充分尊重和保护纳税人的合法权益。要积极稳妥做好社会保险费"五费合征"工作，确保社会保险费收入持续稳定增长，努力促使社会保险费缴费比例调整政策落实到位。

四是坚持廉洁高效"促稳定"，正确处理好规范管理与优化服务的关系。在企业经营困难、社会形势复杂的大环境下，我们一定要如履薄冰、如临深渊、注意形象、注重实效，坚持廉洁高效、干净干事。要刚柔相济，把规范管理与优化服务统一起来，更加重视税收征管的公正性、优惠政策落实的公平性和管理服务的人性化，以规范管理出优质服务，以优化服务促规范管理。要按照"内外并举、以内促外、重在治内"的方针，突出抓好自由裁量权的规范，最大限度地减少执法的随意性。要构建税收宣传大格局，加大信息公开力度，畅通信访渠道，确保程序到位，倾听纳税人呼声，以良好沟通化解矛盾，构建和谐征纳关系。要高度重视安全工作，确保地税内部廉政安全、信息安全、运行安全，并认真做好保密工作；要坚持规范、文明执法，注重对纳税人的宣传教育引导，慎用强制手段，极力避免由于执法不当而引发社会矛盾，切实维护社会稳定。

三、迎难而上、奋发有为，圆满完成2009年全省地税各项工作任务

根据对经济形势的分析和预测，按照中央和省委、省政府对经济工作的总体部署，2009 年全省地税工作的指导思想是：高举中国特色社会主义伟大旗帜，全面贯彻党的十七大、十七届三中全会和省委十二届四次全会精神，深入学习贯彻科学发展观，深入实施“创业富民、创新强省”总战略，围绕“保增长、抓转型、重民生、促稳定”的工作主线，按照“依法治税、为民理财、务实创新、廉洁高效”的工作理念，念好实、稳、优“三字诀”，进一步坚持依法治税、科学组织收入、深化征管改革、优化纳税服务、加强队伍建设，充分发挥地税职能作用，确保地税收入持续增长，促进经济社会又好又快发展。

按照这个指导思想，2009 年全省地税税收收入计划初步安排如下：全省（不含宁波）税收收入确保目标是 1250 亿元，比上年增长 6%；奋斗目标是 1298 亿元，比上年增长 10%。在保持收入稳定增长的同时，要进一步优化地税收入结构，认真抓好社会保险费等非税收入征管工作。

2009 年要扎实做好以下几方面工作：

（一）以依法治税为根基，进一步营造良好税收法治环境

深入推进依法治税。进一步贯彻《全面推进依法行政实施纲要》，不断推进全省地税系统依法行政、依法治税。制定《浙江省地税系统执法责任制考核指标》，全面实施“人机结合”方式的执法责任制考核评议工作，对执法行为进行全过程跟踪、考核，对执法过错实行责任追究，从机制和制度上不断规范税收执法。制定出台全省地税规范性文件管理办法，健全规范性文件制定程序，提高文件质量。在当前经济下行和社会矛盾比较突出的背景下，慎用强制手段，充分运用和解、调解手段妥善解决税务行政争议，特别要充分发挥行政复议化解税务行政争议的主渠道作用，维护纳税人的合法权益。认真执行重大税务案件集体审理制度，确保案件定性的准确性、法律适用的正确性。加强执法检查，有效保障各项税收法规、政策的正确贯彻执行，进一步规范自由裁量权，不断提高税收执法水平。

切实维护税收秩序。继续以开展解剖式检查为抓手，建立查补收入的预警机制，深入开展对旅游业、中介业、网站等行业的解剖式检查。继续以整顿规范税收秩序为主线，有针对性地选择广告业、中介代理业、旅游业、运输业、证券业、营利性医疗及教育培训机构、拍卖企业、三年以上未实施检查的企业及高收入者个人所得税等开展税收专项检查。继续深入开展地区专项整治工作，与公安、国税部门联手，选择部分地区深入开展制售假普通发票专项整治工作。坚持大要案查处与行业税收专项检查点面结合，加强“下查一级”工作力度，进一步增强地税稽查威慑力。按照“规范、谨慎、及时”的原则，继续做好举报案件的查处工作和举报中心管理工作，切实维护税收秩序。

加强税费政策宣传。整合资源，创新形式，认真开展好第 18 个全国税收宣传月活动，进一步做好“五五”普法工作，全面落实政府信息公开，加大对涉税违法案件的曝光力度。加强中央“保增长、扩内需、调结构”结构性减税政策的宣传，积极发挥税收政策的导向作用。加强社会保险费的宣传，充分发挥社会保险“安全网”的积极作用。加强对党委政府及有关部门等“用税人”关于税收收入形势的宣传，凝聚各方面的力量，加强税收征管、促进收入增长。

（二）以组织收入为中心，进一步促进经济税收协调发展

科学指导组织收入。充分发挥税收职能作用，积极落实支持“三农”、中小企业、扩大消费需求、就业再就业、自主创新、区域协调发展、服务业和文化医疗体制改革等税收政策。进一步做好推进工业企业分离发展服务业有关涉税工作。按照“法治、务实、有为”的要求，全面开展税源分析、税收预测预警分析、税收管理风险分析和政策效应分析，强化对重点税源地区、行业和企业的分析。密切跟踪宏观经济和企业经营形势变化，全面掌握影响税收收入变化的因素，及时发现组织收入工作中存在的问题和税收征管的薄弱环节，有针对性地采取措施，始终牢牢把握组织收入的主动权。

强化主体税种管理。认真贯彻新修订的《营业税暂行条例》及其实施细则，加强重点行业、重点企业、重点工程的营业税征管，积极推行建筑、房地产等行业营业税项目管理办法，全面推广应用《税友 2006》不动产建筑业税收项目管理软件。认真做好企业所得税征管范围调整工作。建立企业所得税管理规范，贯彻落实部分行业所得税管理操作指南，加强非居民企业所得税征管。修订企业所得税减免管理办法。加强汇总纳税企业所得税征管。加强对高收入者的个人所得税管理，依托信息化手段推进企业、事业单位、行政机关、社会团体等单位的全员全额扣缴明细申报，做好个人所得税完税证明开具工作。

优化地方税费管理。根据税制改革趋势，认真抓好外资企业房产税征管；加强信息比对和委托代征工作，着力加强城建税、教育费附加和地方教育附加征管。继续落实城镇土地使用税和车船税暂行条例，加强对落实情况的监督检查。认真做好城镇土地使用税税源清查，全面掌握城镇土地使用税和房产税税源信息，实施动态管理。大力推进车船税保险机构代收代缴工作。加强水利建设专项资金征收管理，改革完善水利建设专项资金减免审批办法。进一步规范残疾人就业保险金的征收工作。

扎实推进“五费合征”。在 2008 年实现“五费合征”制度全覆盖的基础上，进一步落实“参保登记、缴费基数、征缴流程、信息数据”的统一，积极推进企业征缴扩面工作，争取实现企业全覆盖。做好 2009 年临时性适当下浮社会保险费缴费比例政策集中减征工作。认真贯彻省政府关于调整用人单位基本养老保险缴费比例政策，积极主动地做好政策效果的分析评估工作。完善和规范缴费登记、申报、缴纳、评估、检查及费源管理等征管流程，探索建立缴费评估制度，不断规范社会保险费征管。切实加强社会保险征管信息化建设，努力实现劳动保障、税务、财政、银行等相关部门信息数据能即时交换与共享。

（三）以深化改革为动力，进一步推动地税征管提质增效

持续深化征管改革。继续深化税源间接控管模式，完善“五位一体”互动管理机制。紧紧把握数据大集中这一发展趋势，积极开展与地税数据大集中相适应的管理方式调研，探索对《税友 2006》业务流进行整合和集中，进一步加强外部涉税信息采集，完善横向沟通机制，建立有效的信息传递、交流与共享机制，形成更加高效的数据运行平台。以强化数据增值利用为重点，深入挖掘《税友 2006》管理和应用功能，全面推广应用《税友 2006》快捷查询管理软件，对各类管理报表产生的基础数据信息强化管理、深入分析，并做好网税系统功能扩展和《税友 2006》其他新增功能的试点开发工作。建立《税友 2006》新增功能试点开发机

制，实行有规划的项目管理，并对试点单位开发投入和运行产出情况进行相应的绩效评价。

推进信息安全建设。组织开展全省地税系统信息安全等级保护工作，稳步开展安全风险评估。按照《浙江地税网络与信息安全体系建设规范》的要求，强化终端安全管理，建立网络准入控制机制，防止非法访问，不断完善网络与信息安全体系。组织开展全省地税信息安全与保密工作检查，加强网络与信息安全监控工作，形成监控、评估、检查、加固、通报等工作的制度化与常态化。完善《浙江地税网络与信息安全应急预案》，组织开展应急演练试点，有效应对各类突发安全事件。深入开展系统资源全面梳理和整体规划，进一步提升信息基础设施承载能力。

夯实税收征管基础。修订《信息采集维护管理工作规范》，适时制定《案头分析管理办法》，重点加强基础数据与外部信息采集的及时性、完整性、准确性。提炼广告业、旅游业纳税评估指标体系，组织开展住宿业、租赁业专项纳税评估。探索不同行业的税收管理方法，建立分行业纳税评估模型和预警指标，逐步建立健全行业税收管理规范。本着公开公平公正的原则，规范定期定额户管理。进一步加大机打发票推行力度，充分利用《税友2006》资源和技术手段，健全发票查询系统。探索建立走逃户和非正常户法人数据库，为加强户籍管理提供依据。强化国际税收管理，完善非居民企业税收管理机制，加大税收协定执行力度。

(四)以优化服务为途径，进一步构建和谐有序征纳关系

完善纳税服务机制。以法律、法规为依据，以纳税人为中心，以流程为导向，以信息化为信托，完善纳税服务制度，调研拟定包括纳税服务的战略目标、工作职能、服务领域、工作步骤、工作机制等主要内容的《浙江地税纳税服务工作规划(2009～2012)》，明确纳税服务的工作定位。推进办税服务厅标准化建设，梳理办税服务厅服务内容、业务流程、窗口设置、功能区划分、制度建设、环境设施等工作，进一步规范办税服务厅服务资源配置。建立全省地税系统办税服务厅窗口“纳税服务之星”考评办法，优化窗口服务激励机制，提高办税服务水平。严格落实责任追究制，对法定服务不作为和侵害纳税人权益的执法过错行为进行责任追究，促进依法行政水平和纳税服务质量的不断提高。

创新纳税服务举措。进一步升级改造“12366”语音平台和纳税服务短信平台，实现语音数据集中管理，提高语音数据利用率。加强税收法律法规和政策的咨询辅导，帮助纳税人了解税收政策规定，熟悉办税程序。根据不同类别纳税人的需求，提供个性化的纳税服务。加强和规范法律援助及救济服务，切实维护纳税人合法权益。积极稳妥地推进全省统一模式的POS机刷卡缴税(费)、CA认证深化应用、同城通办等创新服务内容，方便纳税人办税。完善纳税信用等级评定管理，建立纳税信用激励和动态管理机制。建立纳税服务质量考核评价机制，借助第三方机构开展纳税人满意度、需求调查。改革管理方式，优化工作流程，简并报表资料，减轻纳税人和基层税务机关负担，提高办税效率。

规范注税行业发展。加强对注册税务师行业的行政监管，规范执业行为。以依法支持为前提，更加注重发挥注册税务师行业的职能作用和专业优势。贯彻总局和省政府关于加快中介机构改革发展的文件精神，进一步拓展涉税鉴证业务范围，完善有关政策和监管制度。根据《国家税务总局关于促进注册税务师行业规范发展的若干意见》等文件精神，适时明确我省各级税务机关有关注册税务师管理工作职责。

(五)以财税文化为先导，进一步加强地税干部队伍建设

加强领导班子建设。各级地税领导班子要大力弘扬以“依法治税、为民理财、务实创新、廉洁高效”为核心的财税文化，做财税文化的引领者、实践者和推动者。进一步深入贯彻《党政领导干部选拔任用工作条例》，坚持民主、公开、竞争、择优原则，按照德才兼备、注重实绩、群众公认原则选拔领导干部，推动全省地税系统各级领导班子的组织建设，优化领导班子的年龄、知识、能力结构。提高领导干部的谋划力和决策力，在现有管理体制下，加大垂直管理力度，适度展开领导干部交流工作，优化人力资源配置，提高领导班子的整体素质。优化系统领导班子和领导干部的考核方式，使全省地税系统领导班子和领导干部考核工作进一步科学化、合理化。进一步加大后备干部管理力度，建立健全后备干部管理使用制度。认真落实民主集中制，完善党组(党委)议事规则，推进决策的科学化和民主化。

强化系统队伍建设。按照厅党组《关于在全省财政地税系统开展财税文化建设的意见》要求，认真组织开展文化建设活动，创新载体、丰富内容，以文化建设推动思想政治工作的深入开展。以内强素质、外塑形象为目标，深入开展精神文明创建活动，加强对市、县地税局深入学习实践科学发展观活动的指导。以提高创新力、执行力为重点，加强中层骨干管理能力建设。更加突出“服务基层、保障一线”的政策导向，人财物要向基层倾斜，文化建设要扎根基层，进一步增强基层队伍的凝聚力和战斗力。在全省地税系统进一步推动记功、嘉奖工作，在系统内选择一批政治过硬、工作积极、成绩显著、事迹突出的集体和个人给予记功、嘉奖，充分发挥先进典型的示范作用，积极营造崇尚先进、学习先进、赶超先进的良好氛围。研究制订全省地税系统新一轮大规模培训干部规划，提出今后一个时期总体目标、主要任务及各项措施，并根据分级负责和归口管理的要求，统筹安排各类培训项目，抓好分级组织实施，切实提高干部的思想政治素质和业务工作能力。

深化党风廉政建设。全面落实党风廉政建设责任制，持续深化以“教育、制度、监督、惩治、纠风、改革”为内容的惩防体系建设，努力提高全系统防范腐败的预警能力，进一步加强党风廉政建设。积极构建反腐倡廉“大宣教”格局，加强警示教育，推进廉政文化建设，开展以理想信念、思想道德、法制纪律为主要内容的廉政教育。紧紧围绕责任分解、责任考核、责任追究三个关键环节，细化工作责任和目标要求，把党风廉政建设责任制落到实处。各级地税机关“一把手”作为第一责任人要对反腐倡廉建设负总责，其他班子成员要认真履行分管责任，落实“一岗两责”，把反腐倡廉工作和税收业务工作同时部署、同时落实、同时考核。

同志们，2009年地税工作任务艰巨，责任重大。让我们深入贯彻落实科学发展观，坚定信心、开拓进取，扎实工作，努力开创地税事业发展新局面，更好地服从服务于党委政府工作大局，为实现经济社会又好又快发展作出新的更大的贡献！

全省财政工作

zhejiangcaizhengnianjian

全省财税工作概况

全省财政工作

【概况】2008年，浙江省生产总值为21486.92亿元，比上年增长10.1%，其中：第一产业增加值1095.43亿元，第二产业增加值11580.33亿元，第三产业增加值8811.16亿元，分别增长3.9%、9.4%和11.8%。人均GDP为42214 元(按年平均汇率折算为6078美元)，增长8.6%。三次产业增加值结构从上年的5.3:54:40.7调整为5.1:53.9:41。全省各级财政部门以科学发展观为指导，按照“依法治税、为民理财、务实创新、廉洁高效”的总体工作思路，念好“实、稳、优”三字诀，优化财政收支结构，深化财政管理改革，加强干部队伍建设，促进全省经济建设、事业发展和社会稳定。全省财政总收入3730.06亿元，比上年增长15.1%，其中地方财政收入1933.39亿元，增长17.2%，按可比口径计算增长15.3%；全省财政支出2208.58亿元，增长22.2%，按可比口径计算增长15.1%。省本级地方财政收入205.98亿元，增长17.8%；省本级财政支出251.25亿元，增长21.3%。全省地方财政收入占财政总收入的比重为51.8%，比上年提高0.9个百分点。全省财政收支平衡。

【支持经济转型升级】落实重大项目建设资金。筹措浙江省“重大项目建设行动计划”(千亿基础网络、千亿惠民安康、千亿产业提升“三个千亿”工程)资金，落实省级财政性资金54.78亿元，争取中央预算内和国债专项补助资金29.59亿元，支持铁路“三线一枢纽”、萧山机场二期等一批省重大项目及基础设施项目建设。

扶持企业发展。临时性下浮企业社会保险费缴纳比例，取消和暂停征收涉及企业102项行政事业性收费，做好地方税费减免工作，减免各类涉企税费100亿元；筹措落实支持企业发展各项专项资金9.37亿元；安排省级外贸发展资金3.50亿元，支持外向型经济结构调整和产业升级；开展小额贷款公司试点，增加中小企业发展专项资金和小企业贷款风险补偿资金，对银行业金融机构小企业贷款增量按5‰予以风险补偿，安排小企业贷款风险补偿资金6500万元，扶持中小企业健康发展；整合节能相关财政专项资金，加大对重点节能项目和重点用能行业节能新技术、新工艺和新产品研究开发和推广应用的支持力度，促进节能降耗；争取中央扶持企业发展资金4.42亿元，促进优化调整经济结构。调整政府外债投向结构，着力向环保、节能和社会发展等领域倾斜，当年已列入国家贷款计划3个项目1.43亿美元。

鼓励现代服务业发展。完善和落实财税支持现代服务业发展的政策措施，推动工业企业分离发展服务业；建立1000万元农村商贸服务体系建设财政专项资金，推进万家企业电子商务工程和农村商贸流通服务体系建设；筹措落实1276万元专项资金，支持村级连锁便利店和放心店配送中心建设。提高银行业金融机构的现代服务业贷款风险补偿比例，将小额贷款公司纳入风险补偿范围，化解小额贷款公司的经营风险；支持农村专业合作社及金融服务业等发展。

支持现代农业发展。加大“三农”投入，全省用于“三农”支出的财政性资金626.23亿元，增长26.2%。整合财政支农资金，加大农业综合开发投入，当年全省国家立项农业综合开发项目总投入18.78亿元；完善支农惠农政策，扩大农业政策性保险覆盖面；建立农业贷款风险补偿制度，对农业贷款增量按5‰予以风险补偿，当年撬动农村合作金融机构增加农业贷款69.60亿元。支持农业基础设施、现代农业产业体系和现代农业社会化服务体系建设，其中，安排水利专项资金22.41亿元，支持“千万农民饮用水”、“千库保安”、“万里清水河道”等工程建设；安排资金2.47亿元，争取中央财政资金1.15亿元，支持无公害、有机、绿色农产品基地建设；安排1.33亿元专项资金，支持农业科技推广和农民培训；安排4亿元专项资金，支持农村环境治理和农村生态保护建设。落实扶持粮食生产各项政策，筹措粮食补贴资金和农资综合直补资金，支持粮食安全体系建设。

加大科技投入。全年财政科技支出86.79亿元，增长21.3%，重点支持科技公共基础条件平台、行业和区域创新平台及大型科研院所实验室建设，支持创新型人才队伍建设，引导大学生开展创新活动等。

【组织财政收入】开发应用《浙江省契税耕地占用税及一体化征管系统》，全省(不含宁波)房地产交易税收一体化征收42.35亿元，全年征收契、耕两税137.67亿元(其中契税117.10亿元，耕地占用税20.57亿元)，增长11.6%。完善新版政府非税收入征管信息系统，加强土地出让收入、海域使用金等征收管理，清理历年欠缴省级农业土地开发资金，将彩票公益金纳入政府性基金预算管理，增强政府财力。全年征收政府非税收入2376.40亿元，下降0.3%；其中省本级征收283亿元，增长10.7%。

【完善财政体制】实行新一轮省对市县财政体制。确定市、县(市)财政收支基数，规范省、市县收支范围和收入分成办法，完善“两保两挂”、“两保一挂”财政政策和省对市县财政奖励政策，健全和完善省对市县转移支付制度。完善“两保两挂”、“两保一挂”财政政策。将“两保两挂”、“两保一挂”财政政策统一调整为分类分档激励奖补机制。将全省各市县分为两大类，一类是欠发达地区，实施三档激励补助政策、两档激励奖励政策；另一类是发达地区和较发达地区，实施两档激励奖励政策。完善省对市县财政奖励政策。为推动经济发展方式转变，促进产业优化升级,发展服务产业,鼓励市县扶持金融保险业发展,促进电力生产企业发展,建立健全地方财政收入长效增长机制,优化地方财政收入结构,实行省对市县营业税增收奖励政策、省级金融保险业营业税增收奖励政策,以及提高新办电力生产企业所在地增值税分成比例政策。完善转移支付制度。加大一般性转移支付力度,整合优化专项资金,规范专项转移支付类别档次。

【保障民生支出】贯彻落实省委、省政府有关改善民生促进社会和谐发展的决定,筹措落实六大行动计划资金137.90亿元,推动全省实施"全面小康六大行动计划";制订基本公共服务均等化行动计划,保障财政资金供给。综合运用税费优惠和财政支出手段改善民生、促进和谐建设。财政支出重点放在"三就"(就业、就医、就学)、"两保"(社会保障、环境保护)、"两安全"(社会安全、安全生产)和文化建设等方面,并着力向农村倾斜,向欠发达地区倾斜,向低收入人群倾斜,促进基本公共服务均等化。当年全省财政收入增量用于民生支出的比例为72.2%。

抗灾救助。为应对冰冻雨雪灾害及各项灾后重建工作提供资金保障,从省级预备费中安排捐赠资金3000万元,调减省级部门公用经费预算5%;筹措援建四川灾区过渡安置房建设资金,按照上年地方财政收入1%的要求,当年筹措对口支援四川青川县灾后恢复重建资金16.50亿元。

支持教育事业发展。建立义务教育经费保障机制,提高义务教育阶段中小学生均公用经费标准,分别为小学300元、初中450元,省财政专项转移支付3亿元;免除城乡义务教育阶段学生课本费、作业本费,免除符合条件的民工子女义务教育借读费3.40亿元;在全国率先实行农村教师任教津贴政策,人均每月增加津贴230元;投入中小学校舍维修改造资金11.45亿元,改造项目1543项,已完成1008项。实施新一轮"职教六项行动计划",按学期下达中职学生资助经费、农业种养技术专业助学金。实施省属高校实验室建设和省部共建高校实验室项目,全省8所高校的23个实验室获中央财政专项支持资金4000万元。落实困难学生资助政策、高校食堂和学生补助政策,发放高校国家奖助学金和困难学生临时补助资金。

支持创业富民。完善自主创业、自谋职业扶持政策,加强农村劳动力素质培训,支持零就业家庭、大中专毕业生和农村剩余劳动力创业就业。安排下山脱贫等扶贫资金4.97亿元,推进"低收入农户奔小康工程"建设,扶持低收入农户发展来料加工业、特色产业和绿色农产品种植业,拓宽增收渠道。

加强社会保障和医疗卫生事业投入。全省用于社会保障和就业的财政支出141.52亿元,增长31.1%;医疗卫生事业支出142.87亿元,增长27.2%。提高省财政对城镇居民医疗保险、新型农村合作医疗、农民健康体检的补助水平,全省所有市县新型农村合作医疗人均筹资100元以上。实施残疾人共享小康工程,提高残疾人基本生活、基本照料、基本康复保障水平。加大投入,完善城乡居民医疗救助制度,将救助资金筹资标准从人均3元提高到人均6元。整合现有存量资金,设立专项补助资金,保障实施全省"城乡社区卫生服务机构建设工程"。支持手足口病防治工作,做好婴幼儿奶粉事件免费救治的经费保障。

加大文化事业投入。支持农村公共文化服务体系建设,提高乡镇文化站建设、农村电影放映工程补助标准。安排专项资金推进农村全民健身工程建设进程。推进文化重点项目建设,安排经费3.45亿元,用于浙江美术馆等公益性文化单位装修,以及重大美术题材创作工程、文化研究工程和文化产业发展;筹措安排资金,保障全省博物馆、图书馆等免费开放所需经费。支持奥运会备战和火炬传递,推进全民体育健身工程建设。

支持"平安浙江"建设。完善基层政法机关经费保障机制,全省县级公安机关公用经费保障标准全部达标;实施政法补助专款项目,改善欠发达地区政法部门基础设施和技术装备建设;建立社区矫正经费保障机制,支持法律援助、人民调解工作。加大产品质量和食品安全监督投入,推进食品安全检验检测体系建设。支持全省安全生产应急救援体系建设和安全技术推广应用。

支持生态环保和节能减排。加大生态环保投入,全省各级财政安排生态环保资金182.70亿元,增长24.8%。其中,安排"以奖代补"资金2.20亿元,支持省级中心镇、钱塘江流域建制镇和欠发达地区的污水集中处理设施建设,支持县以上城市污水配套管网建设;安排生态环保专项资金3000万元、自然保护区专项资金2000万元、环境保护专项资金2亿元等,支持全省重点流域、区域和欠发达地区的生态环境保护和污染治理、电厂脱硫、环境监测能力建设。安排"811"环境保护新三年行动专项资金5000万元,专项用于省级督办问题整治、重点流域和区域环境整治、重点工业污染源治理等项目和自然资源保护和生态示范区建设等;安排2.28亿元设立"太湖流域污水处理设施建设和改造专项补助资金",同时争取中央太湖水污染防治专项补助资金3.76亿元,支持太湖流域水污染防治工作。建立健全财政生态补偿机制,全面实施省对主要水系源头45个市、县(市)的生态环保财力转移支付制度,在钱塘江源头地区生态环保财政专项补助试点工作的基础上,做好对生态转移支付的具体落实工作,安排生态环保转移支付资金8亿元。

保障低收入群体基本生活。密切关注价格上涨对民生的影响,提高城市、农村低保对象补助水平,给予高校学生临时伙食补贴,缓解物价上涨对特定群体的影响。争取并落实中央财政石油价格改革财政补贴43.66亿元,筹措副食品风险基金和省级储备商品管理补贴资金,加强省级储备商品管理。支持政策性农村住房保险和农村困难群众危旧房改造工作,建立欠发达地区城市低收入家庭住房困难救助体系。

【深化财政改革】公共财政体系建设。推进"收入一个笼子、预算一个盘子、支出一个口子"改革,执行"收支两条线"政策,加强预算内外资金统筹力度,完善综合预算管理模式,并在部分省级行政单位进行试点。

事业单位预算编制方法改革。完善事业单位财政供给制度,省级监督管理类事业单位预算编制由"基数法"改为"零基法",促进事业单位由"花钱养人"向"花钱买服务"转变。

国库集中支付改革。在省级国库集中支付改革全面推开的基础上,出台预算单位年终结余资金处理、预算科目项目调整处理办法等措施,确保省级改革规范运行。推进市县国库集中支付改革,至9月,全省11个设区市均已实施国库集中支付改革。

公务卡制度建设。联合中国人民银行杭州分行起草试点方案和办法,制定公务卡标记和卡面颜色等,完成试点工作。10月出台《浙江省省级预算单位公务卡管理办法》,全面推开省级公务卡制度改革。至年底，省级集中核算单位累计发放公务卡5289张，通过公务卡支付资金1974笔。

绩效评价制度建设。出台有关政策，规范中介机构参与绩效评价工作。开展项目支出绩效自评工作，选择44个省级部门的138个项目进行自评，并委托中介机构抽查与核实。推进重点项目评价实施工作，分别对全省农村公共卫生服务项目和千万农村劳动力素质培训工程项目实施绩效评价。拓宽评价广度和深度，建立绩效评价结果应用机制。

政府采购监管。建立政府优先强制采购节能环保和自主创新产品制度，加大对节能环保和自主创新产品的支持力度。加快政府采购信息化建设，建立包括协议定点网上采购、评审专家管理、委托代理采购、自行组织采购等四个子系统和集中采购内部业务管理系统的"浙江省政府采购信息管理系统"，并实行省级政府采购协议定点项目网上采购管理。完善政府采购目录和采购限额标准，扩大政府采购范围和规模，全年政府采购金额437.97亿元，节约资金66.15亿元，节资率13.1%。

农村综合改革。在全面完成乡镇机构改革的基础上，推进乡镇政府职能转变，36个县(市、区)开展乡镇委托授权行政执法试点；深化分类管理的县乡财政管理体制改革，重点增强乡镇政府农村公共服务保障能力，赋予乡镇相应责权利，全省196个乡镇实行中心镇管理体制，194个街道实行部门预算管理，512个乡镇实行"乡财乡用县管"；加大对村级组织运转扶持力度，建立村级组织运转财政补助制度，重点对全省7000余个经济薄弱村进行专项补助，全省各级财政对村级组织运行补助8.38亿元，增长20%。

"金财工程"建设。开发并全面推广主体业务一体化软件，软件开发由应用层转向管理层。财政综合办公平台、国库集中支付软件、非税收入征管软件在全省各市、县、区逐步推广应用。

【加强财政监督】财政法治建设。开展财政法制宣传教育，贯彻实施《浙江省省级预算审查监督条例》和《政府信息公开条例》，建立健全政府信息公开制度，强化财税执法监督，推进依法行政依法理财治税工作。

财政支出项目审核。实施政府投资项目全过程监管，加大对重点项目的审核审查力度，从"明确类别，规范申报，强化审核，软件支撑"等四方面，加强项目预算申报、审批管理。全年各级财政项目审核机构累计审核各类财政支出项目14115个，净核减82.86亿元，平均核减率8.9%。

财政资金管理。加强省级部门财政拨款结余资金管理，规范省级部门财政拨款结余资金使用，优化财政资源配置。开展历年财政拨款结余清理工作，建立财政拨款结余管理长效机制，按照"减少增量，压缩存量"原则，在部门财政拨款结余中，将项目完成、项目中止或撤销、项目支出连续两年未使用完等三类资金结余，收归财政统一安排。

政府性债务管理。开展化解乡镇政府性债务工作，全省70%以上的县(市、区)建立县对乡镇政府性债务管理制度和化解乡镇政府性债务办法，青田、景宁及嵊泗县实现乡镇零债务，义乌市实现镇街财政零银行借款；全省全面启动化解义务教育债务工作。加强政府外债管理，完善偿债机制，建立政府外债风险监测体系，共对14个外债项目进行财政检查和绩效评价。

会计监督管理。挖掘培养会计领军(后备)人才，开展浙江省先进会计工作者评选活动，评出全省各行各业先进会计工作者30名，推进会计人员继续教育工作。开展会计信息质量和会计师事务所执业质量检查，规范会计、注册会计师、注册资产评估师、注册税务师行业秩序，共对全省397户行政企事业单位的会计信息质量以及65家会计师事务所的执业质量情况进行检查，查出违纪违法金额12.91亿元、资产不实金额1.80亿元、所有者权益不实金额8000万元、利润总额不实金额5000万元，查补各项税款1745万元。

资产管理。省财政厅机关增设行政事业资产管理处，做好省级行政事业单位资产报废、调拨等资产处置工作，事业单位对外投资审核、审批等省级行政事业单位国有资产日常管理工作。

国有企业和地方金融业管理。建立国有资本经营预算制度，探索国有产权收益收缴管理。做好省属烟草企业辅业资产管理，推进省属配电企业管理体制改革。继续做好长广集团改革相关工作，加强省级储备商品管理。加强金融企业资产财务监管，防范金融资产风险，理顺城市商业银行和农村信用社财务管理体制划转工作，明确小额贷款公司财务会计管理工作。

【干部队伍建设】开展学习实践科学发展观活动。以"深化财税改革，完善公共财政体系，推动全省经济社会科学发展"为实践载体，贯彻落实科学发展观，明确财政事业科学发展目标，理清发展思路，提高理财能力。推进"树新形象、创新业绩"主题实践活动，召开民主恳谈会、现场会，听取基层特别是乡村、企业和干部群众对财税工作的意见和建议，帮助基层和企业解决实际问题。

开展财税文化建设。制订下发《浙江省财政厅党组关于在全省财政地税系统开展财税文化建设的意见》，提炼财政地税文化核心价值理念，加强财政地税部门思想、组织、业务、作风和制度建设，增强财政地税组织的软实力。举办青年财税文化沙龙活动，开展"人生观、价值观、权力观"讨论。征集相关文章、图片资料，收看专题片，举办图片展，举行改革开放30周年有关纪念活动。

加强学习型机关建设。创建机关网络学习园地，开展党的十七大报告、党风廉政、法律法规知识测试，举办专题讲座，提高干部职工自主学习能力。加强干部教育培训工作，组织各类干部岗位能力培训，提升干部能力素质。建立健全公务员管理机制，建立年轻干部基层培养锻炼机制，开展系统选调公务员工作，优化干部队伍结构。组织开展"重品行、做表率、转作风"主题教育活动，巩固"作风建设年"活动成果。

加强反腐倡廉建设。深化党风廉政教育，落实党风廉政建设责任制，开展警示教育及廉政谈话活动；利用《浙江财税与会计》杂志平台开辟廉政宣传专栏；组织200余名党员干部观看"全国廉政文化大型绘画书法巡展"；落实省委《关于建立健全预防和惩治腐败体系2008～2012年实施办法》，推进系统惩防体系建设；贯彻《行政监察法》、《党内监督条例》和十项制度实施办法等法规制度，强化监督检查。

加强精神文明建设。举办全省财税系统运动会，组织各类兴趣小组开展活动，举办春节团拜会，开展庆祝"三八"妇女节、庆"五一"、迎奥运、金秋赏桂、徒步徽杭古道等文体活动。以老为尊，做好老干部工作。　(厅科研所供稿　施惠萍执笔)

全省国税工作

【概况】2008年，全省国税总收入2933.34亿元，比上年增长16.2%，增收407.99亿元。其中，全省国税部门直接组织收入2053.62亿元，增长12.5%，国税总收入占全省生产总值的比重为13.65%以上。

【国税收入特点】收入总体增长，增幅前高后低。一季度完成国税收入429.70亿元，增长26.9%；二季度完成458.75亿元，增长24.6%；三季度完成372.60亿元，增长10.2%；四季度完成332.36亿元，下降1.7%。累计收入增幅逐月下滑。各税种收入增长速度放缓。全省国内增值税完成1096.66亿元，增长15.9%，较上年增幅回落4.8个百分点。企业所得税完成338.41亿元，增长23.3%，其中内资企业增长24.1%，较上年增幅回落24.1个百分点；外资企业增长21.8%，较上年增幅回落2.6个百分点。车辆购置税完成71.19亿元，增长1.4%，较上年增幅回落24个百分点。储蓄存款利息个人所得税完成15.22亿元，下降42.7%。国内消费税完成71.93亿元，增长10.1%。税种构成上，所得税比重上升至22.2%，比上年提高0.4个百分点。出口免抵税额大幅波动，累计增幅回落。全年办理免抵税额221.51亿元，增长10.5%，增幅较上年回落26.1个百分点。免抵税额分月波动较大，9月份前当月免抵税额均在19亿元以下，5月份最低为14.42亿元，同比下降0.4%；9月份后免抵税额达20亿元以上，增幅逐月提高，12月份最高为24.35亿元，增长28.8%。中央与地方级收入均衡增长。中央级收入1531.58亿元，增长21.2%；省级收入完成67.20亿元，增长6.6%；市县级收入完成345.01亿元，增长19.5%。

【税源分析】第二产业为国税收入提供主要经济税源，增幅略低于第三产业。全省入库二、三产业国税税收(不含车辆购置税)分别为1100.80亿元、420.94亿元，分别增长15.1%、18.1%，税收比重分别为72.3%、27.7%。各地国税收入规模扩大，增速普遍下滑。杭州、宁波、温州、嘉兴、绍兴、台州和金华市国税收入规模均在100亿元以上，其中杭州市549.26亿元，宁波市460.21亿元。收入规模超10亿元的县(市、区)达34个，收入规模超20亿元的18个；萧山区国税收入突破70亿元，鄞州区超50亿元，慈溪市、绍兴县、余姚市超40亿元，余杭区、义乌市、乐清市超30亿元。各设区市分月累计收入均呈逐月下滑态势；除舟山市税收增长38.8%外，其他各市增幅均在20%以下。上半年国税收入增长拉动效应明显。主要体现在免抵调库大幅增长，上半年全省办理免抵调库115.81亿元，增长41.4%，增收33.89亿元，拉动当期国税收入增长4.8个百分点；企业所得税汇算清缴增长迅猛，增收额大，上半年共入库内外资企业汇算清缴所得税77.72亿元，增长1.05倍，增收39.81亿元，拉动当期国税收入增长5.6个百分点；内外资企业所得税2007年第4季度的所属期预缴税款增长较快，共入库内外资企业所得税111.32亿元，增长35.3%，增收29.02亿元，拉动国税收入增长4.1个百分点。下半年经济增速回落和政策减收效应得到集中反映。9月份以后税收增速急速回落，当月增幅负增长并持续至年底，其中增值税收入、企业所得税季度预缴税款同比大幅下降；车辆购置税入库创两年来新低；储蓄存款利息个人所得税继续大幅下降；消费税增长保持平稳。

【落实税收政策】适应经济形势发展变化，加大支持经济发展力度，贯彻税制改革和税收宏观调控措施。实施新企业所得税法，开展调查研究和宣传培训，执行过渡政策，落实配套制度。制订实施《关于贯彻省委推进创业富民创新强省决定的实施意见》和《关于认真落实税收政策积极促进现代服务业发展的实施意见》，宣传、实施推进“两创”总战略、经济转型升级、扶持现代服务业发展的税收政策，执行节能减排、促进就业再就业、支农惠农及改善社会民生等各项税收优惠政策。全年认定并落实高新技术企业优惠政策650户，办理各类税收减免及先征后退210亿元。及时落实出口退税政策调整，加快出口退税进度，全年办理出口货物退免税934.60亿元，增长4.9%。

【税收法治建设】贯彻落实依法行政实施纲要，全面应用税收执法管理信息系统，规范税收执法行为，全年税收执法正确率99.99%，继续保持全国领先水平。严格执行行政许可法，深化税收行政审批制度改革，规范和减少税务行政审批项目。完善重大税务案件审理制度，规范行政复议程序，加强税务行政救济。清理税收规范性文件，反馈评价税收政策执行情况，推进税法体系建设。开展打击制售假发票和非法代开发票专项整治行动，捣毁一批制售假发票、非法代开发票的窝点和团伙，查处案件150多件，缴获各类发票99万份，查补税款7339万元。实施举报案件下查一级制度，全省查处100万元以上大要案212件。对房地产、烟草行业、证券业、品牌营销总代理商以及各地自行确定的行业开展税收专项检查，对部分重点地区和行业集中专项整治，对部分汇总纳税的重点税源企业实施统一检查。全省查补税款20.56亿元，增长39.1%。开展“五五”普法工作，加强税收法制宣传教育，完善企业纳税信用等级评价体系，加大涉税违法案件曝光力度，提高全社会纳税遵从度。

【征收管理与纳税服务】开展管理创新活动，推广行业建模，全系统建成103个产品(行业)税源监控模型。推进税源一体化管理，开展各税种联合评估。强化增值税薄弱环节管理，组织开展专用发票存根联滞留票核查，加强海关完税凭证抵扣管理。推广出口货物征退税衔接工作机制，明确操作流程和工作职责。按照“分类管理、优化服务、核实税基、完善汇缴、强化评估、防范避税”的工作要求，加强企业所得税管理。完善非居民企业税收管理，落实涉外企业所得税一体化管理机制，做好反避税工作，全年全省完成涉外税务审计1155户，补缴入库税款2.25亿元，增长15.2%。强化小规模纳税人税收征管，完善个体工商户计算机核定定额系统配套制度，加强集贸市场税收管理。完善全程服务制度，简化涉税审批环节，清理简并涉税资料；推广“农村税收征管服务系统”，做好抗震救灾物资专项纳税服务工作，实行国地税联合办理税务登记、联合评定纳税信用等级、个体税收联合征管，统一办税服务厅标识，推广"一窗统办"、"智能排队叫号系统"、"社会化办税服务平台"、"自助抄报税系统"，构建特色纳税服务体系。加快省级应用平台建设，组织开展网络与信息系统安全检查，发挥信息化在加强税收征管和改进纳税服务等方面的支撑作用。

【税收信息化建设】夯实金税工程三期基础，加快省级应用平台建设，提升综合征管系统、增值税防伪税控系统、税收执法管理信息系统、VPDN网上申报等核心业务软件的应用水平，完成所得税总分支汇总数据传递平台项目的开发和应用，财税库银税收收入电子缴库横向联网试点推广，所得税纳税评估系统二期开发和推广以及全省国税系统网上教育平台的开发和推广。参与金税三期信息系统设计、开发测试，承担相关应用系统的推广和维护。配合完成金税三期相关工程建设项目招标、施工方案的准备和配套设施采购工作、金税工程(综合征管系统、防伪税控系统、税收执法系统)数据库扩容工作、综合征管系统银税联网批量扣款模式浙江需求提交、IBM主机扩容等工作。加强信息网络安全检查，完善系统维护和系统安全责任制度，健全应急工作预案，保障税务信息系统安全运行。

【干部队伍建设】加强领导班子建设，调整充实市局领导班子，选拔任用处级干部35名，举办处级干部理论培训班，增强领导干部驾驭税收工作、服务科学发展的能力。开展巡视检查，加大对各级领导班子及其成员的监督力度。在省局机关和系统内第二批试点单位开展深入学习实践科学发展观活动，做好学习调研、分析检查阶段的各项工作。推进国税党建工程建设，落实党建工作责任制，完善基层国税机关党务机构设置和专职党务干部配备。推进国税人才工程建设，招录公务员247名，统筹抓好高层次人才和各类专业人才队伍建设，强化人才库人员使用和管理，深化干部人事制度改革和机构改革。落实"十一五"干部教育培训规划，组织实施"六员"业务考试。推进国税文化工程建设，践行浙江国税核心价值理念，开展"树新形象、创新业绩"活动，组织开展抗震救灾活动。广泛开展全民健身活动。改进思想政治工作，4个单位被评为全国精神文明建设工作先进单位。推进平安国税工程建设，开展国税廉政文化活动，制订实施党风廉政建设责任制考核办法，查处各类违规违纪行为。巩固和扩大"作风建设年"活动成果，开展"群众满意基层站所"创评，建立挂、摘牌制度。开展税收执法检查和执法监察，降低执法风险。落实信访条例，开展信访排查，做好北京奥运会和残奥会期间的维稳工作。加强干部安全教育，健全应急预案，强化安全检查，确保国税队伍平安。（省国税局供稿　曹杭丽执笔）

全省地税工作

【概况】2008年，全省地税部门围绕"保增长、扩内需、调结构、促改革、惠民生"工作要求和"保增长、抓转型、重民生、促稳定"工作主线，整合税费政策资源、征管资源、服务资源，在依法治税、依法减免的基础上，发挥税收经济杠杆作用，支持全省经济社会又好又快发展。全省地税部门组织各项收入2325.98亿元，比上年增长17.7%，其中：税收收入1494.40亿元，增长15.8%；社保费661.63亿元，增长23.7%。

【收入特点与税源分析】经济税收协调增长。当年地税收入增幅呈高开低走的态势，全年增幅比上年回落13.2个百分点。全年宏观税负为6.95%，比上年提高0.08个百分点；全省地税税收弹性系数为1.10，处于合理的弹性增长区间，表明全省经济、税收保持协调增长态势。

收入结构继续优化。全省地税收入中，地方税(营业税和地方八税)比重为59.4%，提高2.89个百分点；全省非税收入占比35.8%，提高1.06个百分点，增幅21.3%，快于税收收入增幅5.5个百分点；地税收入中，构成地方财政收入的税收增长18.5%，增幅快于全部税收收入增幅2.72个百分点，税收收入结构持续优化。

行业税收平稳增长。第二、三产业税收分别入库545.34亿元、947.77亿元，分别增长14.6%、16.5%，产业间税收增幅差距缩小。第三产业中交通运输、仓储及邮政业、批发和零售业、金融业税收呈快速增长态势，分别增长44.0%、39.3%和36.4%，三个行业税收比重达到26.8%，提高4.45个百分点，对全部税收的增收贡献率54.9%，成为第三产业税收平稳增长的重要支撑。第二产业中制造业，电力、燃气及水的生产和供应业税收仍保持较快增长，增幅分别为18.9%和19.0%，其中制造业税收增收贡献率和占全部税收比重均为所有行业最高，分别为25.6%和22.0%。

地区间税收收入增长均衡性逐步增强。除丽水市、杭州市增幅较低外，全省有9个地区税收收入增幅集中在14%～20%合理增长区间，各级地税部门组织收入的主动性和调控能力得到进一步增强。

【服务大局与发挥职能】支持"两创"、改善民生。省地税局围绕省委、省政府重大战略部署，出台《关于贯彻省委推进创业富民创新强省决定的实施意见》和《关于贯彻省委全面改善民生促进社会和谐决定的实施意见》，在税收法律法规框架内，梳理和整合税费政策；优化征管流程，创新服务举措，有效落实服务"两创"战略，促进改善民生。

全力"保稳"，共渡难关。在保证企业退休人员养老金按时足额发放及职工各项社会保险待遇不受影响的前提下，对企业社会保险费缴纳比例实行临时性适当下浮。全年全省共计减征社会保险费37.90亿元，惠及36.56万户企业、164.61万城镇个体劳动者。做好困难企业房产税、城镇土地使用税和水利建设专项资金的减免工作。落实基本养老保险费单位缴费比例调整政策，减轻企业负担，帮助企业渡过难关。

积极"促调"，助推转型。贯彻省委、省政府"推进企业分离发展服务业"的决策部署，加强调研、解决问题、总结经验、树立典型，加强与省有关部门协作配合，推进在工业转型升级中分离发展科技服务、现代物流、国际贸易、专业化配套服务、文化创意服务等生产性服务业，优化产业结构和税源结构。以促进企业提升自主创新能力为切入点，“做强二产”。全年全省地税部门批复企业技术开发费加计扣除金额14.7亿元，增长117.5%，相关企业少缴企业所得税4.85亿元。至年底，配合科技部门认定四批共1330户高新技术企业，对新认定高新技术企业的税率差及时办理抵缴和退税，金额为4.01亿元，支持企业技术进步、技术改造和自主创新。

【依法治税与规范稽查】推进依法治税。以依法行政考核为抓手，推进全省地税系统依法行政工作，省地税局被省政府评为2008年度依法行政先进单位。推进税收执法责任制，开展税收执法检查工作，自查面和重点检查面100%。执行规范性文件会签会审、备案审查和公告制度，建立税收政策执行情况反馈报告制度。开展“五五”普法依法治理，做好重大税务案件审理。依法办理税务行政复议，妥善解决税务行政争议。各级地税机关共收到申请复议案件8件，涉及税务行政诉讼案件3件，均妥善解决。

整顿规范税收秩序。以开展专项检查、专项整治、汇总纳税企业检查为抓手，突出大要案查处和举报案件查处力度，推进稽查工作的科学化、精细化、规范化管理。全省地税稽查部门共检查纳税户16879户，已查结16302户，查结率96.8%。组织行业税收专项检查、区域税收专项整治和大型企业集团税收专项检查，开展打击制售假发票的专项整治工作，查处的金华“3.10”及温州“4.11”、“4.18”案件得到国家税务总局通报表扬。做好信用数据报送及案件曝光工作，全省126件涉税违法典型案件通过新闻媒体公开曝光。

【强化征管与优化服务】夯实征管基础。以深化应用《税友2006》为主线，组织进行《税友2006》集中修改完善，加快推进地税管理科学化、专业化、精细化。开发快捷查询管理软件，深化基础数据增值利用。开发和完善执法质量管理系统、纳税评估系统、税务稽查查账软件，强化地税“后台”管理技术支撑。开发不动产建筑业税收项目管理软件、个人出租房管理软件，加快跨部门数据信息共享步伐。坚持“抓大、评中、定小”的征管方向，调整重点税源监控行业分布，开展建筑业、餐饮业、广告业、旅游业和资源税纳税评估，规范行业定额核定标准。加强发票集中管理，推广应用机打发票，开展有奖发票试点工作。研究营业税差额征税管理办法，全面贯彻城镇土地使用税和车船税两个新条例，开展城镇土地使用税税源清查。开展车船税保险机构代收代缴试点。加强国际税收情报交换工作。探索解剖式稽查，推动管查互动，实现以查促查、以查促管。

持续提升服务水平。把优化服务作为构建和谐征纳关系的纽带，把降低纳税成本作为营造良好税收环境的基础，推出一系列纳税服务新举措：以“网送税法”为载体，拓展税法宣传新平台；与国税部门联合办理税务登记和开展纳税信用等级评定，推行“一次性告知制”和“补正承诺制”，解决纳税人办税“多头找、多次跑”的问题；实现个体工商户“三证并两证”，鼓励和推广个体工商户税务登记证与工商营业执照的“一窗式”办理；在扩大税务登记免填单、免收工本费范围的基础上，扩大工本费免收范围，节约纳税人办税时间和办税成本；推行“同城通办”，真正做到管理划区域，服务无界限；在办税服务厅推广POS机刷卡缴税（费），方便纳税人缴纳税（费），提高办税效率。发挥“12366”纳税服务热线“桥梁”作用，了解纳税人需求、倾听纳税人意见、解决纳税人问题，全年全省地税系统共接听来电81.3万话次，发送短信410.3万条，分别比上年增长139.1%和17.8%。

（省地税局供稿　徐利君执笔）

附表：

2008年浙江省地税组织收入情况统计

单位：万元

项　目	2007年	2008年	增长(%)	项　目	2007年	2008年	增长(%)
税务部门组织的收入	19756521	23259800	17.73	13.其他各税	0	0	0.00
一、税收收入合计	12902304	14944039	15.82	二、教育费附加	458727	521925	13.78
1.营业税	4950497	5743027	16.01	三、文化事业建设费	25742	31912	23.97
2.企业所得税	3370485	3360577	-0.29	四、社保基金收入	5347202	6616281	23.73
3.个人所得税	2241407	2708611	20.84	其中：1.养老保险基金	3544889	4322884	21.95
4.资源税	61094	67501	10.49	2.医疗保险基金	1254295	1542779	23.00
5.土地使用税	189055	578299	205.89	3.失业保险基金	271775	342913	26.18
6.固定资产投资方向调节税	21	0	0.00	4.工伤保险基金	89278	133099	49.08
7.城建税	983667	1104710	12.31	5.生育保险基金	46587	70882	52.15
8.印花税	233109	279483	19.89	五、水利基金	514472	569154	10.63
9.土地增值税	340813	402644	18.14	六、地方教育附加	374139	430884	15.17
10.房产税	494887	601244	21.49	七、残疾人就业保障金	97174	114181	17.50
11.车船税	36623	97131	165.22	八、其他收入	36761	31424	-14.52
12.烟叶税	646	812	25.70				

财政分项工作概况

办公室

【信息调研】围绕厅党组“依法治税、为民理财、务实创新、廉洁高效”的总体工作思路，结合财政中心工作，完成20余篇综合性文稿起草工作。坚持财政调研为财政实际工作服务理念，制订全省财政系统调研方案并组织实施，各地共报送调研报告84篇；开展调研报告评审和表彰，评选出2008年度获奖调研报告35篇。结集出版2007年度优秀调研报告供各地、各部门借鉴参考。加大信息工作力度，推进信息工作规范化管理，加强整体开发和综合利用，反映经济社会发展和财政改革发展中的重点、难点、热点问题。全年累计编发信息136期；报送专报信息361期，省委、省政府采用152条，财政部采用35条，其中省领导批示3件，国办秘书局采用3篇。荣获2007年度全国财政信息工作先进单位、全省党委系统信息考核二等奖和全省政务信息考核二等奖。

【综合协调】加强上下左右、业务性与事务性协调工作。重点加强与省委、省政府、财政部等领导机关的联系，争取上级机关的工作指导和支持；做好全局性工作、重要会议和重要公务接待的沟通协调；做好机要服务，统筹协调厅领导公务活动；加强与县市财政部门的组织协调，衔接厅领导赴市县的考察、检查、调研等活动；召开全省财政系统办公室主任会议，共商财政办公室工作。加强机关内部协调，处理好业务性、事务性矛盾，通过发放征求意见表、意见箱等形式听取市县同志及各处室、单位对办公室工作的意见和建议，增强办公室工作的有效性。规范信访办理程序，信访工作做到有要求、有措施、有督查、有落实。全年共接待上访群众9批次、16人次，转办、分办各类信访件179件。

【新闻宣传】制定《浙江省财政厅新闻宣传工作管理办法》，加强厅机关新闻宣传管理。首次召开浙江省全面实施生态环保财力转移支付制度新闻发布会。全年有40多篇财政民生方面的新闻稿件和专题报道被《浙江日报》、《中国财经报》、《今日浙江》等媒体采用。以实施《政府信息公开条例》为契机，建立健全相关管理制度和工作机制推进政务公开，成立厅信息公开领导小组，制定政府信息公开有关工作制度，明确信息公开内部审批流程，建立健全信息公开工作考核机制和协调机制。在原有政务公开工作基础上，对厅职能范围内的有关行政许可事项、办事服务、规范性文件、政策法规等进行梳理，编制政府信息公开目录和公开指南。加强平台载体建设，在厅门户网站上增加信息公开栏目，发布公开指南和公开目录，设立信息公开意见箱、信息查阅点和依申请受理点，方便群众查阅申请。

【公文管理】加强公文审核把关及运转工作。既坚持办文原则，严把体例、格式和文字等关口，对不合规范要求的文件坚决退回；又特事特办，为处室提供便捷服务，紧急公文处理做到随到随办、随印随发，特别是对下拨救灾资金及“保稳促调”的文件，做到不隔天、不过夜。全年审核各类公文近6000件。推进程序建设、责任建设和制度建设，对行政执法法律文书格式予以规范；建立健全第一读者制度，强化处室校对责任，提高公文质量。做好相关年度档案集中归档工作，结合办公自动化进行电子文件归档，加快以前年度文件的扫描，推进档案信息化建设和综合利用。做好对市县财政系统档案达标管理指导工作。

【政务督查】创新思路、改进方法，落实督查责任、反馈表、通报等各项制度，把目标管理、督办检查、建议提案办理结合起来，发挥网络作用，突出重点，注重实效。重点督促检查省委、省政府重要工作部署的落实情况；推进目标管理工作，以完成省政府工作目标考核为导向，建立健全处室工作目标制订与省政府部门工作目标相结合和完成情况挂钩机制，抓好部门年度工作目标的分解、落实；做好代表建议、委员提案的审核、分类、接收、登记和办理工作，承办“两会”人大代表建议、政协提案490件，按时办结率、满意率100%，抓好建议提案办理工作回头看，将办理工作落到实处；抓好省领导批示件的办理，按时按要求报送有关专项督查情况，做到事事有结果、件件有回音。

【电子政务】以需求为导向，优化和增强财政综合办公平台系统功能，发挥综合办公大平台作用。强化上网信息发布审核制度，确保信息发布规范、安全可靠。以目标考核为导向，完善和优化相关栏目，办好网上咨询等互动栏目，及时更新财政特色专题专栏，为社会公众提供相关服务。做好与省政府办公厅等单位的电子公文交换工作，重视和加强涉密计算机及网络安全管理，规范涉密文件办理，提高防范意识和防范能力。

【财务资产】以项目支出为重点细编部门预算，确保预算编制既合乎规范又满足工作需要。按照精细化管理的要求编制好分月用款计划，做好各类资金的会计核算。利用现有网络条件强化财务监督，开发完善网上查询系统，细化经费支出管理，提高工作效能和信息化管理水平。健全厅机关及事业单位财务管理制度，完善会议、外出培训、接待等财务管理。加强对山庄和厅招待所管理、考核和监督。做好厅机关及厅属事业单位资产清查核实和调账工作，确保账目全面、准确。规范电脑、复印机、油印机等设备和办公用品的申领程序，在保证机关办公需求的同时节省经费支出。通过多方协调，完成票据管理业务用房及停车库项目建设申报工作，着手项目施工图设计和监理招标工作。

【安全保卫】完善内部消防安全工作机制，加大日常消防安全巡检力度，开展消防安全大检查并按规定进行消防整改；加强节假日安全保卫工作，安排落实处级干部值班，增强应对处置突发事件能力；加强保安人员管理，增强责任意识，做好外来车辆、人员的登记，将各项安全措施落到实处。强化车辆、驾驶员日常管理，增强驾驶员安全和服务意识。对车辆保养修理、安全行车情况等方面进行考核，做好厅机关重大公务活动车辆调度。

【后勤保障】加强机关大楼设备维修和保养，做好机关大楼绿化和保洁工作。重视食堂内部管理，把好食品采购关、进货关，更新改造食堂环境、厨房设备，确保食品卫生、安全；从细节入手，增强工作主动性。坚持服务大局、细致周到、规范得体，做好各项接待和会务工作。坚持精品意识，确保各项福利落实到位；解决好干部职工子女入托问题，办理好住房补贴和公积金补贴相关工作，协调解决好干部职工经济适用房申购、周转房安置等各类住房要求。

【自身建设】以学习科学发展观实践活动为契机，加强学习，增强责任意识、大局意识、奉献意识和服务意识，提高落实科学发展观的能力。加强业务培训和业务交流活动，把学习一般知识与专门知识结合起来，组织参加省级机关秘书培训和财政部的各类专题培训，组织食堂、山庄开展厨艺烹饪竞赛，提高办公室干部职工的业务技能。加强思想政治工作，关心每一位干部职工的思想、工作和生活情况，帮助解决实际困难。以各种活动为载体，激发广大干部职工的工作热情和责任意识，增强办公室的向心力、凝聚力。（厅办公室供稿 汤建新执笔）

财政人事教育（老干部）管理

【“树新形象、创新业绩”主题实践活动】3月，省委作出关于在全省领导干部中组织开展“树新形象、创新业绩”主题实践活动部署后，厅党组成立厅主题实践活动领导小组，领导小组办公室设在厅人教处。根据省委主题活动办公室统一部署，先后开展以推进民生财政和基本公共服务均等化等五个方面主题为主要内容的专题蹲点调研、下基层创业创新送服务、与松阳县四都乡西坑村结对联系、企业帮扶解困财政政策措施民主恳谈会及厅领导创业创新破难攻坚等五项工作。作为结对联系的牵头处室，厅人教处配合松阳县委、县政府制定《松阳县西坑村新农村建设规划方案》，并协调有关处室，落实西坑村村庄整治、生产发展、村民文化建设、农家乐旅游发展及村两委班子建设等方面的具体帮扶措施，推动当地新农村建设。

【“三分离”改革前期调研】根据厅领导关于建立预算编制、预算执行、预算监督“三分离”财政管理模式改革的总体设想，通过省内外调研和厅内有关业务处室的座谈讨论，对下一步组织开展“三分离”改革的总体框架、指导思想、工作方法及步骤进行分析论证。

【财税文化建设】组织开展课题调研，完成《浙江财税文化建设研究》。通过民主座谈、基层调研、经验交流、系统征集核心价值观等多种形式，面向系统征求关于开展财税文化建设的意见建议，并结合今后五年干部队伍建设思路，制订下发《浙江省财政厅党组关于在全省财政地税系统开展财税文化建设的意见》。

【优化干部队伍结构】开展处级干部的选拔任用和调配工作。经民主推荐、考察等程序，厅机关提任3名副处级领导干部；加强财务公司和世行培训中心（金溪山庄）的领导班子建设，分别对1名正处级领导干部和3名副处级领导干部进行岗位交流，提拔2名正处级领导干部、2名副处级领导干部。除接收军队转业干部和正常调入人员外，面向社会、系统、基层公开招录26人。

【年轻干部培养】制订下发《浙江省财政厅关于进一步加强年轻干部培养锻炼的实施办法》。根据厅长办公会议精神，选派厅监督局王林尧同志到龙游挂职锻炼，担任龙游县副县长；选派法制处陈志光同志援疆工作，担任新疆和田地区财政局副局长职务；选派经建处马建胜同志援川工作，担任浙江省支援青川县灾后恢复重建指挥部资金管理组副组长（主持工作）。

【人事教育制度建设】制订《关于规范厅机关及厅属单位返聘人员管理的意见》、《浙江省财政厅公务员考核实施细则》、《浙江省财政厅机关工作人员请假制度》、《省财政厅机关事业单位工作人员带薪年休假实施办法》、《省财政厅规范厅机关从厅属参照公务员法管理单位选调公务员若干规定》、《关于印发省财政厅出国（境）管理实施细则》、《关于明确厅机关培训办班管理事项》等多个内部管理制度。

【新设机构与公务员登记】完成行政事业资产管理处的机构设置、职能界定和人员调配等相关工作。完成省财政票据管理中心和省财政项目预算审核中心两个参照公务员法管理单位的公务员登记工作。

【组织各项培训】承办全国财政干部教育培训工作会议，3月13日至14日，全国财政干部教育培训工作会议在杭州金溪山庄召开。举办全省财政地税系统局长培训班、副局长培训班、军转干部培训班；继续开展以提升能力素质为核心的分层次岗位培训观摩交流活动和教育培训工作考核检查工作。完成公务员更新知识等培训，组织开展全厅公务员公共管理基础课程培训考试、普通话考核测试、《公共危机管理》培训考试工作。组织处级干部参加省级机关处级公务员任职培训班、专题研修班的学习培训工作。联合采监处举办网上采购业务系统汇报演示和应用培训班。承办新疆和田地区财政干部培训班。组织开展系统会计硕士、法律硕士学位班的教学管理和中央党校在职研究生班的报名推荐工作。

【精神文明建设】2008年全省财税系统运动会于10月下旬在嘉兴市召开，运动会设2个大项11个小项，全省共14个代表队180余名运动员参赛。宣传财政系统先进人物和先进事迹，配合改革开放30年成就宣传活动，组织部分先进典型在《浙江财税与会计》刊物上畅谈体会和经历，从不同角度见证浙江财政改革开放30年来的发展和变化。

【落实老干部“两项待遇”】落实老干部“政治待遇”，坚持学习制度、通报情况及省军级文件传阅制度。厅领导7次向老同志通报经济形势、财政重要工作及厅班子和干部队伍建设情况。组织厅级老干部参加省委报告会、厅级干部推荐会并配合听取意见，配合省委、省政府检查组听取离退休党支部书记对财政厅党风廉政建设责任制考核的意见，为老干部订阅报纸和相关学习资料，开展学习十七大精神知识竞赛活动，鼓励老同志参加省老年大学及老年电视大学学习，组织老干部参加省直单位老干部体育活动。落实老干部"生活待遇"。按照政策规定，及时调整离休干部护理费标准，新增对85岁以上离休干部发放高龄补贴，配合做好老干部津补贴规范工作。坚持走访老干部和生日、生病时的慰问，为老干部排忧解难；开展兴趣小组活动、春游、秋游、老人节活动以及赴云南考察活动；针对老干部已进入"双高期"情况，聘请专家讲授老同志心理保健课，并组织一年一度体检。提升老干部服务工作水平，拟定细化老干部工作的22条服务措施。发挥老干部党支部作用，与老干部党支部建立沟通、协商、互信机制，发挥老干部党支部的桥梁作用，配合离、退休党支部开展学习实践科学发展观活动和参观杭州湾跨海大桥活动。

（厅人教处[老干部处]供稿　陈　坚执笔）

机关党建

【概况】2008年，厅直属机关党委学习实践科学发展观，围绕财政改革发展大局和财政中心工作，开展机关党建各项工作，为全面完成各项财政工作任务提供政治保证和思想保证。至年末，厅直属机关党委所属党总支1个，党支部35个。党员469名，其中：在职党员390名，离退休党员82名；女党员138名；预备党员2名；学历在大专以上的党员390名；在职党员中机关(含参照公务员管理单位)党员243名，事业单位党员87名，企业单位党员41名，工人党员19名。

【学习十七大精神集中轮训活动】根据省委组织部和省直机关工委要求，3月18日至28日，厅直属机关党委分两期对厅机关和厅属事业单位所有处级干部，及厅属企业领导班子成员进行集中轮训。邀请省委党校专家学者就坚持中国特色社会主义旗帜、科学发展观、社会主义现代化建设、党的建设和"创业创新"总战略等5个主题进行专题报告。同时，结合全国、全省财政工作会议和全省经济工作会议精神，联系财政实际，开展分组讨论，明确财政发展与改革的要求、目标和重点。

【学习实践科学发展观活动】成立厅学习实践科学发展观活动领导小组，厅党组书记、厅长钱巨炎任组长，副厅长、厅直属机关党委书记傅钱生任副组长，其他厅领导为领导小组成员。下设办公室，由厅直属机关党委、办公室、人教处、预算(税政)处等部门主要负责人和相关人员组成，负责全厅学习实践科学发展观活动的日常工作。厅活动办结合财政工作实际，制定《浙江省财政厅学习实践科学发展观活动实施方案》，明确活动各阶段工作内容、重点、要求、责任主体等。召开学习实践活动动员大会，钱巨炎同志作动员讲话。学习调研阶段，采用个人自学与集中学习并重、集中辅导与专题讨论并重等形式，分厅党组中心组、处级干部和党支部三个层次，开展有针对性的学习讨论，确保人员、时间、效果"三落实"。活动期间共安排3次中心组集中学习讨论。组织全厅155名处级以上干部分两批进行脱产学习。举办三期集中专题辅导报告。围绕财政体制机制创新，结合财政工作实际，确定落实科学发展观，推进浙江财税分配体制改革等6个调研课题，分别由厅领导班子成员挂帅，牵头召集相关处室开展调查研究。厅活动办通过自查自找、开设网上信箱、开通意见征集热线、发放征求意见函、上门座谈、民主恳谈等形式，征求各方意见。活动期间，召开各类座谈会15个，参加座谈人数达132人，发放征求意见函150份。收集到各类意见建议80余条，经归并分类，梳理出23条。分析检查阶段，在自查和意见征集基础上，经过认真分析，提出目前财政工作中存在的不符合、不适应科学发展要求的突出问题，撰写贯彻落实科学发展观情况分析报告。厅党组召开专题民主生活会，检查班子和自身贯彻落实科学发展观情况，开展批评与自我批评，研究讨论做好财税工作的对策、思路。省委常委、省长吕祖善到会指导，对财税部门继续深化学习实践科学发展观活动作出指示。厅党组分析检查报告形成后，召开1次民主恳谈会，4次座谈会，邀请省委第十指导检查组、部分人大代表、政协委员、高等院校专家、本厅干部群众代表等60余人参加集中评议；同时，向厅机关及厅属单位处级干部、有关服务对象、全省各市及部分县财政基层单位征求意见并请其参与评议。整改落实阶段，根据厅党组分析检查报告提出的问题和努力方向，制定整改落实方案。建立由一把手负总责，分管厅领导分工负责，各相关处室具体负责的整改落实责任制。按照省委"服务企业、服务基层"专项行动要求，结合财政实际，制定企业减负、支持转型升级、提升服务能力三个方面8项举措，明确责任主体和实施时间，落实各项惠企政策、措施，帮助企业应对严峻经济形势，提升企业发展信心。学习实践活动基本结束后，召开总结大会，开展群众满意度测评工作。厅活动办发出书面测评表345张，收回342张，满意率98.5%。活动期间，运用简报、网络、视频等载体，及时总结宣传交流；编发活动简报24期，向省委活动办报送信息8篇，被采用7篇，在《浙江日报》、浙江电视台等省级媒体报送财政部门学习实践活动新闻7篇。

【开展"争先创优"活动】根据省直机关工委布置，开展全省优秀共产党员和省直单位先进党支部、优秀共产党员、优秀党务工作者推荐评选工作。经党支部推荐、党委会讨论研究、党组审定和省直机关工委批准，厅预算(税政)处党支部被评为省直机关先进基层党组织，国库处(国库支付局)包尧兴、办公室侯余兴、直属机关党委杨慧芳等3名同志被评为省直机关优秀共产党员，机关党委专职副书记叶承番同志被评为省直机关优秀党务工作者。其中包尧兴同志还被评为全省优秀共产党员，受到省委表彰。

【机关作风建设】根据厅领导班子调整情况，及时调整厅作风建设年活动领导小组成员。制定《省财政厅关于建立健全作风建设长效机制的意见》，从学习教育、服务群众、民主决策、效能提升、民主监督、组织领导等六个方面，提出20项确保作风建设发挥长效作用的措施。开展"重品行、做表率、转作风"主题教育活动和"人生观、价值观、权力观"主题讨论，引导干部职工践行优良作风，树立正确理念。5•12汶川大地震发生后，做好向灾区捐款工作。全厅干部职工(包括离退休干部)捐款189046元,全厅党员缴纳"特殊党费"534829元。组织开展对松阳县四都乡西坑村的帮扶活动,向村文化活动室赠送党员学习资料、农业科技类图书、中外文学等书籍和音像欣赏资料,对村里的困难党员进行慰问,并捐助日常生活用品。

【学习型组织建设】创新学习方式,建设网络学习园地。利用园地开展党的十七大报告、党风廉政建设、法律法规知识测试。邀请财政部科研所专家、浙江大学教授等作专题报告,帮助干部职工了解财政改革前沿信息,拓宽干部视野。举办青年财税文化沙龙活动,就当代青年应该崇尚怎样的精神等,开展沙龙讨论,为年轻干部提供交流思想、相互沟通的平台,促进机关文化建设。

【改革开放30周年纪念活动】结合实际,提出纪念改革开放30周年活动贯彻实施意见。参与财政部"中国财政与改革开放30年"征文活动,报送的3篇文章分获一、二等奖和优秀奖。举办改革开放30周年图片展,组织收看专题片。参加省直机关工委"魅力长三角——沪浙苏改革开放30周年摄影展",省直机关书画摄影展,获得1个三等奖,3个佳作奖。组织人员创作诗歌《辉煌三十年》,参加省直机关改革开放30周年文艺汇演,获得三等奖。

【机关党建工作】指导做好党员发展和支部改选工作。全年共发展预备党员4名,为8名预备党员办理转正手续。财务公司、综合处、会计处等7个党总支、党支部进行换届改选和增补支委工作。办理党员组织关系转移手续。兴财公司改制后,做好该党支部16名党员的组织关系转移工作。全年为45名党员办理组织关系转移手续。规范党费收缴使用管理。转发中组部和省委组织部关于党费收缴使用管理的新规定,做好计费工资统计等服务工作。

【推进机关精神文明建设】发挥工青妇群团组织作用,开展各类文体活动,倡导健康文明的生活方式。厅机关工会组织成立登山、书画、摄影、乒乓球、羽毛球、太极拳等14个兴趣小组,开展各类文体活动。建立"工会活动日"制度,将每月最后一个星期五下午作为工会活动日,以工会小组为单位,组织开展活动,沟通感情,增进交流。3月,妇委会组织女同胞开展庆祝"三八"节活动。6月,厅团委组织年轻人徒步徽杭古道,培养锻炼艰苦奋斗和团队合作精神。7月,组队参加省直机关迎奥运女干部健身比赛,我厅参赛的5个项目,获得第一名2项、第二名2项、第三名1项。组织开展春节团拜会、庆"五一"迎奥运、"十一"游园赏桂等大型活动,活跃机关气氛,凝聚干部人心。

(厅机关党委供稿 杨慧芳执笔)

财政预算(税政)

【概况】2008年,全省汇总地方财政收入为1933.39亿元,完成预算的104.5%,比上年增长17.2%,按可比口径计算增长15.3%;全省财政支出2208.58亿元,完成预算的110.4%,增长22.2%,按可比口径计算,增长15.1%。2008年省级地方财政收入205.98亿元,完成预算的105.6%,增长17.8%,按可比口径计算增长10.6%;省本级财政支出251.25亿元,完成预算的110.8%,增长21.3%,按可比口径计算增长9.9%。按照现行分税制财政体制和国家有关政策规定计算,全年全省、省级财政收支平衡。

【预算编制】落实中央、省各项财税改革措施,编制2008年预算,做好2009年预算编制准备。编制2008年全省和省级预算草案。根据《中华人民共和国预算法》、国务院和省委、省政府对2008年经济的总体部署及对预算编制的要求,结合实际情况,编制《浙江省2007年全省和省级财政预算执行情况及2008年全省和省级财政预算(草案)》、《浙江省2007年基金预算收支计划执行情况及2008年基金预算收支计划(草案)》。做好省财政厅向省委、省人大、省政府汇报预算草案的各项准备。根据省十一届人大一次会议批准的省级预算草案,编制《2008年省级一般预算收入退库计划(草案)》。做好2008年省级部门预算编制、审核工作。根据省级部门预算编制、审核要求,通过"二上二下"程序,完成省级部门预算草案的编制、审核。省农业厅、省科技厅、省教育厅等20个部门的部门预算提交省十一届人大一次会议初步审查。研究提出2008年省级预算盘子及重点项目资金安排建议。起草呈报省长、省政府常务会议、省委财经领导小组审批的《2008年省级预算盘子及重点项目资金安排建议的汇报》。编制报财政部预算。编制、上报2008年一般预算收支总表、支出预算明细表和政府性基金收支计划。分析研究经济运行、财税改革发展等情况,为编制2009年全省和省级预算作准备。研究制定改革方案,及时组织开展2009年度省级部门预算编制。继续按建立"科学、规范、公平、透明、有效"的部门预算编制运作机制的目标,深化2009年度省级部门预算改革,重点要在创新预算管理机制和专项资金整合上下工夫。

【增收节支】支持税务部门、非税收入征管部门依法加强征管,做到应收尽收,确保财政收入稳定增长。加强全省、省级财政收入预计,把握全年财政收入情况,确保财政收入均衡入库、结构优化。当年全省地方财政收入占财政总收入的比重为51.8%,比上年提高0.9个百分点,财政收入的结构进一步优化,质量进一步提高。加强一般预算收入退库管理。跟踪分析省级税源变化情况,明确省级金融业税收收入范围,加强省级收入管理,增强省级调控能力。深入分析财税改革对地方财政收入的影响,发挥浙江改革发展先行者的影响力,在坚定支持中央改革决策的前提下,为浙江争取合理的利益和有利的环境。严格控制行政开支,省级党政机关公用经费一律比预算减少5%。严格控制预算追加,强化预算刚性,确保全省、省级财政收支平衡。

【完善省对市县财政体制】建立健全有利于科学发展的财税体制机制,发挥财政体制的导向、杠杆作用,促进产业结构优化、经济转型升级和发展方式转变。完善"两保两挂"、"两保一挂"财政政策,建立分类分档激励奖补机制。将"两保两挂"、"两保一挂"统一调整为"分类分档激励奖补机制"。将全省市县分为两大类,一类是欠发达地区(含部分海岛地区、少数困难市县),实施三档激励补助政策、两档激励奖励政策;另一类是发达地区和较发达地区,实施两档激励奖励政策。完善省对市县财政奖励政策。一是实行市县营业税增收上交返还奖励政策。为推动各地转变经济发展方式，促进产业优化升级，大力发展服务产业，更好地建立健全地方财政收入长效增长机制，优化地方财政收入结构，实行省对市县营业税当年增收上交省部分予以返还奖励财政政策。二是实行省级金融保险业营业税增收奖励政策。为改善全省金融保险业投资环境，鼓励市县扶持金融保险业发展，对省级金融保险业营业税增收实行奖励政策：省级金融保险业营业税当年增收部分给予市县20%的奖励；对当年引进全国性金融保险业机构总部(或跨国公司区域性总部)的，给予引进地财政一次性奖励。三是适当提高新办电力生产企业所在地增值税分成比例。为鼓励和促进电力生产企业发展，适当提高新办电力生产企业(包括享受原政策企业，下同)所在地增值税返还奖励比例。具体政策是：新办电力生产企业缴纳的电力增值税25%部分，电力生产企业所在市县与省返还奖励比例由"四•六"调整为"六•四"，即市县得60%，省得40%，市县所得奖励按现行体制规定返还。完善转移支付制度。主要是加大一般转移支付力度，整合优化专项资金，规范专项转移支付类别档次。

【加大民生投入】全年省级预算安排进一步向民生支出倾斜。除政策性因素外，基本支出预算继续"零增长"。加大资源整合力度，特别是加强对专项资金的有效引导、整合，确保财政支出向民生领域倾斜，新增财力的三分之二以上用于民生方面的支出，财政支出的重点放在人民群众最关心、最直接、最现实的"三就"(就业、就医、就学)、"两保"(社会保障、环境保护)、"两安全"(社会安全、安全生产)和文化等方面，在体现公共财政"普惠"原则的同时，财政支出着力向农村倾斜，向欠发达地区倾斜，向低收入人群倾斜，促进基本公共服务均等化。把民生项目支出绩效评价放在财政资金绩效评价工作的首要位置，提高财政民生项目资金的使用效益。全年全省财政民生支出的增量占当年财政支出增量的72.2%。

【"六大行动计划"财力保障】审核、制定"基本公共服务均等化行动计划"，参与其他五大行动计划的资金需求审核与平衡。当年省级财政共筹措落实六大行动计划资金137.90亿元。在"基本公共服务均等化行动计划"制定过程中，把工作重点放在财政保障措施的落实上，对有关资金需求进行审核与平衡，主要从三方面进行把握：一是量力而行，坚持可持续发展。二是"均等化"，不搞"平均化"；三是"均等化"的责任主体是市县政府。进一步完善财政体制，合理配置财政资源，深化财政改革，调整财政支出结构，增强各级财政特别是欠发达地区提供基本公共服务的保障能力。与有关部门联系、协调，跟进其他各大行动计划的制定，了解各行动计划的制定进展和资金需求，测算有关需求方案的可行性，提出财力平衡、财政保障的意见和建议，为省领导决策提供支持。

【预算管理创新】完善综合预算管理制度、事业单位财政供给制度、定额标准体系，强化项目支出管理、财政拨款结余资金管理，加强预算监督。完善综合预算管理制度，深化"收支两条线"改革。按照"收入一个笼子、预算一个盘子、支出一个口子"的要求，严格执行"收支两条线"政策，加强预算资金统筹力度，完善现有的综合预算管理模式。按"积极稳妥，先易后难"的原则，在行政单位先行试点。完善事业单位财政供给制度，改进事业单位预算编制方法。结合事业单位改革进展情况，按照"全面改革、稳步推进、突出重点、公平规范"的原则，省级监督管理类事业单位的财政供给首先列入改革完善范围，在预算编制时，由"基数法"改为"零基法"。加大事业单位由"花钱养人"向"花钱买服务"转变的改革力度。强化项目支出管理，加强对重点项目的审核和保障力度。规范项目支出管理，合理界定项目支出与基本支出的界限，从"明确类别，规范申报，强化审核，软件支撑"等四方面，加强项目预算申报、审批的管理。加大对重点项目的审核审查力度，对凡是符合省委省政府战略目标和支持方向的项目，筹措资金予以保障；对会议费、培训费、出国费、交通费、购车经费等一般性开支，适当进行控制和压缩。强化财政拨款结余资金管理，加大预算统筹安排力度。开展历年财政拨款结余清理工作，建立财政拨款结余管理长效机制。按照"减少增量，压缩存量"的原则，从当年开始，在部门财政拨款结余中，项目已完成形成的结余、项目由于受政策变化或计划调整等因素影响而中止或撤销形成的结余、某一预算年度安排的项目支出连续两年未使用完形成的结余等三类资金结余，收归财政统一安排。完善定额、标准体系，推进预算编制规范化、科学化。总体维持现行定额体系，完善行政预算定额和监督管理类事业单位定额、院校生均定额、医疗机构床位定额，修订、建立办公用房建设费用标准、物业管理费标准、培训费标准等三项标准。

【抗灾救灾财力保障】年初，保障抗击低温雨雪冰冻灾害。四川汶川特大地震发生后，及时筹措安排资金，保障抗震救灾与灾后重建。从省级预备费中安排捐赠资金3000万元紧急拨往灾区，其中四川2000万元，陕西、甘肃各500万元。做好救灾统计工作，从5月20日起按日做好全省各市县汶川地震灾区抗震救灾捐款安排的统计和上报财政部工作，重点做好各地财政列支支持汶川地震灾区抗震救灾及灾后重建资金安排的统计和上报工作。贯彻落实省委、省政府关于各级党政机关公用经费支出一律比预算减少5%用于抗震救灾的决定，调减当年省级部门公用经费预算3000万元，支持灾区抗震救灾。筹措援建四川灾区过渡安置房建设资金5.53亿元，援建过渡安置房54590套。筹措灾后恢复重建资金，2008、2009、2010三年以上年地方财政收入的1%作为对口援建资金，明确除舟山、丽水、衢州3市之外，全省其他市、县(市、区)按各地上年地方财政收入的1%作为统筹援建资金，其余部分由省财政统筹安排。当年全省筹集支援青川县灾后重建财政资金16.50亿元，其中省级4.05亿元。

【乡镇财政管理】指导市县结合省对市县财政体制的调整，完善县(市、区)对乡镇的财政管理体制，妥善处理县(市、区)与乡镇财政分配关系。指导市县贯彻落实《关于对部分乡镇实行"乡财乡用县管"财政管理方式的指导性意见》，推进乡镇财政管理方式改革。全省37个县(市、区)实行"乡财乡用县管"财政管理方式，其余县(市、区)基本上对其所属乡镇实行网络化管理，并对乡镇收支情况进行实时监控。指导市县、乡镇加强乡镇政府性债务管理，开展化解乡镇政府性债务工作，青田、景宁、莲都区等欠发达县(区)及嵊泗县实现乡镇零债务；义乌市成功化解镇街债务风险，实现镇街财政零银行借款；诸暨市乡镇债务余额从1999年底的8203万元压缩到2008年末的575万元，总结上述市县化解乡镇政府性债务工作的经验，推动全省乡镇政府性债务的化解工作。

【燃油税费改革】根据国家实施成品油价格和税费改革的决定，从2009年1月1日起，取消公路养路费、航道养护费、公路运输管理费、公路客货运附加费、水路运输管理费、水运客货运附加费等六项收费，提高成品油消费税单位税额，预算分配上以2007年为基期年，按金库入库数加一定的增长作为新基数。为此，做好改革的有关衔接工作，向财政部预算司汇报2007年公路养路费等六项收费征收入库情况，确定以金库收入数加财政专户收入数为基数。

【财政税政工作】加强与省国税局、省地税局、杭州海关、财政部驻浙江监察办等部门的联系，贯彻实施税法和中央税收政策，着重做好《中华人民共和国企业所得税法》及减轻企业负担税收优惠政策的实施工作。围绕国家税制改革中长期规划和中央税收政策调整动态，开展税政调研，加强与财政部的联系，反映地方政府的税收政策要求，发挥经济发达地区在税制改革和税收政策调整中的积极作用，推动中央加快构建既有利于社会主义市场经济统一发展又有利于东部地区率先发展的税收政策体系，着重做好增值税、消费税、营业税暂行条例修改意见的研究、上报工作。配合做好高新技术企业认定工作。组织开展公益救济性捐赠税前扣除资格认定工作。公布两批具有公益救济性捐赠税前扣除资格基金会和社会团体名单。组织开展2007年度企业所得税税源调查、2008年重点产品国际竞争力调查工作(不含宁波)。2007年度企业所得税税源调查共收集有效样本企业3138户，超财政部计划25.5%。样本企业资产总计11320.59亿元，实现销售(营业)收入9685.57亿元，利润总额749.89亿元，应纳税所得额724.74亿元，应交所得税额229.85亿元，实际缴纳所得税199.92亿元。2008年对198家生产企业的194种重点产品进行国际竞争力调查，其中财政部列示产品97种，本地增列产品97种。　(厅预算处、税政处供稿　何一平执笔)

财政国库管理

【概况】2008年，浙江省财政国库工作围绕建立规范、高效、透明的公共财政目标，坚持制度创新、科学理财、服务至上，深化国库集中收付制度改革，强化预算执行管理，巩固总预算会计基础，履行控制预算执行、反馈执行信息等一系列财政国库管理职能，为加强和完善财政管理、贯彻落实财税政策、实施宏观调控提供保障。

【国库集中支付改革】完善省级国库集中支付改革。相继出台实行国库集中支付制度后预算单位年终结余资金处理、完善省级国库集中支付改革相关措施、预算科目、项目调整处理办法、以前年度财政支出退回办法等一系列完善措施，保证省级预算单位国库集中支付改革顺利运行。推进市县国库集中支付改革。利用预算执行分析例会等召集全省各市财政局、国库部门、核算中心负责同志研究、部署市县改革。6月，联合信息中心、核算中心召开国库集中支付系统软件需求座谈会，研究当前国库集中支付系统中需进一步深化完善的内容，解决国库集中支付系统中存在的问题。7月，厅国库处、信息中心、核算中心、干教中心举办两期国库管理制度改革培训班，培训近600人次，副厅长罗石林就改革目标提出具体要求。经过省、市两级财政部门努力，9月前，全省11个市已推行国库集中支付改革。

【财政资金核算和调度管理】核对第一次电子化处理的国库集中支付年终结余资金。严格并及时按照资金拨付管理制度进行日常资金拨付，确保资金拨付安全。按照国库集中支付管理制度审批用款计划，加强与人民银行的资金清算、会计核算中心的清算资金核对，确保省本级国库集中支付工作的顺利进行。做好会计管理各项基础工作，完善与人民银行、商业银行的资金定期核对工作，确保财政资金运行安全。加强与规范财政资金管理，积极与各有关商业银行联系，共同清查省级财政资金休眠户，并做好已认定休眠账户和现有账户的撤并工作。为确保财政资金存放安全，做到制度明确、运行规范有序，拟订《省本级财政专项资金存放省级金融机构管理办法》。加强预算单位账户管理，严把预算单位账户新设、变更审批关，至12月底，共办理新设、变更预算单位账户108户。按照“留足支付余地，操作合法规范、确保资金安全”的原则，继续做好财政性资金的保值增值工作。当年存款利息收入比上年增长60%。围绕完善有利于科学发展的财政国库管理制度，研究现代国库管理制度下财政资金安全隐患和系统风险，完成调研课题《现代国库管理制度下资金安全问题研究》，并荣获2008年度全省财政系统调研报告二等奖。

【预算执行分析基础工作】及时报送相关报表。针对财政部首次要求报送预算外收支报表，对全省报表进行汇审，及时向财政部进行报送。做好预算执行月度及专题分析，全年向财政部报送6篇专题材料，其中《促进服务业发展的财税政策建议》、《温州中小企业发展状况及财税扶持对策建议》被财政部录用，并发表于《预算管理与会计》杂志。参与预算执行信息系统试点工作。做好预算执行相关服务工作。被财政部国库司选调参与编撰《全国财政收支统计手册》和《2008年全国预算执行专题分析选编》。

【完成2007年决算和2008年决算布置工作】学习研究财政总决算信息系统，加强与兄弟省市财政的联系和交流，组织财政总决算报表的编审工作。全省各级财政加班加点，力求将决算数字汇编准确，较好地完成2007年度财政总决算各项工作。为做好2007年部门决算工作，根据部门决算特点，对部门决算报表口径变化、编报要求及相关政策资料进行研究和收集整理，编写并印发《浙江省2007年度部门决算编制手册》，同时完善软件参数设置，在财政部下发的标准参数基础上增设审核公式，对各类重点审核信息设置横向、纵向过录表查询模板，整合报表参数，让单位可以通过软件参数进行自审，从源头上保证数据质量。对全省2万多户的行政事业单位报表逐一审核、修正、汇总，完成2007年部门决算工作。按照财政部要求，结合实际，完成2008年全省决算布置工作。

【财税库银横向联网改革】按照中央三部门联合印发的《财

税库银税收收入电子缴库横向联网实施方案》，规范推进财税库银横向联网改革。上半年，金华、嘉兴、温州相继列入试点地区。全省地税系统已实现税收电子缴库（一户通），待中央接口标准统一后即可接轨。

【公务卡制度改革】落实中央三部门关于公务卡改革电视电话会议精神，联合中国人民银行杭州分行起草试点方案和试点办法，通过制定全省统一的公务卡标记和卡面颜色，编写培训手册，举办培训班，稳步推进公务卡制度改革。4月1日在省财政厅等10家省级预算单位进行试点。9月联合中国人民银行杭州分行、省监察厅对试点工作进行总结。10月出台《浙江省省级预算单位公务卡管理办法》，省级公务卡制度改革全面推开。至12月底，省级集中核算单位已完成公务卡改革，累计发放公务卡5289张，通过公务卡支付1974笔，金额474万元。

（厅国库处供稿 吴月宝执笔）

财政综合

【概况】2008年，浙江省财政综合工作围绕推进政府非税收入征管体系建设，着力规范政府非税收入征管行为，加强政府非税收入征收管理，确保政府非税收入应收尽收。全省各级财政部门共征收政府非税收入2376.40亿元，比上年下降0.3%；其中省本级组织征收各项政府非税收入280.79亿元，增长10.7%。

【政府非税收入征管信息化建设】对政府非税收入征管信息系统进行修改完善，分期分批举办市县和省级政府非税收入征管人员和系统维护人员业务培训班，加大信息系统推广应用力度。加强与公安交警的协调配合，开发和试运行道路交通违法处罚异地罚缴信息系统，加强交警执法力度，方便被处罚人缴款。会同省级有关部门多次沟通协商，做好全省土地出让金收支管理信息软件开发的前期准备工作，完成软件业务需求分析。

【规范清理行政事业性收费】会同省级有关部门清理涉及企业和民生的行政事业性收费项目。经省政府批准，共取消、暂停征收99项行政事业性收费，降低收费标准9项，减轻企业和个人负担约15亿元。会同省级有关部门研究制定调整全省义务教育阶段收费的政策，从当年春季学期开始，免收义务教育阶段中小学生课本费和作业本费，对符合就学条件的外来务工民工子女免收义务教育阶段借读费。会同省级有关部门制定有关扶持政策，对登记失业人员、残疾人、退役士兵以及毕业两年以内的普通高校毕业生从事个体经营的，免收工商、税务等14个部门的27项管理类、登记类和证照类行政事业性收费。配合省级有关部门对涉及企业和农民负担的收费情况进行监督检查，发现问题及时纠正，规范收费行为。根据国家要求，出台文件做好全省工商“两费”停征后前期预收管理费退付以及收费票据收缴工作。

【促进资源节约集约利用和环境保护】会同省级有关部门制定《浙江省新型墙体材料专项基金征收和使用管理实施办法》，发展新型墙体材料，减少环境污染，并对《办法》的执行情况和专项基金的征收管理情况进行专项检查。会同省级有关部门对浙江省2001年以来海洋渔业资源增殖保护费政策的执行情况进行调研，重新调整浙江省海洋渔业资源增殖保护费有关征收管理政策，保护海洋渔业资源。会同省级有关部门对浙江省城市用水收费和占用水域征收水资源补偿费进行调研，制定出台有关收费政策和办法。

【加强彩票发行和公益金扶持项目监管】加强彩票发行销售监管工作，全年共发行彩票80.96亿元，筹集地方彩票公益金13.32亿元。对全省各地2006年以来的彩票发行情况和内部财务管理情况进行检查，对省福利彩票中心等六家单位进行重点检查，对检查发现的问题进行整改。调整省与市县发行费和公益金分成比例，调动各地彩票发行的积极性。根据财政部自当年1月1日起彩票公益金纳入政府性基金预算管理的规定，出台文件明确彩票公益金纳入预算管理有关资金缴库事宜，改按季返还为按月返还，提高彩票公益金的使用效益。与有关部门合作对彩票公益金扶持的福利院、敬老院、星光老年之家、社区服务等民政福利项目，以及奥运争光项目、全民健身项目进行专项抽查。

【加强住房资金监管】做好省直行政事业单位职工住房补贴的审批发放工作，全年共审批省级机关事业单位职工一次性住房补贴613批次，发放住房补贴34606人次，发放补贴金额11.68亿元，其中财政专项补助4.02亿元。研究制定单位自建专用房和存量房的预留、成本审核以及销售程序等方面的政策规定，推进省直单位住房制度改革。按照住房公积金管理岗位目标责任制考核的有关规定，委托社会中介机构对48个市、县（市、区）住房公积金管理情况进行重点审计，对发现的问题进行通报，强化全省住房公积金的监督管理。按照全省住房公积金管理专项治理的要求，会同省建设厅等部门对绍兴、台州等地的住房公积金管理进行专项检查。贯彻落实国家和省有关解决城市低收入家庭住房困难的政策规定，会同省建设厅对湖州、绍兴、金华、衢州和丽水的城市住房保障情况进行检查。

【土地出让金和海域使用金征收管理】规范国有土地使用权出让收支管理，督促各地严格执行国家和省里有关文件规定，采取有效措施，确保应收尽收，全省（不含宁波）共征收土地出让收入898.35亿元。对2004～2007年期间欠缴省级的农业土地开发资金进行清理，催收欠缴资金1.21亿元。会同省级有关部门下发《转发国土资源部 财政部 中国人民银行〈土地储备管理办法〉的通知》，规范土地储备资金管理。加大海域使用金征收力度，全省（不含宁波）共征收海域使用金3.23亿元。会同省级有关部门对历年海域使用金进行清算，共清算海域使用金9295万元。

【内部管理工作】配合部门预算制度改革，制定《浙江省省级政府非税收入计划管理暂行办法》，提高部门预算的准确性和严肃性。做好政府非税收入、国有土地出让收支等会计统计报表的编制工作，强化核算分析，完善报表数据分析应用软件，提高管理水平和管理质量。在抗震救灾过程中，配合省有关部门做好救灾捐赠资金的接收工作，定期向审计部门报送捐赠资金接收情况，加强捐赠资金监管。（厅综合处供稿 莫建斌执笔）

财政法制

【概况】2008年，全省财政法制工作以贯彻落实国务院《全面推进依法行政实施纲要》、建设“法治浙江”为主线，推进财政法律制度建设，开展财政法制宣传教育，深化行政执法责任制，预防和化解行政争议，强化财政执法监督，加强法制干部队伍建设，为推进财政改革发展事业提供法制基础保障，依法理财工作取得成效。省财政厅荣获省级依法行政优秀单位第三名。

【财政法律制度建设】推动财政地方性法规和政府规章立法。做好立法协调配合工作，《浙江省政府非税收入管理条例》按照一类立法项目标准将送审稿报送省政府，上报省人大建议列为2009年立法计划一类项目。继续做好《浙江省政府投资预算管理办法》政府规章立法一类项目配合工作，与省法制办赴义乌市等地征求修改意见，先后3次牵头做好草案征求意见工作。关注国务院《政府采购法实施条例》的立法进程，继续做好《浙江省实施＜中华人民共和国政府采购法＞办法》立法准备工作，上报省政府立法建议并被列为2009年省政府规章立法计划二类项目。此外，审核答复94件上级和其他部门起草的与财政工作有关的法规、规章(草案)征求意见稿。加强财政行政规范性文件管理。审核会签、报送备案财政行政规范性文件，全年共审核会签、报送备案财政支持中小企业、关注民生、扶持“三农”等财政规范性文件51件，纠正各种问题，提出修改意见。充实完善浙江财政法规数据库，组织工作人员将2007年64件省财政行政规范性文件按数据标准要求整理输入该系统，目前该库法规文件已有317件。开展立法后评估工作，参与财政部组织的《国家农业综合开发资金和项目管理办法》立法后评估方案修改工作。根据财政部统一部署，与省农发办认真组织嘉兴市、绍兴县等19个市、县(市、区)开展《国家农业综合开发资金和项目管理办法》立法后评估，在分析归集有关问卷统计表、建议汇总表基础上，形成评估报告提交财政部参阅。

【财政法制宣传教育】领导重视，组织保障有力。落实党组中心组集体学法制度，全年厅党组中心组集中学习法律法规知识2次，重点学习《政府信息公开条例》、《耕地占用税暂行条例》、《浙江省省级预算监督管理条例》等新法新规。调整省财政厅普法工作领导小组负责人，制定《浙江省财政普法联络员工作暂行办法》，健全财政普法领导体制和联络工作机制。9月省管领导干部开展学法用法考试，省财政厅所有省管领导组织学习本次考试所涉及的有关法律法规，除规定免试外均按要求报名参加并通过考试。引进综合法律，基础保障有力。3月邀请省普法办领导、法学院教授等专家指导、座谈，并印发《2008年浙江省财政法制宣传教育工作安排》。5月开展以“四个一”为抓手的“法治宣传月”活动，即以举办《政府信息公开条例》法律讲座、召开普法现场座谈会、利用网络进行普法学习、悬挂宣传横幅等为内容的一系列活动，开展干部职工法制宣传教育。全年还举办财政执法处室有关负责人和普法联络员法院旁听2次、行政法规知识网络考试1次，组织征订《财政法规汇编》1100套、《财政行政处罚实用手册》2000册，整理归档“五五”普法宣传文件资料230多件。向财政部普法办和省普法办报送普法信息共计30条、调研报告1篇，并参加全省优秀普法报刊评选活动，做好推荐工作，《浙江财税与会计》杂志被评为优秀普法期刊。开拓创新，推进社会普法。8月印发“五五”普法法规知识竞赛通知、召开竞赛启动仪式，布置全省财政法规知识竞赛工作，通过普法网站链接、普法杂志宣传、竞赛情况通报指导等方式，促进和推动竞赛，全省社会各界最终参赛人数124868人。省财政厅获全国财政法规知识竞赛组织奖。按照财政部和省普法办有关普法中期督导的要求，9月上中旬，在各市、县财政局自查的基础上，省财政厅随机对绍兴市、温州市财政局及其所辖部分县财政局进行督导检查。11月3日，财政部“五五”普法中期督导检查组对全省财政普法工作进行督导检查，肯定浙江省财政普法工作取得阶段性成果。省财政厅获中央宣传部、司法部、全国普法办联合表彰的“全国‘五五’普法中期先进集体”称号。开展2008年“12.4”全国法制宣传日活动，既开展“送法进联系点”、服务基层法制活动，又制作、播放财政法制公益广告等系列活动，并获全国普法办“法制公益广告征集活动鼓励奖”称号。

【财政执法监督】深化行政执法责任制。梳理省财政厅的具体执法职能，修订完善并重新公布财政行政执法职权和执法依据。省财政厅作为法定行政机关，共有32项主要法律依据；省注册会计师协会作为法律、法规授权的组织，共有3项行政执法主要法律依据。省财政厅共涉及9项行政许可(包括省注册会计师协会1项)、29项行政监管、146项行政处罚、7项行政强制、4项行政确认(登记)、5项行政征收、15项其他具体行政行为等215项具体执法职能。依法审核会签财政行政处罚处理案件。按照行政处罚有关法律法规的要求，全年共审核会签14起财政行政处罚案件。按照政府采购法、注册会计师法及相关法律法规要求，严格规范行政处理，全年共会签政府采购投诉处理和其他行政处理文书28个。健全行政争议解决机制。修改《浙江省财政厅行政复议和应诉工作规程》所附法律文书格式，完善预防和化解行政争议调处机制，逐步把化解行政争议纳入到程序化轨道。通过完善办理程序、规范执法文书、健全执法体系、加强复审把关，全年按照法定程序和期限直接办理4起行政复议案件，答复省政府行政复议案1起。举办行政处罚听证会1次，组织有关执法处室负责人参加旁听。开展行政应诉案例评析工作1次，剖析财政行政应诉的要点、难点。结合“五五”普法中期督导等工作，组织开展财政执法检查。做好有关法律法规制度和行政许可、非行政许可审批事项的政务公开组织工作，落实行政许可事项报备制度。配合做好其他有关政务公开工作。

【法制工作体系建设】首次举办全省财政法制工作分管局长培训班。邀请财政部条法司领导、省高院行政庭庭长、省法制办有关负责人和领导科学专业博导授课，树立财政领导干部法治理念，提高依法行政、依法理财水平。做好财政行政执法证换证和新证的申领工作，组织19名省财政执法人员参加省法制办统一安排的执法证培训考试，确保大部分执法人员持证上岗、亮证执法。根据《浙江省行政执法证件管理办法》和省法制办有关要求，委托各市及义乌市财政局组织400多名财政行政执法人员进行专业法律知识培训考试，确保基层财政系统所有执法人员持证上岗、亮证执法。开展法律顾问专业化财政法律服务，法律顾问重点在财政工作中涉及的法律问题提供咨询意见或进行指导、审查财政法律文书、维护财政合法权益及协助开展财政法制宣传和财政法律培训等方面提供专业化服务，全年提供财政专业法律服务138次。开展调研和工作指导，采用实地调研和书面调研相结合的方式，着重就财政制度建设、法制宣传、执法监督和工作体系建设四个方面问题，组织召开三片基层财政法制负责同志座谈会，收集意见、建议，促进信息交流，强化工作指导的针对性和有效性。提高法律服务能力，以案为鉴，开展树立正确人生观、价值观、权力观讨论，注重法律人意识和职业习惯的培养，提高法律水平和服务能力。

【财政周转金清理】组织开展财政周转金历年尾欠再清理，分门别类研究提出处理意见，省本级着重抓好可能回收项目的委托清收；加强与省高院联系沟通，转发省高院有关财政周转金问题民商审判动态，印发关于财政周转金清收情况的通报，支持促进各地财政周转金清收扫尾；主动应对国际金融危机挑战，召开全省财政周转金清收工作座谈会，指导、推动、协调市县财政部门财政周转金清理整顿工作。当年全省财政周转金尾欠余额下降7.88亿元，其中省本级收回财政周转金2870万元。

（厅法制处供稿 王新江执笔）

会计管理

【概况】2008年，浙江省会计管理工作组织开展会计法、新企业会计准则、企业内部控制规范建设的宣传贯彻工作；坚持依法行政，认真做好各项行政许可事项的审批工作；加强注册会计师行业行政监管和会计诚信建设，加快会计队伍建设；开展浙江省第二期高级会计领军人才培养工程，在探索适应社会主义市场经济要求的会计工作管理新要求等方面取得新进展。

【会计制度建设】利用报刊、杂志、网络等多种形式、途径，做好新企业会计准则的宣传工作。做好实施单位（上市公司和相关企业）实施新企业会计准则的各项工作，组织有关专家，帮助各上市公司和相关企业组织模拟测试，调整和完善内部控制和相关制度，细化核算内容，规范实务操作，稳妥推进实施工作。统筹规划、部署，建立问题预警、跟踪反馈和处理机制。省财政厅成立浙江省会计制度咨询专家委员会，帮助企业解决实施企业会计准则体系过程中遇到的疑难问题。从全省大中型企业、上市公司和会计师事务所中筛选9家企业，作为新企业会计准则贯彻实施联系点。采取定期召开执行情况座谈会及深入企业调研等形式，掌握上市公司、企业、会计师事务所在执行中出现的具体问题，并及时总结，研究解决问题。全省各地结合当地特点，重视本地区新企业会计准则制度联系点的建设，建立完善信息跟踪反馈机制，实现新企业会计准则的平稳实施。

【会计行政许可】按《行政许可法》的要求，坚持公开、公正、公平、高效、透明原则，依法做好会计师事务所、会计从业资格、代理记账等行政许可事项的审批工作。据统计，目前全省持有会计从业资格证书71.47万人，实际从事会计工作人员63.35万人。其中，具有大专学历23.21万人，具有本科学历7.23万人，硕士研究生学历991人，博士学历9人；具有初级资格16.34万人，中级资格5.41万人，高级资格3430人。全省有会计师事务所324家，其中，有限责任所183家，合伙所132家，外省设立的分所9家。坚持以人为本、公开透明、便民高效原则，依法做好会计从业资格的申领工作。加强会计从业资格证书的监督管理，坚决打击各种不法行为。维护会计从业资格准入的严肃性。坚持依法行政，规范全省会计工作及注册会计师、注册资产评估行业的秩序。

【会计队伍建设】4月，全省会计从业资格考试如期举行，参考人数为152890人，创历次会计从业资格考试新高。9月，全国会计专业技术资格考试浙江考区考试在全省各地举行。全省26959人参加初级资格考试，8216人参加中级资格考试。

【高级会计师考评结合】做好高级会计师资格考评结合的评审工作，完善高级会计师资格评价条件，评价重点向申报者的工作能力、业绩和支持鼓励会计工作第一线人员转移。规范评审专家聘任办法，高级会计师资格评审专家由省人事厅在评审专家库中随机抽取。加强社会监督，对申报者的专业理论水平、工作能力和业绩，评审前由所在单位进行事前公示，经省高评委评审后的结果，在省财政厅网站上向全社会进行事后公示。经评审，当年全省新增571人具高级会计师任职资格。至此，已有6112人取得高级会计师任职资格。9月，全国高级会计师资格考评结合试点浙江考区的考试在浙江大学举行。实际参加考试1550人。

【选拔会计领军人才】做好浙江省地方会计领军（后备）人才第二学期的选拔工作，加快高级会计人才培养步伐。开展浙江省先进会计工作者评选活动以及全国先进会计工作者的推荐工作，推荐至财政部全国先进会计工作者候选人6名。开展规范企业会计基础工作，会计从业人员持证上岗、企业会计信息质量检查等工作；支持和鼓励会计师事务所做大做强，营造全社会支持、关心会计人员及会计事业的良好社会氛围。

（厅会计处供稿 程少春执笔）

行政政法财政财务管理

【概况】2008年，浙江省行政政法财政财务管理工作在确保政权建设资金，加大对自主创新、民生问题的资金投入，深化财政改革，规范公务员个人收入分配等方面取得成效。

【确保政权建设资金】按照“保证重点，兼顾一般”的原则和省人代会确定的支出增长比例，落实好行政政法机关履行职能所需经费。做好2008年部门预算的落实、执行和2009年部门预算编制工作，确保经济社会平稳、有序、和谐运转。确保省人大、政协换届经费。

【保障民主党派工作经费】根据各民主党派省委会的工作需要，增设民主党派工作专项经费，解决兼职民主党派党务工作经费与民主党派"科技创新行动计划"活动经费。上半年开展对华东六省一市各民主党派省委会、省工商联经费保障情况的专项调查，浙江省民主党派人均保障水平名列前茅。

【多渠道支持"平安浙江"建设】加大"平安浙江"专项经费投入。专项安排奥运安保经费，确保奥运安保工作顺利进行。配合做好"涉奥信访与维稳百日行动"，通过司法救助等多种形式加强对重点信访案件的办理，基本实现息诉罢访。争取中央补助法院办案专款1.6亿元，省配套补助0.8亿元，确保人民法院依法履行审判职能经费需要。制订出台基层司法行政机关公用经费保障标准。通过督查，101个纳入保障标准范围的县级公安机关公用经费标准保障全部达标。

【实施政法补助专款项目】当年中央补助省政法专款6940万元，省财政配套投入6940万元，市县财政投入3600万元，合计17480万元，全部用于欠发达地区政法部门装备、维修和办案支出。做好政法专款项目执行绩效考核工作，2007年度我省中央政法专款管理工作在资金配套、使用效果及执行情况上报等方面成绩突出，在财政部考核评比中获二等奖。

【支持实施标准化战略】加大标准化战略资金投入，落实标准化战略专项资金2600万元。制定《浙江省技术标准战略专项资金使用管理办法》，规范资金使用，主要补助国际标准、国家标准研制、承担标准化活动组织工作、省级技术标准战略试点示范、应对技术性贸易壁垒等4类项目，全省共有162家单位获得本次标准化战略专项资金补助。

【支持产品质量和食品安全监管能力建设】落实产品质量(含食品)监督抽查专项经费3500万元。加大产品质量和食品安全检测设备投入，落实省本级重点检验检测项目技术装备经费2500万元。通过财政支持力度和方向的调整，提高食品质量安全检测能力，加快布局调整和资源整合。支持省"十小"行业整治规范行动，及时拨付"十小"行业整治规范行动专项经费264万元，依法保障公民权益。

【支持党史胜迹保护工程】建立全省党史胜迹保护工程专项资金，主要用于全省党史胜迹普查以及除民政、文化(文物)管理之外的党史胜迹维修、保护，资料抢救、保存、保护和利用等。项目期限为2008年～2010年。三年共计安排1050万元，其中2008年安排350万元。制定《浙江省党史胜迹保护工程专项资金管理办法》，建立对党史胜迹保护专项资金的管理、使用和监督制度。

【支持旅游产业发展】按照省委、省政府关于加快发展现代服务业的要求，全年安排旅游发展资金5200万元，其中旅游发展专项资金4000万元，旅游宣传促销资金1200万元。重点支持旅游基础设施建设、旅游重点项目启动、旅游规划编制、旅游队伍培训以及提升浙江旅游品质的宣传促销活动。

【加强工商经费保障】根据财政部、国家发展改革委、国家工商总局关于停止征收个体工商户管理费和集贸市场管理费有关问题的通知，自9月1日起停止征收个体工商户管理费和集贸市场管理费(以下简称"两费")。争取停征"两费"工商行政管理中央补助经费10081万元，占当年停征两费收入影响额的26.7%。制定全省补助经费分配方案，综合考虑各市县"两费"停征影响收入额、工商业务工作量、地方财力状况、其他等四个因素，当年全部补助款拨到各县市。

【完善财务管理制度】制订省直机关培训费开支规定。明确赴四川灾区参加抗震救灾人员和支援四川灾区建设人员的生活补助标准。按照中央、省级和市级统一采购，共同确定定点饭店，适用同一价格的原则，组织完成2009～2010年度定点饭店采购工作。对省公安厅"金盾工程"、省质监局重点检验检测装备项目委托中介机构实施绩效考评，省质监局重点检验检测装备项目评价结果为优秀，省公安厅"金盾工程"评价结果为良好。指导归口部门对年度财政预算安排300万元以上的项目支出开展绩效自评。

【加强公务员收入分配管理】3月份省本级规范公务员津贴补贴方案正式启动实施。4月底召开全省实施规范方案布置会，明确各地规范方案从2008年1月1日起执行，具体实施操作时间最迟不超过7月1日。制订省本级2007年度"削峰填谷、平衡收入"方案。方案实施后，省级机关公务员津贴补贴单位间的高低差距缩小到1.04:1。

【专题调研】根据省委组织部《浙江省人才队伍建设中长期规划纲要课题研究实施方案》要求，完成19个子课题之一"人才投入机制研究"的课题研究工作。开展"发挥公共财政作用，支持技术创新、推进质量强省建设"课题调研，完成调研报告。按照财政部要求，开展全省行政成本问题调研，提出控制不合理行政成本建议。（厅行政政法处供稿 陈亚谊执笔）

教科文财政财务管理

【概况】2008年，教科文事业财政财务管理围绕建设文化大省、教育强省、科技强省、体育强省的目标，扎实推进"两创"总战略，优化财政支出结构，强化资金管理，着力保障和改善教科文领域民生，促进教科文事业又好又快发展。

【保障教育投入】全年全省财政教育支出489.10亿元，比上年增长18.3%。保障基础教育均衡发展。深化义务教育经费保障机制改革，逐步提高中小学公用经费标准，小学、初中公用经费标准每生每年分别为300元、450元。根据《化解义务教育债务的意见》，下达化债义务教育预算控制数11亿元；部署市县开展教育债务审计确认和化债方案制订工作，全年全省化解教育债务18.6亿元。经省政府同意，下发《关于实行农村教师任教津贴的通知》，下达省财政分担经费2.37亿元，实施农村教师任教津贴的政策，提高农村教师待遇。调整义务教育阶段收费政策，从春季学期开始免费向学生提供教科书，不再向符合条件的外来务工人员子女收取借读费；通过政府采购，确定省新华书店为全省教科书总供应商（自2008年秋季学期起，暂定3年），当年全省统一采购的教科书采购码洋11.18亿元，采购实洋为10.29亿元，节约资金8900万元，下达省财政分担经费8.18亿元。配合省教育厅加强新时期教师培训工作，实施农村中小学教师“领雁工程”。制定出台“电影进校园”工作实施意见，修改完善高雅艺术进校园资金管理办法。安排下达中小学布局调整专项资金、困难学生资助经费、校舍维修改造以奖代补专项资金等，推进全省基础教育均衡发展。推进职业教育发展。制定并下发新一轮“职教六项行动计划”，进一步完善农业种养专业免学费政策，将农广校农业种养专业纳入免费范围。按学期下达中职学生资助经费、农业种养技术专业免费资金和2007年中等职业学校紧缺专业特聘兼职教师资助项目专项资金，促进职业教育发展。落实高等教育重点项目建设。加强省属高校投资债务管理，控制财政风险。组织实施省属高校实验室建设项目和省部共建高校实验室项目的立项、评审、资金管理和绩效考核工作。做好高校“重中之重”学科的资金拨付、财务管理工作。全面落实困难学生资助政策；落实高校食堂和学生补助政策，下达高校国家奖助学金和困难学生临时补助资金。

【加强科技投入】全年全省财政科技支出86.79亿元，增长21.3%。加强科技资源条件建设，为科研提供技术支撑平台。省财政安排专项资金1.12亿元，重点支持公共、行业和区域三类创新平台建设，在原有三类创新平台的基础上，当年新建6个行业或区域创新平台，支持纺织平台提升为国家重点创新平台。截至年底全省建立33个公共、行业或区域创新平台。新建一批省级重点实验室（试验基地）和省级高新技术企业研发中心，对已建的省级重点实验室进行考核验收并给予运行经费补助。推动省属科研院所提升自主创新水平，全年省级财政安排专项资金5000余万元，支持省属科研院所新建省级重点科研实验室21个。继续实施重大专项和优先主题，为产业结构升级服务。通过增量调方向、存量调结构的原则，安排专项资金3.1亿元，主要用于“十一五”科技规划确定的30个优先主题和26个重大专项；省级财政安排专项资金重点支持农业科技成果转化，县级科技富民强县行动计划的实施，争取中央对我省科技富民强县政策的支持。加大基础性和公益性科研投入力度，推动自主创新能力提升。加大对省自然科学基金的投入，安排省自然科学基金5000万元，增长25%，主要用于资助基础研究、应用基础研究和培养科技人才，对学科发展具有重要引领作用的前瞻性、战略性基础研究项目以及重大基础科学研究项目、非共识项目等进行支持；加大对农业、环保等公益性科研院所的扶持，促进农业科技能力提升。营造科技创新氛围，提升科技水平和培养人才团队。全年安排科技奖励经费1100余万元，奖励全省优秀科技工作者，推进科技创新氛围。安排专利专项资金1800余万元，扶持自主发明专利。实施创新人才培养计划，优化留学归国人才创新创业环境，提升企业生产一线技术工人队伍的整体素质，培养高校学生科技创新意识和能力。加强制度建设，推动科技管理创新。出台《浙江省省级行业和区域创新平台建设专项资金管理办法》，修订《省级重点实验室建设管理和考核办法》，规范建设标准、经费使用范围和绩效考评办法等。通过调查研究，拟定省创业风险投资引导基金设立方案并报省政府领导批准。参与省政府“提升自主创新能力行动计划”的研究工作，落实国家关于“高新技术企业”认定的审查办法、范围、条件和组织实施意见。

【支持文化事业发展】全年全省财政文化支出63.76亿元，增长27.6%。加强农村文化建设。贯彻落实《中共浙江省委关于加快建设文化大省的决定》精神，继续实施农村文化建设十项工程。省财政安排专项资金5800万元用于加强基层文化设施建设，完善基层公共文化服务网络，按照县有两馆（文化馆和图书馆）、乡有一站（文化站）、村有一室（文化活动室）的要求，建设与当地经济社会发展相适应的县、乡、村三级公共文化设施网络。安排专项资金1100万元补助一、二类地区1000个村文化室活动器材购置。实施农村文化队伍素质提升工程，安排专项资金500万元，补助全省县级文化馆、图书馆、乡镇文化站业务骨干进行培训，提高文化队伍素质。实施农村文化活动繁荣工程，安排专项资金1000万元，开展农村各项文化活动，扶持农民自办文化，丰富农民精神生活。实施农村文化“三送下乡”工程，安排专项资金3500万元，送10万场电影、100万册图书、1.5万场戏到农村，丰富农村文化活动内容。实施农村有线广播村村响，安排专项资金9600万元，全面推进全省农村有线广播工程建设。实施“文化低保工程”、“广电低保工程”，安排资金3900万元，用于全省低收入地区群体文化要求。加大对欠发达地区、贫困山区、革命老区、少数民族地区、特殊群体的文化扶持力度。实施“文化信息资源共享工程”。利用有线广播电视网络，依托农村党员干部现代远程教育系统、乡镇综合文化站、基层文化阵地、农家书屋等系统，建成基本覆盖城乡的数字文化服务体系，实现县、乡、村三级基层文化网络的全覆盖。加大文化资源整合力度，实现城乡文化基础设施共建共享，提高公共文化资源利用率和受益面。推进公益性文化项目建设。继续安排文化重点项目经费3.45亿元，用于浙江美术馆、省博物馆武林馆区、浙江自然博物馆、浙江省科技馆等西湖文化广场文化设施建设，实施浙江省重大美术题材创作工程、浙江省文化研究工程和浙江省文化产业发展专项等。制定出台《浙江省博物馆纪念馆免费开放专项资金管理办法》，积极筹措1.1亿元专项资金（其中省级3900万元），用于新增运转经费、门票减收补助，增加免费开放后博物馆展品的内容，确保博物馆纪念馆正常运行。增加省属博物馆、文物征集和美术藏品征集经费。支持浙江图书馆对读者免费开放，安排浙江图书馆购书专项经费1800万元，满足读者需求。繁荣文化艺术创作。整合省属院团专项资金，推进艺术院团发展，繁荣舞台艺术。重点用于省级艺术投资、演出设备购置、演出场次补贴、重点文艺院团扶持等项目。实行演出补贴与演出场次、演出收入挂钩，提高专业艺术院团下基层演出、为农村群众演出的积极性。制定出台《浙江省舞台艺术人才保护专项资金管理办法》，加大对舞台艺术人才的保护力度。加大文化遗产保护力度。安排1.13亿元，加大对文物保护、文物遗址保护、非物质文化遗产保护、古籍保护、廊桥保护及文物普查与非物质文化遗产普查工作的投入。对非物质文化遗产省级以上保护的传承人及民间老艺人发放生活补贴。支持文化体制改革。落实相关财税政策，支持文化产业发展，安排文化产业发展专项资金4000万元，制定相应的使用和管理办法，采取贴息、补助、奖励等方式，支持全省文化产业发展。（厅教科文处供稿 叶乃杰执笔）

行政事业单位资产管理

【概况】2008年,行政事业单位资产管理工作以筹建处室、建章立制、规范管理为切入点,循序渐进、积极探索,各项工作稳步推进。

【筹建处室定职定岗】根据省编委《关于调整省财政厅内设机构和人员编制的批复》,5月厅党组决定组建行政事业资产管理处。9月初资产处工作人员全部到岗。10月,厅人教处下发《关于明确行政事业资产管理处职责的通知》,资产处正式成立。处内按照工作职责和人员编制作了岗位设置和工作分工,制定处内工作规程等各项内部管理制度。11月,各业务处室的资产管理工作正式移交资产处办理。及时做好省级行政事业单位资产报废、调拨等资产处置事项和省级事业单位对外投资审核、审批工作,确保各项资产管理工作顺利交接和工作的延续性。

【建立工作关系】为便于资产管理信息沟通和工作联系,处室成立后及时将有关工作分工和联系方式分别报财政部行政政法司和教科文司、发省级各单位和市县财政局,同时要求省级一级预算单位报送单位资产管理的内设机构和人员情况;要求市县财政局及时报送资产管理组织机构建设与工作进展等相关信息。与财政部、省级各行政事业单位和市、县财政局建立资产管理工作关系。

【开展省级经营性资产专项调查】5月,省财政厅与省纪委、省监察厅、省审计厅联合下发《关于对省级行政单位经营性资产进行专项调查的通知》,厅政法处牵头组织省级行政单位开展专项调查工作。8月初资产处正式接手专项调查工作,基本摸清家底。截至2007年底,省级行政单位拥有办公用房、职工住宅、附房、土地等房地产面积计1040590平方米,其中用于对外出租经营的面积91202平方米,占房地产面积的8.76%,出租净收入4131万元;列入调查范围的省直属事业单位和后勤服务单位拥有房地产面积共计4202952平方米,其中用于对外出租经营的面积1269787平方米,占房地产面积的30.21%,出租净收入4721万元;省级部门下属经营性实体214家,其中盈利的110家,盈利额35872万元;亏损104家,亏损额36019万元。根据专项调查情况,专题向省委、省政府作了汇报,并对下一步如何加强行政事业单位国有资产管理工作提出意见、建议。

【建立健全资产管理制度】根据财政部《行政单位国有资产管理暂行办法》、《事业单位国有资产管理暂行办法》和省领导批示精神,在省级行政事业单位经营性资产专项调查的基础上,代拟《浙江省人民政府关于进一步加强行政事业单位国有资产管理工作的意见》、起草《浙江省行政事业资产管理暂行办法》和《关于加强省级行政单位国有资产收益管理的通知》,待报批后组织实施。（厅资产管理处供稿 邵金泉执笔）

农业财政管理

【概况】2008年,全省农业财政工作以科学发展观为指导,按照"创业富民,创新强省"的总体要求,加大投入,整合资金,规范管理,强化监督。财政支农投入稳步增长,支农支出结构趋于合理,促进了农村经济社会的稳步健康发展。全年全省支农支出177.12亿元,比上年增长24.6%;省级支农支出22.98亿元,比上年增长11.7%。

【支农资金整合】完善省、市、县三级《农业农村发展重点领域重点项目扶持导向目录》。根据农业和农村发展的重点,在对省级财政支农专项资金来源渠道、规模、期限、支持对象和支持方式进行清理归类的基础上,围绕"现代农业生产发展类资金"、"农业基础设施建设资金"、"农村环境整治建设资金"、"农民发展资金"和"低收入农户发展资金"等五大类支农资金开展整合,重点对现代农业生产发展类资金、村庄整治资金、农民培训资金以及低收入农户发展资金进行整合。改革现行的支农资金管理方式,下放项目审批权,并建立相应的管理和监管制度。继续做好13个试点县支农资金整合的指导工作,支持各地从实际出发,因地制宜,积极探索,自主创新,形成灵活多样、操作性强、切实有效的整合方式。

【落实粮食生猪奶业扶持政策】贯彻省政府抓好粮食生产和促进奶业平稳健康发展的文件精神,落实种粮农民直补资金9000万元、良种补贴资金4500万元、粮油作物生产机械化作业环节补贴2200万元、扶持发展生猪奶业等畜牧业生产扶持资金1.11亿元,并会同省农业厅对各项补贴政策进行细化。

【支持农业基础设施建设】安排专项资金16.9亿元,支持"千万农民饮用水"、"千库保安"、"水资源保障百亿工程"、"千万亩十亿方节水工程"建设,支持海塘、重要江堤的除险加固、标准渔港和百万亩生态型水产养殖塘标准化建设,支持小流域综合治理,提高农业防灾抗灾和综合生产能力。争取中央财政资金9700万元,安排用于遭受冰冻雨雪灾害的防汛设施补助、抗旱设施补助以及小型农田水利设施补助。

【支持现代农业】安排1.14亿元专项资金,支持种子种苗、农业先进实用技术的推广应用和科技特派员制度的实施。安排8600万元专项资金,支持农产品质量标准体系、检验检测体系和农作物重大病虫害监测预警体系建设,支持规范化农民专业合作社开展培训、营销、加工,提升合作社组织能力和带动能力。启动现代农业生产项目,根据财政部支持发展现代农业政策和浙江省农业主导产业发展实际,通过调整和整合现有支农资金,安排资金1.67亿元,争取中央财政资金1.15亿元,重点支持蔬菜、淡水养殖和竹产业发展,提升农产品的市场竞争力和高效生态农业发展水平。

【支持农村环境整治建设】安排2亿元专项资金,支持"万里清水河道"、农村规模畜禽养殖场排泄物治理及农村沼气开发利用。安排4亿元专项资金,支持"千村示范万村整治工程"建设,围绕"村道硬化"、"垃圾处理"、"卫生改厕"和"污水治理"

等四个方面的整治建设内容实行以奖代补政策。安排2.4亿元专项资金，支持生态公益林建设，逐步完善森林生态效益补偿制度。

【支持农民创业增收】安排“低收入农户奔小康工程”扶持资金4.67亿元，加大下山搬迁扶持力度，支持“低收入农户集中村”因地制宜，发展具有当地资源优势和市场竞争力的特色种养殖业，扶持低收入农户发展来料加工业，拓宽增收渠道。位居高山远山的“低收入农户集中村”的下山搬迁、欠发达县(市、区)的地质灾害区域避险搬迁，省补助标准从原来的每人3000元提高到每人5600元，支持实施乌溪江库区第二期脱贫致富工程。

【支农资金管理】按照省委、省政府关于抗灾救灾的决策部署，会同省级农口有关部门，制定资金安排方案，快速将中央安排省1.19亿元农林业恢复生产补助资金和1500万元移民恢复生产生活补助资金拨付各地。会同有关部门制定下发《浙江省现代农业发展资金和项目管理实施细则》、《乌溪江库区第二期脱贫致富工程财政扶持资金管理办法》等11个管理办法。做好农业科技成果转化、农村小型公益设施、农业产业化以奖代补和农民专业合作组织项目等专项资金申报指南的制定下发、委托评审等工作。会同省级有关部门加强财政支农资金和财政扶贫资金的监督检查。会同省扶贫办分别对乌溪江库区、紧水滩库区异地搬迁资金使用情况、地质灾害隐患点搬迁情况、“贫困村村级发展互助资金”使用情况进行检查。会同省移民办组织全省开展大中型水库移民后期扶持政策实施情况自查工作。

【召开全省会议】召开全省农业财政工作会议，贯彻落实全国农业财政工作会议精神，总结过去两年财政支农工作，分析当前财政支农工作面临的新形势、新任务，部署今后两年农业财政工作。召开全省财政支农资金整合试点工作现场，总结回顾上年财政支农资金整合试点工作，部署下一阶段财政支农资金整合工作。

【调查与研究】完成《浙江省水利工程维修养护经费保障机制研究》的课题研究任务，为《浙江省水利工程安全管理条例》的出台和下一步全省水利工程维修养护经费保障政策的制定提供政策依据。做好省财政厅结对景宁县5个村的帮扶工作，省财政厅被评为2008年度“低收入农户奔小康工程”结对帮扶工作先进单位，受到省委、省政府的通报表彰。

(厅农业处供稿 王　静执笔)

农业综合开发

【加大投入】2008年，全省国家立项农业综合开发项目总投入18.78亿元，其中：中央财政资金投入3.3亿元，省财政资金投入3.17亿元，市、县(市)财政资金1.7亿元，银行贷款3.37亿元，企业和村群自筹及其他资金7.24亿元。省级立项农业综合开发项目总投入10.25亿元，其中：省财政资金投入0.8亿元，市、县(市)财政资金0.2亿元，银行贷款4.3亿元，企业和村群自筹及其他资金4.95亿元。农业综合开发部门项目总投入4960万元，其中中央财政资金投入1640万元，省财政资金投入1360万元。全省农业综合开发资金投入继续保持稳定增长势头。

【实施项目】全省当年实施农业综合开发土地治理项目112个，开发面积79.12万亩，项目总投资8.65亿元，其中省以上财政资金5.14亿元。全省实施有偿无偿相结合产业化经营项目59个，项目总投资8.5亿元，其中省以上财政资金1.83亿元。实施省级科技推广项目40个，并对一批竞争优势明显、辐射带动能力强的产业化经营项目实行财政贴息扶持。项目建成后，预计可新增和改善灌溉面积56.01万亩，新增和改善除涝面积41.27万亩，新增节水灌溉面积26.01万亩；项目区预计年新增粮食生产能力4051.95万公斤，新增油料生产能力246.54万公斤、蔬菜1201.29万公斤、其他农产品1681.54万公斤，新增种植业总产值19441.87万元；带动农民收入年增加总额5.38亿元，为加强全省农业基础设施建设，促进农业增效、农民增收发挥重要作用。

【注重制度建设】健全制度，完善资金和项目管理机制。制定下发《浙江省农业综合开发土地治理科技推广项目验收办法(试行)》、《浙江省农业综合开发财政有偿资金管理实施细则》等规范性文件，加强农业综合开发资金筹集、使用等资金运行全过程的管理。完善投入政策，提高资金使用效益。根据财政部《农业综合开发资金若干投入比例的规定》精神，对农业综合开发资金若干投入比例进行调整和完善。省以上财政资金用于土地治理项目和产业化经营项目的投入比例由原来的65:35调整为70:30，以加大财政对农业基础设施建设的投入力度。加大对农民专业合作经济组织以及专业化、规模化、标准化优势农产品生产基地建设的扶持力度，农民从产业化经营中得到更多实惠。推进支农资金整合，完善统筹开发机制。发挥农业综合开发所具有的综合性、区域性和按项目进行管理的特点，按照“统筹规划、渠道不乱、用途不变、优势互补、各记其功、形成合力”的原则，开展支农资金整合试点，主动搭建农业基础设施建设和农村产业经济发展类资金整合平台，引导和促进支农资金统筹，支持新农村建设和区域优势主导产业发展，提升项目建设质量和资金使用整体效益。

【推进依法行政】按照依法公开、全面真实、注重实效、有利监督的原则，执行农业综合开发政务公开和信息公开制度，逐步将农业综合开发资金和项目管理纳入金财工程一体化建设，提高依法行政、依法理财水平。根据深化政务公开和政府信息公开的要求，将《浙江省2009年农业综合开发土地治理项目申报指南》、《浙江省2009年农业综合开发产业化经营项目申报指南》等规范性文件在浙江省政府网站公开。开展农业综合开发中期检查，二季度开展全省农业综合开发在建项目的综合性检查；6月下旬，国家农业综合开发办公室委托中介机构对全省2007年农业综合开发在建项目进行综合性检查，抽查省本级和衢州市本级、淳安县、安吉县、武义县，对浙江省农业综合开发资金和项目管理、项目建设质量及取得的成效给予肯定。在国家农业综合开发办公室资金和项目管理工作质量考评中，浙江省名列全国第二。

【资金决算与项目统计】布置并组织2007年度全省农业综合开发资金决算和统计报表编报工作。在财政部组织的决算工作评比中获二等奖，受到财政部通报表彰；在国家农业综合开发办公室组织的统计报表工作评比中被评为全国先进单位。

【开展调查研究】全年完成重点课题调研报告3个，其中《关于创新农业综合开发机制有关问题的调研报告》和《关于农业综合开发扶持农民专业合作社产业化经营项目的调研报告》上报国家农业综合开发办公室获好评，《大力推进新时期浙江农业综合开发研究》获浙江省财政系统调研报告三等奖。利用浙江农业综合开发20周年之际，开展农业综合开发宣传，制定《浙江省农业综合开发宣传工作意见》，开展形式多样的宣传活动。办好《浙江省农业综合开发简报》，全年编发《简报》9期。浙江省农业综合开发办公室被评为全国农业综合开发宣传工作先进单位。

（浙江省农业综合开发办公室供稿 赵国瑛执笔）

农村综合改革

【概况】2008年，全省农村综合改革工作按照省委、省政府的工作部署和中央的要求，紧紧抓住转变乡镇职能、理顺体制机制，构建公共服务平台，加大财政支农力度，加快农村基层民主建设，解决事关农民切身利益的突出矛盾和问题，突出重点，扎实工作，五项改革工作取得新成效。

【推进乡镇职能转变】至年底，全省乡镇机构改革工作基本完成。各级改革机构把工作重点放在巩固改革成果、促进乡镇职能转变方面。强化服务型政府建设。各地围绕“促进经济发展，加强社会管理，搞好公共服务，巩固基层政权，维护农村稳定”职能定位，细化乡镇政府具体工作职责。弱化乡镇政府直接管理经济事务职能、强化社会管理和公共服务职能，提高基层政府解决农村公共卫生、义务教育、社会治安、公共安全、社会保障等事关农民切身利益问题的能力。服务型、法治型、效能型政府建设取得成效。完善乡镇组织运行机制。通过对乡镇行政内设机构和事业单位的优化整合，规范机构设置，解决乡镇行政内设机构过多过细，事业单位规模偏小偏多、布局不合理和服务功能弱等突出问题，整合资源，促进乡镇工作协调运转。全省乡镇机构已按改革后的新模式运转。提高基层政府行政效能，降低运行成本。通过改革，全省乡镇机关内设机构和乡镇事业单位分别减少1148个和4836个；乡镇行政编制和事业编制分别减少506名和6230名，共分流人员756人；乡镇领导职数减少1738名，精简幅度为12.2%，实有人员减少1350人。探索理顺县乡权责关系。按照条块结合、权责一致、合法有效原则，探索理顺县乡权责关系，全省50多个县（市、区）开展中心镇行政综合执法试点工作，解决基层组织“看得见管不了、管得了看不见”的问题。深化干部人事制度改革。通过改革，逐步形成乡镇机关中层干部竞争上岗，一般人员双向选择，干部能上能下、竞争择优的用人机制。乡镇事业单位实行公开招聘、全员聘用和人事代理制度，建立起新型人事聘用关系。

【农村义务教育经费保障机制改革】按照“明确各级责任、中央地方共担、加大财政投入、提高保障水平、分步组织实施”的原则，全省城乡统筹，同步推进，将城乡义务教育全面纳入公共财政范围，基本建立各级政府分项目、按比例分担的义务教育经费保障机制，大幅度提高保障水平，促进城乡教育事业均衡发展。省级财政转移支付10亿元，全面落实免除义务教育阶段学生课本费、作业本费和外来民工子女借读费工作。提高农村中小学生均公用经费标准，全面落实困难家庭学生资助工程，启动农村小规模学校布局调整改造，实施中小学“领雁工程”，在全国率先实行农村教师任教津贴制度。全面启动化解义务教育债务工作。全年全省实现化解义务教育债务19亿元，完成债务总额的52.1%，省财政落实化债奖补资金3亿元。

【深化县乡财政管理体制改革】调整完善县乡财政体制，重点增强乡镇政府基层公共服务保障能力，确保乡镇有钱办事，职能运转顺畅。根据中心镇培育工程计划，推进体制机制创新，按照事权与财权对应、权力和责任统一的原则，赋予乡镇相应责权利。金华市全面实行“乡财县管乡用”管理模式，施行“划分收支、确保基数、规范转移、收支挂钩、增收奖励”的管理体制，移用、占用专项资金的情况明显减少。湖州市吴兴区通过“金财工程”系统，按照统一标准编制各乡镇本级及下属事业单位的综合预算，对乡镇预算实行指标控制，实现计算机实时监控，规范乡镇收支行为。据统计，全省196个乡镇实行中心镇管理体制，194个街道实行部门预算管理，512个乡镇实行“乡财乡用县管“，其他管理方式的乡镇571个。

【化解乡村债务】在基本摸清乡村两级债务底子的基础上，省财政下发《关于加强乡镇政府性债务管理的意见》和《关于开展化解乡镇政府性债务工作的通知》，明确加强债务管理、开展化债工作的指导思想和具体工作要求。全省70%以上县（市、区）建立县对乡镇政府性债务的管理制度和化解乡镇政府性债务的办法。经济欠发达的青田县、景宁县、丽水市莲都区实现乡镇零债务；发达的义乌市采取“控制源头、镇财市管、保底补助、消债置换”的办法，成功化解镇（街）债务风险，实现镇（街）财政零银行借款；较发达的诸暨市通过“建机制优体制，努力化解乡镇债务”，在确保乡镇各项社会事业稳定健康发展的基础上，连续8年压缩债务，乡镇政府性债务余额从1999年的8203万元，压缩到目前的972万元。

【建立村级组织运转财政补助制度】各级财政部门对村级组织运转补助做到制度化，补助力度逐年加大。省级财政重点对全省7000余个经济薄弱村进行专项补助，补助额从上年的8000万元增加到1亿元。杭州市出台扶持村级组织正常运转经费管理办法，明确从2008年至2011年，由市、区（县、市）、乡镇（街道）三级安排资金，对集体可分配收入5万元以下的村予以补足5万元。据统计，当年全省各级财政对村级组织运行补助6.65亿元。坚持“输血”和“造血”措施并举，各地采取多种方式加大对村级组织扶持力度，增强村集体经济活力。

（厅农税局供稿 许建全执笔）

契税耕地占用税征管

【概况】2008年，浙江省契、耕两税征管工作贯彻厅党组“实、稳、优”三字诀精神，做好耕地占用税新条例的实施工作，加强契税征管措施，推进房地产税收一体化征管，应对市场变化的不利因素，完成年度征收任务。全年征收契、耕两税137.67亿元，为全国第3位(其中契税117.1亿元，耕地占用税20.57亿元)，比上年增长11.6%。

【征管考核】根据上年征收实绩和当年全省财政收入预算，结合耕地占用税征收标准提高等税源变化因素，及时调整当年耕占税、契税征收计划。同时对各市县上年度耕地占用税、契税征管工作进行考核和通报表彰。

【贯彻新条例】按照国务院《耕地占用税暂行条例》和财政部、国家税务总局《实施细则》要求，采取一系列征管措施。发文要求市县做好预征工作；与省国土资源厅等部门沟通，征求各市政府意见后，拟定我省贯彻实施办法报省政府。省政府于5月30日发布《关于做好耕地占用税征管工作的通知》，对全省贯彻执行新耕地占用税条例工作作出全面部署。召开座谈会，讨论新旧政策的衔接措施，下发《浙江省耕地占用税实施办法》。制作张贴画、环保袋、纸杯，宣传耕地占用税新政策。

【完善制度】针对各地反映的问题，在调查研究基础上，先后制定《关于农村集体土地性质的房地产权属转移征收契税的通知》、《关于廉租住房和经济适用住房有关契税政策的通知》、《关于对按份共有房屋土地权属份额转移征收契税的通知》、《关于进一步做好契税征收管理工作的通知》等征管政策文件。

【一体化征管】根据房地产交易环节税收一体化征管的要求，对房地产交易环节所涉契税、营业税、所得税等税种的具体征管问题，从提高效率和方便纳税人角度出发，征求省地税局有关处室意见，共同商讨解决办法和加强配合的措施。当年全省(不含宁波)房地产交易税收一体化征收42.35亿元。

【开发征管软件】根据契税、耕地占用税及房地产交易税收一体化征管业务需要，开发完成《浙江省契税耕地占用税及一体化征管系统》，在绍兴市财政局农税中心窗口试用，运行情况良好，并于年底通过验收。

【统计分析和减免审批】按月及时做好征收统计分析通报工作。根据耕地占用税、契税减免政策的规定和效能建设的要求，做好减免审批工作，对政策界限不明确的及时请示国家税务总局和财政部。全年省级共办理契税、耕地占用税减免333件，减免税3.49亿元。

【培训工作】举行征管业务座谈会，请省国土厅耕地保护处、土地利用处的专家解读相关土地新政策；举办全省契税、耕地占用税业务培训班，邀请省国土资源厅计财处、地籍处和财政厅预算处的业务专家作专题讲座，增进农税征管干部对相关业务新知识、新政策的了解。 (厅农税局供稿 苗林炯执笔)

企业财政财务管理

【概况】2008年，全省企业财政财务管理工作，按照“创业富民、创新强省”和“标本兼治、保稳促调”的要求，针对企业受国际、国内各种因素叠加影响出现的困难和问题，听取企业及有关方面对现行财政政策措施的意见建议，研究调整完善财政支持企业发展的各项政策措施，做好为企业服务工作，确保全省经济稳定发展，促进经济结构调整优化。

【加大支持企业力度】筹措落实相关财政专项资金，加大对企业的支持力度。全年筹措落实支持企业发展各项专项资金9.37亿元，其中：先进制造业基地建设、节能降耗等财政专项资金4.18亿元，比上年增加4521万元；支持外经贸发展各项财政专项资金3.85亿元，比上年增加2.20亿元；支持服务业发展各项专项资金1.14亿元，扶持中小企业专项资金2000万元，与上年基本持平。

【推进企业节能降耗】在年度增加节能专项资金2500万元的基础上，对节能专项资金管理办法进行修改完善，加大对重点节能项目和重点用能行业节能新技术、新工艺和新产品的研究开发和推广应用支持力度。会同省经贸委研究制定关闭小火电机组容量费有偿使用管理办法、节能目标完成情况考核奖惩办法和对高耗能行业实施差别电价政策的具体办法，推进全省节能降耗工作。

【促进外贸稳定增长】针对国际金融危机和国家宏观调控政策对全省外贸出口的影响，筹措落实省级外贸出口发展基金1.87亿元，并从省级外贸出口发展基金历年结余资金增加安排1.63亿元，合计安排3.50亿元，加大对外贸出口的财政扶持力度。参与研究制定省政府关于确保外贸稳定健康发展的政策意见，会同省外经贸厅研究制定外经贸促进政策，加大对外贸出口、服务贸易、进口资源性商品、外经贸服务平台和加快实施“走出去”战略等的财政支持力度，确保外贸出口持续稳定增长和出口商品结构调整优化，促进进出口贸易、货物贸易与服务贸易平衡发展。筹措落实开发区建设专项资金3500万元，并会同省外经贸厅研究修订开发区建设专项资金管理办法，改善开发区投资环境。

【支持服务产业发展】参与省委、省政府支持服务业发展有关政策的研究制定，会同省经贸委推进万家企业电子商务工程建设。筹措财政资金1000万元建立农村商贸服务体系建设专项资金，推进农村商贸服务体系建设，并会同有关部门研究制定相关管理办法。同时筹措落实1276万元专项资金，支持村级连锁便利店和放心店配送中心建设，巩固“千镇连锁超市”和“万村放心店”工程建设成果。

【建设粮食安全体系】完善农资综合直补工作机制，拨付中央下达的农资综合直补资金8.64亿元，在全省基本建立一卡一网、种粮补贴情况5日报和农补网分户数据月报制度。筹措落实各项粮食补贴资金4.19亿元，加强储备粮食和补贴资金的管理，会同省粮食主管部门研究落实分解全省新增10亿斤储备粮规模，参与研究制定《浙江省人民政府关于进一步抓好粮食安全保障工作的通知》、《浙江省地方储备粮管理办法》、《浙江省实施粮食流通管理条例办法》以及实行粮食安全行政首长考核问责制等规章制度和政策措施。补充完善省级粮库更新改造项目资金使用办法，支持市县储备粮中心库和区域性粮食批发市场建设。筹措落实专项资金4501万元，用于粮棉仓库维修改造与中心库建设。做好采购东北大米运费补贴的审核、申报工作，拨付补贴款3599万元。

【支持供销合作社改革】做好全省供销社政策性财务挂账消化处理工作，审核各地上报的消化挂账方案，做好消化挂账省补助资金的组织申报、审核、分配与资金拨付工作，至年底全省消化供销社地方政策性挂账1.72亿元，审核拨付消化挂账省补助资金4057万元。筹措相关资金3600万元，支持供销社专业合作社、农副产品批发市场、农资连锁网络体系和再生资源回收利用体系建设，提升供销社为农服务的能力和水平。

【推进国有资本经营预算】根据国务院关于试行国有资本经营预算的意见精神，起草浙江省贯彻实施意见，在征求省级相关部门和企业集团意见的基础上，省政府出台《浙江省人民政府关于试行国有资本经营预算的意见》。会同省国资委研究拟定《浙江省省本级企业国有资本收益收取管理试行办法》，上报省政府审批，为推进全省国有资本经营预算打下基础。

【加强省属企业监管】了解掌握省属国有授权经营集团整体改制的有关情况，推进省协作办下属企业二次改制工作，并做好国有股权转让收益收缴工作，年内已收缴省协作办国有股权转让收益3704万元，省轻纺集团国有股权转让资产收益7045万元，并清收省轻纺集团历史陈欠财政周转金2171万元。针对省属烟草商业企业上划中央管理后的新情况，经与省烟草公司研究协商，组建浙江省香溢控股有限公司，对未上划的烟草商业辅业资产集中到省进行统一管理，并研究出台相关资产财务管理办法，加强资产转让的监督管理，确保国有资产的安全和保值增值。筹措落实财政补贴资金6255万元，用于支持长广集团安全隐患整改、节能减排、职工安置、医院迁建和技术改造等工作。

【加强省级储备商品管理】筹措副食品风险基金2635万元，并研究制定相关管理办法，重点支持全省菜篮子工程和生猪定点屠宰场建设，促进屠宰环节生猪无害化处理。筹措落实各项储备商品补贴资金5100万元，加强猪肉、农药、化肥、棉花、医药和食糖等省级储备商品管理，会同有关部门修改完善省级棉花储备管理办法。

【推动高职学生实践创新】调整和优化存量资金使用结构，在归口管理的高职院校设立创新创业教育资金，培养高职院校师生创新创业意识和精神，支持创新创业实践。筹措落实专项资金3800万元，支持归口职业院校实训基地建设，提升一类实训基地建设水平，扶持二类实训基地拓展能力水平。至年底，归口管理的7所高职学院教学质量均名列全省同类学院前茅，其中：1所列入全国示范高职建设计划，5所列入省级示范高职建设计划，1所列入省级重点高职建设计划。

【加快创新型人才培养】实施全省职业经理人素质提升工程，全年筹措省企业经营管理人员素质提升专项资金920万元，用于职业经营管理人才拓展国际视野、增强现代管理理念、提升领导企业创新发展的能力，全省有企业经营管理人员18万人次接受各类培训。同时完善省企业经营管理人员培训基地信息库和培训网建设。

【解决省级集团公司离退休人员福利】为缩小部分省级集团公司享受行政待遇的离退休人员工资福利与机关的差距，通过对7个集团公司离退休人员工资福利发放情况的调查，根据实际情况提出建议，并按省级机关相应离退休人员标准给予发放，解决了7个集团公司享受行政待遇离退休人员福利差距过大的问题。

【做好企业财政财务基础工作】配合财政部相关司完成服务业、中小企业发展政策和高新技术产业化等中央财政资金使用情况的调研工作。完成2007年度企业财务会计决算报表、全省国有企业、集体企业及境外企业和外商投资企业年报、企业财务快报工作，受到财政部通报表扬。整理2000年以来的全省国有企业财务会计决算报表，完成《2000～2007年度浙江省国有企业财务信息摘编》。

（厅企业处供稿 沈燕萍执笔）

外债金融资产财务管理

【概况】2008年，全省外债金融工作围绕“标本兼治、保稳促调”的要求，建立健全政府外债风险防范机制，加强地方金融资产财务监管，推进制度创新，加强地方产业政策、财政政策和金融政策的协调配合，确保经济结构优化调整和稳定增长。

【合理有效利用政府外债】应对全球金融危机，加大利用政府外债的工作力度，全年向财政部申报7个政府外债项目，贷款规模2亿美元，其中世行贷款项目2个，贷款额1.2亿美元；外国政府贷款项目5个，贷款额8000万美元。钱塘江流域小城镇环境综合治理项目、嘉兴污水处理二期项目、林业综合发展项目得到财政部和国家发改委批准，其他项目正在做前期准备工作。

【优化政府外债投向结构】政府外债利用在支持经济平稳较快发展的同时，更加关注社会事业薄弱环节的发展，贷款投向逐步向基础设施、社会事业、节能减排、环境保护、医疗卫生、新农村建设等公共财政支持的领域转移，投向结构趋向合理。

【防范和化解政府外债风险】做好主权外债统计分析工作，掌握外债财力增长比、负债率、偿债率、债务率、还贷准备金率和拖欠变动率等各项债务指标，监控项目进展情况和债务风险状况。加强新上项目的财务可行性评审，防止不具备贷款条件的项目上马。对新上的外国政府贷款项目进行财务可行性评审，对债务指标超过警戒线的个别市县停止申报新的政府外债项目。抓好日常还款工作，至12月底共还本付息9888.84万美元。做好历史拖欠债务的清欠工作，化解债务风险。当年收回省发改委、航天通讯集团、金华市、云和县、天台县、江山市、海宁市4023万元贷款本金，妥善解决早期外国政府贷款的历史拖欠问题，为市县减轻债务负担9600万元。

【加强政府外债项目管理】以"资金、财务、债务"为中心，抓好政府外债"借用还"全过程管理。在项目前期准备阶段和实施阶段，加强对项目单位的培训和指导，帮助项目单位提高项目实施能力、管理能力。加强项目的监督检查和绩效评价。委托中介机构对3个政府外债项目10个项目点进行财政检查，并对1个世界银行贷款项目和12个外国政府贷款项目进行绩效评价。

【减轻项目债务负担】针对农林、教育、卫生等项目遭受利率风险、汇率风险、生态公益林政策调整及自然灾害风险等情况，向财政部申请农林等项目债务减免政策。6个世界银行贷款项目获财政部债务减免1.22亿元，其中利率汇率补贴、生态公益林挂账9129万元，特大雨雪冰冻灾害债务减免3047万元。

【理顺地方金融资产财务监管体制】根据财政部、国家税务总局关于城市商业银行和农村合作金融机构财务管理工作规定，理顺城市商业银行和农村合作金融机构财务管理体制。加强对全省地方金融企业资产财务管理，规范金融企业资产财务行为，防范金融企业资产财务风险，维护经济社会和金融秩序。

【加强地方金融企业资产财务基础管理】做好上年度地方金融企业国有资产产权登记，共11家地方金融企业纳入登记范围。做好上年度地方金融企业国有资产保值增值考核工作，有48家国有及国有控股地方金融企业纳入保值增值确认，经考核达到全国优秀水平的有5家，良好水平的4家，平均水平的9家，平均水平以下的30家。完成上年度地方金融企业财务决算以及当年度金融企业财务快报工作，受到财政部通报表扬。

【加强中央专项借款管理】积极筹措资金，按时归还中央专项借款。对不能及时归还借款的市县，继续提请预算扣款。当年通过预算扣回市县中央专项借款本息计3817万元。

【加大"三农"融资支持力度】在全省农村合作金融机构开展农业贷款风险补偿试点，对其涉农贷款比上年度净增额按照0.5%的比例进行补偿，发挥财政资金的导向作用，鼓励金融机构加大支农信贷力度，缓解"三农"融资困难。全省安排农业贷款风险补偿资金3089万元，其中省级财政安排2396万元。

【加大中小企业融资支持力度】推进小企业贷款风险补偿以及信用担保机构风险补偿工作，鼓励金融机构加大对小企业的融资支持力度。全省核拨2007年度小企业贷款风险补偿资金6432万元，其中省级财政安排3661万元。核拨全省2006年度、2007年度中小信用担保机构风险补偿资金共计1379万元。省财政预算安排小企业贷款风险补偿资金增加到6500万元。

【政策性农村住房保险工作】加强政策性农村住房保险财政保费补助监督检查，委托保险经纪公司对各地农户参保情况进行审核。当年省级安排3723万元保费补助资金，全省农村住房参保率98%以上。

【严控非贸易非经营性外汇支出】贯彻落实国务院、财政部有关控制机关公用经费支出的文件精神，严格控制党政干部因公临时出国用汇。当年度比上年度减少支出846万元，同比下降12.4%。

【做好外事接待工作】协助财政部完成财经外交的接待工作。当年度接待世界银行中国局100多名官员以及中非共享发展经验高级研讨班12位非洲高级官员的来访。

（厅外金处供稿 赵 虹执笔）

财政社会保障

【概况】2008年，财政社会保障工作按照省委、省政府"一个率先，两个加快"的工作目标，以促进全面改善民生为重点，巩固和完善社会保障体系，推进社会保障投入机制建设，支持实施统筹城乡、积极的就业政策，推动建立健全基本医疗卫生制度，不断强化社会保障资金监督管理。

【健全社会保障资金投入机制】加大财政社会保障投入，全省用于社会保障体系建设的财政资金为366.67亿元，占全省地方财政支出的16.7%，比上年增长22%。重点做好省政府十件实事的资金安排落实工作，及时核拨省财政补助资金8.6亿元。做好支援四川地震灾区、手足口病防控和婴幼儿奶粉事件免费医疗救治突发公共卫生事件应急处置资金的安排落实和使用监管工作。加强对市县社会保障资金多渠道筹措机制建设的政策指导和督查，建立健全社会保障投入机制。配合有关部门进一步贯彻《社会保险费征缴条例》，全面推进"五费合征"，提高社会保险征缴率，提高全省养老保险基金支付能力。

【支持积极的就业政策】加大对就业和再就业工作的扶持力度，省财政安排促进就业和再就业补助资金1.50亿元。支持建立统筹城乡的就业机制，下达外省来浙农村劳动力就业补助资金4620万元。落实《就业促进法》要求，配合有关部门确保各项就业再就业优惠扶持政策落实到位。发挥失业保险促进就业、稳定就业功能。配合有关部门建立失业预测和预警机制，加快制定失业调控方案，修改完善《浙江省失业保险条例》及其配套政策，加大失业保险扩面力度。

【推进多层次养老保险制度建设】会同有关部门研究制定《浙江省征地补偿和被征地农民基本生活保障办法（草案）》提交省人大审议。配合做好养老保险金标准调整工作。做好有关人员生活待遇调整工作，会同有关部门分别制定出台《关于调整机关事业单位工作人员死亡后遗属生活困难补助费标准的通知》、《关于调整企业职工死亡后遗属生活困难补助费标准的通知》、《关于调整机关事业单位计划外长期临时工晚年生活补助费标准的通知》、《关于调整企业计划外长期临时工晚年生活补助费标准的通知》、《关于调整精减退职人员生活困难补助费标准的通知》及《关于调整企业退休军转干部生活补贴标准的通知》。参与研究制订《浙江省养老保险条例（草案）》、《关于建立健全覆盖城乡居民的养老保障制度的意见》。会同有关部门研究讨论全省养老保险费率调整工作，配合做好《浙江省做实个人账户试点方案》的上报工作。会同有关部门对新一轮养老保险调剂金地区进行核查。参与事业单位基本养老保险制度的改革工作。

【健全社会救助体系】巩固和完善社会救助体系。指导各地落实医疗救助资金筹资标准从人均不低于3元提高到不低于6元的要求，确保财政资金安排到位，省财政安排城乡医疗救助专项补助资金7400万元。健全最低生活保障自然增长机制，提高最低生活保障补助标准，省财政安排城乡低保专项补助资金1.65亿元，安排低保困难群众春节慰问经费2500万元。保障农村“三老”人员医疗需要，会同省民政厅制定下发《关于省政府对农村“三老”人员给予每人每年500元医疗费补助的实施意见》，安排专项补助资金757万元。支持实施“残疾人共享小康工程”，配合有关部门制定出台《关于印发〈浙江省残疾人康复工程实施办法(试行)〉的通知》和《浙江省残疾人共享小康工程省级补助资金管理办法》等系列政策文件，安排专项补助资金6798万元。加强灾害救助工作，支持省“避灾工程”试点建设工作，安排专项资金1000万元。做好冬春低温冰冻灾害灾后救助工作，全省投入专项资金1.36亿元，救助33.4万人次。

【加强医疗卫生服务体系建设】参与医药卫生体制改革，研究并提出意见和建议。完善基本医疗保障制度建设。推进农民健康工程。落实“所有市县新型农村合作医疗人均筹资达到100元以上，省财政补助标准提高一倍”工作要求，安排补助资金6.70亿元，根据新农合筹资标准调整情况，会同有关部门研究下发《关于进一步做好新型农村合作医疗工作的意见》，加强对市县的政策指导。结合浙江实际，转发《新型农村合作医疗基金财务制度》和《新型农村合作医疗基金会计制度》，规范基金财务管理和会计核算工作。落实“农民健康体检标准提高到每人次30元，省财政补助标准提高50%”工作要求，会同有关部门分别下发《关于做好第二轮参合农民健康体检工作的通知》和《关于做好第二轮参合农民健康体检工作的补充意见》，对省第二轮农民健康体检工作有关政策作了修订调整，安排补助资金4193万元。完善省财政公共卫生服务专项补助办法，将外来流动人口纳入省财政公共卫生服务专项补助安排范围。推进城镇居民基本医疗保险制度建设，省财政补助标准提高一倍，安排补助资金6605万元。推进基层卫生服务体系建设。组织实施“城乡社区卫生服务机构建设工程”，2008～2012年，省财政每年安排专项资金重点支持欠发达地区城乡社区卫生服务中心业务用房建设。

(厅社保处供稿 陈志远执笔)

经济建设财政财务管理

【概况】2008年，浙江省经济建设财政财务管理工作按照公共财政的要求，遵循“依法治税、为民理财、务实创新、廉洁高效”的总体工作思路，念好“实、稳、优”三字诀，完善经建财务管理，促进各项重点工作的“深化、完善、提高”。

【贯彻落实积极的财政政策】贯彻中央扩大内需的积极的财政政策，及时会同省发改委研究项目上报方案，积极争取中央支持。当年共向中央争取扩大内需资金12.46亿元和中央预算内基建补助资金16.51亿元。筹措落实“三个千亿工程”省级财政性资金57.10亿元，确保“重大项目建设行动计划”的贯彻落实。筹措落实33.7亿元，支持铁路“二线一枢纽”、萧山机场二期等重大项目建设。做好基建支出预算和年度投资计划的衔接，下达市县政府投资项目支出预算24.54亿元。配合做好出台《浙江省政府投资预算管理办法》的相关工作，修改完善《浙江省政府投资预算管理办法》。

【推进青川县灾后恢复重建】按照省政府的援建计划，筹措落实相关资金，完成过渡安置房5.459万套和相关配套设施建设，争取中央补助资金3.98亿元，省级财政安排补助资金2676万元。加强省援建资金的规范管理，制订《浙江省对口支援青川县灾后恢复重建资金管理办法》。下达浙江省当年度第一批对口支援青川县灾后恢复重建项目资金计划，拨付省级援建资金4.92亿元，其中省财政资金2.1亿元，省民政厅捐赠资金0.35亿元，省慈善总会捐赠资金2.47亿元。

【应对燃油税改革】做好费改税的各项基础测算工作，及时与财政部进行沟通衔接，争取中央对省转移支付的基数。做好弱势群体的油价补贴工作，中央财政下达油价补贴资金43.66亿元。配合做好中央石油价格补贴检查工作，会同省有关部门组织各市县开展自查，自查结果总体良好。

【推进生态省建设】筹措安排资金，确保“两个率先”建设。安排1980万元资金，用于全省环境自动监测网络项目建设和环境自动监控系统运行维护补助；安排镇级污水处理设施建设“以奖代补”资金1.2亿元，用于支持省级中心镇、钱塘江流域建制镇和欠发达地区的污水集中处理设施建设；安排县以上城市污水配套管网建设“以奖代补”资金1亿元，用于支持县以上城市污水配套管网建设。调整和优化财政支出结构，推进全省生态环境保护和污染治理。安排“811”环境保护新三年行动专项资金5000万元、生态环保专项资金3000万元、自然保护区专项资金2000万元、环境保护专项资金2.50亿元等，支持省级督办重点环境问题整治、重点流域和区域环境整治、重点工业污染源治理、饮用水源地污染防治、电厂脱硫、环境监测能力建设、自然资源保护和生态示范区建设等项目建设；安排循环经济专项资金1300万元、建筑节能专项资金1500万元，支持循环经济发展，推进建筑节能工作，促进产业结构调整和经济发展方式转变；安排全省第一次污染源普查经费2255万元，确保全省第一次污染源普查工作的顺利开展。安排2.28亿元太湖流域污水处理设施建设和改造专项补助资金。探索实践排污权交易试点工作，争取中央财政太湖流域排污权交易试点补助经费900万元。建立健全财政生态补偿机制，根据《浙江省生态环保财力转移支付试行办法》，做好对八大水系地区45个源头市县生态转移支付的具体落实工作，安排生态环保转移支付资金8亿元。

【保障民生投入】安排农村困难群众住房救助专项资金8000万元，支持全省1.6万户农村困难群众的危旧房改造工程建设，解决农村困难群众住房问题；设立“浙江省廉租住房保障专项资金”，当年下达2823万元对32个经济欠发达地区的廉租住房保障给予补助；安排城乡供水一体化专项资金6000万元，支持全省城镇集中供水向农村延伸工程建设。

【加强专项资金管理】落实“一项资金、一个办法”要求，制定出台安全生产应急救援体系建设专项资金、矿山自然生态环境保护与治理项目资金、“811”新三年环境保护行动专项资金、自然保护区专项资金、省级廉租住房保障专项资金、县以上城市污水配套管网建设省级"以奖代补"专项资金和中央分成新增建设用地土地有偿使用费项目暨资金管理等7个专项资金管理办法;组织开展对中央财政2007年太湖流域水污染治理专项资金使用情况、对北仑发电有限公司二期烟气脱硫工程项目和浙江省水上船舶安全动态监管系统(一期)的绩效评价工作,指导和推动省级主管部门和项目单位开展自评工作。

(厅经建处供稿 杨 博执笔)

财政监督

【会计监督】对397户行政企事业单位的会计信息质量以及65家会计师事务所的执业质量情况进行检查，查出违纪违法金额12.91亿元；资产不实金额1.8亿元；所有者权益不实金额0.8亿元；利润总额不实金额0.5亿元；查补各项税款1745万元。把检查与财政中心工作、财政改革的热点相结合,对6个省级大型集团的会计信息质量进行检查，并收集国有资本金收益及收缴情况,为国有资本金收益收缴改革提供第一手素材。把检查新会计准则的实施和所得税法改革相结合，对一些上市公司新会计准则和新企业所得税法的执行情况进行检查，确保财税会计政策的有效落实。把检查与财政管理相结合,会同会计处、注册会计师协会对全省60多家会计师事务所进行联合检查。

【彩票发行销售和专项检查】组织各市财政局对本地区2005～2007年福利彩票和体育彩票发行销售和财务管理情况进行全面自查,做到边自查、边自纠、边整改。根据各地区自查自纠情况,选择杭州和宁波两个彩票销售大市进行重点抽查。检查发现,一些地区存在未按规定编制收支计划、财务管理不够规范、对外投资不符合规定、"中福在线"管理较混乱等问题。对检查发现的问题,及时与被查单位沟通,在督促整改的同时,探究问题存在的原因,提出机制有待理顺、制度急需完善等多条管理建议。

【专项审计问题整改情况核查】2007年,审计署对省本级及海宁市、淳安县、长兴县农村义务教育经费保障及使用管理情况进行专项审计调查,并列出农村义务教育经费资金使用管理中存在的问题。省财政厅在相关县(市)自查的基础上,对审计调查反映的问题整改情况进行逐一核查,并提出管理建议。核查结果显示,审计发现的问题已得到纠正和落实,各地已制定相应制度,并对相关人员进行财务培训。

【质监系统专项检查】本着查深查透的原则,继续对全省质量技术监督系统的部分单位开展财政财务执行情况进行专项检查。经过2006年和2007年的检查整改,质量技术监督系统财政财务管理水平有了提高,当年,继续开展检查,寓监督于服务,巩固前两年的检查成效,达到"检查一户,规范一片"的目的。

【农业土地开发资金应缴省级情况核查】贯彻执行国家和省有关加强用于农业土地开发的土地出让金收入征收管理的文件精神,摸清用于农业土地开发的土地出让金上缴省级财政情况,确保农业土地出让金应收尽收,抽查12个市、县(市、区),对2004～2007年该地区农业土地开发资金应缴省级情况进行清查核对。核查发现,各地存在少缴省级土地综合开发资金情况,有的地区报表反映情况不实,存在以少充多、少缴漏缴情况。在此基础上要求全省各市、县(市、区)进行全面自查,欠缴的土地出让金1.21亿元已悉数补缴,多缴的已退库。

【电子监察】按规定成立电子监察系统建设领导小组,上报纪检部门领导、审改部门负责人和技术部门负责人的基本联系信息,公布行政审批项目办理的咨询电话和投诉电话。通过网上行政审批系统审批的行政许可项目9类,包括会计从业资格证审批、注册会计师执业注册审批、政府采购代理机构资格认定等,达到所有行政审批事项的80%,受理各类行政审批事项1050件,办结1058件,均在规定时限内完成。在数据报数方式上,全部采用数据接口方式实现全数据自动上报。在行政审批项目核定后,均在厅网站上发布公告公示、征求社会意见。在行政审批过程中,未出现过投诉和举报事项。

【审计联络保障】完成省审计厅对省财政厅各项审计的联络保障工作,包括2007年度省本级预算执行情况审计,黄旭明同志任职经济责任审计,财政专项资金(基金)存量和全部政府性资金专项审计调查,抗震救灾资金和物资专项审计调查,职业教育"六项行动计划"经费专项审计调查,社保资金专项审计。完成审计署上海特派办对2007年度浙江省财政收支情况以及对省长吕祖善经济责任审计的联络保障工作。

(厅监督局供稿 王翔锋执笔)

财政绩效评价

【完善工作制度】为加强评价结果应用,制定下发《关于加强财政支出绩效评价结果应用的意见》,建立与部门预算相结合的评价结果应用机制,建立评价结果反馈与整改机制及评价信息报告制度。为规范中介机构参与绩效评价相关工作,制定出台《浙江省中介机构参与绩效评价工作规程(试行)》,对中介机构参与绩效评价工作的底稿格式和操作流程等作出明确规定。各市、县财政部门也围绕评价实施和结果应用等方面,不断完善绩效评价相关制度。

【开展省级专项资金调查】为掌握省级部门财政专项资金运行情况,2月印发《关于开展省级财政专项资金执行情况调查的通知》,对2007年度省级部门预算安排在300万元以上的专项资金运行情况进行了调查摸底,为省级部门绩效自评工作打下基础。

【组织实施项目绩效评价】全省共对2315个项目实施评价,其中:项目单位绩效自评1505个,主管部门组织评价315个,财政部门组织评价495个,共涉及评价资金389.78亿元。组织开展项目单位绩效自评工作。4月省财政厅印发《关于开展2008年省级部门项目支出绩效自评工作的通知》,明确省级部门项目支出绩效自评范围、组织实施及有关要求，并选择44个省级部门的138个项目实施绩效自评，共涉及预算资金12.2亿元。9月印发《关于开展2008年省级部门项目支出绩效自评抽查工作的通知》，委托10家中介机构对19个部门的20个项目自评情况进行抽查和核实。在自评和抽查的基础上，对省级部门项目支出绩效自评工作进行总结与分析，形成《关于2008年省级部门项目支出绩效自评情况的通报》印发省级各部门。全省大部分市县均已组织实施项目支出绩效自评工作，指导主管部门开展绩效评价工作。各地主管部门根据当地实际情况，选择315个项目实施评价，涉及资金39.95亿元。实施重点项目评价，各级财政部门拓宽评价广度与深度，选取一些具有代表性、社会影响力和关注度高的支出项目开展绩效评价。省财政厅共选取16个项目实施评价，涉及农业、卫生、教育、社保、环保等部门，评价资金总额47.65亿元，其中：省财政厅对全省农村公共卫生服务项目和千万农村劳动力素质培训工程项目，采取“统一指标、统一标准、分级评价、上下联动”的方式，委托中介机构实施综合评价，涉及资金21.04亿元。中介机构在审查各地自评的基础上，组织专家小组分赴各市及部分县进行实地抽查与核实，并结合各地自评情况进行评价，形成综合评价报告。省财政厅对两个项目有关情况进行总结并上报省政府，省长吕祖善和副省长陈加元分别在农村公共卫生服务项目和千万农村劳动力素质培训工程项目报告上作了批示。

【创新工作机制】绍兴市财政局专门建立绩效评价中心，负责具体评价实施工作；湖州市政府成立绩效评价工作领导小组并下设办公室，由市政府秘书长任组长，年终对各主管部门的绩效评价工作开展情况进行考核；天台县成立绩效评价委员会，由财政局长任主任，并将财政支出绩效评价工作纳入县政府对各部门年度工作目标量化考核内容。

【召开各类工作座谈会】召开中介机构参与绩效评价工作座谈会，36家中介机构的主要负责人参加会议，对近年来中介机构参与绩效评价工作进行总结与交流，为制定出台中介机构参与绩效评价工作规程提供借鉴。召开省级绩效评价工作专家座谈会，听取部分专家对绩效评价工作的体会与建议，研究专家参与绩效评价工作的程序和方法。召开全省绩效评价工作座谈会，表彰绩效评价工作先进单位和个人，落实绩效评价工作任务。召开各市绩效评价处(科)长会议，总结回顾全省绩效评价工作开展情况，研究与部署2009年绩效评价工作思路。

【充实更新信息库】更新省财政厅网站“绩效评价”专题栏目，将绩效评价有关政策、中介机构库、各地评价工作情况等信息予以公告。充实全省参与绩效评价中介机构库，将第三批符合条件的12家中介机构纳入中介机构库。对新出台的有关绩效评价工作制度、各地评价报告及调研课题进行梳理与汇集，编印《浙江省财政支出绩效评价实践与探索》一书。

【开展宣传活动】组织开展“新中天”杯绩效评价宣传活动。设计绩效评价知识竞赛问答题，采取网上竞答方式，开展绩效评价知识竞赛，共有5万多人次参与网上竞答。开展绩效评价有奖征文活动，鼓励社会公众为做好绩效评价工作献计献策。构思与印制绩效评价宣传展画进行宣传展览，把领导有关绩效评价工作的讲话、基本知识、工作理念和评价实践等内容制作成宣传展画，印发给全省各市县(市、区)，并确定8月份为全省绩效评价工作宣传月。同时，开展调查研究，完成《浙江省农村公共卫生服务项目绩效评价思路探讨》课题的调研和撰写工作，课题获全省财政系统调研课题三等奖。

(厅绩效评价处供稿 傅小普执笔)

政府采购(控购)监督管理

【概况】2008年，浙江省政府采购管理工作树立“依法采购、廉政采购、科学采购、和谐采购”四大理念，加快推进政府采购制度改革，全面提升政府采购监督管理水平，注重发挥政府采购的政策功能。全年政府采购预算504.12亿元，实际采购金额437.97亿元，资金节约率13.12%。

【扩大采购规模和范围】以“扩面增量”为目标，加强政府采购预算和资金管理，强化预算执行监督，扩大分散采购目录，加强分散采购管理，扩大协议定点采购范围，将财政投资建设工程纳入政府采购监管，多措并举，扩大政府采购的规模和范围。当年政府采购规模比上年增长33%。

【推进信息化建设】“浙江省政府采购信息管理系统”(内网)覆盖到所有省级单位，在政府采购预算调整、预算执行确认、资金用款申请、合同备案登记等方面发挥积极作用。“外网系统”于年初在省本级正式运行，包括协议定点网上采购、评审专家管理、委托代理采购、自行组织采购等四个子系统和集中采购内部业务管理系统，基本覆盖政府采购全过程。印发《省级政府采购协议定点项目网上采购管理暂行办法》，省本级采购单位通过外网采购协议定点范围内的产品和服务，实现政府采购管理的精细化、科学化。

【开展专项检查】根据全国政府采购执行情况专项检查电视电话会议和有关文件精神，开展全省政府采购执行情况专项检查工作。组织力量开展自查自纠、重点检查、整改提高、验收总结等四个方面的工作，将专项检查与开展商业贿赂专项治理“回头看”工作相结合。共对纳入重点检查范围的59家省本级采购人和采购代理机构进行重点检查。

【开展加入GPA谈判研究】根据财政部的工作部署，作为东部地区的牵头单位，正式启动浙江省和东部地区加入WTO《政府采购协议》(简称GPA)谈判应对工作。成立以常务副省长陈敏尔任组长的省级GPA领导小组。分别于7月和8月召开东部地区GPA谈判工作协调小组成立大会暨协调小组第一次会议，和省级部门加入GPA谈判工作领导小组会议。两次会议分别建立东部地区和省级GPA成员单位工作机制，审议通过东部地区和省级GPA谈判工作规划及2008～2009年度工作任务分工。由此拉开地方加入GPA谈判应对工作的帷幕。

【发挥政府采购政策功能】政府采购制度改革的重点逐步向发挥政府采购政策功能拓展和延伸。省政府办公厅发布《关于建立政府优先强制采购节能环保和自主创新产品制度的通知》。全省各级采购单位和采购代理机构通过多种方式，加大对节能环保和自主创新产品的支持力度。

【开辟救灾绿色通道】对发往灾区的应急物资采购实行特事特办，实现按时、保质采购。对全省教育系统向广元地区捐赠的8.1万套课桌椅、3000块黑板、3000张课桌和"汶川大地震赈灾专项基金"捐赠的2.5万套课桌椅进行部门集中采购和公开招标，实际合同金额1400多万元。

【加强队伍建设】通过召开政府采购专家和资深专家座谈会，以及举办省级采购单位人员、代理机构人员和全省集中采购机构人员培训班等方式，加强对政府采购从业人员和评审专家的专业知识培训和职业道德教育。全年培训人数约1750人次。

【做好公务用车控购管理工作】严格执行中央及省有关公务用车编制、标准及审批管理的政策制度，全年审核办理党政机关、事业单位和团体组织控购小汽车8515辆，采购金额16.38亿元。

（厅采购监管处供稿 冯 华执笔）

财政纪检监察

【概况】2008年，浙江省财政纪检监察工作以落实党风廉政建设责任制为龙头，以持续深化系统惩防体系建设为抓手，规范权力运行，加强资金监管，优化行业作风，促进财政系统创业创新，推动财政事业更好更快发展。

【落实党风廉政建设责任制】省财政厅领导班子及其成员加强党风廉政建设，扎实履行"一岗双责"，探索贯彻落实新举措，形成主要领导亲自抓、分管领导主动抓、其他领导配合抓，一级抓一级，层层抓落实，上下齐抓共管的工作局面。年初，根据省委、省政府反腐倡廉建设责任分工及农村基层党风廉政建设工作组织领导和责任分工的要求，对由财政厅牵头和参与的事项逐项分解落实到各个处室，明确责任主体，细化主要工作任务。年中，分两次对年初分解的牵头和参与事项进行督查，了解工作进展情况。年终，做好各分解事项的考核与责任追究工作，并及时上报责任制完成情况。12月初，省委、省政府检查组对省财政厅两年来的党风廉政建设责任制落实情况进行实地检查，按照考核标准进行首次量化打分。经评定，省财政厅在此次党风廉政建设责任制考核中获省直机关第二名。

【强化廉政学习教育】依托监察、人教、机关党委、法制等部门努力构建廉政"大宣教"格局，重点开展"三看一听"廉政专题教育活动。开展警示教育。原省财政厅干部阮文秦受贿案发生后，省财政厅一方面做好案件的初查和移送工作，另一方面做好案件的"后半篇"文章，及时通报案件，剖析原因，认真审视履行职务过程中的风险，组织有关干部到法院旁听庭审实况，将阮文秦在看守所写给厅领导的《忏悔信》在全省财政系统内进行传阅，通过身边事教育身边人。组织厅机关和厅属各单位的160名处级干部到法院旁听公务人员职务犯罪案的庭审。向机关所有干部职工发放《财苑警示录》、《反腐镜鉴录60个贪官的真实案例》等书籍。进行廉政谈话。12月，省财政厅纪检组与厅人教处、绩效评价处和核算中心等3个单位负责人进行廉政谈话。谈话围绕"一岗两责"、处室职能工作完成情况、廉洁从政等内容开展，采取面对面沟通交谈的方式，坦诚交换意见，共商惩防对策。自2002年实施廉政谈话以来，共开展廉政谈话30场次。开辟宣传阵地。在《浙江财税与会计》杂志上开辟廉政专栏，宣传报道市、县财政部门反腐倡廉工作中长期确保财政资金安全和财税干部安全的成功经验及做法，通过学习交流，扩大反腐倡廉工作的影响面，推动和促进财政"创业创新"工作的开展。做好财政内网廉政教育网页的维护和更新，及时宣传廉洁自律和廉洁从政有关内容，延伸学习的时间和空间。

【深化惩防体系建设】带头学习，开展动员部署。省委发布《关于建立健全预防和惩治腐败体系2008～2012年实施办法》后，省财政厅党组带头学习，厅党组书记、厅长钱巨炎在全省贯彻落实《实施办法》电视电话会议上作表态发言，对全省财政地税系统建立健全2008～2012年惩防体系建设进行动员和布置。深入调研，起草下发《实施细则》。先后深入衢州、金华等地开展专题调研，把握财政地税系统惩防体系发展的重点，在征求各方意见的基础上，以厅党组的名义下发《浙江省财政地税建立健全惩治和预防腐败体系2008～2012年实施细则》。落实责任，汇总出台《工作措施》。根据省委、省政府党风廉政建设和作风建设的分工，将由省财政厅牵头的12项工作、参与的22项工作逐项分解、落实到具体处室和岗位，各处室围绕"反腐倡廉重点部位、2008～2012年反腐倡廉重点工作、反腐倡廉配套制度"等内容，分头制订贯彻落实的具体工作措施。经过汇总、梳理、整合以及意见征求，11月初形成《浙江省财政厅落实浙江省建立健全惩治和预防腐败体系2008～2012年实施办法牵头任务工作措施》。加强督查，及时反馈落实情况。年中和年末，对省委、省政府下达的牵头工作和参与工作的落实情况进行督查。

【案件查办和预防】省财政厅纪检组在有关案件线索中发现，原省财政厅农业处副处长阮文秦存在利用职务之便涉嫌受贿，存在违法违纪行为。经初查，阮文秦违反党纪政纪有关规定，根据《中国共产党纪律处分条例》的有关规定对阮文秦进行立案检查，并移送检察机关处理。案发后，省财政厅积极采取措施，举一反三，加强防范，以预防类似案件再次发生。主动应对。在厅机关层面，先后召开厅党组会议、厅长办公会议和处长例会，通报案情，研究对策。在系统层面，以厅党组的名义召开近年来规模最大、规格最高的全省财政地税系统反腐倡廉建设工作会议，出台《厅党组关于进一步加强党风廉政建设的意见》，对当前和今后一个时期反腐倡廉建设提出明确要求。自查自纠。各个处室从管理制度和制约机制入手，"搜索"各单位的权力事项，理清行政与执法依据，压缩自由裁量空间，完善权力制约机制，从源头上铲除可能滋生腐败的土壤和条件。完善制度。各处室特别是具有资金分配和项目评审、审批、管理等职能的处室，梳理现有规章制度，针对容易出现权钱交易、以权谋私的部位和环节，健全内外部监督制约机制，研究制订对策措施，用制度筑牢反腐败的"安全堤"。

【重视信访举报】认真对待每一件信访，做到件件有登记，事事有回音，善于从举报件中发现内部管理和财政工作中可能出现的问题，将问题和风险化解在萌芽状态。全年收到信访件22件，办结率100%。

（厅监察室供稿 杨一斐执笔）

财政企事业单位工作概况

国库集中支付和会计集中核算

【概况】2008年，省级国库集中支付各项工作在贯彻落实“实、稳、优”三字诀的基础上持续深化，共780家省级预算单位纳入国库集中支付改革。以ISO标准质量体系导入为抓手，加强规范化、制度化建设。以“省示范办事大厅”荣誉的获得为激励，提高服务质量、服务水平。全年审核用款计划11.85万笔，审核支付申请3.13万笔、核算结报申请15.66万笔，资金229.76亿元。

【国库集中支付改革】探求改革突破的切入点，通过详细记录、认真分析，寻找问题，按照国库集中支付年年有进步的要求，9月起对高校预算外资金实行集中支付改革，提高直接支付实质比重。建设动态监控体系，进行关联账户审批、异常支付信息监测分析。动态监控措施在增强预算执行刚性和规范财政支出管理，有效保证财政资金运行的安全和效率，推动廉政建设，降低行政成本等方面起到积极作用。加强网络服务监督管理，制定《集中支付网络服务商服务质量考核办法》，对维护国库支付系统的服务商进行绩效考核。国库集中支付系统所依托的政务外网运行速度、网络稳定性等总体情况有显著提高。

【会计集中核算】以数据统计、分析为手段，严格执行福利发放控制政策和规范津补贴政策，采取事前控制，对集中核算单位的福利来源进行监督。落实上年度“削峰填谷、平衡收入”的福利分配政策，完成发放补助资金1.27亿元。做好集中核算单位工资统发工作，累计统发工资3.50亿元，代缴个人所得税9373万元。

【公务卡改革】编写《浙江省省级公务卡培训手册》，举办公务卡培训班，4月开始在10家预算单位开展公务卡试点，11月启动公务卡改革推广工作。10家试点单位全年公务卡开卡1050张，支出报销1974笔，金额474万元。

【ISO9000标准质量管理体系建设】完成全部体系文件的编写工作，开展内审员培训，直接支付业务试运行。通过ISO标准质量管理体系的建设，将先进的管理理念和质量管理标准同履行集中核算、集中支付职能相结合，建立起一个新的管理平台，提高服务水平，规范审核业务，保障财政资金安全。

【同工种竞赛】根据《浙江省省级会计集中核算单位同工种竞赛评比办法》的要求，按政策法规、内部管理、业务技能、结报质量等评比条件，对121家省级机关集中核算单位进行国库集中支付和会计集中核算工作综合考评，评定省委办公厅等20家为优胜单位，吴爱文等30名同志为优秀会计人员。

【课题研究】结合实际工作开展调查研究，对省级国库集中支付运行与预算执行和政府采购的联动效应进行总结、分析和思考，撰写《我省省级国库集中支付运行与预算执行和政府采购的联动效应研究》，总结完善国库集中支付改革经验。

（省级机关会计核算中心供稿　赵春霞执笔）

财政科学研究

【概况】2008年，浙江财政科学研究工作按照“正确定位、务实有为”的思路，坚持围绕中心、服务大局的原则，完成各项工作任务。

【服务中心实现新突破】围绕财政中心工作，做好科研服务工作。经过前期精心的调研和准备，9月23～24日，“两保两挂”市、县(市)会议在衢州市召开，30个“两保两挂”市县(市)政府主要领导和财政局局长参加。会议围绕“以解决民生问题为着力点，加快推进基本公共服务均等化”和“落实科学发展，保护生态环境”这两个主题，交流经验，研讨对策。省财政厅厅长钱巨炎在会上作题为《有心、有责、有力、有效，加快推进基本公共服务均等化》的主旨发言。通报新一轮省对市县财政体制的拟定方案，并听取与会者意见。根据分组讨论情况梳理各市、县对新体制的意见和建议，上报省主要领导参阅。会后，将会议材料汇编成《解决民生问题的财政政策研究》一书。

【调研工作迈上新台阶】围绕热点、难点问题，开展课题研究。参与高层次课题研究。参与由中央政策研究室组织，财政部科研所、中国社科院财贸所等单位参加的“深化财税体制改革研究”课题，完成“深化省以下财政体制改革研究”的报告。申报社科联规划办课题，被批准立项。深入调查研究，完成“健全财政转移支付制度，促进欠发达地区加快发展”课题报告；完成省社科联立项的“完善‘和谐导向型’公共财政，推进和谐社会建设”的课题研究。会同有关兄弟省市财政部门，完成财政部科研所、中国财政学会协作课题“增强基层政府公共服务能力的财政政策研究”的协作课题研究。科研成果发表层次高。完成的《地方财政公共预算编制的思考》的课题研究，发表在《财政研究》上；完成的《公路常年“高价”谈何姓“公”》发表在专供领导决策参考的中央级内部刊物《改革内参》上。服务业务处室。与厅经建处协作，完成《治理收费公路的财政思考》、《浙江省公路养护资金管理的调查与思考》和《浙江省公路债务管理研究》等子课题和《浙江省公路投资管理研究》的总报告。为地方财政工作服务。受宁波市鄞州区财政局委托，联合完成《鄞州区公共预算编制的思考》、《鄞州区财政改革开放30年的回顾与展望》、《鄞州区镇乡财政管理体制剖析》和《鄞州区财政专项资金绩效评价》等课题，并将鄞州区公共财政建设走在全国前列的做法和经验编著成书，为地方公共财政改革和发展提供理论支撑。

【宣传工作取得新成效】围绕厅中心工作，及时宣传财政工作热点难点问题，充分发挥部门宣传的“喉舌”作用，努力办好财政刊物。坚持《浙江财税与会计》办刊宗旨，在内容和形式上精益求精，提高杂志整体质量。重点宣传厅党组“依法治税、为民理财、务实创新、廉洁高效”、念好“三字诀”和树立“六大意识”的理财思路和工作理念；做好系统各类重大会议的宣传报道；宣传“三个子”的公共财政管理改革；对“树新形象、创新业绩”主题实践活动、学习实践科学发展观活动进行系列跟踪宣传报道；开辟“改革开放30年”专栏，回顾总结浙江省改革开放30年来财政、税收、会计等领域所进行的改革和取得的成绩；关注各项财政改革，与相关业务处室合作，开辟“改革与实践”、“专题讲座”、“政策解读”等栏目，做好政策宣传与业务探讨工作；规范编辑部各项制度，建立完善来稿、分编和稿件三审三校等制度，提高编辑和管理水平。完成130万字《浙江财政年鉴(2008卷)》编撰工作。调整和完善编辑大纲，严把稿件质量关，做好年鉴数字化工作。对“重要财经文献”和“财经统计资料”栏目有关表格作了相应调整。做好《浙江财政研究》的编辑工作。丰富刊物内容，创新形式与内容，宣传全省财政改革，展示全省财政理论研究和实践工作风貌，推进财税文化建设。改进《浙江财税参阅》，拓宽思路，丰富题材内容，强化时效性，发挥其参谋作用。

【学会工作营造学术新氛围】联合浙江财经学院共同举办“浙江公共财政建设30年：回顾和展望”研讨会，省社科联、省委政策研究室等有关领导和全国财政学界知名的20多名专家学者，从多角度、多层次全面演绎浙江省公共财政发展历程，评析公共财政改革的得与失，展望改革的方向和目标。举办“和谐社会构建与财政政策研究”协作课题研讨会，交流研究成果。组织省内协作课题研究。将“收入一个笼子，预算一个盘子，支出一个口子”作为年度的重点课题，采取上下协作攻关的形式，组织部分市县财政学会进行研究，完成15个相关课题研究报告。组织全省财税学会开展课题研究。做好全省财税学会的科研组织管理工作，调动全省财税学会调研积极性，形成良好调研氛围。根据厅领导“课题研究重在质量”的要求，针对财政经济工作的重点，提出21个参考研究命题，布置落实到有关市、县(市、区)财税学会、财经院校进行研究。共收到各有关单位上报的课题成果114个，并对课题进行评审。加强课题成果的转化利用，将2007年获奖的课题成果汇编成《财政改革热点问题探讨——浙江省财政课题研究成果汇编(2007)》一书。向全国财政理论评选、省社科界社科成果评选等活动推介成果，相关成果被全国财政理论第十七次讨论会收录；完成的三个课题在财政部举办的中国财政与改革开放30周年纪念教育征文活动中分别获一、二等奖和优秀奖。通过刊物对课题研究成果及财政系统干部的专业文章进行宣传，并向《财政研究》、《中国财经信息资料》等刊物推介发表，促进科研成果转化。

【内部管理实现新提升】落实事业单位改革要求，完善职称聘任、部门中层聘用等相关制度，规范内部各项管理；落实厅内部管理的规章制度，规范各项工作。同时，通过学习实践科学发展观活动，深入基层调研，召开民主生活会，提高对科学发展观的认识，干部职工素质实现新提升。

(厅科研所供稿 冯 健执笔)

财政信息化建设

【概况】2008年，浙江省财政信息化建设按照金财工程建设三年规划，加快软件开发进度，软件一体化开发工作基本完成，强化财政信息基础设施建设和网络安全管理，推进软件推广应用，财政运行维护平台正常运转。浙江省财政信息化建设实现三个转变，即财政软件开发由应用层向管理层转变，网络、硬件等基础设施由建设阶段转入保障阶段，软件推广由试点阶段转入全面推进阶段。

【金财工程管理】完成金财工程一期项目批复。按照财政部统一部署，浙江省金财工程一期项目可行性研究报告编制完成并通过财政部审查，10月通过浙江省环评审批，12月完成省发改委项目批复。财政主体业务软件一体化开发工作全部结束。在全国率先实现从部门预算项目库、指标管理、国库集中支付、非税收入、政府采购到会计集中核算多要素、全过程协同运行，使预算执行全过程可跟踪回溯。加强制度建设，规范网络运行管理。制订《全省财政核心数据安全备份管理规范》、《浙江省财政纵向备份网络管理规范》、《浙江省财政纵向虚拟专网实施规范》等制度，对全省财政数据安全备份、网络运行和城域网建设提供实施规范和指导意见。做好全省金财工程小型机等设备协议采购和软件维保工作。委托省政府采购中心完成小型机、存储及带库等设备协议采购的招标工作，对湖州市等5个财政局上报的采购相关设备技术方案和合同进行审核；完成备份软件、IBM Domino、IBMWebSphere等系统软件的维保采购工作。召开金财工程座谈会，开展调研活动，围绕提高项目管理、运行维护效率、系统推广、网络安全等主题，交流经验，商讨对策；与浙江工业大学等高校合作，就电子政务模型、数据挖掘、软件规模和开发代价估算等课题进行研究。加强人员培训，举办软件、网络、安全等各种技术培训班合计11期500人次。

【软件开发】全年重点开发完善软件系统六个。包括：报表平台系统，通过抽取财政核心数据并加以整理，按照不同需求生成相应报表，为宏观分析预测提供信息，为领导决策提供依据；预算单位财政应用门户系统，实现预算单位在同一软件系统中完成所有财政核心业务登入，形成预算单位端财政应用平台；契税耕占税征管系统，通过与地税TF2006系统的信息交换，实现营业税、个人所得税、土地增值税、印花税等税种一体化征收，建立房产交易基准价管理体系；国有土地出让金管理系统的调研和招标需求文档编写工作，进入政府采购程序；完善系统管理模块，为一体化软件提供统一安全机制、统一编码标准、统一数据交换接口规范；完善综合办公平台功能，增加网上学习、行政许可审批、系统电子公文远程报送、网上考试中心、资源下载、视频点播等功能。

【网络安全体系和基础设施建设】以支撑全省会计从业资格、专业技术考试网上报名和分数查询为契机，整合政府采购信息公告、非税收入综合查询、绩效评价信息查询等社会公众信息，实施厅门户网站的升级改造，购置服务器等大型网络设备12台套，构建成浙江省财政厅因特网公众服务平台。实施流程管理，提高网络运行质量。及时制定制度，明确网络日常维护岗位职责，规范故障发现和处理流程，加强技术资料和维护档案管理。强化数据安全管理，完成全省财政核心数据集中备份和省本级财政数据的异地备份工作，督促指导全省财政数据本地备份系统的实施，将数据备份系统运行管理列入财政信息化建设考核指标。做好财政网络安全等级报备和评测工作，启动省本级安全防御体系建设、RA 信任平台建设、桌面安全运维体系建设。

【软件运行推广及运维平台建设】当年推广部门预算、国库集中支付和财政综合办公平台软件项目 18 个。在省本级和永康等 18 个市县完成部署新版非税收入征管系统，省本级 12 个主管部门使用新版非税系统进行征收，新增兴业银行、邮储银行等 7 家商业银行为非税业务代理银行。为预算、国库等业务部门完成部门决算、财政供养人员信息采集、津贴补贴清理、扶贫资金监测、国债管理等工作提供相关信息化技术支持。浙江省金财工程运维平台完成知识库、工作台、事件管理、流程库等主体开发，并在湖州、余杭、绍兴、丽水等地试运行，初步建立涵盖全省各级财政部门、预算单位、执收单位的运行维护体系。

（厅信息中心供稿 王洪俊执笔）

省会计人员服务中心

【概述】2008 年，省会计人员服务中心坚持以人为本，以会计服务工作为主线，创新、实践会计从业资格和专业技术资格考试的网上报名，加强会计从业资格证书和一般会计人员继续教育培训的日常管理工作，树立厅属窗口单位的良好形象。

【组织报名考试】按照会计专业技术资格考试文件精神，根据整个会计专业技术考试的工作流程，发放考试用书，按时核发考生准考证，做好监考、巡考等考务工作。5 月初，与下城区教育局协商，召开考务工作会议，与各考点学校签订“考务责任书”。因 5.12 汶川大地震，2008 年度全国会计专业技术资格考试推迟至 9 月 6 日至 7 日举行。在时间紧、任务重、标准高的情况下，按照考试工作流程，克服困难，加班加点地制作、核发考生准考证，完成考试组织工作。考试报名人数为 2484 人(其中：初级报名人数 772 人，中级报名人数 1712 人)，未发生任何考试工作组织差错及违反考风考纪的问题。年底组织省级单位、中央驻杭单位会计人员 2009 年度会计专业技术资格考试的网上报名工作。根据财政厅《关于开展 2008 年度会计从业资格考试工作的通知》要求，组织省级会计从业资格考试报名和考试用书的征订发行工作，实际报考人员 3746 人(单科为 1378 人，双科为 2368 人)。考试期间，考风、考纪良好，顺利完成整个会计从业资格考试的组织工作。12 月 20 至 28 日进行 2009 年度会计从业资格考试的报名工作，报名考试人数为 2275 人。

【组织高级会计师资格考试】组织省级单位高级会计师考试的报名工作以及全省报考人员的报名汇总工作(报考人员中省本级 459 名、全省 2376 名)；协助制订考务工作规则，制发高师考试的考务工作手册，核发全省报考人员的准考证；联系考试场所，组织培训监考人员，安排监考、巡考和相关的具体考务工作；协助做好全省高师的试卷评阅工作以及成绩合格证的公布、发放。9 月 6 日，高级会计师资格考试在浙江大学玉泉、西溪校区举行。

【做好会计从业资格证日常管理】按照《行政许可法》、《会计从业资格证管理办法》具体要求，结合窗口实际工作情况，制订并落实有关规章制度，即岗位责任制、服务承诺制、一次告知制、首问责任制、限时办结制、AB 岗工作制等，承接办理省级及中央驻杭单位有关人员的会计从业资格证的申请、制证、核发、注册登记以及会计人员调动签证等日常性工作，全年累计核发新证 1301 本，打印一般会计人员继续教育培训记录 23295 人次。

【做好继续教育培训工作】按照省财政厅有关要求，分别于 2008 年 3 月 7 日至 10 日和 3 月 28 日至 31 日举办 2007 年度第三、第四期全省高级会计人员继续教育培训班，邀请财政部、中山大学、浙江工商大学等单位专家教授主讲国际财务报告最新动态、内部控制管理、企业信息化实施战略与方法等内容。2008 年度的全省高级会计人员继续教育培训班，于 9 月 27 日至 30 日、10 月 10 日至 13 日、11 月 15 日至 18 日、11 月 29 日至 12 月 2 日共举办四期，聘请财政部、上海财经大学、南京大学、浙江财经学院、浙江天健会计师事务所等单位的领导、专家学者讲授新企业会计准则执行中的若干问题、财务风险控制、金融形势与政策、快乐经济与人生、内部控制规范等内容。来自全省各地的高级会计师、会计管理干部、部分市、县财政局领导共 2710 人参加培训。

【承办领军人才(企业类)培训班】通过全省各地的推荐、笔试、面试和本单位公示，选拔产生 30 名领军班学员，于 12 月 2 日在新昌举行第二期高级会计师领导人才(企业类)培训班。

【组织各类辅导培训】根据《会计人员继续教育暂行规定》的要求和高师考前培训的需要，组织一般会计人员继续教育培训班两期，累计培训 290 人次；8 月初，与浙江财经学院会计学院合作，聘请省内知名会计专家，在省委党校举办全省高级会计师资格考试考前辅导班一期。同时，协助做好有关会计专业技术资格考试用书、会计继续教育培训教材的发行工作；协助做好年度内全省会计考试的评卷以及其他会计服务工作。

（省会计人员服务中心供稿 张光敏执笔）

财政项目预算审核

【概况】2008年，省财政项目预算审核中心完成各类财政支出项目审核458个(不含财政部项目)，审核额44.50亿元，净核减7.95亿元，平均核减率为17.9%，审核量比上年增长1.55倍。其中：省级部门项目支出预算审核额25.11亿元，占56.4%；财政直拨项目审核额4.24亿元，占9.5%；财政基建投资项目竣工决算审核额4.38亿元，占9.9%；政府工程采购项目审核额2824万元，占0.6%；省级财政专项支出项目审核额10.47亿元，占23.6%。审核中心经省人事厅批准为参照公务员管理单位，中心相关人员的身份也过渡为参照公务员管理身份。

【做好项目审核工作】以建设支出标准体系为核心，开展对多方向和用途的财政专项资金项目审核，运用专业化、信息化管理技术，促进项目预算管理的科学化和精细化，提高专项资金的使用效益。围绕预算项目支出标准体系建设，提高预算管理的公平性。牵头组织省级机关物业管理费开支标准制订工作，通过对省级机关实际开支标准进行详细调查分析以及物业管理市场调研测算，初步确定省级机关物业费开支标准，并作为省级部门预算编制的依据。围绕完善以部门预算为龙头的预算编制体系建设，促进项目预算管理科学化、精细化和规范化。按照《浙江省省级部门项目支出预算管理办法》规定，对纳入省级财政项目库的发展建设类项目进行审核，并提出项目支出预算审核意见，为部门预算的编制和下达提供依据。当年完成省级部门项目支出预算项目80个，审核金额25.11亿元，净核减4.58亿元。其中：基本建设类项目审核额9.16亿元，占36.5%；信息网络购建类项目审核额7.19亿元，占28.6%；大型修缮类项目审核额1.15亿元，占4.6%；设备购置类项目审核额6409万元，占比重2.6%；其他发展建设类项目审核额6.97亿元，占比重27.8%。围绕以国库集中收付为龙头的预算执行体系建设，强化基建项目全过程审核，提高预算执行的有效性。全年对9个项目361笔预付款及进度款进行审核，审核总金额4.24亿元，净核减6584万元。加强对省消防训练基地、省质量技术监督局实验室等财政直拨项目工程财务管理和费用列支情况审核，规范项目财务管理和会计核算办法，及时纠正工程费用支出中存在的问题。围绕以加强专项资金管理为重点，提高财政资金使用的安全性、有效性和规范性。对省属高校实验室和高职院校实训基地共计312个项目进行立项评审及预算审核，两项目申报预算3.52亿元，审定2.01亿元，审减1.50亿元，审减率42.8%。完成海洋二所求智弄专用房项目、华东勘测设计院专用房项目、农科院专用房项目工程结算审核和建设成本、销售收入审核工作，并对省教育发展中心、机关事务管理局弥陀寺路及流水桥拆迁安置等项目进行业务指导，协助制定专用房项目经营性用房收益处置办法等。继续做好困难群众异地脱贫项目和渔港建设项目的预算审核工作。

【加强信息化建设】根据财政项目审核管理运行模式和特点，就审核软件流程及功能提出意见和建议，推进省财政项目审核业务管理信息化建设。年内系统已进入实质性启动阶段。

【推进制度建设】制定《浙江省财政性资金项目委托评审业务管理暂行办法》，规范全省财政系统审核机构从事财政项目评审业务委托的管理工作。为增进项目审核工作的计划性，解决项目审核过程用时、用人的计划控制问题，配套制定《浙江省财政项目预算审核中心评审专家聘用管理暂行办法》和《浙江省财政项目预算审核中心中介机构聘用管理暂行办法》等审核业务制度，强化审核业务管理。配合做好2009年度政府投资(工程)试点项目纳入政府采购管理的工作，参与起草《省级政府投资工程项目实施政府采购管理暂行办法》。组织制定《省级基本建设资金财政直接拨付项目资金审核操作细则》和《省直经济专用房项目审核流程及操作细则》，强化省级财政项目资金的监督和管理，规范财政资金项目审核业务。

【指导市县财政审核机构业务】组织开展全省财政审核系统先进单位评选活动，推进财政审核系统工作，提高财政项目审核工作质量和效率。组织召开全省财政项目预算审核中心主任座谈会和全省财政项目审核系统业务培训会，表彰先进，交流经验，明确财政项目审核工作思路、工作重点及工作目标，带动和促进全省财政项目审核工作。至年底，全省成立财政项目预算审核机构53个，比年初增加9个。(厅审核中心供稿　郭红法执笔)

省农业综合开发服务中心

【专项资金项目评审】组织专家对全省各市县及有关省级部门上报的农业科技推广示范、农业产业化、农民专业合作组织、小型农田水利工程、农村小型公益设施和应急度汛等六类共568个项目进行评审，最终确定415个项目，争取中央财政补助资金1.04亿元，省财政安排补助资金1.09亿元。农业科技推广示范项目。汇总和审查全省农业科技示范项目申报情况，组织种植业、养殖业等方面的专家对其中符合参评条件的78个进行评审。评定其中12个项目上报财政部备案，争取中央财政补助资金1100万元，省财政安排600万元；省立项项目65个，省财政安排补助资金1875万元。农业产业化项目。组织农业、林业、畜牧业、渔业等行业专家对全省95个农业产业化项目进行评审，着重评价项目单位的规模、运营能力及项目本身在调整农业农村经济结构、促进农业增效、农民增收方面的带动作用。经专家评议，省财政对其中81个项目进行补助，补助资金总额2000万元。农民专业合作组织项目。组织专家对全省73个农民专业合作组织项目进行评审，经专家讨论，对项目进行排名汇总上报，争取中央财政补助资金700万元，另财政对其中30个农民专业合作组织补助300万元。小型农田水利工程项目。会同省水利厅组织农水方面专家对10个高效节水项目,6个灌区末级渠系改造项目,60个小型农田水利建设项目进行评审。最终评定68个项目上报财政部、水利部,全部得到批复,争取中央财政补助资金7000万元,同时省财政补助资金2200万元。农村小型公益设施项目。组织村镇规划、农田水利、农村能源、工程造价等方面的专家,对178个项目进行评审,省财政确定对175个项目拨付财政补助资金3930万元。应急度汛项目。组织专家对省防汛抗旱指挥部提交的68个应急度汛项目进行会审,选定56个项目(其中42个重点河道、堤防应急除险加固项目,7个重点水库应急除险加固项目,2个重点涵闸应急除险项目及5个重点防洪非工程措施项目)上报,经财政部、水利部联合会审确定33个项目,争取中央财政补助资金1500万元。

【专项资金支出审核】审核财政支农专项支出预算,核减部分不必要的开支。对省农业厅要求安排的"2008年浙江农业博览会"等5个展会的具体预算进行审核,核定展会补助经费。经审核,对"2008年浙江农博会"、"上海农展会"和"中国农交会"三个展会的场馆租金及配套费核减82万元;专项活动费核减31万元;客商接待费核减22万元;会务费核减4.5万元,核减139.5万元。经审核,中国绿色食品2008年上海博览会等两个展会的补助内容和补助标准符合审核要求。

【参与检查考核验收】科技示范项目验收。组织专家对2004年度中央财政支持的农业科技推广示范项目——"舟山优质水产品良种繁育基地建设"进行验收,审核财务报表、财务单据,并实地踏勘现场,出具验收结论。参与重大农业植物疫情防控工作目标考核。参加由省农业厅植保局、省发改委、省财政厅、省柑桔所、省农业厅经作局等对2007年度重大农业植物疫情防控工作目标考核。完成对宁波、台州、丽水、金华四市下属的象山、宁海、三门、黄岩、乐清、永嘉、青田、莲都、永康、武义等县市区以柑桔黄龙病为主疫情防控情况的考核。参与省级造地改田委托开荒项目验收。参加由省国土资源厅组织的在湖州市和安吉县召开的湖州市本级、安吉县省级造地改田委托开荒项目验收会议。参与欠发达地区地质灾害搬迁项目检查。参加省扶贫办牵头,省国土厅、省财政厅、省扶贫办参加的2006、2007两年欠发达地区地质灾害搬迁项目检查,检查衢江、磐安、莲都、庆元等四个县区。参与省"万里清水河道建设"考核。会同省水利厅河道管理总站,先后对全省各地2007年度"万里清水河道建设"情况进行考核验收。参与财政支农资金整合检查。参加由省财政厅、省农业厅、省林业厅、省水利厅和省海洋与渔业局组成的联合检查组,赴全省财政支农资金整合试点的13个县市区进行支农资金整合检查。参与水管体制改革检查验收。参加由省水利厅、发改委、编办、省财政厅组织的水管体制改革检查验收,对台州市、黄岩区、温州市、苍南县的水管体制改革工作进行验收。参与2005～2008年中央财政支持小型农田水利建设项目专项检查。参加由省水利厅、省财政厅联合组织的专项检查,对桐乡、吴兴、淳安、诸暨、上虞、玉环、莲都、东阳、永康、开化等10个县区(市)进行专项检查。

(厅农发中心供稿 楼剑敏执笔)

省财政干部教育中心
(省中华会计函授学校)

【完善办班制度】制定《关于明确厅机关培训办班管理有关事项的通知》,将整个培训分成培训计划申报、经费落实、组织实施、经费管理、教材建设、师资管理和培训总结7个环节,明确每个环节的各项工作,为培训工作制度化、规范化打下基础。

【加强机制建设】召开干部教育培训工作联络员会议。与会代表对《关于明确厅机关培训办班管理有关事项的通知》进行讨论,并就搞好厅机关干部教育培训工作提出意见和建议。

【组织办好培训班】根据《浙江省财政厅2008年干部教育培训计划》组织实施好每一期培训班,落实教学设施、印发培训教材、加强师资库建设,派人考勤检查和办班评估验收,对培训资料进行整理归档。全年完成培训办班22期,培训财政干部2509人次,验发证2258本,并协助厅培训指导委员会做好局长班和副局长班培训班有关事项。

【服务厅机关和厅属企事业单位会计人员】举办厅属会计人员培训班,讲授《企业内部控制基本规范》、《审计与财务规范》、《行政事业单位国有资产管理》和《会计人员诚信与职业道德》等财会热点知识。

【省中华会计函授学校工作】全年招收中专新生2483人,毕业中专生2978人,大专班招收2008级新生2529人,毕业大专生2852人,试点招生联办兰州大学远程本科59人,至年底省校注册在校学生一万余人。召开年度函校工作会议,表彰先进、交流工作经验、总结上年度工作、布置2008年工作任务。

【抓教学质量和基础性工作】坚持"从严治学、质量第一"的办学方针,做好学历教育各个环节工作,对25门课程重新编写大纲、教学指导和综合练习题并下发至各教学点,夯实教学基础。着重把好教材关、教学关、命题关、考试关,对全年的考试组织人员巡考。探索学历教育新途径,与兰州大学联合开展现代远程专升本、高起专学历教育工作。

【开拓函校服务新领域】拟定《浙江省中华会计函授学校会计岗位培训实施意见》,并召开由分校、部分函授站和会计处处长参加的岗前培训专题研讨会。根据财政部总校的部署,组织农村会计人员调研,为即将开展农村会计人员培训做好前期准备。指导全省函校系统利用现有条件开展以会计人员继续教育工作为重点的各类培训。全年函校系统培训财税干部326期,培训人数18773人次,开展在职培训2410期,培训人数238171人次(其中:会计人员继续教育163506人次,会计电算化培训43118人次,会计职称辅导培训6260人次,会计从业资格辅导培训11684人次)。

【加强综合基地建设】出台《浙江省中华会计函授学校教学网点建设经费安排使用办法》,对有发展潜力并能建设成为集学历教育、会计继续教育和财税干部教育培训为一体综合基地的重点骨干函授站进行重点扶持。

【财政教育培训网站建设】加强网站服务作用。全年累计转载综合新闻、财经信息 236 条，转载和刊载财税理论、教育培训 104 篇，其他各类文章近 100 篇，刊载工作动态和通知 21 则，能力提升型各类文章计 75 篇，经验交流文章 5 篇，在视频教学中增加《学习型组织的时间管理》、《我国社会保障体系的建立与完善》、《新农村建设的财政政策》、《发挥公共财政职能作用促进社会主义和谐社会建设》和《博弈论》等 5 个课件。使网站成为上情下达、下情上传的窗口和载体。打造财税干部开展学习教育的交流平台。

【宣传通讯】组织全省函校系统工作开展好的单位（嘉兴市、台州市、兰溪市、义乌市、临安市、黄岩区和普陀区分校）撰写经验材料，在全省函校系统进行书面交流，促进工作。利用“浙江省财政教育网”平台开展财政教育培训宣传，并向财政部干部教育中心《培训动态》、《中华会计学习》“两刊”投稿 34 篇，被采用发表文章 16 篇，电子图片 8 幅。

【自身建设】举行干教中心领导班子民主生活会，班子每位成员实事求是剖析自身和单位工作中存在的问题，积极开展批评和自我批评，并提出改进措施。举办学习贯彻十七大精神集中学习班，学习党的十七大、省第十二次党代会和省委十二届二次全会精神，畅谈学习十七大报告心得体会，对做好本职工作提出设想。开展“讲党性、重品行、作表率”活动，组织全体干部学习实践科学发展观。加强制度建设，对临聘人员按《劳动法》实行借用和聘用，理顺劳动关系。出台、修订 27 个包括职工带薪休假、劳务派遣人员福利待遇规定、教学网点建设经费安排办法等在内的规章制度，规范内部管理。（厅干教中心供稿　童联新执笔）

全省注册会计师管理

【概况】2008 年，浙江省注册会计师协会（以下简称省注协）本着“对外为会员提供优质、高效的服务，对内为员工创造良好的发展条件”的工作理念，根据章程的规定，尽职尽责做好日常服务与管理工作，在开展对外协调，反映行业诉求，开展执业质量检查，引导会计师事务所、资产评估机构（以下简称执业机构）加强内部治理机制建设，推动执业机构做大做强等方面开展工作。

【完善内部治理机制建设】以贯彻实施《劳动合同法》为契机，制定发布《浙江省会计师事务所资产评估机构劳动规章制度示范文本（试行）》，包含一个指导意见、一个劳动合同的参考文本，九个具体的劳动规章制度。对各执业机构贯彻执行《关于会计师事务所资产评估机构进一步加强内部治理建设若干问题的意见》和《浙江省会计师事务所资产评估机构劳动规章制度示范文本（试行）》的情况开展专项检查。检查的内容包括章程（协议）的适时修订和备案、劳动合同的签订及劳动规章制度的建立健全、从业人员“五险一金”的缴纳情况等有关执业机构内部治理建设情况。组织举办新设执业机构负责人内部治理机制建设研讨班。

【稳定评估机构】从有利于平稳过渡与保持评估机构和评估人才基本稳定出发，帮助原来兼营评估业务的机构创造分设条件，帮助专营评估业务的机构充实人才达到设立条件，稳定省评估机构、评估队伍和评估市场，服务浙江经济社会发展需要。

【反映行业诉求】全省注册会计师、资产评估行业共有各级人大代表、政协委员 58 名，其中省政协委员 6 名。省注协秘书处组织召开行业内部分人大代表、政协委员座谈会，听取对行业现状和前景的分析和建议。在收集、归纳突出的问题后形成《关于适当放宽经济鉴证类执业资格考试报名及行业准入条件的建议》，提请行业内的省政协委员在“两会”期间以提案、议案的形式反映行业诉求。

【执业质量检查】创新监管模式，与浙江省财政厅会计管理处、财政监督检查局联合组织开展会计师事务所执业质量检查。对 1 家会计师事务所和 2 名注册会计师公开谴责、对 6 家会计师事务所和 12 名注册会计师行业内通报批评、对 1 家会计师事务和 4 名注册会计师限期整改。对存在一定执业质量问题而未受到惩戒的会计师事务所负责人和相关注册会计师，专门举办“审计、评估案例分析”培训班，重点讲解和分析检查中发现的重点问题、典型案例以及由于这些问题而可能导致的法律责任等内容。同时，通报表扬执业质量较好的乐清永安会计师事务所、杭州永盛联合会计师事务所。

【提高执业队伍素质】完成注册会计师、注册资产评估师全国统一考试组织工作。当年注册会计师全国统一考试，全省 28264 人报考 61379 科，一科合格人数 2001 人，两科合格人数 533 人，三科合格人数 70 人，四科合格人数 4 人。至年底，全省全科合格人数 7200 多人。当年注册资产评估师全国统一考试全省 896 人报考 2707 科，69 人获得全科合格证书。至年底，注册资产评估师考试全省全科合格人数 2725 人。配合中注协做好行业领军人才后备队伍选拔测试和行业英语测试组织工作。当年有 2 人通过考试被选拔为中注协第四批行业领军人才；4 人通过首次主任会计师领军人才选拔，参加中注协举办的主任会计师领军人才班培训。至年底，全省行业领军人才 12 名、主任会计师领军人才 4 名。开展全行业继续教育培训工作。全年举办注册会计师、注册资产评估师继续教育培训班 23 期，确认执业机构内部培训班 7 期，培训注册会计师 2916 人次，注册资产评估师 1433 人次，加上参加中注协委托三个国家会计学院和中评协直接举办的培训班 560 余人，全省注册会计师、注册资产评估师均参加一次以上脱产培训，培训面 100%。做好申请人才基金人员审查和人才基金发放工作。根据《浙江省注册会计师协会人才基金管理办法》规定的条件，当年全行业有 6 人考上中注协领军人才，3 人拥有博士学位，16 人获得硕士学位，18 人在双师的基础上考取第三种执业资格，4 人一次性通过全国注册资产评估师执业资格考试，1 人考取加拿大 CGA 资格，1 人在注册会计师全国统一考试中获单科成绩全国前三名，1 人参与中注协《小企业财务报表审计工作底稿》编著，共计 50 人符合单项奖励或津贴条件，合计奖励与津贴 171000 元。

【办好会刊和网站】按照反映行业特色、丰富会刊内容、提高文章质量、扩大宣传效果的办刊思路，办好《浙江注册会计师》杂志。全年分别编印《浙江注册会计师》12 期和供非执业会员阅读的《浙江注册会计师专刊》2期。《浙江注册会计师》刊登的文章中有15篇被《中国注册会计师》选用并转载。此外，还组织开展行业摄影比赛。

【加强自身建设】参与协调解决执业机构内部矛盾，及时发现和解决行业执业过程中出现的新问题，新情况。为会员提供法律服务。同时，加强省注协秘书处自身建设，提升工作人员能力和素质，提高办事效率。

（浙江省注册会计师协会供稿 徐得均执笔）

省农业综合开发工程勘测设计室

【概况】2008年，省农发设计室围绕发展现代农业、推进社会主义新农村建设目标，以农业综合开发工作为中心，加强农业基础设施和生态建设，更新理念、创新设计，全面完成土地治理项目设计工作。参与2006年度土地治理项目省级验收和绩效评价，制订土地治理科技推广项目验收办法，开展土地治理项目试点工作，对全省申报的2009年度133个土地治理项目（其中国家立项项目114个，省级立项项目19个）进行可研报告的初步审查，并进行实地踏勘。

【工程设计】组织市县设计组技术人员着手对当年度土地治理项目进行现场测量和工程设计，采取技术骨干按照区域分片负责的办法，编制完成112个土地治理项目工程设计，累计绘制A1标准图纸300余张，A3标准图纸6000余张。3月组织专家对设计进行集中会审，聘请省水利厅、省农业厅、省农科院、省林科院和省土肥总站等省级相关部门专家，对设计文本和图纸进行审查，形成审查意见。会审注重工程设计与项目区的农业产业结构调整、促进农业主导产业的发展相结合，为按时编报年度全省农业综合开发土地治理项目计划及项目的顺利实施奠定基础。5月，经专家评审，淳安县郁川源山区中低产田改造项目等10个土地治理项目的工程设计被评为优秀设计。

【省级验收】根据农业综合开发资金和项目管理办法以及开展绩效评价工作的有关规定，参加全省2006年度农业综合开发土地治理项目的省级竣工验收和绩效评价工作，查看工程档案资料，进行实地踏看，随机询访农户，对项目的计划完成情况、招投标工作、监理工作、公示工作开展情况、工程质量和工程建后移交管护等内容逐一进行验收，并按照有关规定对项目进行评分。

【在建项目管理】对2007年度和2008年度的在建土地治理项目进行督促指导，每季统计工程进度，对进度缓慢的项目分析原因，赴实地摸清情况，与项目县农发办、项目区所在乡镇、施工单位和监理单位，共同协商解决存在问题，按照全过程项目管理的要求，督促加快施工进度。

【科技项目评审】1月，受省农发办委托，设计室组织省农业厅、省农科院、省土肥站等部门专家对全省申报的当年度省级科技推广项目进行评审。重点审查项目引进、推广的技术、品种的先进性、适用性，技术依托单位，所采用技术路线的可行性，经费列支的合理性，形成评审意见报省农发办。

【业务培训】10月中旬，全省农发设计业务骨干参加省农发办在杭州举办全省农业综合开发资金和项目管理培训班。国家农发办主任王建国和省水利厅的有关专家就农业综合开发工作的新政策、新要求和全省农村水利现状与发展趋势进行培训，省农发设计室领导就如何做好土地治理项目管理和设计工作提出要求，对2006年度土地治理项目验收中发现的问题以及工程设计中存在的不足，进行了罗列解剖。

【项目试点】开展土地治理项目资金与其他支农资金统筹安排、土地治理项目与产业化经营项目有机结合、农民专业合作组织实施土地治理项目等试点工作，选择试点项目，编制具体实施方案，并报国家农发办审核同意。

【项目评估】受省农发办委托，对52个国家立项县和10个省级立项县申报的133个2009年度土地治理项目可研报告进行初审，对不符合要求的可研报告退回修改。组织5个考察组对项目进行实地考察评估，形成项目考察评估报告。考察评估的重点：一是项目的建设是否有利于当地农业主导产业的发展；二是确认开发治理的必要性、主要制约因素；三是对申报项目的开发治理面积和主要工程量进行核实；四是了解采取工程治理措施针对性及技术可行性；五是核实工程投资的客观真实性和自筹资金、配套资金落实能力；六是了解项目建成后的效益情况以及当地干部群众对项目开发治理的积极性，了解各地农发办人员机构情况；七是项目区内农民专业合作机构发展、土地流转承包、种养殖等农业基本情况。

（省农业综合开发工程勘测设计室供稿 申京涛执笔）

财政票据管理

【概况】浙江省财政票据管理工作围绕实现科学的政府非税收入征管体系建设和信息化管理的目标，配合厅综合处开展各项政府非税收入征管工作；做好财政票据的印（监）制、购领发放和结报核销等管理服务工作；结合财政票据换版，加强财政票据政策宣传和财政票据稽查工作；全面落实政府非税收入征管工作的各项政策，严格执行各项工作管理制度。

【票据印制审核】把好票据印制审核关。当年开始启印新票，要求各市财政部门严格检查上报的票据编码、票据名称，适当控制印制数量，并将以上内容按季度上报。全年各市财政局上报审核票据246批次。11个地区（不包含省本级）印制票据8.88亿份；省本级印制一般票据1.81亿份，印制罚没票据78万本。在票据印制审核工作中，严格把握票据的样张，杜绝不规范票据产生，促进非税收入征管系统的完善。

【票据购领发放】按照票据购领证申领的流程和办理条件，以及财政票据发放条件，完成票据购领证的换发和财政票据发放等工作。全年行政事业单位共换发新购领证9本，浙江省社会团体共换发新购领证81本。共发放财政票据1.52亿份，其中罚没票据71.82万本，包括发放到市县财政部门的浙江省代收罚没款票据49.60万本，浙江省罚没财物专用票据5.52万本，浙江省当场处罚定额票据16.70万本。全省（宁波除外）70个市、县（市、区）向中心领取教育资助券，全年发放教育券24.01万份，爱心营养餐券54.60万份。

【规范单位使用票据行为】做好省级单位的票据结报工作，规范单位用票行为。加强非税收入票据核销工作，审核收费项目和收费标准是否符合政策规定，财政票据结报是否及时，财政性资金是否应缴尽缴，配合厅综合处做好非税收入的收缴工作。加强往来款等其他财政票据的核销，防止单位使用往来款等票据乱收费或属非税收入的资金不纳入财政专户管理。全年结报省本级执收单位和社会团体965家，结报票据4465批次，计4864.55万份。结报上缴专户资金79.41亿元。结报各种不缴专户资金的票据如往来款、会费、医疗机构等共216.21亿元。从严核销单位票据的使用情况。全年发现违规使用票据84例，基本是往来款票据使用不规范。结报中发现这些问题，如属票据使用不规范者在结报单上指出并口头令其改正或整改，属收费行为或收取收入收缴与资金管理的，及时汇报，并告知单位按有关文件规定办理。做好省级单位分成收入的票据结报核销工作。按照“定量供应，验旧换新，定期结报”的票据管理规定以及非税收入收缴办法的规定，加强票据的结报核销和收费资金的监缴。省级单位分成收入结报89批次，结报票据12.87万份，结报资金6.38亿元；共结报全省11个地区的财政部门票据1060.05万份，结报已缴省级收入1.74亿元。

【票据销毁】按照《浙江省财政票据管理暂行办法》等有关文件规定，对已满年限的票据做好销毁工作。全年20家单位申请销毁空白过期票据和过保管期的票据存根，销毁数量1256.01万份。

【加强监缴工作】规范财政票据管理，促进省级非税收入的应收尽收，提高非税收入征缴效率，保证非税收入及时缴库或缴财政专户。拟定并下发《关于开展2007年度财政票据管理使用情况检查的通知》，对各省级单位2007年度购领、使用和管理财政票据的情况进行检查。检查工作分自查、抽查与整改三个阶段。5月18日至6月底为自查阶段，共收到205份自查表和书面材料。8月至11月10日为抽查阶段，对15家省级非税收入单位进行重点检查。对发现的问题及时发出书面意见，督促和组织单位落实整改。

【票据换版】配合综合处做好政府非税收入征管信息系统的推广试点工作，为配合政府非税收入征管信息系统软件的应用，做好财政票据的换版工作，做好旧版财政票据的回收和新版财政票据的印制、发放等工作。完成全省财政票据换版工作。配合省交警部门开展异地罚缴工作，做好票据的改革及保障工作。各市财政票据印刷定点企业实施政府采购，以加强对财政票据定点印刷企业的管理。

【加强工作协调】做好各种来电来信来访等咨询工作。在政务网公布“省级单位财政票据购领使用核准事项及办事程序”。对来电来信来访等咨询工作，有的通过厅门户网站回答有关财政票据政策，有的利用电话或信函批转有关市、县财政部门予以妥善处理。加强与市、县财政票据管理部门、用票单位和印刷单位的协调，虚心听取各单位的意见建议，促进票据管理规范。学习《浙江省财政厅事业单位参照公务员法管理实施方案》和国家的有关政策法规，参加公务员考试。配合省人事厅、厅人事教育处做好参照公务员法管理套改工作。

（厅票据中心供稿　斯志洪执笔）

省财务开发公司

【概况】2008年，省财务开发公司加强规范管理，保持稳健经营，推进和谐发展，完成省政府和省财政厅交办的各项任务。全年完成经营总收入5.69亿元，实现利润总额2504万元；清欠、盘活资产回收资金3016万元。

【确立发展思路】公司主要领导进行了调整，确立新的发展思路：防范经营风险，确保财政性资金的安全；对公司现有的投资项目进行全面清理，对属于竞争性领域的项目逐步退出；充分发挥省政府后备资金管理单位的作用，完成省政府省厅交办的各项任务，当好省政府推行产业政策、促进经济发展的得力助手；稳健开展符合省委、省政府战略发展方向的资源性、基础性等投资项目，确保国有资产保值增值；加强对委托项目的管理，继续做好省财政厅委托的财政周转金的清理工作。

【开展两基金运作】开展省创业风险投资平台的搭建工作，与各有关单位进行谈判、协商，筹建省创业风险投资引导基金管理公司。参与创建文化产业基金，与浙江日报集团合作组建成立东方星空文化传播有限公司，投资的宋城集团文化项目和精英在线项目正式启动。

【加强项目管理】以防范风险、稳健运营为原则，做好各项资本运作和项目管理工作。做好上市公司项目运作工作，上半年，在市场高位减持中国小商品城股份。做好农业综合开发项目管理工作，委托管理的丰岛实业集团有限公司、华发茶业有限公司和湖州申浩毛纺制衣有限公司经营情况良好；接收省农都农产品有限公司股权。做好委托项目管理工作，拨付舟山衢黄港口开发建设有限公司项目增资资金，做好省远洋渔业集团上市准备的配合工作和省铁路投资集团的专项资金拨付工作，收回中国电信和交通银行红利。做好省政府和省厅交办的各项工作，继续做好温州泰顺县翁山乡、凤洋乡和四川省苍溪县的扶贫帮困工作，被省政府授予先进扶贫单位称号。汶川大地震发生后，第一时间向受灾的苍溪县捐款10万元。

【清欠和盘活存量资产】打好财政周转金清理攻坚战，继续盘活存量资产，优化资产结构，提高资产质量。做好财政周转金清收扫尾工作。与省农发集团签订还款计划并收回部分欠款。收回安吉财务公司和奉化财务公司部分欠款。做好省财政厅划转及委托资产项目的处置工作。与耀江集团先后签署人民币借款部分和美元借款部分的还款协议，并收回部分所欠本金及利息。做好香港耀江国际相关资产的处置工作，收回处置款。收回浙江博鸿公司借款本金及利息。做好存量资产的盘活工作。按照不低于评估价值的原则转让参股的浙江中扬投资股份有限公司股权。

【健全内部管理制度】根据业务发展和规范管理的要求，对规章制度做了全面梳理检查，制订和完善财务管理和日常管理制度，推进公司内部建设。修订完善《财务管理办法》、《会计核算办法》、《计提资产减值准备实施细则》和《费用审批报销制度》，对银行账户进行全面清理，对公司资产做好系统的统计和分类工作。健全内部管理，先后出台《会议制度》和《工作规则》，使公司日常工作制度化、高效化。

【抓好子公司管理】一是加强对华财公司的投资和资本运作项目的管理，防范风险。二是对华浙公司和兴财公司，均以股权管理为主。4 月份，兴财公司 70%股权在省产权交易中心挂牌，以 2.52 亿元的竞拍价格转让，实现国有资产最大程度保值增值。华浙公司发展态势良好。三是强化金溪山庄的接待和系统内的服务功能，山庄承接数十次系统内外部的重要会议和财政部及省、市重要领导的接待工作。全年实现营业收入 4656 万元，被批准为四星级旅游饭店。　　（省财务公司供稿　尤敏强执笔）

市县(市、区)财政工作

zhejiangcaizhengnianjian

杭州市财政工作概况

杭州市

【概况】2008年,杭州市实现生产总值4781.16亿元,比上年增长11.0%。其中:第一产业增加值178.64亿元,第二产业增加值2389.38亿元,第三产业增加值2213.14亿元,分别增长3.6%、9.0%和13.8%。三次产业结构调整为3.7:50.0:46.3。全市按常住人口计算人均GDP为60414元,按户籍人口计算人均GDP为70832元,分别增长9.4%和10.1%。全社会固定资产投资1961.72亿元,增长16.5%。全年社会消费品零售总额1558.38亿元,增长20.2%。完成外贸进出口总额480.65亿美元,增长10.7%。市区居民人均可支配收入24104元,增长11.1%;全市农村居民人均纯收入10692元,增长12.0%。全市财政总收入910.55亿元,增长15.5%,其中地方财政收入455.35亿元,增长16.3%;全市地方财政收入在全国省会城市中排名第二,在全国15个副省级城市中排名第三。全市地方财政支出419.67亿元,增长25.0%。市区财政总收入799.10亿元,增长15.3%,其中地方财政收入397.28亿元,增长16.1%;市区地方财政支出345.46亿元,增长25.8%。市本级地方财政支出105.7亿元,增长19.2%,其中预算内民生支出74.64亿元,民生支出增量占新增财力的92.8%。全市各级财政收支平衡,预算执行情况良好。

【帮扶企业】市本级工业发展专项资金和现代服务业专项资金投入15.68亿元,支持先进制造业和现代服务业"两轮驱动"。支持科技创新缓解企业融资困难,市本级科学技术支出7.07亿元,其中,建立创业投资引导基金2亿元,建立风险补偿和担保基金4000万元,首发"宝石流霞"债权基金6000万元。优化服务和环境,构建"纳税人之家",有效整合多种服务资源,构筑一个集财政、地税、国税于一体的大服务体系,为纳税人提供多层次、全天候的财税服务。"纳税人之家"获国家税务总局创新项目认定,被评为2008年浙江省"行风建设十大新事"之一。建立12366财税工作意见建议收集分析反馈机制,构建公平、透明、普惠、高效的财税政策环境。

【支持新农村建设】市本级投入"三农"资金6.86亿元,增长25.6%。支持农村生态文明建设2.15亿元;支持城郊河道、半山综合整治,水库除险达标、小流域治理和农民饮用水工程2.09亿元;推进农业科技进步,促进现代农业发展1.08亿元;完善农村医疗健康保障制度4970万元;投入发展农村社会事业资金5933万元;完善农村帮扶工程4520万元。

【促进社会事业全面发展】教育投入17.43亿元,其中预算内教育支出11.95亿元,增长19.3%,政府性基金支出5.48亿元。全市城乡免收义务教育阶段学生课本费和作业本费;资助6.6万名困难家庭学生支出2960余万元;帮助杭师大整体搬迁,筹建杭州科技职业技术学院新校区,建设杭州职业技术学院图书馆等支出3.15亿元。医疗卫生投入9.48亿元,其中预算内医疗卫生支出8.5亿元,增长21.1%,政府性基金支出9800万元,主要是支持社区卫生建设4000万元,防治手足口病和麻疹病824万元,三鹿奶粉事件筛查和患儿治疗495万元,加强食品安全监管3896万元,开展抗雪救灾250万元,启动滨江、下沙和妇女医院等建设9800万元。文体事业投入12.53亿元,其中预算内文化体育与传媒支出3.61亿元,增长34.4%;政府性基金支出8.92亿元。主要用于奥运火炬杭州站接力1560万元;保障农村有线电视"村村通"和广播电视"低保工程"的经费投入,全市308个村受惠,7000多低保户免费看上数字电视;杭州图书馆、城市规划展览馆、青少年发展中心等建设支出8.92亿元。城乡社区事务投入12.27亿元,增长24.8%。增加社区工作经费,社区工作人员收入水平平均提高55%。

【提高社会保障能力】市本级投入22.37亿元用于社会保障支出,其中预算内社会保障和就业支出15.84亿元,增长30.8%,政府性基金等支出6.53亿元。主要用于重大疾病医疗救助1亿元;提高补贴标准,发放29万企业退休人员的生活补贴和清凉饮料费3.28亿元;开展企业退休人员节日慰问1.82亿元;对4万名征地农转非人员实施养老保险及生活补贴2.71亿元;对8万余名城镇老年居民放宽准入年限、扩大享受范围,生活保障补贴支出1150万元;提高参保老人的基本医疗保险补助支出4100万元;启动临时价格补贴联动机制5150万元,让29万困难群众不受物价上涨的影响;建立外来务工人员特殊困难救助资金8000万元;对7700多辆出租车进行油价补贴7600万元。

【保护环境和生态投入】市本级环保绿化投入5.92亿元,其中预算内环境保护支出2.42亿元,增长54.4%,政府性基金等支出3.5亿元。重点加强污染源防治、废气达标治理和尾气污染治理,促进环境污染监督、监控和事故预警系统建设,推进运河流域、五县(市)重点区域和流域、饮用水源保护以及半山地区环境综合整治;支持公共绿地建设。

【保障公共安全】市本级预算内公共安全支出10.08亿元,增长18.2%。主要用于社会治安防控体系建设、深化"平安杭州"创建工作,推动网上信访和"12345"进社区,支持部队建设、拥军强军等公共安全经费保障。

【支持城市重点项目建设】市本级投入城市维护建设和基本建设的资金132.26亿元。其中用于地铁工程建设17.25亿元;公交停车站、场站建设等公交优先支出8.5亿元,优待老年人、残疾人、军人、学生乘车,购买公交服务投入 4.6 亿元,保障廉租房建设及租金补贴 4.41 亿元,支持危旧房改善 4.5 亿元,截污纳管改造 1.99 亿元,背街小巷整治 1.2 亿元,庭院改善 2.85 亿元。

【财政管理改革】完善市区财政管理体制,理顺市区范围企业纳税关系,合理划分收入范围。进一步规范财政票据管理,在市级执收单位全面实行电脑开票。推进预算管理改革,制定市本级部门预算编制范本,提炼完善"一体两翼"的预算编制杭州模式。全面推行国库集中支付,构建国库集中支付改革的制度框架,实行财库行一体化建设,加强政府投资项目财政直接支付管理。完善行政事业单位资产管理,开展国有资产条码管理试点,完善房产出租拍租日常管理机制,构建资产管理制度体系。加强政府采购管理,推进电子化政府采购,建立政府采购跟踪问效机制,规范政府采购制度建设。规范财政支出行为,开展规范公务员津补贴工作;落实会议费和差旅费管理办法。推进财政绩效评价工作,完善动态监督机制和绩效评价机制建设,推动绩效评价结果应用;实行项目预算评审试点,开展节能投资绩效评审。厉行节约平衡收支,压缩市级行政事业单位定额公用经费和经常性业务费两个 5%,从严控制会议、接待、出国和公车购置使用等一般性支出,部门预算项目支出实现零增长;清理城建债务,压缩市本级政府性债务。推进金财工程,开发运用国库集中支付、财税库行一体化、政府采购、国有资产管理、纳税人之家等软件,实现五项会计类考试网上报名。采取征管服务新模式,实行存量房交易最低计税价格管理。

【队伍建设】以项目化管理扎实推进和谐财税建设。打造"廉洁财税",制定《2008～2012 年构建惩防体系重点工作规划》,加强惩防体系建设。开展"打造廉洁杭州、共建品质之城"为主题的宣教活动以及"树新形象、创新业绩"、解放思想大行动等活动。规范财税行政执法行为,构建权力阳光运行机制,落实执法责任制,加强执法监督。深化学习型组织建设,普及型教育、重点型教育与学历学位教育、提升型教育相结合,组织两期财税专业知识培训班,1200 余名财税干部(含区财政局)参加培训,30 名处级干部参加浙江大学 EMBA 学习。构建阶梯型人才成长机制,对全局各个层面的干部分类施教,阶段培养,循序引导,达到干部渐进成长成才、财税事业有成的目标。纪念建党 87 周年,首批首问责任官作汇报演讲,宣扬优秀党员和优秀公务员先进事迹。组织干部职工家庭文艺竞赛和体育比赛。参与市直机关各类比赛,参加射击、羽毛球、乒乓球等 3 个项目比赛,包揽所有项目的团体第一名。（杭州市财政局供稿 张海艳执笔）

杭州市上城区

【概况】2008 年,上城区实现生产总值 443.31 亿元,比上年增长 8.6%。其中:第二产业增加值 204.34 亿元,增长 3.4%;第三产业增加值 238.97 亿元,增长 13.4%。全年财政总收入 63.60 亿元,增长 5.7%,其中地方财政收入 36.90 亿元,增长 0.21%;财政支出 14.60 亿元,增长 85.99%。全年全区收支平衡,财政预算执行情况良好。

【支持企业发展】积极搭建"政—银—企—投"对接平台,通过信息发布实现资源共享,形成推动经济发展合力,帮助企业"保暖过冬"。开展财政扶持政策整合调查研究,继续贯彻涵养税源、培植财源的方针,发挥财政资金的引导作用和财政政策的支撑作用,建立完善促进企业发展的财政支持体系,加大对具有上城特色的现代产业的扶持力度,全年共投入扶持发展资金 1.16 亿元。

【财政监督管理】出台财政支出绩效评价实施意见,明确评价类型、实施范围、评价方式、指标设置、评价程序、结果应用、监督管理等内容。制定财政支出绩效评价规范,对财政转移支付资金使用实行动态监管。开展会计信息质量、部门预算编制与执行情况以及政府采购执行情况专项检查,共计监督评价涉及财政资金 8300 余万元,规范各种财政收支行为。出台《行政事业单位公务用车配备、更新(报废)管理办法》,明确公务用车配备标准,规范车辆更新(报废)程序,对旧公务用车实行集中收缴,委托拍卖,全年共收缴 8 辆旧车,拍卖所得合计 16 万余元上缴财政。出台《行政事业单位公务用车定点维修办法》,对全区 500 余辆机动车实施定点维修,有效节约财政资金。全年实施政府采购 1.88 亿元,资金节约率 12.2%。

【完善区街财政体制】按照"属地管理、事权对应、风险共担"的原则,采取"划分收支、核定基础、超收分成、以丰补歉"的管理形式,调整和完善区街财政管理体制,增强街道服务企业、培植财源、发展经济的积极性和主动性。建立街道财政收入综合管理网上平台,提高街道财源分析和监管实效。全年全区街道地方财政收入 12.22 亿元,增长 32.1%。

【保障民生支出】全年民生支出 11.51 亿元,占地方财政支出 78.8%,其中"双零工程"(扶助零贫困家庭、消除零就业家庭)投入 840 万元,居家养老服务及企业退休人员节日慰问、困难补助投入 1095 万元,道路保洁、公厕保洁、绿化养护、城市序化管理等城市管理经费投入 5197 万元,背街小巷改造、庭院改善、危旧房改善及历史与文化名城保护等城市改善经费投入 2.80 亿元。

【加强建设资金管理】建立全区城市建设资金专户管理平台,各建设单位收支业务统一纳入专户管理平台,强化建设资金统一结算支付和监督管理,有效使用政府性投资项目资金。整合政府资源,加强政银合作,统一融资,统一管理,全年节约银行贷款利息支出 4000 余万元,确保重点城市建设项目资金需要。完善基础管理,开展各建设单位债务情况梳理和资金使用情况分析。编制建设资金汇总预测表、土地出让金返还款预测表以及战略合作银行与非战略合作银行贷款到期情况表等工作台账,为统筹全区建设资金使用管理提供依据,增强防范政府债务风险的能力。

【国有资产管理】立足全区经营性国有资产存量,按照"变分散为集约,变资产为资本,变资源为财富,变经办为经营"的资产经营管理理念以及规模化、集约化、规范化、专业化的资产经营方向,创新国有资产管理体制,建立新型的国有资产管理运营体系。注资 5 亿元成立杭州上城区投资控股集团有限公司,建立新的国资战略性运营平台。整合全区各部门、街道经营性国有房产25.86万平方米,实现全区经营性国有资产统一经营、专业化管理的目标,盘活全区国有资产存量,提高国有资产综合效益。

【队伍建设】采取多种形式,在全局干部职工中开展"学先进、找差距、理思路、谋发展"主题教育活动,举办"学习迪拜,解放思想,创新理念"征文活动,开展"我为财政建言献策"金点子征集活动,深化学习型机关建设,增强财政干部队伍凝聚力和创新力,倡导无私奉献、吃苦耐劳精神,提升财政干部综合素质,发挥党员领导干部的表率带头作用,始终保持良好的精神状态和工作作风,依法依规理财。区财政局当年被评为上城区满意单位。

(杭州市上城区财政局供稿 金 嵩执笔)

杭州市下城区

【概况】2008年,下城区实现生产总值366.21亿元,比上年增长14.6%。其中:第二产业增加值56.53亿元,增长11.4%;第三产业增加值309.67亿元,增长15.2%。全区财政总收入96.48亿元,增长16.8%,其中地方财政收入52.72亿元,增长15.0%;地方财政支出15.92亿元。全年收支平衡,财政预算执行情况良好。

【支持经济发展】针对企业发展困境研究财政扶持解困政策,制定出台"1+X"财政扶持政策,实行中小企业"佣金减半"的担保优惠措施,全年投入经济发展资金1.4亿元,帮助企业"抗寒过冬"。扶持高新技术产业发展,加快工业企业"退二进三"和专业市场改造提升步伐,推进重点项目实施,筹资设立创业投资引导基金3000万元,缓解中小科技企业融资困难。加大第三产业扶持力度,改造提升传统服务业,引导商贸流通企业实行主辅分离,支持楼宇经济建设,培育文化创意、服务外包等新型经济业态,推进现代服务业集聚发展。

【完善企业属地管理】全面实施省、市、区属企业属地化管理新模式,开发使用财政收入综合分析系统,逐步实现财税、街道和部门联网与信息共享。发挥财税联席会议和综合治税两大平台作用,加强税收科学化、精细化管理。调整实施新一轮区街税收考核办法,规范区街两级财政分配关系,健全财权和事权相配套的投入机制。

【培植重点税源】创新重点税源企业服务管理模式,对年税收在1000万元以上的企业和100万元至1000万元之间的企业实行分部门分片服务管理,及时掌握重点税源企业发展动态。依托重点税源企业财务辅导网络,加强政策文件的指导服务,帮助企业解决发展中遇到的实际问题。综合运用财政资助、品牌奖励等政策措施,加大重点税源企业政策扶持力度,巩固重点税源企业龙头地位和发展优势,壮大区亿元企业队伍。

【加强公共财政投入】多举措控制行政经费增长。采取压缩公用经费5%、控制会议接待开支、严格临时申请审批等一系列举措,从严控制行政性成本,争取更多的财政资金向公共民生领域倾斜。全年全区行政性成本支出2.08亿元,占财政支出的比重为16.7%,比上年下降1.2个百分点。着力提高民生支出占总支出的比重。当年新增财力重点投向公共产品领域,全力保障关系国计民生的财政投入和"为民办实事"项目的资金落实,公共产品支出占全年支出比重为70.3%,较上年提升2.3个百分点;加大北部地区基础配套设施建设和环境改善的保障力度,增加投入财政资金4500万元。财政投入向社会事业倾斜,投入科教文卫体等社会事业方面专项资金2.42亿元,增长20.2%;向就业和社会保障倾斜,投入社会保障方面专项资金1.25亿元,增长31.6%;向资源节约和生态建设倾斜,投入生态环境建设专项资金2.18亿元,增长25.1%。

【推进预算改革】改进预算编制方法,完善标准定额体系,科学编制年度收支预算。依法接受人大和审计部门对部门预算的审查监督,将财政局等7家部门的预算纳入人大重点审查范围。实施财、库、银预算信息数据联网对接,完善综合预算管理模式,将彩票公益金纳入基金预算范畴,暂停征收152项行政事业性收费,确保非税收入按规定及时、足额缴入专户。

【规范财政管理】严格资金流程控制,财政资金网上核拨和网上结报系统全面运行。政府采购规范运行,全年组织集中采购391批次,采购金额6754万元,节约资金546万元。健全非税收入征收管理的配套制度,出台罚没物资管理办法,试行财政票据电子化管理,规范单位执收行为。

【实施监督考核】协同纪委、审计等部门相继开展"双低"养老保险补贴等专项资金检查、国有资产专项检查、政府采购执行情况专项检查和街道财力情况调查工作,促进财政资金规范使用和国有资产管理水平提高。出台《下城区财政支出绩效评价实施意见》,实行100万元以上专项资金绩效自评工作,加大绩效评价宣传和辅导力度。完善国有资产动态管理,实行国有房产集中管理和公开招租,鼓励国有企业做大做强,保障国有资产的完全完整和保值增值。加强单位会计信息质量监督检查,规范会计执业行为,提高会计信息质量。

【树立财政干部形象】开展新一轮"思想解放大行动"和继续深化以"树新形象,创新业绩"活动为主线,结合专家讲座、业务培训、日常学习等形式,提高干部为民理财、依法理财、科学理财的本领。结合解放思想大行动和"树创"活动,围绕企业扶持、民生建设、区街财政体制调整等一系列工作中的难点热点问题,通过走访基层、召开座谈会等形式进行调研,虚心听取意见建议。2008年,下城区财政局被杭州市委组织部评为先进基层党组织,并连续第七年蝉联区行风先进单位荣誉称号。下城区预算外资金管理中心被评为省级青年文明号。

注:"1+X"财政扶持政策:"1"是指下城区委关于促进经济发展若干意见的文件;"X"是指下城区促进高新技术产业发展的财政扶持政策等十个加快经济发展的扶持政策。

(杭州市下城区财政局供稿 马英喆执笔)

杭州市江干区

【概况】2008年，江干区实现生产总值225.60亿元，比上年增长13.8%，其中第一、二、三产业增加值分别为1.40亿元、81.50亿元、142.70亿元，分别增长-20.6%、9.1%、17.0%。人均生产总值71482元。全区财政总收入46.63亿元，增长15.1%，其中地方财政收入为26.53亿元，增长18.4%；全区财政支出13亿元，增长23.2%。全区全年收支平衡，财政预算执行情况良好。

【壮大地方财力】坚持体制创新，完善以"属地管理、划分收支、核定基数、超收分成、转移支付、自求平衡"为主要内容的街道、镇财政管理体制，理顺财权与事权关系，激发街道、镇和科技经济园加快经济发展、加大税源培育积极性，发挥财政体制的引导和杠杆作用，街道、镇和科技经济园剔除房地产税收后的财政收入增幅为11.4%。完善财税工作协调机制，配合国地税部门依法治税，强化税源分析预测，及时掌握和消化外部形势变化对区域税收的影响，优化收入结构和财力结构，地方财政收入占财政收入的比重为56.9%，比上年提高1.3个百分点。

【推动产业转型】以推动地区产业转型升级为目标，转变支持经济发展的重点和方式，发挥财政资金的政策导向作用。完善产业发展扶持政策，会同相关部门制定推进经济发展方式转变加快构筑中心区产业体系若干政策的实施细则，鼓励和扶持文化创意产业发展，加大宣传和辅导，扩大财政政策的覆盖面和受益面，推动地区产业升级。加大财政投入力度，前期投入中小企业的创业引导基金1000万元，文化创意产业专项资金1000万元，用于扶持符合中心区产业发展导向的高新技术企业和文化创意产业；兑现财政综合资助资金4179万元，落实2007年度骨干企业表彰和企业技术创新等奖励资金705万元，及时拨付省市下达的各项产业资助资金3411万元，落实出口企业免抵增值税政策，增值税退税4.51亿元。指导企业用足、用好省市各项产业资助政策，组织申报省市产业扶持政策项目26类，申报项目企业77家，申报省市资助资金1427万元。

【优化支出结构】按照"增量优方向、存量调结构、增量带存量"的原则，优化财政支出结构，强化公共财政服务功能。加大支农投入。预算内支农支出按法定比例增长，落实支农投入"三个高于"的要求，预算内支出"三农"资金1646万元，增长18.5%。促进社会主义新农村建设。加大对文体科卫事业的投入。预算内投入文化体育经费839万元，增长37.7%，统筹安排体育创强专项经费452万元，完善群众性体育活动设施建设，保障省级"体育强区"的创建。预算内教育事业费支出按法定要求增长，落实义务教育阶段保障机制，全年免收学生杂费、课本费、作业本费、代办费和借读费等3190万元，全额纳入财政保障，其中区财政安排2214万元，比上年增加754万元，增长51.6%；安排学校布局调整专项资金1.02亿元，其中区财政安排7860万元，增长68%，促进基础教育优质均衡发展；加大学前教育投入力度，为创建学前教育达标区提供财力保障。加大科技投入，科技投入占财政支出比重4.4%，提高0.3个百分点，引导企业增加研发投入，促进企业自主创新能力的提高。完善卫生事业财政保障机制，加大社区公共卫生服务经费投入，安排社区卫生服务中心建设资金1800万元，落实社区卫生服务机构"收支两条线"改革，充分发挥社区卫生服务的公益性。加大社会保障投入。区本级安排征地农转非劳动年龄段以上人员生活补贴1072万元、农村困难群众医疗救助资金118万元、促进就业资金670万元、促进残疾人事业发展资金730万元，着力推进和谐社会建设。加大城市基础设施建设的投入。统筹安排背街小巷、截污纳管和庭院整治工程经费5420万元，河道整治经费7000万元，危旧房改善500万元，农贸市场改造提升800万元，绿化改善500万元。加大城市综合管理的资金投入力度，安排城乡道路(街巷)"洁化、序化"长效管理资金1.10亿元，增长61.8%，为打造"最清洁江干"、保障钱江新城核心区的精彩亮相和创建省级文明示范城区提供财力保障。

【加强国有资产监管】加强对政府投资项目的全过程监管，强化责任落实，与相关部门配合，加大督促考核力度，实施国有建设单位负责人年薪制考核、委派会计年度考核，确保年度目标任务和财务指标完成；会同有关单位制订政府性投资建设项目概算审核管理暂行办法，加强资金收支计划和项目实施计划有效对接，加强对各个项目全程跟踪服务，及时调剂资金供需；完善政府性投资项目会计核算规范化管理实施办法，制定《政府性投资项目竣工移交管理办法》、《财政资金拨付调度管理办法》、《基本建设概算管理办法》等一系列制度，确保项目建设、管理逐步规范化、制度化。加强对国有资产经营管理公司的债权债务管理，成立新一届国资公司董事会、监事会，全面清理旧账。

【深化财政改革】加强财政支出管理，完善差旅费、会议费、接待费三项费用标准，对党政机关的定额公用经费预算核减5%用于抗震救灾，推进节约型政府建设。深化部门预算改革，细化和规范部门预算编制，建立项目库，推进项目预算滚动管理。深化"收支两条线"改革，全面落实社区卫生服务机构"收支两条线"管理，健全政府非税收入监管机制。建立健全财政绩效评价制度，出台财政支出绩效评价办法，对财政资金在100万元以上的项目落实绩效自评制度，对农村劳动力素质培训工程、农村公共卫生服务和农产品加工技改扶持等项目实施重点评价。加强政府投资项目预算管理，完善财政财务监管，降低运行成本，实现规范化、制度化管理。加强政府性债务管理，完善偿债机制，积极化解风险。深化政府采购制度改革，加强政府采购管理，扩大政府采购范围和规模，全年政府采购资金节约率为14.8%。开展行政事业单位国有资产清查，深化行政事业单位房地产集中管理工作，加强行政事业单位资产管理。夯实会计基础工作，加强会计继续教育，严把会计从业资格关，强化会计管理职能。加强财政法制建设，开展财政普法活动，落实行政执法责任制，规范财政执法行为，全面推进依法理财工作。

【加强队伍建设】重视内部管理制度的建设和完善，强化班子建设，推行民主集中制，建立局长办公会议和科长工作例会制,加强集体领导和集体决策的科学化民主化。完善干部队伍教育培训制度,以思想政治建设为重点开展系统的理论教育活动,邀请专家领导开展十七大精神培训讲座、反腐倡廉教育讲座、十七届三中全会精神学习培训等。以业务能力提升为重点加强调研工作力度,组织开展"大项目建设与我的责任"主题活动,深入四季青服装交易中心和九堡科技经济园区参观学习,增强干部职工责任意识。争创满意单位,将行风监督员聘请范围扩大至村、社区主任,倾听基层对公共财政管理的心声,编印《江干财政通讯》发至全区人大代表、党代表、政协委员和村、社区主任,以点带面提高基层群众对财政工作的认知和理解。2008年区财政局获全区综合考评先进单位。

(杭州市江干区财政局供稿 赵大慧执笔)

杭州市拱墅区

【概况】2008年,拱墅区实现生产总值234.50亿元,比上年增长10.0%,其中:第一产业增加值0.37亿元,下降22.1%;第二产业增加值106.19亿元,增长2.4%;第三产业增加值127.94亿元,增长17.1%。全区财政总收入57.62亿元,增长15.1%,其中地方财政收入27.29亿元,增长13.5%;全区财政支出11.98亿元,增长58.3%。全区财政收支平衡。

【完善财政政策】面对宏观经济众多不利因素,及时调整、充实、完善财政政策。出台加快建筑业发展的有关政策,全区一级资质企业6家,建筑业全年累计入库税收2.78亿元,增长53.8%,其中地方财政收入2.14亿元。明确对文化创意产业的财政扶持政策,区内四大文化创意产业基地产生税收1398万元,增长105.6%。设立区创业投资引导基金,鼓励创立自主知识产权,促进中介服务业发展,吸引和鼓励留学人员创业,支持企业上市融资等。

【组织财政收入】加强与税务、工商、镇街道等多部门、多层次的协调配合,形成财政收入齐抓共管的工作机制。发挥财税共建平台作用,加强收入分析,配合做好重点税源企业税收征管。完善以税收为核心的考核体系,推动镇街道理财积极性,全年镇、街道地方财政收入11.65亿元,增长11.9%。完善税源监控联动机制作用,做好交叉企业清理,理顺企业税收关系,落实安商、亲商措施,做好税源稳定工作。理顺市场经营户税收关系,全年专业市场税收3.67亿元,增长40.3%。

【服务企业】选择100家有代表性的企业作为走访联系对象,掌握全区经济运行的第一手资料。组织召开银企座谈会,促进银企达成多项合作意向,帮助企业解决融资难问题。发挥担保公司作用,全年共为企业担保137笔,金额2.21亿元。帮助企业做好水利基金减免、行政事业性收费减征等工作,减轻企业负担。多渠道多方面争取资金,加大财政配套力度,全年共为300余家企业落实扶持资金5000万元。

【民生保障投入】全年新增财力投入民生的比例为92.4%。安排社会保障经费1.32亿元,加大就业与再就业投入,增加企业退休人员各项补助,提高市区征地农转非劳动年龄段以上人员生活补贴,加大对失地农民的培训扶持力度,扩大社会保障水平和覆盖面。安排资金740万元,推进农村生活污水处理、"千万农村劳动力素质培训"等工程建设。支持新型农村合作医疗发展,人均筹资标准提高到210元。四川大地震发生后,全区筹集2700余万元用于抗震救灾。

【社会事业投入】加大公益性项目投入,安排运河博物馆运作经费300万元、区体育场改扩建经费1100万元。落实资金1500万元用于义务教育阶段杂费、课本费、作业本费和各项代办服务费减免和取消后的财力保障。投入资金4200万元,用于学校建设改造。落实社区管理经费3450万元,促进社区和谐建设和发展。安排2100万元用于社区公共卫生服务中心人员住房补贴、社区公共卫生服务等支出。

【支持城市建设】多方位、多渠道筹集资金9.10亿元,保障"秀美拱墅"建设三年行动计划,推进城市大更新,改善城乡生活环境。其中,用于拱康路、沈半路、康桥路等道路建设和整治资金4.60亿元,安排胜利河、电厂河、上塘河沿线等河道整治经费3.35亿元,庭院改善、撤村建居地区环境整治7409万元,危旧房改善经费2800万元,背街小巷整治经费1130万元,优化城区环境。落实街面保序经费428万元,安排道路和街面保洁经费3347万元,支持打造最清洁城区。

【项目资金管理】实施区级项目资金支出预算管理办法,分类管理好各类项目资金。确定重点管理项目,建立项目管理电子档案,多方位监管项目资金。利用集中支付软件平台,进行即时跟踪管理,提高资金使用效率。清理规范各类专项资金,出台学前教育专项资金、水利专项资金、农业发展基金、信息化专项资金等管理办法,规范专项资金使用管理。

【财政集中支付管理】扩大集中支付的项目范围,新增庭院改善、截污纳管、背街小巷等重点建设项目。提高财政集中支付效率,实现预算单位支付业务网上即时结报。建立直接支付管理责任制,提高支付准确性。全年集中支付2800余笔,资金4.70亿元,比上年同期增加102.0%。

【规范政府采购】规范政府采购预算编制,加强对分散采购项目的前瞻性管理,开展区政府采购执行情况专项检查,促进采购工作规范化。

【国有单位长效管理】规范国有单位财经事项管理。制定出台《拱墅区国有单位财经事项报告制度》,对国有单位一般财经事项报告、重大财经事项批准等进行规范,包括资产的审批、监管程序。

【财政监督】强化事前、事中监督,对财政投资重大项目,将财政监督检查"关口"前移,做好事前介入审核把关、事中跟踪监控。开展单位监督检查,对上人代会审议的预算单位进行部门预算编制及执行情况的检查,加强预算约束力。开展运河博物馆、区图书馆运转经费调查,为预算安排提供依据。

【绩效评价】建立健全财政资金绩效评价体系,拓展绩效评价工作的深度和广度。出台《拱墅区财政支出绩效评价实施意见》,对开展绩效评价工作的原则、实施范围、评价重点、工程程序和规范等作出规定。开展残疾人就业保障金、工业企业技改、农村公共卫生、千万农村劳动力素质培训工程等项目的绩效评价工作，提高资金使用效益和效率。

【国有资产管理】加强行政事业单位国有资产动态监管，完善行政事业单位国有资产动态监管系统，利用信息化手段对固定资产进行全面监管、实时掌握。按照行政事业单位国有资产处置规程，把好资产处置关。加强行政事业单位经营性房产监管，全面清查区级国有经营性房产，出台《拱墅区行政事业单位房产出租管理暂行办法》，规范行政事业单位房产出租行为；对租赁到期房产进行公开招租，提升国有资产收益。

【队伍建设】局机关党支部作为全市试点，采用无候选人直选选举的方式选举产生了新一届支部委员会，并被评为年度区先进基层党组织。开展“树新形象、创新业绩”主题实践活动、“推动创新、再破难题”专项行动、十七大精神主题教育活动等学教活动，出台局综合考评实施办法实行量化考核，开展事业单位领导职位竞争上岗工作，组织财政清风宣讲队开展廉政宣讲，组织全局知识竞赛活动，完成《总部经济发展现状与对策》等九个调研课题，营造钻研业务、清正廉洁、积极向上的内部环境。

（杭州市拱墅区财政局供稿　罗敏翔执笔）

杭州市西湖区

【概况】2008 年，西湖区实现生产总值 366.74 亿元，比上年增长 13.2%。其中：第一产业增加值 3.93 亿元，增长 8.8%；第二产业增加值 76.93 亿元，增长 9.1%；第三产业增加值 285.88 亿元，增长 14.4%。全年财政总收入 67.54 亿元，增长 13.2%，其中，地方财政收入 38.37 亿元，增长 16.2%；财政支出 20.49 亿元，增长 27%。全区财政收支平衡，预算执行情况良好。

【培植地方财源】加强税源建设。开展市级下放企业走访专项服务活动，关心市级支持下放企业的发展，帮助企业解决实际困难，鼓励企业加快技术改造。兑现 2007 年财政扶持奖励资金 3750 万元，受资助企业 120 家次。出台中小企业产业引导基金管理办法，设立首期 5200 万元的创业投资引导基金，推出“平湖秋月”债券型基金，利用财政资金吸引社会资本投资企业，以不高于银行利率的水准对企业进行贷款，有效缓解中小企业融资难问题。培育发展楼宇经济。实施亿元楼培育计划，组织开展全区楼宇调查，启用楼宇经济税源监控系统，初步实现税源科学化、精细化管理。对全区 28 幢重点楼实行一对一的专管员模式。出台加快楼宇发展财政扶持政策，有 5 幢楼税收过亿元。

【推进财政改革】调整区以下财政体制，市区企业全部实行属地管理。调整之江转塘财政体制，理顺西湖区、之江度假区、转塘街道三者之间的关系，强化度假区对转塘街道的带动作用，加快之江转塘地区经济社会的统筹协调发展。拟定西湖科技经济区块和三墩镇财政管理体制。积极争取西湖区在高新区江北区块的税收利益。深化镇街部门预算改革，实现镇街部门预算和区级部门同步编审下达，并将项目支出统一纳入区国库集中支付中心支付。推进国库集中支付改革，全年支付各类资金 30.47 亿元，其中财政直接支付 19.37 亿元，增长 112.1%；加大项目完工即时追减结余资金的力度，完善项目结余资金管理，追减项目结余资金 6690 万元，增长 95.7%，使区级财政资金调度能力显著增强。严把政府采购关。理顺政府采购管理机制，搭建网上信息平台，加快采购审批程序，规范采购运作，依法加强对采购代理机构的监管，确保政府采购公平、公正、公开。全年政府采购预算 9662 万元，实际采购金额 8061 万元，资金节约率 16.6%。

【优化支出结构】加大“三农”投入，预算内农林水支出 1765 万元，增加 20%。通过调度预算内外财力，落实农民基本养老保险 1.30 亿元，新农村建设资金 2.40 亿元。加大“五强区”（经济、教育、卫生、科技、农业五强）创建投入。按全区一般预算支出的 5%筹集卫生支出，全年全区公共卫生经费筹资总额 5428 万元。科技支出占区本级一般预算支出的 4.6%，总额 3610 万元。加大对经济薄弱地区投入。安排双浦镇扶持发展专项资金 1600 万元和薄弱村扶持专项 500 万元。优化城乡环境，打造全国最美丽城区。预算内外投入庭院改造、支小路建设等基本建设项目 1.06 亿元（城建城管项目全区共筹资 3.98 亿元），创最清洁城区和街面保序 4000 万元，青山白化墓地治理 1100 万元。落实 1999 年前参加工作的在职职工住房补贴发放，累计发放住房补贴 1.8 亿元。

【国有资产监管】组织开展对全区行政事业单位房产清查工作，防止非税收入流失。健全制度完善国有资产管理，出台区级行政事业单位国有资产管理暂行办法、行政事业单位资产配置和国有资产处置实施细则（试行），完善全区资产管理制度，确保国有资产安全完整、保值增值。建立区级行政事业单位资产动态数据库，全区行政事业单位固定资产总额 18.21 亿元，增长 5.1%。该数据库可完整反映全区行政事业单位国有资产的存量和增减动态变化，实现实时动态管理。

【基本建设管控】做好政府负债资金管理。规范政府负债审批程序，编制负债计划和重点项目融资计划；拟定政府投资项目投融资资金统筹使用管理办法，根据集镇建设总指挥部体制调整的实际情况统筹调度资金，实现全区建设资金的统一融资、统一调度、统一管理，合理控制政府负债。强化项目预算审核管理。注重项目管理事前控制，前移审核关口，加强项目（概）预算审核，预算审核结果作为预算安排和资金支付的重要依据，从源头上控制支出。推进财政项目审核工作；加大对财政预算和区专款资金安排的项目投资控制力度，全年完成审核各类概、预、结三算 792 项（含两纵三横、西溪湿地、蒋村新区），送审金额 23.81 亿元，审定 17.07 亿元，核减 6.74 亿元，核减率 28.3%。

【财政监督管理】开展重点绩效评价。全年开展翠苑医院收支两条线、西湖莼菜保鲜技术及深加工、农村公共卫生服务、千万农村劳动力素质培训工程、区城管作业成本等 8 个项目的绩效评价工作。加强对企退人员社会化管理专项资金的监管，有效促进专项资金规范化管理。开展会计信息质量检查，查处不实金额169万元。完成上年度杭州市河道整治专项资金检查工作并开展财政转移支付资金动态监管。

【干部队伍建设】深化各项创建工作。开展十七大精神主题实践活动；组织开展“八路进财”(发展聚财、以地生财、勤俭节财、向上争财、管理挖财、服务护财、创新育财、规范理财)解放思想大行动专题活动，提出八路进财的重大课题，并贯彻落实到财政工作实际当中；举办十七大精神主题报告辅导，开展“有为与有位”大讨论，以深化满意单位创建工作。加强能力建设。以学习型组织创建为主线，开展开卷有益的读书活动；举办新《企业所得税法》等各类业务培训；成立四个课题组，完成经济薄弱村扶持研究等四大课题。区局获全省财政信息工作二等奖，财政综合办事服务大厅荣获“市模范集体”光荣称号，团支部获“市五四红旗团支部”称号。 (杭州市西湖区财政局供稿 葛潮鸣执笔)

杭州高新技术产业开发区(滨江)

【概况】2008年，全区实现生产总值261.07亿元，比上年增长16.5%。其中：第一产业增加值2.09亿元，第二产业增加值148.03亿元，第三产业增加值110.95亿元，分别增长10%、12.6%、42.9%。三次产业结构调整为0.8:56.7:42.5。全年财政总收入64.18亿元，增长12.6%，其中地方财政收入31.59亿元，增长11.5%；地方财政总支出25.05亿元，增长45.9%。全区财政收支平衡，预算执行情况良好。

【重扶持 增财源】以提高产业政策落实的质量和效率为目标，转变支持经济发展的重点和方式，发挥财政资金的政策导向和杠杆作用。落实产业扶持资金，全年一般预算安排产业扶持资金4.4亿元，占一般预算支出的21%。围绕产业扶持40条政策，深化科技人才激励、大学生创业、初创企业扶持、楼宇经济扶持等一系列创业创新政策。建立重点税源管理制度，开展“践行树创促服务、调研税源促发展”企业服务月活动，帮助企业用足用好政策，全年共组织申报省市产业扶持政策项目797个，立项449个，争取上级财政项目资助资金1.81亿元。实施以建立企业经营风险专项资金等财政工作七项举措，建立财政金融联席会议制度，实施中小企业项目贷款、订单贷款等金融新产品，帮助中小企业缓解融资瓶颈制约，为中小科技型企业提供融资担保服务。当年纳税50强企业(不包括房地产企业)年入库税收33.78亿元，增长24.6%，占财政总收入的比重52.6%，比上年提高5.1个百分点。

【保民生 优结构】按照“有压有保突出重点”的原则，控制一般性支出，调整和优化支出结构。提高财政对农业、教育、科技、卫生、社会保障、城市管理等领域的投入。全年安排农林水支出4044万元。按照普及和巩固义务教育、完善调整教育发展规划，统筹安排教育支出2.11亿元，促进教育均衡和谐发展。落实优扶帮扶各项政策，全年用于社会保障与就业资金1.51亿元，占一般预算支出的7.2%。加大卫生事业费投入，推进完善基本医疗保障制度，发展社区卫生服务，投入医疗卫生经费4194万元。保障城市基础设施建设、农转居住宅建设和城市管理，全年安排资金9.5亿元，占一般预算支出的45.4%。保障社会公共安全，全年安排公共安全支出6364万元。

【解难题 寻突破】创新融资方法和融资模式，建立财政金融联席会议，扩大与金融机构的合作面，缓解单家银行因融资规模小难以满足资金需求的矛盾，寻找财政金融合作双赢的最佳点，保障建设项目资金需求。拓展中小企业融资渠道，搭建创投平台，完善创投运作机制。杭州市创投服务中心落户滨江区，近40家创投机构进驻中心，集全市之力打造中小企业创业融资软环境。探索实施建设单位管理费预算管理模式。从建设单位管理费计提费率、计提基数、预算模式、奖励措施、专户管理等方面，完善和规范政府性投资项目建设管理费的使用，加大政府投资项目概预算审价管理力度，扩大概预算审查的量和面，利用社会中介机构力量，提高审查质量，配合做好招投标工作、政府采购工作。全年共批复概算项目56个，资金量46.8亿元；批复预算120个，资金量11.06亿元。

【强管理 推改革】通过制度建设和体制创新，着力解决财政运行中的矛盾，强化财政管理，推进各项改革。相继出台产业扶持资金预算管理办法、鼓励商贸服务业发展专项扶持资金管理办法、动漫游戏产业发展专项扶持资金管理办法，使产业扶持政策更加规范。制定出台区级行政机关会议费和差旅费管理办法；开展公务员津补贴调研及改革方案测算等，规范财政支出行为。加强街道财政管理，开展对街道及社区(村)财政运行情况的调研，建立村(社区)运行保障机制。深化“收支两条线”管理改革，制定出台“区罚没款收入罚缴分离银行代收操作办法”，落实罚没款收入罚缴分离银行代收工作，对票据管理、执法文书、罚没款收缴程序等进行规范。改革行政事业单位会计核算模式，理顺单位会计主体关系。加强财政支农资金管理，严把农业综合开发项目的审报、验收和资金拨付关，提高支农资金使用的安全有效。改革政府采购运行模式，实行管、采分离，将政府采购纳入区资源交易中心，独立履行集中采购的职能。全年实施采购396批次，完成实际采购金额4351万元。

【严监管 重绩效】开展财政支出绩效评价工作。制定出台“区财政支出绩效评价实施意见”，对工业企业技术改造财政资助项目、新型农村合作医疗基金项目和农村公共卫生等多个项目进行绩效评价。市区联动开展河道整治专项资金、水利建设资金等涉农资金专项检查。加强区级行政事业单位国有资产监管。巩固资产清查成果，对全区行政事业单位固定资产清查中有关资产变动事项进行审核批复，确保行政事业单位固定资产账实相符、资产清晰。启动实施基础设施投资公司、科技工业开发公司账务清理、清产核资及合并注销等工作。建立有效的企业资产经营业绩考核激励约束机制。制定并下发《对区属国有及国有控股企业2008年度实行资产经营业绩考核的指导意见》，实施企业资产经营业绩考核，提高国有资产的运作效率。联同区监察、审计等部门开展政府采购执行情况专项检查。

【重教育 增素质】重视内部管理制度建设和完善，强化班子建设，推行民主集中制，建立局长办公会议和局务会工作例会制。完善干部队伍教育培训制度，制订干部教育培训和党风廉政建设宣传教育计划，以思想政治建设为重点开展系统理论教育活动，开展新一轮解放思想大行动活动；开展党的十七大精神宣传教育和拓展“树新形象、创新业绩”主题实践活动，组织开展党风廉政建设专题讲座，进一步增强干部职工的学习意识和廉洁意识。建立重点工作项目化管理制度，确保重点工作内容、时间安排、责任部门、配合部门、分管领导“五到位”，实行年中核查、年末考核。强化内部保障制度建设，修订完善局内部目标考核细则，规范局公务接待、干部休假等管理制度。

（杭州高新技术产业开发区（滨江）财政局供稿 汤萍萍执笔）

杭州市萧山区

【概况】2008年，萧山区实现生产总值986.50亿元，比上年增长10.5%；三次产业增加值依次为40.13亿元、632.87亿元和313.50亿元，分别增长1.0%、10.2%和15.8%；三次产业增加值占生产总值比重分别为4.1%、64.1%和31.8%；人均生产总值81567元。全区财政总收入126.80亿元，增长13.6%，其中地方财政收入63.18亿元，增长17.3%；财政总支出60.46亿元，增长28.6%。按现行财政体制计算，全年可用资金为62.93亿元，增长23.7%。财政可用资金与财政支出相抵，年末财政滚存结余2.48亿元，财政收支实现总体平衡。

【财政收入管理】强化征管基础。建立对区百强企业、集团企业、优势成长型企业、苗子型企业、各镇街所财政收入的分析监控机制；完善纺织、化纤、建筑行业税收管理制度；加强对重点税源、零星分散税源的控管，夯实征管基础。严格收入征收。加强对营业税、个人所得税、地方七税的征收，全年入库营业税17.98亿元，增长12.6%，入库个人所得税7.44亿元，增长19.7%，入库地方七税13.30亿元，增长67.1%；强化税务稽查和纳税评估，全年共检查各类纳税人404户，查补金额4230万元，评估企业1329户，补缴税（费）款5353万元；做好社会保险费“五费合征”和企业自行申报工作，全年共入库社会保险费15.36亿元，增长31.2%；同时做好企业工会经费征收工作，全年征收2729万元。优化收入结构。通过加强地方性财政收入征管，财政收入结构进一步优化，全年地方财政收入增幅高于财政总收入增幅3.6个百分点，地方财政收入占财政总收入的比重为49.8%，比上年提高1.5个百分点。

【财政支出管理】加强预算管理。全面实行部门预算上人代会工作；启动四平台预算编制备案工作；实行“校财区管”，将各镇九年制义务教育学校经费全部纳入教育结算中心结算；落实镇级政府性债务管理办法和实施细则，有效防范和化解债务风险。加强资金管理。压缩公用经费5%以及安排上年地方财政收入1%支持抗震救灾工作；56家二级预算单位进入会计结算中心集中结算；出台区级行政事业类专项资金结余管理办法，对沉淀在部门的结余资金进行清理、整合。加强财政监督。完善绩效评价制度，制订财政支出绩效评价办法、实施意见、内部协调制度及专家评审办法，对16个支出项目开展绩效评价，涉及资金2.40亿元；强化政府性投资项目审价管理，全年审价核减资金17.63亿元，核减率14.5%。

【落实政策帮扶企业】针对加速下行的经济形势，及时出台和落实一系列支持企业发展的财税政策，主要有：调整城镇土地使用税等级和适用税额，全年企业少缴税款2.00亿元；暂停152项行政事业性收费项目，财政减收6500万元；贯彻基本养老保险单位缴费费率下调1个百分点和停征1个月政策，减轻企业负担1.40亿元；设立5亿元政府应急专项资金，用于企业短期还贷资金周转，缓解企业信贷压力；设立3000万元外贸扶持资金，支持外贸出口企业转型升级；设立专项资金，对全区金融机构进行考核奖励，鼓励金融部门优化信贷结构，加大信贷投入力度，帮助企业渡过难关。

【支持经济转型升级】加快发展现代农业。安排资金3600万元，支持发展总部农业、强队农业、精品农业、休闲农业和服务农业。加大对种子种苗、农产品加工企业技改贴息以及农民专业合作社的补助力度，加大新型农业机械扶持和推广力度，提升现代农业机械化水平。完善工业扶持政策。支持汽车产业和新型无污染重化工业发展，支持自主创新体系建设，加快高新技术产业培育、重大科技项目攻关和创新平台搭建，提高企业自主创新能力，实施苗子型工业企业三年培育工程。全年共兑现工业方面的各类扶持资金3.46亿元，增长101.2%。支持发展现代服务业。安排专项资金3500万元，扶持旅游、商贸、物流业发展，加快推进旅游“1010”和商贸“双十”工程建设；出资4亿元建立空港经济投资公司，为空港经济发展提供平台支撑；按照企业主辅分离发展服务业的要求，支持工业企业将为生产、销售服务的产业从主营业务剥离，推动生产性服务业发展。

【民生工程建设】优化财政支出结构，提高地方公共产品保障能力。全年用于民生方面的支出46.57亿元，其中新增支出12.28亿元，占新增财力的91.0%。推进教育事业发展。设立1000万元农村学校校舍维修改造专项资金，改善农村办学条件；投入资金1.57亿元，保证学校新建、迁建工程的实施；安排资金2200万元，对民办教育和职业教育进行奖励补助。支持卫生强区建设。分别投入3043万元和8942万元，推进镇村两级社区卫生服务机构建设和区一医院门诊综合楼等建设；加大对区级医院和社区卫生服务机构医疗设备购置的补助力度，提高全区医疗设备技术含量。促进文体事业繁荣。投入资金1.54亿元，加快跨湖桥遗址公园、新档案馆、博物馆和镇、村图书馆建设；安排资金2200万元支持体育中心二期、镇街体育基础设施建设。提高社会保障水平。全年通过财政安排的社会保障支出4亿元，其中新增补助资金1.40亿元，用于农村居民养老保险、城镇老年居民生活保障、城镇居民基本医疗保险、企业在职人员门诊医疗保险、征地农转非人员养老保障等五项“社保新政”的落实；新增资金3980万元，提高新型农村合作医疗和城乡最低生活保障标准。

【国有资产管理】根据国有资产实行有进有退的管理要求，做好萧山二轻购物中心国有股权的公开退出工作；落实资金1.50亿元，完成对民办远东外国语学校的收购工作。按照国进民退、公长分离、区内整合、市区对接的要求，做好公交一体化工作，新增交通发展公司注册资本1亿元，安排收购资金5640万元，支持公交一体化改造。加强资产评估工作，全年完成资产评估项目核准11个，资产评估价值77.77亿元，增值30.2%，净资产评估价值46.56亿元，增值61.8%；评估项目备案1个，评估价值773万元；收缴国有资产1.36亿元，拨付改革成本3170万元。做好日常行政事业单位资产调剂、报废、处置的审查和监管工作，全年行政事业单位处置资产收入共计891万元，资产增值率为25.0%。

【会计管理】在全省首创会计继续教育网上报名、培训、考试制度；开展对部分行政事业单位和交通运输企业的会计信息质量检查，对违法违规单位和个人依法处置。严把会计资格准入关，全年共发新证2538本；做好各类会计考试的报名、考务工作，组织职高、财会中专等学校的珠算等级鉴定，有318人次参加珠算等级鉴定考试，发放等级证书149本。

【干部队伍建设】提升干部素质。创新全员培训方式，与浙江大学经济学院联合办学，邀请6名专家学者对干部进行全员培训；弘扬财税正气，开展以“说说身边闪光点”为主题的征文活动，共收到文章224篇，从中评选出70篇获奖文章，开展交流活动；以考促学，组织开展征管能手和稽查能手考试，建立局级人才库；开展网络在线题库考试和“每周一题”知识竞赛，调动干部学习积极性。规范管理行为。发挥行风廉政监督员的作用，组织开展相互交叉的明查暗访活动；成立局效能检查组并对局机关及各窗口单位不定期进行明查暗访；更新、统一了局系统工作人员的去向牌，改进工作作风。加强廉政建设。在全体干部中征集“我的人生座右铭——廉政格言”203条；开展警示教育和风险教育，组织52名中层以上干部旁听职务犯罪典型案例庭审；对干部作风和廉洁自律问题进行大排查，防患于未然；举办“廉政文化”书画摄影展，收到各类作品56件，将廉政格言和书画作品在办公区域展示，增强廉政文化宣传氛围。

（杭州市萧山区财政局供稿　吴水忠执笔）

杭州市余杭区

【概况】2008年，余杭区实现生产总值501.92亿元，比上年增长11.1%。其中：第一产业增加值31.97亿元，下降1.0%；第二产业增加值286.45亿元，增长8.3%；第三产业增加值183.50亿元，增长18.5%。人均GDP为60320元。全区财政总收入82.50亿元，增长25.4%，其中地方财政收入48.20亿元，增长31.0%；全区财政支出44.59亿元，增长22.8%。全年财政收支平衡。

【帮扶企业】出台扶持政策。汇编《余杭区支持工业经济发展财政税收优惠政策》，形成政策组合拳，帮助企业渡过难关；出台《余杭区创业投资引导基金管理办法》，安排专项资金3000万元支持商业性创业投资企业的设立与发展；制定外贸扶持政策，加大对外贸支持力度，促进出口转型升级；出台《余杭区科技企业孵化器种子资金使用管理暂行办法》，设立种子资金500万元，培育高新技术企业和科技型企业；出台房地产业扶持政策，支持房地产业稳定健康发展；制定创意产业扶持政策，加快创意产业发展。兑现扶持资金。全年兑现支持企业发展的补助资金3.79亿元，增长51.5%，其中：工业经济发展资金2.47亿元，科技创新资金6375万元，现代服务业发展资金5197万元，旅游发展资金1621万元。优化服务举措。按照“送服务、创新业”活动要求，开展“百名党员访企业”活动，走访企业100余家，为企业提供政策服务；在媒体上公开财税政策，方便纳税人浏览；举办辅导培训班，为全区200余家重点工业企业详细讲解财税扶持政策。

【财政收入】建立“重点税源重点管、一般税源规范管、零星税源协同管”的新型税源管理模式，健全税源分析体系，实现对税收收入情况及形势的全方位监控。开展企业主辅业分离工作，鼓励39户企业分离出服务业，增加地方税费864万元。加强个人出租房税收征管，增加地方税费515万元。坚持“抓大不放小”工作思路，抓好地方小税种征管，提高矿产资源税单位税额，增收736万元；扩大房产税征收范围，增收1484万元；完善印花税征收办法，增收431万元。坚持“税费并举”，加强非税收入征管，全年共征收水利建设专项资金1.34亿元，增长24.9%；代征残疾人就业保障金3778万元，增长26.1%；征收教育费附加和地方教育附加2.11亿元，增长31.1%；征收社会保险费收入12.89亿元，增长48.7%。

【民生支出】支持新农村建设。全年用于“三农”支出35.75亿元，增长20.8%；完善扶持粮食生产等财政政策，加强粮食安全体系建设，重点支持农业农村发展中的关键环节和重点领域；建立全区农民直补网络系统，通过“一折通”将1430万元综合直补资金发放到全区14.2万农户。支持社会事业全面发展。加大教育投入，全年教育支出10.03亿元，增长18.3%，其中：教育基础设施投入2.60亿元；免除义务教育学杂费514万元；免除课本费、作业本费3215万元；加大社保投入，全年社会保障和就业支出2.61亿元，增长40.4%；支持医疗卫生体制改革和社会医疗救助体系建设，加大对农村低保家庭等困难人群的医疗救助力度，全年医疗卫生支出2.78亿元，增长50.6%；加大公益文化投入和文化遗产保护力度，支持农村公共文化服务体系建设，全年文化体育与传媒支出1.45亿元，增长52.2%；加大生态环保投入，支持“清洁·绿化余杭”等环境治理工作，全年环境保护支出10.67亿元，增长50.3%。支援抗震救灾。调减部门公用经费预算5%，安排地方财政收入的1%，用于支持青川灾后恢复重建。

【财政改革】推进综合预算改革，将预算内外收入全部纳入预算指标系统管理，提高预算管理的科学化、精细化水平。加强部门预算管理，将区交通局、区安监局和区农业局的部门预算草案送区十三届人大二次会议审议并获通过。推进新一轮镇乡、街道财政管理体制改革，提高镇乡、街道财政管理水平。推进国库集中支付改革，实现财政集中支付逐步向国库集中支付机制过渡。建立基建项目资金财政直拨制度，选择体育馆修缮工程、劳动技校实习工场两个工程进行试点，全年直接拨付建设资金493万元。推进土地出让金分配制度改革，建立二手房交易计准价体系，加强对二手房交易税收的控管。建立财政预算执行信息管理系统，实现支出科室全覆盖。加快政府采购改革步伐，完成车辆定点维修和纸张定点供应的公开招标工作，扩大协议采购范围，采用二次竞价方式，解决协议采购价格偏高问题，全年全区政府采购预算25.70亿元（其中建筑工程项目预算23.74亿元），实际采购金额21.04亿元（其中建筑工程项目预算19.36亿元），节约资金4.66亿元，节约率18.1%。

【财政资金管理】汇编专项资金实施细则，指导全区专项资金规范使用。严格控制部门支出，对单位无预算指标、超预算指标、无收入的各类支出实行计算机控制。制订出台会议费和差旅费管理办法，规范会议费、差旅费支出。建立预算执行会计信息专网系统，37家行政事业单位进入系统运行。做好152项行政事业性收费暂停征收的情况调研和减收测算。推行财政支农项目管理制度，加强和规范财政支农资金管理。修订农业综合开发资金管理办法，规范项目资金管理机制。

【财政监督】完善绩效评价体系，制定出台《余杭区财政支出绩效评价实施办法》，完善绩效评价专家库和项目库建设。参与2007年度危桥项目和通村联网项目的验收和检查，节约财政补助资金569万元。开展工业发展专项资金的监督检查工作。联合区民政局等部门对全区50个社区的2004-2007年社区资金和社区财务收支情况进行检查。开展会计信息质量检查，提出整改意见25条。

【基建审核】实行标底预算审查制度，对区法院大楼室内装修工程等122个项目的标底预算进行审核，核减资金1.37亿元，核减率为3.21%。把好项目前期论证关，强化项目投资概算审核，审核同意立项162个，总投资111.15亿元，核减投资概算额12.84亿元，核减率为10.4%。做好工程竣工决算审查，完成决算项目34个，决算金额9.7亿元，核减资金5160万元，核减率为5.05%。

【会计工作】落实会计从业资格证书申领、会计人员继续教育、会计资格考试、会计从业资格考试等工作。专题调查会计代理记账机构的设立条件、业务开展以及《小企业会计制度》执行情况，提出相关工作措施。完善会计服务平台，实现会计类考试网上报名，提高工作效率。

【项目化管理】引入项目化管理理念，制定项目实施的申报制度、督查制度和绩效评价制度，按照“工作项目化、项目目标化、目标责任化、责任考评化”的要求，对全局55项重点、创新工作实施项目化管理，确保财政工作取得实效。

【队伍建设】强化作风建设。开展以“学习型、法治型、服务型、创新型、廉洁型”机关建设为载体的“十七大”精神主题宣传教育，深化拓展“树新形象、创新业绩”教育实践活动。推进财税文化建设。建立多元化干部教育培训机制，实行分类、按岗、按需的全员培训；开展“读好书”活动，推荐《态度改变人生》等书籍供干部职工阅读。开展能手竞赛活动，全局共114名干部报名参加；建立学习型文体兴趣小组活动长效管理机制，开展乒乓、登山、书法等11个兴趣小组活动。加强党风廉政建设。建立反腐倡廉惩防体系，与各责任单位签订廉政责任状，确保反腐倡廉工作落到实处；开展党风廉政教育，不定期放映电教片，进行正反面典型教育；邀请43名特邀监督员通过走访等形式，督查存在的问题。献爱心，尽社会责任。四川汶川发生特大地震后，局机关、基层单位、下属单位主动为地震灾区捐款560余万元，党员干部以“特殊党费”的形式，支援灾区灾后重建。

（杭州市余杭区财政局供稿 王贤铭执笔）

富阳市

【概况】2008年，富阳市实现生产总值342.9亿元，比上年增长12.6%。其中：第一产业增加值23.5亿元，增长6.1%；第二产业增加值218.6亿元，增长13.8 %；第三产业增加值100.8亿元，增长11.8%。一、二、三产业增加值占GDP的比重分别为6.9:63.7:29.4。人均生产总值53440元，增长20.4%。全市财政总收入45.07亿元，增长16.3%，其中地方财政收入23.58亿元，增长15.3%；财政支出23.92亿元，增长18.9%。全年财政收支平衡，略有结余。

【支持经济发展】筹措支农资金。安排预算内支农资金2.61亿元，增长13.6%；筹措其他各项支农资金2亿多元，主要用于农业基础设施、村庄环境保护设施建设，优化农业产业结构布局，提升产业化水平及提高农民生活质量。扶持和发展地方经济。新出台地方扶持经济发展政策8项，市本级下达补助和奖励资金1.33亿元。对7个“一企一策”的扶持项目拨付补助和奖励资金3838万元，全市重点工业投入项目35个，财政补助金额2540万元。向省、杭州市两级争取工业经济发展类扶持资金5775万元。成立中小企业风险基金管理中心，与交通银行合作，首批13家企业得到授信，新增融资额度2亿元。促进房地产市场健康稳定发展，12月出台相关扶持政策。推进农业综合开发工作。总投资2719万元的万市南新畈、洞桥广陵畈中低产田改造项目等及杭富罐头食品有限公司承建的“1800吨调味笋精加工扩建项目”中，中央财政扶持资金658万元，省财政扶持资金632万元，市级财政配套资金525万元，自筹资金904万元。

【优化收入结构】开展国、地税个体共管户联合征管，开发国、地税共管平台，建立国、地税个体税收信息共享。制定《纳税人行业分类管理办法》，完成对纳税人按小行业进行分类，锁定各行业户数。出台饮食、运输等行业管理办法，全市1960家餐饮业和1934家运输业全部纳入行业管理的轨道，其中餐饮业税收收入增长13%。按照“评估一个行业，规范管理一个行业”的目标，组织开展美容美发业、旅店业、餐饮业、广告业等行业的专项纳税评估，完善共性和个性评估指标，结案177户，补缴税费270余万元。其中地方七税增长41.3%。对占地方税收收入48%的房地产开发、建筑业实行项目管理，提高管理质量和效率。征收契、耕两税收入 1.96 亿元。

【非税收入征管】出台《政府非税收入管理实施细则》，从制度上对非税收入的征收、分类、票据、预算、监督管理等方面进行明确。做好行政事业性收费清理工作，其中退付工商两费 179 万元。做好行政事业性单位罚没财物的拍卖上缴和处置备案工作，罚没收入 8707 万元。规范土地出让金管理，征缴土地出让金 19.38 亿元，成本支出 8.43 亿元，实现净收益 4.06 亿元。强化各项专项资金管理，采矿权拍卖 5280 万元，采砂权拍卖 676 万元，户外横幅广告拍卖 162 万元。

【支出管理】建立以痕迹管理为重点，以绩效评价为导向，以监督考核为保障的支出管理体系，全面改进和强化财政支出管理。按照综合预算的要求，统筹统揽政府财力，编制全市财力总预算，并以大财政报表形式，每月反映收支进度并附分析，建立预算编制标准体系，修订各项定额标准。65 个市级主管部门、涉及独立核算二级预算单位的 125 个部门预算全部递交市人大常委会审议，同时将列入部门预算支出的一般预算、基金预算、财政预算外和财政专户及政府性投资项目预算安排草案一并递交人大常委会审议。强化专项资金管理，出台《富阳市项目资金管理暂行办法》，明确政府项目、部门项目从立项、筛选、下达、执行、监督等全过程规范操作办法。编制政府投资项目收支计划，出台一系列政府投资项目管理办法及操作流程，全年完成项目投资 12.64 亿元。加强政府投资项目全过程审核，成立政府投资项目评审中心，组织开展项目评审工作，共审核项目 68 个，审定金额 16.06 亿元，审核调整率为 6%，净核减金额 6977 万元。做好规范公务员津贴补贴工作。制定、汇编政府投融资管理、项目资金管理、乡镇财政财务管理等七大类制度，实行制度化管理。探索和推进财政支出绩效评价工作，对“三公”支出以大财政报表形式按月通报，构建起财政支出绩效评价工作框架。做好政府采购监管工作，全年共组织监督政府采购 156 次，采购金额 4.05 亿元，节约资金 8173 万元，节支率 16.8%。

【民生投入】全年财政民生支出 19.15 亿元，占地方财政支出比重 80%，增长 19.2%，民生支出增量占新增财力的 81.4%。推进新农村建设进程，完善农村医疗健康保障制度和养老保险制度，繁荣农村教育、文体、旅游事业。提高社会保障能力，缓解就业压力。提高企业退休人员的生活补贴和节日慰问费，向 70 岁以上老人发放生活补贴等。加强环境保护和生态建设，搞好铁路、公路沿线及风景名胜等区域环境整治、杭千沿线绿化工程、坟墓整治、“811”环境治理、清洁城乡治理工程等。健全义务教育保障机制，除了免除义务教育阶段课本费、杂费及职业教育发放助学金等外，加大对教育债务的清欠力度，全年从教育附加结余以及预算内、当年教育附加收入中安排 1 亿多元资金用于消债。

【建立考核激励机制】实行政府性存款同政府性贷款挂钩联动机制，鼓励金融机构争取政府项目贷款并确保政府贷款不挤占、少挤占本市企业性贷款。实行乡镇“一保两挂”考核机制，乡镇财政总收入平稳增长，平均增幅 21%，实现收支综合平衡。出台《富阳市乡镇“消赤消债”三年计划考核办法》，制定下达教育债务两年、乡镇债务 3 年和工业园区 5 年的“消赤消债”计划。经过一年运作，各乡镇街道共消债 1.47 亿元，其中园区消债 7903 万元，完成年度任务 115.7%，占全部债务的 30%，21 个乡镇完成年度考核任务。实行大企业贡献考核激励机制，按季对全市企业纳税、工业企业亩产税收进行评价公示，实现税收优惠扶持政策与企业税收贡献相挂钩。实行政府经营性资产经营者、管理者的经营目标、经营业绩考核奖励，开展资产经营公司经营业绩考核和年薪制试点，分别与市工贸资产经营公司和市百合集团公司签订经营业绩考核责任书。

【投融资管理】全面统筹政府性资金、资产、资源，并运用市场经济手段实现资源配置最优化。推行行政事业单位房地产集中管理。根据“权属清晰、管理统一、处置公开、利用高效”的原则，对市本级 64 个部门的机关事业单位全面实施房地产集中管理。完成首批 58 处经营性用房的公开拍租，成交金额 272 万元，比原租金翻一番。做大做强投融资平台。先后组建浙江富阳经济开发区建设投资有限公司、杭州富阳运动休闲产业投资有限公司 2 个投融资平台和新登新区、场口新区、银湖新区、鹿山新区、科创园和 320 国道建设等 6 个项目公司。制订并实施《富阳市政府投资机构管理暂行办法》等制度，初步建立起完整的经营管理操作平台。推进融资方式创新。在向金融机构贷款直接融资的基础上，开展承兑汇票、信托、BT 等新的融资方式，强化与国家开发银行及市内外金融机构的协作，增加融资规模，提高 5 年及以上项目贷款占融资总量的比重，优化政府投资项目融资结构。全年政府投资机构共融资 27.52 亿元，为计划的 131.1%；整合平台，制定企业债券发行方案，通过发行企业债券来调整政府性负债的结构，降低融资成本。

【干部队伍建设】加强作风纪律建设。以“效能建设”为主线，出台《工作督查规程》，开展半年度各单位督查和日常工作督查，对 11 个重点岗位干部的工作进行评议，编发《督查通报》4 期。培养各类专业人才。出台《关于建立局“专业人才库”机制的实施意见》，通过公共知识和专业知识考试等程序，从 110 名应试者中选拔出 20 人为理财、征管、稽查及计算机操作类的人才库人员。开展干部教育培训。通过集中培训、各线自行组织培训和网上培训等，共组织培训 20 余次，累计参加培训 1500 多人次。发挥群团组织作用。组建篮球等 15 个文体活动兴趣小组，培养干部职工高尚情趣。局会计核算中心被授予“全国巾帼文明岗”，场口财政所被评为杭州市先进团支部。开展各项关爱社会、帮困结对活动。全局干部职工向汶川地震灾区捐款 29.37 万元，结对困难户 128 户，送去慰问金和慰问品 10 万余元。

（富阳市财政局供稿 刘学文执笔）

建德市

【概况】2008 年，建德市实现生产总值 162.27 亿元，比上年增长 11.6%。其中：第一产业增加值 19.07 亿元，增长 7.9 %；第二产业增加值 96.94 亿元，增长 11%，第三产业增加值 46.26 亿元，增长 14.4%。一、二、三产业增加值占生产总值的比重分别为 11.8%、59.7%、28.5%。人均生产总值 31706 元，增长 17.4%。全市财政总收入 19.41 亿元，其中地方财政收入 9.69 亿元，增长

15%;地方财政支出12.36亿元,增长19.2%。全年财政实现收支平衡。

【支持经济发展】应对宏观经济变化,出台减轻企业负担的实施意见,明确税收优惠政策,配套落实相应的办法和程序。完善工业功能区扶持奖励政策,调整功能区基础设施扶持、技改资助、担保机构资助的方式,建立工业功能区封闭运行体制机制,推进乡镇工业平台建设。整合财政扶持经济政策,出台扶持工业经济、服务业发展的新政策,修订"金融贡献奖"政策、设立创业投资引导基金,在支持重点产业发展的同时,扶持服务业、休闲旅游业、物流业等二、三产业发展。全年一般预算累计兑现招商引资、工业功能区及封闭运行资助、技改资助、外经外贸扶持等资金8606万元,加上土地出让金政策资助等,全年财政综合预算内安排扶持资金3.54亿元;兑现减免退税1.12亿元;社会保险费缴费比例临时性下浮政策减征2436万元。

【组织财政收入】按照"均衡入库、持续增长、优化结构、调控有力"的目标,组织各项收入。加强财政和国、地税之间的分工协作,完善联席会议制度,强化征管信息沟通,形成工作合力。夯实税收征管基础,着力抓好户籍登记、发票管理、申报纳税、信息数据等基础性工作。在加强重点税源监控的同时,加大地方小税种征管力度,以推进工业企业运输业务分离为抓手,加强运输营业税征管,开展建筑行业税收清理,挖掘营业税增长潜力。按照"数据采集—数据分析—纳税评估—税务稽查—税务考核"五位一体的征管要求,做好纳税评估工作。调整工作重点,加强土地出让金收入以及国有资源、国有资产有偿使用收入的管理,规范其他行政事业性收费管理,建立非税收入执收管理责任制度。

【拓展财源】通过国有资产运作、项目申报等模式加大融资力度,规范国有资产经营,增加国有资产收益,缓解财政支出压力。加强国有资源性资产调研,整合公共资源,为提升国有资产效益做好基础工作。规范公共资源的市场运作以及土地储备的基础工作,拓展土地第二财源的发展后劲,将土地出让金全额缴入国库,纳入基金预算管理,规范土地出让金成本核算。及时申报市场前景好、科技含量高、带动作用大、有利于培植地方财源的项目,向上争取各级财力支持,增强经济发展后劲。

【保障民生支出】加大支农支出力度。全年一般预算支农支出1.58亿元,增长16.1%;整合支农资金,多渠道投入新农村建设资金6.8亿元。扶持教育事业发展。深化义务教育经费保障机制改革,有序化解义务教育负债;落实农村教师任教津贴政策,实行农村边远学校教师支教津贴,落实职业教育奖、助学金及农村预备劳动力培训等资金。全年一般预算教育支出3.62亿元,增长17.9%。增加科技投入。全年一般预算科技支出6424万元,增长29.1%,主要用于企业扶优扶强、促进中小企业技术进步和科技三项费用。支持就业和社会保障体系建设。提高城镇居民医疗保险、新型农村合作医疗、企业退休人员基本养老金、城乡最低生活保障、各类优抚对象抚恤补助水平,实施残疾人共享小康工程,促进再就业工程。全年社会保障和就业支出7547万元,增长28.8%。支持其他社会各项事业发展。全年医疗卫生支出10581万元,增长22.7%;环境保护支出4699万元,增长33.3%;文化体育与传媒支出2304万元,增长10.5%。压缩一般性支出,全年一般公共服务支出2.20亿元,增幅为11.3%,低于上年增幅5.2个百分点。

【财政管理改革】深化部门预算管理改革,重点加强专项资金管理,根据项目资金的性质和使用要求,将项目分成一类项目和二类项目实行分类管理,并设置"专项事务经费"。扩大财政直接支付范围,在上年10项资金直接支付基础上,对一类专项经费全部实施集中支付,全年财政直接支付共计10.1亿元(包括预算内外),增长110%。推进政府采购进程,规范政府采购程序、拓展政府采购领域。全年政府采购节省资金411万元,资金节约率9.7%。建立国有资产管理信息系统,深化行政事业单位国有资产管理。试行绩效评价,建立单位自评、主管部门和财政部门联评的三方评价机制,利用科学的指标体系和评价标准对财政资金使用进行"追踪问效"。加强政府投资项目管理,从规范中介管理入手,强化基建审价,全年审核项目金额7.21亿元,核减1990万元,核减率为2.8%。探索乡镇财政财务管理新思路,对全市乡镇(街道)10项财政财务管理制度实行符合性测试,对7个重点乡镇(街道)试行"乡债县管"制度,加强乡镇财政管理,防范财政风险。

【加强队伍建设】以上台阶项目为载体,强化工作职能。针对财政工作的重点和难点,实施项目化管理,共制订局领导牵头项目与科室分局上台阶项目50个,实时上台阶项目进度督查,以"工作项目化,项目可量化,量化可考核"的方式,推进财政工作整体水平提升。倡导"快乐工作、健康生活"理念,培植"和谐财税"文化。建立文体兴趣小组,成立自行车越野、羽毛球、太极跳操、乒乓球等活动小组,组织各种比赛活动。构筑自律守廉、述廉,自觉尊廉、倡廉,自主助廉、护廉的"三自六廉"的廉政文化建设体系,营造廉政教育阵地、廉政警示现场、廉政文化平台、"廉洁的干部——平安的家"主题为主要内容的"三点一题"廉政文化氛围,创建杭州市廉政文化示范点。完善相关制度,规范办事程序和执法规范,推进机关效能作风建设和党风廉政建设。以创建学习型组织为契机,提升财税干部综合素质。从基本学风抓起,形成周学制、月讲坛、季竞赛、年轮训为主要形式的干部学习培训制度,从"学习、思考、实践、总结"系统推进上下工夫;以"一季一题争明星"活动为载体,推出局领导示范讲坛、中层干部学习体会讲坛、业务骨干学习运用讲坛等"三个学习讲坛";开展"全员读书"活动,建立中心组引领、干部学习日和学分制考核,评学、考学的"3+2"学习机制,使干部能动学习、自觉学习,提升干部综合素质。 (建德市财政局供稿 袁绍红执笔)

临安市

【概况】2008年,临安市实现生产总值229.17亿元,增长11.2%。其中:第一产业增加值22.80亿元,增长7.9%;第二产业增加值137.83亿元,增长10.6%;第三产业增加值68.54亿元,增长13.7%。一、二、三产业增加值占GDP的比重分别为10.0:

60.1:29.9。人均生产总值43531元,增长17.2%。全市财政总收入22.44亿元,增长20.0%,其中地方财政收入11.66亿元,增长19.1%;全市财政总支出14.82亿元,增长27.7%。全年财政实现收支平衡,略有节余。

【支持经济发展】会同有关部门制定产业发展四个"三年行动计划",调整完善外贸发展扶持政策,出台扶持经济发展的"18条"措施,全年安排工业发展专项资金6000万元,向上争取和市本级兑现技改贴息、科技创新和商贸业发展等专项资金8871万元。推进农业综合开发工作,制定财政支农资金管理暂行办法,落实各类支农资金2.46亿元,向上争取各类涉农补助资金1.94亿元,完成上年度农业综合开发项目建设,争取到农业综合开发项目两个。完善财政体制,制定临安市经济开发区财政体制,调整完善新一轮市对乡财政体制,增强乡镇(街道)增收节支积极性。

【减税让利扶持企业】实施房屋交易契税最低计税价格政策,对符合条件的企业落实房产税、土地使用税和水利建设专项资金减免政策,调低企业(个人)所得税核定征收应税所得率,对企业社会保险费缴费比例实行相当于减征一个月额度的临时性下调,制定出台税收政策执行绩效评价管理办法,全年减轻企业负担1.30亿元。

【组织财政收入】加强税费调查、分析、预测和监控工作,税源监控企业增加到617家,监控面70%以上。制定最低税负预警机制和个体税收参数定税法,贯彻实施新企业所得税法和城镇土地使用税、车船税和耕地占用税新条例,推进房地产税收"一体化"管理,抓好个人所得税全员管理和年所得12万元以上个人所得税自行申报工作。加强非税收入征管,与人民银行、国土部门建立土地出让收入实时联网操作系统,使土地出让收支全额纳入监管体系。巩固社会保险费"五费合征"成果,制定并实施工伤保险全覆盖方案,全年社会保险费收入4.76亿元,增长53.4%,企业职工养老保险金支付能力由上年的20.38个月提高到24.78个月。

【优化财政支出】开展"三节两降双控"活动,压缩政府运行成本,保障和增加民生支出。全年一般公共服务经费支出增幅低于一般预算支出15.2个百分点,新农村建设、科教文卫、社会保障、节能环保和平安创建等重点领域支出1.09亿元,增长31.4%,占一般预算支出73.6%。完善基本医疗保障办法及实施细则,制定农村居民养老保险和城镇老年居民生活保障等办法,促进新型农村合作医疗和困难人员医疗救助管理职能合并到劳动保障部门,至年末参加社会养老保险13.03万人、医疗保险50.59万人,初步建立起覆盖全市城乡的社会保障体系。

【财政监督管理】制定国库管理改革方案和国库集中支付管理办法,做好实施国库集中支付制度基础工作。加强财政支出绩效评价工作,建立单位自评、财政抽评的绩效评价体系,对10万元以上40多个支农项目、农民素质培训工程和农村公共卫生服务等8337万元专项资金进行绩效评价。全面推进政府采购一般货物协议供货制度,全年实施政府采购99批次,实际采购金额7676万元,资金节约率10.0%。制定政府性投资项目内部财务管理制度,全年共委托中介机构对61个项目进行审价,送审资金1.53亿元,净核减工程造价1656万元,资金核减率10.9%。

【国有资产管理】制定国有资产投资(控股)有限公司经营绩效考核管理办法,对国有投资公司的内部管理、融资情况和经营业绩进行定量定性考核,并与工资奖金分配挂钩。开展国有林地调查清理工作,在锦城街道试点基础上向全市各乡镇(街道)推广实施。启动国有资产信息化管理系统,加强对行政事业单位国有资产的动态管理、实时监控和核销处置,全年按照"三公"原则处置国有资产965万元,促进国有资产保值增值。加强政府性债务规模控制,会同有关部门做好企业债券发行上市和还贷续贷工作,防范和化解财政债务风险。

【会计工作管理】深化会计管理新模式,形成财政、国地税、审计和人民银行齐抓共管会计工作的格局,国地税共检查考核企业409家,考核会计人员676人,查处无证上岗会计人员58人。加强会计人员继续教育,全年共培训财会人员7250人次。做好各类会计考试的报名、考试工作。建立临安市会计人才库,共有10名会计资深人才和3名会计后备人才入围。

【干部队伍建设】开展"树新形象、创新业绩"主题实践活动,开展党的十七大精神主题宣传教育活动,强化干部教育,提升队伍素质。制定党风廉政建设预警信息管理试行办法,组织中层干部到杭州西郊监狱接受警示教育,增强财税干部拒腐防变能力。加强教育培训工作,完善学分制考核办法,分批组织财税干部到大专院校进行封闭式培训,全年举办各类培训班8期,参训532人次。按照开展"五型"机关建设的要求,加强财税文化建设,成立乒乓球、羽毛球、摄影、登山等兴趣小组,培养良好生活情趣。党员和干部为汶川大地震灾区缴纳特殊党费和捐款15.08万元。 (临安市财政局供稿 王 敏执笔)

桐庐县

【概况】2008年,桐庐县实现生产总值164.45亿元,比上年增长10.2%。其中:第一产业增加值13.27亿元,增长3.6%;第二产业增加值105.12亿元,增长9.4%;第三产业增加值46.06亿元,增长14.1%。人均生产总值41249元,增长9.9%。全县财政总收入16亿元,增长16.0%,其中地方财政收入8.22亿元,增长23.1%;财政总支出10.91亿元,增长28.7%。当年财政实现收支平衡。

【促进经济发展】支持农业产业化发展,完成合村和莪山两个中低产田改造项目,实施江南灌区节水配套改造、旧县中低产田改造、凤联竹笋合作社试点项目,新申报百岁溪小流域治理、万强农庄循环农业基地建设等五个项目。完善支农惠农政策,加大对种粮农民的农资补贴力度,通过"一卡通"发放农资综合直补资金940余万元。出台县级储备粮油财政补贴预算管理等有关管理办法,加强粮食收储资金管理。调整完善促进工业经

风行动”、“一户一策一干部”结对帮扶和为退休干部蒋福鑫同志捐款等活动，全年个人捐款总额23万元。加强干部业务培训，组织干部到高校集中培训，拓展干部视野，提升干部修养。树立先进典型，发动党员干部挖掘身边的先进人物和事迹，撰写成书面材料进行宣传，组织开展第二届“在平凡中闪光”主题演讲会。推进依法行政，落实行政执法责任制，完善规范性文件管理制度，开展审批和许可等权力事项清理。推进财税文化建设，制定《关于加强财税文化建设的意见》，修订 ISO 体系文件，制定局基建财务管理办法、政府信息公开等制度。鼓励争优创新，将工作创新作为岗位责任考核的重要依据，全年完成创新工作 18 项。加强调查研究，全年完成各类调研报告 35 篇。开展形式多样的文化活动，开展“读书荐书”活动，营造“和谐、健康、向上”的氛围。2008 年在县委、县政府综合考评中，县财政局获“优胜单位”荣誉称号。

（淳安县财政局供稿 姜 铿执笔）

宁波市财政工作概况

宁波市

【概况】2008年，宁波市实现生产总值3964.10亿元，按可比价格计算，比上年增长10.1%。其中：第一产业增加值167.40亿元，增长4.1%；第二产业增加值2196.70亿元，增长10%，其中工业增加值1990.50亿元，增长10.4%；第三产业增加值1600亿元，增长11%。产业结构继续优化，第三产业增加值占地区生产总值的比重40.4%，同比上升0.1个百分点。全市财政一般预算收入810.90亿元，增长12%，其中地方财政收入390.40亿元，增长18.6%。市本级一般预算收入140.30亿元，负增长1.7%，其中地方财政收入41.60亿元，增长4%。全市财政一般预算支出439.40亿元，增长18.4%。其中：农林水事务支出30.30亿元，增长23.2%；社会保障和就业支出33.50亿元，增长32.3%；医疗卫生支出29.10亿元，增长29.2%；环境保护支出6.02亿元，增长42.9%；城乡社区事务支出56.30亿元，增长27.6%。市本级一般预算支出104.30亿元。全年财政收支平衡。

【财政收入管理】以组织收入为中心，落实各项税收政策，坚持依法治税，地税部门全年组织各项收入475.3亿元，增长18.6%。深化税源监控。加强经济税收的联动分析，强化对357户重点税源企业的监控。发挥税收管理员作用，加强纳税人户籍和发票管理，探索与纳税人生产经营状况相适应的税源管理模式。健全协税护税网络，加强与国税、工商、保监会等部门配合，加大对委托代征、无证户的管理力度，与国税部门联合评定纳税信用A级企业334户，引导企业依法诚信纳税。强化税种管理。做好新企业所得税法实施后首次企业所得税汇算清缴工作。学习贯彻新营业税暂行条例，整顿规范货运市场营业税。完善个人所得税全员全额电子申报工作，全市除行政事业单位及核定征收户外，均纳入个人所得税全员申报系统，并分批寄送个所税完税证明。加快推进年所得12万元以上个人自行纳税申报工作。推进土地使用税GIS信息管理系统建设，全年征收土地使用税17.5亿元，增长283.9%。探索构筑车船税信息共享平台，全年实现车船使用税1.7亿元，增长197%。实施房地产税收一体化管理。加强城市维护建设税、印花税、土地增值税等地方税种及以社保费为重点的非税收入的管理。

【支持经济发展】为应对复杂严峻的经济形势，按照市委、市政府"干部进企业、服务促发展"活动要求，发挥财税政策杠杆作用，全年为企业减负60亿元，帮助企业克服困难，共渡时艰，推动产业结构优化升级，促进经济发展方式转变。落实优惠政策。出台54条支持企业发展的税收政策措施。落实新企业所得税法、个人所得税税率调整政策，当年为全市企业减税20亿元和10亿元；落实高新技术企业税率优惠政策，全市共评定393户，减免企业所得税3.1亿元，比上年净增2.78亿元；落实困难企业税收减免政策，仅土地使用税、房产税和水利基金减免约6亿元。实施减费轻负政策。暂停征收150项行政事业性收费，全年为企业与群众减负约2.4亿元；临时性下浮企业社会保险费缴纳比例，即暂停征缴2008年12月企业应承担的五大社会保险费。发挥财税政策导向作用。牵头制定支持和鼓励引进市外大型服务业机构、制造企业二、三产业分离发展和第四方物流运输市场培育等财税政策，配合有关部门制定工业"两创"倍增计划和服务业跨越式发展系列政策。推进节能减排和环境保护工作，市本级落实3600万元支持节能产品和技术的开发应用及推广，安排4800万元支持重点污染源治理、环境监测能力建设等。支持外贸企业发展，加快出口退税进度，全年完成出口退税285.2亿元，其中免抵调58.7亿元。市本级财政安排3亿元对重点商品出口给予专项补助。采取财政贴息等办法，引导金融企业加大对企业的融资，市本级安排3000万元对银行新增中小企业贷款利息收入部分给予风险补偿，安排2500万元中小企业信用担保风险补偿资金。

【保障和改善民生】推进政府"实事工程"，保障各项民生等重点领域支出，解决好人民群众最关心、最直接、最现实的利益问题。支持教育优先发展。加大义务教育投入，转移支付义务教育各类专项资金1.2亿元。从当年春季起全市62万名学生享受义务教育免收课本费和作业本费政策，从当年1月起对农村教师发放任教津贴。加大中等职业教育投入，市本级安排2900万元支持中职特色专业学校发展和南三县职业教育基础能力建设。支持社会保障事业发展。提高新型农村合作医疗和城镇居民基本医疗保险补助标准，增加企业各类养老保险享受标准。实施市级医院使用廉价药物补助办法，推行大型医疗设备检查结果互认制度，对大型医疗设备购置进行经费补助，减轻群众医疗费用负担。启动困难群众物价补贴机制，对城镇低保和持"社会扶助证"低收入人群进行物价补贴，市本级支出1436万元，受惠2.3万人。全市安排3710万元启动新一轮企业退休人员和参保城镇居民健康体检，全年参加体检人数超过37万人次。全市落实4506万元支持以基本生活补助、康复、抚养为重点的残疾人共享小康工程。启动第三轮就业再就业政策，加大就业培训力度，推动以创业带动就业。市本级安排资金1.01亿元，用于廉租对象的租金补贴或实物配租。支持公共文化建设。对宁波博物馆等免费开放的博物馆(纪念馆)予以经费补助和奖励。市本级安排资金1200万元支持新一轮广播电视"村村通"工程，开展"彩虹行动"和"广电低保工程"，为低保户免费赠送电视机。全市安排800万元支持"万场电影千场戏剧"进农村活动,共放映电影2.5万场次、演出戏剧1000场次。市本级安排1380万元支持迎奥运火炬接力活动。加大强农惠农资金投入。强化农业基础设施建设,全市完成水利投资40亿元。落实粮食直补、油料作物补贴和农机购置补助、生猪、奶业产业发展等政策性资金,保障物价稳定。落实油价提价补贴,对渔业、林业、城市公交、农村道路客运和城市出租车给予补贴,全市共发放补贴资金7.7亿元。支持重大项目和基础设施建设。安排城市建设资金24亿元,制订大项目财政资金管理办法,支持轨道交通、庄桥机场迁建前期工程和城市基础设施建设。支持抗震救灾。应对年初雨雪冰冻灾情,向上级部门争取救灾补助资金1500万元,安排农林和民政救灾资金2000万元。全市安排3.39亿元资金支援四川抗震救灾,对援助资金使用进行跟踪监督检查,确保资金安全有效使用。

【推进财政管理改革】深化部门预算改革,完善政府收支分类改革,细化部门预算编制,强化预算执行管理。实施全市规范公务员津贴补贴改革工作。推进财政国库集中支付改革,市本级国库集中支付改革覆盖到82家市级预算单位和10家有条件的基层预算单位,全年累计支付业务4.1万笔,金额41.3亿元,其中财政直接支付金额80%以上。开展公务卡试点改革,市本级试点预算单位已有61家。加强财政支出绩效评价工作,强化部门和单位的绩效理念,注重绩效评价结果的应用,市本级有32个项目列入重点绩效评价范围。强化财政专项资金监管,完善专项资金管理制度,市本级共制订46个专项资金管理办法,加大涉及民生资金的监督检查力度。加强政府采购制度建设,推进电子化政府采购,扩大政府采购范围和规模,全年政府采购金额109.8亿元,增长32.7%。梳理归并市本级财政资金专户,完善财政资金专户管理。深化"收支两条线改革",加强收支计划管理,拓宽非税收入管理范围,加强非税收入征缴监管。推进财税行政审批职能归并改革,清理界定行政许可事项5项,非行政许可审批事项25项。完成行政事业单位资产清查工作。

【加强干部队伍建设】开展党的十七大精神主题宣传教育活动。按照市委"树新形象、创新业绩"主题实践活动要求,组织形式多样、富有成效的学习培训,把主题宣传教育活动落实到财税工作的具体实践中,增强做好财税工作的积极性、主动性和创造性。加强干部选拔任用和教育培训工作。全面推行干部竞争上岗,市局和各直属单位32名干部通过竞争上岗走上处、科级领导岗位。开展干部思想政治教育工作,分片召开全市财税系统思想政治工作座谈会。启动实施第二轮"235轮训"计划。开展精神文明创建活动。开展民主评议机关活动,掀起新一轮文明创建活动热潮。市局被评为"2008年服务外商投资企业先进单位",在被评议的33家市级机关中名列第三。在全市受表彰的20家"群众满意基层站所"示范单位中,全局系统占了8家,占全市受表彰单位数的40%。全年新增两个全国"巾帼文明岗"和6个省级"巾帼文明岗",基层文明单位创建率99%。推进党风廉政建设。落实党风廉政建设责任制,分解任务,明确责任。加强廉政文化建设,编制完成《市财税系统惩治和预防腐败体系建设的制度汇编》,规范领导干部廉洁从政行为,强化对权力的监督。开展财税文化建设。汶川大地震发生后,开展捐款献爱心活动,下半年开展为贫困家庭献爱心等活动,市级机关共募集各类捐助资金32万元。组团参加全省财税系统运动会和市直机关首届文化艺术节活动;系统各单位因地制宜开展太极拳、乒乓球、羽毛球等文体活动,丰富干部职工业余文化生活。

(宁波市财政局供稿　单柳青执笔)

宁波市鄞州区

【概况】2008年,鄞州区实现生产总值650.77亿元,比上年增长14.0%。其中:第一产业增加值24.13亿元,第二产业增加值421.18亿元,第三产业增加值205.46亿元,分别增长3.2%、14.2%和15.0%。一、二、三产业增加值占地区生产总值的比重为3.71:64.72:31.57。人均生产总值82052元。全区财政一般预算总收入133.67亿元,增长23.77%,其中地方财政收入72.83亿元,增长37.7%;全年财政支出57.19亿元,增长34.1%。全年财政收支平衡,预算执行情况良好。

【支持经济发展】安排5.2亿元支持经济结构调整和产业结构优化。支持科技创新,安排科技资金1.19亿元,支持科技研发投入和孵化基地建设,鼓励发展高新技术产业和先进装备制造业。完善外贸扶持政策,鼓励扩大设备类、技术性产品进口比重,实施水利基金减免等扶持政策。支持循环经济发展,落实节能减排专项资金。投入1.12亿元支持第三产业发展,加大128创新园区、楼宇经济、总部经济、品牌经济的支持力度,促进软件产业、融资担保、文化创意业发展,第三产业对财政收入的贡献率36.8%。实施保稳促调政策,减免166项行政事业性收费,减轻企业负担1870万元,追加3500万元落实促进经济平稳发展政策,缓解中小企业融资难。

【保障民生支出】安排支出45.6亿元用于民生事业。支持农村卫生事业发展,投入1.17亿元实施镇乡卫生院和社区(村)卫生室改造,投入2200万元落实"两免两减半"和药品限价政策,投入9120万元提高新型农村合作医疗补偿标准,住院补偿率和门诊补偿率分别为50%和30%。全面实施普高免费教育政策,投入1.3亿元保障12年免费义务教育;鼓励发展学龄前教育,保障教师福利待遇;加快体育活动中心二期等建设,保障免费开放博物馆。完善社会保障体系,发放老年人生活补助金6565万元、残疾人生活补助金1224万元、困难群众医疗救助资金1903万元,6.16万人次受益。推进居家养老服务和廉租房建设,落实物价、油价上涨补贴政策,实施积极的就业政策。支持新农村建设,投入1亿元支持小城镇建设,投入7858万元实施河道疏浚工程,投入8600万元实施公交补贴和公交场站建设。

【财政支出改革】深化部门预算改革,细化部门预算编制,强化部门对下属单位的预算管理职能。完善预算编制、指标管理及资金申拨系统,将12家单位纳入财政统一核算。加大非税收入统筹力度，将土地出让金纳入部门预算。出台津补贴清理方案，严格预算追加审核，增强预算执行的刚性。扩大集中支付范围，明确资金拨付操作程序和定期对账事项，对11家单位34个项目资金实行财政集中支付试点，涉及资金1.19亿元；完善财政性基本建设项目集中支付管理，涉及33个项目4.95亿元。推进绩效评价改革，扩大评价范围，选择群众得益多、社会关注度高且金额在1000万元以上的23个项目进行评价，采取财政重点评与部门自评为主、人大监督与群众测评相结合的方式，导入第三方评价机制，将评价报告在一定范围内公开，强调结果导向作用，树立绩效支出理念。

【推进政府采购】扩大政府采购管辖范围，将各园区(中心)、国有企业纳入管辖范围。推进服务型政府采购，将教科书、网络租赁、软件开发、物业管理、工程审计、园林绿化、拍卖中介确定等纳入采购范围。完成政府采购1.97亿元，节约资金3972万元，节约率20%，其中服务型采购额2800万元。实施办公自动化设备定点供货单位"量化考核、末位淘汰"制度，有效规范供应商供货行为和售后服务。充实政府采购评审专家库，开展政府采购专项检查，公正处理各项投诉，规范采购行为。

【基建财务监管】建立公共建设项目财务管理中心，实行委派会计财政统一管理。制订《政府投资公司财务管理暂行规定》等制度，对政府性投资公司和投资1亿元以上财政性基建项目进行会计委派，加强财政对政府性投资公司的监管。做好建设项目竣工财务决算审核工作，19个项目送审金额3.9亿元，核减2325万元。加强与银行协调，协助政府性公司开展融资工作，增强资金使用效率。规范政府负债管理，确保负债率和债务率在可控范围。

【国有资产管理】制定国有资产处置业务操作规程和国有资产拍卖、评估中介机构确定办法，严格按程序开展资产处置和出租工作，确保国有资产保值增值。公开拍卖房产18宗，协议转让资产2宗，拍卖车改车辆108辆。做好各行政事业单位房屋出租招标及管理工作，各单位租金收入在限额以上的到期出租房，作评估后公开招租。将国有资产处置收益及出租收益统一全额纳入财政专户，实行收支两条线管理。

【镇乡财政管理】按照"城乡统筹、协调发展"和"注重效率、增进公平"的原则，出台新一轮镇乡(街道)财政管理体制，调整镇乡类别、收支基数和分成比例，财力向欠发达镇乡倾斜，加强区域经济社会协调发展能力。出台区级财政转移支付制度，转移支付资金重点用于欠发达镇乡基础设施、社会事业建设、生态保护等领域，促进山区和偏远镇乡公共服务均等化发展。对8个镇乡的乡道建设、供水管网建设、卫生院改造、敬老院扩建等9个民生项目实行转移支付，投入资金1亿元。加强镇乡财政财务管理，实施预算预审制度，梳理并汇编涉及镇乡财政的所有政策文件。建立镇乡财政管理信息化平台，成功应用预算管理、指标管理、资金申拨、财务集中核算、报表查询和实时监控系统，实现数据存储统一和远程监控。

【加强队伍建设】抓好干部的培训教育工作，开展学习实践十七大精神主题教育活动，继续深化与区委党校的联合培训机制，建立两年一次到财经院校业务轮训制度。加强党风廉政建设，实行中层干部廉政违纪一票否决制，公开领导班子廉政承诺，对中层干部和重点岗位人员进行轮岗。执行关于控制"两费"开支的规定，实行接待和会议、培训定点管理，规范财务报销制度，节约公用经费。深化各类创建活动，开展"创业创新创优"专题调研活动，深入各镇乡企业走访座谈，帮助企业破解难题；开展青年文明号、巾帼文明示范岗等创建活动。通过ISO9001财政管理与服务质量认证体系复验，通过省级文明单位验收和档案工作上省一级验收。（宁波市鄞州区财政局供稿 毛 玮执笔）

宁波市海曙区

【概况】2008年，海曙区实现生产总值332.19亿元，按可比价计算，比上年增长10.0%。其中：第二产业增加值55.35亿元，增长11.2%；第三产业增加值276.80亿元，增长9.8%。三次产业比重为0:16.7:83.3。全区财政一般预算收入47.22亿元，增长12.6%，其中地方财政收入29.71亿元，增长14.6%；财政一般预算支出为13.68亿元，增长8.6%。全年财政收支平衡。

【组织财政收入】修订、完善新一轮区与街道财政体制，调整对街道上台阶奖励考核办法，并结合各街道分成基数的不同，对街道年纳税额200万元以下企业税收的确保增长比例进行相应调整，调动街道"抓大引大"的积极性。加强企业所得税税源管理。按照"开发、集聚、拓展"的经济工作方针，筹措资金，保障区重点工程项目的资金需求。把推进现代服务业集聚发展作为加快经济优化升级的重要抓手，培育发展新优势，提升发展层次。对月度、季度、半年度财政运行情况进行分析，按月通报收入完成情况，掌控收入进度，做好农业税收和非税收入的预测和分析工作，为领导决策提供参考。

【保障重点支出】调整和优化财政支出结构，统筹财政各项资金，加大对民生事业及公共服务领域的投入，控制和压缩会议、公务接待、公务用车、公务员津贴补贴等一般性公务支出。全年用于民生及社会事业的支出达9.38亿元，占总支出比重在60%以上，新增财力的70%以上用于安排改善民生及对扶持经济发展的投入，公共财政、民生财政框架逐步形成。全年安排社会保障和就业经费及地震灾后重建支出1.46亿元，其中：地震灾后重建支出500万元。安排文教科卫事业费支出4.08亿元，保证社会公共支出和确保教育、科技法定增长比例。投入国防及公共安全经费1.47亿元，优化社会治安环境和公共安全。投入城乡社区事务经费2.31亿元，支持城市建设，提升社会管理水平，改善市容环境。

【部门预算管理】规范收支行为，对有收费项目的单位，分析预测其收费收入的增减变化因素，科学编制收入预算，调动单位增收节支的积极性。对各部门历年资金结余及上年部门预算执行情况进行调查摸底，合理编制部门预算。部门预算送人大审议范围从6家扩大到8家，增强部门预算的透明度和约束力。

【国库集中支付】国库集中支付制度改革的实施单位扩大至

37家。全年通过国库集中支付的财政资金为11.6亿元，其中财政直接支付金额为资金支出总额的87.3%，全年结余指标2.14亿元，减少财政沉淀资金5500万元。保障财政性资金安全、及时、准确拨付到位，系统运行平稳。完善公务卡结算方式，已开发出与国库集中支付和会计核算两个管理模式相配套的公务卡支付系统，取消原有公务卡单位备用金账户，实现公务支出“无现金支付”，为全省首例。正式启用政务网上审批系统，开通公务用卡现金支付特需审批业务。推出“机票刷卡支付”服务，为行政事业单位因公出差和招待提供便捷，节省公务支出。

【政府采购改革】全年政府采购预算金额1.54亿元，实际采购金额1.35亿元，节约率12.4%。探索服务类项目采购，完成网上行政审批和电子监察系统、治安监控二期、数字城管等项目的政府采购工作。开展政府采购执行情况专项检查，出台全区检查工作实施方案。

【加强财政监督】修订、完善区财务考核办法，审查年度政府性投资项目计划，对全区各单位基建财务管理情况开展专项检查，探索和完善基建财务管理。加强局内审工作，增强局内控制度的严密性和完整性。发挥财务总监资金监管和业务指导作用，尤其是加强对重点部门和重点项目资金使用效益和规范性的监管。探索财政绩效考评相关工作，选取“社区公共卫生服务”作为财政绩效考评试点进行调研，完成绩效评价报告。推广国有资产网络化管理，在3家单位试点结束的基础上，又有10家单位推行试点，分批次对各试点单位相关人员进行了业务培训。强化会计事务管理，规范和健全会计从业资格和代理记账管理制度。探索、创新会计人员继续教育形式，举办高级会计学术讲座，做好会计从业资格、会计专业技术资格、高级会计师等考试考务工作。做好区级先进会计工作者评选活动，有2名同志被评为宁波市优秀会计工作者。

【干部队伍建设】开展“学习贯彻十七大，再创发展新优势”主题宣传教育活动，组织学习十七大报告、《党章》修正案等文件，并分专题进行研究、讨论，深化对十七大精神的认识和理解，撰写学习体会。以“改善民生工作从我做起”为主题召开微型党课，贯彻落实十七大精神。深化“树新形象，创新业绩”主题实践活动，开展创业创新专题调研、结对联系、“点题服务”等各项工作，不定期下基层送服务、办实事。撰写蹲点手记、蹲点感悟和创业创新建议书，加强局领导班子和领导干部思想政治建设。组织开展民主恳谈，推进决策的科学化和民主化。推进反腐倡廉建设工作，教育和引导党员干部讲党性、重品行、作表率，打牢思想道德基础。抓好民主生活会、述职述廉、廉情报告、个人有关事项报告、干部廉政档案管理等制度的落实；组织干部职工观看《警钟》、《海纪说党纪》等警示教育录像片，加强法制警示教育；贯彻《政府信息公开条例》，推行财政政务公开，努力打造“阳光财政”。组织干部学习相关法律条例，举办《物权法》和新《企业所得税法》培训讲座，并参加全国财政法规知识竞赛，抓好干部职工学法用法工作。组织专题警示教育，运用视频、网络、报纸、杂志、宣传栏等多种手段充实宣传教育内容，夯实普法基础。围绕“树优良作风、创优质服务、做优秀公仆”的主题，勤勉工作，求真务实，廉洁自律，树立良好的团队意识、创新精神和追求卓越的意识。会计管理科获区“工人先锋号”、区“群众满意基层站所（服务窗口）”先进单位荣誉称号。会计核算中心获市“青年文明号”、区“群众满意基层站所（办事窗口）”示范单位荣誉称号。

（宁波市海曙区财政局供稿 徐 晨执笔）

宁波市江东区

【概况】2008年，江东区实现生产总值262.20亿元，比上年增长12.4%，其中：第一产业增加值0.70亿元，增长0.4%；第二产业增加值96.30亿元，增长12%；第三产业增加值165.20亿元，增长10.9%。全区财政一般预算收入32.96亿元，增长3.6%，其中地方财政收入22.05亿元，增长7.3%。全区财政收支保持平衡。

【夯实财源基础】应对严峻多变的经济形势，千方百计寻找和挖掘财政收入增长点。定期召开收入分析会议，协调解决组织收入过程中的问题。健全协税护税网络体系，开展协税护税活动。严格依法征税、强化征管，实施科学化、精细化管理，挖掘增收潜力，做到应收尽收。优化发展和服务环境，确保重大项目建设早出效益、早产税收。坚持扶优扶强扶特和税源涵养，加大对重点行业、重点企业、重点招商引资项目的扶持力度，推进招商引税。

【扶持经济发展】坚持政策引导、资金支持、体制激励、优质服务的有机结合，支持产业结构优化升级和楼宇经济加快发展。加大创新型城区支持力度，鼓励企业自主创新。全年科学技术支出4847万元，增长28.3%，优化科技创新环境，增强区域创新动力，促进高新技术产业发展。支持节能减排和循环经济发展。设立节能减排专项资金350万元，支持节能产品和技术的开发应用及推广，推动资源节约型、环境友好型社会建设。

【注重民生投入】保障政府实事工程。落实5700万元资金，支持社会服务中心建设；落实1800余万元资金，完善老小区整治扩面、背街小巷和垃圾房改造；投入800万元资金，完善32个老小区数字监控系统。支持教育优质均衡发展。全年教育支出2.69亿元，增长12.5%。市、区财政投入8300余万元，建成东部新城九年一贯制学校。加大免费义务教育保障力度，免除义务教育阶段学杂课本费；加大外来务工人员子女义务教育经费投入。支持公共卫生事业体系建设。全年医疗卫生支出6969万元，增长9.2%。落实使用廉价药物补助办法，减轻群众医药费用负担。投入社区公共卫生服务资金2600万元，提高社区卫生经费补助标准。深化社会保障体系建设。全年安排社会保障和就业支出1.78亿元，增长16.8%。落实用工补助和再就业援助资金1400万元，安排困难群众物价补贴256万元。全区各方累计筹集3200余万元资金支援四川灾区。促进文化事业发展。研究落实文化产业扶持政策，支持文化新区建设，安排东部新城文化市场配套建设资金800万元，支持社区基层文化建设。

【规范财政管理】深化部门预算改革。严格按照“两上两下”

的程序，规范部门预算编制流程。加强部门预算约束力，严格预算追加。完善财政资金管理。加强非税收入管理，将行政事业性收费全部纳入一般预算收入，行政事业单位房租收入、固定资产处置收入纳入财政专户管理。加强项目资金管理，按照“一个项目、一个办法”的管理要求，指导资金使用部门制定各项财政专项资金的管理办法。推进机关内部资金管理方式改革，开展公务卡结算方式改革，完成国库集中支付改革试点的相关准备工作。深化政府采购改革，组织开展《政府采购法》实施五周年专项检查，全区民生采购量已占政府采购总量的60%以上；当年政府采购金额1.60亿元，节约资金2500万元，节约率13.5%。拓展国有资产管理，完成全区行政事业单位资产清查后1700多万元的资产损益审核；制定落实《江东区不良资产核销实施暂行办法》，规范不良资产的认定和核销；深化投融资体制改革，完成江东区国资办和江东区国有资产经营公司的组建工作。

【深化财政改革】科学制定新一轮区与街道财政管理体制。理顺区与街道财力分配关系，落实街道服务企业和发展辖区经济的责任，适当扩大街道财权，调动各街道、各部门招商引资、培植财源、协税护税的积极性。参与“服务企业、服务项目、服务拆迁”活动，建立落实重点财源企业、重点项目联系服务制度。动态把握企业经营情况，及时与有关部门商议，研究落实相关政策，帮助解决企业涉财涉税和项目进程中的困难和问题。三是深化财政管理信息化建设。优化推广综合财源管理系统；全面推广行政事业单位资产管理系统，全区52家一级预算单位全部纳入系统；实行财政资金网上采集、汇总分析、网上审拨、实时查询，实现对预算资金执行情况的实时监督。推进财政网站建设和政务公开工作。落实政府信息公开条例，做好财政信息公开工作；完善局域网的功能模块，优化办公自动化工作流程，提高工作效率。

【提升干部素质】深化开展十七大主题宣传活动，开展微型党课、主题大讨论、专题测试等专题学习讨论活动。开展“树新形象、创新业绩”主题实践活动和以“服务基层、服务项目、服务企业”为主要内容的“三服务”活动。推进党风廉政建设，落实党风廉政建设责任制，落实反腐倡廉各项工作任务。开展廉政文化建设工作，加大党风廉政教育力度，通过组织干部学习先进典型事迹、观看警示教育片、赴革命根据地接受革命传统教育等形式，增强教育效果。完善岗位责任体系，制定落实财政局工作目标责任制考核管理办法，将相关工作任务分解到科室、落实到个人，开展绩效目标考核。加强教育培训，提高干部素质，全年共组织各类业务培训11期。加强机关内部制度建设。对局内20多项内部规范性制度进行修订完善。开展精神文明创建活动，与结对社区开展结对服务和文明共建工作。汶川地震发生后，全局干部职工捐款献爱心，党员干部缴纳特殊党费。发挥工、青、妇群团组织作用，推进机关文化建设，举办机关运动会、歌咏比赛、登山活动等，增强集体凝聚力。局党支部连续第十二年被评为“江东区先进基层党组织”，局会计核算中心获省级“巾帼文明示范岗”荣誉称号并通过复检。（宁波市江东区财政局供稿　莫丹凤执笔）

宁波市江北区

【概况】2008年，江北区实现生产总值156.63亿元，比上年增长15.1%。第一、二、三产业增加值分别为3.82亿元、63.57亿元、89.24亿元，增幅分别为-4.7%、-4.5%、12.5%。全区财政一般预算收入40.02亿元，增长17.5%。其中地方财政收入22.78亿元，增长16%；全区财政一般预算支出18.39亿元，增长10.7%。当年收支平衡。

【收入增长减缓】全区税收收入增长18.0%，主要来自上半年税收增长。下半年受国际经济形势影响，全区税收收入增长明显乏力。房地产、建筑类税收全面减收，建筑业下滑幅度较大。全年房地产业及建筑业营业税分别入库2.92亿元、1.62亿元，分别增长-0.2%、-9.7%，增速分别回落54、60个百分点。

【促进经济发展】完善经济扶持政策，落实减税轻费各项工作，扶持龙头企业、支柱行业发展，全年投入财政扶持资金1.80亿元，加大运力补助、技改贴息、创新和节能减排补助等专项扶持的力度，落实专项扶持资金4200万元。加大建设资金筹资力度，通过政银座谈、项目推介等形式，加快重点区块开发和重点项目建设，增强经济发展后劲。关注经济运行态势，结合“干部进企业、服务促发展”主题活动，相继走访街道、工业区和有关企业，帮助破解难题，对所得税政策调整、镇(街道)财政体制等进行专题调研，确保财政经济平稳运行。

【推进社会事业】坚持城乡统筹，支持新农村建设，落实粮食直补等各项惠农政策，推进农业综合开发、农村基础设施建设和农村社会事业发展，全年财政预算内外支农资金投入3.50亿元，其中基础设施投入1.10亿元，新农村建设专项资金3500万元，农村社保和新型农村合作医疗资金4000万元。推进公共财政建设，着力保障民生需求，参与制订农村居民养老保障、外来务工人员子女义务教育、社区卫生服务等相关政策，加大对医疗卫生、教育社保等民生领域投入，确保新增财力主要用于改善民生，全年教育支出2.54亿元，医疗卫生支出9978万元，城乡社区建设支出1.95亿元，社会保障和就业支出1.38亿元。社会事业支出占财政支出的比重上升。

【财政管理改革】坚持科学理财，深化财政改革，加强和规范财政管理，提高财政资金使用效益。规范政府性债务管理，开展全区政府性投资项目调研，加强债务规模的宏观控制和国有投资公司运营管理，做好资金调度工作，确保湾头开发等重点区块和项目资金落实，缓解建设资金紧张局面。推进部门预算编制改革，规范公用经费定额标准，提高预算编制的科学性。完成全区公务用车车改工作，并按照简化归并、合理调控原则，规范公务员津贴补贴发放。与区监察局、区审计局等部门联合推进公务卡管理和网上银行试点，试点单位19家，国库集中支付制度改革工作正式启动。推进政府采购工作，探索政府公共服务采购，全年采购规模1.10亿元。加强财政资金管理，加强专项资金、民生支出等重点领域监管。对公共卫生服务专项经费等项目实行绩效评价试点，探索建立绩效评价机制，提高资金使用效益。组织召开企业财务高层研讨会，提升会计管理层次，促进高层财务人员素质提高。

【队伍建设管理】坚持以人为本，从严治队，围绕财政改革与发展中心工作，加强干部队伍建设，提高财政干部服务经济的能力和水平。围绕十七大主题教育，开展形式多样、富有实效的学习教育活动。区管干部参加"树新形象、创新业绩"下基层主题实践活动，各部门参与"干部进企业、服务促发展"主题活动，组织十七大学习、宏观经济形势分析等专题讲座。加强干部队伍管理，完善干部考核工作机制，组织中层干部轮岗和竞聘上岗工作，优化中层干部结构。转变工作作风，实行重点工作、重点调研任务领导负责、责任分解，确保各项工作落到实处、务求实效。加强对企业服务管理。通过开展创业创新破解难题等主题活动，深入基层，召开政企座谈会，实地走访重点骨干企业，加强与各部门的联系协调，帮助企业攻坚克难，提高服务能力和水平。加强班子建设，落实"一岗双责"廉政责任制，完善党组议事规则，坚持民主集中制，健全集体领导、分工协调的工作机制，推进"三重一大"保廉工作。加强廉政教育，推进惩防体系建设，落实全区廉政建设责任分工，健全社会监督网络，形成内外结合的廉政监督体系。作为廉政文化进机关试点单位，组织参与廉政文化座谈会等活动，推进廉政文化建设。深化文明单位、巾帼文明示范岗等创建工作，局机关通过省级文明单位创建考核，核算中心获"省三八红旗集体"、"市级文明窗口"称号。开展赈灾捐款、扶贫帮困活动，组织民乐队等兴趣小组，引导干部形成健康生活情趣。

（宁波市江北区财政局供稿　宗　理执笔）

宁波市镇海区

【概况】2008年，镇海区实现生产总值180.27亿元，比上年增长10.2%。其中：第一产业增加值4.54亿元，增长3.6%；第二产业增加值109.12亿元，增长8.8%；第三产业增加值66.61亿元，增长13.0%。人均生产总值99816元。全区财政总收入62.87亿元，增长44.9%，其中地方财政收入19.90亿元，增长22.1%；全区一般预算支出18.59亿元，增长18.5%。全年财政收支平衡。

【落实"两创"总战略】积极应对复杂严峻的经济形势，增强大局观念和主动服务意识，帮助企业克服困难，共渡时艰。发挥财政政策的导向作用，会同区相关部门完善工业、服务业、科技创新、节能减排、开放型经济、品牌、企业上市等政策和工业创新"1+X"政策。全年落实工业发展政策、科技创新政策、节能减排、外向型经济及资源与产业合作的奖励、补贴资金2.16亿元，集中兑现时间比上年提前一个月。落实企业减费轻负政策，实施减免部分行政事业性收费政策、土地使用税引导奖励政策、临时性下浮企业社会保险费缴纳比例政策和加大企业融资支持等措施，为企业雪中送炭。开展点题服务和送政策服务活动，了解企业生产经营情况，倾听意见、建议和要求，解答企业有关问题，提升服务水平。

【保障民生需求】建立"新增财力三分之二以上用于改善民生和社会事业建设"的财政资金投入机制，全年财政预算安排用于民生保障方面的支出11.66亿元，增长16.1%。向社会事业倾斜。教育支出2.94亿元，增长14.4%，支持全面实施城乡免费义务教育和农村教育基础设施建设，加大进城务工人员子女教育投入，完善帮困助学体系。社会保障与就业支出1.46亿元，增长23.2%，用于城镇居民医疗保险，推进农民养老保障，支持被征地人员和失业职工就业再就业，提高城乡居民最低生活保障标准，落实扶助证、困难老人补助和物价动态补贴制度，落实新一轮住房保障政策。医疗卫生支出1.48亿元，增长18.1%，支持公共卫生"3+3"工程建设，镇海中医院迁建等工程顺利通过竣工验收；支持农民健康工程，完善农民住院医疗统筹和大病医疗救助。文化体育与传媒支出4280万元，增长21.1%，推进城乡文化繁荣。向重点项目倾斜。根据区"项目推进落实年"部署和要求，科学合理安排和调度好财政资金，保障各重点项目的顺利实施。安排各类城建项目资金3.1亿元，重点支持卫生、教育、文化和旧城改造等基础性公共设施建设。加大生态环保投入，完成环境保护和排污费支出4872万元，增长66.4%。向新农村建设倾斜。落实强农惠农政策，推进新农村建设。安排新农村建设专项资金5000万元，增长26%。安排农林水事务支出6222万元，增长17.0%。重点支持农村新社区建设，推进农村菜市场、村民服务中心建设等。

【推进财政改革】稳步推进国库集中支付改革。被宁波市财政局列为全市国库集中支付改革试点单位，在全市首家试用新版国库集中支付管理系统软件。于6月、10月分两批将区科技局、机关事务局等15家有代表性的单位列入试点，为国库集中支付制度的全面推广打下基础。深化财政支出绩效评价工作。扩大试点范围，重点对镇海蛟川小学、公交候车亭、九龙湖镇小洞岙水库维修加固、企业污染治理及城市生态隔离林带生态效益、工业经济政策实施效果、财政性卫生支出绩效等工程和项目实施绩效评价。借助浙江大学师资力量，尝试对部门开展绩效考评工作，提升财政资金的使用效益。深化部门预算改革。制定了部门预算调整暂行办法，明确部门预算调整的内容和范围、方式和程序；出台部门预算结余资金管理办法（试行），对各类结余资金的处理和使用办法进行规范；出台财政预算追加管理办法（试行），规范预算追加的程序，强化部门预算约束力。加强"收支两条线"管理。拟订行政事业单位经营性收入"收支两条线"管理有关制度，同时依托新版非税收入征管系统的应用和新版财政票据的换版，完善非税收入征缴系统。完善政府采购制度。编制部门政府采购预算，扩大公共服务政府采购规模和范围。制定政府采购程序及实施规范（试行）等制度，组织开展政府采购制度执行情况大检查。全年完成政府采购1.21亿元，增长26.5%，节约资金1868万元，节约率13.4%。

【加强财政监管】创建节约型机关，做好支持抗震救灾工作。对全区各级党政机关及事业单位公用经费一律按预算核减5%，节减经费227万元用于支援四川灾区建设。做好公务用车制度改革和公务员津贴补贴规范工作。加强专项资金监管，维护资金安全。对全区社保基金、住房公积金和扶贫救灾专项资金的运作情况进行专项督查。加强住房公积金预算、决算审核和住房公积金增值收益的有关项目提取和管理，完善社会保障各项专项资金管理办法，规范拨付程序，尽量通过银行直接支付到个人。深化投资体制改革，提高政府投资资金使用效益。出台政府性投资公司财务管理办法、政府性投资公司内设机构、人员管理办法、政府委派财务人员考核办法等制度。加强政府投资项目全过程监管，完善政府投资项目资金财政直接支付体系。加强国有资产管理，确保国有资产保值增值。加强行政事业单位国有资产管理，拟订《行政事业单位房产出租管理暂行规定》等制度。加强企业国有资产监管，出台《企业国有产权转让管理实施意见》，组织开展全区企业国有资产产权登记检查。参与区建设与交通局下属三家房产公司转制合并工作，指导区工业国投公司做好经营性资产转让后续工作。

【注重以才兴财】加强干部理论学习。深入学习党的十七大、十七届三中全会精神，深化干部职工对科学发展观的理解和认识。以纪念改革开放30周年活动为契机，开展新一轮解放思想大讨论，以解放思想为动力破解改革发展难题。加强教育培训和干部选拔任用工作。探索建立"干部教育培训月"制度，邀请有关教授和专家系统性地开展教育培训，提升学习效果。推行干部竞争上岗，开展新一轮中层干部竞争上岗工作，提拔任用中层干部7名。加强文明创建工作。保持区级文明单位荣誉称号，并被宁波市委、市政府评为"市级文明单位"；局工会获得省级模范职工之家称号；局属会计核算管理中心获得市级模范集体称号。重视工、青、妇群团建设，完成局工会、青工委的换届改选。加强反腐倡廉建设。学习、贯彻全区和全市财税系统反腐倡廉建设工作会议精神，举办"廉政短信"原创大赛，开展"读书思廉、勤政为民"专题读书会，增强廉洁理财自觉性。落实党风廉政建设责任制度，并与各科室签订责任状。健全反腐倡廉工作网络，组建纪检监察工作联络员和反腐倡廉特邀监督员队伍。完善廉政管理制度，着重梳理、汇编内部管理制度，加强和规范内部约束与管理。抓好由财政部门牵头或配合牵头的各项源头治理工作，落实反腐倡廉建设任务。　（宁波市镇海区财政局供稿　胡志利执笔）

宁波市北仑区（宁波经济技术开发区）

【概况】2008年，北仑区（宁波经济技术开发区）实现生产总值422.90亿元，增长10.5%。其中，第一、二、三产业增加值分别为6.00亿元、250.70亿元、166.20亿元，增幅分别为-8.7%、10.2%、11.8%。全区财政一般预算收入79.09亿元，增长12.9%，其中：北仑区本级29.27亿元，增长5.0%；宁波经济技术开发区49.82亿元，增长18.1%。全区地方财政收入37.35亿元，增长16.8%。全区财政一般预算支出34.81亿元，增长17.74%，其中：北仑区本级16.22亿元，增长19.4%；宁波经济技术开发区18.59亿元，增长16.3%。全年财政收支平衡。

【加强财源管理】针对国际国内经济形势的不利影响，组织开展"服务进企业，维稳促发展"活动，深入调研，依托税源管理平台，加强预测和分析，夯实税收征管基础，强化对重点税源企业监控，确保各项收入稳定增长；明确北仑、开发区国税征管范围，建立国地税、国土信息资源共享机制，严格依法治税，优化纳税服务，确保应收尽收；落实各类优惠政策，帮助企业共渡难关；加强制度建设，拟订《税源管理考核细则》，各部门齐抓共管，优化企业发展环境。开展亩均税收贡献专项检查及纳税评估，补税2700万元；通过开展土地使用税及企业占地数据核查，补税1700万元；对个人二手房交易全面实行最低计税价格管理，增收契税820万元；提高政府非税收入和专项资金征管水平，全区共组织非税收入26.27亿元。

【推进经济结构优化】突出重点，对相关产业扶持政策进行清理并及时兑现促进区域经济转型升级。投入财政扶持资金5900万元，用于区级技术中心、节能和清洁生产项目、科技经费资助项目补助；安排专项奖励资金357万元支持循环经济和建设资源节约型社会。开展模具行业、部队企业增值税先征后返工作，合计返还增值税895万元。落实中央和省市的各项工作部署，筹措资金1亿元，其中帮困扶持资金5000万元，企业贷款风险补偿资金5000万元，帮助符合产业发展方向、成长性较好的企业共同应对金融危机。及时实施企业减费轻负政策，暂停征收150项行政事业性收费政策，全年为企业与群众减负约2000万元。临时性下浮企业社会保险费缴纳比例，暂停征缴当年12月企业应承担的五大社会保险费。

【支持和谐社会建设】发挥财政政策和资金的导向作用，开展"民生提升行动年、项目开工建设年、社会治安攻坚年"活动。加大教育投入，全面推进学校标准化建设，标准化学校达标率80%以上。调整优化布局，推进全区义务教育均衡发展，发展职业教育；充实外来务工人员子女教育专项基金，解决外来务工人员子女就学问题。围绕"文化强区"目标，支持"首届中国宁波国际港口文化节"、"文化阳光工程"等活动，推进和谐文化建设。加大对新型农村大病合作医疗资金、公共卫生经费、社区卫生经费的投入力度。安排新型农村合作医疗资金3399万元，受惠人群21万人，"小病受惠"补助标准从28元/人提高到53元/人，"小病受惠"率从20%提高到30%。安排公共卫生经费1098万元，促进公共卫生网络建设，连续四年通过市级考核。加大对社会保障的投入，进一步向困难群众和弱势群体倾斜，建立完善新型农村养老保险制度。安排2930万元资金用于失业人员、灵活就业人员的再就业政策的落实和农村劳动力素质培训。安排3744万元对上年度新增被征地人员参加"土保"按30%进行补助，累计补助3.83亿元。把建设社会主义新农村作为和谐社会建设的重要工作，预算内安排"三农"投入5.66亿元，增长12.7%。制订农业发展专项资金使用管理暂行办法，规范支农资金使用。强化农业基础设施建设，投入河道清淤资金5068万元，安排3000万元用于1200亩造地项目建设。推进农业综合开发，培植壮大农业龙头企业。

【深化财政改革】深化以部门预算为龙头的预算编制改革，扩大部门预算编制范围，增强部门预算的完整性，使预算编制和国库集中收付的需求相适应。稳步推行以国库集中支付为龙头的预算执行改革，优化集中支付系统，实现会计信息共享和国库动态实时监控，全区国库集中支付金额5.42亿元。探索以绩效评价为龙头的预算监督改革，从点到面，逐步推进，确定女排训练基地等2个项目作为绩效评价的重点实施项目。健全制度，完善监管网络，推进政府采购，完成政府采购5600批次，节约资金0.92亿元，资金节约率5.8%。

【加强财政管理】拟定《北仑区规范公务员津贴补贴实施方案》，落实公务员收入分配制度改革各项政策措施。加强调研，做好公务卡改革的相关准备。压缩政府融资贷款规模，实行征地拆迁资金的集中管理。出台街道、乡镇财政体制实施办法，完善街道、乡镇财政管理体制。加快财政信息化建设步伐，严格按程序要求加强财政资金的审核拨付。加强财政法制建设，宣传财政法规，完成规范性文件汇编工作。运用绩效理念，加强财政监督检查。组织好各类会计考试，规范会计基础管理。

【干部队伍建设】开展十七大精神主题宣传教育活动，学习十七大报告、《〈党章〉修正案》等文件，撰写学习体会，增强干部职工的政治意识、大局意识、责任意识，开展职业道德和反腐倡廉教育，举办《国家工作人员如何预防职务犯罪》专题讲座，防范廉政风险。同时采用多种形式，有计划有步骤地做好财政业务等培训。全面落实党风廉政建设责任制，推进各项重大财政管理制度改革，加快构建财政专项惩防体系。加强领导，签订党风廉政建设责任状，落实部门责任制，实行“一岗双责”，加强督查和责任追究机制。执行拒贿却礼登记上报制度和个人重大事项报告制度，提高干部廉洁自律。落实责任，推进政府信息公开各项举措。做好新一轮中层干部的竞聘工作，现聘中层干部13名。加强精神文明创建活动，开展文明机关、文明单位、巾帼示范岗、行风建设示范岗等争创活动，促进财政文化建设，树立财政新形象。汶川大地震发生后，干部职工捐款、捐赠衣被，党员交纳“特殊党费”，支持抗震救灾。（宁波市北仑区财政局[宁波经济技术开发区财政局]供稿　潘成方执笔）

宁波大榭开发区

【概况】2008年，宁波大榭开发区实现生产总值117.00亿元，比上年增长14.0%，其中：第二产业增加值47.13亿元，增长20.5%；第三产业增加值69.87亿元，增长9.3%。全区人均生产总值247734元。全年财政总收入37.55亿元，增长12.5%，其中地方财政收入13.90亿元，增长10.3%；全年财政总支出15.16亿元，增长10.0%。全年财政收支平衡。

【强化收入管理】应对严峻复杂经济形势，以组织收入为中心，落实各项财税政策，推进科学化、精细化管理，保证财政收入稳步增长。加强收入预测分析，做好每月收入预测分析、每季收入分析会议和分析报告，新增重大经济事项对收入影响的专题分析，开设每季单项税种专题分析会，制定专项税种评估工作实施方案，推进纳税评估。完善重点税源监控管理，强化对100户区级重点税源企业的动态监控分析，对2002年至2007年重点税源企业纳税数据开展调查，分析掌握变动趋势，与区11户特大企业建立联系制度，提高收入预见性。注重地方税种管理，巩固营业税为地方主体税种的地位，落实建筑业税收管理办法，建立建筑安装工程项目管理数据库，加强货物运输业动态监管。营业税累计入库2.33亿元，增收5338万元。坚持“抓大不放小”，开展房产税和土地使用税当期申报数据的比对，对工业企业土地使用税和个人独资（合伙）企业房产税历年情况进行清查，强化城市建设维护税与增值税的数据比对，全年“七小税”合计入库1.81亿元，增收4240万元。加强部门沟通协作，完善与国税每月互通信息制度，落实与工商部门的注册信息定期通报制度，加强对非正常户的追踪管理。

【支持企业发展】健全财政扶持机制，发挥财税杠杆作用，落实各项优惠政策，鼓励科技创新，推进循环经济建设，共审批减免各类税收537万元，审批企业所得税税前扣除6203万元。出台推动工业企业、商贸服务业、现代物流业发展的相关扶持政策，促进全区经济质量提升。创新服务方式，制定“深化服务促发展方案”，组建重点项目服务小组，按照“谁负责谁服务”的专人服务原则，实施“一对一”服务机制，为重大项目提供全方位的纳税辅导；成立商贸型企业招商引资服务小组，按照“谁招商谁负责”原则和“全程服务”要求，力促招商企业顺利入户。完善重点税源走访，选取有发展潜力的企业进行走访宣传，帮助企业克服发展障碍，坚持落实意见反馈制度，与被访企业形成良好互动，全年累计走访税源企业44户。

【保障民生支出】支持平安工程建设，投资1041万元建成社会治安视频监控系统二期工程，建立完善以情报信息为主导的防控机制，健全公共事件应急管理系统，提高应急管理能力。推进民生工程建设，健全就业和社会保障机制，安排2.8亿元用于社区建设投入，安排3000万元用于补充社保风险资金，落实劳动力培训、再就业补助、企业养老金补助等优惠政策，鼓励用人单位招用就业困难人员，支持公益性岗位开发，有效解决部分就业困难人员的再就业问题；实施城镇老年居民养老保障，落实低保资金，实现低保人员的应保尽保。加大科教文事业倾斜力度，全年安排教育支出3458万元，实行免费义务教育，提高教师福利待遇，落实每年安排100万元教师培训经费，提高生均公用经费标准，健全家庭困难学生资助制度。改善学校基础设施，投资500万元用于幼儿园装修和设备购置。支持社区基层文化建设，数字电视改造，建设社区教育学院。加快推进社区服务平台建设，建成社区惠民服务中心。完善公共卫生服务体系，拓宽资金筹集渠道，加大对公共卫生机构的经费投入，购置大榭医院设备，支持社区卫生服务站、120急救中心建设；继续完善新型合作医疗制度，提高政府补贴标准；健全对低保、低收入对象的医疗救助制度，减轻群众医疗负担。加大绿化投入改造，提升全区人居生活环境。

【深化财政改革】强化预算编制和预算执行管理。加强支出预算的测算，开展各预算单位年初结余资金清理，加强对预算单位银行账户的监督管理，重新梳理财政专项资金，夯实预算管理基础。推进国库集中支付改革。开展学习调研，结合各行政事业单位反馈意见,拟定符合实际的工作方案。推行公务卡制度。出台公务卡暂行管理办法,启动首批试点应用单位。加强政府采购管理。制定行政事业单位协议采购管理办法,开展政府采购执行情况专项检查。加强财政支出绩效评价。完善绩效评价指标体系,开展16个项目的自评审核和3个项目的重点评价,探索建立评价结果的应用机制。

【加强财政监督】强化行政事业单位财务监管,开展2007年经费使用情况检查和会计信息质量监督检查。完善行政事业单位资产管理制度,制定行政事业单位国有资产管理办法,出台公路运输公司、自来水公司、文体产业公司2008年度经营亏损补贴办法。加强非税收入管理。落实150项行政事业收费的取消和停征工作,确保各项惠民利民举措落到实处,开展全区财政票据使用情况,加强非税收入征缴监管。严格政府投资项目监管,探索将事前、事中、事后监管有机结合的方法和途径,落实与规划建设等相关部门的联席会议制度,探讨规范政府投资项目代建制管理,出台政府投资项目送审工程签证单规范意见,通过"倒逼机制",提高政府投资效益。

【干部队伍建设】提升干部思想政治素养。深入开展十七大精神的主题宣讲教育活动、解放思想大讨论、全局民主生活会和"深化服务促发展"主题宣讲等活动,参与结对社区文明共建,组织扶贫济困献爱心活动,推进社会和谐发展。结合深化拓展"树新形象、创新业绩"主题实践活动和"干部进企业、服务促发展"活动,局领导深入企业、社区,开展结对联系送服务活动。注重干部综合素质能力培养。利用业余时间组织开展学习培训,采取"请进来,走出去"的培训方式邀请专家、学者传授专业知识、先进工作和管理理念,举办传统文化以及公务员健康专题讲座,组织人员分批赴高校学习新会计准则,组织业务考试,尝试运用案例分析、局内网平台共享经典文章等方式加强互动交流,强化内控制度约束力。落实党风廉政建设责任制,层层签订责任状,执行各项廉政制度,抓好经常性的勤政廉政教育。持续改进ISO 9001:2000质量管理体系,开展内审,确保各项工作的规范执行。规范行政审批和财税管理权力运作机制,完善考核评价机制,加大重大事项督查督办制度的执行力。推进文明创建工作,倡导和践行"敬业、奉献、团结、拼搏、创新"的工作作风,通过市级"文明单位"、省级"巾帼文明岗"、市级"青年文明号"和市级"群众满意基层站所"等各类载体活动,营造争先创优的良好氛围。在全区各机关单位民主测评中排名第一。

(宁波大榭开发区财政局供稿 徐晓莉执笔)

余姚市

【概况】2008年,余姚市实现生产总值484.7亿元,比上年增长14.8%。其中第一、二、三产业增加值分别为27.2亿元、292.9亿元、164.6亿元,分别增长1.9%、14.9%、17.1%。全市一般预算收入70.2亿元,增长10.8%,其中地方财政收入33.3亿元,增长10%;全市一般预算支出34亿元,增长9.8%。财政运行情况良好,收支平衡。

【支持经济社会发展】贯彻落实市委、市政府"保稳促调"等财政扶持政策,促进经济发展方式转变和产业结构优化,全年拨付扶持企业资金2.02亿元,增长39%。其中:外向型经济3289万元,增长45%;工业经济和科技1.38亿元,增长25.4%;商贸服务业2329万元,增长87%。全面落实各项税收优惠政策,减免地方税费1.56亿元,增长32.2%。支持农业生产和新农村建设,全年投入资金1.45亿元用于农业综合开发、标准农田建设、土地整理、村庄整治改造,完善农村生产基础设施,累计完成33.9万亩标准农田建设。投入资金2352万元用于兴林富民示范、村镇绿化美化、森林防火和病虫害防治、生态公益林建设等森林生态保护建设,全市生态公益林面积34万亩。投入7043万元用于"千库保安"、河道保洁工程、农民饮水工程和小型农田水利等项目建设。投入1690万元用于农业产业化基地、农业循环项目、农业品牌和绿色农业奖励、无公害农产品产地补助等项目。投入3122万元用于农村道路建设,改善农村交通条件。投入资金9458万元,加大对农村公共卫生、医疗服务、医疗保障的支出,支持农村卫生事业发展。投入资金1.73亿元用于农村养老、医疗保险和农村低保。实行"小病受惠"办法,扩大新型农村合作医疗受益面。实行新型农民养老保险和老年人生活费补助制度,基本实现农村养老保险全覆盖。以增加各项民生支出为重点,加大财政投入,优化支出结构,促进全市社会事业发展。全市用于民生支出24.7亿元,增长17.4%,占总支出的72.6%,其中:市本级用于各项民生支出13.9亿元,增加1.3亿元,占当年新增财力的73.2%。全市各项重点支出均达到法定和规定要求,促进"三农"、科技、教育、文化、卫生、社保、环保等经济和社会事业的发展。

【深化财政改革】推进财政直接支付制度,全市财政直接支付基建项目、企业补助、涉农补贴等多项资金1.44亿元。做好公务用车改革扩大试点工作,全市除公、检、法、城管等单位外的所有乡镇(街道)和市直部门参加车改。调整完善乡镇(街道)财政体制,基本保证乡镇(街道)必要的公共管理支出。全市乡镇(街道)财政体制分成收入12.02亿元,增长15.9%。规范公务员津贴补贴,11月起全市公务员工资、津贴补贴实行财政统一发放。

【财政监督管理】完善财政支出绩效评价体系,对17个项目开展绩效评价。加强专项资金管理,对额度较大的专项资金实行追踪监管,项目完成后实行财政反馈制,分析项目的完成程度和资金使用效益。全年收缴上年专项资金结余2318万元。做好单位公用支出定额调整工作。抓好种粮农民农资综合直补工作,加强农民补贴网建设。支援四川地震灾区,共安排援川救灾支出3659万元。加强乡镇(街道)财政管理,出台乡镇(街道)财政财务管理办法。开展市乡财政历年往来款清理,减少往来款7759万元。加强行政事业单位财务监督和专项资金管理,确保各项资金按规定使用。加强会计管理,提高会计工作质量。市会计核算中心发挥审核把关作用,拒付、纠正不合理支出237万元。推行宁波市级以上农业项目资金县级报账制,加大对农业专项资金的监督力度。开展支农资金专项检查,检查资金2.1亿元，纠正违规资金210万元。

【干部队伍建设】加强思想政治教育。开展以学习"十七大"精神为主题的干部教育和解放思想大讨论活动，做好中层干部、新招录人员等多项培训工作。加强中层干部队伍建设，对中层班子、中层干部进行年度考核。注重干部多岗位锻炼，有45位干部进行了轮岗交流。开展财税服务企业年活动。深化拓展"树新形象、创新业绩"主题实践活动，结合财税服务企业年活动，开展专题调研走访和"百名税干访百企解百难"活动。加强文明礼仪培训，开展服务明星评比活动，实施补正承诺等制度，提高窗口服务质量。加强反腐倡廉建设。召开全局反腐倡廉建设工作会议，签订党风廉政建设责任状和中层干部保廉承诺书。组织开展廉政文章和廉政短信征集活动。调整局党风廉政监督员，主动接受监督，促进党风廉政建设。改进机关工作作风。以民主评议机关为契机，通过问卷调查、上门走访、召开座谈会等形式，听取乡镇(街道)、有关部门和重点企业的意见和建议。围绕依法行政、优质服务、效能建设和勤政廉政等内容进行自查，发现问题及时整改。注重财税文化建设。发挥党、工、团、妇组织的作用，开展乒乓球赛、羽毛球赛等文体活动，组织参加市总工会、妇联组织的有关文体活动。开展抗震救灾、慈善捐款等活动，全局干部职工为四川地震灾区捐款41.8万元。开展创建文明单位活动，全局获2个省级文明单位、5个市级文明单位。

(余姚市财政局供稿　黄　颖执笔)

慈溪市

【概况】2008年，慈溪市实现生产总值601.44亿元，按可比价格计算比上年增长8.8%。其中第一、二、三产业增加值分别为28.15亿元、373.73亿元、199.56亿元，增幅分别为5.1%、8.9%、9.0%。人均生产总值58437元。全市财政一般预算收入86.01亿元，增长14.5%，其中地方财政一般预算收入43.44亿元，增长22.3%；全市财政一般预算支出43.80亿元，增长15.9%。全年财政收支平衡。

【促进经济平稳发展】加大产业扶持力度，全年用于农业发展专项资金5.91亿元，用于工业创新和第三产业发展的扶持支出1.86亿元，支持一、二、三产业稳定协调发展。在原有产业扶持政策和支出规模的基础上，制定出台一系列进一步减轻企业负担、支持经济稳定发展的政策措施，全年财政让渡企业税费8000多万元，暂停征收150项行政事业性收费，为企业与群众减负约1500万元，暂停征收一个月企业社保费政策，减轻企业负担5733万元。发挥财税职能作用，加大对企业的服务力度。开展干部服务企业专项活动，编写并发放财税优惠政策汇编3500余本，组织各类政策宣讲100余场次，帮助企业理解掌握和用足用好现有政策，克服困难，共渡时艰。

【支持社会和谐发展】支持社会保障事业发展。全市各类社会保险基金支出达7.97亿元，全面实施农民基本养老保险，完善城镇居民医疗保险，提高新型农村合作医疗和城镇居民基本医疗保险补助标准，全年新增养老保险、医疗保险等各类参保人员35万人次。支持教育卫生等各项事业发展。全年投入教育资金5.05亿元，增长19.9%，开展教育资助工程，保证城乡义务教育、农村中小学"四项工程"资金需求，支持发展学前教育、职业教育和成人教育；医疗卫生支出2.18亿元，增长39.5%，支持卫生基础设施项目建设和重大疫情防治等公共卫生事业发展；文化体育事业支出7607万元，扶持文化事业和文化产业发展，促进农村基层文化建设，确保体育馆等文化体育基础设施建设；公共安全支出3.24亿元，支持"平安慈溪"建设，加大食品药品安全检测投入力度，维护社会稳定；发展公共交通系统，全年拨付财政补助资金2500万元，新增、调整、延伸城乡公交线路15条，更新、新增客运(公交)车辆316辆；完善社区"三室三站、二中心、一校、一场所"等便民服务设施，完成20条背街小巷和部分老小区改造，全年市财政核拨资金4400万元；"生态市"建设支出2.50亿元，支持环境保护和节能减排工作，重点支持市域污水治理、河道治理和生活垃圾处理等工程建设。支持强农惠农资金政策。完善农业产业扶持政策，市本级全年安排各类涉农奖励补助资金5800万元，土地整理和开发造地支出1.10亿元，农业水利建设支出1.96亿元，拨付农民种粮补贴资金1457万元；对公交一体化、农村二次改水、旧村改造、农民集中居住区建设、农村生活污水治理等项目的补助资金1.50亿元；支持村级集体经济发展，拨付经济薄弱村补助资金1575万元，村干部报酬补助资金2151万元；加大农村劳动力技能培训，全年安排农民培训资金1300万元。

【推进财政改革】深化预算管理改革。建立健全预算支出指标体系和拨付管理程序，实现预算、支出、国库、支付四者相互制约机制；扩大国库集中支付实施范围，全年国库集中支付额10.46亿元，占一般预算总支出的24.1%，增长43.2%；控制和压缩一般性预算支出，完善市级部门预算分析例会制度，稳妥做好公务员规范津补贴和公务用车改革工作。增强理财能力。完善政府性债务管理，建立健全偿债准备金制度和举借申报审批制度，加强对各镇(街道)、各部门举债行为的日常监控分析，预测全市政府性债务风险程度和变化趋势，防范债务风险；提高财政资金的有效利用和保值增值能力，全年累计调度财政间隙资金余额14.62亿元。优化镇级财政管理。拟定新一轮镇(街道、开发区)财政体制方案，根据行政区划调整，做好相关单位清产核资和资产处置工作；加强对镇级政府性债务的监管，防范镇级财政风险。提升信息化水平。成功开发应用预算指标管理软件，实现预算指标、预算追加和资金拨付的信息化；加快办公自动化系统应用软件升级，基本实现局机关收文、办文、会文"无纸化"运作，提高工作效率。

【加强财政监督】实施财政支出绩效评价。完善绩效评价工作机构和制度体系，建立绩效评价专家库，对社区卫生服务专项资金、农村生活污水治理资金、新型农村合作医疗统筹基金等十五个社会关注度高、影响大、事关民生的财政支出项目实施重点绩效评价。强化专项资金和政府采购资金监管。对扶贫救灾资金以及经济扶持资金、彩票公益金、住房公积金等专项资金加大监管力度;深化政府采购监管职能,全市政府采购金额2.10亿元,节约财政资金1526万元,节约率8.23%。*加强财政预算投资项目审核监管*。控制建设规模和标准,节减建设资金,加快已竣工项目的财务决算审批进度。*加强国有资产监管*。创新国有资产管理体制,加强国有企业财务管理,制定出台《国有企业财务管理试行办法》、《关于调整国有资本布局、增强国有资本发展能力的若干意见》,盘活国有资产,增强国有资本发展能力。

【干部队伍建设】优化财税服务。开展"政企联动、共渡时艰、创新发展"干部服务企业专项活动,将优质服务工作纳入岗位责任制考核。深化行政审批制度改革,组建行政审批科,简化办事程序。加强财税网站建设,做好财税信息公开工作。强化干部教育。学习十七大精神和科学发展观理论,围绕市"落实突破年"的战略要求,开展领导干部"树新形象、创新业绩"主题实践活动。分层次、多渠道地开展干部更新知识和岗位业务技能培训,开展岗位能手技术比武活动,提高干部业务素质。引进心理学教育思想,开展以户外拓展训练、心理减压专题讲座、心理健康体检活动和"一对一"心理聊天等为主要内容的EAP心理援助计划,使干部职工身心健康。深化廉政建设。落实党风廉政建设责任制,深化"两权"监督制约,加强廉政文化建设,建立系统廉情预警制度,构建具有系统特色的惩治和预防腐败体系;梳理财税工作岗位职责,明确财税工作流程,加强各岗位间的监督制约,增加工作量化考核内容,杜绝以权谋私现象发生。开展行风廉政建设专题教育月活动,创新教育载体,开展举办一次预防职务犯罪专题讲座、收看一部廉政教育片等"七个一"活动。完善预防职务犯罪联席会议工作机制,加强与纪委、检察机关的协调配合,有效预防干部职务犯罪。 (*慈溪市财政局供稿 杨继辉执笔*)

奉化市

【概况】2008年,奉化市实现生产总值187.94亿元,比上年增长8.1%;其中:第一、二、三产业增加值分别为16.63亿元、95.40亿元、75.85亿元,增幅分别为5.4%、7%、10%。全市财政一般预算收入25.25亿元,增长12%,其中地方财政收入12.93亿元,增长18.69%;全市财政一般预算支出18.35亿元,增长31.6%。全市财政收支平衡。

【扶持企业发展】开展"干部进企业、服务促发展"活动,从政策、资金和服务等多方面帮扶企业发展。落实国家及上级政府出台的减费轻税政策,出台十余条财税扶持措施,帮助企业用活用好新企业所得税法、个人所得税税率调整、高新技术企业税率优惠、困难企业税收减免等各项优惠政策;清理暂停行政事业性收费150项;临时性下浮企业社会保险费缴纳比例,暂停征缴当年12月企业应承担的五大社会保险费;设立银行新增中小企业贷款利息收入风险补偿和中小企业信用担保风险补偿资金,缓解中小企业融资困难。通过依法减免企业所得税、社保基金、行政事业性收费等,全年减免企业各项税费8006万元,帮助企业克服困难。推进产业调整升级,落实工业创业创新倍增计划,加快推进服务业发展步伐,全力保障"科技强市"创建资金的落实,培育地方税源,促进地方经济平稳较快发展。

【保障民生支出】全市用于民生支出14.20亿元,增长33%,占同期财政支出总量的近八成。按照"多予、少取、放活"的方针,加大"三农"投入力度,全市财政用于"三农"投入2.16亿元,增长27.5%。落实各项财政涉农补贴,粮食直补、良种补贴、移民补贴等及时兑现到户;支持农业基础设施建设,改造农田8000亩;农业综合开发投入资金6933万元,为历年之最;保障农技推广、农业产业化、标准化生产等农业现代化建设,改善农业生产条件;推广农业政策性保险,提高农民抗风险能力;推进文化信息资源共享、广播电视村村通、"千村示范、万村整治"等工程建设,丰富农民文化生活;加大农村生态公益林保护力度,开展"城乡增色、村村植绿"活动,启动73个村环境整治,创建完成10个宁波市级全面小康建设示范村,落实农村垃圾和生活污水无害化处理资金;加大对村级集体经济开发项目的补助和奖励,发展壮大村级集体经济。落实教育优先发展战略。全年教育支出1.93亿元,增长24.9%。实现义务教育段课本费和学杂费全免,惠及全市53041名义务段中小学生;保障学前教育改革资金,建立职业教育经费保障长效机制;改善农村义务教育办学条件,支持农村中小学校舍维修改造工程建设,新建、改建校舍45000平方米,配置计算机1000台,建多媒体教室80个。健全城乡医疗卫生服务体系。医疗卫生支出1.25亿元,增长47.2%。加大对公立医院支持力度,提高财政补助标准,确保公立医院正常平稳运作;支持新型农村合作医疗、农民健康体检、妇女健康促进工程、城乡社区卫生服务体系建设等工作,改善城乡医疗卫生条件,推进城镇居民基本医疗保险,386318名城镇居民和农村居民被纳入城乡医疗保险体系,参合率96%;提高政府补助标准,各类合作医疗补助支出增长90.4%,1003人得到医疗救助;保障公共卫生突发事件应急支出。加大社会保障和就业服务体系建设投入。首创被征地人员养老保障、城镇居民养老保障、新型农村养老保险"三保合一"模式,参保人数30115人,实现全市养老保障在制度上的全覆盖,全年支出6829万元,增长64.2%,首次增设丧葬补助费,降低冒领、多领养老保障金等不良现象;支持农村劳动力转移培训和城乡居民就业,8296人参与相关培训,建立起统筹城乡的就业服务体系;帮扶社会弱势群体,及时发放物价、油价补贴;逐步提高城乡低保标准,提高企业离退休职工待遇和优抚对象抚恤补助标准,保障低收入群体的基本生活,惠及全市10615户城乡低收入家庭;制订出台外来务工人员社会保险制度,受益26103人;安排资金解决残疾人经费补助支出,保障"助听、助明、助行、助医"等康复工程顺利实施。

【科学理财重绩效】完善公共财政预算、政府性基金预算、国有资本经营预算和社会保障预算,提高预算编制规范化、精细化水平,部门预算透明公开。推进国库集中支付改革,扩大政府投资项目资金财政直接支付范围,全面实行财政支农资金报账制管理,全年国库集中支付规模7.63亿元,增长20.8%。开展财政资金绩效评价,扩大重点专项资金管理范围,完成抗震救灾、水利建设资金、环境保护资金、"一把扫帚"工程、全民健身工程、市级以上高新技术企业重点研发经费补助等8个项目9255万元财政专项资金的绩效评价。加强国有投融资公司管理,36亿元项目资金纳入财政监管范围。开展政府采购执行情况大检查,扩大政府采购范围,全年完成政府采购2亿元,节减政府资金1685万元。加强政府性项目财政监督和投资评审,完成314个政府投资项目的预决算和标底审查,审核项目资金10.9亿元,审减资金3776万元。做好津贴补贴改革实施的各项工作,保证公务员津贴补贴改革实施。加强节支管理,出台加强行政事业单位现金管理等规章制度,规范财务支出行为,控制一般性支出和公用经费。

【加强干部队伍建设】加强党风廉政建设,层层分解落实党风廉政责任状签订工作,建立廉情分析和廉政档案制度。加大干部教育培训力度,加强政治理论教育,通过开辟内网学习专栏,邀请有关专家讲课、组织以十七大精神为主题的知识竞赛,使十七大精神宣传教育活动深入人心。注重素质教育,多层次、多渠道开展财税业务培训和公务员知识更新培训,加强干部执法能力。深化依法行政机制建设,完成财税法规工作制度和程序拟定工作;开展专项性执法检查,执行执法过错追究制;健全纪检监察网络,完善执法检查、执法监察、内部审计等监管机制,强化对各部门和干部职工依法行政行为的监督。推进作风效能建设,按“作风建设深入年”要求,组织开展“做本职岗位上最好的我”主题活动,加强窗口单位效能建设,落实各项行风举措,建立健全作风建设长效机制。开展文明创建活动,整合“文明单位创建标准体系”与局岗位目标考核体系,建立文明创建工作指导小组,组织开展文明单位、青年文明号、示范党支部和巾帼示范岗创建活动。

(奉化市财政局供稿　蒋　敏执笔)

宁海县

【概述】2008年,宁海县实现生产总值217.92亿元,比上年增长8.1%,其中:第一、二、三产业增加值分别为22.86亿元、124.10亿元和70.96亿元,增幅分别为6.1%、6%和12.3%。一、二、三产增加值占生产总值的比重为10.5:56.9:32.6。全县人均生产总值36447元,增长7.1%。全县财政一般预算收入32.20亿元,增长16.4%,其中地方财政收入15.66亿元,增长21.3%;全县财政一般预算支出21.32亿元,增长25.3%。全年财政收支平衡。

【帮助企业共克时艰】落实各项减税轻费政策,实施新企业所得税法、暂停征收170余项行政事业性收费、暂停征缴当年12月份由企业承担的五项社会保险费,分别为企业和群众减负1.2亿元、2200 万元和2300万元。落实税收优惠政策,全年审核54户企业国产设备投资抵免企业所得税3786万元,核准26户企业技改项目税前加计扣除3270万元,审批同意29户企业财产报损817万元,审批29户福利企业享受减免税1700万元。兑现财政奖励资金,对上台阶企业、实缴税费首次超过8000万元企业、特色行业龙头企业、实力型企业等上规模企业和成长型企业发放奖励资金909万元。增加中小企业担保中心注册资金1000万元,发放风险补助补偿金173万元,缓解企业融资难压力。开展“创业创新优服务、爱岗敬业创佳绩”主题实践活动,通过上门服务宣解财税政策,支持企业应对经济下挫挑战、加快发展。

【推进经济转型升级】修订出台“40+18”条扶持企业发展的政策措施,实施工业创业创新翻番工程。支持科技自主创新,鼓励企业积极开发新产品、新技术、新工艺,补助各类县级技术改造和科技研发资金4634万元,全年验收企业技改贴息150家次,兑现奖励扶持资金1488万元;申报国家火炬计划、工业攻关、研发补助、创新资金等市级科技项目66家次,获得财政补助591万元。加快推进节能减排和环境保护工程,兑现节能与循环经济专项扶持补助899万元,鼓励企业开展节能、节水、降耗等技术研发和推广。推进外贸经济健康稳步发展。鼓励企业加强对外协作,拓展海内外市场,对企业发放展销会摊位补贴232万元;兑现2007年度开放型经济和引进外资项目奖励657万元;兑现外贸出口商品奖励、出口信用保险奖励和招商引资奖励、进出口十强企业奖励等计605万元。

【保障民生支出】加大对社会公共领域和薄弱环节投入,全年教科文、农林水、医疗卫生、社会保障、环境保护等民生领域支出12.44亿元,增长30.9%。加大“三农”投入。预算内安排农业支出1.17亿元,增长44.6%。开展政策性农业保险试点;推进农业综合开发项目建设,上年度在建项目总投资2080万元,涉及五个镇乡9个项目点;做好农民综合直补资金和油价补贴资金的发放工作,全年发放规模分别为1368万元和3776万元。加大教育投入。落实全县城乡义务教育阶段免收杂费政策和外来务工人员子女义务教育政策;继续实施农村中小学教育“四项工程”,支持三省中学和第一职业中学建设;提高教师待遇,全年安排教师奖金2000万元,落实农村教师任教津贴755万元。加大社会保障和就业再就业财政投入。支持农村劳动力素质培训,重点扶持城镇零就业家庭和农村低保家庭劳动力就业;加大低收入群体生活保障,足额安排城镇和农村最低生活保障资金1701万元;支持完善社会保障体系,新型农村合作医疗补助标准由68元提高到110元,财政补助支出2526万元。加大公共卫生服务投入。安排2100万元支持基层卫生院改造和县妇保院迁建。加大生态投入,及时发放生态公益林补偿资金681万元。

【深化财政改革】按照综合预算和零基预算要求,做到人员经费、公用经费按定额分档核定,专项经费按项目申报。开展财政国库集中支付改革试点,2家县级单位的国库集中支付系统正式上线运行,推行公务卡应用试点。制定出台规范公务员津贴补贴工作实施方案和操作办法。扩大政府采购范围和规模,全年实现政府采购1.38亿元,增长12%,节约资金1718万元,节约率11.1%。跟踪管理涉及民生的项目经费支出,完成新型农村合作医疗、公共卫生服务等四个项目的绩效评价。强化财政监督检查,全年查处违规资金447万元。加强政府投资项目资金管理,完成经济适用房、临港水厂工程等220个工程项目的竣工结(决)算审查工作,共计送审造价5.07亿元,核定造价4.69

亿元，核减造价3873万元。开展政府投资项目双预算、双决算试点，11个双预算项目核减投资896万元，核减率3.6%；7个双决算项目，核减831万元，核减率12%。加强国有资产监管，制定出台行政事业单位国有房地产出租管理暂行办法，继续对政府性投资公司经常性支出试行预算化管理。加强会计人才队伍建设，组织实力型和潜力型企业财务人员赴浙江财经学院培训，并通过推荐、测试方式确定30位会计人员首次进入宁海县高级会计人才后备库。

【加强队伍建设】开展以"高举旗帜科学发展、常思忧患创业创新"为主题的十七大精神宣传教育活动，增强干部政治意识和大局观念。以"树新形象、创新业绩"和"干部进企业、服务促发展"活动为载体，学习先进人物先进事迹，举办爱岗敬业专题报告会；召开青年干部座谈会，开展"我为财税工作献一策"活动。建设干部学习网，倡导互动式学习，营造浓厚学习氛围。以业务竞赛为抓手，落实考试通报制度，提高干部业务技能。强化选贤任能的用人导向，提拔5名进入中层干部，安排优秀青年干部担任重要岗位锻炼。加强党风廉政教育，开展编一句廉政格言、发一条廉政短信、上一堂廉政党课等"六个一"教育活动，强化干部廉洁从政意识。开展警示教育，提高干部对职务犯罪防范意识。加大干部执法监察力度，开展干部廉情调查和网上群众满意度测评，督促干部廉洁自律，自觉抵制腐败行为。发挥工妇团组织作用，通过形式多样的文体活动，营造健康向上的良好氛围。开展各类文明创建工作，会计核算中心被评为县劳动模范先进集体。

（宁海县财政局供稿　章静霞执笔）

象山县

【概况】2008年，象山县实现生产总值220.62亿元，比上年增长10%。其中：第一产业增加值33.30亿元，增长5.1%；第二产业增加值109.73亿元，增长9%；第三产业增加值77.58亿元，增长13.6%。人均生产总值41537元。全县财政一般预算收入27.34亿元，增长20%，其中地方财政收入14.84亿元，增长30.8%；全年财政支出24.09亿元，增长46.5%。全年财政收支平衡。

【保民生促进社会和谐】当年可用财力60%以上、新增财力70%以上用于社会事业和改善民生，累计支出18.77亿元，增长57.2%。支持教育优先发展，全年教育投入4.09亿元。着力保障群众生活生产安全，全年医疗卫生支出1.45亿元，增长46.5%。强化社会保障体系建设，社会保障实现应保尽保、动态管理。养老、失业、城乡低保等覆盖范围扩大，保障标准全面提高，县财政因低保扩面提标增支208万元。

【破难题促进经济发展】2008年宏观经济环境复杂多变，财政收入增幅在下半年开始逐月回落，县财政部门调动一切积极因素，全力促进县域经济健康发展。内挤外引，落实本级财政资金4.36亿元，争取到上级补助和融资资金13.74亿元，支持象山港大桥、农村网络公路、区域联网供水、上张水库、三门口大桥等重点实事工程的建设，拉动内需。推进创业创新，开展"帮企业、鼓干劲、破难题、促发展"活动，出台12条具体措施，走访企业60多家，解决难题30余个。

【扶"三农"促进农村进步】加大强农惠农力度，涉农支出6.8亿元。推进农业综合开发，重点扶持农业龙头企业、农业龙型产业基地和农业专业合作社建设，建成标准农田4500亩、标准化产业基地8个，确定国家级和省级农业龙头企业各2家，市级产业化项目4个，上报部级科技项目、农民合作社项目各1个。支持新农村建设。投入资金1400万元，推进"百千工程"和"1560工程"（即：突出一个城区，壮大五个中心镇，增育六十个示范村），生活垃圾处理率80%，建成12个农村生活污水治理工程，完成29个废弃矿山的复绿工作，改善6.1万名农民饮水状况，培训农村劳动力2万余人次。加大扶贫力度，支持欠发达地区完成危房改造450户、下山移民351户。发放油价补贴资金4.98亿元，降低渔业生产成本。扩大农业政策性保险试点面，保险范围覆盖水稻、柑橘、能繁母猪等7个农业种类，对未列入保险范围的，专门安排应急资金，同时落实财政资金463万元，补贴渔民、渔船保险，提高农渔业抗灾抗风险能力。加大对种粮农户的补助力度，全年拨付各类补贴资金1753万元，稳定粮食生产。出台财税扶持政策，解决柑橘卖难问题，防止"橘贱伤农"。

【深化财政改革】继续深化部门预算改革。以各部门为预算编制责任主体，统筹安排单位预算内外资金和其他收支，坚持人员经费按实际、公用经费按定额、项目经费按可能，实行零基预算、综合预算，实现"一个部门一本预算"。编制基金收支预算，细化基金收支管理，增强财政分配的透明度和预算约束力。推进国库集中支付制度。扩大国库直拨范围，6大类专项资金纳入国库直拨范围，累计金额12.60亿元，缩短资金在途时间。深化收支两条线改革。加强对各项行政罚没收入和行政事业性收费等非税收入的监管，继续巩固提高收缴分离管理系统成效，全县118个行政事业单位一般预算外资金收入4.50亿元，支出4.45亿元。推进金财工程建设。财政与各部门及银行的网络链接日渐稳定，实现数据共享、实时联系，对土地出让金收入及开票情况实行实时监控。探索政府采购新思路，全年采购金额1.80亿元，节约资金1895万元，发挥政府集中采购、规模采购优势。

【加强财政监管】以财政资金使用绩效为重点，坚持全面检查与专项检查相结合，拓宽稽查面，查错纠弊、以查促管，全年共检查行政事业单位14家，查处违规违纪金额2395万元，维护财政纪律的严肃性。发挥委派会计（财务总监）作用。在加强日常监管的基础上，对专项资金和工程项目资金实行重点控管，全县21名委派会计（财务总监）坚持原则、依法监管，共制止和纠正违规违纪金额1.26亿元。加强基建财务管理，执行政府投资项目资金管理办法制度规定，严格"按计划、按程序、按进度、按预算"拨付工程款，并将所拨款项分笔纳入县重点工程网上监管平台，确保专款专用。结合县长经济责任审计工作，对全县2005～2007年34个政府投资重点项目实行绩效评价，查增应纳建筑税收营业额328万元。开展财政性资金投资项目审查，评审项目312个，直接审减投资1508万元。

【增强队伍素质】以"抓作风、树形象、促发展、创和谐"为目标,在全系统开展作风建设、业务建设"两年"活动,全面加强干部思想、作风和业务建设。邀请专家作专题理论教育讲座,开展廉情教育月活动。加强业务培训,增强岗位技能。采取多种形式,分批分层次开展业务培训,做到集中辅导与个人自学相结合,理论学习与实务操作相结合。坚持党风廉政建设,召开党风廉政建设暨干部作风建设大会;开展治本堵源、纠风治乱等工作,筑牢廉政建设"防火墙";执行"四条禁令",严查有章不循、有禁不止的行为。开展创新、创优服务,得到社会各界好评。

(象山县财政局供稿　黄 鹏执笔)

温州市财政工作概况

温州市

【概况】2008年,温州市实现生产总值2424.29亿元,比上年增长8.5%。其中:第一产业增加值76.68亿元,增长3.6%;第二产业增加值1286.76亿元,增长6.2%;第三产业增加值1060.85亿元,增长11.7%。人均生产总值31555元,增长11.3%。三次产业结构由上年的3.3:54.2:42.5调整为3.1:53.1:43.8。城市居民人均可支配收入26172元,农村居民人均纯收入9469元,分别增长9.0%和10.2%;居民消费价格总水平上涨4.7%。全年实现外贸进出口总额140.00亿美元,其中出口总额119.00亿美元,分别增长14.2%和17.3%。全市财政总收入339.80亿元,增长15.9%,其中地方财政一般预算收入180.10亿元,增长21.9%;市本级财政总收入68.50亿元,增长15.7%,其中地方财政收入46.50亿元,增长13.3%。全市地方财政一般预算支出209.70亿元,增长18.5%;市本级财政支出44.70亿元,增长15.1%。全年财政运行状况良好,财政收支平衡。

【组织财政收入】推进税源精细化管理。针对收入增幅逐月下滑的态势,开展税源调研,制定加强税源管理意见,完善部门涉税信息共享机制,加强漏征漏管户清理和股权变更环节税收管理,全市清欠入库额对税收增收的贡献度为13%,全市股权变更环节税收增收5555万元。健全税收工作分析制度和组织收入预案。关注宏观环境变化和税收政策调整效应影响,以税收收入、税务登记等变化态势为切入点,抓好新企业所得税法及实施条例的贯彻实施,推广个税全员申报,抓好年所得12万元以上个人所得税自行申报,研究落实城镇土地使用税、车船税、耕地占用税等新地方税种政策,加强建筑业税收源头控管,全市个税和其他地方各税合计对税收增收的贡献度为64.5%,建筑业税收增长25.4%。探索市区土地出让金大统筹办法和征管机制。配合有关部门清理市区历年欠缴土地出让金,入库7.40亿元。

【支持经济发展】针对宏观经济环境重大变化给经济和企业发展带来的不利影响,整合财政优惠政策,促进经济平稳健康发展。拟定增收节支工作意见,市政府发文提出16条增收节支工作措施。参与全市"保稳促调"、"转型升级"、"拓市场保增长"等方面政策措施的制定,提出政策建议。围绕企业服务年活动,制定行业龙头企业培育、成长型中小企业扶持、企业上市等9个方面的财政帮扶政策措施,全年财政部门行政事业性收费减收5000万元;市级安排开放型经济发展专项资金1.30亿元,比上年增加4000万元,重点支持国际市场开拓、发展加工贸易、高新技术产品出口、公平贸易,及世界温州人大会、民企对话世界500强活动等选商引资平台搭建。落实全市"创新强工"部署,全年先进制造业基地财政专项资金投入9460万元,重点支持"百龙企业"培育和创新企业成长等,促进传统产业提升和"腾笼换鸟";安排科技项目经费7400万元、人才专项经费2890万元,重点支持科技创新平台、重点实验室、行业和区域平台建设及关键共性技术攻关、创新人才培养引进等。加大对节能减排和生态建设的支持力度,市级节能减排、生态建设及保护专项资金安排分别增加500万元、3168万元,支持节能行动、珊溪库区整治和重点水源地保护等。

【支持社会事业发展】支持教育优先发展。市级安排教育资金20.10亿元,重点支持义务教育、职业教育发展及新温大、温职院、困难学生资助体系等建设,市级农村义务教育发展专项资金从上年3000万元提高到6000万元,安排职业教育专项资金5000万元,制定义务教育债务化解方案。破解养老就医居住难问题。市级安排各类社保补助资金7.90亿元,投入公共卫生资金6.20亿元,支持市二医、中西医、急救中心、农村公共卫生网络建设和重大疫情防治等;筹集廉租住房保障资金2.98亿元,催缴城市住房基金1800万元,解决教师住房补贴问题。支持"平安温州"创建。市级安排公检法司资金8.50亿元,安排粮油储备经费和粮食风险资金4930万元,落实省拨市县粮农综合直补资金8789万元,安排副食品发展资金1000万元,支持"米袋子"、"菜篮子"建设。推进文化大市和精神文明建设。安排文化大市建设经费1500万元,安排经费1300万元支持"两馆"图书购置、农村文化建设及市本级纪念改革开放30周年系列活动,设立1000万元的市优秀历史文化保护发展基金。

【财政支出向民生倾斜】支持新农村建设和新一轮富民攻坚行动。市级支农资金比上年增加5250万元,重点投向粮食生产、农村生态环境保护和农产品安全;安排水利、渔港建设专项资金1.10亿元,支持防灾减灾体系建设;全市向上争取和配套投入农业综合开发资金6414万元,支持农业产业化项目和农业基础设施建设。支持深化民生工程。市级财政统筹安排投资额105.00亿元,其中机场、铁路及社会公共事业安排37.50亿元,滨江商务区建设安排10.20亿元,并垫付1.60亿元用于港口建设;投入2000万元,支持工伤保险和被征地农民生活保障扩面;投入3000万元,支持启动市区未成年人医疗保险、老年居民养老保险和企业职工门诊医疗费社会统筹工作;投入1000万元,支持就业再就业扩面;投入1702万元,支持社区卫生服务机构标准化建设和农村卫生院危旧房改造;投入2050万元,支持数字电影进农村和广播电视"村村通"等农村文化项目建设;投入1545万元,支持实施"体育为民办实事工程"。筹措四川灾后重建资金 1.30 亿元,支援对口援助地区灾后重建工作;按照特事特办原则,及时预拨“三鹿”婴幼儿奶粉安全事故应急处置经费 500 万元,奥运安全保卫专项经费 737 万元,奥运火炬温州传递活动专项经费 948 万元,安排产品、食品、农产品安全监管整治经费 1432 万元,确保相关应急工作的及时启动。

【深化公共财政改革】探索“三个子”管理模式。落实土地出让金收缴国库征管工作,将国有资本经营收益纳入非税收入管理范围;深化部门预算改革,加强财政拨款结余管理;推进国库集中支付改革,国库集中支付扩面试点单位由上年的 10 家增加到 73 家。推进支出绩效评价工作,扩大绩效评价范围,对市级部门预算 100 万元以上项目实施预期绩效目标管理,全市支出绩效评价涉及资金比上年增加 1 倍多。深化政府采购改革,推行网上采购,出台协议供货管理与采购审批制度,全市实际采购金额比上年增长 40.9%,资金节约率 10.6%。推进社会保险费“五费合征”,遵循“全覆盖、低起步、下保底、上封顶、不重保”的原则,促进社保支付能力的稳定,全市和市区企业养老金支付能力分别为 23.9 个月、19 个月。

【加强会计管理】举办以会计职业道德为主要内容的会计人员继续教育培训 95 期,培训人数 8612 人次。加强对代理记账机构及其从事代理记账业务情况实施监督检查,规范对代理记账机构管理,对全市 89 家代理记账机构经营期间业务情况及其设立条件变化情况进行审核,督促代理记账机构严格按照《代理记账管理办法》规定要求开展代理记账业务,市本级组织人员对其中 29 家单位的会计基础工作及从业人员持证上岗情况进行检查,发出整改通知 28 份。组织 30029 名考生参加会计从业资格考试,组织 12993 名考生参加会计专业技术资格初、中级考试。组织 52 人参加高级会计师资格考评结合评审,32 人获高级会计师资格。窗口办理各类会计管理事项 40247 件。

【强化财政监管】制定财政资金审批程序,专项资金、政府债务、行政事业单位国有资产、增收节支等 5 项管理制度,加强预算执行、收支监管及审计反馈等问题的管理。实施市级专项资金整合方案,清理历年专项资金结余。按时完成全市行政事业单位银行账户清理任务,全市和市本级清查账户撤销率分别为 14.8%和 30.0%。对部分财政资金实行定期存款组合设定,实现增值 1.40 亿元。创新建设资金拨付方式,实现建设单位与财政支出同步,减少资金沉淀。实施公务员津贴补贴方案。

【干部队伍建设】围绕“学习型、创新型、阳光型、服务型、法治型、理解型”六型机关创建目标,加强队伍建设,内强素质,外树形象,巩固满意单位创建成效。*加强干部作风建设*。制订印发工作人员作风建设十项规定,制订出台系统作风建设督查员管理意见,聘请督查员检查,组织全系统 8 个检查组多次进行对口交叉检查;在财税信息网站上公布服务企业、群众及履行审批、执法等职能科室(含基层站所、办事窗口)的工作职责及服务热线。*深化学习型组织创建*。组织干部培训班 33 期,参训人员 2210 余人次;邀请有关专家举办《执法风险防范》、《阳光心理塑造》等讲座;与上海财经大学合办研究生班;加强“网上党校”建设,搭建网络学习平台。*加强党政文化建设*。为机关党建工作搭建平台,召开市直机关党建工作第六片组工作会议;举办“财政机关第二届文化节”,组织开展知识竞赛、诗歌朗诵、专题讲座、征文比赛、摄影书画比赛、球类比赛、游泳比赛、电脑操作比赛、军事体验等文体活动,提高党员干部文化修养和身体素质;请纪委、检察院领导上课,10 月份组织 40 多名中层干部到湖州监狱“走出去”警示教育;组织全体干部参加效能制度及日常工作制度的考试。通过阳光财税社区行、座谈会、温州新闻广播电台“行风热线”广播直播、将预算报告广泛征求社会各界意见等活动,征求社会各界对财税部门的意见和建议,市财政局在全市社会各界评议机关活动中获得第三名,再次入选满意单位,通过市级文明机关复评,取得全省教育培训工作二等奖。市局机关党委获得省委授予“先进基层党组织”荣誉称号,被评为第三轮市直机关党建先进单位。(温州市财政局供稿　林　坚　杨海曼执笔)

温州市鹿城区

【概况】2008 年,鹿城区实现生产总值 286.33 亿元,比上年增长 5.8%。其中:第一产业增加值 1.37 亿元,增长 3.0%;第二产业增加值 119.61 亿元,增长 0.1%;第三产业增加值 165.36 亿元,增长 10.5%。三次产业结构由上年的 0.5:43.7:55.8 调整为 0.5:41.7:57.8。全区人均生产总值 41165 元,增长 4.3%。全区财政总收入 31.96 亿元,增长 12.3%,其中地方财政收入 15.82 亿元,增长 11.0%;全区财政一般预算支出 13.27 亿元,增长 22.6%。全区财政总收入占生产总值比重为 11.0%。当年财政收支保持基本平衡。

【促进经济发展】支持创新体系建设,安排科技经费 2660 万元,推进企业技术创新和改造,提高自主创新能力,加快发展现代服务业,促进传统制造业和外向型经济结构调整和优化升级。支持企业发展,加大对企业的财政支持,筹措落实扶持企业资金 3554 万元;开展小额贷款公司试点,提高企业的市场竞争力和抗风险能力,培植和做大后续财源。加大节能减排投入。支持企业进行节能技术改造,促进制革基地转产改建工作,优化企业发展环境,提高企业节能降耗的能力。开展企业服务年活动,加强财政服务企业意识,出台科学技术进步奖励实施办法、鼓励开放型经济发展若干扶持措施、发展楼宇经济奖励暂行办法和扶持建筑业发展若干奖励措施等政策,与企业共渡难关。加大政府投资,筹措落实重点建设资金 9.82 亿元,推动基础设施建设。

【确保收入增长】坚持财源建设和收入征管“两手抓”,确保财政收入稳定增长。定期开展财政收入执行情况分析研究,积极应对宏观环境变化、产业税源结构调整对收入的影响,拓宽财政增收渠道。推进税收社会化征管工作,开展专职协税护税人员试点工作,联合国、地税定期召开联席会议,分析征收漏洞和薄弱环节,促进财源建设健康发展。强化非税收入监管,完善和规范非税收入征管体制,把国有资源、国有资产、国有资本收益等纳入财政管理,将行政事业单位资产出租、转让等收入纳入非税收入管理,足额缴入国库和财政专户,确保非税收入稳定增长。

【确保民生支出】落实强农惠农政策。加大"三农"投入,全年筹措支农资金4345万元,加快农村基础设施建设和村庄连片整治,发展现代高效农业,加快农民饮用水工程建设,实施政策性农业保险,兑现各类财政涉农补贴资金,拓宽农民增收渠道。支持抗灾救助。调减公用经费预算5.0%,按照地方财政收入1.0%的要求及时筹措支援四川灾后恢复重建资金1425万元。发展优质均衡教育。全面落实义务教育经费保障机制,安排教育资金5.35亿元,创建全国区域教育发展特色示范区,全面实施"5510"学校改建工程,加快推进教育现代化建设工作。加大卫生事业投入。安排卫生事业经费9996万元,加快城乡卫生服务中心的标准化建设,率先将社区卫生服务中心纳入财政保障,提高新农合参合标准和门诊报销比例,全区农民参合率99.3%。完善社会保障体系。扩大养老、医疗、失业、工伤等保险覆盖面,完善新型社会救助体系,提高城乡低保标准,增加廉租住房范围,扩大就业和促进创业,开展免费婚前医学检查和困难家庭精神病患者医疗救助工作,落实各项财政物价补贴政策,保障困难群体基本生活。促进社会事业发展。投入资金,加强文化阵地建设,开展温瑞塘河综合整治,推进生态区建设,改造农贸市场,投入基层政法经费,落实财政救灾应急预案,保障奥运安保、安全维稳经费。

【推进财政改革】采用"零基预算"和定员定额的预算编制方式,对项目支出实行项目库管理,建立财政内部的初审、联审、平衡性审核机制。结合税收社会化征管工作,制订街道办事处试行虚拟财政管理体制的意见,规范街道办事处收支行为。完善会计集中核算制度,全面推进核算单位备用金小额转账支付工作,开展区教育局、卫生局"网上银行支付"试点工作。深化政府采购监管工作,开展政府采购执行情况专项检查,审查邀请招标、自行组织采购等政府采购方式,对政府采购过程进行监督。加强政府性债务的归口管理,规范举债行为,完善偿还机制,强化项目贷前可行性论证和贷后监管,编制政府项目负债表,对政府投资项目负债实行动态监管。

【强化财政监管】加强行政事业单位银行账户规范化管理,组织开展全区各行政事业单位银行账户清理整顿工作,撤销银行账户114个,销户率为17.7%。加强对财政扶持项目进度的监督管理,对2006、2007年科技经费农业类项目使用情况进行跟踪问效,规范政府扶持专项资金运作机制。加强国有产权管理,强化产权意识,探索国有资产监督管理工作。加强对建设单位基本建设财务制度执行情况的财政监督和管理,严格审核、监督、管理建设单位管理费用的开支标准和范围,全面核查掌握建设单位财务运行情况。规范企业会计核算行为,开展会计信息质量检查和代理记账机构的年度审核,加强会计事务的日常管理,做好会计人员继续教育培训工作和会计资格考试的考务工作。开展涉及教育、卫生、农业、民政、劳动就业、司法等民生支出领域重点项目的绩效评价工作,注重评价的结果应用。

【干部队伍建设】深化学习型组织建设,拓展教育内容、拓宽教育渠道、丰富教育载体。开展十七大精神的学习宣传教育活动,制订实施意见和夜学计划,加强财政干部素质和能力的培养,提高财政干部驾驭新形势下财政工作的能力。加强对作风建设的监督检查,探索人性化监督途径,准确把握党风廉政教育的时机,重大节假日通过廉政短信等形式进行提醒,及时发现和解决作风建设方面存在的突出问题,确保财政资金科学、规范、高效运行,防范财政系统的违规违纪行为和腐败现象的发生。开展领导干部廉洁从政教育,强化慎独、慎微、慎欲、慎权意识,树立起"依法理财、廉洁高效、勤政为民"的机关形象,全年承办26件建议、提案,满意率为100%。建设节约型机关,探索公务消费制度改革,降低行政运行成本,按制度管理公用车辆,执行IC卡加油、定额养修制度。控制机关事业单位更新或购置新车,在全区行政事业单位中带头削减购车预算经费。

(温州市鹿城区财政局供稿　张　谷执笔)

温州市龙湾区

【概况】2008年,龙湾区(不包括温州经济技术开发区)实现生产总值203.43亿元,比上年增长7.7%。其中:第一产业增加值2.98亿元,下降1.2%;第二产业增加值157.52亿元,增长6.0%;第三产业增加值42.94亿元,增长15.3%。三次产业结构调整为1.5:77.4:21.1。全区财政总收入27.59亿元,增长13.5%,其中地方财政收入11.45亿元,增长13.9%;当年财政支出6.2亿元,增长13.1%。全年财政运行状况良好,财政收支平衡。

【服务经济大局】面对复杂多变的宏观经济形势,发挥财政职能作用,提高服务大局的水平。贯彻拓市场保增长30条措施,向区委、区政府提出优化整合税源、促进中小企业发展等方面的政策建议;走访重点企业,提出扶持企业创业创新建议书,做企业贴心人。印发《财政扶持政策汇编(精选)》,每周发送"财税之声"短信,让企业及时了解最新的财税政策动态。帮助企业申报各类项目补助资金4088万元。落实各项财政优惠政策,共拨付先进制造业基地资金(技改资金)1417万元、科技三项经费1950万元、外贸贴息资金300万元,推动传统产业转型升级。拨付工程建设资金8.06亿元,支持城市基础设施和区重点工程项目建设。

【组织财政收入】关注宏观环境变化和税收政策调整效应影响,建立财政收入分析制度,按季制作财政收支分析手册,为领导决策提供分析数据。探索完善部门涉税信息共享机制,推出财税联席会议制度,由区财政局与国税、地税、工商、建设等部门每季度联合召开,掌握组织收入的主动权,确保财政税收收入及时、足额、均衡入库。针对调研中发现的房地产建筑业企业因注册地及经营地在外而导致税收流失的情况,协同相关部门引导房地产建筑企业回迁发展。

【确保民生需要】优化支出结构,区级新增财力三分之二以上用于民生,民生支出6.88亿元,占财政总支出的71.2%,比上年提高4.4个百分点。确保教育资金按法定要求增长。用于教育支出2.13亿元,增长14.2%,占全区财政预算支出的34.3%,提

保障制度及特殊群体生活救助制度，支持农村“五保”供养(即在吃、穿、住、医、葬方面给予村民的生活照顾和物质帮助)和孤寡老人集中供养、残疾人共享小康工程及救灾救济工作，推进新型农村合作医疗和城镇居民医疗保险工作，构筑新型城乡社会救助体系。支持重点工程建设。出台重点工程建设投融资联席会议制度，建立政府投融资服务机制；筹集政府预算资金4.75亿元，保障城乡道路、饮用水、城镇排污和垃圾处理等关系民生的重点工程项目资金需要。

【深化财政改革】按照“减少增量、压缩存量、盘活资金、规范使用、提高效益”原则，推进财政专项资金结余管理方式改革，清理行政事业单位以前年度安排的各项资金结余，整合优化财政预算指标2566万元，清理收回结余资金5105万元。推进国有资产监管体制改革，建立国有产权公开竞租平台，制定企业国有资产产权管理工作规程，完善国资监管体制；优化国有经济布局和结构，以市场化运作盘活物资大厦、旧城办商品房等资产1.15亿元。实施以“预算共编、资金统管、集中记账、控制开支”为主要内容的“乡财市管”改革措施，研究制定乡镇财政财务管理制度范本，规范乡镇财政财务收支行为。推行财政支出绩效评价改革，组织开展农村公共卫生服务、科技专项资金等项目绩效评价，研究设置绩效评价指标，建立绩效评价指标体系基本框架。稳步施行公务员津贴补贴改革，完善公务员福利管理机制。实施教师岗位补贴绩效工资改革，安排相应资金8000万元，加大向义务教育阶段教师、一线教师、山区海岛教师的倾斜力度。

【强化财政监督】建立“五公消费”控管机制，对接待费、会议费、公车费用、培训费、外出学习参观考察费等“五公”消费项目实行从严控制，会议费、招待费与上年相比分别下降14.0%和10.0%。强化财政专项资金管理，完善财政专项资金管理制度体系，加强和规范教育、科技、社保、卫生、综治、支农等财政专项资金的分配、使用和监管，提高专项资金使用效益和效率。加快财政周转金清理，创新财政周转金清理办法，以整体打包出让的形式，转让非公企业财政周转金5068万元，至年底收回资金2000万元。加大监督检查力度，开展行政事业单位银行账户专项清理，组织计生和信息化建设资金使用情况专项检查，对5家会计代理记账单位和30户企业实施会计法规执行情况检查，规范财经秩序。加强政府性债务管理，研究探索企业债券等多渠道融资方式，加强对政府性债务计划执行情况的汇总、归纳和分析，着手建立政府性债务风险防范机制。强化政府采购监管，完善政府采购工作流程，加强政府采购专项检查，全年政府采购金额3.94亿元，资金节约率15.0%。加强政府投资评审，全年共审查工程概算、预算、结算项目304个，核减金额5497万元。

【加强队伍建设】开展学习十七大精神和“树新形象、创新业绩”主题实践教育活动，通过举办专题报告会、开展专题调研活动、在内网上开辟学习专栏、开展主题征文比赛、组织结对联系活动等多种形式，引导广大干部职工提高思想认识，增强贯彻落实十七大精神及科学发展观的积极性和主动性。推进学习型机关建设，全年投入学习教育培训经费36万元，共组织320人次参加各类业务培训；完善课题调研机制，建立健全学习平台，市局被评为年度瑞安市优秀学习型机关。加强廉政建设，研究制订全局2008～2012年反腐倡廉防范体系工作要点，开展廉政教育宣传月活动，组织干部参加法院经济职务犯罪庭审旁听，邀请专家学者作反腐倡廉形势专题报告，构筑廉洁从政的思想防线，同时加强信息公开、廉政督查和责任追究，完善权力运行机制。巩固和扩大作风建设成果，推进服务工作创新，加大工作纪律、服务制度等落实情况的明查暗访，组织整改落实。发挥党、团、工、妇的积极作用，组织向四川地震灾区捐款和缴纳“特殊党费”20多万元，举办以“迎奥运、读书香、创新绩”为主题的系列文体活动，倡导健康文明、积极向上的生活情趣。市财政局在2008年度瑞安市级部门和行风建设民主评议中获第二名，连续4年名列前五，并被评为全省财政系统会计管理工作、计算机应用先进单位。

(瑞安市财政局供稿　谢钦袖执笔)

乐清市

【概况】2008年，乐清市实现生产总值404.22亿元，按可比价计算，比上年增长8.0%，人均生产总值33615元；第一、二、三产业增加值分别为14.45亿元、251.87亿元、137.9亿元，分别增长4.7%、6.4%、11.4%。三次产业结构从上年3.5:63.2:33.3调整为3.6:62.3:34.1。全市财政总收入54.62亿元，增长18.3%，占生产总值的比重为13.5%，其中地方财政收入25.07亿元，增长15.9%；全市财政支出26.78亿元，增长13.3%。当年财政收支平衡，略有结余。

【组织财政收入】全市地税部门共组织各项收入28.91亿元，增长18.9%，其中：税收收入19.42亿元，增长17.7%。提升税收分析预测和税源监管水平，按照“抓大、评中、定小”的管理思路，提高分税种、分行业、分层次的税源管理工作效率。推广使用机打发票，加强餐饮业、房地产业和建筑业税收管理。加强对年收入12万元以上高收入者的纳税申报工作。建立和完善多环节、全方位、社会化的地方小税种征管体系，抓好房地产交易环节税收一体化征管。全面实施养老、工伤保险“两费合征”征缴管理办法，出台社保费“五费合征”实施意见和试行办法。加强非税收入计划管理，规范非税收入征管机制，加强对国有土地使用权出让收入、新增建设用地土地有偿使用费、国有资源有偿使用收入的征收管理。社会保险等非税收入9.49亿元，增长21.5%。

【支持经济发展】扶持企业发展。落实拨付企业奖励补助和贴息资金4048万元，争取上级补助资金2306万元，支持企业上市、推进技术进步和自主创新、加快发展循环经济和开放型经济等。实行社保费缴纳比例临时性适当下浮；取消、暂停和降低73项行政事业性收费，落实地方税费减免工作，减免各类涉企税费7000余万元，国产设备投资抵免企业所得税8242万元。设立奖励资金鼓励市级银行支持地方经济发展。完善服务业发展专项资金管理办法，拨付旅游业专项资金1057万元。扶持农业发展。全市用于“三农”支出的财政性资金16.5亿元，增长24.1%；整合财政支农资金，扩大政策性农业保险覆盖面，加大农业综合开发投入,支持农业基础设施建设、"强塘固房"工程、农业科技创新、高效生态农业和现代产业体系建设,对农民的直接补贴资金达2268万元。支持科技创新。全市财政科技支出5344万元,新设2000万元高新技术发展专项资金,重点支持科技孵化创新园建设、重大科技计划项目和高新技术企业的产学研技术攻关;贯彻新企业所得税法,为企业落实技术开发费加计扣除2714万元。加大政府投资。筹措落实10.28亿元财政性建设资金,支持标准海塘、围垦、城市防洪、水库除险加固、104国道改建、甬台温铁路、城市道路、楠溪江引水工程、污水处理等33个重点工程项目建设;在年底新增1000亿元中央投资中争取1728万元国债建设资金,支持福溪水库除险加固工程建设等;按照地方财政收入1%的要求筹措青川县三锅乡灾后恢复重建资金2163万元。

【保障和改善民生】当年市财政支持民生支出占地方财政一般预算支出的77.1%,财政支出增量三分之二以上用于改善民生。支持教育事业发展。全面实施义务教育保障机制改革,落实教科书免费和提高教师福利待遇水平资金1.27亿元,筹措落实1.69亿元资金支持中小学校基建、校舍维修和食宿改造,安排1850万元资金支持实施职业教育"六项行动计划"。支持医疗卫生和计生事业。新增3296万元资金,提高新型农村合作医疗、城镇居民基本医疗保险、农民健康体检、大病医疗救助的财政补助标准,全市新型农村合作医疗人均筹资100元。按人均19元标准足额安排计生事业费2368万元。支持生态市建设。投入各类环保资金2985万元,建立生态功能禁入区生态补偿机制,支持"811"新三年环境保护行动、乡村清洁行动和区域性环境污染整治;运用"以奖代补"等政策措施,支持44个农村生活污水处理工程项目建设和环境优美乡镇创建。支持"平安乐清"建设。投入2067万元资金,支持公安"三基工程"、"民安工程"和消防抢险设备购置;加强农村社区公共安全,支持食品药品质量监管体系建设、奥运维稳和应急工作。支持文化大市建设。支持2131数字电影、非物质文化遗产保护、文化普查工作和文化精品工程建设,实施新一轮广播电视"村村通"工程建设;支持体育事业发展,推动全民小康体育村建设。保障低收入群体基本生活。全市社会保障和就业支出2.03亿元,增长29.3%,确保被征地农民、企业军转干部、离退休职工、低保家庭、老党员节日慰问金等按时足额发放;支持解决城镇低收入家庭住房困难和残疾人共享小康工程。争取中央财政油价补贴资金2995万元并及时拨付。支持欠发达地区发展。筹措4800万元扶贫资金,促进区域间协调发展和基本公共服务均等化。

【深化财政改革】深化部门预算改革,加大预算内外资金统筹力度,开展经建口深化改革试点,全面编制基本建设项目预算。规范国有土地使用权出让收支管理。制定财政支出绩效评价实施办法,组织完成16个项目绩效自评和6个重点项目评价。扩大政府采购定点协议采购范围,规范常用设备政府采购工作,全年政府采购规模1.39亿元,资金节约率14.7%。抓好农村综合改革,制订义务教育债务化解方案,落实2700万元资金完成义务教育债务年度化解任务。加大对乡镇财政转移支付力度,提高乡镇财政运转水平,鼓励乡镇积极化解乡村债务。完善和推广"金财工程"一体化软件,开通网上预算平台,完善非税收入征管软件。

【规范财政监督管理】开展财政专项资金整合使用的调研分析。加强对重点建设项目全程资金监管,全年概算、预算、结算送审金额10.97亿元,核减资金1.25亿元,核减率11.4%。强化产权管理,夯实资产管理基础,开展全市国有房屋租赁和权属登记情况调查,做好已改制和准备改制国有闲置房产的盘活工作。修订完善培训费、差旅费开支标准和管理制度,控制一般性财政支出过快增长。开展财政周转金清收扫尾工作,组织催收326万元,出台周转金呆账核销实施意见。做好公务员津补贴规范工作。组织开展财政支农资金整合试点单位专项检查,信息化建设资金、社会抚养费收支、政府采购执行情况等专项检查和部分非税收入执收单位专项检查,对会计师事务所开展会计信息质量检查,维护财税经济秩序。全面贯彻《政府信息公开条例》,制定信息公开暂行办法,做到主动公开全面细化规范。做好依法行政和行政执法评议考核工作。

【干部队伍建设】推进党的十七大精神学习和"树新形象、创新业绩"主题教育实践活动,通过集中学习、局领导上党课、专家授课等多种形式学习领会十七大精神;召开座谈会、提议案面商会、企业服务年活动等征求社会各界对财税部门的意见、建议,帮助基层和企业解决实际问题。培育财税文化,征集财税格言,提炼财税文化核心价值理念,出台财税文化建设三年规划,加强系统思想、组织、业务、作风和制度建设,增强队伍软实力。加强"六型"机关建设,开通网上学习园地,开展分层次的干部岗位技能培训和中层干部能力提升培训,组织干部参加研究生班学习和省级人才库考试培训,加强公务员非领导职务管理,优化干部队伍结构。贯彻全省财税系统反腐倡廉建设会议精神,落实党风廉政建设责任制,深化党风廉政教育,推进系统惩防体系建设,制定全系统建立健全惩治和预防腐败体系2008~2012年工作要点,健全权力运行监控机制,加强反腐倡廉建设工作。深化机关行政事务管理"阳光政务"工程,自觉接受群众监督。全市反腐倡廉辩论赛和公务礼仪风采大赛均获好成绩,开展迎奥运趣味运动会、新春卡拉OK大奖赛等形式多样、健康有益的文体活动,培养健康、文明、阳光的生活情趣。继续开展文明单位、"四好科室"、青年文明号、文明服务示范点等活动的创建,加强系统精神文明建设。干部职工奉献爱心为汶川大地震捐款233300元,支援灾后重建工作。

(乐清市财政局供稿 仇德龙执笔)

永嘉县

【概况】2008年,永嘉县实现生产总值176.34亿元,比上年增长9.7%,第一、二、三产业增加值分别为6.14亿元、109.58亿元、60.61亿元,分别增长4.9%、9.2%、10.9%;第一、二、三产业占生产总值的比重为3.5:62.1:34.4;全县人均生产总值为19212元,增长8.4%。全县财政总收入21.77亿元,增长18.4%,其中地方财政收入10.80亿元,增长17.2%;全县财政一般预算支出

16.87亿元,增长26.0%。全年财政收支平衡。

【支持经济发展】支持科技创新平台搭建,综合运用税收、财政补助、贴息、以奖代补等政策手段,支持"做精一产、做强二产、做大三产",推进经济发展方式转变。围绕"创新强工"战略,全年财政科学技术支出投入0.34亿元,增长79.3%。全年下达科技发展项目三批,经费2235万元,其中工业项目35个,投入经费955万元;农业项目24个,投入经费781万元;社会项目42个,投入经费499万元。争取国家、省、市企业补助资金2077万元,兑付县委、县政府引导和支持企业做强做大、自主创新、品牌创建等奖励资金351万元,审核拨付企业技术改造补助资金1212万元,扶持企业上规模、产品上档次、管理上水平。落实各项税收优惠政策,按照"手续从简、审批从快、期限从宽、优惠从高"的要求,帮助企业用好用足优惠政策,共批准减抵免税额3682万元,增强企业发展后劲。根据新企业所得税法有关高新技术企业的税收优惠政策的规定,会同科技局对全县企业进行梳理,辅导企业上报有关材料,亚龙科技集团有限公司等6家企业分别被认定为浙江省2008年第三批、第四批高新技术企业。支持第三产业发展,全年安排财政专项资金1237万元,重点支持旅游、物流、商贸等第三产业发展。

【确保重点支出】推进新农村建设。全年支农专项支出1.21亿元,增长14.9%;安排4431万元支持农民饮用水工程、水库保安工程等农村基础设施建设,其中农民饮用水建设2814万元,基本解决全县农民饮水难问题;安排1274万元支持"十百工程"、"星级创建"示范村建设;整合扶贫资金、能源建设资金680万元,对农村生产、生活污水进行净化。支持文教卫建设。安排教育资金2.20亿元,支持中小学校建设、教学设备购置、中等职业教育、外来务工子女教育等。安排卫生支出2850万元,支持农村卫生建设、医疗设备购置、重大疫情防治等公共卫生体系建设,其中投入835万元支持县疾病预防控制中心建设。支持社会事业发展。安排新型农村合作医疗财政资金4898万元,推进以大病统筹为主要形式的新型农村合作医疗制度;贯彻粮食直补政策,拨付补贴1117万元;推进石油价格形成机制改革的顺利实施,落实油价补贴1005万元;安排拨付工业、商业、物资、粮食等国有企业年终困难及亏损补助188万元,解决国有企业及下岗职工的困难;公共安全支出1.78亿元,重点支持社会治安防控体系建设,提高保障公共安全和处置突发事件的能力。支持基础设施建设。筹集3.18亿元资金支持104国道乌牛至张堡段改建、县城防洪工程、41省道岭下至上塘段改建、楠溪江供水工程、鹅浦河公园二期等基础工程建设。

【深化财政改革】实行乡财乡用县管,根据县政府关于实行乡镇财政集中核算制度的实施意见,除瓯北镇设分中心外,全县其他37个乡镇均进入县会计核算中心实行集中核算。制订《乡镇财政消赤保平奖励办法》,解决乡镇财政困难,化解乡镇债务。对乡镇财务人员进行财务知识培训。规范公务员津补贴,全县乡镇机关公务员工资列入财政统发范围;开设公务员津贴补贴专户。贯彻落实《政府信息公开条例》,做到主动公开、依申请公开,推进阳光执法、文明执法。

【强化财政监督】整合预算内外资金,加大综合财政预算执行力度,完善收费项目库的管理,推行收费公示制度,加强预算外资金"收支两条线"管理。加强对县重点建设工程财务等方面的监督管理,从工程项目立项估概算审查、工程预结算审查、基建拨款审查等方面着手,健全基本建设项目事前、事中、事后的全过程监督机制。全年共审核基本建设拨款资金7.63亿元,审定拨款资金5.75亿元,核减1.88亿元,核减率为24.6%。扩大政府采购范围和规模。2004～2008年执行政府采购资金2.61亿元,实际支付采购资金2.14亿元,资金节约率18.2%,其中当年实际支付采购资金0.86亿元,资金节约率21.8%。

【干部队伍建设】开展党的十七大精神主题教育活动。制定教育活动计划和实施意见,建立网上十七大学习专栏,举办十七大知识竞赛,组织各单位支部开展"如何当好一名财税干部"、"如何优化纳税服务,促进税企和谐"大讨论,撰写学习心得。拓展"树新形象、创新业绩"主题实践活动,组织"蹲点调研",开展"咨询服务",实行领导干部挂钩联系制度,撰写调研文章,力图破解发展难题。深化学习型组织建设。开展"读好书、写心得"活动,定期在永嘉财税网推荐优秀书目或文章,要求干部职工每季度至少读一本好书,共有46篇心得文章在永嘉财税网专栏中予以交流学习。推进干部人事制度改革。开展中层干部竞聘上岗;在瓯北分局开展定员定岗双向选择用人机制的试点工作,坚持以岗定员、因岗选人、优化组合;举行岗位业务能手选拔考试,建立财政地税干部人才库。加强党风廉政建设。制定《永嘉县财税系统2008～2012年反腐倡廉防范体系工作要点》,构建反腐倡廉防范工作机制。规范全县财政地税系统内部管理,对《队伍管理量化监察督查办法》进行修订和完善。通过走访、设立意见箱、寄发调查表等形式,听取意见,办理群众来信来访。县财政局在当年全县行风效能评议中获第二类单位第一名。 (永嘉县财政局供稿 徐志钦执笔)

洞头县

【概况】2008年,洞头县实现生产总值30.41亿元,比上年增长10.8%。其中:第一产业增加值为3.34亿元,下降2.2%;第二、三产业增加值分别为10.29亿元、16.78亿元,增幅分别为12.1%、12.8%。三次产业结构调整为11:34:55。全县人均生产总值24119元。全县财政一般预算收入3.58亿元,增长8.3%,其中地方财政收入2.11亿元,增长19.7%;全县财政支出6.05亿元,增长20.8%。财政运行情况良好。

【组织财政收入】按照"三个三"工作措施要求,优化财政税收收入结构,地方财政收入占财政总收入比重59.0%,提高5.65个百分点。关注宏观经济变化和税收政策调整效应影响,建立定期联席会议制度,动态把握财政税收收入情况,加强科学分析,提高依法调控能力。开展新企业所得税法的宣传、培训和辅导,做好企业所得税的汇算清缴工作。全面推广个税全员申报,抓好年所得12万元以上自行申报工作,抓好主体税种的征管,除增值税同比下降15.4%外，营业税、企业所得税和个人所得税同比分别增长32.2%、12.2%和31.2%。房产税等地方小税种实现收入1306万元，增长69.0%，成为财政收入增长的一个亮点。建立房地产一体化征管机制，加强对房地产、建筑业等行业的税收管理，全年房地产和建筑业两大行业的税收7000万元，占财政收入的五分之一。土地出让金收入全面纳入预算管理，实现土地出让金收入3.78亿元，增长39.0%。将行政事业性收费纳入一般预算收入管理。

【支持经济发展】根据“政企联动、攻坚克难”企业服务年活动的部署，推出财税帮扶政策，帮助企业平稳发展。安排中小企业发展专项扶持资金1200万元，用于兑现工业企业技改贴息补助、海运业和服务业优惠政策，其中兑现海运业优惠政策资金700万元。贯彻落实企业社保费临时性下调、税费减免、行政事业性收费停征等政策，加大对困难企业的帮持力度，审批各类减抵免税2550万元，社保费减征340万元，行政事业性收费减免320万元。加大政府投资力度，通过向上争取资金、统筹土地出让金等方式，积极筹措各类财政性资金3.88亿元，重点支持连港环岛公路、温州(洞头)陆域引供水工程、中心渔港等重点工程和工业基地的建设。筹措2000万元，用于政府非重点投资项目建设，改善海岛基础设施面貌。加大科技创新投入，安排科技创新经费675万元，重点支持科技创新平台搭建、关键性技术攻关和重大科研项目的引进，推进洞头科技企业的培育和重点品牌经济建设，促进传统产业提升。

【保障民生支出】全县财政增量用于民生支出比例为90.2%。*加大支农惠民投入力度。*兑现海水养殖、村庄整治、绿化示范村建设、“六六八”工程等各项政策资金1480万元，整合财政支农资金，加大农业综合开发投入，扩大农业政策性保险覆盖面，完善农业贷款风险补偿机制，支持农业基础设施、现代化农业产业体系和现代农业社会化服务体系建设。全年用于“三农”支出的财政性资金2.45亿元，增长22.4%。*支持社会保障和医疗卫生事业发展。*提高对城镇居民医疗保险、新型农村合作医疗、农民健康体检的补助水平，全县新型农村合作医疗人均筹资107元；建立城乡零就业家庭就业创业援助制度，加强农村劳动力素质培训，支持零就业家庭、大中专毕业生和农村剩余劳动力就业创业；支持实施残疾人共享小康工程；设立县级见义勇为专项基金和欠薪周转金基金，保障农民工的合法权益；支持农村社区医疗卫生制度改革，完善农村医护人员的经费保障模式，推进乡镇社区卫生服务中心建设。*支持教育事业发展。*提高中小学生公用经费标准，全部免除义务教育阶段学生课本费、作业本费；全面落实困难学生资助政策，实行农村教师任教津贴政策，提高农村教师待遇，建立校舍维修改造资金投入长效机制，按照20%的增长率每年安排学校基建经费。教育支出1.07亿元，增长27.3%。*保障低收入群体基本生活。*关注价格上涨对民生的影响，提高城镇、农村低保对象补助水平，缓解物价上涨对特定群体的影响；争取并落实中央财政石油价格改革补贴资金9184万元；支持政策性农村住房保险和农村困难群众危房改造救助工作，全年共投入专项资金216万元，帮助159户低收入家庭解决住房问题。

【推进财政改革】*推行部门预算改革。*在全县165个行政事业单位中全面推行部门预算，统筹单位预算内外资金，运用综合预算模式，制定预算编制标准，规范预算编制程序，提高预算编制质量。*完善乡镇财政管理体制。*在“两保两挂三奖”和包干制相结合的乡镇财政管理体制的基础上，对乡镇财政管理体制进行调整、完善和优化，调动乡镇政府抓收入的积极性；规范乡镇财政财务核算管理模式，提高乡镇财政管理水平。*深化农村综合改革。*全面完成乡镇机构改革，切实推进乡镇政府职能转变；开展乡镇政府债务的全面清理，启动乡镇债务化解工作；一次性化解历年遗留的教育债务，实现义务教育零负债；加大对村级组织运转扶持力度，推进村级组织运转保障机制建设。*推进财税信息化建设。*推广和应用部门预算编制系统、资金申拨系统、非税收入征管系统等“金财工程”一体化软件，提升财政税收管理的质量和效率。开展国库集中支付制度改革的前期调研工作。

【强化财政监管】*规范政府投资项目审价行为。*确定合理和有效的控价制度，确保审价工作公平、公正、公开。全年送审工程项目181个，送审价1.09亿元，审定价1.01亿元，核减率7.7%。*加强政府采购监管。*开展政府采购执行情况的专项检查，规范政府采购行为，扩大政府采购规模，提高政府采购效率，节约政府采购资金。全年政府采购预算金额2076万元，实际采购金额1832万元，节约率11.8%。*开展绩效评价和财政专项检查工作。*对农村劳动力素质培训、农村公共卫生服务等8个专项资金实施绩效评价，涉及财政资金4121万元；对乡镇社会扶养费、环保专项资金等开展财政专项检查，检查单位45家，查出违纪违规资金595万元。*加强国有资产管理。*开展行政事业单位国有资产登记工作，研究重点工程项目国有资产管理办法，加强国有产权收益收缴管理。*开展预算外专户资金的清理工作。*对预算外专户历年沉淀未用的专项资金进行清理整合，共统筹专户资金1000万元。修订完善差旅费、会议费等开支标准和管理制度，控制一般性财政支出过快增长。落实规范公务员津贴补贴实施方案，规范公务员收入分配秩序。

【加强队伍建设】以创建学习型机关为抓手，开展学习教育。开展岗位业务全员轮训，结合全县“百名领导，千名干部”读书活动，开展集中学习、中心发言、讲座和自学相结合的多种学习活动。开展精神文明建设，以创省级文明单位为目标，深化精神文明建设。干部职工自愿为地震灾区捐款捐物，党员、团员缴纳特殊党费、团费。开展“三级联创”活动，为挂钩村解难题、谋发展。举办财税文化体育节活动，提高团队凝聚力。抓好队伍作风建设，按照政府信息公开条例，打造“阳光财税”，接受社会各界监督，简化财税办事流程，提高办事效率。

(洞头县财政局供稿　朱红波执笔)

平阳县

【概况】2008 年，平阳县实现生产总值 162.03 亿元，按可比价计算，增长 12.2%。其中：第一产业增加值 8.79 亿元，增长 2.7%；第二产业增加值 79.6 亿元，增长 10.6%；第三产业增加值 73.64 亿元，增长 15.2%。人均生产总值 18946 元，增长 11.9%。全县财政总收入 16 亿元，增长 20.5%，其中地方财政收入 8.80 亿元，增长 24.5%；全县财政总支出 15.21 亿元，增长 27.9%。当年财政收支平衡。

【支持经济发展】加大“三农”投入。当年农林水事务支出 1.03 亿元，增长 25.8%，争取省、市各项支农专项资金 1.37 亿元，支持农业基础设施建设、现代农业发展、“十村示范，百村整治”、富民攻坚计划等，改善农村农业生产、生活环境；对种粮农民实施粮食直补和综合直补，安排落实财政粮食补贴资金 2296 万元，确保粮食生产、流通及储备安全。支持工业企业做强做优。贯彻落实财税优惠政策，审批减免地方税费 4810 万元；出台企业创新成果产业化项目扶持政策，投入财政技改和品牌创建资金 470 万元，支持培育创新型行业龙头企业；制定节能降耗专项资金管理暂行办法，投入设备改造、治污减排专项资金 293 万元，促进企业节能减排降耗工作；应对外贸形势变化，调整财政奖励和补助资金项目，安排落实各项财政资金 693 万元。促进第三产业发展。贯彻落实全省服务业工作会议精神，开展工业企业主辅业分离工作；安排落实财政专项资金 210 万元，扶持商贸流通业发展。优化企业发展环境。优化各项服务措施，加快政策性税费减免办理速度，开辟绿色服务通道，优化纳税服务。开展企业服务年活动，为即将上市的企业提供上门辅导、送最新财税政策到企业，落实临时性停征企业社会养老保险费一个月共计 2100 多万元。增强政府调控能力。完善融资平台，拓宽融资渠道，支持水头标准厂房、昆鳌排污工程等项目建设，缓解建设资金紧缺局面。全年财政调剂资金 1.09 亿元，用于偿还政府背景类银行逾期贷款。

【优化收入结构】当年地方财政收入占财政总收入的 55%，同比提高 1.76 个百分点。完善主体税种征管。抓好重点行业营业税日常征管，加强企事业单位转让不动产征管，强化部门协作，把地税部门完税环节作为办理有关权证的前置条件加以控管；贯彻落实新的企业所得税法及其实施条例，开展企业所得税汇算清缴；贯彻落实个人所得税扣除标准，加强年收入 12 万元以上个税纳税申报、全员管理和股权转让个人所得税征管等工作。加强小税种征管。将转让工业用地及厂房的土地增值税预征率调高到 6%，贯彻执行土地使用税征收新标准；加强票证检查，完善委托代征工作，强化城建税、两项教育附加、车船税、资源税等征管；加强耕地占用税征管，完善房屋交易最低计税价格办法，推进房地产二级市场一体化征管进程，小税种收入增长迅速。强化非税收入征管。完善土地使用权出让收支管理，加强户外广告等国有资源有偿使用管理，优化地方财力结构；出台推进社会保险费“五费合征”工作实施意见，完善社会保险费等非税征缴体系。

【保障重点支出】调整优化支出结构，着力保障和改善民生，解决人民群众最关心、最直接、最现实的利益问题。编制预算突出重点，贯彻落实“控、压、保”工作措施，压缩会议、接待、公务用车等公用经费，保证新增财力三分之二以上用于民生事业方面，统筹城乡、区域、经济与社会发展以及人与自然和谐发展，使公共财政最大程度地惠及全县人民。全年教育支出 4.97 亿元，增长 39.5%；科技支出 2563 万元，增长 22.5%；文化体育与传媒支出 3715 万元，增长 19.5%；医疗卫生支出 1.17 亿元，增长 50.3%；社会保障和就业支出 8715 万元，增长 1.5%；环境保护支出 4429 万元，增长 36.7%；公共安全支出 1.10 亿元，增长 43.5%。

【深化财政改革】推进预算管理改革，执行“收支两条线”政策，加强预算内外资金统筹力度，完善综合预算管理模式；按照政府采购目录和采购限额标准，规范政府采购行为，全年政府采购金额 2989 万元，节约资金 345 万元；探索国库集中支付改革，加强相关业务培训学习。深化农村综合改革，推进“乡财乡用县管”改革，在上年成立乡镇会计核算中心、将 3 个试点乡镇纳入乡镇会计核算中心管理的基础上，扩大乡镇财政集中核算范围，将全县 25 个乡镇全部纳入乡镇会计核算中心管理。牵头开展乡镇财政消赤工作，在各乡镇债务自查的基础上，研究制定化解乡镇债务工作的实施意见，通过清理债权债务、积极盘活资产等措施，全县 14 个乡镇消除赤字，保持收支平衡。推进公务员津贴补贴改革。

【加强队伍建设】坚持以人为本、内强素质、外树形象的队伍建设指导思想，开展三大评议（即评议满意和不满意单位、基层站所（办事窗口）、职能科室等三个活动）、科长服务基层等活动，抓好干部职工教育培训工作，提高财税干部政治业务水平，造就高效、廉洁、务实的学习型干部队伍。当年涌现了一批省、市、县级先进集体和个人，农业科等 3 个单位被评为市级先进集体，傅维专等 7 位同志等被评为市级先进个人。县财政局被县委、县政府授予目标考核先进单位（二等奖），被县纪委评为县纪检监察工作先进单位、落实党风廉政建设责任制先进单位、机关党建工作较好单位。（平阳县财政局供稿　张晓慧执笔）

苍南县

【概况】2008 年，苍南县实现生产总值 205.56 亿元，比上年增长 11.6%。其中：第一产业增加值 16.25 亿元，增长 2.8%；第二产业增加值 92.92 亿元，增长 12.4%；第三产业增加值 96.39 亿元，增长 12.4%。人均生产总值 16338 元，增长 10.5%。全年财政总收入 19.92 亿元，增长 17.9%，其中地方财政收入 11.72 亿元，增长 17.1%；全年财政总支出 19.42 亿元，增长 24.1%。全年财政收支平衡,略有节余。

【支持经济发展】开展"政企联动、攻坚克难"企业服务年活动,全年落实扶持资金3269万元,支持和鼓励企业实施技术改造、科技创新,促进企业创业创新、做大做强。做好技改、出口、民政福利企业等政策性税费抵减免退工作;落实企业减负解困相关政策,为困难企业减免房产税、城镇土地使用税680万元;落实临时性下浮1个月企业社会保险费缴纳比例政策,减征社保费1838万元;取消工商"两费"等行政事业性收费900多万元。搭建银企对接平台与合作关系,下达小企业贷款风险财政补偿金586万元,引导金融机构增加小企业贷款28.80亿元。探索"国资监管机构——国资营运机构——国有企业"三层次的营运体系,构建国资监管新框架,提高国有资产运行质量;搭建投融资平台,全年为县重点工程项目融资15.40亿元。

【组织财政收入】按照"均衡入库、持续增长、优化结构、调控有力"的原则,科学组织收入,依托信息化对重点税源进行一体化管理,健全税收分析预测监控体系,做好企业所得税新旧税法衔接,完善行业管理办法。加强部门涉税信息共享和协作机制,规范土地权属变更程序,落实车船税、城镇土地使用税新条例,开展城镇土地使用税清查工作,挖掘小税种增收潜力,提高地方税收收入比重。制定社会保险费"五费合征"工作意见,全面推进社保费"五费合征"工作。按照"收支两条线"要求,完善新版政府非税收入征管信息系统,加强土地出让金等收入征管,将彩票公益金纳入政府性基金预算管理,增加地方政府可用财力。当年地方财政收入占财政总收入的58.8%。

【加大农业投入】认真落实中央各项扶农惠农政策,全面推进新农村建设,实施"共同跨越六大行动"和"低收入农户奔小康工程",加大农业基础设施及现代农业产业体系建设投入,全年落实"千万农民饮用水工程"资金1500万元、桥墩水库等"千库保安"资金2200万元、耕地开发和标准农田建设等土地整理资金5324万元;落实扶持粮食生产各项政策,制定财政涉农补贴资金代理发放操作规程,及时将1670万元直补资金发放到种粮农户。

【支持社会事业发展】全面启动教育"393"发展计划,制定落实农村教师任教津贴和欠发达乡镇教师岗位津贴政策,全年落实教育资金6.48亿元,增长17.0%;支持文化设施建设,落实文化体育与传媒资金3771万元,增长10.0%;支持"平安苍南"建设,落实公检法司等公共安全资金1.44亿元,增长14.6%;围绕生态县建设,落实环境保护及生态建设资金1361万元;做好石油价格改革财政补贴发放工作,发放油价补贴1.74亿元;支持78省道、龙金大道、104国道等工程建设,县级财政统筹安排重大基础设施建设资金1.98亿元。

【社会保障体系建设】全年落实农村公共卫生服务资金1455万元,提高农村公共卫生服务水平;落实乡镇卫生院危旧房改造资金832万元,改善农村医疗基础设施;落实新型农村合作医疗资金5145万元,减轻群众看病就医的经济负担;落实突发公共卫生事件应急处理资金471万元,用于手足口病、三聚氰胺奶粉筛查防治等工作。完善覆盖城乡的社会救助体系,全年落实最低生活保障金1911万元、农村五保和城镇"三无"对象集中供养资金513万元、城乡低保对象物价补贴资金794万元、医疗救助资金800万元、大中型水库移民后期扶持资金1260万元。落实被征地农民基本生活保障资金1250万元,提高失地农民生活保障能力;落实就业再就业资金452万元,加大就业再就业援助力度。

【深化财政改革】加快"金财工程"应用,启动预算管理、国库支付管理、资金申拨管理等系统,做好县人大常委会对财政预算支出监督系统的对接联网,为接受"实时在线"监督做好各项前期准备工作。推行财政支出项目绩效评价试行办法,构建"项目单位自评——主管部门评价——财政部门评价"三层次的绩效评价框架,聘请26名社会各行专业人士组成县级绩效评价专家库,全年对11个项目开展绩效评价,涉及财政资金7057万元。全面实施规范公务员津贴补贴工作和规范学校自行发放奖金工作,并对公务员工资、津补贴进行国库直接支付。化解财政风险,全年统筹安排债务化解补助资金6198万元,其中:落实资金2375万元基本消化23个乡镇财政历史债务,落实资金3823万元消化义务教育阶段学校债务。

【强化财政监管】制定县级财政预算资金审批程序、预算单位用款计划申报审核程序、财政资金临时调度内部审批程序等,规范财政办事流程,规范预算资金申拨的监督管理和临时资金调度行为。强化财政性资金存款管理,对各金融机构的财政资金存款,协商调整为活期、定期、通知、协定等4种存款方式,5个月增加利息收入700多万元;实行财政性资金存款与政府性投资项目贷款相匹配的办法,鼓励和促进金融机构加大对地方经济发展的支持力度。做好临时资金调度工作,对乡镇有还款来源的急需建设资金、学校贷款到期借款转贷、全县政府性投资项目资金给予临时调度,全年临时调度资金4.8亿元。审核政府投资基本建设项目概算和工程结算,全年审核政府性投资基本建设项目309个,核减造价2181万元,核减率6.5%。实行政府采购计划和采购项目备案管理,加强采购监管,全年政府采购金额6868万元,节约资金943万元,节约率12.1%。

【加强干部队伍建设】以党组理论中心组学习为龙头,抓好领导干部的学习,提高班子成员的政治理论水平和业务工作能力,局领导班子被评为2008年"县十佳学习型领导班子"。开展"树阳光财税、创满意单位"活动,结合"为企业服务年"活动和"树新形象、创新业绩"主题实践活动,深入企业和乡镇召开19次座谈会,挂钩联系27家大企业,确定创业创新破难攻坚项目9个,帮助企业和乡镇解决实际困难。建立中层干部轮岗和后备干部选拔制度,对财政中层干部进行轮岗。采取集中培训与分散自学、全员轮训与分类培训的方式,以"财税讲坛"、"网上同步学习"为载体,组织34期培训班,800多人次参加培训。印发《苍南县财政地税系统2008~2012年反腐倡廉防范体系工作要点》,召开三次全系统党风廉政建设工作会议,重新聘请21名特邀廉政监督员,调整10名兼职监察员。制订《财政地税人员作风建设十项规定》及其处理办法,成立作风督查组,加大监督检查力度。细化内部工作考核,对基层单位采取"两级考核"(县局对基层考核和基层对个人考核)方式,将考核指标分解落实、责任到人。

(苍南县财政局供稿　陈青友执笔)

文成县

【概况】2008年，文成县实现生产总值31.05亿元，比上年增长10.1%。其中：第一产业增加值2.96亿元，增长4.6%；第二产业增加值10.73亿元，增长9.2%；第三产业增加值17.36亿元，增长11.5%。全县人均GDP为8379元，增长9.3%；三次产业结构为9.5:34.6:55.9。全年财政总收入3.43亿元，增长20.4%，其中地方财政收入2.32亿元，增长21.9%；财政总支出8.69亿元，增长20.2%。全县财政收支平衡，预算执行情况良好。

【确保收入增长】加强收入分析预测。关注宏观环境变化和财税政策调整效应影响，加强税收与经济关系分析，开展房地产业、建筑业、金融业等行业税收专题分析，组织税收政策调研，把握组织收入方向和力度。坚持工商、国税、地税例会制度，加强与房管、土地等部门协作配合，通过数据比对和共享，拓展分析数据来源，加强收入源头控管。落实征管措施。强化税收行业管理，挖掘增收潜力，优化税收收入结构；加强对重点行业、重点税种、重点税源的监控管理；稳步推进个人所得税全员管理，开展年所得12万元以上个人所得税自行申报工作；对广告、服务、加工、娱乐业进行纳税评估，确保税收收入平稳增长。完善收入征管体系。加快信息化建设，推进《税友2006》快捷查询功能试运行，全面做好基础数据清理工作，确保征管数据真实、准确；完善贯彻“三个三”工作措施的考核办法，引导各基层征收单位加强地方税征管。完善非税征管机制。实行社保费“五费合征”工作制度，开展社保费基础数据调查，加强与社保等部门协调配合，社保基金收入稳定增长。完善非税收入征缴体系，拓宽非税收入渠道，增强政府调控能力。

【支持经济发展】加大政府投资力度。全力保障项目前期经费，加强部门协作配合，向省市争取资金，支持县重点工程建设。统筹安排县级财力，保障省市项目配套资金。设立旅游专项资金，支持旅游项目建设和宣传促销。加强财政资金调度，支持工业基地和配套设施建设。筹集资金确保56省道、县供水工程等项目借款的还本付息。扶持企业发展。加大对困难企业帮扶力度，帮助企业解决困难。落实企业社会保险费缴纳比例临时下浮政策，取消和暂停征收部分行政事业性收费，减轻企业负担。通过财政奖补政策的引导，支持重点企业加快发展。支持农业发展。加大农业基础设施建设投入，支持实施“千库保安”工程和小型农业水利设施建设，推进农业综合开发。落实农资综合直补等惠农政策，调动农民种粮积极性，稳定粮食生产。支持农业科技推广、农业产业化，扶持淡水养殖、油茶种植等特色农业发展。通过项目资金注入、贴息、补助等形式，支持农产品加工业发展。支持创业创新。设立创业创新基金，全力支持“全面创新行动”和“全民创业计划”的实施。完善科技投入机制，统筹安排工业技改贴息资金、科技专项资金，落实企业创新各项财税扶持政策，支持企业科技创新、技术改造、产品研发和品牌创建。完善创新服务平台，设立人才专项资金，支持人才培训、引进和奖励。

【保障民生支出】加大保障性投入力度。健全社会保障资金多渠道筹措机制，加大社会保障投入力度，支持最低生活保障、农村医疗救助、城镇居民医疗保险和“五保”集中供养，支持农村住房困难救助、政策性保险和养老、医疗保障等制度建设。加大就业再就业投入，实施农村劳动力素质培训工程。加大农村社会事业投入，筹集资金9500万元，支持贫困村基础设施、公益事业建设，支持乡村“康庄工程”，落实扶贫迁村项目，促进城乡统筹发展。加大公共性投入力度。推进义务教育经费保障机制改革，实施农村中小学助学工程、新校园工程、薄弱学校改造工程及校舍维修，提高中小学生均公用经费标准，逐步提高农村教师工资待遇，支持职业教育发展。支持乡镇卫生院危房改造和医疗器械购置，推进新型农村合作医疗制度建设，完善公共卫生服务体系。支持农村文化基础设施建设，实施文化“八大工程”和广播电视“村村通”工程。加大环境保护投入力度，支持生态县创建、生态环境保护、珊溪库区周边环境整治、重点污染源治理以及市政设施建设；支持节能减排。全年教育、医疗卫生、文化体育、环境保护支出分别增长21.2%、34.5%、32%、42.9%。支持“平安文成”建设。完善公检法公用经费保障机制，支持政法机关改善执法办案装备和基础设施建设。

【推进财政改革】推进预算编制改革。扩大部门预算编制范围，实现县属行政事业单位部门预算全覆盖；加强预算编制基础信息采集、加工和利用，完善部门预算定额和标准；深化“收支两条线”管理改革，将非税收入纳入预算管理，提高预算资金分配的规范性和有效性。推行国库集中支付制度改革。成立财政国库集中支付中心，制订出台财政国库集中支付管理试行办法。组织开展财政资金账户清理，建立国库单一账户体系，增强财政资金调度能力。规范资金拨付程序，实行财政专项资金集中拨付、核算，提高资金运行效率。开展政府性投资项目资金国库集中支付试点工作。推进政府采购制度改革。扩大政府采购规模和范围，加强政府采购监督管理，提高政府采购质量和效率。推进“金财工程”建设，提高财税管理信息化水平。

【强化财政监管】开展政府性投资项目绩效评价工作，全年59个项目列入绩效自评，4个项目列入财政部门评价，涉及财政资金1.48亿元。加强政府性投资项目财务监管，严格项目资金管理程序，规范项目资金审核，做好建设项目竣工结算审查。全年办理竣工结算项目57个，核减资金234万元，核减率为5.7%。强化财政监督检查，组织开展支农、信息化建设等专项资金的监督检查。加强国有资产管理，规范行政事业单位国有资产处置、报废、报损行为，严格评估和产权转让程序；对全县国有资产出租情况进行清查登记，规范国有资产出租行为。

【加强队伍建设】以创建“六型机关”为实践载体，推进“树新形象、创新业绩”主题实践活动，做好政府信息公开各项工作，修订和完善局机关内部管理制度，在全局范围进行干部轮岗交流，增强干部队伍凝聚力。在全县部门单位的满意单位评选中总得分名列第三；在县人大对县政府34个部门单位的年度工作评议中,满意率100%;在社会各界对全县57个机关部门服务较多科室评议中,预算科、农财科再次被评为满意科室。全年局机关共获得省市先进20项,科室和基层单位共获得省市先进8项,个人获得省市先进28人次。(文成县财政局供稿　朱建成执笔)

泰顺县

【概况】2008年,泰顺县实现生产总值31.59亿元,按可比价格计算,比上年增长11.5%。其中:第一产业增加值3.75亿元,增长6.5%;第二产业增加值11.67亿元,增长7.8%;第三产业增加值16.18亿元,增长15.3%。人均生产总值8932元,增长10.8%。三次产业结构比例为11.9:36.9:51.2。全县财政总收入3.20亿元,增长17.9%,其中地方财政收入2.28亿元,增长22%;财政总支出8.70亿元,增长26.4%。全年财政收支平衡。

【培植税源促发展】围绕经济发展大局,发挥财税职能作用,支持新城区、县公共卫生大楼、城关引供水工程、城关垃圾填埋场、人民医院迁建工程等一批事关长远发展的重点工程和基础设施建设,改善发展环境。加大产业培育力度,开展企业服务年活动,对困难企业实行税收优惠、财政补助、贴息等政策优惠,全年共落实科技三项经费和技改贴息资金648万元,依法减免、扣除税收153万元,扶植重点骨干企业,支持企业技术改造和技术创新,增强企业发展后劲。筹集旅游专项资金,安排廊桥文化园、氡泉景区、乌岩岭景区、农家乐发展等旅游项目资金。发挥财政资金的引导作用,支持彭月产业转移基地配套设施建设,推进招商选资工作,共兑现招商选资奖励92万元。激发全县乡镇合力理财培源的积极性,兑现乡镇财政超收奖励892万元。

【组织收入保增长】抓好税源监控。按照"抓大、评中、定小"的税源管理思路,加强对餐饮、旅店业、娱乐业等服务行业的基础数据管理。扩大重点税源监控面,完善重点税源监控网络。当年共认定重点税源监控企业21户,组织重点税源户税收收入6095万元,增长52.9%,占地方税收收入比重47.4%。优化税收结构。加强地方税种征管,促进收入结构的优化。抓好营业税、所得税等主体税种征管,推进年收入12万元以上个人所得税自行申报工作,规范地方小税种管理,营业税等三大主体税种增幅均匀、比重合理,营业税与地方七税之和占税收收入比重为61.6%。第三产业税收完成7397万元,增长47.3%,领先于第二产业的发展,成为主导行业。夯实征管基础。以《税友2006》征管软件为手段,以ISO9000质量管理体系为抓手,开展"三个三"工作措施及"五单"工程考核工作,推进征管精细化。完善纳税评估方法,推广使用电脑版发票。提高税收征管社会化程度,与工商、金融、房管、公安等相关部门建立职责清晰、衔接顺畅、重点突出的联动管理机制。抓好非税收入征缴管理。实施社保费银行扣缴,灵活就业人员办理"一户通"7000多户,社会保险费征缴率98.2%;全年共组织养老保险金9832万元,增长40.3%,医疗、失业、工伤、生育等四个保险金增幅均为25%以上。完善土地出让金、基础设施配套费等非税收入管理政策,组织土地整理折抵指标、国有资本经营及资产有偿使用等非税收入。清理整顿行政事业单位银行账户,全面落实"收支两条线"管理。

【抓重点保民生】按照公共财政和构建和谐社会的要求,调整和优化财政支出结构,新增财力向民生方面倾斜。支持教育卫生建设。把发展教育作为改善民生的根本举措,加大投入,保障教育经费需求,全年教育投入2.17亿元,占当年地方财政收入的95.3%,增长26.3%,高于地方财政收入增幅。完善义务教育经费保障机制、提高生均公用经费标准、化解义务教育债务、兑现教师生活补助金和绩效工资、减免学生杂费和书本费、实施薄弱学校改造工程等一批惠民惠教的政策相继落到实处。安排卫生资金7450万元,完善乡镇卫生院基础设施,推进农民健康体检和新型农村合作医疗,支持县人民医院迁建工程建设。支持社会保障和就业。推进"低收入农户奔小康工程",加大珊溪库区移民直补及移民安置区后期扶持力度。提高城乡最低生活保障水平,低保标准由每人每月130元、216元分别提高到149元、248元。实行医疗零起点救助,救助资金从人均3元提高到6元。全年落实社会保障和就业资金7090万元,增长19.0%。支持新农村建设。运用政策性保险、贷款贴息,引导金融资本和工商资本投入"三农",推进高效生态农业、示范性农村合作组织、现代农业示范基地等发展,支持乡镇综合文化站、村文化室建设,村庄整治、困难群众危旧房改造。实施农民饮用水工程和千库保安、山塘水库除险加固工程。强化农村公路养护投入,改善公路基础设施。推进农业综合开发,一批农发项目进展顺利。全年农林水事务支出1.03亿元,增长31.8%。支持生态建设。加大林地、水域等生态功能区的保护性投入,提高重点生态公益林补助标准。推进生态乡镇建设,加大污水处理、垃圾处理、清洁能源等环保设施建设投入,开展生态治理恢复。全年环境保护支出1726万元,增长49.6%。

【抓改革促提升】推进部门预算,按照"以收定支,收支平衡"的原则,科学合理地编制预算。深化"乡财乡用县管"体制改革,加强乡镇财政管理,强化内控措施,清理和归并乡镇银行账户。提高乡镇公用经费标准,增设乡镇干部下村工作补助,减轻乡镇负担,提高乡镇干部福利待遇,调动乡镇干部积极性。开展乡镇财政管理体制改革方案调研,对乡镇债务进行全面调查核实,出台化解方案,建立乡镇项目建设审批制度,严控建设性债务,落实以奖代补资金,全部化解乡镇政府赤字。加强国有资产管理,出台国有资产出租管理、财通国投公司财务管理制度等一系列制度办法,参与企业改制、国有资产收购等工作。加强会计核算监督,开展远程报账试点工作,将政府性投资项目纳入县会计核算中心核算,扩大财政监管范围。强化政府采购监管,全年政府采购预算932万元,实际采购支出785万元,节约财政资金147万元。开展项目资金绩效评价,健全绩效评价内部协调机制。强化基建财务管理,开展项目造价审核,严格按工程建设计划和进度拨付资金。将交通建设项目资金纳入基建专户管理,强化重点工程建设项目财务审核。完善农民补贴网建设,实现全县63268户种粮农民综合直补资金"一折通",共拨付直补资金627万元。

【抓队伍促和谐】强化目标管理。制定全年工作目标，并分解落实到每个科室，全程监控，获目标管理考核先进单位。落实党风廉政建设责任制。实行招待费每月告知制度，对单位招待费总额是否超标实行预警。建设惩防体系，制订作风建设实施方案、惩治和预防腐败体系五年工作规划。推行税收执法责任制和税收执法过错责任追究办法。提升干部队伍凝聚力。干部职工向四川地震灾区捐款7.71万元，党员自觉交纳特殊党费2.95万元。深入仕阳、新浦等乡镇的挂钩联系村调研，帮助落实新农村建设项目资金。落实县委“千名干部扶千户”帮扶活动，50名干部与帮扶村50名贫困户结对。开展中层干部竞争上岗，举办“迎奥运，树新风”趣味运动会和登山、游泳比赛，参加县“山城清风大合唱”获得金奖。（泰顺县财政局供稿　刘志潮执笔）

嘉兴市财政工作概况

嘉兴市

【概况】2008年,嘉兴市实现生产总值1815.30亿元,按可比价计算,比上年增长10.7%,人均生产总值53796元,增长10.3%。其中第一、二、三产业增加值分别为105.52亿元、1085.29亿元、624.49亿元,增幅分别为2.3%、10.5%、12.5%。三次产业结构调整为5.8:59.8:34.4。社会消费品零售总额599.61亿元,增长19.6%。全社会固定资产投资1006.69亿元,增长11.9%。进出口总值198.33亿美元,增长23.1%,其中:出口总值141.04亿美元,增长20.8%;进口总值57.29亿美元,增长29.1%。城镇居民人均可支配收入22481元,增长11.7%;农村居民人均纯收入11538元,增长13.5%。全市财政总收入252.13亿元,增长20.4%,占GDP的比重为13.9%,其中地方财政收入126.87亿元,增长20.6%,占财政总收入的比重为50.3%。全市财政支出135.92亿元,增长26.5%。市本级财政总收入77.90亿元,增长16.8%,其中地方财政收入42.71亿元,增长18.2%。市本级一般预算支出46.40亿元,增长24.2%。财政运行情况良好,收支平衡。

【组织财政收入】强化税收收入预测分析,建立财政收入分析月度、季度分析制度,把握组织收入的主动权。建立健全财政、地税和国税三方协作机制,实现数据共享和地税、国税、工商三方联合办证,提高税收征管效率。完善税源间接控管模式,建立税源变动报告制度,稳步扩大税源监控范围。开展行业性的纳税评估,建立和分析行业税收预警指标,提高行业税收征管水平。落实新企业所得税法、新城镇土地使用税暂行条例及其实施办法。推进"五费合征",促进社会保障事业发展。加强非税收入管理,拓展政府非税收入管理范围,完善国有土地使用权出让收支管理具体操作办法,实施道路交通违法罚没收入异地收缴。

【支持企业发展】为缓解企业资金困难,减轻企业负担,按规定提前减免各项税费,对企业缴纳的养老金费率由20%下降到18%,并减征一个月社保费;取消或暂停征收99项行政事业性收费,降低10项行政事业性收费标准,全年全市减免企业地方税费13.01亿元,市本级减免企业税费3.90亿元。创新财政间隙资金新功能,与两家商业银行合作建立4亿元中小企业信用贷款;拓展融资渠道,试点小额贷款公司;整合组建担保公司,对嘉兴市中小企业担保公司与小城镇基础设施担保公司进行整合,注册资本金扩大为7000万元;将标准厂房担保公司改组为南湖区新市镇建设担保公司,注册资本金从原来的2000万元扩大到7500万元;新组建秀洲区新市镇建设担保公司,注册资本金7500万元。

【支持经济转型升级】推进农业和农村经济结构调整。制定完善市区支持现代新农村建设的若干政策意见和财政支持现代新农村建设导向目录,加大对高效生态优势农产品示范园区、培育农民专业合作社、发展农业龙头企业、休闲观光农业、鱼塘标准化改造、农业标准化和品牌建设等扶持,提高农业产出率和竞争力,促进高效型和生态型农业发展。支持传统产业优化升级。出台深入推进"创业富民 创新强市"战略的若干财政政策意见,整合安排专项资金2.62亿元,引导支持公共服务平台建设、重大结构调整、自主创新成果产业化、开放型经济、节能减排、循环经济等,加快推进先进装备制造业发展,鼓励企业产品升级、产业延伸,促进传统产业优化升级;加大科技投入,财政用于科技方面支出、规模以上企业科技活动经费支出分别增长20.8%和104%;安排市级节能降耗循环经济发展项目补助资金611万元,支持节能减排和循环经济发展。推动服务业加快发展。修订促进嘉兴开放型经济又好又快发展若干政策意见和市级第三产业发展专项资金操作细则,安排补助资金1932万元,支持现代物流业、传统商贸业、专业市场、农贸市场、旅游景区、旅行社等发展。制定扶持企业实施主辅分离的财政政策措施和工作方案,推动工业企业主辅分离。

【优化财政支出结构】加大财政对民生方面的投入,农业、教育、科技、社保、医疗卫生、环保等方面支出大幅增长,新增财力三分之二以上用于民生支出。全面实施义务教育免费教科书和作业本;出台嘉兴市城乡薄弱学校改造工程实施意见,从2008～2010年每年安排专项资金,当年安排500万元用于市本级农村教育水平提升工程及薄弱学校改造工程;安排700万元继续实施农村中小学"四项工程"。提高城乡居民社会养老保险养老金和城乡低保标准,其中城市低保人均水平由上年同期的1069元提高到1188元,农村由487元提高到764元。支援四川地震灾区建设,市财政安排抗震救灾专项资金726万元,并出台支援抗震救灾切实压缩一般性财政支出的意见和市本级支援青川县房石镇灾后恢复重建资金管理办法,控制并压缩接待费、交通费、会议费、考察培训费等一般性支出,各部门、各单位的一般办公费、日常业务费和交通费预算总量压缩5%。

【农村综合改革】扩大公共财政对农村覆盖的范围,提高财政支农支出占地方财政总支出比重,支持新农村建设。市财政安排3000万元专项资金,支持"两分两换"(即宅基地与承包地分开、征地与拆迁分开,以宅基地置换城镇住房、以土地承包经营权置换社会保障),促进农村集约集聚发展;制定确保村级组织正常运转的政策措施,出台进一步壮大村级集体经济的若干意见,对经济薄弱村的运转经费、创收项目和村"一事一议"筹资

收费，全区3万余名义务教育阶段学生享受免学杂费、课本作业本费政策。全年用于教育支出2.07亿元，支持新一轮中小学布局调整工作，撤并学校11所，补助校舍维修改造资金1900万元，投入教育装备经费1800万元。支持书香校园工程建设，投入资金122万元用于购买图书，生均图书增加2册，中心小学以上学校图书馆(室)实行计算机管理。加大对公共文化服务设施建设的投入，全年用于文化体育与传媒支出993万元；支持各镇建成图书馆分馆，实现镇图书分馆全覆盖。支持市区广场文艺演出、歌舞戏曲下乡、“千场电影下农村进社区”等文艺活动。

【加大农业综合开发力度】坚持“治本为先、整合提升、打造精品”的开发理念，在争取上级财政支持和落实地方配套的同时，加强支农资金整合，加大农业综合开发投入，着力提高农业基础设施标准和农业综合生产能力，推动农业产业结构的优化调整和新农村建设进程，改善农村生活和生态环境，共实施9个项目，总投资5391万元。其中新塍富云水利控制性项目被列为全省农业综合开发会议现场观摩点，为农业综合开发水利控制性项目和农业综合开发项目资金整合积累经验。

【加强国有资产监管】拓展监管方式，在实施委派总会计管理的基础上，建立国有企业财务年报审计检查制度和预算执行情况检查制度。对国有产权竞购拍卖活动进行综合监管，规范国有产权的交易行为。加强非生产性固定资产购置管理，将非生产性固定资产采购费用纳入年初预算，并纳入政府采购范围。加强政府性债务监控，建立国有企业债务月报制度，实时监控国有企业的债务情况，防范和控制债务风险。

【深化财政改革】全面落实公务员津贴补贴改革工作，规范公务员收入分配秩序。深化细化部门预算编制，健全支出预算定额标准体系和项目预算管理模式。推行政府预算公开制度，主动接受人大、审计和社会监督，提高财政工作透明度。按照新市镇的功能定位和发展规划，改革完善新市镇财政体制，建立与之相适应的财政保障机制。完善和加强非税收入管理，把收费管理、票据管理、资金收缴全部纳入计算机管理。

【加强财政监督】制定秀洲区集中采购管理暂行办法，组织开展全区51个单位的政府采购执行情况专项检查。根据财政支出绩效评价计划安排，对全区7个镇(街道)的“河道整治”、“环保”、“城乡合作医疗”、“农村公共卫生”、“小型公益设施”、“农产品加工园”、“2004～2007年度农村劳动力培训与转移”、2006～2007年“村庄整治”等财政专项资金进行绩效评价。对5个镇的事业站所，进行会计信息质量检查。

【干部队伍建设】开展十七大精神主题教育活动，根据区委、区政府“创业创新服务年”主题实践活动的总体部署，在局内部开展“争先创优、服务赶超”和“双满意”争创活动，区财政局被区委、区政府评为区“十佳”满意单位称号。合理安排好机关干部的政治、业务学习和继续教育，开展“五型”机关创建活动，组织开展“五五”普法财经知识竞赛、全省财政支出绩效评价宣传活动。落实党风廉政建设责任制，制定出台建立健全惩治和预防腐败体系2008～2012年工作方案，把惩防体系建设贯穿于整个财政工作之中，增强干部拒腐防变能力。

(嘉兴市秀洲区财政局供稿 沈志荣执笔)

海宁市

【概况】2008年，海宁市实现生产总值348.95亿元，比上年增长10.6%；人均生产总值为53702元，增长10.2%。第一产业增加值17.15亿元，增长3.0%；第二产业增加值217.92亿元，增长10.2%；第三产业增加值113.88亿元，增长12.6%。三次产业结构比为4.91:62.45:32.64。全市财政总收入43.96亿元，增长20.2%，其中地方财政收入21.39亿元，增长19.5%；财政支出22.67亿元，增长28.6%。全年财政预算执行情况良好，财政收支平衡。

【组织财政收入】强化税收分析和预测，掌握重点税源的变动趋势，按月对税收收入增减因素进行详尽分析，提高税收分析预测的及时性和准确性，全年预测准确率98.4%；扩大重点税源监控面，全年纳入重点监控范围990家企业，比上年增长44.1%，税收占比78.3%；提高税收征管水平，规范金融保险企业地方税征管和对代征单位的管理，完善关停企业清算与控管，对纳税人房产、土地信息实施普查，建立健全分类信息库；加强分税种管理工作，强化社会保险费“五费合征”和扩面征缴，规范自谋职业者社保费征缴方式；拓展非税收入征收范围，完善国有土地使用权出让金收入分配政策；全面落实收支两条线管理措施，各项非税收入及时足额上缴。

【支持经济发展】参与调研制定并实施促进经济又好又快发展的相关意见及配套制度，整合政策，对扶持资金实行总量控制、切块管理；制定出台促进工业经济平稳较好发展的相关意见，加大财税扶持力度，减轻企业负担；做好各项财政奖励兑现工作，全年兑现财政扶持奖励资金1.93亿元；落实国家规定的各项税收减免政策，全年减免企业所得税、房产税、城镇土地使用税等各项税收1.19亿元；下半年下调水利建设专项资金和基本养老保险的费率，免征11月份的社会保险费单位缴纳部分，减免水利建设专项资金，全年减轻企业负担1.02亿元；落实企业所得税各项政策；清理行政事业性收费项目，全年共取消行政事业性收费47项、暂停征收15项、降低标准21项，全年减轻企业行政事业性收费负担958万元。

【保障民生支出】全市全年三分之二以上的新增财力用于改善民生。加大新农村建设投入，推进“小康示范、百村整治”工程，深化“五整治一提高”工程，组织开展好新一轮村庄整治扩面提升工作，继续深入开展农民素质培训工程，鼓励支持发展壮大村级集体经济等。全年农业支出1.98亿元，增长30.9%。加大教育投入，合理制定和调整全市公办学校公用经费标准，落实职业教育六项行动计划，免除义务教育阶段学杂费，全面实行义务教育阶段所有学生免收教科书课本费。全年教育支出6.04亿元，增长33.7%。加大社会保障投入。支持社会保障体系和社会救助体系建设，全面开展城乡社会保险扩面工作，实施残疾人奔小康工程，启动“居家养老”服务工作，落实就业再就业工作目标，做好政策性农村住房保险工作，扩大医疗救助范围。全年社会保障和就业支出8695万元，增长45.5%。加大公共卫生投入，完善公共卫生财政保障机制，确保爱国卫生运动创建、疾病预防控制、卫生监督、重大传染疾病预防控制资金保障。全年医疗卫生支出1.38亿元，增长126.6%。加大环境保护和生态建设投入，全年环境保护支出7073万元，增长52.2%，用于重点污染源治理、豆制品行业专项整治、生态镇建设等项目。加大科技事业投入，全年科学技术支出1.02亿元，增长21.5%，重点支持科创中心建设、信息平台建设、高新技术产业等产业发展平台建设。

【深化财政改革】完善部门预算编制，按编制和标准安排预算，扩大和细化财政预算的定额范围和指标。实施国库集中支付制度改革，确定6个单位为第一批国库集中支付试点单位，增强财政资金运行的透明度。加强政府采购监督管理，拓宽采购范围至财政拨款的基本建设工程，全年政府采购支出1.34亿元，资金节约率14.4%。完善专项资金和经费管理办法，制定实施八项专项资金管理办法。

【强化财政绩效评价】扩大绩效评价范围，全年纳入绩效评价的财政支出项目共101项；开展绩效评价项目预算目标管理；建立绩效评价"项目单位自评、主管部门组织评价和财政部门组织评价"三级评价机制和一整套评价制度；结合预算管理推行评价结果应用；建立外网绩效评价信息共享专用平台。采取内部审计和外部监督共存并进的方法，以单位内部审计、会计质量监督、各类专项检查和财政预算监督为手段，开展内控制度执行情况检查、企业财政奖励资金复审、抗震救灾资金检查等各项监督检查工作。

【行政事业单位国有资产管理】开发行政事业单位国有资产管理信息系统，将298户行政事业单位的资产管理数据纳入系统，实行国有资产动态管理，实现对全市行政事业单位国有资产的登记变动、资产的使用处置、资产经营性管理、资产统计分析等的实时监督。

【企业国有资产管理】做好国有公司国有股权代表的委派工作，依据出资人职责向国有企业委派产权代表、董事和监事，加强对国有公司的领导。实施国有企业工资总额管理，对74户国有控股以上企业实施工效挂钩管理，在规范收入分配机制的同时，合理控制部分行业和企业经营者收入增长幅度。

【强化会计监管】开展会计人员持证上岗情况专项检查，对检查发现的286个会计无证上岗情况进行整改。对会计人员继续教育实行无纸化考试，实现考培分离的新模式，1950名会计人员参加无纸化考试。

【加强队伍建设】抓好党风廉政建设，修订完善党风廉政建设工作考核办法；加强廉政教育，推进廉政文化建设，增强党员干部拒腐防变能力；完善责任追究制度，制定实施作风(效能)建设责任追究办法和落实"一岗两责"责任追究办法；健全干部教育培训管理和考评办法，组织实施大规模干部培训工作，坚持考学结合、学以致用，提高干部业务素质和履职能力；创新干部培训方式，利用培训中心及视频培训系统的优良条件，开展多形式的网络技术培训，提高全体财税干部的计算机及网络应用能力。

(海宁市财政局供稿 朱敏江执笔)

平湖市

【概况】2008年，平湖市实现生产总值276.31亿元，比上年增长11.0%。其中：第一产业增加值14.04亿元，增长0.1%；第二产业增加值182.23亿元，增长11.3%；第三产业增加值80.04亿元，增长12.4%。三次产业比重为5.1:65.9:29.0。全市财政总收入39.27亿元，增长23.3%，其中地方财政收入18.67亿元，增长23.9%；全市财政一般预算支出19.76亿元，增长25.7%。当年财政收支运行情况良好，财政收支平衡。

【推动经济发展方式转变】鼓励企业创新创业，促进产业结构优化、经济转型升级和发展方式转变，投入各类财政专项补助资金1.08亿元，其中：工业发展资金5823万元、外经贸发展资金1080万元、服务业发展资金1085万元、科技发展资金1979万元、信息化专项资金300万元、污染减排专项资金540万元。加大财政科技投入，重点支持平台建设，全市财政科技支出7175万元，增长21.2%，占财政经常性支出的比重6.1%，支持自主创新和高新技术产品研发。

【优化支出结构】按照"实、稳、优"的财政工作要求，保障重点支出，优化支出结构，教育、科技、文化、社保、卫生、农林等民生支出占总支出的比重为68.9%。*加大教育投入*。全年财政教育总投入5.04亿元，增长26.0%，其中地方财政一般预算教育支出4.01亿元，增长21.6%。*重视医疗卫生工作*。全年地方财政一般预算医疗卫生支出7238万元，增长37.7%，落实城镇居民医疗保险、新型农村合作医疗财政补助，筹措公共卫生专项资金余1100万元、合作医疗专项资金5000万元。*繁荣文体事业*。财政一般预算用于文化体育与传媒支出4010万元，增长18.4%，加大对非物质文化遗产保护力度，强化以农村为重点的公共文化服务体系建设。*加强环境保护*。加大对环境保护和生态建设的投入，实施水环境整治三年行动计划，全年环境保护投入6867万元，增长90.0%，加强生态环境、污水处理工程、节能减排工程建设；从工业发展资金中拨出500万元用于节能降耗，从工业、农业、科技发展资金中拨出500万元专项用于污染减排环境保护工作。*维护社会稳定*。全年地方财政一般预算用于公共安全支出1.49亿元，增长17.5%，确保公检法司正常运转，重点进行以现代化计算机网络和信息处理为核心的现代化刑侦设备建设和配置。

【推进现代农业和城市建设】加大对"三农"投入，全年共安排"三农"资金3.30亿元，增长13.4%。整合财政支农资金，加大农业综合开发投入，完善支农惠农各项政策，主要用于水利建设、河道整治、水文监测、水环境整治、病虫害防治、种粮大户直补和良种补贴、发展特色、休闲观光农业、现代农业园区基础设施建设等方面，其中安排170万元和100万元专项资金支持广陈农业现代园区、林棣水产现代园区基础设施建设。按照市委、市政府要求，加强对市第一人民医院、嘉兴学院平湖校区、城市防洪工程、体育场、饮用水工程、污水处理工程、农村敬老院以及道路交通、城市改造工程等实事项目建设的投入，全年共拨付基本建设资金2.80亿元，增长40.4%。

【完善社会保障体系】加强社会保障资金多渠道筹措机制建设，确保基本养老保险、最低生活保障、失土农民生活保障和城乡居民社会养老保障四条保障线资金需要。强化社保资金管理力度，灵活就业人员社保费用全部实现由地税部门征收并进入财政专户，调整最低生活保障标准；配合劳动部门做好城乡居民养老保险工作，制订措施加强资金管理，确保配套资金到位。全年筹措各类社保资金10.58亿元，增长31.0%，专项用于"五险"基金支出、失土农民生活补助费和失土农民生活保障金支出、再就业专项支出、离休干部生活补助、民政福利抚恤低保补助、困难群众救助支出、农村危房补助、灵活就业人员养老金补助、"4050人员"公益性岗位补助等，其中为促进就业富民，安排再就业资金1559万元。

【深化财政改革】深化部门预算改革，推进国库集中支付。加强财政支出管理，确保专项经费专款专用，逐步推行部门预算送交人民代表大会审议的试点工作；建立和完善更严密、安全的国库数据资料信息库，完善国库集中支付制度的配套改革。扩大协议供货范围，做好政府采购业务操作规程调研工作，开展政府采购执行情况专项检查工作，全年政府采购金额为9951万元，资金节约率为9.7%。贯彻《浙江省省级预算审查监督条例》和《政府信息公开条例》，制定下发四项政府信息公开制度，整合信息资源、强化执法监督、健全工作机制，推进依法理财治税工作。加强绩效评价和财政监督，完善《平湖市财政支出绩效评价实施意见》，建立具有财政支出绩效评价资格的中介机构库和专家库，强化专项预算项目预期实现目标申报制度，建立和完善财政支出绩效评价的项目库和指标体系及联络员工作网络，并引入考核机制，共对11个项目进行了绩效评价，涉及项目专项资金5629万元。

【国有资产监管】强化融资平台建设，优化重组市级国资运营机构，加强和完善国有资产经营管理。履行市国有资产运营有限公司的融资担保功能，为公益性项目筹集建设资金，全年共办理各种担保手续22起，担保金额5.79亿元。抓好财政周转金回收工作，全年共回收周转金1426万元。加强政府性债务管理，对全市政府性债务的规模、结构、成因、举债主题、偿债能力等存在的风险作全面调查，做好数据统计，防范和控制财政风险。

【干部队伍建设】开展十七大主题教育，加强学习型机关建设，改进服务质量和办事效率，转变机关作风。落实党风廉政建设，健全完善党风廉政建设责任制体系，加大纪检监察力度，着力构建具有财税特色的防腐体系。加强财税文化建设。建立健全公务员管理机制，制定并实施财税系统公务员培训计划和"五五"普法年度工作计划，加大对年轻干部培养锻炼力度，优化干部队伍结构。创建机关网络学习园地，提高干部职工自主学习能力。组织开展文体活动，培养团队精神。深化献爱心活动，汶川大地震后，干部职工捐款5.8万元、党员缴特殊党费30多万元；开展"帮困思廉"活动，全局43位干部职工与丽水市云和山区的32名贫困学生结成助学对子，募集爱心助学款1.6万余元。强化内部管理，规范《车辆管理办法》，完善财务报销相关制度，强化专项活动和会议审批制度。2008年被市委、市政府评为优秀部门，市局机关档案顺利通过省档案管理一级达标验收。

（平湖市财政局供稿 江全明执笔）

桐乡市

【概况】2008年，桐乡市实现生产总值316.23亿元，比上年增长12.0%，人均生产总值47353元，增长11.7%；第一、二、三产业增加值分别为20.34亿元、178.32亿元、117.57亿元，分别增长3.5%、12.6%、12.5%，三次产业结构调整为6.43:56.39:37.18。全市财政总收入41.80亿元，增长18.9%，其中地方财政收入20.40亿元，增长19.6%；全市一般预算支出20.97亿元，增长23.5%。财政预算执行情况良好，财政收支平衡。

【组织财政收入】强化收入预测分析，加强收入计划管理，完善税收收入分析预测制度，按月、季分行业、分税种进行收入分析和预测，及时掌握收入动态。规范非税收入征管秩序。完善社保费"五费合征"工作，适度调整征收政策，重点抓好"五费合征"后的首次汇算清缴工作。全年累计征收社保费9.51亿元，增长28.9%。加强国有土地出让金管理，全面启用国有土地使用权出让收入管理系统，对土地的征用、出让收入进行全程管理，实现财政和国土部门的信息共享；配合市政府出台增收节支考核办法，加强对各执收部门的考核工作。全市纳入管理的政府非税收入24.20亿元，下降22.7%。

【支持经济发展】发挥财政职能作用，参与经济扶持政策调研，整合优化各类财政资金，构筑财政扶持经济发展平台。全年安排各类支持经济发展的财政资金2.45亿元，重点扶持农业、工业和第三产业的发展。加大农业弱势产业扶持力度，发展都市型农业，推进农业产业化；支持工业平台建设和企业技改，鼓励企业投入技术改造，提升传统产业；以科技创业平台建设为重点，完善鼓励技术创新和科技成果产业化的财政激励机制；支持发展生产性服务业，做大做强专业市场和旅游业；加大对循环经济和节能减排扶持力度，引导企业节约能源资源、保护生态环境。落实各类税收优惠政策，全年地税部门减免各类地方税费2.12亿元；下调社保费缴费率，为全市企业减负1亿元，12月，对企业社会保险费缴费比例实行临时性下浮，标准相当于各项社会保险企业统筹缴纳部分费款1个月的额度，为全市企业减免社保费0.45亿元。

【保障重点支出】支持新农村建设，统筹城乡发展。加强农村基础设施和农村生态环境建设，安排万户农户生活污水治理、河道长效保洁、"十村示范、百村整治"、农民直补资金等专项资金，支持农村发展、农民增收。全年农林水事务支出1.74亿元，增长25.8%。支持教育事业发展。完善义务教育经费保障机制，全面实行城乡免费义务教育，实施新居民子女教育促进工程，鼓励发展学前教育和职业教育。全年教育支出6.02亿元，增长

24.0%。支持社会保障和医疗卫生事业发展。完善城乡卫生服务体系建设，城乡合作医疗提质扩面，全年医疗卫生支出1.33亿元，增长31.8%。支持城乡社会养老保险工程，对高龄老人发放养老基本生活补助，实施残疾人共享小康工程。全年社会保障和就业支出完成1.13亿元，增长36.8%。支持文化体育事业发展。重点支持农村公共文化服务体系八大工程建设，扶持文化产业发展，实施农村文化繁荣工程。全年文化体育与传媒支出5770万元，增长18.2%。支持"平安桐乡"建设。完善公检法司机关经费保障机制，建立司法救助专项资金，支持放心食品工程建设。全年公共安全支出1.86亿元，增长13.7%。支持生态市建设。加大节能减排和环境整治的投入，向上争取资金，加大环境整治力度，全年环境保护支出9977万元，增长122.3%。支持城乡社区事务建设。全年城乡社区事务支出1.66亿元，增长22.9%。支援青川灾后重建，压缩公用经费预算5%，按照地方财政收入1%的标准安排支援青川灾后重建支出1706万元。

【开展质量管理活动】自2007年7月1日起，市财政局正式进入体系试运行，并于上年底通过体系认证。局内各部门、各岗位严格按质量管理体系文件运作，做到岗位职责明确、工作流程清晰、管理工作规范。制订《质量管理体系内部审核指导手册》，明确内审工作的重点环节，提高内审工作质量和效率。先后组织开展三次内审、一次管理评审，及时纠正问题，对体系文件进行适当修改，持续改进质量管理体系。12月16日通过年度监督审核。

【财政改革】深化部门预算改革。建立两个支出标准体制，建立科学的定员、定额、定项预算指标体系，调动预算单位增收节支积极性；探索人均享受公共财政的支出标准体系，即以标准定总量、以总量控项目、逐步优化支出结构的体系制度。研究完善市与镇、街道的分配关系，推出新一轮财政体制。稳步推进国库集中收付改革。开展国库集中收付改革调研，拓展改革思路；加大直接支付推进力度，全年对农综项目、产业化资金、村庄整治资金、政策兑现资金等全部实行财政直接支付。规范政府采购。严格政府采购预算管理，各采购单位严格按照政府采购目录和采购限额标准，编制年度政府采购预算；扩大集中采购范围，实施协议采购工作；组织开展政府采购工作专项检查，在组织对118家单位自查的基础上，对16家单位开展重点检查。全年组织政府采购67批次，采购金额7828万元，资金节约率12.6%。创新政府投资项目管理方式，逐步扩大政府代建制和财政直接支付试点。对污水收集二级管网建设项目资金实行直接支付并制定配套财务管理办法，保证项目建设顺利完成；试行老年活动中心委托代建模式，确保工程概算控制和工程质量。

【整合财政支农资金】开展财政支农资金整合试点工作，建立农业主导产业、村庄整治重点项目、土地治理项目区等三个支农资金整合平台，并重新制定财政支持新农村建设导向目录，重点扶持杭白菊、蔬菜、水果、畜牧、水产养殖、花卉苗木、蚕桑、水稻八大农业主导产业，重点改善农村生产、生活环境，推进新农村建设。明确以规划为龙头、以《导向目录》为引导、以平台内项目资金统筹安排为依托、以平台内项目有效整合为切入点、以制度建设为保障等五个方法和步骤来具体运作财政支农资金整合工作。"三个平台"合计整合市以上资金1.76亿元，各个整合项目均已完成并全部通过验收。试点工作受到省财政厅肯定。

【加强国有资产监管】加强行政事业单位国有资产管理，促进资产管理的制度化和规范化，修订完善行政事业单位国有资产管理暂行办法；6月启用行政事业单位国有资产管理信息系统，对全市342家行政事业单位国有资产实施动态管理。完善国有专业投资公司制度建设，出台国有专业投资公司负责人经营业绩考核办法、国有产权代表报告制度、国有企业投资行为监督管理办法等；加强对国有企业产权交易的监管，委托中介机构拍卖六次，拍卖增值418万元，增值率22.5%。加强政府性债务监管，拟定政府性债务收支计划编制工作流程，规范债务审批程序和审批权限，控制政府性债务规模和结构，防范债务风险。

【强化财政监督管理】推进绩效评价工作。出台财政支出绩效评价暂行办法，明确规定财政资金绩效评价的范围、内容、方法、标准、组织管理、评价程序、结果运用等；组织实施全省联动的"浙江省农村公共卫生服务"和"农村劳动力素质培训工程"的绩效评价；组织开展全市高中(普高)教育财政支出绩效评价工作。加大会计监管力度，规范各类会计行为，提高会计信息质量。加强会计从业资格管理，开展形式多样的会计人员继续教育，探索并实践"考培分离"的教育模式；发挥会计行业分会在会计队伍建设中的监管作用，在原有皮草分会、毛衫分会、国有城镇企业分会的基础上，又成立绢纺分会。

【加强队伍建设】组织干部职工学习十七大精神，采用自学与集中学习相结合的形式，全体干部职工结合财税工作实际，撰写学习体会文章。开展财税文化建设，在系统内营造财税文化氛围，创建学习型组织，培育先进文化典型，完善制度文化建设，提炼财税文化内涵，创作"财税之歌"。落实党风廉政建设责任制，局领导与各科室负责人签订党风廉政建设责任书，科室领导与一般干部签订廉政承诺书，形成一层抓一层、层层抓落实的责任机制；落实全系统中层以上干部个人重大事项报告制度、个人收入申报制度以及礼品登记制度；修改完善内部制度，规范干部职工行为；组织资金账户内部审计，规范内部财务管理。

(桐乡市财政局供稿 沈荣民执笔)

嘉善县

【概况】2008年，嘉善县实现生产总值212.94亿元，按可比价格计算，比上年增长13.5%。人均生产总值55789元，增长13.5%。第一、二、三产业增加值16.74亿元、127.99亿元、68.21亿元，分别增长4.0%、15.3%、12.6%。全县财政总收入30.07亿元，增长29.9%，其中地方财政收入14.00亿元，增长27.1%；全县地方一般预算支出14.72亿元，增长37.5%。财政预算执行情况良好，全县当年收支平衡。

【增强地方财政实力】开展"两税一费"管理创新年活动，加强营业税征管，全年入库营业税3.22亿元，增长17.5%；做好个人所得税全员申报和年所得12万元自行申报工作，个人所得税增长46.1%。强化地方小税种征管，全年入库地方小税种2.53亿元，增长36.0%；抓好契税、耕地占用税关键环节控管，全年共征收契税、耕地占用税1.15亿元，增长16.1%。制定多渠道筹措社会保障资金实施办法，完善社保费征缴流程，规范催报催缴办法，全年征收规费7.11亿元，其中社保费5.74亿元；做好"新版非税征管系统"推广应用，全年使用新版非税系统上线收费点78家，收费金额8314万元。

【支持经济转型升级】支持培育现代农业。全年支农支出1.40亿元，增长37.3%。重点支持农业综合开发项目建设、现代农业设施装备工程建设、标准鱼塘建设和标准化圩区改造，扶持农业产业化经营，落实千里清水河道建设及农村畜禽养殖业污染治理资金，兑现各类支农惠农补贴政策。支持工业转型升级。发挥财政资金在加快推进工业经济结构调整中"四两拨千斤"作用，制定并落实促进工业经济又好又快发展、促进太阳能光伏产业发展等扶持政策，拨付财政扶持、贴息等专项补助资金4982万元。鼓励银行金融机构加大对小企业信贷支持力度，全年安排风险补偿金100万元。支持现代服务业发展。筹措加快现代服务业发展的扶持资金，推进宾馆旅游业、传统服务业、现代物流业和社区服务业的发展，支持村级连锁便利店发展，加快农村商贸服务体系建设。全年共拨付服务业发展扶持资金958万元，增长22.7%。支持自主创新。参与制订并落实关于加快推进科技进步的若干政策意见，全年安排科技支出4170万元，共审批提取技术开发费1410万元，国产设备抵免所得税额540万元。落实保稳促调措施。加大企业奖励扶持力度，增加"保稳促调"专项资金3000万元。加大融资支持力度。调度财政性存款资金1亿元，与股份制商业银行、信用社建立中小企业信用贷款合作机制，新增工业园区建设贷款担保公司注册资金1000万元，缓解企业生产经营困难。

【加大民生投入】重视对民生事业的投入，全年新增财力三分之二以上用于民生投入，推进城乡一体化进程。重视城乡统筹发展。落实新市镇建设实施意见，加大中心城市和小城镇基础建设投入力度；筹措"强村计划"补助资金，支持经济相对薄弱村发展壮大集体经济；支持太湖流域水污染治理和城乡供水一体化工程建设；支持创建省级示范文明县城工作，及时安排创建资金；全年共拨付城乡统筹建设资金5.83亿元。重视教育文体事业发展。继续实施农村中小学教育"四项工程"，免除义务教育阶段书本费、学杂费和借读费等，提前完成义务教育阶段农村中小学债务化解任务，推进职业教育发展"六项行动计划"；加大对重点文化设施建设投入力度，支持重点体育工程建设，全年共拨付教育文体事业费4.24亿元，其中专项资金1.47亿元。重视社会保障体系建设。完善县、镇、村三级养老服务网络建设，做好被征地人员养老统筹工作，及时发放低保人员物价补贴，实施城乡困难人员医疗救助，全年发放各类社保资金6.63亿元。重视公共卫生事业发展。完善城乡居民合作医疗制度，实施农民健康工程，全年筹措合作医疗资金4947万元，拨付4746万元；推进城乡公共卫生一体化建设，全年财政医疗卫生支出8606万元。重视公共安全建设。加大对社会治安、安全生产、食品医药安全等投入力度，全年拨付7310万元用于维护社会和谐稳定。面对罕见雪灾，及时拨付抗灾救济资金118万元；四川汶川地震灾害发生后，安排对口支援财政资金1102万元。

【财政管理改革】深化部门预算改革，按照"收入一个笼子、预算一个盘子、支出一个口子"的要求，加强预算内外资金统筹力度，完善综合预算管理模式，实现"一个部门一本预算"。推进国库集中支付改革，制定县级国库集中收付制度改革试点办法及其操作流程，推进财政信息化建设，实现财税库银横向联网，推进预算执行管理电子化，提高预算执行效率。规范政府采购工作，加强机构建设，设立政府采购监督管理科；调整完善2009年度目录及标准，完善操作办法，分行业制订规定，促进规范化操作；加强对协议供货、定点采购供应商的管理；加强对政府采购联系人培训和供应商教育，聘请政府采购督查员，加强社会督查。完善县镇财政体制，全面实行以"划分收支范围，核定收支基数，超收环比分成，欠收同比赔补"为核心的新一轮县镇财政体制，各镇地方财政收入完成6.73亿元，增长27.9%。

【加大财政监管】创新国有资产监管模式，组建县国有资产管理局，出台县行政事业单位国有资产处置及国有资产（资源）有偿使用收入管理暂行办法，对行政事业单位国有资产（资源）有偿使用收入实行"收支两条线"管理。强化政府性债务管理，加强县本级政府性债务日常管理，落实动态监管；加强政府性债务计划管理，规范审批程序，实施监督检查，降低政府性债务负债率、债务率、偿债率。强化绩效评价与财政监管，开展财政扶持资金使用情况调查，共检查110家企业（单位），涉及财政扶持资金4080万元；加强对项目专项资金使用绩效评价，推行绩效评价项目预期目标申报制度。

【干部队伍建设】深入开展学习实践科学发展观活动，围绕"聚财能力更强、生财活力更足、用财结构更优、理财绩效更高、人文氛围更浓"总体实践目标，以突出五种形式、畅通五条渠道、开展五个调研、抓住五个重点、完善五项机制的"五个五"活动平台为载体，完成学习任务，获嘉善县学习实践科学发展观活动示范点称号。强化干部教育培训，坚持周五政治理论学习和中层干部思想政治工作研讨会制度，以"科长论坛"、"专项业务辅导"、"青年干部论坛"等为载体，举办各类专题辅导，组织开展十佳业务标兵、创新成果奖评选活动。加强廉政建设，出台党风廉政建设责任制考核办法、税收执法责任制考核评议办法等制度；加强廉政教育，邀请专家作专题辅导讲座，开展廉政宣传教育月活动。深化文明创建工作，制订创建省级文明单位工作计划，落实责任，分解任务，落实好"一岗双责"；抓好基础建设、队伍建设、业务建设、党群建设、人文建设和系列创建；加强服务规范建设，推进文明服务，开展财税系统十佳行业文明之星评选，被评为省级文明单位。加强财税文化建设，以创建学习型机关为抓手，加大人力、财力投入，建立图书阅览室，改善硬件设施；开展"读一本好书"活动，推荐经典书目，不定期举行"财税干部读书"比赛，局域网设立"读书论坛"；成立篮球、乒乓球、羽毛球、网球等11个兴趣小组，组织参加各类运动会；推行文娱联欢活动轮值制度；开展"税收·发展·民生"为主题的征文、摄影、书法、绘画、剪纸等作品的征集和评选活动，遴选其中部分优秀作品编撰成《嘉善财税文化撷英（第一辑）》，向党政领导、兄弟单位、企业等社会各界赠送。

（嘉善县财政局供稿 陆东利执笔）

海盐县

【概况】2008年,海盐县实现生产总值202.18亿元,按可比价格计算,比上年增长8.5%;人均生产总值54878元。第一、二、三产业增加值分别为14.73亿元、133.58亿元、53.87亿元,分别增长0.2%、7.9%、12.2%。全县财政总收入19.15亿元,增长19.4%,其中地方财政收入9.69亿元,增长20.1%;地方财政支出11.41亿元,增长26.2%。全年财政收支平衡。

【推动经济转型升级】开展调查研究,剖析镇(区)财政体制运行中面临的困难、问题和矛盾,制定新一轮镇(区)财政体制调整方案。推进创业富民,落实新农村建设各项财税扶持政策,促进农业增效、农民增收;贯彻落实县委《关于全面改善民生促进社会和谐的实施意见》,税收优惠政策和优化服务措施执行到位。扶持企业发展,面对金融危机带来的冲击,落实县政府扶持企业发展的"十条意见",全年累计兑现扶持企业发展的技改奖励、节能减排、循环经济等各项财政扶持资金6614万元,争取中央、省各项财政扶持资金531万元。累计依法减免各类地方税费1.12亿元,缓解企业资金困难,帮扶企业共渡难关。

【壮大地方财政实力】抓税收征管的基础管理工作,制定加强税收征管基础工作实施意见,提出3大类30项强化基础工作具体对策并逐项分工落实。加强收入分析预测,强化收入计划管理,实现收入均衡入库。强化重点税源监控,确定各类监控对象,全年监控税收收入3.55亿元,占全部税收收入的71%,逐步实现税源监控由重点监控向全面监控转变。强化个私税收征管,全年组织个私税收3.65亿元,增长7.2%,个私税收占全县地税收入的50.7%。继续扩大个人所得税全员全额管理范围,已实现申报企业3809户,申报率91.3%。推进完善社会保险费"五费合征",全年征收社会保险费5.88亿元,增长17.7%。

【促进和谐社会建设】加大新农村建设投入。财政支农支出确保法定增长,并着重建立健全自然增长机制。修订完善《加快发展现代农业的若干政策意见》、《村庄整治建设提升扩面工程补助办法》等新农村建设各项财政扶持政策。加快社会保障体系建设。出台城乡居民社会养老保险征缴等5项管理制度。加大公共卫生投入,确保城乡居民享有基本卫生服务和基本卫生安全保障。持续完善城乡居民合作医疗制度。建立城乡低保、重点优抚对象等生活补助自然增长机制。多渠道筹措资金1200万元,重点推进劳动保障一体化管理信息系统等三个信息化平台建设,提升民生工程的服务和管理水平。加大公共服务领域投入。推进城乡教育均衡发展,全面制订化解义务教育债务实施意见和分年度偿债计划;推进城乡文化一体化战略、生态环境建设和"法治海盐"、"平安海盐"建设,统筹城乡发展,维护社会和谐稳定。全县财政一般预算教育、农林水事务、科技、文化体育与传媒、医疗卫生支出分别增长18.8%、62.7%、25.2%、32.6%和30.7%,保障法定支出和重点支出需求,做到新增财力的三分之二以上用于社会民生事业。

【推进财政管理改革】深化部门预算改革。探索"收入一个笼子、预算一个盘子、支出一个口子"的预算管理模式,扩大预算编制范围,实现部门预算的科学化、规范化。推进国库集中支付制度改革。拟定财政国库管理制度改革方案,做好实施国库集中支付制度基础工作。规范政府采购工作。建立特邀监督员机制,完善定期统一集中采购和定点采购、协议供货两项制度,扩大政府采购范围和规模。全年完成政府采购金额9285万元,资金节约率8.9%。建立政府采购供应商投诉处理工作机制。开展财政绩效评价工作。制定财政支出绩效评价实施意见和工作流程,开展项目单位自评,重点开展救助管理机构补助经费、千万农村劳动力素质培训工程等8个项目的绩效评价工作。

【加强财政监管】坚持"量力而行、尽力而为"的原则,合理安排各项政府投资项目。加快管理创新,拟定竣工财务决算审批管理办法。推进政府投资项目工程审价工作,节约政府投资成本。全年委托审价政府投资项目90个,核减投资2015万元,核减率5.7%。加快国有专业投资(集团)公司组建步伐,打造政府投融资管理平台,县国有资产经营有限公司融资债券发行工作有序进行。抓好政府性债务的常效监管,各部门(单位)的政府债务按项目、额度、期限、利率、还本付息、展期等事项逐月上报;建立健全偿债准备金制度,防范支付风险。

【干部队伍建设】以文明单位创建、"五型机关"建设为抓手,推进系统整体文明创建步伐。抓好文明创建活动的保障环节、教育计划的制订环节、学习制度的落实环节和文化提升的激励环节等,干部从业务提高型向能力提升型转变。组织干部职工观看反腐警示教育片、参加案件庭审旁听、参观看守所等,接受警示教育。创建"廉政文化进机关示范点",增设"廉政书架",开展廉政文化书画摄影活动。分阶段组织开展财税文化系列专题教育活动;上下联动组织开展军地共建、社区共建、税企共建、村委共建等系列文明共建活动;为四川地震灾区募集捐款83100元,向共建社区(村)捐赠书籍300余册,坚持走访慰问困难老党员、扶贫帮困;开展"迎新春"联谊会、"迎奥运圣火、聚财税文化"登山、"倡行好书"等文娱健身活动,推进财税文化建设。

(海盐县财政局供稿 范建松执笔)

湖州市财政工作概况

湖州市

【概况】2008年，湖州市实现生产总值1034.89亿元，按可比价格计算增长10.6%。其中：第一产业增加值82.63亿元，增长4.1%；第二产业增加值593.56亿元，增长10.7%；第三产业增加值358.70亿元，增长11.8%。按户籍人口计算，人均生产总值40089元，增长16.1%。全市财政总收入133.78亿元，增长17.3%，其中地方财政收入71.61亿元，增长16.1%；全市财政支出86.42亿元，增长25.6%。市本级财政总收入62.48亿元，增长16.8%，其中地方财政收入33.56亿元，增长16.0%；市本级财政支出39.16亿元，增长23.7%。全市财政收支平衡。

【确保收入平稳增长】按照“均衡入库、持续增长、结构优化、调控有力”的组织收入原则，规范管理。每季召开收入分析例会，完善重点行业、重点企业收入预警制度，动态把握收入形势。强化税源间接控管，有效开展纳税评估。完善营业税分行业管理，推动企业主辅分离工作。贯彻新企业所得税法及其实施条例，依法加强所得税税基管理，做好所得税汇算清缴工作。加强政策宣传，完善服务措施，推进年所得12万元以上个人所得税自行纳税申报工作。规范、完善资源税征收管理。落实城镇土地使用税和耕地占用税新政策，抓好房地产交易环节税收“一体化”征管。规范政府非税收入管理，健全土地出让金征收管理制度；以信息化为依托，推进社保费“五费合征”；市本级在全省率先推行社保费职工个人部分自行计算应缴费额、自行申报缴纳。强化部门协作，推进社会化征管工作，提高税收征管效率。

【推进经济发展方式转变】全面落实“保稳促调”的各项财税措施，执行好创业创新“1+8”政策意见，落实工业发展25条、服务业15条和房地产15条等政策。对企业社会保险费缴纳比例实行临时性适当下浮，取消和暂停征收部分行政事业性收费，做好地方税费减免工作，为企业减负2.57亿元。应对冰雪灾害，市财政筹措1300万元对受灾企业实行专项补助，落实好财产报损、税费减免、缓缴税款等扶持政策，支持企业恢复生产。支持工业经济发展，全市财政拨付1.83亿元，重点支持企业创新、高新技术企业发展。加大科技投入，全市财政科技支出2.82亿元，增长20.9%。拨付1000万元支持南太湖科技创新中心建设。设立创新团队和领军人才队伍建设专项资金，推动“南太湖精英计划”实施。组建创业投资有限责任公司，支持创业创新。安排服务业专项资金5780万元，重点支持发展生产性服务业。推动主辅分离，出台鼓励工业企业分离发展服务业的财税扶持意见。促进现代农业发展，整合财政支农资金，全市拨付农业发展和综合开发资金2.08亿元，完成产业化经营和土地治理项目12个，治理面积7万亩。提高粮食最低收购价，保障粮食安全。提高政策性农业保险保费补贴标准，政策性农业保险实现全覆盖。加大财政扶持开放型经济力度，全市拨付财政扶持资金4559万元，办理出口退税26.59亿元。促进发展循环经济，全市财政安排专项资金1.31亿元；落实鼓励节能减排的财税政策，支持资源节约和环境保护行动计划实施，所有建制镇基本完成污水处理设施建设。

【推进城乡统筹发展】建立健全财政支农资金稳定增长机制，全市安排“三农”预算内支出28.93亿元，其中农林水事务支出7.43亿元，增长23.4%。通过专项资金引导的方式支持市校共建，推动“三大平台”和重点合作项目建设。落实支农惠农政策，全市拨付油价补贴、农机购置补贴等各类资金1.58亿元，其中种粮农民农资综合直补7357万元，通过“一卡(折)通”直接发放到全市45万农户。全市财政投入1247万元，支持“集体经济薄弱村和低收入农户奔小康工程”实施。投入1.25亿元推进“百千工程”建设，支持省级全面小康示范村建设和村镇环境整治，建立以政府投入为主的农村公路养护资金筹措、拨付机制，改善农村环境面貌、道路交通、饮水条件。财政拨付3.98亿元，推进重大水利基础设施建设，支持老虎潭水库下闸蓄水、大钱港整治、合溪水库等项目建设，全市完成河道清淤1162公里。推进城市基础设施建设，投入16亿元，支持滨湖大道建设、龙溪港东岸综合改造、步行街区建设和老居住区改造等重点项目实施。拨付1.05亿元，支持申嘉湖杭高速练杭段、杭长高速二期等交通重点项目建设。加大对太湖流域水污染防治和设施建设投入，全市预算内环保支出5.83亿元，增长295.1%。市财政预算内分三年(2008～2010年)安排专项资金8000万元，以奖代补支持市区污水集中处理项目。支持生态公益林建设，以及农业面源污染治理、饮用水源监管监测等工作的开展。

【保障民生支出】建立健全保障和改善民生的长效机制，全市及市本级新增财力用于民生支出分别为74.1%和74.5%。支持教育发展。加大对义务教育经费的保障力度，全市预算内教育支出18.10亿元，增长18.1%。提高中小学公用经费保障水平，全部免除义务教育段教科书费，全市28万名学生受益。落实家庭经济困难学生资助制度。市本级安排1000万元对农村中小学生接送实行补助。安排2600万元用于教育二轮布局调整和高教园区东扩贴息补助。全市财政投入1.60亿元，支持职业教育“五大工程”。给予中职学校一、二年级在校生每人每年1500元的政府助学金，免除农业种养技术类专业学生的学费。增加社会保障投入。全市社会保险基金支出27.30亿元，新型农村合作医疗保险人均筹资标准提高到124元。加大对困难群众的大病医疗救助力度。提高城乡居民最低生活保障标准。落实被征地农民即征即保制度。支持创业就业。落实好税费减免、小额担保贷款财政贴息、职业培训补贴等就业扶持政策，完善困难人员就业援助机制，全市财政拨付就业再就业资金 6929 万元。完善政府医疗卫生投入机制。全市预算内医疗卫生支出 4.92 亿元，增长 21%。市区社区公共卫生服务经费提高到人均 20 元。实施计划生育家庭特别扶助制度，保障免费婚检制度全面推行。落实手足口病防治和婴幼儿奶粉事件免费救治经费。支持城镇廉租住房筹措机制建设。落实建设用地按总地价的 2%提取廉租住房保障资金；支持完成 1508 户困难群众危旧房改造。对粮食、猪肉、食用油等重要商品实行实物储备，向全市低保人员发放物价动态补贴，受益 13 万人次。对老年人乘坐公交车给予优惠补助。支持文化大市建设。设立农村文化建设专项资金，完善农村公共文化服务体系。加强博物馆、图书馆等免费开放后的经费保障。保障维护社会稳定需要。专项安排"奥运安保"资金，支持反恐工作的开展。支持安全生产和食品药品安全监管，推进安全生产应急救援体系建设。支持抗震救灾。安排上年地方财政收入的 1%作为地震灾后援助资金，做好对地震灾区紧急捐助、过渡安置房建设和急救车购置经费落实工作，支援灾区恢复重建。

【完善财政监管体系】加强"收入一个笼子、预算一个盘子、支出一个口子"的管理工作。推进部门预算、国库集中支付、财政支出绩效评价改革。把市水利局、市劳动保障局 2008 年部门预算提交市人代会审查；完善预算定额体系，试行项目支出预算申报限额制度，实行项目支出预算滚动管理。市级所有一级预算单位全部实行财政国库集中支付，湖州财政国库集中支付模式在全省得到推广；建立健全财政国库动态监控运行机制，推进"财税库银"横向联网。开展财政支出项目绩效评价，逐步建立绩效评价结果应用机制，全市完成评价项目 55 个，涉及财政资金 4.58 亿元。推行政府采购协议供货询价办法，构建协议供货商品价格预警体系，建立政府优先强制采购节能环保和自主创新产品制度，全面实行季度采购计划，全年政府采购规模 6.14 亿元，资金节约率 14.5%。加强政府投资项目财政审核，完成审核金额 30 亿元，涉及 128 个项目，节约财政资金 4 亿元。加强政府性债务管理，实行政府性债务与部门预算同时编制，控制举债规模，防范债务风险。健全行政事业单位国有资产管理制度，加强资产配置、使用、处置等各环节的监督。加强财政专项资金管理，做到"一个专项一个管理办法"。推进"金财工程"一体化建设。开展财税法制宣传教育，增强依法理财治税观念。加强财政监督和会计监管，提高企业、行政事业单位会计信息质量和行业管理水平。

【干部队伍建设】实践"增强责任，用心做事；勤学多思，善于谋事；务实协调，团结共事；清正廉洁，干净干事"的要求，干部队伍能力水平有新的提升。开展作风建设，制定《深入推进作风建设活动的实施意见》，开展创优争先活动。推出服务新举措，纳税人综合满意率始终保持在 95%以上。注重财税文化建设，树立干部队伍良好精神风貌。加强反腐倡廉建设，研究制定《建立健全反腐倡廉惩防体系 2008～2012 年实施方案》，教育、制度、监督、改革、作风和惩处整体推进。市财政局获全省"农民工"工作先进单位、国家级青年文明号、全市抗雪救灾先进集体和节能降耗工作先进集体等 30 多项荣誉称号。

（湖州市财政局供稿　赵明明执笔）

湖州市吴兴区

【概况】2008 年，吴兴区实现生产总值 217.32 亿元，增长 10.6%，人均生产总值 46433 元。其中：第一产业增加值 14.24 亿元，增长 4.1%；第二产业增加值 108.28 亿元，增长 10.4%；第三产业增加值 94.80 亿元，增长 11.7%。全区财政总收入 16.85 亿元，增长 18.6%，其中地方财政收入 8.56 亿元，增长 18.5%；财政总收入占 GDP 的比重为 7.75%，提高 0.25 个百分点。全区财政支出 6.24 亿元，增长 9.8%。全区财政收支基本平衡。

【组织财政收入】坚持"依法征收，应收尽收"，强化收入管理，深入分析收入形势，细化税源管理，落实征管措施，挖掘增收潜力，保持财政收入持续增长。加大对财政性收入的统筹与调控力度，抓好土地出让金、采矿权出让金等各项资源性收入的筹集与管理，统筹预算内外财力。按新的耕地占用税标准执行征收工作，压缩欠税。优化收入结构，提高地方可用财力所占比重，全区地方财政收入占财政总收入的比重为 50.8%。

【发挥财政职能】围绕转变经济发展方式，促进转型升级，筹措安排资金 2920 万元，用于科技进步、企业技术创新和引导三产发展，完善操作办法，重点扶优扶强，培育壮大财源。加大对"三农"的投入，筹措农业发展资金 3050 万元，用于种粮大户、农机具、粮种补贴、粮农柴油补贴、森林生态补偿和支持农业龙头企业、小型水利建设等。落实惠农政策，通过农民网一卡通直接发放农资综合补助等七大项财政直补资金。落实义务教育保障机制，确保中小学公用经费、教师工资统发、社会保障缴费和住房公积金等支出需求，安排资金解决退休教师住房补助。财政全额补助义务教育阶段免收杂费资金 1245 万元，免教科书资金 750 万元。完善资助家庭困难学生的政策，推进中、小学校舍维修改造和运动场"煤改塑"工程建设。完善社区服务功能，逐步提高社区干部待遇。筹措 3575 万元财政资金用于农村合作医疗、农村公共卫生体系建设、城镇居民医疗保险、添置公共卫生装备。筹措 1050 万元用于对"百千工程"、农村道路、桥梁建设及西部山区小城镇的改造。完善新型社会救助体系专项资金管理办法，统筹各类救助资金 1600 多万元用于最低生活保障、贫困家庭危房改造等十一类救助支出。优化支出结构，建立村级组织运转保障机制，实施农民培训工程，支持社会主义新农村建设。

【推进财政改革】完善"金财工程"建设，规范管理，提高工作效率；连续第六年被省财政厅评为县级计算机应用先进单位。深化乡镇财政管理方式改革，以预算编制为龙头，指标管理为抓手，系统跟踪、现场评估为突破，规范乡镇财政收支行为。推进中心城教育经费财政国库集中支付改革，完善制度体系，落实义务教育经费保障机制。拓宽政府采购项目，加大政府采购覆盖面，把学校办公楼的装修、维修、运动场地的改建全部纳入政府采购范围。制定政府采购操作规程，规范政府采购办事程序，提高采购效率。

【强化财政监督】开展节约型机关建设，区级部门日常公用经费支出下降10%。做好预算执行情况分析工作，强化对异常变化情况的跟踪监控。完善各项专项资金监督收支管理办法，开展财政各项重点专项资金的监督检查与财政资金支出的绩效评价。加强会计管理，提高会计信息质量，规范从业人员职业操守，规范会计工作秩序。按照“控制新债，摸清底数，明确责任，分类处理，逐步化解”的具体要求，加强政府性债务管理，规范举债行为，实行项目化、动态化管理，防范政府性债务风险。出台义务教育债务化解的实施方案，并筹措434万元用于义务教育债务化解以奖代补。加强预算执行分析，发放52份“规范意见书”和114份“温馨提示”，对预算单位内部财务管理中存在的问题提出改进建议。完善财政票据管理办法，建立健全领票单位档案，加大票据管理力度。

【队伍建设】加强党风廉政建设，落实党风廉政建设工作责任制，坚持在重大节假日前有针对性开展“廉节”教育，建立和完善内部监督制度，签订党风廉政建设责任书，强化责任监督，全面构建防腐体系。连续第六年获得区先进党组织称号。加强学习型组织建设，推进机关党员干部学理论、学业务、学经济、学法律，提高机关党员干部创新能力。开展作风建设年活动，贯彻落实党的十七大精神，通过建立规章制度、完善监督体系、突出工作重点、加强调查研究、鼓励开拓创新、提高干部素质等各种途径，培养造就一支政治强、业务精、作风正、形象好的财政干部队伍。开展争先创优活动，在区委、区政府年度综合目标考核中连续第六年被评为一等奖，被授予“五型机关”、“和谐班子”等荣誉称号。

（湖州市吴兴区财政局供稿　倪志伟执笔）

湖州市南浔区

【概况】2008年，南浔区实现生产总值185.94亿元，比上年增长10.1%，人均生产总值37849元。其中：第一产业增加值17.87亿元，增长4.2%；第二产业增加值118.1亿元，增长10.5%；第三产业增加值49.97亿元，增长11.1%。全区财政总收入16.78亿元，增长18.8%，其中地方财政收入7.38亿元，增长18.2%；财政支出6.20亿元，增长37.7%。当年财政收支平衡。

【组织财政收入】强化责任抓收入，下达收入任务到各镇（开发区）、地税部门，明确收入任务；通过月收入进度通报制度和召开收入分析会，掌握收入进度。齐心合力抓收入，健全与各镇（开发区）、各部门间的信息互通机制，完善重点财源监控体系，强化收入源头控制，实施对重点财源的动态监管，并做好经济形势与税收增减联动分析，实时掌握全区财源和收入结构情况。精细管理抓收入，贯彻落实耕地占用税新条例，加强与土管部门的联系，加大清欠力度，完成耕地占用税收入目标；加强非税收入和票据管理，做好各项预算外收入入库和各项专项资金的清、缴、收、管工作。

【支持经济发展】落实各项财政优惠政策，实施“两税合并”政策，减免民政福利、资源综合利用企业增值税、企业所得税和国产设备投资抵免企业所得税，临时下浮企业社会保险费缴纳比例，减收社会保险费，减轻企业负担。支持经济转型发展，争取中小企业专项扶持、高新技术产业等各类项目和扶持资金。支持优势企业做优做大，培育南浔首批“新象新牛”企业。加大财政科技创新投入，落实激励政策鼓励企业科技创新。支持节能减排工作，投入资金用于旧馆有机玻璃化工整治；推进污水工程建设，保障污水处理项目建设资金需要。集中财力用于练市、菱湖两镇工业功能区平台建设，推进工业基础设施建设；返还各镇耕地占用税补助资金，用于招商引资平台建设。加快推进农业发展，申报林业、农业、水产项目和争取上级补助资金，保持财政支农支出稳定增长；落实各项惠农政策，及时拨付良种、种粮大户、农机购置、能繁母猪补助资金；安排农发基金和水利建设资金支持现代农业发展和水利工程建设。引导三产增收，安排旅游发展基金鼓励引导特色旅游业发展，扶持旅游企业平台建设和规模发展，培植经济和财政收入新的增长点。

【保障重点支出】集中财力保障民生支出，当年全区新增财力用于民生支出的比例82.9%，提高0.85个百分点。保障重点支出需求，及时拨付农林水事务、科技、卫生、文体事业、社会保障及就业支出资金。完善义务教育经费保障机制，保障教育经费需求，全面落实减免学杂费、免教科书本费、贫困学生资助政策，提高教师福利待遇，全额保障中小学校公用经费。实施中小学校校舍维修和历年教育负债化解工作。拨付农村劳动力技能提升工程资金，提升农村劳动力素质。落实最低生活保障及农村“五保”、城镇“三无”人员集中供养、优抚人员基本保障资金。完善农村新型合作医疗制度，人均筹资标准114元。支持“百村示范，千村整治”工程，健全和完善农民补贴网建设，通过农民补贴网直接发放补助资金。压缩公用经费5%用于支援四川灾区灾后恢复重建。

【深化财政改革】深化部门预算制度改革，规范基本支出预算编制、人员经费供给政策，完善公用经费预算定额标准，加强对预算执行情况的分析和监督，规范预算行为，强化预算约束，提高预算编制的完整性和科学性；扩大部门预算报送区人大财经委审查范围，增强预算编制的公开透明。推进财政支出绩效评价，全面掌握千万农村劳动力素质培训工程及农村公共卫生服务体系的绩效情况，组织开展对2004～2007年省市区财政安排及通过其他渠道筹措的资金实施绩效评价，增强财政支出的规范性和有效性。加强政府采购管理，强化对预算单位采购行为和定点供应商的监管，在全区范围内开展政府采购执行情况专项检查，督促整改，规范政府采购管理。

【提升财政监督水平】按照预算编制、执行、监督“三分离”的要求，加大收支两条线、社保资金、财政票据等专项检查力度，对全区部门（单位）财政财务收支执行情况进行综合抽查，督促相关单位整改存在的突出问题，提高财政资金使用的安全性和合理性。筹建政府性项目投资审核中心，制订审核中心工作实施方案，完善相应的规章制度和工作流程，规范政府性项目审批程序，全年共审核各类财政支出项目概算4个，送审金额5529万元，核减率9.2%。加强国有资产管理，对南浔城建投资发展公司等4家国有企业实行国有企业会计委派制度，发挥委派会计的监督职能，确保国有资产保值增值。

【队伍建设】加强政治理论学习，采取集中和自学相结合的办法，组织学习党的十七大报告，以答题、培训、论坛、讲座等灵活多样的形式开展学习教育活动。强化党风廉政建设，组织学习《预防职务犯罪条例》，观看党风廉政建设辅导片和现场图片展，抓好党员干部节假日"廉节"教育，督促党员干部加强党性修养，廉洁自律；全面落实党风廉政责任制，制定建立健全惩治和预防腐败体系2008～2012年具体工作安排，层层签订党风廉政建设责任书和党员承诺书，建立中层以上干部廉政档案；开展"读书思廉"和家庭助廉活动，用正反事例教育干部职工，警钟常鸣。加强机关效能建设，以ISO质量管理体系年审为契机，规范内部管理体系，增强局干部职工服务意识，铸造一支高效率、会干事、优作风的干部队伍。　(南浔区财政局供稿　马君君执笔)

德清县

【概况】2008年，德清县实现生产总值190.10亿元，比上年增长11.1%。其中：第一产业增加值15.00亿元，增长4.3%；第二产业增加值118.90亿元，增长11.6%；第三产业增加值56.20亿元，增长11.9%。一、二、三产比例为7.9:62.5:29.6；人均生产总值44623元。全县财政总收入25.76亿元，增长20.1%，其中地方财政收入13.47亿元，增长20.8%；财政总支出14.63亿元，增长24.0%。全年财政收支平衡，略有结余。

【加强收入征管】加强财税调研，开展经济形势与税收增减联动分析，选取典型企业加强调研式稽查，开展财税政策执行情况和发展总部经济调研，培植后续财源。多方协作抓收入。将收入任务下达到各乡镇和开发区，建立组织收入工作联动机制；成立乡镇个体税收社会化管理办公室，代征地税收入5615万元。加强主体税种征管，完善营业税分行业管理办法，加强房产、地产权属变更税收征管；加强企业所得税汇算清缴，抓好个人所得税全员管理。加强地方七税征管，开展城镇土地使用税税源普查，调整房地产转让土地增值税征管政策；加大车船税政策宣传辅导力度，确保征收方式平稳转换，全年地方七税收入3.15亿元，增长55.2%。抓好农业二税和社保基金征管，掌握土地出让与房屋销售情况，完善"先税后证"工作机制。完善社保费"五费合征"征收模式，实现地税、社保、银行三方实时联网，社会保险基金收入5.63亿元，增长41.8%。

【推动经济发展】支持"强工业"，财政安排和按临杭产业带政策返回资金2.5亿元，支持开发区和乡镇工业园区平台建设；安排技术创新和科技三项经费3878万元，兑现各类企业财政政策补助资金7095万元；减免民政福利、资源综合利用企业等各类税收2.22亿元，办理出口退税4.59亿元；减免城镇土地使用税和房产税1000万元，返回城镇土地使用税2800万元；临时下浮企业社会保险费征缴比例，减收社会保险费3000万元；水利建设专项资金征收率下调20%，减收水利建设资金1000万元。推动"精农业"，多渠道筹集财政支农资金，拨付农业专项资金和造地改田资金1.56亿元，落实农业产业化政策补助资金和畜禽养殖场排泄物治理费1206万元，兑付种粮农民综合直补、稻麦油菜种植、油价和生态公益林补贴3085万元，补贴政策性农业保险、农村住房保险等373万元；推进农业综合开发，完成高峰坞山区中低产田改造和蛋鸭产业化养殖项目，实施蔡界中低产田改造项目。推进"扩城市"，筹措土地出让金等预算外资金，拨付基本建设项目资金3.97亿元。鼓励"兴三产"，贯彻落实服务业财税扶持政策，安排三产发展专项资金1000万元。

【推进基本公共服务均等化】优先发展教育，落实义务教育"四项工程"和职业教育"六项行动计划"，免收义务教育学杂费、书簿费，提高教师生活补贴标准，发放农村教师任教津贴。支持创业富民，筹措安排创业引导资金，支持创业促就业"2138"工程；安排再就业专项资金1848万元，完善就业扶持政策，加强农村劳动力素质培训。完善社会保障和医疗保障体系，出台城乡居民养老保险试行办法，完成城乡居民养老保险试点；提高新型农村合作医疗保障标准，实行门诊和住院零起报；出台职工基本医疗保险规定，扩大医疗保险覆盖范围。加大各类创建工作投入，促进"平安德清"建设，公共安全支出11518万元，增长22.6%；推进"生态县"建设，环境保护支出7799万元，增长136.9%；加快新农村建设，安排2000万元用于"十村示范、百村整治"和新农村实验示范镇、村建设。支持抗灾救助，按照上年地方财政收入的1%，安排1115万元用于支援青川地震灾后重建。当年民生支出占财政总支出同比提高2个百分点，新增财力用于民生支出占三分之二以上。

【财政管理改革】一是完善预算管理，将乡镇义务教育阶段学校纳入部门预算，扩大部门预算范围；采用网上直报方式，提高工作效率；对24个政府性专项资金(基金)按照"二上二下"程序编制专项预算，实行规范化管理。完善财政财务管理，制定国有土地使用权出让收支管理具体操作办法，实行"收支两条线"管理；修改罚没物资管理办法，规范罚没物资收缴、处置等程序；执行化解义务教育阶段债务实施方案，化解义务教育债务2598万元；制定行政事业单位住房货币补贴方案，落实住房货币补贴补助资金654万元。规范和完善政府采购，扩大政府采购协议供货范围，开展政府采购执行情况专项检查。推进信息化建设，完善"金财工程"应用软件，确保财政数据准确流转。

【财政监督管理】推进依法行政，清理各类规范性文件，建立税收政策和征管措施执行情况反馈报告制度，开展年度税收执法检查和五五普法中期自查，提高财税执法水平。强化财政资金监管，加强非税收入管理，严把收费项目关、资金拨款关和财政票据关；整合财政专项资金，做好财政资金保值增值工作；清理部门往来款项，规范部门财务核算；加强医保资金监管，完善医保定点单位考核机制；加强改田造地资金管理，将土地成本回收款纳入财政专户；加强政府投资项目管理，审减概算投资额

3009万元。加强财政监督和财政支出绩效评价，开展行政事业单位财政监督检查，纠正违规资金515万元；完成联动项目“千万农村劳动力素质培训工程”和“农村公共卫生服务”绩效评价。加强乡镇财政财务管理，做好乡镇财政财务结算工作，兑现资金6400多万元；举办财务管理培训班，提升乡镇财政财务管理人员业务素质。加强会计队伍建设，贯彻实施《会计法》，开展代理记账机构检查，规范会计从业行为；加强会计从业资格管理，加快会计人才培养，提高会计队伍整体素质。

【干部队伍建设】抓好党风廉政建设，调整局党风廉政建设责任制领导小组，明确党组班子成员责任范围和分工，局领导与中层正职签订党风廉政责任书，中层正职以下干部实行党风廉政承诺制，建立廉政建设长效机制；加强全局干部廉洁从政和预防职务犯罪教育，提高党员干部廉洁自律意识；召开民主恳谈会和特约监察员会议，开展对窗口单位的明查暗访，加强廉政监督。加强学习型组织建设，落实党组理论中心组学习、民主生活会和周一晚学习制度，组织干部参加县普法教育培训班和全国财政法规知识竞赛，举办《税友2006》深化应用专题培训，提高干部理论素养和业务能力；开展创新破难等各项调研，培养干部思考问题、解决问题的能力。加强作风建设，开展县“创业创新好班子”创建活动，提高局领导班子执行力；开展“优质服务提升年”和“送税法进企业”服务企业专项活动，帮助企业应对金融危机；建立税企联系卡制度，开办税收阳光教室，主动为新办企业搭建税收政策的宣传平台，在三个办税服务厅推行POS机应用，提升纳税服务水平。（德清县财政局供稿　褚洁滢执笔）

长兴县

【概况】2008年，长兴县实现生产总值223.8亿元，(按可比价格计算)比上年增长11%。其中：第一产业增加值20.16亿元，增长4.1%；第二产业增加值127.78亿元，增长12.0%；第三产业增加值75.85亿元，增长11.1%。三次产业结构从上年的9.3:56.2:34.5调整为9.0:57.1:33.9，人均生产总值36271元，增长10.8%。全县财政总收入30.81亿元，增长10.0%，其中地方财政收入16.30亿元，增长6.1%；财政总支出20.22亿元，增长22.7%。全县财政当年收支平衡。

【壮大地方财力】加强重点户纳税管理夯基础，纳入重点税源监控的企业户数522户，入库地方税收7.71亿元；纳入个人所得税全员管理单位1390户，新增349户。加强地方税种管理调结构，加强建筑业和交通运输业营业税征管，全年入库营业税4.07亿元；加大企业所得税汇算清缴力度，克服税率下调、企业生产效益下降、地税管户萎缩等减收因素影响，全年企业所得税入库2.18亿元；财产转让所得和股息利息所得增收1.2亿元，全年个人所得税入库3.26亿元，增长55.9%；抓好年所得12万元以上申报工作，个人所得税增长39.7%；地方七个小税种入库3.41亿元，增长10.4%。加强社会化协税护税，推进部门信息共享和协作。代征车船使用税903万元，增长92.9%；入库水陆运输代征税收4520万元；货物运输自开票纳税人入库税费2528万元，增长75.2%；委托国税代征门征零星税款入库376万元。加强非税管理，入库社保“五费合征”5.56亿元，增长19.8%。

【支持经济发展】为缓解雪灾和金融危机影响，全年减免企业各项税费9618万元，兑现财政扶持资金6亿元。扶持企业发展，促产业转型升级。减免企业所得税、房产税、土地使用税、水利基金7708万元；落实临时性下浮企业社会保险费缴纳比例政策，企业社保费单位统筹部分免征一个月，共减免2095户1910万元；兑现工业经济政策奖励资金5150万元、外贸出口企业奖励资金530万元、家庭工业企业(户)奖励资金294万元、受雪灾影响企业补助资金1456万元。推进现代服务业发展。对199家服务业企业兑现服务业引导资金698万元；对15家旅游业企业(户)兑现专项奖励资金56万元；出台契税、住房贷款贴息奖励办法，全年契税财政补贴1.8万元，住房贷款财政贴息3.1万元。支持企业创新。安排科学技术支出6431万元，增长14.6%，财政科技三项经费占财政科技投入的比例为51%。扶持现代农业发展。落实支农惠农政策，兑现农业产业化补助和贴息3118万元，发展现代农业。

【加大民生投入】推进城乡间公共财政保障能力均等化。全年投入支农资金3.1亿元，其中：财政预算内农林水事务总支出2.41亿元，增长23.6%；落实农业补助政策资金7474万元；筹集农业发展基金、水利建设基金、造地改田资金等专项资金8000万元；向上申报项目补助资金1.51亿元，净增7269万元；发放粮食综合直补资金2505万元，增加1633万元。推进基本公共服务均等化。完善义务教育学校债务化解和中小学教师工资保障机制，财政预算内教育支出4.50亿元(含省补4458万元)，增长16.0%；支持城乡居民和未成年人医疗保障制度的实施，逐步完善城乡公共卫生财政补偿机制。完善发展文化产业政策，支持文化大县建设。统筹人与自然和谐发展。下拨生态县专项补偿资金2200万元和太湖流域水污染防治资金1.69亿元，补助淘汰喷水织机资金684万元，支持生态环境整治。加大公检法司财政投入，支持食品药品监管、安全生产体系建设。补助问题奶粉婴幼儿筛查费和添置设备款354万元。安排1536万元支持四川青川抗震救灾和灾后重建，制定援建资金管理办法，确保对口支援有力、有序、有效开展。提高节俭意识，公用经费支出比预算减少5%，对行政性开支实行刚性约束。加强“大社保”投入。将社会救助、农村合作医疗、公共卫生、就业保障等纳入其中。健全社会保障资金多渠道筹措机制，做大社保基金盘子，全年基金总收入5.92亿元，支出4.28亿元，滚动结余7.17亿元。全年城乡低保、社会救助等社保重点工作资金投入8530万元，安排就业再就业资金850万元，增长30.8%，支持就业和再就业。实施城乡居民最低生活保障民心工程，全年支出低保金1364万元。

【细化部门预算编制】改革财政支出预算编制程序，细化部门预算编制，教育、卫生、文化部门预算细化到每个项目。强化对项目预算的审核，加强与部门对接。深化部门预算单位改革，扩大试点单位，从2007年的6个扩大到20个，其中12个部门预算单位向县人大常委会汇报并获通过。做好部门综合预算编制工作，实行部门预算外资金有计划使用，保持收支综合平衡。深化部门综合预算、预算指标管理、资金拨付程序改革，推进国库直接支付改革。强化部门专项经费监管，完善经费追加控制机制，明确追加范围、标准、程序。规范土地出让金核算，确保土地出让金净收益核算的准确性。土地出让收支全部缴入地方国库，纳入地方政府基金预算管理。提升财税信息化水平，正式启动“金财工程”，部门预算的编制系统、指标系统、申报系统、会计核算系统软件全面运行。研发完善财政收入分析系统。

【加强财政监管】完善政府采购监管制度，全年实际采购资金1.01亿元，节约资金1975万元，节约率16.3%。加强行政事业单位财务核算和资金管理，纳入核算中心集中结算单位53个，全年结算资金42亿元。设置国有资产管理科，推进国有资产评估工作规范化、程序化、科学化建设，全年进行资产评估22项，评估价值218万元。加强会计基础管理，重视会计继续教育，分类培训从业人员，增强继续教育的层次性和针对性。加强乡镇财政的业务指导和监管，提高乡镇财政管理水平。规范银行账户开设审批，严格财政票据领用和核查，开展财政票据和政府集中资金的检查和汇算清缴。加强财政资金管理，强化监督检查，确保资金安全。强化对生态环境整治、水污染防治专项资金、科技经费等财政性专项资金的管理和审核，及时反馈财政性专项资金的使用情况。探索企业国有资产监管办法，对县总工会、水利局、安监局、旅游局等系统的8个单位依法进行财政监督检查，查出违规资金322万元，检查入库税费34万元。对全县农村公共卫生建设专项支出、劳动力素质培训专项支出、太湖流域治理专项支出、农村区域供水工程专项支出、四大名山旅游景点建设专项支出等5个事关民生的项目进行绩效评价。

【加强队伍建设】配合“服务基层、服务企业、服务群众”为主要内容的“作风建设提升年”活动，推出一系列为纳税人服务的新举措：“送政策上门、帮企业解困、促全民创业”；开通新的短信服务平台；开展创业创新税收优惠政策专题辅导；做好财税窗口建设，简化办事流程，鼓励文明用语，提供便民服务。加强干部教育培训，落实“星期一夜校”制度，学习政治、业务，开展岗位交流；组织《作风建设》和《党的十七届三中全会精神》专题辅导。加强廉政教育，将廉政教育与财税业务相结合，保证执法过程的公正性、廉洁性；开展党纪、政纪条规的学习考试，加强内审和内部财务印鉴支票管理情况检查，做好内部监督。开展文明创建活动，向四川地震灾区捐款和党员缴纳特殊党费；县财政局党组被评为县委机关部门党组优秀理论学习中心组，局机关被评为县党建工作先进单位，获2008年度机关“一讲二评三服务”一等奖。

（长兴县财政局供稿　陈家志执笔）

安吉县

【概况】2008年，安吉县实现生产总值142.40亿元，比上年增长10.9%。其中：第一产业增加值13.65亿元，增长4.1%；第二产业增加值72.02亿元，增长9.7%（其中工业增加值63.64亿元，增长10.0%）；第三产业增加值56.73亿元，增长14.1%。人均生产总值为31379元，增长11.1%。全县财政总收入14.73亿元，增长32.6%，其中地方财政收入8.28亿元，增长32.7%。全年财政总支出12.41亿元，增长39.8%。全年财政收支平衡。

【组织财政收入】坚持协税护税，将征管协作部门扩大到10个，并向乡镇延伸，形成多部门全覆盖的协作征管网络，建立工商、国税、地税、技术监督四部门联合的“一窗式”办证机制。完善委托代征措施，保证各类税源足额入库。强化主体税种征管，加强税源调查，掌握税源动态；拓展重点税源监控面，建立监控企业269户；对房地产、建筑业实施项目登记，加强辖区实地巡查，强化营业税主体税源管理，开展所得税汇算清缴和税费清算工作，落实个人所得税全员申报和年所得12万元以上纳税人自行申报制度，全年个人所得税入库1.03亿元，增长19.4%。强化小税种征管，开展企业房产和土地使用税税源清查工作，核实房产税、土地使用税计税依据；运用房地产税收一体化管理模式，加强房产交易契税征管；全年入库小税种收入2.16亿元，增长61%。强化非税收入征管，完善“五费合征”征管模式，全年征收五项社会保障基金4.59亿元，增长60.8%。

【支持经济发展】拨付工业园区建设资金4751万元、加快工业经济发展三十条政策资金2560万元、先进制造业基地建设资金823万元、企业优惠政策资金1593万元，办理企业政策性减免税费1240万元，重点支持工业平台扩容提升，扶持重点企业做优做强，鼓励企业加快技术装备改造，培育企业上市，促进先进特色制造业基地建设；拨付科技专项资金810万元，提高企业科技创新能力；拨付外贸发展资金781万元，办理出口退税6.87亿元，提高外向型经济抗风险能力；拨付招商引资专项资金433万元，扩大招商引资成果；拨付中小企业融资担保资金56万元，提高中小企业融资能力；拨付人才专项资金250万元，鼓励企业实施人才培养和引进战略；贯彻免征企业1个月社会保险基金政策，增强企业能力；筹措资金，支持城北新区建设。增强全县工业基础和综合实力。支持培育新兴服务业，安排服务业发展专项资金550万元，支持旅游业做精做优，加快观光旅游向休闲度假旅游转型。扶持发展文化产业，全年第三产业入库税收4.29亿元，增长25.1%。

【优化支出结构】保障“三农”投入，全年支农支出1.15亿元，增长28.2%。落实大中型水库移民补助1975万元、粮食直补2183万元、生态公益林保护661万元，发展现代农业，保障农民收入稳定增长。支持农村公路养护、管理、改造，加快农村公路联网工程建设。安排环境保护支出8973万元，增长220.1%。拨付补助资金1310万元、农民引水工程专项资金2126万元，支持村庄环境整治提升和农村饮水安全工程，全面启动中国美丽乡村建设工程。加大社会保障投入，社会保障和就业支出8135万元，增长27%；发放城乡居民最低生活保障资金611万元、农村困难群众物价补贴452万元、义务兵家属优待金、退伍军人和“二战”人员生活补助资金1219万元，拨付再就业资金1226万元，减免下岗失业人员再就业税收187万元，拨付医疗救助专项资金270万元；拨付专项资金890万元，支持农村社区医疗服务站建设，有序落实农民定期体检政策，建立农村公共卫生管埋和服务体制；拨付城乡新型合作医疗专项资金2600万元，将农村新型合作医疗人均筹资水平从上年的77元提高到124元；筹措预算外资金1亿元，支持公共交通设施建设、改造和维护。

【推进财政改革】在县级85个单位全面实施部门预算制度，按照"收入一个笼子、预算一个盘子、支出一个口子"的要求，推行综合预算管理模式，加强预算内外资金统筹力度。完善预算编制制度，规范审批程序。推进国库支付制度改革，对部分专项和项目资金实行财政直接支付。加强政府采购制度建设，扩大协议采购供货范围，政府采购规模4080万元，资金节约率14%。深化义务教育经费保障机制改革，建立以县为主的义务教育经费保障机制，全面落实义务教育免杂费、课本费政策，提高义务教育生均公用经费标准和教师工资福利待遇。加大财政资金绩效评价制度实施力度，逐步拓宽评价广度和深度，对劳动力素质培训、农村公共卫生服务体系等7个专项资金实施绩效评价。改革土地出让金收入管理方式，制定《国有土地使用权出让收支管理实施意见》，将土地出让金纳入基金预算管理。

【强化财政监督】实施对政府性投资项目跟踪管理，严格按工程进度审核拨付资金，强化政府投资项目资金监管。加强财政监督检查，实施检查项目10个，纠正违规资金4518万元；开展财政支出绩效评价，完成省级"千万农村劳动力素质培训工程"和"农村公共卫生服务"2个联动项目及县级"中国美丽乡村建设资金"等5个项目的绩效评价工作。对26个部门和乡镇的财务收支情况和6个部门预算执行情况进行专项检查，强化预算执行监管和乡镇财政监督指导。落实国有资产管理暂行办法，强化国有资产管理。加强会计执业和会计师行业监管，促进会计诚信建设。

【干部队伍建设】以建立学习型组织、创建服务型机关为目标，建立健全教育、学习长效机制，一手抓干部队伍思想作风、道德品行和文化知识教育，一手抓廉洁自律教育。依靠完善的教育学习计划，开展多种形式的教育讨论活动，巩固作风建设活动成果，激发干部工作学习热情，培养积极向上的精神风貌。落实党风廉政建设责任制，建立惩防体系。开展党风廉政知识培训、参观警示教育基地等活动，把党风廉政建设和反腐工作制度落到实处。（安吉县财政局供稿　缪永永执笔）

绍兴市财政工作概况

绍兴市

【概况】2008 年，绍兴市实现生产总值 2222.95 亿元，比上年增长 9.0%。其中：第一产业增加值 116.65 亿元，增长 3.0%；第二产业增加值 1329.12 亿元，增长 8.9%；第三产业增加值 777.18 亿元，增长 10.1%。三次产业比调整为 5.2:59.8:35.0。全市人均生产总值 50909 元。全市全年实现社会消费品零售总额 618.89 亿元，增长 20.1%。完成全社会固定资产投资 913.34 亿元，增长 8.3%。外贸进出口总额 238.27 亿美元，增长 23.5%，其中：进口总额 63.32 亿美元，增长 15.5%；自营出口总额 174.95 亿美元，增长 26.6%。金融机构本外币存款余额 3263.10 亿元，增长 22.5%。城镇居民人均可支配收入 24646 元，增长 12.2%；农村居民人均纯收入 10950 元，增长 12.5%。全年全市完成财政总收入 274.65 亿元，增长 15.8%；地方财政收入 143.60 亿元，增长 17.6%。市本级完成财政总收入 69.16 亿元，增长 15.5%；地方财政收入 38.96 亿元，增长 15.1%。全年财政支出 144.09 亿元，增长 26.7%，其中市本级财政支出 38.43 亿元，增长 28.9%。全市和市本级均实现当年财政收支平衡，并略有结余。

【支持经济发展】支持经济转型升级。整合各类财税扶持政策，出台推动经济转型升级若干财税扶持政策的意见，设立专项资金 2000 万元促进市区总部经济发展；新设总规模 2 亿元的创业投资引导基金，引导社会资金加快向创业投资领域集聚；安排财政专项资金，推进市区二环线内工业企业提升、转型、搬迁；设立专项资金 3000 万元，重点支持袍江新区闲置厂房出租、企业上市、节能减排。支持现代服务业发展。兑现商贸服务业重点建设投资补助 326 万元、商贸流通项目等财政奖励 569 万元；提出发展物流业的政策意见，推动黄酒集团和汽运集团联手打造大型物流基地。支持外贸企业出口。兑现扶持资金 677 万元，用于外贸企业科技研发、境外参展补贴和品牌出口奖励。支持科技创新和平台建设。整合科技专项资金 8000 万元，落实北大工学院绍兴技术研究院专项资金 1000 万元，科技项目及平台建设专项资金 5500 万元，科技人才专项资金 1000 万元。

【减轻企业负担】暂停征收、减免或缓征 129 项涉企行政事业性及服务性收费项目，企业减轻负担 2.02 亿元，其中市级 8570 万元；实施临时性下浮市区企业社会保险费缴纳比例，企业少缴社保缴费 3.05 亿元，其中市级 9490 万元；设立 4 亿元应急专项基金，解决企业经营危机；将中小企业信用贷款总规模由 2 亿元增加到 3.20 亿元，市级全年向市商业银行推荐落实 214 家企业发放贷款 3.67 亿元。

【推进企业分离发展服务业】完善企业分离发展服务业扶持政策，组织开展宣传和政策辅导，全市已有 240 家企业成功实施分离，由此新增营业税和地方税费 4000 万元、企业所得税 3600 万元，市级财政兑现扶持资金 400 万元。

【财政体制】贯彻省对市县新一轮财政体制，根据越城区、袍江新区及镜湖新区的不同定位不同层次发展水平，调整完善越城区、袍江新区及镜湖新区东浦镇、灵芝镇财政体制，使地方增收节支的积极性从体制上得到保证。

【政府性投资项目】安排市级政府投资项目 213 项，实际核拨 28.20 亿元，支持越王城保护等政府性投资项目建设。搭建政银合作平台，帮助政府性项目实施单位争取到商业银行意向授信 150 亿元。向上争取到国债及上级补助基本建设资金 1.59 亿元，支持嘉绍跨江大桥等重点工程项目建设。严格政府投资项目的债务控制，市级建设单位非经营性债务余额 105.82 亿元。

【民生支出】全市财政支出用于民生支出 102.46 亿元，占 71.1%，增长 28.7%。其中：社会保障和就业、医疗卫生、教育支出分别增长 44.0%、43.8%、25.3%；市级财政支出中用于民生支出为 24.52 亿元，占 71.2%，增长 22.0%，其中：社会保障和就业、医疗卫生、教育支出分别增长 27.8%、38.9%、27.8%。

【"三农"支出】全市用于"三农"的财政性资金支出 55.30 亿元，增长 26.8%。设立支持农业主导产业发展专项资金 500 万元，安排"菜篮子"工程资金 1000 万元，新设市级农产品价格波动补贴财政应急保障专项资金。做好农民综合直补工作，全市以"一折通"形式发放直补资金 9494 万元，惠及农户 86.24 万户，其中市本级 459 万元、3.88 万户。

【教育支出】市级教育支出 7.20 亿元，增长 27.8%。深化义务教育经费保障机制改革，小学、初中公用经费标准分别提高到每生每年 580 元、780 元，全部免除义务教育段学生课本费、作业本费；实施新一轮"职教六项行动计划"，对中职在校生每年发放 1500 元的助学金；落实高校食堂专项补贴资金 680 万元；新增 300 万元专项发展经费扶持学前教育；全面落实困难家庭学生资助政策，实行义务段、高中、中职、高校贫困学生资助全覆盖，全年资助金额 2986 万元。

【支持社会事业发展】落实第二轮就业再就业各项优惠政策，全年市级再就业累计支出 2653 万元，支持零就业家庭、大中专毕业生和农村剩余劳动力创业就业。提高城乡居民医疗保障待遇，市级新型农村合作医疗财政补助人均 140 元，全年累计支出 6100 万元。全面提高社会保障待遇标准，市区企业职工养老金、失业金人均 1354 元 / 月和 595 元 / 月。市级全年安排低保资金 1120 万元，城镇和农村低保补差标准分别为 241.87 元、186.49 元，高于全省平均水平。市级落实廉租住房保障资金 2016 万元，保障对象扩大到低保标准 300%范围。落实公交降价政策，兑现公交补贴 6811 万元，增长 66.4%。加大公益文化投入，落实“村村响”建设资金和“广电低保”补助经费，市级新增 200 万元资金支持基层文化阵地建设，争取中央、省文化补助资金 4238 万元。完善排污权有偿使用和交易管理制度，落实生态环保项目支出，兑现小舜江库区乡镇、农村污染综合整治项目补助资金 686 万元和垃圾焚烧财政补贴 449 万元。

【财政支出管理】以开展“公共财政改革深化年”、“财政支出规范管理年”活动为载体，开展“收入一个笼子、预算一个盘子、支出一个口子”管理试点，整合专项资金。出台部门单位结余资金管理办法，将当年末项目资金净结余的 50%编入新一年部门预算的新增项目支出预算。对预算安排 100 万元以上以及专业性较强的支出项目，实行专家评审制度。健全国库机构，有序推进市级国库集中支付试点。开展部门预算与政府性债务管理相结合试点，对政府性债务计划编制实行债务控制警戒线制度。提前一年完成市直乡镇义务教育债务的化解任务。制定行政事业单位国有资产管理办法，组织 186 家行政事业单位开展房产情况调查摸底工作，确定四家单位试行国有资产动态管理信息系统。

【强化财政监管】对政府性投资以及涉及民生事业、重点领域的 46 个项目开展绩效评价，对 14 项专项资金进行财政监督检查，并延伸评价财政支出项目 3 个。推进政府投资项目阳光评审，先后制定项目审核质量管理、概算调整审批等一系列管理制度，全年完成审核 100 个政府投资项目，有效核减财政资金 1.63 亿元。制定《政府采购业务操作规程(流程)》，实施区域联动协议供货采购机制，全市完成政府采购金额 25.20 亿元，资金节约率 11.3%，责令整改违规采购项目 21 个。加强会计管理，开展先进会计工作者评选活动；举办 10 期新企业所得税法培训班；组织会计质量检查。

【加强队伍建设】推进学习型组织建设。定期开设“处长讲坛”，24 名处室负责人走上讲台讲法规、讲政策、讲体会；组织干部下派上挂锻炼；与高等院校合作，组织干部进行财税业务培训。组织普法联络员、兼职法制员到中级法院进行诉讼旁听。建设“网络学校”平台，开展在线考试和博客征文等活动。在全市“企业评部门、群众评行风”活动中成绩突出，列 46 个参评部门第 8 位，列执法执纪 14 个部门第 2 位；市级 128 个重点岗位评议中，5 个单位参评，4 个单位进入前 15 名。全市财税系统有 6 个单位被评为市级“行风建设示范窗口”，1 个单位被评为市级“星级行风建设示范窗口”，并有 6 个单位被为系统“行风建设示范窗口”。开展“反腐倡廉专题教育月”和“廉政文化月”专题活动，组织廉洁从政全员公开承诺，开展人生观、价值观、权力观大讨论。为地震灾区捐款。全系统 1819 名干部、职工为汶川地震灾区捐款；全市财税系统党员干部自觉交纳“特殊党费”1303438 元支援抗震救灾。（绍兴市财政局供稿　丁　玲执笔）

绍兴市越城区

【概况】2008 年，越城区完成地区生产总值 382.47 亿元，比上年增长 7.8%。其中：第一产业增加值 6.72 亿元，下降 7.1%；第二产业增加值 194.29 亿元，增长 6.0%；第三产业增加值 181.46 亿元，增长 10.6%。三次产业增加值结构比重为 1.76:50.80:47.44。全区财政总收入 4.24 亿元，其中地方财政收入 4.24 亿元，财政支出 4.09 亿元(因区财政体制的完善，与上年没有可比性)。全年财政收支平衡。

【增加财政收入】通过项目申报等方式，争取到省市财政各类补助资金 1.18 亿元，其中新农村建设资金 2949 万元，中小学免课本费、作业本费补助资金 967 万元，2007 年义务兵家属优待资金 470 万元，农口专项资金 1346 万元，计划生育经费 372 万元等。统计全区个人出租房情况，至年底，全区八镇街累计征收相关税费 1652 万元。抓好非税收入工作，当年实现非税收入 8153 万元，比上年减少 157 万元。

【保障社会事业】安排教育补助资金。从春季学期起，免义务教育阶段课本费；扩大困难学生“营养餐券”资助面，全年接受“营养餐券”资助的学生 2897 人，资助人数较上学期增长 49.5%；接受“教育券”资助学生 220 名。投入农业农村建设资金。拨付新农村建设专项资金 3216 万元，用于新农村生活环境整治、“除旧清新”和长效保洁、生活污水生态化处理及生态公厕改造等。拨付支农专项资金 1542 万元，用于农业产业发展、农业生产安全建设、农村基础设施建设。保障民生资金。优化支出结构，压缩一般性支出，确保民生工程项目资金。通过农户存折“一卡通”，拨付农业粮食生产建设资金 420 万元，涉及农户 2.2 万户。及时兑现 2007 年度区政府各项政策资金 672 万元。

【财政监督管理】加强绩效评价工作。对全区 15 个 20 万元以上的专项资金项目进行绩效评价，涉及财政专项资金 5970 万元；对农村公共卫生服务项目进行财政重点评价。做好财政监督工作。做好城南城中村改造项目和鉴湖镇中心学校等 9 个建设项目的资金来源审核工作；配合金财工程系统运行管理要求，制定方案对 10 家单位开展单位自查和财政复查。进行第二次财政票据改版，制定年度票据印领计划。做好政府采购工作。把发挥政府采购规模优势与提高采购效率相结合，做好全区政府采购总量统计、汇总和分析工作，全年政府采购中标金额 3751 万元，资金节支率为 8.8%。做好车辆控购报批及专项检查工作。加强村级财务管理。落实区委区政府《关于加强村级财务管理的若干要求规定》，对全区 109 个行政村 2007 年村级财务收支决算和 2008 年收支预算进行汇总，并对各行政村有关财务收支及收入来源问题进行分析，提出建议。对全区 109 个行政村 2007 年底村级债权债务情况进行汇总统计，全面掌握全区村级债权债务现状，推进债权债务清理化解工作。做好会计核算工作。采集全区各部门、街道的基础财务数据，对各单位预算外收入的来源及支出状况、财务情况进行分析、汇总，为领导决策提供参考。做好国有资产管理工作。加强国有资产使用、调拨、报废、处置等一系列环节的管理,完善区行政事业单位国有资产管理制度。做好会计管理工作。组织会计从业资格考试、会计专业技术资格考试、会计电算化考试,并做好监管工作。根据区会计人员工作考核有关规定,对4名有违规事实的会计人员给予扣分处理。

【强化财政职能】完善财政体制,开展调研,完善新一轮镇街财政体制,拟定并由区政府批转实施《镇街财政管理体制方案》,从体制上确保镇街财政收支平衡。开展年检审计工作,联合市外经贸、市财政、市工商等7个部门对134家外商投资企业进行2007年财政登记联合年检。配合区审计局开展财政同级审计,以及全部政府性资金专项审计和财政专项资金(基金)存量专项审计工作,部分预算执行单位的延伸审计工作。

【提升干部素质】创新学习方式,抓好日常教育。贯彻落实党的十七大、区委七届四次全会精神,利用座谈会、专题讲座、互教互学等方式,开展政治理论教育,"学党章强党性,守党纪树形象"为主题从政教育,"树新形象、创新业绩"行风效能建设等教育,营成良好学习氛围。创建学习载体,抓好特色教育。按照创建"富裕、优美、文明、和谐"新越城的要求,引导干部职工"好好学习、好好工作、好好做人",实现"素质更提高、管理更规范、服务更高效"的目标。局党组继续深化"三级干部联千家"活动,带领全局中层以上干部开展"联户"活动,职工开展"联项目"活动,科室开展"联企业"活动,全局上下开展"灾区捐款"、"彩虹计划"等捐助活动,做好结对帮扶工作。

(绍兴市越城区财政局供稿　楼杨燕执笔)

绍兴县

【概况】2008年,绍兴县实现生产总值608.27亿元,比上年增长8.8%。其中:第一产业增加值21.64亿元,增长3.9%;第二产业增加值388.62亿元,增长8.4%;第三产业增加值198.01亿元,增长10.3%。三次产业的结构比例为3.6:63.8:32.6。人均生产总值85368元,增长8.4%。全县财政总收入75.73亿元,增长13.0%,其中地方财政收入38.52亿元,增长17.5%;财政支出34.00亿元,增长24.7%。全年财政收支平衡。

【组织财政收入】强化税源监控分析,加大重点税源监控力度,纳入县级以上重点税源企业552户,增加94户。抓好税种管理,按照"大型企业查账征收"、"中型企业纳税预警"、"小型企业核定征收"的思路加强所得税管理;强化个人所得税日常监控,抓好年所得12万元以上个人所得税自行申报;加强小税种征管,全面落实车船税和土地使用税条例,健全税源数据库建设,强化土地增值税、房产税等地方税种的联动管理,挖掘小税种增收潜力,全年地方小税种入库6.95亿元,增长25.2%。加强契税和耕地占用税征收,开展契税和耕地占用税保证金清理工作,全年契税和耕地占用税入库4.82亿元,增长139.7%。完善社保基金征管机制,推进生育、失业两费的征缴,实现"五费合征",全年征收五项社会保险基金11.30亿元,增长45.9%。坚持税费并举,出台非税收入管理办法,完善非税收入征管体系,实行收支彻底脱钩,对财政专户的政府非税收入结余进行核实,并全额上缴财政3.37亿元。规范土地出让金管理,将土地出让金全部纳入国库管理。全年入库排污费收入、教育附加费和其他收入2.54亿元。

【支持"三农"发展】重点实施以农业有效投入、调整产业结构和加强农业基础建设为抓手的农业经济政策,加快农村新社区建设的财政投入,确保预算内财政支农支出法定增长,全年用于"三农"投入14.94亿元,其中农林水事务支出3.46亿元。开展"农民补贴网"建设,出台加强农民直补工作管理意见,全年发放粮农综合直补、种粮大户直补、早稻普惠制补贴资金1866万元。推进农业综合开发,2006年度国家农业综合开发2个中低产田改造项目和1个产业化经营项目通过省级验收;2007年度国家农业综合开发1个中低产田改造项目和1个农业生态工程项目建设任务全面竣工,并通过县级自验;2008年度列入国家农业综合开发土地治理项目的王坛孙岙畈0.5万亩小流域农业生态工程项目进入实施阶段。

【保障社会事业发展】保障实施"学有所教、劳有所得、病有所医、老有所养、住有所居、难有所助"的"六个所有"民生计划,建立农村老年居民养老保障和生活补助制度,实现城乡社会养老保险全覆盖,完善和调整被征地农民养老保险标准,推进残疾人共享小康工程,实施"以县为主"的教育经费保障机制,完善职业教育培训扶持政策,扩大一次性职业技能培训补贴范围,对创业培训和高技能人才进行财政补贴。全年一般预算对民生支出投入14.60亿元,占财政支出增量的82.6%。支持"文化强县"建设和生态县建设,保障全县公、检、法、司经费支出,支持食品安全体系建设,制订突发公共事件财政应急保障专项预案,积极筹措落实抗震救灾援助资金。

【支持经济转型发展】落实经济发展扶持政策,引导扶持创业创新,激励经济转型升级,加大工业有效投入,支持三次产业联动融合发展,优化产业结构,增强县域经济发展能力;支持培育创新型企业,设立6600万元专项资金重点用于"品牌大县"建设、行业龙头企业创建、扶持发展中小企业及现代家庭工业;引导发展现代服务业,支持轻纺市场升级改造和"旅游强县"创建;鼓励企业发展对外贸易,安排3700万元专项资金,重点用于扶持外贸企业出口、高新技术产品出口和境外拓展。全年科技支出、工业商业金融等事务支出3.05亿元,增长49.5%。落实清费减负政策,全面清理行政事业性收费,全县18个部门的74项收费暂停征收,7个部门13项收费减免或缓缴,落实社会保险费临时性下浮缴费比例政策,减轻企业负担7230万元。落实有关扶持第三产业发展、鼓励企业自主创新、发展循环经济、建设节约型社会等方面税收优惠政策,全年共审批有关税费减免416户次,减免税费1.1亿元。

【加强财政管理】按照"收入一个笼子、预算一个盘子、支出一个口子"的财政管理思路,出台加强政府性资金预算管理的意见,加大预算内外资金管理力度。加强收入管理,明确资金管理范围,除法律法规明确规定由部门管理的资金外,将所有政府性资金收入全部纳入财政统管，所有政府性资金支出全面纳入预算管理，严格实行"收支两条线"。加强预算管理，整合各项政府性资金，分别按一般预算、政府性基金预算、社保基金预算、国有资产经营收益预算、其他政府性资金预算等五类进行编制，实行全面预算管理；对部门结余资金进行全县统筹，使部门预算与上年结余、基数脱钩，实行零基预算管理。规范支出管理，落实省委省政府关于做好增收节支工作的意见，严格控制行政开支，减少会议、接待、差旅和公车费用等日常支出；对教育、交通等专项资金实行分级核算，强化专项工作经费支出管理；加强对项目支出用款计划的科学管理，合理控制财政资金现金流量；实行部门预算执行情况通报制度，并在《绍兴县报》上专版公布上年度部门预算收支执行情况，增强预算执行的透明度；深化"镇财县理"工作，落实新一轮县镇财政体制，加强对镇街财政的业务指导和监管；完善政府性重点建设项目"代建制"管理和资金财政直接拨付试点，加强对重点建设资金审核，减少资金拨付环节，提高财政资金使用效益。

【加强会计管理】完善会计继续教育教学模式，在金融保险业、行政事业单位两行业会计人员进行网上培训试点；全县9636人次参加会计继续教育培训。规范会计代理业管理，向650户企业发放《规范会计代理倡议书》，对县内企业的会计基本信息进行整理登记，对存在违规问题的10户企业依法要求整改。开展会计"黑名单"公告工作，对存在严重会计违法行为的会计人员在媒体上进行违法公告。重视对会计人才的评价、选拔和培养工作，当年全县有7人取得高级会计师资格，23人取得中级会计师资格。

【深化财政监督】推进部门预算向人代会报告制度，拓展预算公开程度，定期报告预算盘子、调整预算和收支执行情况；加强对财政专项资金的监督检查，扩大资金检查面。防范财政风险，做好政府性债务预警和分析，按月收集县级开发区、政府性直属投资公司、镇(街道)的财务基础资料，通报全县政府债务余额情况，及时预测债务偿还规模与进度。探索财政资金存放银行评价激励办法，实现资金保值增值。完善项目单位、主管部门和财政部门三级评价体系，制订财政支出绩效评价管理办法，开展对免费义务教育、千万农村劳动力素质培训工程、农村公共卫生服务等项目资金的绩效评价，并由专家对评价报告的真实性和合理性进行质量评议。规范行政自由裁量权，修改、完善、整理有关行政自由裁量权方面的文件22个，整理行政审批、审核、收费等事项96项，细化行政处罚标准148项，做到办事项目依据正确、处罚标准裁定适当、操作程序精简高效。

【加强干部队伍建设】推进财税文化建设，开展"高举旗帜、科学发展、创业创新"为主题的党的十七大精神主题宣传教育活动，组织开展党的十七大知识竞赛，参加第二届全市文明礼仪大奖赛、全省财税系统运动会和绍兴县第十届职工运动会，发动干部职工参加社会关爱行动和扶贫济困活动，开展为"中国税务林"和四川抗震救灾捐款活动。加强教育培训，深化学习型组织建设，建立财税网络学校，并实行学分制管理；开设鉴湖财税大讲坛，由各科(室)长讲解当前财税工作的热点、难点，促进干部之间的交流学习；围绕税收业务、计算机应用和财税法制三大培训重点，组织业务培训。加强廉政建设，营造"大宣教"格局，开展廉政专题讲座，组织干部观看廉政电教片、参加县人民法院公开庭审旁听、去看守所接受警示教育；落实党风廉建设责任制，把反腐倡廉工作与财税业务工作紧密结合，注重制度规范和责任落实，从源头推进反腐倡廉工作，对涉及资金审批拨付、经费报销、税务稽查、税费减免等环节进行重点监管，坚持以制度管人，按程序办事，确保干部干成事、不出事。围绕"创一流业绩，展财税风采"的思路，以"优质服务、优良秩序、优美环境和做人民满意公务员"为切入点，开展省级文明单位创建活动。

(绍兴县财政局供稿　祝建良执笔)

诸暨市

【概况】2008年，诸暨市实现生产总值495.89亿元，比上年增长9.5%。其中：第一产业增加值30.21亿元，增长3.9%；第二产业增加值304.29亿元，增长9.9%；第三产业增加值161.39亿元，增长10.0%。人均生产总值46689元，增长9.2%。全市财政总收入50.33亿元，增长15.6%，其中地方财政收入26.52亿元，增长16.6%；全市财政支出27.84亿元，增长34.8%。全年实现财政收支平衡。

【组织收入】抓税源管理强基础。完善重点税源监控体系，确定重点税源监控企业691户，比上年增长58户；与工商、国税等部门建立信息采集和比对平台，健全纳税人"一户式"管理档案；对93个行业推行参数定额法。抓税种管理优结构。超额完成年所得12万元以上纳税人自行纳税申报任务，全市申报人数4930人，补税554万元；加强跨地区经营汇总纳税企业所得税征管，调整统一行业企业所得税应税所得率；对建筑业房地产行业实施项目软件管理；对娱乐业按包厢最低消费金额和上座率实行最低营业额预警管理；委托车管所和保险公司代扣代缴车船使用税，加强城镇土地使用税信息比对分析，强化土地增值税清算管理。全年地方小税种入库5.76亿元，增长28.7%，纯地方税收占税收收入的比重55.5%。抓非税管理增财力。全面实施社会保险费"五费合征"，运用"TF2006"对缴费企业财务数据和自行申报缴费基数比对分析，全年共入库各项规费收入10.82亿元，增长15.0%，其中各项社保基金共入库8.96亿元，增长25.6%。拓展非税收入征管领域，规范土地出让金收缴行为，引进"天博土地出让金收支管理系统"，提升非税收入征管水平，全年共征收耕契两税2.37亿元。

【支持经济发展】完善财政支农惠农保障机制，落实支持现代农业产业体系、农业科技创新和农业龙头企业等各项政策，强化对新农村建设项目及资金管理。全年预算内财政支农支出2.11亿元，增长46.5%。支持工业转型升级，市本级共兑付工业企业各类奖励、扶持和贴息资金8197万元，增长74.8%，兑现企业上市扶持资金3198万元；向中央、省争取财政补助项目45个，涉及企业183家，共争取奖励补助贴息资金6035万元。支持现代服务业发展，安排服务业发展专项资金1000万元，扶持发展餐饮、娱乐、信息等服务业，重点支持工业企业实行主辅分离，共从工业企业中分离出辅业78家。全市第三产业地税收入实现9.42亿元，增长9.8%。支持提高企业自主创新能力、重大技术攻关和科技平台建设，全年安排科技支出1.25亿元，减免税2.51亿元。

【应对金融危机】加快政策性税费减免和缓缴税款审批速度；对涉及企业的有关行政事业性收费项目，经批准实行"减、免、停、缓"政策，全年减免缓金额2.15亿元；及时落实临时性下浮社会保险费缴费比例政策，经调查测算后降低部分社保费负担率。加大融资力度，缓解企业企业资金困难。建立"保稳促调"专项资金5000万元；落实企业融资租赁项目15个，到位融资租赁资金3.86亿元。设立中小企业专项贷款扶持资金，增加1亿元中小企业专项信用贷款配套资金；追加500万元资金充实企业家协会应急互助基金。

【统筹社会发展】支持城乡统筹发展，基本建设资金安排优先保证民生项目、重大基础设施、节能减排和循环经济的在建、续建项目，从严控制楼堂馆所建设项目，拨付基本建设专项资金2.66亿元；投资5000万元建设经济适用房，重点解决低收入群体的住房保障问题。支持社会保障体系建设，完善社保基金征缴管理体制，提高基金支付能力，共拨付各类社会保障资金7.99亿元。落实对口支援汶川地震恢复重建专项资金2175万元，并实行专户储存。重视教育文体事业发展，拓宽教育经费筹措渠道，健全教育投入保障机制，全面实施城乡义务教育免费教科书制度。完善扶持公益性文化事业，加快推进农村文化阵地建设，共拨付文化体育与传媒专项资金4785万元。加强公共卫生事业加强投入，全年安排医疗卫生支出1.99亿元，增长53.2%。教育、卫生、社会保障、农林水事务四项支出占总支出的46.8%。

【深化财政改革】深化部门预算改革，调整定员定额预算标准，规范部门预算编制程序，完善部门预算编制内容，把政府性基金全部纳入部门预算。落实公务员津补贴改革，建立公务员津贴补贴发放、监督的制约机制，统一实行财政统发工资应用软件管理，津补贴通过银行一张卡发放。推进国库集中支付改革，把15家单位纳入集中支付改革范围，做好新版资金申拨软件应用和非税收入纳入金财工程软件核算的准备工作。规范政府采购，围绕"扩面增量"目标，加强分散采购管理，扩大政府采购范围，将建设工程纳入政府采购监管范围，全市政府采购规模4.86亿元，节约资金3564万元。整合"金财工程"软件，制订财政一体化软件应用平台实施方案，提升财税信息文化水平。

【强化财政监管】强化国提升财税信息化水平，有资产监管和会计基础管理。完成菲达集团辅业资产改制，关注国有投资公司运营，引导企业消债减负。加强会计从业资格管理，开展会计人员继续教育和会计网络建设。加强财政支出绩效评价和财政监督检查，对103个财政专项支出项目开展绩效评价，涉及资金6.67亿元，其中财政组织评价14个，对医疗救助专项资金、环境监测自动化等项目开展绩效评价；加强对政府性资金使用监管，组织开展对收支两条线、社保资金、土地出让金等专项检查，共检查单位83家，查处违规金额797万元。强化基本建设财务管理，做好政府性投资建设项目概(预)算审核工作，控制政府性投资项目建设规模，共审核工程概、预算项目资金24.92亿元，净核减资金2.79亿元，净核减率为11.2%。推进财税法制建设，深化行政执法责任制，制定税收执法责任制实施方案；落实财税"五五"普法工作，组织开展"法律六进"活动。

【加强队伍建设】加强党风廉政建设，组织干部赴杭州南郊监狱现场警示教育、上廉政党课、节前短信提示、集体廉政谈话，对干部进行多方位的廉政教育；组织开展执法监察，构建预防腐败的长效机制。创建学习型组织，坚持每周一的政治理论学习制度，开展党的十七大精神专题学习和"树新形象、创新业绩"主题实践活动；创新培训方式，组织近60名业务骨干赴扬州税院培训；出台对考取中级以上专业技术职称给予奖励的政策。规范内部各项管理。对系统编外临时用工进行梳理。

(诸暨市财政局供稿 斯　巍执笔)

上虞市

【概况】2008年，上虞市实现生产总值348.34亿元，比上年增长8.6%。其中：第一产业增加值24.35亿元，增长3.2%；第二产业增加值212.36亿元，增长8.5%(其中工业增加值186.28亿元，增长9.3%)；第三产业增加值111.63亿元，增长10.2%。第一、第二和第三产业增加值占地区生产总值的比重分别为7%、61%和32.1%。全市财政总收入39.81亿元，增长20.5%，其中地方财政收入20.23亿元，增长21.1%；全市财政支出21.22亿元，增长25.6%。当年财政收支平衡，并实现净结余7251万元。

【组织财政收入】当年，地方财政收入占财政总收入的比重为50.8%，比上年同期提高0.23个百分点。夯实税收征管基础，强化税收分析预测，加强区域经济税源分析，动态把握收入走势，开展税收筹划，规范"五位一体"税源管理机制，实施社保费"五费合征"，完善行业税负预警机制，深化执法责任制，推进责任自查。加强非税收入管理，拓展非税收入征管范围，强化票据管理，建立台账登记责任制，开发应用土地出让管理软件，实施对土地出让收入全价款管理，壮大政府财力。强化契、耕"两税"征管，贯彻落实耕占税新政，分析梳理经营性土地契税欠缴情况，确保应收尽收。

【落实保稳促调】发挥财税职能作用，落实处置金融机构突发事件应急预案，建立转贷应急专项资金，确保重点企业金融生态链顺畅；建立5000万元创业投资引导基金，成立全市首家创投公司，鼓励企业风险投资和资本经营；出台鼓励企业收购嫁接、兼并重组、股权转让、资产流动、企业上市的扶持政策，支持企业抓住机遇做大做强；落实企业所得税、地方小税种、抗震救灾等税收法定优惠政策，重点调低核定应税所得率、落实高新

去部分企业担任财务总监，加大会计财务监督检查力度，促进会计行为的规范和会计信息质量的提高。加强内外部执法监督，推行政务信息公开，开辟网上受理和查阅通道，累计主动公开政务信息117条，电子化全文公开率100%。

【队伍建设】开展学习型机关建设，落实“五个一制度”，即：一周一次定期学习、一季一次专题讲座、一年一次调查研究、一年一次业务考试、一年一次评比能手。组织丰富多彩的文体活动。发挥党、工、妇、团的作用，开展登山、钓鱼、乒乓球、太极拳及迎奥运比赛等活动，寓教于乐，陶冶情操，增强凝聚力。深化机关效能建设，坚持首问责任制、服务承诺制、限时办结制、AB岗工作制、失职追究制等制度，强化服务意识。加强党风廉政建设，组织干部观看廉政教育片、去法院旁听案件庭审、到看守所听服刑人员现身说法，进行警世教育；在中层干部中开展诺廉评廉工作，局党委与下属各单位负责人签订党风廉政建设责任状，明确责任，层层抓落实。抓文明创建工作，局机关在全市经济发展软环境指数评议中，名列57个涉企部门第6名，在市委市政府的部门年度综合考评中荣获总分第二名。

（嵊州市财政局供稿　黄小明执笔）

新昌县

【概况】2008年，新昌县实现生产总值171.44亿元，增长8.5%。其中第一产业增加值12.12亿元，增长3.6%；第二产业增加值92.43亿元，增长9%；第三产业增加值61.12亿元，增长10.1%。人均生产总值39361元，增长12.4%。全县财政总收入20.30亿元，增长18.9%，其中地方财政收入9.35亿元，增长22.6%；全县财政支出10.22亿元，增长13.7%。全年实现财政收支平衡。

【依法组织收入】强化税收征管。健全数据采集—税源监控—税收分析—纳税评估—税务稽查“五位一体”互动机制；制定建筑业税收管理办法，加强建筑业税收征收管理；制定参数定税办法，完善个体定额户税收征管；健全重点税源管理网络，加强重点税源监控，按季开展重点税源监控分析。整顿和规范税收秩序。开展房地产业、烟草业、房产税和土地使用税、印花税等专项检查，加大各类举报案件和大要案的查处力度，全年检查纳税户377户，查补税款386万元。优化地方税收结构。落实车船税条例，将车船税委托保险公司在缴纳“交强险”环节代收代缴；贯彻城镇土地使用税暂行条例，重新划分土地等级，提高城镇土地使用税的单位税额；制定土地增值税预征清算管理办法，规范土地增值税的预征清算工作；扩大印花税预征范围，提高部分行业预征印花税应税合同占比。全年入库地方税收3.83亿元，增长37.9%，增收1.05亿元，地方税收比例提高到49.7%。全面推行社会保险费“五费合征”。落实缴费登记、自行申报等办法，实现税费“软件统一、数据共享”，入库社会保险费5.24亿元，增长55.2%。加强部门协作，完成契税征收软件升级工作，实施房地产税收管理一体化，入库耕地占用税1272万元、契税3806万元。

【支持经济发展】发挥财政资金导向作用，落实促进经济发展政策，支持企业做大做强、技术创新、名牌培育、信息化建设，推进循环经济、发展外向型经济，兑现各类奖励和补贴3742万元。注重财税调节经济作用，采取产业扶持、财政贴息等措施，支持工业企业分离各类服务业，促进产业结构优化；扶持高新技术企业建设自主创新体系。争取资金扶持企业发展，组织上报各类项目，做好服务和审核工作，全年争取各级补助资金1.28亿元。开展融资工作，帮助县投资发展公司等12家政府性投资公司新增融资4.53亿元，确保重点工程建设。启动省中小企业成长贷款建设融资平台，扩大成长型、科技型中小企业贷款和信用担保规模。落实税收优惠政策，审核企业技术开发费税前加计扣除、财产损失税前扣除5969万元，审批技改企业国产设备投资抵免所得税、农业龙头企业减免企业所得税4135万元。贯彻暂停征收、减免或缓征行政事业性收费政策，对2705家企业减征社会保险费2375万元，为33家困难企业减免地方各税127万元，减轻企业负担。

【保障民生支出】按照控、压、保原则，运用“增量优方向，存量调结构，增量调存量”方法，优化财政支出结构。全年财政支出中民生支出7.22亿元，占全部支出的70.6%，新增财力的86.5%用于民生事业。其中：教育、科技、社会保障和就业、医疗卫生等支出分别增长18.8%、45.4%、47.7%、35.8%。强化义务教育保障责任。全面实施义务教育免费教科书制度，提高中小学生公用经费保障水平。设立校舍维修改造、义务教育债务化解专项资金，继续实施农村中小学教育“四项工程”和职业教育“六项行动计划”。加大文化卫生投入。安排资金1000万元专项用于农村十大文化卫生项目建设，实施农村社区医疗卫生服务机构综合改革试点。提高新型农村合作医疗补助标准，实施城镇居民和未成年人医疗保障制度，完善城乡贫困家庭医疗救助制度。支持社会保障体系建设。出台城乡居民社会养老保险办法和城乡老年居民生活补贴办法，实现社会养老保险全覆盖。完善促进就业再就业政策，做好城乡低保工作，农村低保提高到每人每月210元，城镇低保提高到每人每月300元。落实150万元专项资金支持农村困难群众危旧房改造，全面推进政策性农村住房保险工作。支持新农村建设。调整财政资金投向，安排资金4820万元，用于新农村重大项目建设，使基础设施建设向农村延伸。安排1200万元专项扶贫资金，用于欠发达乡村和低收入农户奔小康工程，扩大公共财政覆盖农村的范围。加大农业综合开发和土地整理力度，实施清水河道、水库除险加固等水利建设工程，足额拨付农资综合直补款639万元，农业产业化资金2343万元。加大环境保护和生态建设投入。落实环境保护资金1462万元，开展环境污染专项整治，落实城乡垃圾集中处理财政补贴，完善公益林保护和补偿机制，加强饮用水水源保护，推动“生态立县”建设。

【深化财政改革】深化部门预算改革，实施综合预算，统筹安排预算内外资金，提高部门预算编制的准确性、完整性和合理性。扩大国库集中支付范围，简化环节，加快收入缴库进程，严格支付方式，规范支付流程，增强国库资金调控力度。加强非税收入管理，规范财政票据，强化监督检查，建立“征收、安排、使用”三分离的征管机制，提高统筹能力。推进绩效评价，加强财政资金安排、审批、拨付等环节的监督检查，健全资金使用全过程的跟踪问效机制，完成土地开发整理专项资金和“千库保安工程”资金的绩效评价。提高信息化水平，投资70万元实施内外网隔离改造，完善现有网络。加快“金财工程”建设，利用财政动态分析系统，开展数据比对工作。办好新昌财税网站，发布工作动态，宣传财政法规，公开办事指南，提高工作透明度。

【强化财政监督】加快财税法制建设，实施案件初查报告制度，出台案件违法线索报告制度，推进依法行政、依法理财、依法治税工作。加强国有资产管理，完善国有资产处置审批制度，完善管理措施，盘活存量国有资产，提升管理水平。完善会计集中核算，严肃财经纪律，制订差旅费开支标准、学历教育奖励标准，规范津补贴集中发放工作。规范采购资金管理，减少划拨环节，强化政府采购资金的全程监管。加强投资项目监督，强化政府投资项目立项、变更管理，严控投资规模。加强财政性借款和财政担保管理，控制债务规模，优化债务结构，防范财政风险。加强会计队伍管理，对84家单位会计从业人员持证上岗情况进行检查，提高会计核算质量，加强会计代理记账机构管理，规范代理记账行为。

【完善财政体制】实施分类管理，按照经济发展水平和财政收支规模，将全县16个乡镇(街道)分为四类，实行有区别的财政体制。改变基数核定方法，以2007年收入实绩减必要扣除，按15%的增长比例作为2008年收入基数。提高分成比例，中心镇财政收入超基数部分和城建税按80%返还，其他乡镇财政收入超基数部分和城建税按分别按50%、70%返还。在保财政收支平衡，保收入任务完成，保“预算内外统管，审批一支笔”的前提下，实行与奖励挂钩，县财政安排专项资金用于乡镇补助和考核奖励。

【加强队伍建设】财税文化建设。树立“依法治税、为民理财、务实创新、廉洁高效”财税文化核心价值观，发扬“实、稳、优”的财税文化。注重青年干部培养，召开座谈会，开展团队培训；组建游泳、登山、羽毛球、乒乓球等业余健身队，利用业余时间开展健身活动；举办中层干部读书会，培养中层干部勤奋学习、善于思考的自觉性；举办“我为财税添光彩”征文、演讲比赛，引导干部热爱财税事业，热爱本职工作。学习型组织建设。坚持周一学习制度，开展党风廉政建设、行风建设、警示教育等专题教育。动员干部参加网络学习，形成终身学习、全员学习、全过程学习的浓厚氛围，完成干部教育培训学分制考核。鼓励干部参加学历教育，全局干部大专以上学历达到97%以上，高级会计师职称31人。党风廉政建设。履行领导干部“一岗双职”的规定，层层签订党风廉政建设责任书，推行领导干部廉政承诺公示制和述廉评廉制，建立中层干部廉政档案。坚持民主集中制，对人事管理、重大资产处置、大额资金使用等重大事项实行集体决策制度。行风效能建设。创新服务方式，优化服务手段，拓宽服务领域，开展送税收政策进企业、送扶持政策进机关、送税收知识进学校、送知识培训给财会人员、送关怀给低收入农户等“送服务到基层”系列活动。创建文明单位。落实创建工作责任制，人人参与创建活动；开展机关开放日活动，邀请行风监督员、纳税人代表、新闻媒体等社会各界人士，走进机关开展互动交流；开展满意度问卷调查，集中解决群众所反映的热点、难点问题。执行“一月一通报、两月一督查”制度，强化规章制度、工作目标落实情况的监督检查，提高工作效率和服务质量。

(新昌县财政局供稿　梁晓富执笔)

金华市财政工作概况

金华市

【概况】2008年，金华市实现生产总值1681.85亿元，比上年增长10.6%。其中：第一产业增加值89.61亿元，增长5.2%；第二产业增加值903.07亿元，增长10.0%；第三产业增加值689.17亿元，增长12.1%。一、二、三产业增加值占生产总值的比重为5.3:53.7:41.0。人均生产总值36538元，增长10.1%。全市完成全社会固定资产投资586.93亿元，增长8.6%。实现社会消费品零售总额675.66亿元，增长20.0%。完成进出口总额95.48亿美元，增长19.9%，其中：出口总额89.69亿美元，增长18.9%；进口总额5.79亿美元，增长39.3%。市区城镇居民人均可支配收入21408元，增长7.8%；全市农村居民人均纯收入8264元，增长12.5%。全市财政总收入218.94亿元，增长16.8%，其中地方财政收入119.70亿元，增长17.4%；市区财政总收入47.24亿元，增长17.9%，其中地方财政收入28.22亿元，增长18.2%。全市一般预算支出137.58亿元，增长18.4%；市区一般预算支出35.69亿元，增长18.4%。市本级及各县(市、区)当年财政收支平衡。

【财政总收入首超两百亿元】全市各级财税部门以实施"双百亿上台阶"工程为载体，围绕"均衡入库、持续增长、优化结构、调控有力"的四位一体目标，加强收入征管。全年财政总收入首次跃上两百亿元台阶，提前一年完成财政收入双百亿上台阶工程。全市地税部门组织各项收入141.52亿元，增长14.8%。落实土地使用税、房产税等小税种征收新政策，全市地方小税种入库21.63亿元，增长38.5%。加强房地产营业税征管，调整旅游业、保险公司营销员代扣代缴营业税等政策，全市营业税增长8.2%。全市营业税和地方小税种占地税税收收入的比重为59.6%。全市所有县市完成"五费合征"推广工作，全市社会保险费收入40.46亿元，增长13.4%。加强政府性资源收益管理，强化非税收入征管，全市非税收入完成10.98亿元，增长26.7%，财力结构持续优化。全市地方财政收入占财政总收入的比重为54.67%，比上年提高0.26个百分点，市区比重为59.74%，提高0.08个百分点。

【支持经济增长】调整财税扶持政策，促进经济平稳增长。年初以转型升级为重点，出台支持汽车摩托车产业发展、自主创新、外贸、节能减排等措施；年中受世界经济下滑影响，以缓解企业资金困难为重点，加大小企业贷款力度，设立1000万元保函专项资金和1亿元企业应急互助资金帮扶企业。在第四季度以保增长、促转型为目的，出台服务业发展新政、支持浙中购物中心建设、设立技术创新资金、支持总部经济发展、企业分离发展服务业、继续加大重点优势工业企业支持力度等一系列政策。当年市本级兑现各项财政补助贴息资金3.12亿元，减免税费和落实优惠政策1.91亿元。各县(市、区)落实临时性下浮社会保险费率、税费减免、停征取消行政事业性收费等政策，优化财税扶持政策，推进工业企业主辅分离，支持服务业发展。

【财政支出向民生倾斜】全市各级财政部门继续通过增量优方向、存量调结构、增量调存量的方式，优化财政支出结构，加大对社会事业发展投入。全年民生和社会事业支出98.03亿元，占总支出的71.3%，比上年增加了1个百分点，新增民生支出占新增财力的78.9%。全市教育、医疗、社会保障、环境保护、文化等项目支出分别增长20.2%、33.2%、26.3%、60.9%、105.3%，均高于财政支出增幅。优先支持教育事业，全市教育支出35.76亿元。全面建立义务教育经费保障机制，全部免除城乡义务教育阶段学生课本费、作业本费，小学、初中公用经费标准提高到300元和450元，落实困难学生资助、高校食堂和学生补助政策。支持医疗卫生事业发展，全市医疗卫生支出8.93亿元。加大社会保障投入，全市社会保障和就业支出8.10亿元。新型农村合作医疗人均筹资水平达122元。市区实施城镇居民医疗保障制度，实现医疗保障全覆盖。加大"三农"投入，全市农林水事务支出13.43亿元。加快文化大市建设，全市文化体育与传媒支出4.89亿元，全力保障市博物馆、文化艺术中心等重点项目建设，做好婺剧历史文化名城的传承和保护等工作。按地方财政收入1%筹措落实援建资金，支持四川青川灾区抗震救灾和灾后重建。

【深化财政管理改革】全市各级财税部门落实新一轮财政体制，以推进国库集中支付改革为突破口，预算编制、国库支付、绩效评价三位一体的预算管理制度改革持续深化。市本级全部254家全额拨款行政事业单位纳入国库集中核算体系，实现国库集中支付全覆盖。推进绩效评价工作，全年共安排265个项目开展绩效自评工作，义乌市财政局对建设局等四个部门实行整体运转支出绩效考评，并将考评结果作为次年预算安排的重要依据。加强政府投资项目财务监督，完成财政审核审价项目1611个，核减造价5.94亿元，核减率7.04%。继续规范政府采购工作，全市政府采购金额24.82亿元，节资率14.6%。完成规范公务员津补贴工作。规范政府性债务管理，加强项目前期管理，控制新增债务，优化政府负债结构，缓解财政短期资金流动性风险。通过预算内安排、财政资金理财收入等渠道，继续扩大政府偿债准备金规模，增强政府抗风险能力。

【加强队伍建设】以作风建设为抓手，围绕"快、公、优"，实行"一办到底"首办责任制、结果反馈制，建立工作效率通报制，实行税收执法过错责任追究实施办法，贯彻落实全省财税系统反腐倡廉工作会议精神,加强惩治和预防腐败体系建设。积极营造财税文化建设氛围,着力通过思想教育、工作实践、营造氛围、榜样引领、制度保障,推动干部职工自觉实践财税文化核心价值观和财税精神。开展摄影协会、书画协会、体育协会等活动,举办联欢晚会、运动会等大型活动,丰富干部职工业余文化生活,引导干部修身养性,增强干部队伍的执行力和向心力。从10月份开始,市本级开展以"深化财税改革,推进转型升级;坚持科学发展,加快浙中崛起"为载体的学习实践科学发展观活动,推进科学发展观在财税领域的实践。

(金华市财政局供稿　陈志坚执笔)

金华市婺城区

【概况】2008年,婺城区实现生产总值92.1亿元,比上年增长10.8%。其中:第一产业增加值11.6亿元,增长5.4%;第二产业增加值46.0亿元,增长8.9%;第三产业增加值34.5亿元,增长13.1%。全区财政总收入13.73亿元,增长18.2%,其中地方财政收入3.43亿元,增长24.1%;全区财政支出7.69亿元,增长20.2%。全年财政收支平衡。

【扶持工业经济发展】发挥财政职能作用,运用政策、资金等手段,加强对重点行业、重点企业和重点项目的扶持,促进财源建设。落实"工业立区"战略,支持外贸自营出口企业发展,补助资金493万元;落实资金860万元;鼓励企业加快技术改造,安排资金168万元,鼓励企业产品科技创新,企业获国家、省、市级科技创新项目59个、区级科技创新项目33个;帮助企业解决到期贷款置换资金4850万元,推荐中小企业专项贷款4600万元,缓解企业融资难题,支持企业发展。综合利用区域资源,盘活资产,做好投融资管理,发挥区国资公司投融资功能,融资3100万元。利用财政间歇资金,帮助园区置换银行到期贷款等,支持工业园区建设。

【组织收入】开展税源调查,加强对重点行业和重点税源的监控,掌握与分析税源变动情况;加强与国税地税部门的协调与沟通,掌握有关税收政策和信息,分析经济动态和税源变化情况,有效促使财政收入均衡入库;发挥乡镇(街道)作用,完善服务措施,层层落实责任,做好协税护税工作。

【加大支农投入】全年预算内安排支农专项资金3200万元,支持农田水利设施建设、动植物检疫、生态公益林建设等;预算外统筹安排4855万元,支持村庄整治、农村饮用水改造、农村污水治理、农村路网等建设。全年争取省市专项资金1.01亿元,扶持粮食生产、蔬菜基地、畜禽养殖等农业特色产业的发展。投入资金3182万元,实施土地整理和造地改田项目,改善农业生产条件。全面推行水稻、奶牛、能繁母猪、油菜等政策性农业保险,增强农业应对自然灾害的能力。实施农村素质培训工程,完成农村劳动力培训1.5万人,转移劳动力5200多人等,促进农业增效、农民增收。

【保障民生支出】落实各项政策性补贴,支持新农村建设,全年拨付粮食直补、农资综合补贴、水稻良种补贴、种粮大户补贴、生态公益林补偿等各项补贴资金3740万元。落实农村计划生育家庭奖励扶助政策资金58万元。加大教育投入,增强义务教育经费保障能力。全年教育事业费支出1.96亿元,增长15.1%。化解学校债务3420万元,实施农村义务教育"爱心营养餐"、"资助家庭贫困学生"和"教师培训"工程等。加大卫生投入,区级财政医疗卫生事业费支出4699万元,增长39.1%。完成18个乡镇卫生服务中心和232个村级社区卫生服务站标准化建设;提高农村新型合作医疗补贴标准至人均102元,农村新型合作医疗参合率94.4%;全面推行城镇居民基本医疗保险制度,参加城镇居民医疗保险人数5.4万人。增加文化体育投入,支持文化体育事业发展,创建市级文化普及村、区级文化示范村(社区)100个,新增小康体育村70个。加大社会保障和就业资金安排力度,全年财政社会保障和就业资金支出3601万元,增长15.4%。落实维稳等经费,加强社会治安综合治理,推进"平安婺城"建设。

【深化改革完善机制】深化预算管理改革,完善部门预算管理。按照乡镇预算管理权、财政资金所有权和使用权以及财务审批权不变的原则,完善乡财区管财政管理方式。推进国库集中支付改革,强化收支两条线管理,有效防止单位挤占、挪用和截留财政资金。加强政府债务管理,加强国有资产管理,完成行政事业单位资产清查工作。制定一系列管理办法,加强行政事业单位国有资产管理。制定清理化解义务教育债务工作实施方案,做好化解义务教育债务方案和控制新债工作。扩大政府采购规模和范围,全年政府采购资金2258万元,资金节约率10%。推行部门预算编制系统、国库集中支付系统,以信息技术手段规范理财行为。

【强化财政监督】执行区人代会通过的财政收支预算,严格审批程序,严格按预算指标拨款;注重人大代表、政协委员建议、意见的办理,主动接受人大监督。注重财政法制建设,宣传贯彻各项财税法规政策。强化专项资金管理和绩效评价工作,完善专项资金管理办法,制定加强中小学校舍维修改造专项资金管理办法。对农民饮用水工程建设、乌引续建配套、奶牛养殖小区、规模养殖场等专项资金开展检查。制定财政支出绩效评价实施办法、财政支出绩效评价指标体系,建立绩效评价专家库,对千万农村劳动力素质培训项目、农村公共卫生服务项目,农村公路养护、文化建设、特色优势农产品基地、千万亩十亿方节水工程等项目进行绩效评价。加强政府性投资基建项目的管理,政府债务实行定期编报汇总,动态掌握政府债务的情况。发挥会计核算中心作用,严把支出审核关;重视财务人员业务培训,强化财会人员业务素质。加强行政事业单位银行账户管理;组织开展会计信息质量检查,提高会计基础工作水平。

【提高队伍素质】加强学习教育,提高素质。制定学习计划,加强干部教育培训,开展政治、业务、法律等知识学习,提高服务水平和依法理财水平;组织开展丰富多彩的文化体育活动,推进财政文化建设;加强党风廉政建设,坚持教育、制度、监督并重的惩防体系构建,签订党风廉政建设目标管理责任书,开展警示教育，以案明纪，教育干部职工自律自省，警钟长鸣，引导干部职工树立正确的权力观、地位观和价值观。开展“树新形象，创新业绩”活动，转变干部作风，推进机关效能建设。

（金华市婺城区财政局供稿　胡京宏 潘志升执笔）

金华市金东区

【概况】2008年，金东区实现生产总值74.48亿元，比上年增长10.4%，其中：第一产业增加值8.36亿元，增长1.1%；第二产业增加值43.68亿元，增长10.4%；第三产业增加值22.44亿元，增长14.1%。第一、二、三产业比重为11.2:58.6:30.2。全区财政总收入6.12亿元，增长15.5%，其中地方财政收入2.32亿元，增长22.5%；全区财政一般预算支出5.75亿元，增长28%。全年财政实现收支平衡。

【促进经济结构调整】支持服务业发展，把加快发展服务业作为转变经济发展方式、促进地方财政收入增长的重要举措，加大对服务业的扶持力度，预算安排商贸流通业发展专项资金260万元，增长73%；探索加快服务业发展的新思路和新方法，会同有关部门起草加快服务业发展的若干政策意见。支持工业企业转型升级，修订完善工业经济扶持政策，财政扶持重点向优势产业和优势企业倾斜，引导企业加大技改投入力度，全年落实工业经济考核及技改专项资金768万元，带动企业新建技改项目投入10.3亿元。加大财政科技投入，全年科技支出1223万元，增长48%，重点扶持治理环境污染、节能减排，提高企业产品档次，鼓励企业创名牌等。

【加大民生支出】优化财政支出结构，重点向“三农”和民生领域倾斜，促进社会统筹发展，全区农林水、教育、社会保障和就业、卫生医疗等支出分别增长29.2%、28.5%、51.5%、47.3%，均高于财政一般预算支出增幅。严格控制政府行政成本，缩减行政事业单位公用经费预算5%，用于支持四川地震灾区恢复重建。加大新农村建设投入力度，支持“整区整治”工程实施，全年投入支农资金5700万元，改善100多个村庄的村容村貌、环境卫生、饮水安全、乡村道路等。村庄整治工作得到省市领导肯定。加大农村义务教育经费保障力度，提高中小学生均公用经费标准（小学512元／生，初中729元／生）；全部免除义务教育阶段学生课本费、作业本费。落实农村教师任教津贴政策。化解义务教育阶段学校负债3672万元。加大农村公共卫生事业投入，完善新型农村合作医疗制度，保持个人自缴30元不变，区财政补助标准提高30%，人均筹资额102元。全面开展农民健康体检工程，保障传染病防控经费，提高乡镇卫生院经费保障水平。加大社会保障投入，先后三次足额发放困难群众物价补贴，保障抚恤事业、残疾人事业、最低生活保障、五保集中供养、退伍军人安置等各项政策性增支。

【科学调度筹集资金】调度临时资金支持金东经济开发区和新城区到期贷款转贷3.47亿元。通过向市财政调度和自筹等方式筹集垫付项目资金累计3.61亿元，推进重点项目建设进程。争取项目贷款资金，加强与金融部门沟通联系，成功与国开行签约金东大道、曹塘澧3.45亿元项目贷款，并会同区农办积极向农行争取新农村建设项目贷款。向上级争取资金，获市农业综合开发补助资金1226万元，省、市教育负债消减补助指标2100万元。支持和鼓励部门单位向上争取资金，19个部门获上级财政补助资金1.77亿元。

【推进财政改革】采用全口径方式编制政府收支预算，打破预算内外资金界限，将预算内收支、政府性基金收支（含土地出让金收支）、行政事业性收支、国有资产有偿使用收支、各类专项资金收支和罚没款收支等所有政府性资金全部纳入预算管理，将区财政所有收入和支出全盘提交人代会审议，并向社会公开，提高预算编制的完整性、科学性、公开性。“乡财乡用区管”全面铺开，依托信息网络系统和核算管理软件，将所有乡镇（街道）财政财务统一纳入区财政监管平台，规范乡镇财政收支行为。实施国库集中支付制度，组建支付中心、预算单位、财政职能科室三者之间信息共享的网络平台，全面启用财政集中支付软件，69家独立核算的区机关部门、单位纳入财政集中支付范围，实现财政资金支付网络化管理。

【强化财政监管】开展绩效评价工作，举办全区绩效评价业务培训班，开展绩效评价宣传月和绩效评价知识竞赛活动；扩大绩效评价范围，采取项目单位自评、主管部门评价和财政、监察部门重点评价相结合的方法，组织主管部门完成40个项目的绩效自评，选择千万农村劳动力素质培训等4个民生项目实施重点绩效评价。加强政府投资项目监管，探索政府投资项目管理新模式，审核政府投资项目预算，全年审核政府投资项目36个，核减不合理造价4100万元，核减率16.4%。加强政府性债务管理，加强日常债务余额监控和分析，开展全区政府债务专项调查摸底，将债务情况、形成原因、面临问题及对策建议向区委区政府汇报，区委常委会专题对债务管理作出研究部署。加强国有资产管理，建立全区公有房产数据库，出台公务用车配备管理规定；加快闲置资产处置和资金回笼，对公安分局等7家单位待处置房产进行土地性质变更，全年回笼资产处置资金1072万元。加强会计管理工作，提高会计继续教育培训质量；开展会计信息质量检查，规范会计秩序。强化政府采购监管，开展行政事业单位政府采购执行情况专项检查，规范政府采购行为，全年完成采购180笔（批）次，实际采购金额为1056万元，资金节约率为7%。

【提高干部综合素质】组织学习党的十七大、省第十二次党代会精神，开展“树新形象、创新业绩”主题实践活动，局领导深入联系村开展蹲点调研。深化作风建设活动，修订完善公车使用等内部管理制度，建立乡镇财政联络员制度，新设立行政许可科。提升干部业务能力，举办全区乡镇财政业务知识培训班，局机关干部职工参加各类业务培训人均1次以上。加强廉政建设，通报剖析系统内外违纪违法案件，从正反两方面增强干部职工廉洁从政意识。举办“迎奥运、促发展”火炬接力赛，组队参加市财税国资系统运动会，丰富干部业余生活。开展争先创优活动，区财政国库支付中心获市级“青年文明号”和“工人先锋号”荣誉称号，区乡镇财政监管中心被区纪委授予“群众满意基层站所”称号，局机关获得岗位目标责任制、计划生育和社会治安综合治理三项先进。

（金华市金东区财政局供稿　洪　俊执笔）

兰溪市

【概况】2008年,兰溪市实现生产总值142.60亿元,比上年增长10.5%。其中,第一产业增加值14.02亿元,增长5.8%;第二产业增加值89.80亿元,增长11.2%;第三产业增加值38.78亿元,增长10.3%。人均生产总值21685元,增长12.3%。全市财政总收入16.02亿元,增长15.8%,其中地方财政收入8.12亿元,增长17.4%;全市财政支出8.69亿元,增长10.8%。当年实现财政收支平衡,并消化历年赤字156万元。

【支持经济转型升级】做好减轻企业负担工作,落实企业社会保险费缴纳比例临时性下浮政策,减征社保费企业缴费部分1个月;对亩均税收贡献大的企业缴纳的城镇土地使用税实行财政奖励政策,征期由过去每年一次性缴纳改为分期缴纳。落实各项法定税收优惠政策,全年为企业报批减免各类税费1.45亿元,办理出口退税2.28亿元。落实各项工业扶持政策,整合财政扶持资金,重点引导企业做优做强、技术创新及节能降耗等,市财政全年兑现各类工业奖励补助1.04亿元。加大经济开发区及乡镇园区建设的支持力度,全年共投入财政资金2.30亿元。推进工业企业分离发展服务业,帮助较大型企业进行全面调查分析,挖掘较大的服务性经营项目。支持农业发展,加大现代农业及农村基础设施建设投入,全年用于“三农”的财政性资金6.36亿元,增长13.0%。

【组织收入】当年地方财政收入占财政总收入的比重为50.4%,比上年提高0.4个百分点。加强企业所得税征收管理,贯彻实施新企业所得税法。抓好年所得12万元以上个人所得税自行申报纳税工作,推进个人所得税全员申报管理。依法提高城镇土地使用税征收标准,加强政策宣传和纳税辅导,全年共入库城镇土地使用税4895万元,比上年增长3.3倍。调整个体“双定”税收征管方式,个体税收管理更加公平、透明。推进和完善社会保险费“五费合征”,开展社会保险费结算清缴,社会保险费收入实现较快增长,全市在执行省政府临时性下浮企业社保费缴纳比例政策的基础上,共征缴入库社保“五费”收入3.56亿元,增长18.3%,其中养老保险基金收入2.39亿元,增长18.1%。

【推进基本公共服务均等化】当年地方财政支出比上年增加8480万元,其中用于民生6715万元,占新增支出的79.2%。全面实施义务教育阶段免费教科书政策,落实农村教师任教津贴制度,提高高中、职高教师工资财政补助比例,市财政预算内安排教育支出2.85亿元,增长11.2%。完善社会保障体系,建立统一的城乡居民医疗保险制度,将新型农村合作医疗保险和城镇居民医疗保险“并轨”运行,推进医疗保险“全覆盖”;健全社会救助体系和最低生活保障制度,提高最低生活保障标准,加大城乡医疗救助、军人优待抚恤等支出,保障困难群众基本生活资金需要,维护社会和谐稳定。全年安排社会保障支出5.23亿元,增长42.8%。支持城乡社区公共卫生服务发展,加快社区卫生院标准化建设,提高新型农村合作医疗财政补助标准,全年医疗卫生支出7251万元,增长27.4%。加大保障性住房建设投入,加快城镇廉租住房建设,继续实施农村政策性住房保险。加大环境保护投入,支持污水处理和农村垃圾处理设施建设,改善城乡居住环境,安排环境保护资金1204万元,增长82.7%。加大基础设施建设投入,支持体育中心维修改造、农村垃圾中转站以及中州公园、大云山改造等重点工程及为民办实事项目建设,全年共投入财政性资金1.29亿元。加大社会治安综合治理投入,保障公检法司经费,支持“平安兰溪”建设。

【深化财政管理改革】贯彻省对县市财政新体制,抓好新体制的落实及对接工作。推进部门预算改革步伐,启用部门预算编制软件,提高预算编制质量。推进财政资金绩效评价工作,做好税收奖励政策和技改项目的绩效评价,开展2007年度50万元以上财政专项支出项目绩效自评,提高财政资金使用效益。开展政府融资,调整政府负债结构,将全市3.48亿元短期借款转为中长期借款,同时争取到省调度资金3.6亿元,比上年增加1.9亿元。

【加强财政监管】开展增收节支,压缩公用经费支出,一般公共服务支出比年初预算减支403万元。贯彻实施《政府信息公开条例》,制定并实施政府信息公开制度,提高财税工作的公开度和透明度,推进依法理财治税。组织开展行政事业单位出租房收入调查,拟定相关管理办法,并通过依法公开拍卖成功处置部分国有资产,实现国有资产保值增值。规范和强化土地出让金管理,细编土地出让金收支预算。加强政府性投资项目概预决算审核,全年共完成概预算审核项目123个,核减资金1664万元,完成决算委托项目审价35个,核减资金1111万元。组织开展政府负债情况调查研究,摸清全市负债现状,加强负债管理。强化政府采购管理,全年共节约采购资金2434万元,节资率为16.7%。平稳实施规范公务员津贴补贴工作,规范公务员收入分配。分批将全市市属学校纳入市会计核算中心教育分中心统一核算。加强会计管理工作,组织会计业务培训、继续教育及各类考试,依法加强会计监督,组织开展会计信息质量检查和财政监督检查。

【干部队伍建设】开展“创新形象、树新业绩”主题实践活动,通过蹲点调研、结对帮扶等形式,解决事关创业创新、民生发展的重点和难点问题。开展以“贴近民生、贴近企业、贴近基层,提升服务理念、提升服务水平、提升服务效能”为主要内容的“三贴近、三提升”活动,提高财税干部为民服务的意识和本领,杜绝干部不作为、乱作为现象。实施行政审批“两集中两到位”,设立行政审批科进驻行政服务中心,提高行政服务效率。深入开展财税文化建设,构建以“依法治税、为民理财、务实创新、廉洁高效”为主要内容的财税系统核心价值体系。开展“抗震救灾”支援灾区活动,全体干部党员为灾区捐款及缴纳“特殊党费”14.5万元。深化学习型机关建设,组织全局干部参加会计从业资格考试,提高干部业务知识水平。抓好党风廉政建设,坚持“三靠两抓”,落实党风廉政建设责任制,构建惩治和预防腐败体系建设,从教育引导和强化管理两方面入手,保障干部政治生命安全,维护财税部门良好形象。

(兰溪市财政局供稿 章承枫执笔)

东阳市

【概况】2008年,东阳市实现生产总值237.09亿元,比上年增长10.2%,其中:第一产业增加值11.25亿元,增长2.2%;第二产业增加值129.03亿元,增长7.7%;第三产业增加值96.81亿元,增长14.7%。人均生产总值29267元,增长9.5%。全市财政总收入24.08亿元,增长16.2%,其中地方财政收入13.57亿元,增长19.8%;全市财政支出15.43亿元,增长21%。全市当年财政收支基本平衡。

【支持经济发展】推进工业企业创业创新,出台工业企业技术改造专项资金管理办法,安排技改资金1922万元,受惠企业50家;协同有关部门出台一系列扶持工业经济发展的政策与意见,安排企业扶优扶强奖励、创牌财政奖励资金;调整完善促进外贸发展政策,安排外贸出口奖励资金1254万元;通过建立中小企业贷款担保风险补偿机制,建立企业家协会应急互助基金,为中小企业提供融资平台。支持现代服务业发展,推动建材城、阳光家居城等市场建设和东阳世贸城的规范管理;拨付文化发展基金5571万元,加强对影视产业的扶持力度,出台《关于加快横店影视产业实验区发展的若干意见》。扶持现代农业发展,加大农业综合开发投入,通过南江灌区中低产田改造、天秀坑山区小流域农业生态工程和花园生态高效农业科技推广等项目的省级验收和绩效评价。落实福利企业、资源综合利用企业及国有设备投资抵免等税收优惠政策,全年为企业报批减免各项地方税费6000多万元。

【组织财政收入】加强各项税收征管。加强企业销售不动产的营业税、土地增值税征收;对企业所得税实行最低负税率,制定和完善行业税收征管办法和措施。继续推行个人所得税全员申报和年所得12万元以上个人所得税自行申报,加大对高收入群体的税收监管;调整扩大土地使用税标准与范围,对全市所有企业的土地使用税税源进行调查清理,全年共征收土地使用税4273万元,增长270.9%,征收房产税3727万元,增长58.5%。加强农业税收征管。执行"先税后供地、先税后发证",定期与国土、房管等部门召开商讨会,完善房地产一体化管理,全年征收入库农业耕地占用税、契税1.21亿元。完善"五费合征"政策,重新修订《建筑施工企业农民工参加工伤保险实施办法》,全面推行建筑施工企业农民工工伤保险的征缴工作。改进自谋职业者养老保险征缴办法,对自谋职业者的社会保险费实行统一窗口、统一账户、统一流程、统一票据征收。全年入库五项保险费6.36亿元,增长12.7%。加强非税收入征管。出台《东阳市非税资金收支管理暂行办法》、《东阳市国土出让金收支管理办法》、《关于进一步加强土地出让金管理的意见》,加强土地出让金等非税收入管理。

【优化支出结构】加大"三农"投入。全年支农支出3.03亿,增长10.1%,其中村庄整治建设支出4100万元、实施低收入农户奔小康工程和边远山区移民下山脱贫工程450万元、农民饮用水工程2400万元;加大对粮油等安全保障体系建设的支持力度,正式启动政策性农业保险,对水稻、大棚蔬菜、生猪等7个项目实行参保补助,保险金额144万元,财政补助83万元。加大基础教育投入。贯彻实施城乡义务教育免收学杂费、帮困助学和营养餐工程等政策,全年累计教育支出4.33亿元,增长17.9%;继续做好义务教育债务化解工作,建立债务台账,实行债务化解动态管理,全年化解债务6324万元。加大社会保障体系建设投入。调整被征地农民基本养老保障制度。实行低保标准动态管理机制。基本实现城乡医疗保障全覆盖。全年社会保障支出1.19亿元,增长85.4%。支持公共卫生和社区卫生建设。安排农村公共卫生服务项目专项资金1071万元、农民健康体检专项资金900万元、社区卫生服务中心建设资金300万元、社区卫生服务站规范化改造资金340万元、乡镇卫生院200强建设补助资金60万元;安排儿童计划免疫经费130万元、妇女病普查经费85万元、艾滋病性病防治专项资金100万元、"三鹿奶粉"事件补助资金50万元。

【财政改革】深化部门预算改革,完善基本支出定额体系,细化项目支出预算,提高预算编制的科学性和预算的可执行性,合理安排支出预算进度,对经常性经费和经常性项目支出基本保持与时间同步的拨款进度,对专项性项目实行按项目进度拨款。做好中心镇财权、审批权的下放工作,按照分税制的要求和财权事权一致、因地制宜、分类指导的原则,理顺中心镇财政管理体制。全面推行公务员津补贴改革,清理和归并现有的津贴补贴项目,制定出台全市津补贴实施方案,7月份正式实施。推进政府采购制度改革,完善政府采购协议供货制度,加强对协议供货商的管理,实行协议供货的两次竞价制度,全市政府采购合同金额7.67亿元,资金节约率9.7%。

【财政监管】加强政府性投资项目管理,出台《东阳市政府性投资项目资金管理办法》、《东阳市政府性投资建设项目概、预算调整和工程变更管理规定》、《东阳市政府性投资项目资金财政直接支付暂行规定》等管理办法,细化政府性投资基本建设项目资金管理操作规程,加强政府性投资项目的概算、预算管理,规范估算审核、概算审核、预算审核。开展财政专项资金绩效评价,出台《东阳市财政支出绩效评价管理办法》和《东阳市财政支出绩效评价实施办法》,开展农村公共卫生项目、花园生态高效农业科技推广项目、农村中小学破旧房改造项目、公安局治安监控系统项目等12个项目的绩效评价工作。加强财政周转金的清理工作,开通周转金账户网上银行,掌握还款进度。开展会计人员继续教育培训,提高会计人员素质。

【国有资产管理】设置国有资产管理部门;出台《东阳市人民政府关于加强国有资产管理的若干意见》、《企业国有资产监督管理暂行办法》、《东阳市行政事业单位国有资产处置管理办法》等制度,理顺国资管理机制。加强行政事业单位"非转经"资产管理,开展行政事业单位房屋出租情况专项检查,对检查中出现的资产处置、出租、出借不规范情况进行整改。全年组织资产拍卖、拍租12期,取得租金收入976万元,取得资产处置收入1844万元。

【队伍建设】加强作风建设。开展"树新形象、创新业绩"主题实践活动、市人大服务管理效能评估活动、“发展为了谁?发展依靠谁?发展为了什么?用什么手段来发展?”大讨论活动,对活动中查找出的问题,建立整改责任卡,落实整改;开展四川大地震捐款活动,到联系村慰问困难群众,帮助局里的困难老干部与困难干部职工解决实际问题。强化社会监督。做好政务信息公开工作,利用东阳财税外网平台,开展网上咨询、投诉和建议受理工作,利用《行风热线》节目,回答解决听众反映的有关行风、政策方面的问题。加强党风廉政建设,出台《税收执法责任制考核评议办法》和《税收执法过错责任追究实施办法》,成立税收减免审批领导小组,理顺执法体制,规范执法人员的自由裁量权;为全局财税干部建立廉政档案;通过节前教育、述职述廉、廉洁自查等方式强化干部八小时内外管理;坚持每旬公示制度,规范公车使用管理。建设财税文化,发挥摄影分会、各类体育组织作用,组织羽毛球、乒乓球、气排球等文体比赛活动;组织干部参加东阳市第五届运动会、金华市财税系统运动会,在市第五届运动会中健美操获第三名,女子气排球获第四名,团体总分位列第七,金华市财税系统运动会获拔河团体第三名,总分第六名。

(东阳市财政局供稿　陈洪升执笔)

义乌市

【概况】2008年,义乌市实现生产总值493.30亿元,比上年增长12.1%,人均地区生产总值68508元。其中:第一产业增加值15.30亿元,增长8.5%;第二产业增加值223.40亿元,增长11.3%。第三产业增加值254.60亿元,增长13%。全年财政一般预算收入69.16亿元,增长17.5%,其中地方一般预算收入37.79亿元,增长17.1%;全年财政一般预算总支出31.98亿元,增长17.5 %。财政运行情况良好,财政收支平衡。

【支持经济发展】落实各项财政扶持政策,推动企业自主创新,支持企业上市;加大对第三产业特别是现代服务业的扶持力度;加大对循环经济和节能产业的投入;修订完善农业产业化专项资金扶持政策;建立企业应急转贷资金和小企业融资风险补偿机制。全年共拨付财政扶持企业发展专项资金2.64亿元,其中企业技术改造、科技创新等补助资金6964万元,支持三产服务业发展资金3682万元。落实各类税费优惠政策,全面落实新企业所得税法相关税收优惠政策,适当下调社保缴纳比例,落实对困难企业土地使用税、房产税减免等政策。全年共减免各类地方税费1.82亿元。开展清费减负工作,分期分批暂停、取消征收155项行政事业性收费和降低部分收费标准,全年减轻企业负担约1.01亿元。

【打造民生财政】全年民生事业保障支出41.03亿元,占财政总支出的43.5%,比上年提高8.2个百分点。加大对“三农”支持力度。完善财政支农惠农政策,支持绿色村庄工程建设;完善支农项目和资金管理机制,建立财政支农项目库,推进财政支农资金整合试点,实行扶贫项目与新农村建设项目的有效对接,促进新农村建设;完善农民补贴网络系统,全年拨付各项种粮补贴1122万元。加大对社会保障支持力度。完善社保财政补助政策,支持建立城乡一体的养老和医疗保险制度;完善医疗救助和最低生活保障制度,农村最低生活保障金由每人每月170元提高到180元,城镇居民最低生活保障金从每人每月270元提高到300元;做好市政府十大实事、冰冻雨雪灾害应对、镇街救灾避灾点建设、四川灾区抗震救灾和灾后重建的经费保障工作;加大再就业经费投入,实施优惠的再就业培训政策,支持零就业家庭、大中专毕业生和农民工创业就业。保障教育体制改革经费。加大对农村学校经费的倾斜力度以及高中段和学前教育投入,合理、规范安排高中段学校公用经费。全年教育支出7.11亿元,增长16.6%。加大基本医疗与公共卫生投入。对社区卫生服务中心就诊病人免收挂号费、诊疗费。落实新一轮农民健康体检资金,免费体检标准从人均30元提高到人均40元。加大“文化大市”、“平安义乌”、生态市建设等投入,配合做好国家园林城市等创建工作,促进民生改善和社会稳定。

【深化财政改革】深化预算管理改革。修订完善差旅费开支办法,出台会议费管理和增收节支管理办法;实施公务员津补贴改革,适当提高离退休人员补贴标准;规范各类临时人员经费标准;预算草案首次以综合预算收支形式提交市人代会审查。深化“镇财市管”改革。修订完善镇街土地出让金分配办法;加大市财政对镇街的资金扶持力度;加强全市社区和居委会的经费保障和财务管理。成功化解镇街债务,实现镇街财政零银行借款,得到省领导批示肯定,并在全省推广。完善国库集中支付管理。制订财政性资金拨付管理内部操作办法和财政国库集中支付管理办法,规范资金拨付管理。全面实行财政授权支付改革,除临时机构和教育系统外全市行政事业单位均已实行财政授权支付。开发“金财工程”的延伸系统,完成与相关单位管理系统的接口程序开发。

【强化财政监督管理】推进财政绩效评价工作。扩大绩效评价范围,全年共完成65个项目的绩效评价,重点对农村公共卫生专项经费、农村劳动力培训经费进行绩效评价;首次对市级机关四个部门的整体运转支出实行绩效考评,建立绩效评价结果报告制度。加强基建财务管理。加强项目工程预算管理,完善政府采购项目管理。科学安排临时建设单位经费,继续深化全过程造价管理,完善专职联系人制度,参与工程前期管理和变更管理,强化审核项目的科学化和精细化管理。全年共审核概、预、决算526个,核减资金1.81亿元。推进行政事业单位国有资产管理改革。探索行政事业单位国有资产委托管理改革新思路,提出改革方案。加强财政支农资金管理。建立财政支农项目库,选择申报省级项目7个。加强社保资金监管。会同市民政局对困难群众医疗救助、避灾工程建设等专项资金的使用情况进行监察;加强对住房公积金监管,对2007年全市住房公积金的管理使用进行考核。

【加强干部队伍建设】组织各类主题活动。以落实5个攻坚破难课题为重点,开展“解放思想、创业创新”大讨论活动,每位党员干部结合自身工作实际,撰写学习体会,各科室共完成调研课题26个。开展“树新形象、创新业绩”主题实践活动，组织局领导班子成员和市管后备干部到局联系村蹲点调研，撰写蹲点日记、调研报告和创业创新建议书等，为村民解难题、办实事、办好事。加强党风廉政建设，开展廉政专题讲座，组织干部观看廉政电教片，中层干部述职述廉，牢筑廉政思想防线。落实党风廉政建设责任制，把反腐倡廉工作与财税业务工作紧密结合起来；全面梳理各项制度，重新修订目标责任制考核办法、诫免谈话等系列制度，形成用制度管权、按制度办事、靠制度管人的有效机制。开通“义乌财税网”，构建财税信息化服务平台，实行政务信息网上公开，推进“阳光政务”建设。加强作风和效能建设。以创建“基层文明单位”、“群众满意基层站所”、“青年文明号”和“巾帼文明岗”为载体，着力优化服务；市财政局被国务院农民工联席会议办公室评为农民工工作先进集体，并被市政府集体记功一次。完善效能监察制度，采取有效措施整治会风、整顿学风、改善文风。做好中层干部聘任工作，坚持民主、公开、择优原则选拔中层干部，优化中层干部队伍结构。推进财税文化建设，开展多层次、多元化的干部职工教育培训，采取全员培训、专题讲座、报告会等形式，提升干部队伍的综合素质；通过组织参加全市机关乒乓球赛，开展第七届全局干部职工运动会，开展为四川地震灾区献爱心捐款活动，倡导积极进取、健康向上的生活方式；以老为尊，做好老干部工作，营造和谐进步的财税文化氛围。

（义乌市财政局供稿　杨云松执笔）

永康市

【概况】2008年，永康市实现生产总值244.84亿元，比上年增长12.0%。其中：第一产业增加值6.76亿元，增长8.7%；第二产业增加值161.89亿元，增长12.0%；第三产业增加值76.19亿元，增长12.2%。按户籍人口计算，人均生产总值4万元。全市财政总收入31.40亿元，增长17.0%，其中地方财政收入15.80亿元，增长18.3%；财政一般预算支出15.88亿元，增长15.5%。全市实现当年财政收支平衡。

【组织财政收入】依托财政、国税、地税相互协作机制，加强对零散税源和漏征漏管户的税收征管。推进年所得12万元以上个人所得税自行申报工作。加强企业所得税汇算清缴工作。先后对旅游、电动工具等5个行业的40户中小型企业进行纳税评估。提高城镇土地使用税征收标准，扩大房产税征收范围，营业税及地方小税种全年入库6.15亿元，占地税税收收入的比重为39.0%，比上年增加1.2个百分点。推进新版非税收入征收管理系统试点工作。重点抓好资源性、资产性政府非税收入，把行政事业单位出租资产租金收入等纳入财政监管范围，全年实现国有资源有偿使用收入1005万元。全市地方财政收入占财政总收入的比重为50.3%，比上年增加0.6个百分点，财力结构持续优化。

【基本公共服务均等化】财政支出做到有保有压，重点保证事关民生的项目支出，把更多的财政资金投向公共服务领域。全年用于民生的支出9.34亿元，占财政总支出的58.8%，比上年增加0.3个百分点。新增民生支出1.30亿元，占当年新增支出的60.9%。教育投入5.14亿元，增长16.5%。对所有城乡义务教育阶段就读并取得学籍的学生提供免费教科书。安排农村教师任教津贴500万元、职业教育“六项行动计划”地方配套资金600万元。文化体育及传媒投入2066万元，增长16.6%，其中新农村文化建设专项资金300万元。社会保障和就业投入6007万元，增长20.5%，其中城乡低保和集中供养经费1121万元。分3次对全市困难群众发放动态物价补贴149万余元。从第二季度起农村低保救助标准从160元提高到180元、城镇从270元提高到300元。

【支持新农村建设】整合支农专项资金2.95亿元，支持新农村建设。多渠道筹措村庄整治工程资金1.93亿元，启动127个村庄整治，完成71个村庄整治。支持农业稳定发展，对鸡、鹅、生猪、大棚蔬菜、水稻等5个品种的农业政策性保险实行财政补贴。完善种粮农民农资综合直补资金管理，向13万户粮农户发放农民种粮补贴资金616万元。加大农业综合开发力度，1个项目成为永康市首个国家农业综合开发重点产业化项目。在不增加农民缴费的情况下，新型农村合作医疗人均筹资水平提高到102元。通过“农户自愿＋政府补助”的模式推进政策性农村住房保险工作，全市共有15万农户参保。

【推进经济转型升级】完善工业经济发展扶持政策。落实工业发展专项资金9946万元，主要用于总部经济培育、工业企业技术改造、科技创新、品牌培育、信息化建设和外贸拓展等奖励和补助。支持第三产业发展。修改鼓励第三产业发展的实施办法，出台科技企业孵化器及入孵企业若干政策意见，市财政每年拨出不低于700万元的第三产业发展引导资金，扶持市场建设与培育、商贸流通业、旅游业、生产性的服务业、现代物流业、住宿和餐饮服务业、社区服务业等。推进工业企业分离发展服务业。制定分离发展财政扶持政策，规定对工业企业分离后新设立的三产企业，属服务业的，第一年奖励其所缴纳税收形成地方财政收入的50%，以后年度奖励环比增长部分的60%；属商贸性质企业的，减免重复缴纳的水利建设专项资金；特殊企业，给予“一企一策”的财政奖励。当年全市已成功分离的企业有9家。全年兑现2007年度“三产”奖励资金349万元，全市有66家企业（单位）获奖。加强对行政事业性收费和政府性基金的管理。取消73项、暂停29项行政事业性收费，降低11项收费标准，全年减少收费405万元。

【财政基础管理工作】总结、深化“镇财市管镇用”管理模式。镇（街、区）财政管理中心对乡镇在职公务员工资实行统一发放。市财政安排1500万元中心镇发展专项资金，用于对中心镇基础建设项目“以奖代补”。进一步扩大3个中心镇财权，对中心镇区域内工业企业产生的税收地方留市部分，以上一年度实绩为基数，实行分段分档返还。规范公用经费支出，出台财政拨款结余资金管理暂行办法。落实规范公务员津贴补贴实施方案；制定行政事业单位公务用车新增、更新及公务招待费管理、行政事业单位会议费管理等制度，完善支出标准体系，推进节约型机关建设。推进国有资产集中整合工作。完善招拍租工作流程，增加拍卖中介机构，降低佣金费用。全年共组织12个批次出租资产的公开招拍租，成交年租金1744万元，年承租价整体水平比公开招拍租前提高90.0%。下发《关于处置国有资产产权过户有关事项的通知》，全年公开处置国有资产5337万元。扩大政府采购规模，全年政府采购259次，节约资金6120万元，节约率为12.1%。开展绩效评价工作，组织绩效评价知识培训，对农村中小学食宿改造工程资金等3个项目实施绩效评价。控制政府债务规模，市级所属部门举借和偿还政府性债务在政府统筹安排下实行财政部门统一归口管理。成立财政周转金清欠工作领导小组，出台《关于财政周转金借款清欠政策处理意见》、《永康市财政周转金清欠有奖举报办法(试行)》，全年收回周转金2000万元。加强汶川地震捐资款的管理，督促社会捐资款及时足额缴入财政专户。

【财税文化建设】开展教育培训提升队伍素质。组织全局142名公务员进行普通话培训和考试。举办三期岗位业务技能全员轮训，全局150多人参加封闭式培训。开展形式多样的活动，举办“财税带来永康美”庆三·八摄影比赛，承办金华市财税系统运动会，并取得团体总分第3名。全体干部职工向四川汶川震区捐款11.3万元(包括特殊党费)。推进政府信息公开工作，完善政府信息公开制度，全年公开政府信息167条。做好人大、政协建议、提案办理工作，分别召开人大代表建议、政协委员提案面商会，按时办理回复建议、提案27件。开展“纳税人满意度问卷调查”活动，满意率98.8%。在全市百企万人评机关活动中得分位居第二名。继续抓好党风廉政建设。聘请20位社会各界人士担任特邀监督员，负责监督检查财税人员的勤政廉政情况以及机关效能建设。开展“迎奥运、解矛盾、建机制、保稳定”主题平安创建活动。

(永康市财政局供稿　汪　静执笔)

武义县

【概况】2008年，武义县实现生产总值98.24亿元，比上年增长10.0%。其中：第一产业增加值9.02亿元，增长6.3%；第二产业增加值57.74亿元，增长10.4%；第三产业增加值31.48亿元，增长10.2%。全县人均生产总值29414元。全县财政总收入13.70亿元，增长14.2%，其中地方财政收入6.93亿元，增长10.6%；全县财政支出10.88亿元，增长22.1%。全县当年财政收支平衡。

【支持经济发展】支持经济转型升级，安排企业发展专项资金4000万元，用于开发区、工业功能区的基础设施建设，支持中小企业创业，重点扶持科技型、创新型、成长型中小企业发展，及时兑现各项扶持企业发展政策。引导中小企业自主创新，提升产业层次和企业核心竞争力，促进工业经济持续快速健康发展，夯实财源基础。整合财政支农资金，投入10940万元重点用于农业基础设施建设、现代农业产业体系建设、农民饮用水工程、村庄整治工程、生态村建设和扶贫开发工程等，支持发展现代农业和社会主义新农村建设。扶持旅游、服务业等第三产业发展，县财政安排旅游和第三产业发展资金800万元，引导民间资金发展第三产业。

【组织财政收入】加强税收征管调研，出台房地产开发企业税收征管办法、工业企业资产处置税收管理办法等政策性文件。对房地产开发企业土地增值税实行“按月预征，项目清算”和企业所得税按季预缴、年终汇算清缴办法，调整土地增值税、企业所得税预征率。规范工业企业转让不动产、股权转让、企业注销行为，堵塞税收漏洞。通过完善房地产开发企业和工业企业资产处置税收管理办法增加地方可用财力1100多万元。加强房产税、土地使用税等地方税种征管，完善房地产税收一体化征收管理办法，加强房地产交易税收管理，全年入库耕地占用税1289万元，契税4480万元。完善政府非税收入征管手段，规范征收行为，增加政府非税收入。

【支持民生和社会事业发展】调整和优化财政支出结构，预算安排农业、教育、科技支出达到法定增长比例，财政支出重点投向三农、教育、卫生、环保等民生事业。全县用于教育方面支出2.92亿元，增长22.9%；农林水方面支出1.41亿元，增长22.2%；医疗卫生支出6092万元，增长25.6%；社会保障和就业支出6416万元，增长10.3%；环境保护支出3135万元，增长11.2%，保证了新农村建设、公共卫生、就业和社会保障等政府重点工作和重点项目的实施。

【财政监督管理】完善部门预算，规范预算编制行为，严格按照“两上两下”程序，自觉接受人大监督。加强机关会计核算中心管理，完善“金财工程”软件，提高资金使用透明度和使用效益。稳妥推行“乡财县管”，全县所有乡镇(街道)行政事业单位人员工资全部纳入乡镇财政管理中心集中统一发放。健全政府采购制度，规范采购行为。全年执行政府采购预算9282万元，实际采购金额7878万元，资金节约率15.1%。完善政府性投资项目管理办法，建立政府性投资项目信息资料库，加强政府投资管理。加强财政监督，开展财政支出绩效评价，确定”十百工程”等6个项目为重点绩效评价，涉及财政资金3308万元。完善企业国有资本与财务管理，确保国有资产保值增值。做好会计管理工作，加强会计监督。加大财政周转金清收力度，全年清收财政周转金338万元。

【干部队伍建设】倡导“谦虚、务实、协调”的工作作风，以学习型组织建设为抓手，加强干部队伍建设。开展全员培训，邀请浙江财经学院、省委党校专家教授讲课。举办十七大精神宣讲报告会，举办干部教育培训22期，累计培训1248人次。通过机关效能建设、“作风建设年”等活动的开展，提高干部职工服务意识，提升部门形象，在全县优化工业经济发展环境民主评议中名列前茅。开展深化拓展“树新形象、创新业绩”主题实践活动，组织“百名税干下企业、优化服务促创新”活动，帮助企业解决实际问题。加强党风廉政建设，夯实党员干部拒腐防变的思想防线。组织干部开展各种文体活动，丰富业余生活。干部职工向地震灾区捐款和缴纳特殊党费20余万元。

(武义县财政局供稿　郑华忠执笔)

浦江县

【概况】2008年，浦江县实现生产总值105.50亿元，比上年增长10.0%，人均生产总值3939美元。其中：第一产业增加值6.18亿元，增长3.0%；第二产业增加值65.12亿元，增长8.8%；第三产业增加值34.20元，增长13.5%。三次产业结构调整为5.9:61.7:32.4。全县财政总收入12.41亿元，增长15.9%，其中地方财政收入6.74亿元，增长18.4%；全县一般预算支出9.17亿元，增长30.1%。全年财政实现收支平衡。

【帮扶企业发展】全面落实税费优惠和减免缓政策，出台落实财税政策优化经济发展环境的实施意见，落实新企业所得税法和支持第三产业、新农村建设、科技创新、节能环保等方面的税收优惠政策600万元；减免2008年土地使用税和房产税686万元，缓征土地使用税1100万元；减征2008年度企业社保费995万元。加大财政对经济转型升级的促进作用。调整完善工业科技扶持政策，实行亩产税收奖励，鼓励企业做大做强，支持科技自主创新和产业升级，推进工业经济、第三产业和现代农业发展。完善工业科技、家庭工业、文化旅游和农发基金等专项资金管理，加快资金审核兑现速度，全年拨付各项扶持资金5148万元。规范部门收费行为，减轻企业负担。联合监察、审计、物价等部门开展收费治理工作，落实国家、省取消、暂停征收及降低收费标准共计112项行政事业性收费政策，做好个体工商户管理费和集贸市场管理费专项退费工作，减轻企业负担。加大政策宣传力度，将各类优惠政策及政策扶持奖励办法编写成册发放到企业，为企业提供政策服务。

【组织财政收入】优化财力结构，全县地方财政收入占财政预算总收入的比重为54.3%，比上年提高1.1个百分点。加强财源管理，依托税收信息化管理平台，细化基础税源管理，完善税源分析体系，深化国地税协作机制，推进财税管理的科学化和精细化，夯实财源基础。优化收入结构，调整土地使用税征收标准和期限，实施房地产税收一体化管理，开展城区出租房税收清理。土地使用税、土地增值税、房产税分别增长302.3%、96.5%、41.8%。全面实施社保费“五费合征”，完善征缴政策，扩大征缴范围，全年征收社保费2.12亿元，增长19.2%，社保基金支付能力明显增强。加强契税、耕地占用税征管，全年入库契税、耕地占用税7412万元，增长49.3%。加强土地出让金收缴力度，清缴历年欠缴土地出让金7586万元。

【保障民生和社会事业支出】*支持新农村建设*。支持粮食安全体系建设，落实扶持粮食生产的各项政策，拨付农资综合补贴、种粮直补、水稻良种、农机具购置等各种补贴资金896万元；农业发展基金支出791万元，推进现代农业发展，支持专业合作社和发展高效农业生产基地；改善农业农村生产生活条件，支持农业基础设施建设，拨付甘泉工程、村庄整治、农村道路、水利设施建设等资金1.49亿元。*支持教育事业发展*。深化义务教育经费保障机制改革，拨付义务教育免教科书、免杂费经费2415万元；提高公用经费保障水平支出1059万元；提高农村教师待遇，补助农村教师任教津贴经费260万元；支持职业教育“六项行动”计划，拨付职技校贫困生助学、营养餐和奖学金经费515万元。*支持社会保障体系建设*。提高城乡最低生活保障标准和困难群众医疗救助筹资标准，抚恤、社会福利、城乡居民最低生活保障、城乡社会救济等支出2276万元；支持就业再就业工作，拨付再就业补助经费880万元。支持医疗卫生事业发展。安排专项资金支持农村和社区卫生服务机构建设，做好婴幼儿奶粉事件免费救治的经费保障，城乡公共卫生服务支出615万元；扩大医疗保障范围，提高农民健康体检补助标准支出375万元。*支持生态县建设和重点工程建设*。支持环保在线监测中心平台建设，改善污染治理设施，开展污染源普查。拨付污水处理、生态县建设、河道清淤、饮用水源保护等项目建设资金3209万元。通过加强与国家政策性银行合作，合理调度财政闲置资金等方式，共筹措建设资金7.35亿元，保障新农村建设、城市基础设施建设、交通公路建设、旧城改造等县重点工程建设资金需要。

【深化财政管理改革】深化预算管理改革，完善预算编制办法、费用支出标准体系、资产配置标准体系。推行国库集中支付改革，提高国库资金运行管理水平。细化部门预算，加强专项资金管理，强化预算执行和监督。规范公务员津补贴改革，根据规范公务员收入分配程序总体要求，规范津贴补贴发放办法。推进社会公益事业市场化管理。推进政府“花钱买服务、办事不养人”改革，对城区环卫保洁等社会服务项目实施市场化管理。

【加强财政监督管理】加强财政专项资金整合，清理、归并各种专项资金，提高财政资金使用效益。完善绩效评价机制，规范项目支出绩效指标体系，落实12个部门13个项目的绩效自评工作，推进重点项目评价实施工作，初步建立绩效评价结果应用机制。加强财政支出项目审核。完善政府投资项目全过程监管，全年共评审项目113个，核减资金7539万元，平均核减率10%。改善政府债务结构，防范财政风险。逐步完善建设资金预算管理，将现有短期贷款通过各种形式转换为中长期贷款，缓解财政短期流动性风险。加强会计监管，推进会计人员网络化管理，改变财政监督方式，提高监管覆盖面和检查率。加强国有资产管理和监督，制订行政事业单位国有资产管理实施办法和企业国有资产管理实施办法，理顺企业国有资产管理体制；行政事业单位国有资产实行集中调配、收益集中管理，单位公房出租纳入公共资源市场化配置。

【干部队伍建设】*开展大讨论活动*。开展“解放思想、创业创新”大讨论和深化作风建设年活动，召开企业座谈会、委托行业协会问卷调查等多种形式，征求社会各界对财政部门工作的意见建议。落实攻坚破难事项，推进财税工作创业创新。*开展各种争创活动*。共获得全省财政法制工作先进集体、县“模范集体”和“省级青年文明号”荣誉称号等县级以上集体荣誉19项，先进个人16人次。提高办事效率，规范办事程序，实行办事跟踪单制度，扩大行政服务中心财税窗口授权范围，提高服务效率。*加强党风廉政建设*。深化党风廉政教育，开展防渎职讲座，建立预防和惩治腐败体系。加强学习型机关建设，培育财税文化，书画、摄影、健身等文体活动有序开展；做好扶贫工作，与白马镇100户农户结对帮扶；财税干部在汶川大地震中捐款44800元、党员交纳“特殊党费”23266元。（浦江县财政局供稿 徐柳筱执笔）

磐安县

【概况】2008年，磐安县实现生产总值37.93亿元，比上年增长10.5%。其中：第一产业增加值5.67亿元，增长4.9%；第二产业增加值21.09亿元，增长10.8%；第三产业增加值11.17亿元，增长12.3%。人均生产总值18160元，增长12.3%。年初提出以体制机制完善、收支管理高效、财力配置优化、运行环境和谐为主要内涵的构建“品质财政”工作思路，着力在“生财有道、聚财有方、用财有规、管财有效、调控有力、治队有为”等六个方面下工夫，全年全县财政总收入4.94亿元，增长13.2%，其中地方财政收入2.53亿元，增长12.3%；全年财政支出6.71亿元，增长12.3%。全县当年财政实现收支平衡。

【支持经济发展】助推农业发展。财政支农支出9133万元，增长35%，配合县委、县政府制订出台扶持低收入农户奔小康等多项支农惠农新政策，重点保障示范整治、下山移民、农村饮用水、建设用地复垦、土地整理开发、农业综合开发、农业品牌和产业化建设等项目的财政政策奖补支出。扶持工业经济发展。安排700万元专项资金，用于扶持新城区、磐安工业园区和三个县级工业功能区的平台建设；兑现扶持工业经济发展政策奖励资金3122万元，助推企业创业创新，做大做强；落实税费优惠政策，合计减免各类涉企税费1135万元。支持第三产业发展。兑现财政奖励资金300万元，支持商贸流通业、旅游业、建筑业、服务业等行业发展，探索工业企业分离发展服务业。

【组织财政收入】抓好税收收入征管，完善税收征管办法，对个体双定户实行“参数定税法”，探索建筑项目工程款结算新方法，建立土地信息共享机制；加强税源监控，强化对建筑安装业、房地产业、交通运输业等重点行业的税收征管；提升信息化水平，全面推行“一户通”扣缴税款，推广电脑版普通发票开票软件应用，提高税收征管效率；加强税务稽查，构建公平和谐税收环境。贯彻落实新耕地占用税条例和契税征管政策，掌握国有土地出让和耕地用地审批信息，严格执行农业两税“先税后证”管理办法，加大欠税催交力度，全年入库耕地占用税357万元，契税384万元。抓好非税收入征管。坚持“税费并重”理念，推进规费征管税收化，推行“五费合征”，完成社会保险费、教育费附加等收入1.27亿元，增长32.7%；完成土地出让金、行政事业性收费、政府性基金收入等1.77亿元。

【保障民生支出】加大民生支出力度，建设和谐社会，全年民生事业支出39986万元，占财政总支出的59.6%，比上年增长15.0%。提高社会保障水平。安排城乡最低生活保障支出563万元，城镇低保对象月标准从224元提高到248元，农村低保对象月标准从135元提高到150元，受惠对象3831户5202人；落实残疾人事业保障资金164万元；拨付救灾资金736万元、医疗救助资金168万元；落实资金469万元，加大劳动力市场建设、职业培训补贴和就业补助。完善农村医疗卫生服务体系。完善新型农村合作医疗暂行办法，落实新型农村合作医疗补助资金1189万元，参合群众受益面95.9%；落实财政资金540万元，推进公共卫生服务三级网络建设，完成8家社区卫生服务中心和48家社区卫生服务站标准化建设。支持教育事业发展。义务教育段学生免交学杂费、课本费和作业本费，提高中小学日常公用经费生均标准，财政补助资金合计1494万元；提高教师住房公积金补助比例，发放农村教师任教津贴230万元；实施农村中小学家庭经济困难学生资助工程、爱心营养餐工程、住宿改造工程、教师素质提升工程“四项工程”，其中配套维修专项资金611万元，完成36个维修改造项目。加大农村文化事业投入。落实农村文化站、农村文化繁荣工程、广播电视村村通工程等专项资金878万元。

【推进财政改革】深化财政管理制度改革，全县所有一级预算单位实行部门预算制度；66个单位和20个乡镇实行财政国库集中支付制度；实现县乡财政联网，“乡财县管”票据资料全部推行网上审核，实行学校经费财政直接拨付，建立“医财县管”财务总监制度，完善医疗机构财务支出管理监督机制，“三财县管”取得成效。深化财政管理体制改革，完善金磐开发区财政管理体制，制订新城区财政管理体制，助推工业区块发展。

【加强财政监管】加强财政资金调度管理，开设财政集团账户，对以往留存在各单位的资金实行统管统付；通过财政间歇性资金的科学管理和调度，归还教育系统、土地收储中心等5个单位的银行贷款7000万元，为新城区、交通局等单位办理银行转贷8050万元。加强项目资金监督管理，规范和完善政府采购管理机制，加强政府采购监管，政府采购实际支出比采购预算减少501万元，资金节约率为13.5%；加强政府性基本建设项目预决算审核，共审核政府性建设项目232个，核减资金1374万元，核减率12.0%。加强国有资产监督管理，配合县委、县政府出台加强国有资产监督管理工作意见，盘活国有资产，通过公开拍卖、拍租，组织收入686万元；利用闲置资产，为县科协等三个单位落实办公用房，提高国有资产使用效益。

【队伍建设】加强廉政建设，完善以党风廉政建设为龙头的党风、政风、作风工作机制，强化内部监督管理，开展政治理论学习、“双新”主题教育实践、“十七大”精神学习体会征文等作风建设活动。在全县机关部门“重点涉企中层岗位群众评议”活动中，经建科、企财科、直属分局分获第一、第三和第四名。组织第四轮中层干部竞聘和一般干部轮岗交流，通过综合知识考试、竞聘演讲、民主测评、工作业绩考核，开展第四轮中层干部竞聘活动，调整中层岗位24个，新提拔中层正职6名，中层副职5名。推进财税文化建设。通过学习、宣传，树立“品质财政”理念；举办“竞争压力与心理调适”专题讲座，引导干部职工保持健康心态；组织开展野外拓展训练，提升财税队伍凝聚力；组织参加系统篮球赛、全县妇女排舞比赛、市财贸工会运动会、市财税系统运动会等各项文体竞技活动，构建积极向上、团结奋进的财税文化。

（磐安县财政局供稿 胡志锋执笔）

衢州市财政工作概况

衢州市

【概况】2008年，衢州市实现生产总值580.05亿元，比上年增长13.0%。其中：第一产业增加值61.71亿元，增长8%；第二产业增加值317.85亿元，增长15.2%；第三产业增加值200.49亿元，增长11.6%。三次产业结构调整为10.6:54.8:34.6。人均生产总值23362元，增长12.5%。全社会固定资产投资361.17亿元，增长13.9%。社会消费品零售总额215.61亿元，增长20.2%。进出口总额13.25亿美元，增长24.9%，其中：出口8.99亿美元，增长24.6%；进口4.26亿美元，增长25.7%。市区城市居民人均可支配收入18069元，增长10.3%；农村居民人均纯收入6843元，增长12.7%。全市财政总收入57.30亿元，增长17.1%，其中地方财政收入34.39亿元，增长17.2%；市本级财政总收入29.12亿元，增长16.5%，其中地方财政收入16.92亿元，增长17.3%。全市财政支出67.93亿元，增长22.4%，其中市本级29.71亿元，增长18.2%。全年财政收支平衡。

【促进经济发展】落实"保增长、抓转型"各项措施，下调企业职工基本养老保险单位缴费比例，减征社会保险费企业统筹部分一个月的额度，全市减征社会保险费1.12亿元。落实中央和省市财税扶持优惠政策，全市依法减免税收4.17亿元，依法办理企业技术开发费税前加计扣除1.38亿元，办理企业出口退税4.56亿元；市级财政兑现扶持企业资金1.95亿元。实行涉企罚没款备案审核制度，停止和降低170项行政事业性和服务经营性收费，每年为企业减负3000万元。市财政安排5000万元企业还贷周转专项资金，引导金融机构加大对企业的贷款扶持力度，缓解企业融资困难。加大农林水投入，全市农林水事务支出8.80亿元，增长43.3%，其中市本级3.10亿元，增长43.0%。落实粮食直补等农业补贴政策，促进粮食生产，全市兑现粮农综合直补资金7997万元，171万名农民受益。出台《关于工业企业分离发展服务业的实施意见》，支持工业企业主辅分离，发展服务业。市财政落实1500万元工业发展专项资金，落实1374万元外贸发展专项资金，落实1530万元三产、物流、服务业发展引导资金，落实1830万元农业发展基金、农业特色产业扶持配套资金等，支持经济转型升级。加强与金融机构融资合作，加强财政资金调度，当年与国家开发银行浙江省分行签订融资15亿元的合作协议，与光大银行、建设银行、工商银行签订金融合作框架协议，调度资金8.40亿元，支持经济发展平台建设。

【组织财政收入】加强税源分析监控，全市纳入监控的重点纳税企业1441家，增长15.7%。开展新《企业所得税法》、《土地使用税暂行条例》和《车船税暂行条例》等税收新政策的宣传，各项税收政策贯彻落实到位。出台《欠缴税费综合控管实施办法》、《查账征收纳税人税务登记注销管理办法(试行)》，防止税款流失。加强小税种征管，全市入库各类小税种7.17亿元，增长47.3%，其中市本级3.81亿元，增长59.6%。坚持以查促管，全市检查纳税户505户，查补税(罚)款1707万元。加强社保费征缴，在降低费率并减征1个月额度的情况下，全市社保费收入14.79亿元，增长21.1%。

【保障重点支出】按照公共财政和"重民生、促稳定"的要求，加大"三农"、教育、卫生、社保、环保等民生重点领域投入，全市财政民生支出48.64亿元，占财政支出的71.6%，增长24.8%。加大"三农"投入。全市财政预算内外"三农"投入26.89亿元，增长28.5%，支持新农村建设，改善农村生产生活条件。其中全市农民技能培训资金1630万元，新培训农村劳动力9.7万人。加大社会保障体系建设投入。全市社会保障和就业支出4.66亿元，增长37.0%。其中下岗失业人员就业再就业2742万元，新增城镇就业人数2.7万人。市本级城镇和农村最低生活保障标准分别从原来每人每月248元和150元，提高到每人每月280元和168元，全市发放低保金6049万元、低保物价补贴1467万元。被征地人员基本生活保障"三年清欠"目标如期实现，新增被征地人员即征即保。全市农村"五保"及城镇"三无"对象集中供养率分别为92.7%和99.4%。推进住房保障工作，支持新建廉租房2.1万平方米，新增受益家庭1174户。加大社会事业发展投入。全市教育支出15.55亿元，增长14.2%。义务教育全面免费，小学、初中生均公用经费标准从原每生每年230元、330元提高到300元、450元；资助了11744名困难家庭学生；市本级80%的义务教育债务得到化解。全市医疗卫生支出4.21亿元，增长27.6%，促进公共卫生事业发展。全市文化体育传媒支出1.70亿元，增长28.9%，促进文化事业发展。全市科学技术支出1.73亿元，增长28.8%，促进产学研合作、孵化器建设。全市环境保护支出2.81亿元，增长37.1%，促进重点污染源防治、节能减排，以及饮用水源保护、公共绿地建设等工作开展。全市公共安全支出5.61亿元，增长16.5%，支持社会治安防控体系工作，促进"平安衢州"建设。

【深化财政改革】深化部门预算改革，将所有指标数据纳入信息系统实行数据库管理，实现预算指标信息共享，组织对定员定额标准进行清理和调整，提高部门预算的规范性和精细度。推进国库集中支付改革，在市农业局、市民政局、市委党校、市法制办和市安监局进行财政国库集中支付改革试点，建立国库单一账户体系，制订预算单位用款计划、集中支付办理流程等管理办法，为全面推进国库集中支付改革打下基础。完善收支两条线管理制度，启用新版非税收入征管信息系统，出台《衢州市非税收入集中调剂使用办法》，市级239个执收执罚单位纳入“收支两条线”管理，全年累计收缴各类资金21.73亿元。完善政府采购制度，出台《市级政府采购协议供货询价暂行办法》，组织开展医疗设备集中采购、公务用车定点加油采购，扩大政府采购范围，全市政府采购合同金额8.39亿元，资金节约率13.3%。

【加强财政监管】健全财政信息公开制度，推进财政信息公开工作。出台《财政资金管理办法》，规范财政资金运作程序，加强财政资金使用管理和监督。加强财政专项资金管理，出台《政府专项资金信息公开办法》，完善专项资金绩效评价制度，建立财政专项支出项目预期目标申报制度，市财政组织对45个项目进行绩效评价，涉及财政资金1.33亿元。专项资金使用管理情况首次向市人大常委会报告。加强政府投资项目建设预算管理，成立市财政项目预算审核中心，加强工程结算项目审核，工程造价核减率为12.1%；落实财政性资金直接支付制度，全年直接支付工程款1.19亿元。加强政府性债务监管。编制和执行政府性投资公司债务收支计划，建立债务管理数据库，市级政府性投资公司年末债务余额比上年同期减少2亿元；落实偿债准备金制度，年末市级政府偿债准备金余额8203万元。开展财政监督检查。组织对35家企事业单位、20家行政事业单位进行财政专项检查，查补财政收入1800余万元；组织对276个彩票投注点进行监督检查，审核彩票销售收入4.97亿元。加强财政周转金清理回收工作，全年清理财政周转金挂账余额1.13亿元，市本级完成财政周转金清收扫尾工作。加强会计人员管理，做好会计从业资格证办理工作。到年底，全市累计持证会计人员20596人，会计专业技术初级职称6992人，会计专业技术中级职称2169人，注册会计师非执业会员188人，高级会计师301人。

【国有资产管理】规范行政事业单位国有资产管理。出台《行政事业单位国有资产管理暂行办法》，规范行政事业单位资产配置、使用、处置、收益等管理。开展行政事业单位国有资产统计和事业单位2009年度债务计划申报工作。组织市本级各行政事业单位会计人员、国有资产管理人员进行国有资产管理业务培训，对市本级各行政事业单位进行房地产情况调查，促进各部门单位提高国有资产管理水平。组织办理50多家行政事业单位70多批资产的转让、报废、核销工作。委派国有股权代表、董事22人，参与企业重大事项的研究与决策。组织对衢州日报社、衢州广电总台的国有资产保值增值情况和市自来水总公司的管理层年薪制进行考核，确保国有资产保值增值。推进国有企业改制工作。出台《市本级国有控股参股企业国有股红利收缴管理工作暂行意见》，将国有股红利收支全部纳入财政专户管理，全年收缴国有股红利及清算资金450万元。组织对16家国有全资、控股和参股企业实行工效挂钩，规范企业经营者和员工收入分配秩序。推进国有资产整合，对19个部门单位20个项目进行整合，涉及资金5亿元。

【干部队伍建设】开展财税文化建设，组织开展“高举旗帜、创业创新、富民强市”主题宣传教育活动、“树新形象、创新业绩”主题实践活动、“讲党性、重品行、作表率”等专题教育活动，促进干部思想作风、工作作风转变。开展“低收入农户奔小康结对帮扶”活动，全局干部职工与柯城区航埠镇万川村204户低收入农户“一对一”结对，促进该村低收入农户增收。加强学习型机关建设，坚持定期学习制度，组织开展各类政治学习，举办各类培训13期，培训干部1000余人次。局机关副科以上和分局股以上干部全部到上海财经大学进行封闭式集中学习培训。加强信息调研，全年编发《衢州财税信息》36期、《调研与参阅》64期。探索干部激励新机制，开展干部竞争上岗活动，调动干部工作积极性。出台《建立健全惩治和预防腐败体系2008～2012年工作计划》，完善《党风廉政建设和反腐败工作组织领导及责任分工》，层层签订党风廉政建设责任书，做到一级抓一级。组织开展权力“搜索”，梳理出容易出问题的环节49个，完善相关制度139个。加强机关党务工作，市局机关党委被评为2008年度市直机关先进基层党组织。　（衢州市财政局供稿　许建华 吴叶霞执笔）

衢州市柯城区

【概况】2008年，柯城区实现生产总值41.16亿元，按可比价计算，比上年增长14.5%。其中：第一产业增加值7.40亿元，增长5.8%；第二产业增加值12.30亿元，增长19.0%；第三产业增加值21.46亿元，增长15.3%。三次产业增加值占全区生产总值比重分别为18.0%、29.9%和52.1%。全区财政总收入3.32亿元，增长19.0%，其中地方财政收入2.16亿元，增长16.2%；全区财政总支出5.00亿元，增长14.0%。全年财政收支平衡。

【支持经济发展】发挥财政资金和政策的导向作用，推进经济结构调整、产业优化升级和“工业提升”工程。落实市、区优惠政策，扶持高新技术企业、农业龙头企业，兑现财政补助资金；建立相对独立的园区财政体制，并兑现体制分成、财政奖励资金，安排专项资金用于园区平台拓展等基础设施建设；支持高新技术成果转化、科技创新体系建设。落实扶农政策，推动城乡统筹发展。加大财政支农力度，全年安排支农专项资金7195万元，主要用于千万农民饮用水工程、村庄整治、农村住房保险、柑桔促销、畜牧业免疫、雪灾补助和农村低收入农户奔小康工程等。做好全区农民就业、培训、社保等工作，安排专项资金用于劳动力素质培训。

【强化收入征管】加强税收管理。做好国税、地税部门协调工作，关注宏观经济形势对区域经济税收的影响，做好分析研究，掌握税收收入变化的内在原因，提高税收收入分析预测水平；完善重点财源监控体系，确定一批重点财源企业，提高税源管理实效；强化科学化、精细化管理，全面推行税收协管员制度，依法推进协税护税工作；坚持“抓大不放小”，加大地方税种征管力度。加强非税收入管理。完善政府非税收入征管，规范征收行为，全年缴纳财政专户资金4.93亿元，其中：专项资金3.97亿元，一般非税收入0.96亿元。完善非税收入征管信息系统管理软件，正确划分各项非税收入资金，区别不同资金进行管理。

【优化支出结构】继续加大对教育的投入，完善义务教育经费保障机制，全面落实和完善城乡义务教育各项政策措施。全年全区教育投入1.77亿元，其中义务教育投入1.15亿元；支持文化体育建设，专项安排资金用于文物保护等。加大卫生投入，调整和优化卫生事业支出结构，加强农村公共卫生工作，全年投入2057万元。加大对社会保障的投入力度，提高城乡低保、新型农村合作医疗补助水平和企业退休人员基本养老金水平。

【深化财政改革】探索国库集中收付改革。做好国库管理基础性工作，建立内部约束机制，明确责任分工，严格按照工作程序和规章制度办事；集中调度财政资金，实行综合财政预算管理，将预算内资金、大中型水库直补资金、农发基金、农业综合开发资金、工业发展基金、扶贫资金和社保基金等纳入国库统一管理；将会计集中核算与国库集中支付业务融合，做好全区行政事业单位工资统发、车辆定点保险结算、公共费用托收托付、协助收付各类保险金等，指导行政事业单位做好现金、固定资产、预算外收入的辅助核算工作。深化综合预算改革。调整部门预算支出结构，按照“零基预算”的要求，完成全区53个一级预算单位及学校等二级预算单位支出预算编制和支出预算执行工作；规范预算编制，将全区非税收入纳入部门综合预算编制范围，增强部门综合预算的完整性；完善预算指标管理，规范和优化预算执行管理。推进政府采购制度改革。贯彻实施《政府采购法》，规范政府采购行为，扩大政府采购规模，将已纳入政府集中采购目录的货物、工程和服务类项目全部纳入政府采购。全年完成政府采购397批次，实际采购资金1439万元，资金节约率10.8%。按照集中采购目录及限额标准，做好公开招标、部门集中和分散采购，以及实行协议供货制度，提高政府采购效率和质量。

【加强财政监督】推进财政支出绩效评价工作。完成2007年度区本级专项支出50万元以上、涉及教育、卫生、农业、科技和民政等部门（单位）14个项目的绩效评价，涉及财政资金4523多万元。开展财政监督检查。配合区审计局做好对区本级财政的审计和各项专项审计调查，对查出的问题及时整改。对柯城区新世纪学校会计信息质量进行检查，对检查中发现的会计人员无证上岗、应收款长期挂账、学校食堂核算不规范等问题，及时作出整改；会同区农办、区审计局对全区20个农业开发、下山脱贫财政扶贫资金项目实施情况进行检查；强化国有资产管理，对全区行政事业单位资产进行核查，摸清行政事业单位经营性和非转经资产“家底”。规范对国有资产处置工作，全年核销固定资产166万元，核准划转固定资产151万元；加强政府性债务管理，完成全区政府性债务调查、汇总和上报工作，做好债务的化解工作，年末政府负债的负债率、债务率和偿债率分别为6.0%、68.23%和40.44%。加强会计管理。做好会计从业人员继续教育、会计职称和会计从业资格考试组织工作。全区有会计从业资格证书持证人员1372人；全年举办会计从业人员继续教育培训班11期，培训会计人员800多人次。加强财政支出审核。会计核算中心完善支出经费审核制度，明确财务稽审人员的岗位职责；强化内部制度建设，修订各项内部经费审核制度，严格履行审批、审核制度，严格执行备用金制度，细化收支结报；制定乡镇会计集中核算单位收支稽核标准，明确各项开支标准。全年共纠正各种不规范原始凭证360余笔，杜绝不合理开支146万元，规范随意发放的津贴52万元，拒付应列入政府采购而擅自办理的业务4笔，金额10万元。

【干部队伍建设】加强干部学习教育，提高财政干部行政执法能力。组织财政干部学习《预算法》、《会计法》、《政府采购法》、《干部行政处罚条例》等财政法律法规。抓好《公务员处分条例》和中纪委《规定》的学习，开展理想信念、职业道德和反腐倡廉教育。采用多种形式，有计划有步骤地做好财政业务培训。加强党风廉政建设。召开局党组会议和全局党风廉政建设工作会议，构建财政专项惩防体系，健全机关内部约束机制。局党组与各职能科室层层签订党风廉政建设责任书；加强制度建设，建立和完善内部管理规章制度、机关工作人员岗位职责和各种考核奖励办法，推进政务公开各项举措的落实；执行区公务接待的有关规定，经费报销实行“三单合一”、“三人同签”；坚持民主集中制原则，中层干部任用实行民主推荐；执行领导干部个人重大事项报告制度，提高干部廉洁自律；加强干部教育管理，履行“一岗双责”，加强督查和落实责任追究机制。加强精神文明创建活动。开展文明机关、文明单位争创活动，增强干部队伍凝聚力和向心力，树立财政新形象。年初，由局主要领导带队，分赴联系乡——毛坞村抗击冰冻雪灾；参加区委、区政府“千名干部帮千户奔小康”活动，全局干部职工与联系乡——七里排村32个低收入农户结对；“5.12”四川大地震后，全局干部职工向灾区捐款，共产党员为灾区缴纳“特殊党费”，全局共向灾区捐款近2万元，其中“特殊党费”13700元。（衢州市柯城区财政局供稿 徐良书执笔）

衢州市衢江区

【概况】2008年，衢江区实现生产总值62.41亿元，比上年增长10%。其中：第一产业增加值13.30亿元，增长8.3%；第二产业增加值29.51亿元，增长9.4%；第三产业增加值19.60亿元，增长12.2%。三次产业占比调整为21.32:47.28:31.40。人均生产总值15564元，增长9.7%。全区财政总收入3.63亿元，增长4.75%，其中地方财政收入2.28亿元，增长8.98%；全区财政支出7.13亿元，增长22.51%。全年财政收支平衡。

【支持经济发展】支持工业经济发展。全年统筹资金8842万元，支持衢江经济开发区和廿里、上方、大洲三个乡镇工业功能区基础设施及配套建设。兑现财税优惠政策1500万元，安排财政贴息1000万元，工业发展基金300万元，支持特色产业发展；取消和暂停涉企收费112项，降低涉企收费标准35项，减轻企业负担1100余万元。下调基本养老保险企业缴费比例和减征社会保险缴费企业统筹部分，减少企业缴费800余万元。成立小额贷款公司，帮助61家企业获得贷款5720万元。全区新增规模企业7家，规模企业实现产值48.10亿元，增长26.8%；工业增加值23.93亿元，增长10.1%，对GDP贡献率36.1%。安排科技创新专项资金400万元，实施省级技术改造、技术创新项目28个，新增高新技术企业研发中心1家、省级名牌产品和著名商标各2个、工业新产品12个。*支持传统优势产业和生态高效农业发展*。全年区级财政支农支出3090万元，增长4.4%。支持农业基础设施、农业综合开发、“粮、橘、竹、猪”传统优势产业发展。全区全年发放粮农综合补贴等惠农补贴3870万元，粮食总产量19.41万吨，增长4.3%，被评为全省粮食生产先进县。实施柑橘、毛竹、畜牧业提升工程，建立区级柑橘质量提升工程示范点16个面积1.35万亩、高效毛竹基地2.46万亩、改造毛竹低产低效林3.42万亩。建成生态畜牧小区16个，规模养殖率66.7%，生猪产业规模居全省第三位，牧业收入拉动农民纯收入增长5.6个百分点。发展蔬菜种植12.23万亩、改造油茶低产林4000亩、发展太阳鱼基础1060亩。培育农业龙头企业53家，农产品加工值17.3亿元，增长16.1%。新增省级无公害农产品产地5个、国家无公害农产品6个。培育专业绿色示范村20个。*促进第三产业发展*。支持现代物流业、特色旅游业和房地产业发展，服务业增加值增幅分别比地区生产总值和工业增加值高出2.2个百分点和2.1个百分点，对GDP增长贡献率38.6%。支持特色旅游业，新发展农家乐特色村(点)5个，大洲板固兰花村、大路畲族文化风情旅游村被命名为省级特色旅游村，黄坛口乡创建省级旅游强乡，全年接待游客127万人次，增长20.2%，旅游总收入6.95亿元，增长26.4%。房地产开发面积8万平方米，交易面积17.8万平方米；建筑业产值16.38亿元，增长36.7%。

【强化收入征管】加强与国税、地税等部门的工作协调，完善政府税收目标责任制。坚持每季度末召开税收形势分析会，依法强化重点税源控管。开展耕地占用税、契税调查分析，完善国土、建设、开发区等部门参加的协税护税网络。完成国有土地出让契税补征工作，全年契税征收入库1508万元，增长99.7%。坚持“以票管费”，运用新版政府非税收入征管信息系统，加强土地出让金、新增建设用地土地有偿使用费、教育费附加的征收管理，提高政府财政调控能力。

【保障重点支出】根据公共财政要求和区财政的保障能力，确立“一保吃饭、二保运转、三要刚性配套、四要适度建设、五要逐步解决历史欠账”的理财原则，统筹政府财力，确保改善民生等重点支出需要，全区财政增量用于改善民生支出1304万元。全年区级财政教育、医疗卫生、科技、文化支出分别为1.32亿元、2700万元、1110万元、495万元，分别增长2.9%、3.3%、3.0%、3.3%。重视教育投入，建成标准化学校12所，完成中小学校维修面积6万平方米，区实验学校和东港学校建成启用。农村教师任教津贴政策全面落实。推进公共卫生建设，区妇保院医疗保健院，浮石、太真、双桥等6家社区卫生服务中心、49家社区卫生服务站建成使用，17万农民接受健康体检。发展文化广播事业，新建成杜泽、岭洋等乡镇文化站4个，创建省级文化示范村1个、市级文化特色村3个。投入广播、电视专项资金255万元，新增有线电视用户4200户，全区广播人口覆盖率94.7%，电视人口覆盖率96.2%，农村有线电视入户率73%。全区投入体育建设资金344万元，增长11%，拥有健身活动场所106个，人均体育活动面积1.1平方米。村级体育设施实现全覆盖，灰坪乡完成省体育强乡创建。全年社会保障和就业支出7070万元，其中区级财政支出1690万元，增长3.3%。困难学生资助政策落实到位。6866户低保对象实现应保尽保，农村“五保”、城镇“三无”人员集中供养率分别达90.4%和96.2%；残疾人康复工程助残1590人，450户农村困难群众得到住房救助。全区基本养老保险参保26749人，比上年增加5877人，其中企业养老保险参保20227人，增加3169人。被征地人员养老保险实现当年即征即保。新增基本医疗保险参保4230人，城镇居民医疗保险、新型农村合作医疗保险参保率分别为97%和92%。落实再就业免费培训等政策，城镇新增就业1126人，城镇失业人员实现再就业407人。

【支持新农村建设】整合支农项目资金7860万元，增长31%。支持千村示范万村整治、垃圾填埋、沼气工程、村道硬化、饮用水工程等建设。推进“千库保安”工程建设，高家堤防加固、大洲白西坑等6座水库“千库保安”工程完工。推进下山脱贫工程建设，启动廿里公寓式安置房、黄坛口摇篮脱贫等小区建设，全年转移安置山区库区困难群众752户2659人，搬迁自然村48个。推进上方自来水厂等项目建设，全年改善和解决7.44万农民饮用水安全问题。实施农民素质培训工程，培训农民4132人，培训后转移就业3521人，全年农民工资性收入占人均纯收入44.6%。

【支持环境保护】全年用于环境整治支出9360万元，增长17.7%。衢江区经济开发区在全省首批通过省级经济开发区环境整治验收，举村乡被命名为省级生态乡。完善工业项目决策咨询协调机制，全年决策项目207个，搁置和否决项目22个。支持污染整治，完成85个规模养殖场排泄物治理，推进乌溪江饮用水源保护区环境污染整治，关停库区活性炭生产企业4家，玻璃拉丝企业6家，取缔网箱养殖和灯光诱捕7万平方米。建成湖南镇生活污水处理站。扶持清洁生产，5家企业列入省级清洁生产试点企业。加强企业能耗和排污管理，全区规模以上工业万元综合能耗下降15.9%，万元工业增加值15.5%；工业固体废物综合利用率97.2%、工业烟尘排放达标97.1%；二氧化硫总削减率15.9%，化学需氧量总削减率31.6%，全面完成节能减排指标。

【推进财政改革】推进预算编制改革，在民政部门实行部门综合预算，实现部门综合预算零的突破。推进非税收入管理改革。法院诉讼费、慈善总会收入、协会收入和往来款票据收入全部纳入非税收入财政专户管理，政府性基金以及农业、水利、建设等15个部门的非税收入实行预算和计划管理。加大投融资体制改革，利用新组建的区国有资产经营公司，整合国有资产，完成区行政中心及水利局办公大楼、衢江花园等总价值3.17亿元的资产过户工作。完善与银行间存款办法，有效利用间歇性财政资金。

【加强财政监管】全面实施预算审查监督条例和政府信息公开条例，通过政府网站，公开办事依据、办事程序、办事结果，接受社会监督。编印财政专项资金管理文件汇编，印发有关部门对照执行。推进“金财工程”建设，全面启用指标管理系统，财政资金申拨纳入电脑管理，对行政事业单位及未纳入会计集中核算的乡镇采用远程报账。推进财政支出绩效评价工作，制定财政支出绩效评价工作实施意见、操作规程和专家管理办法，完善内部协调工作制度，全年完成农村公共卫生、康庄工程、下山脱贫工程等财政支出绩效评价项目8个。深化政府采购制度改革，扩大政府采购范围和规模。开展财政周转金清理、预算内外资金清理及账户归并工作。加强政府性债务管理，启动化解义务教育负债工作。加强会议、接待、车辆等经费管理，压缩一般性财政支出4450万元。加强会计管理工作。举办会计人员继续教育培训班8期，培训会计人员1050人次。严格行政事业单位经费拨付和经费报销制度，纠正错账230笔，涉及金额1003万元，拒付不合理开支48笔，涉及金额354万元。

【加强队伍建设】加强政治业务学习，组织学习政治理论、党的十七大和十七届三中全会精神、政策法规和财税业务知识；组织收看《于丹〈论语〉心得》电视教育片并进行讨论。开展"树新形象、创新业绩"主题实践活动，局主要领导到全旺镇马蹊村蹲点调研，走访低收入农户和困难群众，与村干部商讨促进农民增收方法。深入到浙江雁杰公司等企业，帮助解决实际问题。开展群众满意度测评活动。以"服务态度、服务质量、服务效率、勤政廉洁"为测评内容，印发《测评表》，局机关各科室、直属单位接受区属部门、乡镇及相关企业财务工作人员的测评，并以此为主要依据，评选出先进科室2个，满意科室8个。加强内控制度建设，建立健全财政资金审拨制度，明确分工，落实责任。完善票据和印鉴管理制度、收缴并销毁过期不再使用的公章、印鉴132个。建立财政内部监督检查制度，对职能科室资金管理使用情况实施监督检查。加强党风廉政建设，局长与分管领导、分管领导与科室负责人签订《党风廉政建设目标管理责任书》，中层以上干部人人作廉洁自律承诺。发挥工会、妇联作用，组织开展羽毛球、乒乓球、跳绳、象棋等10项比赛活动，丰富业余生活。区财政局获2008年度衢江区争先创优综合先进集体称号。

（衢州市衢江区财政局供稿 舒雪贵执笔）

江山市

【概况】2008年，江山市实现生产总值130.7亿元，比上年增长13.9%。其中第一、二、三产业增加值分别为14.6亿元、75.3亿元、40.8亿元，分别增长8.3%、16.2%、12.5%。全市财政总收入10.34亿元，增长14.6%，其中地方财政收入6.21亿元，增长15.7%；全市财政总支出11.66亿元，增长28.8%。全年财政收支平衡。

【支持经济发展】参与制订本市工业提升36条、保稳促调12条和促进外贸、房地产业发展等扶持政策，降低基本养老保险费费率，落实社保费临时下浮政策，拟订城镇土地使用税补助办法，安排扶工惠企资金1亿元。调度资金1.35万元，支持工业园区开发、城乡供水及污水处理工程等建设。筹措4200万元资金，支持重点骨干企业和成长型企业。调度财政资金1.4亿元，帮助企业转贷2.2亿元。审批减免税费、企业财产损失税前扣除4417万元和3058万元。开展项目包装和对接，全年争取上级资金5.7亿元；为支持政府投资项目及支柱产业提供融资保证，取得国家开发银行、温州银行各5000万元的优惠利率贷款。落实平台建设项目贷款1.3亿元，支持山海协作示范区和中部工业园区的开发建设。投资5000万元和1000万元组建江山市莲华山投资开发有限公司和联城消防集团股份有限公司。

【增强政府财力】贯彻新企业所得税法，完善企业所得税分类管理办法；推进年所得12万元以上个人自行纳税申报，抓好个人所得税全员管理。落实城镇土地使用税新条例，建立纳税人土地使用税动态管理档案；完善房地产交易税收一体化征管，贯彻落实新耕地占用税条例。推进"五费合征"工作，开展社会保险费缴费评估、养老保险费汇算清缴核查和欠费数据清理，各项社保费收入增长18%；加强非税收入管理，抓好教育费附加、地方教育附加和水利资金的征收管理，三项规费收入增长13.1%。落实促进第三产业发展的有关政策，引导企业实施主辅分离。加强对企业股权登记、注销户、土地权属变更等数据监控，强化营业税、土地使用税、个人所得税的控管。

【推进公共服务均等化】当年73.1%的新增财力用于民生方面的支出。加大"三农"投入。支持农业综合开发、土地整理、农田水利、农业科技、扶贫开发等农业重点工程建设；扩大农民就业、改善农民生活、增加农民收入方面支出9900多万元，落实种粮农民和农业生产资料增支等直补政策，实施山区农民下山脱贫和农民转移培训"阳光工程"，开展农民住房和政策性农业保险，推进农村安全饮用水、沼气工程建设；支持村规模调整和农村基层组织建设，启动乡镇"六小"工程。支持教育事业发展。全年教育支出3.2亿元，增长24.6%；落实义务教育经费保障机制，提高义务教育阶段中小学日常公用经费保障水平和教师公积金缴存标准，设立农村教师任教津贴；提高特殊教育学校生均公用经费和教师津贴，将学生全部纳入贫困生资助范围进行补助；推进城区教育布局调整和农村中小学"两改"工程建设。做好弱势群体的救济救助和优抚工作。实施残疾人共享小康工程；及时拨付雨雪冰冻灾害的救灾补助资金和问题奶粉财政补助资金。调整被征地人员基本生活保障政策，出台重点优抚对象医疗保障办法，建立多渠道筹措廉租住房保障资金机制，支持农村危房改造和解决低收入家庭住房困难。支持公共卫生建设。提高城镇居民医疗保障、新型农村合作医疗人均筹资和报销补偿标准；加大血吸虫病、手足口病等传染病防控投入。

【深化财政改革】制定《政府采购预算管理暂行办法》，试编政府采购预算，政府采购支出一律按采购结果实行直接拨付；指导卫生部门开展采购计划管理，首次组织农用物资政府采购。规范财政专项资金管理，实施农业专项资金集中核算、收付，制定司法救助、科技进步等专项资金管理办法；开展国库集中收付改革试点。完善乡镇(街道)固定资产管理和项目资金使用管理办法；开展乡镇财政赔补挂账、财政周转金和农村合作基金清理。推进"金财工程"一体化建设，应用FOA综合办公平台、财政收入动态分析系统和新版政府非税收入征管信息系统；完善TF2006各模块的应用；扩大"一户通"电子解缴范围，开展企业CA认证试点。

【加强国资管理】编制国有投资公司债务计划，制定国有投资公司和国有企业会计人员财务分析例会制度，强化国投和国有公司财务监管；下发行政事业单位国有资产管理暂行办法及其实施意见，规范行政事业单位国有资产管理；对原乡镇区划调整后闲置资产实行分类管理,与各乡镇签订资产托管协议书,对闲置国有资产进行公开处置。

【强化财政监管】抓好政府性债务计划的编制,建立债务统计分析会议制度,开展乡镇债务清理核查,对义务教育债务进行逐笔审核、确认,制定分类化解方案,基本化解全市义务教育债务;加强教育投资项目资金来源审批管理,规范公办学校项目投资立项、投资规模、资金来源的管理,控制教育新债务发生。做好雨雪冰冻灾害救灾款发放和抗震救灾捐赠资金的监督管理;举办绩效评价业务培训,开展3个全省联动项目和12个本级项目的支出绩效评价。出台《江山市行政事业单位内部财务管理制度示范本》。建立预算外资金支出追加制度;全面清理财政票据,实施财政票据换版;编制土地出让金收支预算计划,对欠缴的土地出让金实施定期收缴核对;规范土地组价及结算时间,完善土地出让金核算;启动财政周转金清收扫尾工作。把好政府投资资金来源审核关,使项目投资纳入可控范围之内,深化对政府性投资基建项目的源头评审和监督管理,健全政府性重大投资项目全过程跟踪问效机制,执行政府性投资项目直接拨付制度。

【强化队伍建设】深化"十七大"精神主题教育,开展"树新形象、创新业绩"活动。制定干部学习培训计划,组织年轻干部开展军训和拓展训练。鼓励和支持干部参加经济师、会计师、高级会计师等资格考试。开展科学发展"点子"征集活动,广泛征集优化财政收支结构、完善财税管理等方面的建议、设想与解决方案。制定《干部职工诫勉谈话办法》,对存在不良行为、尚未构成纪律惩处的干部职工实施诫勉谈话。层层签订廉政责任书,建立财政部门惩治和预防腐败体系。发布《重要提醒》,防止干部参与民间高利贷,开展作风建设执行情况专项检查,在江山信息网增加网上评议财政地税干部行业作风窗口,组织纳税人满意度和服务承诺兑现调查,召开民主监督员、特邀监察员座谈会。完善各项制度,加强内部管理,开展内部监督检查。邀请法律工作者作专题讲座,开展廉政征文和演讲活动。开展群众满意基层站所创建活动。参与低收入农户奔小康活动,全局193名干部职工与3个联系村低收入农户结对,开展针对性帮扶工作;参加"全体市民齐捐书、共建和谐新农村"和向四川地震灾区捐款献爱心活动。组织"迎奥运登西山"活动,组队参加篮球联赛、维权知识竞赛。在全市评议市机关部门活动中,连续第三年被评为市机关部门评议最佳满意部门。(江山市财政局供稿 董志成 王成诗执笔)

龙游县

【概况】2008年,龙游县实现生产总值90.72亿元,比上年增长14.3%,人均生产总值22545元,增长14.0%。其中:第一产业增加值9.23亿元,增长6.0%;第二产业增加值52.91亿元,增长17.3%(其中工业增加值45.51亿元,增长19.9%);第三产业增加值28.58亿元,增长12.5%。第一、二、三产业结构比为10.2:58.3:31.5。全县财政总收入7.43亿元,增长23.6%,其中地方财政收入4.70亿元,增长16.0%;财政支出9.24亿元,增长23.8%。全年财政收支平衡。

【支持经济发展】科学调度财政资金,突出财政扶持重点,全年共拨付开发区建设资金1.33亿元。设立工业发展、服务业发展、节能减排等专项资金,将财政资金重点投向园区拓展、产业发展、基础设施建设等,推动工业经济发展,加快推进农业产业化进程,加大对第三产业扶持力度。创新财政扶持方式,与国税、经贸等部门联手,建立企业享受财政奖励联审制度,在对企业的承诺内容、项目履约、完成投资、经营纳税情况等进行联合审核的基础上,及时明确并落实对企业的各项财政奖励措施。

【组织财政收入】完善治税机制。建立"政府领导、税务主管、部门配合、司法保障、社会参与"的社会综合治税体系,形成全社会携手共抓的良好治税环境。创新征管手段。建立月度税收业务工作例会制度,及时把握经济发展趋势和收入变化情况。制定交通运输业税收征收管理办法,强化"以票控税"征管模式,加大对交通运输业及个体经营户等税收薄弱环节的征管力度。开展纳税评估,有效堵塞征管漏洞,全年评估入库税收2900万元。加强非税收入及其他政府性基金的征管。重点开展对土地出让金收缴情况的清理,催收以前年度欠款和及时督促当年应缴款项入库,全年土地出让金收入3.33亿元。稳步推进社会保险费"五费合征",全年征收社会保险费1.76亿元,增长17.2%。

【加大民生投入】按照公共财政的要求,优化支出结构,保障事关民生的重点支出,全年民生支出占财政总支出的比重由上年的73.3%提高到77.0%。支持新农村建设。按照"多予、少取、放活"的原则,加快实施新农村建设系列工程,全年共安排财政支农资金2.05亿元,用于支持乡村康庄工程、农民饮用水、沼气工程、下山脱贫、中心镇(村)培育等项目建设。支持社会保障体系建设。全年财政安排社保和医疗支出1.33亿元,增长27.5%。做好弱势群体的救济救助和优抚工作,调整完善新型农村合作医疗、城镇居民合作医疗、被征地人员基本生活保障等政策。支持义务教育保障机制改革。全年县财政安排教育支出2.47亿元,免除义务教育阶段书本费和作业本费,提高义务教育阶段中小学生均公用经费保障水平,建立教师福利待遇稳定增长机制。

【深化财政改革】按照财权与事权相匹配的原则,完善、调整开发区、乡镇(街道)财政管理体制,采取"划定范围、核定基数、超收分成、欠收赔补、专款专用"的办法,重新核定收支范围和基数,增强开发区自我积累、滚动发展的能力,调动乡镇(街道)发展经济和科学理财的积极性。推进财政精细化管理,按照分步实施的原则,对卫生系统部门预算进行细编,将每一项经费落实到每个具体实施单位。充实"三个库"建设,即财政扶持政策项目库、企业享受财政扶持政策数据库、政府投资项目资料库,把好"项目"、"政策"、"资金"关卡。编印《扶持工业发展政策汇编》,优化政策,营造环境,推进工业化进程。

【强化财政监管】完善政府性项目管理体系。出台《政府投资项目造价审核管理实施意见》,把对项目的监管从事中监管和事后监管拓展到对招投标文件、预算(标底)及施工合同审核的事前监管,提高政府资金的使用效益。全年共完成概预算、结算审核(价)项目318个,送审金额6.57亿元,审定金额6.16亿元,平均核减率为6.2%。推行财政绩效评价。组织绩效评价业务培训,召开内部联席会议,开展"新中天"杯绩效评价宣传活动,编制《绩效评价案例集》,做好绩效评价基础工作。制定中介机构参与绩效评价工作暂行办法,选取5个项目委托中介机构参与绩效评价。建立预期绩效目标申报制度与内部考核制度,对项目指标进行量化、细化,提高评价质量。强化会计监督职能。发挥会计核算中心在执行财政预算、管理财政资金以及政府采购等方面的核算和监督职能,对行政事业单位招待费实行"总额控制、三单合一"动态监控,规范报账制度;对重点项目资金、国债资金以及农业、民政等各类专项资金实行专户管理、专账核算,专款专用;对需要经政府采购和财政审价的项目加强审核。全年共拒付和纠正违规业务632笔,涉及金额3472万元。

【提升国资效能】优化资金、资产结构。通过融资项目的以新换旧,调整优化贷款资金结构,减少短期贷款和商业银行贷款额度,提高长期贷款和国家政策性银行贷款比例,减小政府即期还贷压力,降低资金使用成本。完成抵押物的置换工作,将不具备开发条件、增值能力较弱的资产与便于盘活、增值能力较强的优质资产借新老项目的更替进行置换,盘活存量资产。

挖掘资产潜力。推进矿山、砂石等自然资源的有偿使用,提升资产收益,全年取得砂滩出让金3001万元、采矿权出让所得368万元。加强行政事业单位经营性资产管理,进行公开招租,成功招租171个标的,年租金收益率增长24.7%。

推进国资主体有序经营。开展国有资产经营预算,对石窟旅游公司、县自来水公司、粮食收储公司、粮食批发市场及交通发展总公司等经营性国资公司,试编国有资产经营预算;对基础设施中心等项目性国资公司,实行项目预算与机构经费预算平行编制,并将预算管理与目标责任制考核相结合,建立长效激励机制。

【加强队伍建设】按照人岗匹配的原则,加强岗位职责调研,优化人力资源配置,开展中层干部竞争上岗和一般干部双向选择。推行"一站式"、"一窗式"服务等便民服务措施,提高办事效率和优化服务环境。坚持"标本兼治、综合治理、惩防并举、注重预防"的方针,抓好党风廉政建设责任制分解落实,建立健全与财税工作相适应的教育、制度、监督并重的惩治和预防腐败体系,保护好财政队伍安全。制定干部教育培训计划,培养复合型和实用型人才,全年举办培训班25期,940人次参加培训;开展干部在职教育。建立乒乓球、羽毛球、文艺、书画、棋类、野外等六大兴趣活动小组,开展"喜迎奥运"棋牌比赛、"迎新年"文艺晚会等活动,丰富干部八小时以外业余生活。

(龙游县财政局供稿　李　鑫执笔)

常山县

【概况】2008年,常山县实现生产总值59.70亿元,按可比价格计算,比上年增长12.2%。其中第一、二、三产业增加值分别为6.30亿元、33.0亿元、20.40亿元,分别增长9.5%、12.2%、13.0%。人均生产总值为17601元。全年财政总收入5.52亿元,增长21.3%,其中地方财政收入3.55亿元,增长25.3%;全年财政支出8.69亿元,增长25.4%。全年财政收支平衡。

【支持经济发展】调度财政资金支持工业园区和乡镇工业功能区建设,支持企业技术改造、科技创新,鼓励发展循环经济和外向型经济。全年共拨付扶持工业企业发展资金2093万元,其中技改贴息资金178万元、外贸出口奖补资金400万元。减免和优惠社会保险费1866户692万元、土地使用税63户620万元;办理政策性税收减免596万元,共涉及纳税人765户。推进招商引资、项目建设,促进工业经济平稳发展。把发展现代服务业和提升传统特色服务业作为工作重点,支持工业企业主辅分离发展服务业。加强财政资金调度,支持实施服务业发展规划,加大第三产业专项扶持资金和发展引导资金的投入。

【加大支农投入】制定《新农村建设项目申报指南》,安排新农村建设专项资金,保障新农村建设。加大"三农"投入,整合财政支农资金,扶持农产品基地建设和农业产业化,完善农业补贴政策。落实专项资金,支持新型农业服务体系建设。加大农业综合开发投入,支持农业基础设施、农业科技创新、高效生态农业和现代农业产业体系等建设。认真落实粮油种植大户财政直补等政策,推行"一折通"兑现模式,全年共兑现农资综合直补、粮食直补等资金1311万元,受益农户7.9万户。

【增强政府财力】组织税收收入,及时安排落实年度收入计划,加强收入形势分析,研究经济、征管、政策等因素对财政收入的影响,增强组织收入工作的前瞻性、主动性和有效性,化解组织收入风险,确保收入及时、足额入库。加强非税收入征管,深化和完善"地税征收、社保支付、财政监管"的社会保险基金管理模式,推行"五费合征"。推广应用政府非税收入征管信息系统,加强对国有土地使用权出让等资源有偿使用收入的征收管理。加强地方收入征管,整合内部资源,提升地方财政收入质量,地方财政收入占财政总收入、税收收入占地方财政收入的比重分别为64.4%和81.4%。

【推进和谐社会建设】按照"增量优方向、存量调结构、增量调存量"的原则,优化财政支出结构,着力解决人民群众最关心、最直接、最现实的就业就医就学、社会保障和环境保护、社会安全和安全生产、基层文化建设等方面问题。当年县财政增量用于民生支出占69.2%。支持教育事业发展。推进义务教育经费保障机制改革,提高中小学公用经费保障水平;继续实施农村中小学教育"四项工程"、"农村中小学现代远程教育工程",支持职业教育发展,完善贫困学生资助体系,足额安排助学贷款贴息资金和低保家庭大学生奖励资金,支持特殊教育的发展。加大社会保障和公共卫生投入。完善促进就业再就业政策,重点扶持城镇零就业家庭和农村低保家庭劳动力就业;支持农村困难群众实施危旧房改造,推进政策性农村住房保险工作,落实自然灾害救助资金;提高新型农村合作医疗财政补助标准,深化城镇居民医疗保障制度和医疗救助制度;支持农村社区卫生服务中心建设,完善农村社区公共卫生财政补助政策。加大环境保护和生态建设投入。落实化工园区整治资金,推动"生态县"建设。加强平安社会建设。建立健全法律援助和司法救助体制,实施人民调解奖励制度,加强农村社区公共安全,支持食品药品监管体系建设和"十小"行业专项整治工作,推进"平安常山"建设。支持基层文化建设。开展全县广播电视"村村通"工程建设,加强公共文化体育设施和农村文化建设,加大文化遗产保护力度,加快推进"特色文化(先进文化)县"建设。加大对农村山区的扶持力度。加大新农村、新社区建设的投入,推进"低收入农户奔小康工程",改善农村生产生活条件。

【加强财政资金管理】健全和完善财政资金内控制度,推进财政资金管理制度化、规范化和信息化,建立财政资金管理体系。完善财政性资金管理方案,建立和完善多项配套制度,如内部监督检查制度、限时办结制度、财政资金拨付管理规程等;制定和完善工业发展、新农村建设、服务业发展、民情沟通日等20多个专项资金管理办法,规范资金的申报、审核、审批、拨付程序;修订政府采购目录;修订完善国有资产交易制度等。建立资金拨付使用跟踪检查制度,检查资金使用的合理性和效益性,对有关项目资金的使用情况开展绩效评价工作。加强检查力度,发挥财政监督、监察职能,采取多种形式,定期与不定期地对内控制度监督和监察。

【推进财政改革】按照建设公共财政的要求,突出体制机制创新和理财观念转变,推进财政改革,着力构建"一个笼子管收入,一个盘子编预算,一个口子管支出,财政监督全过程"的财政运行机制。改革预算编制制度。全面实施新的政府收支分类体系,应用预算指标管理信息系统,规范预算编制管理,提高预算编制和管理水平。将政府采购纳入预算编制范围。改革预算执行制度,推进国库集中收付制度改革,加强专项资金管理,将所有财政性资金纳入国库集中收付范围,全面启动预算执行系统软件。建立银行账户信息库,加强对全县行政事业单位银行账户的管理。建立"财税库银"联网机制,推进"乡财县管乡用"改革。深化政府采购制度改革,规范政府采购行为,发挥政府采购在支持自主创新和节能减排方面的政策功能,完善定点采购和协议供货制度,扩大政府采购范围和规模,全年政府采购金额2195万元,节约资金318万元,资金节约率为14.5%。推进财政支出绩效评价工作,建立全县绩效评价指标库,充实信息库,完善中介机构库,落实项目绩效自评,做好重点项目评价。

【强化财政监管】加强财政法制建设,推进政务公开,落实行政执法责任制,规范财政执法行为,全面推进依法理财工作。加强财政投资项目预算管理,强化项目支出审核与监督,完善基建资金财政直接拨付制度,实施政府投资项目效能监察,对全县重点建设项目实行全过程跟踪问效。加强政府性债务管理,控制和化解乡村债务、义务教育负债。加强财政支出管理,制定行政事业单位差旅费标准,推进节约型政府建设。开展行政事业单位国有资产清查,加强行政事业单位资产管理。开展会计信息质量检查,维护财经秩序。

【加强队伍建设】重视干部教育培训工作。按照干部管理权限落实培训责任,制定培训计划,培养复合型和经济型财政人才。年内组织系统内三分之一的干部职工到上海财经大学进行为期8天的脱产学习。举办财政、地税业务专业培训班,组织相关人员参加上级组织的业务知识更新培训,提高干部政治思想素质和业务能力。改进工作作风,弘扬求真务实、开拓进取的作风,开展调查研究,探索新思路、寻找新办法。改革干部人事制度。按照公开、公正、透明的原则,完善以交流轮岗、竞争上岗为主要内容的选人用人机制,组织部分中层干部竞争上岗。加强党风廉政建设,签订廉政责任书,干部监督机制延伸到8小时之外。制定构建惩治和预防腐败体系五年工作计划,并进行责任分解。推进财税文化建设。开展"创建和谐财税、争做服务标兵"活动,县财政局被县委授予"创新型组织"和"服务型组织"称号。局机关一支部将ISO9000质量管理体系导入机关党建管理,党建工作经验在县里推广。发挥机关党组织和工会、共青团、妇委会作用,鼓励干部职工参加各种形式的文化体育活动,促进和谐机关建设。制定完善各项内部管理制度,以抓落实促效率为目标的政务督查工作。县财政局在县委组织的涉企部门"三评"(企业评部门、评环境、评个人)活动和"群众满意不满意单位"活动中,被评为"先进部门"和"群众满意单位"。

(常山县财政局供稿　郑秀平执笔)

开化县

【概况】2008年,开化县实现生产总值54.78亿元,比上年增长13.3%,其中第一、二、三产业实现增加值8.44亿元、28.2亿元和18.13亿元,分别增长8.5%、15.2%和13.1%。全县财政总收入4.88亿元,增长13.9%,其中地方财政收入3亿元,增长17.6%;财政支出8.63亿元,增长24.5%。全年财政收支平衡。

【支持经济发展】完善和落实财税扶持政策,支持乡镇工业功能区、华埠有机硅基地、工业园区平台建设,兑现"县工业36条"、硅产业发展、外贸发展等财政扶持奖励3455万元,减免各项税费2561万元,取消和暂停征收部分行政事业性收费1007万元,集中减征1个月企业统筹部分社会保险费421万元,扶持企业发展。发挥国有资产融资信用平台,县国有资产经营有限责任公司完成融资7000万元。筹措建立工业企业还贷周转金2000万元,加大支持信用担保机构担保风险补偿和金融机构企业小额贷款风险补偿力度,缓解中小企业流动资金担保难问题。推进农村商贸流通服务体系建设,支持农村合作社发展,加快发展现代服务业。落实扶持粮食生产的各项政策,发放农资综合直补资金1034万元,调动粮农种粮积极性。完成白渡中低产田改造和中村小流域治理农业综合开发项目建设,完成土地治理1万亩。

【组织财政收入】加强税收收入和非税收入的精细化管理。落实"抓大、控中、定小"管理方向,加强重点行业、重点税种征管和重点税源监控,推进以契税为龙头的房地产交易环节税收一体化征管,落实好车船税和城镇土地使用税政策调整,全面实施《耕地占用税条例》,税收收入持续增长。以房地产业、建筑安装业和化工行业为重点，开展税收专项检查，营造良好的纳税秩序。完善财政票据"按月结报"和"限量供票"制度，落实土地出让金加收滞纳金规定，深化非税收入"收支两条线"管理。完善社会保险费征管改革，推进"五费合征"，建立劳动密集型企业费率优惠制度，在保持企业合理负担的同时社保费持续稳定增长。

【保障民生支出】筹措拨付资金1328万元，支持雨雪冰冻、洪涝灾害应对和灾后重建。贯彻实施大中型水库移民后期扶持政策，拨付专项资金补助3847万元；支持土地开发整理，投入资金4077万元；支持农田水利基础设施建设，投入资金4447万元，实施"千万农民饮用水"、"千库保安"、"万里清水河道"等工程建设。农林水事务支出1.47亿元，增长33.4%。深化义务教育经费保障机制改革，提高中小学生均公用经费标准，全部免除城乡义务教育阶段学生课本费、作业本费，实施新一轮"职教六项行动计划"，全面落实困难学生资助政策，实行农村教师任教津贴政策，提高农村教师待遇，全年教育支出1.93亿元，增长29.9%。支持社会保障和医疗卫生事业发展，全年社会保障财政支出6937万元，增长29.2%；提高城镇居民医疗保险、新型农村合作医疗、农民健康体检的补助标准，落实困难群众基本生活物价上涨动态补贴政策，支持政策性农村住房保险和农村困难群众危房改造工作。加大农村公益文化投入，支持村级文化活动室、送戏下乡、村村通、村村响等工程建设。完善政法机关经费保障，改善政法部门技术装备，加大食品安全监督投入，深化"平安开化"建设。全年生态环保财政支出5511万元，增长64.5%，支持污水处理、垃圾填埋场等基础设施和生态县七大工程建设，推进污染减排工作。压缩行政机关公用经费支出预算的5%，全部用于支援四川灾区抗震救灾支出。

【财政管理改革】推进以部门预算、国库集中支付、财政支出绩效评价为龙头的各项财政改革。按照"收入一个笼子、预算一个盘子、支出一个口子"的要求，加强预算内外资金统筹力度，完善综合预算管理。开展国库集中支付制度改革调研，做好改革前期准备工作。按照区别对待、分类指导的原则，完善华埠经济强镇体制和一般乡镇财政体制，新建城关镇和工业园区财政管理体制。开展单位收费项目清理，做好非税收入新征管系统运行的基础性工作。开展万名农村劳动力素质培训工程专项资金、流浪乞讨救助管理经费、残疾人万户安居工程补助资金等绩效评价。对计算机等通用设备实行协议供货制度，节约采购成本，全年政府采购金额3016万元，节约资金525万元，资金节约率14.8%。加大支农资金整合力度，整合水毁复垦项目资金1056万元，新农村建设资金2200万元，提高财政资金使用效益。

【强化财政监管】落实《政府信息公开条例》，建立财政地税门户网站，推进公开理财治税。出台财政专项资金管理办法，规范财政专项资金管理。制定规范事业单位财务收支的实施意见，规范事业单位收支行为。定期开展乡镇财政和部门单位财务检查，规范乡镇部门财务行为。开展行政事业单位收费情况检查，降低收费标准。强化政府投资项目年度计划管理，有序安排政府投资项目资金，加强对政府投资项目的管理与监督，确保县重点项目工程顺利实施。做好财政周转金清理核销工作。加强国有资产管理，出台国有产权转让管理办法、县属国有资产投资经营公司管理办法，规范国有产权转让和投融资行为，推进政府投资项目建设，提高国有资产营运效益，确保国有资产保值增值，全年收缴企业国有资产收益3193万元。

【加强队伍建设】开展"树新形象、创新业绩"主题实践活动，帮助基层和企业解决实际问题，全局干部职工与近400家低收入农户结对帮扶。落实党风廉政建设责任制，坚持教育、制度、监督并举，修订《党风廉政行风建设责任制及考核办法》等17个内部管理制度，贯彻《开化县建立健全惩治和腐败体系2008～2012年工作细则》，加强制度落实的督查，确保党风廉政建设取得实效。坚持周一学习制度和每月一讲活动，以财税业务为主，兼之政治、文化、艺术和人文素养，提高干部综合素质。设立五大类九小类兴趣小组，举办文体比赛，引导干部职工形成良好的生活情趣和工作氛围。县财政局在2008年度县级机关部门综合考核中获第一名，在2008年度满意单位测评中被评为最满意单位；局领导班子被县委、县政府评为"十佳团结和谐好班子"。

（开化县财政局供稿　叶黎明执笔）

舟山市财政工作概况

舟山市

【概况】2008年,舟山市实现生产总值490.25亿元,比上年增长14.5%。其中:第一产业增加值49.18亿元,增长1.1 %;第二产业增加值226.44亿元,增长19.5%;第三产业增加值214.63亿元,增长12.8%。三次产业比为10.0:46.2:43.8。全市人均生产总值50683元,增长14.4%。全社会固定资产投资339.43亿元,增长21.4%。社会消费品零售总额157.83亿元,增长19.2%。外贸进出口总值60.53亿美元,增长48.5%。城镇居民人均可支配收入22257元,渔农村居民人均纯收入11367元,分别增长12.1%和16.9%。舟山港域货物吞吐量达到1.59亿吨,增长23.8%。海运运力达到293万载重吨,增长17.0%。全年接待游客1516万人次,增长16.2%。全市财政总收入66.68亿元,增长26.9%,其中地方财政收入43.15亿元,增长23.1%,地方财政收入占财政总收入的比重为65%。全市地方财政支出65.47亿元(剔除中央石油改革专项补助),增长27.6%。市本级财政总收入27.64亿元,增长14.7%,其中市本级地方财政收入19.10亿元,增长15.3%;市本级地方财政支出22.65亿元(剔除中央石油改革专项补助),增长14.7%。全市财政收支平衡。

【组织财政收入】依法治税,组织税收收入。加强税务登记管理,依托《税友2006》深化纳税评估;推进机打发票应用,完善收入预测机制。抓好主体税种征管,加强重点行业、重点企业的税源管理。贯彻落实新企业所得税法,做好个人所得税年所得12万元以上纳税人自行纳税申报工作;落实城镇土地使用税及车船税政策调整,加强对用石、用砂资源税源头控管;开展企业主辅分离调查及政策制定。全市地税部门完成地税收入36.43亿元,增长20.0%。"税费并举",组织非税收入。推进社保费"五费合征"征缴机制,做好扩面征缴工作,加大清欠力度,全市五项社保费入库10.51亿元,增长39.1%。加强非税收入汇缴专户管理,以票据结报管理为抓手,规范行政事业性收费和基金征收行为,将彩票公益金纳入政府性基金预算管理,进一步加强土地出让金、海域使用金征收,市本级政府非税收入共38.10亿元,其中土地出让金20.64亿元。

【支持经济发展】加强调研,参与制定各项产业扶持政策,发挥财税政策引导作用。加大财政投入,全市全年投入海洋经济发展资金3.70亿元,支持海洋经济重点产业的平稳较快发展。其中:船舶工业发展专项资金2373万元,水产品精深加工专项资金1273万元,扶持航运业发展资金8785万元,商贸流通业发展资金3152万元,旅游发展资金7254万元。加大财政科技创新投入,全市财政科技支出1.78亿元,增长19.8%,重点支持省海洋经济研究院建设和科研课题、实验室建设。增加安排中小企业发展资金500万元,扶持中小企业健康发展。落实上级保稳促调、扶持经济发展的各项财税政策,全市审批各种税费减免2.79亿元,增强企业的发展后劲。

【优化支出结构】调整和优化财政支出结构,全市新增财力用于民生方面的支出比重为78%。加大新渔农村建设的投入,推进城乡一体化进程。全市财政新渔农村建设支出16.31亿元,增长39.2%,投入渔农业发展和增效资金1.22亿元,投入"千村示范、万村整治"、病险水库除险加固等渔农村基础设施建设4.08亿元,其中用于中心渔港建设8428万元;投入暖促工程专项支出1.39亿元,其中用于渔农村小康社区建设补助7793万元。加大各项社会事业投入。全市财政教育支出9.71亿元,增长18.1%,深化义务教育经费保障机制改革,提高义务教育阶段公用经费保障水平,开展职业教育和渔农村转产转业技术培训,投入人才引进、培养经费3620万元。全市文化体育支出1.73亿元,增长26.2%,加快舟山海洋文化"六项工程"建设,促进公益性体育事业发展。支持创建卫生城市,投入专项经费3738万元。支持生态城市建设,投入经费8585万元。加大节能减排支持力度,促进循环经济的发展。创建"平安舟山",全市公检法司支出5.08亿元,增长21.5%。全市医疗卫生支出4.49亿元,增长25.5%。确保落实安全生产、食品安全监督、信访工作等专项工作经费。加大社会保障投入,改善人民群众生活。全市社会保障和就业支出4.12亿元,增长21%。市本级安排"菜篮子"经费及市场风险资金400万元,安排粮食风险基金800万元,确保市场供应。加大基础设施建设投入,优化发展环境。市本级财政用于基础设施支出1.65亿元。同时,通过筹集土地出让收入等政府性资金用于重大基础设施建设,缓解要素制约。压缩一般性支出。从市本级预备费中安排"汶川地震"100万元捐赠资金,对党政机关公用经费支出预算调减5%,专项用于抗震救灾。

【深化财政改革】深化部门预算改革。市本级170家单位纳入"e财"部门预算编制系统,部门预算编制范围扩大到全额拨款行政事业单位及其他使用政府性资金保障人员经费的事业单位,调整完善定员定额标准。推进国库集中收付改革。完善国库集中支付改革相关制度和操作软件,2008年1月1日起对市级单位财政统发工资及第一批实施单位实行财政国库集中支付,市教育会计结算中心纳入财政国库集中支付平台。推进财政绩效评价。完善评价组织方式,科学设置指标体系,组织实施以社会关注、惠民项目为重点的7个项目绩效评价。加大绩效评价工作的宣传力度,探索绩效评价结果应用机制。深化政府采购改革。扩大采购范围和规模,组织实施政府采购执行情况专项检查,加强对计算机等通用设备协议供货管理,规范车辆加油行为,通过政府采购确定一批赴杭公务住宿点。全市政府采购金额6.26亿元,节约采购资金9209万元,节约率12.8%。*完善财政体制*。完善市与定海区地方财政收入分成办法。按照"核定基数,超收留成"的原则,制定新城管委会财政体制。根据普陀山正山门票调整后的实际运行情况,制定普陀山管委会财政体制的调整方案。*做好规范公务员津贴补贴工作*。审核批复定海、普陀两区规范公务员津贴补贴实施方案,对市本级纳入规范范围单位的津补贴实际水平进行核实测算。

【加强财政监管】*加强财政专项资金管理*。以会计核算中心为平台,强化专项资金核算。开发管理软件,对市本级部门预算单位的车辆实行动态监控管理。加强对油价补贴资金监管,做好对口支援青川县红光乡灾后恢复重建资金的管理工作。*强化政府性债务监管*。强化政府性债务计划执行情况监督,制定乡镇政府性债务化解奖励办法,全市化解义务教育阶段债务3248万元,向上争取获得农业综合开发土地治理项目中央财政有偿资金债务核销款507万元,政府性债务管理经验被财政部推广。*强化财政性投资项目监督*。抓好基建立项关、资金拨付使用关、项目"三算"审查关,对政府性投资项目实施全过程监管。全年共完成审核项目12个,审定投资1.27亿元,审减资金1827万元,审减率12.6%。加强行政事业单位国有资产管理。制订市本级行政事业单位资产核实暂行办法,规范国有资产核实工作。*加强会计和财政监督检查*。加强会计从业资格管理,开展先进会计工作者评选表彰活动,加强会计师事务所、资产评估机构行业自律建设。开展会计信息质量检查和会计师事务所执业质量检查,对彩票的发行销售及财务情况、市属单位非税收入管理、票据管理、财务管理、预算执行和政府采购等情况进行抽查。*规范企业财务管理*。抓好国有及集体企业年报汇审,参与粮食生产安全体系建设,首次通过网上拍卖市本级储备的6800吨早籼谷,新增市本级政府应急周转粮1000吨,提高政府调控粮食市场的能力。*加强经营性国有资产管理*。对16家国有企业实施经营业绩考核,4家管理型企业工作业绩考核,完善2008年经营业绩考核体系,建立企业负责人中长期激励约束机制,深化国有企业改革,配合有关部门妥善解决国企改革中的遗留问题。

【加强队伍建设】*加强作风建设*。完善对基层单位干部岗位目标责任制考核。推进依法行政工作,落实行政执法责任制和执法过错责任追究制,做好政府信息公开工作。*深化学习型组织建设*。开展十七大主题宣传教育活动、"解放思想、创业创新"大讨论活动、"树新形象、创新业绩、促新跨越"主题实践活动、"迎大桥经济、创行业新风、塑窗口形象"主题行风创建活动、"两创四敢"争先创优活动等。落实各项学习制度和措施,组织第二期中层干部赴复旦大学培训,业务骨干赴湖州税校培训,开展岗位大练兵活动,推进全员在职教育。规范干部人事管理,公开选拔4名副科级领导干部、11名后备干部。*加强党风廉政建设*。完善惩防体系2008~2012年工作细则,创新廉政教育方式,举办"创财税廉政文化、促千岛文明新风"主题摄影、书画比赛活动,举行"预防职务犯罪"专题报告会,调整健全特邀监察员队伍。*加强财税文化建设*。开展文明单位、青年文明号、巾帼文明示范岗创建活动。发挥工、青、妇、学会等组织作用,开展经常性活动,做好老干部服务工作。市财政局被评为全市无偿献血促进奖单位、市级文明单位、全市重要事项重点工程实事项目组织实施先进单位、全市依法行政工作考核先进单位、先进基层党组织等。

(舟山市财政局供稿　张　枫执笔)

舟山市定海区

【概况】2008年,定海区实现生产总值197.83亿元,比上年增长14.3%,人均生产总值52775元,增长19.1%。其中第一、二、三产业增加值分别为6.80亿元、87.84亿元、103.19亿元,增幅分别为-5.6%、18.2%、12.6%,产业结构比例为3.4:44.4:52.2。全区财政总收入9.08亿元,增长28.6%,其中地方财政收入5.36亿元,增长27.6%;财政总支出12.00亿元,增长14.0%。全年财政收支平衡。

【支持经济发展】投入农渔村经济发展资金2.28亿元,增长41.4%。落实财政支农、惠农各项政策,通过"一卡通"发放农资、农机、良种等直补资金590万元,惠及13个乡镇(街道)4万农户。制订加快农业产业结构调整推进现代农业发展的若干意见,明确农业土地流转、农业产业化基地建设、新品种和新技术引进等扶持政策。整合财政支农资金,加大农业综合开发投入。累计投入财政资金2300万元建设西码头渔港和岑港渔港,下达财政资金363万元推进渔民转产转业。投入工业发展资金8227万元,增长54.8%,支持机械制造、水产品精深加工、船舶修造等可持续发展型企业,引导、鼓励企业加大挖潜改造、新产品研发投入力度,推进经济结构调整和产业升级。兑现103家2007年度新办工业企业、目标管理企业和其他企业中小企业发展扶持专项资金893万元。投入第三产业发展资金3808万元,增长78.8%。出台进一步加快海运业发展的若干意见和道路运输企业发展的若干意见,筹集资金成立舟山市首家海运企业转贷基金协会,兑现2007年度海运企业中小企业发展扶持专项资金2692万元、道路货物运输企业中小企业发展扶持专项资金393万元,向26家资金周转有困难的重点海运企业预兑付当年海运企业发展扶持专项资金1709万元,帮助企业应对金融危机。确定农家乐乡村休闲旅游业发展扶持政策,下达各级财政扶持资金61万元,推动农渔民创业创新。第三产业实现税收2.73亿元,占全部税收收入的32.8%,提高1.3个百分点。

【国有资本营运】加大对公共基础性、资源性领域投入,出资1.18亿元新成立定海区金塘北部开发投资有限公司、舟山奇锦爆破工程有限公司等5家独资和参股子公司。盘活现有国有资产,利用现有存量土地为下属各子公司向银行融资提供担保,对承担基础性开发任务的2家独资子公司增加注册资本1.03亿元,解决银行融资资本额度小的瓶颈问题。利用区国资公司资产运作平台,帮助解决短期资金缺口,为区属单位提供周转资金

9454万元。发挥担保公司作用,解决中小企业融资困难。

【民生支出】深化义务教育经费保障机制改革,提高教育保障水平,全部免除城乡义务教育阶段学生课本费、作业本费等杂费520万元,落实农村教师津贴,提高教师福利待遇。落实困难学生资助政策,出台农村中小学家庭经济困难学生资助扩面工程、农村中小学爱心营养餐工程实施办法,累计资助学生5000人次。完善义务教育阶段中小学校舍维修改造长效机制,按在用校舍15元/平方米标准安排维修专项资金270万元。调整教育布局结构,筹资6000万元用于金塘中学建设和其他各校改造。提高新型社区老年人奖励保障金标准、城乡最低生活保障标准、义务兵家庭优待金标准和在乡重点优抚对象优抚金标准,统一城乡义务兵退役安置标准;发放城乡低保资金及低保对象物价补贴1005万元,增长35.0%。投入医疗保障资金7414万元,增长37.1%,医疗保障制度实现全覆盖。完善贫困群体医疗救助制度,建立低保对象医前(中)救助制度;向3.74万名在册奖保金人员发放奖保金1835万元,增长16.0%。将4.60万名被征地农民纳入社会保障,其中2万人享受生活补助费2320万元。支持6.60万户农渔民参加政策性农村住房保险,完成112户困难群众危户改造。投入2100万元建设渔农村新型社区文化设施和区新闻中心,保障城乡文体事业发展。投入1184万元推进社会主义新农渔村小康社区创建,投入3943万元实施"千万农民饮用水"工程,解决2.5万农村人口饮用水问题。支持生态环保和节能减排,投入881万元推进"绿色生态定海"建设,在乡镇建造污水净化沼气工程。发放油价补贴资金1亿元,补贴对象涉及渔业、养殖业、出租车、农村道路客运、岛际交通等行业,减轻部分弱势群体和公益性行业因成品油调价而增加的负担。

【财政改革】推进"收入一个笼子、预算一个盘子、支出一个口子"工作,规范预算行为,增强预算分配、执行的透明度。执行"收支两条线"政策,加强预算内外资金统筹力度。细化部门预算编制项目,调整部门预算公用经费定额标准,规范部门预算基础数据库。依托"金财工程"建设,建立事前、事中、事后一体化的预算执行动态监控机制。出台2008~2010年乡镇财政管理体制及街道财政管理体制,调动各方发展经济、当家理财的积极性。对金塘岛实行单独体制及优惠政策,促进大岛开发和建设。加强专项资金整合,对现有各口子分别掌握使用但支持对象、支持方向相同的各类专项资金进行整合、归并,集中财力,突出重点。

【财政监管】开展"五五"财政普法宣传教育活动。实施《政府信息公开条例》,建立健全政府信息公开制度。以贯彻实施《会计法》为主线,规范会计行为,提高会计人员从业技能,探索会计管理工作的新措施和新办法。强化绩效评价制度建设,制定年度财政支出项目绩效评价计划,完成绩效评价项目9个,项目计划总投资额4629万元,其中财政资金总投入2900万元。加强基本建设项目工程预(结)算、竣工财务决算审核,审减资金节约率为12.7%。控制一般性财政支出,出台行政事业单位工作人员差旅费开支规定,制定《关于进一步加强公务消费管理的意见》、《公务接待消费定点管理实施办法(试行)》等相关配套制度,推进实施公务卡制度。加强专项资金管理,制定老年党员生活困难补助资金、农村"五保"和城镇"三无"对象集中供养资金等资金管理办法。建立"定海政府采购网",成立政府采购评审专家库,完成2006~2007年全区政府采购执行情况专项检查,制定行政事业单位公务车辆维修定点管理办法。加强地方政府性债务管理,启动化解义务教育负债工作,建立区对乡镇政府性债务管理制度,防范和控制财政风险。规范国有资产处置,明确各行政事业单位出租房屋必须通过国有资产产权交易平台公开进行,规范行政事业单位房屋出租行为。开展行政事业单位资产清查核实工作。

【干部队伍建设】学习实践科学发展观,举办以"学十七大,解放思想,创业创新"为主题的演讲比赛,开展"十七大精神在财政"主题征文活动。邀请市委党校教师作专题报告,提高干部理论知识水平。组织"千名干部大下访"、"局长进社区"等活动,了解社情民意,为民排忧解难。贯彻落实党风廉政责任制,加强廉政知识学习,强化全局干部廉政意识。建立健全教育、制度、监督并重的惩治和预防腐败体系,发挥兼职监察员的作用;推进廉政文化进机关,通过廉政文章征集、开展"读文思廉"活动、发放廉政贺卡、发送廉政短信等载体,营造浓厚的廉政氛围。通过专题学习、中心组学习、观看影片等形式加强干部价值观、权力观、政绩观教育,倡导培养良好的职业道德和政治素养。利用支部民主生活会等渠道在干部中开展批评与自我批评,促进干部自我完善提高。组织开展向灾区献爱心活动,在抗震救灾捐款、缴纳特殊党费、向汶川地震灾区捐赠衣被等一系列活动,全局干部共捐款4.40万元,捐棉袄等衣物142件(套)。参与"文明出行,你我开始"交通劝导、农渔村社区环境卫生整洁、"城乡结对、共创文明"等活动,被区文明委评为"城乡结对、共创文明"先进单位,被省委、省政府命名为省级文明单位。

(舟山市定海区财政局供稿　钟国勇执笔)

舟山市普陀区

【概况】2008年,普陀区实现生产总值152.30亿元,比上年增长14.5%,人均生产总值47600元,增长14.1%。其中第一、二、三产业增加值分别为19.40亿元、70.98亿元、61.92亿元,增幅分别为1.5%、22.5%、10.1%,三次产业结构比重为12.7:46.6:40.7。全区财政总收入18.14亿元,增长40.8%,其中地方财政收入11.09亿元,增长35%;全区财政支出20.88亿元,增长55.6%。全年财政收支平衡。

【固本培源促增收】全区地方财政收入总量攀升,地方财政收入占财政总收入的比重达61.1%。加大财源建设力度,全年用于扶持工业发展支出1695万元,比上年翻番;用于扶持海运业发展支出3643万元,增长10.6%;用于扶持旅游服务业发展支出1800万元,增长139%。制定加快船舶配套业、服务业以及现代渔业发展的若干产业扶持政策,支持水产企业整合提升,鼓励船配行业做大做强,培育楼宇经济和高档服务业,全区第二产业地方税收收入4.30亿元,增长61%;第三产业地方税收收入6.20亿元,增长22.3%。

【以民为本促和谐】支农投入稳定增长。全年"三农"支出1.25亿元,增长25.6%。稳步发展现代农业,依托"农民补贴网",加大种粮补贴、水稻良种补贴等农业补贴政策实施力度;实施六横千丈塘畈、桃花茅山畈小流域治理项目,投入1351万元建设小康社区项目12个、村庄整治项目50个、特色村项目9个,美化、亮化、绿化渔农村社区环境;加强农业基础设施和产业化经营投入,投入1690万元用于标准渔港、渔船安全设施、水利设施、农特优品牌、渔农业产业化建设。社会保障水平提高。全年用于社会保障支出3.72亿元,增长17.6%。新型渔农村合作医疗筹资人均年标准提高到142元;"居家养老"工作在13个城市社区扩面,在东港街道葫芦村和虾峙镇湖泥社区开展渔农村托老所试点工作;渔农村老年人"以奖代保金"、物价补贴、优抚对象补助标准均有提高。扩大廉租住房保障范围,启动经济适用房建设,支持政策性农村住房保险和农村困难群众危房改造。社会事业稳步发展。全年用于社会事业支出5.06亿元,增长24.2%。实施普陀中学、职教中心等工程建设,提高学校生均公用经费标准,设立渔农村"一校一项目"资金、校舍维修资金、骨干教师奖励,促进城乡教育协调发展,全年共投入教育支出2.58亿元。加强渔农村公共卫生服务,启动实施城乡社区卫生服务中心建设,全面提高乡镇卫生院基本医疗和公共卫生服务功能,做好婴幼儿奶粉事件免费救治的经费保障工作,全年共投入卫生支出8239万元。

【深化改革促发展】深化财政预算管理改革。以健全"收入一个笼子、预算一个盘子、支出一个口子"工作长效机制为目标,深化财政管理体制改革,完善大预算框架体系,实施全口径预算编制,实现部门预算"具体化、制度化、绩效化"目标;全面实行财政资金统一拨付、统一管理、统一核算体系,完善财政资金管理制度;探求资金结算方式改革,大额转账实行网银支付,稳妥推进会计集中核算向国库集中支付转变;加强财政性资金债权管理,明晰债权的审批权限、程序、债权清理、债权绩效监督;扩大政府采购范围,将工会疗养、船只加油、公车维修纳入采购目录。深化乡镇财政体制改革。按照事权与财权相结合和调动区镇两个积极性的要求,结合乡镇(街道)收入规模、生态保护要求和发展潜力等因素,出台新一轮乡镇财政管理体制,明确三类不同的体制模式,确定乡镇(街道)消化历年债务的时间表;加大对大岛和旅游乡镇的支持力度,增加专项补助资金,改善基础设施条件,进一步增强乡镇财政综合实力。深化个人收入分配机制改革。根据省规范公务员津补贴有关要求,清理规范各项津补贴;在完善区属国有企业财务分配管理的基础上,将建设、交通、文广、科技等部门所属的10家国有企业收入分配列入管理范围;完善区人民医院中医院个人收入分配机制,建立综合绩效工资制度。

【监管并重促规范】强化财政监督力度。完善财政监督机制,结合内审、专项监督和会计信息质量检查,突出对重点部门、重点项目、重点资金的监督检查,确保财政资金的安全;全面提升会计核算中心服务质量,强化核算中心监管职能,增强财政资金支付环节审核,提高部门理财自觉性。强化国资监管力度。做好国有企业财务总监委派工作,实施事前、事中、事后全方位的国资监管,将企业年报审计情况在全区国企范围内进行通报;建立国有资产交易联审机制,防止国有资产流失;制订出台财政补贴资金管理办法,加强对环卫公司、粮食收储公司等国有企业财政补贴资金管理。强化绩效评价力度。实行社会中介机构参与绩效评价的办法,建立评价结果反馈机制,增强财政资金绩效理念和工作责任意识。完成渔农村公共卫生服务、特色村建设等9个财政支出重点项目的绩效评价工作,为制定补助标准和预算安排提供依据。

【廉洁务实促效能】开展"学习宣传党的十七大、贯彻落实科学发展观"教育活动,推进"树新形象、创新业绩、促新跨越"等各项主题活动。加强党风廉政建设,构建财政系统惩防腐败体系工作规划,以防范和化解财政风险作为党风廉政建设的抓手,提高干部勤政廉洁意识。深化学习型组织建设,进一步加强干部教育培训,提升干部综合素质,开展青年文明号、巾帼文明示范岗、"群众满意科室"等创建活动,改进服务方式,提升服务水平。加强精神文明建设,开展扶贫帮困、无偿献血、军地共建、社区结对共建文明等活动,增强干部职工爱岗敬业意识;开展大合唱、局机关运动会等文体活动,培养健康文明的工作情趣;强化为民办事意识,认真办理群众来信来访。

(舟山市普陀区财政局供稿　郑 忠 陈轶伦执笔)

岱山县

【概况】2008年,岱山县实现生产总值84.19亿元,比上年增长16.5%,全县人均生产总值43803元,增长28.7%。其中:第一产业增加值14.36亿元,增长0.5%;第二产业增加值39.55亿元,增长29.2%;第三产业增加值30.28亿元,增长11.1%。产业结构比例调整为17.0:47.0:36.0。全县财政总收入7.54亿元,增长54.9%,其中地方财政收入4.25亿元,增长37.2%;全县财政总支出9.19亿元,增长37.0%。全县当年实现收支平衡。

【组织财政收入】对上年度企业所得税进行全面汇算清缴。抓好个人所得税管理和政策调整工作,年所得12万元以上个人所得税自行纳税申报人数为455人,同比增加98人,其中外籍人员54人,补缴税额124.4万元。加强各项小税种征收管理。做好城镇土地使用税土地等级划分、征收范围和税额标准的调整,开展土地使用税、房产税、车船税等税源登记管理。全年共征收城镇土地使用税792万元,增长123.9%。加强土地增值税征管,执行土地增值税核定征收制度,对一些无法取得合法支付凭证的单位进行补税。宣传新车船税政策,做好车船税代征工作。抓好涉外税收管理工作,进一步细化对外籍人员个人所得税档案管理。加大政府非税收入管理。加强对国有资产(资源)有偿使用收入征收管理,开展非税收入收缴情况检查,全年政府非税收入1.19亿元,增长1.9%,其中行政事业性收入9311万元,增长13.2%。做好土地出让金的资金结算和收入缴库工作。全面推进社保费"五费合征"工作,扩大全县社会保险覆盖面,加强社保费征管,全县社会保险基金收入1.52亿元,增长40%。

【调整支出结构】新增财力向民生倾斜,全年新增财力用于民生保障支出1.80亿元，占当年新增财力总额的73.5%。支持中小学“四项工程”、中等职业技校“七项行动计划”等教育工程建设，完成义务制学校学生免学杂费、课本费资金补助和退费工作。全面贯彻新一轮就业再就业政策，做好灵活就业人员等资金补助，及时拨付“三鹿”奶粉事件婴幼儿体检经费。发挥财政资金对企业自主创新及技术进步的激励引导作用，加大对科技研发、环境保护专项资金的投入力度，全县科学技术支出、环境保护支出分别增长41.8%、349.2%。筹集支农资金，申请农业专项资金补助，全年共拨付资金8000万元。做好种粮农民综合直补工作，共发放农资综合直补资金104万元，补贴面积27417亩，受益农户20714户，补贴标准37.7元/亩。落实住房补贴政策。完成1957年12月31日前出生人员住房补贴补助工作，安排补助资金2805万元。支持金融机构向渔农村经济组织及个人、小企业发放贷款，加大对小康社区建设和中小企业的支持力度，全年共争取农业贷款风险补偿资金23万元、小企业风险贷款补偿资金71万元。

【财政管理改革】对全县预算管理单位财政专项资金情况进行调查摸底，出台县级财政专项资金管理暂行办法，建立县级财政专项资金管理机制。加强乡镇财政管理，出台《乡镇财政体制管理实施办法》。推进“金财工程”建设，预算编制信息系统、资金申拨管理系统顺利实施。加强财务制度建设，对差旅费报销标准进行适当调整，出台中小学校舍维修改造专项资金使用管理办法；实施全县公务员津贴补贴规范方案，将乡镇和有关单位津补贴纳入核算中心集中发放。加强社保专项资金管理，执行收支两条线，掌握和分析全县社保基金收支执行情况，确保资金安全。规范对全县政府性债务的举债审批，加强政府性债务监管。加强对国有企业的监管和考核，确保国有企业运作规范有效。做好企业产权转让、贷款申请、坏账核销、固定资产报销审核和审批等国资管理的基础性工作，出台《国有企业对外投资管理办法》等制度。做好政府采购预算汇总编制工作，规范业务操作程序，提高政府采购工作质量和效率。完善核算中心内部工作机制。建立指标管理体系，继续巩固远程结报成果，优化银行现金客户端系统。

【财政监督】加强财政专项资金绩效评价工作。对城乡环卫一体化财政专项资金支出、绿色生态建设财政专项资金支出2个项目和全省联动5个项目进行绩效评价；对全县2004～2007年残疾人危房改造专项资金进行绩效评价；做好2005～2007年农村公共卫生服务专项经费绩效评价工作，对评价中发现的问题，研究落实整改措施，提高资金使用效益。加强财政性基建工程概、预、决算评审及政府性投资项目的招投标、工程造价管理工作，对政府性投资建设资金存量情况进行核实。实施县外审价机构进行审价，全年完成审价工程22个，节减资金1426万元。做好全县教育债务审计工作，落实义务教育债务化解工作。组织开展全县政府采购执行情况专项检查。加强全县抗震救灾资金监督管理。

【队伍建设】开展争先创优活动，转变机关工作作风，提高办事效率，优化服务水平，提升干部素质。开展“树新形象、创新业绩、促新跨越”主题实践活动和“解放思想、创业创新”大讨论，举行争做“高举旗帜、创业创新、促富强和谐岱山”先锋主题演讲比赛。实施干部职工教育培训，举办中层干部领导能力提升培训班，对新公务员进行综合素质教育，对全局干部进行业务技能测试。举办十七大精神主题教育报告会。加强廉政建设，强化日常教育，提高干部反腐倡廉意识，开展“创财税廉政文化、促千岛文明新风”摄影、书画征集活动。参加市“行风热线走进企业送服务”活动，增强依法行政和为民服务意识。加强机关效能建设，开展定期监督检查，巩固机关效能建设成果。做好扶贫帮困活动，全局结对贫困学生28对，贫困户49户，捐助资金11200元。开展为地震灾区捐款捐物活动，全局累计捐款4.2万元、捐物126件。推进“文明单位”、“巾帼文明示范岗”、“青年文明号”等精神文明创建活动，倡导健康向上的团队氛围，举行“迎奥运”干部职工运动会，组队参加县六运会。

（岱山县财政局供稿　钱润广执笔）

嵊泗县

【概况】2008年，嵊泗县实现生产总值55.86亿元，比上年增长13.0%。其中：第一产业增加值8.62亿元，增长7.1%；第二产业增加值28.09亿元，增长14.0%；第三产业增加值19.15亿元，增长14.4%。三次产业结构调整为15.4:50.3:34.3。全县人均生产总值69860元，增长13.4%。全县财政总收入4.28亿元，增长17.4%，其中地方财政收入3.35亿元，增长12.5%；全县财政支出8.17亿元，增长29.5%。当年财政收支平衡。

【组织收入】加强重点税源监控，掌握小洋山港、马迹山港、绿华减载平台等项目的建设进度与税收管理，87%重点税源企业被列入监控。争取外来税源，引进集卡、海上运输、辅助工程和港区配套服务等相关企业，其中全年交通运输业税收入库3674万元，增长49.8%。加强小税种管理，全年地方七税入库4098万元，增长38.7%。坚持“费税”并举，以“五费合征”为契机，推进规费征管改革，全年共组织社会保险费收入7940万元，增长18.8%。坚持以整顿和规范税收秩序为主线，全年共对79户企业、个体工商户开展税收检查，查补税款、滞纳金、罚款413万元。

【支持经济发展】增加对“三农(渔)”的投入。全年财政投入“三农(渔)”资金3.16亿元，增长20%。主要安排渔业专项资金500万元，投入渔农业生产基础设施新建和改造资金1600多万元，安排农田水利工程、绿化造林、防汛抗旱等资金1300多万元。同时落实石油价格改革财政补贴政策，全县受惠渔船2333艘、受惠养殖户875户、受惠出租车143辆、受惠客运公司10家，有效缓解了渔民群众及公益性行业因油价上涨带来的成本压力。优化产业结构。根据政府产业导向，扶持临港型、生态型、税源培植型等产业的发展。面对金融危机的影响，落实对企业的相关扶持政策，服务企业，帮助中小企业“抱团过冬”。及时做好地方税费减免工作，受理审批各类减免税费224户，减免各类涉企税费450余万元；兑现结算政府优惠政策19户，兑现金额2660余万元。扶持中小企业健康发展，做好县级财政贴息项目补助，有16家企业列入中小企业发展资金扶持贴息、补助、奖励项目，累计发放扶持资金100余万元。做好中小企业融资担保工作，为中小企业发展及政府实事项目提供融资服务，全年共办理担保22笔，累计担保额2.02亿元。支持企业科技创新。做好企业自主研发、技术创新、高新技术产业、新能源新材料的开发应用等项目申报工作，全年累计向省市申报各类项目37个。加大对旅游业发展扶持力度，全年累计拨付旅游发展资金1023万元。

【保障民生支出】县财政全年用于民生支出2.60亿元，增长16.3%。完善和推进社会保障工作，全县社会保障和就业支出5097万元，增长31.5%；渔农村老年人以奖代保标准从每人每月38元提高到42元，并及时发放低保人员物价补贴；做好政策性农村住房保险工作，参保16068户，参保率91.7%。支持全县各项事业发展，全县教育支出9522万元，其中下达七批教育专项资金1490万元，化解义务教育债务93万元，中小学校舍维修资金支出167万元，免费教科书补助162万元；做好贫困学生资助，发放教育券648份，营养券667份，支付资金65万元。加大医疗卫生事业的支持力度，全年支出5190万元，增长19.9%；启动城镇居民医疗保险工作，参保人数14023人，参保率为63%，支出资金253万元；提高渔农村新型合作医疗的筹资标准，将个人出资标准从每人30元提高到40元，财政补助标准从每人35元提高到55元，全县参保人数46890人，支出资金487万元。支持广播电视"村村通"、"村村响"等重大工程，落实"送电影下乡"、"送戏下乡"、"送书下乡"经费的安排。做好对粮食、生猪、蔬菜、"转体"企业费用的补贴工作，全年累计拨付补贴资金900余万元。

【财政改革】规范全县行政事业单位公务支出，在舟山市率先推行公务卡结算试点；出台行政事业单位工作人员差旅费开支规定，全县行政事业单位实行新的统一的差旅费开支标准。做好全县公务员津补贴改革，对属于行政事业单位的统发工资进行一次性清理、核定。强化对乡镇财政的日常管理，编制《乡镇月可用资金执行情况表》等各类报表，及时掌握乡镇可用资金及奖金发放等情况。深化政府采购改革，全年政府采购金额3805万元，节约584万元，资金节约率10.7%。推进国有资产管理体制改革；制定出台深化国有资产管理体制的若干实施意见、国有企业重大事项报告制度(试行)、国有企业对外投资管理暂行办法等一系列制度，国有资产监管有章可循。

【财政监督管理】加强专项资金管理。完善财政涉渔专项资金管理办法，建立财政性资金债权管理制度，完善"村庄示范整治"工程专项资金、休闲观光渔农家乐发展和扶持资金、渔农村公共卫生服务专项资金和县级生猪养殖财政补贴资金等管理办法，做好制水、供销、盐业等企业(公司)的费用核实工作。加强对政府组织实施的实事项目、建设工程，如"再造绿岛工程"、"千万农民饮用水工程"、"万里清水河道建设工程"等重大项目资金的监管。推进绩效评价。对规定额度(50万元)以上的县级专项资金开展调查摸底，共有30个单位41个项目实施绩效自评，涉及财政资金1.18亿元；组织县级评价项目4个，涉及财政资金2001万元；做好全省上下联动项目"千万农村劳动力素质培训工程"和"农村公共卫生服务项目"的绩效评价工作，涉及财政资金486万元；对评价中发现的问题，督促相关部门落实整改。

【干部队伍建设】开展"解放思想、创业创新"大讨论和深化拓展主题实践等系列主题活动，组织全局干部职工到县委党校参加"十七大精神专题辅导班"学习；参与"省级青年文明号"、"县级巾帼文明示范岗"创建和嵊泗县"进家庭、知民情、暖人心、促和谐"活动，全局127名干部分别到五龙乡和嵊山镇254户结对家庭进行走访。结合中层干部"锤炼工程"，开展"财税专业人才服务企业月"和中层干部每月业务交流会等活动；鼓励干部职工参加各种形式的学历教育和专业培训，共组织各类业务培训16期，系统内外1500余人参加，提升干部综合素质。县财政局获舟山市地税系统税务分局岗位业务竞赛组织奖。强化党风廉政教育，签订党风廉政建设责任书，结合廉政文化进机关活动，开展以"共创和谐财税、共建幸福家庭"为主题的家庭助廉活动。组织全体中层正职干部赴南湖一大会址和萧山南郊监狱接受正反两方面教育。县财政局获舟山市财税系统"书画、摄影"比赛优秀组织奖、嵊泗县"清廉杯"辩论赛第一名和"'十七大'、党章、党纪"知识竞赛三等奖。（嵊泗县财政局供稿 章 耀执笔）

台州市财政工作概况

台州市

【概况】2008年,台州市实现生产总值1965.27亿元,比上年增长9.6%。其中:第一产业增加值133.54亿元,增长2.4%;第二产业增加值1037.47亿元,增长8.3%;第三产业增加值794.26亿元,增长12.4%。人均生产总值34374元,增长8.7%。全社会固定资产投资总额759.58亿元,增长4.4%。全社会消费品零售总额709.71亿元,增长19.0%。外贸出口总额138.11亿美元,增长24.5%。城镇居民人均纯收入22738元,增长8.6%;农村居民人均纯收入9180元,增长10.2%。全市财政总收入248.02亿元,增长13.6%,其中地方财政收入126.05亿元,增长15.8%;全市财政支出153.81亿元,增长21.2%。市本级财政总收入104.84亿元,增长13.6%,其中地方财政收入47.28亿元,增长13.7%;财政支出57.16亿元,增长20.0%。全年财政收支平衡。

【优化收入结构】坚持以组织收入为中心,做好收入分析、预测工作,加强与国税等部门的协调,共同努力做大总收入盘子;做好税收基础工作,加强税收宣传和法制教育,加强税源调研;提高信息化应用水平,推广网税工程,推行"一户通"电子缴税业务、地税电脑版发票,应用政府非税收入征管信息系统,加强非税收入管理;扩大"五费合征"范围,加强彩票公益金管理。加强营业税、资源税和印花税等地方小税种征管,做好个税自行申报工作,贯彻落实车船使用税管理新条例,加强行政事业性收费和政府性基金等非税收入管理,完善社保基金管理模式。全年政府性基金收入95.16亿元,增长49.2%;社保基金收入35.28亿元,增长25.7%。地方财政收入占财政总收入比重提高到50.82%,比上年提高近1个百分点,其中营业税及地方七税占地税收入比重为55.14%,提高3.69个百分点。

【支持经济发展】落实财税扶持政策。组织实施"五个二"创新工程,补助"内生台州"技术创新工程项目;全市安排政府性科技支出4.69亿元;用好用活财政扶持资金,着手设立"创业风险投资基金"和"创业计划专项资金",全市拨付先进制造业基地建设专项资金3.83亿元,科技型中小企业创新专项资金1.2亿元,外经贸扶持资金2600万元。降低企业税负,协同国税统一企业所得税应税所得率,城镇土地使用税改为按季纳税。全市减免企业所得税792户,金额1.02亿元;审批固定资产设备抵免294户,金额2.9亿元;落实高新技术企业所得税优惠政策,减征47户企业所得税8000多万元;规范水利建设专项资金减免审批程序,全市共减免水利建设专项资金2108万元,给予部分扶持企业和困难企业减免房产税376户计2700万元;减免土地使用税448户计4700万元。落实中央和省、市政府收费项目减免、免征社保基金1个月政策,为企业减负4亿元。临海市等提高财政补助标准,推动企业"零地技改",帮助企业解决发展中的土地要素制约。支持服务业发展。推进企业主辅分离,提高服务业发展水平;增加扶持服务业补助资金,全市安排服务业专项资金近6000万元。缓解企业融资难题,向上争取中央和省级财政贴息等专项资金;倡导利用财政存款分布、小企业风险补偿等办法,调动金融机构对中小企业贷款的积极性。参与开展"创业服务年、创新推进年"活动,集中财税政策、资金、服务以及土地电力等要素投向主导产业,引导社会资金投向主导产业,加大对主导产业自主创新的支持力度,在保经济平稳运行的基础上,加快产业升级换代;地税部门积极落实培育和发展总部经济、促进产业结构调整、高新技术企业等各项税收优惠政策。

【民生财政建设】根据市委、市政府提出的当年改善民生66条和为民办10件实事要求,落实好各项民生资金,做好民生保障工作。加强教科文卫和环保的财政保障力度。全年全市医疗卫生支出7.28亿元,增长19.3%;教育支出39.06亿元,增长17.4%。制定化解义务教育债务方案,支持教育均衡发展。三门县规范教师福利和学校招待费支出,路桥区实行学校预算直编,建立学校项目支出审核审批制度,控制学校债务。文化事业支出3.84亿元,为台州市图书馆、档案馆等一批重点建设项目提供资金保障。市级财政安排生态市建设专项资金1500万元,环保排污费专项2000多万元,市区水环境整治资金3000万元。争取上级财政专项资金,支持地方基础设施和有关产业发展,促进"文化大市"建设和"生态市"建设。椒江区财政局被省政府评为环境污染整治先进集体。加强社会保障与救助支出力度。全市财政预算内安排社保支出5.81亿元。为加强各类社保基金征收力度,仙居县实行养老、失业、工伤三险"按月预征、按年结算"办法,筹措社会保障风险准备金;加大财政社会保障投入,扩大社保覆盖面,全市养老、医疗、工伤、生育、失业五大社会保障基金支出24.6亿元,增长30.1%;推进社会救助体系建设,配合各部门制订出台养老服务业、困难群众社会救助、城镇居民医疗保障等相关政策;研究解决被征地农民社会保障问题,调整出台新政策。全市被征地农民基本生活保障支出3.31亿元;筹措就业再就业资金,支持就业再就业工作。完善支农投入机制。安排"三农"资金40.48亿元,增长17.2%;规范财政支农行为,明确支农政策导向,探索和建立多元化投入机制,督促各级财政支农资金落实到位;全市农业综合开发共争取省以上财政资金7705万元;组织出台粮食生产扶持政策,市级财政安排专项资金用于种粮油大户补助、良种补贴。

【深化财政改革】深化政府收支分类改革和部门预算改革，各县(市、区)全面实施部门预算。黄岩区将行政事业单位的预算内安排、预算外规费收入、房租收入及单位其他收入全部纳入部门预算。以建设节约型财政为目标，按照“控、压、保”的要求，调整优化支出结构，根据新的政府收支分类科目编细、编实部门预算。修订完善基本支出定额，细化支出预算编制；扩大预算内容，完善预算编制办法；加强信息化建设，提升部门预算编制水平。将绩效评价工作成效运用到预算编制中，提高部门编制预算的科学性。推进国库集中支付改革。1月1日起在市级机关71家一级预算单位实施集中支付改革试点，7月1日二级预算单位开始实施集中支付改革；至年底，市级国库集中支付扩面工作基本完成。温岭、黄岩开展县级财政集中支付试点。推进财政绩效评价改革。组织拟定《财政资金绩效评价工作规程》，拟订相关制度。组织开展公共卫生服务支出、千万农村劳动力素质培训支出、科技专项支出和科技三项费用支出等财政专项资金绩效评价。天台县设立财政监督评价委员会，将绩效评价工作列入对部门的考核。推进政府采购管理。联合市机关事务局完成公务人员赴杭州出差定点住宿采购、公务用车定点保险工作；探索大型医疗设备政府采购办法，开展政府采购执行情况专项检查。全年完成政府采购预算24亿元，实际采购金额20.9亿元，节约资金3.1亿元，节约率13%。抓好农村综合改革。根据市委市政府《关于加强乡镇政府性债务管理的意见》要求，完善乡镇财政管理体制，根据乡镇实际实行“分成型”和“包干型”财政体制，保障乡镇政府的正常运转。

【强化财政监督】组织开展津补贴规范工作，对全市各部门单位发放的津补贴进行清理和规范。加强财政专项资金和预算外资金管理，组织制定市级非税收入收缴管理暂行办法，实施预算外资金政府统筹；完善信息化建设等多个专项资金的管理制度，清理、撤销、合并专项资金，完善财政资金专户集中管理相关规定；推广应用财政资金申拨软件，天台、三门、椒江、黄岩等地开展专项资金集中核算；在全市范围内组织开展新农村建设、防洪抢险、文化等专项资金检查。加强政府性投资管理。开展市级政府性债务清理工作，编制政府性投资(负债)预算，控制新上政府投资项目，压缩政府负债规模。加强项目管理，全市审核政府性投资项目2550个，总额63.45亿元，核减3.01亿元。重视抗震救灾款物的统筹和监管，配合纪检、监察、审计等部门对2.6亿元的捐赠款物使用管理情况进行监督、检查，统筹预算内1%财力用于灾区重建。

【加强队伍建设】加强宗旨教育。落实“十一五”教育培训计划，以人为本，开展行政理论和健康文明、积极向上的生活方式教育，深化“学习型”机关建设，促进干部全面协调发展。坚持中心组学习会制度，组织干部职工深入学习中国特色社会主义理论和十七大精神。坚持周一晚学习制度，定期举办公务员论坛，提升思想政治建设水平。开展“树先进、学先进”活动，增强加快财税事业发展的紧迫感和责任感。加强廉政建设。加强对反腐倡廉的组织领导，出台惩治和预防腐败实施细则，抓好检查督促落实工作。加强人事管理。加强党的组织建设和人事管理制度建设。完善机关和基层交流体制，加大干部上提下派、挂职锻炼、顶岗培训工作力度。加强财务、财物管理，清理固定资产。加强班子建设。班子领导带头遵守党纪政纪，坚持实行民主集中制，团结务实，提高执政能力。

(台州市财政局供稿　卢云芬执笔)

台州市椒江区

【概况】2008年，椒江区实现生产总值257.19亿元，比上年增长5.1%。其中：第一产业增加值8.97亿元，增长3.5%；第二产业增加值127.29亿元，增长0.9%；第三产业增加值120.93亿元，增长10.1%；三次产业结构调整为3.5:49.5:47。人均生产总值6519美元。城镇居民人均可支配收入22992元，农民人均纯收入10391元，分别增长10.1%和9.2%。全区财政总收入31.62亿元，增长10%，其中地方财政收入16.82亿元，增长11.4%；全区财政总支出13.53亿元，增长24.2%。全年财政收支平衡。

【应对危机 保稳促调】支持农村经济发展。把支农资金的重点放在农村基础设施建设、支持农业产业发展以及农村保障体系建设上，全年安排支农资金7739万元，增长24.4%。农民人均收入首次突破万元。改善农村基础设施，全年累计投入1.52亿元，修建乡村公路145公里，疏浚河道115公里，改扩建农桥70座。坚持以农业项目推进为重点，加快发展现代农业、特色农业，全年向上申报重点项目33个。坚持以扶持农信担保为重点，完善农村服务体系，区农信担保公司累计授信担保资金2188万元。坚持以种粮补助为重点，继续完善惠农机制，全年共计发放各类种粮补贴1000万元，基本实现“一折通”直接发放到户，涉农补贴直接化、信息化、透明化进程加快。确保二三产业稳定增长。面对金融危机冲击，帮助企业争取政策和项目扶持，及时到位补贴资金，与企业共渡难关。财税部门及时转换聚财思路，做到“该征收的征收、该扶持的扶持、该优惠的优惠”，减轻企业短期资金压力。贯彻积极的财政政策，加大对科技创新、产业升级的财政投入力度，引导企业借机提升竞争力。出台创业创新、保稳促调等扶持引导政策，补助资金规模由3000万元增至5000万元，新设立产业扶持引导资金、节能减排引导资金、“亩产论英雄”奖励资金。有效开展先进制造业、科技支出、外贸发展等资金整合工作，提高扶持资金效率。出台海运企业发展扶持政策，实现海运业税收增加3000多万元。保障重点工程建设。利用区国资公司、十一塘、污水处理等单位和项目，做大做强政府融资平台，破解建设资金供求矛盾。通过财政资源的有效整合，实行全区重点建设项目资金通盘安排、统一调度，全年累计调度资金十多亿元，实际拨付重点项目财政支出9.67亿元，保障中心大道椒江段、台金高速椒江段、台州客运总站、中心渔港、中咀避风港等29项市区水电路港重点工程建设。区别利率高低，合理搭配长期短期贷款，降低贷款成本，优化负债结构；充分运用财政间隙资金和政府资源，盘活政府债务，提升资金融通、调度等综合管理能力。

【挖掘潜力 力保增长】抓好税源培育与收入组织工作,加强与镇街道沟通协调,发挥镇街道税务征收组拾遗补缺的职能作用,挖掘增收潜力。当年地方财政收入占财政总收入的比重达53.2%,较上年提升0.7个百分点,收入结构进一步优化。拓宽政府非税收入征管范围,全面推行社会保险费"五费合征"。全年累计组织政府性基金收入6.72亿元,社保基金收入3.54亿元。

【改善民生 促进稳定】加大社会保障投入。实施城镇居民医疗保险和少年儿童医疗保险政策,完善新型农村合作医疗制度,提高筹资水平和报销比例,健全医疗保障体系。新型农村合作医疗筹资水平为人均120元,其中财政补助70元。提高最低生活保障标准,加大住房、生活、失业、司法、交通事故等社救力度,改善城镇低收入群体、农村贫困居民的生产生活条件。城乡低保标准分别提高到340元/月和210元/月。支持教育文化事业发展。安排教育支出3.35亿元,增长11.9%。中小学生均公用经费分别提高到450元、300元,并从春季起向义务教育学生免费提供教科书。向农村教师发放任教补贴433万元,提高农村教师待遇。积极化解义务教育债务,按照两年化解计划,当年化解债务3000多万元,5所直属学校实现消债。支持发展职业教育,职教生助学金覆盖面达到100%。并首次在现代制造业、现代服务业、现代农业三个专业的一、二年级学生实施免学费政策。文化事业支出1348万元,增长12%。保障公共安全。支持实施"数字城管"、"天网工程"和食品药品定期安全检测制度,筹措资金落实粮油、食糖、生猪等粮食安全储备政策,推进"平安椒江"建设。支持城乡基本公共卫生服务建设,按照农村15元、城镇20元的年人均标准,安排公共卫生服务经费。提升医疗卫生突发事件应急保障能力,支持手足口病防治和婴幼儿奶粉事件免费救治。支持新农村建设。安排村庄规划编制专项资金,已经完成123个农民新村的规划编制。投入520万元"十百工程"专项资金,整治合格村、示范村40个;安排2645万元资金用于河道整治、农村污水净化、农业面源污染治理和农村环境卫生综合整治,重点支持推进农村污水、垃圾集中处理,改善农民人居环境。

【推进改革 创新机制】预算管理。完善预算编制体系。新增政府项目预算、政府投资(债务)预算、科技三项资金预算和新农村建设资金预算。对差旅费开支、办公设备配置、办公楼装修、会议费、临时人员费用等支出标准进行统一,扩大定额标准体系,提高预算支出管理的科学性。加强预算管理的规范性。启用资金申拨系统,实现财政预算与核算中心数据对接,运用"金财工程",实现对预算编制、执行各环节的精确掌控。国库改革。在150家预算单位中推行会计集中核算制度,全年资金流量11.86亿元。完成国库集中支付改革前期准备工作,选定科技、交通、卫生三个试点部门,实施国库集中支付试点工作。财政支出监管。实施公务员津补贴改革。对新农村建设专项资金进行专项检查,重点对工业类科技经费的使用情况进行评价,加快推进以财政支出绩效评价为核心的支出预算监督工作。加强行政事业单位国有资产处置的监管,推进区属国有企业改制工作。规范区属国有产权转让管理,海正化工股份有限公司、椒江热电有限公司等国有产权,通过产权交易机构公开转让成功,实现国有资产保值增值。规范政府采购工作秩序,当年采购"零"投诉,全年实际采购规模6325万元。制订土地出让金收支管理办法,加强土地出让成本核算与资金入库工作,规范土地出让金收支管理。重点推进基建项目结算审核社会化进程,加强政府性工程前期审核,完善事前、事中、事后全程监督机制,加强政府基本建设项目的财政财务管理。全年审核项目概、预、结算542个,总预算14.05亿元。审核资金13.55亿元,核减率3.5%。

【优化作风 培育文化】坚持从财政工作特点出发,立足于服务,通过加强思想、组织、业务、作风和制度建设,培育提炼"务实、高效、创新、进取"的财政文化核心价值理念,增强财政干部队伍的软实力。深化党风廉政教育,预防职务犯罪。贯彻实施政务信息公开,引进社会预算监督。抗震救灾期间,全局干部献爱心捐款5.47万元。举办首届财政职工大型趣味运动会,开展业余兴趣小组日常活动。年度综合考评中,区财政局获"人民满意机关"示范单位、区级机关工作目标考核优秀单位称号,区会计核算中心被评为"全国巾帼文明岗"。

(台州市椒江区财政局供稿 王永斌执笔)

台州市黄岩区

【概况】2008年,黄岩区实现生产总值187.36亿元,比上年增长10.6%;人均生产总值32300元,增长14.1%。第一、二、三产业增加值分别为9.75亿元、100.81亿元、76.80亿元,增幅分别为2.7%、9.7%、13.1%。全区财政总收入27.24亿元,增长10.1%,其中地方财政收入13.27亿元,增长11.7%;全区财政支出12.98亿元,增长11.7%。地方财政收入占财政总收入的比重为48.7%,财政总收入占生产总值的比重为14.5%。财政收支平衡,略有结余,财政预算执行情况良好。

【帮扶企业共克时艰】设立8000万元用于加快工业创新资金(其中先进制造业扶持资金3000万元,上市专项扶持资金3000万元,创新风险基金2000万元),支持构筑全区经济发展平台。加强对企业技改项目财政贴息资金的申报和管理,认定64家企业的技改项目,财政补助1105万元。抓好重点技改项目落实,建立全区1000万元以上重点技术改造项目库,出台"零增地"技改和"亩产论英雄"等优惠扶持政策。贯彻落实"保稳促调"政策措施,申报中央"保稳促调"国债专项资金,争取新前饮用水工程等5个中央国债补助项目资金877万元。落实财政扶持政策,通过税收、土地等优惠政策,增强企业发展后劲,培植地方财源。

【加大支农力度】全年筹措支农资金1.78亿元,促进农业增效和农民增收。安排农口一次性项目资金8343万元,增长40%,改善农业基础设施建设。建立黄岩柑橘专项资金500万元,制订《加快黄岩蜜桔(名果)产业发展扶持政策》和《黄岩蜜桔(名果)产业发展扶持资金管理办法》,振兴区域名果,发挥品牌效应。投入7589万元对土地整理、病险水库除险加固、重点水利工程等涉及民生的基础设施进行重点扶持。向中央、省争取农发项目补助资金和地方配套资金总额3490万元,集中投入区国家级农业综合开发项目。其中完成头陀镇西北片中低产田改造项目工程建设,项目实际总投资897万元,开发面积10000亩,土壤改良7850亩,并通过区、市级验收。

【改善民生】调整和优化财政支出结构,财政支出增量三分之二以上用于改善民生。全年投入社保支出6047万元,增长15.6%。保障低收入群体基本生活,提高城乡居民最低生活保障补助水平,缓解物价上涨对民生的影响。教育支出3.71亿元,增长12.1%,按照义务教育的要求免除课本、作业本费、外来人口借读费、职业中专一、二、三类学费,实施义务教育"四项工程",及时兑现农村教师特教津贴。筹措1.5亿元资金,加快全区校舍改造和黄中新校区建设。卫生医疗支出5559万元,增长13.6%,加大对中心卫生院、疾控中心、卫生监督所等基础设施的投入,新型农村合作医疗资金筹资标准提高到120元,将门诊医疗纳入报销范围,建立城镇居民医疗保障制度。支持手足口病防治工作,做好婴幼儿三聚氰胺奶粉事件免费救治的经费保障。科技支出4128万元,增长10.6%,占财政经常性支出5.1%。贯彻落实税费减免、小额担保贷款、社会保险补贴、就业服务补贴、公益岗位补贴和建立企业欠薪周转金制度等各项促进再就业的优惠政策。争取并落实中央财政石油价格改革补贴466万元,实施对渔民、林业、城市公交、农村道路客运补助。加强与公路稽征管理部门合作,免征黄岩区城乡用于公共交通车船的车船税三年,支持城乡公用交通事业发展。

【依法组织收入】面对复杂的经济形势,执行国家宏观经济政策,研究经济运行中出现的新情况新问题,分析财政收入状况,增强收入预测的科学性和准确性,采取各项措施,推进经济发展方式转变,确保税收收入稳定增长。坚持依法组织收入,挖掘潜力,强化收入征管,加强税源监控,优化收入结构,促进地方财政收入可持续增长。实施税收精细化管理。在加强营业税、企业所得税等重点地方税源管理的基础上,抓好地方小税种的税收征管。实行分类规范管理,完善征管体系,提高非税收入征缴率。加强对国有土地使用权出让收入、新增建设用地土地有偿使用费的征收管理,强化经营权拍卖、公共资源有偿使用收入征管。规范行政事业性收费项目和标准管理,加强政府性基金管理,做大政府非税收入"蛋糕",同时做好政府非税收入优惠政策的落实工作,减轻企业和个人的负担。

【深化改革强化监管】*完善政府债务管理。*创立政府融资平台,利用存量资产,着力破解政府性重点工程项目融资抵押平台建设。通过TOT方式融资0.8亿元,通过BT模式融资9.1亿元,通过包装项目发行企业债和向金融机构融资募集资金9.8亿元。*开展财政支出绩效评价和政府工程预决算审价。*全年对科技、农村公共卫生、水利河道疏浚等8项涉及财政预算安排的近4000万元资金进行绩效评价。加强对政府工程预决算审价,全年共完成工程概算审价7.3亿元;预算编审工作298项12.3亿元;工程结算审核198项2.6亿元,审减工程造价2205万元,核减率为8.6%。*推进预算管理改革。*将全区行政事业单位的所有收入包括预算内安排、预算外规费收入、房租收入及单位其他收入全部纳入部门预算。建立以国库单一账户体系为基础、以国库集中收付为主要形式的财政国库管理制度。实现政府采购预算制度化,全年全区政府采购预算金额1.19亿元,实际采购金额1.04亿元,节约采购资金1554万元,节约率13%。*加强财政专项资金管理。*对垃圾处理场、行政审批中心、工商联办公楼、区行业协会办公楼、柑橘博物馆和名人馆等基建项目资金实行财政直接支付,强化财政支出项目审核与监督。*改革涉农贴补资金发放方式。*全年直接支付大中型水库移民后期扶持财政直补资金1425万元,惠及大中型水库移民3.8万人;直接支付全区生态公益林林农财政直补资金575万元,惠及林农2.1万户;直接支付全区种粮农户财政直补资金750万元,惠及10.0万户种粮农户。*强化财税监督检查。*对涉及土地整理(造田造地)、农医保、义务教育收费、计生奖扶、生态区建设、城乡环卫一体化等专项资金实施专项检查,发挥财政监督在维护财经法纪、保障财政资金安全中的作用。做好支援抗灾救助工作,支持冰冻雨雪灾害应对及各项灾后重建工作。安排汶川地震灾后恢复重建支出1188万元。加强抗震救灾捐赠款物的使用管理,参与救灾捐款物的全过程监管。*深化国有资产管理。*已有30家国有终止、破产企业顺利衔接进入社会保障体系。全年财政共支付"两保一费"3000多万元,累计支付"两保一费"1.5亿元。盘活经营性国有资产,对国有资产经营公司接收的资产进行重新整合,发挥资产的最大效益。

【加强队伍文化建设】开展"高举旗帜、科学发展、创业创新"主题实践活动,加强行风政风和党风廉政建设,打造"阳光财税"。举办以"军民一家亲"为主题的庆"三•八"军民联欢晚会和"六•一节"关爱西部山区的留守儿童活动。组织举办第二届以"三走近三远离"和增强集体荣誉感为主要内容的"文化周"活动。文化周活动设艺术类、体育类、趣味类、教学类21个项目,展出了干部职工创作的摄影书法作品近百幅。四川汶川大地震发生后,全局干部、职工和离退休老干部踊跃捐款,共筹集资金62100元,党员干部缴纳"特殊党费"56550元,为地震灾区献爱心。区财政地税局妇委会工作业绩突出,"巾帼文明示范岗"获全国优胜单位。

(台州市黄岩区财政局 夏智敏执笔)

台州市路桥区

【概况】2008年,路桥区实现生产总值270.31亿元,比上年增长10.2%,人均生产总值61941元,增长16.5%。第一、二、三产业实现增加值分别为7.20亿元、133.99亿元、129.12亿元,其中第一产业下降0.6%,第二、三产业增长9.7%和11.4%,三次产业结构为2.6:49.6:47.8。全区财政总收入32.71亿元,增长17.8%,其中地方财政收入15.54亿元,增长16.7%;一般预算支出10.95亿元,增长15.2%。财政收支平衡,财政预算执行良好。

【全力组织收入】完善财税联动工作机制，定期组织召开收入分析例会，加强对经济运行、财政收入形势及重点企业纳税情况分析与预测，确保税收足额入库。深化政府非税征管改革，通过非税收入执收单位、代收银行和财政部门的联网运作，以非税收入汇缴结算户为终端，全面归集、记录、结算非税收入款项，增加地方财政收入。加强财源税源监管，协调和配合各执收部门，抓好重点行业、重点企业和主体税种管理，强化"地方七税"征管，使小税种成为新的增长点。全年车船税、城镇土地使用税和资源税的增幅分别为47.6%、223.3%和205.0%。严格土地出让金收益监管，运用招标、拍卖、挂牌等形式，盘活存量资产，谋求土地和国有资产最大化收益。

【优化支出结构】坚持"先有预算、后有支出、无预算不支出"的原则，对单位预算各项支出按轻重缓急分类排队，逐步安排，有保有压。推进民生财政建设，全年安排社会保障和就业支出8098万元，增长57.7%；安排教育支出3.55亿元，占一般预算支出的32.4%，增长18.6%；安排医疗卫生支出3941万元、城乡社区事务支出3461万元、环境保护和生态建设1350万元；加大公检法司投入，预算安排1.25亿元，推进"平安路桥"建设；支援汶川地震灾后重建，拨付专项资金1331万元。加大新农村建设力度，全年"三农"累计投入3.95亿元，增长25.3%，重点支持农业基础设施、农村义务教育、农民素质培训等领域。落实惠农政策，及时发放粮食综合直补、农机具补贴等各类资金1688万元，促进农业发展、农村稳定、农民增收。加大农业综合开发力度，争取中央和省级专项资金700万元，支持台州市农垦场中低产田改造工程和路桥区设施蔬菜暨西兰花示范基地建设。

【支持经济发展】用好用足财税政策。完善中小企业信用担保机制，给3家金融机构拨付贷款风险补偿金167万元。落实收费项目减免政策，提高财政补助补贴标准，为290家企业兑付区级专项补助4656万元，拨付各项奖励资金1046万元。兑现成品油价格补贴4732万元，减少油价上涨对交通、渔业、农业等行业带来的负担。设立节能减排专项资金500万元，推动企业节能减排和管理创新的积极性。加大科技投入。全年安排科技支出4074万元，增长22.4%，加大对龙头骨干企业、成长型企业的扶持和推动小企业上规模工作。支持企业向上申报项目，全年下达区级科技项目95项，安排专项经费438万元，争取上级补助和转移支付资金3738万元。发挥投融资平台作用。组建区国有资产投资控股有限公司和区基本建设投资公司，全年累计融资8亿元，为重点项目建设解决临时性调度资金20多亿元。参与区第二人民医院外资贷款项目，协助泰隆商业银行申请德国政府中小企业贷款2000万欧元。配合城建部门向农发行融得城乡供水一体化项目资金1亿元，支持地方经济建设。

【深化财政改革】根据财力状况，按照定员、定额管理原则编制部门预算，完善以部门经费预算为主的编制体系；对教育和文化体育系统的23个部门（单位）首次推行人大审议制度；对各教管会及直属学校实行预算直编制，提高预算编制科学性、准确性和透明度。发挥会计集中核算优势，完善项目资金结余结转和使用管理办法，对专项资金结余进行结转和重新安排，全年批复结转资金1.29亿元，其中包干经费1242万元，项目资金1.17亿元。严格执行办公设备配置标准和经费使用管理办法，对所有收支项目严把审核关。创新国有资产管理新机制，出台国有资产管理信息系统项目实施意见，开发动态管理软件，形成"资产占有单位—主管部门—财政部门"三个层次的监管体系；制订行政事业单位国有资产管理业务处理规定，完善固定资产的配置、使用、收益管理，办理资产处置批复120项、产权登记21项；印发首批区属国有企业实施股权划转方案，对12家国有公司的资产进行整合和股权划转，建立以产权为纽带的国有资产管理新机制。

【完善监管机制】加大政府采购监管力度，组建区政府采购中心，实现监督管理与实际操作相分离。开展政府采购执行情况专项检查。完善政府采购计划编报制度，提高政府采购节约率。全年组织政府采购预算金额3503万元，实际成交额3116万元，资金节约率11.0%。严格公车管理，完善公务车辆管理制度，对公务用车实行"一车一卡、一车一账"管理；对全区行政事业单位、国有独资（控股）企业车辆进行全面清查，清理违规配置车辆97辆，并作相应处理。规范津补贴管理，配合相关部门对各部门（单位）发放的津补贴进行清理，制定方案后实施。

【规范财经秩序】深化绩效评价和财政监督。出台财政支出项目绩效评价操作规程（试行）和财政支出绩效评价专家管理暂行办法，组建绩效评价专家库。开展农村劳动力素质培训工程、农村公共卫生服务等项目绩效评价。对区水利与海洋渔业局等4个部门（单位）会计信息质量进行专项检查。加大基建财务管理和审核力度。出台政府性投资项目预结（算）评审机构管理等制度，对工程造价咨询中介企业实行备案登记制度并引入竞争机制，提高评审机构工程预结算审核的质量。加强全区政府性投资项目财务管理，完善会计委派管理制度，健全事前、事中和事后监督管理。全年共审核工程项目187项，送审造价5.71亿元，审定造价4.89亿元，净核减8275万元，核减率14.2%。加强会计管理工作。对全区6100多名会计从业人员的继续教育进行查漏，全年共举办教育培训20期3390人次参加；组织会计考试4批次2552人参加。

【提升队伍形象】以"树形象，创新业绩"和"作风建设深化年"活动为载体，开展送资金、送政策、送管理的"三送"服务和"治庸提效"活动，深化服务型、效能型机关建设。以完善管理制度为抓手，修订《工作目标责任制考核办法》等管理制度，实现干部考核从年终考核为主向日常与年终考核相结合转变。出台建立健全惩治和预防腐败体系2008～2012年工作方案，开展局领导"述职述廉"、中层干部"公述民评"活动，增强勤政廉政意识。以教育宣传和学习培训为着力点，加大信息宣传力度，全年被各级部门（媒体）录用信息105条、新闻稿件109篇。加强财政法制宣传，组织全区3464名干部职工、财会人员参加全国财政法规知识竞赛。发挥党、青、工、妇组织作用，开展各项文体活动。区财政局获全区工作目标责任制（区属部门）定量考核第一名、台州市财税系统工作目标考核优秀单位。

（台州市路桥区财政局供稿 郑宣彬执笔）

临海市

【概况】2008年，临海市实现生产总值259.70亿元，比上年增长9.8%。第一、二、三产业增加值分别为21.87亿元、137.67亿元、100.15亿元，分别增长13.4%、12.3%、17.4%；第一、二、三产业增加值结构调整为8.4:53:38.6。全市财政总收入30.65亿元，增长15.2%，其中地方财政收入16.10亿元，增长18.3%；财政支出20.38亿元，增长21%。当年财政收支平衡。

【支持经济建设】面对复杂多变的宏观经济形势，发挥财政职能作用，参与经济政策的调研、起草与修订，推进经济社会持续稳定发展。处理好依法理财治税和发展经济的关系，修订与完善清费减负、“1217”工程、发展三产等优惠政策。全年取消和暂停征收部分行政性收费1.05亿元，为企业减轻负担；落实资金7793万元，确保扶持工业奖励、招商引资、科技创新等政策的及时兑现；落实财税扶持政策，全年为企业减免高新技术企业所得税、城镇土地使用税、水利建设专项资金等1.50亿元；为2300家企业免征社保基金1个月，减免社保基金2289万元。发挥财政资金引导作用，推进产业结构调整和企业转型升级，设立1000万元创业创新风险投资引导基金，引导企业加快技术、装备更新步伐，提高产品科技含量。

【组织财政收入】坚持“均衡入库、持续增长、优化结构、调控有力”组织收入原则，加强重点税源监控，夯实征管基础。贯彻落实新《企业所得税法》及实施细则，关注新税法实行对税收收入带来的影响。抓好企业所得税汇算清缴工作，做好亏损企业审核工作，共审核企业80家，调减亏损额1636万元。加强营业税管理，监控建筑业、房地产业和重点工程营业税入库状况。全市2092人办理12万元以上个人所得税自行纳税申报，其中外籍人员2人，补缴税款91.5万元。突出抓好小税种管理，制定出台城镇土地使用税征收管理新措施，调整城镇土地使用税税额标准，重点加强对首次纳入征收范围的外资企业的城镇土地使用税管理，全年共征收城镇土地使用税1.13亿元，增长287%。鼓励和支持运输业发展，审批自开票企业20家，引进船运企业1家。探索和推进重点领域的企业主辅分离工作，重点做好企业规模较大或符合主辅分离的企业进行排查摸底，制订相关配套政策，已成功分离1家，拟分离企业4家。出台船舶修造企业船台出租税收征管新办法，在娱乐业、餐饮业推广使用电脑票。全年地方八税入库3.46亿元，地方八税加营业税占地方财政收入的53.9%，比上年提高3.14个百分点，增加地方可用财力。

【保障民生支出】优化财政支出结构，财政支出安排向人民群众最关心、最直接、最现实的民生支出项目倾斜，民生支出项目从上年的20项增加到25项，支出总额3.06亿元。实施“6百+1”工程项目，全年投入资金1.44亿元，完成百村帮扶项目59个、农村中小学改造项目44个、农村医疗卫生机构改造项目23个、建成234个乡村文化活动中心、19个文化广场和111个公交候车亭、开工建设500套经济适用房和192套廉租房，完成105个村安全饮用水工程。加大社会保障投入，提高农医保财政补助标准，为62万人次提供农医保住院、门诊补助4477万元，为27万农民进行免费健康体检，发放低保人员生活补助2398万元、物价补贴537万元；全年安排免除义务教育阶段学生的杂费、课本费和作业本费及贫困生资助、中等职业学生补助、校舍维修等资金1.37亿元；提高农民种粮积极性，全年发放粮食综合直补资金1659万元，增长123%。向上争取资金，共落实专项资金2.11亿元，对森林生态效益、农村宅基地“三统一”、现代农业和农业产业化等新农村建设进行财政扶持。

【深化财政改革】全面启动部门综合预算改革，彻底打破“基数+增长”的预算编制方法，对收入预算实行综合预算法，对支出预算实行零基预算法，使预算编制更加精细、规范和科学。探索建立新的镇街财政管理体制，制定出台新一轮镇(街道)财政管理体制，科学划分镇(街道)财政收支范围，理顺义务教育经费管理体制，加大收入分配激励机制，调动镇(街道)开源节流的积极性，促进镇(街道)财政良性稳健运行。组织开展公务员津补贴规范工作，出台并实施津补贴新方案。推进土地出让收支管理改革，修订完善《土地出让收支管理规定》，规范征缴程序，把土地出让收支纳入规范化管理轨道。深化社会保障管理体制改革。推进社保费“五费”合征工作，全年征收社保费5.37亿元，增长21.6%。

【强化财政监管】加强财政专项资金管理，改变专项资金“重分配、轻管理”的观念，把财政监管延伸到资金项目申报、拨付、使用、绩效评价各个环节，制定出台政府投资项目委托评审、灾后恢复重建等专项资金管理文件89个，提高财政资金使用绩效。对民生专项资金、救灾资金、流浪人员救助资金等使用情况进行绩效评价。完善国库集中支付工作，规范财政资金管理，提高财政资金使用效益。完善政府采购工作，全年组织招标187期，采购总额1.39亿元，节减支出2360万元，资金节约率14.5%。加强会计队伍建设，全年举办各类会计培训班22期。

【加强队伍建设】开展“治庸提速增效”作风推进年活动，全局238名干部参加“千名干部下基层、蹲点调研促两创”活动，全面推行“一个领导分管、一个科室负责、一个窗口对外”的“一线工作法”。开展“能力提升年”、“创业服务年”和“管理创新年”活动，各科室、基层分局都能结合各自工作实际，提出具体的创新项目并加以落实。加强研究工作，全局干部先后在《中国财经报》、《中国税务》和《浙江税务》等各级报刊上发表各类文章130多篇。推进党风廉政建设，重点抓惩防体系建设和廉政警示教育，设立“廉政文化专栏”、“廉政电教中心”和“廉政文化专柜”，争创廉政文化建设示范点。开展争创“青年文明号”、“文明单位”、“基层满意站所”等活动，税政科、农财科参加全市作风效能评议均取得好成绩。全系统获省级依法行政工作和市目标责任制考核优秀单位、市“作风效能”十佳单位、“两年”工作先进集体等集体荣誉39项。

(临海市财政局供稿 沈卫山执笔)

温岭市

【概况】2008年，温岭市实现生产总值478.55亿元，比上年增长10.9%；人均生产总值40878元，增长9.9%。其中：第一产业增加值37.96亿元，增长1.9%；第二产业增加值252.56亿元，增长10.6%；第三产业增加值188.03亿元，增长13.1%。三次产业比例调整为7.9:52.8:39.3。全市财政总收入45.39亿元，增长8.4%，其中地方财政收入23.38亿元，增长14.5%；全市财政支出28.47亿元，增长29.8%。全年财政收支平衡。

【组织财政收入】从提高税源监控和预测水平入手，扩大重点税源监控面，完善税收收入分析体系，按计划完成收入任务。坚持向强化征管要收入。调整各类别最低计税价格及定额标准，组织开展大规模专项纳税评估，多方面加强税收征管。加强营业税和企业所得税管理，拓展营业税社会化管理，完善所得税计税利润预警率和个人所得税税负预警率管理。加强地方小税种征管，全市地方八税收入4.40亿元，增长56.1%。加强非税收入征管，全市规费收入8.02亿元，增长42.2%。寻求多方支持，注重与镇(街道)和相关部门的沟通联系，为组织收入提供坚强后盾。全市地方财政收入占总收入的比例为52%，地方税比重比上年提高5.48个百分点，财力结构进一步优化。

【支持经济社会发展】保障民生。按照有保有压的原则，调存量，优增量，加大对和谐社会建设包括公共安全、社会保障、医疗卫生等方面的投入，确保新增财力的三分之二以上用于改善民生。其中，全市财政用于教育支出7.38亿元，科技支出3272万元，卫生支出1.30亿元，社会保障和就业支出1.55亿元。促进发展。围绕"建设三个温岭"发展战略，发挥财税政策效用，做好为企业"减负、解困、扶持、服务"文章。全市财政用于先进制造业基地建设、重点技术创新项目、引导鼓励工业园区建设、循环经济、技术中心专项补助累计3096万元；兑现开放型经济发展奖励资金405万元；审核拨付服务业重点企业奖励资金和项目扶持资金788万元。落实中央油价补贴政策，全年共发放中央财政补贴资金4.35亿元。扶持"三农"。落实系列惠农、富农政策，加大财政对农业、农村的投入，全年财政支农支出2.66亿元。开展"农民安全饮用水"等民生工程建设，及时拨付政策性农业保险和农民住房保险补助资金，于省内率先推行政策性渔业互保。加强农民粮食补贴网管理，全年发放粮农综合直补资金1635万元。

【创新财政管理方式】推进国有资产管理体制改革，完善和创新国投公司运作体制，于省内先行一步上报关于发行12亿元债券的申请，实施温岭市工业园区与中融信托的信政合作(计划募集资金5亿元，一期已募集2亿元)。扩大国库集中收付试点范围，对10个一级核算单位、1个二级核算单位、2个政府性投资的重点工程进行国库集中收付转轨试点。稳步推进财政支出绩效评价，印发温岭市财政支出绩效评价工作制度，先后完成对33个项目财政资金使用绩效的评价。继续深化部门预算改革，实施8个部门预算交人代会审议，开展交通局部门预算的民主恳谈，加强对镇一级"参与式"预算改革和探索的指导。创新涉农资金管理思路，对"村村新"工程奖补办法和设置菜单式建设项目进行完善，按照现代农业发展的要求，取消各类专项奖补资金，设立现代农(渔)业发展专项资金，形成"各炒一盘菜、共做一桌席"的新农村建设政策新体系。

【提升财政监管水平】针对全市经济运行中的热点和难点问题，参与国有土地使用权出让收支管理办法等30多项制度的审定。严把财政性基建项目资金来源审核关，参与国有投资项目招投标活动，审核设计变更申请，加强工程审价管理，合理确定工程造价。严抓归口部门预算管理和建设资金拨付，加强国债补助资金和各类上级补助资金的使用检查，配合做好公共卫生中心代建制试点，设立温岭市财政项目预算审核中心。加快国有资产处置步伐，组织多项资产进行整体拍卖、转让。规范国有产权交易行为，建立交易监察信息系统，实现对国有产权转让的动态监管。开展各类会计业务培训，筹建温岭市会计学会重点骨干企业财务总监分会，全年受训会计人数5000人次。推进财税信息化建设，升级国库集中支付和预算编制两大软件，启用财政资金申拨系统，加强网络安全维护，提升财税信息化管理水平。

【加强干部队伍建设】开展"提高办事效率、服务创业创新"主题活动，推出财税干部下基层、办证中心窗口"五优工作法"、办税服务厅办事规范化建设、退税短信告知服务和税收宣传月等多项特色活动，健全外部监督网络，征求社会各界意见建议。全年通过各种途径共发放调查问卷1562份，回收1282份，满意率99.61%。规范内部基础管理，以争创文明单位、群众满意基层站所、巾帼文明岗为载体，推进"学习型、务实型、高效型"机关建设。加强思想政治工作，坚持以教育为抓手，全年共组织各类培训21个班次；开展干部人事调整，坚持以公开招考形式选拔基层干部充实机关力量。完善落实效能建设相关纪律。开展党风廉政建设，特别注重抓好节日期间的廉政教育，利用多种平台，实现教育和监督关口前移。 (温岭市财政局供稿 潘方军执笔)

玉环县

【概况】2008年，玉环县实现生产总值252.81亿元，比上年增长8.1%，人均生产总值61507元。其中：第一产业增加值17.32亿元，增长2.1%；第二产业增加值163.9亿元，增长7.9%；第三产业增加值为71.59亿元，增长10.0%。全县财政总收入35.65亿元，增长15.6%，其中地方财政收入15.83亿元，增长15.1%；财政总支出18.35亿元，增长21.6%。财政收支平衡，略有结余。

【组织财政收入】按照"均衡入库、持续增长、优化结构、调控有力"四位一体和"应收尽收、决不收过头税"的组织收入要求，全面应用税源间接控管平台、"一户通"缴税系统、个人所得税全员申报管理系统和纳税评估模块、房地产税收一体化等，实行税收精细化、科学化管理。强化税源管理，重点开展城镇土地使用税、房产税和营业税普查，共调查城镇土地使用税、房产税纳税人5916户，增收3998万元；对网吧、旅馆、广告、娱乐等行业定额进行普调，调整幅度超过20%。加强契税和耕地占用税征管，入库9230万元。出台国有土地使用权出让收支管理实施意见，加强非税收入管理，入库1.24亿元。制定出台社会保险费征缴办法及其实施细则，全面实施“五费合征”，共入库社保基金3.70亿元，增长26.8%；开展税收执法和行业税收专项检查，共检查企业133户，查补税费2300万元。

【促进经济发展】为应对国际金融危机对企业的影响，落实各项优惠政策扶持企业发展，全年财政科技投入5349万元，支持科技创新平台建设和企业提高自主创新能力建设；落实“创业富民、创新强县”财税优惠政策，审批减免各类税费2.60亿元，兑现各类奖励资金1.12亿元，争取到上级财政资金700多万元；实行企业社会保险费缴纳比例临时性适当下浮，取消和暂停征收部分行政事业性收费，为企业清费减负5000多万元。探索推进工业企业主辅分离发展服务业，制定“二产剥离三产”方案，在楚门地区实施试点，加强运输费用支出控管，通过对不同行业、企业实施不同形式的主辅分离，组建或分离出15家企业，进行营业税还原剥离，增加地方税源。落实资金保证重点工程项目建设，全年调度财政资金5.79亿元；安排2.5亿元重点用于交通、水利和城市等基础设施建设。

【构建和谐社会】支持新农村建设，安排支农资金1.58亿元，落实支农惠农政策，实行粮食直补到户，实施政策性农业保险，开展村庄整治、镇村垃圾清运、劳动力素质培训、村庄绿化、河道疏浚、山塘水库除险加固等工程。支持教育文体事业发展，安排教育事业投入3.61亿元，落实义务教育阶段“两免一补”和义务教育生均公用经费基本保障标准，兑现农村教师任教津贴，提高农村教师待遇；安排文化体育和传媒支出3041万元，支持广播电视“村村通”工程等文体事业发展。支持社会保障体系建设，安排社会保障支出4.71亿元，建设减灾安居工程，调高城乡最低生活保障、农村医疗补助和新型农村医疗合作财政补助标准，实施城镇居民医疗保险和少年儿童医疗保险；落实医疗卫生支出8442万元和城乡社区事务支出7701万元，支持医疗卫生服务体系建设和城乡社区事业发展。支持“平安玉环”建设，落实公共安全经费支出1.59亿元，保障公检法公用经费、社区矫正经费和公安巡特警经常性经费，推进社会治安综合治理。支持抗震救灾，按照地方财政收入1%的要求筹措青川姚渡镇灾后恢复重建资金1376万元，财政捐赠1437万元用于四川抗震救灾。完成油价补贴发放，落实发放油价补贴1.73亿元，全县806艘捕捞渔船、81艘辅助用船、902艘养殖用船、107辆城市公交、393辆县境内农村客运面包车、375辆出租车和22艘岛际客运渡船受惠。

【加强财政监督】完善综合财政和部门预算管理，全面实施部门一般预算收入、政府性基金收入和非税收入的统筹综合管理。调整镇乡财政管理体制，加大对乡镇财政转移支付力度，实施“保平消赤减债”考核。实施政府采购信息公开，设立政府采购监督管理科，实现管办职能分离，共受理各类采购152批次，节约资金1979万元，资金节约率12.8%。执行非税收入“收支两条线”，加强社保基金管理，建立被征地农民基本生活保障风险准备金制度。深化国有资产管理，开展全县行政事业单位办公用房调查，清查全县57家国有企业资产，通过拍卖县第二人民医院和县城市建设集团有限公司等部分房产缴入国有资产收益专户3093万元，完成县电影公司的资产审计和评估，酝酿制定县物产集团公司改制方案。把好资金审核关口，加强财政专项资金集中支付，通过财政零余额账户集中支付资金3.36亿元。规范建设资金运转程序，将各类基本建设财政资金纳入财政基建专户监管。制定支援青川县姚渡镇灾后恢复重建资金管理办法，设立援建财政资金专户。开展绩效评价宣传活动，建立绩效评价专家库，完成千万农村劳动力素质培训工程、农村公共卫生服务、工业类科技资金等3个项目的绩效评价。贯彻《会计法》，规范完善会计从业人员资格管理，推进会计诚信建设，提高会计信息质量。配合省审计厅完成县长经济责任审计和整改工作，做好油价补贴落实情况专项检查和新增国债资金落实情况检查。

【加强干部队伍建设】抓好机关作风建设，开展“做玉环人、知玉环情、办玉环事、创玉环业”主题大讨论活动，通过查找问题、整改不足、公开承诺、提升效率，转变机关作风，开展城乡党组织“心连心”活动，营造“树新形象、创新业绩”良好局面。抓好队伍组织建设，开展党的十七大精神学习宣传教育活动，创建学习型组织；完善全程办事代理制，推进行政审批制度改革，设立行政审批科，实行行政职能归并；推荐2名年轻干部进入县后备干部培养计划，公开推荐选拔10名年轻干部纳入局中层后备干部人才库。抓好党风廉政建设，通过多种学习教育方式，外抓行风监督，内强“四条禁令”、“十点服务”执行力，落实各项廉政建设责任制，加强党风廉政建设，率先设置国有资产处置廉政风险项目化管理。抓好内部管理建设，出台《基层单位考核办法》和《局机关科室考核办法》，修订编印《管理制度汇编》，内容涉及六大方面38项制度；推行政府信息公开，完成财税门户网站建设，实行财税信息工作指标量化考核。抓好文明单位建设，参与县“人民满意机关”、“群众满意站所队室(办事窗口)”创建和县“三十佳”评选活动；通过爱心捐款、无偿献血、“特殊党费”等活动，为四川地震灾区捐款捐物、奉献爱心；组队参加全省财政地税局长培训班文艺汇演，举办税月如歌·纪念改革开放三十周年暨迎新年联欢晚会。县财政局被玉环县委、县政府评为2008年度工作目标管理责任制考核优秀单位、创建县“人民满意机关”示范单位等称号。

（玉环县财政局供稿 盛杰星执笔）

天台县

【概况】2008年,天台县实现生产总值97.99亿元,比上年增长11.0%。其中:第一产业增加值7.98亿元,增长2.1%;第二产业增加值44.63亿元,增长11.9%;第三产业增加值45.38亿元,增长11.8%。实现人均生产总值17285元,增长10.4%。全县财政总收入11.54亿元,增长15.3%,其中地方财政收入6.05亿元,增长17.3%;财政总支出10.60亿元,增长18.2%。全年财政收支平衡。

【支持地方经济发展】县政府出台《关于发挥税收政策作用支持企业创业创新的若干意见》,通过下调社保费率、减免税、实行延期纳税等25条扶持措施,支持企业"两创"。筹措建设资金2558万元,重点支持工业功能区等工业平台建设。安排科学技术支出2187万元,推动企业科技创新。帮助企业争取到中央级项目11个、省级项目28个,争取并安排技术研发、循环发展等专项资金2783万元。完善和落实财税支持服务业发展的政策措施,推动工业企业主辅分离。创新财税扶持经济的方式方法,落实中央和省、市政府收费项目减免政策为企业减负1800万元,实行社保费临时性下浮政策为用人单位和自由职业者减负1250万元,落实高新技术优惠政策减征企业所得税1129万元,批准技术开发费加计扣除1804万元,审批国产设备投资抵免企业所得税874万元,实行财产损失税前扣除515万元,依法减免地方税收2570万元。

【组织财政收入】加强税收征管,建立征管、稽查、法规相互制衡的工作机制,出台建筑业、装饰业、个人出租房的税收管理办法,推进地方税收的科学化、精细化管理,全年实现营业税及地方七税收入2.71亿元,增长22.5%。加强非税收入征管,征收政府非税收入7.61亿元,增长23%。全面推行社保"五费合征",征缴社会保险费2.57亿元,增长21.4%。

【支持三农发展】建立支农资金稳步增长机制,预算内安排支农资金5443万元,增长12%;筹集水利建设基金1750万元、造地改田资金4690万元,分别增长20%、47%;在土地出让金中提取新农村建设资金1309万元,加大对和谐生态村建设、粮食补贴、农技推广体系改革、特色优势农业产业发展的扶持力度。针对山区农户在年初遭受冰冻雨雪灾害的实际困难,实行信贷资金财政贴息帮助恢复生产。制订农资综合直补数据采集办法,以"一折通"形式将1535万元粮食直补资金发放到12万农户手中。加大农业综合开发投入,重点加强中低产田的改造力度,全面完成鹤楼中低产田项目建设,基本完成洪畴镇中低产田项目建设,全面铺开街头镇、三合镇的中低产田改造项目工程。

【促进社会民生改善】全年财政增量用于民生支出比例为67.8%,着力解决人民群众最关心、最直接、最现实的利益问题。完善城镇居民职工基本养老保障制度,财政补助被征地农民养老保险5277万元。调整困难群众新型农村合作医疗标准,安排3004万元对参加新农村合作医疗实行补助。提高最低生活保障补助标准,安排1404万元加大对困难群体的保障和救助力度。支持实施残疾人共享小康工程。加大农村劳动力素质培训力度,重点扶持"零就业家庭"、"4050"人员、农村低保户家庭劳动力就业。出台廉租住房保障资金管理办法,对低收入住房困难家庭实行廉租住房补贴。建立公共卫生服务经费保障机制,强化预防保健、重大传染病等公共卫生工作。

【统筹社会事业发展】加大对教育事业的保障力度,提高中小学公用经费标准3494万元,安排2389万元农村义务教育教师任教津贴用于提高农村教师待遇,投入2813万元支持农村中小学食宿改造、贫困生救助、教师素质培训等,安排869万元实施"中职困难学生营养餐工程"和"职教六项行动计划"。完善环境保护投入机制,安排1327万元用于农村垃圾生态处理、农村生活污水处理、村庄整治、污染防治等人居环境改善,安排1627万元用于森林培育、绿化造林、退耕还林、生态公益林及清水河道疏浚整治等自然生态环境改善;投入961万元用于乡镇垃圾中转站、城市环卫基础设施等建设支持省级卫生城市创建。安排公检法司等各项资金1834万元,重点保障政权建设和政法机关办案经费,支持"平安天台"建设。加大社会公共应急体系建设,设立信访、司法救助基金、社区矫正专项资金和人民调解资金,为社会和谐稳定提供财力保障。

【创新财政管理改革】深化部门预算改革,建立科学的定额支出标准体系,统筹预算内外资金,优化财政性资金的拨付流程,实行预算执行情况预警机制,强化绩效评价结果的应用。创新县级财政资金统一核算机制,制订县级财政资金统一核算暂行办法、财政资金集中拨付操作规程等制度,启用财政资金"申拨软件",实行县级财政资金集中收支、统一核算,硬化预算约束,实现财政资金支出的全口径预算管理,提高财政资金安全和防风险能力。建立健全财政监督绩效评价机制,设立财政监督评价委员会,推动县委、县政府将财政支出绩效评价结果列入县对部门的年度考核内容,强化部门使用财政资金的效益意识。创新乡镇财政财务管理方式,出台乡镇(街道)财政管理体制调整方案、"乡财县管乡用"改革实施方案,建立县乡生态财力转移机制,以财政手段引导生态经济建设,并在台州市率先推行"乡财县管乡用"改革。完善政府采购工作机制,建立起政府采购监督管理联席会议制度,完善政府采购工作协调和沟通机制,加强和规范对政府采购的监督管理。防范财政风险,出台地方政府性债务管理实施暂行办法,加强全县政府性债务管理。组织开展对中央新增安排国债资金的监管,发挥国债资金的投资效益。规范全县行政事业单位占有的国有资产有偿使用和处置行为。强化政府投资项目的财政财务监管,开展财政基建资金使用管理情况专项检查分析,组织财政性投资项目工程预算评审。

【加强队伍建设】推行以"沟通、变通、直通、精通"为主要内容的"四通工作法",破解财税工作在新形势下的各类难题。组织开展以"携手相助·共渡难关"为主题的"暖冬行动",做好企业帮扶工作。加强对财税经济运行中的热点、难点问题的调研,部分调研成果和建议为县委、县政府决策所采用。推行党务政务公开,以"廉政文化进机关"为载体加强廉洁财税建设。构建效能共建工作机制,抓好重点岗位动态监管工作,在基层单位开展争创"基层文明站所"活动。继续开展"联村联户连心"活动。通过捐款、缴纳特殊党费等形式募集善款12.19万元支持汶川大地震灾区重建。2008年,县财政局获县级机关单位工作目标责任制考核优秀单位、台州市财政地税系统工作目标考核先进单位,连续第二次被评为"市级文明单位"。

(天台县财政局供稿 许 宾执笔)

仙居县

【概况】2008年,仙居县实现生产总值79.22亿元,按可比价格计算,比上年增长8.3%。其中:第一产业增加值8.68亿元,增长4.6%;第二产业增加值35.87亿元,增长4.8%;第三产业增加值34.66亿元,增长13.1%。全县财政总收入9.24亿元,增长13.8%,其中地方财政收入4.80亿元,增长18.2%;全县财政一般预算支出8.72亿元,增长20%。全年财政收支基本平衡。

【支持经济发展】着力增强企业发展后劲,开展"服务工业、推进项目"百日行动,加强财税扶持政策研究,整合税收优惠政策,出台《关于推进全民创业全面创新工作的若干意见》,支持创业创新。发挥财政资金引导作用,加大对创业创新的投入力度,引导企业加强技术改造,提升竞争力;及时兑现各项扶持政策奖励资金,涵养地方财源;积极搭建融资平台,多渠道筹措资金,保证重点建设项目的顺利实施。合理运用征管手段,及时调整税收收入计划,促进税收与经济的良性互动。创新纳税服务方式,加大对税收优惠政策的宣传力度,鼓励企业用足用好税收优惠政策。帮助企业减负解困,落实各项税费优惠政策,及时做好税费减免、税款缓征和行政事业性收费减免、停征等工作,全年共减免各类税费1800多万元,惠及企业1200多家。

【促进"三农"发展】筹集支农资金,抓好农业和水利建设资金的征收,全年入库地方水利建设资金和土地复垦基金1347万元,并向上级财政争取各类支农专项资金9978万元,确保财政支农资金投入的稳定增长;全年拨付涉农专项资金5149万元,增长22%,重点支持新农村建设,改善农业基础设施,鼓励农业科技创新。抓好农业综合开发项目的实施,完成下各镇括苍溪治理项目和聚仙庄饮品有限公司杨梅产业化经营项目的省级验收,筛选、确定白塔岙里港治理项目和浙江味老大工贸有限公司产业化经营项目为新的农业综合开发项目,争取上级资金1130万元。鼓励农业创业创新,开展支农资金整合,将农业发展基金、农业三十项资金和农业产业化资金归并为绿色农产品基地建设专项基金;设立低收入农户创业基金300万元和低收入农户创业专项贴息贷款基金1000万元,支持低收入农户脱贫致富。鼓励粮食生产,全年拨付农资综合直接补贴资金1208万元;对全县360个种粮大户和3000个价外补贴户发放种粮奖励金和补助金106万元。

【加强收入征管】加强收入预测和分析,着重做好对收入影响较大因素的分析,科学合理规划全年收入任务。建立和完善间接税源控管,深化征管改革,推进信息化建设,建立国地税联席会议制度,夯实征管基础。开展税源普查,做好个人所得税自行申报工作,全面推进个税全员管理,继续开展所得税汇算清缴,贯彻落实车船使用税管理新条例,调整城镇土地使用税政策,开展工业企业分离发展服务业调研,做大地方税收收入蛋糕,优化收入结构。完善社会保险费"五费合征"工作,加强土地出让金收支管理,加大周转金清收力度,拓宽增收渠道,壮大地方可用财力。积极向上争取资金,争取到各类专项补助3.64亿元。

【保障民生支出】加大民生投入力度,全年财政支出增量用于民生的比例达88.8%。支持教育事业发展,深化义务教育经费保障机制改革,提高中小学生均公用经费标准和农村教师待遇,落实国家免教科书和中等职业学校免杂费政策,全年投入教育经费2.89亿元,增长37.5%。健全社会保障服务体系,提高农医保筹资标准,扩大补偿和保障范围;支持实施残疾人共享小康工程,及时拨付医疗救助资金和住房救助资金,落实各项财政补贴政策,保障困难群体基本生活;完善医疗服务体系,提高以基本医疗和公共卫生服务为重点的卫生服务能力,全年医疗卫生支出7903万元。发展文化事业,全年文化支出831万元,重点支持文化"三下乡"活动和农村文化活动场所建设;资助创建农村文化俱乐部146个、文化活动室111个。加大对公共安全、环境保护等方面的投入,全年拨付资金1.02亿元,增长40%。

【深化财政改革】深化部门预算改革,将教育系统下属的44个单位全部实行部门预算,细化和调整有关定额分类和定额标准,增强部门预算的刚性和透明度;开展国库集中收付改革,设立国库科,出台县级财政资金集中核算暂行办法,明确各业务科室职能及拨款流程。制定义务教育债务化解实施方案,分阶段化解义务教育债务。加强源头控管,逐步规范专项资金的审批、拨付和使用。梳理项目,整合资金,首次编制项目前期费用预算。继续做好消化乡镇财政历年赤字工作,全年消化乡镇历年赤字1311万元。

【强化财政监管】加强政府性投资项目监管,抓好项目的全程监管,全年审查工程结算项目83个,核减工程造价1225万元,核减率12%;开展工程项目预算审核试点。加强专项资金管理,对企业技改贴息资金、计划生育经费、文化专项资金等进行专项检查;开展科技项目、农村公共卫生、农村劳动力素质培训工程等专项资金绩效评价,提高资金使用效益;加强抗震救灾资金管理,将各类捐款统一纳入财政专户管理。加强国有资产监管,完善国有资产监管运行机制,在开展国有参股企业年度财务审计的基础上,开展企业领导离任审计。完善政府采购程序,理顺与县招管办、招投标中心的各自职责,明确政府采购范围、报批程序和采购方式;对政府采购机动车实行统一投保、统一项目及险额、统一支付的办法,节约保费30%。

【加强队伍建设】加强党风廉政建设。通过领导班子成员述廉、签订党风廉政建设责任状、举办预防职务犯罪专题讲座等多种途径,增强干部的拒腐防变能力;制定《仙居县财政地税局建立健全惩治和预防腐败体系2008-2012年实施方案》，将各项工作纳入防范体系，从源头上治理和预防腐败。推进学习型组织建设。鼓励干部职工参加各类教育和培训，提升队伍素质。丰富“财税论坛”讲座内容，开设财政、税收、计算机等基础培训班。加大干部交流培养力度，对任职满5年的中层正职进行轮岗交流，并提拔和任用一批年轻干部。加强内部管理。完善工作目标责任制考核办法、外网使用、食堂和驾驶员管理、考勤考核等制度，改进工作作风。成立乒乓、篮球等各类兴趣小组，培养干部健康、文明、阳光的生活情趣。县财政局连续六年被县政府评为“县级机关单位综合目标考核先进单位”，被台州市政府评为2007年度安全生产管理先进单位，还有30多项工作得到省市县有关部门表彰。

（仙居县财政局供稿 周水龙执笔）

三门县

【概况】2008年，三门县实现生产总值81.89亿元，比上年增长11.1%。其中：第一产业增加值13.82亿元，增长1.8%；第二产业增加值35.32亿元，增长12.6%；第三产业增加值32.75亿元，增长13.3%。三产比为16.9:43.1:40.0。全县财政总收入10.72亿元，增长24.4%，其中地方财政收入6.11亿元，增长33.8%；全县财政总支出10.12亿元，增长10.2%。当年财政收支平衡。

【支持经济社会发展】加大财政对企业的扶持力度。当年兑现扶持资金4527万元，其中企业技术改造和科技研发资金补助1644万元，企业技改贴息391万元，节能与循环经济专项扶持补助35万元，支持外贸经济发展167万元。为解决中小企业融资历困难，向中小企业担保公司注册资金再次增资2000万元，发放风险补偿金21万元。支持农村基础设施建设。继续做好百村饮用水工作，全年下拨补助资金1689万元。整合各类资金1837万元，引导支持瓜果苗木蔬菜等农业主导产业的发展。筹集资金4300万元，重点整治农村生产生活环境。落实税费减免政策。通过网上税收申报系统及电视报纸等媒体宣传税费减免政策，全年审核23户企业国产设备投资抵免企业所得税1190万元，核准4户企业技改项目税前加计扣除242万元，审批同意16户企业财产报损801万元，认定小型微利企业278户，减免企业所得税200万元，2家企业享受到国家高新技术企业15%的企业所得税优惠税率。审批同意水利建设专项资金减免18户，减免金额125万元。执行临时性下浮社会保险费缴费比例政策，减免各项社保费863万元。

【促进收入增长】规范收入征收管理。规范税收户籍管理，开展税种认定交叉检查，修订新的税收管理工作规范，建立重点税源户税收管理工作电子台账。开展新企业所得税法及其实施条例的宣传培训，组织企业所得税汇算清缴。全年受理年所得12万元以上纳税人自行申报667人，补报个人所得税153万元。出台税费管理办法。会同国税部门出台造船业税收管理办法，加强造船行业税收管理。出台村级集体税收管理办法，加强村级集体经济纳税代理申报工作。全面开展城镇土地使用税与房产税税源调查和税收征管，扩大征管范围，提高征收标准。与社保等部门进行探讨和协商，拟定《三门县人民政府关于推进社会保险费五费合征工作的实施意见》和《三门县社会保险费“五费合征”工作实施细则》。全年入库地方七税1.12亿元，增长82.7%，其中土地使用税和车船税分别增长659.3%和40.5%。全年组织社保费1.84亿元，当期征缴入库率99.9%。组织契税2596万元，耕地占用税1303万元。

【保障重点支出】新增财力向民生领域倾斜，全年新增财力用于民生方面支出74.5%，与民生密切相关的教科文、农林水、医疗卫生、社会保障、环境保护支出7968万元，增长37%，比当年财政一般预算支出增幅高27个百分点。加大“三农”投入。推进政策性农业保险试点，加大农业综合开发投入，支持农业基础设施、农业科技创新、高效生态农业和现代农业产业体系建设。会同各主管部门出台油价补贴方案，落实油价补贴政策，全年发放油价补贴资金6137万元，其中海洋渔业补贴5742万元。将全县义务教育全面纳入公共财政保障范围，落实城乡义务教育阶段免收杂费政策和外来务工人员子女义务教育政策，深化完善农村中小学教育“四项工程”，推进城乡教育均衡，促进城乡优质教育资源共享。加大社会保障和就业再就业的财政投入，支持农村劳动力素质培训，重点扶持城镇零就业家庭和农村低保家庭劳动力就业。做好低收入群体生活保障，足额保障城镇和农村最低生活保障资金。支持完善社会保障体系，实施城镇居民基本医疗保险，提高新型农村合作医疗财政补助标准。加大公共卫生服务投入，支持基层卫生院改造。加大对环境保护和生态建设的投入，及时发放生态公益林补偿资金，推进“生态县”建设。加大农村社区文化建设投入，支持公共文化体育设施和农村文化建设。

【深化财政改革】制订预算管理制度，出台行政事业单位基本支出预算管理办法和行政事业单位公用设施、办公设备配置标准。尝试政府采购预算的编制和执行，金额10万元以上的，经采购办审批后由招投标中心统一采购。完善基本支出预算编制定额标准，根据单位人员数量及工作性质按一定标准分档确定单位业务费，综合定额以人均5000元为基准，最低为10人以下单位5万元，最高为100人以上单位40万元，取消公务招待费预算安排。加强财政专项资金集中核算，对全局29项财政专项资金账户进行摸底调查，制订财政专项资金集中核算方案。制订出台规范公务员津贴补贴工作实施方案和操作办法。

【完善财政监管】启用预算编制软件，监控基本支出预算执行情况。全面启动资金申拨系统，规范资金申拨程序，加强预算指标管理。做好2006年度工业类科技专项资金、农村劳动力素质培训工程专项资金以及农村公共卫生服务项目专项资金的绩效评价工作。加强体育彩票、住房公积金的会计信息质量专项检查。配合浙江三变集团有限公司的国有法人股权转让工作。

【干部队伍建设】深化机关作风建设，组织开展“树新形象、创新业绩”主题实践活动。推行“一线工作法”，局班子领导通过蹲点调研、开展民主恳谈等形式，机关干部通过联系结对活动，转变机关工作作风。开展“干部素质提升年”活动，进行“解放思想、加快崛起”大讨论活动，邀请行风监督员以明查暗访形式进行作风建设督查，组织召开行风监督员座谈会，实行签订效能建设承诺书制度，提高干部工作效能与服务效能。加强干部教育培训。制订干部教育培训计划，落实学习任务。执行“星期一学习夜”制度，安排学习《党的十七大报告》、《政府工作报告》及《中国共产党内监督条例》等一系列政治理论知识。组织开展干部业务知识考试，派送中层干部到上海国家会计学院脱产学习培训。加强党风廉政建设，抓好责任分解，明确责任分工，强化领导责任。组织观看《走上被告席的大法官——吴振法受贿案警示录》。制定《2008～2012年三门县财税系统惩防体系工作方案》，公开政务信息内容，推行“阳光政务”。开展各种有益活动，组织干部参加“迎奥运”活动，开展象棋邀请赛，组织党员干部开展“送温暖、献爱心”活动。重视离退休老干部支部建设，为老干部征订老年健康读物，举行“迎奥运、健康行”老年干部登山比赛。

(三门县财政局供稿 叶照虎执笔)

丽水市财政工作概况

丽水市

【概况】2008年，丽水市实现生产总值505.68亿元，比上年增长11.8%。其中：第一产业增加值55.26亿元，第二产业增加值245.84亿元，第三产业增加值204.57亿元，分别增长4.7%、15.5%和9.5%。三次产业结构从上年的11.6:46.5:41.9调整为10.9:48.6:40.5。人均生产总值22053元，增长11.2%。全年全社会固定资产投资248.85亿元，增长4.9%，其中限额以上固定资产投资231.71亿元，增长3.9%。全市城镇居民人均可支配收入17710元，农村居民人均纯收入5050元，扣除价格因素，分别增长5.8%和9.8%。全市财政总收入63.42亿元，增长13.2%，其中地方财政收入36.15亿元，增长10.7%；市本级(包括开发区、莲都区，下同)财政总收入21.93亿元，增长14.5%，其中地方财政收入12.69亿元，增长7.1%。全市财政支出85.77亿元，增长21.0%；市本级财政支出21.85亿元，增长15.9%。全市地方财政收支基本平衡，并消化历年赤字112万元。

【组织收入】全市国税部门组织税收收入30.54亿元，增长11.3%；地税部门组织各项收入43.56亿元，增长9.5%，其中税收收入27.31亿元，增长3.8%；全市组织契税收入2.08亿元，下降21.4%，耕地占用税收入5141万元，增长90.0%。加强非税收入征管，开发应用《财政银行对账信息系统》，以信息化提升非税收入征管水平。加强土地出让金收支管理，做好土地出让金收支预算的审核、编制和执行。加强行政事业单位房产出租经营管理，推进行政事业单位房产配置市场化工作。市本级政府非税收入17.77亿元，其中土地出让金收入5.98亿元。推进社保费“五费合征”扩面工作，全市地税部门组织社保费收入13.34亿元，增长23.3%，其中市本级社保费收入4.48亿元，增长24.8%。

【服务经济发展】贯彻落实省对市县财政体制，实施新一轮市对莲都区、开发区财政体制，做好开发区新增投产企业的财政收入划分鉴定工作。对基本公共服务均等化、利用民族政策跨区域创建工业园区、纳爱斯集团扶持政策调整、推进工业企业分离发展服务业等政策进行调研。建立财政政策执行反馈评价机制，开展政策执行评估评价工作。用足用好支持企业发展的各项财税优惠政策，落实省政府为企业减免百亿税费政策以及国家和省、市取消、停止、降低行政性收费项目和标准的有关规定，市地税部门在权限范围内下调房地产开发企业和房地产转让土地增值税征收率，减轻企业负担。全市国税部门共审批减免税收5.26亿元；全市地税部门共审批减免税收2.00亿元、水利建设专项资金2678万元、企业社保费4627万元；全市共减免契税和耕地占用税1443万元。市本级国税部门审批减免税收2.57亿元；市本级地税部门审批减免税收1.37亿元、水利建设专项资金2028万元、企业社保费2130万元；市本级共审批减免契税和耕地占用税1056万元。全市办理出口退(免)税6.03亿元，其中市本级1.11亿元。市本级拨付制造业、旅游业、商贸流通业等专项扶持资金9552万元(其中省补助2316万元)。

【保障重点支出】财政支农。建立健全财政支农资金的稳定增长机制，从土地出让收益中安排一定比例资金用于新农村建设。全市财政预算内新农村建设投入39.26亿元，增长25.5%；市本级财政预算内新农村建设投入5.51亿元，增长17.1%。基本完成农民补贴网丽水网建设，全市依托该网络平台共发放综合直补资金6164万元。实施农民异地转移增收工程，促进农民增收。保障教育文化科技支出。加大实施义务教育经费保障机制改革的财政保障力度，提高义务教育阶段中小学日常公用经费保障水平，加大职业教育“六项行动计划”的财政投入。加大文化事业及产业项目扶持，支持农村文化繁荣工程、送戏、送电影、送书下乡和举办农民艺术节。加大科技投入力度，确保法定增长比例。社会保障支出。印发《丽水市直多渠道筹集社会保障资金实施办法》，建立社会保障资金多渠道筹措机制。加大城乡居民最低生活保障投入，全市城乡居民最低生活保障月人均补差从50元提高到75元，低保扩面50%，从4月1日起市区农村及城镇居民最低生活保障标准分别从149元、248元提高到168元和280元。完善新型农村合作医疗制度，在全市推行基本统一的新型农村合作医疗实施方案，人均筹资标准从上年的63.98元提高到100.58元。完善惠民医院财政补助政策，将农村和城镇无工作单位且家庭生活困难的重点优抚对象、“三老”人员、精简退职人员纳入惠民对象，提高门诊和住院费用的优惠标准。印发《丽水市直城乡困难居民医疗救助资金管理暂行办法》，整合医疗救助专项资金，扩大医疗救助对象，将低保标准150%以内的低收入家庭、贫困孕产妇、历届各级劳动模范、重症精神病人等纳入救助范围。调整市区被征地农民基本生活保障待遇享受标准和缴费标准。投入资金2.7亿元(其中财政安排资金1.0亿元)用于经济适用房、农民公寓、廉租房建设，加快建设多层次的住房保障体系。全市教育、科学技术、文化体育与传媒、医疗卫生、社会保障和就业等重点支出分别为19.22亿元、1.93亿元、2.67亿元、5.77亿元、5.15亿元，分别增长20.8%、17.7%、16.4%、27.4%、26.0%；市本级教育、科学技术、文化体育与传媒、医疗卫生、社会保障和就业等重点支出分别为4.30亿元、5783万元、5630万元、1.51亿元、1.71亿元，分别增长15.7%、10.5%、9.0%、23.2%、18.0%。同时，市财政及时拨付冰冻雪灾应急资金481万元，支援汶川救灾资金100万元，垫付婴幼儿奶粉事件医疗机构医疗救治费用 67 万元。

【财政改革】完善综合预算管理模式，推进"收入一个笼子、预算一个盘子、支出一个口子"财政管理改革。继续深化部门预算改革，推进政府性基金(专项资金)预算的规范化编制，完善全指标体系。探索部分共性支出项目的财政资金安排标准，提高部门预算编制质量。加强政府采购监管，增设政府采购监管处；加大对政府采购项目委托、采购方式审批及执行、采购文件编制、合同履行等重要工作环节及分散采购行为的监管力度，控制单一来源采购方式审批，完成 2009～2010 年党政机关出差和会议定点饭店政府采购工作，扩大政府采购覆盖面，全市完成实际采购金额 6.48 亿元，其中市本级 1.76 亿元。开展国库集中支付改革，设立市财政国库支付中心；市直确定市国资委、市计生委、市安监局、市检察院 4 家单位为国库集中支付改革试点单位。总结和完善"远程报账、集中支付、自主核算"管理模式，共有 110 个单位实现管理模式的转轨，市预算会计核算中心累计支付财政性资金 12.38 亿元。规范公务员津补贴，制定"削峰填谷"方案、测算经费安排。深化农村综合改革，全市 98%的乡镇实行"乡财乡用县管"模式。

【财政监管】加强政府性专项资金管理，做到一个专项资金一个管理办法。规范项目资金收支管理，实行项目资金指标借用申请制度。加强资金整合，按照"结转使用一部分、调整用途一部分、财政收回一部分"的办法，清理历年沉淀政府性基金(专项资金)。加强财政项目支出绩效评价工作，实行财政支出绩效评价分类管理。完善办公用房装修、修缮费用管理，对 10 万元以上的修缮项目实行审核中心审核制。对财政基建项目进行估算、概算、预算(标底)、结算、决算全过程审核，完善对财政投资项目资金的全过程监管机制。市财政项目预算审核中心全年共审查工程估算、概算、预算(标底)、结算、决算审查项目 224 个。对储备粮首次实行网上竞价交易，提高市级储备粮销售的透明度。加强地方政府性债务管理，防范政府负债风险。做好清费减负工作，严格收费管理，规范收费行为。开展会计师事务所、资产评估机构内部治理建设情况会计检查，组织开展会计信息质量检查。完善营运机构 2008～2010 年度经营目标责任制考核办法，强化营运机构绩效考核，完善国有资产营运机构内控制度，推进大额资金支付、工程合同签订及变更签证管理、暂定材料采购管理等重大事项科学决策机制的建立和完善。

【干部队伍建设】深化学习型组织建设，利用中心组学习会、支部会、全局干部大会和邀请专家举办专题讲座以及开办培训班等形式，加大干部培训力度，全年市财政局共组织各类培训班 11 个、培训 900 多人次。开展调查研究，全年完成局重点业务调研课题 32 个。组织"加快创业创新、建设生态文明，推进丽水新跨越"解放思想大讨论，开展"我为加快创业创新、建设生态文明献一计"、外出学习考察和典型案例剖析，树立干部服务大局、服务为先、服务为民的理念。开展"树新形象、创新业绩"主题实践活动，深入乡村、企业走访，征询建议和意见，推进干部作风转变。市财政局完成新一轮局机关和基层单位中层干部竞争上岗和一般干部双向选择工作，干部交流面达 39%。推进行政执法责任制，实行过错责任追究。开展财政规范性文件清理工作，确保执法依据合法有效。构建惩治和预防腐败体系，全面开展行政监察工作，完善权力运行流程和监控机制。开展廉政文化进机关活动和反腐倡廉建设征文等廉政文化宣传活动。实行政府信息公开，拓宽党务政务公开渠道。发挥党、团、工、妇组织的积极作用，组织干部职工捐款援建"中国税务林"，全市财政地税系统共捐款 9.61 万元；组织干部职工捐款支持抗震救灾，全市财政地税系统共捐款 73.18 万元，其中党员缴纳"特殊党费"42.06 万元。成立篮球、乒乓球、摄影、登山、调研 5 个业余兴趣小组，先后组织开展迎春联欢晚会和"迎奥运"登山、拔河、游泳比赛等活动，增强干部队伍凝聚力。市财政局、地方税务局在市政府系统 2008 年度工作目标责任制考核中荣获"优秀单位"称号，被评为市级"五五"普法中期先进集体。(丽水市财政局供稿　方伟英执笔)

丽水市莲都区

【概况】2008 年，莲都区实现生产总值 133.58 亿元，比上年增长 10.0%。第一、二、三产业增加值分别为 10.82 亿元、55.94 亿元、66.82 亿元，分别增长 4.3%、9.3%和 11.6%。全区人均生产总值为 35024 元，增长 9.2%。实现区级财政总收入 7.46 亿元，增长 19.3%，其中地方财政收入 3.93 亿元，增长 13.5%；财政支出 8.46 亿元，增长 22.2%。全年财政收支平衡。

【促进经济发展】确保财政农业投入稳定增长。全区用于支农的财政资金 1.5 亿元，增长 32%，主要用于农村基础设施建设、面源污染治理、农业产业化发展、小水利建设、生态公益林建设、扶贫等。加大乡村环境整治投入，按户籍人口 8 元 / 年、流动人口 4 元 / 年的标准补助农村保洁经费，完成 97 个村的饮用水工程建设，100 个村的村庄绿化和 67 个村的首期污水治理设施建设，改善农村生活环境。通过"一折通"及时发放 6 万多户种粮农民的综合直补资金 643 万元。搞好农村土地综合开发工作，投入农业综合开发资金 756 万元，完成通济堰灌区中低产田改造项目二期工程、通济堰西干中低产田改造项目和仙渡山区中低产田改造项目的实体工程建设任务。培育新财源，促进区域经济发展。多渠道筹措基本建设资金 3.74 亿元，推动重大建设项目的实施，加大对碧湖工业园区、郎奇创业小区的扶持力度，支持古堰画乡、风情东西、城市温泉、乡村旅游建设。发挥财政资金引导作用，兑现企业扶持资金 3330 万元，其中企业技改资助 3228 万元、企业技术和管理创新奖励 51 万元、扶持流通企业和外向型经济发展 51 万元。

【重点改善民生】完善城乡居民社会保障体系。提高城乡低保救助标准，扩大救助面。城镇居民低保补助标准每月 280 元，平均补差 145 元，农村居民低保补助标准每月 168 元，平均补差 96 元。全区享受城乡低保救助的有 7699 人，增长 50.3%。全年共发放低保补助金 928 万元，增长 63.7%。加大对城乡医疗救助的投入，新型农村合作医疗支出 1300 万元，城镇居民医疗保险医疗支出 578 万元；发放医疗救助金 318 万元，增长 10.4%，1018

位城乡困难居民得到医疗救助;拨付农村五保和城镇"三无"人员集中供养经费295万元,545位五保、"三无"对象实现集中供养和户院挂钩,集中供养率93%。全面启动残疾人共享小康工程。加大对重度残疾人的生活保障力度,对低保家庭中的持证重度残疾人单独施行最低生活保障,全额享受最低生活保障金,并享受医疗救助和其他社会救助政策;按照自愿和贫困残疾人优先的原则,对重度残疾人逐步实施集中托养、日间照料、居家安养,集中抚养费为每人每年7500元,日间照料和居家安养费为每人每年3750元,所需经费全部纳入区财政预算。促进再就业援助和就业帮困工作全面落实。全面落实就业再就业各项优惠政策和措施,鼓励各类企业吸纳失业人员就业、失业人员自主创业及灵活就业和农村富余劳动力的转移就业。足额安排促进再就业资金,全年共拨付促进再就业资金567万元,其中用于社保补贴支出496万元,涉及失业人员1963人;用于下岗失业人员和城乡劳动力技能培训经费支出49万元,1454人接受职业技能培训。加大对教育、科技、卫生事业投入。全力做好义务教育经费保障工作。全区投入教育经费2.03亿元,拨付学杂费减免款886万元,课本作业本费113万元。做好扶困助学及营养餐的核拨工作。全年发放教育券879张,结算助学资金12万元,发放爱心营养券20243张,结算爱心营养餐资金202万元。全区在科技、医疗卫生、文化体育与传媒等方面的重点支出分别为1951万元、5702万元和1540万元,分别增长28.1%、11.9%和34.9%。

【深化财政改革】深化部门预算改革。在制定公用经费、会议经费和小汽车补助定额等基础上,出台行政事业单位资产预算定额化管理试行办法,按照统一设定的单位资产配置标准,对行政事业单位的资产从配置到处置全过程进行规范化管理,避免资产配置的重复浪费,提高财政资金使用效益。严格"收支两条线"管理,将预算外资金纳入综合财政预算,统筹安排所有财政性资金。健全专项资金管理制度。出台财政资金追加及专项资金管理办法,规范一般性财政资金的追加程序,加强专项资金管理,明确专项资金中用于一般性支出的比例及审批程序,确保专项资金专款专用。加强非经营性资产的管理。加强对公有出租房的收入管理,实施行政事业单位经营性国有资产统一管理,核定基数,超收分成。盘活专项节余资金。盘活历年来长期沉淀在单位账户上的专项资金节余,整合资金办实事,共清理上缴各类节余资金2400万元。对所有财政专户中暂存暂付款进行清理,共清理各种暂存暂付款44笔,涉及金额7206万元。完善政府采购体系。全年政府采购资金4200万元,资金节约率21.5%。

【加强收入征管】配合市级国、地税部门加强税收征管。根据市区财政体制划分,莲都区不设税务征收机构。加强和市国地税部门的协作,定期召开收入分析例会,主动应对各种不利因素,挖潜增收;加强非税收入征管,规范行政事业性收费行为,强化收缴分离,实行网上核销财政票据,确保非税收入及时足额上缴财政专户。全年财政专户资金收入3.36亿元,财政专户资金支出3.19亿元,政府非税收入2.33亿元,政府非税支出1.78亿元。

【加强财政监督】完善财政管理制度,出台财政资金追加及专项资金管理等5个财政管理规范性文件,加强财政管理制度建设,编印《财政工作文件选编》发放各单位部门学习参考,提升财政管理水平。"金财工程"初步建成,与市财政局信息中心沟通协调,完成"金财工程"的调试安装及财政应用软件培训等前期准备工作。加强财政绩效评价工作,邀请人大、政协、审计等部门参与绩效评价工作,对全区41个单位2007年度10万元以上专项资金的108个项目进行单位自评,重点开展农民饮用水工程、生态公益林建设、教育、卫生、就业、社会保障等项目绩效评价,涉及金额6816万元。

【干部队伍建设】推进学习型机关建设。组织干部看书学习,拓宽知识面;组织参加各种征文、捐款、义务劳动及系统乒乓球赛等活动,增强干部队伍凝聚力。支持抗震救灾,捐款3.2万元,其中党员缴纳"特殊党费"2.17万元。开展创业创新主题实践活动。通过集中学习、邀请专家作专题辅导、开展解放思想大讨论、召开民主恳谈会、征集为莲都财政献一计、开展"为民办实事、送服务"等一系列活动,开展"两创"主题实践活动。加强党风廉政建设。开展财政廉政文化建设,局纪检组每月编发《警钟》,开展反面典型警示教育,完善各项廉政制度,落实党风廉政建设责任制。在局机关办公场所摆放三块反腐倡廉的牌子,启发自悟自醒自警。召开党风廉政建设监督员座谈会,听取社会各界对财政工作的意见,自觉接受监督。推进财政信息公开建设。在政府信息网公开办事程序,宣传财政最新工作动态。举办由各乡镇(街道)书记、乡镇长、主任参加的财政管理培训班,帮助了解乡镇财政体制、财政支出绩效评价等财政知识,熟悉预算编制的特点和基本内容,提高乡镇长、书记的财政管理水平。2008年,区财政局在区政府年度目标责任制考核评比中第十次获得优胜单位称号,连续第三次获得区人民满意单位荣誉称号。

(丽水市莲都区财政局供稿　江永武执笔)

龙泉市

【概况】2008年,龙泉市实现生产总值47.39亿元,比上年增长13.4%。第一、二、三产业增加值分别为8.21亿元、19.92亿元、19.27亿元,增幅分别为5.2%、18.6%、11.7%,人均生产总值16677元。全市财政总收入4.17亿元,增长15.2%,其中地方财政收入2.48亿元,增长13.4%;全市财政支出7.66亿元,增长23.9 %。全年财政收支平衡。

【支持经济发展】发挥财税导向作用,支持工业提速提效,全年共兑现工业发展奖励资金1403万元。发挥国有资产经营担保有限公司平台作用,为企业融资担保9985万元,缓解企业融资困难。牵头做好泰隆商业银行设立分支机构衔接工作,与金融部门沟通协调,筹措资金3.16亿元,确保市委、市政府重大项目推进。加大农业投入力度,全年支农支出3628万元。兑现2007年竹茶产业扶持政策;油菜良种补贴及种粮农民农资综合直补资金发放到位,支持种植业发展。编制农业农村重点领域、重点项目扶持导向目录,引导民间资金投向农业农村发展领域。抓好农业综合开发工作,推进宝溪、龙南中低产田改造项目、小梅查田山区小流域农业生态工程项目及320吨凤阳春茶叶加工、700亩特色苗木栽培示范基地等农业产业项目,改善农业发展基础、扶大扶强农业龙头企业和品牌企业。支持自主创新和第三产业发展。宣传贯彻省地税局《关于贯彻省委推进创业富民创新强省决定的实施意见》及促进第三产业发展相关政策，加强对以国际大酒店为龙头的餐饮业旅游业纳税服务，优化第三产业发展环境。贯彻落实好国家和省制定的各项税收优惠政策，以及养老保险费征缴等优惠政策，全年为企业减免各项税费500万元，减轻企业负担。

【组织财政收入】坚持“均衡入库、持续增长、优化结构、调控有力”的组织收入目标，优化财政收入结构。落实好《税收分析工作制度》，深化税收分析和预测，对房地产等重点行业税源进行深层次专题分析，提高对税收收入的预见性。完善税收征管机制，提高税收征管效率。在抓好营业税等主税种征管的同时，重视小税种征管，特别是城镇土地使用税征收工作。加强部门协作，抓好社保费等非税收入征管，贯彻落实耕地占用税新条例，完善农业两税征管措施。优化收入结构，全市地方财政收入占财政总收入的比重为59.5%。

【民生支出】运用“增量优方向，存量调结构，增量调存量”的方法，优化财政支出结构，全年用于民生支出6.07亿元，占财政总支出的79.2%。支持教育文化事业发展。按照义务教育经费保障机制要求，提高公用经费，做好学杂费减免工作；制定上报义务教育债务化解方案。筹措整合财力，重点支持“教育强县”、东升小学迁建、职业中学续建、中小学校舍维修和青瓷博物馆及青瓷创意基地建设等工程建设。主动与文化部门联系，上报“农村新文化建设十项工程”、廊桥保护等项目，争取项目资金支持。支持社会保障事业发展。针对省出台的基本公共服务均等化行动计划，建立应对机制。筹措安排养老保险1000万元地方财政配套资金，支持养老保险事业发展。支持医疗卫生服务体系建设，加大对卫生事业投入力度，做好新型农村合作医疗筹资水平提标工作。促进就业富民和加强生态保护。贯彻和落实就业和再就业及自谋职业政策，加强农村劳动力素质培训，支持农村剩余劳动力特别是被征地农民、农村低保对象就业，促进创业富民。加快推进区域统筹发展，支持实施“低收入农户奔小康”工程，扩大下山脱贫和劳务输出，扶持发展家庭加工业、特色产业和绿色农产品，改善生产生活条件和生态环境，提高农民致富能力。加大对生态环境保护的投入力度，保护好三江流域生态环境。强化财政统盘能力，保障“生态创业十大工程”、“民生改善十件实事”资金需求。落实资金，支持建设“美好新龙泉”。加大对公检法司投入，加强基层政法机关建设。保障食品安全检测能力。加大对中山东路、华楼街、龙翔路和人民广场等城市建设及水利西进等与人民生活密切相关项目的建设。

【财政改革】深化财政管理改革。出台《龙泉市乡镇(街道)财政政策管理办法》，实行“核定基数，综合考评，分类奖励”的财政政策，一次性化解19个乡镇(街道)2008年前银行贷款债务，调动乡镇(街道)发展经济积极性。深化政府采购改革。对电脑、打印机等在省政府采购协议价的基础上进行二次竞价，实施对单次1万元以下采购资金直接结算措施，开展政府采购执行情况大检查。全年共组织政府采购597次，完成采购金额5007万元，节约资金1765万元。

【财政监管】加强财政监管，提升财政运行质量。根据“收入一个笼子、预算一个盘子、支出一个口子”管理要求，坚持“一要吃饭、二要建设、三要有所积累、四要增强宏观调控能力”的原则，将一般预算、预算外资金收支预算、政府性基金纳入部门预算，精编细编121个市直单位部门预算。加强专项资金监管。出台《龙泉市校舍项目资金管理办法》、《村发展互助会试点财务会计核算办法》等，加强教育、社保和农口等财政专项资金管理。加强国有资产管理。出台《行政事业单位国有资产处置管理实施办法》、《行政事业单位国有房产出租实行集中管理实施方案》，加强对车辆、山林、采砂权等国有资产处置管理，规范国有资产市场化运作和监督。开展绩效评价。全年确定21个重点绩效评价项目，重点抓好2004～2007年“千万农村劳动力素质培训项目”和2007年度“十万农民饮用水工程项目”评价，各部门单位开展项目自评工作，邀请专家进行业务培训讲座。规范会计集中核算工作。共退回不符合规定的结报业务557笔，金额389万元；深化会计委派管理工作，纳入中心核算单位106户；成立财政项目预算审核中心，共送审标底、工程变更、项目建议书、可行性研究和初步方案评审152个，共核减金额9831万元。

【队伍建设】开展“力创生态业、再创好龙泉”主题教育活动及“树新形象、创新业绩”主题实践活动。开展送政策和送服务的“双送”活动，深入各行业进行调研，面对面为企业解决困难。派驻企业总经理助理和联络员7名，编印《财政税收优惠政策》发放至企业，获市政府涉工部门效能服务评比活动第三名。抓好干部教育培训，组织公务员普通话水平测试培训，安排80名干部进行业务与技能培训，提高干部素质。加强党风廉政建设，落实党风廉政建设各项规定，层层签订责任书，依托亲情和利用晚学时间等开展党风廉政建设教育学习，提高干部廉洁意识。抓好精神文明建设，开展献爱心活动，全局干部职工为四川地震灾区捐款61851元，其中“特殊党费”18601元。组织干部职工参加“庆三八迎奥运”火炬接力赛、“劳动光荣、工人伟大”庆“五一”文艺演出等活动，开展每周一晚文体活动，举办第三届干部职工运动会，丰富干部业余生活。做好结对村工作，会同龙南乡东坑村两委制定《东坑村2008年脱贫规划》，设立东坑财税教育基金，补助优秀东坑子弟入学、升学。做好对150户低收入农户“一户一策一干部”帮扶活动，推进帮扶工作。

(龙泉市财政局供稿　张伟龙执笔)

缙云县

【概况】2008年，缙云县实现生产总值83.41亿元，比上年增长14.6%。第一、二、三产业增加值分别为6.30亿元、49.82亿元、27.29亿元，分别增长4.7%、18.7%、10.3%；全县人均生产总值18766元，增长13.8%。全年财政总收入9.01亿元，增长14.9%，其中地方财政收入4.27亿元，增长11.2%；全县财政一般预算支出9.47亿元，增长20.0%。当年财政收支平衡。

【支持经济发展】支持工业经济发展,强化财税政策、资金的导向作用,促进经济结构调整、产业转型升级和企业技术创新。全年安排工业扶持与奖励资金3243万元,增长20.8%。加大对企业的帮扶力度,合力应对金融危机。做好临时性下浮社保费缴费比例工作,在11月份集中减征企业1个月的社保费,减免部分企业的城镇土地使用税、房产税和水利建设专项资金,累计减轻企业负担1000多万元。通过贷款担保、贷款置换、风险补偿等多种形式帮助企业化解融资难题。做好清费减负工作,全年共取消行政事业性收费项目25项,暂停征收23项,降低收费标准9项。做好项目申报工作,全年争取到工业技术改造、节能减排等项目补助资金5000多万元。支持旅游业和现代物流业发展。全年用于扶持旅游业及相关产业发展的财政专项资金875万元。贯彻落实浙江省推进工业企业分离发展服务业经验交流会精神,逐户走访30强工业企业,引导企业整合资源和推进主辅分离;专门成立运输物流业税收管理协调机构,安排150万元资金支持物流企业改善基础设施。全县实现运输物流业税收970万元,增长近6倍。加大基础设施建设投入,优化招商引资环境,全年筹措安排政府性投资项目建设资金3亿多元。优化财税服务,建立财税干部"一对一"结对帮扶重点企业制度,加强政策宣传和业务指导,促进企业健康发展。开展"走进企业、破解难题"活动,帮助企业解决难题。

【组织收入】按照组织收入"四位一体"目标要求,主动应对财税经济形势变化,克服金融危机影响,加强税收收入的科学化、精细化管理,促进税收收入平稳增长。深化社保费"五费合征"改革,做好社保费征缴扩面工作,完善自谋职业者社保费征缴办法,对企业养老保险费申报缴纳情况开展纳税(费)评估,全年社保费收入1.87亿元,增长26.7%。加强非税收入管理,推广应用政府非税收入信息管理系统,对各行政事业单位银行账户及内设协会进行专项清理,加大非税收入"以票管费、以票查收"力度。收回县污水处理厂BOT项目资金1500万元。

【保障重点支出】支持教育和文化事业发展。深化义务教育经费保障机制改革,保障义务教育所需资金;安排近3000万元资金用于偿还历年教育负债,提前完成义务教育债务化解任务;拨付3951万元资金用于全县学校项目建设,安排500万元资金用于教学仪器设备购置。支持各乡镇文化站建设,落实博物馆免费参观补助资金,推动文化下乡和民间艺术保护等工作开展。支持城乡医疗事业发展和社会保障体系建设。全年共拨付社保资金1.73亿元,落实新型农村合作医疗和城镇居民医疗保险县配套资金1993万元;及时拨付城乡低保提标扩面资金、物价补贴资金、冰冻雨雪灾害困难群众生活补助款等;将残疾人共享小康工程所需保障资金和工作经费纳入县财政预算;落实廉租房保障、农村住房保险、农村困难群众住房救助等资金。强化维稳经费保障,支持科技强警、奥运安保、数字城管、信访处理等工作开展。推进"生态缙云"建设,筹措资金推进河道整治、垃圾填埋场等项目建设,做好生态公益林补偿资金发放工作。

【支持新农村建设】落实各项支农惠农政策,改善农村生产生活条件,全年农林水事务支出1.26亿元,增长97.5%。加大农业产业化资金投入,支持茶叶、蚕桑、高山蔬菜等高效生态农业发展,促进农业发展和农民增收;筹措落实县配套资金,重点推进千万农民饮用水工程、村庄整治工程、康庄工程等项目建设。依托农民补贴网,做好农资综合直补、良种补贴、农机具购置补贴等资金的审核发放工作。围绕土地集约利用和耕地占补平衡目标,全年共筹措和安排6395万元资金用于土地开发、土地整理和建设用地复垦等项目建设。加快农业综合开发项目建设进度,2006年立项的4个项目已全面竣工并通过省农发办验收,2007年和2008年立项的项目建设按计划推进,完成2009年项目申报工作。

【加强财政管理】完善各项财政管理制度,制订出台财政资金管理、政府性债务管理、政府投资预算管理等办法和措施。抓好财政支出绩效评价工作,注重绩效评价与财政监督检查相结合,着力增强各乡镇部门的资金效益意识。继续推进行政事业单位房地产产权集中管理工作。加强财政投资项目概算审查工作,全年审查项目72个,累计审减金额2866万元,总核减率10.6%。做好财政周转金清收扫尾工作。加强会计人员后续教育管理,组织开展先进会计工作者评选活动。

【深化财政改革】推进"金财工程"建设,从6月份开始正式使用"金财工程"管理软件。首次采用部门预算编制软件编制部门预算,结合实际完善预算定额定员标准。扩大财政集中支付单位和专项资金直接支付范围,加强对单位收支的监督与控制,全年通过县财政支付中心累计支付各类财政性资金9.74亿元。强化政府采购重点环节监管,对12家单位开展政府采购专项检查,全年政府采购金额1.28亿元,资金节约率13.4%。完善乡镇财政管理体制,制定壶镇镇、五云镇和缙云工业园区三个乡镇(园区)的财政管理体制,理顺县乡财政关系,增强乡镇增收节支积极性。

【干部队伍建设】深化学习型组织建设。加强思想政治教育,组织开展党的十七大精神主题教育活动和"解放思想"大讨论活动。抓好教育培训工作,着力培养优秀年轻干部。推进财税文化建设。培育和树立"依法治税、为民理财、务实创新、廉洁高效"的财税工作理念,增强财税队伍凝聚力、战斗力,树立财税部门良好形象。县财政局连续第二年被评为"全县工作先进集体",财政支付中心获得省级"巾帼文明岗"称号,局团总支被评为县级"先进团组织"。鼓励和支持干部职工参加省、市、县举办的各项文体比赛以及开展业余兴趣活动。完成工会换届和团总支改选工作。支持抗震救灾,全局干部职工向四川灾区捐款46150元,缴纳"特殊党费"30100元、特殊工会费1730元。加强机关作风建设。开展深化拓展"树新形象、创新业绩"主题实践活动。完成新一轮中层干部竞聘上岗和岗位轮换工作,轮岗面超过三分之一。清理各类规范性文件,开展审批制度改革,抓好政府信息公开工作。加强党风廉政建设,制定党风廉政建设和反腐败工作组织领导和责任分工,层层签订党风廉政建设责任书,开展"我为反腐倡廉献计献策"、权力"搜索"和走访服务对象等活动,加强廉政监察、效能检查和廉政教育。

(缙云县财政局供稿 张树祥执笔)

青田县

【概况】2008年，青田县实现生产总值88.22亿元，比上年增长13.0%。其中：第一产业增加值4.75亿元，增长4.3%；第二产业增加值53.56亿元，增长16.6%；第三产业增加值29.91亿元，增长8.3%。三次产业结构为5.4:60.7:33.9。全县人均生产总值18026元，增长12.0%。全县财政总收入11.22亿元，增长11.5%，其中地方财政收入6.90亿元，增长15.4%；财政支出13.50亿元，增长20.5%。全年财政收支平衡，消化历年财政赤字100万元。

【组织收入】开展税源调研。组织多个调研组，到黄垟矿区、侨乡经济开发区，深入建筑、房地产等企业，开展税源调研活动，先后出台数项税收政策与征管办法，促进税收精细化管理。加大税收征管力度。加强重点税源、重点税种的监控工作，及时掌握税收发展动态，提高主体税种征管水平，当年企业所得税和个人所得税分别增长12.2%和30.1%。以贯彻落实新的城镇土地使用税和车船税条例为契机，加强地方小税种征管，城镇土地使用税增长388.1%，车船税增长91.4%。加强非税收入征管。强化《税友2006》社保费管理模块功能应用，加强与社保部门联系合作，促进社保费征管税收化、规范化、制度化，全年五项社保费总计入库1.39亿元，增长20.9%。以财政票据资金结报工作为抓手，以行政事业性收费征管为重点，加强政府非税收入征管，全年政府非税收入3.84亿元。

【支持经济发展】保障"三十工程"(指围绕"实力青田、文化青田、和谐青田"建设，重点抓好三十项工程)实施。通过盘活存量和闲置资金、多渠道融资、向上争取专项资金等方式筹集和科学调配资金。全年共投入"三十工程"3.60亿元。促进第三产业发展，对符合条件的购房居民和房地产企业给予补贴，加快改善居民住房条件。支持"青田石雕、青田华侨、名人文化"等地方特色产业发展，推进"中国石文化中心"建设和"山水家园、欧陆风情"城市建设。做好滩坑移民工作。筹集调度资金3000万元支持滩坑电站指挥部各项移民工作，保障移民工作有序推进。拨付资金75万元支持滩坑电站移民发展农业生产，增收致富。做好对接移民建房工作。县财政局被评为滩坑水电站移民工作市级先进单位，1人被评为省级先进个人，2人被评为市级先进个人。

【推进创业创新】运用税收优惠、财政贴息、补助、以奖代补等手段，鼓励企业技术创新，促进产业结构调整。全年为企业国产设备投资抵免企业所得税417万元，专利技术转让免征营业税262万元。财政合计拨付企业技改和发展等资金1541万元，其中：拨付工业发展资金1127万元、经贸发展资金389万元、科技发展资金25万元。支持"人才强县"战略，投入300万元设立人才工作专项资金，落实人才引进住房优惠政策。

【帮扶企业】及时落实税费优惠政策，做好企业社会保险费缴纳比例临时性适当下浮和工商"两费"停征工作，减轻企业负担。全年减免各类涉企税收384万元，减征社保费459万元，退还工商"两费"74万元。

【优化支出结构】坚持总量控制下的结构优化调整，压缩一般性支出，加大对民生投入，当年民生支出总额6.80亿元，占总财政支出的71%。推进社会主义新农村建设。安排新农村建设专项资金1300万元，投入康庄工程、农村饮用水工程等资金4800多万元，改善农村生产生活条件。投入支农、扶贫资金2300多万元，促进农业发展。安排资金1500万元，推进小规模自然村整体搬迁工作，加快集镇和中心村人口集聚。加大教科文事业投入。安排教育支出2.30亿元，安排地方教育附加支出1200多万元。小学、初中生均公用经费标准分别提高到400元、550元。投入校建资金4456万元，新建校舍面积2.4万平方米，改善办学条件。安排科学技术支出3199万元，其中，技术研究与开发支出1398万元，对含钛不锈钢综合优化连铸工艺等科技项目实施补助。实施农村现代远程教育接收点建设，促进科技兴农。安排文化体育与传媒支出2128万元，加大基层文化设施和文化下乡投入，启动县文化会展中心、青少年活动中心建设和刘府祠修缮工作，完成了新一轮广播电视村村通工程。完善社会保障体系建设。当年社会保障和医疗卫生支出1.20亿元。实施城镇居民基本医疗保险制度，投入资金502万元，城镇居民参保率67%。新型农村合作医疗筹资标准提高到100元，新农合参保率86.5%。加大城乡居民低保投入，城乡居民低保标准分别从每人每月248元、150元提高到每人每月280元、170元。完善农村"五保"和城镇"三无"对象集中供养机制，集中供养率分别为86.5%和99%。发放医疗救助金355万元、贫困助学金172万元、物价上涨补贴330万元，保障困难群众基本生活。

【深化财政改革】保持乡镇财政"零负债"。做好乡镇财政资金预决算安排，推行"零账户"制度，完善乡镇财政集中核算制度，加强乡镇预算外资金"收支两条线"管理，确保资金规范安全，确保乡镇负债不反弹。推进国有资产精细化管理。制定出台国有资产出租管理实施办法，规范国有资产出租行为。做好国有资产的拍卖、调剂，发挥闲置国有资产效益。实行国有营运机构会计电算化，规范财务行为。明确国有资产收益上缴专户方式，加强国有资产收益收缴。深化部门预算改革。在以收定支预算编制和细化项目预算编制上下工夫，对预算外资金收支预算进行核定，提高单位对编制部门预算的认识。实施"收支两条线"改革，预算外资金实施收支计划管理。

【加强财政管理】深化财政支出绩效评价工作。全县财政专项支出在50万元以上的项目全部列入绩效评价范围。2008年实施自评项目99个，主管部门评价项目15个，财政部门评价项目8个。做好千万农村劳动力素质培训工程和浙江省农村公共卫生服务项目两个全省联动项目的绩效评价工作。加强专项资金管理。修改制定新农村建设专项资金管理办法，明确资金的使用范围、申报审批手续、补助标准、拨付程序，以及资金的使用监管和法律责任。制定村镇建设配套费征收和使用管理办法，规范村镇建设配套费的征收及使用管理。加强财政投资项目的监督和管理。加强政府性投资项目管理，保证建设项目资金安全、高效使用。完善财政评审综合工作机制，严把项目资金审核关，全年完成评审项目277个，送审造价9.72亿元，审定造价9.14亿元，净核减造价5783万元。深化政府采购工作。完善政府采购流程和监管体系，提升政府采购质量和效率，完成政府采购金额6958万元，资金节约率16.3%。对使用财政性资金的单项合同估算价在50万元以下的小额零星工程实行定点采购。

【深化干部队伍建设】实施中层干部竞争上岗。在35周岁以下、财税工作满2年的普通干部中实行中层干部竞争上岗，选拔出7名年轻干部充实中层干部队伍。加强党风廉政建设。召开财税系统党风廉政建设工作会议，邀请县纪委领导进行专题辅导讲座；组织开展内部监督检查，健全权力运行监控机制，确保财政资金和干部的安全。开展反腐倡廉专题警示教育，做到反腐倡廉警钟长鸣。推进财税文化建设。设置"文化财税、快乐财税、爱心财税、和谐财税"四大载体，组织基层干部外出培训、举办行政礼仪讲座、以书画作品美化办公场所、组织年轻干部编写青田财税发展历程画册，打造"文化财税"；组织干部参加歌咏比赛、体育比赛和军事训练，开展职工兴趣小组活动，打造"快乐财税"；组织干部职工看望贫困群众、为四川地震灾区捐款和缴纳特殊党费、与舒桥乡贫困农户结对，打造"爱心财税"；加强与老干部的沟通联系、承办青田财税系统海外华人（指离开财税工作岗位，到国外创业发展的华人华侨）联谊会，打造"和谐财税"。县财政局获省级文明单位、市级先进基层党组织、县直部门年度工作考核先进单位、县"千名干部评机关"活动先进单位等多项荣誉。

（青田县财政局供稿 张　毅执笔）

云和县

【概况】2008年，云和县实现生产总值26.68亿元，比上年增长10.9%。其中：第一产业增加值2.91亿元，增长5.2%；第二产业增加值13.89亿元，增长12.3%；第三产业增加值9.88亿元，增长10.9%。全县人均生产总值23873元，同比增长10.4%。全县财政总收入3.15亿元，增长11.7%，其中地方财政一般预算收入1.84亿元，增长11.4%；财政总支出5.72亿元，增长22.8%。全年财政收支平衡，财政预算执行情况良好。

【扶持经济发展】推进新型工业化建设。利用以奖代补、财政贴息、整合资金、税费减免等多种政策手段促进工业园区建设、企业自主创新、产业结构优化、重点企业培育和传统产业升级。加大投融资力度，调度资金，支持县重点工程建设。争取省财政专项资金，加大财政对"创业"、"创新"的扶持力度，全年拨付省专项资金1.36亿元。发挥小型企业贷款担保公司的职能作用，创新担保方式，共为企业担保贷款2695万元，帮助企业缓解融资难问题。加大对第三产业特别是现代服务业、生态旅游业发展的财税支持力度，增强地方经济的发展后劲和对地方财政的贡献率。

【组织财政收入】优化税收收入结构，以培植地方财源为重点，利用税源间接控管平台和纳税评估手段，加强地方小税种征管。全年地方七个小税种合计入库2591万元，增长15.9%。夯实税收征管基础，做好重点税源监控、信息化建设、发票管理、税收法制化建设、年收入12万元以上个人所得税自行纳税申报等各项工作。加强社保费征管，推进"五费合征"，健全和完善社保费征缴协作联席会议制度，加强与社保、就业等部门的联系与沟通。全年组织社保费收入7710万元，增长22.6%。加强和完善土地出让金管理，将土地出让金收入全额纳入国库管理，加强全程监督，做好土地出让金的成本核算、收益分配与资金调度。当年全县土地出让金收入9807万元。

【优化支出结构】保障重点支出。落实"小县大城"发展战略，支持省级示范文明县城创建，当年城市基本建设支出1.05亿元。加大对社会事业投入力度，确保农业、教育、科技等法定支出和公共卫生、文化体育事业等重点项目支出。当年教育、公共安全、医疗卫生支出共计2亿元，增长26.1%；社保支出3503万元，增长39.5%；农林水支出7211万元，增长15.6%。确保民生需要。完善社会保障制度框架，特别是推进农村社会保障体系建设，加强农村医保、低保、失地农民保险、集中供养、农村住房保险等农村社保工作，扩大农村社会保障覆盖范围。全年工业用地挂牌出让收入3046万元，用于征地补偿、城镇廉租房保障、被征地农民保障及社会保障等民生支出。

【支持新农村建设】加大财政投入，支持农业结构调整和千万农民饮用水工程、康庄工程、"千村示范、万村整治"建设等农村基础设施建设，扶持效益农业、下山脱贫、农业科技推广和农村劳动力转移，推进农业科技进步和农业产业化进程。当年财政安排农林水支出3102万元，增长27.6%。做好农业综合开发工作，全县农业综合开发累计完成投资额2329万元，当年开发的项目有：雾溪下游中低产田改造、崇溪小流域生态治理、年产400万套木制玩具生产线等。落实粮食直补、农机具购置补贴等惠农政策，完善全县农民补贴网络管理，完成全县农民种粮综合补贴资金发放工作。

【深化财政改革】深化部门预算改革。完善部门定额标准，细化预算编制，完善部门预算指标体系，增强部门预算的科学性。加快推进国库集中收付改革。做好各项国库集中收付基础工作，加强预算资金拨付管理。做好会计集中核算工作。强化监控措施，提高会计集中核算的监管职能，规范单位财务核算管理，提高财政资金使用效率。以乡镇财政管理中心为依托，加强乡镇财政、财务管理。乡镇财政管理中心共办理7938笔结算业务，支付金额累计1.43亿元。加强政府采购管理工作。通过公开招标、询价等政府采购方式，共支付采购资金3729万元，节约资金497万元。做好公务人员赴杭州、丽水的定点住宿政府采购工作，完善差旅费报销制度，节约差旅费支出。

【加强财政监管】加强预算外资金管理，深化"收支两条线"管理，加强督促检查，建立预算外资金支出预警机制，对单位预算外支出指标和预算外余额实行动态监控，化解支出风险。按照财政性资金拨付操作规程，严格按手续拨付资金。加强政府投资项目等重点专项资金监管；开展财政支农资金整合试点工作，共整合资金636万元。加强财政绩效评价工作，开展对“千万农村劳动力素质培训工程”、“残疾人万户安居工程”及“农村公共卫生服务”项目的绩效评价工作，提高财政资金使用效益。加强政府性债务管理，对政府性投资从投资计划、融资渠道及资金拨付使用等各环节进行监管，科学合理调度项目资金；对政府举债实行计划管理、审核报批，并设立政府债务偿还基金。

【整合国有资产】改革国有资产管理体制，按照使用权和所有权分离的办法，变国有资产产权由部门分散管理为政府委托县国资公司统一集中管理，加强对行政事业单位国有资产的监管。整合国有资产，把行政事业性资产变为公司性资产，进行资本运作，做大做强国有资产经营公司。第一批资产整合工作全部结束，国资经营公司增加2亿余元资产存量，并以这部分资产为政府重点项目的贷款提供抵押担保。

【干部队伍建设】推进机关作风建设，巩固“作风建设年”活动成果。通过开展签订作风建设责任书、加强作风纪律督查、巩固“群众满意基层站所”创建成果和挂钩扶贫结对帮扶工作，改进干部作风，提升干部素质。加强干部职工教育培训，完善培训制度和考核制度。学习“三个代表”重要思想、十七大精神和科学发展观，学习有关财政事业发展的理论、业务和法律等知识，营造机关学习氛围。安排各种干部学习培训18批次，培训800余人次。抓好党风廉政建设工作，举办渎职侵权犯罪法律知识讲座。组织开展“抓效能，树新风”为主题的系列实践活动，举办干部职工党风廉政及作风建设知识综合测试、演讲比赛等，提高干部的思想政治素质和道德素养。开展争创省级文明单位建设活动。当年，县财政局被评为县级先进集体和省级文明单位。

（云和县财政局供稿 刘丽萍执笔）

遂昌县

【概况】2008年，遂昌县实现生产总值44.82亿元，比上年增长11.0%。其中：第一产业增加值6.09亿元，增长5.8%；第二产业增加值21.06亿元，增长12.7%；第三产业增加值17.67亿元，增长11.1%。人均生产总值19484元，增长15.4%。全年财政总收入5.73亿元，增长10.5%，其中地方财政收入3.09亿元，增长11.4%；财政支出7.55亿元，增长22.2%。当年财政收支平衡。

【支持经济发展】发挥财税职能作用，出台相关财政扶持政策，加大力度扶持企业发展，全年共拨付各类财政扶持资金5872万元；执行税收减免政策，全年共审批减免各项税费4688万元，办理企业出口免抵退税6400万元；加大中小企业发展扶持力度，重点帮助解决中小企业发展融资担保难问题；筹措落实旅游发展项目资金3973万元，支持旅游经济发展，加大旅游促销宣传力度，多举措促进农家乐发展；落实积极的财政政策，多渠道筹措各类建设资金，全年新增政府性项目贷款1.60亿元，拨付各项政府性基本建设资金6.60亿元。

【依法组织收入】贯彻落实“三个三”工作措施，坚持组织收入与优化结构并重。加强对经济税收形势和增支减收等因素的分析，按季召开收入分析汇报会，尤其是加强对下半年和第四季度收入情况的分析，把握收入主动权。完善“数据采集—税源监控—税收分析—纳税评估—税务稽查”互动机制。强化税源分析，在加强重点税源监控企业管理的基础上，分税种、分企业进行细化分析。完善“五费合征”社保费管理模式，社保费收入稳定增长。加强政府非税收入征收管理，完善行政事业单位政府非税收入成本性支出管理，增加政府非税收入。

【保障重点支出】优化财政支出结构，着力解决民生问题，推进和谐社会建设。当年，新增财力81.6%用于民生支出。应对雨雪冰冻灾害，及时启动财政应急预案，下拨救灾资金274万元，多渠道筹措灾后重建资金2261万元，及时兑现各项灾后重建扶持政策，加快灾后恢复生产和重建工作。整合各类财政资金，加大“三农”投入，重点支持低收入农户增收、村级集体经济壮大、农村基础设施改善、生态环境保护、农业发展方式转变；投入2998万元，建成农村电气化村13个；筹集4000万元，完成70个行政村分散供水工程，解决7.5万人安全饮用水问题；筹集4590万元，完成通村公路路基改造32.2公里，通村公路路面硬化123.2公里；完成新一轮广播电视“村村通”工程，行政村光缆覆盖率92.0%，行政村宽带通达率73.4%。支持教育事业发展，多渠道筹措教育项目建设资金，全年拨付教育项目建设资金3561万元；提高中小学校公用经费保障水平，小学年生均公用经费从330元提高到400元、初中年生均公用经费从450元提高到570元；拨付631万元用于免除义务教育阶段学生课本费、作业本费；拨付324万元用于资助贫困学生和中职生；拨付291万元实施“困难学生营养餐工程”和免热饭费项目；拨付235万元用于发放农村教师任教津贴，提高农村教师待遇；及时兑现助学贷款贴息29万元；化解义务教育债务1678万元。支持环境保护和生态建设，全年共安排1489万元用于生态县建设，支持乡镇村污水处理设施建设、农村生态公墓建设，推进污染减排工作。

【支持社会保障体系建设】加大社会保障投入，落实就业再就业政策，支持农村劳动力素质培训，确保被征地农民、精简退职职工等困难群体生活费的按时足额发放，五保、“三无”人员集中供养率95.1%；保障低收入群体基本生活，完成低保扩面提标工作，农村及城镇居民最低生活保障月人均补差从50元提高到75元，适时调整低保户的物价补贴水平，发放安老、抚孤、助残、助医、助学等资金715万元，医疗救助123万元。开展低收入家庭住房状况调查，支持建设廉租房，对住房困难家庭做到应保尽保。支持医疗卫生事业发展，加强农村公共卫生工作，新型农村合作医疗筹资额人均100元，全年共拨付新型农村合作医疗财政补助资金1338万元，新农医参保率95.8%，调整新农医报销政策，扩大新农医受益面；拨付城镇居民医疗财政补助资金267万元，城镇居民医保参保率90.8%。

【深化财政改革】推行“收入一个笼子、预算一个盘子、支出一个口子"预算管理模式，严格"收支两条线"政策，加强预算内外资金统筹力度，深化公共财政体制改革，全面推行部门预算，调整和完善定员定额体系，规范项目预算管理，部门预算平稳运行。开展财政支出绩效评价工作，落实行政事业单位项目绩效自评。深化政府采购制度改革，加强政府采购项目的审批和监督，全年政府采购金额5392万元，资金节约率12.1%。对公务用车实行定点保险，并试行国库集中支付，全年共办理车辆保险247辆，支付保险费110万元。加强乡镇财政管理，落实乡镇债务化解任务，乡镇债务从上年底的614万元降至231万元，当年化解乡镇债务383万元，全年兑现乡镇债务化解奖励资金218万元，负债乡镇数从12个减少到5个；加大对乡镇财政的转移支付力度，乡镇财政体制补助从上年的887万元提高到1000万元。

【规范财政管理】全面推进依法理财工作，完善财政监管机制，强化财政监督管理，加强对政府性基本建设项目预算管理，强化项目造价审核工作，有效控制建设成本，全年组织完成工程预、结算审价123个，送审造价2.23亿元，审定造价2.01亿元，核减率9.9%。加强政府性债务管理，优化政府债务结构，防范和化解财政风险。加强国资运营机构管理，提高国资运营机构投融资能力，拓展国有中小企业担保公司业务，全年为37家企业提供贷款担保，缓解中小企业融资困难。强化财政执法监督，推进依法行政依法理财工作。加强会计管理，贯彻实施《会计法》，开展会计人员继续教育。

【干部队伍建设】组织开展"立足新岗位，塑造新形象"系列活动，全面提升财税干部的责任意识和服务能力，并结合学习型组织建设，组织开展"管理创新年"活动，增强创新意识，完善管理制度，改进作风，优化服务。为四川汶川地震灾区捐款献爱心。按照"优化组合、人尽其才"的原则，开展部分中层职位竞聘和岗位交流，优化中层干部结构，增强干部队伍战斗力。坚持业务培训与提升工作能力相结合，通过邀请专家授课、走出去培训等形式，深化学习效果；开展综合业务知识考试，以考促学，以学促用。贯彻党风廉政建设责任制，实行"一岗双责"，在全系统范围内开展权力运行"回头看"，加强对重点岗位、重要权力点的监督和制约。开展警示教育，组织中层以上干部到监狱接受职务犯罪"现身说法"警示教育，并在全局开展"权为谁所用"的主题讨论。

(遂昌县财政局供稿　项国英执笔)

松阳县

【概况】2008年，松阳县实现生产总值35.65亿元，比上年增长10.9%。其中：第一产业增加值8.06亿元，增长5.3%；第二产业增加值13.39亿元，增长13.2%；第三产业增加值14.21亿元，增长12.1%。人均生产总值15162元，增长10.4%。全县财政总收入3.36亿元，增长10.7%，其中地方财政收入2亿元，增长12.3%；全县财政支出6.84亿元，增长30.5%。全年财政收支平衡。

【依法组织收入】加强重点税源监控，对占全部地税收入60%以上的70户企业进行重点税源监控，按季对监控企业上报的财务数据进行分析并建立税收档案。完善个体税收管理办法，实行分类管理，逐步推行填开式发票和电脑票。抓好社保基金征管，共征收养老、医疗、工伤、失业、生育保险金9674万元，增长51%。全年征收契、耕两税1223万元，增长54.8%。健全预算外收入征管体系，加强对行政事业单位罚没收入、一般预算外收入和专项收入的征收管理，出台国有土地使用权出让收支管理办法，加强土地出让金管理。

【支持第三产业发展】出台加快旅游产业发展的若干意见，安排100万元旅游发展专项资金；建立激励机制，鼓励盘活闲置资产用于开发旅游项目，鼓励景区上等级。出台促进房地产市场持续稳定发展的若干意见，对购买普通商品住房实行补贴，全年发放补贴133万元；发挥公积金贷款在改善居民住房条件中的作用。出台重点物流基地和物流龙头企业扶持方案，对确认为省级重点物流基地、省级物流龙头企业、市级重点物流基地、市级物流龙头企业的分别给予奖励，对县级龙头企业投资发展物流站场、信息化、大吨位车辆、托盘、叉车等先进设施设备给予资金补助。

【保障民生支出】压缩一般性财政支出，新增财力82%用于民生项目。全年民生类支出4.48亿元，占财政总支出的65.5%，比重比上年提高8.24个百分点，增长49.3%。支持城乡社会保障体系建设。社会保障和就业支出3586万元，增长35.5%。支持公共卫生事业发展，保障医疗、农村卫生等事业费，医疗卫生支出3885万元，增长77.7%。加快文化建设，教育支出1.42亿元，增长17.3%，文化体育与传媒支出1860万元，增长14.6%。加大"三农"投入，支持农业和农村经济发展，促进城乡协调发展。全县农林水事务支出1.26亿元，增长82.1%，城乡社区事务支出6028万元，增长173.3%。促进"平安松阳"建设，全县公共安全支出5125万元，增长22.9%。

【财政改革】推进预算管理改革，实行"支出一个口子"财政管理模式，运行《资金申拨系统》，提高资金拨付效率。推进部门预算改革，改进和规范预算编制工作，按照收支平衡、零基预算和综合预算相结合原则，依托信息化平台，细化预算编制，强化预算管理；统筹安排预算内外资金，增加预算编制透明度。推进国有资产管理体制改革，加强国有资产处置，处置收入实行收支两条线管理；加强县直单位店面房出租管理，规范行政事业单位房屋出租行为，确保国有资产保值增值；做好企业国有产权年检登记工作，办理33家企业和100多家行政事业单位国有产权年度检查登记。

【财政监管】采取项目单位自行评价、主管部门和财政部门组织评价相结合的方式，全面推进财政支出项目绩效评价工作；邀请人大代表、政协委员、专家、村级组织和社会公众参与重点项目绩效评价全过程；按计划完成农村公共卫生服务项目、康庄工程、千万农村劳动力素质培训、城市防洪工程项目的绩效评价工作并出具评价报告，完成社会救助机构专项补助和残疾人安居工程、农村公共卫生服务项目县级组织自评工作。完善政府采购监管机制，贯彻《政府采购法》，加强监管力度，规范政府采购行为；全年共实施政府采购76批次，采购金额6078万元，节约资金762万元，节约率11.1%。加强预算外资金监管，严格执行“收支两条线”，强化票据审核和管理，查处违规收费和财政票据违章行为，健全预算外收入征管体系，加强对行政事业单位罚没收入、一般预算外收入和专项收入的征收管理；出台国有土地使用权出让收支管理办法，加强土地出让金管理；全年纳入财政专户的预算外资金（不含单位往来款）2.56亿元。

【队伍建设】深化学习型组织建设，组织全体干部观看大型文献专题纪录片，聘请专家为全体干部上课，提高思想和业务水平。深化干部作风建设，弘扬求真务实、真抓实干的工作作风，践行胡锦涛总书记倡导的八个方面良好风气，执行各项党内监督制度和“财政系统工作禁令”，提高工作效率、改进工作作风。深化党风廉政建设，建立固定的廉政建设宣传窗口；建立健全廉政建设的各项规章制度、局内部管理制度，将其挂到机关内部专门设置防腐倡廉的网站上；在办公场所设立廉政标识岗位牌，在会议室、走廊等公共场所悬挂职业道德和廉政格言警句；开展寓教于乐的形式多样的廉政建设活动，组织干部参加党政干部廉洁从政考试、开展“一帮一”的结对帮扶活动等。开展财税文化建设。组建业余兴趣小组；开展新企业所得税等学习测试，鼓励提高业务素质；利用财税内网宣传各种政策措施，宣扬积极、健康、向上的工作和生活理念，引导树立正确的财税文化观、人生观、世界观。 （松阳县财政局供稿 毛兰香执笔）

庆元县

【概况】2008年，庆元县实现生产总值24.14亿元，比上年增长10.3%，人均生产总值12050元。其中：第一产业增加值4.47亿元，增长5.0%；第二产业增加值10.12亿元，增长13.5%；第三产业增加值9.55亿元，增长9.8 %。全年财政总收入2.06亿元，增长7.5%，其中地方财政收入1.25亿元，增长4.9%；财政支出5.75亿元，增长22.9%。全年财政收支平衡。

【依法组织收入】加强税收征管。坚持“抓大、评中、定小”的征管举措，加强重点税源调研和监控，强化收入分析预测，把握组织收入的主动权。落实新企业所得税法，完善小水电行业、建筑安装业等所得税征管办法。做好年收入12万元以上个人所得税自行申报工作，推进个人所得税全员管理；做好车船税由保险机构代收代缴工作，加强城镇土地使用税征管，挖掘小税种增收潜力。全面推进房地产交易环节税收一体化管理，提升契税、耕地占用税征管水平。加强社保基金征管。深化“五费合征”工作，推行社保费申报缴纳制度，在临时性下浮社保费缴费比例的情况下，社保费收入稳定增长，增长15.8%。加强非税收入征管。拓宽政府非税收入征管范围，加强土地出让金征缴，福利彩票、体育彩票公益金纳入政府性基金预算管理，增强政府可用财力。

【支持经济发展】帮扶企业发展。落实各项财税优惠政策，及时减免相关税费，减轻企业负担。贯彻落实财税支持“两创”总战略等政策，引导工业企业主辅分离，加快发展现代服务业，促进节能降耗，鼓励自主创新，推进经济结构调整和企业转型升级。推出一系列服务经济发展新举措，选派12名企业财务助理，深化“一窗式”纳税服务，优化经济发展软环境。支持重点项目建设。筹措政府投资项目建设资金，重点支持城东中心学校、菊隆中学改扩建、香菇文化主题公园、农民异地转移“5283”工程、土地开发和建设用地复垦、康庄工程和55省道庆元反墺段改建等一批重大项目及基础设施建设。

【保障民生支出】调整和优化财政支出结构，当年新增财力的86.5%用于民生，促进民生改善和社会和谐。支持新农村建设。加大“三农”投入，全县用于“三农”支出的财政性资金1.92亿元，增长8.5%，重点支持现代农业、千万农民饮用水工程、农村环境整治、集体林权制度改革等工作；完成农业综合开发投资额1200万元，重点推进姚村溪、百合、上庄等3个省级山区小流域农业生态工程建设；落实支农惠农政策，扩大农业政策性保险覆盖面。完善社会保障体系建设。建立社会保障资金多渠道筹措机制，城乡低保标准分别提高到248元和150元，人均月补差不低于75元。启动实施城镇居民基本医疗保险，新型农村合作医疗筹资标准从60元提高到100元。落实1000万元财政专项资金，用于被征地农民基本生活保障。密切关注价格上涨对民生的影响，争取并落实中央成品油价格补贴192万元。支持社会事业发展。加大实施义务教育经费保障机制改革的财政保障力度，中小学生均公用经费标准分别提高到450元、300元；执行义务教育债务化解激励机制，全面免除义务教育阶段学生课本费、作业本费，落实农村教师任教津贴等政策，全年教育支出1.71亿元，增长64.1%。推进农村公共文化服务体系建设，争取廊桥保护专项资金，开展农村广播电视“村村通”工程，启动农村有线广播“村村响”工程建设。落实环境保护资金578万元，增长132.1%，全力支持生态县建设。完善政法部门经费保障体系，加大“平安庆元”建设投入。

【推进财政改革】贯彻执行新一轮省对市县财政体制，并根据东西部乡镇功能定位，因地制宜出台新一轮乡镇财政体制，加大生态转移支付力度，加快生态经济发展步伐。推进“收入一个笼子、预算一个盘子、支出一个口子”改革，加强预算内外资金统筹力度，严格执行“收支两条线”政策，提升公共财政管理效能。深化部门预算改革，完善部门预算指标体系，推进政府性基金预算编制规范化。深化政府投资资金预算管理，成立财政预算项目审核中心，全年委托中介机构审查预决算项目143个，审定投资额8280万元，核减率9%。深化政府采购制度改革，扩大采购范围和规模，全年政府采购金额4054万元，节约率20.8%。深化农村综合改革，完善乡镇财务远程实时查询网络，提升乡财乡用县管水平。制定规范公务员津贴补贴实施方案，夯实收入分配制度改革基础。推进“金财工程”一体化建设，提高财政管理效率和公共服务水平。

【加强财政监管】加强财政法制建设，规范财政执法行为，贯彻落实《政府信息公开条例》，推进依法理财工作。完善绩效评价体系，完成农村公共卫生服务等6个项目的绩效评价、13个单位16项财政专项资金的监督检查，建立绩效评价及资金检查结果应用机制。加强会计核算审核支付管理,清理纳入会计核算中心的专项资金,提高财政资金使用效益。加强国有资产监管体系建设,出台行政事业单位房地产资源出租市场化暂行规定,启动行政事业单位房地产资源配置市场化工作;完成对县水泥厂等6家企业的破产、改制清算;完善国有企业财务总监制度。全面清查破产企业涉及的财政周转金,多渠道加强财政周转金清收。严格审批公务用车,完成小车编制调整核定。健全政府债务化解管理机制,防范财政风险。开展会计信息质量检查,加强行业行政监管和会计监督,整顿和维护财经秩序。

【加强队伍建设】按照"依法治税、为民理财、务实创新、廉洁高效"的要求,培育财税文化,凝聚团队精神,提升理财治税水平。加强作风建设,倡导"实、稳、优"三字诀,开展"树新形象、创新业绩"主题实践活动,深入企业、联系乡、村调研并帮扶解决实际问题。规范局机关及下属单位公务用车使用与管理,开展局内部固定资产清查。支援地震灾区抗震救灾,累计捐款8万元,其中"特殊党费"4万元。加强党风廉政建设。从教育、制度、监督入手,层层落实党风廉政责任制,加强党风廉政教育,强化行政监察工作。完善权利制衡与权力运行监控机制,加强行风监督员队伍建设,确保实现项目安全、资金安全、干部安全。培育财税文化,以学习型组织建设为载体,通过邀请专家学者开设十七届三中全会专题讲座等形式,加强干部教育培训,全年各类培训520人次。加强财税宣传及课题调研。发挥党、团、工、妇组织的作用,建立职工食堂,举行迎国庆党员拔河比赛、迎新春卡拉OK大奖赛等文体活动。全面开展争先创优工作,县财政局获2008年县级机关目标责任制考核第二名,被评为县级机关先进单位。

(庆元县财政局供稿　练素红执笔)

景宁畲族自治县

【概况】2008年,全县实现生产总值21.42亿元,增长10.3%,人均生产总值12673元,增长10.8%。其中:第一产业增加值3.78亿元,增长5.3%;第二产业增加值7.93亿元,增长10.7%;第三产业增加值9.71亿元,增长11.9%。全县财政总收入2.80亿元,增长15.7%,其中地方财政收入1.62亿元,增长15.4%;全年一般预算支出7.43亿元,增长24.8%。当年财政收支平衡。

【组织收入】加强税收征管。按照优化收入结构的要求,进行数据分析,强化收入预测分析,完善纳税评估,对水力发电、建筑安装、阀门制造和开发区企业等重要行业117家重点税源实行重点监控,建立年纳税10万元以上纳税大户数据资料库,重点开展年所得12万元以上个人所得税自行申报和企业所得税汇算清缴等,推进税收管理精细化。完善社保费征缴机制。加强部门协作,强化社保费法规宣传,稳步推进"五费合征",社保费征缴扩面取得进展。全年养老保险登记参保单位增加113个670人,医疗保险登记参保单位增加145个1574人,失业保险登记参保单位增加120个;入库9项规费9001万元,同口径增长24%。加强其他收入征管。重视政府非税收入管理,推进新版政府非税收入征管信息系统试点工作,加强财政票据日常管理,建立健全非税收入征管体系,全年政府性非税收入2.98亿元。创新和加强国资收益管理,开展县城以外行政事业单位资产清查工作,推行国有资产出让出租市场化运作,通过国有资产(资源)的拍卖、拍租、转让等增加国资收益。

【保障民生支出】调整和优化财政支出结构,财政支出重点向民生民本领域倾斜,加强对农业农村、文化教育、公共卫生、社保环保和科技创新等的投入。支持新农村建设,县财政投入3000万元用于下山移民点基础设施建设,将整村搬迁和非整村搬迁下山移民补助资金分别提高到11600元/人和7600元/人,安排500万元支持安全饮用水、沼气推广和新农村示范点建设等。建立义务教育经费公共财政保障机制,义务教育阶段中小学日常公用经费标准分别提高到450元/生/年和330元/生/年;投入1345万元筹集资金支持民族中小学教育基础设施建设;投入5867万元,推进教育"四项工程"建设。完善新型农村合作医疗制度,新型农村合作医疗资金筹措标准提高到人均100元,实行城镇居民基本医疗保险,基本医疗保险覆盖城镇职工和城乡居民。完善城乡居民最低生活保障和集中供养制度,将城市和农村居民最低生活保障金分别提高到248元/月和150元/月。投入750万元加快城乡医疗设施建设,完成卫生监督所办公楼、社区卫生服务中心整体搬迁和8所农村卫生服务中心危旧房改造。投入300余万元实行农民科技培训、城镇职工下岗再就业培训班、景商创业创新能力提升培训以及转移就业创业之星评选等。

【支持重点工程建设】全年安排基本建设资金1.41亿元,支持畲族文化中心、云景高速公路、庆景青公路、景宁民族中学、鹤溪河景观带等项目建设。统筹资金6790万元加快城市基础设施建设,其中县财政投入1328万元建设城区道路网,投入1000万元支持城南旧城改造;投入200万元完成城区规划、外舍新区规划及城南旧城区规划编制;安排150万元实施广播电视"村村通"工程等。

【培育财源】县财政安排农业产业化专项补助资金1100万元,扶持惠明茶、毛竹、食用菌、花卉、茭白等特色农业产业发展。多方筹措资金支持工业发展,安排工业发展资金100万元,税收优惠1000万元,投入2250万元支持佃源、外舍和东坑工业区建设,全年减免企业税收554万元;鼓励企业产品认证、著名商标评选以及大型展销参展等,支持工业经济加快发展;筹资1.3亿元开工建设外舍王金洋工业区块,投入120万元启动望东洋湿地开发与保护工程。调度资金支持炉西峡、云中大际等景区景点建设,提升民族旅游发展动力。

【规范支出管理】围绕保工资、保运转、保民生、保三农、保重点建设及各类刚性支出的要求,加强部门预算管理,编制非税收支预算、基本建设预算以及社保资金预算,重视政府性债务管理,将政府债务利息支出列入年度预算。组织开展乡镇债权债务专项清理核查,制定乡镇财政管理考核实施细则,控制乡镇债务,提高乡镇特别是边远乡镇的公用经费标准。推广金财工程软件,启动应用指标管理、资金申拨、会计核算子系统等,完善国库单一账户体系和财政资金专户集中管理，做好财政资金的拨付核算工作。健全会计集中核算制度，全县纳入县核算中心集中核算的单位93个，11个试点单位实行远程报账管理模式，4个乡镇财务核算中心集中县城办公；全年通过会计核算和会计监督，拒付不符合有关政府采购、基本建设财务管理和预算外收支两条线规定累计金额450多万元。完善财政监管制度，组织开展先进制造业基地、医疗救助机构、残疾人安居工程补助资金及千万农村劳动力素质培训工程等专项资金的绩效评价，开展绩效考评和监督检查涉及财政资金1.25亿元。全年政府采购金额2789万元，节约资金629万元，节约率为18.4%。

【加强国有资产管理】开展县城以外乡镇行政事业单位国有资产清查，规范行政事业单位房屋资产管理。推进资产性资源配置市场化，实现国有资产效益最大化。加强国有闲置资产管理；做好单位用车余缺调剂工作；参与企业改制工作，做好企业改制经费拨付审核、资产清算价值审核监督和资产回收等工作。整合国有资产为全县重点项目融资提供服务，县国资公司为县电视台、土地整理中心、滩坑库区投资公司等单位融资担保贷款1.20亿元，累计为全县重点工程建设等融资担保贷款2.33亿元。

【滩坑移民】做好联系乡外舍移民工作，统筹安排移民工作经费1000万元。调整充实局移民工作领导小组，抽调骨干力量深入库区一线和外舍防护工程做好移民工作，筹措资金15000元帮助联系乡开展移民工作。4月29日滩坑水电站下闸蓄水，移民工作取得阶段性成果；8月电站建设发电并入库第一笔税收。

【队伍建设】加强干部职工思想政治教育，组织开展争创群众满意基层站所、学习型财政组织、财政文化团队建设和“弘扬廉政文化，推进反腐倡廉”主题活动等，打造创新型财政队伍。实施“五五普法”教育和行政执法培训，开展财政法律法规宣传活动，组织多形式的法律法规培训和知识竞赛活动，提高财政干部依法理财能力。以财政廉政文化建设为龙头，从干部思想源头上构筑拒腐防线。加强干部职工培训学习，全年共计200多人次参加信息新闻写作培训、金财工程培训以及其他各类学习培训。干部职工献爱心，赈灾扶贫，为四川汶川大地震灾区捐款99350元，其中党员缴纳“特殊党费”12250元；县财政资助青川羌族自治县救灾款100万元；干部职工与县低收入农户结成扶贫对子，捐款53000多元。开展爬山、打球、书法和竞技等文娱体育活动。县财政局获全县作风建设先进集体、奥运信访维稳工作先进集体和宣传思想工作优胜奖等，县会计核算中心获全省“三八”红旗先进集体荣誉称号。

（景宁畲族自治县财政局供稿　刘小明执笔）

委常委、杭州市委书记王国平视察杭州财税 12366 服务中心

走百家送服务 听意见解难题”

——杭州市财政地税局深入企业开展“树创”活动

面对 2008 年全球金融危机，杭州市财政局实施积极财政政策，应对宏观经济形势。4 月，结合市委、市政府深化拓展“树新形象、创新业绩”主题实践活动，以“走百家送服务、听意见解难题”为活动载体，深入基层了解企情、社情和民意；通过财税政策宣讲会、动漫作品等多形式宣传财税政策；创立集财政、国税、地税于一体的“纳税人之家”，为纳税人提供多层次、全天候的优质服务；出台扶持企业发展的财税政策。通过“减负、扶持、服务”，着力帮助企业用足用活用好财税政策，帮助企业解负解困渡难关，帮助企业提信心谋发展，为全市经济平稳较快发展和共建共享与世界名城相媲美的生活品质之城发挥积极作用。

办企业负责人财税政策宣讲会

科学理财推进秀美拱墅建设

杭州新运河

2008年，杭州市拱墅区财政局为落实"秀美拱墅"建设三年行动计划，多方位、多渠道筹集资金，按项目进度及时拨付资金，有力保障区重点项目资金需求。筹集资金9.1亿元，推进城市面貌大改观，改善城乡生活环境。其中：4.6亿元用于拱康路、沈半路、康桥路等道路建设和整治；3.35亿元用于安排胜利河、电厂河、上塘河沿线河道整治；庭院改善、撤村建居地区环境整治，危旧房改善、背街小巷整治，截污纳管等项目共计耗资1.16亿元。随着这些项目的竣工，很好地提升了城乡生活环境品质。

小河直街

胜利河古水街远景

新运河游步道

运河新貌

建德市财政局

努力打造廉洁财税

建德市财政局以科学发展观统领财政工作，始终坚持以干部的学习、教育和管理为抓手，在创学习型组织、培植财税文化活动中，全面推进局系统党风廉政与效能作风建设，深入开展寓教于乐、寓教于理的丰富多彩的廉政文化系列活动，为造就一支想干事、能干事、不出事的干部队伍提供强大的思想基础，2008 年成为杭州市廉政文化示范点。

富阳市积极扶持休闲观光农业

自 2008 年起，富阳市每年用于休闲观光农业发展的总扶持资金在 200 万元以上，凡被评为该市本级以上休闲观光农业示范园区（点）或被命名为该市本级以上农家乐特色村的分别一次性给予 3~10 万元不同档次的奖励。同时，各乡镇街道对发展休闲观光农业、农家乐也纷纷出台扶持政策，给予一定的补助与奖励。此外，凡符合休闲观光农业规划的项目优先安排用地指标。

富阳市重点抓好主题农庄型、产品基地型、景区配套型、体验养生型四个类型休闲观光农业的培育。据统计，新登镇半山村已成功举办六届桃花节，富春街道拔山茶区与里山安顶山分别举办四届茶叶文化节，东洲街道白鹤村已举办三届金秋火柿节暨乡村休闲美食周，吸引了大批城市游客，观光农业健康发展。

火红的农家餐馆

淳安县实施“以湖兴县”战略 着力发展生态产业

高山茶叶

淳安县牢固确立“以湖兴县”发展战略，认真抓好环境保护和生态建设，全力打造“休闲度假胜地、中国水业基地、生态宜居福地、都市农业园地、文明和谐境地”五块品牌。依托“一湖秀水”，大力发展绿色工业、绿色农业、绿色旅游，不断提高生态产业对财政收入的贡献率。2008年，县财政安排落实生态建设资金9256万元，有效地支持城乡污水处理设施建设、湖面垃圾打捞和农村垃圾集中处理等工作开展，为发展各类生态产业创造良好环境。

千岛湖蜜橘

千岛湖夜游

秀水街夜景

巨网捕鱼

建设财税文化 构建和谐机关

新春卡拉 OK 比赛

2008 年，乐清市财政局以“建设财税文化，构建和谐机关”为主题，围绕建设六个平台，全面加强干部队伍建设。出台了《乐清市财税文化建设三年规划》，成立财税文化活动中心，组建羽毛球、登山、垂钓、读书等九个活动兴趣小组，开展爱心助学、结对帮扶活动，举办系统新春卡拉 OK 大奖赛、“激情奥运·阳光财税” 趣味运动会，积极引导干部“走近书桌、走近球桌、走近山水”，全局上下营造风正、气顺、劲足的和谐财税氛围，干部队伍的凝聚力、执行力、战斗力进一步增强，为推动财税事业的健康发展提供有力的思想保证、精神动力和智力支持。

成立财税文化活动中心

税收知识电视大奖赛

“激情奥运·阳光财税”趣味运动会

青年读书会

洞头县财政支持海岛基础设施建设

洞头县财政局通过向上争取资金、统筹土地出让金等方式，积极筹措各类财政性资金3.88亿元，重点支持连港环岛公路、温州（洞头）陆域引供水工程、中心渔港等重点工程和工业基地的建设，改善海岛基础设施面貌。

温州（洞头）陆域引供水工程

五岛连桥——彩虹桥

深水港

五岛连桥——三盘大桥

国家 4A 级景区——铜铃山

文成——红枫古道

国家重点风景名胜区——百丈漈

文成财政支持打造生态旅游县

文成县围绕“生态旅游县”战略目标，加大财政投入力度，县财政安排旅游专项资金 1000 万元，支持旅游基础设施建设和旅游宣传促销，景区环境不断改善，旅游知名度不断提高，促进了地方经济的发展；以生态休闲、农家体验为主的“农家乐”旅游成为拉动经济增长的一大助力。2008 年，全县接待游客 106 万人次，实现旅游综合收入 7.09 亿元，比上年增长 26.6%。

国家重点文物保护单位——刘基庙

国家重点风景名胜区——天顶湖

苍南县财政支持农业发展

苍南县财政加大农业基础设施及现代农业产业体系建设投入，自1998年实施农业综合开发10年来，累计投入资金1.58亿元，实施各类开发项目20个，完成土地治理项目9.45万亩，建成标准农田3.5万亩，取得明显经济效益、社会效益和生态效益。

席草制作加工

农业产业化乳制品生产

水渠建设

淡水养殖

土地治理

农产品加工

中低产田改造

浔溪中学校区扩建

菱湖一中校舍维缮

南浔区财政局积极落实教育经费，完善义务教育经费保障机制，全面落实减免学杂费、免教科书本费、贫困学生资助政策，提高教师福利待遇，全额保障中小学校公用经费，保障教科文事业费投入达到法定增长要求。同时区财政局想方设法筹集资金对全区中小学校实施校舍维修和扩建，学校布局更趋合理，学生就学环境得到改善。

南浔区财政
积极支持教育事业

2008 年，长兴县荣获国际花园城市金奖和环境可持续发展奖第一名。“国际花园城市”评比是由联合国环境规划署认可的国际公园协会举办。随着长兴经济的发展，财政收入持续高速增长，财政对城乡建设的投入不断加大，城乡基础设施不断完善，一个经济兴旺、科教繁荣、功能完善、环境优美、百姓富裕、社会和谐的新长兴形态日益丰满。在此基础上，长兴更是把加强生态文明建设、构建优美人居环境作为贯彻落实科学发展观、加快推进城市化和城市现代化的重要内容来抓，2008 年还成功创建国家园林城市，以及国家卫生县城、全国文化先进县。

齐山植物园旁的图书馆

长兴县财政支持创建“国际花园城市”

雉塘公园旁的市民居住小区

城市中心的古城公园

市民广场

农村生态家园

乡村保洁员

海宁市许村永福村

海宁市财政大力支持新农村建设

海宁市财政加大支持新农村建设的投入，全年农业支出1.98亿元，比上年增长30.9%。主要用于深入推进“小康示范、百村整治”工程，深化“五整治一提高”工程，新一轮村庄整治扩面提升工作，农民素质培训工程，支持发展壮大村级集体经济等。

感受海宁农家乐

桐乡市支农资金整合试点工作成效明显

桐乡市作为农业部、浙江省、嘉兴市三级支农资金整合试点县(市),以提高财政支农资金使用效益为目的,以扶持壮大优势主导产业、发展区域资源优势为重点,加大对现代农业和新农村建设的财政投入,建立农业主导产业、村庄整治重点项目、土地治理项目区等三个支农资金整合平台,重点扶持杭白菊、蔬菜、水果、畜牧、水产养殖、花卉苗木、蚕桑、水稻八大农业主导产业,改善农村生产、生活环境,有力推进现代新农村建设。试点工作得到了省财政厅的充分肯定,2008 年 10 月,全省财政支农资金整合试点工作现场会专选在桐乡市召开。

桐乡市欣龙特种水蛭养殖中心

浙江省财政支农资金整合试点现场会在桐乡召开

杭白菊绿色生态园

生态种鸭养殖基地

瓜蔬大棚设施基地

农业优质水果示范基地

嵊州市财政
支持发展旅游业

嵊州市财政每年安排300万元以上的旅游宣传促销资金，用于旅游形象策划、包装和宣传推介，每年安排200万元的旅游发展基金，用于重大旅游项目的贴息补助和旅游的奖励。两项经费每年以不低于财政增收的幅度递增，实现滚动发展。

嵊州百丈飞瀑

嵊州大桥

嵊州市王羲之故居

金华市财政局加强财税文化建设

金华市财政局积极打造财税文化建设载体，引导干部职工积极参与文体活动，鼓励干部走近书桌、走近球桌、走近山水，成立了摄影协会、书画协会、体育协会、合唱团等兴趣小组，并举办春节联欢晚会、体育运动会等大型活动，丰富了干部业余文化生活，起到了修养身心，增强队伍凝聚力的作用。

金东区财政支持教育强区建设

仙桥初中美丽的校园

孝顺中学食堂

近年来，金华市金东区财政切实保障教育优先发展，推进金东教育城市化和现代化，以人民群众满意为目标，持续加大财政性教育投入，稳步推进义务教育经费保障机制改革。2008 年，全区财政性教育经费投入 1.79 亿元，比上年增长 34.6%，义务教育全额纳入公共财政保障范围，义务教育阶段学生全部免费上学。生均公用经费标准初中为 720 元、小学为 520 元，2008 年化解各类义务教育负债 3700 多万元，投入 400 万元对 32 所学校进行了校舍维修，实施农村教师任教津贴制度，促进了金东教育又好又快发展，被省委、省政府命名为“教育强区”。

东关小学现代化的综合楼

曙光小学个性时尚的体育馆

金东区曙光小学大门

婺城区财政加大“三农”投入

后溪河茶花村小洋房

金华市婺城区财政加大“三农”投入，支持农村经济发展，重点扶持粮食生产、蔬菜基地、畜禽养殖等农业特色产业的发展，全面推行水稻、奶牛、能繁母猪、油菜等的政策性农业保险，不断增强农业应对自然灾害的能力，促进农业增效、农民增收。

十里长廊桂花村安地镇项村

菜蓝子基地

养殖业

茶花村新貌

东阳市财政局

参加全市运动会

开通全省首个由财税系统干部主办的摄影网站

东阳市财政局重视财税干部八小时外生活内容，利用摄影分会、各类体育兴趣小组等平台，经常性组织羽毛球、乒乓球、气排球等文体比赛活动。组织干部参加东阳市第五届运动会、金华市财税系统运动会，在市第五届运动会中获健美操第三名，女子气排球第四名，团体总分第七名；金华市财税系统运动会获拔河团体第三名，总分第六名。培养了全局干部健康、文明、阳光的生活情趣，增强了干部队伍凝聚力。

参加全市广播体操比赛

牛头山秋色

静谧

武义县财政贯彻生态立县战略

武义县积极实施“生态立县”发展战略，生态环境得到较好保护。全县总面积 1577 平方公里，森林覆盖率 70.2%。全县现有省级以上重点生态公益林 446177 亩，2008 年财政用于森林生态效益补偿资金 645.94 万元。武义县牛头山被国家林业局评为国家级森林公园，森林覆盖率 99%。公园内保存着集中连片的万亩天然阔叶林资源，拥有植物 1530 种、野生动物 265 种，其中国家一、二级保护植物 8 种、动物 36 种，是华东地区重要的生物基因库。牛头山主峰海拔 1560 米，是浙中第一峰，四周群山连绵起伏，飞瀑深潭、峡谷断崖、古树奇木等遍布其中，山水自然景观十分丰富，是登高揽胜、生态探险胜地，更是一座天然氧吧。

常山县财政支持生态农业

同弓乡白鹭岛

随着新农村建设步伐的加快，发展特色生态农业逐渐成为有效提高农民收入的重要渠道之一。常山县坚持因地制宜，以信贷倾斜、资金补助、技术扶持、税费优惠等方式，不断加大对农业产业化经营的扶持力度，县财政每年安排800多万元农业产业化专项资金，用于实施产业提升工程，推动主导产业做大做强。目前，全县已拥有产业化经营组织315个，农业龙头企业110家，各类农民专业合作组织178家，社员13890人，带动非成员农户26960户。2008年，全县农林牧渔业实现总产值9.04亿元，比上年增长11.1%，农村居民人均纯收入6635元，比上年增长13.4%。

小西瓜种植基地

石门坑林海

坞石坑林场

连片农田

江山市财政大力支持特色农业发展

新塘边镇东山村无性系良种茶园

上余镇塘岭山地蔬菜基地

石门镇养蜂基地

江山市重视特色农业的可持续发展，为加快农业结构调整步伐，提升农产品品位，出台多项激励政策，加大对食用菌、蜜蜂、畜禽、茶叶、蔬菜等五大主导特色产业的扶持力度。2008 年市财政安排 5000 多万元财政资金，大力推进特色农业区域化布局、专业化生产和产业化经营，农业综合生产能力和市场竞争能力不断提高，种养结构日趋合理，五大主导特色产业的生产总量、质量和效益同步提升。全年五大特色产业实现总产值 38.09 亿元，比上年增长 40%，其中农业产值 31.29 亿元，占全市农业总产值的 71%，为农民人均创收 2941 元，增长 16%。全市共有 80 个农产品及生产基地通过质量认证，其中国家无公害农产品基地 23 个、无公害产品 18 个、绿色食品 21 个、有机食品 18 个。

凤林镇大球盖菇示范基地

局党组中心组专题学习十七届三中全会精神

舟山市财政局深化财税文化建设

舟山市财政局按照省财政厅党组关于开展财税文化建设要求，紧紧围绕财税发展的中心工作，按照“依法治税、为民理财、务实创新、廉洁高效”的财税核心价值观，以“学习型、创新型、务实型、和谐型、廉洁型”五型机关建设为主线，发挥工、青、妇、学会等组织作用，建立健全科学发展体制机制，开展文明单位、青年文明号、巾帼文明示范岗等创建活动，组织各类文体活动，营造良好的工作氛围，提高财税干部综合素质，推动财税事业全面发展。

组队参加全省财政地税系统运动会

副科级领导职位竞争上岗民主推荐暨演讲会

第二期中层干部领导能力提升培训班

会计核算中心开展岗位练兵系列活动

定海区财政局争创"省级文明单位"

举行"学十七大，解放思想，创业创新"主题演讲比赛

舟山市定海区财政局结合当前财政工作面临的新形势、新要求，全面落实科学发展观，积极推动经济发展方式转变，强化财源建设，优化支出结构，深化各项财政改革，财政运行保持了良好态势，促进全区经济社会各项事业又好又快发展。2008 年被省委、省政府命名为"省级文明单位"。

通过组织召开专题研讨会等形式提升会计人员素质

全局党员交纳特殊党费支援地震灾区

通过公开拍卖确保国有资产保值增值

财政干部到群众家里走访了解基层需求

天台县财政局加强财税文化建设

召开全系统反腐倡廉建设暨“四通工作法”动员大会

召开行风监督员座谈会

天台县财政局将财税文化建设作为增强内部凝聚力、提升外部形象度的重要抓手，通过开展培训学习、组织文体活动、参与公众活动、勤政廉政教育等载体，努力促进财税文化的形成和发展。干部职工为财税事业争作贡献的氛围更趋浓厚，一种“团结协作、追求卓越”的新型团队精神正在逐渐形成，有力地推动财税事业的不断发展。

开展抗震救灾捐款活动支持汶川地震灾区重建

争创省级卫生城市清扫卫生死角

组队参加天台县第十二次全运会

温岭市财政支持旅游业发展

洞下沙滩

石塘曙光

独具石塘地方特色的大奏鼓

温岭市将旅游业作为地方新兴产业和新的经济增长点，逐年加大对旅游业的投入力度，扶持旅游产业长足发展。近几年先后获得“国家AAAA级旅游区”、“中国优秀旅游城市”、“全国工业旅游示范点”、“世界地质公园”等称号。旅游业已成为温岭市国民经济发展中增长速度快、市场潜力大、发展前景好的重要支柱产业，旅游品牌也成为一张亮丽的“城市名片”。2008年，全市共接待国内外游客505.22万人次，比上年增长14.5%；实现旅游总收入40亿元，比上年增长13.3%。这些成果的取得，为提升服务业产业层次，增加地方财政收入，推动温岭经济和社会事业发展再上新台阶起到了积极作用。

财税干部业务大比武

丽水市财政局深入推进财税文化建设

丽水市财政局按照“依法治税、为民理财、务实创新、廉洁高效”的工作理念，深入推进财税文化建设，切实提高干部队伍业务能力和综合素质，不断增强干部队伍的凝聚力和战斗力，有力促进各项财税中心工作的开展。

迎春晚会上财税干部自编自演的节目

龙泉市财政支持国家森林城市建设

龙泉城市面貌

小区一角

龙泉市强化财政统筹能力，筹措资金投入全市“生态创业”工程。财政设立1000万专项资金，支持创建国家森林城市；加大对生态环境保护的投入力度，保护好三江流域生态环境；加快建设“美好新龙泉”步伐。

生态村庄

瓯江上游

原始森林

青田县财政局推进财税文化建设

青田县财政局始终把建设一支高素质的干部队伍作为做好各项财政工作的基本保证。牢固树立以人为本理念，以财税文化建设为抓手，创设“文化财税”、“快乐财税”、“爱心财税”、“和谐财税”四大载体，把干部队伍建设全面引向深入，切实增强干部队伍的向心力、凝聚力和战斗力。

快乐财税：参加全县廉政歌咏比赛

爱心财税：慰问联系乡贫困户

和谐财税：局领导看望慰问外地籍干部职工

爱心财税：组织抗震救灾捐款

文化财税：开展军训活动

快乐财税：登山队活动

缙云县财政支持现代农业发展

缙云县立足县情，坚持政策引导、资金扶持和技术培训三管齐下，大力支持优质特色农产品基地建设和农业龙头企业发展，有效促进了农业结构调整和农民增收致富。

春光果业

蚕桑基地

缙云土面

大棚蔬菜

南弄千亩水蜜桃基地

大洋镇高山茭白基地

遂昌财政支持灾后重建工作

财税干部深入灾区了解灾情，确保抗灾救灾资金、政策落实到位

农技干部上山指导受灾农户开展生产自救

2008年1月中旬，遂昌县遭受了长达近一个月的特大雨雪冰冻天气，危害程度50年未遇。全县20个乡镇全部受灾，水利、交通、电力、通讯等基础设施受到严重损坏，农、林产业损失惨重，直接受灾人口达5.2万人，直接经济损失5.47亿元。面对严峻的自然灾害，遂昌县广大干部群众众志成城，投入抗灾救灾和恢复灾后生产中。遂昌县财政积极发挥职能作用，及时启动财政应急预案，下拨救灾资金274万元，多渠道筹措落实灾后重建资金2261万元，全力支持灾后重建工作。

灾民领取救灾物资

庆元县加快生态文明建设步伐

庆元县财政积极发挥在生态县建设中的职能作用，加大财政资金投入，优化财政支出结构，涵养财源，形成财政与经济社会同步协调发展的良好局面。同时，根据东西部乡镇功能定位，因地制宜出台了新一轮乡镇财政体制。新体制进一步加大县对乡镇的生态财力转移支付力度，推进产业结构优化升级，加快生态文明建设步伐，促进"中国生态环境第一县"保牌增值。

庆元廊桥

移民新村

生态农业

生态工业园区

山水家园 童话世界

——云和县财政支持发展生态经济

云和县财政局根据县委、县政府“小县大城”发展战略，依据“山水家园、童话世界”的县城建设定位，发展以木制玩具为主导产业的生态工业、以优质农特产品为重点的生态农业和以云和湖景区为中心的生态旅游业。2008年，县财政投入4713万元重点保障生态、环保支出，全县的经济增长方式由粗放型向生态型、集约型、科技型转变。

生态工业

天然养殖业

梯田风光

生态旅游

财经统计资料

1978—2008年浙江省财政收支情况

年 份	财政总收入（亿元）	地方财政收入（亿元）	财政支出（亿元）	增长速度(%)			总收入占GDP比重(%)	人均财政支出(元)
				总收入	地方收入	支出		
1978	27		17				22.9	46
1979	26		18	-5.8		1.8	16.4	47
1980	31		17	20.3		-2.3	17.3	45
1981	34		17	10.3		-1.3	16.8	44
1982	37		19	6.7		10.3	15.7	48
1983	42		22	14.1		16.2	16.3	55
1984	47		29	11.7		31.3	14.5	72
1985	58		37	24.8		29.9	13.6	93
1986	69		51	17.8		36.3	13.7	125
1987	76		51	11.3		0.5	12.7	124
1988	86		63	12.0		23.2	11.1	151
1989	97		75	14.8		18.4	11.6	178
1990	100		80	3.4		7.3	11.1	189
1991	110		88	7.2		10.2	10.2	208
1992	118		95	8.6		7.8	8.7	222
1993	167		125	40.8		31.2	8.7	290
1994	209	95	153	25.7		22.4	7.9	353
1995	249	117	180	18.7	23.4	17.8	7.0	413
1996	292	140	214	17.4	19.5	18.5	7.0	486
1997	341	157	249	16.7	12.7	12.4	7.3	543
1998	402	198	287	18.0	25.9	19.4	8.1	645
1999	477	245	344	18.8	23.9	20.0	8.8	770
2000	656	343	431	37.4	39.6	25.4	10.7	958
2001	856	501	597	30.5	46.1	38.5	12.4	1322
2002	1167	567	750	36.3	13.2	25.5	14.6	1653
2003	1469	707	897	25.9	24.6	19.6	15.1	1970
2004	1805	901	1063	22.9	27.5	18.5	15.5	2322
2005	2115	1067	1266	17.2	18.4	19.1	15.7	2750
2006	2568	1298	1472	21.4	21.7	16.3	16.3	3179
2007	3240	1650	1807	26.2	27.1	22.8	17.3	3878
2008	3730	1933	2209	15.1	17.2	22.2	17.4	4711

2007—2008年浙江省一般预算收支决算

单位:万元

收入			支出		
预算科目	2007年	2008年	预算科目	2007年	2008年
一、税收收入	15353548	17920894	一、一般公共服务	3289148	3724556
增值税	3062238	3489164	二、外交		13
营业税	4950505	5743030	三、国防	42929	50048
企业所得税	2745550	3030972	四、公共安全	1737917	1996246
企业所得税退税	-3728	-8160	五、教育	3838886	4539902
个人所得税	1024993	1157086	六、科学技术	715442	867928
资源税	61092	67501	七、文化体育与传媒	493408	637593
固定资产投资方向调节税	9		八、社会保障和就业	1079848	1415223
城市维护建设税	983666	1104714	九、医疗卫生	1122822	1428690
房产税	494883	601248	十、环境保护	297530	465183
印花税	233113	279484	十一、城乡社区事务	1546345	1939499
城镇土地使用税	189053	578304	十二、农林水事务	1421494	1774175
土地增值税	340815	402641	十三、交通运输	450743	594234
车船税	36620	97132	十四、工业商业金融等事务	1326284	1720324
耕地占用税	152882	205723	十五、地震灾后恢复重建支出		126185
契税	1081197	1170966	十六、其他支出	705132	805957
烟叶税	646	811	其中:预备费		
其他税收收入	14	278			
二、非税收入	1141433	1412996			
专项收入	632037	726397			
行政事业性收费收入	293740	331009			
罚没收入	638367	710137			
国有资本经营收入	-507465	-468413			
国有资源(资产)有偿使用收入	79899	104552			
其他收入	4855	9314			
收入合计	16494981	19333890	支出合计	18067928	22085756

2008年浙江省省级一般预算收支决算

单位:万元

收	入	支	出
预算科目	决算数	预算科目	决算数
一、税收收入	1690205	一、一般公共服务	306773
增值税	223550	二、外交	13
营业税	817007	三、国防	9135
企业所得税	475361	四、公共安全	332343
企业所得税退税		五、教育	526738
个人所得税	107528	六、科学技术	188562
资源税		七、文化体育与传媒	111488
固定资产投资方向调节税		八、社会保障和就业	44134
城市维护建设税	43347	九、医疗卫生	226042
房产税	11329	十、环境保护	30398
印花税	11126	十一、城乡社区事务	6534
城镇土地使用税	944	十二、农林水事务	229849
土地增值税	6	十三、交通运输	193787
车船税	7	十四、工业商业金融等事务	236878
耕地占用税		十五、地震灾后恢复重建支出	40493
契税		十六、其他支出	29347
烟叶税			
其他税收收入			
二、非税收入	369612		
专项收入	172094		
行政事业性收费收入	182708		
罚没收入	30901		
国有资本经营收入	-49964		
国有资源(资产)有偿使用收入	28485		
其他收入	5388		
收 入 合 计	2059817	支 出 合 计	2512514

2008年浙江省政府性收支决算

单位:万元

预算科目	政府性收入	一般预算	政府性基金	预算外财政专户资金
一、税收收入	17920894	17920894		
增值税	3489164	3489164		
营业税	5743030	5743030		
企业所得税	3030972	3030972		
企业所得税退税	-8160	-8160		
个人所得税	1157086	1157086		
资源税	67501	67501		
固定资产投资方向调节税				
城市维护建设税	1104714	1104714		
房产税	601248	601248		
印花税	279484	279484		
城镇土地使用税	578304	578304		
土地增值税	402641	402641		
车船税	97132	97132		
耕地占用税	205723	205723		
契税	1170966	1170966		
烟叶税	811	811		
其他税收收入	278	278		
二、非税收入	23189200	1412996	16003756	5772448
政府性基金收入	16003756		16003756	
专项收入	726397	726397		
彩票资金收入	46247			46247
行政事业性收费收入	3532687	331009		3201678
罚没收入	710137	710137		
国有资本经营收入	-468413	-468413		
国有资源(资产)有偿使用收入	425717	104552		321165
其他收入	2212672	9314		2203358
本年收入小计	41110094	19333890	16003756	5772448

续表：

单位：万元

预算科目	政府性支出	一般预算	政府性基金	预算外财政专户资金
一、一般公共服务	4696901	3724556	95920	876425
二、外交	109	13		96
三、国防	61724	50048		11676
四、公共安全	2122458	1996246		126212
五、教育	6731298	4539902	350629	1840767
六、科学技术	880672	867928		12744
七、文化体育与传媒	797933	637593	20331	140009
八、社会保障和就业	1668716	1415223	105736	147757
九、医疗卫生	1588753	1428690		160063
十、环境保护	500436	465183		35253
十一、城乡社区事务	16657957	1939499	13626151	1092307
十二、农林水事务	2767382	1774175	689597	303610
十三、交通运输	1767275	594234	800751	372290
十四、工业商业金融等事务	1875945	1720324	44818	110803
十五、地震灾后恢复重复支出	128429	126185		2244
十六、其他支出	1324249	805957	44786	473506
本年支出小计	43570237	22085756	15778719	5705762

2008年浙江省政府性基金收支决算分级

单位:万元

项　目	决算数合计	省级	地级	其中:地级直属乡镇	县级	乡镇级
三峡工程建设基金收入						
地方农网还贷资金收入						
煤炭可持续发展基金收入						
电源基地建设基金收入						
库区建设基金收入						
铁路建设附加费收入						
民航机场管理建设费收入						
养路费收入	829094	813365	1498		14231	
公路客货运附加费收入	102136	102136				
燃油附加费收入						
转让政府还贷道路收费权收入						
下放港口以港养港收入						
散装水泥专项资金收入	6961	175	1783		5003	
新型墙体材料专项基金收入	24455	1508	4709		18238	
中央对外贸易发展基金收入						
旅游发展基金收入						
援外合资合作项目基金收入						
对外承包工程保函风险专项资金收入						
国家茧丝绸发展风险基金收入						
文化事业建设费收入	31868	27041	2227		2600	
地方教育附加收入	431172	51324	78600		280353	20895
地方教育基金收入						
国家电影事业发展专项资金收入	368	368				
农业发展基金收入	1545	4			1541	
新菜地开发建设基金收入	474		343		131	
林业基金收入	19				19	
育林基金收入	2905	1190	293		1397	25
森林植被恢复费	18792	9258	1181		8353	
中央水利建设基金收入						
地方水利建设基金收入	606054	109720	124291		369930	2113
南水北调工程基金收入						
灌溉水源灌排工程补偿费收入						
水资源补偿费收入	702		427		275	
残疾人就业保障金收入	117302	7544	15892		93693	173
政府住房基金收入	6264		870		5394	
城市公用事业附加收入	45222		18648		26574	
国有土地使用权出让金收入	12722104	6377	5549344		6878813	287570
地方新增建设用地土地有偿使用费收入	378866	302152	9906		66808	
国有土地收益基金收入	380514		151930		228561	23
农业土地开发资金收入	100974	20716	28211		51773	274
大中型水库移民后期扶持基金收入						
大中型水库库区基金收入						
彩票公益金收入	148379	58307	55645		34427	
其他政府性基金收入	47586		15674		31822	90
本年基金收入合计	16003756	1511185	6061472		8119936	311163

续表：

单位：万元

项　　目	决算数合计	省级	地级	其中：地级直属乡镇	县级	乡镇级
三峡工程建设基金支出						
地方农网还贷资金支出						
煤炭可持续发展基金支出						
电源基地建设基金支出						
库区建设基金支出						
铁路建设附加费支出						
民航机场管理建设费支出	5819		5130		689	
养路费支出	692315	294977	124356		270548	2434
公路客货运附加费支出	102617	74344	19688		8540	45
燃油附加费支出						
转让政府还贷道路收费权支出						
下放港口以港养港支出						
散装水泥专项资金支出	5539	257	748		4522	12
新型墙体材料专项基金支出	20615	365	2902		15559	1789
中央对外贸易发展基金支出	16288	772	6045		9471	
旅游发展基金支出						
援外合资合作项目基金支出	2326	2086	49		191	
对外承包工程保函风险专项资金支出						
国家茧丝绸发展风险基金支出	50		50			
文化事业建设费支出	20315	3845	11702		4575	193
地方教育附加支出	350629	22000	43638		244598	40393
地方教育基金支出						
国家电影发展专项支出	16	16				
农业发展基金支出	379				379	
新菜地开发建设基金支出	1020		853			167
林业基金支出						
育林基金支出	2256		261		1847	148
森林植被恢复费支出	8065	1191	452		6335	87
中央水利建设基金支出	1784	90	317		1284	93
地方水利建设基金支出	616263	10641	139716		440353	25553
南水北调工程基金支出						
灌溉水源灌排工程补偿费支出						
水资源补偿费支出	219				219	
残疾人就业保障金支出	105736	3412	16344		80932	5048
政府住房基金支出	4966		773		4193	
城市公用事业附加支出	44438		17440		25986	1012
国有土地使用权出让金支出	12966794	6698	4474710		7794490	690896
新增建设用地土地有偿使用费支出	186152	1147	6835		176374	1796
国有土地收益基金支出	338308		140199		194311	3798
农业土地开发资金支出	85493	345	19770		59168	6210
大中型水库移民后期扶持基金支出	59611		84		59496	31
彩票公益金支出	95720	25652	40909		28381	778
用于地震灾后重建的彩票公益金支出	200				200	
其他政府性基金支出	44786		9546		34062	1178
本年基金支出合计	15778719	447838	5082517		9466703	781661

2008年浙江省一般预算收支决算分级

单位:万元

预算科目	决算数合计	省级	地级	其中:地级直属乡镇	县级	乡镇级
一、税收收入	17920894	1690205	3134801	27970	9945208	3150680
增值税	3489164	223550	472597		1853703	939314
营业税	5743030	817007	836254	9928	3283219	806550
企业所得税	3030972	475361	494882	2723	1597327	463402
企业所得税退税	-8160				-8160	
个人所得税	1157086	107528	166026	1738	659455	224077
资源税	67501		11974		26713	28814
固定资产投资方向调节税			139		-139	
城市维护建设税	1104714	43347	265950	3816	560250	235167
房产税	601248	11329	108610	3911	346069	135240
印花税	279484	11126	48444	1603	158813	61101
城镇土地使用税	578304	944	92315	3686	313466	171579
土地增值税	402641	6	77867	564	279629	45139
车船税	97132	7	11537	1	84114	1474
耕地占用税	205723		77040		123347	5336
契税	1170966		471166		666313	33487
烟叶税	811				811	
其他税收收入	278				278	
二、非税收入	1412996	369612	248163		769049	26172
专项收入	726397	172094	137309		392088	24906
行政事业性收费收入	331009	182708	44742		102305	1254
罚没收入	710137	30901	212115		467110	11
国有资本经营收入	-468413	-49964	-169862		-248587	
国有资源(资产)有偿使用收入	104552	28485	22496		53570	1
其他收入	9314	5388	1363		2563	
本年收入合计	19333890	2059817	3382964	27970	10714257	3176852
一、一般公共服务	3724556	306773	799836	3627	2057166	560781
二、外交	13	13				
三、国防	50048	9135	8886		30531	1496
四、公共安全	1996246	332343	463595		1176178	24130
五、教育	4539902	526738	600640	1806	2762965	649559
六、科学技术	867928	188562	174010		480340	25016
七、文化体育与传媒	637593	111488	184138	89	313341	28626
八、社会保障和就业	1415223	44134	371258	122	816655	183176
九、医疗卫生	1428690	226042	261771	552	869807	71070
十、环境保护	465183	30398	91407	33	305781	37597
十一、城乡社区事务	1939499	6534	463380	991	1273408	196177
十二、农林水事务	1774175	229849	207860	2234	1058846	277620
十三、交通运输	594234	193787	202323		183961	14163
十四、工业商业金融等事务	1720324	236878	274261		1067303	141882
十五、地震灾后恢复重建支出	126185	40493	36760		48932	
十六、其他支出	805957	29347	238121	2256	468825	69664
本年支出合计	22085756	2512514	4378246	11710	12914039	2280957

2008 年浙江省社会保险基金收支

单位：万元

科　目	上年结余	本年收入	上级补助收入	省补助计划单列市收入	下级上解收入	计划单列市上解省收入	本年支出	补助下级支出	省补助计划单列市支出	上解上级支出	计划单列市上解省支出	年终结余
社会保险基金	8890738	7117770	15995		47222	2000	4235909	15995		47133	2000	11772688
一、基本养老保险基金	5979711	4606896	15825		29773	1000	2773010	15825		29754	1000	7813616
二、失业保险基金	745628	369813	170		17449	1000	99840	170		17379	1000	1015671
三、基本医疗保险基金	1911303	1917121					1216644					2611780
四、工伤保险基金	175150	144809					87152					232807
五、生育保险基金	78946	79131					59263					98814

2008 年浙江省财政一般公共服务支出

单位：万元

科　目	决算数	科　目	决算数
人大事务	89020	质量技术监督与检验检疫事务	88250
政协事务	62467	国土资源事务	106701
政府办公厅(室)及相关机构事务	1201460	海洋管理事务	14572
发展与改革事务	111530	测绘事务	9880
统计信息事务	53967	地震事务	2310
财政事务	236103	气象事务	16059
税收事务	380730	民族事务	2792
审计事务	49487	宗教事务	5193
海关事务	7895	港澳台侨事务	14534
人事事务	65821	档案事务	27702
纪检监察事务	49823	共产党事务	323680
人口与计划生育事务	170724	民主党派及工商联事务	25379
商贸事务	143702	群众团体事务	68172
知识产权事务	1454	国债事务	10527
工商行政管理事务	200617	其他一般公共服务支出	129520
食品和药品监督管理事务	54485		
一般公共服务支出合计		3724556	

2008年浙江省财政教育支出

单位：万元

科　目	决算数	科　目	决算数
教育管理事务	116763	留学教育	
普通教育	3293914	特殊教育	13856
职业教育	417180	教师进修及干部继续教育	86650
成人教育	26452	教育附加及基金支出	472027
广播电视教育	14369	其他教育支出	98691
教育支出合计		4539902	

2008年浙江省科学技术支出

单位：万元

科　目	决算数	科　目	决算数
科学技术管理事务	30285	社会科学	9691
基础研究	14186	科学技术普及	31235
应用研究	44496	科技交流与合作	4658
技术研究与开发	535318	其他科学技术支出	142033
科技条件与服务	56026		
科学技术支出合计		867928	

2008年浙江省文化体育与传媒支出

单位：万元

科　目	决算数	科　目	决算数
文化	262035	广播影视	80534
文物	77566	新闻出版	8455
体育	104497	其他文化体育与传媒支出	104506
文化体育与传媒支出合计		637593	

2008年浙江省医疗卫生支出

单位：万元

科　目	决算数	科　目	决算数
医疗卫生管理事务	82276	卫生监督	35818
医疗服务	263005	妇幼保健	16281
社区卫生服务	67220	农村卫生	160310
医疗保障	626840	中医药	3173
疾病预防控制	91076	其他医疗卫生支出	82691
医疗卫生支出合计		1428690	

2008 年浙江省社会保障和就业支出

单位:万元

科　目	决算数	科　目	决算数
社会保障和就业管理事务	162157	残疾人事业	32482
民政管理事务	105892	城市居民最低生活保障	28572
财政对社会保险基金的补助	119017	其他城镇社会救济	16316
行政事业单位离退休	129703	自然灾害生活救助	70463
企业改革补助	649	红十字事业	3072
就业补助	95583	农村最低生活保障	82574
抚恤	125419	其他农村社会救济	83275
退役安置	59874	其他社会保障和就业支出	203799
社会福利	96376		
社会保障和就业支出合计		1415223	

2008 年浙江省环境保护支出

单位:万元

科　目	决算数	科　目	决算数
环境保护管理事务	58871	退牧还草	
环境监测与监察	9245	已垦草原退耕还草	
污染防治	215925	能源节约利用	29864
自然生态保护	82579	污染减排	54455
天然林保护	16	可再生能源	928
退耕还林	23	其他环境保护支出	13277
风沙荒漠治理			
环境保护支出合计		465183	

2008 年浙江省城乡社区事务支出

单位:万元

科　目	决算数	科　目	决算数
城乡社区管理事务	412732	城乡社区环境卫生	275496
城乡社区规划与管理	50196	建设市场管理与监督	8256
城乡社区公共设施	929419	其他城乡社区事务支出	232187
城乡社区住宅	31213		
城乡社区事务支出合计		1939499	

2008年浙江省农林水事务支出

单位：万元

科　目	决算数	科　目	决算数
农业	938609	扶贫	107026
林业	162926	农业综合开发	117035
水利	408312	其他农林水事务支出	40267
南水北调			
农林水事务支出合计		1774175	

2008年浙江省交通运输支出

单位：万元

科　目	决算数	科　目	决算数
公路水路运输	322603	民用航空运输	31026
铁路运输	152435	其他交通运输支出	88170
交通运输支出合计		594234	

2008年浙江省工业商业金融等事务支出

单位：万元

科　目	决算数	科　目	决算数
采掘业	32983	金融业	10127
制造业	167757	烟草事务	2000
建筑业	6925	安全生产	44956
电力	3146	国有资产监管	7242
信息产业	20182	中小企业事务	190672
旅游业	87404		
涉外发展	58666		
粮油事务	166595	石油价格改革财政补贴	451567
商业流通事务	67816	其他工业商业金融等事务支出	401977
物资储备	309		
工业商业金融等事务支出合计		1720324	

2008年浙江省地震灾后恢复重建支出

单位：万元

科　目	决算数	科　目	决算数
倒塌毁损民房恢复重建	1530	工商企业恢复生产和重建	
基础设施恢复重建	7581	党政机关恢复重建	
公益服务设施恢复重建	8120	军队武警恢复重建	
农业林业恢复生产和重建	780	其他恢复重建支出	108174
地震灾后恢复重建支出合计		126185	

2008年浙江省市县级一般预算收支

单位:万元

项目 \ 地区	杭州市	市本级	富阳市	桐庐县	临安市	建德市	淳安县	上城区
一、收入合计	4553531	498269	235770	82241	116599	96900	49179	369074
(一)税收收入	4437740	501503	219619	76106	114374	92129	42999	360544
增值税	763605	58214	51837	17875	24179	20553	7053	35990
营业税	1437412	25103	53600	21869	36240	20793	17649	158143
企业所得税	814485	68790	28239	11060	16454	17305	4972	78533
个人所得税	272446	9928	11124	4968	7007	6012	2675	26919
资源税	9213		2565	396	705	2857	92	
城市维护建设税	288956	59874	14746	3986	8754	7238	2069	26327
耕地占用税	49699	32920	5741	1381	1102	1131	184	
契税	355606	240601	13828	5747	9295	5456	2925	
烟叶税								
其他各项税收收入	446318	6073	37939	8824	10638	10784	5380	34632
(二)非税收入	115791	-3234	16151	6135	2225	4771	6180	8530
专项收入	119356	25929	9969	2686	4419	3996	1329	6452
行政事业性收费收入	2440				150	940	1111	
罚没收入	102060	38325	8707	3377	4355	4403	3509	1895
国有资本经营收入	-116949	-71200	-3000	-150	-7000	-4700		
国有资源(资产)有偿使用收入	8687	3708	475	222	301	132	124	183
其他收入	197	4					107	
二、支出合计	4196674	1056975	239203	109065	148159	123580	122068	166627
一般公共服务	647431	214711	36089	18393	31272	22027	23213	14158
外交								
国防	6120	1784		400	106	367	115	
公共安全	310281	100807	16969	8578	11264	8821	7797	12034
教育	742531	119531	71358	25076	37754	31705	31738	34829
科学技术	185485	70654	7141	4213	6900	6424	2238	5751
文化体育与传媒	135570	36095	4071	3135	2652	2304	2740	651
社会保障和就业	403099	158362	26081	8835	12720	7547	8051	17534
医疗卫生	259511	85038	19440	8950	11861	10581	8986	7526
环境保护	75086	24162	6170	4508	5587	4699	7372	
城乡社区事务	682476	122746	10852	5749	6680	5312	4038	51537
农林水事务	209068	29007	29421	12697	13523	15842	14685	5
交通运输	30514	13245	850	920	1264	522	510	
工业商业金融等事务	308354	67204	4688	4594	3825	2236	5310	1922
地震灾后恢复重建支出	18422	9348	2045		979			
其他支出	182726	4281	4028	3017	1772	5193	5275	20680

（续表一）

单位：万元

项目 \ 地区	下城区	江干区	拱墅区	西湖区	滨江区	萧山区	余杭区	开发区
一、收入合计	527208	265291	272943	391430	315882	631802	482039	196963
（一）税收收入	516625	265817	268288	383829	309033	609984	461791	194021
增值税	52733	32982	68374	40610	54860	152950	69511	75287
营业税	204031	125490	88740	183139	110062	178285	170671	31559
企业所得税	137723	56455	50783	76158	67035	79779	68813	48632
个人所得税	46474	11500	14617	29262	40507	29778	17621	12699
资源税						1137	1461	
城市维护建设税	24398	13827	19316	21123	15167	39475	27149	4633
耕地占用税						4204	3036	
契税						31946	45808	
烟叶税								
其他各项税收收入	51266	25563	26458	33537	21402	92430	57721	21211
（二）非税收入	10583	-526	4655	7601	6849	21818	20248	2942
专项收入	8757	5018	7029	7719	5496	16978	11558	1702
行政事业性收费收入	110							
罚没收入	1411	4119	2728	4607	1157	9929	12335	877
国有资本经营收入		-10000	-5500	-5000		-5653	-4746	
国有资源（资产）有偿使用收入	305	337	398	275	196	478	1101	363
其他收入						86		
二、支出合计	159187	180018	146476	216456	250452	604558	445878	175830
一般公共服务	21984	19502	20790	31321	14802	88100	67152	20030
外交								
国防	82	20	21	549	203	1469	999	5
公共安全	11757	12881	12025	19628	6758	41490	28407	6398
教育	31585	29124	23083	40184	21611	137219	100264	5885
科学技术	3929	5933	4418	5204	21281	17147	15590	8468
文化体育与传媒	1819	1100	862	1522	11324	33526	14548	1732
社会保障和就业	15873	6694	11420	25888	16808	59702	26114	865
医疗卫生	10104	8904	8683	9971	5040	35711	27807	703
环境保护	3	194	649	1724	990	7020	9913	2015
城乡社区事务	41023	24943	45007	40376	96012	81986	53502	72020
农林水事务	56	2234	718	4127	4177	46096	35563	427
交通运输						9774	3429	
工业商业金融等事务	19513	2942	9952	17243	47887	36776	37616	45224
地震灾后恢复重建支出						5905		
其他支出	1459	65547	8848	18719	3559	2637	24974	12058

（续表二）

单位：万元

项目＼地区	西湖风景名胜区	临平工业园区	宁波市	本级	慈溪市	余姚市	奉化市	象山县
一、收入合计	21928	13	3903874	415911	434376	333331	129255	148420
（一）税收收入	21078		3683532	361286	392935	330442	119283	134458
增值税	597		783594	82679	103119	91353	32002	27269
营业税	12038		1140836	56374	92430	80850	36436	46303
企业所得税	3754		596286	111365	49934	39307	10318	21411
个人所得税	1355		256128	12251	31221	26466	9483	9410
资源税			6440		131	438	160	1504
城市维护建设税	874		245523	67642	21386	15053	9102	7356
耕地占用税			22167		4021	4803	577	1277
契税			201036		26093	22064	5805	8563
烟叶税								
其他各项税收收入	2460		431522	30975	64600	50108	15400	11365
（二）非税收入	850	13	220342	54625	41441	2889	9972	13962
专项收入	319		134708	33404	12244	10964	5094	6348
行政事业性收费收入	129		55898	22752	7505	8335	1516	2227
罚没收入	326		103964	18766	14772	10526	7015	9775
国有资本经营收入			-91355	-26500	6286	-28000	-3950	-4700
国有资源（资产）有偿使用收入	76	13	16544	6102	634	938	297	312
其他收入			583	101		126		
二、支出合计	47532	4610	4397112	1043368	438026	340435	183480	240921
一般公共服务	1182	2705	717515	131901	72053	67518	37533	38143
外交								
国防			7132	1497	1094	800	250	414
公共安全	4667		344116	91761	44947	31844	14714	16030
教育	1585		671363	124888	97755	65979	40996	40864
科学技术	171	23	155104	19007	23415	12162	6251	5829
文化体育与传媒	17489		107699	41467	8236	8616	2852	3370
社会保障和就业	605		334784	89778	34035	30958	10192	9141
医疗卫生	206		290700	62117	39693	27391	12505	14497
环境保护	56	24	60687	6834	5500	3694	1459	3438
城乡社区事务	20326	367	563035	157374	41882	21392	6801	10398
农林水事务	476	14	305516	41626	40935	45149	21564	34343
交通运输			157706	82025	4338	1877	8930	1603
工业商业金融等事务	34	1388	442226	76134	13446	17571	14475	56985
地震灾后恢复重建支出	145		31391	12468	3551		1254	1285
其他支出	590	89	208138	104491	7146	5484	3704	4581

（续表三） 单位：万元

项目 \ 地区	宁海县	鄞州区	镇海区	北仑区	江东区	江北区	海曙区	开发区
一、收入合计	156576	589236	198969	160095	220504	227824	297124	213401
（一）税收收入	146142	570690	188863	143779	205851	227167	288306	209323
增值税	39244	112379	43159	29682	16516	32752	22359	66559
营业税	39110	202960	54495	50257	92948	94385	136938	46941
企业所得税	18875	83213	29785	18396	23960	33858	41688	36339
个人所得税	12026	37831	12125	12089	15596	15536	28726	11949
资源税	147	1239	203	1810		210		22
城市维护建设税	10771	32389	11042	8616	9085	12588	14278	8613
耕地占用税	1208	4768	1170	3346	256	18	431	
契税	8485	23552	12934	6542	31581	14311	16549	7516
烟叶税								
其他各项税收收入	16276	72359	23950	13041	15909	23509	27337	31384
（二）非税收入	10434	18546	10106	16316	14653	657	8818	4078
专项收入	7597	14818	8409	8083	3832	5968	6100	3716
行政事业性收费收入	2760	3116	767		3037			271
罚没收入	8447	11597	5586	9803	2091	1508	2457	13
国有资本经营收入	-8617	-11688	-5300	-1646		-7000		
国有资源（资产）有偿使用收入	160	703	573	56	5693	181	261	78
其他收入	87		71	20				
二、支出合计	213241	571874	185898	162235	136022	183863	136824	185866
一般公共服务	40363	92251	28566	25277	24196	49183	26900	24557
外交								
国防	367	639	545	483	158	357	411	70
公共安全	18655	39606	14329	13665	13375	16616	14268	7252
教育	44012	95819	29427	34618	26857	25365	25980	6656
科学技术	6929	23209	7995	10545	4847	7912	6678	10645
文化体育与传媒	4993	18463	4280	5062	1821	2249	1497	2604
社会保障和就业	10301	27981	14560	10270	17846	7585	14134	5663
医疗卫生	17031	46969	14778	9233	6971	9978	6680	18489
环境保护	3640	13312	4872	5534	162	1003	304	87
城乡社区事务	5782	85711	18101	15106	25018	19504	22766	64456
农林水事务	37512	40474	11292	8987	745	10920	1089	3280
交通运输	6662	23229	634	2119		6115		8514
工业商业金融等事务	10305	49247	30263	16178	8966	22888	11662	29466
地震灾后恢复重建支出	1290	4015	319		1048	1593	500	2878
其他支出	5399	10949	5937	5158	4012	2595	3955	1249

（续表四）

单位：万元

项目 \ 地区	大榭开发区	宁波保税区	东钱湖区	高新开发区	温州市	本级	平阳县	苍南县
一、收入合计	138982	100756	40253	98861	1801456	464847	88044	117226
（一）税收收入	134498	95320	38326	96863	1624909	430728	77853	99652
增值税	51166	15990	4663	12703	348053	23097	17501	18915
营业税	23259	27167	15252	44731	466885	156119	24767	34650
企业所得税	33061	26565	3669	14542	252161	64237	8128	11726
个人所得税	7900	7751	1472	4296	108085	33036	3811	5033
资源税	492		84		956	23	39	60
城市维护建设税	7742	4690	1200	3970	115592	27801	4245	5751
耕地占用税			292		16086		323	1419
契税	1025	2457	5627	7932	130009	73473	9198	6949
烟叶税								
其他各项税收收入	9853	10700	6067	8689	187082	52942	9841	15149
（二）非税收入	4484	5436	1927	1998	176547	34119	10191	17574
专项收入	3491	2045	754	1841	63608	11432	3516	4274
行政事业性收费收入	394	3011	207		4939			2538
罚没收入	499	75	776	258	114004	26035	7936	12350
国有资本经营收入				-240	-23835	-8493	-1600	-1850
国有资源（资产）有偿使用收入	90	137	190	139	16452	4911	331	262
其他收入	10	168			1379	234	8	
二、支出合计	151641	95556	36640	91222	2096670	447055	152078	194202
一般公共服务	10121	20451	15252	13250	372383	85358	24025	36456
外交								
国防	14		5	28	7333	981	1366	354
公共安全	2697	130	2228	1999	208487	52276	10999	14374
教育	5288		4894	1965	577431	91614	49735	64790
科学技术	5166	1830	230	2454	46974	17852	2563	2458
文化体育与传媒	1527		490	172	49913	16989	3715	3771
社会保障和就业	46190	1667	2587	1896	123821	25969	8715	9831
医疗卫生	2184		1455	729	135197	23014	11744	10691
环境保护	8745	1010	104	989	41063	3874	4429	2979
城乡社区事务	21898	39510	2971	4365	125529	37293	2516	5246
农林水事务	5166		2077	357	179865	19505	16746	22519
交通运输	11607		53		52598	39037	1799	481
工业商业金融等事务	26795	28775	2676	26394	110699	26214	6017	20086
地震灾后恢复重建支出		840	350		5921	3805		
其他支出	4243	1343	1268	36624	59456	3274	7709	166

（续表七） 单位：万元

项目 \ 地区	海盐县	南湖区	秀洲区	湖州市	本级	长兴县	德清县	安吉县
一、收入合计	96890			716116	335595	163039	134732	82750
（一）税收收入	91955			673459	318546	150135	126867	77911
增值税	23468			135121	61449	31588	27956	14128
营业税	24328			185582	90524	40676	31097	23285
企业所得税	6463			96422	49775	20200	16095	10352
个人所得税	8009			41795	16365	13032	8263	4135
资源税	1094			25442	7889	11186	5339	1028
城市维护建设税	12596			36410	18667	7648	5641	4454
耕地占用税	1959			19099	12581	2000	2208	2310
契税	4153			53974	27570	8558	9747	8099
烟叶税								
其他各项税收收入	9885			79614	33726	15247	20521	10120
（二）非税收入	4935			42657	17049	12904	7865	4839
专项收入	8577			20585	9289	4965	3641	2690
行政事业性收费收入	1354			81				81
罚没收入	3116			37134	21175	7834	4141	3984
国有资本经营收入	-8280			-15770	-13670		-100	-2000
国有资源（资产）有偿使用收入	168			627	255	105	183	84
其他收入								
二、支出合计	114076	92880	74481	864170	251719	202152	146277	124119
一般公共服务	22591	11467	12919	152066	40607	34046	36235	21210
外交								
国防	209	31	32	872	303	92	91	253
公共安全	9100	11248	7308	79973	37576	14073	11518	10572
教育	35654	28246	20715	180979	31586	44956	30017	29358
科学技术	5293	2570	2275	28155	10812	6486	3832	3588
文化体育与传媒	2218	848	1039	16328	7247	3350	2664	2035
社会保障和就业	3789	4799	3252	47309	11586	10893	8951	8135
医疗卫生	6840	4087	3332	49211	13288	8522	9836	7646
环境保护	6766	1666	3217	58365	12794	20048	7799	8973
城乡社区事务	5463	15512	6438	59734	24451	11112	5728	4800
农林水事务	10974	6874	11754	74260	19694	24199	9508	11507
交通运输	1398	994	502	22993	16273	3111	1760	1092
工业商业金融等事务	2093	2531	1584	68236	18804	16684	16931	7278
地震灾后恢复重建支出	807			4984	2230	1639	1115	
其他支出	881	2007	114	20705	4468	2941	292	7672

（续表八）　　单位：万元

项目＼地区	吴兴区	南浔区	湖州经济开发区	绍兴市	本级	绍兴县	上虞市	嵊州市
一、收入合计				1435954	389598	385212	202334	100045
（一）税收收入				1355789	370417	359800	198169	95276
增值税				298271	60164	90268	46555	23331
营业税				358441	113432	86389	64104	22133
企业所得税				197728	55690	49408	26664	10515
个人所得税				72968	22666	16004	9974	4812
资源税				2969	907	573	236	93
城市维护建设税				76568	20911	17614	11464	6134
耕地占用税				25472	8407	4082	3637	2560
契税				109676	24593	44105	13095	5842
烟叶税				488				192
其他各项税收收入				213208	63647	51357	22440	19664
（二）非税收入				80165	19181	25412	4165	4769
专项收入				40068	9008	10923	5892	3033
行政事业性收费收入				11522	2	4908	1242	1735
罚没收入				71545	28184	7146	6959	6338
国有资本经营收入				-48614	-20000		-10178	-6500
国有资源（资产）有偿使用收入				5641	1984	2435	250	163
其他收入				3	3			
二、支出合计	62380	61980	15543	1440939	343420	340021	212191	123887
一般公共服务	9385	7556	3027	249524	61224	51292	34659	26709
外交								
国防	61	72		3499	741	765	597	340
公共安全	3027	2418	789	136429	45791	27437	17154	10131
教育	21630	21281	2151	321955	57550	61381	51936	36713
科学技术	1488	1431	518	61925	14724	15904	7373	5705
文化体育与传媒	496	502	34	38502	17840	8832	2552	2644
社会保障和就业	3353	3364	1027	90275	16472	23902	17377	7440
医疗卫生	4621	5148	150	91270	23085	20692	11072	9381
环境保护	4608	3283	860	29693	4018	5681	8349	1840
城乡社区事务	4038	4195	5410	110600	11702	62389	6068	2768
农林水事务	4465	4023	864	127632	19290	34631	29387	13563
交通运输	410	300	47	16356	4810	3924	4405	416
工业商业金融等事务	3270	5067	202	52011	6462	14613	12818	4406
地震灾后恢复重建支出				9041	3386	3279	1801	
其他支出	1528	3340	464	102227	56325	5299	6643	1831

（续表九） 单位：万元

项目＼地区	新昌县	诸暨市	越城区	金华市	本级	兰溪市	永康市	武义县
一、收入合计	93530	265235		1197047	282218	81249	157981	69288
（一）税收收入	89507	242620		1087245	252177	79359	139225	61393
增值税	26791	51162		215987	36668	18472	37576	16756
营业税	17912	54471		319593	88779	17291	27062	14610
企业所得税	14664	40787		144567	32135	12113	17663	7533
个人所得税	4710	14802		79527	19360	3497	8660	4099
资源税	19	1141		3056	490	1292	130	253
城市维护建设税	7183	13262		75195	15731	9272	12138	4688
耕地占用税	1277	5509		13743	2784	755	4210	1289
契税	3806	18235		97853	29218	6976	9570	4480
烟叶税	296							
其他各项税收收入	12849	43251		137724	27012	9691	22216	7685
（二）非税收入	4023	22615		109802	30041	1890	18756	7895
专项收入	3853	7359		38747	7318	4494	6620	2728
行政事业性收费收入	1335	2300		17779			4700	1202
罚没收入	4722	18196		63241	24140	2795	7373	3403
国有资本经营收入	-5996	-5940		-12239	-1923	-5580	-344	365
国有资源(资产)有偿使用收入	109	700		2244	476	181	407	197
其他收入				30	30			
二、支出合计	102216	278350	40854	1375548	200354	118058	158752	108846
一般公共服务	21392	44550	9698	262666	37414	16925	28504	21429
外交								
国防	247	547	262	2475	426	67	448	204
公共安全	9601	23342	2973	139427	26468	7827	15426	9377
教育	27752	71957	14666	357576	34288	36263	51410	29230
科学技术	4821	12541	857	54369	7828	3595	8956	3821
文化体育与传媒	1734	4785	115	48884	23724	1900	2066	2757
社会保障和就业	5152	17322	2610	80906	6406	9369	6007	6416
医疗卫生	5124	19928	1988	89367	8662	9949	12559	6092
环境保护	1462	8257	86	31257	4634	2133	3088	3135
城乡社区事务	6111	15931	5631	60998	7408	4021	6186	3127
农林水事务	8689	21121	951	134303	12856	13064	18260	14139
交通运输	440	2361		8779	2264	222	222	1727
工业商业金融等事务	3225	10221	266	52250	9355	4779	4195	7268
地震灾后恢复重建支出		575		6951	2388		1335	
其他支出	6466	24912	751	45340	16233	7944	90	124

（续表十） 单位：万元

项目 \ 地区	东阳市	磐安县	义乌市	浦江县	金东区	婺城区	开发区	衢州市
一、收入合计	135710	25286	377929	67386				343893
（一）税收收入	127275	21175	345244	61397				302011
增值税	22138	6081	64663	13633				52791
营业税	44894	7704	102629	16624				97444
企业所得税	17196	1879	48932	7116				29358
个人所得税	8461	2016	30049	3385				16025
资源税	140	32	676	43				3085
城市维护建设税	7759	1109	20891	3607				20931
耕地占用税	3520	357	818	10				10724
契税	8614	384	31209	7402				24042
烟叶税								
其他各项税收收入	14553	1613	45377	9577				47611
（二）非税收入	8435	4111	32685	5989				41882
专项收入	4158	829	10343	2257				13498
行政事业性收费收入	2300	1337	7740	500				5979
罚没收入	3675	1856	15856	4143				23414
国有资本经营收入	-2000		-1757	-1000				-4073
国有资源（资产）有偿使用收入	302	89	503	89				3059
其他收入								5
二、支出合计	154308	67129	319820	91700	57531	76942	22108	679319
一般公共服务	28630	12534	76885	15295	10038	13049	1963	133398
外交								
国防	232	33	465	269	284	47		1554
公共安全	13276	5702	38543	7806	5189	6334	3479	55530
教育	43265	15869	71060	28824	16047	25751	5569	155455
科学技术	6799	1788	15243	3139	1248	1345	607	17343
文化体育与传媒	2797	1813	10245	2016	737	784	45	16998
社会保障和就业	11931	4190	19727	5537	3721	6551	1051	46644
医疗卫生	11317	4014	17692	6280	4708	7152	942	42069
环境保护	5005	1447	7223	3646	259	687		28124
城乡社区事务	6767	1732	24279	2066	990	2263	2159	35592
农林水事务	13896	9133	22102	12917	7242	10121	573	88049
交通运输	191	192	2695	182	327	757		8190
工业商业金融等事务	7212	2395	10204	3347	995	455	2045	47292
地震灾后恢复重建支出			3228					
其他支出	2990	6287	229	376	5746	1646	3675	3081

（续表十一）

单位:万元

项目 \ 地区	本级	龙游县	常山县	江山市	开化县	柯城区	衢江区	舟山市
一、收入合计	169213	46992	35539	62121	30028			431534
（一）税收收入	151594	40527	28924	56442	24524			401251
增值税	30503	5390	4410	8564	3924			43136
营业税	45228	12529	10538	19528	9621			178531
企业所得税	13270	5326	1843	5483	3436			47065
个人所得税	6960	2112	1796	3970	1187			22296
资源税	583	141	1343	932	86			8541
城市维护建设税	12054	2107	1575	3937	1258			20828
耕地占用税	5776	1395	1551	1512	490			4095
契税	11894	4074	1580	4806	1688			26555
烟叶税								
其他各项税收收入	25326	7453	4288	7710	2834			50204
（二）非税收入	17619	6465	6615	5679	5504			30283
专项收入	6528	1614	2077	2226	1053			16645
行政事业性收费收入	2272	560	1292	682	1173			8056
罚没收入	12184	2377	3050	2601	3202			14402
国有资本经营收入	-3990			-83				-18500
国有资源（资产）有偿使用收入	625	1914	196	248	76			8725
其他收入				5				955
二、支出合计	175443	92391	86943	116600	86302	46005	75635	767785
一般公共服务	34680	17264	19444	23152	17480	8139	13239	132016
外交								
国防	416	233	108	279	327	45	146	1644
公共安全	23976	6847	6478	6895	5943	2048	3343	50845
教育	26059	24697	19313	30575	19337	17767	17707	97074
科学技术	3377	2640	2798	3161	2976	783	1608	17765
文化体育与传媒	4389	2923	2161	4186	1664	412	1263	17267
社会保障和就业	9825	7094	5793	7259	6937	3561	6175	41193
医疗卫生	8049	6177	5882	6480	4774	3813	6894	44916
环境保护	7287	4645	4446	4794	5511	688	753	13508
城乡社区事务	19213	3037	2735	5684	2315	1603	1005	33010
农林水事务	9088	13105	13461	15782	14664	5695	16254	87912
交通运输	4121	168	588	2407	523		383	15690
工业商业金融等事务	23814	3424	3300	5799	3325	1367	6263	140282
地震灾后恢复重建支出								250
其他支出	1149	137	436	147	526	84	602	74413

（续表十二）

单位：万元

项目 \ 地区	本级	岱山县	嵊泗县	定海区	普陀区	台州市	本级	临海市
一、收入合计	190958	42535	33530	53602	110909	1260498	85086	161023
（一）税收收入	170508	49072	30937	45938	104796	1144058	69942	146940
增值税	13316	6468	1312	8450	13590	264386	6809	32903
营业税	71345	23915	19606	19592	44073	300397	25744	37017
企业所得税	19919	6143	2664	4942	13397	180448	14916	21204
个人所得税	9431	2806	911	2938	6210	82885	5566	9448
资源税	1870	2089	1181	1841	1560	3835		764
城市维护建设税	9295	2033	1218	2380	5902	83087	4335	11021
耕地占用税	3771	237	87			13857		1636
契税	17796	1516	2260	476	4507	70792	3230	10103
烟叶税								
其他各项税收收入	23765	3865	1698	5319	15557	144371	9342	22844
（二）非税收入	20450	-6537	2593	7664	6113	116440	15144	14083
专项收入	9878	1509	725	1562	2971	44947	5071	5235
行政事业性收费收入	6787		386	670	213	7343	1000	
罚没收入	5138	2787	811	2693	2973	79778	8417	10028
国有资本经营收入	-4000	-11000		-500	-3000	-20346	-586	-1514
国有资源（资产）有偿使用收入	1696	167	671	3235	2956	4149	1242	334
其他收入	951			4		569		
二、支出合计	232404	124887	81670	120009	208815	1538078	196991	203883
一般公共服务	55229	17015	17142	18540	24090	319988	49213	41975
外交								
国防	497	278	308	203	358	5639	1216	391
公共安全	17407	5992	4992	10507	11947	142529	23332	16984
教育	26207	14089	9522	18766	28490	390568	26684	61459
科学技术	8814	2104	1763	1305	3779	40669	6053	6377
文化体育与传媒	7921	2401	1877	2093	2975	38351	16017	3936
社会保障和就业	16784	4431	5097	7653	7228	77615	6859	11147
医疗卫生	14852	7314	5190	7437	10123	72849	4765	10795
环境保护	5354	1368	1177	2090	3519	20720	5773	1736
城乡社区事务	4054	7137	3782	8966	9071	65299	8956	11318
农林水事务	24684	21641	6447	19809	15331	130179	15339	17710
交通运输	10556	886	273	728	3247	40389	14234	831
工业商业金融等事务	12750	37713	21639	17799	50381	159067	12625	17992
地震灾后恢复重建支出	250					4637	699	
其他支出	27045	2518	2461	4113	38276	29579	5226	1232

（续表十三） 单位：万元

项目＼地区	温岭市	玉环县	三门县	仙居县	天台县	椒江区	黄岩区	路桥区
一、收入合计	233759	158308	61111	48023	60533	164540	132707	155408
（一）税收收入	216148	145894	53465	41730	53374	149788	121395	145382
增值税	42585	49826	9938	10518	10808	32936	33845	34218
营业税	56281	29572	17956	13098	17768	38525	27275	37161
企业所得税	34180	22133	6809	4666	5776	22123	17982	30659
个人所得税	20287	10056	3673	3869	4699	9933	6696	8658
资源税	390	387	1140	92	82	5	241	734
城市维护建设税	14001	10620	2602	2379	3136	13395	10629	10969
耕地占用税	3381	1391	1303	500	728	715	3206	997
契税	15453	7839	2596	1655	4229	14204	4935	6548
烟叶税								
其他各项税收收入	29590	14070	7448	4953	6148	17952	16586	15438
（二）非税收入	17611	12414	7646	6293	7159	14752	11312	10026
专项收入	7257	7004	2040	1494	1991	4870	4781	5204
行政事业性收费收入	3000	2803				540		
罚没收入	12516	6034	5904	6017	5620	10995	8205	6042
国有资本经营收入	-5994	-4000	-500	-1506	-592	-1811	-2343	-1500
国有资源（资产）有偿使用收入	832	573	202	288	140	158	100	280
其他收入							569	
二、支出合计	284684	183462	101223	87225	106024	135290	129805	109491
一般公共服务	50140	34900	25121	16153	25272	28770	26964	21480
外交								
国防	1025	498	423	347	324	421	994	
公共安全	17836	15879	9445	7931	11051	14346	13218	12507
教育	73784	36062	23418	28856	34220	33480	37112	35493
科学技术	3272	5349	2262	1855	2187	5112	4128	4074
文化体育与传媒	3108	3041	2129	1881	2358	2201	1980	1700
社会保障和就业	15499	10402	3771	4032	4458	7302	6047	8098
医疗卫生	12955	8442	6363	7903	6292	5834	5559	3941
环境保护	2801	1764	1812	2257	1327	337	1733	1180
城乡社区事务	7674	7701	4719	3108	3033	7980	7349	3461
农林水事务	21164	15848	11336	8434	11266	7739	15152	6191
交通运输	6599	10686	1141	883	554	1501	3241	719
工业商业金融等事务	63442	22571	8520	1378	3298	17482	3293	8466
地震灾后恢复重建支出		1419					1188	1331
其他支出	5385	8900	763	2207	384	2785	1847	850

（续表十四）

单位：万元

项目 \ 地区	丽水市	本级	缙云县	景宁县	莲都区	龙泉市	青田县	庆元县
一、收入合计	361476	124179	42700	16241	2706	24785	68987	12525
（一）税收收入	304644	110948	35576	12279		21906	55271	9610
增值税	55046	17845	10777	2073		3923	7981	1616
营业税	97239	35327	8480	4478		7835	18334	3206
企业所得税	40358	15724	4888	1564		2057	8578	1250
个人所得税	27713	9542	2460	2112		1222	4271	862
资源税	2421	212	76	125		369	1430	4
城市维护建设税	18592	6979	2904	552		1730	2361	524
耕地占用税	5141	2302	425	241		61	211	351
契税	20799	9203	1777	287		1601	3998	410
烟叶税	254			19				199
其他各项税收收入	37081	13814	3789	828		3108	8107	1188
（二）非税收入	56832	13231	7124	3962	2706	2879	13716	2915
专项收入	11573	3276	1848	438		814	1693	350
行政事业性收费收入	13438	1249	1520	1469	1501	1091	3265	1108
罚没收入	25197	8327	3866	1804	895	1094	3725	1314
国有资本经营收入	-218		-156			-225		-155
国有资源（资产）有偿使用收入	6639	341	46	251	145	105	5033	298
其他收入	203	38			165			
二、支出合计	857748	133902	94722	74305	84621	76619	134957	57523
一般公共服务	183499	37348	17354	14542	14741	15945	29271	12481
外交								
国防	2174	471	139	239	354	257	165	49
公共安全	74474	15716	7686	5801	8693	4931	10778	5009
教育	192204	22640	30343	16489	20319	17292	29566	14654
科学技术	19339	3823	2252	835	1960	1356	3215	1667
文化体育与传媒	26738	3315	2744	2636	2315	3764	3324	2028
社会保障和就业	51463	6419	5507	3663	7713	4510	7666	3105
医疗卫生	57737	7156	5704	3002	7979	5849	11087	3508
环境保护	18999	3794	2744	979	595	2575	1281	1337
城乡社区事务	43428	15778	2711	1863	2453	2739	5290	2138
农林水事务	104051	6058	12583	8855	10756	11848	13292	8159
交通运输	19469	1832	300	4076	386	3463	5602	1222
工业商业金融等事务	38532	8309	4193	1807	4280	1746	5403	1727
地震灾后恢复重建支出	170	170						
其他支出	25471	1073	462	9518	2077	344	9017	439

(续表十五)　　单位:万元

地区 项目	松阳县	遂昌县	云和县					
一、收入合计	20045	30906	18402					
(一)税收收入	17381	25650	16023					
增值税	2756	5421	2654					
营业税	6812	7112	5655					
企业所得税	1988	2915	1394					
个人所得税	1409	3808	2027					
资源税	111	89	5					
城市维护建设税	1026	1518	998					
耕地占用税	301	358	891					
契税	922	1790	811					
烟叶税	36							
其他各项税收收入	2020	2639	1588					
(二)非税收入	2664	5256	2379					
专项收入	661	1598	895					
行政事业性收费收入	1304	536	395					
罚没收入	645	2522	1005					
国有资本经营收入		318						
国有资源(资产)有偿使用收入	54	282	84					
其他收入								
二、支出合计	68406	75502	57191					
一般公共服务	12946	15026	13845					
外交								
国防	65	232	203					
公共安全	5125	5905	4830					
教育	14247	16680	9974					
科学技术	1826	1394	1011					
文化体育与传媒	1860	2297	2455					
社会保障和就业	3586	5791	3503					
医疗卫生	3885	4333	5234					
环境保护	752	2346	2596					
城乡社区事务	6028	2671	1757					
农林水事务	12617	12672	7211					
交通运输	345	1506	737					
工业商业金融等事务	4875	4064	2128					
地震灾后恢复重建支出								
其他支出	249	585	1707					

2008 年浙江省市、县(市)财政总收入

单位:万元

地区名称	财政总收入	地区名称	财政总收入	地区名称	财政总收入	地区名称	财政总收入
杭州市	9105489	海曙区	472151	德清县	257588	**舟山市**	666791
市本级	1386678	开发区	498270	安吉县	147306	市本级	276392
富阳市	450693	大榭开发区	375490	吴兴区		岱山县	75392
桐庐县	160041	宁波保税区	200306	南浔区		嵊泗县	42829
临安市	224436	东钱湖区	61955	经济开发区		定海区	90810
建德市	194105	高新开发区	165228	**绍兴市**	2746472	普陀区	181368
淳安县	85171	**温州市**	3397842	市本级	691637	**台州市**	2480225
上城区	636442	市本级	685466	绍兴县	757283	市本级	136300
下城区	964778	平阳县	160022	上虞市	398063	临海市	306516
江干区	466338	苍南县	199212	嵊州市	193178	温岭市	453898
拱墅区	576182	瑞安市	463223	新昌县	203010	玉环县	356478
西湖区	675382	永嘉县	217687	诸暨市	503301	三门县	107153
滨江区	641804	乐清市	546178	**金华市**	2189444	仙居县	92418
萧山区	1267988	文成县	34298	市本级	472422	天台县	115380
余杭区	825000	泰顺县	32015	兰溪市	160160	椒江区	312619
开发区	519055	洞头县	35818	永康市	313989	黄岩区	272368
西湖风景名胜区	31383	鹿城区	319589	武义县	137037	路桥区	327095
临平工业园区	13	瓯海区	260315	东阳市	240770	**丽水市**	634204
宁波市	8109020	龙湾区	275888	磐安县	49395	市本级	216551
市本级	1402636	开发区	168131	义乌市	691600	缙云县	90083
慈溪市	860058	**嘉兴市**	2521332	浦江县	124071	景宁县	27978
余姚市	702394	市本级	778957	金东区		莲都区	2706
奉化市	252543	海宁市	439554	婺城区		龙泉市	41657
象山县	273376	桐乡市	417967	开发区		青田县	112233
宁海县	322042	平湖市	392675	**衢州市**	572979	庆元县	20566
鄞州区	1109483	嘉善县	300671	市本级	291200	松阳县	33636
镇海区	390585	海盐县	191508	龙游县	74345	遂昌县	57293
北仑区	292660	**湖州市**	1337676	常山县	55151	云和县	31501
江东区	329617	市本级	624716	江山市	103435		
江北区	400226	长兴县	308066	开化县	48848		

2008 年浙江省乡镇财政总收入排序

单位：万元

排序	所属地区	县(市、区)	乡镇(街道)	总收入	排序	所属地区	县(市、区)	乡镇(街道)	总收入
1	温州市	瑞安市	塘下镇	140011	31	绍兴市	绍兴县	杨汛桥镇	27001
2	台州市	玉环县	珠港镇	116868	32	台州市	温岭市	泽国镇	26575
3	温州市	苍南县	龙港镇	103992	33	台州市	三门县	海游镇	26545
4	温州市	乐清市	柳市镇	63894	34	温州市	乐清市	虹桥镇	26241
5	温州市	乐清市	乐成镇	61440	35	杭州市	江干区	笕桥镇	25884
6	温州市	平阳县	鳌江镇	60119	36	温州市	瑞安市	莘塍镇	25857
7	杭州市	萧山区	宁围镇	59694	37	绍兴市	绍兴县	平水镇	25668
8	温州市	永嘉县	瓯北镇	58119	38	温州市	平阳县	昆阳镇	25629
9	温州市	苍南县	灵溪镇	54750	39	湖州市	南浔区	石淙镇	25620
10	杭州市	余杭区	闲林镇	51272	40	杭州市	萧山区	衙前镇	24381
11	杭州市	余杭区	良渚镇	49865	41	杭州市	西湖区	三墩镇	23984
12	杭州市	拱墅区	祥符镇	44953	42	杭州市	萧山区	新街镇	23774
13	湖州市	长兴县	雉城镇	43135	43	温州市	永嘉县	上塘镇	23704
14	绍兴市	绍兴县	钱清镇	41850	44	温州市	平阳县	水头镇	23600
15	湖州市	德清县	武康镇	40316	45	温州市	瓯海区	梧田镇	23493
16	温州市	乐清市	北白象镇	38714	46	杭州市	余杭区	塘栖镇	23492
17	绍兴市	绍兴县	马鞍镇	36758	47	温州市	鹿城区	双屿镇	23254
18	嘉兴市	嘉善县	魏塘镇	36291	48	嘉兴市	秀洲区	王店镇	22993
19	湖州市	南浔区	南浔镇	35987	49	嘉兴市	海宁市	黄湾镇	22993
20	杭州市	萧山区	瓜沥镇	35451	50	杭州市	余杭区	瓶窑镇	22881
21	绍兴市	诸暨市	店口镇	32608	51	绍兴市	绍兴县	福全镇	22178
22	台州市	临海市	杜桥镇	31519	52	湖州市	南浔区	双林镇	21759
23	台州市	玉环县	楚门镇	30713	53	嘉兴市	桐乡市	洲泉镇	21533
24	杭州市	余杭区	余杭镇	30186	54	金华市	义乌市	佛堂镇	21470
25	杭州市	江干区	九堡镇	30112	55	台州市	温岭市	大溪镇	21284
26	绍兴市	绍兴县	齐贤镇	29635	56	湖州市	安吉县	递铺镇	20996
27	嘉兴市	桐乡市	崇福镇	29530	57	绍兴市	诸暨市	枫桥镇	20766
28	杭州市	萧山区	临浦镇	28614	58	杭州市	萧山区	义蓬镇	20558
29	杭州市	萧山区	闻堰镇	28126	59	嘉兴市	秀洲区	王江泾镇	20550
30	杭州市	江干区	彭埠镇	27653	60	绍兴市	诸暨市	大唐镇	20383

(续表一)

排序	所属地区	县(市、区)	乡镇(街道)	总收入	排序	所属地区	县(市、区)	乡镇(街道)	总收入
61	台州市	温岭市	新河镇	20201	93	杭州市	萧山区	所前镇	14124
62	湖州市	长兴县	煤山镇	19439	94	杭州市	萧山区	南阳镇	14104
63	杭州市	萧山区	义桥镇	19419	95	杭州市	萧山区	益农镇	13820
64	台州市	温岭市	箬横镇	19115	96	金华市	东阳市	横店镇	13815
65	嘉兴市	海盐县	武原镇	19040	97	绍兴市	上虞市	道墟镇	13763
66	台州市	温岭市	松门镇	17929	98	嘉兴市	秀洲区	洪合镇	13745
67	杭州市	富阳市	新登镇	17891	99	湖州市	德清县	钟管镇	13716
68	嘉兴市	桐乡市	濮院镇	17535	100	杭州市	萧山区	靖江镇	13586
69	嘉兴市	海宁市	许村镇	17480	101	嘉兴市	平湖市	新埭镇	13444
70	湖州市	德清县	新市镇	17463	102	舟山市	定海区	金塘镇	13308
71	杭州市	拱墅区	康桥镇	17429	103	绍兴市	诸暨市	山下湖镇	13293
72	杭州市	余杭区	乔司镇	17158	104	温州市	鹿城区	南郊乡	13263
73	嘉兴市	平湖市	全塘镇	16761	105	杭州市	萧山区	浦阳镇	13077
74	绍兴市	上虞市	沥海镇	16610	106	金华市	义乌市	大陈镇	12967
75	嘉兴市	桐乡市	石门镇	16496	107	嘉兴市	嘉善县	姚庄镇	12887
76	绍兴市	绍兴县	兰亭镇	16410	108	杭州市	萧山区	党湾镇	12808
77	杭州市	江干区	丁桥镇	16342	109	嘉兴市	桐乡市	乌镇镇	12795
78	绍兴市	绍兴县	安昌镇	16315	110	杭州市	萧山区	河上镇	12653
79	湖州市	德清县	乾元镇	16191	111	湖州市	长兴县	李家巷镇	12631
80	杭州市	萧山区	党山镇	16080	112	杭州市	余杭区	仁和镇	12532
81	台州市	路桥区	金清镇	15993	113	杭州市	富阳市	灵桥镇	12513
82	嘉兴市	嘉善县	西塘镇	15886	114	杭州市	桐庐县	横村镇	12501
83	杭州市	拱墅区	半山镇	15752	115	嘉兴市	南湖区	余新镇	12480
84	金华市	义乌市	义亭镇	15738	116	嘉兴市	秀洲区	新塍镇	12423
85	杭州市	萧山区	坎山镇	15363	117	温州市	平阳县	郑楼镇	12356
86	湖州市	南浔区	和孚镇	15337	118	金华市	义乌市	苏溪镇	12235
87	台州市	黄岩区	院桥镇	15049	119	嘉兴市	平湖市	乍浦镇	12117
88	杭州市	富阳市	高桥镇	14764	120	温州市	瓯海区	新桥镇	12037
89	台州市	玉环县	清港镇	14657	121	绍兴市	上虞市	梁湖镇	12009
90	杭州市	萧山区	河庄镇	14345	122	杭州市	余杭区	径山镇	11960
91	台州市	临海市	上盘镇	14306	123	嘉兴市	海宁市	斜桥镇	11832
92	杭州市	余杭区	中泰乡	14295	124	绍兴市	诸暨市	草塔镇	11676

（续表二）

排序	所属地区	县(市、区)	乡镇(街道)	总收入	排序	所属地区	县(市、区)	乡镇(街道)	总收入
125	湖州市	吴兴区	道场乡	11599	157	绍兴市	上虞市	崧厦镇	9550
126	丽水市	缙云县	壶镇镇	11597	158	嘉兴市	海宁市	袁花镇	9538
127	温州市	永嘉县	桥头镇	11558	159	金华市	义乌市	上溪镇	9534
128	湖州市		杨家埠镇	11437	160	湖州市	吴兴区	环渚乡	9480
129	湖州市	吴兴区	织里镇	11434	161	台州市	临海市	东塍镇	9445
130	嘉兴市	南湖区	大桥镇	11404	162	嘉兴市	桐乡市	屠甸镇	9417
131	嘉兴市	南湖区	新丰镇	11344	163	杭州市	桐庐县	分水镇	9378
132	温州市	瓯海区	郭溪镇	11342	164	绍兴市	上虞市	章镇镇	9327
133	金华市	兰溪市	灵洞乡	11279	165	湖州市	长兴县	泗安镇	9260
134	杭州市	萧山区	戴村镇	11203	166	绍兴市	上虞市	小越镇	9228
135	杭州市	萧山区	进化镇	11171	167	绍兴市	绍兴县	夏履镇	9136
136	嘉兴市	平湖市	新仓镇	10988	168	绍兴市	诸暨市	牌头镇	9094
137	舟山市	普陀区	虾峙镇	10911	169	温州市	龙湾区	瑶溪镇	8983
138	丽水市	缙云县	五云镇	10843	170	舟山市	岱山县	高亭镇	8868
139	湖州市	长兴县	和平镇	10771	171	湖州市	德清县	雷甸镇	8834
140	杭州市	余杭区	仓前镇	10626	172	金华市	永康市	古山镇	8805
141	温州市	平阳县	肖江镇	10562	173	绍兴市	越城区	马山镇	8759
142	杭州市	余杭区	崇贤镇	10506	174	湖州市	南浔区	善琏镇	8584
143	杭州市	富阳市	大源镇	10489	175	温州市	永嘉县	桥下镇	8572
144	温州市	苍南县	金乡镇	10275	176	舟山市	定海区	白泉镇	8449
145	嘉兴市	南湖区	七星镇	10269	177	杭州市	萧山区	楼塔镇	8417
146	嘉兴市	平湖市	黄姑镇	10212	178	温州市	乐清市	大荆镇	8373
147	杭州市	萧山区	新湾镇	10102	179	温州市	龙湾区	状元镇	8350
148	温州市	瑞安市	飞云镇	9962	180	台州市	临海市	白水洋镇	8294
149	湖州市	南浔区	菱湖镇	9902	181	台州市	临海市	涌泉镇	8290
150	杭州市	桐庐县	富春江镇	9845	182	杭州市	富阳市	受降镇	8160
151	嘉兴市	海宁市	长安镇	9835	183	杭州市	临安市	太湖源镇	8126
152	绍兴市	诸暨市	璜山镇	9813	184	金华市	婺城区	白龙桥镇	8052
153	台州市	温岭市	城南镇	9791	185	绍兴市	嵊州市	三界镇	7975
154	嘉兴市	南湖区	凤桥镇	9734	186	绍兴市	越城区	灵芝镇	7907
155	杭州市	桐庐县	江南镇	9616	187	湖州市	安吉县	梅溪镇	7907
156	温州市	乐清市	翁洋镇	9588	188	湖州市	安吉县	高禹镇	7898

（续表三）

排序	所属地区	县(市、区)	乡镇(街道)	总收入	排序	所属地区	县(市、区)	乡镇(街道)	总收入
189	绍兴市	上虞市	丰惠镇	7896	221	嘉兴市	海盐县	澉浦镇	6856
190	嘉兴市	海宁市	周王庙镇	7875	222	舟山市	岱山县	衢山镇	6847
191	温州市	苍南县	巴艚镇	7812	223	嘉兴市	海盐县	沈荡镇	6845
192	台州市	路桥区	横街镇	7762	224	舟山市	定海区	岑港镇	6826
193	嘉兴市	秀洲区	油车港镇	7760	225	金华市	义乌市	赤岸镇	6761
194	湖州市	南浔区	练市镇	7685	226	金华市	金东区	孝顺镇	6759
195	温州市	龙湾区	沙城镇	7658	227	金华市	东阳市	巍山镇	6753
196	绍兴市	诸暨市	次坞镇	7647	228	嘉兴市	嘉善县	干窑镇	6743
197	湖州市	德清县	洛舍镇	7626	229	嘉兴市	嘉善县	陶庄镇	6627
198	舟山市	普陀区	桃花镇	7527	230	温州市	乐清市	雁荡镇	6625
199	台州市	临海市	桃渚镇	7520	231	湖州市	长兴县	小浦镇	6555
200	杭州市	西湖区	双浦镇	7519	232	杭州市	建德市	乾潭镇	6526
201	温州市	永嘉县	乌牛镇	7484	233	台州市	温岭市	滨海镇	6511
202	舟山市	嵊泗县	菜园镇	7459	234	绍兴市	诸暨市	阮市镇	6409
203	台州市	临海市	沿江镇	7386	235	嘉兴市	桐乡市	河山镇	6399
204	嘉兴市	海盐县	百步镇	7332	236	嘉兴市	海盐县	西塘桥镇	6325
205	舟山市	定海区	干览镇	7323	237	绍兴市	诸暨市	安华镇	6264
206	绍兴市	越城区	斗门镇	7323	238	杭州市	富阳市	场口镇	6259
207	衢州市	开化县	华埠镇	7271	239	温州市	乐清市	七里港镇	6199
208	台州市	路桥区	新桥镇	7243	240	舟山市	定海区	双桥镇	6117
209	温州市	瓯海区	景山镇	7222	241	绍兴市	嵊州市	甘霖镇	6102
210	舟山市	普陀区	东极镇	7151	242	杭州市	临安市	昌化镇	6091
211	湖州市	德清县	新安镇	7080	243	杭州市	富阳市	胥口镇	6002
212	温州市	苍南县	钱库镇	7072	244	湖州市	安吉县	孝丰镇	5991
213	嘉兴市	海宁市	盐官镇	7033	245	温州市	乐清市	黄华镇	5974
214	台州市	温岭市	石塘镇	7021	246	嘉兴市	海盐县	通元镇	5973
215	绍兴市	嵊州市	长乐镇	6968	247	金华市	东阳市	南马镇	5957
216	温州市	苍南县	宜山镇	6949	248	舟山市	岱山县	长涂镇	5948
217	绍兴市	上虞市	上浦镇	6940	249	绍兴市	绍兴县	孙端镇	5927
218	舟山市	岱山县	东沙镇	6939	250	金华市	永康市	石柱镇	5927
219	温州市	瓯海区	泽雅镇	6931	251	嘉兴市	海宁市	丁桥镇	5888
220	温州市	瓯海区	巨溪镇	6891	252	绍兴市	诸暨市	街亭镇	5862

(续表四)

排序	所属地区	县(市、区)	乡镇(街道)	总收入	排序	所属地区	县(市、区)	乡镇(街道)	总收入
253	绍兴市	绍兴县	漓渚镇	5838	285	杭州市	富阳市	渌渚镇	5029
254	湖州市	德清县	禹越镇	5804	286	温州市	瑞安市	汀田镇	5019
255	金华市	武义县	桐琴镇	5747	287	舟山市	定海区	马岙镇	5009
256	绍兴市	嵊州市	崇仁镇	5692	288	嘉兴市	桐乡市	高桥镇	5008
257	杭州市	富阳市	常安镇	5592	289	湖州市	南浔区	千金镇	4962
258	温州市	瓯海区	仙岩镇	5564	290	湖州市	德清县	三合乡	4958
259	绍兴市	越城区	东浦镇	5556	291	台州市	玉环县	沙门镇	4939
260	杭州市	淳安县	千岛湖镇	5544	292	温州市	龙湾区	天河镇	4885
261	台州市	路桥区	蓬街镇	5543	293	绍兴市	诸暨市	王家井镇	4840
262	湖州市	长兴县	夹浦镇	5514	294	台州市	温岭市	温峤镇	4837
263	温州市	瓯海区	娄桥镇	5505	295	衢州市	常山县	天马镇	4827
264	嘉兴市	平湖市	林埭镇	5500	296	舟山市	嵊泗县	洋山镇	4807
265	绍兴市	嵊州市	黄泽镇	5475	297	湖州市	南浔区	旧馆镇	4799
266	温州市	瓯海区	潘桥镇	5450	298	嘉兴市	嘉善县	惠民镇	4782
267	嘉兴市	海盐县	秦山镇	5416	299	嘉兴市	平湖市	广陈镇	4773
268	台州市	玉环县	龙溪乡	5414	300	金华市	永康市	龙山镇	4761
269	绍兴市	越城区	东湖镇	5407	301	杭州市	临安市	高虹镇	4754
270	温州市	瓯海区	南白象镇	5318	302	绍兴市	上虞市	驿亭镇	4732
271	杭州市	淳安县	汾口镇	5306	303	嘉兴市	嘉善县	大云镇	4724
272	温州市	洞头县	北岙镇	5301	304	台州市	临海市	河头镇	4685
273	绍兴市	越城区	皋埠镇	5286	305	舟山市	定海区	册子乡	4681
274	绍兴市	诸暨市	五泄镇	5279	306	温州市	乐清市	白石镇	4679
275	绍兴市	诸暨市	东白湖镇	5247	307	杭州市	富阳市	环山乡	4655
276	温州市	鹿城区	仰义乡	5246	308	温州市	苍南县	桥墩镇	4633
277	温州市	泰顺县	罗阳镇	5239	309	温州市	瑞安市	马屿镇	4627
278	温州市	乐清市	象阳镇	5215	310	温州市	乐清市	清江镇	4597
279	杭州市	桐庐县	瑶琳镇	5215	311	温州市	洞头县	鹿西乡	4538
280	杭州市	余杭区	运河镇	5152	312	台州市	玉环县	芦浦镇	4533
281	台州市	椒江区	大陈镇	5140	313	杭州市	建德市	梅城镇	4521
282	台州市	三门县	健跳镇	5118	314	嘉兴市	嘉善县	杨庙镇	4435
283	湖州市	安吉县	天荒坪镇	5104	315	台州市	仙居县	白塔镇	4428
284	台州市	临海市	括苍镇	5039	316	金华市	永康市	象珠镇	4424

（续表五）

排序	所属地区	县(市、区)	乡镇(街道)	总收入	排序	所属地区	县(市、区)	乡镇(街道)	总收入
317	台州市	仙居县	横溪镇	4400	349	杭州市	桐庐县	凤川镇	3984
318	台州市	临海市	永丰镇	4371	350	杭州市	临安市	於潜镇	3957
319	绍兴市	绍兴县	陶堰镇	4371	351	温州市	乐清市	石帆镇	3836
320	湖州市	安吉县	报福镇	4354	352	温州市	苍南县	藻溪镇	3833
321	温州市	乐清市	芙蓉镇	4353	353	温州市	苍南县	马站镇	3823
322	舟山市	岱山县	秀山乡	4352	354	湖州市	长兴县	槐坎乡	3823
323	衢州市	江山市	贺村镇	4352	355	嘉兴市	嘉善县	丁栅镇	3784
324	温州市	平阳县	麻步镇	4350	356	台州市	临海市	小芝镇	3764
325	温州市	平阳县	腾蛟镇	4346	357	杭州市	富阳市	新桐乡	3755
326	舟山市	定海区	小沙镇	4329	358	温州市	苍南县	矾山镇	3752
327	温州市	瓯海区	茶山镇	4322	359	湖州市		白雀乡	3751
328	台州市	天台县	平桥镇	4301	360	杭州市	富阳市	洞桥镇	3714
329	湖州市	安吉县	良朋镇	4297	361	温州市	鹿城区	藤桥镇	3707
330	衢州市	开化县	城关镇	4295	362	台州市	黄岩区	宁溪镇	3699
331	台州市	玉环县	干江镇	4272	363	杭州市	富阳市	湖源乡	3696
332	湖州市	吴兴区	八里店镇	4266	364	温州市	乐清市	蒲岐镇	3693
333	湖州市	长兴县	林城镇	4260	365	衢州市	柯城区	航埠镇	3653
334	台州市	三门县	沿赤乡	4257	366	绍兴市	上虞市	汤浦镇	3614
335	台州市	仙居县	下各镇	4239	367	绍兴市	绍兴县	王坛镇	3607
336	台州市	临海市	汛桥镇	4211	368	杭州市	富阳市	万市镇	3593
337	杭州市	临安市	横畈镇	4205	369	衢州市	龙游县	湖镇镇	3567
338	台州市	黄岩区	头陀镇	4182	370	金华市	永康市	花街镇	3514
339	绍兴市	绍兴县	富盛镇	4181	371	金华市	东阳市	画水镇	3506
340	嘉兴市	桐乡市	大麻镇	4180	372	绍兴市	诸暨市	澧浦镇	3504
341	舟山市	普陀区	蚂蚁岛乡	4176	373	湖州市	吴兴区	埭溪镇	3501
342	温州市	苍南县	霞关镇	4158	374	衢州市	柯城区	石梁镇	3483
343	台州市	临海市	尤溪镇	4119	375	绍兴市	诸暨市	赵家镇	3454
344	杭州市	淳安县	威坪镇	4066	376	嘉兴市	海盐县	于城镇	3450
345	台州市	黄岩区	北洋镇	4022	377	金华市	武义县	泉溪镇	3445
346	温州市	瓯海区	丽岙镇	4021	378	绍兴市	上虞市	谢塘镇	3444
347	金华市	浦江县	黄宅镇	4007	379	杭州市	富阳市	永昌镇	3438
348	杭州市	建德市	寿昌镇	3988	380	台州市	温岭市	坞根镇	3411

(续表八)

排序	所属地区	县(市、区)	乡镇(街道)	总收入	排序	所属地区	县(市、区)	乡镇(街道)	总收入
509	温州市	苍南县	中墩乡	1904	541	舟山市	嵊泗县	枸杞乡	1686
510	台州市	黄岩区	富山乡	1900	542	丽水市	青田县	温溪镇	1675
511	杭州市	建德市	大同镇	1898	543	金华市	武义县	柳城镇	1664
512	绍兴市	嵊州市	仙岩镇	1887	544	杭州市	淳安县	浪川乡	1652
513	金华市	浦江县	白马镇	1878	545	杭州市	淳安县	文昌镇	1648
514	温州市	乐清市	智仁乡	1868	546	台州市	三门县	蛇蟠乡	1645
515	金华市	永康市	方岩镇	1848	547	温州市	文成县	巨屿镇	1640
516	温州市	乐清市	四都乡	1832	548	绍兴市	新昌县	城南乡	1628
517	台州市	仙居县	朱溪镇	1828	549	丽水市	松阳县	古市镇	1626
518	台州市	三门县	里浦镇	1820	550	舟山市	定海区	长白乡	1613
519	温州市	苍南县	芦浦镇	1803	551	金华市	武义县	茭道镇	1597
520	绍兴市	诸暨市	岭北镇	1801	552	温州市	永嘉县	西溪乡	1589
521	金华市	磐安县	尚湖镇	1795	553	温州市	文成县	玉壶镇	1589
522	温州市	苍南县	沿浦镇	1793	554	杭州市	建德市	杨村桥镇	1585
523	金华市	婺城区	竹马乡	1792	555	舟山市	岱山县	岱东镇	1577
524	金华市	东阳市	佐村镇	1779	556	温州市	永嘉县	碧莲镇	1569
525	杭州市	建德市	李家镇	1771	557	杭州市	临安市	西天目乡	1569
526	衢州市	江山市	上余镇	1763	558	温州市	乐清市	岭底乡	1568
527	杭州市	临安市	大峡谷镇	1759	559	杭州市	淳安县	王阜乡	1566
528	杭州市	临安市	藻溪镇	1758	560	温州市	平阳县	山门镇	1561
529	温州市	平阳县	南雁镇	1755	561	丽水市	莲都区	雅溪镇	1561
530	杭州市	富阳市	上官乡	1750	562	杭州市	临安市	潜川镇	1558
531	台州市	仙居县	大战乡	1745	563	温州市	泰顺县	泗溪镇	1544
532	台州市	仙居县	埠头镇	1744	564	温州市	泰顺县	三魁镇	1543
533	丽水市	遂昌县	云峰镇	1743	565	金华市	永康市	前仓镇	1541
534	温州市	苍南县	南宋镇	1741	566	温州市	苍南县	石砰乡	1527
535	衢州市	常山县	青石镇	1731	567	衢州市	常山县	宋畈乡	1527
536	杭州市	临安市	龙岗镇	1728	568	绍兴市	新昌县	镜岭镇	1515
537	金华市	浦江县	郑宅镇	1726	569	金华市	武义县	王宅镇	1508
538	湖州市	长兴县	吴山乡	1723	570	金华市	磐安县	新渥镇	1508
539	杭州市	淳安县	中洲镇	1722	571	温州市	苍南县	新安乡	1503
540	温州市	泰顺县	雅阳镇	1695	572	金华市	兰溪市	诸葛镇	1491

（续表九）

排序	所属地区	县（市、区）	乡镇（街道）	总收入	排序	所属地区	县（市、区）	乡镇（街道）	总收入
573	衢州市	江山市	峡口镇	1481	605	湖州市	安吉县	山川乡	1352
574	金华市	兰溪市	横溪镇	1480	606	丽水市	缙云县	舒洪镇	1348
575	温州市	苍南县	云岩乡	1479	607	台州市	临海市	汇溪镇	1341
576	丽水市	龙泉市	八都镇	1477	608	杭州市	桐庐县	莪山畲族乡	1337
577	金华市	兰溪市	梅江镇	1477	609	丽水市	青田县	船寮镇	1335
578	杭州市	临安市	三口镇	1477	610	衢州市	龙游县	小南海镇	1333
579	舟山市	嵊泗县	黄龙乡	1476	611	衢州市	江山市	清湖镇	1318
580	金华市	东阳市	东江镇	1472	612	温州市	泰顺县	筱村镇	1313
581	温州市	平阳县	鹤溪镇	1455	613	丽水市	遂昌县	新路湾镇	1308
582	衢州市	柯城区	九华乡	1444	614	舟山市	普陀区	登步乡	1301
583	温州市	乐清市	雁湖乡	1443	615	温州市	平阳县	榆洋镇	1301
584	温州市	洞头县	霓屿乡	1439	616	杭州市	淳安县	里商乡	1300
585	金华市	磐安县	玉山镇	1436	617	台州市	天台县	坦头镇	1297
586	金华市	浦江县	郑家坞镇	1434	618	杭州市	淳安县	屏门乡	1293
587	温州市	鹿城区	上戍乡	1433	619	台州市	三门县	沙柳镇	1288
588	台州市	黄岩区	平田乡	1424	620	丽水市	遂昌县	湖山乡	1286
589	绍兴市	嵊州市	石璜镇	1419	621	金华市	磐安县	深泽乡	1285
590	衢州市	龙游县	溪口镇	1419	622	温州市	乐清市	龙西乡	1284
591	杭州市	建德市	莲花镇	1414	623	杭州市	淳安县	瑶山乡	1279
592	金华市	兰溪市	香溪镇	1409	624	温州市	苍南县	莒溪镇	1271
593	绍兴市	新昌县	澄潭镇	1403	625	绍兴市	新昌县	大市聚镇	1264
594	金华市	金东区	赤松镇	1399	626	温州市	乐清市	镇安乡	1260
595	温州市	苍南县	浦亭乡	1395	627	温州市	永嘉县	鹤盛乡	1256
596	湖州市	安吉县	鄣吴镇	1387	628	温州市	永嘉县	巽宅镇	1255
597	舟山市	普陀区	白沙乡	1384	629	温州市	永嘉县	岩坦镇	1248
598	温州市	泰顺县	司前镇	1384	630	杭州市	余杭区	百丈镇	1245
599	丽水市	缙云县	东方镇	1377	631	杭州市	建德市	大慈岩镇	1241
600	丽水市	龙泉市	安仁镇	1366	632	温州市	鹿城区	临江镇	1240
601	温州市	泰顺县	仕阳镇	1363	633	温州市	苍南县	凤池乡	1237
602	丽水市	青田县	腊口镇	1363	634	杭州市	淳安县	左口乡	1225
603	温州市	苍南县	括山乡	1361	635	衢州市	龙游县	横山镇	1217
604	杭州市	临安市	清凉峰镇	1358	636	金华市	兰溪市	黄店镇	1216

（续表十）

排序	所属地区	县（市、区）	乡镇（街道）	总收入	排序	所属地区	县（市、区）	乡镇（街道）	总收入
637	台州市	玉环县	海山乡	1215	669	衢州市	柯城区	沟溪乡	1064
638	温州市	苍南县	五凤乡	1214	670	衢州市	龙游县	模环乡	1062
639	台州市	仙居县	湫山乡	1205	671	温州市	文成县	南田镇	1057
640	温州市	永嘉县	花坦乡	1202	672	温州市	平阳县	闹村乡	1051
641	衢州市	常山县	何家乡	1202	673	金华市	金东区	江东镇	1051
642	杭州市	桐庐县	百江镇	1200	674	温州市	平阳县	宋埠镇	1050
643	衢州市	衢江区	廿里镇	1196	675	衢州市	开化县	马金镇	1046
644	绍兴市	新昌县	梅渚镇	1181	676	台州市	三门县	花桥镇	1044
645	杭州市	建德市	三都镇	1179	677	金华市	磐安县	方前镇	1035
646	金华市	武义县	履坦镇	1178	678	金华市	婺城区	琅雅镇	1031
647	温州市	平阳县	凤卧镇	1165	679	温州市	瑞安市	曹村镇	1025
648	金华市	磐安县	仁川镇	1164	680	丽水市	龙泉市	小梅镇	1025
649	台州市	仙居县	步路乡	1150	681	杭州市	临安市	千洪乡	1017
650	台州市	三门县	小雄镇	1150	682	杭州市	桐庐县	新合乡	1016
651	衢州市	常山县	芳村镇	1146	683	杭州市	淳安县	金峰乡	1015
652	台州市	仙居县	皤滩乡	1145	684	衢州市	江山市	淤头镇	1012
653	温州市	永嘉县	渠口乡	1143	685	温州市	苍南县	仙居乡	1011
654	温州市	洞头县	元觉乡	1125	686	绍兴市	嵊州市	谷来镇	1005
655	绍兴市	新昌县	回山镇	1121	687	丽水市	龙泉市	兰巨乡	1005
656	丽水市	莲都区	联城镇	1121	688	温州市	平阳县	梅溪乡	1001
657	杭州市	淳安县	安阳乡	1115	689	绍兴市	上虞市	丁宅乡	998
658	金华市	磐安县	冷水镇	1114	690	衢州市	衢江区	上方镇	998
659	舟山市	嵊泗县	五龙乡	1106	691	衢州市	江山市	石门镇	995
660	台州市	天台县	三合镇	1102	692	杭州市	淳安县	界首乡	985
661	衢州市	常山县	东案乡	1101	693	温州市	永嘉县	鲤溪乡	981
662	衢州市	龙游县	塔石镇	1085	694	杭州市	建德市	钦堂乡	981
663	金华市	金东区	岭下镇	1083	695	绍兴市	新昌县	小将镇	980
664	衢州市	柯城区	华墅乡	1081	696	绍兴市	新昌县	双彩乡	975
665	衢州市	开化县	池淮镇	1076	697	丽水市	龙泉市	龙南乡	973
666	温州市	泰顺县	龟湖镇	1075	698	衢州市	常山县	新昌乡	967
667	衢州市	常山县	白石镇	1074	699	绍兴市	嵊州市	金庭镇	966
668	金华市	金东区	澧浦镇	1070	700	温州市	平阳县	晓坑乡	950

（续表十一）

排序	所属地区	县（市、区）	乡镇（街道）	总收入	排序	所属地区	县（市、区）	乡镇（街道）	总收入
701	丽水市	缙云县	大洋镇	950	733	杭州市	淳安县	鸠坑乡	860
702	温州市	泰顺县	西洋镇	947	734	温州市	瑞安市	湖岭镇	856
703	台州市	仙居县	上张乡	947	735	丽水市	莲都区	黄村乡	853
704	湖州市	长兴县	二界岭乡	935	736	温州市	瑞安市	桐浦乡	846
705	温州市	乐清市	福溪乡	934	737	丽水市	遂昌县	大柘镇	846
706	丽水市	莲都区	大港头镇	933	738	温州市	永嘉县	昆阳乡	838
707	温州市	泰顺县	彭溪镇	932	739	丽水市	遂昌县	北界镇	838
708	舟山市	嵊泗县	花鸟乡	928	740	温州市	永嘉县	岭头乡	833
709	绍兴市	新昌县	沙溪镇	927	741	丽水市	龙泉市	上洋镇	829
710	温州市	永嘉县	五尺乡	923	742	温州市	泰顺县	柳峰乡	828
711	台州市	仙居县	双庙乡	918	743	温州市	永嘉县	茗岙乡	821
712	丽水市	青田县	东源镇	918	744	衢州市	江山市	新塘边镇	820
713	温州市	鹿城区	七都镇	916	745	温州市	文成县	樟台乡	818
714	杭州市	临安市	新桥乡	916	746	温州市	文成县	黄坦镇	815
715	台州市	仙居县	溪港乡	913	747	丽水市	遂昌县	应村乡	814
716	金华市	兰溪市	水亭乡	912	748	绍兴市	新昌县	巧英乡	805
717	温州市	苍南县	龙沙乡	910	749	杭州市	临安市	乐平乡	805
718	衢州市	江山市	凤林镇	901	750	温州市	瑞安市	平阳坑镇	804
719	金华市	婺城区	洋埠镇	900	751	温州市	鹿城区	双潮乡	801
720	温州市	泰顺县	百丈镇	898	752	丽水市	龙泉市	查田镇	801
721	绍兴市	上虞市	陈溪乡	895	753	杭州市	淳安县	石林镇	801
722	温州市	泰顺县	南院乡	894	754	温州市	泰顺县	下洪乡	795
723	台州市	仙居县	安岭乡	894	755	温州市	苍南县	蒲城乡	794
724	温州市	泰顺县	大安乡	891	756	金华市	婺城区	雅畈镇	792
725	台州市	天台县	街头镇	885	757	衢州市	开化县	村头镇	791
726	丽水市	龙泉市	屏南镇	883	758	金华市	东阳市	三单乡	788
727	绍兴市	上虞市	长塘镇	878	759	衢州市	常山县	大桥乡	780
728	绍兴市	嵊州市	下王镇	877	760	杭州市	淳安县	宋村乡	780
729	金华市	婺城区	苏孟乡	874	761	衢州市	衢江区	湖南镇	777
730	绍兴市	嵊州市	贵门乡	869	762	衢州市	龙游县	詹家镇	774
731	衢州市	衢江区	高家镇	866	763	杭州市	临安市	湍口镇	773
732	丽水市	龙泉市	道太乡	866	764	衢州市	柯城区	石室乡	771

（续表十二）

排序	所属地区	县(市、区)	乡镇(街道)	总收入	排序	所属地区	县(市、区)	乡镇(街道)	总收入
765	丽水市	莲都区	丽新乡	767	797	温州市	永嘉县	徐岙乡	676
766	温州市	平阳县	凤巢乡	764	798	衢州市	龙游县	沐尘乡	675
767	杭州市	临安市	马啸乡	764	799	丽水市	景宁县	东坑镇	675
768	杭州市	临安市	横路乡	764	800	丽水市	青田县	北山镇	667
769	温州市	永嘉县	界坑乡	760	801	丽水市	缙云县	七里乡	667
770	温州市	永嘉县	东皋乡	760	802	温州市	永嘉县	溪口乡	666
771	温州市	瑞安市	龙湖镇	758	803	温州市	永嘉县	黄南乡	663
772	温州市	平阳县	南湖乡	758	804	衢州市	江山市	碗窑乡	659
773	丽水市	莲都区	太平乡	754	805	丽水市	莲都区	老竹镇	656
774	温州市	苍南县	岱岭乡	751	806	丽水市	庆元县	松源镇	655
775	衢州市	柯城区	姜家山乡	749	807	杭州市	淳安县	富文乡	653
776	温州市	平阳县	顺溪镇	744	808	温州市	泰顺县	洲岭乡	651
777	金华市	磐安县	胡宅乡	743	809	丽水市	遂昌县	王村口镇	649
778	温州市	永嘉县	张溪乡	742	810	温州市	泰顺县	风洋乡	646
779	衢州市	江山市	长台镇	739	811	丽水市	遂昌县	柘岱口乡	644
780	温州市	苍南县	腾垟乡	733	812	丽水市	龙泉市	城北乡	640
781	绍兴市	新昌县	新林乡	733	813	丽水市	遂昌县	西畈乡	639
782	温州市	瑞安市	碧山镇	732	814	衢州市	江山市	大桥镇	637
783	金华市	磐安县	万苍乡	725	815	丽水市	遂昌县	石练镇	637
784	台州市	仙居县	淡竹乡	718	816	温州市	文成县	百丈漈镇	636
785	丽水市	遂昌县	黄沙腰镇	717	817	金华市	兰溪市	柏社乡	636
786	金华市	金东区	塘雅镇	713	818	金华市	浦江县	岩头镇	635
787	金华市	武义县	新宅镇	712	819	丽水市	遂昌县	蔡源乡	632
788	台州市	天台县	石梁镇	705	820	衢州市	衢江区	莲花镇	631
789	衢州市	衢江区	杜泽镇	704	821	金华市	磐安县	双溪乡	629
790	台州市	天台县	洪畴镇	702	822	温州市	泰顺县	东溪乡	628
791	衢州市	柯城区	万田乡	702	823	温州市	泰顺县	包洋乡	628
792	温州市	泰顺县	新浦乡	695	824	衢州市	衢江区	大洲镇	626
793	台州市	仙居县	广度乡	687	825	衢州市	开化县	音坑乡	622
794	台州市	三门县	横渡镇	685	826	温州市	永嘉县	溪下乡	621
795	金华市	武义县	桃溪镇	678	827	衢州市	常山县	新桥乡	620
796	温州市	平阳县	桃源乡	677	828	金华市	磐安县	双峰乡	616

（续表十三）

排序	所属地区	县（市、区）	乡镇（街道）	总收入	排序	所属地区	县（市、区）	乡镇（街道）	总收入
829	金华市	磐安县	大盘镇	614	861	衢州市	江山市	坛石镇	543
830	金华市	金东区	源东乡	611	862	丽水市	松阳县	望松乡	542
831	温州市	永嘉县	西源乡	606	863	丽水市	龙泉市	塔石乡	542
832	温州市	泰顺县	松洋乡	606	864	金华市	浦江县	前吴乡	542
833	绍兴市	新昌县	东茗乡	605	865	温州市	苍南县	昌禅乡	541
834	丽水市	龙泉市	锦溪镇	605	866	丽水市	云和县	崇头镇	541
835	温州市	文成县	周壤乡	603	867	温州市	泰顺县	月湖乡	537
836	衢州市	龙游县	石佛乡	599	868	台州市	天台县	雷峰乡	536
837	丽水市	莲都区	双黄乡	598	869	金华市	浦江县	中余乡	533
838	温州市	苍南县	凤阳乡	596	870	温州市	永嘉县	石染乡	532
839	绍兴市	嵊州市	北漳镇	595	871	绍兴市	上虞市	下管镇	531
840	绍兴市	嵊州市	里南乡	585	872	金华市	浦江县	檀溪镇	531
841	衢州市	衢江区	全旺镇	582	873	温州市	文成县	龙川乡	527
842	丽水市	松阳县	象溪镇	581	874	温州市	永嘉县	陡门乡	521
843	丽水市	遂昌县	龙洋乡	573	875	温州市	平阳县	西湾乡	519
844	温州市	平阳县	梅源乡	568	876	温州市	永嘉县	潘坑乡	515
845	金华市	浦江县	大畈乡	567	877	丽水市	莲都区	峰源乡	515
846	绍兴市	上虞市	岭南乡	565	878	温州市	平阳县	青街乡	514
847	丽水市	青田县	高湖镇	562	879	温州市	泰顺县	雪溪乡	509
848	温州市	瑞安市	林溪乡	560	880	温州市	泰顺县	仙稔乡	508
849	金华市	婺城区	沙畈乡	560	881	金华市	婺城区	长山乡	508
850	温州市	泰顺县	九峰乡	558	882	衢州市	开化县	杨林镇	507
851	温州市	永嘉县	山坑乡	557	883	丽水市	青田县	小舟山乡	505
852	衢州市	开化县	苏庄镇	556	884	温州市	永嘉县	大岙乡	504
853	衢州市	江山市	四都镇	555	885	温州市	泰顺县	洋溪乡	504
854	衢州市	江山市	张村乡	554	886	金华市	磐安县	维新乡	502
855	温州市	鹿城区	岙底乡	552	887	衢州市	江山市	塘源口乡	501
856	丽水市	松阳县	大东坝镇	550	888	丽水市	青田县	黄洋乡	501
857	温州市	泰顺县	黄桥乡	548	889	丽水市	遂昌县	三仁乡	500
858	衢州市	开化县	桐村镇	548	890	丽水市	庆元县	黄田镇	500
859	金华市	浦江县	杭坪镇	548	891	温州市	泰顺县	竹里乡	499
860	金华市	婺城区	莘畈乡	545	892	金华市	武义县	西联乡	497

（续表十四）

排序	所属地区	县(市、区)	乡镇(街道)	总收入	排序	所属地区	县(市、区)	乡镇(街道)	总收入
893	温州市	平阳县	朝阳乡	496	925	温州市	泰顺县	万排乡	445
894	衢州市	衢江区	后溪镇	491	926	丽水市	青田县	海溪乡	443
895	丽水市	景宁县	沙湾镇	489	927	衢州市	开化县	张湾乡	442
896	温州市	瑞安市	荆谷乡	488	928	丽水市	遂昌县	安口乡	442
897	温州市	瑞安市	梅屿乡	486	929	温州市	平阳县	龙尾乡	441
898	温州市	泰顺县	翁山乡	485	930	丽水市	庆元县	左溪镇	439
899	绍兴市	嵊州市	竹溪乡	482	931	丽水市	缙云县	双溪口乡	438
900	衢州市	衢江区	云溪乡	482	932	衢州市	柯城区	七里乡	436
901	丽水市	龙泉市	竹洋乡	482	933	温州市	永嘉县	下寮乡	435
902	丽水市	缙云县	大源镇	480	934	温州市	泰顺县	联云乡	435
903	金华市	浦江县	虞宅乡	476	935	温州市	泰顺县	岭北乡	432
904	台州市	天台县	南屏乡	472	936	温州市	平阳县	怀溪乡	432
905	丽水市	遂昌县	濂竹乡	472	937	绍兴市	嵊州市	通源乡	432
906	丽水市	青田县	海口镇	470	938	温州市	永嘉县	西岙乡	430
907	衢州市	衢江区	峡川镇	468	939	温州市	永嘉县	应坑乡	429
908	衢州市	江山市	廿八都镇	466	940	温州市	瑞安市	高楼乡	428
909	衢州市	龙游县	罗家乡	462	941	衢州市	江山市	大陈乡	428
910	丽水市	青田县	山口镇	462	942	丽水市	遂昌县	高坪乡	423
911	温州市	瑞安市	芳庄乡	461	943	衢州市	衢江区	岭洋乡	420
912	衢州市	开化县	林山乡	460	944	台州市	天台县	泳溪乡	419
913	丽水市	庆元县	竹口镇	460	945	衢州市	开化县	长虹乡	417
914	杭州市	桐庐县	合村乡	459	946	衢州市	龙游县	庙下乡	415
915	丽水市	庆元县	荷地镇	458	947	金华市	磐安县	窈川乡	415
916	温州市	泰顺县	横坑乡	456	948	衢州市	开化县	中村乡	411
917	衢州市	开化县	大溪边乡	455	949	温州市	瑞安市	大南乡	409
918	丽水市	青田县	祯埠乡	454	950	绍兴市	嵊州市	雅璜乡	406
919	丽水市	青田县	仁庄镇	453	951	丽水市	松阳县	玉岩镇	405
920	丽水市	缙云县	溶江乡	452	952	衢州市	衢江区	黄坛口乡	403
921	金华市	武义县	白姆乡	448	953	台州市	天台县	三州乡	401
922	金华市	婺城区	塔石乡	447	954	衢州市	龙游县	大街乡	399
923	金华市	磐安县	九和乡	447	955	温州市	文成县	二源乡	398
924	金华市	磐安县	盘峰乡	446	956	衢州市	衢江区	横路乡	398

（续表十五）

排序	所属地区	县(市、区)	乡镇(街道)	总收入	排序	所属地区	县(市、区)	乡镇(街道)	总收入
957	丽水市	龙泉市	住龙镇	397	989	丽水市	青田县	季宅乡	327
958	金华市	磐安县	墨林乡	394	990	衢州市	开化县	塘坞乡	326
959	丽水市	龙泉市	岩樟乡	392	991	丽水市	松阳县	叶村乡	326
960	衢州市	开化县	何田乡	390	992	丽水市	缙云县	前路乡	326
961	金华市	浦江县	花桥乡	386	993	温州市	泰顺县	峰文乡	323
962	温州市	瑞安市	金川乡	385	994	金华市	婺城区	岭上乡	316
963	丽水市	景宁县	渤海镇	384	995	温州市	文成县	峃口乡	314
964	温州市	平阳县	维新乡	382	996	金华市	磐安县	高二乡	314
965	衢州市	开化县	齐溪镇	380	997	丽水市	云和县	赤石乡	312
966	丽水市	景宁县	英川镇	380	998	温州市	瑞安市	永安乡	311
967	金华市	武义县	俞源乡	380	999	温州市	瑞安市	营前乡	310
968	温州市	瑞安市	鹿木乡	378	1000	金华市	武义县	坦洪乡	310
969	丽水市	莲都区	高溪乡	376	1001	温州市	平阳县	吴洋乡	302
970	丽水市	龙泉市	宝溪乡	375	1002	台州市	天台县	龙溪乡	298
971	丽水市	庆元县	屏都镇	369	1003	绍兴市	嵊州市	王院乡	298
972	丽水市	庆元县	五大堡乡	368	1004	温州市	瑞安市	宁益乡	296
973	丽水市	松阳县	赤寿乡	366	1005	丽水市	青田县	阜山乡	296
974	丽水市	青田县	舒桥乡	366	1006	衢州市	衢江区	周家乡	294
975	温州市	文成县	西坑镇	360	1007	衢州市	江山市	保安乡	294
976	衢州市	龙游县	社阳乡	359	1008	丽水市	松阳县	新兴乡	292
977	丽水市	青田县	章村乡	358	1009	丽水市	青田县	仁宫乡	291
978	金华市	婺城区	箬阳乡	354	1010	温州市	泰顺县	碑排乡	286
979	丽水市	庆元县	岭头乡	352	1011	丽水市	景宁县	梧桐乡	284
980	温州市	永嘉县	表山乡	349	1012	丽水市	庆元县	隆宫乡	283
981	丽水市	景宁县	澄照乡	348	1013	丽水市	缙云县	石笕乡	283
982	温州市	瑞安市	顺泰乡	347	1014	丽水市	云和县	黄源乡	279
983	丽水市	云和县	雾溪乡	345	1015	丽水市	云和县	紧水滩镇	278
984	金华市	武义县	大田乡	344	1016	丽水市	松阳县	斋坦乡	277
985	丽水市	遂昌县	蕉滩乡	343	1017	衢州市	衢江区	举村乡	276
986	温州市	瑞安市	潮基乡	339	1018	丽水市	云和县	云坛乡	276
987	丽水市	云和县	石塘镇	338	1019	丽水市	庆元县	龙溪乡	276
988	衢州市	开化县	金村乡	334	1020	丽水市	庆元县	举水乡	275

（续表十六）

排序	所属地区	县(市、区)	乡镇(街道)	总收入	排序	所属地区	县(市、区)	乡镇(街道)	总收入
1021	金华市	武义县	三港乡	273	1053	衢州市	衢江区	太真乡	202
1022	丽水市	云和县	朱村乡	269	1054	丽水市	庆元县	官塘乡	200
1023	丽水市	青田县	巨浦乡	268	1055	丽水市	景宁县	大均乡	195
1024	温州市	瑞安市	东岩乡	265	1056	丽水市	缙云县	方溪乡	195
1025	丽水市	青田县	贵岙乡	265	1057	温州市	文成县	金星乡	194
1026	丽水市	庆元县	江根乡	261	1058	温州市	瑞安市	北龙乡	194
1027	温州市	瑞安市	枫岭乡	259	1059	丽水市	云和县	大源乡	191
1028	丽水市	景宁县	九龙乡	259	1060	丽水市	景宁县	大地乡	190
1029	丽水市	松阳县	樟溪乡	258	1061	温州市	文成县	仰山乡	186
1030	丽水市	庆元县	安南乡	254	1062	温州市	瑞安市	桂峰乡	185
1031	丽水市	庆元县	淤上乡	253	1063	丽水市	青田县	吴坑乡	184
1032	温州市	平阳县	南儿镇	252	1064	丽水市	青田县	高市乡	184
1033	衢州市	衢江区	双桥乡	252	1065	温州市	文成县	周山乡	182
1034	丽水市	缙云县	三溪乡	251	1066	温州市	文成县	金炉乡	181
1035	温州市	文成县	金垟乡	248	1067	丽水市	云和县	云丰乡	181
1036	丽水市	庆元县	张村乡	248	1068	丽水市	青田县	章旦乡	181
1037	丽水市	景宁县	大际乡	248	1069	温州市	文成县	云湖乡	178
1038	衢州市	江山市	双溪口乡	247	1070	温州市	文成县	平和乡	178
1039	丽水市	庆元县	合湖乡	246	1071	温州市	文成县	十源乡	177
1040	丽水市	景宁县	梅歧乡	242	1072	丽水市	青田县	祯旺乡	177
1041	金华市	武义县	大溪口乡	241	1073	丽水市	景宁县	郑坑乡	176
1042	丽水市	缙云县	胡源乡	237	1074	丽水市	景宁县	毛洋乡	175
1043	丽水市	庆元县	贤良镇	231	1075	丽水市	云和县	大湾乡	171
1044	温州市	泰顺县	峰门乡	228	1076	丽水市	松阳县	枫坪乡	171
1045	丽水市	青田县	石溪乡	228	1077	温州市	文成县	朱雅乡	167
1046	丽水市	青田县	方山乡	224	1078	温州市	文成县	里阳乡	166
1047	温州市	文成县	东溪乡	223	1079	温州市	文成县	公阳乡	166
1048	温州市	文成县	双桂乡	222	1080	丽水市	松阳县	竹源乡	163
1049	丽水市	云和县	安溪乡	221	1081	丽水市	景宁县	鸬鹚乡	163
1050	丽水市	庆元县	百山祖乡	213	1082	温州市	文成县	上林乡	159
1051	丽水市	青田县	万阜乡	209	1083	丽水市	松阳县	板桥乡	157
152	温州市	瑞安市	北麂乡	206	1084	丽水市	庆元县	四山乡	156

（续表十七）

排序	所属地区	县（市、区）	乡镇（街道）	总收入	排序	所属地区	县（市、区）	乡镇（街道）	总收入
1085	丽水市	青田县	汤洋乡	156	1097	温州市	文成县	石垟乡	135
1086	温州市	文成县	桂山乡	154	1098	丽水市	松阳县	四都乡	131
1087	丽水市	景宁县	雁溪乡	153	1099	温州市	文成县	岭后乡	122
1088	温州市	文成县	富岙乡	151	1100	温州市	文成县	下垟乡	121
1089	丽水市	松阳县	裕溪乡	151	1101	丽水市	松阳县	谢村乡	117
1090	丽水市	青田县	岭根乡	151	1102	丽水市	松阳县	安民乡	106
1091	丽水市	松阳县	三都乡	146	1103	丽水市	景宁县	景南乡	105
1092	丽水市	青田县	万山乡	145	1104	温州市	文成县	黄寮乡	103
1093	丽水市	云和县	沙铺乡	143	1105	丽水市	景宁县	秋炉乡	89
1094	衢州市	衢江区	灰坪乡	141	1106	丽水市	景宁县	葛山乡	88
1095	丽水市	松阳县	新处乡	141	1107	丽水市	景宁县	家地乡	69
1096	丽水市	景宁县	标溪乡	136					

2008年浙江省乡镇财政基本情况

单位:万元、个、人

项　　目	合　计	乡	镇
一、本年乡镇数	1204	447	757
其中:实行"乡财县管"的乡镇数	627	311	316
二、乡镇财政机构数	942	323	619
其中:财税所数	435	139	296
三、已建立乡镇国库的乡镇数	3		3
四、税务所机构数	215	3	212
国家税务所数	60	1	59
地方税务所数	155	2	153
其中:一乡(镇)一所数	15	1	14
五、乡镇财政所总人数	3571	838	2733
1. 行政编制实有人数	1662	437	1225
2. 事业编制实有人数	1785	377	1408
3. 以工代干人数	24	9	15
4. 集体财务人员人数	100	15	85
六、乡镇财政供养人数	223648	29302	194346
1. 财政预算拨款开支人数	77019	13920	63099
2. 财政补助开支人数	146629	15382	131247
其中:教师	109998	11302	98696
七、赤字乡镇个数	52	26	26
八、乡镇年末总人口	33662563	4929826	28732737
城镇人口	5568727	292316	5276411
乡村人口	28093836	4637510	23456326
九、乡镇财政一般预算收入分档			
100万元(不含)以下的乡镇数	405	322	83
100万元(含)~500万元的乡镇数	214	72	142
500万元(含)~1000万元的乡镇数	109	20	89
1000万元(含)以上的乡镇数	476	33	443
十、村民委员会个数	25493	6000	19493
十一、乡镇一般预算收支平衡情况			
一般预算收入	4926818	362767	4564051
本年本级收入	3204822	125325	3079497
税收收入	3178650	123734	3054916
非税收入	26172	1591	24581
上级补助收入	1487032	221769	1265263
其中:地震灾后恢复重建补助收入			

（续表）

项目	合计	乡	镇
上年结余	229594	15645	213949
调入预算稳定调节基金			
调入资金	5370	28	5342
地震灾后恢复重建调入资金			
一般预算支出	4736690	346186	4390504
本年本级支出	2292667	243895	2048772
上解上级支出	2444023	102291	2341732
安排预算稳定调节基金			
调出资金			
年终结余	190128	16581	173547
其中:净结余	92546	6736	85810
十二、乡镇政府性基金预算收支平衡情况			
政府性基金收入	874035	22001	852034
本年本级收入	311163	7999	303164
上级补助收入	532009	13597	518412
其中:地震灾后恢复重建补助收入			
上年结余	30745	405	30340
调入资金	118		118
政府性基金支出	803922	21347	782575
本年本级支出	781661	20646	761015
上解上级支出	22261	701	21560
调出资金			
年终结余	70113	654	69459
十三、乡镇国有资本经营预算收支平衡情况			
国有资本经营预算收入			
本年本级收入			
地震灾后恢复重建补助收入			
上年结余			
国有资本经营预算支出			
本年本级支出			
调出资金			
年终结余			
十四、乡镇预算外收支情况			
预算外财政专户收入	1224756	100696	1124060
本年本级收入	812592	55139	757453
上级补助收入	316958	34025	282933
上年结余	95206	11532	83674
预算外财政专户支出	1227051	88495	1138556
本年本级支出	1213287	88467	1124820
上解上级支出	8276		8276
政府调剂资金	5488	28	5460
其中:调入一般预算资金	5370	28	5342
年终结余	-2295	12201	-14496

2008 年全省国民经济和社会发展总量与速度

指　　标	1978 年	1990 年	2000 年	2005 年	2006 年	2007 年	2008 年	指数(2008 年为以下各年%)			1979-2008 年均增长%
								1978 年	2003 年	2007 年	
人口											
年末总人口(万人)	3750.96	4234.91	4501.22	4602.11	4629.4	4659.34	4687.85	125.0	103.0	100.6	0.7
年末从业人员数(万人)	1794.96	2554.46	2726.09	3100.76	3172.38	3405.01	3486.53	194.2	119.5	102.4	2.2
全省生产总值(亿元)	123.72	904.69	6141.03	13437.85	15742.51	18780.44	21486.92	4058.4	212.9	110.1	13.1
第一产业	47.09	225.04	630.98	892.83	925.1	986.02	1095.43	327.3	119.6	103.9	4.0
第二产业	53.52	408.18	3273.93	7166.15	8509.57	10148.45	11580.33	8631.8	221.2	109.4	16.0
第三产业	23.11	271.47	2236.12	5378.87	6307.84	7645.97	8811.16	4872.4	223.1	111.8	13.8
人均生产总值(元)	331	2138	13416	27703	31874	37411	42214	2982.6	197.4	108.6	12.0
交通运输											
旅客周转量(亿人公里)	66.68	257.29	606.73	848.49	929.15	1010.6	1071.33	1606.7	149.1	106.0	9.7
货物周转量(亿吨公里)	164.19	400.65	1199.74	3416.9	4363.71	4701.3	4883.46	2974.3	238.5	103.9	12.0
全社会固定资产投资总额(亿元)	23.23	186.96	2267.22	6696.25	7593.66	8420.43	9323	40133.4	186.7	110.7	22.1
财政收支											
财政总收入(亿元)	27.45	101.59	658.42	2115.36	2567.7	3239.89	3730.06	13588.6	253.9	115.1	17.8
# 地方财政收入(亿元)	27.45	101.59	342.77	1066.6	1298.2	1649.5	1933.39	7043.3	273.6	117.2	15.2
财政支出(亿元)	17.43	80.23	431.3	1265.53	1471.86	1806.79	2208.58	12671.1	246.3	122.2	17.5
贸易											
社会消费品零售总额(亿元)	46.86	353.75	2553.59	4631.69	5325.35	6214.04	7441.75	15880.8	211.9	119.8	18.4
进出口总额(亿美元)	0.7	27.73	278.34	1073.91	1391.47	1768.56	2111.09	301584.7	343.8	119.4	30.6
# 出口总额(亿美元)	0.52	21.89	194.44	768.04	1008.94	1282.73	1542.67	296667.3	370.9	120.3	30.5
价格指数											
居民消费价格指数(上年 =100)		102.1	101.1	101.3	101.1	104.2	105.0				
城乡居民收入											
城镇居民人均可支配收入(元)	332	1932	9279	16294	18265	20574	22727	1033.8	150.2	105.4	8.1
农村居民人均纯收入(元)	165	1099	4254	6660	7335	8265	9258	1141.2	143.5	106.2	8.5
教育和文化											
高等学校在校学生数(万人)	2.4	6	22.2	67.7	74.7	80.9	86.8	3616.7	172.2	107.3	12.7
普通中学在校学生数(万人)	214.7	169.6	249.6	261.1	262.3	266.6	269.8	125.7	99.9	101.2	0.8
小学在校学生数(万人)	501.4	372.4	353.8	342.4	339.4	335.5	332.3	66.3	97.6	99.0	-1.4
报纸出版数量(万份)	24080	66865	173526	264913	280261	291048	298677	1240.4	123.6	102.6	8.8
杂志出版数量(万份)	393	4716	8736	9016	8009	8082	7407	1884.7	81.4	91.6	10.3
图书出版数量(万份)	12033	19596	27014	27443	27026	25656	29564	245.7	97.7	115.2	3.0

注:1. 本表价值量指标按当年价格计算,发展速度按可比价格计算。

2. 城镇居民人均可支配收入、农村居民人均纯收入发展速度均已扣除价格变动因素。

2008年浙江省国民经济和社会发展统计公报

浙江省统计局 国家统计局浙江调查总队

(2009年2月27日)

2008年,浙江省深入贯彻落实科学发展观,认真执行中央宏观调控政策,全面实施“创业富民、创新强省”总战略,积极推进“全面小康六大行动计划”,及时提出“标本兼治、保稳促调”的总体思路,实施一系列政策措施,积极应对经济运行中出现的各种矛盾和问题,克服雨雪冰冻等自然灾害影响,加快推进经济发展方式转变,着力保增长、调结构、促和谐,经济运行总体仍处于较快增长区间,结构调整和发展方式转变取得积极进展,民生继续改善,社会保持稳定。

一、综合

初步核算,2008年,浙江省生产总值为21486.92亿元,比上年增长10.1%(见图1)。其中第一产业增加值1095.43亿元,第二产业增加值11580.33亿元,第三产业增加值8811.16亿元,分别增长3.9%、9.4%和11.8%。人均GDP为42214元(按年平均汇率折算为6078美元),增长8.6%。三次产业增加值结构从上年的5.3:54:40.7调整为5.1:53.9:41。

图1 2004~2008年浙江省生产总值及其增长速度

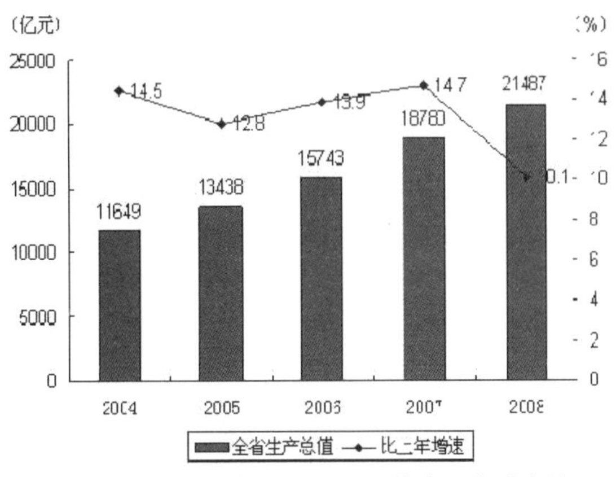

浙江省居民消费价格上涨5.0%,其中居住类上涨5.0%,食品类上涨13.9%(见图2、表1)。商品零售价格上涨6.3%,农业生产资料价格上涨18.9%,工业品出厂价格上涨4.3%,原材料、燃料、动力购进价格上涨10.6%,固定资产投资价格上涨9.3%。房屋销售价格上涨7.4%。

图2 2004~2008年居民消费价格涨跌幅度

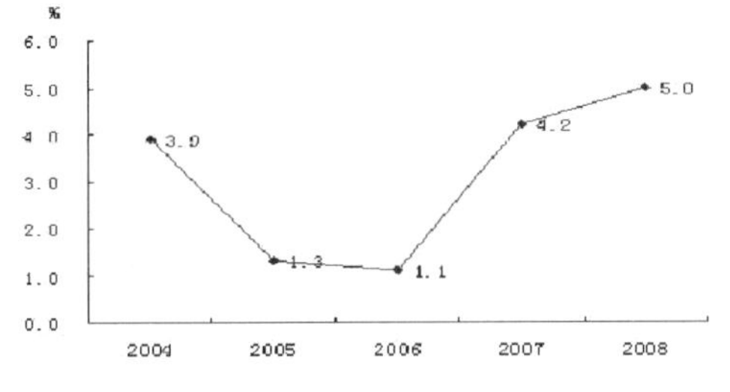

表1 2008年居民消费价格变动情况(上年=100)

	全 省	城 市	农 村
居民消费价格总指数	105.0	104.8	105.3
食品	113.9	114.2	113.6
# 粮食	105.4	105.5	105.3
烟酒及用品	102.1	102.2	102.1
衣着	97.9	97.5	98.4
家庭设备用品及服务	103.4	104.5	102.5
医疗保健及个人用品	105.8	106.8	105.0
交通和通信	95.6	94.4	96.9
娱乐教育文化用品及服务	99.0	99.8	98.3
居住	105.0	104.0	105.7

浙江省财政一般预算总收入3730.06亿元,比上年增长15.1%,其中地方一般预算收入1933.39亿元,增长17.2%。

全年浙江省新增城镇就业人数74万人,年末城镇登记失业率为3.49%,比上年末上升0.22个百分点。

二、农业和农村建设

2008年,全年粮食播种面积和单产分别比上年增0.1%和4.0%,粮食总产量为775.55万吨,增4.1%,其中晚稻总产量为601.08万吨,增5.6%(见表2)。

表2 2008年主要农产品产量

指标	绝对数(万吨)	比上年增长(%)
粮食	775.55	4.1
春粮	38.47	9.0
早稻	59.36	-12.4
秋粮	677.72	5.6
油料	190.78	26.1
花生	5.2	1.2
油菜籽	41.74	9.9
棉花	2.82	10.9
糖料	85.45	-1.8
茶叶	16.23	1.3
水果	747.92	8.4
蔬菜	1757.92	2.3

主要经济作物有增有减。其中蔬菜播种面积618.47千公顷,比上年下降6.4%;油料47.67千公顷,棉花播种面积20.34千公顷,分别比上年增长9.0%和8.1%。

畜牧业生产增长较快,渔业生产稳定发展。全年肉类总产量为170.1万吨,比上年增长13.5%;水产品产量504.64万吨,比上年增长0.9%,其中海水产品产量385.13万吨,淡水产品产量

92.86万吨，远洋渔业26.65万吨。

现代农业发展迈开新步子。全年净增有效灌溉面积8.97千公顷，新增机电排灌面积8.53千公顷。农业机械总动力2382.76万千瓦，比上年增长2.2%。

新农村建设取得积极进展。新一轮的“千村示范万村整治工程”顺利启动，全年投入建设资金100.7亿元，其中各级财政投入占40.5%。浙江省完成环境综合整治村3395个，污水治理提升村1040个，超过年度计划数的11.8%，受益农户169万户。“千万农村劳动力培训工程”深入推进，全年培训农民130万人，其中转移就业44.6万人，培训转移率超过70%。现代农业成为农民创业的新亮点，浙江省农家乐村点累计已发展到2728个，经营农户1.47万户，直接从业人员8.31万人，全年共接待游客5551万人，营业收入36.8亿元。启动实施“低收入农户奔小康工程”，深入推进下山搬迁，浙江省共下山搬迁2.3万户、8.1万人。浙江省有60%以上的乡镇(街道)建立了专职指导员制度，34756名第四批农村工作指导员一年来共走访农户367.47万户次，帮助落实项目56908个资金13.78亿元，调处矛盾纠纷10.74万起，为促进新农村建设发挥了积极作用。浙江省各级财政对“三农”投入达到626亿元，增长26.2%。

三、工业和建筑业

2008年，全部工业增加值为10359.8亿元，比上年增长10.1%，其中规模以上工业增加值8083亿元，增长10.1%，轻、重工业增加值分别增长9.1%和10.9%(见表3)。规模以上工业销售产值39973.1亿元，增长13.7%。国有及国有控股工业企业增加值1251.2亿元，比上年增长11.8%。规模以上工业企业完成出口交货值9859.5亿元，增长7.9%。出口交货值占销售产值的比重为24.7%，比上年下降1.3个百分点。

表3　　2008年规模以上工业增加值

	绝对数(亿元)	比上年增长(%)
工业增加值	8083	10.1
#国有及国有控股企业	1251.2	11.8
集体企业	57.2	5.5
股份制企业	2173.0	8.3
外商及港澳台投资企业	2144.5	7.3
私营企业	3004.2	13.0
#轻工业	3587.1	9.1
重工业	4495.9	10.9

高技术产业总产值3112.7亿元，比上年增长7.0%，所占比重为7.6%。浙江省新产品产值为6804.4亿元，比上年增长21.2%，新产品产值率为16.5%，比上年提高0.9个百分点。汽车产量22.6万辆，增长8.9%，其中轿车产量19.3万辆，增长10.5%(见表4)。

全年规模以上工业企业实现利润1513.6亿元，比上年下降11.7%。其中，国有及国有控股企业87.1亿元，比上年下降59.5%；股份制企业363.3亿元，下降30.1%；外商及港澳台投资企业500.7亿元，下降9.0%；私营企业543.8亿元，增长1.3%。工业企业产品销售率97.3%，比上年下降0.4个百分点。

全年建筑业增加值1220.6亿元，比上年增长3.0%。全年资质以上建筑企业利润总额210亿元，比上年增长15.1%；税金总额252亿元，增长17.4%。

四、固定资产投资和房地产业

表4　　2008年主要工业产品产量

	单位	绝对数	比上年增长(%)
纱	万吨	166.6	5.7
布	亿米	124.5	2.9
化纤	万吨	1057.7	10.4
卷烟	亿支	761.0	3.8
房间空调器	万台	451.7	-1.4
发电量	亿千瓦小时	2065.7	3.0
钢材	万吨	1766.4	9.0
水泥	万吨	10210.9	-2.1
化肥(折100%)	万吨	24.7	-2.9
汽车	万辆	22.6	8.9
#轿车	万辆	19.3	10.5
集成电路	亿块	17.2	-53.0
光通信设备	台	48501	12.1
移动电话机	万台	2170.4	-45.8
微型电子计算机	万台	105.6	-18.2

2008年，全社会固定资产投资9299.8亿元，比上年增长10.4%(见图3)，其中限额以上投资8523.0亿元，比上年增长10.6%，增幅和上年持平。限额以上非国有控股投资5610.5亿元，增长11.2%，占全部限额以上投资的65.8%。

图3 2004～2008年固定资产投资及其增长速度

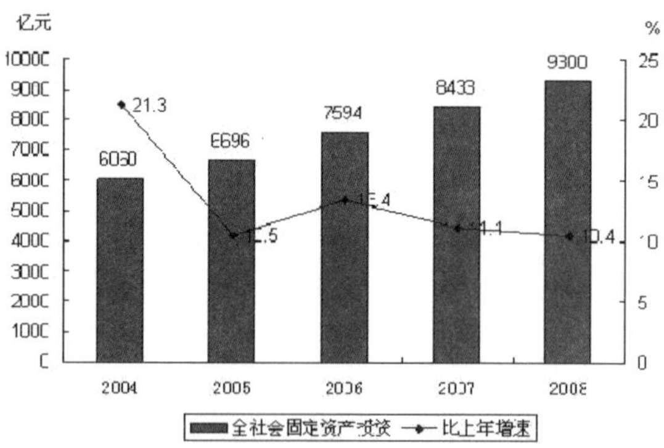

在限额以上固定资产投资中，第一产业投资35.8亿元，比上年增长8.5%；第二产业投资3936.0亿元，增长8.8%。其中工业投资3910.1亿元，增长8.5%；第三产业投资4551.2亿元，增长12.3%。全年限额以上投资项目25892个，比上年增长6.1%。其中，新开工项目12227个，比上年下降0.7%。

全年房地产开发投资1999.3亿元，比上年增长9.8%，增幅比上年回落5.9个百分点。商品房销售额1816.4亿元，比上年下降30.9%。

五、国内贸易

全年社会消费品零售总额7441.7亿元，比上年增长19.8%，扣除价格因素，实际增长12.7%。其中，城市消费品零售额4960.4亿元，比上年增长20.2%，县及县以下消费品零售额2481.3亿元，增长18.8%。分行业看，批发零售贸易业零售额6521.5亿元，增长19.7%；住宿餐饮业零售额869.4亿元，增长21.2%；其他行业零售额50.8亿元，增长6.5%。

图4　2004～2008年社会消费品零售总额及其增长速度

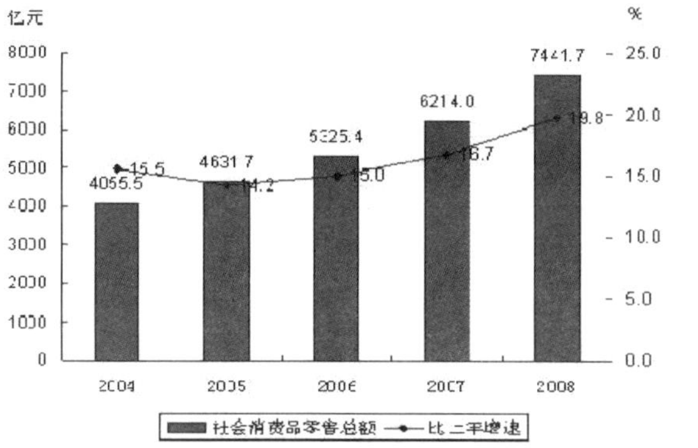

在限额以上批发零售贸易业销售额中，汽车类零售额比上年增长5.6%，通信器材类下降9.2%，建筑及装潢材料类下降25.7%，服装、鞋帽、针纺织品类增长25%，家具类增长13.4%，食品饮料烟酒类增长19.6%，石油及制品类增长23.9%，文化办公用品类增长11.4%，家用电器和音像器材类增长6.1%。

年末浙江省共有商品交易市场4087个，比上年减少9个。其中，超十亿元的市场139个，比上年增加6个，超百亿元的市场15个，与上年持平。商品交易市场成交额9793亿元，比上年增长5%。新型流通业态发展较快。"千镇连锁超市"、"万村放心店"工程全面完成。浙江省已建立乡镇连锁超市1773个，村级连锁便利店14702个，萧山区、临安市等16个县(市、区)实现了行政村连锁便利店全覆盖。

六、对外经济

全年进出口总额为2111.5亿美元，比上年增长19.4%，其中进口568.6亿美元，增长17%，出口1542.9亿美元，增长20.3%(见表5)。

表5　　2008年进出口主要分类情况

	绝对数(亿美元)	比上年增长(%)
进出口总额	2111.5	19.4
出口额	1542.9	20.3
#一般贸易	1218.7	22.7
加工贸易	308.6	13
#机电产品	680.7	22.5
#高新技术产品	106.5	4.7
进口额	568.6	17
#一般贸易	344	17.7
加工贸易	150.3	21.4
#机电产品	150.3	9

对主要市场的出口均保持较快增长，澳大利亚和中国台湾成为浙江进口增长最快的国家和地区，其中中国台湾取代日本成为浙江省第一大进口来源地(见表6)。

浙江省新批外商直接投资项目1858个，比上年减少1061个，合同外资和实际到位外资分别为178.2亿美元和100.7亿美元，分别比上年下降12.6%和2.8%。第三产业利用外资继续保持良好势头，合同外资53.5亿美元，实际外资30.6亿美元，分别比上年下降22.1%和增长2.4%，分别占外资总额的30%和30.3%。

表6　　2008年对主要市场进出口情况

国家或地区	出口额(亿美元)	比上年增长(%)	进口额(亿美元)	比上年增长(%)
欧盟	426.5	25.2	65.6	10.6
东盟	87.4	23.3	50.9	5
美国	265.4	7.7	43.1	9.6
中国香港	52.1	1.8	2.9	-23.8
日本	99.8	13.1	89.4	15.1
韩国	45	11.3	68.6	13.6
中国台湾	17.3	10	90.3	23.2

全年对外承包工程、对外劳务合作、对外设计咨询完成营业额20.9亿美元，比上年增长0.4%。批准境外投资项目427个，总投资9.2亿美元，其中中方投资8.6亿美元，总投资和中方投资分别增长39.1%和42%。

七、交通运输、邮电和旅游

全年交通运输、仓储和邮政业增加值827.7亿元，比上年增长8.1%。

全年铁路、公路和水运等运输方式完成货物周转量5385.08亿吨公里，比上年增长8.5%；旅客周转量1071.64亿人公里，增长4.4%。沿海港口货物吞吐量6.5亿吨，增长12.3%(见表7)。

表7　　2008年铁、公、水路运输方式完成运输量

	单位	绝对数	比上年增长(%)
货物周转量	亿吨公里	5385.08	8.5
铁路	亿吨公里	339.74	1.1
公路	亿吨公里	521.71	5.7
水运	亿吨公里	4523.63	9.5
旅客周转量	亿人公里	1071.64	4.4
铁路	亿人公里	289.76	12.1
公路	亿人公里	774.28	1.7
水运	亿人公里	7.6	10.0
沿海港口货物吞吐量	亿吨	6.5	12.3

全年邮电业务总量1546.2亿元，比上年增长16.5%。其中，邮政业务总量48.8亿元，增长15.6%；电信业务总量1497.4亿元，增长16.5%。

全年固定电话交换机总容量3232万门。新增移动电话交换机容量1998万户，总容量为7901万户。年末固定电话用户达2297万户，其中城市电话用户1482万户，农村电话用户815万户；移动电话用户3977万户，全年新增448万户。国际互联网稳步发展，年末浙江省互联网用户数为805万户，比上年新增124万户。

全年国内旅游者2.09亿人次，比上年增长5.6%；国内旅游收入2040亿元，增长12%。接待境外入境旅游者539.67万人次，增长5.6%。其中，外国人366.13万人次，增长6.6%；香港、澳门

和台湾同胞167.54万人次，增长3.6%。国际旅游外汇收入30.24亿美元，增长11.7%。全年国内国际旅游总收入2250亿元，增长11.1%。

八、金融、证券和保险

年末金融机构本外币各项存款余额35481.20亿元，比上年末增长22.1%，其中人民币存款余额增长22.1%。全部金融机构本外币各项贷款余额29658.67亿元，比上年末增长18.8%，其中人民币贷款余额增长19.9%。年末城乡居民本外币储蓄存款余额14804.54亿元(见表8)，比上年末增长30.0%。

表8　　2008年全部金融机构本外币存贷款情况

指 标	年末数(亿元)	比上年增长(%)
各项存款余额	35481.20	22.1
其中：企事业存款	11490.12	9.7
城乡居民储蓄存款	14804.54	30.0
其中：人民币	14501.49	29.9
各项贷款余额	29658.67	18.8
其中：短期贷款	17219.69	16.0
中长期贷款	10742.81	19.5

按照五级分类统计，年末浙江省主要银行业机构不良贷款余额306.95亿元，比年初增加135.13亿元，不良贷款率为1.31%，比年初上升0.44个百分点。

2008年末，浙江省全年新增上市公司16家(其中境内上市11家，境外上市5家)。目前，浙江省共有境内上市公司131家，位居全国第三，累计融资796.92亿元，其中中小板上市公司54家，占全国中小板上市公司总数的19.8%，全国排名第二。境外上市公司39家，累计融资445.64亿元。

全年保险业实现保费收入576.33亿元，比上年增长30.4%。其中，财产险保费收入203.39亿元，比上年增长15.9%；人身险保费收入372.95亿元，增长40%。支付各类赔款及给付212.99亿元。其中，寿险业务给付71.58亿元；健康险和意外伤害险赔款及给付12.67亿元；财产险赔款128.74亿元。

九、教育和科学技术

浙江省拥有普通高校77所(含筹建)。全年研究生招生13691人，在学研究生35812人，毕业生8944人；普通本专科招生26.57万人，在校生83.22万人，毕业生20.32万人。普通高考录取率75%，比上年提高3个百分点；高等教育毛入学率为40%，比上年提高2个百分点。各类中等职业教育招生26.35万人，在校生72.88万人，毕业生24.67万人。普通高中招生28.19万人，在校生84.82万人，毕业生29.59万人。初中招生62.21万人，在校生184.99万人，毕业生53.81万人，初中毕业升高中段的比例为97.48%，比上年提高0.93个百分点。小学招生55.78万人，在校生332.28万人，毕业生62.48万人；小学毕业生升学比例达99.99%，初中入学率、巩固率分别为99.92%和99.98%，九年义务教育完成率为97.8%。特殊教育招生1864人，在校生1.29万人。浙江省拥有幼儿园10212所，在园幼儿159.34万人。

全年全社会科技活动经费投入600亿元，比上年增长16.1%；占浙江省生产总值的比例为2.79%，比上年提高0.11个百分点。R&D经费占浙江省生产总值的比例为1.6%，比上年提高0.08个百分点。地方财政科技投入86.8亿元，比上年增长21.3%；地方财政科技拨款占地方财政支出的比重为3.93%。

年末浙江省拥有县及县以上独立的研究开发机构150家，省级以上重点实验室(含试验基地)145家、省级高新技术企业研发中心813家，国家认定的企业技术中心37家；拥有省级区域科技创新服务中心107家，国家级示范生产力促进中心9家。全年受理专利申请9万件，授权专利5.3万件，分别比上年增长30.5%和25.9%。全年技术市场合同成交金额58.9亿元。

年末浙江省有1046家产品质量检验机构，其中国家检测中心19个；产品质量、体系认证机构5个，浙江省有10197家企业获得强制性产品认证64488张，有30934家企业获得了管理体系认证。法定计量技术机构73个，全年强制检定计量器具210.67万台件。全年测绘部门完成各种比例尺地形图7.23万幅。

十、文化、卫生和体育

年末浙江省文化部门共有艺术表演团体72个，群艺(文化)馆、文化站1557个，公共图书馆94个，博物馆78个。省市级广播电台、电视台各12座，县级广播电视台66家。浙江省乡镇和行政村的有线电视联网率分别达到99.6%和98%。浙江省有线电视用户数1057.1万户，比上年增长2.1%，入户率为68.8%，广播、电视综合覆盖率分别达到98.9%和99.1%。浙江省制作生产的各类电影22部、电视剧26部863集、动画28部18413分钟，浙江省广播电视业经营收入97.44亿元，比上年增长10.8%。全年城市影院共放映电影37.7万场，观众914.9万人次，票房收入2.73亿元，比上年分别增长13.2%、5.1%和29.5%。

浙江省14家图书出版社，共出版图书8273种，总印数2.9亿册；浙江省公开发行的报纸有70种，年发行量29.6亿份，比上年增加0.97亿份，平均每千人每天拥有160.4份报纸；出版期刊218种，年发行量近0.75亿册。浙江省共有综合档案馆97个，已开放各类档案10686个全宗，共计263.6万卷17.58万件。

年末浙江省共有卫生机构1.5万个，其中医院、卫生院2484个。医院和卫生院床位14.95万张。卫生技术人员24.3万人，其中执业医师和执业助理医师10.2万人，注册护士7.83万人。

2008年底，浙江省各县(市、区)已建立社区卫生服务中心1254个，占应建社区卫生服务中心总数的90%，社区卫生服务站(室)6558个，社区责任医生3万余人。初步建立覆盖浙江省、多层次、多形式的城乡社区卫生服务体系。

建立健全公共卫生体系，加强重大传染病的防控工作。2008年浙江省累计报告发生甲、乙类传染病174573例，报告死亡病例198例。报告总发病率为345.01/10万，比上年下降0.87%，报告死亡率为0.39/10万，比上年下降30.66%，病死率为0.11%，比上年下降30.04%。浙江省共30个美沙酮维持治疗门诊启动运转率达100%，累计服药人数6729人，目前日服药人数2819人。浙江省共有11个市，76个县(市、区)开展免费抗病毒治疗工作。浙江省建立了1个确证中心实验室，12家确证实验室、8家筛查中心实验室，438家HIV筛查实验室，形成省、市、县三级艾滋病检测实验室网络。

结合“千村示范、万村整治”工作，积极推进农村改水改厕，农村自来水普及率90.7%，卫生厕所覆盖率达83.8%，累计创建国家级卫生城市(县城、镇)12个，农村环境卫生条件得到明显改善。

2008年，浙江省运动健儿共取得世界冠军10个、亚洲冠军7个、全国冠军82个。共举办国际性体育竞赛19项次、全国性竞赛52项次、浙江省性竞赛41项次。浙江省共有7个县(市、区)和160个乡镇通过省级体育强县、强镇的检查验收。全年发行体育彩票40.24亿元，比上年增加4.04亿元，位居全国第2位。

十一、人口、人民生活和社会保障

2008年，年末浙江省常住人口5120万人，比上年增长1.2%。其中，男性人口2590.2万人，女性人口2529.8万人，分别占总人口的50.6%和49.4%。全年出生人口51.9万人，出生率10.20‰；死亡人口28.6万人，死亡率为5.62‰；全年自然增长人口23.3万人，自然增长率为4.58‰。

据对浙江省城乡住户抽样调查，浙江省城镇居民人均可支配收入22727元，农村居民人均纯收入9258元，扣除价格因素，分别比上年实际增长5.4%和6.2%，城镇居民人均可支配收入连续8年、农村居民人均纯收入连续24年列全国各省区第一位(见图5、6)。城镇居民收入的基尼系数(衡量居民内部收入分配差距的指标)为0.3310，农村居民的基尼系数为0.3614。城镇居民人均消费支出15158元，比上年实际增长2.7%；农村居民人均生活消费支出7072元，实际增长9.8%。城镇居民家庭恩格尔系数（居民家庭食品消费支出占生活消费总支出的比重）为36.4%，农村居民家庭恩格尔系数为38.0%，分别比上年提高1.7和1.6个百分点。

图5 2004～2008年城镇人均可支配收入及其增长速度

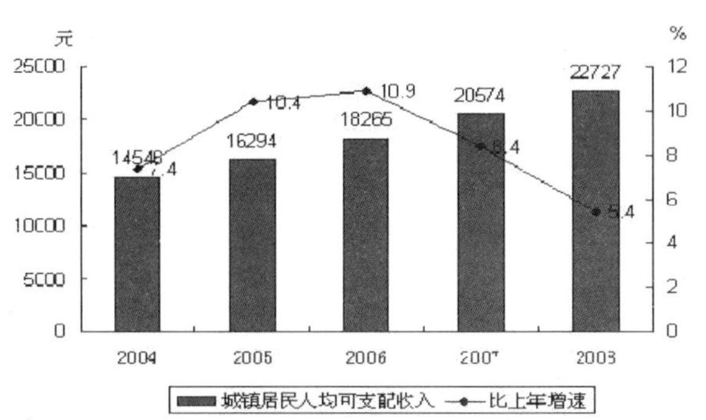

图6 2004～2008年农村居民人均现金收入及其增长速度

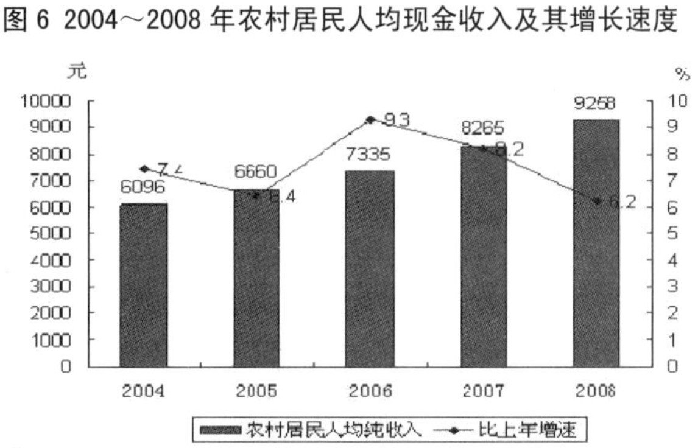

城镇居民人均住房建筑面积34.33平方米，农村居民人均居住面积58.50平方米，居住条件继续改善。城乡居民家庭耐用消费品拥有量变化明显(见表9)。

表9　2008年城乡居民每百户主要耐用消费品拥有量

	单位	城镇居民	比上年增长(%)	农村居民	比上年增长(%)
洗衣机	台	91.23	-1.8	62.55	4.7
电冰箱	台	97.87	-2.2	80.17	6.9
空调器	台	170.73	6.0	61.30	13.5
摩托车	辆	25.85	-14.9	56.87	-1.7
家用汽车	辆	19.65	41.8	4.74	19.9
彩色电视机	台	176.18	-3.7	149.64	3.8
固定电话	部	90.07	-5.7	92.23	-1.0
移动电话	部	188.95	-0.9	159.74	6.3
家用电脑	台	79.45	7.7	23.38	20.6

2008年，浙江省参加企业养老保险人数1293万人，比上年末增加217万人，增长20.2%；企业养老保险基金收入457亿元，支出281亿元，累计结余781亿元，比上年末增加176亿元，基金支付能力稳定上升，支付能力达32个月。基本医疗保险参保人数1054万人，比上年末增加199万人，增长23.3 %；工伤保险参保人数1262万人，增加259万人，增长25.8%；生育保险参保人数687万人，比上年末增加182万人，增长36.0%；参加失业保险人数731万人，比上年末增加146万人，增长25.0%。城镇居民参加基本医疗保险的有365万人，比上年末净增215万人；农民工参加基本医疗保险和工伤保险的人数分别为404万人和500万人。

新型农村合作医疗机制不断完善，基金监管力度进一步加大，保障能力逐步增强。目前，浙江省参合人数3094万人，参合率为90%，人均筹资水平135.9元，住院补偿率为31.2%，门诊结报率为120%。浙江省86个有农业人口的县(市、区)人均筹资均在100元以上，并全面建立了住院兼顾门诊补偿制度。

社会救助体系不断健全和完善。据初步统计，浙江省在册低保对象68.74万人，其中城镇9.39万人，月均补助202.12元/人；农村59.35万人，月均补助112.3元/人，各县(市、区)全部执行低保新标准，绝大部分地区实现以县为单位，人均救助额不低于低保标准50%。全年支出保障金近9.5亿元。年末浙江省各种收养性社会福利单位拥有床位15.5万张，收养人员9.66万人。农村五保集中供养率95%，城镇“三无”集中供养率98.99%。所有乡镇(街道)和2.75万个社区(村)基本建立了社会救助综合管理服务机构。

十二、资源、环境保护和社会安全

2008年浙江省水资源总量863.99亿立方米；人均水资源1687立方米。总用水量207.98亿立方米，其中，生活用水量

24.03亿立方米，生产用水量171.18亿立方米，城市环境用水量12.77亿立方米；浙江省人均用水量406立方米。年末浙江省拥有省市县三级海洋环境监测预报机构25个，气象雷达观测站点8个，卫星云图接收站点25个。

浙江省八大水系、运河和主要湖库171个省控监测断面中有68.4%的断面水质满足水环境功能要求，比上年提高7.6个百分点。钱塘江流域市县交接断面水质达标率55.2%；浙江省26个省控饮用水源地水质达标率为72.9%；浙江省城市空气综合污染指数为1.71，11个设区市城市环境空气质量达到二级标准的天数均在82.2%以上。浙江省城市总体声环境质量保持在上一年水平。据初步统计，城市污水处理率、城市生活垃圾无害化处理率分别为71.3%和85%，分别比上年提高3.2和4.4个百分点。

节能降耗取得进一步成效，主要污染物排放强度明显下降。关停了一批高耗能、高污染企业或生产线，企业也加大了对节能减排项目的技术改造。规模以上工业单位增加值能耗同比下降7.4%，37个行业大类中，有35个行业的单位增加值能耗有不同程度的下降，其中降低率在10%以上的行业主要有非金属矿物制品、化纤、纺织等18个行业。化学需氧量和二氧化硫排放量分别比上年削减4.51%和7.08%，浙江省超额完成单位地区生产总值能耗降低率的年度目标和国家主要污染物年度减排计划。

生态省建设成效显著，全年完成造林面积8520千公顷，森林覆盖率为57.41%(按国家口径，不含灌木林)。浙江省已有43个市、县(市、区)获得国家级生态示范区的验收命名，累计创建国家级环境优美乡镇138个、省级生态乡镇579个、全国绿色学校49所，全国绿色社区27个，建成省级生态环境教育示范基地69个，以及一大批省级绿色学校、绿色社区、绿色医院、绿色饭店、绿色家庭等。浙江省建有省级以上自然保护区18个，其中国家级自然保护区9个。建有省级以上森林公园101个。

全年因灾造成的直接经济损失240.5亿元。全年农作物受灾面积1074.9千公顷，其中，绝收62.4千公顷。全年浙江省海域共发现赤潮29次，比上年减少11次；累计赤潮面积10725平方千米。

建设“平安浙江”取得阶段性成效。据调查，2008年浙江省群众安全感达95.65%，被认为是全国最具安全感的省份之一。各类事故总量继续下降，连续第5年实现“零增长”的目标。全年浙江省共发生各类事故31640起、死亡6991人、直接经济损失29608.6万元，分别比上年下降13.5%、5.1%和6.2%；其中，道路交通共发生事故26111起、死亡6063人、直接经济损失9913.8万元，分别比上年下降14.9%、5.6%和13.3%。火灾事故共发生4680起、死亡85人，直接经济损失5655.2万元，分别下降7.0%、17.5%和14.0%。

注：

(1)本公报所列各项数据为年度初步统计数据。

(2)浙江省生产总值和各产业增加值绝对数按现行价格计算，增长速度按可比价格计算。

(3)浙江省人均生产总值按年平均常住人口口径计算。

财经法规选编

浙江省人民政府关于抓好2008年粮食生产的通知

(2008年2月20日 浙政发〔2008〕16号)

各市、县(市、区)人民政府,省政府直属各单位:

为了稳定粮食生产,确保粮食安全,2008年的粮食生产要按照"强化责任、稳定面积,加大投入、保障收益,依靠科技、提高单产,创新机制、增强活力"的要求,进一步加大工作力度,完善粮食生产扶持政策,确保全年播种面积2150万亩、总产量800万吨以上,力争播种面积2250万亩、总产量850万吨。现将有关事项通知如下:

一、加大种粮直接补贴力度

实行早稻普惠制补贴,省财政对早稻种植者按实际种植面积给予每亩20元的直接补贴。提高种粮大户直补标准,对全年稻麦种植面积20亩(含)以上的种植大户、杂交稻制种基地农户和农业部门认定为运作管理规范的粮食专业合作社社员,按实际种植面积给予每亩20元的直接补贴。按照"确定基数、指标控制、分级落实"的原则,省里将2008年度补助资金指标下达至市、县(市、区),由县(市、区)通过农资综合直补"一卡通"等形式发放给种粮农户。

二、继续实行稻谷最低收购价政策,适当提高订单储备粮收购价外补贴标准

继续执行国家出台的粮食最低收购价政策,每50公斤早籼稻(三等,下同)不低于75元、中晚籼稻不低于76元、粳稻不低于79元。各级地方储备轮换所需的稻谷,省内收购部分由国有粮食购销企业与种粮大户签订"订单",凡市场价低于最低收购价的,按最低收购价收购;高于最低收购价的,按市场价收购。适当提高储备粮收购价外补贴标准,其中省委托金华、衢州两市收购的储备粮价外补贴提高到每50公斤9元,其他地区提高到每50公斤7元。收储企业须向当地财政部门提供享受价外补贴政策农民的姓名、身份证号等清册。继续实行"订单粮食"预购定金政策。

三、提高水稻良种补贴标准

对种植省定水稻主导品种的农户,省财政给予的良种补贴提高到每亩10元。各县(市、区)水稻补贴品种采取"择优上报、由省核定"的办法确定,并按照"确定基数、指标控制、分级落实"的原则,将2008年度省补贴资金指标下达至市、县(市、区),由市、县(市、区)根据农户购种与实际种植面积相挂钩的办法,将补贴资金落实到农户。

四、继续实施"浙江省水稻育种攻关计划"

省财政继续安排专项资金,重点支持引进、选育和推广优质、高产、多抗、省工节本栽培的单季晚稻新品种。对推广新品种面积大的育种单位和推广部门,按一定标准予以奖励。支持企业参与育种攻关。加大优质高产新品种的试种、示范和推广力度。

五、大力推广应用先进适用技术

加大水稻轻型栽培、强化栽培、单季晚稻"五改"技术、测土配方施肥等先进适用技术的推广力度,2008年力争推广水稻强化栽培技术200万亩、单季晚稻"五改"技术600万亩。实施单季晚稻"双百工程",力争通过3~5年努力,使全省单季晚稻平均亩产达到500公斤以上。继续开展万村优质高产示范活动,凡种植水稻100亩以上的村,都要选择1户种粮技术较好的农户作为水稻高产示范户,省财政安排资金,向示范户免费提供良种等。继续对评选出的水稻优质高产高效示范户、油菜优质高产示范户、春粮优质高产示范户实行"以奖代补"。大力推广新型农作制度,因地制宜发展粮经饲肥多元种植结构。加快农作物重大病虫害监测预警系统建设,重点抓好条纹叶枯病、褐飞虱、稻纵卷叶螟等水稻重大病虫害的预测预报和防治。

六、进一步完善农机购置和作业补贴政策

继续按照"总量控制、优化结构、分级扶持、包干使用"和"公开、公正、农民直接受益"的原则,对农民和农业生产经营服务组织购置补贴产品目录内的农业机械给予补贴。大力推广应用水稻育秧、插秧机械化技术。提高粮食生产机械化作业环节补贴标准,对本省应用水稻机械化插秧作业或接受植保合作社服务的农民,继续以"农机作业券"的形式补贴,补贴标准提高到每亩40元。对经济欠发达地区和海岛县,补贴资金由省财政承担60%,县(市、区)财政承担40%;其他地区由省财政承担40%,县(市、区)财政承担60%。具体办法由省农业厅、省财政厅另行制定。

七、加强耕地保护和农田基础设施建设

坚决执行最严格的耕地保护制度,切实保护基本农田。加快标准农田建设步伐,组织实施千万亩标准农田质量提升、千万亩十亿方节水灌溉等工程建设,重点支持粮食主产区和种粮大户改善生产条件。在开展测土配方施肥的同时,采取种植绿肥、秸秆还田、增施有机肥等措施,提高标准农田地力。

八、全面实行种粮大户水稻政策性保险

将水稻作为政策性农业保险必保品种,保险对象为水稻种植面积20亩(含)以上的种植大户;保障范围为台风、暴风暴雨、洪水和主要病虫害等灾害;保险金额为每亩200元或400元,相应保费为每亩10元或20元,其中财政给予75%的保费补助。财政补助部分,省财政与欠发达地区按六四比例分担,与其他地区按四六比例分担。

九、创新粮食生产工作机制

坚持"依法自愿有偿"原则,积极引导土地使用权有序流转,大力扶持发展种粮大户,提高规模经营水平。有条件的地方,可对土地使用权流出户给予一定的奖励。加快培育粮食生产(农机、植保)专业合作社,广泛开展专业化全程服务。大力鼓励代

种、代管、代收等粮食生产过程的分工合作。发展订单生产，支持种粮大户开展粮食加工、销售，鼓励粮食企业与种粮大户建立稳定的产销关系，提高粮食生产组织化程度。探索建立种粮成本、收益与政策扶持联动的长效机制，确保种粮农民获得合理收益，保护农民种粮积极性。

十、进一步加强对粮食生产工作的领导

各地、各有关部门要充分认识稳定粮食生产的重要性，切实把粮食生产作为一项重要的政治任务来抓，按照粮食种植面积和总产量不减少的要求，层层落实粮食工作市、县行政首长负责制，细化分级考核办法。将责任层层分解到乡、村，将种植任务落实到农户、到田块。继续开展粮食生产先进市、县(市、区)等评选活动。加大耕地抛荒明查暗访力度，建立举报和公开曝光制度，坚决制止全年性耕地抛荒，减少季节性抛荒。在晚稻插种后，开展全省耕地抛荒大检查，凡查出耕地连片抛荒10亩以上的县(市、区)不得申报粮食工作先进县(市、区)，并给予通报批评。要采取积极有效措施，特别是要千方百计筹措资金，大幅度增加粮食生产扶持资金，切实加强资金管理，引导农民多种粮、种好粮。

浙江省人民政府
关于在全省开展政策性农业保险的通知

(2008年3月5日 浙政发〔2008〕22号)

各市、县(市、区)人民政府，省政府直属各单位：

2006年以来，我省启动并逐步扩大政策性农业保险试点，在农业抗灾救灾和恢复生产中发挥了重要作用，受到了农民群众的欢迎。为了进一步扩大政策性农业保险试点成果，促进现代农业建设，保障农民群众创业致富，现就在全省开展政策性农业保险的有关事项通知如下：

一、开展政策性农业保险的总体要求

坚持以科学发展观为指导，按照“创业富民、创新强省”总战略的要求，紧紧围绕农业增效、农民增收的目标，以保护灾后恢复生产能力为出发点，充分考虑财政承受能力、保险企业可持续经营能力和农户参保意愿，以保大灾、保大户、保主要品种为重点，坚持政府推动、农户自愿、市场运作的原则，采取“共保经营”为主、“互保合作”等形式为辅的运行方式，积极稳妥地推进政策性农业保险，为发展现代农业提供有力保障。

二、政策性农业保险经营方式与范围

对国家和省确定的政策性农业保险品种由浙江省政策性农业保险共保体(以下简称共保体)统一经营，共保经营范围扩大到全省有农业生产的所有县(市、区)。受共保体委托，首席承保的商业保险公司承担具体业务经营。共保体经营范围为农险、以险养险、涉农险三类，实行“单独建账、独立核算、盈利共享、风险共担”。对国家和省定政策性农业保险品种参保实行保费财政补贴，原则上多保多补，不保不补。共保体章程和农险条款、费率的制定(变更、修改)须按程序报批，商省政策性农业保险试点工作协调小组确定。继续支持农业互助合作保险，进一步完善渔业互助合作保险。

共保经营和省定的互助合作保险试点时间截止到2008年12月31日。

三、共保经营的主要内容

(一)保险品种。保险品种分为必保品种和选保品种两类，其中能繁母猪、奶牛、油菜、水稻为必保品种。同时，根据当地农业产业发展和抗风险需要，由各地从大棚蔬菜、露地西瓜、柑橘、林木、生猪、鸡、鸭、鹅、淡水鱼中选择不超过6个品种开展保险。

(二)参保对象和方式。能繁母猪、奶牛、油菜的参保对象为符合条件的所有农户；水稻、大棚蔬菜、露地西瓜、柑橘、林木、生猪、鸡、鸭、鹅、淡水鱼的参保对象为符合条件的农业龙头企业、种养大户和农民专业合作社，鼓励农业龙头企业为自建基地或与农户紧密联结的生产基地实行统一投保，鼓励农民专业合作社为社员统一投保，鼓励特色农产品生产基地以村为单位联户投保。县(市、区)承保面原则上要求达到符合参保条件对象的50%以上。

(三)保障程度。以保障承保对象物化成本为主，保险金额为承保对象物化成本的50%左右。保险责任以保大灾为主，主要包括热带风暴级以上热带气旋(具体责任见条款)、暴雨、洪水、冻害、常见病虫害、大规模疫病等主要灾害。具体保险责任和参保条件另行制定。

(四)保费补贴。省与县(市、区)财政安排专项资金，对参加政策性农业保险的农户给予保费补贴。其中，水稻保费补贴为75%；大棚蔬菜、露地西瓜、柑橘、林木、生猪、鸡、鸭、鹅、淡水鱼等9个品种的保费补贴为45%；能繁母猪保费补贴为80%；奶牛、油菜的保费补贴按国家政策执行。水稻、大棚蔬菜、露地西瓜、柑橘、林木、生猪、鸡、鸭、鹅、淡水鱼保费的财政补贴部分，由省财政与欠发达地区按六四比例分担，与其他地区按四六比例分担。能繁母猪保险财政补贴按《浙江省人民政府办公厅关于全面开展政策性能繁母猪保险工作的通知》(浙政办发明电〔2007〕111号)执行。有条件的地方可增加对参保农户的保费补贴。各级财政与共保体以“按实补贴、一年一结”的形式结算。财政安排的保费补贴、超赔补贴和购买再保险等资金应纳入年度财政预算，并以县为单位设立核算账户，省和县(市、区)财政对补贴资金实行专户管理、专账核算，每年预算安排的结余部分，应及时转入专户，用于以后年度的“以丰补歉”。

(五)风险分担。全省农业保险赔款在当年农业保险保费2倍(含)以内的，由共保体承担全部赔付责任；赔款在当年农业保险保费2～3倍(含3倍)的部分，由共保体与政府按1:1比例承担；赔款在当年农业保险保费3～5倍(含5倍)的部分，再由共保体与政府按1:2比例承担。政府承担的超赔责任由省与县(市、区)财政分担，分担比例按照财政保费补贴比例执行。各县

(市、区)在年农业保险赔款总额超过当年农业保险保费5倍的情况下,实行先预摊、再年度结算,其中,政府承担的预摊超赔责任,由省与县(市、区)政府按"二八"比例执行。在保险年度末统计全省全年总赔款后,再按全省范围内5倍封顶的要求,实行封顶系数(全省农业总保费×5/全省总赔款,下同)转换后统一结算。

(六)理赔支付。政策性农业保险实行全省范围内农业保险风险责任在当年全省保费5倍以内的封顶方案。在定损后,共保体分两次向农户支付保险赔款,先由共保体向农户预付核定赔款的50%,再在保险年度末统计全省全年总赔款后,进行个案清算。全省全年总赔款在保费5倍之内的,则按核定的赔款扣除预付赔款后全额支付;若全年总赔款超过全省农业保险保费5倍的,则个案清算赔款额为:核定赔款额×封顶系数-预付赔款额。

四、切实加强对政策性农业保险工作的领导

(一)精心组织、扎实开展工作。各市、县(市、区)要把政策性农业保险作为一项民心工程、实事工程来抓,列入社会主义新农村建设考核内容,切实加强领导,精心组织部署,广泛宣传政策性农业保险的具体内容,强化农民群众的保险意识。要根据本通知精神,抓紧选好参保品种,核准农户基数,制定实施方案,落实财政补贴、以险养险等政策措施,尽快开展政策性农业保险工作。各级发展改革、财政、农业、林业、渔业、民政、气象等相关部门要认真履行职责,加强协作配合,确保政策性农业保险试点扩面工作顺利进行。

(二)加大政策支持引导力度。各地要加大对政策性农业保险的支持力度,重点组织农业龙头企业、种养大户和农民专业合作社参保,积极引导农户自愿参保。财政补助以农户自愿交费参保为基础,农户不参保,财政不补助。各市、县(市、区)要把农户是否参加政策性农业保险作为享受有关农业扶持政策的重要前提条件,对参保农户在财政扶持等方面优先考虑。要积极落实以险养险配套政策,县及县以下财政拨款机关事业单位的商业车辆险、综合财产险等,由共保体承保。各县(市、区)要从促进农业保险可持续发展角度,采取有效措施支持共保体相关业务的拓展和落实,积极支持共保体发展其他涉农保险业务。

(三)提高经营管理水平。各级政府要建立政策性农业保险风险预警和运行监管机制,加强巨灾防范意识,建立大灾应急预案,筹建巨灾超赔准备金。要积极创造有利条件,向国内外再保险市场购买再保险。共保体要进一步优化服务,提高经营管理水平,降低运行成本。互助合作保险组织要进一步规范管理,努力扩大保险覆盖面,切实抓好防灾防疫工作,着力控制农业灾害风险。

(四)加强政策性农业保险队伍建设。建立健全市级政策性农业保险试点工作机构,特别是新扩面的县(市、区),要抓紧建立由政府分管领导担任组长的政策性农业保险试点工作协调小组,加强协调和指导。各市、县(市、区)要充分发挥农产品行业协会、农民专业合作社、农业龙头企业的作用,紧紧依靠乡镇干部和农技员等基层队伍,建立健全专家理赔定损队伍,将服务网络延伸到行政村。

宁波市参照本通知执行。

浙江省人民政府
关于试行国有资本经营预算的意见

(2008年4月1日 浙政发〔2008〕25号)

建立国有资本经营预算制度,对增强政府宏观调控能力,完善国有企业收入分配制度,推进国有经济布局结构调整,具有重要意义。根据《国务院关于试行国有资本经营预算的意见》(国发〔2007〕26号)精神,结合我省实际,现就试行国有资本经营预算提出如下意见:

一、试行国有资本经营预算的指导思想和原则

(一)试行国有资本经营预算,要以邓小平理论和"三个代表"重要思想为指导,认真贯彻落实科学发展观,通过对国有资本收益的合理分配及使用,完善国有企业收入分配制度,推进国有资本的合理配置,推动国有企业的改革和发展,不断增强国有经济综合实力,促进我省经济又好又快发展。

(二)试行国有资本经营预算,应坚持以下原则:

一是统筹兼顾、适度集中。统筹兼顾国有企业自身积累、自身发展和国有经济结构调整及国民经济宏观调控的需要,适度集中国有资本收益,合理确定预算收支规模。

二是保证重点、兼顾一般。国有资本经营预算支出安排要以国家和省政府确定的产业发展和结构调整投入为重点,兼顾一般项目支出。

三是相对独立、相互衔接。既保持国有资本经营预算的完整性和相对独立性,又保持与政府公共预算的相互衔接。

四是分级编制、分步实施。国有资本经营预算实行分级管理、分级编制,根据条件分步实施。

五是统一上交、量入为出。国有资本收益实行统一上交财政,以收入总量确定支出规模,不留赤字。

二、国有资本经营预算的收支范围

(三)国有资本经营预算收入是指各级政府及其部门、机构履行出资人职责的企业(即一级企业,下同)上交的国有资本收益,主要包括:

1.利润收入,即国有独资企业按规定应上交国家的税后利润。

2.国有股股利、股息收入,即国有控股、参股企业国有股权(股份)获得的股利、股息收入。

3.国有产权转让收入,即转让国有产权、股权(股份)获得的收入。

4.清算收入,即国有独资企业清算收入,以及国有控股、参股企业国有股权(股份)分享的公司清算收入(扣除清算费用)。

5.其他国有资本收益收入。

(四)国有资本经营预算支出主要包括:

1.资本性支出,包括向新设企业注入国有资本金、现有国有企业增加资本投入、收购其他企业股权(股份)等支出。

2.费用性支出,包括用于补偿国有企业改革成本、分离办社会、消化历史挂账、解决历史包袱、加强国有企业监管等费用支出。

3.研发性支出,包括补助国有企业自主创新、产品研发、节能减排等科技活动支出。

4.其他支出,包括用于补充社保基金等支出。

三、国有资本经营预算的编制和审批

(五)国有资本经营预算单独编制,预算支出按照当年预算收入规模以收定支,统筹安排,不列赤字。

(六)各级财政部门为国有资本经营预算的主管部门。各级国有资产监管机构以及其他有国有企业监管职能的部门和单位,为国有资本经营预算单位(以下简称预算单位)。

(七)试行期间,各级财政部门负责布置国有资本经营预算编制工作,商国有资产监管机构、发展改革等部门后编制国有资本经营预算草案,报经本级政府批准后下达各预算单位;各预算单位在规定时间内下达所监管(或所属)企业,并抄送同级财政部门备案。

(八)各级财政部门应按规定向上级财政部门报送本地区国有资本经营预算报表。

四、国有资本经营预算的执行

(九)国有资本经营预算收入由财政部门负责收取,国有资产监管机构及其他有国有企业监管职能的部门和单位负责监交。企业按规定应上交的国有资本收益,应及时、足额直接上交同级财政。

(十)各级国有资本收益收取办法,由财政部门会同国有资产监管机构等有关部门制定,报本级政府批准后施行。

(十一)国有资本经营预算资金支出,由预算单位所监管(或所属)的企业在经批准的预算范围内提出申请,经预算单位审核后,报财政部门核拨。财政部门按照财政国库管理制度的有关规定,直接拨付使用单位。使用单位应当按照规定用途使用、管理预算资金,并依法接受有关部门的监督。

(十二)国有资本经营预算在执行中如需调整,须按规定程序报批。年度预算确定后,企业改变财务隶属关系引起预算级次和关系变化的,应同时办理预算划转。

(十三)各级财政部门应按规定编制本地区国有资本经营预算收支月报和年度决算报表报送上级财政部门,报告国有资本经营预算执行情况。

(十四)年度终了后,各级财政部门应编制国有资本经营决算草案报本级政府批准。

五、国有资本经营预算的职责分工

(十五)财政部门的主要职责是:负责制(修)订本地区国有资本经营预算的各项管理制度、预算编制办法;负责本级国有资本经营预算收支核算;编制本地区及本级国有资本经营预算草案、国有资本经营预算收支月报,报告国有资本经营预算执行情况;汇总编报本地区国有资本经营决算;会同有关部门制定本级企业国有资本收益收取办法;收取本级企业国有资本收益。省财政厅负责审核和汇总编制全省国有资本经营预、决算草案。

(十六)各预算单位的主要职责是:负责研究制定本单位国有经济布局和结构调整的政策措施,参与制定国有资本经营预算有关管理制度;根据预算编制要求,提出本单位国有资本经营预算建议草案;组织和监督本单位国有资本经营预算的执行;根据决算编制要求,提出本单位国有资本经营决算草案;负责所监管(或所属)企业上交国有资本收益的监交工作;按规定接受有关部门的监督检查。

(十七)各预算单位所监管(或所属)企业的主要职责是:根据预算编制要求,提出本企业年度国有资本经营预算建议书;根据批准的预算按规定使用预算资金,并定期向预算单位报送预算执行情况;编报本企业国有资本经营预算收支月报和年度决算草案;及时上交国有资本收益;按规定接受有关部门的监督检查。

六、试行国有资本经营预算的组织实施

(十八)省本级国有资本经营预算从2008年1月1日起试行。各地国有资本经营预算的试行时间、步骤,由各市、县(市)政府决定。

(十九)建立国有资本经营预算制度,是进一步加强国有资产管理、加快完善社会主义市场经济体制的一项重大举措,各地各有关部门要统一思想,加强领导,精心组织,积极稳妥地推进这项工作。省财政厅要会同省国资委抓紧制定有关具体配套制度和实施办法,各预算单位和有关企业要严格执行国有资本经营预算的各项制度和办法。各有关部门、单位和企业要加强沟通,协调配合,确保试行工作顺利进行。

浙江省人民政府
关于金融服务“三农”发展的意见

(2008年4月28日 浙政发〔2008〕31号)

为了深入贯彻党的十七大精神,落实省委“创业富民、创新强省”总战略,深入实施统筹城乡发展方略,缓解农村金融服务供给不足的矛盾,支持农民和农村经济组织发展生产、自主创新,促进农业增产、农民增收、农村发展。现就金融服务“三农”发展的有关工作,提出如下意见:

一、进一步增强金融服务“三农”发展重要性的认识

(一)充分认识金融服务“三农”发展的重要意义。党的十七大明确指出,解决好农业、农村、农民问题,事关全面建设小康社会大局,必须始终作为全党工作的重中之重。加强金融对“三农”发展的服务,是贯彻党的十七大关于新农村建设精神的重要抓手,是各级地方政府、金融管理部门和金融机构的工作重点,是构建社会主义和谐社会的重要组成部分。加强金融对“三农”发展的支持,有利于推动农民创业创新;有利于加快现代农业和农村二三产业发展;有利于促进城乡经济社会协调发展;有利于加强和改善公共财政对“三农”的支持;有利于金融机构拓展新的发展空间和增强可持续发展能力。

(二)金融服务“三农”发展的总体要求。培育竞争适度、开放有序、多元化、多层次的农村金融市场体系,形成金融对“三农”服务供给的稳定增长机制,构建“覆盖全面、功能完善、分工合理、服务高效、监管有力”的农村金融服务体系。各级政府、部门要制定金融服务“三农”发展的实施细则;各涉农金融机构要积极支持“三农”发展,建立健全金融服务“三农”发展的工作机制和组织保障,把支持“三农”的工作列入年度评价体系,其他各金融机构也要发挥各自经营优势,积极支持“三农”发展,在全省形成金融业共同服务“三农”发展的合力。

二、积极拓展金融服务“三农”发展的方式和途径

(三)实施农户小额信用贷款制度。进一步推广信用户、信用村、信用乡镇建设,逐步完善信用联络员制度,不断加深对农户日常经营管理、信用情况的了解。由信贷员和村信贷公议授信小组对农户进行信用评定,再根据农户经济状况和信用程度确定贷款期限和额度,小额信用贷款额可由各地灵活掌握。贷款发放采取“一次核定、随用随贷、余额控制、周转使用”的管理办法。建立扶贫小额信贷制度,帮助低收入农户发展生产、自主创业、增加收入。

(四)大力推广农户、个体工商户、微小企业联保贷款。由居住在本区范围内没有直系亲属关系的微小企业、个体工商户、农户等有借款需求的借款人自愿组成联保小组,银行按“多户联保、按需贷款、到期还款、强化管理、控制风险、共同发展”的原则,对联保小组成员提供贷款。

(五)稳妥推行“四包一挂钩”农户贷款。实行信贷人员在辖区范围内农户存贷款的“四包一挂钩”制度,信贷人员全面负责,包农贷资金组织、包农贷发放、包农贷管理、包农贷本息按期收回;贷款中产生的风险和损失由经办的信贷人员承担相应的赔偿责任,重大自然灾害等非人为自然因素造成的损失例外。信贷人员办理业务要严格执行规范化操作制度,建立健全台账和信贷档案管理制度。

(六)加大对财政支农项目的信贷支持力度。对享有财政资金补助奖励的支农项目,由支农金融机构根据条件和项目需要配以农业专项贷款。鼓励金融机构依据当地或项目开发的投资规模、偿还能力、信用程度、自有资金比例确定配套信贷资金。农口部门和财政部门在安排涉农资金补助奖励时,可将相关项目推荐给支农金融机构。

(七)积极稳妥开展村镇银行等新型农村金融机构试点。按照可持续发展和市场需求原则,积极、稳健地开展村镇银行等新型农村金融机构试点,引进银行资本、产业资本和民间资本等各类资本,到农村地区发起设立村镇银行、贷款公司等新型农村金融机构,弥补当地农村金融服务不足。

(八)依靠资本市场壮大农业产业化经营。积极引导创业投资企业投向农业龙头企业,切实提高农业龙头企业的自主创新能力;支持农业龙头企业规范改制,鼓励创新型农业龙头企业上市融资,通过资本市场筹集发展所需资金。农业类上市公司要充分利用资金、品牌、技术、管理等优势,带动农村经济发展。鼓励省内上市公司通过并购、资产重组等方式进入农业领域,积极培育新的经济增长点。引导农业大户和农业龙头企业认识和利用期货市场的价格发现、套期保值等功能,规避市场价格风险,实现农产品期货更好地服务于“三农”的功能和作用。

(九)进一步扩大农业农村保险。政策性农业保险试点扩大到所有农业县(市、区)范围,扩大农产品试点品种,完善林木保险条款;调整水稻和生猪的保险费率;提高政府财政保费补助比例等措施,提高农业抗风险能力。继续巩固和深化政策性农村住房保险成果,提高农户参保比例。鼓励和支持保险机构积极开展其他涉农保险业务,进一步发挥政策性农业保险和商业保险在金融服务“三农”中的重要作用。

(十)切实改善农村地区支付结算环境。扩大现代化支付系统在农村地区的覆盖面,畅通农村地区支付清算渠道。着力改善农村地区银行卡受理市场环境,推进银行卡在农村地区的应用。推进银行汇票、银行本票、支票等非现金支付工具在农村地区的应用,改变农村地区支付工具相对单一的局面。创新并推广应用网上银行等新型支付工具,弥补农村地区支付结算服务网点的不足。

三、努力解决金融服务“三农”发展的抵押担保问题

(十一)鼓励发展支农信贷担保组织。按照“政府支持、部门协助、市场运作”的模式,采用农业龙头企业、行业协会、专业合作社为主体,由政府职能部门牵头,各级财政部门根据当地财力安排一定的补贴资金用于农业担保机构扩大资本实力和增强抗风险能力,鼓励金融机构与农业担保机构开展多种形式的合作,合理确定贷款放大倍数。

(十二)积极探索农房抵押贷款试点。根据农民住房特点和银行抵押贷款的条件,在城乡结合部的农村地区进行试点。农户经所在村委会确定后,在当地指定的相关部门登记,向农村合作金融机构提出贷款申请,农村合作金融机构等根据有关规定,自主确定贷款。各地要在试点的基础上总结经验,完善办法,逐步推广。

(十三)探索农村集体非农建设用地流转与抵押办法。根据国务院《关于严格执行有关农村集体建设用地法律和政策的通知》(国办发〔2007〕71号),符合土地利用总体规划并依法取得的农民集体所有建设用地使用权,可以进行流转。选择部分县(市),探索开展农民集体所有建设用地使用权或经依法流转取得的农民集体所有建设用地使用权抵押贷款试点工作。

(十四)积极推进林权抵押贷款工作。积极稳妥开展以森林资源资产抵押为核心的金融服务创新,完善贷款管理办法和操作规程,通过发放农民林业专业合作社贷款、农户联保贷款和小额贷款,提高林农直接贷款比例。对森林资源资产抵押贷款以及用于森林生产、森林资源保护、竹木经营加工、森林休闲等林业产业贷款给予一定的利率优惠。

四、进一步形成金融服务“三农”发展的合力

资类公司落户我省。设立省级创业投资引导基金，鼓励民营资本为主体的创业(风险)投资基金、成长型企业股权投资基金的发展，使各类基金组织成为我省充裕的民间资金转化为产业资本的重要载体。对创业投资企业采取股权投资方式投资于未上市中小高新技术企业2年以上的，可按其投资额的70%在股权持有满2年的当年抵扣该创业投资企业的应纳税所得额；当年不足抵扣的，可在以后纳税年度结转抵扣。

(十三)健全地方产权交易市场。充分发挥产权交易市场在促进产业资本有序流动、多渠道吸引民间资本、有效配置社会资源方面的作用，引导全省各地产权交易机构通过联合、合作、兼并、托管等方式进行整合，逐步形成以省产权交易所为中心，各地交易所联动的全省产权交易统一市场。积极探索非上市股份公司股权转让和进入场外市场的途径，争取在我省开展股权流转试点。支持高新技术开发区内股份公司进入股份转让报价系统进行融资和股份转让。争取建设规范化的区域性柜台交易市场，使之成为我省地方资本市场，尤其是中小型企业投融资市场的重要平台。

五、充分发挥保险功能

(十四)积极培育保险机构。支持浙商保险、信泰人寿加快发展，不断完善公司治理水平，加快实现上市融资，提高为经济社会提供风险管理服务的能力和水平。引导各类优质资本投资设立总部在我省的保险公司。鼓励责任险、养老险、健康险和汽车险等中外特色保险公司来我省设立分支机构。通过重组和并购等市场化方式，培育一批品牌信誉好、专业技术强、管理水平高的龙头保险专业公司。

(十五)积极发展服务地方社会经济的特色保险业务。积极发展区域性特色保险产品，是我省保险业创新的主导方向。鼓励开发符合中小企业发展需要的保险产品，积极发展“三农”保险，探索政府补贴与商业运作相结合的具有浙江特色的保险发展模式；着力拓展责任保险，重点在公众场所、食品安全、旅游行业、高危行业以及环境保护等方面取得突破。加快养老健康保险，重点开发补充型保险产品，参与和推动社会养老和医疗保障体制改革。积极支持保险公司在浙江进行保险资金运用扩权的试点，引导保险资金以设立产业基金、投资入股等方式支持我省重点基础设施项目和重大产业项目，参与我省地方金融机构改革。

六、有效防范化解金融风险

(十六)发挥各类金融机构防范金融风险的主体作用。支持各金融机构多渠道充实资本金，完善法人治理结构，提高内控管理水平，有效防范各类经营风险。进一步加强全省银行、证券、保险行业协会的建设，引导金融机构加强行业自律、合规经营。加强对地方金融机构资产与财务的动态监测，积极探索建立风险防范和处置机制。积极争取存款保险试点。

(十七)完善风险预警机制和应急处理机制。正确认识金融监管和金融发展的辩证关系，建立健全监管协调机制，重点关注系统性、交叉性风险。加强政府部门与中央驻浙金融监管机构的联系，建立重大事项通报及金融风险预警通报制度，实现金融产业发展信息共享。进一步完善金融突发事件应急预案，落实风险处置责任。

(十八)规范引导民间融资行为。切实改善投资环境，增强政策的透明度，明确民间融资和非法金融业务的界限，满足民间资金投资多元化需求，鼓励并引导民间资金有序进入符合国家产业政策的行业，为发展地方经济作贡献。加强对民间融资的监督和管理，及时分析和监测民间融资情况，防止不法分子以民间融资名义开展非法金融活动，促进民间融资健康发展。

七、优化金融生态环境

(十九)加强组织领导。完善各级政府金融工作组织体系，明确承担金融工作的相关机构。加强省金融办与中央驻浙金融监管机构的沟通与合作，建立信息及工作动态互通、合作、交流机制。各级政府要切实帮助解决金融机构发展中面临的困难和问题，采取有效政策措施，提供相应的便利和高效率的服务。

(二十)加大政策扶持力度。设立浙江省金融业发展专项资金，专项用于对“三农”、小企业提供金融服务的支持等。条件成熟时，探索组建金融控股平台，推动地方金融业的改革发展，提升浙江金融业整体竞争力。

(二十一)加强社会信用体系建设。切实落实国务院关于社会信用体系建设的指导意见，按照建设“信用浙江”要求，以信贷征信体系建设为切入点，加快建立金融业统一征信平台，大力推进和完善行业信用建设，促进信用信息共享，扩大信息入库面和使用范围。进一步完善企业和个人信用评价制度，强化失信惩戒机制。遵循国际通行的基本金融监管规则，逐步对金融机构实行强制信息披露制度，强化市场制约机制。适应金融改革发展需要，规范发展会计、审计、法律、资产评估、资信评级、投资理财等中介机构。

(二十二)维护金融市场良好的竞争秩序。加大金融业宣传力度，普及金融知识，加强投资者教育，培育信用文化，采取多种措施改善区域金融发展环境。依法打击金融犯罪活动，大力打击逃废金融债务行为、骗保骗赔行为，加强金融债权司法保护。依法取缔非法集资、地下钱庄、地下保单、非法外汇、非法发行股票及证券交易等非法金融机构和非法金融活动。坚决打击金融欺诈、高利贷等非法活动。加强典当、担保、寄售(寄卖)、非融资租赁信用评级等相关行业的发展规划。注重行业发展环境创造，强化行业运行动态监管，落实相关职能部门的监管责任，推动行业整合和规范发展。健全担保体系，完善风险补偿与分散功能，增强担保行业抗风险能力。维护好市场竞争秩序，构筑健康、规范、有序的金融发展环境。

(二十三)加强对外交流合作与创新。积极支持和引导地方金融机构开展对外交流与合作，引进先进的经营理念、管理技术和创新经验。鼓励金融机构在服务品种、风险控制、降低营运成本、提高服务效率等方面进行创新，尤其是金融支持中小企业、服务“三农”的业务创新。

(二十四)建设金融机构集聚区。以长三角金融一体化为契机，以杭州、宁波为核心区块，推进区域金融中心建设，吸引境内外银行、证券、保险等金融机构及其后援服务机构集聚，尤其是国内外知名的，实力雄厚的基金类、投资类专业机构，把杭州培育成为长三角地区一个重要的资产管理中心，增强金融的集聚和辐射功能。省内金融较发达的其他市，可以加强规划，建设有特色的专业化金融街区。对省内新设立或新引进的金融机构总部，经省有关部门确认，报经地税部门批准，可给予三年内免征房产税、城镇土地使用税和水利建设专项资金的照顾。

（二十五）强化人才支撑。强化人力资源是金融业第一资源的理念，吸引各类高素质金融人才聚集浙江。对急需的金融机构中高级管理人员，各级政府要在工作和生活条件，包括配偶、子女的就业、入学等方面提供政策支持。对金融机构为引进急需高级管理人才而支付的一次性住房补贴、安家费等费用，可据实在计算企业所得税前扣除。要加快建设中高级金融管理人才的培训平台，加强与省内外高校和专业培训机构合作，强化金融教育培训，采取多种形式提高金融管理干部、金融机构经营者和从业人员的素质。

浙江省人民政府
关于建立健全覆盖城乡居民的养老保障制度的意见

（2008年5月13日　浙政发〔2008〕36号）

养老保障是社会保障的重要组成部分，事关人民群众幸福安康。为贯彻落实党的十七大和省第十二次党代会、省十一届人大一次会议精神，根据《中共浙江省委关于全面改善民生促进社会和谐的决定》，现就建立健全覆盖城乡居民的养老保障制度提出如下意见。

一、明确养老保障制度建设的总体要求

（一）养老保障制度建设的指导思想。高举中国特色社会主义伟大旗帜，以邓小平理论和“三个代表”重要思想为指导，深入贯彻落实科学发展观，围绕全面建设惠及全省人民的小康社会，着眼于率先建立覆盖城乡居民的社会保障体系，按照“广覆盖、保基本、多层次、可持续”的方针，推进企业、机关、事业单位基本养老保险制度改革，探索城乡居民养老保障制度，不断扩大保障覆盖面，逐步提高保障水平，确保全体人民老有所养，努力促进社会和谐。

（二）养老保障制度建设的基本原则。一是坚持覆盖城乡、惠及全民，逐步实现人人享有基本养老保障，让全省人民共享改革发展的成果；二是坚持区别情况、分层推进，针对城乡发展的现实差距和不同群体的需求差异，分别建立相适宜的职工和居民养老保障制度；三是坚持合理筹资、量力而行，遵循个人、单位缴费与政府投入相结合，使保障水平与经济发展水平及各方面的承受能力相适应；四是坚持分级负责、属地管理，探索符合省情的养老保险省级统筹制度，因地制宜创新政策措施，确保制度持续健康运行。

二、加快完善企业职工基本养老保险制度

（三）进一步扩大企业职工基本养老保险覆盖面。按照《劳动合同法》、《浙江省职工基本养老保险条例》等规定，大力推进职工基本养老保险扩面工作。全省企业、民办非企业单位、个体经济组织和与其形成劳动关系的职工，国家机关、事业单位、社会团体和与其形成劳动关系的未纳入编制管理的职工应当依法参加职工基本养老保险。无雇工的城镇个体工商户、非全日制从业人员可以自主参加职工基本养老保险。当前，要以私营企业、个体经济组织和与其形成劳动关系的人员参保为重点，努力扩大基本养老保险覆盖面。通过推行按企业工资总额缴费的社会保险“五费合征”办法，依法强化扩面征缴力度，确保单位用工与参保缴费相对应。

（四）逐步缩小不同地区缴费比例差距。在夯实基本养老保险缴费基数、确保制度可持续运行的前提下，经过周密测算和综合平衡，费率偏高的统筹地区报经省劳动保障、财政部门批准后，可适当降低单位缴费比例。正常费率偏低的统筹地区也可适当提高单位缴费比例。完善“低门槛准入、低标准享受”的养老保险政策，并适时推进与正常制度并轨。

（五）逐步做实基本养老保险个人账户。做实个人账户要实行“老”、“中”、“新”分开。以2007年1月1日为基准时间，此前已退休的人员，退休前已有账户不做实；已经参保但未退休的人员，此前没有做实的个人账户不再做实，之后缴费逐步做实；此后参保的人员，个人账户从参保缴费开始逐步做实。做实个人账户的起步比例为3%，今后逐步提高。做实个人账户的具体管理办法另行制定。

（六）制定适合农民工特点的养老保险办法。本统筹地区户籍农民工继续按现行规定参加职工基本养老保险。对劳动关系不够稳定的非本统筹地区户籍农民工，要研究制定有利于提高参保积极性和养老保险关系转续的办法。具体办法另行制定。

（七）解决城镇集体企业部分未参保职工的基本养老保障问题。对破产、关闭的原城镇集体企业未参保在册职工，要做好养老保障的政策衔接工作。其中，对大集体企业职工，以当地实行固定职工个人缴纳基本养老保险费的初始年份为基点，此前工作且按国家和省规定可以计算连续工龄的时间，视同缴费年限；基点年份至企业破产、歇业年份的基本养老保险费需要补缴，补缴标准和资金来源由各地根据实际确定。对已达法定退休年龄的人员，缴费年限（含视同缴费年限）符合按月领取基本养老金年限的，按现行办法计发基本养老金。对仍处于劳动年龄段的未参保人员，在给予视同缴费、补缴等政策衔接的同时，实行再就业援助，在未就业前鼓励其以个体劳动者的身份继续参保，到达法定退休年龄后按制度规定计发基本养老金。对破产、关闭的其他城镇集体企业已达法定退休年龄的未参保城镇职工，各地要采取有效措施，保障其基本生活。

三、推进事业单位养老保险制度改革

（八）实行社会统筹与个人账户相结合的基本养老保险制度。在事业单位分类改革的同时，除参照公务员法管理的事业单位外，其他事业单位纳入事业单位养老保险制度改革范围。基本养老保险费由单位和个人共同负担，单位缴纳基本养老保险费的比例，一般不超过单位工资总额的20%。个人缴纳基本养老保险费的比例为本人缴费工资的8%，由单位代扣，个人缴费全部计入基本养老保险个人账户。

（九）改革基本养老金计发办法。以实施事业单位基本养老保险制度改革为界，改革前已退休的人员，继续按照国家和省规定的原待遇标准发放基本养老金，参加国家和省统一的基本养老金调整；改革后参加工作的人员，退休后按职工基本养老保险制度规定享受养老保险待遇；改革前参加工作、改革后退休的人员，按照合理衔接、平稳过渡的原则，在发给基础养老金和个人账户养老金的基础上，再发给过渡性养老金。具体办法另行制定。

事业单位基本养老保险基金单独建账，与企业职工基本养老保险基金分别管理使用。具备条件时，可与企业职工基本养老保险基金统一管理使用。

（十）建立职业年金制度。为建立多层次的养老保险体系，提高事业单位工作人员退休后的生活水平，事业单位在参加基本养老保险的基础上，应建立工作人员职业年金制度。具体办法由省劳动保障厅会同省人事厅、省财政厅制定。

四、探索建立城乡居民养老保障制度

（十一）多途径探索城乡居民养老保障实现形式。城乡居民最低生活保障、城镇"三无"和农村"五保"对象集中供养、精简职工生活困难补助、农村计划生育奖励扶助等是具有养老保障功能的有效制度，要在实践中不断完善。各地也可以对未享受基本养老保障待遇的高龄老年人，按月给予一定的生活补助。

（十二）完善被征地农民基本生活保障制度。推进征地制度改革，在现行区片综合价的基础上，应将被征地农民的有关社会保障费用纳入征地补偿范围。提高基本生活保障资金的政府出资比例，对劳动年龄段以上的被征地农民，其基本生活保障水平原则上要高于当地城镇居民最低生活保障标准。

（十三）稳步推进农村社会养老保险制度建设。有条件的地方可开展试点，探索建立以农民缴费为主、政府补贴为辅、村集体经济组织给予补助，有一定社会统筹性质的养老保险制度。试点工作坚持低水平起步，充分尊重农民群众意愿，合理确定筹资水平和保障标准，在不断积累经验的基础上积极稳妥地推行。

（十四）探索解决城镇老年居民养老保险问题。各地可从实际出发，建立城镇老年居民养老保险制度。凡劳动年龄段以上、未享受基本养老保险待遇的城镇居民都可自愿参加。城镇老年居民养老保险以个人缴费为主，政府给予适当补助。有条件的地方可探索建立城乡一体的居民养老保险制度。

五、加强养老保障制度建设的组织领导

（十五）切实把养老保障制度建设摆在重要位置。各级政府要全面承担属地管理职责，把建立覆盖城乡居民的养老保障制度纳入国民经济和社会发展中长期规划和年度计划，制定明确的工作目标、任务和措施。劳动保障、人事、民政、财政、地税、国土资源等部门要各司其职，注重协调，形成合力。各地应根据养老保险制度改革的实际需要，适当充实社会保险机构工作人员和经费，健全以街道（社区）、乡镇为主的社会保障工作网络平台。社会保险经办机构要进一步加强能力建设，完善管理制度，规范业务流程，不断提高工作效率和服务质量。加强社会保险信息网络建设，建立统一、高效的社会保险信息管理平台，实现部门间相关信息互联互通和信息数据共享，提高养老保障管理服务水平。

（十六）进一步规范养老保障政策。在全省范围内逐步统一基本养老保险缴费基数、缴费比例和待遇计发标准，继续完善基本养老保险基金省级调剂机制。在明确省、市、县各级政府责任的前提下，探索建立省级基金预算制度。加强企业、事业单位等基本养老保险和城镇居民养老保险、农村居民养老保障等制度之间的衔接，根据城乡居民劳动就业和户籍等关系的变化，及时做好调整参保工作，其调整后缴费年限的计算以及缴费标准和保障待遇的衔接政策，由统筹地区根据实际制定。

（十七）确保养老保险基金安全运行。健全用人单位、个人缴费和政府投入相结合的多元筹资机制，强化各项养老保险基金征缴，积极拓展其他筹资渠道。依法加强养老保障基金监督管理，建立多层次风险保障体系。养老保障资金都要纳入财政专户，严格实行收支两条线，专款专用，严禁截留、挤占和挪用。建立健全行政监督、专门监督、社会监督、内部控制相结合的监督体系，对征缴、发放、管理和运营各环节实行全过程监控，确保基金保值增值和健康运行。

浙江省人民政府
关于做好耕地占用税征管工作的通知

（2008年5月30日　浙政发〔2008〕38号）

各市、县（市、区）人民政府，省政府直属各单位：

根据新修订的《中华人民共和国耕地占用税暂行条例》（国务院令第511号，以下简称《暂行条例》）及其实施细则的有关精神，结合我省实际，现将我省贯彻落实《暂行条例》、进一步加强耕地占用税征管工作有关事项通知如下：

一、明确税额标准

根据我省人均耕地和经济社会发展情况，对各市、县（市）耕地占用税税额标准核定如下：

（一）杭州市、宁波市、温州市、湖州市、嘉兴市、绍兴市、舟山市、台州市等市本级和义乌市，每平方米为50元。

（二）金华市、衢州市、丽水市等市本级和富阳市、临安市、余姚市、慈溪市、乐清市、瑞安市、嘉善县、平湖市、海宁市、桐乡市、绍兴县、诸暨市、上虞市、东阳市、温岭市、玉环县，每平方米为45元。

（三）桐庐县、淳安县、建德市、奉化市、宁海县、象山县、永嘉县、洞头县、平阳县、苍南县、德清县、长兴县、安吉县、海盐县、嵊州市、新昌县、兰溪市、永康市、浦江县、武义县、龙游市、江山市、常山县、岱山县、嵊泗县、临海市、天台县、仙居县、三门县、龙泉市、青田县、缙云县、遂昌县，每平方米为35元。

(四)文成县、泰顺县、磐安县、开化县、云和县、庆元县、松阳县、景宁县，每平方米为25元。

占用基本农田的，其适用税额在前款规定的税额标准基础上再提高50%。

占用林地、牧草地、农田水利用地、盐田、养殖水面以及渔业水域滩涂等其他农用地建房或者从事非农业建设的，其适用税额按照当地占用耕地的税额标准执行。

二、明确征管机关

我省耕地占用税由各级财政部门负责征管。

三、明确减免税有关规定

耕地占用税的减免税应严格按照国家有关规定执行。对于农村烈士家属、残疾军人、鳏寡孤独以及革命老根据地、少数民族聚居区和边远贫困山区生活困难的农村居民，在规定用地标准以内新建住宅缴纳耕地占用税确有困难的，经所在地乡(镇)政府审核，报经县级政府批准后，征管机关给予办理免征耕地占用税手续。

四、切实加强组织领导

我省人多地少，耕地资源十分紧缺，保护耕地、合理利用土地是当务之急。各级政府要充分认识耕地占用税征管工作的重要性，加强对耕地占用税征管工作的组织领导和统筹协调，采取有效措施，切实解决本地区耕地占用税征管工作中的突出矛盾和问题。财政、国土资源等有关部门要结合自身职责，加大对《暂行条例》的宣传力度，严格按照政策要求做好耕地占用税征管工作。

五、加强部门协调配合

财政、国土资源等相关部门要加强协调配合，建立信息共享机制，完善工作联系制度，确保工作有条不紊地开展。财政部门要及时向国土资源部门通报耕地占用税征管政策；国土资源部门要及时向财政部门通报农用地转用和单独选址项目情况。纳税人办理纳税事宜后，耕地占用税征管机关要及时向纳税人开具耕地占用税完税凭证或免税凭证。纳税人未出具耕地占用税完税凭证或免税凭证的，国土资源部门不得发放该宗土地的建设用地批准书。

凡2008年1月1日起占用耕地的，按《暂行条例》和本通知规定执行。涉及耕地占用税有关政策以及征管工作中遇到的具体问题由省财政厅负责解释。

1987年8月5日省政府《批转省财政厅〈关于开征耕地占用税的报告〉的通知》(浙政〔1987〕45号)同时废止。

浙江省人民政府
关于完善省对市县财政体制的通知

(2008年9月23日　浙政发〔2008〕54号)

各市、县(市、区)人民政府，省政府直属各单位：

1995年以来，我省实施以“两保两挂”为主要内容的省对市县财政体制，调动了各地发展经济、培植财源、增收节支的积极性，有力推进了全省经济社会和财政事业又好又快发展。但是，随着经济快速发展和社会不断进步，我省财政体制面临着一些新情况、新问题，有必要对现行财政体制进行调整和完善。根据中央的要求和我省的实际，现就完善省对市县财政体制有关问题通知如下。

一、完善地方财政体制的总体要求和基本原则

我省完善地方财政体制的总体要求是：坚持以邓小平理论和“三个代表”重要思想为指导，以科学发展观为统领，围绕全面建设惠及全省人民的小康社会，按照实施“创业富民、创新强省”总战略和“全面小康六大行动计划”的部署，着眼于建立适合浙江经济社会发展的财政体制，根据“一要吃饭、二要建设、三要有所积累、四要增强宏观调控能力”的原则，充分调动省和市县两个积极性，充分发挥财政体制对经济转型升级和民生改善的杠杆作用，以此增强发展的稳定性、协调性、均衡性和普惠性，推动全省经济社会平稳健康可持续发展。

我省完善地方财政体制的基本原则是：一是明确责任，健全机制。进一步明确各级政府的管理职责和支出责任，努力实现权责利相结合、财力与事权相匹配；健全财政运行的激励与约束机制，充分发挥各级政府依法理财、自求平衡的积极性。二是积极稳妥，重点推进。在维持现行财政体制总体框架前提下，大稳定小调整，充分兼顾省与市县的利益关系，加大对财政困难县的支持力度。三是公平合理，简明规范。实施方案力求客观公正、简捷透明，统一规范、便于操作。

二、完善省对市县财政体制的内容

在确定市、县(市)财政收支基数的前提下，结合我省实际，规范省、市县收支范围和收入分成办法，完善“两保两挂”、“两保一挂”财政政策和省对市县财政奖励政策，健全和完善省对市县转移支付制度。

(一)财政收支划分及基数确定。

1. 收入范围。

中央级收入：关税、海关代征消费税和增值税，消费税、增值税75%部分、企业所得税60%部分、个人所得税60%部分，铁道运输、国家邮政、各银行总行、各保险总公司等集中交纳的税收，中石化、中石油企业所得税，海洋石油资源税，证券交易税97%部分等。

省级收入：全省电力企业(包括电力生产、供应业企业，不包括装机五万千瓦以下(不含五万千瓦)的小水电，热电，风力、潮汐、垃圾和柴油发电)缴纳的增值税25%部分、企业所得税40%部分，全省储蓄存款利息个人所得税40%部分，全省银行及保险、证券、典当、担保、租赁、信托等非银行金融企业(不包括交通银行,各市县城市商业银行、农村信用社)缴纳的营业税、企业所得税40%部分;浙江移动、沪杭高速浙江段等跨地区经营、集中缴纳所得税等地方分成部分,省级各项非税收入。

市、县(市)级收入:按属地除规定为中央和省级以外的收入,包括企业增值税25%部分、企业所得税40%部分、个人所得税40%部分,营业税、城市维护建设税、房产税、城镇土地使用税、土地增值税、耕地占用税、契税等,市、县(市)各项非税收入。

2. 支出范围。

省级支出:省级一般公共服务、公共安全、教育、科学技术、文化体育与传媒、社会保障和就业、医疗卫生、环境保护、城乡社区事务、农林水事务、交通运输、工业商业金融等事务支出,以及省级其他支出。

市、县(市)级支出:市、县(市)级一般公共服务、公共安全、教育、科学技术、文化体育与传媒、社会保障和就业、医疗卫生、环境保护、城乡社区事务、农林水事务、交通运输、工业商业金融等事务支出,以及市、县(市)级其他支出。

财政收入、财政支出、财力基数以2007年市、县(市)财政收支决算为基础确定。

(二)税收返还收入。上划中央"增值税、消费税"税收返还收入,以2007年为基期年核定。2008年以后,税收返还数额在2007年基数上逐年递增,递增率按市、县(市)当年上划中央"增值税、消费税"收入增长率的1:0.3系数确定,即市、县(市)当年上划中央"增值税、消费税"收入每增长1%,省对市、县(市)的税收返还增长0.3%。如若2008年以后上划中央"增值税、消费税"收入达不到2007年基数,则相应扣减税收返还数额;低于上年决算数,则按低于额的1:0.3系数扣减税收返还数额。

上划中央"企业所得税、个人所得税"税收返还收入,以2007年决算为基数核定。如若2008年以后上划中央"企业所得税、个人所得税"收入达不到2007年基数,相应扣减税收返还基数。

(三)收入分成办法。

1. 固定上交。市、县(市)历年按体制上交省的收入,以2007年决算数为基数,作为固定上交。

2. 增量分成。2008年以后,市、县(市)地方财政收入超过2007年收入基数的增量部分,省与市、县(市)实行"二八"分成,即省得20%,市、县(市)得80%。

2008年以后,市、县(市)上划中央"增值税、消费税"应返还收入比2007年返还基数的增加额,省与市、县(市)实行"二八"分成,即省得20%,市、县(市)得80%。

继续对少数民族县、少数欠发达地区和海岛地区作适当照顾。

3. 总额分享。省与杭州市收入总额分享办法按原规定执行。

(四)完善"两保两挂"、"两保一挂"财政政策,建立分类分档激励奖补机制。将"两保两挂"、"两保一挂"统一调整为"分类分档激励奖补机制"。"分类分档激励奖补机制"将全省各市县分为两大类,一类是欠发达地区(含部分海岛地区,少数困难市、县,下同),实施三档激励补助政策、两档激励奖励政策;另一类是发达地区和较发达地区,实施两档激励奖励政策。

1. 欠发达地区激励奖补政策。原享受"两保两挂"市、县(市)和平阳县、兰溪市共32个市、县(市),在确保实现当年财政收支平衡、确保完成各项职责任务(重点是教育、卫生、社保等有关全面改善民生、促进社会和谐方面)的前提下,实行省补助与其地方财政收入增长挂钩,奖励与其地方财政收入增收额挂钩的办法。

补助办法是:市、县(市)地方财政收入每增长1%,省补助按一定系数相应增长。32个市、县(市)补助系数分三档:第一档为文成等6个县,补助挂钩系数为0.4;第二档为淳安等20个市、县(市),补助挂钩系数为0.3;第三档为三门等6个市、县,补助挂钩系数为0.2(详见附件1)。

奖励办法是:省对32个市、县(市)按地方财政收入当年增收额的一定比例给予奖励。奖励分为发展资金和考核奖励两部分。奖励分两档:第一档为衢州市等4个设区市,按全市地方财政收入增收额挂钩计算,挂钩比例为增收额的5%,其中4%部分用于发展资金,1%部分用于考核奖励;第二档为淳安等28个县(市),按本县(市)地方财政收入增收额挂钩计算,挂钩比例为增收额的10%,其中8%部分用于发展资金,2%部分用于考核奖励(详见附件2)。

2. 发达地区和较发达地区激励奖励政策。原实行"两保一挂"财政政策的31个市、县(市),在确保实现当年财政收支平衡、确保完成政府职责任务的前提下,实行省奖励与其地方财政收入增收额挂钩的办法,即对市、县(市)按地方财政收入当年增收额的一定比例给予奖励。奖励分为发展资金和考核奖励两部分。奖励分两档:第一档为杭州市等6个设区市,按全市地方财政收入增收额挂钩计算,挂钩比例为增收额的5%,其中4.5%部分用于发展资金,0.5%部分用于考核奖励;第二档为富阳等25个县(市),按本县(市)地方财政收入增收额挂钩计算,挂钩比例为增收额的5%,其中4%部分用于发展资金,1%部分用于考核奖励(详见附件3)。

上述考核奖励资金用于省委、省政府确定的各项考核奖励,具体办法另行制定。

(五)完善省对市县财政奖励政策。

1. 市县营业税增收上交返还奖励政策。为进一步推动经济发展方式转变,促进产业优化升级,大力发展服务产业,更好地建立健全地方财政收入长效增长机制,优化地方财政收入结构,实行省对市县营业税当年增收上交省部分予以返还奖励的财政政策。

2. 省级金融保险业营业税增收奖励政策。为改善我省金融保险业投资环境,鼓励市县扶持金融保险业发展,对省级金融保险业营业税增收实行奖励政策:一是省级金融保险业营业税当年增收部分给予市县20%的奖励;二是对当年引进全国性金融保险机构总部(或跨国公司区域性总部)的,给予引进地财政一次性奖励。

3. 适当提高新办电力生产企业所在地增值税分成比例。为鼓励和促进电力生产企业发展,适当提高新办电力生产企业(包括享受原政策企业,下同)所在地增值税返还奖励比例。

具体政策是:新办电力生产企业缴纳的电力增值税25%部分,电力生产企业所在市县与省返还奖励比例由"四六"调整为

"六四",即市县得60%,省得40%,市县所得奖励按现行体制规定返还。

(六)完善转移支付制度。

1.加大一般转移支付力度。根据财力状况,逐年增加因素法转移支付和生态环保财力转移支付的力度,逐步提高县乡基本公共支出最低保障水平,增强经济薄弱及相对薄弱市县基本公共服务能力。

2.整合优化专项资金。按照"增量优方向、存量调结构、增量调存量"的原则,合理整合专项资金,优化支出结构,有效解决目前资金项目过多、用途交叉、使用分散和重分配、轻绩效等问题,切实提高资金使用效益。

为简化手续、提高效率,将省对市县按相关人数计算的、具有相对固定性的专项转移支付列作体制固定补助,纳入一般性转移支付。

3.规范专项转移支付类别档次。现行专项转移支付类别较多,标准不一。为使省对市县转移支付更加科学、合理,规范分类分档,统一标准系数,以各市县经济发展、财力状况等因素为依据,将全省市县分为若干类别、档次。

三、进一步明确各级政府的财政责任

各地要按照建立公共财政体制的要求,明确政府的财政责任,切实加强社会管理和公共服务职能。要坚持"依法治税、为民理财、务实创新、廉洁高效"的理念,牢固树立政治意识、经济意识、法治意识、创新意识、服务意识、风险意识,不断推进经济发展方式转变,优化财政收入结构;进一步规范财政资金供给范围,努力调整优化支出结构,合理确定财政支出顺序,重点保障农业、教育、科技、公共卫生、就业和社会保障、环境保护等以改善民生为重点的社会建设;继续深化财税管理改革,完善财税运行机制,健全和完善部门预算、国库集中收付、政府采购制度和绩效评价等措施,强化预算管理,提高财政资金使用效率。

各级政府和各有关部门要统一思想认识,加强领导,周密部署,在实践中注重调查研究,及时总结经验,解决存在问题,确保改革有条不紊地进行。

这次体制调整不涉及宁波市及其所辖县(市)。

本通知自2008年1月1日起实行。

附件:1.欠发达地区补助系数分档

2.欠发达地区奖励分档

3.发达地区和较发达地区奖励分档

附件1:

欠发达地区补助系数分档

第一档:文成县、泰顺县、开化县、庆元县、松阳县、景宁县等6个县;

第二档:淳安县、苍南县、永嘉县、洞头县、武义县、磐安县、衢州市、龙游县、常山县、江山市、岱山县、嵊泗县、丽水市、青田县、云和县、龙泉市、缙云县、遂昌县、仙居县、天台县等20个市、县(市);

第三档:三门县、平阳县、舟山市、安吉县、金华市、兰溪市等6个市、县(市)。

附件2:

欠发达地区奖励分档

第一档:衢州市、舟山市、丽水市、金华市等4个设区市;

第二档:淳安县、安吉县、平阳县、苍南县、永嘉县、文成县、泰顺县、洞头县、兰溪市、武义县、磐安县、龙游县、常山县、江山市、开化县、岱山县、嵊泗县、青田县、云和县、龙泉市、庆元县、缙云县、遂昌县、松阳县、景宁县、三门县、仙居县、天台县等28个县(市)。

附件3:

发达地区和较发达地区奖励分档

第一档:杭州市、嘉兴市、湖州市、绍兴市、温州市、台州市等6个设区市;

第二档:富阳市、桐庐县、临安市、建德市、海宁市、桐乡市、平湖市、嘉善县、海盐县、德清县、长兴县、绍兴县、上虞市、嵊州市、新昌县、诸暨市、瑞安市、乐清市、永康市、东阳市、义乌市、浦江县、临海市、温岭市、玉环县等25县(市)。

浙江省人民政府
浙江省服务业发展规划
(2008~2012年)

(2008年9月24日 浙政发〔2008〕56号)

当前我省经济社会发展的环境和条件已发生较大变化。切实转变发展理念和发展模式,加快发展服务业,推进工业转型升级与生产性服务业联动发展、居民消费结构优化提升与消费性服务业互动发展,构建现代产业体系,已成为我省新一轮发展的重大战略抉择。本规划的主要任务是,分析全省服务业发展的现状和趋势,明确全省服务业发展的目标和任务,确定全省服务业发展的重点领域和空间布局,提出促进服务业发展的保障措施。

本规划期限为2008~2012年,展望到2020年。

一、现状趋势

(一)基本现状。经过改革开放30年的持续发展,我省服务业各个方面已有较大进展,为进一步加快发展奠定了扎实基础。

1.总量初具规模。2000年来我省服务业总体上呈加快发展态势。2000~2007年服务业增加值年均增长13.9%,比同期GDP增速高0.8个百分点,增速居全国首位。到2007年,全省实现服务业增加值7646亿元,总量居全国第四位,占GDP的比重为40.7%;人均服务业增加值达1.5万元,居各省区首位。

2.结构逐步优化。行业集中度较高,批发和零售业、金融业、房地产业及交通运输、仓储和邮政业四大支柱行业占服务业增加值比重达到60%以上。特色产业优势明显,港口运输、专业市场、旅游等在全国占有十分重要的地位。生产性服务业和文化服务业发展开始加速,信息服务、现代物流、文化创意、电子商务等新兴行业迅速崛起。

3.布局日趋合理。服务业向中心城市、三大产业带集聚,杭宁温三市服务业增加值占全省比重已达55%以上,杭州等城市已基本实现向服务型经济结构转型。顺应现代服务业集聚发展规律,总部基地、软件与服务外包基地、科技创业园、创意产业园、物流园区、生产性服务集聚区和新型专业市场等各类集聚区建设开始起步。城市服务业逐渐向农村延伸,农村服务业发展加快。

4.地位明显提升。2007年全省服务业对经济增长的贡献率达44%,比2000年提高13.7个百分点,成为经济增长新引擎。2001~2007年全省服务业地税收入占全部地税收入比重由57.4%提高到63.1%,成为地方财税的主要来源。2000~2007年全省服务业从业人员占全部从业人员比重从29.0%提高到33.2%,2007年在全省全社会新增就业中服务业比重已达44.2%,成为新增就业的重要渠道。

但是,对照工业化、城市化进程与全面建设小康社会和构建现代产业体系的要求,我省服务业发展仍显滞后,主要表现在服务业比重偏低、质量和水平亟待提高。进一步发展面临不少有待破解的问题和障碍:重工业轻服务业的思想尚未根本改变,不少地方服务业尚难摆上政府工作的重要位置,企业服务外包意识还比较淡薄;服务业市场准入障碍依然较多,有的领域还处在垄断状态,服务业的创业环境需要改善;服务业管理比较分散,交叉管理和缺位管理状况并存,统筹协调和综合管理有待加强;服务业人才培养不适应发展需要,尤其是高端人才十分紧缺,人才引进制约因素较多。

(二)发展趋势。

1.服务业需求进入加速扩张阶段。今后五年,我省进入人均GDP5000~10000美元发展阶段,消费结构和产业结构将加速转变。居民收入提高将促进消费性服务需求总量扩张和层次提升;产业分工深化,工业转型向研发和营销两端延伸及服务外包步伐逐步加快,对生产性服务业形成越来越大的需求空间。

2.资源环境约束倒逼服务业发展。我省经济发展面临越来越严峻的资源和环境瓶颈制约。服务业能耗和污染排放相对较小,对提升节能减排、促进发展方式转变具有重要促进作用。把发展服务业放在更加突出的位置,促进三次产业协调互动,不仅有助于服务业自身发展,也可缓解资源环境约束带来的巨大压力。

3.国际服务业转移带来新机遇。随着经济全球化的深入,服务业国际投资逐渐转向发展中国家,为我省承接国际服务业转移、提升服务业发展水平带来难得机遇。同时,面对国际贸易环境变化,要求我省发挥比较优势,切实转变外贸增长方式,加快发展国际服务贸易,提高出口产品和服务的国际竞争力。

当前,我省服务业内在增长机制正在形成。加快发展服务业是我省未来相当长一个时期顺应发展趋势,实施"两创"总战略,促进发展方式转变和经济结构转型,推进新型工业化、新型城市化和新农村建设,构建现代产业体系,提升居民生活品质的战略选择。

二、目标任务

(一)总体要求。当前和今后一个时期,我省推进服务业发展的总体要求是:以科学发展观为指导,按照党的十七大精神和实施"两创"总战略要求,将加快发展服务业作为转变经济发展方式、构建现代产业体系、提升居民生活品质的重要途径,坚持市场化、专业化、社会化导向,坚持产业互动、城乡联动、改革推动、创新驱动,努力形成"高增值、强带动、宽辐射、广就业"的服务经济体系,使之成为经济发展的新引擎、社会转型的新支撑。

实际工作中需要把握好以下原则:

坚持市场导向。今后一个时期,我省服务业需求将不断高涨、日益多元,推进服务业发展要顺应市场需求变化,因势利导,充分发挥市场配置资源的基础性作用,完善服务业市场环境,促进服务业供需互动,实现又好又快发展。

深化改革开放。服务领域改革深度和开放程度相对不足,是影响服务业发展的重要因素。需进一步深化改革,把创新制度供给、公平市场准入、扩大开放合作,作为推进服务业发展的重要举措,努力营造有利于服务业发展的体制环境和开放环境。

鼓励创新发展。当今世界新经济业态和新商业模式层出不穷。要获得服务领域的先发优势,需鼓励创新发展,引导服务企业不断进行理念创新、技术创新、管理创新、业态创新和商业模式创新,从创新中培育新增长点,挖掘新利润源,在创新中求生存、求拓展、求提升。

突出发展重点。根据我省比较优势和经济社会发展战略需要,下一步服务业发展以港口物流、现代金融、电子商务等生产性服务业和文化创意产业作为突破口。以生产性服务业发展推动工业转型升级,由加工环节向研发和营销两端延伸;以文化创意产业发展助推文化大省建设。同时继续抓好商贸、旅游、房地产等优势服务业,以及与民生密切相关的消费性服务业。

促进产业互动。服务业尤其是生产性服务业与先进制造业和现代农业之间存在共生互动关系。需充分利用我省相对扎实的产业基础,特别是产业集群比较发达、共性需求大的优势,引导服务业与制造业及农业间的互促、互动和融合发展。

统筹城乡布局。服务业向城市集聚或依托城市是一般规律。需遵循客观规律,强化中心城市的服务业综合功能,创建县域服务业特色优势。同时,坚持以城带乡,扶持农村服务业发展,大力推进城乡基本公共服务均等化,实现服务业的城乡合理布局。

(二)到2012年的主要目标任务。顺应服务业加速发展态势,在扩大总量、优化结构、完善布局、创新体制等方面取得明显进展，改变服务业相对滞后的状况。

1. 扩大总量。引导推进服务业加快发展，进一步提高服务业在国民经济中的地位。规划期内服务业增加值年均增长 12%以上，到 2012 年，全省服务业增加值达到 1.36 万亿元（按 2007 年价格）以上，人均服务业增加值达到 25000 元左右，服务业增加值占 GDP 比重达到 47%（同期 GDP 年均增速按 9%计）左右，进一步缩小服务业就业结构与产值结构的差距。

2. 优化结构。引导推进金融、物流、科技、信息、会展、商务和批发分销等生产性服务业和文化创意产业加快发展。到 2012 年，生产性服务业增加值占服务业比重达到 55%左右。商贸、旅游和港口物流等特色产业优势更加突出，研发设计、电子商务、物流配送、动漫游戏、网络传媒等新兴行业成为服务业的新增长点。培育形成一批富有竞争力、影响力的大型服务企业集团，一批具有创新性、示范性的现代服务企业。

3. 完善布局。引导推进服务业布局向三大产业带集聚、向区域中心城市和产业集群集聚、向现代服务业集聚区集聚。到 2012 年，杭宁温三个中心城市（市区）服务业增加值占 GDP 比重分别达到 58%、53%和 54%左右，其他城市产业结构由“二、三、一”型向“三、二、一”型加速转变。促进服务业由城市向农村延伸，增强中小城镇服务功能，完善农村服务网络，推进基本公共服务均等化。

4. 创新体制。引导推进服务业管理体制深化改革，进一步放宽市场准入，积极创建包括融资、用地和税费政策以及财政体制等有利于服务业发展的环境条件，切实提高服务业开放合作水平。建立和完善统分结合的服务业工作机制，加强和完善服务业统计制度，形成科学的服务业发展考核评价体系。

（三）2020 年展望。到 2020 年，全省服务业增加值占 GDP 比重超过 55%，形成以现代服务业为主体的产业结构。浙江成为长三角重要的现代物流和国际货运枢纽，金融创新发展的先行区和繁荣区，具有国际竞争力的商贸流通强省，国际知名、国内一流的旅游目的地，具有全国影响力的文化创意产业、信息服务和软件基地。

三、发展重点

紧紧围绕推进工业转型升级与生产性服务业联动发展这一战略重点，对全省服务业发展实行分类指导。突出电子商务、文化创意、研发设计和数字传媒等创新性、示范性现代服务业的培育发展，突出金融保险、现代物流、信息服务、科技教育、商务会展和批发分销等支撑和推动工业转型升级的生产性服务业的增速提质，突出商贸、旅游和房地产等传统优势服务业的改造提升，突出与民生密切相关的公共服务、社区服务等其他服务业的协调发展。据此，今后五年我省拟重点发展以下十大服务行业：

（一）现代商贸业。以“三体系一工程”为核心，推进现代商贸业建设。发展特许经营、连锁经营、总代理、电子商务等新型营销方式，应用信息化技术和电子商务模式改造提升专业市场，推进有形市场与无形市场的有机结合，大力发展会展经济，规划建设生产资料加工配送中心、商贸物流配送中心，构筑通畅高效的现代生产性商贸服务体系；发展购物中心、超市、便利店、餐饮服务和社区商业，完善多层次流通网络，构筑便利实惠的居民商贸服务体系；建设农村现代消费品流通网络、农业生产资料流通网络和农产品流通网络，构筑便利通畅的农村商贸服务体系。实施商贸流通业竞争力提升工程，加大大型流通企业培育、项目投入和品牌建设力度，提升我省商贸流通业综合竞争力。

（二）金融服务业。加强金融体制创新、产品创新和服务创新，改善金融生态环境，提高我省金融现代化水平。推动对外金融合作，引进国内外优质金融资源，拓宽多元化融资渠道，加快发展基金融资、债券融资以及企业上市融资等，不断提高直接融资规模和比重。积极完善地方金融体系，进一步打造银行业的“浙银品牌”、证券业的“浙江板块”、保险业的“浙江亮点”、地方金融的“浙商系列”和杭州、宁波两大区域性金融集聚地，增强金融要素集聚水平，维护金融稳定安全，努力把我省建设成为金融改革的先行区、金融发展的繁荣区、金融生态的优质区、金融运行的安全区。

（三）现代物流业。以杭州、宁波—舟山、温州、金华—义乌四大物流枢纽为重点，加强港航强省建设，深入推进宁波—舟山港口一体化，重点建设宁波梅山保税港区、杭州萧山国际机场空港物流中心以及金华—义乌、衢州等一批“内陆港”。大力引进和培育现代物流骨干企业，加强干支衔接的综合运输网络体系和适应多式联运发展的重大物流设施建设，提高国际资源整合和配置能力。重点发展港口物流和航空物流，培育发展保税物流，支持发展钢材、纺织、粮食、化工、医药、汽车等专业物流，促进都市配送物流发展。突破行业界限和地区限制，培育大型物流企业，提高行业组织化程度。加强物流标准制订和推广，加快物流信息化，加大物流新技术开发利用力度，推进大通关建设，提升现代物流水平。

（四）信息服务业。坚持以信息化带动工业化，完善信息基础设施。发挥我省软件业开发能力较强、产品市场占有率较高等优势，加强现代信息技术研发，突破关键共性技术，加强品牌企业群、优势产业链培育，做大做强嵌入式软件、行业应用软件和软件外包与出口，不断提高我省软件业的研发技术水平、自主创新能力、系统集成能力和产业化程度，促使我省软件外包业务向软件设计与核心业务服务外包等产业链高端发展。加强信息资源开发利用，优先发展数据库产业，加快发展网络出版、动漫游戏、数字影视等信息内容服务业。积极发展增值和互联网业务，推进“三网”融合，推进电子商务和电子政务，建成“数字浙江”，提升我省经济社会发展信息化水平。

（五）科技服务业。充分发挥科技对服务业发展的支撑和引领作用，鼓励发展专业化的科技研发、工业设计、信息咨询、科技培训、技术推广、节能减排服务等服务业。推动高等院校、科研院所与企业合作，培育科技研发主体，做强一批国家级、省级工程实验室、工程研究中心、企业技术中心和研发中心，提升我省科研创新与应用能力。完善科技服务基础设施建设规划，加快建设和高效运营一批科技企业孵化器和生产力促进中心，逐步建成完善的公共科技信息平台和协作网络。发展科技招投标、科技中介、技术产权交易、检验检测等服务机构，繁荣中国浙江网上技术市场等技术交易平台，促进专利代理服务业和专利技术交易服务业发展。

（六）商务服务业。规范提升会计、审计、税务、资产评估、检测等经济鉴证类服务业，制定和完善行业服务标准，培育知名品牌和规模企业，提升组织化、品牌化水平。规范发展环境，加大培育力度，扶持发展法律咨询、工程咨询、信用评估、认证认可、管理咨询、品牌营销、广告会展、知识产权代理等行业。加大优秀企业或机构的引进和培育力度，加强与先进制造业基地建设的互动融合，加强对外开放与交流，积极提升我省商务服务业现代化水平。

（七）旅游业。围绕全省“三带十区”旅游发展格局，依托优势旅游区和度假区，通过整合旅游资源，重点建设一批精品旅游项目，形成杭州休闲度假、宁波港城商埠、温州山水风情、舟山海洋佛教、绍兴古越文化、浙中商贸文化、浙北古镇运河、浙西南生态休闲等各具特色的旅游板块。做精做强文化旅游、生态旅游、休闲旅游、海洋旅游，引导发展农家乐、渔家乐等乡村旅游，支持发展商务旅游、购物旅游、红色旅游、工业旅游等特色旅游，有序发展邮轮游艇、国际会议等高端旅游，完善现代旅游产品体系。大力推进旅游国际化和区域一体化进程，加强全国及国际旅游推介，推动长三角无障碍旅游区建设，培育优秀旅游企业和精品旅游线路，完善旅游综合配套能力和自助游服务体系，率先建成旅游经济强省。

（八）文化服务业。深入推进文化体制改革综合试点，促进文化服务业繁荣发展。加强文化与创意结合，扶持发展创意设计、文艺创作、影视制作、出版发行、文化演艺、动漫游戏、数字传媒等文化创意产业。培育一批文化服务业集聚区。加强原创作品研发，扶持发展新兴文化服务业形态，形成一批优秀文化产品、规模文化企业、特色文化产业基地。推进竞技体育向实体化、职业化转型，发展体育经济。加强省外、国外文化市场开拓，扩大版权和出版物出口，引进外国优秀文化成果，扶持一批跨国文化企业集团，不断提高我省文化服务业在全国乃至国际的影响力。

（九）房地产业。合理引导和发展商品房市场，优化和保障供给。建立以廉租房、住房公积金和经济适用住房为主要内容的住房保障体系，改善中低收入家庭居住条件。倡导“绿色建筑”，强化建筑节能，提高住宅产业科技含量和智能化水平。加快建设房地产行业信用体系，建立透明的土地招拍挂出让制度，健全房地产市场信息系统和预警预报体系，保持房地产业稳定、健康发展。

（十）社区服务业。围绕便民服务，加强社区服务业规划，鼓励企业设立社区服务网点，加快形成便利店、家政、邮政、托幼、养老、医疗、教育、文娱、维修、保安、再生资源回收等配套完善的社区服务设施网络。创新社区服务形式与内容，完善社区服务与管理，逐步将养老、失业、医疗、社会福利、社会救助等管理和服务延伸到社区，推进社区服务向社会化、产业化、网络化方向发展。

同时，顺应国际经济竞争重点从货物贸易转向服务贸易态势，加快我省国际服务贸易发展。发挥人才优势，积极承接软件开发、信息管理、数据处理、财会核算、技术研发等服务外包业务，培育一批具备国际资质的服务外包企业，形成杭州、宁波等服务外包基地。发挥市场优势，鼓励设立境外采购、分销、物流等机构，延伸商标品牌、批发零售、仓储售后等增值服务，构建国际营销网络，增强国际贸易话语权。支持国际工程投标、承包，打响“浙江建筑”品牌。坚持港航并举，培育国际海运企业，促进现代航运服务业发展。扶持专利和专有技术对外许可、技术咨询服务，逐步实现从“浙江制造”向“浙江创造”出口转变。

此外，以城乡社区和欠发达地区为重点，加强公共服务体系建设，逐步推进基本公共服务均等化。健全公共卫生服务体系，提高卫生公平性、可及性和反应性水平；统筹城乡基础教育，保障农村居民和外来务工人员子女公平接受良好教育的机会和权利；加强基础体育设施建设和管理，促进群众体育发展；加强市政和环保服务建设，鼓励企业和个人投资市政设施、环保设施等的建设与经营，提高市政公用设施服务水平和效率；推进公共服务业体制改革，逐步实现公共服务供给主体多元化和供给方式多样化。

四、城乡布局

（一）进一步强化中心城市服务业集聚辐射功能。

杭州。突出发展旅游、金融、科教、文化创意、软件、服务外包、物流、会展等优势行业，加快建设国际风景旅游城市、区域性金融中心和民营经济总部、长三角重要的航空货运枢纽、国家信息产业基地和文化创意中心，不断增强全省现代服务业中心地位。

宁波。构建以国际贸易为龙头，港口物流为支撑，现代金融为保障，科技、信息等知识型服务业为引领，商贸商务、休闲旅游、文化创意等为配套的服务业产业体系，逐步打造长三角重要的港口物流枢纽、区域性金融中心和商贸会展城市。

温州。重点发展现代商贸、港口物流、金融保险、休闲旅游等特色优势产业，着力建设区域性外贸口岸、商贸会展中心、物流中心、旅游休闲中心和金融创新示范区，逐步发展成为浙南闽东地区服务业中心城市。

浙中城市群。重点发展现代商贸、品牌会展、现代物流等优势行业，加快建设国际性商贸会展城市和浙中区域性物流枢纽，发展古婺文化、东阳横店影视、义乌购物等特色旅游，带动浙江中西部地区服务业发展。

湖州、嘉兴、绍兴、衢州、舟山、台州、丽水等城市服务业发展也要强化优势，增量提质，增强对市域服务业发展的带动能力。各个城市要把满足市域服务需求放在首要位置，既要满足居民在物质文化方面的消费性需求，又要适应工业转型升级发展生产性服务业。与此同时，也要充分挖掘特色，发挥优势，积极培育具有跨市域意义的特色服务业。

（二）大力提升县域服务业发展水平。

1. 增强县城和中心镇服务功能。以县城和省级中心镇为重点，加大体制机制改革创新力度，着力增强服务功能，使县城和中心镇服务业成为联系城乡的重要平台。面向当地城乡居民市场需求，积极发展商贸、金融、商务、信息、文化、房地产、社区服务、公共服务等行业，扩大就业岗位，增强供给能力，提升城市化质量和水平。加强发展面向农业的产前、产中、产后的相关服务行业，扩大向农村地区的服务延伸作用。

2. 围绕产业集群构建区域生产性服务体系。顺应我省产业集群转型升级需要，依托集聚规模较大的产业集群，规划建设金融、科技、信息、物流、培训、会展、商务和公共服务等组成的区域生产性服务体系。各地要因地制宜合理选择发展重点和发展时序。既要立足集群，又要跳出行政区划，在更大范围内整合资源，培育建设一批跨区联动、产业互动的生产性服务平台，在为中小企业服务中求发展，带动产业集群转型升级，向研发和营销两端拓展延伸，提升产业整体水平。

3.培育发展特色服务业。县域经济各有各的特色和优势，要在满足县域基本服务需求的基础上，充分发挥比较优势，大力培育发展特色服务业。在产业集群比较发达的县(市)，规划建设新型专业市场、物流园区和总部基地等服务业集聚区，促进服务业与制造业互动发展；在生态环境、自然景观或历史文化方面具有优势的县(市)，完善综合配套设施，积极发展各种特色旅游；在港口资源条件优越的县(市)，要按照统一规划，合理分工布局，发展港口物流业。服务业特色鲜明又相对发达的县(市)，要率先实现向服务型经济结构的转型。

(三)积极引导扶持农村服务业发展。

1.推进城乡基本公共服务均等化。推进农村水利、交通、渔港、邮政、电信、电力、广播影视、医疗卫生、教育等基础设施建设，改善农民生产生活条件。推进农村社区建设，加快发展农村文化体育、医疗卫生、社会保障、社会福利、计划生育等事业，扩大出版物、广播影视在农村的覆盖面，丰富农民物质文化生活。加强农村基础教育、职业教育和继续教育，搞好农民和农民工培训，促进农村富余劳动力转移就业。

2.建立完善农业服务网络。加大对农业产业化的扶持力度，积极开展种子统供、重大病虫害统防统治等生产性服务。加强农业科技体系建设，健全农业技术推广、农产品检测与认证、动物防疫和植物保护等支持体系，推进农业科技创新。加快农业信息服务体系建设，逐步形成连接国内外市场、覆盖生产和消费的信息网络。加强农村金融体系建设，发挥农村商业金融、合作金融、政策性金融和其他金融组织的作用，发展多渠道、多形式的农业保险，增强对“三农”的金融服务。支持发展各类农民专业合作组织，支持其开展市场营销、信息服务、技术培训、农产品加工储藏和农资采购经营。

3.加快农村商品流通网络建设。深入开展“千镇连锁超市和万村放心店”工程，逐步提高农村商业网点覆盖面、商品统一配送率和商店服务水平，形成完善的农村现代消费品流通网络。培育大型农产品批发市场和农产品流通企业，发展符合当地实情的农产品流通方式，形成完善的农产品流通网络。培育一批重点农资流通企业，推进农资经营网点建设，逐步提高农资集中采购和统一配送率，形成完善的农业生产资料流通网络。

五、保障措施

(一)进一步突出服务业发展的战略地位。

1.深化对服务业发展重要性的认识。今后一个时期是服务业发展的重要战略机遇期。加快发展服务业，对促进我省经济转型升级、构建现代产业体系，增加社会就业和地方财政收入，缓解节能减排压力和提高对外开放合作水平等方面，均具有十分重要的现实意义。要进一步统一思想，从根本上改变重工业轻服务业的传统观念，把服务业放在更加突出的战略位置，有条件的城市要坚持服务业优先发展战略，推进工业与服务业两轮驱动，全面促进三次产业协调发展。

2.加强对服务业发展的组织领导。各地要进一步加强对服务业工作的领导。整合省服务业工作协调会议和省现代物流联席会议，建立统一的省服务业工作部门联席会议制度，加强对服务业发展的组织领导、统筹规划、政策制定和问题协调。联席会议办公室设在省发改委。各地也要建立相应的服务业工作领导机构，加强对本地服务业发展工作的指导和协调。

3.建立和完善统分结合的服务业工作机制。改变服务业工作部门分割和交叉管理状况，加强服务业管理队伍建设，进一步理顺政府各部门的职能和权限，形成既有部门分工、又有统筹协调的工作机制。建立服务业发展考核评价制度，强化对部门和市、县服务业工作绩效及发展状况的考核评价。加强服务业统计工作，完善服务业统计调查方法和指标体系，提高服务业统计的全面性、精确性和及时性。组建浙江省服务业联合会，支持服务业商会、行业协会发展，完善行业服务和自律机制。

(二)进一步营造有利于服务业发展的市场环境。

1.规范市场准入。建立公开透明、平等规范的市场准入制度，进一步降低服务业企业注册资本最低限额，进一步放宽创新性、示范性服务业企业准入前置条件，进一步简化服务业企业注册审批手续，切实做到对各类所有制企业在准入方面一视同仁。

2.深化体制改革。加大垄断行业改革力度，进一步推进投资主体多元化，引入竞争机制。稳妥推进市政公用事业市场化改革，探索建立特许经营制度。推进生产经营性事业单位转企改制，加快建立现代企业制度。推进政府机关、事业单位后勤服务社会化改革，实现后勤管理和服务职能的分离。

3.扩大开放合作。按照WTO框架协议承诺，逐步开放服务市场。大力吸引国内外知名服务企业来浙江投资设立企业总部、地区总部、采购中心、研发中心等。加快我省国际服务贸易发展。积极承接服务外包，加快培育一批具备国际资质的服务外包企业，形成一批外包产业基地。完善企业“走出去”的政策体系，支持有实力的服务企业开展跨国经营，建立健全国际营销网络。加强CEPA框架下浙港澳台服务业交流与合作，积极参与长三角区域合作，重点围绕上海国际金融中心和国际航运中心建设，探索合作途径，进一步增强合作的紧密度，在合作中拓展我省服务业发展空间。

(三)进一步加大对服务业的政策扶持力度。

1.加大财政投入。发挥财政体制的导向作用，鼓励地方发展服务业，优化市县收入结构。调整优化财政支出结构，加大财政在公共服务领域的投入，继续安排支持服务业发展的各类专项资金和引导资金，并根据服务业发展需要和财力可能逐步增加资金规模，主要支持鼓励发展的重点行业、重点区域和重点项目。各地也要作出相应安排，引导社会资金加大对服务业的投入。

2.实施税费优惠。切实抓好现行服务业各项税收优惠政策的落实。对鼓励发展的服务行业，要研究探索房产税、城镇土地使用税、水利建设专项资金等地方税费实施优惠倾斜的办法。加快推进对服务企业收费的清理工作，对不符合服务业发展要求的政策和行政性收费，要及时废除或作出修改。调整服务业用电、用水、用气价格政策，逐步实现与工业同价并轨。

3.提供融资、用地支持。引导和鼓励金融机构对符合国家产业政策的服务企业予以信贷支持，加快开发适应服务业需要的金融产品，积极支持符合条件的服务企业进入境内外资本市场融资。鼓励创业风险投资机构和信用担保机构对服务企业开展

需的原材料、设备进口和生产产品出口的基础上，充分利用生产企业的品牌优势，发展第三方贸易，使贸易公司快速发展成为综合型、国际化的服务企业。四是积极发展文化创意产业。鼓励工业企业盘活闲置的厂房、设施等现有资源，吸引国内外有实力的文化创意企业落户，重点培育研发设计、建筑设计、咨询策划、文化传媒和时尚消费等文化创意产业。五是支持鼓励生产制造企业将售后服务、后勤物业、餐饮和教育培训等内部服务功能剥离，整合组建专门的服务企业。

按照先行试点、逐步推广的原则，开展制造企业二、三产分离试点，在积累经验的基础上，进一步研究制定具有可操作性的鼓励制造企业二、三产分离的政策措施。分离后的税负如高于原税额，高出部分由各地财政对该企业予以扶持补助，鼓励分离后的服务企业为社会服务，其自用的生产经营房产应缴纳的房产税、占地面积较大的服务企业应缴纳的城镇土地使用税等，如纳税有困难的，经税务部门批准，设立初期的三年内给予减征；其所购的固定资产因技术进步等原因，可以加速折旧。有关部门要对工业企业组建生产性服务业企业给予支持，在市场准入、登记注册、资质认证等方面简化审批手续、降低相关费用、提高办事效率。

9. 鼓励服务领域技术创新、业态创新和商业模式创新。对研发、设计、创意等技术、知识含量较高的服务企业，可按规定认定为高新技术企业，享受相应的高新技术企业优惠政策。鼓励和支持产学研联盟研究开发服务业共性和关键技术，对提升电子商务、现代物流、文化传媒、数字教育、协同医疗和社会保障等服务业领域原始创新能力和集成创新能力的重大项目，予以优先立项。

引导推进总部经济、创意经济、网络经济、会展经济、商务经济和生态旅游、文化旅游、工业旅游、商务旅游等服务业新业态发展，鼓励发展连锁经营、特许经营、电子商务、物流配送、专卖店、专业店等现代流通组织形式。鼓励企业积极开展商业模式创新，鼓励风险资本投资采用新商业模式的服务企业。对于开展业态创新和商业模式创新的服务企业，应在土地保障、资金融通和税费减免等方面予以支持，各级财政资金也要给予重点扶持。

10. 引导和支持现代服务业集聚区建设。因势利导推进现代服务业集聚区建设，重点发展科技创业园、文化创意产业园、物流园区、服务外包基地、生产性服务集聚区、新型专业市场和特色街区等。编制全省现代服务业集聚区总体布局规划，选择确定一批已有一定基础、符合区域定位且发展前景看好的现代服务业集聚区，作为省规划布局内集聚区加以重点培育。

对省规划布局内集聚区中的建设项目，同等条件下优先纳入省服务业重大项目计划，给予优先安排用地计划和投资贴息补助；对省规划布局内集聚区的公共服务平台建设，给予一定资金补助。对省规划布局内集聚区中鼓励发展的服务企业，若纳税确有困难的，经地方税务部门批准，可享受房产税、城镇土地使用税和水利建设专项资金等税费减免优惠。

11. 继续深化服务领域的改革。促进服务企业改革重组。鼓励服务业规模化、网络化、品牌化经营，尽快形成一批拥有自主知识产权和知名品牌、具有较强竞争力的服务业龙头企业。积极推动省属国有服务企业股份制改革和战略性重组，鼓励省属服务企业和其他服务企业通过股权并购与置换、相互参股等方式进行重组，鼓励非公有制企业参与国有服务企业的改革、改组、改造。推进生产经营性事业单位转企改制。支持社会法人、民间资本参与城市公用事业和文化科技改革。进一步推进政府机关、事业单位后勤服务社会化改革。努力争取国家服务业综合改革试点和杭州空港物流"区港联动"试点，积极开展各类省级服务业创新发展试点。

12. 稳步推进服务领域开放合作。鼓励引进国内外著名服务企业总部、地区总部、采购中心、研发中心，各级政府对引进企业自建、购买或租赁办公用房上给予支持；对新引进的企业集团总部，经地税部门批准，可给予三年内免征房产税、城镇土地使用税和水利建设专项资金。大力发展国际服务贸易，特别是国际服务外包产业，支持杭州等城市建设国家服务外包基地，支持外包企业通过联合、兼并、股权置换等方式做大做强。积极推进宁波梅山保税港区等特殊功能区的服务业开放创新探索实践。

积极开展浙港、浙澳服务业合作，支持浙江企业参与两岸服务领域经贸合作。深化长三角服务业区域合作，重点围绕上海国际金融中心和国际航运中心建设，各有关部门和市县要加强相应合作路径和举措的深化与落实工作。

13. 加强服务业品牌和标准化建设。加快服务业品牌建设。根据省委、省政府《关于推进"品牌大省"建设的若干意见》要求，研究制定推进我省服务业品牌建设的实施意见，建立促进服务业品牌建设的工作机制，完善服务业品牌的认定办法。积极创建服务企业品牌，对具有"中国名牌产品"、"中国驰名商标"、"中华老字号"和"浙江名牌产品"、"浙江著名商标"、"浙江知名商号"的服务企业，应予鼓励支持。

积极推进服务领域标准化。抓紧制定并实施《浙江省服务业标准化发展规划》，继续在现代物流、旅游、交通运输和社区服务等领域开展服务业标准化试点示范工作，积极争取开展国家级服务业标准化试点，对试点地区和企业给予资金支持。抓紧制定省级地方行业标准，对暂不具备制定标准的服务行业，积极开展服务承诺、服务规范和服务公约等行业自律制度建设。加强对服务企业的标准化培训，鼓励企业采用国际先进标准。

三、切实加强对服务业发展的组织领导

14. 加强服务业发展的组织领导和综合协调。建立省服务业工作部门联席会议制度，加强对全省服务业发展的组织领导、统筹规划、政策制定和问题协调。联席会议办公室设在省发改委。各地也要建立相应的服务业工作组织协调机构。

15. 建立和完善统分结合的服务业工作机制。要制定服务业发展规划和年度工作要点，编制服务业重大项目计划，确定目标，明确任务，落实责任，加强工作统筹和协调；各有关部门是推进服务业各行业、各领域发展的责任主体，要各司其职，各负其责，并加强相互之间的协作和配合。要逐步建立向同级党委、人大和上级政府报告服务业工作和发展情况的制度。要充分发挥行业协会的作用，支持开展战略研究、商务咨询、信息交流、标准制定和人才培训等方面工作，完善行业自律机制。

16. 强化服务业统计和考核评价。建立政府统计和行业管理部门分工负责的服务业统计工作机制，完善服务业统计调查方法和指标体系，健全服务业信息发布制度，做好服务业发展形势的监测与分析工作。统计所需工作经费由同级政府保障。

建立服务业工作考核评价制度。从2009年度开始，组织开展对联席会议成员单位服务业工作的绩效考核，主要检查年度重点工作完成情况，以及各自职责范围内相关工作绩效。考核结果经联席会议审议决定，纳入省政府直属单位工作目标考核体系。对各市、县(市、区)的服务业工作考核，主要对其服务业发展状况作出综合评价，并公布各地服务业发展主要指标。先从11个设区市开始，条件成熟后扩大到县(市、区)。

省级有关部门要根据本意见要求，按照职责分工，对已经明确的政策抓好落实，对需要制定专项政策措施和实施细则的要抓紧研究制定，成熟一项，出台一项。各地、各部门要加大对本意见的宣传力度，在全省范围内努力营造加快发展服务业的舆论氛围和政策环境，加强服务业管理队伍建设，全力开创我省服务业工作的新局面，力争使我省服务业实现突破性发展。

附件：省级有关部门深化落实本意见工作清单(略)

浙江省人民政府
关于调整用人单位基本养老保险费缴费比例有关工作的通知

(2008年11月12日　浙政发〔2008〕70号)

各市、县(市、区)人民政府，省政府直属各单位：

近些年来，全省各地积极推行基本养老保险费、基本医疗保险费、失业保险费、工伤保险费、生育保险费统一征收(以下简称五费合征)，社会保险覆盖面持续扩大，社会保险费收入持续增长，基金支付能力稳步提高，社会保险工作取得明显成效。但是，也存在名义缴费比例虚高、企业负担不均衡、征管机制不够健全等问题，亟需进一步调整、规范和完善。为优化企业发展环境，均衡用人单位社会保险负担，保障职工社会保险权益，根据《浙江省职工基本养老保险条例》等有关法规和文件规定，现就调整用人单位基本养老保险费缴费比例等有关工作通知如下：

一、分类推进调整用人单位基本养老保险费缴费比例

从2008年起，逐步将全省用人单位基本养老保险费缴费比例统一到12%～16%区间内，城镇个体工商户和城镇灵活就业人员的缴费比例仍统一按20%执行。同时，积极推进"低门槛准入、低标准享受"养老保险办法(以下简称"双低"办法)与统一制度的并轨。统筹地区用人单位基本养老保险费缴费比例调整后，"双低"办法缴费比例与统一制度缴费比例相接近的，要积极创造条件适时实行并轨；"双低"办法缴费比例与统一制度缴费比例仍有较大差距的，允许在一定时期内继续执行"双低"办法，待条件成熟时再并轨。

坚持分类指导，梯度推进各地用人单位基本养老保险费缴费比例调整工作。按照有关规定做实个人账户后，基本养老保险基金支付能力在24(含)个月以上的统筹地区，可逐步下调缴费比例，最低不低于12%；基金支付能力在12(含)～23个月之间的，可将缴费比例调整到12%～16%之间；基金支付能力不强的统筹地区，要采取综合性措施，在确保基金支付能力不低于6个月的前提下，逐步将缴费比例调整到16%；基金支付困难的统筹地区，要结合当地实际制定具体工作方案，进一步强化社会保险费征缴，多方筹措社会保险资金，积极创造条件，逐步降低缴费比例。

各地要通过扩大基本养老保险覆盖面，依法加强养老保险费征管，落实社会保障资金多渠道筹措机制，加大对养老保险基金的支持力度，积极为降低缴费比例创造条件，确保缴费比例在近期内实现有效降低，努力缩小各统筹地区间用人单位基本养老保险费缴费比例的差距。要进一步夯实缴费基数，提高基金征缴率，严格退休审批，规范统筹项目，稳步提高基金抗风险能力。

实行用人单位基本养老保险费缴费比例调整报批制度。具备条件降低缴费比例的统筹地区，要充分考虑当地基本养老保险费征缴收入水平、基金支付能力等因素，在确保企业职工基本养老保险制度可持续发展的前提下，合理测算当地用人单位基本养老保险费缴费比例，提出缴费比例调整方案。缴费比例调整方案，由统筹地区政府报经省劳动保障厅、省财政厅批准同意后实施。提交的缴费比例调整方案，要具体分析当地基本养老保险费征收和基金支付能力情况，提供缴费比例调整的具体测算情况和组织实施的相关工作措施。未经批准，各地一律不得擅自调整缴费比例。

二、进一步完善社会保险费五费合征制度

按照2008年底前所有统筹地区全面实施五费合征、2009年底前所有企业全部纳入社会保险参保范围的要求，各级劳动保障部门及社会保险经办机构和地税部门要进一步完善社会保险登记、缴费登记工作。除法律法规规定要求实行分别参保的社会保险险种外，用人单位要一次性办理社会保险登记和五项社会保险费的缴费登记。同一缴费单位各险种登记的单位名称、社保编码等基本信息要一致。社会保险经办机构和地税部门要定期核对参保缴费单位的信息数据。

夯实社会保险费缴费基数，规范用人单位参保缴费行为。企业单位应以全部职工工资总额为单位社会保险费缴费基数。在计算用人单位缴费基数时，要以统计部门规定的工资总额口径作为单位缴费基数的征收依据。

加强社会保险信息化建设。加快建设统一的社会保险管理服务信息平台和参保单位网上业务系统，确保劳动保障、财政、地税等部门及经办机构之间的数据即时交换与共享，确保参保单位社会保险登记、缴费登记、信息变更、缴费申报、信息查询等业务实现上网操作。同时，省级有关部门要加快系统内社会保险省市县业务操作联网进程，尽快形成能即时上传下达的信息交换与共享系统网络。各级劳动保障、财政、地税等部门要协同配合，切实加大资金投入，加大工作力度，加快构建统一高效、互联互通的社会保险管理服务信息平台，努力提高社会保险管理服务水平。

三、进一步建立健全社会保险资金多渠道筹资机制

各地要进一步落实《浙江省人民政府关于建立社会保障资金多渠道筹措机制的意见》(浙政发〔2004〕36号)精神，按照建立完善公共财政体制的要求，调整财政支出结构，加大社会保障投入力度。各级财政年度新增财力的2/3要用于解决民生问题，重点用于社会保障支出。要进一步落实多渠道筹资机制，从国有资产收益、国有土地有偿使用收入等渠道按规定比例提取用于充实社会保障资金，建立以养老保险为重点的社会保险风险准备金制度。进一步完善养老保险省级调剂制度，扩大省级调剂金使用范围，加大调剂力度，具体办法由省劳动保障厅、省财政厅另行制定。

四、切实加强组织领导，确保顺利实施

做好调整用人单位基本养老保险费缴费比例等相关工作，是营造企业公平竞争环境、维护劳动者合法权益的重要举措，是促进经济转型升级、保持经济平稳持续健康发展的客观要求，是全面改善民生、促进社会和谐的重要条件。各级政府和各有关部门要从贯彻落实科学发展观、深入实施"创业富民、创新强省"总战略的高度出发，充分认识做好这些工作的重要意义，切实加强组织领导，加强工作协调，确保平稳有序实施。要着眼于建立可持续发展的社会保障体系，认真贯彻落实《浙江省职工基本养老保险条例》等有关法规文件，进一步完善相关制度和政策。要着眼于保障企业和职工的合法权益，进一步建立健全规范高效的社会保险费征管和服务机制。省劳动保障、财政、地税等部门要密切配合，进一步加强调查研究和工作指导，及时完善各项政策措施，推动各地积极有序地开展调整用人单位基本养老保险费缴费比例等相关工作。

浙江省人民政府
关于做好增收节支工作的意见

(2008年11月15日　浙政发〔2008〕74号)

受国际金融危机的影响，我省经济遭受改革开放以来前所未有的困难和挑战。面对国际经济环境出现的不少新情况、新问题，面对国内重大自然灾害和经济运行中的一些突出矛盾，中央及时调整宏观经济政策，相继出台了一系列保持经济平稳较快发展的政策措施。但是，由于宏观经济政策效应具有的一定滞后性，我省经济下行趋势可能会持续一段时间，加上增值税转型和出口退税政策调整等因素影响，全省财政收入增长将明显放缓，而财政支出呈刚性态势，支出规模居高不下，今后一个时期我省财税经济运行将面临较大的压力。为保持经济平稳较快发展和社会和谐稳定，现就进一步做好全省增收节支工作提出如下意见。

一、优化税收征管服务，增强地方财政实力

各地、各部门要按照《浙江省人民政府关于完善省对市县财政体制的通知》(浙政发〔2008〕54号)的要求，深化省对市县财政体制改革。认真贯彻落实《浙江省人民政府关于进一步加快发展服务业的实施意见》(浙政发〔2008〕55号)，充分发挥财政的导向和杠杆作用，大力发展服务业，加大工业企业主辅分离力度，推进产业结构调整和经济转型升级，以经济结构优化带动税收收入结构优化，增强地方财政实力。积极推进税收管理创新，进一步优化税收征管服务，发挥税收政策资源的最大效应。加强税收征管，提高科学化、专业化和精细化水平，促进依法治税。强化税收分析预测，坚持定性与定量分析结合，短期和长期分析并重，科学预测税源变化趋势，认真研究经济、征管、政策等因素对税收收入的影响，及时做好组织收入的应对预案，保持税收收入持续稳定增长。完善政府非税收入征收范围和征收渠道，推行社会保险费"五费合征"征缴管理，确保财税收入均衡入库、持续增长和结构优化，增强财政调控能力。

二、大力压缩一般性开支，确保重点支出需要

各地、各部门要厉行节约，勤俭办事，进一步压缩一般性财政支出，把财政资源更多地用于提供公共服务和保障民生，用于抗灾救灾和灾后恢复重建，用于促进经济社会协调可持续发展。进一步加大财政支出结构调整力度，严格控制行政开支，减少会议、接待、差旅和公车使用等日常支出，压缩出国团组，降低行政成本。加强行政事业单位国有资产管理，严格控制公车购置，暂停审批党政机关办公楼项目。强化预算控制，年内原则上不再追加部门和单位的支出预算。各级党政机关今年的公用经费支出一律比预算减少5%，用于支持抗震救灾；承担对口支援任务的地方，要按照省委、省政府的统一部署，积极筹措资金支持灾区恢复重建。

三、密切关注财政经济运行，全面完成2008年预算

各地、各部门要密切关注宏观经济形势发展变化，认真分析年度财政预算执行中出现的新情况、新问题，跟踪房地产税收调控政策、出口退税和加工贸易税收政策调整等实施效果，特别要关注影响财政收支的不确定因素，分析财政收入增减变化的原因，及早预测全年财政收支情况。完成年度财政预算收入任务有困难的地区，要相应压缩预算支出，确保当年预算收支平衡。预计有超收收入的地区，要认真分析超收原因，不得将超常规、一次性等因素增加的收入用于安排经常性支出。当年预算执行中如有超收，除按法律、法规和财政体制规定增加的有关支出，以及用于支持抗灾救灾和灾后恢复重建等必要的支出外，原则上作为财政结余转入下一年使用。

四、牢固树立勤俭意识，科学合理安排2009年预算

各地、各部门要以科学发展观为指导，及早准备，科学合理地做好2009年财政预算编制工作。2009年预算编制必须遵循"量入为出、量力而行、收支平衡"的原则，适当下调预算收支指

标，使财政预算安排与经济运行更加吻合。严格控制行政成本，2009年预算安排实行公用经费“零增长”，专项经费“零增长”，会议费、接待费、公务用车购置及用车费、出国费等“零增长”。同时，除中央和省委、省政府确定的增支项目外，各地、各部门不得新开口子，集中财力保障民生、拉动内需、促进经济增长。

深化“收入一个笼子、预算一个盘子、支出一个口子”的财政管理体制改革，进一步加强预算管理，改革和完善事业单位财政供给方式，推进政府购买服务，建立健全预算定额和支出标准体系，切实提高预算编制的科学性、规范性和完整性。整合财政专项资金，清理结转结余资金，加强财政资金的监督管理和绩效评价，切实提高财政资金使用效益。

各地、各部门要站在全局和战略的高度，坚决贯彻落实中央宏观调控政策和省委、省政府的决策部署，坚持“依法治税、为民理财、务实创新、廉洁高效”的财税工作理念，加强领导，精心组织，统筹协调，着力抓好增收节支各项工作，确保财政预算任务的圆满完成。

浙江省人民政府
关于贯彻成品油价格和税费改革的实施意见

（2008年12月25日 浙政发〔2008〕83号）

为确保成品油价格和税费改革顺利实施，根据《国务院关于实施成品油价格和税费改革的通知》（国发〔2008〕37号）精神，结合我省实际，特制定以下实施意见。

一、充分认识实施成品油价格和税费改革的重大意义

成品油价格和税费改革是党中央、国务院利用近期国际市场油价持续回落的有利时机做出的重大决策。实施成品油价格和税费改革，是贯彻落实科学发展观的具体要求，对完善社会主义市场经济体制，促进经济社会平稳较快发展具有重要意义。成品油价格和税费改革的实施，必将有利于规范政府收费行为，公平社会负担；有利于促进节能减排和结构调整；有利于依法筹措交通基础设施维护和建设资金，促进交通事业稳定健康发展。

浙江是资源小省，特别是油品资源完全依靠省外、国外供应，成品油价格和税费改革对我省经济和社会发展必将产生重大影响。国务院12月18日宣布下调成品油价格，同时决定自2009年1月1日起实施成品油税费改革。为此，各级政府、各有关部门要统一思想，充分认识改革的必要性和紧迫性，切实把思想和行动统一到中央的决策部署上来，按照中央对成品油价格和税费改革的总体要求，紧密结合我省实际，切实做好成品油价格和税费改革的各项工作，确保改革的顺利实施。

二、全面把握成品油价格和税费改革的主要内容

推进成品油税费改革。一是取消公路养路费、航道养护费、公路运输管理费、公路客货运附加费、水路运输管理费、水运客货运附加费等六项收费。二是逐步有序取消政府还贷二级公路收费。三是汽油消费税单位税额每升提高0.8元，柴油每升提高0.7元，其他成品油单位税额相应提高。加上现行单位税额，提高后的汽油、石脑油、溶剂油、润滑油消费税单位税额为每升1元，柴油、燃料油、航空煤油为每升0.8元。四是成品油消费税属于中央税，由国家税务局统一征收（进口环节继续委托海关代征）。纳税人为在我国境内生产、委托加工和进口成品油的单位和个人。纳税环节在生产环节（包括委托加工和进口环节）。计征方式实行从量定额计征，价内征收。今后将结合完善消费税制度，积极创造条件，适时将消费税征收环节后移到批发环节，并改为价外征收。五是新增成品油消费税连同由此相应增加的增值税、城市维护建设税和教育费附加具有专项用途，不作为经常性财政收入，不计入现有与支出挂钩项目的测算基数，除由中央本级安排的替代航道养护费等支出外，其余全部由中央财政通过规范的财政转移支付方式分配给地方。改革后形成的交通资金属性不变、资金用途不变、地方预算程序不变、地方事权不变。

完善成品油价格形成机制。一是国内成品油出厂价格以国际市场原油价格为基础，加国内平均加工成本、税金和适当利润确定。当国际市场原油一段时间内平均价格变化超过一定水平时，相应调整国内成品油价格。二是汽、柴油价格继续实行政府定价和政府指导价。汽、柴油零售实行最高零售价格，最高零售价格由出厂价格和流通环节差价构成，适当缩小出厂到零售之间流通环节差价；汽、柴油批发实行最高批发价格；对符合资质的民营批发企业汽、柴油供应价格，合理核定其批发价格与零售价格价差；上述差价由国家发展改革委根据实际情况适时调整。三是在国际市场原油价格持续上涨或剧烈波动时，继续对汽、柴油价格进行适当调控，以减轻其对国内市场的影响。四是航空煤油等其他成品油价格继续按现行办法管理。液化气改为实行最高出厂价格管理。五是国家发展改革委根据上述完善后的成品油价格形成机制，另行制定石油价格管理办法。

三、认真做好成品油价格和税费改革的实施工作

各地、各有关部门要按照中央和省委、省政府关于成品油价格和税费改革的总体部署，精心组织，周密部署，认真做好有关工作，确保改革方案平稳实施。

（一）实行成品油全省统一最高零售价格管理。成品油价格和税费改革方案实施后，我省成品油零售价格由分三个价区作价调整为一个价区、实行全省统一最高零售价格作价管理。标准品最高零售价格由国家发展改革委制定，非标准品最高零售价格由省物价局根据国家规定的品质比率制定。

（二）修订完善相关行业价格联动机制。新的成品油价格形成机制运行后，要进一步完善我省出租车和道路客运现有的油运价格联动机制，根据油价变动情况，价格主管部门要会同有关部门及时调整运价或燃油附加。

（三）认真落实对部分困难群体和公益性行业补贴的机制。全面掌握成品油价格和税费改革对我省种粮农民、林业、渔业

(含远洋渔业)、城市公交、农村道路客运(含岛际和农村水路客运)的影响,财政部补贴办法出台后,各有关部门要结合实际,及时制定出台补贴办法,确定补贴方式,明确发放渠道,保证国家安排的补贴资金不折不扣地迅速落实到位。出租车在运价调整前,因油价上涨增加的成本,继续由财政给予临时补贴。综合考虑成品油、液化气等调价和市场物价变动因素,各市、县(市、区)政府要继续做好城乡低保对象等低收入困难群体的基本生活保障工作。

(四)逐步有序取消政府还贷二级公路收费。国家逐步有序取消政府还贷二级公路收费实施方案和补助政策出台后,省交通等部门要尽快研究提出我省逐步有序取消的具体实施办法,报省政府批准,并以省政府名义及时向社会公布撤销的政府还贷二级公路收费站点位置和名称,接受社会监督。在尚未正式实施前,政府还贷二级公路车辆通行费收费政策继续执行,各级政府要做好宣传解释工作。

(五)加快建立普通公路发展和港航建设的投融资机制。成品油税费改革前,以养路费为主的交通规费是我省交通建设投融资的重要平台。各有关部门要以这次改革为契机,整合现有资源,抓紧研究建立普通公路和港航建设投融资体制,促进公路和港航事业健康可持续发展。

(六)制定出台相关资金分配使用的管理办法。财政、交通等部门要认真做好改革前后资金安排、预算衔接和交通建设融资工作,抓紧制定出台改革后相关资金使用管理办法,明确资金分配原则,切实做好与2009年收支预算的对接。近期特别要抓紧做好2009年1月1日起的资金预拨等工作,确保人员经费、养护经费和相关建设资金及时到位。

(七)统筹安置交通收费征稽人员。妥善做好改革涉及人员的安置工作,是成品油税费改革顺利推进的重要保证。安置交通收费征稽人员,由市、县(市、区)政府负总责,要按照转岗不下岗、待安置期间级别不变、合规合理的待遇不变的总体要求,统筹协调,实行多渠道安置,确保改革稳妥有序推进。各地要严格把关,及时锁定改革涉及的征稽收费人员数量,防止突击进人。要通过交通运输行业内部转岗、税务部门接收以及市、县(市、区)政府统筹协调多种渠道安置等措施,做好公路养路费征稽人员的安置工作。国家人员安置工作指导意见出台后,省交通、人事(编制)、财政、国税等部门要抓紧制定出台我省人员安置工作实施方案,指导各地积极稳妥地做好人员安置工作。

四、切实加强成品油价格和税费改革的组织领导

成品油价格和税费改革涉及各方利益的调整,关系到成品油供应保障,关系到交通运输业的发展,关系到广大人民群众的生活,要求高,难度大,情况复杂。为此,各级政府、各有关部门要高度重视,切实加强组织领导,确保改革扎实有序推进。

(一)成立组织,加强领导。省政府已成立由省长任组长,发展改革、物价、财政、交通、税务、人事(编制)、农业、海洋与渔业、林业、建设、民政等相关部门参加的成品油价格和税费改革领导小组,负责相关政策的制定,协调解决改革中的重大问题,指导各地扎实推进改革。各市、县(市、区)政府要抓紧成立由政府主要负责人牵头的改革领导小组,及时分析掌握本地区改革实施情况,制定相关政策,切实加强对改革的领导。

(二)明确任务,落实责任。各市、县(市、区)政府要切实担负起人员安置和维护稳定的工作责任,把人员安置工作摆上突出位置,提前筹划,周全安排,妥善安置,保证队伍稳定。各地要按照国务院在2009年1月1日零时全部取消公路养路费等六项收费的规定,加强检查,确保取消收费政策落到实处。对已经提前预收的要及时清退,对2008年12月31日以前欠缴漏缴公路养路费等收费的,应明确责任,及时追缴到位。绝不允许任何地方、部门、单位和个人,以任何理由、任何名义继续收取或变相收取明令取消的各项收费。违反规定的,要严肃查处,并追究相关责任人的责任。

(三)搞好宣传,确保稳定。成品油价格和税费改革力度大,政策性强,涉及面广,社会关注度高。各级政府、各有关部门要通过广播、电视、报纸、网络等多种媒体,广泛宣传成品油价格和税费改革的前提、背景、目的、内容、时间。通过广泛宣传、舆论引导,争取社会各界的理解和支持,为改革创造良好的舆论环境。各级政府、各有关部门要密切关注市场情况和社会动态,及时掌握成品油价格和税费改革过程中可能出现的新情况、新问题,提前做好应对预案,并妥善处理,切实维护社会稳定。

各地区、各有关部门贯彻落实情况,要及时向省政府报告。

浙江省人民政府
关于进一步建立健全困难群众基本生活价格补贴机制的通知

(2008年12月31日　浙政发〔2008〕86号)

各市、县(市、区)人民政府,省政府直属各单位:

我省自2004年实行困难群众基本生活消费品价格上涨动态补贴机制以来,在切实保障困难群众基本生活中发挥了积极的作用。与此同时,在实施过程中也出现补贴发放时间滞后、补贴水平偏低等问题。为进一步建立健全困难群众基本生活价格补贴机制,现就有关事项通知如下:

一、进一步明确补贴对象范围。困难群众基本生活价格补贴的对象为:城乡最低生活保障对象及其他生活困难对象。其他生活困难对象包括城乡最低生活保障边缘对象以及因下岗失业、患重大疾病、受灾害影响等造成生活特别困难的人员,其具体对象范围由各市、县(市、区)政府确定。

二、改革价格指数编制。为进一步贴近困难群众实际生活状况,将原按年编制"低收入群体居民消费价格指数"改为按季编制"低收入居民基本生活费用价格指数"(以下简称价格指数),并将其作为实施困难群众基本生活价格补贴机制的依据。价格指数编制由国家统计局浙江调查总队会同省统计局、省物价局负责,自2009年起正式向社会发布。

三、完善补贴发放办法。建立困难群众基本生活价格补贴与价格指数联动机制,在每年价格上涨较快的季度,按季对困难群众实行一次性基本生活价格补贴。

原则上,当季度价格同比涨幅超过3%时,即按涨幅的4.5倍乘以当地城乡月最低生活保障标准,发给城乡最低生活保障对象基本生活价格补贴。具体计算公式为:

季度补贴金额=季度价格同比涨幅×4.5×月最低生活保障标准

在实际操作中,城乡最低生活保障对象的基本生活价格补贴发放金额原则上不低于每人每季30元。

其他生活困难对象基本生活价格补贴原则上按不低于城乡最低生活保障对象基本生活价格补贴的50%发给,具体标准由各市、县(市、区)政府确定。

困难群众基本生活价格补贴发放时间为价格指数公布后的1个月内。

四、困难群众基本生活价格补贴所需资金,纳入同级政府财政预算。省级财政对欠发达地区给予适当补助。

五、各市、县(市、区)政府应按照本通知要求,进一步建立健全当地困难群众基本生活价格补贴具体实施办法,确保工作顺利实施。

《浙江省人民政府关于对困难群众实行基本生活消费品价格上涨动态补贴的意见》(浙政发〔2004〕52号)同时废止。

浙江省人民政府办公厅转发省财政厅省教育厅关于化解义务教育债务意见的通知

(2008年2月28日　浙政办发〔2008〕10号)

各市、县(市、区)人民政府,省政府直属各单位:

省财政厅、省教育厅《关于化解义务教育债务的意见》已经省政府同意,现转发给你们,请结合实际,认真贯彻执行。

关于化解义务教育债务的意见

省财政厅　省教育厅

根据《国务院办公厅转发国务院农村综合改革工作小组关于开展清理化解农村义务教育"普九"债务试点工作意见的通知》(国办发〔2007〕70号)和全国清理化解农村义务教育"普九"债务试点工作电视电话会议的有关精神,结合我省实际情况,现就全省化解义务教育债务并建立制止新债的有效机制,提出如下意见:

一、充分认识化解义务教育债务的意义

清理化解义务教育债务工作,是贯彻落实科学发展观、促进城乡统筹协调发展的重要举措,是全面落实义务教育经费保障机制改革政策、实行免费义务教育的重要保障,是维护中小学正常教学秩序、推动义务教育健康发展的重要条件,是消除农民负担反弹隐患、促进社会和谐稳定的重要途径。当前,农村综合改革逐步推进,各地综合实力不断提高,财政收入稳定增加,为化解义务教育债务提供了良好的体制平台、制度环境和财力保障。

二、化解义务教育债务的目标

化解义务教育债务的目标是:到2009年底,全省全面完成义务教育阶段公办学校因修建校舍和购置设备形成债务的化解任务,同时建立起制止发生新债的有效机制。鼓励有条件的市、县(市、区)提前完成任务。

三、化解义务教育债务的基本原则

1.以县为主。按照义务教育管理体制,义务教育债务化解工作责任主体为市、县(市)政府,其化解工作由市、县(市)政府负责具体实施,并按时完成任务。

设区市人民政府除做好本级义务教育债务化解工作外,要切实承担起管理职责,明确市与区级政府化解义务教育债务责任,组织清理核实债务底数,汇总上报债务情况和化债计划,制定具体的鼓励区级政府化解义务教育债务的激励政策,并督促其按时完成化债任务。

2.多方筹资。各市、县(市)政府要负责多渠道足额筹集偿债资金。化解义务教育债务的资金来源主要有:一是统筹安排地方一般预算收入、上级财力性转移支付资金,以及省财政安排的化解义务教育债务奖补资金;二是教育费附加和地方教育附加及其他基金中安排一定比例资金用于偿债;三是整合地方现有教育专项资金;四是教育闲置资产处置收益;五是通过统筹有关非税收入途径筹集的化解义务教育债务资金;六是社会组织和个人自愿捐赠的资金。

3.控制新债。各市、县(市)政府要进一步强化政府投入责任,深化义务教育经费保障机制改革,将义务教育全面纳入公共财政保障范围,本着"量力而行、经济实用"的原则,从制度上保证义务教育学校办学中的所有合理资金,全部由政府预算安排。要严格控制学校建设规模和档次。今后凡新上项目,必须首先落实资金来源,并报同级政府审批后列入部门预算。

四、化解义务教育债务的工作要求

1.认真清理核实,锁定债务底数。各地要对包括义务教育在内的基础教育债务进行全面清理、核实、锁定。县级审计部门要对学校填报的债务情况认真审查核实,审查面必须达到100%。在全面审计基础上形成汇总报表资料,由政府主要领导审签并加盖市、县(市)政府印章后于2008年4月底前报省财政厅、省教育厅。债务清理中要做到“四个清楚”，即债务来源清楚、债务用途清楚、债权债务主体清楚以及债务余额清楚。

2.制定化债计划，明确偿债责任。各市、县(市)政府要结合本地实际，制定化解义务教育债务的实施方案，拟定分年度偿债计划，明确化债资金来源和工作进度。各市、县(市)化债方案及分年度偿债计划于2008年5月10日前报省财政厅和省教育厅审批。

3.积极组织实施，确保如期完成。各地要严格按照化债方案、分年度偿债计划执行，对不能按计划完成年度偿债任务的市、县(市)，将视情在全省范围内通报，除扣减当年度省财政化债奖励性补助资金外，原则上省财政不再安排次年度建设类、设备购置类教育专项资金。

五、采取有效措施，确保义务教育债务化解工作顺利实施

1.建立健全债务监控体系。在确认各地上报债务的基础上，建立义务教育债务偿还管理系统。各地要建立债务台账，逐笔登记债务信息，实时反映债务清偿与变动情况，对化债工作实行动态管理。

2.建立奖补机制，推进化债工作。为切实做好化解义务教育负债工作，鼓励和调动各地化解义务教育负债的积极性，省财政建立化解义务教育债务以奖代补资金，对各地给予适当奖励性补助。为体现公平，省财政安排化债以奖代补资金不与各地义务教育债务余额挂钩，而是根据各市、县(市)财力状况、学生人数、校舍面积等情况，按因素法分配奖励性补助额。省化解义务教育债务以奖代补资金根据各地偿债进度同比例安排，分年到位。未能按计划完成化债任务的，扣减省补助经费。省奖励性补助全额用于化解义务教育债务，已全面完成义务教育债务化解任务的市、县(市)，奖补资金可用于义务教育学校建设或归还其他基础教育债务。各市、县(市)政府也要建立相应的奖励机制，推进义务教育债务化解工作。

3.建立预算约束机制。为保证化债方案真实可行，确保化债资金足额到位、及时拨付，各地要将化债方案中承诺的化债资金列入年度预算，其中：各级政府用地方财力和教育费附加、地方教育附加、基金以及乡镇政府安排的资金要编入年度政府预算。

4.实行偿债资金国库集中支付制度。偿债资金原则上全部实行国库集中支付制度，即对银行贷款、单位借款、个人借款和工程欠款等债务，由同级财政直接支付到债权人的银行账户中，不得经过任何中间环节。其中，预算安排的资金由国库直接支付到债权人的银行账户；从其他渠道筹集的义务教育偿债资金，先划入当地财政部门设立的偿债还贷准备金户，并实行分账核算，专款专用，专项管理，支付时直接划入债权人的银行账户。

5.加强组织领导。化解义务教育债务工作政策性强，与广大债权人的利益密切相关，处理不当，容易引发社会矛盾，影响社会稳定。为确保顺利完成化债工作，各级政府及有关部门要开展深入细致的调查研究，加强指导和协调，平稳推进义务教育债务化解工作。对违反化债政策的行为要及时加以纠正，对有关责任人要视情作出严肃处理。

浙江省人民政府办公厅
关于建立政府优先强制采购节能环保和自主创新产品制度的通知

(2008年4月15日 浙政办发〔2008〕29号)

各市、县(市、区)人民政府，省政府直属各单位：

根据《国务院关于实施〈国家中长期科学和技术发展规划纲要(2006～2020年)〉若干配套政策的通知》(国发〔2006〕6号)、《国务院办公厅关于建立政府强制采购节能产品制度的通知》(国办发〔2007〕51号)精神，结合我省实际，经省政府同意，现就建立政府优先强制采购节能环保和自主创新产品制度通知如下：

一、充分认识建立政府优先强制采购节能环保和自主创新产品制度的重要意义

近年来，各地各部门在政府采购活动中，积极采购、使用节能环保和自主创新产品，大大降低了能耗水平，支持了企业自主创新，对在全社会形成节能环保和自主创新风尚起到了良好的引导作用。同时也要看到，由于认识不够到位，措施不够配套，工作力度不够等原因，在一些地区和部门，政府机构采购节能环保和自主创新产品的比例还比较低，政府机构人均能耗、单位建筑能耗还比较高，节能环保潜力较大，支持自主创新力度亟待加强。建立政府优先强制采购节能环保和自主创新产品制度，是贯彻落实《中华人民共和国政府采购法》以及国务院加强节能减排、支持自主创新工作的有力措施，也是贯彻落实“创业富民、创新强省”总战略的具体措施，不仅有利于降低政府机构能耗水平，节约财政资金，而且有利于促进全社会做好节能减排、自主创新工作。各地区、各部门和有关单位要充分认识政府优先强制采购节能环保和自主创新产品的重要意义，增强执行制度的自觉性，采取措施大力推动政府采购节能环保和自主创新产品工作。

二、建立政府优先强制采购节能环保和自主创新产品制度

(一)建立优先强制采购制度。各政府采购单位要在技术、服务等指标均满足采购需求的前提下，按照国务院办公厅和财政部、国家发改委等部门制定的《节能产品政府采购实施意见》、《环境标志产品政府采购实施意见》、《无线局域网产品政府采购实施意见》、《关于实施促进自主创新政府采购政策的若干意见》等有关规定，优先采购列入国家《政府采购清单(或目录)》的节能环保、自主创新和无线局域网产品，或虽未列入国家目录清单，但有利于推动我省循环经济发展和企业创新的再生产品、采用国际标准和国外先进标准等产品。同时，对部分节能环保效果突出、技术性能稳定和供应商数量充足的空调机、计算机、打印机、复印机等办公设备、照明产品和用水器具等，在优先采购的基础上实施强制采购。

(二)建立政府首购制度。凡列入国家《政府采购自主创新产品目录》的首购产品,或未列入国家《政府采购自主创新产品目录》但属于国内企业或科研机构生产或开发的试制品和首次投向市场的自主创新产品,符合国民经济发展要求和先进技术发展方向,具有较大市场潜力、需要重点扶持的产品,按规定认定后报同级财政部门批准,可实行政府首购。实行政府首购制度后,各政府采购单位或其委托的采购代理机构要按照单一来源等政府采购方式和相应的政府采购程序,或由政府出资按规定首先向提供自主创新产品的企业或科研机构购买产品,并对采购、使用情况进行实时跟踪、绩效评价。

(三)建立政府订购制度。由政府出资或立项需要研究开发的重大创新产品、技术和软科学研究课题,经同级财政部门批准,可实行政府订购制度。政府部门(或项目单位)要通过招标或竞争性谈判方式,按照"竞争择优"原则,公开向社会确定生产企业或研发机构,签订《政府订购合同》,并建立相应的考核验收和研究开发成果推广机制,促进技术成果应用转化。

(四)建立进口产品政府采购管理制度。各政府采购单位要在国内确实无法采购或无法以合理的商业条件采购本国产品必须进口的,应在采购活动开始前按规定报设区的市和省政府授权的扩权县(市)以上的财政部门核准。除国家鼓励进口的产品外,各政府采购单位在申报时应提供专家论证意见和发展改革、经贸、科技等行业主管部门的审查意见。涉及国家安全或秘密的采购项目,原则上应采购拥有国内自主知识产权的技术和产品,或我国企业生产制造的产品。采购进口产品时,要坚持有利于企业自主创新或消化吸收核心技术的原则,优先购买向我国转让技术和采取其他补偿贸易措施的产品。由政府投资的重大建设工程项目,以及使用财政性资金采购的重大装备和产品的项目,有关部门在初步设计和审批投资概算时,要求项目单位承诺采购自主创新产品,其中国产设备或产品采购比例一般不得低于项目设备产品总投资的60%,提供的同类设备或产品的生产制造商不得少于3家,否则,投资管理部门不予批准工程可行性研究报告,财政部门不予支付资金。

(五)确立符合实际的办公设备配置标准。适当延长一般办公设备的报废更新年限。及时淘汰低能效或高能耗的办公设备,并不得采购同类产品。加强党政机关和事业单位的公务用车编制和标准管理,鼓励采购小排量和拥有国内自主知识产权的公务用车,限制采购排气量在2.0升以上的小轿车和排气量在3.0升以上的商务车,原则上不得采购排气量在3.5升以上的越野车。积极推广"一车一卡定点加油采购"制度,实时公开各单位机动车辆的实际单位油耗,鼓励和支持各政府采购单位开展节油降耗工作。

(六)出台扶持中小企业发展的政策。采购预算在公开招标数额标准以下的项目,原则上限于中小企业供应商参加;公开招标数额标准以上的项目,在同等条件下,应当将中标成交资格优先授予中小企业供应商,或在采购响应文件中明确或承诺将部分合同分包给中小企业实施的供应商;采购预算较大的单一产品或服务项目,可以拆分成若干个标项进行采购,为中小企业参与竞争创造有利条件。

三、落实政府优先强制采购节能环保和自主创新产品制度的保障措施

(一)加强政府采购预算管理。凡计划采购节能环保和自主创新产品的,各政府采购单位应当在申请、编制部门预算及政府采购预算时予以说明,有条件的可同时编制节能环保和自主创新产品政府采购预算。在项目支出确定的情况下,财政部门应当在政府采购预算中优先安排节能环保和自主创新产品的采购资金,并充分考虑价格调整因素,为采购节能环保和自主创新产品提供资金保障。

(二)科学确定供应商资格条件和产品技术需求。各政府采购单位及其采购代理机构在编制采购文件时,要注重对供应商在税收、社会保险费缴纳和劳动者权益保障等方面的资格要求,增强供应商的社会责任意识。在设置企业规模和注册资金等条件时,应当与项目的规模相匹配。同时,要支持有发展前景、信誉良好的中小企业。要合理设置有利于采购节能环保和自主创新产品的技术需求,使更多从事节能环保和自主创新研发、应用的科研机构、企业参与到政府采购活动中来,扩大节能环保和自主创新产品的市场份额,促使更多的采购单位使用节能环保和自主创新产品。

(三)科学制定评分标准和优惠幅度。政府采购单位或其委托的采购代理机构在设置评分标准时,要增加节能环保、自主创新等评分因素,并通过单设"政策性因素"项目,结合同类产品的技术含量、质量性能和市场成熟度等情况,给予列入国家《政府采购清单(或目录)》的节能环保、自主创新和无线局域网等产品一定幅度的价格扣除或技术加分;由多个产品或技术集成的项目,要结合该类产品报价占项目总价的比例,给予相应的扣除或加分。

(四)加强政府采购合同管理。中标成交后,政府采购单位应于30日内与生产、经营节能环保和自主创新产品的供应商签订政府采购合同。财政部门要加强采购文件、采购结果和采购合同的备案审查,逾期或无故不签订合同的,各政府采购单位应承担法律责任。政府采购合同一经签订,应按合同约定及时支付采购资金。合同金额较小的项目,采购单位可在交货完成或项目竣工后,按照合同约定,一次性付清货款;合同金额较大的项目,政府采购单位可适当提高节能环保和自主创新产品采购资金的预付比例。

(五)降低采购交易成本。对采购重大技术创新产品、项目和大额节能环保产品或项目的,应当委托集中采购机构实施采购。凡生产、经营节能环保和自主创新和无线局域网等产品并参与政府采购活动的供应商,各政府采购单位或委托的采购代理机构应免收其采购文件工本费;委托社会中介代理机构采购的,其采购代理费应减半收取。

(六)认真做好我省节能环保、自主创新产品认证和申报、列入推荐国家政府采购清单等工作。各地、各部门要大力宣传政府采购的政策功能,积极发挥政府采购在节能环保和自主创新产品研发、生产、销售和使用中的导向作用。有关行业主管部门要鼓励和支持科研机构、企业将符合国家有关标准的产品申报"节能产品"、"环境标志产品"、"自主创新产品"和"无线局域网产品"等国家认证。省财政厅要积极向财政部推荐已通过省级认证的产品和成效明显的首购产品,并争取列入国家《政府采购清单

(或目录)》,在此基础上,切实加强对我省有关从事政府采购业务的科研机构、企业的业务培训,不断提高其在政府采购活动中的竞争能力。

四、确保政府优先强制采购节能环保和自主创新产品制度有效实施

(一)加强宣传沟通。各级财政部门要加强对优先强制采购节能环保和自主创新产品工作的宣传,在全社会倡导崇尚节约、依法采购、科学消费的理念。要在政府采购指定媒体上及时公布列入国家《政府采购清单(或目录)》的节能环保和自主创新产品,扩大其在政府采购领域的影响。要加强与采购单位的沟通,在项目立项、需求确定等阶段明确采购节能环保和自主创新产品,使优先强制采购节能环保和自主创新产品制度得到有效实施。

(二)加强部门协作配合。各级政府要加强对政府采购工作的领导,优化服务,提高效率,充分利用政府采购政策,主动协调和研究解决在政府采购政策实施中的问题。财政、发展改革、经贸、科技和环保等部门要按照职责分工,明确责任和任务,加强协作配合,及时通报国家宏观调控有关政策、目标,保证政府优先强制采购节能环保和自主创新产品制度的落实。

(三)加强质量检查和工作考核评价。质检部门要加强对政府优先、强制采购节能环保和自主创新产品生产企业的质量检查,建立健全质量保证体系,使生产、销售的产品符合国家和我省有关质量标准。认证机构要加强对产品质量的跟踪调查,对不符合认证要求的,要暂停企业生产直至撤销认证证书,并及时通报财政等相关部门。财政部门要抓紧建立统一、规范的分析考核机制,加强对各地执行情况的评估和比较。

(四)加大惩治腐败和对违规采购行为处罚的力度。财政、审计、监察等部门要完善政府采购规章制度,重点治理商业贿赂等突出问题,从制度上、源头上预防违法违纪行为的发生。要加强对政府采购制度的监督检查,督促政府采购单位或其委托的政府采购代理机构自觉执行政府采购有关法律法规和政策规定。不执行有关法律法规和政策规定的,应责令其改正;拒不改正的,应核销其采购预算,不得拨付采购资金,并给予通报批评,直至追究有关责任人员的责任。属于政府采购代理机构责任的,要依法追究相关单位和责任人员的责任,直至取消代理资格。

浙江省人民政府办公厅
2008年浙江省深化改革实施意见

(2008年4月30日 浙政办发〔2008〕34号)

2008年是全面贯彻落实党的十七大精神的第一年,是改革开放30周年。根据党的十七大、省第十二次党代会精神,以及中央经济工作会议、全省经济工作会议的总体部署,现就2008年深化体制改革提出如下意见:

一、指导思想和基本原则

(一)指导思想。

坚持以邓小平理论和"三个代表"重要思想为指导,全面贯彻落实党的十七大和省第十二次党代会精神,认真总结我省改革开放30年来的巨大成就和成功经验,紧紧围绕科学发展观和完善社会主义市场经济体制的总体要求,全面构建科学发展、社会和谐的体制机制,加快建立三大综合配套改革试点区,协调推进经济、社会、农村和政府四方面的改革,实现重点领域和关键环节改革新突破,为全面实施"创业富民、创新强省"总战略、加快建设惠及全省人民的小康社会提供强有力的体制保障。

(二)基本原则。

——必须毫不动摇地坚持改革方向。围绕进一步完善社会主义市场经济体制,坚持市场取向的改革,切实解决发展中面临的深层次矛盾和问题。

——必须坚持以人为本的改革理念。积极推进关注民生的改革,把维护人民群众的切身利益放在更加突出的位置,让全省人民共享改革发展成果。

——必须提高改革决策的科学性、增强改革措施的协调性。完善改革决策机制,创新改革推进举措,加强改革协调配套,通过推进综合配套改革试点,以点带面,更好地推进面上改革。

——必须正确处理改革发展稳定的关系。切实把改革的力度、发展的速度和社会的可承受程度统一起来,确保各项改革平稳推进。

二、认真总结30年改革开放的巨大成就和成功经验

认真总结30年来我省改革开放的巨大成就和成功经验,深入分析我省改革开放面临的新情况、新特点,研究提出新时期、新阶段推进改革的总体思路和政策举措,制定出台进一步深化改革开放的意见。

各地、各部门要进一步解放思想、更新观念,深化对改革的认识,达成改革新共识、研究改革新举措、形成改革新合力,全面提高开放水平,着力构建充满活力、富有效率、更加开放、有利于全面贯彻落实科学发展观和"两创"总战略的体制机制。

三、协调推进四方面改革

(一)围绕"两创"总战略,深化经济体制改革。

1.积极推进创新驱动的体制改革。健全创新激励机制,完善技术要素参与股权和收益分配的政策文件。加快中小企业规范化股份制改造,培育更多创业板上市的中小企业。鼓励发展创业投资引导基金,加大对种子期、发育期企业的支持培育。制定有利于中小企业加快自主创新的政策意见,探索政府支持和民间投入相结合的公共、区域和行业创新服务平台建设。完善知识产权保护体系。制定全国循环经济试点省建设方案并报国家批准实施。

2.不断深化要素配置市场化改革。完善并严格落实工业和经营性用地招拍挂出让制度,积极盘活存量建设用地,探索建立闲置土地退出机制,逐步完善有利于节约集约用地的激励机制。加快推进居民生活用水阶梯式水价制度改革和非居民用水超定额计划加价收费制度；改革污水处理收费的价格机制，进一步推行按污水污染程度分档收取污水处理费的办法，积极开展排污总量控制和排污权交易制度改革试点。探索建立节能减排的激励和约束机制，继续在高耗能行业实行差别电价，加快淘汰落后产能；全面推行居民用电峰谷电价政策；按照国家销售电价改革的统一部署，加快推进工商业用电同价改革。培育发展产权交易市场，深化农村合作金融机构改革，积极开展村镇银行试点，加快中小企业信用担保体系建设，探索开展产业投资基金试点。

3. 进一步营造民营经济发展的体制环境。引导民营企业加快制度创新，着力推进现代企业制度和现代产权制度建设，形成多元化产权结构。继续深化民营经济公平市场准入机制改革，拓宽民营经济发展空间。强化诚信机制建设，加强企业信用监管，整合优化信用资源，创建有利于民营企业发展的信用环境。积极推进行业协会和中介机构改革与发展，探索建立中介服务公共信息平台。

4. 继续深化国有企业改革。围绕增强国有企业控制力、竞争力，继续加大国有企业战略性调整和国有资产优化重组的改革力度。建立国有资本经营预算制度，试行国有资本收益收取办法，完善经营业绩考核办法，改革国有企业工资总额管理办法。完善相关政策，妥善解决部分国有、集体企业的历史遗留问题。

（二）围绕基本公共服务均等化，加快社会领域改革。

5. 深化就业和收入分配制度改革。深入贯彻《劳动合同法》、《就业促进法》和《劳动争议仲裁法》，加快劳动关系三方协调机制建设，积极构建和谐劳动关系。加强收入分配制度改革的研究，进一步完善最低工资和工资支付保证金制度，继续推进企业工资集体协商制度和劳动力市场工资指导价制度建设。

6. 加快推进城乡公平教育的体制改革。全面实施义务教育阶段免费教科书制度，对免费教科书实行政府采购。逐步建立化解义务教育债务的体制机制。年轻教师申报高级专业技术资格时必须具有到农村任教的经历，建立农村中小学教师岗位激励政策，进一步提高农村教师待遇。规范完善城乡教师编制管理制度。启动实施新一轮农村教师培训工程，提高农村教师素质。

7. 积极推进医疗卫生体制改革。根据国家医药卫生体制改革总体方案，研究制定我省医药卫生体制改革实施方案，加快构建、完善人人享有的基本医疗卫生服务体系。推进医疗卫生资源配置机制改革，建立健全促进医疗卫生资源向城乡社区、公共卫生倾斜的配置机制。提高新型农村合作医疗的保障能力，探索研究科学高效的运作机制。深化公立医疗机构管理体制和运行机制改革，建立政府投入保障机制，完善城乡医疗机构分工合作机制。探索建立“四统一”的药品网上采购制度。

8. 加快建立覆盖城乡的社会保障体系。进一步加大企业职工养老保险推进力度，加快参保人员养老保险关系转移、衔接的政策研究，继续开展城镇居民养老保障制度改革试点，探索建立农村农民养老保障制度，规范完善失地农民基本生活保障制度。推进城镇居民基本医疗保险制度建设，实现医疗保障制度全社会覆盖。加快建立和完善以廉租住房制度、经济适用住房制度和住房公积金制度为主要内容的城镇住房保障体系。加快构建新型社会福利体系，大力推进最低生活保障、教育、医疗等分层分类的社会救助制度。

（三）围绕统筹城乡发展，深化农村体制改革。

9. 创新现代农业生产经营体制。创新农民培训的投入机制和管理体制，大力培育具有创业创新能力的新型农民。加快研究制定促进新型农民创新创业、土地承包权流转的激励政策，推进以培育核心农户为重点的农业适度规模化经营。创新农民专业合作社的组织形式以及运作方式，提高农户的组织化、专业化程度。

10. 完善支农惠农的投入机制。加大支农资金整合力度，探索建立政府主导、财政部门牵头、主管部门参与，规划、项目、资金“三位一体”的体制机制。探索创新农业补贴资金的发放、管理方式。加快扶贫制度改革，探索建立由农村信用社等金融组织参与的市场化扶贫机制。探索农村房屋产权登记管理办法，建立比较完善的农村住房产权管理体制，积极探索农村住房合法流转、抵押融资的体制。全面开展政策性农业保险试点，探索扩大林业保险试点，继续推进政策性农村住房保险。

11. 深化农村基础设施、环境整治的管理体制改革。探索建立农村康庄工程、水库等基础设施的养护管理体制。完善以改水、改厕和垃圾处理为重点的农村环境综合整治机制，建立健全运行机制和投入保障机制。加快农村社区建设步伐，加强农村社区服务中心建设，逐步完善政府公共服务、居民自我服务、市场有偿服务相衔接的农村社区服务体系。

12. 加快中心镇的培育发展。进一步扩大中心镇试点范围，加强中心镇规划建设，完善中心镇扶持政策，建立省、市、县三级共同扶持体系；改革中心镇管理体制，进一步完善中心镇财政体制，创新中心镇发展模式，探索开展中心镇行政管理体制创新试点，使中心镇真正成为转移农民、致富农民、统筹城乡发展的战略节点。

（四）围绕转变政府职能，加快行政管理体制改革。

13. 理顺行政管理体制。根据中央深化行政管理体制改革的意见，适时推进大部门体制改革，理顺交叉重复职能，健全部门协调配合机制，探索垂直管理部门与地方政府规范管理的体制机制，不断提高行政效能。深化审批制度改革，加快与国务院第四批取消和调整行政审批项目的清理和对接，全面推进非行政许可审批项目省、市、县三级联动清理工作，扩大行政审批职能的整合与集中改革试点。加快推进政府投资项目管理和代建制以及企业投资项目管理等立法工作。

14. 深化扩大县级政府管理权限的体制改革。继续深化义乌市扩权改革试点，探索扁平化行政管理新模式。按照“积极下放、权责一致、提高效能、依法行政”的原则，积极推进扩大县级政府管理权限的改革，进一步提高县级政府社会管理和公共服务能力。

15. 加快构建公共财政体制。围绕推进基本公共服务均等化和主体功能区建设，深化财政体制改革，探索建立与主体功能区建设相衔接的财政转移支付制度。健全部门预算、国库集中支付、财政支出绩效评价和政府采购等制度，强化政府债务管理。完善体制机制，进一步优化财政支出结构，确保新增财力三分之二以上用于民生。

16. 稳步推进事业单位分类改革。按照“政事分开、管办分离”的原则，加快培育教育、医疗等非赢利性社会管理团体，在教

浙江省财政厅 浙江省农业厅转发财政部关于印发《农民专业合作社财务会计制度(试行)》的通知

(2008 年 2 月 22 日 浙财会字〔2008〕13 号)

各市、县(市、区)财政局、农业局(农办):

现将财政部《关于印发〈农民专业合作社财务会计制度(试行)〉的通知》(财会〔2007〕15 号)转发给你们,并结合我省实际,提出如下补充意见,请一并贯彻执行。

一、农民专业合作社自 2008 年 1 月 1 日起执行《农民专业合作社财务会计制度(试行)》(以下简称新制度)后,我省原制定的《浙江省农民专业合作社财务制度(试行)》(浙财农字〔2005〕94 号)和《浙江省农民专业合作社会计核算办法(试行)》(浙财会字〔2005〕41 号,以下简称为原制度)同时废止。

二、为了做好新旧制度的衔接工作,现就有关新旧会计科目结转问题规定如下:

1. "库存现金"、"成员往来"、"产品物资"科目

新制度设置了"库存现金"、"成员往来"、"产品物资"科目,其核算内容与原制度中的"现金"、"内部往来"、"库存物资"科目的核算内容基本相同。调账时,可将原账中以上科目的余额直接转入新账相应科目。

2. "受托代购商品"科目

新制度设置了"受托代购商品"科目,但原制度没有设置该科目。合作社如有受托代购商品业务的,应将该业务的余额从有关会计科目中转入新账"受托代购商品"科目。

3. "短期投资"、"长期投资"科目

新制度没有设置"短期投资"、"长期投资"科目,但设置了"对外投资"科目。调账时,将原账中以上两个科目的余额转入新账"对外投资"科目。

4. "应付福利费"科目

原制度设置了"应付福利费"科目,但新制度没有设置该科目。执行新制度后,合作社不再按工资总额的一定比例从成本费用中提取福利费,原"应付福利费"科目有余额的,全部转入"盈余分配(未分配盈余)"科目。

5. "应付股利"科目

新制度没有设置"应付股利"科目,但设置了"应付盈余返还"和"应付剩余盈余"科目。调账时,应当对原账"应付股利"科目的余额进行分析,其中:属于按成员与合作社交易量(额)比例返还给成员的盈余部分,转入新账"应付盈余返还"科目;属于按成员出资额、公积金份额和接受补助与捐赠平均量化份额比例分配给成员的剩余可分配盈余部分,转入新账"应付剩余盈余"科目。

6. "代销商品款"科目

原制度设置了"代销商品款"科目,但新制度没有设置该科目。调账时,可将该科目的余额转入新账"成员往来"科目。

7. "长期借款"科目

新制度设置了"长期借款"科目,其核算内容与原制度中的"长期借款及应付款"科目的核算内容基本相同。调账时,可将原账"长期借款及应付款"科目的余额直接转入新账"长期借款"科目。

8. "专项应付款"科目

新制度设置了"专项应付款"科目,但原制度没有设置该科目而在"应付款"科目核算。调账时,合作社如有尚未使用的国家财政直接补助资金,应将其余额从原账"应付款"科目中转入新账"专项应付款"科目。

9. "专项基金"科目

新制度设置了"专项基金"科目,但原制度没有设置该科目。调账时,应将原账"资本公积"科目中因通过国家财政直接补助转入和接受捐赠所形成的部分转入新账"专项基金"科目。

10. "资本公积"科目

新制度设置了"资本公积"科目,其核算内容与原制度中的"资本公积"科目有所不同。调账时,应对原账"资本公积"科目的余额进行分析,其中:属于通过国家财政直接补助转入和接受捐赠所形成的部分,转入新账"专项基金"科目;其余部分,可直接转入新账"资本公积"科目。

11. "本年盈余"、"盈余分配"科目

新制度设置了"本年盈余"、"盈余分配"科目,其核算内容与原制度中的"本年利润"、"利润分配"科目的核算内容基本相同。调账时,可将原账中以上科目的余额直接转入新账相应科目。

12. "营业费用"科目

原制度设置了"营业费用"科目,但新制度没有设置该科目。调账时,可将该科目的余额转入新账"经营支出"科目。

执行中有何问题,请及时反馈给省财政厅、省农业厅。

附件:

农民专业合作社财务会计制度(试行)

一、总 则

(一)为了规范农民专业合作社(以下简称合作社)会计工作,保护农民专业合作社及其成员的合法权益,根据《中华人民共和国会计法》、《中华人民共和国农民专业合作社法》及有关规定,结合合作社的实际情况,制定本制度。

(二)本制度适用于依照《中华人民共和国农民专业合作社法》设立并取得法人资格的合作社。

(三)合作社应根据本制度规定和会计业务需要,设置会计

账簿,配备必要的会计人员。不具备条件的,也可以本着民主、自愿的原则,委托农村经营管理机构或代理记账机构代理记账、核算。

(四)合作社应按本制度规定,设置和使用会计科目,登记会计账簿,编制会计报表。

会计核算以人民币"元"为金额单位,"元"以下填至"分"。

(五)合作社的会计核算采用权责发生制。会计记账方法采用借贷记账法。

(六)合作社会计核算应当划分会计期间,分期结算账目。一个会计年度自公历1月1日起至12月31日止。

(七)合作社会计信息应定期、及时向本合作社成员公开,接受成员的监督。对于成员提出的问题,会计及管理人员应及时解答,确实存在错误的要立即纠正。

(八)财政部门依照《中华人民共和国会计法》规定职责,对合作社的会计工作进行管理和监督。

农村经营管理部门依照《中华人民共和国农民专业合作社法》和有关法规政策等,对合作社会计工作进行指导和监督。

(九)本制度自2008年1月1日起施行。

二、会计核算的基本要求

(一)合作社的资产分为流动资产、农业资产、对外投资、固定资产和无形资产等。

(二)合作社的流动资产包括现金、银行存款、应收款项、存货等。

(三)合作社必须根据有关法律法规,结合实际情况,建立健全货币资金内部控制制度。

合作社应当建立货币资金业务的岗位责任制,明确相关岗位的职责权限。明确审批人和经办人对货币资金业务的权限、程序、责任和相关控制措施。

合作社收取现金时手续要完备,使用统一规定的收款凭证。合作社取得的所有现金均应及时入账,不准以白条抵库,不准挪用,不准公款私存。

合作社要及时、准确地核算现金收入、支出和结存,做到账款相符。要组织专人定期或不定期清点核对现金。

合作社要定期与银行、信用社或其他金融机构核对账目。支票和财务印鉴不得由同一人保管。

(四)合作社的应收款项包括本社成员和非本社成员的各项应收及暂付款项。合作社对拖欠的应收款项要采取切实可行的措施积极催收。

(五)合作社应当建立健全销售业务内部控制制度,明确审批人和经办人的权限、程序、责任和相关控制措施。

合作社应当按照规定的程序办理销售和发货业务。应当在销售与发货各环节设置相关的记录、填制相应的凭证,并加强有关单据和凭证的相互核对工作。

合作社应当按照有关规定及时办理销售收款业务,应将销售收入及时入账,不得账外设账。

合作社应当加强销售合同、发货凭证、销售发票等文件和凭证的管理。

(六)合作社应当建立健全采购业务内部控制制度,明确审批人和经办人的权限、程序、责任和相关控制措施。

合作社应当按照规定的程序办理采购与付款业务。应当在采购与付款各环节设置相关的记录、填制相应的凭证,并加强有关单据和凭证的相互核对工作。在办理付款业务时,应当对采购发票、结算凭证、验收证明等相关凭证进行严格审核。

合作社应当加强对采购合同、验收证明、入库凭证、采购发票等文件和凭证的管理。

(七)合作社的存货包括种子、化肥、燃料、农药、原材料、机械零配件、低值易耗品、在产品、农产品、工业产成品、受托代销商品、受托代购商品、委托代销商品和委托加工物资等。

存货按照下列原则计价:购入的物资按照买价加运输费、装卸费等费用、运输途中的合理损耗等计价;受托代购商品视同购入的物资计价;生产入库的农产品和工业产成品,按生产过程中发生的实际支出计价;委托加工物资验收入库时,按照委托加工物资的成本加上实际支付的全部费用计价;受托代销商品按合同或协议约定的价格计价,出售受托代销商品时,实际收到的价款大于合同或协议约定价格的差额计入经营收入,实际收到的价款小于合同或协议约定价格的差额计入经营支出;委托代销商品按委托代销商品的实际成本计价。领用或出售的出库存货成本的确定,可在"先进先出法"、"加权平均法"、"个别计价法"等方法中任选一种,但是一经选定,不得随意变动。

合作社对存货要定期盘点核对,做到账实相符,年末必须进行一次全面的盘点清查。盘亏、毁损和报废的存货,按规定程序批准后,按实际成本扣除应由责任人或者保险公司赔偿的金额和残料价值后的余额,计入其他支出。

(八)合作社应当建立健全存货内部控制制度,建立保管人员岗位责任制。存货入库时,保管员清点验收入库,填写入库单;出库时,由保管员填写出库单,主管负责人批准,领用人签名盖章,保管员根据批准后的出库单出库。

(九)合作社根据国家法律、法规规定,可以采用货币资金、实物资产或者购买股票、债券等有价证券方式向其他单位投资。

(十)合作社的对外投资按照下列原则计价:

以现金、银行存款等货币资金方式向其他单位投资的,按照实际支付的款项计价。

以实物资产(含牲畜和林木)方式向其他单位投资的,按照评估确认或者合同、协议确定的价值计价。

合作社以实物资产方式对外投资,其评估确认或合同、协议确定的价值必须真实、合理,不得高估或低估资产价值。实物资产重估确认价值与其账面净值之间的差额,计入资本公积。

合作社对外投资分得的现金股利或利润、利息等计入投资收益。出售、转让和收回对外投资时,按实际收到的价款与其账面余额的差额,计入投资收益。

(十一)合作社应当建立健全对外投资业务内部控制制度,明确审批人和经办人的权限、程序、责任和相关控制措施。

合作社的对外投资业务(包括对外投资决策、评估及其收回、转让与核销),应当由理事会提交成员大会决策,严禁任何个人擅自决定对外投资或者改变成员大会的决策意见。

合作社应当建立对外投资责任追究制度,对在对外投资中出现重大决策失误、未履行集体审批程序和不按规定执行对外投资业务的人员,应当追究相应的责任。

合作社应当对对外投资业务各环节设置相应的记录或凭证，加强对审批文件、投资合同或协议、投资方案书、对外投资有关权益证书、对外投资处置决议等文件资料的管理，明确各种文件资料的取得、归档、保管、调阅等各个环节的管理规定及相关人员的职责权限。

合作社应当加强对投资收益的控制，对外投资获取的利息、股利以及其他收益，均应纳入会计核算，严禁设置账外账。

（十二）合作社要建立有价证券管理制度，加强对各种有价证券的管理。要建立有价证券登记簿，详细记载各有价证券的名称、券别、购买日期、号码、数量和金额。有价证券要由专人管理。

（十三）合作社的农业资产包括牲畜（禽）资产和林木资产等。

农业资产按下列原则计价：购入的农业资产按照购买价及相关税费等计价；幼畜及育肥畜的饲养费用、经济林木投产前的培植费用、非经济林木郁闭前的培植费用按实际成本计入相关资产成本；产役畜、经济林木投产后，应将其成本扣除预计残值后的部分在其正常生产周期内按直线法分期摊销，预计净残值率按照产役畜、经济林木成本的5%确定，已提足折耗但未处理仍继续使用的产役畜、经济林木不再摊销；农业资产死亡毁损时，按规定程序批准后，按实际成本扣除应由责任人或者保险公司赔偿的金额后的差额，计入其他收支；合作社其他农业资产，可比照牲畜（禽）资产和林木资产的计价原则处理。

（十四）合作社的房屋、建筑物、机器、设备、工具、器具和农业基本建设设施等，凡使用年限在一年以上，单位价值在500元以上的列为固定资产。有些主要生产工具和设备，单位价值虽低于规定标准，但使用年限在一年以上的，也可列为固定资产。

合作社以经营租赁方式租入和以融资租赁方式租出的固定资产，不应列作合作社的固定资产。

（十五）合作社应当根据具体情况分别确定固定资产的入账价值：

1. 购入的固定资产，不需要安装的，按实际支付的买价加采购费、包装费、运杂费、保险费和交纳的有关税金等计价；需要安装或改装的，还应加上安装费或改装费。

2. 新建的房屋及建筑物、农业基本建设设施等固定资产，按竣工验收的决算价计价。

3. 接受捐赠的全新固定资产，应按发票所列金额加上实际发生的运输费、保险费、安装调试费和应支付的相关税金等计价；无所附凭据的，按同类设备的市价加上应支付的相关税费计价。接受捐赠的旧固定资产，按照经过批准的评估价值或双方确认的价值计价。

4. 在原有固定资产基础上进行改造、扩建的，按原有固定资产的价值，加上改造、扩建工程而增加的支出，减去改造、扩建工程中发生的变价收入计价。

5. 投资者投入的固定资产，按照投资各方确认的价值计价。

（十六）合作社的在建工程指尚未完工、或虽已完工但尚未办理竣工决算的工程项目。在建工程按实际消耗的支出或支付的工程价款计价。形成固定资产的在建工程完工交付使用后，计入固定资产。

在建工程部分发生报废或者毁损，按规定程序批准后，按照扣除残料价值和过失人及保险公司赔款后的净损失，计入工程成本。单项工程报废以及由于自然灾害等非常原因造成的报废或者毁损，其净损失计入其他支出。

（十七）合作社必须建立固定资产折旧制度，按年或按季、按月提取固定资产折旧。固定资产的折旧方法可在“平均年限法”、“工作量法”等方法中任选一种，但是一经选定，不得随意变动。

合作社应当对所有的固定资产计提折旧，但是，已提足折旧仍继续使用的固定资产除外。

合作社当月或当季度增加的固定资产，当月或当季度不提折旧，从下月或下季度起计提折旧；当月或当季度减少的固定资产，当月或当季度照提折旧，从下月或下季度起不提折旧。

固定资产提足折旧后，不管能否继续使用，均不再提取折旧；提前报废的固定资产，也不再补提折旧。

（十八）固定资产的修理费用直接计入有关支出项目。

固定资产变卖和清理报废的变价净收入与其账面净值的差额计入其他收支。固定资产变价净收入是指变卖和清理报废固定资产所取得的价款减清理费用后的净额。固定资产净值是指固定资产原值减累计折旧后的净额。

（十九）合作社应当建立健全固定资产内部控制制度，建立人员岗位责任制。应当定期对固定资产盘点清查，做到账实相符，年度终了前必须进行一次全面的盘点清查。盘亏及毁损的固定资产，应查明原因，按规定程序批准后，按其原价扣除累计折旧、变价收入、过失人及保险公司赔款之后，计入其他支出。

（二十）合作社的无形资产是指合作社长期使用但是没有实物形态的资产，包括专利权、商标权、非专利技术等。无形资产按取得时的实际成本计价，并从使用之日起，按照不超过10年的期限平均摊销，计入管理费用。转让无形资产取得的收入，计入其他收入；转让无形资产的成本，计入其他支出。

（二十一）每年年度终了，合作社应当对应收款项、存货、对外投资、农业资产、固定资产、在建工程、无形资产等资产进行全面检查，对于已发生损失但尚未批准核销的各项资产，应在资产负债表补充资料中予以披露。这些资产包括：1. 确实无法收回的应收款项；2. 盘亏、毁损和报废的存货；3. 无法收回的对外投资；4. 死亡毁损的农业资产；5. 盘亏、毁损和报废的固定资产；6. 毁损和报废的在建工程；7. 注销和无效的无形资产。

（二十二）合作社应当定期或不定期对与资产有关的内部控制制度进行监督检查，对发现的薄弱环节，应当及时采取措施，加以纠正和完善。

（二十三）合作社的负债分为流动负债和长期负债。

流动负债是指偿还期在一年以内（含一年）的债务，包括短期借款、应付款项、应付工资、应付盈余返还、应付剩余盈余等。

长期负债是指偿还期超过一年以上（不含一年）的债务，包括长期借款、专项应付款等。

合作社的负债按实际发生的数额计价，利息支出计入其他支出。对发生因债权人特殊原因确实无法支付的应付款项，计入其他收入。

（二十四）合作社应当建立健全借款业务内部控制制度，明确审批人和经办人的权限、程序、责任和相关控制措施。不得由同一人办理借款业务的全过程。

合作社应当对借款业务按章程规定进行决策和审批，并保留完整的书面记录。

合作社应当在借款各环节设置相关的记录、填制相应的凭证，并加强有关单据和凭证的相互核对工作。合作社应当加强对借款合同等文件和凭证的管理。

合作社应当定期或不定期对借款业务内部控制进行监督检查，对发现的薄弱环节，应当及时采取措施，加以纠正和完善。

（二十五）合作社的所有者权益包括股金、专项基金、资本公积、盈余公积、未分配盈余等。

（二十六）合作社对成员入社投入的资产要按有关规定确认和计量。合作社收到成员入社投入的资产，应按双方确认的价值计入相关资产，按享有合作社注册资本的份额计入股金，双方确认的价值与按享有合作社注册资本的份额计算的金额的差额，计入资本公积。

合作社接受国家财政直接补助形成的固定资产、农业资产和无形资产，以及接受他人捐赠、用途不受限制或已按约定使用的资产计入专项基金。

合作社从当年盈余中提取的公积金，计入盈余公积。

（二十七）合作社的生产成本是指合作社直接组织生产或对非成员提供劳务等活动所发生的各项生产费用和劳务成本。

（二十八）合作社的经营收入是指合作社为成员提供农业生产资料的购买，农产品的销售、加工、运输、贮藏以及与农业生产经营有关的技术、信息等服务取得的收入，以及销售合作社自己生产的产品、对非成员提供劳务等取得的收入。合作社一般应于产品物资已经发出，服务已经提供，同时收讫价款或取得收取价款的凭据时，确认经营收入的实现。

合作社的其他收入是指除经营收入以外的收入。

（二十九）合作社的经营支出是指合作社为成员提供农业生产资料的购买，农产品的销售、加工、运输、贮藏以及与农业生产经营有关的技术、信息等服务发生的实际支出，以及因销售合作社自己生产的产品、对非成员提供劳务等活动发生的实际成本。

管理费用是指合作社管理活动发生的各项支出，包括管理人员的工资、办公费、差旅费、管理用固定资产的折旧、业务招待费、无形资产摊销等。

其他支出是指合作社除经营支出、管理费用以外的支出。

（三十）合作社的本年盈余按照下列公式计算：

本年盈余＝经营收益＋其他收入－其他支出

其中：

经营收益＝经营收入＋投资收益－经营支出－管理费用

投资收益是指投资所取得的收益扣除发生的投资损失后的数额。

投资收益包括对外投资分得的利润、现金股利和债券利息，以及投资到期收回或者中途转让取得款项高于账面余额的差额等。投资损失包括投资到期收回或者中途转让取得款项低于账面余额的差额。

（三十一）合作社在进行年终盈余分配工作以前，要准确地核算全年的收入和支出；清理财产和债权、债务，真实完整地登记成员个人账户。

三、会计科目

（一）会计科目表

顺序号	科目编号	科目名称
		一、资产类
1	101	库存现金
2	102	银行存款
3	113	应收款
4	114	成员往来
5	121	产品物资
6	124	委托加工物资
7	125	委托代销商品
8	127	受托代购商品
9	128	受托代销商品
10	131	对外投资
11	141	牲畜（禽）资产
12	142	林木资产
13	151	固定资产
14	152	累计折旧
15	153	在建工程
16	154	固定资产清理
17	161	无形资产
		二、负债类
18	201	短期借款
19	211	应付款
20	212	应付工资
21	221	应付盈余返还
22	222	应付剩余盈余
23	231	长期借款
24	235	专项应付款
		三、所有者权益类
25	301	股金
26	311	专项基金
27	321	资本公积
28	322	盈余公积
29	331	本年盈余
30	332	盈余分配
		四、成本类
31	401	生产成本
		五、损益类
32	501	经营收入
33	502	其他收入
34	511	投资收益
35	521	经营支出
36	522	管理费用
37	529	其他支出

附注：合作社在经营中涉及使用外埠存款、银行汇票存款、银行本票存款、信用卡存款、信用证保证金存款等各种其他货币资金的，可增设“其他货币资金”科目（科目编号109）；合作社在经营中大量使用包装物，需要单独对其进行核算的，可增设“包装物”科目（科目编号122）；合作社生产经营过程中，有牲畜（禽）资产、林木资产以外的其他农业资产，需要单独对其进行核算的，可增设“其他农业资产”科目（科目编号149），参照“牲畜（禽）资产”、“林木资产”进行核算；合作社需要分年摊销相关长期费用的，可增设“长期待摊费用”科目（科目编号171）。

（二）会计科目使用说明

101 库存现金

1. 本科目核算合作社的库存现金。

2. 合作社应严格按照国家有关现金管理的规定收支现金，超过库存现金限额的部分应当及时交存银行，并严格按照本制度规定核算现金的各项收支业务。

3. 收到现金时，借记本科目，贷记有关科目；支出现金时，借记有关科目，贷记本科目。

4. 本科目期末借方余额，反映合作社实际持有的库存现金。

102 银行存款

1. 本科目核算合作社存入银行、信用社或其他金融机构的款项。

2. 合作社应当严格按照国家有关支付结算办法，办理银行存款收支业务的结算，并按照本制度规定核算银行存款的各项收支业务。

3. 合作社将款项存入银行、信用社或其他金融机构时，借记本科目，贷记有关科目；提取和支出存款时，借记有关科目，贷记本科目。

4. 本科目应按银行、信用社或其他金融机构的名称设置明细科目，进行明细核算。

5. 本科目期末借方余额，反映合作社实际存在银行、信用社或其他金融机构的款项。

113 应收款

1. 本科目核算合作社与非成员之间发生的各种应收以及暂付款项，包括因销售产品物资、提供劳务应收取的款项以及应收的各种赔款、罚款、利息等。

2. 合作社发生各种应收及暂付款项时，借记本科目，贷记“经营收入”、“库存现金”、“银行存款”等科目；收回款项时，借记“库存现金”、“银行存款”等科目，贷记本科目。取得用暂付款购得的产品物资、劳务时，借记“产品物资”等科目，贷记本科目。

3. 对确实无法收回的应收及暂付款项，按规定程序批准核销时，借记“其他支出”科目，贷记本科目。

4. 本科目应按应收及暂付款项的单位和个人设置明细科目，进行明细核算。

5. 本科目期末借方余额，反映合作社尚未收回的应收及暂付款项。

114 成员往来

1. 本科目核算合作社与其成员的经济往来业务。

2. 合作社与其成员发生应收款项和偿还应付款项时，借记本科目，贷记“库存现金”、“银行存款”等科目；收回应收款项和发生应付款项时，借记“库存现金”、“银行存款”等科目，贷记本科目。

3. 合作社为其成员提供农业生产资料购买服务，按实际支付或应付的款项，借记本科目，贷记“库存现金”、“银行存款”、“应付款”等科目；按为其成员提供农业生产资料购买而应收取的服务费，借记本科目，贷记“经营收入”等科目；收到成员给付的农业生产资料购买款项和服务费时，借记“库存现金”、“银行存款”等科目，贷记本科目。

4. 合作社为其成员提供农产品销售服务，收到成员交来的产品时，按合同或协议约定的价格，借记“受托代销商品”等科目，贷记本科目。

5. 本科目应按合作社成员设置明细科目，进行明细核算。

6. 本科目下属各明细科目的期末借方余额合计数反映成员欠合作社的款项总额；期末贷方余额合计数反映合作社欠成员的款项总额。各明细科目年末借方余额合计数应在资产负债表“应收款项”反映；年末贷方余额合计数应在资产负债表“应付款项”反映。

121 产品物资

1. 本科目核算合作社库存的各种产品和物资。

2. 合作社购入并已验收入库的产品物资，按实际支付或应支付的价款，借记本科目，贷记“库存现金”、“银行存款”、“成员往来”、“应付款”等科目。

3. 合作社生产完工以及委托外单位加工完成并已验收入库的产品物资，按实际成本，借记本科目，贷记“生产成本”、“委托加工物资”等科目。

4. 产品物资销售时，按实现的销售收入，借记“库存现金”、“银行存款”、“应收款”等科目，贷记“经营收入”科目；按销售产品物资的实际成本，借记“经营支出”科目，贷记本科目。

5. 产品物资领用时，借记“生产成本”、“在建工程”、“管理费用”等科目，贷记本科目。

6. 合作社的产品物资应当定期清查盘点。盘亏和毁损产品物资，经审核批准后，按照责任人和保险公司赔偿的金额，借记“成员往来”、“应收款”等科目，按责任人或保险公司赔偿金额后的净损失，借记“其他支出”科目，按盘亏和毁损产品物资的账面余额，贷记本科目。

7. 本科目应按产品物资品名设置明细科目，进行明细核算。

8. 本科目期末借方余额，反映合作社库存产品物资的实际成本。

124 委托加工物资

1. 本科目核算合作社委托外单位加工的各种物资的实际成本。

2. 发给外单位加工的物资，按委托加工物资的实际成本，借记本科目，贷记“产品物资”等科目。

按合作社支付该项委托加工的全部费用（加工费、运杂费等），借记本科目，贷记“库存现金”、“银行存款”等科目。

3. 加工完成验收入库的物资，按加工收回物资的实际成本和剩余物资的实际成本，借记“产品物资”等科目，贷记本科目。

4. 本科目应按加工合同和受托加工单位等设置明细账，进行明细核算。

5. 本科目期末借方余额，反映合作社委托外单位加工但尚未加工完成物资的实际成本。

125 委托代销商品

1. 本科目核算合作社委托外单位销售的各种商品的实际成本。

2. 发给外单位销售的商品时，按委托代销商品的实际成本，借记本科目，贷记“产品物资”等科目。

3. 收到代销单位报来的代销清单时，按应收金额，借记“应收款”科目，按应确认的收入，贷记“经营收入”科目；按应支付的手续费等，借记“经营支出”科目，贷记“应收款”科目；同时，按代销商品的实际成本（或售价），借记“经营支出”等科目，贷记本科目；收到代销款时，借记“银行存款”等科目，贷记“应收款”科目。

4. 本科目应按代销商品或委托单位等设置明细账，进行明细核算。

5. 本科目期末借方余额，反映合作社委托外单位销售但尚未收到代销商品款的商品的实际成本。

127 受托代购商品

1. 本科目核算合作社接受委托代为采购商品的实际成本。

2. 合作社收到受托代购商品款时，借记“库存现金”、“银行存款”等科目，贷记“成员往来”等科目。

3. 合作社受托采购商品时，按采购商品的价款，借记本科目，贷记“库存现金”、“银行存款”、“应付款”等科目。

4. 合作社将受托代购商品交付给委托方时，按代购商品的实际成本，借记“成员往来”、“应付款”等科目，贷记本科目；如果受托代购商品收取手续费，按应收取的手续费，借记“成员往来”等科目，贷记“经营收入”科目。收到手续费时，借记“库存现金”、“银行存款”等科目，贷记“成员往来”等科目。

5. 本科目应按受托方设置明细账，进行明细核算。

6. 本科目期末借方余额，反映合作社受托采购尚未交付商品的实际成本。

128 受托代销商品

1. 本科目核算合作社接受委托代销商品的实际成本。

2. 合作社收到委托代销商品时，按合同或协议约定的价格，借记本科目，贷记“成员往来”等科目。

3. 合作社售出受托代销商品时，按实际收到的价款，借记“库存现金”、“银行存款”等科目，按合同或协议约定的价格，贷记本科目，如果实际收到的价款大于合同或协议约定的价格，按其差额，贷记“经营收入”等科目；如果实际收到的价款小于合同或协议约定的价格，按其差额，借记“经营支出”等科目。

4. 合作社给付委托方代销商品款时，借记“成员往来”等科目，贷记“库存现金”、“银行存款”等科目。

5. 本科目应按委托代销方设置明细账，进行明细核算。

6. 本科目期末借方余额，反映合作社尚未售出的受托代销商品的实际成本。

131 对外投资

1. 本科目核算合作社持有的各种对外投资，包括股票投资、债券投资和合作社兴办企业等投资。

2. 合作社以现金或实物资产（含牲畜和林木）等方式进行对外投资时，按照实际支付的价款或合同、协议确定的价值，借记本科目，贷记“库存现金”、“银行存款”等科目，合同或协议约定的实物资产价值与原账面余额之间的差额，借记或贷记“资本公积”科目。

3. 收回投资时，按实际收回的价款或价值，借记“库存现金”、“银行存款”等科目，按投资的账面余额，贷记本科目，实际收回的价款或价值与账面余额的差额，借记或贷记“投资收益”科目。

4. 被投资单位宣告分配现金股利或利润时，借记“应收款”等科目，贷记“投资收益”等科目；实际收到现金股利或利润时，借记“库存现金”、“银行存款”等科目，贷记“应收款”科目；获得股票股利时，不作账务处理，但应在备查簿中登记所增加的股份。

5. 投资发生损失时，按规定程序批准后，按照应由责任人和保险公司赔偿的金额，借记“应收款”、“成员往来”等科目，按照扣除由责任人和保险公司赔偿的金额后的净损失，借记“投资收益”科目，按照发生损失对外投资的账面余额，贷记本科目。

6. 本科目应按对外投资的种类设置明细科目，进行明细核算。

7. 本科目期末借方余额，反映合作社对外投资的实际成本。

141 牲畜（禽）资产

1. 本科目核算合作社购入或培育的牲畜（禽）的成本。牲畜（禽）资产分幼畜及育肥畜和产役畜两类。

2. 合作社购入幼畜及育肥畜时，按购买价及相关税费，借记本科目（幼畜及育肥畜），贷记“库存现金”、“银行存款”、“应付款”等科目；发生的饲养费用，借记本科目（幼畜及育肥畜），贷记“应付工资”、“产品物资”等科目。

3. 幼畜成龄转作产役畜时，按实际成本，借记本科目（产役畜），贷记本科目（幼畜及育肥畜）。

4. 产役畜的饲养费用不再记入本科目，借记“经营支出”科目，贷记“应付工资”、“产品物资”等科目。

5. 产役畜的成本扣除预计残值后的部分应在其正常生产周期内，按照直线法分期摊销，借记“经营支出”科目，贷记本科目（产役畜）。

6. 幼畜及育肥畜和产役畜对外销售时，按照实现的销售收入，借记“库存现金”、“银行存款”、“应收款”等科目，贷记“经营收入”科目；同时，按照销售牲畜的实际成本，借记“经营支出”科目，贷记本科目。

7. 以幼畜及育肥畜和产役畜对外投资时，按照合同、协议确定的价值，借记“对外投资”科目，贷记本科目，合同或协议确定的价值与牲畜资产账面余额之间的差额，借记或贷记“资本公积”科目。

8. 牲畜死亡毁损时，按规定程序批准后，按照过失人及保险公司应赔偿的金额，借记“成员往来”、“应收款”科目，如发生净损失，则按照扣除过失人和保险公司应赔偿金额后的净损失，借记“其他支出”科目，按照牲畜资产的账面余额，贷记本科目；如产生净收益，则按照牲畜资产的账面余额，贷记本科目，同时按照过失人及保险公司应赔偿金额超过牲畜资产账面余额的金额，贷记“其他收入”科目。

9. 本科目应设置“幼畜及育肥畜”和“产役畜”两个二级科目，按牲畜（禽）的种类设置三级明细科目，进行明细核算。

10. 本科目期末借方余额，反映合作社幼畜及育肥畜和产役畜的账面余额。

142 林木资产

1. 本科目核算合作社购入或营造的林木成本。林木资产分经济林木和非经济林木两类。

2. 合作社购入经济林木时，按购买价及相关税费，借记本科目（经济林木），贷记“库存现金”、“银行存款”、“应付款”等科目；购入或营造的经济林木投产前发生的培植费用，借记本科目（经济林木），贷记“应付工资”、“产品物资”等科目。

3. 经济林木投产后发生的管护费用，不再记入本科目，借记

"经营支出"科目,贷记"应付工资"、"产品物资"等科目。

4. 经济林木投产后,其成本扣除预计残值后的部分应在其正常生产周期内,按照直线法摊销,借记"经营支出"科目,贷记本科目(经济林木)。

5. 合作社购入非经济林木时,按购买价及相关税费,借记本科目(非经济林木),贷记"库存现金"、"银行存款"、"应付款"等科目;购入或营造的非经济林木在郁闭前发生的培植费用,借记本科目(非经济林木),贷记"应付工资"、"产品物资"等科目。

6. 非经济林木郁闭后发生的管护费用,不再记入本科目,借记"其他支出"科目,贷记"应付工资"、"产品物资"等科目。

7. 按规定程序批准后,林木采伐出售时,按照实现的销售收入,借记"库存现金"、"银行存款"、"应收款"等科目,贷记"经营收入"科目;同时,按照出售林木的实际成本,借记"经营支出"科目,贷记本科目。

8. 以林木对外投资时,按照合同、协议确定的价值,借记"对外投资"科目,贷记本科目,合同或协议确定的价值与林木资产账面余额之间的差额,借记或贷记"资本公积"科目。

9. 林木死亡毁损时,按规定程序批准后,按照过失人及保险公司应赔偿的金额,借记"成员往来"、"应收款"科目,如发生净损失,则按照扣除过失人和保险公司应赔偿金额后的净损失,借记"其他支出"科目,按照林木资产的账面余额,贷记本科目;如产生净收益,则按照林木资产的账面余额,贷记本科目,同时按照过失人及保险公司应赔偿金额超过林木资产账面余额的金额,贷记"其他收入"科目。

10. 本科目应设置"经济林木"和"非经济林木"两个二级科目,按林木的种类设置三级科目,进行明细核算。

11. 本科目期末借方余额,反映合作社购入或营造林木的账面余额。

151 固定资产

1. 本科目核算合作社固定资产的原值。

合作社的房屋、建筑物、机器、设备、工具、器具、农业基本建设设施等,凡使用年限在一年以上、单位价值在500元以上的列为固定资产。有些主要生产工具和设备,单位价值虽然低于规定标准,但使用年限在一年以上的,也可列为固定资产。

合作社以经营租赁方式租入和以融资租赁方式租出的固定资产,不应列作合作社的固定资产。

2. 固定资产账务处理:

(一)购入不需要安装的固定资产,按原价加采购费、包装费、运杂费、保险费和相关税金等,借记本科目,贷记"银行存款"等科目。购入需要安装的固定资产,先记入"在建工程"科目,待安装完毕交付使用时,按照其实际成本,借记本科目,贷记"在建工程"科目。

(二)自行建造完成交付使用的固定资产,按建造该固定资产的实际成本,借记本科目,贷记"在建工程"科目。

(三)投资者投入的固定资产,按照投资各方确认的价值,借记本科目,按照经过批准的投资者所应拥有以合作社注册资本份额计算的资本金额,贷记"股金"科目,按照两者之间的差额,借记或贷记"资本公积"科目。

(四)收到捐赠的全新固定资产,按照所附发票所列金额加上应支付的相关税费,借记本科目,贷记"专项基金"科目;如果捐赠方未提供有关凭据,则按其市价或同类、类似固定资产的市场价格估计的金额,加上由合作社负担的运输费、保险费、安装调试费等作为固定资产成本,借记本科目,贷记"专项基金"科目。收到捐赠的旧固定资产,按照经过批准的评估价值或双方确认的价值,借记本科目,贷记"专项基金"科目。

(五)固定资产出售、报废和毁损等时,按固定资产账面净值,借记"固定资产清理"科目,按照应由责任人或保险公司赔偿的金额,借记"应收款"、"成员往来"等科目,按已提折旧,借记"累计折旧"科目,按固定资产原价,贷记本科目。

(六)对外投资投出固定资产时,按照投资各方确认的价值或者合同、协议约定的价值,借记"对外投资"科目,按已提折旧,借记"累计折旧"科目,按固定资产原价,贷记本科目,投资各方确认或协议价与固定资产账面净值之间的差额,借记或贷记"资本公积"科目。

(七)捐赠转出固定资产时,按固定资产净值,转入"固定资产清理"科目,应支付的相关税费,也通过"固定资产清理"科目进行归集,捐赠项目完成后,按"固定资产清理"科目的余额,借记"其他支出"科目,贷记"固定资产清理"科目。

3. 合作社应当设置"固定资产登记簿"和"固定资产卡片",按固定资产类别、使用部门和每项固定资产进行明细核算。

4. 本科目期末借方余额,反映合作社期末固定资产的账面原价。

152 累计折旧

1. 本科目核算合作社拥有的固定资产计提的累计折旧。

2. 生产经营用的固定资产计提的折旧,借记"生产成本"科目,贷记本科目;管理用的固定资产计提的折旧,借记"管理费用"科目,贷记本科目;用于公益性用途的固定资产计提的折旧,借记"其他支出"科目,贷记本科目。

3. 本科目只进行总分类核算,不进行明细分类核算。

4. 本科目的期末贷方余额,反映合作社提取的固定资产折旧累计数。

153 在建工程

1. 本科目核算合作社进行工程建设、设备安装、农业基本建设设施建造等发生的实际支出。购入不需要安装的固定资产,不通过本科目核算。

2. 购入需要安装的固定资产,按其原价加上运输、保险、采购、安装等费用,借记本科目,贷记"库存现金"、"银行存款"、"应付款"等科目。

3. 建造固定资产和兴建农业基本建设设施购买专用物资以及发生工程费用,按实际支出,借记本科目,贷记"库存现金"、"银行存款"、"产品物资"等科目。

发包工程建设,根据合同规定向承包企业预付工程款,按实际预付的价款,借记本科目,贷记"银行存款"等科目;以拨付材料抵作工程款的,应按材料的实际成本,借记本科目,贷记"产品物资"等科目;将需要安装的设备交付承包企业进行安装时,应按该设备的成本,借记本科目,贷记"产品物资"等科目。与承包企业办理工程价款结算,补付的工程款,借记本科目,贷记"银行存款”、“应付款”等科目。

自营的工程，领用物资或产品时，应按领用物资或产品的实际成本，借记本科目，贷记“产品物资”等科目。工程应负担的员工工资等人员费用，借记本科目，贷记“应付工资”、“成员往来”等科目。

4. 购建和安装工程完成并交付使用时，借记“固定资产”科目，贷记本科目。

5. 工程完成未形成固定资产时，借记“其他支出”等科目，贷记本科目。

6. 本科目应按工程项目设置明细科目，进行明细核算。

7. 本科目期末借方余额，反映合作社尚未交付使用的工程项目的实际支出。

154 固定资产清理

1. 本科目核算合作社因出售、捐赠、报废和毁损等原因转入清理的固定资产净值及其在清理过程中所发生的清理费用和清理收入。

2. 出售、捐赠、报废和毁损的固定资产转入清理时，按固定资产账面净值，借记本科目，按已提折旧，借记“累计折旧”科目，按固定资产原值，贷记“固定资产”科目。

清理过程中发生的费用，借记本科目，贷记“库存现金”、“银行存款”等科目；收回出售固定资产的价款、残料价值和变价收入等，借记“银行存款”、“产品物资”等科目，贷记本科目；应当由保险公司或过失人赔偿的损失，借记“应收款”、“成员往来”等科目，贷记本科目。

3. 清理完毕后发生的净收益，借记本科目，贷记“其他收入”科目；清理完毕后发生的净损失，借记“其他支出”科目，贷记本科目。

4. 本科目应按被清理的固定资产设置明细科目，进行明细核算。

5. 本科目期末余额，反映合作社转入清理但尚未清理完毕的固定资产净值，以及固定资产清理过程中所发生的清理费用和变价收入等各项金额的差额。

161 无形资产

1. 本科目核算合作社持有的专利权、商标权、非专利技术等各种无形资产的价值。

2. 无形资产应按取得时的实际成本计价。合作社按下列原则确定取得无形资产的实际成本，登记入账：

（一）购入的无形资产，按实际支付的价款，借记本科目，贷记“库存现金”、“银行存款”等科目。

（二）自行开发并按法律程序申请取得的无形资产，按依法取得时发生的注册费、律师费等实际支出，借记本科目，贷记“库存现金”、“银行存款”等科目。

（三）接受捐赠的无形资产，按照所附发票所列金额加上应支付的相关税费，无所附单据的，按经过批准的价值，借记本科目，贷记“专项基金”、“银行存款”等科目。

（四）投资者投入的无形资产，按照投资各方确认的价值，借记本科目，按经过批准的投资者所应拥有的以合作社注册资本份额计算的资本金额，贷记“股金”等科目，按两者之间的差额，借记或贷记“资本公积”科目。

3. 无形资产从使用之日起，按直线法分期平均摊销，摊销年限不应超过10年。摊销时，借记“管理费用”科目，贷记本科目。

4. 出租无形资产所取得的租金收入，借记“银行存款”等科目，贷记“其他收入”科目；结转出租无形资产的成本时，借记“其他支出”科目，贷记本科目。

5. 出售无形资产，按实际取得的转让价款，借记“银行存款”等科目，按照无形资产的账面余额，贷记本科目，按应支付的相关税费，贷记“银行存款”等科目，按其差额，贷记“其他收入”或借记“其他支出”科目。

6. 本科目应按无形资产类别设置明细科目，进行明细核算。

7. 本科目期末借方余额，反映合作社所拥有的无形资产摊余价值。

201 短期借款

1. 本科目核算合作社从银行、信用社或其他金融机构，以及外部单位和个人借入的期限在1年以下(含1年)的各种借款。

2. 合作社借入各种短期借款时，借记“库存现金”、“银行存款”科目，贷记本科目。

3. 合作社发生的短期借款利息支出，直接计入当期损益，借记“其他支出”科目，贷记“库存现金”、“银行存款”等科目。

4. 归还短期借款时，借记本科目，贷记“库存现金”、“银行存款”科目。

5. 本科目应按借款单位和个人设置明细科目，进行明细核算。

6. 本科目期末贷方余额，反映合作社尚未归还的短期借款本金。

211 应付款

1. 本科目核算合作社与非成员之间发生的各种应付以及暂收款项，包括因购买产品物资和接受劳务、服务等应付的款项以及应付的赔款、利息等。

2. 合作社发生以上应付以及暂收款项时，借记“库存现金”、“银行存款”、“产品物资”等科目，贷记本科目。

3. 合作社偿还应付及暂收款项时，借记本科目，贷记“库存现金”、“银行存款”等科目。

4. 合作社确有无法支付的应付款时，按规定程序审批后，借记本科目，贷记“其他收入”科目。

5. 本科目应按发生应付款的非成员单位和个人设置明细账，进行明细核算。

6. 本科目期末贷方余额，反映合作社应付但尚未付给非成员的应付及暂收款项。

212 应付工资

1. 本科目核算合作社应支付给管理人员及固定员工的工资总额。包括在工资总额内的各种工资、奖金、津贴、补助等，不论是否在当月支付，都应通过本科目核算。

2. 合作社应按劳动工资制度规定，编制“工资表”，计算各种工资。再由合作社财务会计人员将“工资表”进行汇总，编制“工资汇总表”。

3. 提取工资时，根据人员岗位进行工资分配，借记“生产成本”、“管理费用”、“在建工程”等科目，贷记本科目。

4. 实际支付工资时，借记本科目，贷记“库存现金”等科目。

5. 合作社应当设置"应付工资明细账",按照管理人员和固定员工的姓名、类别以及应付工资的组成内容进行明细核算。

6. 本科目期末一般应无余额,如有贷方余额,反映合作社已提取但尚未支付的工资额。

221 应付盈余返还

1. 本科目核算合作社按成员与本社交易量(额)比例返还给成员的盈余,返还给成员的盈余不得低于可分配盈余的百分之六十。

2. 合作社根据章程规定的盈余分配方案,按成员与本社交易量(额)提取返还盈余时,借记"盈余分配"科目,贷记本科目。实际支付时,借记本科目,贷记"库存现金"、"银行存款"等科目。

3. 本科目应按成员设置明细账,进行明细核算。

4. 本科目期末贷方余额,反映合作社尚未支付的盈余返还。

222 应付剩余盈余

1. 本科目核算合作社以成员账户中记载的出资额和公积金份额,以及本社接受国家财政直接补助和他人捐赠形成的财产平均量化到本社成员的份额,按比例分配给本社成员的剩余可分配盈余。

2. 合作社按交易量(额)返还盈余后,根据章程规定或者成员大会决定分配剩余盈余时,借记"盈余分配"科目,贷记本科目。实际支付时,借记本科目,贷记"库存现金"、"银行存款"等科目。

3. 本科目应按成员设置明细账,进行明细核算。

4. 本科目期末贷方余额,反映合作社尚未支付给成员的剩余盈余。

231 长期借款

1. 本科目核算合作社从银行等金融机构及外部单位和个人借入的期限在 1 年以上(不含 1 年)的各项借款。

2. 合作社借入长期借款时,借记"库存现金"、"银行存款"科目,贷记本科目。

3. 合作社长期借款利息应按期计提,借记"其他支出"科目,贷记"应付款"科目。

4. 合作社偿还长期借款时,借记本科目,贷记"库存现金"、"银行存款"科目。支付长期借款利息时,借记"应付款"科目,贷记"库存现金"、"银行存款"科目。

5. 本科目应按借款单位和个人设置明细账,进行明细核算。

6. 本科目期末贷方余额,反映合作社尚未偿还的长期借款本金。

235 专项应付款

1. 本科目核算合作社接受国家财政直接补助的资金。

2. 合作社收到国家财政补助的资金时,借记"库存现金"、"银行存款"等科目,贷记本科目。

3. 合作社按照国家财政补助资金的项目用途,取得固定资产、农业资产、无形资产等时,按实际支出,借记"固定资产"、"牲畜(禽)资产"、"林木资产"、"无形资产"等科目,贷记"库存现金"、"银行存款"等科目,同时借记本科目,贷记"专项基金"科目;用于开展信息、培训、农产品质量标准与认证、农业生产基础设施建设、市场营销和技术推广等项目支出时,借记本科目,贷记"库存现金"、"银行存款"等科目。

4. 本科目应按国家财政补助资金项目设置明细科目,进行明细核算。

5. 本科目期末贷方余额,反映合作社尚未使用和结转的国家财政补助资金数额。

301 股金

1. 本科目核算合作社通过成员入社出资、投资入股、公积金转增等所形成的股金。

2. 合作社收到成员以货币资金投入的股金,按实际收到的金额,借记"库存现金"、"银行存款"科目,按成员应享有合作社注册资本的份额计算的金额,贷记本科目,按两者之间的差额,贷记"资本公积"科目。

3. 合作社收到成员投资入股的非货币资产,按投资各方确认的价值,借记"产品物资"、"固定资产"、"无形资产"等科目,按成员应享有合作社注册资本的份额计算的金额,贷记本科目,按两者之间的差额,贷记或借记"资本公积"科目。

4. 合作社按照法定程序减少注册资本或成员退股时,借记本科目,贷记"库存现金"、"银行存款"、"固定资产"、"产品物资"等科目,并在有关明细账及备查簿中详细记录股金发生的变动情况。

5. 成员按规定转让出资的,应在成员账户和有关明细账及备查簿中记录受让方。

6. 本科目应按成员设置明细科目,进行明细核算。

7. 本科目期末贷方余额,反映合作社实有的股金数额。

311 专项基金

1. 本科目核算合作社通过国家财政直接补助转入和他人捐赠形成的专项基金。

2. 合作社使用国家财政直接补助资金取得固定资产、农业资产和无形资产等时,按实际使用国家财政直接补助资金的数额,借记"专项应付款"科目,贷记本科目。

3. 合作社实际收到他人捐赠的货币资金时,借记"库存现金"、"银行存款"科目,贷记本科目。

合作社收到他人捐赠的非货币资产时,按照所附发票记载金额加上应支付的相关税费,借记"固定资产"、"产品物资"等科目,贷记本科目;无所附发票的,按照经过批准的评估价值,借记"固定资产"、"产品物资"等科目,贷记本科目。

4. 本科目应按专项基金的来源设置明细科目,进行明细核算。

5. 本科目期末贷方余额,反映合作社实有的专项基金数额。

321 资本公积

1. 本科目核算合作社形成的资本公积。

2. 成员入社投入货币资金和实物资产时,按实际收到的金额和投资各方确认的价值,借记"库存现金"、"银行存款"、"固定资产"、"产品物资"等科目,按其应享有合作社注册资本的份额计算的金额,贷记"股金"科目,按两者之间的差额,贷记或借记本科目。

3. 合作社以实物资产方式进行对外投资时,按照投资各方确认的价值,借记"对外投资"科目,按投出实物资产的账面余额,贷记"固定资产"、"产品物资"等科目,按两者之间的差额,借记或贷记本科目。

4. 合作社用资本公积转增股金时，借记本科目，贷记“股金”科目。

5. 本科目应按资本公积的来源设置明细科目，进行明细核算。

6. 本科目期末贷方余额，反映合作社实有的资本公积数额。

322 盈余公积

1. 本科目核算合作社从盈余中提取的盈余公积。

2. 合作社提取盈余公积时，借记“盈余分配”科目，贷记本科目。

3. 合作社用盈余公积转增股金或弥补亏损等时，借记本科目，贷记“股金”、“盈余分配”等科目。

4. 本科目应按用途设置明细科目，进行明细核算。

5. 本科目期末贷方余额，反映合作社实有的盈余公积数额。

331 本年盈余

1. 本科目核算合作社本年度实现的盈余。

2. 会计期末结转盈余时，应将“经营收入”、“其他收入”科目的余额转入本科目的贷方，借记“经营收入”、“其他收入”科目，贷记本科目；同时将“经营支出”、“管理费用”、“其他支出”科目的余额转入本科目的借方，借记本科目，贷记“经营支出”、“管理费用”、“其他支出”科目。“投资收益”科目的净收益转入本科目的贷方，借记“投资收益”科目，贷记本科目；如为投资净损失，转入本科目的借方，借记本科目，贷记“投资收益”科目。

3. 年度终了，应将本年收入和支出相抵后结出的本年实现的净盈余，转入“盈余分配”科目，借记本科目，贷记“盈余分配——未分配盈余”科目；如为净亏损，作相反会计分录，结转后本科目应无余额。

332 盈余分配

1. 本科目核算合作社当年盈余的分配（或亏损的弥补）和历年分配后的结存余额。本科目设置“各项分配”和“未分配盈余”两个二级科目。

2. 合作社用盈余公积弥补亏损时，借记“盈余公积”科目，贷记本科目（未分配盈余）。

3. 按规定提取盈余公积时，借记本科目（各项分配），贷记“盈余公积”等科目。

4. 按交易量（额）向成员返还盈余时，借记本科目（各项分配），贷记“应付盈余返还”科目。

5. 以合作社成员账户中记载的出资额和公积金份额，以及本社接受国家财政直接补助和他人捐赠形成的财产平均量化到成员的份额，按比例分配剩余盈余时，借记本科目（各项分配），贷记“应付剩余盈余”科目。

6. 年终，合作社应将全年实现的盈余总额，自“本年盈余”科目转入本科目，借记“本年盈余”科目，贷记本科目（未分配盈余），如为净亏损，作相反会计分录。同时，将本科目下的“各项分配”明细科目的余额转入本科目“未分配盈余”明细科目，借记本科目（未分配盈余），贷记本科目（各项分配）。年度终了，本科目的“各项分配”明细科目应无余额，“未分配盈余”明细科目的贷方余额表示未分配的盈余，借方余额表示未弥补的亏损。

7. 本科目应按盈余的用途设置明细科目，进行明细核算。

8. 本科目余额为合作社历年积存的未分配盈余（或未弥补亏损）。

401 生产成本

1. 本科目核算合作社直接组织生产或提供劳务服务所发生的各项生产费用和劳务服务成本。

2. 合作社发生各项生产费用和劳务服务成本时，应按成本核算对象和成本项目分别归集，借记本科目，贷记“库存现金”、“银行存款”、“产品物资”、“应付工资”、“成员往来”、“应付款”等科目。

3. 会计期间终了，合作社已经生产完成并已验收入库的产成品，按实际成本，借记“产品物资”科目，贷记本科目。

4. 合作社提供劳务服务实现销售时，借记“经营支出”科目，贷记本科目。

5. 本科目应按生产费用和劳务服务成本种类设置明细科目，进行明细核算。

6. 本科目期末借方余额，反映合作社尚未生产完成的各项在产品和尚未完成的劳务服务成本。

501 经营收入

1. 本科目核算合作社销售产品、提供劳务，以及为成员代购代销、向成员提供技术、信息服务等活动取得的收入。

2. 合作社实现经营收入时，应按实际收到或应收的价款，借记“库存现金”、“银行存款”、“应收款”、“成员往来”等科目，贷记本科目。

3. 本科目应按经营项目设置明细科目，进行明细核算。

4. 年终，应将本科目的余额转入“本年盈余”科目的贷方，结转后本科目应无余额。

502 其他收入

1. 本科目核算合作社除经营收入以外的其他收入。

2. 合作社发生其他收入时，借记“库存现金”、“银行存款”等科目，贷记本科目。

3. 本科目应按其他收入的来源设置明细科目，进行明细核算。

4. 年终，应将本科目的余额转入“本年盈余”科目的贷方，结转后本科目应无余额。

511 投资收益

1. 本科目核算合作社对外投资取得的收益或发生的损失。

2. 合作社取得投资收益时，借记“库存现金”、“银行存款”等科目，贷记本科目；到期收回或转让对外投资时，按实际取得的价款，借记“库存现金”、“银行存款”等科目，按原账面余额，贷记“对外投资”科目，按实际取得价款和原账面余额的差额，借记或贷记本科目。

3. 本科目应按投资项目设置明细科目，进行明细核算。

4. 年终，应将本科目的余额转入“本年盈余”科目的贷方；如为净损失，转入“本年盈余”科目的借方，结转后本科目应无余额。

521 经营支出

1. 本科目核算合作社因销售产品、提供劳务，以及为成员代购代销，向成员提供技术、信息服务等活动发生的支出。

2. 合作社发生经营支出时，借记本科目，贷记“产品物资”、“生产成本”、“应付工资”、“成员往来”、“应付款”等科目。

2.本表主要项目的内容及填列方法如下：

(1)“经营收入”项目，反映合作社进行生产、销售、服务、劳务等活动取得的收入总额。本项目应根据“经营收入”科目的发生额分析填列。

(2)“投资收益”项目，反映合作社以各种方式对外投资所取得的收益。本项目应根据“投资收益”科目的发生额分析填列；如为投资损失，以“ - ”号填列。

(3)“经营支出”项目，反映合作社进行生产、销售、服务、劳务等活动发生的支出。本项目应根据“经营支出”科目的发生额分析填列。

(4)“管理费用”项目，反映合作社为组织和管理生产经营服务活动而发生的费用。本项目应根据“管理费用”科目的发生额分析填列。

(5)“其他收入”项目和“其他支出”项目，反映合作社除从事主要生产经营活动以外而取得的收入和支出，本项目应根据“其他收入”和“其他支出”科目的发生额分析填列。

(6)“本年盈余”项目，反映合作社本年实现的盈余总额。如为亏损总额，本项目数字以“-”号填列。

(7)“年初未分配盈余”项目，反映合作社上年度未分配的盈余。本项目应根据上年度盈余及盈余分配表中的“年末未分配盈余”数额填列。

(8)“其他转入”项目，反映合作社按规定用公积金弥补亏损等转入的数额。本项目应根据实际转入的公积金数额填列。

(9)“可分配盈余”项目，反映合作社年末可供分配的盈余总额。本项目应根据“本年盈余”项目、“年初未分配盈余”项目和“其他转入”项目的合计数填列。

(10)“提取盈余公积”项目，反映合作社按规定提取的盈余公积数额。本项目应根据实际提取的盈余公积数额填列。

(11)“盈余返还”项目，反映按交易量(额)应返还给成员的盈余。本项目应根据“盈余分配”科目的发生额分析填列。

(12)“剩余盈余分配”项目，反映按规定应分配给成员的剩余可分配盈余。本项目应根据“盈余分配”科目的发生额分析填列。

(13)“年末未分配盈余”项目，反映合作社年末累计未分配的盈余。如为未弥补的亏损，本项目数字以“-”号填列。本项目应根据“可分配盈余”项目扣除各项分配数额的差额填列。

成员权益变动表格式

成员权益变动表

______年

会农社 03 表

编制单位：　　　　单位：元

项目	股金		专项基金		资本公积		盈余公积		未分配盈余		合计
年初余额											
本年增加数											
	其中：		其中：		其中：		其中：				
	资本公积转赠		国家财政直接补助		股金溢价		从盈余中提取				
	盈余公积转赠		接受捐赠转入		资产评估增值						
	成员增加出资										
本年减少数											
									其中：		
									按交易量（额）分配的盈余：		
									剩余盈余分配		
年末余额											

成员权益变动表编制说明

(1)本表反映合作社报告年度成员权益增减变动的情况。

(2)本表各项目应根据“股金”、“专项基金”、“资本公积”、“盈余公积”、“盈余分配”科目的发生额分析填列。

(3)未分配盈余的本年增加数是指本年实现盈余数(净亏损以“-”号填列)。

成员账户

成员姓名：　　　　联系地址：　　　　第　页

编号	年		摘要	成员出资	公积金份额	形成财产的财政补助资金量化份额	捐赠财产量化份额	交易量		交易额		盈余返还金额	剩余盈余返还金额
	月	日						产品1	产品2	产品1	产品2		
1													
2													
3													
4													
5													
年终合计													
			公积金总额：					盈余返还总额：					

成员账户编制说明

(1)本表反映合作社成员入社的出资额、量化到成员的公积金份额、成员与本社的交易量(额)以及返还给成员的盈余和剩余盈余金额。

(2)年初将上年各项公积金数额转入,本年发生公积金份额变化时,按实际发生变化数填列调整。“形成财产的财政补助资金量化份额”、“捐赠财产量化份额”在年度终了,或合作社进行剩余盈余分配时,根据实际发生情况或变化情况计算填列调整。

(3)成员与合作社发生经济业务往来时,“交易量(额)”按实际发生数填列。

(4)年度终了,以“成员出资”、“公积金份额”、“形成财产的财政补助资金量化份额”、“捐赠财产量化份额”合计数汇总成员应享有的合作社公积金份额,以“盈余返还金额”和“剩余盈余返还金额”合计数汇总成员全年盈余返还总额。

(四)财务状况说明书

财务状况说明书是对合作社一定会计期间生产经营、提供劳务服务以及财务、成本情况进行分析说明的书面文字报告。合作社应于年末编制财务状况说明书,对年度内财务状况做出书面分析报告,进行全面系统的分析说明。财务状况说明书没有统一的格式,但其内容至少应涵盖以下几个方面:

1.合作社生产经营服务的基本情况

包括:合作社的股金总额、成员总数、农民成员数及所占的比例、主要服务对象、主要经营项目等情况。

2.成员权益结构

(1)理事长、理事、执行监事、监事会成员名单及变动情况;

(2)各成员的出资额,量化为各成员的公积金份额,以及成员入社和退社情况;

(3)企事业单位或社会团体成员个数及所占的比例;

(4)成员权益变动情况。

3.其他重要事项

(1)变更主要经营项目;

(2)从事的进出口贸易;

(3)重大财产处理、大额举债、对外投资和担保;

(4)接受捐赠;

(5)国家财政支持和税收优惠;

(6)与成员的交易量(额)和与利用其提供的服务的非成员的交易量(额);

(7)提取盈余公积的比例;

(8)盈余分配方案、亏损处理方案;

(9)未决诉讼、仲裁。

五、会计凭证、会计账簿和会计档案

(一)会计凭证是记载经济业务发生、明确经济责任的书面文件,是记账的依据。合作社每发生一项经济业务,都要取得原始凭证,并据以编制记账凭证。各种原始凭证必须具备:凭证名称、填制日期、填制凭证单位名称或者填制人姓名、经办人员的签名或者盖章、接受凭证单位名称、经济业务内容、数量单价金额。记账凭证必须具备:填制日期、凭证编号、经济业务摘要、会计科目、金额、所附原始凭证张数等,并须由填制和审核人员签名盖章。

(二)所有会计凭证都要按规定手续和时间送会计人员审核处理。填制有误和不符合要求的会计凭证,应要求修正和重填。无效、不合法和不符合财务制度规定的凭证,不能作为收付款项、办理财务手续和记账的依据。会计人员应根据审核无误的原始凭证,填制记账凭证,并据以登记账簿。记账凭证可以根据每一原始凭证单独填制,也可以根据原始凭证汇总表填制。一定时期终了,应将已经登记过账簿的原始凭证和记账凭证,分类装订成册,妥善保管。

(三)会计账簿是记录经济业务的簿籍,是编制会计报表的依据。合作社应设置现金日记账和银行存款日记账、总分类账和各种必要的明细分类账。

现金日记账和银行存款日记账,应由出纳人员根据收、付款凭证,按有关经济业务完成时间的先后顺序进行登记,一律采用订本账。总分类账按照总账科目设置,对全部经济业务进行总括分类登记;明细分类账按明细科目设置,对有关经济业务进行明细分类登记。总分类账可用订本账或活页账,明细分类账可用活页账或卡片账。

对于不能在日记账和分类账中记录的,而又需要查考的经济事项,合作社必须另设备查账簿进行账外登记。

(四)合作社所使用的各种会计凭证和会计账簿的内容和格式,应符合《中华人民共和国会计法》、《会计基础工作规范》(财会字〔1996〕19号)和《会计档案管理办法》(财会字〔1998〕32号)等规定。

(五)账簿登记要做到数字正确、摘要清楚、登记及时。各种账簿的记录,应定期核对,做到账证相符、账实相符、账款相符、账账相符和账表相符。

(六)启用新账,必须填写账簿启用表,并编制目录。旧账结清后,要及时整理,装订成册,归档保管。

(七)合作社的会计档案包括经济合同或协议,各项财务计划及盈余分配方案,各种会计凭证、会计账簿和会计报表、会计人员交接清单、会计档案销毁清单等。

(八)合作社要按照《会计档案管理办法》(财会字〔1998〕32号)的规定,加强对会计档案的管理。建立会计档案室(柜),实行统一管理,专人负责,做到完整无缺、存放有序、方便查找。

附:会计档案保管期限

会计档案名称	保管期限	备注
一、会计凭证类		
1.原始凭证、记账凭证和汇总凭证	15年	
其中:涉及外事和其他重要的会计凭证	永久	
2.银行存款余额调节表	3年	
二、会计账簿类		
1.日记账	15年	
其中:现金和银行存款日记账	25年	
2.明细账	15年	
3.总账	15年	
4.固定资产卡片		包括日记总账固定资产报废清理后保存5年
5.辅助账簿	15年	
三、会计报表类 年度会计报表	永久	包括文字分析
四、其他类		
1.会计移交清册	15年	
2.会计档案保管清册	25年	
3.会计档案销毁清册	25年	

浙江省财政厅转发财政部关于做好资产评估机构过渡期末有关工作的通知

（2008年4月18日 浙财会字〔2008〕41号）

各市财政局、注册会计师协会，宁波市资产评估协会，各资产评估机构：

现将《财政部关于做好资产评估机构过渡期末有关工作的通知》(财企〔2008〕43号)转发给你们，并提出如下补充意见，请一并贯彻执行。执行过程中有何问题，请及时报告我厅。

一、根据财政部的要求，做好我省资产评估机构过渡期末有关工作涉及面广、工作量大，请各市财政局及省、市注册会计师协会(评估协会)高度重视，协调好本地区资产评估机构的过渡工作，协助我厅做好本地区资产评估机构的审核、统计汇总和有关材料的上报工作，确保我省资产评估机构顺利平稳过渡。

各资产评估机构要认真学习《资产评估机构审批管理办法》(财政部第22号令，以下简称《审批办法》)、《财政部关于贯彻实施〈资产评估机构审批管理办法〉认真做好资产评估机构管理工作的通知》(财企〔2005〕90号)和本通知的有关规定，深刻领会有关精神，及时办理有关手续，如实上报有关材料。

二、《审批办法》实施前取得资产评估资格的会计师事务所、咨询公司，按照《审批办法》和《财政部关于贯彻实施〈资产评估机构审批管理办法〉认真做好资产评估机构管理工作的通知》(财企〔2005〕90号)的规定，可以采取分立方式设立资产评估机构，也可以采取新设方式设立资产评估机构。2008年6月30日后，所有会计师事务所、咨询公司不再具有资产评估资格，不得继续从事资产评估业务、出具资产评估报告。请上述兼营资产评估业务的会计师事务所、咨询公司及时到工商行政管理部门办理经营范围变更手续，于2008年7月30日前将变更后的营业执照复印件、资产评估资格证书原件上交当地市级财政部门，由当地财政部门于2008年8月10日前转送我厅。

三、《审批办法》实施前设立的资产评估机构，必须于2008年6月30日前达到《审批办法》规定的设立条件，届时仍未达到设立条件的，我厅将依法撤回设立许可。《审批办法》实施后批准的资产评估机构存续期间已不符合《审批办法》规定设立条件的，按《审批办法》第37条规定处理。

四、在《审批办法》实施前领取老版“资产评估资格证书”(套印财政部印章)的资产评估机构，符合《审批办法》规定之设立条件的，应向当地市级财政部门提供有关的证明材料，经市级财政部门审核汇总，报我厅审核同意后，并准予换发新版“资产评估资格证书”。

为了保证资产评估业务的连续性，换证时间从2008年7月15日开始至2008年8月31日止，请各资产评估机构携带原“资产评估资格证书”到浙江省资产评估协会换取新版“资产评估资格证书”。

五、在资产评估机构担任合伙人或者股东的注册资产评估师，必须符合《财政部关于做好资产评估机构过渡期末有关工作的通知》(财企〔2008〕43号)规定的专职条件。

六、各专营资产评估机构应认真对照《审批办法》规定的设立条件，以2008年6月30日为基准日，如实填制《资产评估机构基本情况表》(附件2)和注册资产评估师、合伙人(股东)情况汇总表(附件4)，连同相关证明材料，于2008年7月5日前报当地市级财政部门。各市财政部门对资产评估机构上报的材料进行审核，并填制《资产评估机构基本情况汇总表》(附件3)，于2008年7月10日前报我厅会计处，联系人：郑肖亮，联系电话：0571-87058440。

七、为了充分发挥资产评估在市场经济建设中的作用，稳定评估专业人员队伍，各级财政部门、注册会计师协会(评估协会)、会计师事务所要从大局出发，积极支持资产评估行业的建设和发展，鼓励资产评估机构的联合或合并，为促进我省经济发展、构建和谐社会作出应有的贡献。

附件：1. 财政部关于做好资产评估机构过渡期末有关工作的通知
2. 资产评估机构基本情况表(略)
3. 资产评估机构基本情况汇总表(略)
4. 注册资产评估师、合伙人(股东)情况汇总表(略)

附件：

财政部关于做好资产评估机构过渡期末有关工作的通知

各省、自治区、直辖市财政厅(局)：

《资产评估机构审批管理办法》(财政部令第22号)实施两年多来，资产评估机构规范化发展已经取得良好成效。根据《资产评估机构审批管理办法》(以下简称《审批办法》)第四十六条规定，《审批办法》施行前批准设立的资产评估机构及其分支机构，不完全具备《审批办法》规定条件的，应当在2008年6月30日前达到《审批办法》规定的条件。为保证资产评估机构平稳过渡，现就有关事项通知如下：

一、《审批办法》实施前取得资产评估资格的会计师事务所、咨询公司，采取分立方式设立资产评估机构的，应当按照《审批办法》和《财政部关于贯彻实施〈资产评估机构审批管理办法〉认真做好资产评估机构管理工作的通知》(财企[2005]90号)关于设立资产评估机构的规定，办理资产评估机构分立手续，并向省级财政部门提交分立协议。

分立协议应明确以下事项：

(一)原资产评估资格(包括证券评估业务资格)的继承方案；

(二)原资产评估机构责任、业绩的继承方案；

(三)原资产评估机构评估业务档案保管方案；

(四)原资产评估机构评估业务风险基金的处理方案。

省级财政部门应当按规定批准资产评估机构分立设立事项。在批复文件中，应当明确资产评估机构分立继承关系，并在注册管理系统中进行相应变更。

分立后的资产评估机构设立分支机构的，应当按照《审批办法》的规定办理相关手续。

二、2008年6月30日前，未更换新版资产评估资格证书的资产评估机构应当到省级财政部门申请换发新版资产评估资格证书，并按照申请设立资产评估机构的条件和程序办理相关手续。

省级财政部门经过审核后、认为资产评估机构符合换证条件的，应当下达换证批复，并按照《财政部关于资产评估机构审批备案有关问题的通知》(财办企[2006]12号)的规定办理后续事项。

三、2008年6月30日后，对仍未达到设立条件的资产评估机构或其分支机构，各省级财政部门应当撤回其资产评估资格或者分支机构设立许可(附件1、附件2)，并向社会公告(附件3)。

四、资产评估机构或者分支机构名称、办公场所、首席合伙人(法定代表人)、合伙人(股东)、分支机构负责人发生变更的，应当按照《审批办法》和财企[2005]90号文件的相关规定办理变更备案手续。

省级财政部门收到资产评估机构完整的备案材料，应当进行审核，并区别以下情况处理：

(一)资产评估机构及其分支机构变更后符合设立条件的，发给变更备案回执(附件4)；

(二)资产评估机构及其分支机构变更后不符合设立条件的，应当限于2008年6月30日前予以整改(附件5)；

(三)对未按规定实施整改，或者整改期结束仍未达到设立条件的资产评估机构及其分支机构，按照本通知第三条处理。

五、在资产评估机构担任合伙人或者股东的注册资产评估师应当符合以下专职的条件：

(一)人事档案交由社会人才交流机构统一保管(内退、下岗或者已退休人员除外)；

(二)在所在资产评估机构注册，并从事资产评估业务；

(三)与所在资产评估机构依法签订劳动合同；

(四)由所在资产评估机构为其缴纳基本医疗、基本养老、公伤、失业等社会保险费和住房公积金。

六、本通知自印发之日起实施。各省级财政部门应当加紧做好过渡期衔接的有关工作，并可以结合本地区情况制定具体实施办法。执行过程中有任何问题，请及时报告我部。

附件：

1.____省(自治区、直辖市)财政厅(局)关于撤回_____资产评估机构资产评估资格的通知(略)

2.____省(自治区、直辖市)财政厅(局)关于撤回_____分支机构设立许可的通知(略)

3.____省(自治区、直辖市)财政厅(局)公告(略)

4.____省(自治区、直辖市)财政厅(局)变更备案回执(略)

5.____省(自治区、直辖市)财政厅(局)关于_____资产评估机构限期整改的通知(略)

浙江省财政厅 浙江省卫生厅转发财政部 卫生部关于印发新型农村合作医疗基金财务制度的通知

(2008年6月25日 浙财社字〔2008〕98号)

各市、县(市)财政局、卫生局：

现将《财政部 卫生部关于印发新型农村合作医疗基金财务制度的通知》(财社〔2008〕8号)转发给你们，并结合我省实际，作如下补充规定，请一并贯彻执行。

一、新型农村合作医疗原则上不设置个人或家庭账户。

二、风险基金由基金统筹地区按规定自行管理。

三、风险基金自2008年7月起按月提取，提取标准为月末转入统筹基金的基金收入总额的10%。

四、风险基金仅在基金入不敷出时，按规定顺序和程序申请动用。风险基金不得用于二次补偿支出。

五、经办机构的经费支出，包括人员经费、公用经费(含基金银行手续费)等工作经费，纳入同级财政预算。

六、各地要妥善做好基金投资清理工作，国家债券投资到期应及时收回。基金结余不得再进行任何形式的投资。

七、我省执行《新型农村合作医疗基金财务制度》的时间为2008年7月1日起，原浙江省财政厅 浙江省卫生厅印发的《浙江省新型农村合作医疗基金财务制度(试行)》同时废止。

各地在执行中有什么问题，请及时向我们反映。

附件：

财政部 卫生部
新型农村合作医疗基金财务制度

第一章 总 则

第一条 为规范新型农村合作医疗(以下简称新农合)基金财务管理，根据国家有关规定，制定本制度。

第二条 本制度适用于各统筹地区根据国家有关规定设立

的新农合基金。

第三条 本制度所称新农合基金(以下简称基金),是指通过参合农民个人缴纳、集体扶持、政府资助筹集的,用于对参合农民医药费用进行补偿的专项资金。

第四条 统筹地区财政部门和卫生行政部门对基金实行监督管理,并由新型农村合作医疗经办机构(以下简称经办机构)具体负责基金的日常业务管理和会计核算工作。

第五条 基金财务管理的任务是:认真贯彻执行国家有关法律、法规和方针、政策,合理筹集和使用基金;建立健全财务管理制度,组织落实基金的计划、核算、分析和考核工作,如实反映基金收支状况;严格遵守财经纪律,加强监督和检查,确保基金的安全。

第六条 各统筹地区财政部门在社会保障基金财政专户中设立新型农村合作医疗基金专账(以下简称财政专户),专门管理和核算基金。基金纳入财政专户,实行收支两条线管理,专款专用。任何地方、部门、单位和个人均不得挤占、挪用,不得用于平衡财政预算,不得用于经办机构人员和工作经费。

第七条 经办机构应配备取得会计从业资格证书的专职财务会计人员。财务会计人员应按照基金财务会计制度的相关规定做好财务管理和会计核算工作,准确反映基金运行情况,监督基金的安全、有效使用。财务会计人员发生变更时,应按照有关规定做好交接工作。

第二章　基金预算

第八条 基金预算是指经办机构按照新农合制度和管理政策编制的、经规定程序审批的年度基金财务收支计划。

第九条 基金预算的编制。年度终了前,经办机构应按照财政部门规定的表式、时间和编制要求,根据本年度基金预算执行情况和下年度影响基金收支的相关因素,编制下年度基金预算草案。

第十条 基金预算的审批。经办机构编制的年度基金预算草案,由卫生行政部门审核汇总,经同级财政部门审核并报经同级政府批准后,财政部门应在15日内及时向卫生行政部门批复预算。卫生行政部门应在财政部门批复预算之日起15日内将预算批复经办机构。

第十一条 基金预算的执行。经办机构要严格按照批准的预算执行,并认真分析基金的收支情况,定期向同级卫生行政部门和财政部门报告预算执行情况。

财政部门和卫生行政部门应逐级汇总上报基金预算执行情况。省级财政部门和卫生行政部门要加强对基金预算执行情况的监控,发现问题立即督促统筹地区财政部门和卫生行政部门采取措施解决。

第十二条 基金预算的调整。遇特殊情况需调整基金预算时,经办机构要及时编制预算调整方案,并按基金预算编制审批程序报批。

第三章　基金筹集

第十三条 基金按照国家规定按时、足额筹集。各级财政部门应根据财政补助标准和辖区内参合农民人口数安排补助资金,纳入同级财政年度预算并按规定程序及时办理拨付手续。统筹地区政府应组织参合农民按当地缴费标准缴纳参合费用。任何地区、部门、单位和个人不得截留和擅自减免。

第十四条 基金收入包括:农民个人缴费收入、农村医疗救助资助收入、集体扶持收入、政府资助收入、利息收入和其他收入。

农民个人缴费收入是指参合农民以家庭为单位,按照规定的缴费标准缴纳的资金收入。

农村医疗救助资助收入是指农村医疗救助资金代资助对象缴纳的资金收入。

集体扶持收入是指乡(镇)、村等集体经济组织扶持新农合的资金收入。

政府资助收入是指各级政府按照规定标准和参合农民人数资助新农合的资金收入。

利息收入是指基金存入银行所取得的利息收入。

其他收入是指社会组织和个人对新农合的捐赠收入及经财政部门核准的其他收入。

第十五条 经办机构一般不设立基金收入户(以下简称收入户),基金收入直接缴入财政专户。

不具备直接缴入财政专户条件的统筹地区,经办机构可在财政部门和卫生行政部门认定的国有或国有控股商业银行设立收入户,但一个统筹地区至多开设一个收入户。

收入户的主要用途是:暂存尚未缴入财政专户的各项基金收入。

经办机构应按期将收入户存款汇缴财政专户。收入户除向财政专户划转收入外,不得发生其他支付业务。收入户月末无余额。

第十六条 经办机构在收取农民个人缴费、收到集体经济组织扶持资金后,应向对方开具由省级财政部门统一印制的基金缴款专用收据。

接受社会捐赠资金后,应向捐赠方开具由财政部门统一印制的捐赠收据。

第十七条 实行大病统筹加门诊家庭账户的统筹地区,基金收入分别计入统筹基金和门诊家庭账户基金;实行大病统筹或住院统筹加门诊统筹的统筹地区,基金收入全部计入统筹基金。

统筹地区应从统筹基金中提取风险基金,规模保持在当年统筹基金总额的10%,主要用于弥补基金非正常超支造成的基金临时周转困难等。风险基金可由基金统筹地区或省级统一管理。

第四章　基金支出

第十八条 基金支出应按照新农合制度规定的项目和标准执行,任何部门、单位和个人不得擅自增加支出项目和随意提高补偿标准。

第十九条 实行大病统筹加门诊家庭账户的统筹地区,基金支出包括统筹基金支出和门诊家庭账户基金支出;实行大病统筹或住院统筹加门诊统筹的统筹地区,基金支出全部为统筹基金支出,其中实行住院统筹加门诊统筹的统筹地区,统筹基金支出包括住院统筹基金支出和门诊统筹基金支出。

统筹基金支出是指用统筹基金支付的对参合农民医药费用的补偿支出。其中,住院统筹基金支出是指用统筹基金支付的对参合农民住院费用的补偿支出,门诊统筹基金支出是指用统筹基金支付的对参合农民门诊和健康体检费用的补偿支出。

门诊家庭账户基金支出是指设立家庭账户的地区，用于参合农民门诊费用、住院自负费用和健康体检的支出。可以结转使用,但不得提取现金。

经办机构的人员经费、银行手续费等工作经费不得在基金中列支。

第二十条 经办机构可在财政部门、卫生行政部门认定的国有或国有控股商业银行设立基金支出户（以下简称支出户),但一个统筹地区至多开设一个支出户。

支出户的主要用途是:接收财政专户拨入的基金;支付基金支出款项;暂存该账户的利息收入;划拨该账户资金利息收入到财政专户。

支出户除接收财政专户拨付的基金和该账户的利息收入外,不得发生其他收入业务。

支出户除向定点医疗机构结算垫付医药费用、向参合农民支付补偿费用和向财政专户划拨该账户资金利息外，不得发生其他支出业务。

全部补偿支出实行财政专户与医疗机构直接结算的地区，可不设支出户。

第二十一条 经办机构应根据财政部门核批的基金年度预算及分月支出计划,按月填写财政部门统一印制的用款申请书,并加盖本单位用款专用章后，在规定的时间内报送同级财政部门。财政部门对用款申请审核无误后,应在规定的时间内将基金从财政专户拨入支出户，或由财政专户与定点医疗机构直接结算。对不符合规定的凭证和不符合用款手续的,财政部门有权责成经办机构予以纠正。

第二十二条 经办机构要加强对定点医疗机构医药费用的监管,及时结算定点医疗机构垫付的医药费用。探索通过采取单病种付费、费用总额预付、预付制与后付制相结合等措施,控制医药费用支出,提高基金使用效益。

第五章　基金结余

第二十三条 基金结余是指基金收支相抵后的期末余额,包括统筹基金结余(含风险基金)、门诊家庭账户基金结余。

实行大病统筹加门诊家庭账户的统筹地区，基金结余包括统筹基金结余和门诊家庭账户基金结余；实行大病统筹或住院统筹加门诊统筹的统筹地区,基金结余全部为统筹基金结余。

第二十四条 基金管理应遵循以收定支、收支平衡、略有结余的原则。

统筹基金累计结余一般应不超过当年筹集的统筹基金总额的 25%，其中当年统筹基金结余一般应不超过当年筹集的统筹基金总额的 15%(含风险基金)。

任何地区、部门、单位和个人不得动用基金结余进行任何形式的投资。

第二十五条 基金当年入不敷出时,按下列顺序解决：

(一)动用统筹基金历年结余中的存款;

(二)按程序申请动用风险基金;

(三)经统筹地区人民政府批准的其他资金渠道。

第六章　财政专户

第二十六条 本制度所称的财政专户是指统筹地区财政部门按规定在社会保障基金财政专户中设立的新农合基金专用计息账户。

统筹地区只能在国有或国有控股银行开设一个财政专户。

第二十七条 财政专户的主要用途是:接收参合农民个人缴费收入、农村医疗救助资助收入、集体扶持收入、政府资助收入、利息收入和其他收入;设立收入户的统筹地区,接收从收入户转来的收入;根据经办机构的用款计划,向支出户划拨基金或直接与定点医疗机构办理基金结算。

第二十八条 政府资助收入由财政部门从国库直接划入财政专户，农村医疗救助资助收入通过农村医疗救助资金财政专户直接划转到基金财政专户。

第二十九条 财政专户发生的利息收入直接计入财政专户，经办机构支出户的利息收入定期转入财政专户，财政部门凭银行出具的原始凭证记账。

第三十条 未经过经办机构收入户直接划入财政专户的收入,财政部门要出具财政专户缴款凭证,并附加盖专用印章的原始凭证复印件,交经办机构记账和备查。

第三十一条 从财政专户直接划拨到定点医疗机构的结算支出，应将支付凭证的其中一联或将支付凭证复印件加盖印章后交经办机构记账和备查。

第七章　资产与负债

第三十二条 资产包括基金运行过程中形成的现金、银行存款(含财政专户存款、收入户存款、支出户存款)、暂付款项等。

经办机构应建立健全内部控制制度，严格按照国务院公布的《现金管理暂行条例》进行现金的收付和管理。

经办机构应及时办理基金存储手续,按月与开户银行对账,同时,经办机构、财政部门要定期对账,保证账账相符、账款相符。

暂付款项应定期清理,及时结清。

第三十三条 负债包括基金运行过程中形成的暂收款项等。暂收款项应定期清理,及时偿付。因债权人等特殊原因确实无法偿付的,经财政部门批准后作为基金的其他收入。

第三十四条 新农合提高统筹级次及其他特殊情况发生时，应当对本级基金进行清算。

基金清算前应对基金的财务情况进行清理。基金清算时按照补偿参合农民医药费、支付定点医疗机构垫付的参合农民医药费、支付其他应付款项和暂存款项的顺序进行清偿。基金清算后的余额和基金运行中形成的其他资产、未清偿的债务及有关资料一并转入指定的部门或单位。

第八章　基金决算

第三十五条 年度终了后,经办机构应根据国家统一的会计制度规定的表式、时间和要求编制年度基金财务报告。财务报告包括资产负债表、收支表、有关附表以及财务情况说明书。

财务情况说明书主要说明和分析基金的年度财务收支及管理情况;对本期或下期财务状况发生重大影响的事项;以及其他需要说明的事项。

编制年度基金财务报告必须做到数字真实、计算准确、手续完备、内容完整、报送及时。

第三十六条 经办机构编制的年度基金财务报告应在规定期限内经卫生行政部门审核并汇总，报同级财政部门审核后，由同级政府批准。批准后的年度基金财务报告作为基金决算。

第三十七条 卫生行政部门、财政部门应逐级汇总上报本级决算和下一级决算。经办机构的年度基金财务报告不符合法律、法规、制度规定的，应予以纠正。

第九章 监督与检查

第三十八条 经办机构要建立健全内部管理制度，定期或不定期向社会公告基金收支和结余情况，接受社会监督。

第三十九条 卫生行政部门、财政部门和审计部门等要定期或不定期地对财政专户、收入户和支出户的基金收支和结余情况进行监督检查，发现问题及时纠正，并向同级政府和基金监督组织报告。

第四十条 单位和个人有下列行为之一的，责令限期改正。对单位及其直接负责的主管人员和其他直接责任人员依照《财政违法行为处罚处分条例》(国务院令第427号)等有关法律、法规追究法律责任：

(一)截留、挤占、挪用、贪污基金；

(二)擅自提高或降低农民个人缴费标准，擅自变更支出项目、调整支出标准；

(三)未按时将基金收入存入财政专户；

(四)未按时足额将基金从财政专户拨付到支出户或办理结算；

(五)未按规定及时足额补偿医药费用；

(六)其他违反国家法律、法规规定的行为。

第十章 附 则

第四十一条 各省、自治区、直辖市财政、卫生部门根据本制度的规定，结合当地实际情况制定实施办法，并报财政部、卫生部备案。

第四十二条 其他机构经办新农合基金业务工作的，由统筹地区财政、卫生部门根据本制度及省级财政、卫生部门制定的实施办法，制定相应的财务管理办法，并报省级财政、卫生部门备案后施行。

第四十三条 本制度由财政部、卫生部负责解释。

第四十四条 本制度自2008年1月1日起施行，凡与本制度不一致的，以本制度规定为准。

浙江省财政厅转发财政部关于印发《新型农村合作医疗基金会计制度》的通知

(2008年6月26日 浙财会字〔2008〕69号)

各市、县(市、区)财政局：

现将《财政部关于印发＜新型农村合作医疗基金会计制度＞的通知》(财会〔2008〕1号)转发给你们，并结合我省实际，提出如下补充意见，请一并贯彻执行。

一、《新型农村合作医疗基金会计制度》(以下简称新制度)自2008年7月1日起执行，我省制定的《浙江省新型农村合作医疗基金会计核算办法(试行)》(浙财会字〔2004〕33号，以下简称为原制度)同时废止。

二、为了做好新旧制度的衔接工作，现就有关新旧会计科目结转问题规定如下：

1.“对外投资”科目

原制度设置了“对外投资”科目，但新制度没有设置该科目。原“对外投资”科目有余额的，转入新账“暂付款”科目过渡，并及时进行清理。

2.“临时借款”科目

原制度设置了“临时借款”科目，但新制度没有设置该科目。原“临时借款”科目有余额的，转入新账“暂收款”科目过渡，并及时进行清理。

3.“农村合作医疗基金”科目

新制度没有设置“农村合作医疗基金”科目，但设置了“统筹基金”科目。调账时，可将该科目的余额直接转入新账“统筹基金”科目。

4.“参保人交费收入”科目

新制度没有设置“参保人交费收入”科目，但设置了“农民个人缴费收入”科目。调账时，可将该科目的余额直接转入新账“农民个人缴费收入”科目。

5.“农村医疗救助资助收入”科目

新制度设置了“农村医疗救助资助收入”科目，但原制度没有设置该科目。如有农村医疗救助资助收入的，调账时，应将该部分收入从其他有关科目转入新账“农村医疗救助资助收入”科目。

6.“利息收入”科目

新制度设置了“利息收入”科目，但原制度没有设置该科目而在“其他收入”科目核算。调账时，应将利息收入部分从原账“其他收入”科目转入新账“利息收入”科目。

7.“住院支出”、“门诊指定项目支出”和“其他支出”科目

新制度没有设置“住院支出”、“门诊指定项目支出”和“其他支出”科目，但设置了“统筹基金支出”科目。调账时，将原账中以上3个科目的余额转入新账“统筹基金支出”科目的相应明细科目。

执行中有何问题，请及时反馈给省财政厅。

附件：

财政部
新型农村合作医疗基金会计制度

第一章　总　则

第一条 为了规范新型农村合作医疗(以下简称新农合)基金的会计核算,根据《中华人民共和国会计法》、《新型农村合作医疗基金财务制度》以及有关法律、行政法规的规定,制定本制度。

第二条 本制度适用于新农合经办机构（以下简称经办机构)经办的新农合基金。

本制度所称新农合基金,是指各统筹地区根据国家有关规定设立的,通过参加新农合的农民(以下简称参合农民)个人缴纳、集体扶持、政府资助筹集的,用于对参合农民医药费用进行补偿的专项资金。

第三条 新农合基金应当作为独立的会计主体进行确认、计量和披露。新农合基金独立于经办机构的固有财产及其管理的其他财产,实行专款专用。

第四条 新农合基金的会计核算应当划分会计期间，分期结算账目和编制财务报表。会计期间分为年度、季度和月份。会计年度自公历1月1日起至12月31日止,季度、月份的起讫日期亦采用公历日期。

第五条 新农合基金的会计核算主要以收付实现制为基础。

第六条 新农合基金的会计记账采用借贷记账法。

第七条 新农合基金的会计核算应当遵循以下基本原则:

(一)新农合基金的会计核算应当以实际发生的业务为依据,如实反映新农合基金的财务状况和收支情况等信息,保证会计信息真实可靠、内容完整。

(二)新农合基金的会计核算应当采用规定的会计政策,确保会计信息口径一致、相互可比。

(三)新农合基金的会计核算应当及时进行,不得提前或者延后。

第八条 新农合基金会计机构设置、会计人员配备、内部会计监督与控制以及相关会计基础工作等,应当遵循《中华人民共和国会计法》、《会计基础工作规范》、《会计档案管理办法》及内部控制规范等相关法律、行政法规和制度。

第九条 本制度由中华人民共和国财政部负责解释，需要变更时,由财政部修订。

第十条 本制度自2008年1月1日起施行。

第二章　会计科目及使用说明

第十一条 经办机构应当根据本制度的规定设置和使用会计科目、编制会计凭证、登记会计账簿,对新农合基金进行会计核算。

在不违反本制度的前提下,经办机构可以根据核算和管理工作需要对明细科目的设置作必要的补充。

第十二条 会计科目名称和编号

顺序号	编号	名称
一、资产类		
1	1001	现金
2	1002	财政专户存款
3	1003	收入户存款
4	1004	支出户存款
5	1101	暂付款
6	1201	缴存省级风险基金
二、负债类		
7	2001	暂收款
三、净资产类		
8	3001	统筹基金
9	3002	家庭账户基金
四、收入类		
10	4001	农民个人缴费收入
11	4002	农村医疗救助资助收入
12	4003	集体扶持收入
13	4004	政府资助收入
14	4005	利息收入
15	4006	其他收入
五、支出类		
16	5001	统筹基金支出
17	5002	家庭账户基金支出

第十三条 会计科目使用说明

1001　现金

一、本科目核算新农合基金的库存现金。

二、经办机构应严格按照国家有关现金管理的规定收支现金。

三、现金的核算内容如下:

(一)收到现金形式的收入时,借记本科目,贷记相关收入科目。将现金存入银行,借记“财政专户存款”、“收入户存款”科目,贷记本科目。

(二)从银行提取现金,借记本科目,贷记“支出户存款”科目。支出现金,借记“统筹基金支出”、“家庭账户基金支出”科目,贷记本科目。

四、本科目应设置“现金日记账”,由出纳人员根据收付款凭证,按照业务发生顺序,逐笔登记,每日终了,应计算当日的现金收入合计数、现金支出合计数和结余数,并将结余数与实际库存数进行核对,做到账款相符。

五、本科目期末借方余额,反映新农合基金的库存现金。

1002　财政专户存款

一、本科目核算新农合基金存入国有或国有控股商业银行财政专户的款项。

二、财政专户存款的核算内容如下：

（一）将现金存入财政专户，借记本科目，贷记“现金”科目。

（二）设置收入户的地区，按规定将收入户的资金划入财政专户，借记本科目，贷记“收入户存款”科目。

（三）收到直接缴入财政专户的基金收入，借记本科目，贷记“农民个人缴费收入”、“农村医疗救助资助收入”、“集体扶持收入”、“政府资助收入”、“其他收入”等科目。

（四）收到财政专户存款利息，借记本科目，贷记“利息收入”科目。

（五）由财政专户向支出户拨入资金，借记“支出户存款”科目，贷记本科目。

将支出户的存款利息按规定转入财政专户，借记本科目，贷记“支出户存款”科目。

（六）实行财政专户与医疗机构直接结算的地区，发生支出时，借记“统筹基金支出”、“家庭账户基金支出”等科目，贷记本科目。

（七）风险基金按规定由省级统一管理的，由经办机构本级财政专户缴入省级财政专户时，借记“缴存省级风险基金”科目，贷记本科目；风险基金由省级财政专户拨回经办机构本级财政专户时，借记本科目，贷记“缴存省级风险基金”科目。

三、本科目应按开户银行设置“财政专户存款日记账”，由出纳人员根据财政部门转来的财政专户缴拨凭证和加盖专用印章的原始凭证复印件，按照业务的发生顺序逐笔登记，每日终了应结出余额。“财政专户存款日记账”应定期与财政部门核对，至少每月核对一次。月份终了，财政专户存款账面结余与财政部门对账单余额之间如有差额，必须逐笔查明原因进行处理，并应按月编制“财政专户存款余额调节表”调节相符。

四、本科目期末借方余额，反映财政专户存款结余。

1003　收入户存款

一、本科目核算新农合基金按规定存入国有或国有控股商业银行收入户的款项。

基金收入直接缴入财政专户的，不设置本科目，通过“财政专户存款”科目核算。

二、收入户主要用于暂存尚未缴入财政专户的各项基金收入，应按期汇缴财政专户。收入户除向财政专户划转收入外，不得发生其他支付业务。

三、收入户存款的核算内容如下：

（一）设置收入户的地区，收取农民个人缴费、接收集体经济组织扶持资金、社会捐赠资金等款项时，借记本科目，贷记“农民个人缴费收入”、“集体扶持收入”、“其他收入”等科目。

（二）收到收入户的利息，借记本科目，贷记“利息收入”科目。

（三）按规定将收入户的资金划入财政专户时，借记“财政专户存款”科目，贷记本科目。

四、本科目应按开户银行设置“收入户存款日记账”，由出纳人员根据收付款凭证，按照业务的发生顺序逐笔登记，每日终了应结出余额。“收入户存款日记账”应定期与“银行对账单”核对，至少每月核对一次。月份终了，收入户存款账面结余与银行对账单余额之间如有差额，必须逐笔查明原因进行处理，并应按月编制“银行收入户存款余额调节表”，调节相符。

五、收入户存款月末余额必须按规定全部划入财政专户。划转后，本科目月末无余额。

1004　支出户存款

一、本科目核算新农合基金按规定存入国有或国有控股商业银行支出户的款项。

全部补偿支出实行财政专户与医疗机构直接结算的地区，可不设置本科目。

二、支出户主要用于接收财政专户拨入款项、支付基金支出款项、暂存该账户利息收入及将该账户利息收入缴入财政专户。除接收财政专户拨付款项与该账户利息收入外，不得发生其他收入业务。

三、支出户存款的核算内容如下：

（一）接收财政专户拨入的款项时，借记本科目，贷记“财政专户存款”科目。

（二）收到支出户的利息时，借记本科目，贷记“利息收入”科目；划拨支出户的利息到财政专户，借记“财政专户存款”科目，贷记本科目。

（三）支付基金支出时，借记“统筹基金支出”、“家庭账户基金支出”科目，贷记本科目。

四、本科目应按开户银行设置“支出户存款日记账”，由出纳人员根据收付款凭证，按照业务的发生顺序逐笔登记，每日终了应结出余额。“支出户存款日记账”应定期与“银行对账单”核对，至少每月核对一次。月份终了，支出户存款账面结余与银行对账单余额之间如有差额，必须逐笔查明原因进行处理，并应按月编制“银行支出户存款余额调节表”，调节相符。

五、本科目期末借方余额，反映支出户存款结余。

1101　暂付款

一、本科目核算新农合基金收支活动中形成的各种暂付款项，如经办机构向定点医疗机构和定点药店的预付款。

二、暂付款的核算内容如下：

（一）经办机构向定点医疗机构和定点药店预付的医药费，借记本科目，贷记“支出户存款”、“财政专户存款”科目。

（二）经办机构定期与定点医疗机构和定点药店结算医药费款项时，根据予以补偿的医药费支出数额，借记“统筹基金支出”、“家庭账户基金支出”科目，按已预付的医药费金额，贷记本科目，按医药费实际支出数额与已预付医药费金额的差额，贷记“支出户存款”、“财政专户存款”等科目。

（三）定点医疗机构和定点药店退回经办机构多付的预付医药费，按资金的原渠道，借记“财政专户存款”、“支出户存款”科目，贷记本科目。

三、本科目应按暂付款种类和对方单位设置明细账。

四、本科目期末借方余额，反映尚未结清的暂付款。

1201　缴存省级风险基金

一、本科目核算风险基金实行省级统一管理的统筹地区，新农合基金缴存省级财政专户的风险基金。

二、缴存省级风险基金的核算内容如下：

（一）风险基金按规定由省级统一管理的，由经办机构本级财政专户缴入省级财政专户时，借记本科目，贷记“财政专户存款”科目。

(二)风险基金由省级财政专户拨回经办机构本级财政专户时,借记“财政专户存款”科目,贷记本科目。

三、本科目期末借方余额,反映缴存省级统一管理的风险基金余额。

2001 暂收款

一、本科目核算新农合基金收支活动中形成的暂收款。

二、经办机构在本年度收到的参合农民缴纳的以后年度个人缴费以及收到的其他属于以后年度的基金收入,通过本科目核算,在本科目下相应设置“预收基金收入”明细科目及相关明细账。

三、暂收款的核算内容如下:

(一)收到属于以后年度的基金收入时,借记“现金”、“财政专户存款”、“收入户存款”等科目,贷记本科目(预收基金收入)。以后年度,将归属于该年度的各预收基金收入转入相关收入科目,借记本科目(预收基金收入),贷记相关收入科目。

(二)收到其他暂收款项时,借记“现金”、“财政专户存款”、“收入户存款”等科目,贷记本科目。偿付或退回款项时,借记本科目,贷记“现金”、“财政专户存款”、“支出户存款”等科目。

因债权人等特殊原因确实无法偿付的暂收款,经财政部门批准后,计入其他收入,借记本科目,贷记“其他收入”科目。

四、本科目应按暂收款的种类和对方单位设置明细账。

五、本科目期末贷方余额,反映尚未偿付的暂收款。

3001 统筹基金

一、本科目核算新农合统筹基金全部收入扣除全部支出后的滚存结余。

二、本科目应当设置“一般统筹基金”、“风险基金”两个明细科目,进行明细核算。

三、统筹基金的核算内容如下:

(一)期末(含月末,下同),按照新农合统筹补偿方案的要求,将各收入科目贷方余额中归属于统筹基金的金额转入本科目,借记相关收入科目,贷记本科目(一般统筹基金)。将“统筹基金支出”科目借方余额转入本科目,借记本科目(一般统筹基金),贷记“统筹基金支出”科目。

(二)按规定提取风险基金的,借记本科目(一般统筹基金),贷记本科目(风险基金)。

(三)当期因弥补基金非正常超支造成的基金临时周转困难等动用了风险基金的,借记本科目(风险基金),贷记本科目(一般统筹基金)。

四、本科目期末贷方余额,反映历年积存的新农合统筹基金结余。

3002 家庭账户基金

一、本科目核算新农合家庭账户基金全部收入扣除全部支出后的滚存结余。

不设家庭账户的统筹地区,不设置本科目。

二、经办机构根据统筹地区实际情况,可按乡(镇)、每户参合农民家庭等设置明细账。

三、家庭账户基金的核算内容如下:

期末,按照新农合统筹补偿方案的要求,将各收入科目贷方余额中归属于家庭账户基金的金额转入本科目,借记相关收入科目,贷记本科目。将“家庭账户基金支出”科目借方余额转入本科目,借记本科目,贷记“家庭账户基金支出”科目。

四、本科目期末贷方余额,反映历年积存的新农合家庭账户基金结余。

4001 农民个人缴费收入

一、本科目核算参合农民以家庭为单位按照规定的缴费标准缴纳的款项。

经办机构在本年度收到的参合农民缴纳的以后年度个人缴费,在“暂收款(预收基金收入)”科目核算,以后年度再转入本科目。

农村医疗救助资助收入、集体扶持收入、政府资助收入等比照上述原则处理。

二、农民个人缴费收入的核算内容如下:

(一)收到参合农民本年度个人缴费时,借记“财政专户存款”、“收入户存款”等科目,贷记本科目。

(二)在本年度收到的参合农民缴纳的以后年度个人缴费,借记“财政专户存款”、“收入户存款”等科目,贷记“暂收款(预收基金收入)”科目。以后年度,将归属于该年度的农民个人缴费转入本科目,借记“暂收款(预收基金收入)”科目,贷记本科目。

(三)期末,将本科目贷方余额转入相关基金科目。借记本科目,贷记“统筹基金(一般统筹基金)”、“家庭账户基金”科目。

三、本科目期末结转后无余额。

4002 农村医疗救助资助收入

一、本科目核算农村医疗救助资金代资助对象缴纳的款项。

二、农村医疗救助资助收入的核算内容如下:

(一)收到本年度农村医疗救助资助资金时,借记“财政专户存款”科目,贷记本科目。

(二)期末,将本科目贷方余额转入相关基金科目。借记本科目,贷记“统筹基金(一般统筹基金)”、“家庭账户基金”科目。

三、本科目期末结转后无余额。

4003 集体扶持收入

一、本科目核算乡(镇)、村等集体经济组织扶持新农合的款项。

二、集体扶持收入的核算内容如下:

(一)收到本年度集体经济组织扶持资金时,借记“财政专户存款”、“收入户存款”科目,贷记本科目。

(二)期末,将本科目贷方余额转入相关基金科目。借记本科目,贷记“统筹基金(一般统筹基金)”、“家庭账户基金”科目。

三、本科目期末结转后无余额。

4004 政府资助收入

一、本科目核算各级政府按照规定标准和参合农民人数资助新农合的款项等政府拨付的新农合补助资金。

二、经办机构根据统筹地区实际情况,可在本科目下设置“中央财政资助收入”、“省级财政资助收入”、“地(市)级财政资助收入”、“县级财政资助收入”等明细科目。

三、政府资助收入的核算内容如下:

(一)收到本年度政府补助资金时,借记“财政专户存款”科目,贷记本科目。

(二)期末,将本科目贷方余额转入相关基金科目。借记本科目,贷记“统筹基金(一般统筹基金)”等科目。

四、本科目期末结转后无余额。

4005　利息收入

一、本科目核算新农合基金持有的资金存入银行取得的利息收入。

二、利息收入的核算内容如下:

(一)收到本年度财政专户利息收入时,直接计入财政专户,借记“财政专户存款”科目,贷记本科目。

(二)收到本年度支出户利息收入时,计入支出户存款,借记“支出户存款”科目,贷记本科目。将支出户利息收入转入财政专户时,借记“财政专户存款”科目,贷记“支出户存款”科目。

(三)收到本年度收入户利息收入时,计入收入户存款,借记“收入户存款”科目,贷记本科目。

(四)期末,将本科目贷方余额转入相关基金科目。借记本科目,贷记“统筹基金(一般统筹基金)”科目。

三、本科目期末结转后无余额。

4006　其他收入

一、本科目核算社会组织和个人对新农合基金的捐赠收入及经财政部门核准的其他收入。

二、其他收入的核算内容如下:

(一)收到社会捐赠等其他收入时,借记“财政专户存款”、“收入户存款”等科目,贷记本科目。

(二)期末,将本科目贷方余额转入相关基金科目。借记本科目,贷记“统筹基金(一般统筹基金)”等科目。

三、本科目期末结转后无余额。

5001　统筹基金支出

一、本科目核算应由统筹基金开支的对参合农民医药费用的补偿支出。

二、经办机构根据统筹地区实际情况,可在本科目下设置“住院支出”、“门诊支出”、“其他支出”等明细科目。

三、统筹基金支出的核算内容如下:

(一)经办机构定期与定点医疗机构和定点药店结算医药费款项时,根据予以补偿的医药费支出数额,借记本科目,贷记“财政专户存款”、“支出户存款”科目;经办机构向定点医疗机构和定点药店预付医药费的,借记本科目,贷记“暂付款”科目。

(二)采用其他结算方式支付的医药费补偿支出,根据经审核的医药费报销凭证,借记本科目,贷记“现金”、“支出户存款”等科目。

(三)期末,将本科目借方余额转入统筹基金。借记“统筹基金(一般统筹基金)”科目,贷记本科目。

四、期末结转后,本科目应无余额。

5002　家庭账户基金支出

一、本科目核算设置家庭账户基金的地区用于参合农民门诊医药费用、住院自负费用和健康体检费用等支出。

不设家庭账户基金的统筹地区,不设置本科目。

二、经办机构根据统筹地区实际情况,按每户参合农民家庭设置明细账。

三、家庭账户基金支出的核算内容如下:

(一)经办机构定期与定点医疗机构和定点药店结算医药费款项时,根据应由家庭账户开支的医药费支出数额,借记本科目,贷记“财政专户存款”、“支出户存款”科目;经办机构向定点医疗机构和定点药店预付医药费的,借记本科目,贷记“暂付款”科目。

(二)采用其他结算方式支付的医药费补偿支出,根据经审核的医药费报销凭证,借记本科目,贷记“现金”、“支出户存款”等科目。

(三)期末,将本科目借方余额转入家庭账户基金,借记“家庭账户基金”科目,贷记本科目。

四、期末结转后,本科目应无余额。

第三章　财务报表及编制说明

第十四条 经办机构应当根据本制度的规定编制新农合基金财务报表。

第十五条 新农合基金财务报表包括资产负债表、收支表、净资产变动表及附注。

资产负债表、收支表、净资产变动表按照本制度第十七条至第二十条的规定编报。

附注是对在资产负债表、收支表和净资产变动表中列示项目的文字描述或明细资料,以及对未能在这些报表中列示项目的说明等,包括收入明细表、支出明细表等相关附表。附注可由经办机构根据统筹地区具体要求自行编制。

第十六条 新农合基金财务报表应当至少按照月份、年度编制,做到数字真实、计算准确、手续完备、内容完整、编报及时。月度财务报表应于月份终了后8日内报出;年度财务报表应于年度终了后15日内报出。

第十七条 财务报表格式

报表编号	财务报表名称	编制期
会农合医01表	资产负债表	月报、年报
会农合医02表	收支表	月报、年报
会农合医03表	净资产变动表	年报

资产负债表

会农合医01表

编制单位:　　　　年　月　日　　　　单位:元

资产	年初数	期末数	负债和净资产	年初数	期末数
现金			负债		
财政专户存款			暂收款		
支出户存款			负债合计		
暂付款			净资产		
缴存省级风险基金			统筹基金		
			其中:一般统筹基金		
			风险基金		
			家庭账户基金		
			净资产合计		
资产总计			负债与净资产总计		

收支表

会农合医 02 表

编制单位：　　　　年　　月　　　　单位：元

		本月数	本年累计数
一、基金收入			
来源分类	1. 农民个人缴费收入		
	2. 农村医疗救助资助收入		
	3. 集体扶持收入		
	4. 政府资助收入		
	5. 利息收入		
	6. 其他收入		
性质分类	1. 统筹基金收入		
	2. 家庭账户基金收入		
二、基金支出			
(一)统筹基金支出			
1. 住院支出			
2. 门诊支出			
3. 其他支出			
(二)家庭账户基金支出			
三、本期基金结余			
(一)统筹基金结余			
(二)家庭账户基金结余			

净资产变动表

会农合医 03 表

编制单位：　　　　年度　　　　单位：元

	年初结余	本年数		年末结余
		本年增加	本年减少	
统筹基金	(1)	(6)	(11)	(16)
其中：一般统筹基金	(2)	(7)	(12)	(17)
风险基金	(3)	(8)	(13)	(18)
家庭账户基金	(4)	(9)	(14)	(19)
合计	(5)	(10)	(15)	(20)

第十八条 资产负债表编制说明

(一)本表反映月末、年末等会计期间终了时新农合基金全部资产、负债及净资产的构成情况。

(二)本表"年初数"栏各项数字，应根据上年末本表"期末数"所列数字填列。

(三)本表各项目的内容和填列方法：

1. "现金"项目，反映库存现金余额。本项目应根据"现金"科目期末余额填列。

2. "财政专户存款"项目，反映财政专户存款的余额。本项目应根据"财政专户存款"科目期末余额填列。

3. "支出户存款"项目，反映支出户存款的余额。本项目应根据"支出户存款"科目期末余额填列。

4. "暂付款"项目，反映尚未结清的暂付款项。本项目应根据"暂付款"科目期末余额填列。

5. "缴存省级风险基金"项目，反映缴存省级统一管理的风险基金余额。本项目应根据"缴存省级风险基金"科目期末余额填列。

6. "暂收款"项目，反映尚未结转的预收款项和尚未偿付的暂收款项。本项目应根据"暂收款"科目期末余额填列。

7. "统筹基金"项目，反映截止到本期末历年积存的统筹基金结余。本项目应根据"统筹基金"科目期末余额填列。

(1)"一般统筹基金"项目，反映截止到本期末历年积存的一般统筹基金结余。本项目应根据"统筹基金(一般统筹基金)"明细科目期末余额填列。

(2)"风险基金"项目，反映截止到本期末历年积存的风险基金结余。本项目应根据"统筹基金(风险基金)"明细科目期末余额填列。

8. "家庭账户基金"项目，反映截止到本期末历年积存的家庭账户基金结余。本项目应根据"家庭账户基金"科目期末余额填列。

第十九条 收支表编制说明

(一)本表反映新农合基金在月份、年度等会计期间内的收入、支出和结余情况。

(二)本表"本月数"栏反映各项目的本月实际发生数，在编报年度会计报表时，将"本月数"栏改成"上年累计数"栏，填列上年全年累计实际发生数。

本表"本年累计数"栏反映各项目自年初起至本月末止的累计实际发生数。

(三)本表"本月数"栏各项目的内容及填列方法：

1. "基金收入"项目，反映当期基金收入总额。本项目应根据本表"农民个人缴费收入"、"农村医疗救助资助收入"、"集体扶持收入"、"政府资助收入"、"利息收入"及"其他收入"项目金额加总计算填列。

(1)来源分类项目：

①"农民个人缴费收入"项目，反映参合农民当期按规定缴纳的款项。本项目应根据"农民个人缴费收入"科目贷方发生额填列。

②"农村医疗救助资助收入"项目，反映农村医疗救助当期代资助对象缴纳的款项。本项目应根据"农村医疗救助资助收入"科目贷方发生额填列。

③"集体扶持收入"项目，反映乡(镇)、村等集体经济组织当期扶持新农合的款项。本项目应根据"集体扶持收入"科目贷方发生额填列。

④"政府资助收入"项目，反映各级政府当期按照规定标准和参合农民人数资助新农合的款项等政府拨付的新农合补助资金。本项目应根据"政府资助收入"科目贷方发生额填列。

⑤"利息收入"项目,反映新农合基金存入银行所取得的当期利息收入。本项目应根据"利息收入"科目贷方发生额填列。

⑥"其他收入"项目,反映社会组织和个人对新农合的捐赠及经财政部门核准的其他收入。本项目应根据"其他收入"科目贷方发生额填列。

(2)性质分类项目:

①"统筹基金收入"项目,反映本期按规定记入统筹基金的各项收入总额。本项目应根据结转入"统筹基金(一般统筹基金)"明细科目贷方的各项收入总额填列。

②"家庭账户基金收入"项目,反映本期按规定计入家庭账户基金的各项收入总额。本项目应根据结转入"家庭账户基金"科目贷方的各项收入总额填列。不设置家庭账户的地区,不填列本项目。

2."基金支出"项目,反映当期基金支出总额。本项目应根据本表"统筹基金支出"及"家庭账户基金支出"项目金额加总计算填列。

(1)"统筹基金支出"项目及其"住院支出"、"门诊支出"、"其他支出"明细支出项目,反映当期应由统筹基金开支的各项支出。本项目及其明细支出项目应根据"统筹基金支出"科目及其明细科目借方发生额填列。

(2)"家庭账户基金支出"项目,反映当期应由家庭账户基金开支的参合农民门诊医药费用、住院自负费用和健康体检费用等支出。本项目应根据"家庭账户基金支出"科目借方发生额填列。

3."本期基金结余"项目,反映当期基金总收入扣除总支出后的结余。本项目应根据本表"基金收入"减去"基金支出"项目金额后的金额填列。

(1)"统筹基金结余"项目,反映统筹基金当期各项收入减去各项支出后的结余。本项目应根据本表"统筹基金收入"减去"统筹基金支出"项目金额后的金额填列。

(2)"家庭账户基金结余"项目。反映家庭账户基金当期各项收入减去各项支出后的结余。本项目应根据本表"家庭账户基金收入"减去"家庭账户基金支出"项目金额后的金额填列。

第二十条 净资产变动表编制说明

(一)本表反映新农合基金的年初、年末结余及构成变动情况。

(二)本表各项目的内容及填列方法:

1."年初结余"栏,反映基金(包括一般统筹基金、风险基金与家庭账户基金)的年初余额。

(1)项目,根据"统筹基金"科目年初贷方余额填列,与年度资产负债表中"统筹基金"项目年初金额一致。

(2)项目,根据"统筹基金(一般统筹基金)"明细科目年初贷方余额填列,与年度资产负债表中"一般统筹基金"项目年初金额一致。

(3)项目,根据"统筹基金(风险基金)"明细科目年初贷方余额填列,与年度资产负债表中"风险基金"项目年初金额一致。

(4)项目,根据"家庭账户基金"科目年初贷方余额填列,与年度资产负债表中"家庭账户基金"项目年初金额一致。

(5)项目,根据(1)项目与(4)项目金额加总填列,与年度资产负债表中"净资产合计"项目年初金额一致。

2."本年增加"栏,反映基金当年取得收入增加的金额。

(6)项目,根据"统筹基金(一般统筹基金)"明细科目本年因结转收入产生的贷方发生额(即,本年度归属于统筹基金的各项收入总额)填列,与年度收支表中"统筹基金收入"项目本年累计数一致。

(7)项目,根据"统筹基金(一般统筹基金)"明细科目本年因结转收入产生的贷方发生额减去"统筹基金(风险基金)"明细科目本年贷方发生额后的余额(即,本年度归属于统筹基金的各项收入总额减去本年度按规定计提的风险基金)填列。

(8)项目,根据"统筹基金(风险基金)"明细科目本年贷方发生额(即,本年度按规定计提的风险基金)填列。

(9)项目,根据"家庭账户基金"科目本年贷方发生额(即,本年度归属于家庭账户基金的各项收入总额)填列,与年度收支表中"家庭账户基金收入"项目本年累计数一致。

(10)项目,根据(6)项目与(9)项目金额加总填列,与年度收支表中"基金收入"项目本年累计数一致。

3."本年减少"栏,反映基金当年发生支出减少的金额。

(11)项目,根据"统筹基金(一般统筹基金)"明细科目本年因结转支出产生的借方发生额(即本年度由统筹基金开支的各项支出总额)填列,与年度收支表中"统筹基金支出"项目本年累计数一致。

(12)项目,根据"统筹基金(一般统筹基金)"明细科目本年因结转支出产生的借方发生额减去"统筹基金(风险基金)"明细科目本年借方发生额后的余额(即,本年度由统筹基金开支的各项支出总额减去本年度按规定动用的风险基金)填列。

(13)项目,根据"统筹基金(风险基金)"明细科目本年借方发生额(即本年度按规定动用的风险基金)填列。

(14)项目,根据"家庭账户基金"科目本年借方发生额(即本年度由家庭账户基金开支的各项支出总额)填列,与年度收支表中"家庭账户基金支出"项目本年累计数一致。

(15)项目,根据(11)项目与(14)项目金额加总填列,与年度收支表中"基金支出"项目本年累计数一致。

4."年末结余"栏,反映基金(包括一般统筹基金、风险基金与家庭账户基金)的年末余额。

(16)项目,根据(1)项目加上(6)项目减去(11)项目金额后的结果填列。该金额应当与"统筹基金"科目年末贷方余额,以及年度资产负债表中"统筹基金"项目期末金额一致。

(17)项目,根据(2)项目加上(7)项目减去(12)项目金额后的结果填列。该金额应当与"统筹基金(一般统筹基金)"明细科目年末贷方余额,以及年度资产负债表中"一般统筹基金"项目期末金额一致。

(18)项目,根据(3)项目加上(8)项目减去(13)项目金额后的结果填列。该金额应当与"统筹基金(风险基金)"明细科目年末贷方余额,以及年度资产负债表中"风险基金"项目期末金额一致。

(19)项目,根据(4)项目加上(9)项目减去(14)项目金额后的结果填列。该金额应当与"家庭账户基金"科目年末贷方余额,以及年度资产负债表中"家庭账户基金"项目期末金额一致。

(20)项目,根据(16)项目与(19)项目金额加总填列,与年度资产负债表中"净资产合计"项目期末金额一致。

浙江省财政厅转发财政部办公厅关于加强地方财政监督工作的若干意见的通知

（2008年7月8日 浙财监督字〔2008〕18号）

各市、县(市、区)财政局(宁波不发)：

现将财政部办公厅《关于加强地方财政监督工作的若干意见》(财办监〔2008〕15号,以下简称《意见》)转发给你们,并结合我省实际提出如下补充意见,请一并贯彻落实。

一、认真学习,提高认识,统筹规划财政监督工作。各级财政部门要认真学习《意见》,充分认识开展财政监督工作的重要意义,切实加强组织领导,在干部培养、办公条件、工作经费等方面给予必需的保障。按照《行政处罚法》、《财政检查工作办法》等法律法规的规定,配备适当的执法检查人员。要贯彻落实《意见》的要求,认真总结近几年来财政监督工作的经验、成效以及存在的问题,通过调查研究,统筹规划财政监督工作,建立健全财政监督长效机制,制定近期和中远期财政监督工作计划,明确阶段性的财政监督内容、要达到的目标以及拟采取的措施,稳步推进,确保财政工作规范、有序、有效进行。

二、突出重点,体现特色,因地制宜开展财政监督工作。《意见》指出,财政监督工作内容主要包括财政收入监督、财政支出监督、财政内部监督、会计监督等方面,重点做好"六个加强"。由于各地财政监督机构设置、人员配备不一致,财政监督工作的基础和进展程度也不一致,因此,各级财政部门要立足本地实际,围绕各地财政管理中心工作和财政改革的实际情况,突出重点,体现特色,因地制宜开展财政监督工作,不搞一刀切。但是,"内外结合"的原则不能丢,要坚持对外监督与对内监督两手抓,两手都要硬。一方面,要不断强化对外监督工作力度,坚持监督与发展相结合,加大财政政策执行情况的监督力度,促进经济可持续发展;坚持监督与服务相结合,加强对涉及群众切身利益的资金使用情况监督,促进基本公共服务均等化。另一方面,要以内部监督为抓手,健全内部管理制度,堵塞管理漏洞,保障财政资金安全,杜绝资金管理上存在的"灯下黑"问题,进一步提高财政管理水平。

三、分工合作,密切配合,共同做好财政监督工作。《意见》指出,财政监督是财政部门各业务机构的共同职责,专职监督机构和其他业务机构必须共同发挥监督作用。两者既要各司其职,又要密切配合,相互促进,形成监督合力。专职监督机构要牵头研究设计和制定财政监督的制度办法和程序,积极组织开展监督检查,依法处理各类违规违纪问题,并对其他业务机构履行的日常监督管理职责实施再监督。其他业务机构应当充分履行财政资金日常监督职责,积极配合专职监督机构搞好监督检查,重视将专职监督机构的监督成果运用于管理制度的改进完善之中。

财政部办公厅关于加强地方财政监督工作的若干意见

各省、自治区、直辖市、计划单列市财政厅(局),新疆生产建设兵团财务局:

为充分发挥财政监督的职能作用,根据财政部关于贯彻落实党的十七大重要精神和学习实践科学发展观的要求,现就加强地方财政监督工作提出如下意见:

一、明确财政监督工作的总体要求

(一)明确指导思想。各级财政部门要认真学习贯彻落实党的十七大重要精神,深入学习实践科学发展观,紧紧围绕促进财政改革和完善财政管理,更新监督理念,突出监督重点,改进监督方式,重点加大涉及重大财税政策执行、财政预算执行、财政资金尤其是民生资金的安全、规范和有效使用等方面的监督检查力度,建立健全事前、事中和事后监督相结合的财政监督机制,充分发挥财政监督在健全财政政策体系、深化财政体制改革、优化财政支出结构、推进税制改革、推进依法理财等方面的保驾护航作用,为促进社会主义和谐社会建设贡献力量。

(二)创新工作理念。坚持将财政监督工作贯穿于深化财税体制改革、加快公共财政体系建设的财政中心工作大局之中,做到切实为大局服务,促进经济社会又好又快发展。坚持将财政监督工作贯穿于财政管理的体制、机制建设和改革的总体设计之中,围绕财政资金的安全性、规范性和有效性,从制度上实现财政权力运行监督制约自控机制,强化严肃财经纪律的源头治理。坚持将财政监督工作贯穿于财政管理全过程之中,强化事前、事中、事后监督,提高财政监督信息化水平,逐步实现对财政资金运行全过程的动态监控,促进财政管理和财政机关内部管理水平的不断提高。

(三)确定发展目标。地方各级财政部门要明确今后一段时期财政监督的发展目标,切实将"三个贯穿"的财政监督理念贯彻落实到财政运行过程中,实现对财政资金运行全过程的动态监控,构建一个科学合理、系统全面、权责明确、运作规范的监督工作机制。近期,要加强财政资金安全性、规范性和有效性监督,建立监督检查成果利用协调机制,实现以监督检查促进整改,以监督检查促进管理,以监督检查促进改革。要加快财政监督信息化建设,不断提高监督工作质量和成效。要不断推进财政监督理论和制度体系建设。从长远发展角度,推进构建完善健全的财政监督机制,逐步建立起预算编制、执行、监督紧密衔接、相互制衡、相互促进的财政监督管理运行体制,实现对财政资金运行全过程的科学、规范、有效监督和管理。

二、突出财政监督工作的重点内容

从现实与发展看，财政监督工作内容主要包括财政收入监督、财政支出监督、财政内部监督、会计监督等方面，重点做好“六个加强”。

(一)加强重大财税政策执行情况的监督检查，促进深化财税体制改革。各级财政部门要主动围绕财政在实践科学发展观中的主要任务开展监督检查。要关注促进自主创新、资源节约、产业结构升级、深化体制改革等支持经济发展方式转变的重大财税政策的实施情况，监督检查国家税收政策执行情况，反映并纠正财税政策执行中存在的重大问题，加强对国有土地收益、国有资产经营收益、国有资本收益等非税收入的监督，为完善法规政策提供第一手资料，促进经济健康发展。

(二)加强预算编制和执行情况的监督检查，健全完善财政运行全过程的财政监督机制。各级财政部门要充分重视预算编制和执行情况的监督，积极探索构建财政运行全过程动态监管机制。要推进监督关口前移，认真开展部门预算编制审核、重大支出项目审核以及政策调研等工作，强化事前监督。要充分利用财政管理信息系统，实现监督检查信息与业务管理信息共享，做到预算编制、执行和监督各业务主体间信息沟通便捷，逐步实现对部门预算执行情况开展实时分析监控，及时发现并纠正预算执行中存在的问题，强化事中监控。要重视组织开展预算执行情况的监督检查，通过事后检查，研究分析预算执行中存在的问题，以进一步修正完善预算编制和执行工作。

(三)加强重点民生资金的监督检查，促进基本公共服务均等化。各级财政部门要按照促进基本公共服务均等化、完善公共财政体系的要求，重点开展涉及民生资金的监督检查。要围绕“三农”、教育、科技、卫生、就业、社会保障、环境保护、公共安全、企业破产等重点财政资金的分配和使用情况，认真组织专项检查，严肃查处各类违规违纪问题，确保重点民生资金发挥最大效益。

(四)加强财政资金的规范性、安全性和有效性监督，促进完善预算管理体制。各级财政部门要按照因地制宜、循序渐进的工作思路，结合监督检查，选择一些与人民群众切身利益息息相关，同时各方面管理基础较好的专项资金开展绩效监督试点，探索尝试从项目合理性及实现程度、预算执行情况、资金使用合规性和合理性、财务管理状况等方面进行分析考评，促进完善绩效评价监督体系。逐步将绩效评价监督结果作为部门预算编制的重要依据，促进建立以结果为导向的预算管理体制。

(五)加强会计监督，规范财经秩序。各级财政部门要紧紧围绕国家宏观调控的目标和任务，通过每年选取部分重点行业和重点企业开展会计信息质量检查，促进整顿会计财经秩序，规范企业会计核算和信息披露，为国家宏观调控提供真实的基础信息。要进一步强化和完善会计师事务所执业质量检查与企业会计信息质量检查有机结合的模式，充分发挥注册会计师审计的辐射作用，强化政府对注册会计师审计质量的再监督。充分重视会计监督审理工作，切实加大对违规企业和会计师事务所的处理处罚，依法严惩恶劣造假的会计行为。进一步改进检查方式，加强日常监督，并采取统一部署、上下联动等方式开展全面的会计信息质量检查，扩大检查的规模效应和社会影响。

(六)加强内部监督，促进管理水平不断提高。各级财政部门要加快内部监督的制度化和规范化步伐，充分发挥内部监督在健全管理制度、堵塞管理漏洞、保障财政资金安全、保护财政干部等方面的积极作用。内部监督的重点是财政部门业务机构的工作质量，包括是否按照法规政策开展工作，工作程序是否健全有效，财政资金分配使用是否合规合理。要通过“金财工程”统一信息平台，逐步实现监督检查信息与业务管理信息共享，做到预算编制、执行和监督各业务主体间信息沟通便捷，实现网络监控，降低监督成本。要进一步规范检查工作程序，引入责任追究制度，增强内部监督的权威性和威慑力，严格整改制度。省级财政部门要加大对省以下财政部门工作指导力度，推进建立财政系统的内控机制建设。

三、改进财政监督的组织实施

地方财政监督工作要取得成效，关键在于领导重视和狠抓组织实施。各级财政部门要重视加强和改进财政监督的组织实施工作。

(一)明确工作职责。预算编制、执行和监督是财政管理工作的三个方面。财政监督是财政部门内部各业务机构的共同职责，专职监督机构和其他业务机构必须共同发挥监督作用。业务管理机构负责履行财政资金日常监督职责，要配合专职监督机构搞好监督检查，重视将专职监督机构的监督成果运用于管理制度的改进完善之中。财政专职监督机构在财政监督工作方面负有组织协调、督促检查、统一汇总等职责，具体包括：牵头研究设计和制定财政监督的制度办法和工作程序，建立健全“统一计划、统一组织、统一程序、统一复核、统一处理、统一考核”的监督工作机制，形成财政监督整体合力；同时，财政专职监督机构又具有独立开展财政专项监督检查的职能，通过组织开展各项监督检查，发现和反馈财政管理和政策执行中的问题，依法处理处罚各类违规违纪问题；此外，财政专职监督机构对其他业务管理机构履行日常监督管理职责情况还负有再监督职责。

(二)创新方式方法。要注重事前调查审核、事中跟踪监控和事后专项检查相结合，监督审核与政务公开相结合，合规性监督与绩效性监督相结合，加强对财政运行全过程监督。要注重监督实效，坚持将检查与调查相结合，处理问题与分析问题、解决问题相结合，为完善决策、推进改革、加强管理服务。

(三)推进信息化建设。首先要实现信息共享。根据“金财工程”的总体设计，财政业务信息系统要充分考虑监督工作的需求，做到设计上有接口，浏览上有权限，运行上有监控。要积极研究开发监督检查软件，充分运用信息网络技术开展对注册会计师行业执业质量的实时监控和跟踪分析，促进监督检查工作点与面的有机结合。鼓励有条件的地方积极与当地税务、银行、国库等部门联网，逐步实现利用计算机网络技术开展监督检查工作，提升监督信息化水平，提高监督工作效率。

(四)注重沟通协调。在外部关系协调上，要正确处理好与审计、纪检监察、税务、证券监管、金融监管、国有资产管理等相关部门的关系，统筹兼顾监督资源，防止部门职能交叉重复，建立协作配合的工作机制，形成监管合力。在内部关系协调上，要重视发挥财政专职监督机构的作用，注意协调专职监督机构与业务管理机构间的工作关系，建立起相互配合、相互促进、相互制约的监督工作协调机制。通过联席会议等多种形式，及时沟通情况，共同研究解决问题。要注重与当地专员办密切协作，通过适当组织联合检查等多种方式加强合作与交流，共同做好财政监督工作，促进形成整个财政部门内部纵横联动、齐抓共管的监督格局。

（五）加强成果利用。要在加强内外沟通与协调的基础上，切实提高监督检查成效和监督检查成果利用水平，通过计划协商、信息共享、协同执法等多种形式，促使财政执法单位、组织人事部门和纪检监察机构重视和利用财政监督成果，发挥财政监督提升财政管理、确保财政资金和财政干部"两个安全"的保障作用。

四、注重依法监督

（一）加强法制建设。各级财政部门要加快财政监督法制化建设进程，提高财政监督的法律地位，建立健全财政监督制度体系。推动省级人大和政府重视财政监督立法工作，制定出台财政监督条例或监督检查办法。各级财政部门要根据《预算法》、《财政违法行为处罚处分条例》等法律法规的要求，结合本地实际，修订完善财政监督工作程序规范，制定修订财政监管业务工作规章和程序性监管办法，完善规范各类检查文书。

（二）坚持严格执法。首先要规范执法。各级财政部门在实施财政监督过程中，要充分运用法律赋予的职责和手段，依法行政，严格执法，按法定程序检查处理和处罚。其次要严格处理。对查出的重大违规违纪问题要依法严格处理，将处理事与处理人相结合，严格个人责任追究。要研究制定完善案件移送制度，对不属于财政部门职权范围的案件，要及时移送有权机关依法追究责任人员党纪政纪或法律责任。第三要追踪落实。要建立健全财政处理处罚的追踪落实制度，对被查单位执行处理决定情况进行监督检查，督查相关单位认真整改落实，建立健全严格财政监督工作秩序的长效机制。

（三）注重科学监督。各级财政部门要注重依法监督、科学监督，坚持民主决策、科学决策，坚持科学实施、严格实施，要追求以较小的成本（人财物投入）取得较大的监督成效，要追求可量化效果和不可量化效果的有机统一，加强对财政监督成果的绩效评价，注重监督工作效率和效益。

五、加强财政监督机构队伍建设

各级财政部门要适应财政管理的需要，借鉴部分省市的先进做法，逐步增加专职监督机构人员编制，规范监督机构名称。各级财政部门要在干部培养、办公条件、工作经费等方面给予必需的保障。机构建设相对薄弱地区的省级财政部门必须要加强机构队伍建设，各省（区、市）财政部门要加大对各地市和县级财政监督机构队伍建设的指导支持力度。要重视加强财政监督干部的学习和培训，逐步建立一支知识结构合理、业务熟练、政治坚定、政策把握能力较强的财政监督队伍。要注重培养财政监督干部对财政监督工作的责任感和使命感、敬业精神和创新精神，增强干部队伍的凝聚力和创造力。

六、深化财政监督理论研究和信息宣传

（一）加强财政监督理论研究既是财政监督工作的重要内容，也是提高财政监督机构队伍素质的重要手段。各级财政部门要重视财政监督理论研究，认真总结财政监督工作规律，用监督理论指导监督实践。要紧密结合监督检查工作的实际需要，有计划地组织开展重点课题调研，丰富财政监督理论研究成果。要增强调研的针对性和前瞻性，力争出精品，务求得实效。要高度重视调研成果的转化和有效利用，充分挖掘调研成果的价值，提高理论成果的利用率，提升财政监督工作层次。

（二）各级财政部门要通过多种渠道加强财政监督信息宣传，树立财政监督的良好形象。要树立为民监督、透明监督的观念，注重与媒体的沟通，增强对外宣传的主动性，广泛利用报刊、网络等各种媒体渠道发布监督检查信息和查处公告，促进财政监督信息公开；要采取综合性公告与案例性公告相结合、惩处违规违纪行为与树立正面典型相结合的方式，扩大财政监督的社会影响力，为财政监督工作创造一个良好的外部环境；要重视提高信息简报的编写水平，通过多种信息渠道反映财政监督工作成果，交流工作经验，使社会各界了解财政监督，理解财政监督，重视财政监督，支持财政监督。

七、切实加强工作指导

（一）财政部对省级财政部门的指导。财政部从全局的角度统筹规划全国财政监督工作，把握方向，关注重点，因势利导。及时总结和交流推广地方典型经验和好的做法，使之成为全国的普遍做法。对各地一些普遍性的业务需求，通过举办培训、座谈交流、专题研讨等方式予以解决。要采取推动措施，搭建交流平台，促进地方监督机构之间、专员办和地方监督机构之间的业务交流，推进全国财政监督工作均衡发展。按照《预算法》、《会计法》的有关规定，适时组织对下级财政运行质量、预算执行情况的监督检查，在一定范围内开展上下联动或与当地专员办联合进行财政资金专项检查，促进财政监督的协调发展和整体水平的提高。

（二）省级财政部门要加大对下级指导的力度。省级财政部门在整个财政监督体制中处于承上启下、沟通左右的重要位置，应根据财政部关于财政监督工作的总体要求，结合本地情况，有针对性地提出具体的、可操作的指导实施意见。在对下指导过程中，省级财政部门应当在促进工作思路转变、指导机构设置、规范监督行为、强化队伍管理、提高队伍素质等方面发挥主导作用。要充分调动市、县财政部门及其专职监督机构的积极性和创造性，充分发挥他们在推进财政监督工作中的作用。

浙江省财政厅 浙江省国土资源厅转发财政部 国土资源部关于探矿权采矿权有偿取得制度改革有关问题的补充通知

（2008年7月23日 浙财建字〔2008〕98号）

各市、县（市）财政局、国土资源局：

现将财政部、国土资源部《关于探矿权采矿权有偿取得制度改革有关问题的补充通知》（财建〔2008〕22号）转发给你们，并结合我省实际作以下规定，请一并贯彻执行。

一、矿业权价款应委托具有矿业权评估资质的评估机构进行评估，评估结果按有关规定报国土资源部或省国土资源厅备案。

二、省级国土资源管理部门发证的矿业权，探矿权价款在300万元以下(不含300万元)、采矿权价款在100万元以下的(不含100万元)，矿业权人原则上应一次性缴清价款。

三、矿业权人缴纳的资金占用费，除中央按规定提取20%以外，参照浙财建字〔2006〕156号文明确的矿业权价款分成规定，在省、市(本级)、县(市)的分成比例分别为：省级20%、市(本级)或县(市)60% 。宁波市的分成比例为：宁波市80%，宁波市本级与所属各县(市)的分成比例由宁波市自行规定。

四、自发文之日起，非国家出资勘查形成的采矿权出让所得收入，一次性缴纳确有困难的，可参照《财政部 国土资源部 中国人民银行关于探矿权采矿权价款收入管理有关事项的通知》(财建〔2006〕394号)的规定，经采矿权审批登记管理机关批准可分期缴纳，如分期缴纳，参照采矿权价款分期缴纳的规定收取资金占用费。以往出让的采矿权，未明确资金占用费的，不予追溯。

收取的资金占用费参照浙土资发〔2001〕223号文明确的所得分成规定办理分成，省、市(本级)、县(市)的分成比例分别为：省级20%，市(本级)、县(市)80%。

附件：

财政部 国土资源部
关于探矿权采矿权有偿取得制度改革有关问题的补充通知

各省、自治区、直辖市、计划单列市财政厅(局)、国土资源厅(局)：

经国务院批准，山西等8个煤炭主产省开展了深化煤炭资源有偿使用制度改革试点工作。财政部、国土资源部制定了《关于深化探矿权采矿权有偿取得制度改革有关问题的通知》(财建[2006]694号)、《以折股形式缴纳探矿权采矿权价款管理办法(试行)》(财建[2006]695号)等一系列配套政策。上述政策执行过程中，特别是在深化煤炭资源有偿使用制度改革试点过程中，有地方和部门反映，有些政策措施需要进一步明确或细化。为进一步规范和深化矿业权有偿取得制度改革，现就有关问题补充通知如下：

一、关于国家出资勘查并探明矿产地的界定。国家出资勘查并探明矿产地的界定，按照《关于清理国家出资勘查已探明矿产地的通知》(国土资厅发[2000]32号)中对出资范围、勘查程度和矿床规模的规定执行。

二、关于剩余资源储量核实问题。对无偿取得且尚未进行有偿处置的采矿权，剩余资源储量估算的基准日，各省已有规定的从其规定；没有规定的以2006年9月30日为准，按照现行规定进行核实、评审和备案。对由国土资源部登记发证的矿业权，与矿业权有偿处置有关的矿产资源储量评审、备案工作，国土资源部委托省级国土资源管理部门办理。对没有储量核实报告的采矿权，采矿权人可委托具备地质勘查资质的单位补充勘查，达到勘探程度并提交资源储量报告，经评审、备案后，作为采矿权价款评估的依据。对采矿权有偿处置时的资源储量核实，要注意对共伴生资源储量做出评价和估算。

三、关于矿业权价款评估问题。国土资源管理部门会同财政部门要加强对无偿占有(取得)的矿业权有偿处置过程中价款评估的管理。矿业权价款应委托矿业权评估机构评估，评估结果由国土资源管理部门按照有关规定进行备案。评估机构由国土资源管理部门商财政部门统一委托，采取公开、竞争的方式确定。

已转增为国家资本金的矿业权价款，原则上按已转增国家资本金的数额进行处置，不再另行对价款进行评估。矿业权价款已经评估备案但尚未进行有偿处置的，在评估备案的有效期限内，可以按已备案的评估结果缴纳矿业权价款。对由国土资源部登记发证的矿业权，与矿业权有偿处置有关的价款评估、备案工作，国土资源部委托省级国土资源管理部门办理。

四、关于以资金形式分期缴纳矿业权价款问题。国土资源管理部门要加强对分期缴纳矿业权价款的管理，由国土资源部登记发证的矿业权，其探矿权价款在500万元以下、采矿权价款在3000万元以下的，价款原则上一次性缴清；由地方登记发证的矿业权，其探矿权、采矿权价款一次性缴清的标准，由各省根据本省实际情况制定。

分期缴纳价款的矿业权人，应在价款评估备案后两个月内，向国土资源管理部门提交申请和分期缴款方案。国土资源管理部门对分期缴纳价款的期限、金额等进行审核后，发出“缴款通知书”。

分期缴纳价款的矿业权人应按中国人民银行发布的同档次银行贷款基准利率水平承担资金占用费。资金占用费计算基数为本期应缴纳价款的本金，计费期限为延期缴纳的天数，费率按缴款当日同档次银行贷款基准利率确定。对于分期缴纳价款期限内矿业权人提前缴款的，计费期限按实际延期缴纳的天数计算。矿业权人缴纳的资金占用费，参照矿业权价款进行管理，实行中央与地方2:8分成。

国土资源管理部门依据矿业权人的申请、核准的分期缴款方案及本年度缴纳矿业权价款的凭证，办理矿业权的审批登记工作。凡未按核准的分期缴款方案足额缴纳矿业权价款的，一律不得办理登记发证和年检手续。实行分期缴款的探矿权人申请采矿权的，必须在申请划定矿区范围前缴清全部的探矿权价款；实行分期缴款的矿业权人申请转让矿业权的，应当缴清剩余的矿业权价款后才可办理转让手续。

五、关于以折股形式缴纳矿业权价款问题。财政、国土资源管理部门要严格按照权限办理以折股形式缴纳矿业权价款审批事宜。其中：中央财政出资勘查形成的矿业权，按程序报财政部、国土资源部审批；中央财政与地方财政共同出资勘查形成的矿业权，由省级财政、国土资源管理部门在核实中央、地方出资比例的基础上，报财政部、国土资源部审核确认后按程序分别审批；地方财政出资勘查形成的矿业权，按程序报省级财政、国土资源管理部门审批。

财政、国土资源管理部门要加强对以折股形式缴纳价款的矿业权出资情况的核实，具体核实工作可委托具备资质的社会中介机构承担。

六、关于由探矿权转为采矿权后缴纳价款问题。取得国家出资勘查矿产地的探矿权已转为采矿权，既未缴纳探矿权价款，也未缴纳采矿权价款的，采矿权人应缴纳采矿权价款。对本应设置采矿权却设置了探矿权的，应缴纳采矿权价款，已缴纳过探矿权价款的，可从应缴纳的采矿权价款中扣除。

七、关于已转增国家资本金的矿业权价款的处置问题。财政、国土资源管理部门要加强对已转增国家资本金的矿业权价款的清理，严格按照规定进行有偿处置。已转增国家资本金的矿业权价款的清理处置工作，由原批准转增国家资本金的财政、国土资源管理部门负责。

已将价款转增国家资本金的矿业权，经批准转让给新企业的，由原批准转增国家资本金的财政、国土资源管理部门向价款转增国家资本金的股份持有者追缴价款。

八、关于矿业权价款分成问题。矿业权价款收入中央与地方分成的时间界限，是指 2006 年 9 月 1 日以后出让(或有偿处置)的矿业权价款收入，一律实行中央与地方 2:8 分成。

省级财政部门要制定完善省以下矿业权价款收入分成管理办法，地方分成的矿业权价款收入，原则上向资源产地倾斜。

九、关于"资源一次划定、分期分段出让"采矿权问题。对于资源储量大、服务年限长、一次性缴纳采矿权价款确有困难的矿山企业，国土资源管理部门可按照生产规模与资源量相匹配的原则，采取"资源一次划定、分期分段出让"的方式向矿山企业出让采矿权，并按规定收取采矿权价款。具体实施办法由国土资源部另行制定。各省可根据本省实际情况，研究制定具体的实施细则。

十、关于矿业权有偿处置相关费用的列支问题。各级国土资源管理部门在矿业权有偿处置过程中发生的资源储量核实、矿业权价款评估及其他相关费用，由同级财政部门核定，纳入财政预算管理，不得从矿业权价款收入中坐支。

浙江省财政厅 浙江省国家税务局转发财政部 国家税务总局关于城市商业银行和农村合作金融机构财务管理工作的通知

(2008 年 10 月 21 日 浙财外金字〔2008〕50 号)

各市、县(市)财政局、国家税务局(宁波不发)，省级有关金融机构：

根据《国务院办公厅关于印发财政部主要职责内设机构和人员编制的通知》(国办发〔2008〕65 号)精神，城市商业银行和农村合作金融机构财务监督管理职责统一划归财政部门负责。现将财政部、国家税务总局《关于城市商业银行和农村合作金融机构财务管理工作的通知》(财金〔2008〕93 号)转发给你们，请各级国家税务部门和财政部门根据文件精神做好相应衔接工作，确保各项工作的顺利进行。

财政部 国家税务总局关于城市商业银行和农村合作金融机构财务管理工作的通知

各省、自治区、直辖市、计划单列市财政厅(局)、国家税务局、地方税务局，新疆生产建设兵团财务局：

为适应金融业发展和深化金融改革，促进地方金融机构稳健经营，依据《国务院办公厅关于印发财政部主要职责内设机构和人员编制规定的通知》(国办发[2008]65 号)，现将城市商业银行和农村合作金融机构财务管理工作有关事宜通知如下：

一、各级人民政府财政部门(以下简称财政部门)依法指导、管理和监督本级金融企业的财务管理工作。原由税务部门负责的城市商业银行和农村合作金融机构财务监督管理职责统一划归财政部门负责。各级税务部门和财政部门应做好衔接，确保各项相关工作顺利进行。

二、《金融企业财务规则》(财政部令第 42 号)已于 2007 年 1 月 1 日开始施行，各城市商业银行和农村合作金融机构应统一遵照执行。《农村信用合作社财务管理实施办法》(国税发[2000]101 号)与《城市商业银行、城市信用合作社财务管理实施办法》(国家税务总局令第 3 号)废止。

三、各级财政部门应切实履行职责，督促各金融机构认真执行《金融企业财务规则》和其他相关金融财务规定，建立健全财务管理制度，防范财务风险，实现稳健经营和持续发展。

浙江省财政厅浙江省省级政府采购协议定点项目网上采购管理暂行办法

(2008 年 3 月 11 日 浙财采监字〔2008〕9 号)

第一章 总 则

第一条 为规范协议定点项目网上采购行为，进一步提高采购效率，降低采购成本，促进公平竞争，根据《中华人民共和国政府采购法》和《浙江省政府采购协议供货制实施办法(试行)》(浙

供应商应及时从网上向采购单位发起采购合同。

第四章 采购合同与验收支付

第三十四条 采购单位应对供应商网上提交的采购合同进行审核、确认。确认同意后，成交供应商应将电子采购合同从网上打印一式两份并盖章，连同采购的产品和合法销售发票一起，在承诺的供货期内及时送达采购单位指定地点。书面采购合同由采购单位审核盖章后，双方各留一份存档。

第三十五条 采购单位应按规定当场对供应商送达的产品或提供的服务进行验收，并在验收单上签署意见，由验收人员签名后退回供应商备查。验收结束后，系统将自动把电子采购合同备案到"省级政府采购信息管理系统(内网系统)"，并作为支付的凭据。

第三十六条 对采购次数频繁、金额较小，或已经签订其他形式书面合同的项目，可以以采购结算单代替采购合同。供应商应凭双方网上确认的订购单或联系单提供产品或服务，同时将销售发票、验收单和其他形式的书面合同作为结算单附件扫描录入后从网上提交采购单位确认。采购单位确认完成后，系统将自动把结算单备案到"省级政府采购信息管理系统（内网系统）"，并作为支付的凭据。

第三十七条 采购单位应当按约定及时向供应商支付采购资金。其中使用财政性资金的，由采购单位按规定通过"省级财政国库集中支付系统"财政直接支付或财政授权支付至供应商；使用单位其他资金的，由采购单位按规定自行向供应商支付。

第五章 监督管理

第三十八条 验收完成后，采购单位可如实对供应商提供的协议定点项目的价格、质量和服务等情况进行评价，并由系统自动统计为"满意度指数"后在网上实时予以公布。

"满意度指数"评价标准及方法在系统中提示说明，采购单位网上采购完成一次则可评价一次。验收完成后15个工作日内采购单位未评价的，系统将自动取消该次采购评价。

第三十九条 采购结束后，采购单位如发现产品或服务有质量等问题需要供应商提供售后服务的，可从网上向其反映，供应商应及时予以答复或响应。采购单位如对供应商答复或售后服务不满意的，可向省财政厅或省采购中心反映。经省财政厅或省采购中心调查属实的，应按本办法的有关规定做出处理。

第四十条 省财政厅应会同省采购中心和其他有关监督部门对协议定点项目网上采购情况进行监督检查，并对协议定点产品的质量和价格等进行抽查验收。如发现供应商和采购单位有违反本办法规定，或弄虚作假、串通报价、以次充好，以及故意刁难、谋取不正当利益及其他违法违规行为的，将依法严肃处理，并在网上予以曝光。

第四十一条 采购成交结果一经确认，不得随意取消。采购单位或供应商因客观原因确需取消采购成交结果的，经双方协商同意后，可由一方提出，报省采购中心审查、省财政厅审核同意后，可以取消该次采购结果，并按成交金额恢复该项目的网上可用采购预算。如有违规行为的，应追究违规方的违约责任。

第四十二条 每月终了后，系统将根据上月实际成交价格，自动计算各协议定点产品或服务的上月平均成交价格，并在网上予以公布。

当该产品或服务的上月平均成交价格低于网上协议价格一定幅度的，系统将自动把上月平均成交价格替换调整为网上协议价格。

第四十三条 供应商对网上采购活动和采购结果有异议的，可以按规定向省采购中心或采购单位咨询、查问。省采购中心或采购单位应如实予以答复。

第四十四条 协议定点有效期内，供应商有下列情形之一，被系统记录或举报查实的，将作为不良记录记入该供应商诚信档案，同时取消其本期协议定点供应商或供货商资格，并在下一期省本级协议定点项目采购活动中予以扣分。情节严重，依法应予以处罚的，依照《中华人民共和国政府采购法》等有关法律法规进行处罚，并在网上公开曝光：

(一)单品牌竞价采购时，连续15次以上报价没有一次被确认成交的；

(二)单品牌竞价采购时，各个供货商报价完全一致累计在15次以上的；

(三)累计15次以上不响应采购单位发起的网上采购行为的；

(四)逾期确认、发起采购事项，或不按规定签订采购合同累计在10次以上的；

(五)累计3次以上的网上报价高于市场价格；

(六)不按时申报或更新网上协议价格，或按本办法第四十二条规定，网上协议价格被系统自动替换调整3次以上的；

(七)已经网上确认、约定的采购事项无故不执行，或没有按承诺或双方约定提供产品和服务(包括售后服务)累计在3次以上的；

(八)供应商之间相互串通报价或轮流成交的；

(九)提供假冒伪劣产品，或擅自更换配件，降低配置，以次充好的；

(十)在网上夸大宣传，或提供虚假信息的；

(十一)向采购单位或工作人员行贿或提供其他不正当利益的；

(十二)有其他违法、违规行为的；

(十三)累计10个以上采购单位加权平均后的"满意度指数"低于60%的。

"以上"中均含本数。

第四十五条 协议定点供应商被取消资格后，省采购中心可以从参加本期协议定点项目的候选供应商中，按评审得分排序从高到低补选协议定点供应商，并对其投标报价、折扣率、产品型号配置和承诺服务等进行重新审查、商定，报经省财政厅审核同意后予以公布。

协议定点供货商被取消资格的，其授权供应商应按规定重新推荐其他供货商进行补充，经省采购中心审查确认后予以公布。同一品牌累计有2家或2家以上供货商被取消资格的，应同时取消该品牌供应商及其供货商的协议定点资格。

第四十六条 协议定点有效期内，如供应商未发生本办法第四十四条第(五)至(十二)款规定的各种情形，并发生第(一)至(四)款规定的各种情形累计少于5次的，且"满意度指数"超过90%、网上采购成交量较大的，该供应商可直接或优先取得下一期协议定点资格。直接取得协议定点资格不得连续超过3期。

第四十七条 采购单位有违反本办法规定或其他违法违规行为的，省财政厅应责令其纠正或予以通报；拒不纠正的，应依法予以处罚，并按省财政厅、省监察厅《浙江省政府采购行为规范和责任追究暂行办法》追究采购单位及有关责任人员的责任。

第四十八条 本办法自发布之日起实施。

浙江省财政厅 浙江省对外贸易经济合作厅关于印发浙江省开发区建设发展专项资金使用管理办法的通知

（2008年3月20日 浙财企字〔2008〕45号）

各开发区管委会，有关市、县（市、区）财政局、外经贸局（宁波不发）：

为了更好地发挥开发区建设发展专项资金的政策导向和扶持作用，促进我省开发区又好又快发展，我们对原《浙江省开发区建设发展专项资金使用管理办法》进行了修改完善。现将修改后的《浙江省开发区建设发展专项资金使用管理办法》（以下简称《办法》）印发给你们，请遵照执行。执行中如有问题，请及时与省财政厅企业处和省外经贸厅开发区处联系。

2007年度浙江省开发区建设发展专项资金的申报即按《办法》执行，考虑到《办法》经修改后印发时间较晚，2007年度专项资金的申报时间延迟到2008年4月底，各开发区须严格按照《办法》规定的要求，在4月底前将申请报告及各项申报材料报送省财政厅和省外经贸厅，逾期不予受理。

附件：

浙江省开发区建设发展专项资金使用管理办法

第一条 为规范和加强开发区建设发展专项资金（以下简称“专项资金”）的使用管理，提高财政资金使用绩效，更好地发挥专项资金在促进我省开发区全面、协调、可持续发展中的作用，特制定本办法。

第二条 专项资金使用对象

专项资金安排的对象为全省（不含宁波市，下同）国家级开发区和省级经济开发区。

第三条 专项资金使用原则

专项资金安排坚持公平、公开、公正的原则；有利于我省开发区又好又快发展；促进区域经济协调发展。

第四条 专项资金使用方式

专项资金按照突出重点、合理配置、统筹兼顾的原则进行安排，考虑以下四个因素。

（一）导向因素。对符合国家政策导向的项目进行资助，项目范围主要包括：引进对全省发展有重大影响的优质项目；重大基础设施建设项目；为区内企业服务的公共平台项目（如科创中心、检测中心、物流中心等）；节能减排、循环经济、生态化建设和改造项目；优化产业结构、实施“腾笼换鸟”项目等。

（二）激励因素。对开发建设取得较好成绩的开发区给予一定数额的奖励。具体根据年度开发区综合考评结果，对名列前20位的开发区分等级给予不同的奖励。

（三）扶持因素。对经济欠发达地区开发区给予适当的资金支持，以统筹全省开发区建设协调发展。

（四）其他因素。主要指不可预见事项的资金安排，如省政府确定的重点工作任务，重大自然灾害发生后用于灾后重建补助，以及其他需要特殊考虑的因素等。

第五条 专项资金的申请程序

1.专项资金实行年度一次性申报、拨付。

2.各开发区在每年的1月底前，将经开发区所在市、县财政局和设区的市外经贸局审核盖章后的申请报告和相关材料一式两份，分别报送省财政厅和省外经贸厅，逾期或材料不齐的不予受理。

第六条 申报专项资金所需相关材料

1.专项资金申请报告及上一年度开发区工作总结和资金使用绩效评价报告。

2.专项资金项目申请表（表式附后）。

3.申请专项资金补助的项目，要提供中介机构出具的项目投资及资金情况的专项审计报告。专项审计报告由具有一定资质和较大规模，并在最近3年内未受到省注协通报批评和处罚的会计师事务所出具，审计报告中要求对有关情况进行认真审核确认，并对审核依据以及审核程序予以说明，提供相关证明材料。未经审计的项目不予安排专项资金。

4.其他根据年度工作要求提供的材料。

第七条 专项资金审核拨付程序

1.省外经贸厅和省财政厅根据各自职责，对各开发区的申报材料组织进行审核，并按照专项资金管理办法的有关规定，研究确定对开发区的年度专项资金安排。

2.年度专项资金安排名单确定后，由省财政厅会同省外经贸厅联合下达专项补助资金文件。

第八条 专项资金的监督管理和绩效评价

1.各级财政部门收到专项资金安排文件后，应及时将资金核拨给有关开发区，不得截留或挪用，并加强对专项资金使用情况的监督和检查。

2.各开发区收到专项资金后，要按规定使用专项资金，切实发挥专项资金的使用效益。

3.省财政厅和省外经贸厅将委托中介机构对开发区年度考

评上报的各项指标进行抽查审核，对专项资金的申报和资金使用等情况进行监督检查。检查中发现骗取、挪用专项资金的，按《财政违法行为处罚处分条例》(国务院令第472号)有关规定进行处理，追缴全部已拨付的资金，并在5年内取消违规开发区申请专项资金的资格。

第九条 附则

本办法自2007年度起开始实施，原《浙江省开发区建设发展专项资金使用管理办法》(浙财政字〔2005〕85号)同时停止执行。

附：浙江省开发区建设发展专项资金项目申请表(略)

浙江省财政厅
浙江省副食品风险基金管理办法

(2008年4月7日 浙财企字〔2008〕53号)

为了加强浙江省副食品风险基金管理，提高财政资金的使用绩效，进一步促进我省“菜篮子”工程建设，不断满足城乡副食品供应，确保城乡居民食品安全，经研究，特制定本办法。

第一条 浙江省副食品风险基金(以下简称“副食品风险基金”)由省财政预算统筹安排。

第二条 副食品风险基金的使用坚持公开、公正、公平的原则；积极参与市场宏观调控；着力确保城乡副食品供应。

第三条 副食品风险基金的使用范围

1.满足城乡居民副食品供应的“菜篮子”基地建设的补助；

2.直接面向城乡居民的农贸市场建设改造及食品安全监管所需的计量、检测设备购置的补助；

3.畜禽定点屠宰设备及废弃物处理设施改造的补助；

4.与副食品基地建设、供应和安全有关的其他支出。

第四条 副食品风险基金的申请程序

1.市、县符合副食品风险基金使用范围的项目，由相关单位提出申请报所在地市、县财政部门，经市、县财政部门审核后于每年6月底前正式行文上报省财政厅。

2.省级有关单位符合副食品风险基金使用范围的项目，直接向省财政厅提出申请，于每年6月底前正式行文并经主管单位签署意见后报送省财政厅。

3.各市年度申报的项目不得超过两个，县(市)年度申报的项目不得超过一个，逾期或多报的项目均不受理。

第五条 申请副食品风险基金需提供的材料

1.项目申请报告。重点说明项目投资情况、预计经济效益和社会效益；上一年度副食品风险基金的使用情况。

2.项目申请单位营业执照复印件。

3.项目申请单位上一年度经审计的财务报告。

4.其他与项目有关需提供的材料。

第六条 副食品风险基金项目的审核和资金拨付程序

1.对于各地及省级有关单位上报的项目，省财政厅将根据有关规定组织审核，对符合要求的项目给予适当补助，并按照项目单位的财政隶属关系将补助资金下达到有关市、县财政部门和省级有关主管单位。

2.市、县财政部门和省级有关主管单位收到项目补助资金后，应及时将资金拨付到有关项目单位，不得截留或挪用。

第七条 副食品风险基金的监督和管理

1.项目申请单位收到省财政补助资金后，应严格按规定使用，并做好财务会计处理。

2.各市、县财政部门要加强对省财政补助资金使用情况的监督检查，督促项目单位按规定使用资金，确保项目的及时完成，充分发挥财政资金的使用绩效。

3.省财政厅对项目资金的使用情况建立不定期的检查制度，对于发现的擅自改变资金用途或弄虚作假骗取财政资金的单位和个人，将按照《财政违法行为处罚处分条例》等有关法律法规进行查处；对于资金使用绩效不好的单位和所在市、县，将在3年时间内停止申请资金补助的资格。

第八条 本办法自发布之日起开始执行。

浙江省财政厅 浙江省人民政府金融工作领导小组办公室
浙江省人民政府农业和农村工作办公室 中国人民银行杭州中心支行
中国银行业监督管理委员会浙江监管局
浙江省银行业金融机构农业贷款风险补偿暂行办法

(2008年4月22日 浙财外金字〔2008〕12号)

第一章 总 则

第一条 为充分发挥财政资金的使用效益和导向作用，优化农村金融服务环境，鼓励银行业金融机构加大支农信贷力度，缓解“三农”融资困难，促进农民发展生产、自主创业，推动现代农业加快发展和新农村建设，特制定本办法。

第二条 农业贷款风险补偿资金是鼓励、促进银行业金融机构增加农业贷款的政府引导性专项资金。

第三条 本办法所指的农业贷款包括农户农林牧渔业生产

贷款和农村经济组织农林牧渔业贷款。

上述两类贷款不包括享受省小企业贷款风险补偿政策的农村企业贷款。

第四条 由省财政厅、省金融办、省农办、人民银行杭州中心支行、浙江银监局等部门共同参与农业贷款风险补偿资金的管理。省财政厅负责年度专项资金的预算管理、资金拨付和使用监督；人民银行杭州中心支行等部门负责农业贷款新增额的审核工作。

第五条 专项资金的使用应当按照有利于加大支农信贷力度，有利于促进更多的农户和农村经济组织运用金融工具发展生产和自主创新，推进现代农业和农村经济社会发展的原则，确保专项资金规范、高效使用。

第二章　风险补偿资金的来源

第六条 风险补偿资金的来源：

(一)省级财政每年预算安排一定的风险补偿资金；

(二)市、县(市)配套的财政资金。

第七条 市、县(市)财政资金与省实行配套的原则，资金配套比例为4:6，其中经济欠发达市、县(市)和海岛县(市)配套资金由省级财政全额承担。

第三章　风险补偿资金的使用范围和标准

第八条 风险补偿资金主要用于：

(一)银行业金融机构年度新增农业贷款的风险补偿；

(二)银行业金融机构将风险补偿资金列入一般准备。

第九条 风险补偿的标准，以上一年度市、县(市)农业贷款的实际余额为基数，按农业贷款比上年末净增额的一定比例予以风险补偿。

第四章　风险补偿资金的管理和监督

第十条 由市、县(市)财政部门会同当地人民银行等部门联合对辖内银行业金融机构上一年度的新增农业贷款实绩进行核实，并于当年6月底前由当地财政部门会同当地人民银行等部门以正式文件的形式联合上报省财政厅、人民银行杭州中心支行等部门申请补偿资金。

第十一条 省财政厅会同人民银行杭州中心支行等部门对市、县(市)上报的情况进行审核。省财政厅将省级财政风险补偿资金拨付给各地财政部门，再由各地财政部门按照具体的考核办法，连同当地配套的风险补偿资金一并核拨给辖内有关银行业金融机构。

第十二条 各级财政、金融办、农办、人民银行、银监等部门和省级银行业金融机构要加强对风险补偿资金的监督管理，确保资金专款专用。对弄虚作假、挪用等违反本办法规定的，将追究有关单位和责任人的责任，并将已拨付的专项资金全额收回，今后省财政将不再给予该市、县(市)农业贷款风险补偿。

第五章　附　则

第十三条 银行业金融机构农业贷款风险补偿政策先在全省农村合作金融机构进行试点。

第十四条 各地可根据本办法规定，结合当地实际，制定农业贷款风险补偿实施细则，并报省财政厅、省金融办、省农办、人民银行杭州中心支行和浙江银监局备案。

第十五条 本办法由省财政厅、人民银行杭州中心支行负责解释。

浙江省财政厅 浙江省经济贸易委员会
关于印发浙江省关停小火电机组容量费收缴使用管理办法的通知

(2008年5月15日　浙财企字〔2008〕78号)

各市、县(市)财政局、经贸委(经委)，省级有关单位：

为了顺利实施我省"十一五"期间小火电机组关停工作，尽快淘汰落后生产能力，推进电力行业结构调整优化，根据《国务院批转发展改革委、能源办关于加快关停小火电机组若干意见的通知》(国发〔2007〕2号)和《浙江省人民政府关于关停小火电机组的实施意见》(浙政发〔2007〕32号)等文件精神，经报省政府批准，我省将对"十一五"期间关停小火电机组的容量实行省级统筹安排、有偿使用的办法，收取的有偿使用费建立专项资金，专项用于对关停的小火电机组的补助和其他相关支出。为规范小火电容量费征收和使用的管理，我们研究制定了《浙江省关停小火电机组容量费收缴使用管理办法》，现印发给你们，请遵照执行。

浙江省关停小火电机组容量费收缴使用管理办法

为了规范关停小火电机组容量费的征收和使用管理，提高专项资金的使用绩效，确保我省"十一五"期间小火电机组关停工作顺利实施，尽快淘汰落后生产能力，推进电力行业结构调整优化，特研究制定《浙江省关停小火电机组容量费收缴使用管理办法》。

第一条 容量费的征收对象、执收部门及征收标准

(一)电源建设项目的装机容量是国家根据经济发展的需要，由国家统一调配使用的专控指标。

(二)对"上大压小"方式新建电源项目替代的关停机组容量实行有偿使用，即由以"上大压小"方式新建电源项目的业主，在项目按规定批准后按一定数额缴纳使用费。容量费的收取标准为：燃煤机组和并网油机每万千瓦100万元，不并网油机每万千瓦70万元。

(三)容量费属政府非税收入，由省经贸委根据有关规定按程序收取，使用省财政厅监制的非税收入票据，收缴的资金全额上缴省财政专户，实行"收支两条线"管理，列国家资源类政府非税收入科目，并按规定管理使用。收缴容量费过程发生购买票据等相关费用在收取的容量费中开支。

第二条 容量费的使用管理原则

严格执行国家有关法律、行政法规和财务规章制度，有利于加快推进我省电力行业结构调整优化，并坚持科学、规范、效率和专款专用的原则。

第三条 容量费的使用范围

容量费实行“以收定支”、“先收后支”，重点用于“十一五”期间小火电机组关停及今后淘汰落后产能的必要补助，对电力行业标准建设、在线监测和实时监控供热耗煤系统建设，以及必要的培训、宣传等给予适当补助。

第四条 容量费补助标准

对按照我省“十一五”关停小火电机组责任书如期关停的燃煤火电机组、热电机组和并网油机，以及其他主动关停的上述同类机组，按每万千瓦100万元的标准给予补助；对经核查确认拆除的不并网油机按每万千瓦50万元的标准给予补助；对宁波市和中央在浙企业出售的关停小火电机组的容量，待新建项目的有偿使用费收取后予以全额返还。

第五条 申请容量费补助的企业应具备的条件

（一）企业依法注册，关停的小火电机组属于获得有关部门批准（核准）建设的燃煤火电机组、热电机组和列入“十一五”关停责任书的燃油小火电机组。

（二）应关停的小火电机组已停止运行并就地按时拆除，未异地建设，其关停机组的容量经有关部门确认，并用于“上大压小”电源建设项目。

（三）经同级经贸、财政、电力等相关部门联合验收通过，省级有关部门复核，达到关停要求。

第六条 补助资金申报、审核、下达程序

（一）具备规定条件的企业向所在地经贸、财政部门提出补助资金申请报告，并附企业营业执照复印件、上一年度经审计的企业财务报表、小火电机组关停确认书、小火电机组关停协议书（不并网油机除外）、关停机组职工安置方案、所拆除燃煤火电机组和热电机组项目批准（核准）文件、机组关停前后状态和关停过程的影像资料，并如实填写申请表（见附件），以及其他必需提供的资料。

（二）企业所在地经贸、财政、电力等相关部门对企业提出的申请要认真进行审核并现场核查，对于审核无误并验收合格的企业，由当地经贸委、财政局报送市级经贸委、财政局，市经贸委、财政局审核汇总后正式行文报送省经贸委、省财政厅。

（三）省经贸委、省财政厅会同省电力公司等部门对上报的材料进行复核，必要时将组织抽查，并确定补助企业和补助金额，由省财政厅会同省经贸委正式行文将补助资金下达到企业所在地财政局，再由当地财政局拨付到相关企业。省属企业由省财政厅直接拨付专项补助资金。

第七条 监督管理

（一）建立健全专项资金使用绩效跟踪和考评制度，落实部门管理责任和科学决策程序，确保专项资金使用取得实效，加快推进电力行业结构调整。

（二）补助资金必须专款专用，任何单位不得以任何形式、任何理由骗取、截留或挪用专项资金。

（三）严格执行《财政违法行为处罚处分条例》（国务院令第427号），对违反规定或弄虚作假的，要追究有关单位和人员的责任。各级经贸和财政部门应切实加强补助资金的监督管理，发现的问题要及时纠正。

附：浙江省关停小火电企业省级补贴资金申请表（略）

浙江省财政厅
浙江省农村商贸服务体系建设专项资金管理暂行办法

（2008年5月21日 浙财企字〔2008〕89号）

为了加强专项资金的使用管理，提高财政资金使用效益，更好地发挥专项资金的政策导向作用，加快我省农村商贸服务体系建设，健全城乡一体的商品流通网络，规范农村商品流通秩序，提高农村消费水平，确保农村食品安全，根据有关规定，结合我省实际，特制定本办法。

第一条 浙江省农村商贸服务体系建设专项资金（以下简称专项资金）由省财政预算统筹安排，并专项用于全省农村商品流通基础设施建设和升级改造。

第二条 专项资金的使用应以国家和省有关农村商品流通发展的政策为依据，符合我省产业发展规划及区域发展导向，确保专项资金的规范和有效使用。

第三条 专项资金的管理应按照公开、公正、公平、坚持择优扶强、保证重点和适当向欠发达地区倾斜的原则，促进建立以市场为基础、企业为主体、政策为导向的发展机制，进一步增强农村商品流通产业的综合竞争力和为农服务能力。

第四条 专项资金支持对象为在浙江省内（不含宁波）工商部门注册，依法经营、纳税，主要从事农副产品流通的企业和“千镇连锁超市”工程龙头企业。

第五条 专项资金的使用范围

（一）推进农村商品流通现代化。支持“千镇连锁超市”工程龙头企业在农村开设连锁超市，加强配送中心建设和信息化改造，提高商品统一配送率，健全完善农村现代商品流通网络，促进农村消费安全。

（二）促进农产品市场建设改造。支持农产品批发交易市场改造提升，重点支持市场物流配送、冷链系统、检测中心、信息平台、安全监控、废弃物处理、结算管理中心等项目建设。

（三）培育大型农产品流通企业。支持具有竞争优势的农产品流通企业建设生鲜农产品配送中心，改善仓储物流设施，并通过各种有效方式整合资源，做大做强，实行省内跨区域经营。

第六条 专项资金年度支持重点和相关事项，根据国家和省政府发展农村商品流通的总体要求，以及省政府年度工作重点，由省经贸委和省财政厅研究确定，并于每年5月底前由省经贸

委、省财政厅联合下发项目申报通知,布置申报工作。

第七条 专项资金采取贴息和补助相结合的支持方式。对农产品流通企业和农产品批发交易市场基础设施改造以及物流配送、冷藏设施等建设项目,按直接投资额的一定比例给予财政贴息;对农产品批发交易检测中心、信息平台、安全监控、废弃物处理、结算中心等配套设施建设改造和"千镇连锁超市"龙头企业配送中心建设、信息系统建设等项目给予一定数额的补助。

第八条 符合本办法规定的使用原则和使用范围的企业,均可申请专项资金贴息或补助。申请时应提供以下材料:

1. 专项资金申请文件及申请表,申请文件应对项目所产生的绩效情况作出说明;

2. 会计师事务所出具的网点建设、项目实施、投资总额等情况专项审计报告书;

3. 企业营业执照复印件,经过中介机构审计的上一年度财务会计报告;

4. 项目批准或备案文件;

5. 其他要求提供的材料。

第九条 项目申请单位应在每年6月底前向所在地财政、经贸部门上报申请文件和有关材料,其中:县(市、区)属企业上报材料由县(市、区)财政、经贸部门审核并签署意见后,联合上报市财政、经贸部门;市财政、经贸部门对全市上报材料进行统一审核汇总后,于7月底前联合行文上报省财政厅、省经贸委;省属企业上报材料须经省级主管单位审核签署意见并汇总后,于7月底前正式行文报送省财政厅、省经贸委。逾期或材料不齐的将不予受理。

第十条 省经贸委、省财政厅收到各市和省属企业申报材料后,要根据各自职能对材料进行审核,必要时对重点项目进行论证,提出项目安排及补助资金的审核意见,由省财政厅会同省经贸委将专项资金联合下达到市、县(市)财政部门及省级有关部门。

第十一条 市、县(市)财政部门及省级有关部门对于省财政下达的专项资金,应及时、足额拨付到项目申请单位。项目申请单位收到财政部门拨付的资金后,应严格按规定使用,并按现行财务会计制度进行处理。

第十二条 各级财政、经贸部门要加强对项目执行和资金使用情况的监督检查,并逐步建立健全绩效评价制度,切实提高财政资金使用效益。

第十三条 任何部门和单位不得以任何理由截留、挤占和挪用专项资金。对于违反本办法规定使用、骗取财政资金的单位及个人,按照《财政违法行为处罚处分条例》和其他有关法律法规进行查处,并从次年度开始3年内取消该企业专项资金扶持资格。

第十四条 本办法自发布之日起开始执行。

浙江省财政厅 关于加强抗震救灾捐赠款物使用管理的紧急通知

(2008年5月23日 浙财社字〔2008〕68号)

各市、县(市、区)财政局:

自2008年5月12日四川汶川大地震发生以来,我省社会各界纷纷伸出援助之手,支援抗震救灾和灾后恢复重建,截至5月22日12时,全省已累计接收捐款捐物价值20.11亿元。我省各级财政部门也立即行动,弘扬"一方有难、八方支援"精神,采取各种措施全力支援灾区抗震救灾工作。由于本次抗震救灾工作任务艰巨,捐赠款物数额较大,为规范有序地开展援助工作,加强捐赠款物的使用管理,堵塞漏洞,发挥资金使用效益,确保我省各项援助任务的完成,根据省委、省政府和财政部等国家有关部门近期关于支援灾区抗震救灾工作的要求,现就财政部门如何履行职能,切实加强抗震救灾捐赠款物使用管理问题通知如下:

一、提高认识、服从大局,积极投入抗震救灾工作

抗震救灾是当前和今后一段时期的一项十分重要而艰巨的任务。各级财政部门务必站在讲政治的高度,服从大局,把支援地震灾区抗震救灾和灾后恢复重建工作摆上重要议事日程,切实履行职责,积极为党委、政府出谋献策,周密部署,精心组织,加强部门配合,严格监管,发挥救灾款物的使用效益,为夺取抗震救灾的全面胜利作出应有的贡献。

二、主动及时介入、统筹资金管理,发挥捐赠款物的整体效益

一是改善服务,确保接收救灾款项及时准确入账。目前,正值社会各界为地震灾区捐赠款物的高峰期,各级财政部门要为民政部门、慈善总会、红十字会等接收捐款单位及时提供《浙江省公益事业捐赠票据》,必要时可向上级部门调用,确保捐赠款项及时收取。同时,要及时主动与接收捐款单位和相关开户银行协调,解决在接收捐赠工作中的疑难问题,实行特事特办,开辟绿色通道,简化程序,尽可能将接收捐款单位开票、银行收款方式简化为由银行实行开票、收款"一站式服务",为捐款人提供最大程度的捐款便捷。

二是要密切部门联系,关注捐赠款物动态,准确掌握捐赠款物数据,尤其要掌握捐赠资金的收支动态情况,并及时将捐赠统计快报数据与财政专户数据进行核对。对财政专户以外的赈灾捐赠资金的收入、存放、保管以及已经和正在使用的资金等情况,也要全面具体了解和掌握,发现问题及时研究处理。

三是加强捐赠款物的统一管理,统筹使用。为整合资源,发挥各个口子救灾款物的整体效应,按照有关制度规定及省领导指示精神,从即日起,对全省民政部门、红十字会、慈善总会所有募集的支援地震灾区的捐赠款物,要根据灾区的需求和国家下达我省的援助项目计划,及省委、省政府的要求实行全省统一调配,统筹使用。除特殊定向捐赠的款物须根据捐赠者的意愿实行定向捐赠之外,未经省民政部门或省红十字会同意,各地一律不

1. 一类地区市县新建乡镇综合文化站，按照国家和省规定的达标面积，每平方米补助从480元提高到720元。

2. 二类地区市县新建乡镇综合文化站，按照国家和省规定的达标面积，每平方米补助从210元提高到315元。

3. 重建、改扩建项目，按照国家和省规定的达标面积减去原建筑面积予以补助，每平方米补助标准参照本地区新建补助标准执。

4. 2007年12月31日前已开工但未完工的项目，竣工验收后省补助资金50%部分按新补助标准执行。

二、浙江省农村电影专项资金补助标准

1. 一类地区农村电影公益性放映每场补助标准从80元提高到160元。

2. 二类地区农村电影公益性放映每场补助标准从40元提高到80元。

3. 三类地区农村电影公益性放映，根据放映场次任务完成情况，实行以奖代补，奖励标准每场40元。

三、其他事项

1. 新标准从2008年1月1日起执行。

2. 每年5月底前，省财政根据省文化行政主管部门分解的农村电影公益性放映任务，对一、二类地区先下达补助经费的50%。

3. 其他有关规定仍按照原管理办法执行。

浙江省财政厅 浙江省文化厅 浙江省文物局
浙江省博物馆纪念馆免费开放专项资金管理办法

(2008年6月16日　浙财教字〔2008〕105号)

第一条 为加强浙江省博物馆纪念馆免费开放专项资金的管理，提高资金使用效益，结合我省实际情况，特制定本办法。

第二条 专项资金来源

(一)由省财政在预算中安排；

(二)中央财政转移我省的博物馆纪念馆免费开放补助资金。

第三条 专项资金使用范围

(一)县级以上(含县级)免费开放的国有博物馆、纪念馆门票收入减少补助；

(二)县级以上(含县级)免费开放的国有博物馆、纪念馆新增运行经费补助；

(三)免费开放博物馆、纪念馆基本陈列布展和举办临时展览补助。

第四条 门票收入减少补助规定

(一)免费开放的博物馆、纪念馆门票收入减少部分由中央和省级财政补助；

(二)门票收入减少补助额，以2006年2007年中门票收入较高的一年为准核定；

(三)2006年以前已实行免费开放的博物馆、纪念馆的门票收入减少补助额，参照我省同类地区同等规模博物馆、纪念馆的平均水平核定。

第五条 新增运行经费补助规定

(一)因免费开放而新增的运行经费，除中央财政已明确补助20%外，由省和市县财政共同分担，具体负担比例如下：

地区分类	中央财政	省财政	市县财政
一类地区	20%	80%	0
二类地区	20%	60%	20%
三类地区	20%	40%	40%

(二)新增运行经费按照各博物馆、纪念馆2006年度事业支出数(扣除项目支出)的25%计算；

(三)新建博物馆的新增运行经费由省财政厅会同省文化厅、省文物局核定。

第六条 基本陈列布展和临时展览补助范围

全省实行常年免费开放的博物馆、纪念馆。

第七条 基本陈列布展和临时展览补助条件

(一)基本陈列布展

1. 新馆陈列布展的项目总投资额不少于200万元；

2. 旧馆改陈的项目总投资额不少于50万元，上次(轮)基本陈列展览的总展出时间不少于3年；

3. 基本陈列布展要反映当地历史，展览内容丰富、健康。

(二)临时陈列展览

1. 省、市、县级馆展览总投资额分别不少于15万、10万、5万元，展出时间不少于21天；巡回陈列展览总投资额不少于5万元，且巡回展出地点不少于两个；

2. 展览内容丰富、健康，预期社会效益良好，并实行免费开放；

3. 馆内必须有基本陈列的展示内容。

省内博物馆之间临时展览的借展经费省财政不予补助。

第八条 基本陈列布展和临时展览补助原则

(一)效益优先原则。基本陈列布展和临时展览补助项目按照社会效益优先的原则选择。前一年度被评为陈列展览精品项目的单位，安排专项资金时给予适当倾斜。

(二)分级负担原则。市县级馆陈列展览经费以市、县(市、区)财政安排为主，省级财政给予适当补助。

(三)分类补助原则。同类陈列展览经费补助向一、二类地区适当倾斜(地区分类详见附表)。

(四)事先申报原则。陈列展览采用事前申报，即陈列展览前申请专项资金补助，陈列展览举办后不再追补项目经费补助。

第九条 专项资金申报程序和时间

市、县(市)财政局和文化(文物)行政主管部门为专项资金申报单位，于每年12月底前联合向省财政厅、省文化厅、省文物局申报下一年度项目经费(其中2008年度补助经费申报截止时间为7月31日)。

区级博物馆、纪念馆项目由区财政局和文化(文物)主管部门向市级申请,由市级财政局和文化(文物)行政主管部门汇总后,统一向省财政厅、省文化厅、省文物局申报。

第十条 专项资金申报资料

(一)市、县财政局会同文化(文物)行政主管部门申报专项资金的正式文件;

(二)申请补助博物馆、纪念馆的基本情况;

(三)基本陈列布展和临时展览补助项目可行性报告和经费预算。

省级博物馆、纪念馆直接向省财政厅、省文化厅、省文物局申报。

第十一条 专项资金核批程序

(一)门票收入减少补助和新增运行经费补助,由省财政厅根据各地上报情况,商省文化厅、省文物局制定资金分配方案并及时下达补助资金文件。

(二)基本陈列布展和临时展览补助经费,由省财政厅商省文化厅、省文物局于每年5月底前下达。

(三)中央财政补助的基本陈列布展和临时展览补助经费,待中央补助经费下达后另行核拨。

(四)各级财政部门在收到补助资金后,应及时下达到各相关单位。区属单位由市财政局下拨到区财政局,再由区财政局拨付到相关单位。

第十二条 专项资金使用监管

(一)门票收入减少补助和新增运行经费补助纳入单位预算管理,陈列布展和临时展览补助按照项目经费要求管理使用。

(二)中央和省级财政核拨的门票收入减少补助,各单位应按照国家确定免费开放前门票收入的使用范围安排支出。

(三)各级财政部门应将博物馆、纪念馆免费开放所需经费纳入年度预算予以保障。中央和省财政专项资金补助后,不得降低同级财政用于博物馆、纪念馆的正常经费供给水平。

(四)各级财政、文化(文物)行政主管部门履行对专项资金使用的监督管理。省财政厅会同省文化(文物)主管部门对免费开放专项资金使用情况进行不定期检查。

第十三条 有下列情况之一的,视情节轻重,将取消今后两年内享受财政专项资金补助的资格,并按《财政违法行为处罚处分条例》等有关法律法规进行查处。

(一)提供虚假情况骗取专项资金的;

(二)擅自变更补助项目内容的;

(三)截留、挪用、挤占专项资金的;

(四)违反规定向观众出售门票的;

(五)因管理不善,造成专项资金损失的。

第十四条 本办法自印发之日起施行。

附表:浙江省博物馆纪念馆免费开放补助地区分类表(略)

浙江省财政厅 浙江省残疾人联合会 浙江省民政厅 浙江省残疾人共享小康工程省级补助资金管理办法

(2008年6月25日 浙财社字〔2008〕91号)

第一章 总 则

第一条 为规范残疾人共享小康工程省级补助资金的管理,保障资金安全,提高资金使用效益,根据《浙江省人民政府关于实施残疾人共享小康工程的意见》(浙政发〔2008〕29号)及有关法律、法规、规章和财务制度的规定,特制定本办法。

第二条 本办法所称残疾人共享小康工程省级补助资金,是指省级财政预算安排的用于补助各地实施残疾人基本生活保障工程、残疾人康复工程、残疾人托(安)养工程等残疾人共享小康工程的专项资金。

第三条 残疾人共享小康工程省级补助资金按照“统一政策、专款专用、讲求实效”的原则进行管理。

第二章 资金使用范围

第四条 残疾人共享小康工程省级补助资金的使用范围:

(一)残疾人基本生活保障工程省级补助资金,主要用于为符合条件的重度残疾人单独施行最低生活保障所需经费的补助(包括原已列入最低生活保障的补差经费和新增单独施行最低生活保障经费的补助)。

(二)残疾人康复工程省级补助资金,主要用于:

1.为符合条件的白内障患者实施复明手术所需的筛(检)查、耗材、住院、手术治疗等经费的补助;

2.为符合条件的低视力残疾人验配助视器所需的筛(检)查、助视器采购及验配等经费的补助;

3.为符合条件的听障残疾人验配助听器所需的筛(检)查、助听器采购及验配等经费的补助;

4.为符合条件的下肢缺失残疾人安装假肢所需的筛(检)查、材料采购、假肢适配及安装等经费的补助。

(三)残疾人托(安)养工程省级补助资金,主要用于:

1.纳入机构托养的重度残疾人基本生活和基本康复、医疗、护理等费用的补助;

2.纳入日间照料的重度残疾人日间用餐和基本照料等费用的补助;

3.纳入居家安养的重度残疾人基本生活、护理等费用的补助。

第三章 资金补助和管理

第五条 残疾人基本生活保障工程省级补助资金,由各市、县(市、区)财政、民政部门会同残联书面提出申请,省财政在下达省级补助资金时予以单列,具体补助比例、申报要求按现行有关规定执行。

第六条 残疾人康复工程、残疾人托(安)养工程省级补助资金(以下简称康复工程、托养工程省级补助资金)的补助比例:

(一)白内障患者实施复明手术所需经费的补助,由省财政按照浙政发〔2008〕29号文规定的标准予以补助。

方法逐一审核是否补助及补助金额，补助经费必须用于对呈报表所列人民调解员的补助。

第十条 对在指导人民调解工作中做出突出成绩的市、县级司法行政机关的补助，由省财政厅、司法厅根据具体情况确定补助标准，补助经费必须用于指导管理人民调解业务工作。

第十一条 人民调解补助经费由财政部门会同司法行政部门管理。各相关市、县(市、区)财政、司法行政部门应当及时核拨、分配相关补助经费，并制定相应的考核办法和补助经费使用管理实施意见，逐级分别报省、市财政、司法行政部门备案。

第十二条 各相关县(市、区)司法行政部门应当于每年1月30日前向同级财政部门和省、市司法行政部门报送《简易(疑难复杂)纠纷调处情况统计表》(上年数)和上年度人民调解补助经费使用情况有关材料。

编报过程中，要严格审核把关，杜绝弄虚作假、瞒报、虚报。若发现弄虚作假、瞒报、虚报的，一经查实，取消对该县(市、区)下一年度的补助。

第十三条 人民调解补助经费应当专款专用，除对在指导人民调解工作中做出突出成绩的市、县级司法行政机关的补助经费可用于人民调解业务工作外，其余补助资金应全部用于人民调解员调处矛盾纠纷的误工补贴，任何部门、单位和个人不得截留、挤占、挪用和私分。违反本办法规定的，依照《财政违法行为处罚处分条例》及其他法律法规追究相关人员责任。

第十四条 人民调解补助经费的使用和管理，接受同级财政、审计部门的监督。市级司法行政部门应当每年组织对所属各县级司法行政部门人民调解补助经费使用管理情况的专项检查，并向同级财政部门和上级司法行政部门报告检查情况。省财政厅、司法厅也将适时组织相关检查。

第十五条 各市、县(市、区)财政部门应当根据《财政部、司法部关于进一步加强人民调解经费保障的意见》(财行〔2007〕95号)要求和本办法精神，把司法行政机关指导管理人民调解工作经费列入财政预算，并根据当地经济社会发展水平和财力状况，适当安排人民调解委员会补助经费和人民调解员补贴经费。

第十六条 本办法自发布之日起执行。

附：1. 简易(疑难复杂)纠纷调处情况呈报表(略)

2. 重特大纠纷调处情况呈报表(略)

浙江省财政厅 浙江省公安厅
关于进一步完善道路交通违法罚没收入收缴有关问题的通知

(2008年7月20日 浙财综字〔2008〕76号)

各市、县(市、区)财政局、公安局，高速公路交警总队，机场公安局，铁路公安处：

2007年8月，省财政厅、省公安厅联合下发了《关于公安交警罚没收入收缴有关问题的通知》(浙财综字〔2007〕98号)，就道路交通违法罚没收入收缴流程、各相关部门职责等有关问题作出了明确的规定，对指导我省道路交通违法罚没收入收缴改革发挥了重要作用。但是，在通过浙江省政府非税收入征管信息系统(以下简称省非税信息系统)收缴道路交通违法罚没收入的试点运行过程中，也暴露出了一些新的问题。为进一步完善我省道路交通违法罚没收入收缴工作，经研究，现将有关事项补充通知如下：

一、道路交通违法行为处罚中涉及现场收缴的罚没收入，其收缴管理仍按原定的处罚程序和规定执行，由公安交警部门实行集中汇缴。

二、道路交通违法行为处罚中非现场收缴的罚没收入实行罚缴分离制度，由被处罚人直接到各代理银行缴纳罚款。经充分考虑各方面因素，目前暂确定中国建设银行浙江省分行、中国农业银行浙江省分行、中国工商银行浙江省分行、中信银行杭州分行、浙江省农村信用社联社和中国银行浙江省分行为全省道路交通违法行为处罚罚没收入收缴代理银行，各市、县(市)可在其中确定本地的代理银行。

三、为进一步规范道路交通违法罚没收入财政票据的使用和管理行为，决定对非现场收缴的罚没票据使用管理办法作相应调整。将原来由代理银行代开的“浙江省代收罚没款专用票据”改为由公安交警在实施处罚时随同处罚决定书一并开具，作为被处罚人到代理银行缴纳罚款的有效凭证，代理银行收款后须在罚没票据上加盖收讫章，并出具银行收款凭证。调整后的“公安交通管理行政处罚决定书”(以下简称“处罚决定书”)和“浙江省道路交通违法罚没专用收据”(以下简称“罚没专用收据”)详见附件1至附件3。“处罚决定书”分一般程序和简易程序两种格式，其中简易程序又分现场处理和非现场处理两种；“罚没专用收据”类型与“处罚决定书”类型一致，开具时应与“处罚决定书”类型相对应。

道路交通违法罚没票据由省财政厅统一印制，省公安厅交警部门统一向省财政厅领取，下发给各地公安交警部门使用，并负责定期向省财政厅进行票据核销，接受省财政厅监督。

遗失道路交通违法罚没票据的，由作出处罚的交警部门开具证明，当事人持证明到银行缴款，代理银行收款后，在证明上加盖银行收讫章。

道路交通违法罚没滞纳金的收缴亦由代理银行出具收款凭证。

四、各代理银行依据处罚决定书和罚没票据收款后，应实时将收款信息反馈至省非税信息系统，并按照浙财综字〔2007〕98号文件的有关规定进行账目核对、资金清算及资金划解和报表报送。

五、为确保各地资金能及时清分到账，尚未将本级政府非税收入归集账户上报省财政厅的市、县(市、区)，请抓紧在7月25日前按要求上报省财政厅(纸质和电子文档同时报送)。

六、为积极稳妥地推动道路交通违法罚没收入通过省非税信息系统收缴，将继续采取先试点后推广的办法。8月5日～8月15日先行在绍兴市(含所辖县、市、区)小范围试点运行，具体要求为：

1. 各代理银行在每个县(市)确定一个网点使用省非税信息系统开展代收工作；

2. 交警部门必须将当天开具的处罚信息录入到省公安交通管理违法处理信息系统中；

3. 交警部门每天与财政部门进行罚没收入资金核对。

省公安厅、省财政厅和各代理银行省分行等单位的有关技术部门必须重视和大力支持绍兴的试点工作，要派出得力技术人员现场解决系统运行中出现的各种问题；同时，要积极安排机房等后台的服务人员，及时解决网络运行等远程问题。

8月16日～9月16日将在绍兴市小范围试点的基础上，在绍兴市全市范围进一步扩大试点范围，做到各代理银行大多数网点使用省非税信息系统开展代收工作。各相关部门要密切配合，确保省非税信息系统正常运行。在省非税信息系统和省公安交通管理违法处理信息系统试运行工作取得预期成效后，省财政厅和省公安厅将召开全省推广应用大会，适时在全省各地全面推广应用上述两个系统，以进一步加强和规范道路交通违法处罚罚没收入的收缴工作。

附件：

1. 浙江省公安交通管理行政处罚决定书和浙江省道路交通违法罚没专用收据(一般程序)式样(略)

2. 浙江省公安交通管理简易程序行政处罚决定书和浙江省道路交通违法罚没专用收据(非现场)式样(略)

3. 浙江省公安交通管理简易程序行政处罚决定书和浙江省道路交通违法罚没专用收据(现场)式样(略)

浙江省财政厅 浙江省经济贸易委员会
浙江省节能及工业循环经济财政专项资金管理办法

(2008年7月23日 浙财企字〔2008〕134号)

第一条 为了进一步加强节能及工业循环经济财政资金的规范管理和使用监督，提高专项资金的使用绩效，贯彻落实好《国务院关于印发节能减排综合性工作方案的通知》(国发〔2007〕15号)精神，大力推进节能、节水和清洁生产，加快工业循环经济发展，提高资源节约和综合利用水平，实现工业经济与资源、环境的协调发展，根据《中华人民共和国节约能源法》、《中华人民共和国清洁生产促进法》和省政府《关于加强节能降耗工作的通知》(浙政发〔2006〕35号)、《关于全面推行清洁生产的实施意见》(浙政发〔2003〕22号)以及省政府办公厅《关于加快工业循环经济发展的意见》(浙政办发〔2005〕70号)、《关于加强工业节水工作的通知》(浙政办发〔2005〕59号)等文件精神，特制定本办法。

第二条 资金来源

节能及工业循环经济财政专项资金(以下简称专项资金)，每年按照部门预算的要求，由省财政厅统筹安排。

第三条 使用管理原则

严格执行国家有关法律法规和财务规章制度，坚持公开、公正、规范和突出重点、注重实效、择优引导、专款专用的原则。

第四条 支持对象

在浙江省范围内(不含宁波市)工商管理部门登记注册、具有独立法人资格、依法纳税的企业和单位；依法设立的研发机构和相关单位。

第五条 支持范围

1. 支持省政府确定的重点节能工程和节能重点领域的节能改造；支持节能及工业循环经济新技术、新产品和新工艺的研发、推广和应用；支持节能及工业循环经济示范工程的组织实施；支持新能源、替代能源和可再生能源的开发、生产和推广利用；支持节能服务机构建设及节能宣传和培训，以及对节能先进单位的奖励等。

2. 支持工业节水改造，节水新产品的生产与推广应用，先进节水技术、工艺的研发、推广与利用，以及对重大节水项目的补助和节水先进单位的奖励。

3. 支持清洁生产示范项目和服务机构建设，以及清洁生产应用技术推广及宣传和培训等。

4. 支持有资质的能源利用监测机构开展对重点用能单位的监测和绩效评估及工业循环经济体系建设。

5. 其他需要专项资金支持的节能、工业循环经济、工业节水、清洁生产等资源节约及综合利用项目。

6. 同一项目当年省财政其他专项已作安排的不重复安排。

第六条 支持方式

原则上以项目投资贴息和费用补助为主，适当考虑对节能、工业循环经济、清洁生产先进单位的奖励。

第七条 补助、奖励标准

1. 对重点耗能单位采用先进技术、设备、工艺，改造主要耗能设备和工艺，以及研发应用节能节电新技术、新工艺等项目；工业企业采用先进节水工艺、技术和设备，开发废水重复利用技术及利用雨水、污水、海水等非传统水资源，开发、生产和推广低水耗的用水产品等项目；大型公共建筑采用高效制冷(热)、送水和送风技术实施中央空调系统改造的项目，分别按照项目实际投资额的一定比例给予贴息。

2. 对以实现资源减量化循环化为目标的资源开采、工业生产、再生资源回收利用领域及区域生态化建设和改造项目；国家和省鼓励推广的可再生能源和绿色照明示范项目；通过省级有关部门验收的省级清洁生产先进企业示范项目，分别按照项目实际投资额的一定比例给予补助。

3. 对研发机构研究开发节能、节水、清洁生产、资源综合利

浙江省财政厅 浙江省发展和改革委员会 浙江省中心镇培育专项资金管理暂行办法

(2008年8月18日 浙财建字〔2008〕142号)

第一条 根据省委《关于认真实施“创业富民、创新强省”总战略加快推进社会主义新农村建设的若干意见》(浙委〔2008〕25号)和省政府《关于加快推进中心镇培育工程的若干意见》(浙政发〔2007〕13号)等文件精神,省财政建立中心镇培育专项资金,用于引导、支持我省中心镇的培育和发展。为加强财政专项资金的规范管理和监督,充分发挥财政资金使用效益,根据财政有关法律法规的规定,结合我省实际制定本办法。

第二条 省中心镇培育专项资金是指用于支持列入省政府“中心镇培育工程”名单的中心镇发展改革的补助资金。本专项资金以补助的方式,主要用于支持具有示范性、导向性的中心镇培育发展和改革创新项目。

第三条 省财政厅按照部门预算的要求,每年统筹安排省中心镇培育专项资金,并根据审定的项目分配下达专项资金。省发改委会同省财政厅组织专项资金项目的申报、汇审和审定工作。

第四条 省中心镇培育专项资金的安排使用和管理,遵循突出重点、典型示范、讲求效益的原则,并适度向欠发达地区的中心镇倾斜。

第五条 省中心镇培育专项资金的使用范围:

(一)中心镇发展机制创新示范项目。按照产业向园区、人口向社区、土地向规模经营集中的要求,支持中心镇创新发展体制,形成集中集约发展机制,转变发展方式。专项资金重点用于中心镇发展机制创新示范项目和相关公共设施建设的补助。

(二)中心镇综合公共服务平台构建示范项目。支持中心镇整合基本公共服务资源,建设以现代信息技术为依托、行政审批中心为载体,上通县、下联村(户、企业),集政务、商务、社会事务等服务功能为一体的综合公共服务平台。专项资金重点用于综合公共服务平台设施建设的补助。

(三)中心镇人口集聚与社区管理体制创新试点。按照新型城市化和新农村建设的要求,支持和鼓励中心镇开展人口集聚与社区管理体制创新试点。专项资金主要用于中心镇人口集聚区和新社区的公共配套设施建设的补助。

(四)中心镇行政管理体制和执法体制改革试点。支持中心镇探索建立权责一致的中心镇行政管理体制和执法体制,提高对农村的社会管理和公共服务能力。专项资金重点用于中心镇开展行政管理体制和执法体制改革的办公设备、信息化等方面配套设施建设的补助。

(五)外来务工人员集中居住区公共设施建设。支持外来人口比例较高的中心镇建设外来务工人员集中居住区。专项资金重点用于配套建设外来务工人员集中居住区的道路、绿化、垃圾和污水处理等公共设施的补助。

第六条 申报省中心镇培育专项资金的项目,除须符合上述第四、五条的专项资金使用方向和范围外,还应具备下列条件:

(一)符合全省中心镇发展规划确定的方向和重点;

(二)项目具有较好的经济和社会效益,有较强的示范带动作用和自我发展能力;

(三)市、县(市、区)要落实相应的配套政策措施。

第七条 省中心镇培育专项资金应按照以下程序申报和审定:

(一)由省发改委和省财政厅根据全省中心镇发展规划,结合中心镇培育工作实际进展,研究确定年度支持重点,联合下发项目申报通知;各市、县(市、区)发展改革、财政部门按照要求联合组织项目申报。

(二)项目单位应按照本办法的规定和年度申报通知的要求,向县(市、区)发展改革和财政部门提出申请,申请时应提交的材料包括:省中心镇培育专项资金申请报告,项目资金补助申请表,项目设立依据等。

(三)各县(市、区)发展改革和财政部门对项目申请单位报送的材料,按职责分工认真进行审核后,联合上报市级发展改革和财政部门;市发改委和市财政局按照突出重点、公平公正的原则,负责对全市报送项目及材料的汇总、审核和筛选,联合上报省发改委和省财政厅。

(四)省发改委、省财政厅对各地上报的项目及材料,按各自职能进行审核,必要时对重点项目进行论证和实地核查;经综合平衡后,由省发改委和省财政厅联合审定补助项目并下达补助资金。

第八条 各市、县(市、区)应根据财力情况相应建立中心镇培育专项资金。

第九条 省发改委会同省财政厅负责对省中心镇培育专项资金补助项目实施情况和资金使用管理情况进行监督检查;市、县(市、区)发展改革部门会同财政部门负责本行政区域内省中心镇培育专项资金项目的监督和管理,及时协调处理项目实施中的问题,并落实配套资金,确保项目建设进度,充分发挥专项资金的使用效益。

第十条 各市、县(市、区)发展改革和财政部门要对专项资金实行跟踪管理,定期或不定期地对资金使用和项目进展情况进行监督检查,督促项目实施单位加强资金和项目管理。

第十一条 各市、县(市、区)财政部门会同发展改革部门在完成项目竣工验收的基础上,组织实施对财政专项资金支出的绩效评价,并将评价结果报送省财政厅和省发改委。

第十二条 省中心镇培育专项资金必须专款专用,严禁截留、挪用。市、县(市、区)财政部门对于省财政下达的专项资金,应及时、足额拨付到项目单位。项目单位收到财政部门拨付的资金后,应严格按规定使用,并按现行财务会计制度规定进行管理。

第十三条 省中心镇培育专项资金项目在执行过程中因特殊原因需要变更时，需报经省发改委和省财政厅同意。对因故撤销的项目，项目单位应将省补助资金如数退回省财政厅。

第十四条 对于有擅自改变省中心镇培育专项资金用途或弄虚作假骗取省中心镇培育专项资金等违反财经纪律行为，暂停所在地下一年度申请省中心镇培育专项资金资格，取消项目补助的资格，并依照《财政违法行为处罚处分条例》和其他有关法律法规进行查处。

第十五条 本办法自发布之日起施行。

附：浙江省中心镇培育专项补助资金申请表（略）

浙江省财政厅 浙江省发展和改革委员会 浙江省人民政府经济技术协作办公室 关于印发浙江省山海协作专项补助（贴息）资金管理暂行办法和浙江省参与西部大开发专项补助（贴息）资金管理暂行办法的通知

（2008年8月28日　浙财建字〔2008〕144号）

各市、县（市、区）财政局、发改委（局）、协作办（宁波不发），省级有关单位：

2003年以来，我省财政每年安排专项资金对山海协作工程和我省参与西部开发的重点项目给予银行贷款贴息补助，充分体现了省政府对我省企事业单位参与山海协作工程和西部大开发的大力支持，为推进我省产业梯度转移、促进全国和全省区域协调发展发挥了积极作用。

近年来，随着山海协作工程内涵的不断深化和我省参与西部大开发进程的不断加快，支持我省企事业单位参与山海协作工程和西部大开发的重点内容和扶持主体都发生了深刻变化。为充分发挥专项资金的政府推动效应，结合国家实施区域发展总体战略和省委关于扎实开展新一轮山海协作工程的要求，我们对原山海协作工程专项补助资金和参与西部大开发专项补助资金的管理办法进行了修订和完善，研究制定了《浙江省山海协作专项补助（贴息）资金管理暂行办法》（附件1）和《浙江省参与西部大开发专项补助（贴息）资金管理暂行办法》（附件2），现印发给你们，请认真遵照执行。

附件：1. 浙江省山海协作专项补助（贴息）资金管理暂行办法

2. 浙江省参与西部大开发专项补助（贴息）资金管理暂行办法

附件1：

浙江省山海协作专项补助（贴息）资金管理暂行办法

第一条 为认真贯彻落实省委“创业富民、创新强省”总战略和省政府办公厅《关于全面实施山海协作工程的若干意见》（浙政办发〔2003〕54号，以下简称《意见》）精神，管好用好我省山海协作专项资金，根据财政法规的有关规定，特制定本办法。

第二条 山海协作专项补助（贴息）资金是指省财政预算安排用于支持山海协作重点项目和扶持山海协作重点领域建设的资金。

第三条 山海协作专项补助（贴息）资金使用范围：

1. 发达地区企业到欠发达地区投资兴办工业企业、专业市场、原料基地，以及企业兼并重组等，并取得较好经济效益和社会效益的产业合作项目；

2. 发达地区企业到欠发达地区投资兴办农业龙头企业、高效生态农业、生态旅游、农林综合开发等，对当地农民致富有较好带动作用的农村经济项目；

3. 山海协作示范区基础设施建设项目；

4. 各类山海协作实训基地建设项目；

5. 欠发达地区赴义博会“山海协作专区”参展参会项目。

省内欠发达县（市、区）经批准在行政区外设立的扶贫开发区的投资项目，可参照本办法执行。

第四条 补助原则：

1. 符合欠发达地区产业发展规划和当地产业政策，有利于我省产业布局优化和结构调整；

2. 对欠发达地区经济社会发展、群众致富有带动作用；

3. 项目采取好中选优的方式进行选择。

第五条 补助方式。专项补助资金（贴息）采取“先付后补”的方式，即项目单位必须凭贷款银行开具的当年贷款利息支付清单，申请专项资金（贴息）补助；对符合第三条且需要扶持和培育的企业，可给予适当补助；义博会“山海协作专区”经费，先由有关市支付并提供经费支付清单，按程序提出补助申请。

第六条 补助标准。根据财政预算安排的规模和申报项目等实际情况，经综合平衡后确定。最高补助额原则上不超过50万元。

第七条 项目申请。申请专项资金（贴息）补助的单位，按统一要求申报。

1. 各市、县（市）协作部门对申请材料进行初审汇总，经财政、发改、协作三部门共同审核确认后，联合行文上报。

2. 省直属企事业单位申报材料，直接分别报送省协作办、省发改委和省财政厅；省有关部门所属企事业单位的申报材料，由部门初审汇总后报送。

3. 各市、县（市）有关部门申请材料联合上报后，由省协作办汇总初审，经省发改委、省财政厅共同审核确定后，由省财政厅、省发改委、省协作办联合行文下达。

第八条 申请专项补助（贴息）资金应提交以下材料：

1. 浙江省山海协作专项补助（贴息）资金申请表（见附表）；

2. 已正式签署的开发建设项目合同复印件；

3. 已正式签署的银行贷款合同复印件，以及已经支付该项贷款利息的凭证复印件；

4. 补助项目，须提供项目实际投资额凭证和所产生的社会效益情况报告；

5. 已支付义博会“山海协作专区”费用发票复印件；

6. 山海协作示范区、实训基地申请补助的，除按项目要求上报材料外，需上报年度工作情况报告。

第九条 对资金使用情况，省协作办、省发改委、省财政厅将不定期地组织检查或抽查，实施跟踪问效。各级财政部门要加强对资金管理和使用的监督，督促项目单位严格按规定使用资金。受助项目单位要主动接受和配合财政、审计等有关部门的监督检查。申报项目有弄虚作假的，撤销该项补助。违规使用补助资金的，项目单位应限期进行整改，情节严重的，项目所在地财政部门停止拨款或收回，并依据有关法律法规追究有关单位和责任人员的相应责任。

第十条 各市、县（市、区）、省级有关部门应根据《意见》精神和本管理办法，结合实际情况，设立相关专项资金，并制定相应办法，以扩大专项补助（贴息）资金的效能，更广泛地调动社会各方力量参与山海协作工程的积极性。

第十一条 本办法自发文之日起施行，原《浙江省山海协作工程财政贴息资金管理暂行办法》同时废止。

附：浙江省山海协作专项补助（贴息）资金申请表（略）

附件 2：

浙江省参与西部大开发专项补助（贴息）资金管理暂行办法

第一条 为认真贯彻落实省委“创业富民、创新强省”总战略和省政府《关于我省参与西部大开发工作的意见》（浙政发〔2002〕14 号，以下简称《意见》）精神，管好用好我省参与西部大开发专项资金，根据财政法规的有关规定，特制定本办法。

第二条 西部大开发专项补助（贴息）资金是指省财政预算安排的用于支持我省参与西部大开发重点项目银行贷款贴息和扶持参与西部大开发重点领域建设的资金。

第三条 西部大开发专项补助（贴息）资金补助范围：

1. 我省到西部地区投资兴办工业企业、专业市场、资源开发和原料基地建设、浙江港口与西部江海联运，以及企业兼并重组等，并取得较好经济效益和社会效益的产业合作项目；

2. 我省到西部地区投资兴办农业龙头企业、高效生态农业、生态旅游、农林综合开发等，对当地农民致富有较好带动作用的农村经济项目；

3. 我省到西部地区投资兴建浙江（浙商）工业园等具有示范带动作用的项目；

4. 各类科教、人才合作，并对当地和浙江具有较好带动作用的项目。

第四条 补助原则：

1. 申请西部大开发专项补助（贴息）资金的项目，要符合国家西部大开发战略，有利于我省和西部省份优势互补，促进共同发展；

2. 在我省对口地区特别是在发生重大自然灾害的对口地区投资建设，且对当地经济社会发展有明显带动作用的特色产业合作项目及农村经济发展项目优先安排并予以重点支持；

3. 在西部地区投资建设资源能源和粮食基地，且对浙江经济社会发展有突出贡献的项目优先安排并予以重点支持；在其他省份投资建设资源能源和粮食基地，并对浙江经济社会发展有突出贡献的项目，也可参照本办法予以支持；

4. 对有利于推动我省国内引进的项目优先安排并予以重点支持；

5. 对科教、人才类合作项目申请补助的，除按项目要求上报材料外，还须上报项目进展情况报告。无书面报告的不予补助。

第五条 补助方式。专项补助（贴息）资金采取“先付后补”的方式，即项目单位必须凭贷款银行开具的当年贷款利息支付清单，申请专项补助（贴息）资金；对符合第三条且需要扶持和培育的申请项目，可按项目类别进行补助。

第六条 补助标准。专项补助（贴息）资金补助标准，根据财政预算安排专项补助（贴息）资金的规模和申报项目的实际情况，经综合平衡后确定。最高贴息额原则上不超过 50 万元。

第七条 项目申请。申请专项补助（贴息）资金的单位，按统一要求组织申报材料。

1. 各市、县（市、区）财政部门和同级的发改、协作部门共同负责本地区项目资金的申报工作，申报材料经三部门共同审核确认后联合行文逐级上报。

2. 省直属企事业单位申报材料，直接分别报送省协作办、省发改委和省财政厅；省有关部门所属企事业单位的申报材料，由部门初审汇总后报送。

3. 各市、有关部门申请材料联合上报后，由省协作办汇总初审，经省发改委、省财政厅共同审核确定后，由省财政厅、省发改委、省协作办联合行文下达。

第八条 申报专项补助（贴息）资金应提交以下材料：

1. 浙江省参与西部大开发专项补助（贴息）资金申请表（见附表）；

2. 已正式签署的开发建设项目合同复印件；

3. 已正式签署的银行贷款合同复印件，以及已经支付该项贷款利息的凭证复印件。

第九条 各地协作部门要加强对受助项目的跟踪服务，重视做好我省参与西部大开发项目的前期工作，建立西部大开发项目储备库，提高项目选择的科学性和资金使用的综合效益。

第十条 对资金使用情况，省协作办、省发改委、省财政厅将不定期地组织检查或抽查，实施跟踪问效。各级财政部门要加强对资金管理和使用的监督，督促项目单位严格按规定使用资金。受助项目单位要主动接受和配合财政、审计等有关部门的监督检查。申报项目有弄虚作假的，撤销该项补助。违规使用补助资金的，项目单位应限期进行整改，情节严重的，项目所在地财政部门停止拨款或收回，并依据有关法律法规追究有关单位和责任人员的相应责任。

第十一条 各市、县(市、区)、省级有关部门应根据《意见》精神和本管理办法，结合当地实际情况，设立相关专项资金，并制定相应办法，以扩大省专项资金(贴息)的效能，更广泛地调动社会各方力量参与西部大开发的积极性。

第十二条 本办法自发布之日起施行，原《浙江省参与西部大开发财政贴息资金管理暂行办法》同时废止。

附：浙江省参与西部大开发专项补助(贴息)资金申请表(略)

浙江省财政厅 浙江省质量技术监督局
浙江省技术标准战略专项资金管理办法

(2008年9月5日 浙财政字〔2008〕84号)

第一章 总 则

第一条 为推进实施技术标准战略，激励技术标准创新，进一步完善技术标准战略专项资金(以下简称“专项资金”)管理，提高财政资金使用效益，根据《浙江省标准化管理条例》、《浙江省人民政府关于加强标准化工作的若干意见》的规定及财政专项资金管理要求，制定本办法。

第二条 专项资金用于国际标准、国家标准、地方标准研制，承担国际、国家和省标准化组织工作，技术标准馆藏建设，应对技术性贸易壁垒研究，技术标准战略试点示范，标准实施的推进，标准创新贡献奖励等工作的专项补助。

第三条 专项资金由省财政在部门预算中安排。由省财政厅会同省质量技术监督局负责专项资金的管理。

第四条 专项资金的安排使用应遵循公平公正、统筹兼顾、严格管理、讲求绩效的原则。

第二章 专项资金使用的范围、条件和额度

第五条 本省范围内(不含宁波)依法设立的法人单位(企业、科研单位、大专院校、行业协会等)可依照本办法的规定申请专项补助经费。

第六条 申请专项资金补助的项目应具备以下条件之一：

(一)符合浙江的产业政策和发展方向，并有利于促进全省自主创新能力的提高和相关科技成果的标准化、产业化；

(二)拥有自主知识产权，有利于促进知识产权与技术标准的结合，增强浙江的核心竞争力；

(三)有利于促进浙江的产业结构的调整优化和经济社会的全面、协调、可持续发展；

(四)有利于提升浙江产品在国内、国际市场的竞争力；

(五)有利于保护人体健康、促进节能降耗、提高资源循环利用效率、加强环境保护、提升安全生产水平、促进和谐社会建设等；

(六)其他。

第七条 对符合条件的技术标准研制项目的补助额度。

每主导制定一项地方标准，补助额度一般不超过5万元，对技术指标复杂的公益类强制性地方标准补助额度上限可放宽到10万元。

每主导制定一项国家标准，补助额度不超过30万元。

每主导制定一项国际标准，补助额度不超过50万元。

对将具有自主知识产权的科技成果转化为国际、国家标准核心内容的给予最高上限补助额度。

第八条 对承担标准化活动组织、管理项目的补助额度：

承担国际标准化组织专业技术委员会/分技术委员会秘书处或工作组组长工作的单位，一次性给予不超过50万元补助；

承担全国专业标准化技术委员会秘书处工作的单位一次性给予不超过30万元补助，承担分技术委员会秘书处工作的单位一次性给予不超过10万元补助，承担工作组组长工作的单位一次性给予不超过5万元补助；

对承担省级专业标准化技术委员会/分技术委员会秘书处工作的单位，一次性给予不超过5万元补助。

第九条 对列入技术标准战略试点示范项目单位的补助额度：

对经验收合格并取得显著成效的技术标准战略试点示范项目，一次性给予10万至50万元补助。补助经费只能用于项目技术改造、采用国际标准或国外先进标准、制定实施企业联盟标准，以及标准化工作制度建设和人才培养等方面。

第十条 技术标准馆藏建设是指扩充和完善省级标准化研究机构现有馆藏技术标准种类和数量，达到基本涵盖我省主导产业涉及的各类国际标准、国家标准、行业标准、地方标准的要求，并保持动态跟踪和及时更新。经费补助额度根据馆藏建设需要和财力可能确定。

第十一条 应对技术性贸易壁垒研究是指应对国外技术性贸易措施的公益性研究。经费补助额度根据研究需要和财力可能确定。

第十二条 标准实施的推进是指标准化法律法规和强制性标准的宣传贯彻以及对企业执行标准情况的督查。经费补助额度根据标准实施推进的需要和财力可能确定。

第十三条 标准创新奖励是指对将专利和科技成果转化为技术标准或采用国内外先进标准促进产业升级，并取得显著社

第十二条 省财政厅年终将对省级各部门、各单位政府非税收入计划执行情况进行考核。

第十三条 省财政厅对省级单位计划执行情况进行监督。对擅自减免造成收入减少或以非合法方式取得收入的，将按《财政违法行为处罚处分条例》等法律法规进行查处。

第十四条 各部门、各单位应当做好所属单位政府非税收入计划管理工作，建立健全有关管理制度，加强与省财政厅及上下级单位之间管理上的协调与衔接。

第十五条 本办法自发布之日起施行。

浙江省财政厅
关于进一步做好契税征收管理工作的通知

(2008 年 9 月 25 日 浙财农税字〔2008〕14 号)

各市、县(市、区)财政局(宁波不发)：

为规范契税征管秩序，确保契税收入及时足额征收入库，根据《中华人民共和国税收征收管理法》(以下简称《税收征管法》)、《中华人民共和国契税暂行条例》(国务院令第 224 号，以下简称《契税暂行条例》)和《浙江省实施〈中华人民共和国契税暂行条例〉办法》(浙江省人民政府令第 100 号，以下简称省政府 100 号令)和依法征税的要求，现就进一步做好契税征收管理工作通知如下：

一、明确契税纳税义务发生时间和纳税期限。按照《契税暂行条例》和省政府 100 号令的规定，征收机关应当根据当地征管实际，明确界定纳税义务发生时间及纳税申报期限，及时核定纳税人缴纳税款的期限。

二、严格税款征收。纳税人必须在契税征收机关核定的期限内缴纳税款。纳税人未按规定期限缴纳税款的，征收机关除责令限期缴纳外，从滞纳税款之日起，按日加收滞纳金。根据《税收征管法》的规定，经批准延期缴纳税款的，在批准期限内，不加收滞纳金。

凡税款滞纳行为发生在 2001 年 4 月 30 日以前的，按照原《税收征管法》规定，按日加收滞纳税款千分之二的滞纳金；2001 年 5 月 1 日以后发生的，统一按照《税收征管法》规定，按日加收滞纳税款万分之五的滞纳金。

三、依法催缴和追缴。对纳税人未按规定期限缴纳税款的，征收机关要采取公告等方式责令限期缴纳。对纳税人拒不缴纳税款及滞纳金的，征收机关要依法予以追缴，并按《税收征管法》的有关规定进行处罚。

四、按纳税义务发生时间确定适用税率。对契税纳税义务已经发生，尚未申报办理纳税手续的，征收机关对其征税的适用税率按纳税义务发生时间所属时期（主要分为 1997 年 10 月 1 日前、1999 年 8 月 1 日后、2005 年 6 月 1 日后三个时期)的税率规定执行。

《浙江省财政厅关于契税征管若干政策的通知》(浙财农税字〔2004〕11 号)中第八条“关于统一契税税率问题”的规定停止执行。

五、为便于征收管理和税源监控，对纳税人完纳契税手续后的土地、房屋(包括办毕免征和不征手续的)都要发放契证。其中涉及税收减免的，要严格按规定要求办理。

六、加强二手房交易契税征管，积极推行最低计税价管理办法。

各地要积极总结完善近年来契税征管中行之有效的办法和措施，认真查找存在的不足之处，特别是在纳税义务发生时间和限期申报上要采取进一步的措施，切实加强征收管理。

请各地财政局将本通知的贯彻落实情况于年底前上报省财政厅。

浙江省财政厅
关于农业综合开发资金若干投入比例的通知

(2008 年 9 月 25 日 浙财农发字〔2008〕26 号)

各市、县(市、区)财政局、农业综合开发办公室(宁波不发)，省级有关单位：

为进一步完善农业综合开发投入政策，创新开发机制，不断提高农业综合开发水平，根据《财政部关于印发＜农业综合开发资金若干投入比例的规定＞的通知》(财发〔2008〕52 号)精神，结合我省实际，现对农业综合开发资金若干投入比例规定如下：

一、中央和省级财政资金(以下简称省以上财政资金)用于土地治理项目和产业化经营项目的投入比例

省以上财政资金 70%以上用于土地治理项目，30%以下用于产业化经营项目。

二、省财政资金与中央财政资金、省以上财政资金与市、县(市、区)财政资金配套比例

(一) 土地治理项目

1. 省财政资金与中央财政资金的配套比例不低于 1:1。

2. 省以上财政资金与市、县(市、区)财政资金配套比例，根据市、县(市、区)财政收入状况，按 1:0.2、1:0.3、1:0.5 三档标

准确定(详见附件)。

(二) 产业化经营项目

1.省财政资金与中央财政资金配套比例为0.8:1。

2.省以上财政资金与市、县(市、区)财政资金配套比例为0.9:0.1。

市、县(市、区)财政配套资金必须由市、县(市、区)级财政承担,列入年度财政预算,不得用其他财政支农项目资金抵顶。市及所属区的农业综合开发项目财政配套资金具体分担比例,由各市财政局确定。

三、财政资金无偿、有偿投入比例

(一)土地治理项目财政资金100%无偿投入。其中用于农业机械、配套农机具以及苗圃建设等经营性措施的补贴限额,不得超过土地治理项目财政资金的5%。

(二)产业化经营项目财政资金无偿、有偿的投入比例按照项目类型及项目申报、实施主体分别确定:

1.种植业、养殖业项目以及由农民专业合作社申报并实施的产业化经营项目财政资金100%无偿投入。

2.其他农产品加工项目和流通设施建设项目财政资金无偿、有偿投入比例为30:70。

财政资金无偿、有偿投入相结合扶持的产业化经营项目,其无偿资金的使用范围包括:项目可行性研究、初步设计或实施方案所需费用,新品种、新技术的引进、示范及培训所发生的费用,农产品加工项目基地设施、动植物防疫检疫设施、废弃物处理及隔离环保设施、产品质量检测设施以及其他公益性设施建设投入补助等。对财政有偿资金的管理,按照《浙江省农业综合开发财政有偿资金管理实施细则》(浙财农发字〔2008〕14号)的有关规定执行。

四、部门项目的省、市、县(市、区)财政资金配套比例和无偿、有偿投入比例,按项目性质分别执行与上述同类项目相同的比例。

五、本通知从2009年项目开始执行。原《关于农业综合开发地方财政配套资金问题的通知》(浙财农发字〔2003〕18号)同时废止。过去有关规定与本通知不一致的,以本通知为准。

附件:土地治理项目省以上财政资金与市、县(市、区)财政资金配套比例表(略)

浙江省财政厅 浙江省对外贸易经济合作厅
浙江省促进机电和高新技术产品出口专项资金管理办法

(2008年9月28日 浙财企字〔2008〕196号)

第一条 为了规范浙江省促进机电和高新技术产品出口专项资金(以下简称"专项资金")的使用管理,提高财政资金使用绩效,优化出口商品结构,根据国家和省有关规定,制定本办法。

第二条 资金来源

每年由省财政从省级外贸出口发展基金中统筹安排。

第三条 专项资金使用对象

在浙江省内工商行政管理部门注册,具有独立法人资格,依法纳税,拥有外贸进出口经营权的机电和高新技术产品生产经营企业(不含宁波市所属企业)和有关单位。

第四条 专项资金使用管理原则

1.围绕我省机电和高新技术产品进出口工作指导思想和战略目标,加快转变机电产品出口增长方式,提高机电和高新技术产品出口生产企业的国际竞争能力,进一步扩大机电和高新技术产品出口。

2.充分发挥专项资金的扶持、引导和带动作用,择优扶强,重点支持机电和高新技术产品出口企业开拓国际市场及引进国外先进技术和关键设备改造提升传统产业。

3.已享受中央及省其他资金资助的项目一般不重复安排。

第五条 资助或奖励方式

1.支持机电及高新技术产品出口生产企业提高出口商品档次,优化出口商品结构。对机电和高新技术产品出口生产企业的高新技术研究开发项目,给予一定额度的经费资助,对具有自主知识产权的项目给予重点支持。

2.支持机电产品出口生产企业引进国外先进技术和关键设备,为集群经济提供服务。对机电产品行业龙头出口生产企业进口共性检测设备或引进共用软件并为中小企业提供优惠检测和服务的,以及为应对国外技术壁垒而引进的检测设备给予一定额度的经费资助。

3.支持机电和高新技术产品出口企业开拓国际市场,提高国际市场竞争力。对省级有关单位受省外经贸厅委托,组织机电和高新技术产品出口企业参加境内外展览、国际市场推介的展位费和参展样品单趟运输费用给予50%～70%的资助,参加商务部组织的特定贸易展览洽谈会的展位费和运输费用给予全额资助,参加国际市场考察和国际营销人才培训等活动的往返机票以及规定标准的生活费给予一定比例的资助。

4.支持软件出口企业自主研究开发新产品,扩大外贸出口。对软件出口企业参加境内外重点国际软件交易会的展位费、公共布展费给予一定比例的资助,对软件出口企业进行CMMI3级以上(含3级)认证的认证费给予50%的资助,每家企业资助最高不超过30万元;对拥有自主知识产权,年出口额达到100万美元以上的软件出口企业新产品研发的费用给予一定比例的资助。

5.支持机电进出口行业协会发挥作用,加强对机电和高新技术产品出口企业的人才技术培训。对全省性机电进出口行业协会聘请相关专家参加国内外举办的与省内重点产业相关的行业技术论坛,采集国际先进技术信息,并对相关企业进行有关技术信息的转培训等活动的往返机票、规定标准的生活费、差旅费以及培训费给予资助。

6.支持机电产品进出口信息网络平台建设,为出口企业提供服务。对省级机电产品进出口行业协会面向全省机电进出口企业的信息化网络服务平台建设与运行维护等必要的费用给予适当资助。

第六条 专项资金的申请和拨付程序

1. 专项资金实行按年度申请、拨付。符合本通知第五条资助要求的市、县(市)机电和高新技术产品出口企业,在每年 9 月底前报主管财政部门和外经贸部门提出申请,主管财政部门和外经贸部门对申请项目审核无误并签署意见后,在每年 10 月底前联合正式行文报送省财政厅和省外经贸厅;省级单位每年 10 月底前直接向省财政厅和省外经贸厅提出申请,逾期或材料不齐的不予受理。

2. 省外经贸厅负责对申请专项资金资助项目进行全面审核,提出项目资助资金的初步意见。

3. 省财政厅负责对申请资助项目进行审定,并根据年度经省政府批准的资金使用计划,会同省外经贸厅将资助资金及时拨付到省级有关单位和市、县(市)财政部门。

4. 省级有关单位和市、县(市)财政部门收到资助资金后,应及时转拨到项目申请单位,不得截留或挪用。申请企业及有关单位对资助资金应按现行有关制度规定做好财务会计处理。

第七条 申报专项资金所需相关材料

(一)申请机电和高新技术产品(包括软件产品)出口生产企业高新技术研发资助的项目,应提供以下材料:

1. 专项资金申请报告及申请表(表式附后,下同);

2. 研究开发项目可行性研究报告;

3. 具有一定资质的会计师事务所出具的研发项目专项审计报告,审计报告中要求对研发项目的实际投入分年度、分类别予以具体说明,未经审计或者审计说明不清楚的项目不予安排专项资金;

4. 企业法人营业执照副本复印件;

5. 企业上一年度出口的证明材料;

6. 可以说明项目进展情况的技术文件(如技术报告、检测报告、查新报告、鉴定证书、用户使用报告等);

7. 可以说明项目知识产权归属的证明文件(如专利证书、软件著作权登记证书等);

8. 与项目和企业有关的其他材料(如环保证明、认证证书等)。

(二)申请引进检测设备、技术资助的项目,应提供以下材料:

1. 专项资金申请报告及申请表;

2. 企业引进检测设备、共用软件的购货合同、购货发票、海关进口报关单、支付凭证等相关资料的复印件;

3. 企业为中小企业提供优惠检测和服务的有关证明材料;

4. 企业法人营业执照副本复印件;

5. 企业上一年度出口的证明材料。

(三)申请展览、推介资助的项目,应提供以下材料:

1. 专项资金申请报告及申请表;

2. 出国参展报告和团组最终实际出国参展企业和摊位清单;

3. 有关部门对组团单位组团参展的批复文件,参展人员的出国任务批件;

4. 参展人员的护照签证复印件;

5. 组团单位支付的付款凭证、对方开具的发票、摊位确认函或与展方签订的展位合同;

6. 参展企业的银行付款凭证和发票;

7. 参展样品的海关报关单及运输付款凭证和发票;

8. 关于公共布展的相关协议、付款凭证和发票。

申请国内展资助的只需提供上述 1、5、6、8 项材料和组团通知。

(四)申请国际市场考察和国际营销人才培训资助的项目,应提供以下材料:

1. 专项资金申请报告及申请表;

2. 组团单位组团境外考察、培训的批复文件,或出国人员的出国任务批件;

3. 出国考察、培训报告和贸易、考察团组最终实际出国人员清单;

4. 出国人员的签证;

5. 交通费(机票)的银行付款凭证及对方出具的发票。

(五)申请 CMMI 认证资助的项目,应提供以下材料:

1. 专项资金申请报告及申请表;

2. 项目合同、认证证书复印件及中文译本;

3. 项目发票、支付凭证等相关资料的复印件;

4. 企业法人营业执照副本复印件;

5. 企业上一年度出口的证明材料。

(六)申请人才技术信息培训资助的项目,应提供以下材料:

1. 专项资金申请报告及申请表;

2. 专家参加行业技术论坛的邀请函复印件;

3. 企业培训通知和培训材料;

4. 培训参加单位、人员的签到表;

5. 交通、住宿、培训材料费等的银行支付凭证和发票。

(七)申请机电产品进出口信息化网络平台建设资助的项目,应提供以下材料:

1. 专项资金申请报告及申请表;

2. 平台建设的论证和总体规划;

3. 平台建设和运行费用的相关材料(支出凭证、发票以及有关合同复印件);

4. 平台建设情况说明;

5. 为企业提供服务情况及有关证明材料。

第八条 专项资金的跟踪问效和监督管理

为了提高专项资金的使用效益,防止骗取、挪用资金行为的发生,省财政厅和省外经贸厅对专项资金的资助项目将建立检查制度,不定期地对资助项目的资金使用情况进行跟踪抽查,必要时将委托中介机构进行专项检查。

市、县(市)财政和外经贸主管部门要建立对专项资金资助项目的跟踪问效和绩效评价制度,对专项资金资助项目的资金使用情况要进行监督检查,对于发现的违规使用资金的行为,要按《财政违法行为处罚处分条例》(国务院令第 472 号)等有关法律法规进行查处,追缴全部已拨付的资金;对于违规使用资金的企业,取消其申请专项资金资助的资格,并及时将有关情况报送省财政厅和省外经贸厅。

第九条 附则

本办法自 2008 年度开始执行。原省财政厅、省外经贸厅《关于印发浙江省机电产品开拓国际市场专项资金管理办法的通知》(浙财企字〔2005〕163 号)同时停止执行。

附:浙江省促进机电和高新技术产品出口专项资金申请表(略)

浙江省财政厅 中国人民银行杭州中心支行
浙江省省级预算单位公务卡管理办法

(2008 年 10 月 6 日　浙财库字〔2008〕16 号)

第一章　总 则

第一条 为进一步深化省级国库集中支付制度改革，规范省级预算单位财务管理，减少现金支付结算，提高公务支出透明度，加强预算执行监控管理，加快预防和惩治腐败体系的建设，根据《浙江省财政国库管理制度改革方案》(浙政办发〔2005〕71 号)、《银行卡业务管理办法》(银发〔1999〕17 号)、《中央预算单位公务卡管理暂行办法》(财库〔2007〕63 号)等有关规定，制定本办法。

第二条 本办法所称公务卡，是指省级预算单位工作人员(在职在编人员)持有的，主要用于日常公务支出和财务报销业务的贷记卡。

第三条 公务卡以预算单位工作人员个人名义申请开立，工作人员作为持卡人并承担相应法律责任。

第四条 公务卡的发卡行(以下简称发卡行)是指办理国库集中支付业务的代理银行。预算单位在确定的代理银行范围内，原则上选择单位零余额账户开户银行作为本单位公务卡发卡行。预算单位确定代理银行后，要与银行签订代理服务协议，并报财政部门和人民银行当地分支机构备案。

第五条 为保障金融信息安全，加强对公务卡监控和管理，预算单位公务卡统一使用“6”字头的银联标准贷记卡。银联浙江分公司与发卡行确定公务卡 BIN 号编码段，报省财政厅和人民银行杭州中心支行备案。

第六条 公务卡采用全省统一格式、统一标记形式进行发放，各发卡银行应按《浙江省公务卡卡面及标记》(附后)制卡。《浙江省公务卡卡面及标记》电子格式另行下发。

第二章　公务卡的日常管理

第七条 预算单位工作人员在本单位确定的公务卡发卡行范围内，每人申领一张公务卡(有涉密任务除外)。公务卡申领程序为：单位工作人员如实填写公务卡申请表，连同本人身份证复印件及其他相关证明文件一并送交预算单位；预算单位对申请资料进行确认，并由人事部门统一出具证明，送交发卡行；发卡行按规定程序发卡。

第八条 公务卡由预算单位统一组织本单位工作人员向发卡行申办。公务卡申办成功后，经预算单位确认核实，由发卡行将持卡人姓名和卡号等信息传输到省级国库集中支付系统。

第九条 公务卡实行实名制。持有公务卡的工作人员(以下统称持卡人)应当妥善保管公务卡，规范使用公务卡办理公务支出的支付结算业务，并及时向所在单位财务部门申请办理报销手续。持卡人应及时归还公务卡项下银行欠款。预算单位新增工作人员，应及时组织办理公务卡的申领；因离职、调动、退休等原因离开所在单位，应按单位要求清理公务卡项下债权债务，停止公务卡使用。公务卡日常对账由持卡人自行负责，单位财务部门予以协助。

第十条 公务卡的信用额度，由预算单位根据银行卡管理规定和业务需要，与发卡行协商设定。原则上每张公务卡透支额度上限为 5 万元。

第十一条 发卡行可根据持卡人的申请，核实持卡人资信情况后，对其公务卡信用额度进行调整，并及时通知持卡人和持卡人所在单位财务部门。其中，调增信用额度的，须事前商持卡人所在单位财务部门，由预算单位出具书面同意意见交发卡行。

第三章　公务卡支付管理

第十二条 公务卡结算方式是指预算单位工作人员在公务活动中使用公务卡刷卡消费，在规定的期限内按照现行财务制度审核后报销还款的结算方式。

第十三条 公务卡支付的主要范围包括差旅费、招待费、培训费、办公费、小型会议费等。

第十四条 预算单位工作人员在公务支出支付结算时，具备刷卡条件的，应在公务卡授信额度内，使用公务卡刷卡支付，并取得银行卡刷卡凭证和发票等财务报销凭证。

第十五条 特殊情况下公务卡信用额度不能满足支付需要时，持卡人可提前向发卡行申请临时增加授信额度。发卡行按照有关规定对持卡人临时申请予以审批。

第十六条 公务卡公务支出不允许提取现金。对公务卡提现行为，视同个人支付行为，单位财务部门不予报销相关费用。

第四章　公务卡报销程序

第十七条 单位财务部门按照现行财务制度对个人公务卡刷卡消费凭证进行合规性审核，对符合报销条件的予以报销；对不符合报销条件的，不予报销。对不予报销的部分，由持卡人自行偿还。

第十八条 工作人员使用公务卡结算的各项公务支出，必须在规定的免息还款期内(银行记账日至发卡行规定的到期还款日之间的期限)，到本单位财务部门报销，因个人报销不及时造成的罚息等相关费用，由持卡人承担；因持卡人所在单位报销不及时造成的利息等费用，以及由此带来的对个人资信影响等责任，由单位承担。

第十九条 报销人申请办理公务卡结算资金的报销业务时，应当按照单位财务要求填写报销审批单，并附发票和公务卡刷卡凭证等，按照单位原财务报销程序报请审批。

第二十条 财务人员审核通过后，按国库集中支付相关制度通过单位零余额账户将报销资金转到公务卡，完成报销。个人补贴等需现金支付部分可通过单位零余额账户转入个人工资卡。

第二十一条 确因工作需要，持卡人不能在规定的免息还款期内返回单位办理报销手续的，可由持卡人或其所在部门相关人员向单位财务部门提供持卡人姓名(或卡号)、消费时间和每笔消费金额的明细信息，经单位领导同意，财务部门先将报销资金转入公务卡，持卡人回单位后及时办理报销手续，视同原个人借款处理。

第二十二条 因向供应商退货等原因导致已报销资金退回公务卡的，持卡人应及时将资金通过转账方式将资金退回单位零余额账户。持卡人退款的财务审核手续按单位内部财务制度规定执行。

第二十三条 公务卡实施初期，对于特殊情况，经单位财务部门审核同意，工作人员可向单位财务预借现金支付，并按现行财务规定办理报销手续。

第五章 管理职责

第二十四条 省财政厅负责会同中国人民银行杭州中心支行制定公务卡管理的有关制度规定；管理省级预算单位公务卡实施工作，协调工作中有关事宜；组织对预算单位开卡、使用等方面进行考核。

省级机关会计核算中心具体负责组织预算单位公务卡实施工作；根据国库集中支付制度制定相关配套流程和规定，加强财政资金动态监控管理，保证公务卡所有公务消费信息纳入财政动态监控系统管理；做好对预算单位财务人员的业务培训与政策解释工作。

第二十五条 中国人民银行杭州中心支行负责配合省财政厅制定公务卡管理的有关制度规定，共同推进公务卡的实施工作；加强对公务卡有关发卡行和银联浙江分公司的业务指导和监督管理，引导推动发卡行不断加强公务卡应用方面的软、硬件设施建设；组织推进银行卡受理市场建设，为公务卡的推广应用创造良好的环境。

第二十六条 预算单位要在本单位积极推行公务卡结算方式，加强对本单位持卡人宣传、培训工作；选择本单位公务卡发卡行，签订公务卡服务协议；组织本单位工作人员统一办理公务卡；做好本单位公务卡日常管理、报销与清算管理和资金管理，遇单位人员变动时应及时通知发卡行；建立与发卡行及时对账制度，保证资金安全；协助发卡行向本单位有逾期欠款的持卡人催收欠款；配合做好公务卡实施的其他有关工作。

第二十七条 发卡行要加强公务卡发放、管理有关的内控制度建设；按要求完成相关系统改造，以适应公务卡的应用；及时向国库集中支付系统提供公务卡开立、变更、撤销以及支付结算等信息；要按照与预算单位所签订的服务协议，为预算单位工作人员办理公务卡，为公务卡的报销、审核与支付还款提供及时、准确、规范和便捷的服务；要按照本办法规定与预算单位协商设定公务卡信用额度，为持卡人提供公务卡使用、挂失、注销、对账等方面的便捷、优质服务，并及时向持卡人提供公务卡账户资金变动情况和还款提示等重要信息。

第二十八条 持卡人要按规定申请办理公务卡，妥善保管卡片和密码，并承担因个人保管不善等原因引起的公务卡有关费用；执行公务所需支出，原则上应使用公务卡结算和报销，并接受财政部门和所在单位财务部门对公务支出的监控管理；及时归还公务卡项下银行欠款。因离职、退休等原因离开所在单位，应按单位要求清理公务卡项下债权债务，停止公务卡的使用；遵守国家关于银行卡使用管理的法律法规和本办法有关规定，规范使用公务卡。

第二十九条 预算单位和持卡人应当规范使用公务卡。严禁预算单位将非本单位工作人员纳入公务卡管理范围、违规办理公务卡报销业务或查询、泄漏本单位公务卡持卡人的私人交易信息；严禁持卡人违规使用公务卡、恶意透支、拖欠还款、利用公务卡套取现金或将非公务支出用于公务报销；严禁发卡行对外泄漏与公务卡支出有关的各种数据资料。违反规定的，将依法追究单位负责人和直接责任人的责任。

第六章 附 则

第三十条 预算单位临聘人员确因工作需要，经单位领导同意，由单位担保并商发卡行可办理与公务卡相同BIN号个人普通贷记卡；个人普通贷记卡信用额度不得高于3万元；个人普通贷记卡纳入公务卡管理系统，其领用、核销、使用、报销等参照公务卡相关条款执行；为防范风险，预算单位应加强对临聘人员个人普通贷记卡日常管理。

第三十一条 公务卡也可以用于个人支付结算业务，单位不承担私人消费行为引致的一切责任。

第三十二条 预算单位财务部门应根据本办法规定，结合单位财务内部控制规范，制定本单位公务卡报销管理细则，加强财务管理，并认真做好对本单位持卡人的宣传培训等工作。

第三十三条 本办法未尽事宜，有相关规定的，按相关规定执行，没有相关规定的，由省财政厅会同中国人民银行杭州中心支行负责解释。

第三十四条 本办法自印发之日起执行。

附：浙江省公务卡卡面及标记(略)

浙江省财政厅
关于新型农村合作医疗补助资金国库集中
支付管理及会计核算有关事项的通知

(2008年10月6日 浙财库字〔2008〕17号)

各市、县(市、区)财政局(宁波不发)：

为了规范新型农村合作医疗(以下简称新农合)补助资金国库集中支付管理及会计核算，根据《财政部关于印发新型农村合作医疗补助资金国库集中支付管理暂行办法的通知》(财库〔2008〕33号)、《财政部关于新型农村合作医疗补助资金国库集中支付会计核算有关事项的通知》(财库〔2008〕59号)、《财政部卫生部关于印发〈新型农村合作医疗基金财务制度〉的通知》(财社〔2008〕8号)、《财政部关于印发〈财政总预算会计制度〉的通知》(财预字〔1997〕287号)、《财政部关于印发〈社会保障基金财政专户会计核算暂行办法〉的通知》(财社字〔1999〕118号)及财政国库管理制度有关规定,结合我省实际,现对新型农村合作医疗补助资金国库集中支付管理及会计核算有关事项通知如下:

一、国库集中支付

中央新农合补助资金通过省级财政专项转移支付资金零余额账户直接支付到市、县(市、区)财政社保专户;省级新农合补助资金通过国家金库浙江省分库支付到市、县(市、区)国库,市、县(市、区)财政收到省级拨付资金后,应按当地财政国库管理制度规定及时将此项资金直接支付到市、县(市、区)财政社保专户。

二、会计核算

(一)市、县级财政总预算会计核算

1.市、县(市)财政部门收到省财政部门直接支付到本级社会保障基金财政专户(以下简称社保基金财政专户)的新农合中央补助资金,根据本级社保基金财政专户会计转来的加盖印章的社保基金财政专户收款凭证复印件以及"新农合中央补助资金"文件记账,会计分录为:

借:一般预算支出

贷:与上级往来——省财政

年度终了,根据相应的预算文件进行账务处理,会计分录为:

借:与上级往来——省财政

贷:补助收入

2.区财政部门收到省财政部门直接支付到本级社保基金财政专户的新农合中央补助资金,根据本级社保基金财政专户会计转来的加盖印章的社保基金财政专户收款凭证复印件(一式2份)以及"新农合中央补助资金"文件记账,会计分录为:

借:一般预算支出

贷:与上级往来——市财政

年度终了,区财政根据相应的预算文件进行账务处理,会计分录为:

借:与上级往来——市财政

贷:补助收入

同时区财政将其中一份社保基金财政专户收款凭证复印件转给市财政部门,市财政部门根据此凭证以及"新农合中央补助资金"文件进行账务处理,会计分录为:

借:与下级往来——区财政

贷:与上级往来——省财政

年度终了,市财政根据相应的预算文件进行账务处理,会计分录为:

借:与上级往来——省财政

贷:补助收入

借:补助支出

贷:与下级往来——区财政

(二)市、县级社保基金财政专户会计核算

1.新农合补助资金和其他来源的新农合基金纳入社保基金财政专户管理后,社保基金财政专户相应增设"406新型农村合作医疗基金收入"、"506新型农村合作医疗基金支出"、"306新型农村合作医疗基金结余"三个一级会计科目及明细分类账,并按照《财政部关于印发〈社会保障基金财政专户会计核算暂行办法〉的通知》(财社字〔1999〕118号)有关要求进行账务核算。

2."新型农村合作医疗基金收入"科目核算社保基金财政专户收到的参合农民个人缴纳、集体扶持、政府资助筹集的新农合基金收入。该科目按照资金来源设置二级明细科目,包括:农民个人缴费收入、农村医疗救助资助收入、集体扶持收入、财政补贴收入、上级补助收入、下级上解收入、利息收入、其他收入。其中,"农民个人缴费收入"科目核算参合农民按照规定的缴费标准缴纳的资金收入;"农村医疗救助资助收入"科目核算农村医疗救助资金代资助对象缴纳的资金收入;"集体扶持收入"科目核算乡(镇)、村等集体经济组织扶持新农合的资金收入;"财政补贴收入"科目核算财政补助新农合的资金收入;"上级补助收入"科目核算上级社保基金财政专户下拨的新农合基金收入;"下级上解收入"科目核算下级社保基金财政专户上解的新农合基金收入;"利息收入"科目核算新农合基金存入银行所取得的利息收入;"其他收入"科目核算社会组织和个人对新农合的捐赠收入及经财政部门核准的其他收入。

社保基金财政专户收到新农合基金收入时,根据社保基金财政专户代理银行转来的收款凭证记账,会计分录为:

借:银行存款

贷:新型农村合作医疗基金收入——财政补贴收入等

收到上级财政部门转入新农合补助资金,市或县级社保基金财政专户会计须同时将加盖印章的收款凭证复印件交本级财政总预算会计记账。

3."新型农村合作医疗基金支出"科目核算从社保基金财政专户向新农合基金支出户拨付或直接与定点医疗机构结算的新农合基金支出,以及上下级社保基金财政专户之间的补助或上解的新农合基金支出。该科目按照资金的拨付渠道设置二级明细科目,包括:拨付支出户支出、直接结算支出、补助下级支出、上解上级支出。其中,"拨付支出户支出"科目核算向新农合基金支出户拨付参合农民医药费用的补偿支出;"直接结算支出"科目核算直接与定点医疗机构结算参合农民医药费用的补偿支出;"补助下级支出"科目核算向下级社保基金财政专户下拨的新农合基金支出;"上解上级支出"科目核算向上级社保基金财政专户上解的新农合基金支出。

社保基金财政专户拨付新农合基金支出时,根据社保基金财政专户代理银行转来的付款凭证回单进行账务处理,会计分录为:

借:新型农村合作医疗基金支出——拨付支出户支出等

贷:银行存款

4."新型农村合作医疗基金结余"科目核算社保基金财政专户内新农合基金收支相抵后的结余。年终转账时,将"新型农村合作医疗基金收入"、"新型农村合作医疗基金支出"科目余

额分别转入"新型农村合作医疗基金结余"科目,会计分录为:

借:新型农村合作医疗基金收入

贷:新型农村合作医疗基金结余

借:新型农村合作医疗基金结余

贷:新型农村合作医疗基金支出

(三)其他事项

新农合补助资金实行国库集中支付后,省级财政总预算会计、国库支付执行机构会计及其他环节的会计账务处理,参照《财政部关于印发〈农村义务教育经费保障机制改革中央专项资金会计核算暂行办法〉的通知》(财库〔2006〕27 号)执行。

浙江省财政厅 浙江省农业厅 浙江省林业厅 浙江省海洋与渔业局 浙江省现代农业生产发展资金和项目管理实施细则(试行)

(2008 年 10 月 9 日 浙财农字〔2008〕221 号)

第一章 总 则

第一条 为加强和规范现代农业生产发展项目和资金管理,提高资金使用效益,根据财政部《中央财政现代农业生产发展资金使用管理暂行办法》(财农〔2008〕236 号)和我省农业主导产业发展的相关政策,以及财政资金和项目管理的有关规定,特制定本实施细则。

第二条 现代农业生产发展资金主要用于支持各地稳定发展粮油战略产业,加快发展农业主导产业,因地制宜发展新兴产业。各地要以现代农业生产发展资金为引导,深化支农资金整合,统筹安排和整合使用,集中财力办大事,提高财政支持现代农业生产发展的总体投入水平。

第三条 现代农业生产发展资金安排要紧紧围绕全省特色优势农产品区域布局规划、农业主导产业发展重点,推进项目区集中连片、规模化开发,加快培育形成具有较强市场竞争力、产业覆盖面大、对农民增收效果明显的特色优势农业产业带和产业区,不断提高现代农业生产的示范引导效应。

第四条 现代农业生产发展项目资金来源:

(一)中央财政安排我省的现代农业生产发展资金;

(二)省财政安排和整合相关财政支农资金设立的现代农业生产发展资金;

(三)各市、县(市、区)财政安排或整合用于支持现代农业生产发展的支农资金;

(四)项目单位自筹投入资金。

第五条 财政部门主要负责项目资金使用的管理和监督检查;农口有关部门主要负责项目组织实施的管理和监督检查,配合财政部门做好项目资金使用监管。

第二章 扶持范围

第六条 根据现代农业发展总体要求,结合我省实际,现代农业生产发展资金重点支持粮油战略产业和十大主导产业发展,因地制宜发展新兴产业。

(一)粮油产业。重点支持各地建设粮油高产示范方,开展粮油高产创建活动,促进粮油稳定增长和提升木本粮油生产能力。

(二)蔬菜产业。在稳定平原蔬菜的基础上,大力发展山地蔬菜、设施蔬菜和加工出口蔬菜。

(三)茶叶产业。实施"浙江绿茶全球化推广工程",全力打造"浙江绿茶"品牌,着力构建世界绿茶生产、加工、贸易和文化中心,大力发展名优茶、有机茶、珠茶、高山优质绿茶、出口眉茶、加工出口绿茶。

(四)果品产业。重点围绕打造"浙江精品果业",扩大优势水果和珍稀干果规模,提升特色果品竞争力,优化品种结构,建立现代果品种业体系,深化果品贮运与加工技术研究,强化品牌建设,拓展果品市场。

(五)畜牧产业。深入实施畜牧业"西进东扩"发展战略,大力推进规模化、标准化和农牧结合的生态循环型健康养殖方式,在稳步发展生猪和家禽生产的基础上,积极发展奶牛、兔、羊等草食动物,加快发展蜂产业和优质珍稀畜禽养殖业,大力发展畜产品加工和流通业。

(六)水产养殖产业。淡水养殖产业,重点围绕杭嘉湖绍内陆精品设施渔业和山区生态有机渔业发展,加快现代产业化示范基地建设,推进标准鱼塘建设,推行标准化生产,加强良种选育和繁育基地建设,发展南美白对虾、甲鱼、珍珠等产品精深加工;海水养殖产业,加快培育蟹类、虾类、鱼类、贝类等特色主导品种,优化养殖品种结构,发展鱼虾贝藻生态养殖,加快养殖塘标准化改造,发展现代设施养殖,推进规模化生产,发展精深加工和流通业。

(七)竹木产业。加快竹子现代示范区建设和珍稀木材、大径材战略资源培育,着力强化低产低效林分改造,加强速生树种选育,加大中幼林抚育力度,加快工业原料林基地定向培育,发展竹木加工业。

(八)花卉苗木产业。适度控制规模,优化种植结构,加强新品种研发和引繁,加强种质资源库建设,培育特色品种,发展包括高山花卉、海岛花卉的特色花卉基地。

(九)蚕桑产业。重点围绕打造"优质茧生产基地"的要求,实施"蚕桑西进工程",优化改造桑园,调整产区布局,提高科技含量,促进产业持续发展,增加经济效益。

(十)食用菌产业。重点在稳定香菇等木腐类食用菌生产的基础上,加快珍稀类和草腐类食用菌开发,优化品种结构,实施菌种产业提升工程,加快发展循环经济型生产模式和集约化、专业化生产。

(十一)中药材产业。重点以"安全、稳定、有效、可控"为目标,继续实施"中药材 121"工程,建成以"浙八味"为主的道地药材原料专业化产区和以珍稀中药为原料的特色中药材产区。

第七条 按照规划导向、政府引导、集中财力、突出扶持重点的原则,中央财政现代农业生产发展资金每年重点扶持 1-2 个产业发展。省级财政支持现代农业生产发展资金,根据我省年度现代农业产业发展重点和区域产业带建设布局进行扶持。

第八条 根据各年度确定的扶持产业，按照我省主导产业的发展目标方向、优势区域和布局规划，及各地资源优势和农业功能分区，确定各年度现代农业生产发展资金的重点扶持区域。

第三章 支持对象、环节和方式

第九条 现代农业生产发展资金的重点支持对象为：农民专业合作组织、专业大户、农业龙头企业和农业生产经营规模组织等农业新型主体，以及开展农技推广应用的农技推广机构。

第十条 围绕我省现代农业产业体系及强县强镇（乡）建设，现代农业生产发展资金重点支持以下关键环节：

（一）优势特色农产品基地建设。重点支持农田质量、田间水利等基础设施建设，加强农林生产和畜牧水产养殖条件改善、标准化生产示范基地、设施农业、农牧结合生态养殖场（小区）和良种（苗）繁育基地、育苗设施等建设，配套农业机械物质装备，提高基地土地产出率、资源利用率。

（二）规模化标准化生产。重点支持集中连片开发和改造提升，标准化生产、规模化经营和产业化建设，大力推行高效、生态、安全、清洁生产模式，完善农产品质量标准体系、安全检测检验体系和产地农产品营销体系建设，严格执行标准化生产规程，加强农户组织化建设，引导带动农户推广应用标准化生产技术，有效提升农产品质量。

（三）先进实用技术推广应用。重点支持新品种引繁推、新技术开发引进、主导产业主推品种和主推技术推广应用，及节水节肥节药、先进耕作、健康生态养殖、无公害生产、无害化动植物疫病防治、多样化增效、种养结合、节能减排和循环利用、农业信息化等技术推广应用，培训技术骨干、科技示范户和农户，提高技术应用覆盖率和入户率。

（四）农产品加工。支持农民专业合作组织、农业龙头企业、专业大户和农业生产经营规模组织等引进推广新品种新技术，建立与农民建立稳定产销协作、实行“订单”及“二次返利”的农产品原料基地，及农产品产地加工、储藏、保鲜、冷藏等设施建设及原料收购，产品质量检测仪器设备配置等。

第十一条 按照突出扶持重点、提高政策针对性和有效性的要求，各地申报的现代农业发展资金项目重点支持环节原则上不得超过两项，杜绝“撒胡椒面、平均用力、分散投入”的行为，严禁搞形象工程。

第十二条 现代农业生产发展资金以无偿补助支持方式为主，其中农产品加工环节采取贷款贴息的支持方式，同时要积极探索“以奖代补”、“先建后补”等扶持方式。

第四章 资金使用范围

第十三条 现代农业生产发展资金主要用于：

（一）基础设施建设：项目区作业道、蓄水灌溉、田间水利、鱼塘改造、标准化养殖畜禽舍等；

（二）设备购置：大棚、滴喷灌设施、农业机械、增氧设施等专用生产及养殖设备和质量安全检测检验仪器设备购置；

（三）技术推广：良种引进、繁育，品种优化改良，先进实用技术和高效生产模式推广应用；

（四）贷款贴息：农（林、水）产品加工、储藏、保鲜等设施建设和加工原料收购的贷款利息补贴。

第十四条 现代农业生产发展资金严禁用于平衡预算、偿还债务、改造办公场所、基层事业场站服务场所建设、培训场所建设、购置办公车辆、通讯器材及发放人员工资补贴等与主导产业发展无关的支出。

第五章 项目申报和立项

第十五条 现代农业生产发展资金分为中央立项和省级立项的现代农业生产发展资金。

第十六条 中央现代农业生产发展资金的申报立项程序：

（一）根据中央关于现代农业生产发展项目申报的有关规定和我省年度重点扶持产业，省财政厅会同省级农口有关部门下发年度现代农业生产发展资金项目立项指南。项目立项指南重点明确项目建设目标、扶持重点、支持环节、项目实施区域及项目选择要求等。同时，遵循科学合理、公正规范的原则，以各地产业发展状况、产业发展面积及产值等因素为依据，将当年现代农业生产发展项目补助资金控制指标下达各地。

（二）各地财政部门会同农口有关部门，根据省里下发的立项指南和资金控制指标，结合当地主导产业发展目标和总体规划，选择重点支持环节，编写产业发展项目实施方案，联合上报省财政厅和省级农口有关部门。

（三）实施方案内容包括产业发展状况、项目建设内容、资金投入概算（总投入、申请省及省以上补助资金、地方财政投入、建设单位自筹）、省及省以上补助资金重点扶持环节和使用范围、支农资金整合方案、组织保障措施和项目预期效益等。其中支农资金整合方案要明确整合支农资金的渠道、具体名称和数额。

（四）省财政厅会同省级农口有关部门，对各地上报的项目实施方案组织审查，综合各地申报项目建设内容和规模、基础条件及当地财力状况等因素，核定项目投资规模、省及省以上补助资金方案，并将项目实施计划和省及省以上补助资金下达各地。

第十七条 省级现代农业生产发展资金的申报立项程序：

（一）按照我省战略产业和农业主导产业发展规划，省级农口部门会同省财政厅提出年度产业发展计划，并相应提出各主导产业年度重点建设项目区、建设计划、建设目标和补助资金控制指标，发布《农业生产发展类项目立项指南》和项目申报《标准文本》。

（二）各地按照省里下发的项目立项指南规定和补助资金控制指标，将产业发展项目以《标准文本》的格式，由农口部门会同财政部门联合上报省级农口有关部门和省财政厅，项目申报《标准文本》中要明确项目概况、可行性分析、主要建设内容、财政资金支持环节和使用范围及绩效评价指标等。

（三）各地申报的项目经省级农口有关部门会同省财政厅审核，综合各地申报情况、产业发展、基础条件、当地财力状况等，提出项目投资规模、省补助资金方案和项目实施方案等审核意见，由省财政厅汇总并提出资金整合方案，上报省财政支农资金整合协调领导小组审查，确定一批扶持市县的综合性现代农业生产发展项目，并报省政府分管领导审定。省级农口部门会同省财政厅将审定后的项目实施计划下达各地，省财政厅按照审定的建设内容和项目采取“集中捆绑”下达项目资金。

第十八条 各地要规范资金补助标准，按照“有指标、能考核”的要求，明确现代农业生产发展资金项目各项支持内容的具体面积(数量)及补助标准。

第十九条 现代农业生产发展资金要实行公示制度,阳光操作,规范管理。积极利用农民信箱等媒体进行公开,接受公众监督。

第六章 项目实施管理

第二十条 项目所在地县级农口有关部门要明确职责,落实措施和内部责任制度。落实项目实施监管负责人,对项目建设进度、质量等全面负责,加强项目实施的检查指导和监管。各有关部门要密切协作配合,合力抓好项目建设。

第二十一条 各地财政部门、农口有关部门要积极推行项目招投标制度,落实政府采购制度的有关规定,确保项目资金使用的公开、公平、透明。

第二十二条 各地必须严格按照省下达的项目计划组织实施,项目建设资金按渠道必须落实到位,省及省以上补助资金必须用于规定建设内容,不得擅自调整项目建设计划和资金使用方案。如确需调整,必须按原申报程序报批。

第二十三条 各项目实施单位要建立项目档案,定期向当地财政部门和农口有关部门报送项目建设和资金使用情况,按时完成各项建设任务。当地财政部门和农口有关部门要定期将项目实施情况上报省财政厅和省级农口有关部门,并及时报送项目实施和管理中的典型经验和做法。

第二十四条 现代农业生产发展项目建设计划下达后,一年内未启动项目实施的,取消该项目立项资格,收回财政补助资金,并暂停下年度项目立项安排。未按规定期限完成项目建设任务的,需提出书面延期申请报省财政厅、省级农口主管部门审批,并暂停下年度项目立项安排。

第七章 资金使用的监管

第二十五条 各地财政部门要按项目建设进度及时拨付项目资金,保证项目顺利实施。积极推行项目资金国库集中支付和县级财政报账制。各地财政部门、农口有关部门和项目实施单位要切实加强资金使用监管,健全财务核算制度,规范管理,确保专款专用,积极配合有关部门做好审计、稽查等工作。

第二十六条 根据中央和省财政支持现代农业生产发展资金绩效考评的规定和要求,省里将建立项目资金绩效考评制度,对上一年度项目的实施和资金的使用等情况进行绩效考评。在项目实施完成后一个月内,各地财政部门、农口有关部门要及时做好项目的检查验收和绩效考评工作,将项目总结、验收和绩效评价报告等报送省财政厅和省级农口有关部门,省里将适时组织重点抽查。绩效考评结果将作为下一年度项目立项和资金分配的重要因素。

第二十七条 各地财政部门要积极会同农口有关部门,对现代农业生产发展资金使用管理情况进行监督检查,省里将进行不定期检查和重点抽查。任何单位和个人不得以任何名义挤占、挪用、骗取、滞留财政补助资金。对不按规定建设内容使用资金的,财政部门要停拨资金,并责令整改,对拒不整改的收回财政补助资金。对违规、违纪行为,按照《财政违法行为处罚处分条例》等有关法律法规,追究相关单位和个人的法律责任。

第八章 附 则

第二十八条 各地要根据本实施细则,结合本地实际,制定现代农业生产发展资金的具体管理规定。

第二十九条 本实施细则自发布之日起实施。

附:省级现代农业生产发展资金项目申报标准文本(略)

浙江省财政厅
浙江省财政地税系统建立健全惩治和预防腐败体系2008~2012年实施细则

(2008年10月17日 浙财党〔2008〕30号)

第一章 总 则

第一条 为了全面贯彻党的十七大和省第十二次党代会精神,认真落实省委《浙江省建立健全惩治和预防腐败体系2008～2012年实施办法》,进一步推进全省财政地税系统惩防体系建设,特制订本实施细则。

第二条 财政地税系统惩治和预防腐败体系2008～2012年建设工作的总体要求是:坚持围绕财税中心工作,服务财税工作大局,推动反腐倡廉建设各项工作的落实;坚持深化财税改革、创新财税制度,加大从源头上治理腐败工作的力度;坚持惩防并举,注重预防,把反腐倡廉建设贯穿于财税工作大局之中,贯穿于财税法规政策制定、财税体制机制制度建设和改革的总体设计之中,贯穿于财税权力运行的全过程之中,在查办案件的同时,致力于从机制上预防腐败的发生;坚持突出重点,统筹推进,以腐败现象易发多发的重要岗位和关键环节为重点,以规范和制约权力为核心,从教育、制度、监督、惩处、作风、改革等方面整体推进惩防体系建设。

第三条 财政地税系统惩治和预防腐败体系2008～2012年建设工作的目标是:在目前初步建立惩防体系基本框架的基础上,再用近五年时间,构建起比较完善的、具有财政地税系统特色的惩治和预防腐败体系,使广大党员领导干部廉洁自律的意识进一步增强,权力运行机制进一步规范,行业风气进一步好转,预防和治理腐败各项工作取得显著成效。

第二章 建立和健全反腐倡廉教育机制

第四条 坚持以"三个代表"重要思想和科学发展观统领党风廉政教育工作,把党风廉政教育纳入各级党委(党组)党建和宣传教育工作的总体部署,统一规划,统一要求,推动党风廉政教育制度化、规范化。

第五条 党风廉政教育要坚持"以人为本",贴近实际,"关口”前移。积极探索党风廉政宣传教育的新路子、新方法，切实增强教育的前瞻性、及时性、针对性和实效性，提高教育的吸引力、感染力和渗透力，充分发挥党风廉政教育的基础性作用。

第六条 建立健全党风廉政教育协调机制。在各级党委（党组）的统一指导下，由直属机关党委（总支）、纪检监察、人事教育、法制等部门组成党风廉政教育联席会议，每季度召开一次会议，分析形势、布置任务、协调工作。

第七条 把党风廉政教育融入各级党委（党组）理论学习中心组的学习计划，党员领导干部要定期上党风廉政教育课，不断提高廉洁从政的意识。

第八条 突出党风廉政教育的针对性，在教育对象上以党员领导干部和涉及审批权限、资金管理和拨付的岗位、人员为重点，经常性地开展遵纪守法教育，及时提出纪律要求。

第九条 准确把握党风廉政教育的时机，针对腐败现象易发多发的重点时期，如元旦、春节、“五一”、“十一”等重大节假日及干部职务变动、个人重大事项等，采取多种形式开展教育，早打招呼，早提醒，做到未雨绸缪，防患于未然。

第十条 积极拓展党风廉政教育的新领域，充分利用网上党风廉政教育园地、廉政刊物、廉政短信等形式，推动党风廉政教育资源共享；大胆探索党风廉政教育的新载体，发挥廉政谈话等个性化的教育载体的作用，凸显教育的层次性，使教育入耳、入脑、入心。

第十一条 丰富党风廉政教育的内容，运用廉洁奉公、勤政为民的先进典型，开展正面示范教育，采取案例剖析、现身说法和观看电教片等形式，进行反面警示教育。

第十二条 深入开展理想信念教育。认真学习中国特色社会主义理论体系，深入学习实践科学发展观，引导和教育各级领导干部牢固树立正确的世界观、人生观、价值观、权力观、地位观、利益观和社会主义荣辱观。坚持立党为公、执政为民的工作理念，不断增强全心全意为人民服务的公仆意识。

第十三条 加强党纪条规教育。认真学习党章等党内法规和国家法律法规，加强党性修养和从政道德修养，增强法制观念，打牢廉洁从政的思想政治基础。

第十四条 加强廉洁从政和廉洁自律教育。以“四大纪律八项要求”、领导干部廉洁从政若干准则为重点，开展领导干部廉洁从政教育，强化慎独、慎微、慎欲、慎权意识，引导和教育领导干部自觉遵守廉洁自律各项规定。

第十五条 加强职业道德教育，增强爱岗敬业的精神，培育党员干部良好的职业道德。

第十六条 加强依法行政教育，组织党员干部学习法律法规，有计划地开展干部普法集中教育，增强依法行政的观念和能力。

第十七条 积极培育财税文化。建设和谐进步的精神文化、科学规范的管理文化、公平公正的行为文化、廉洁高效的廉政文化和功能完善的物态文化。

第十八条 加强财税精神和执业意识教育。教育财税干部念好“实、稳、优”三字诀，坚持“实”字，对党要忠实，做人要诚实，做事要扎实；坚持“稳”字，财源基础要稳固，收支要稳定，措施要稳健；坚持“优”字，思想要优，素质要优，作风要优，业绩要优。培育财税干部牢固树立政治意识、经济意识、法治意识、创新意识、服务意识和风险意识六种意识。

第十九条 通过各种形式的教育，着力培育财税干部“依法治税、为民理财、务实创新、廉洁高效”的核心价值观，增强团队战斗力。

第三章 建立健全反腐倡廉法规制度和内控机制

第二十条 完善反腐倡廉建设领导体制和工作机制。认真落实党风廉政建设责任制，建立和完善党委（党组）统一领导，“一把手”负总责，分管领导分工负责，相关部门各负其责，纪检监察机构组织协调，依靠群众支持和参与的反腐倡廉建设领导体制和工作机制。

第二十一条 完善集体领导和分工负责、重要情况通报和民主生活会制度。建立科学民主决策机制，健全领导班子议事规则，完善会议制度，规范决策程序，建立各级领导班子及成员自我约束机制。认真执行述职述廉、诫勉谈话、个人重大事项报告、廉政谈话等制度。建立健全廉政档案制度、经济责任审计等制度；不断完善领导干部廉洁从政和廉洁自律的措施和办法。

第二十二条 加强反腐倡廉法制建设。推动出台《浙江省政府非税收入管理条例》；研究制定《浙江省政府采购法实施细则》等。健全完善税收征管法规制度，细化税务机关权力和责任；制定税务行政处罚具体办法；修订税务行政复议规则，完善重大税务案件审查办法；规范减免税审批程序；完善税款征缴退库制度、税收票证管理制度；完善地税系统税收执法监督检查制度，深入推行税收执法责任制度；规范和完善定期定额征收管理办法，推行个体工商户税收定额核定管理系统；修订完善稽查工作规程，健全完善稽查监督管理制度。建立健全“一案双查”制度。

第二十三条 完善财政行政审批管理制度。认真贯彻执行《行政许可法》，完善财政行政许可配套制度。继续深化行政审批制度改革，完善财政行政审批后续监管办法和措施，进一步减少行政审批事项，规范行政审批行为。严格执行财政行政审批事项管理，规范审批程序，加强事后监督，促进行政管理方式的转变。

第二十四条 建立健全行政审批首问责任制、告知承诺制、限时办结制、效能告诫制、责任追究制等制度，积极推行网上审批，提高行政审批的效率。

第二十五条 进一步完善干部人事制度。严格执行《党政领导干部选拔任用工作条例》的有关规定，按干部管理权限，由党委（党组）集体研究决定干部的选拔任用；坚持和完善民主推荐制度，选拔任用领导干部应当经过民主推荐产生考核对象，认真落实干部群众在干部选拔任用中的知情权、参与权、选择权和监督权；规范干部任用考核程序，做好平时对干部的考察考核工作；推行干部轮岗交流制度，按照有关规定落实干部的轮岗交流工作。

第二十六条 完善违纪行为惩处制度。严格执行《中国共产党纪律处分条例》、《行政机关公务员处分条例》及中央纪委《关于严格禁止利用职务上的便利谋取不正当利益的若干规定》等，建立健全案件查办工作制度，责任追究制度。

第二十七条 完善预警制度。认真执行信访工作条例，建立健全信访举报和督办制度；完善案件统计分析制度，不断提高反腐倡廉工作的科学性、前瞻性和有效性。

第二十八条 建立健全内部资金管理与核算岗位责任制，对不相容的职责岗位，必须安排不同人员各司其职，出纳人员不得兼管稽核、账务处理和会计档案管理工作。

第二十九条 严格资金拨付的审签手续，财务专用章和名章必须分别指定专人负责保管，按规定的签批手续使用。内部拨款凭证或支票的保管、领用，必须分别由专人负责，严格履行支票签发手续，严禁印鉴、拨款凭证(支票)的保管使用"一手清"。

第三十条 严格执行对账制度，按月或按季对账，年终进行全面清理。必须设立对账工作底稿，详尽记录对账情况，并定期或不定期地对对账结果进行抽查复核。

第三十一条 推行内部固定资产联系人负责制。建立内部物品、固定资产台账，实行"谁使用、谁负责"，健全物品采购、出入库登记管理制度，严格固定资产购置、报废审批程序，做到账实相符。

第四章 建立和健全监督管理机制

第三十二条 严格执行《中国共产党党内监督条例(试行)》和《浙江省党内监督十项制度实施办法(试行)》，加强对领导机关和领导干部，特别是对领导班子主要负责人的监督。

第三十三条 加强对遵守党的政治纪律的监督。维护党的章程和党内其他法规，维护党的统一，确保党的路线方针政策贯彻执行，确保党的十七大精神和省第十二次党代会精神的全面贯彻落实。

第三十四条 加强对科学发展观贯彻落实情况的监督。围绕加强和改善宏观调控、转变经济发展方式、增强自主创新能力、提高质量和效益、建设社会主义新农村等重大政策和改革措施进行监督检查，防止和纠正违背科学发展观的行为。

第三十五条 加强对执行民主集中制的监督，认真开展对涉及重大决策、干部任免、重大项目安排、大额度资金的使用等方面执行民主集中制情况的监督检查，保证各级党组织和行政领导班子严格执行议事程序、议事规则和议事纪律，反对和防止个人或少数人专断。

第三十六条 加强对落实领导干部廉洁自律规定情况的监督检查。深入治理领导干部违规收送现金、有价证券、支付凭证和收受干股，以及以赌博等形式收受财物、利用婚丧嫁娶等事宜收钱敛财等问题。纠正领导干部在住房上以权谋私的问题，查处领导干部放任、纵容配偶、子女和身边工作人员利用其职权和职务影响经商办企业问题，治理领导干部违规插手政府采购、招投标、土地出让、产权交易等市场交易活动牟取私利的问题。

第三十七条 加强对财政管理权的监督制约。结合金财工程建设，有针对性地完善相关制度流程。建立健全预算编制、预算执行和预算监督相互制约、相互协调的互动机制，形成公开、透明、规范的权力运行监督制约机制。

第三十八条 加强对财政监督检查权的监督。严格按照法定权限和程序行使财政监督检查权，完善监督检查操作规程，逐步建立起结构合理、配置科学、程序严密、制约有效的规范行使财政监督检查权的运行机制。

第三十九条 加强对人事管理权的监督。加强对财税干部的录用、选拔任用全过程的监督。防范任人唯亲、考察失真和"带病提拔"。

第四十条 加强对注册会计师、资产评估师行业的监管。建立完善的注册会计师、资产评估师行业法律法规和准则体系，健全行政监管和行业自律的管理体制和机制，完善行业准入和惩戒制度，加强行业自律管理，建立起以业务准则和职业道德准则为核心的注册会计师、注册资产评估师执业行为规范体系，规范从业人员执业行为，改善执业环境，提升职业道德，建设诚信体系，提高行业公信力。

第四十一条 加强对税收执法权的监督，严格遵守《浙江省地方税务局关于加强对税收执法权和行政管理权监督制约机制的实施办法(试行)》的规定。做好税收法律法规、部门规章及规范性文件等草案的合法性审查工作和税务系统规范性文件备案的审查工作，开展税务系统规章及规范性文件的清理工作。

加强对税务行政审批的监督。进一步明确各职能部门的审批项目监管责任，严格执行《中华人民共和国行政许可法》，依法对行政审批事项条件、范围、程序、时限等进行监督，重点对减免缓税审批、所得税税前列支审批等审批事项进行监督检查，并将审批结果按规定公开。

加强税收执法监督。严格执行税收执法责任制，围绕税收执法中的税额核定、发票管理、税务稽查、行政处罚等自由裁量权较大的环节，运用税收征收管理信息系统、税收执法管理信息系统等监督检查手段，认真开展执法检查和执法监察。

全面推行以《税友 2006》平台为技术支撑、人机结合的税收执法责任制，对执法行为进行全过程跟踪记录，对执法过错实行严格责任追究。

第四十二条 加强对行政管理权的监督。提高内部财务管理质量，严格执行内部各项财务管理办法。规范机关政府采购工作。加强车辆、房产、基建等方面的监督管理，完善各项规章制度，防止腐败现象和重大违法违纪问题的发生。

第四十三条 领导班子及其成员发生违法违纪案件或党风廉政建设责任制考核"不合格"的单位，党委(党组)要及时研究，查找原因，研究对策，落实整改。

第四十四条 完善民主生活会制度，积极开展批评与自我批评，发挥机关党委(支部)、纪检监察机构和广大党员的监督作用，领导班子成员必须及时向党委(党组)报告个人重大事项。

第四十五条 建立健全党内情况通报制度和党内情况反映制度，积极疏通和拓宽党内上情下达、下情上传的渠道，坚持领导班子成员述职述廉制度，全面反映廉洁自律和执行党风廉政建设责任制的情况。

第四十六条 加强法律监督，积极配合人大对财政法规、财政预(决)算执行情况的监督检查，改进财政部门的执法工作。

第四十七条 强化审计监督，积极协助审计部门做好年度预算收支同级审计工作，配合审计机关对党政部门预算执行情况、政府重点工程项目、财政转移支付资金、专项资金使用等工作的审计。

第四十八条 内部监督检查部门要有计划、有重点地开展各项资金管理使用情况的监督检查，对负有经济责任的领导干部适时开展任期内审计和离任审计。

第四十九条 加强廉政监察和效能监察，健全机关效能投诉渠道，切实改善行政管理，提高工作效率。

第五十条 进一步完善监督机制。建立纪检监察、组织人事、内部监督检查等部门运转顺畅的监督协作机制，增强监督合力和实效。通过民主生活会、述职述廉、廉政谈话、干部考察、离任审计等方式，及时发现并解决苗头性、倾向性问题。

第五十一条 加强群众监督和舆论监督。贯彻落实《政府信息公开条例》，深化政务公开，提高工作透明度，除涉及国家机密和不宜公开的事项外，都应及时按规定向社会公布，发挥群众监督和舆论监督的积极作用。

第五十二条 加强信访监督，健全投诉举报机制，大力推进门户网站建设，方便群众检举、控告、申诉和反映意见，营造信访举报的良好环境。

第五十三条 创新监督手段。加快“金财工程”建设步伐，积极探索财政工作导入 ISO9000 标准质量管理体系；推进地税系统软件深化应用，促进《税友 2006》与 ISO9000 质量管理的有机结合，提高财政地税系统行政管理信息化水平，充分利用网络系统，改善工作手段，实现监督共享。科学运用已有数据，提升预警能力，提高监督工作质量和效率。

第五章 大力加强作风建设

第五十四条 认真开展作风建设专题教育活动。教育和引导党员干部牢记“八个坚持、八个反对”，牢记“两个务必”，弘扬八个方面的良好风气；全面加强思想作风、学风、工作作风、领导作风、干部生活作风建设。

第五十五条 健全为民办实事制度，完善便民服务机制。从人民群众最关心、最直接、最现实的利益问题入手，每年推出一批为民办实事项目，并保证落实到位。

第五十六条 坚持领导干部蹲点调研制度。通过领导干部深入基层蹲点调研，了解基层真实情况，广泛听取群众意见和建议，帮助解决群众生产生活中的困难，增进与人民群众的感情。

第五十七条 加强对公务消费的管理。严格规范公务接待，简化公务礼仪。认真执行《浙江省财政地税系统工作人员禁令》，禁止工作日或公务活动中餐饮酒。进一步加强对公车的日常管理，堵塞公车管理中的漏洞。加强公费出国管理，严格控制出国人数和次数。

第五十八条 加强节约型机关建设。倡导厉行节约、勤俭办事的良好风尚。严格执行中央、国务院有关控制楼堂馆所建设和评比达标表彰活动的各项规定，合理配置和科学使用机关办公设施，积极采购和使用节能用品，切实降低行政成本。

第五十九条 不断深化机关效能建设。进一步精简行政审批事项，完善行政审批方式，规范行政审批行为，深化行政审批改革。 进一步精简文件会议。加强对行政行为的内部监督，建立健全电子政务实时监督系统，完善对行政行为的社会监督体系，开展经常性的监督检查。

第六十条 加大纠风工作力度。强化对社保基金、住房公积金和扶贫救灾专项资金的监管。加强监督检查，维护资金安全。

第六十一条 积极探索“堵”与“疏”相结合的“八小时外”干部监督机制，倡导文明、节俭、安全的休闲方式，引导干部保持健康的生活情趣，注重高尚精神追求。

第六十二条 认真受理对干部作风问题的来信来访。及时掌握干部作风中的突出问题，研究制定相关对策措施。

第六章 深化财税体制改革

第六十三条 加强收入征管改革。围绕“均衡入库、持续增长、优化结构、调控有力”的“四位一体”组织收入目标，进一步加强宏观经济税收分析。依托《税友 2006》，完善“数据采集、税源监控、税收分析、纳税评估、税务稽查”五位一体横向互动机制，进一步提升税收分析预测和税源监管水平。着力建立和完善多环节、全方位、社会化的地方小税种征管体系。

第六十四条 深化以部门预算为龙头的预算编制改革、以国库集中支付为龙头的预算执行改革和以绩效评价为龙头的预算监督改革。

第六十五条 深入推进财政管理体制改革，完善部门预算，加强公共财政支出管理，完善转移支付制度和专项资金分配和使用管理机制，积极推进财政监督运行体制。

第六十六条 完善综合预算制度，深化“收支两条线”改革。按照“收入一个笼子、预算一个盘子、支出一个口子”的要求，抓好省级试点和市县(市、区)逐步推广工作。

第六十七条 建设完善支出标准体系。继续建立健全现有支出标准，探索建立基本支出和项目支出标准体系，使财政资金分配有据可依，实现财政资金分配的透明化、公平化和科学化。

第六十八条 加强项目支出预算管理。从项目支出预算的申报、审核、审批等各个环节建立制度，规范操作，确保项目支出发挥应有效益。努力减少专项转移支付资金，增加一般性转移支付，实现以因素法、公式法等相对客观的方法来进行资金分配。

第六十九条 进一步完善各项预算管理制度，强化规范管理力度，促进以制度保障各项管理的到位。

第七十条 继续完善以激励为目标的一般转移支付奖补机制，大力发展市县经济，培植财源，努力提高财力积累水平。

第七十一条 完善以实现公共服务均等化为目标的一般性和专项转移支付，逐步实施以因素法、公式化为基础，一般性转移支付为主，特殊性转移支付或专项补助为辅的较为规范的省对市县财政转移支付制度。

第七十二条 完善以生态环保为目标的转移支付，促进科学发展。

第七十三条 进一步完善部门预算编制工作规程和管理办法，严格控制预算追加和项目调整。

第七十四条 进一步加强地方政府性债务管理，积极防范和化解风险。

第七十五条 加快推进财政支出绩效评价工作，初步建立起财政支出绩效评价体系，并将评价结果作为编制和安排部门预算的重要依据。

第七十六条 完善省级国库集中支付改革，稳步推进市、县(市、区)国库集中支付改革。

第七十七条 扎实推进财税库银横向联网改革，在全省范围内积极推进财税库银税收收入电子缴库横向联网工作的全面实施。

第七十八条 按照“总体规划、分步实施、稳步推进”的原则，推进国库集中支付制度改革。研究推进国库现金管理，建立完善动态监控体系，严格预算执行，规范财政支出。

第七十九条 各地财政部门逐步将所有财政性资金全部纳

入国库单一账户体系运行管理，各级预算单位逐步全面实行财政国库集中支付制度。

第八十条 按照中央的工作部署，加大试点力度，稳步推进公务卡制度。

第八十一条 推进政府非税收入征管信息化建设。在试点运行的基础上，在全省各地全面推广运用新的征管信息系统。

第八十二条 研究制定和完善拓宽政府非税收入征管办法。严格把土地出让金、海域使用金、国有资产出租出让等国有资源、资产类政府非税收入纳入财政监督管理的范围。

第八十三条 进一步清理规范行政事业性收费行为，加大清费减负力度，重点做好涉及职业资格收费、涉农涉企收费等的清理工作。

第八十四条 继续完善财政票据管理手段。进一步强化票据准购证发放，严把票据领用关、结报关、核销关，防止执收单位乱收、滞留、截留政府非税收入资金等违法违规现象的发生。

第八十五条 贯彻落实《彩票管理条例》、《彩票公益金管理办法》、《彩票发行与销售机构财务管理办法》，建立健全彩票机构财务管理、彩票公益金管理和彩票市场管理等方面的制度。

第八十六条 进一步加大政府采购制度建设力度，修订《浙江省省级政府采购工作规程(试行)》和《浙江省政府采购协议供货制实施办法(试行)》，制定《浙江省政府采购档案管理办法》、《浙江省政府采购供应商库及供应商管理办法》、《浙江省政府采购招标文件范本》，充分发挥法制在政府采购领域惩治和预防腐败中的保障作用。

第八十七条 加强对集中采购、分散采购以及采购代理机构、采购单位、供应商等政府采购相关当事人的监管，完善采购监督机制，提高采购工作的水平和质量。

第八十八条 逐步建立对评审专家和供应商的考核评价、不良行为公示和政府采购市场禁入等制度，深入治理政府采购领域商业贿赂，依法查处违规违纪行为，推进政府采购诚信体系建设。

第八十九条 进一步完善供应商投诉处理办法，建立规范的工作机制和程序，提高处理问题的能力。

第九十条 建立政府采购督察员队伍，发挥供应商和社会舆论的监督作用，将监督贯穿于政府采购活动的始终，确保政府采购公平公正。

第九十一条 贯彻落实省政府《关于进一步深化政府采购制度改革 全面推进政府采购工作的意见》，扩大政府采购范围和规模，重点要将建设工程项目和政府大宗物资纳入政府采购管理，做好工程政府采购与工程招投标之间的制度衔接和工作对接。

第九十二条 全面推进政府采购信息化，以政府采购信息化推进政府采购管理的科学化、精细化和规范化，重点以政府采购信息管理系统为平台，以评审专家库、供应商库和商品价格信息库统一建设为核心，建立全省统一、开放的网上电子采购市场，实现政府采购业务“一网实现、全程服务、实时监督”和“良政善治”的目标。

第九十三条 积极应对我省加入WTO《政府采购协议》(GPA)谈判，进一步加快政府采购制度改革，使改革更加注重于制度建设和制度完善，更加注重于与其他财政管理改革的协调配合，更加注重于与GPA规则的衔接。

第九十四条 继续加强政府采购监督检查，将日常检查与专项检查相结合，严格责任追究制度，建立健全集中采购机构年度考核制度，探索开展政府采购绩效考评。

第九十五条 稳妥推进省本级公务员津贴补贴规范方案的实施工作，逐步推进市、县(市、区)公务员津贴补贴规范工作。

第九十六条 稳步推进领导干部职务消费改革，严格控制公务消费；严格公务接待和出国经费开支，有效降低政府行政成本。

第九十七条 进一步规范和强化行政事业单位国有资产管理，组建专职管理机构，制定行政事业单位国有资产管理制度体系，建立健全资产配置、使用、处置和收益管理等制度，推动资产的合理配置和有效使用。

第七章 建立和健全法纪约束和惩处机制

第九十八条 按照依法治国方略的要求，结合政务公开和《行政许可法》的规定，全面推进财政地税部门依法行政、依法理财治税，建设法治财税。

第九十九条 加强法纪、制度执行情况分析，不断总结经验，研究新情况，解决新问题，形成以法纪、制度规范从政行为，按制度办事、靠制度管人的约束机制。

第一百条 围绕党员干部廉洁自律方面存在的突出问题和群众反映强烈的问题，进行集中整改，纠正财政地税系统的不正之风。

第一百零一条 坚持在法律和纪律面前人人平等，对违反财税纪律和各项规定、违反职业操守、执法犯法的人员，都坚决依纪、依法严惩，决不姑息。

第一百零二条 正确把握政策和策略，按照“惩前毖后，治病救人”的方针，坚持宽严相济、保护与惩处相结合的原则，加强对案件的查办和管理。对违纪事实清楚，证据确凿的，坚决予以查处。对虽有违纪事实，但情节显著轻微的，采取诫勉谈话、责令检查等办法，促其改正。对举报失实的，及时予以澄清，还干部以清白。

第一百零三条 依法依纪加大对违法违纪人员经济处罚和追缴违法违纪款物的力度，发挥经济手段对遏制腐败的积极作用，提高腐败的风险和成本。

第一百零四条 发挥查处案件的治本功能。加强案件剖析，分析腐败问题产生的原因，查找体制机制制度方面存在的薄弱环节，健全制度，堵塞漏洞。利用典型案件开展警示教育，总结教训，引以为戒。充分发挥查办案件的治本功能，努力取得良好的办案政治效果、经济效果和社会效果。

第八章 建立和健全廉政激励机制

第一百零五条 坚持实事求是、客观公正的原则，建立健全廉政评价办法，完善廉政评价标准和指标体系，实行定量考核与定性分析相结合，科学评价党员干部的廉政情况。

第一百零六条 廉政评价工作由各级党委(党组)统一领导，纪检组长(纪委书记)负责协调，有关职能部门共同参与，结合干部年度考核一并进行。

第一百零七条 廉政评价的内容主要是反腐倡廉各项任务

的完成情况、执行和落实党风廉政建设责任制情况、领导干部执行廉洁自律各项规定情况等。

第一百零八条 充分发挥廉政评价作用，廉政评价结果，作为干部任用和奖惩的重要依据。

第一百零九条 积极开展勤政廉政先进典型的表彰活动，对在勤政廉政方面表现突出的先进单位和个人，大力给予表彰和奖励。有条件的地方可以探索廉政保证金等物质激励新机制。

第九章 建立和健全测评预警机制

第一百一十条 采取问卷调查、定期走访、召开座谈会、明查暗访等形式了解人民群众、社会各界对财政地税系统党风廉政建设和行风建设的意见和建议，解决群众关心的热点问题。

第一百一十一条 测评、走访、座谈的对象应包括各级党代表、人大代表、政协委员、特邀监察员及企事业代表等。

第一百一十二条 测评、走访、座谈的内容主要是财政地税部门执行财政法规和财经纪律情况，遵守财政地税工作规则、制度、程序及廉洁自律情况等。

第一百一十三条 测评可结合行风评议、领导干部述廉评廉和党风廉政建设责任制考核等一并进行，对测评征求到的意见和建议，及时汇总、梳理、分析、整改，并进行反馈。

第一百一十四条 建立信访预警机制，及时准确地掌握财政地税系统党风廉政建设和反腐败工作方面存在的倾向性、苗头性问题，做到早预防、早提醒、早发现、早纠正。

第一百一十五条 完善信访处理办法，实行信访首办责任制，做好来信来访的初查分析工作，提高信访办结率。

第一百一十六条 建立案件分析指标体系，进行个案剖析和类案综合比较，分析发案原因，查找发案规律，及时总结经验教训，堵塞漏洞。案件分析指标应包括发案人的年龄、职务层次、任职时间、职务特征，发案的背景和主客观原因，案件的特点和规律等。

第一百一十七条 针对财政地税工作新形势、新情况，加强对反腐倡廉工作的调查研究，及时把握腐败与反腐败的趋势，探索从源头预防和治理腐败的对策和方法。

第一百一十八条 综合运用量化研究和实证分析等方法，探求腐败现象产生、发展的深层次原因和条件，提出有预见性的思路，采取有针对性的措施，提高防范腐败的预警能力。

第十章 建立健全保障机制

第一百一十九条 严格执行党风廉政建设责任制，各单位“一把手”负总责，领导班子成员各负其责，把党风廉政建设和反腐败工作摆上重要位置，切实抓紧抓好，做到与财政地税业务工作计划一起定，目标任务一起下，检查考核一起做，总结奖励一起评。

第一百二十条 纪检监察机构要协助各级党委(党组)认真履行职责，充分发挥组织协调作用，加强对反腐倡廉工作的监督检查。

第一百二十一条 各市、县(市、区)财政地税部门可依据本实施细则，研究制定配套措施和办法，认真抓好贯彻落实。

第一百二十二条 全省各级财政地税部门要把落实本实施细则的情况，纳入年度党风廉政建设责任制和各级领导班子、领导干部考察考核之中，作为工作实绩评定和干部奖惩的重要内容，严格责任考核，强化责任追究。

第十一章 附 则

第一百二十三条 本细则适用于浙江省财政地税系统。

第一百二十四条 本细则由浙江省财政厅、浙江省地税局负责解释。

第一百二十五条 本细则自公布之日起施行。

浙江省财政厅 浙江省环境保护局
浙江省自然保护区专项资金管理暂行办法

(2008 年 10 月 20 日 浙财建字〔2008〕205 号)

第一条 为提高自然保护区的建设和管理水平，加强和规范自然保护区专项资金的使用管理，提高资金使用效益，根据财政部《自然保护区专项资金使用管理办法》(财建〔2001〕899 号)、《浙江省自然保护区管理办法》(省政府第 215 号令) 等有关规定，制定本办法。

第二条 自然保护区专项资金是指省政府专项安排用于加强自然保护区建设和管理的政府引导性资金，主要安排用于国家级和省级自然保护区的项目。

第三条 自然保护区专项资金依据“统筹安排、务求绩效、集中财力、保证重点”的原则进行分配。对已按照国家和省标准要求开展规范化建设，并具有典型示范意义的国家级和省级自然保护区，优先予以安排。

第四条 自然保护区专项资金重点支持方向：

(一)具有典型生态特征、生物多样性丰富及有重要科研价值的国家级、省级自然保护区保护、科研、监测和宣教项目；

(二)管理机制健全，管护设施相对薄弱的国家级、省级自然保护区管护能力建设项目；

(三)因不可抗力等自然原因，导致自然保护区设施损失严重的国家级、省级自然保护区灾后重建项目。

第五条 自然保护区专项资金主要用于以下方面的支出：

(一)基础设施建设及维护，包括保护站点建设，标识系统，瞭望塔，野生动植物保护设施，巡护设施，防火设施等；

(二)野外自然综合考察、本底调查、保护区发展和建设规划及可行性研究编制费用；

(三)珍稀濒危物种保护拯救、生物多样性监测及保护物种的繁殖栽培科研利用；

(四)与保护区的性质、规模相适应的，必要的科研及观察仪器设备购置费用；

(五)国家级和省级自然保护区内退化或受自然灾害影响，确需人工辅助的生态恢复工程的费用；

按照“分类分档、激励奖补”政策的地区分类，分别按150万元、200万元和250万元的标准安排奖补资金。

（二）城乡社区卫生服务中心基本医疗设备配备、人才队伍建设和信息化建设补助

城乡社区卫生服务中心的基本医疗设备配备补助参照浙卫发〔2007〕155号文件标准，按照填平补齐的原则安排。人才队伍建设和信息化建设根据各地城乡社区卫生服务机构建设具体实施情况适当安排。

（三）社区卫生服务站建设投入由各地自行安排。

六、资金拨付

对欠发达地区的城乡社区卫生服务中心业务用房建设补助资金根据具体建设项目实施进度分两期下拨，下拨时间为每个年度的6月和11月。对发达地区和其他地区的“以奖代补”资金，在省对当地城乡社区卫生服务中心建设工作考核合格后一次性拨付。

七、保障措施

（一）成立组织机构

省卫生厅、省财政厅负责各地项目申报接受工作，组织开展项目对接、项目核准、督查指导和评估验收等工作。各县（市、区）卫生、财政部门要成立专门组织机构，负责规划的编制和项目实施的协调和组织工作。

（二）建立年度投资计划核准制度

各地要根据项目轻重缓急和前期工作情况，认真编制年度投资计划，并于每年3月底前上报省卫生厅、省财政厅（见附1）。年度投资计划经省卫生厅、省财政厅核准后，下达各地组织实施。

（三）加强项目管理

各地要认真执行基本建设管理规定，依照“手续完备、程序合法”的要求，落实“四制”（项目法人制、招标投标制、工程监理制、合同管理制）和“四控制”（质量控制、进度控制、投资控制、安全控制）要求，提高项目建设的规范化、科学化和法制化管理水平。

（四）建立项目进展监测和信息通报制度

各地应于每年6月15日、12月15日将城乡社区卫生服务中心建设进展情况上报省卫生厅、省财政厅（见附2）。省对各地每年组织不定期督查。

（五）建立约束机制

对未完成城乡社区卫生服务机构布局和建设规划编制工作的县（市、区），以及未经省卫生厅、省财政厅核准的投资计划，省财政不予补助。各地应严格执行投资计划，因各种原因需要变更项目内容的，须经重新核准。对不能按建设计划完成改造任务的县（市、区），将减少直至取消其下一年度省财政补助资金。对挪用项目资金、虚报项目预算骗取省补资金的，除追缴省财政补助资金外，按规定追究有关人员责任。

附：1. __年度城乡社区卫生服务中心建设投资计划表（略）
2. __年度城乡社区卫生服务中心建设项目进度表（略）

浙江省财政厅 浙江省国土资源厅 浙江省中央分成新增建设用地土地有偿使用费项目暨资金管理暂行办法

（2008年11月28日 浙财建字〔2008〕237号）

第一章 总 则

第一条 为加强中央分成新增建设用地土地有偿使用费项目的管理，切实做好全省的土地开发整理工作，根据《财政部 国土资源部 中国人民银行关于调整新增建设用地土地有偿使用费政策等问题的通知》（财综〔2006〕48号）、《财政部 国土资源部关于印发中央分成新增建设用地土地有偿使用费稽查暂行办法的通知》（财建〔2008〕30号）和《财政部 国土资源部关于印发中央分成新增建设用地土地有偿使用费资金使用管理办法的通知》（财建〔2008〕157号）等有关规定，结合我省实际，特制定本办法。

第二章 项目实施范围

第二条 中央分成新增建设用地土地有偿使用费（以下简称“中央新增费”），专项用于基本农田建设、土地整理、耕地开发、基本农田保护以及其他项目支出。

基本农田建设项目：指为促进基本农田综合生产能力提高和持续利用，按照土地利用总体规划和土地开发整理专项规划，采取土地整理方式对基本农田进行综合整治。

土地整理项目：指为了增加耕地面积，促进耕地综合生产能力提高，按照土地利用总体规划和土地开发整理专项规划，对基本农田保护区以外的农用地进行田、水、路、林、村综合整治，以及对历史遗留的生产建设挖损、塌陷、压占土地和洪灾、滑坡、崩塌、泥石流和风沙等自然灾害损毁的耕地进行复垦。

耕地开发项目：指在保护和改善生态环境的前提下，以增加耕地面积为主要目的，按照土地利用总体规划和土地开发整理专项规划，对滩涂、盐碱地、荒草地、裸地、空闲地等宜农未利用土地进行开发，使之达到可利用状态。

以上项目统称为“建设类项目”。

基本农田保护项目：指为保护基本农田而发生的基本农田动态监管与维护、基本农田保护补偿、信息系统建设以及基本农田保护标志标牌和保护界桩的设置等其他基本农田保护基础业务。

其他项目：指在实施基本农田建设、土地整理、耕地开发、基本农田保护项目过程中发生的项目审核论证、稽查、管理以及绩效考评等。

第三章 项目申报原则

第三条 项目申报原则

（一）以建设高标准基本农田为主，土地整理与基本农田建设相结合，适度开发未利用土地；

（二）提高耕地质量和有效利用，确保全省农业综合生产能力；

（三）符合土地利用总体规划（土地开发整理专项规划）；

（四）采用先进科学技术，达到经济、社会和生态效益的统一，促进土地资源可持续利用；

（五）因地制宜，先易后难，调动社会各方面的积极性；

（六）向基本农田保护区、农业基础设施条件差及国家与省确定的土地开发整理重点任务地区倾斜。

第四章 项目管理职责

第四条 项目管理职责

（一）省级部门管理职责

省财政厅会同省国土资源厅负责中央新增费项目资金的预算安排、使用管理。

省国土资源厅会同省财政厅负责项目审查，编制年度项目计划与预算，监督项目实施，组织项目竣工测量和验收等工作。

省财政厅、省国土资源厅负责项目资金的财务管理与监督，并对项目预算执行情况、资金使用与管理情况进行不定期的监督检查及实行绩效评价，项目安排将与绩效考评结果相挂钩。

经批准同意撤销的项目由省财政厅、省国土资源厅组织有关部门对项目进行清算，清算后剩余资金按原拨款渠道上缴。

省财政厅、省国土资源厅负责组织中央新增费项目资金的省级稽查、审计等工作，并接受和配合中央的稽查。

（二）项目所在地部门管理职责

项目所在地国土资源管理部门会同财政部门负责组织项目申报、初验及成果档案管理等工作。项目所在地财政部门具体负责项目资金拨付、使用与监督管理，国土资源管理部门具体负责项目实施过程的监督管理。

第五章 项目预算的构成和标准

第五条 建设类项目预算的构成和标准

（一）项目预算构成

项目预算包括工程施工费、设备费、其他费用和不可预见费等。

1. 工程施工费，是指实施土地平整、农田水利、田间道路和其他工程发生的各项工程施工支出，由直接费、间接费、利润、税金组成。

直接费，是指施工过程中直接消耗在工程项目上的活劳动和物化劳动，由直接工程费、措施费组成。直接工程费包括人工费、材料费、施工机械使用费；措施费包括设施费、冬雨季施工增加费、夜间施工增加费、施工辅助费和特殊地区施工增加费。

间接费，是指项目施工单位组织、管理工程施工所发生的各项费用，由规费、企业管理费组成。规费是指项目施工单位按规定缴纳的各种行政事业性收费，包括工程排污费和工程定额测定费；企业管理费是指施工企业组织施工生产和经营活动所需费用。

利润，是指施工企业完成所承包工程获得的赢利。

税金，是指国家税法规定的应计入工程造价内的营业税、城乡维护建设税和教育费附加等。

2. 设备费（即设备购置费），是指设备原价、运杂费、运输保险费和采购及保管费等。

3. 其他费用，是指前期工作费、工程监理费、竣工验收费、业主管理费和拆迁补偿费等。

（1）前期工作费：指项目在工程施工前所发生的各项支出，包括土地清查费、项目可行性研究费、项目勘测费、项目设计与预算编制费、项目招标费和重大工程规划编制费等。

（2）工程监理费：指项目承担单位委托具有工程监理资质的单位，按国家有关规定进行全过程的监督与管理所发生的费用。

（3）竣工验收费：指项目工程完工后，因项目竣工测量、竣工验收、决算、成果的管理等发生的各项支出。主要包括竣工测量费、项目工程验收费、项目决算的编制与审计费、整理后土地的重估与登记费和基本农田补划与标记设定费等。

（4）业主管理费：指项目承担单位为项目的组织、管理所发生的各项管理性支出。主要包括项目管理人员的工资、补助工资、其他工资、职工福利费、公务费和业务招待费等。

（5）拆迁补偿费：指项目实施过程需拆迁的零星房屋、林木及青苗等所发生的适当补偿费用。

4. 不可预见费，是指在施工过程中因自然灾害、设计变更及不可预见因素的变化而增加的费用。

（二）各项费用标准

为确保工程质量，结合我省实际，各项费用标准为：工程施工费原则上不低于项目预算总额的80%，道路工程预算不超过工程施工费的30%，其他工程预算不超过工程施工费的8%。

其他费用中，前期工作费不超过工程施工费的6%；工程监理费不超过工程施工费的1.5%；竣工验收费不超过工程施工费的6%（其中竣工测量费不超过工程施工费的3%）；业主管理费不超过工程施工费、前期工作费、工程监理费、竣工验收费之和的2%。

不可预见费不超过工程施工费、设备费和其他费用之和的2%。

（三）项目有关费用的支出内容和标准，按照《土地开发整理项目预算定额标准》（财建〔2005〕169号）和本办法的规定执行。

第六条 基本农田保护以及其他项目预算的构成和标准

基本农田保护以及其他项目，由各市、县按当地财政部门项目资金预算编制的要求，在规定的开支范围之内编制。

省级管理性费用预算根据实际工作需要，经省财政厅、省国土资源厅审核后列入中央新增费预算。

第六章 项目申报和审核

第七条 项目由项目所在地国土资源管理部门和财政部门联合上报至省国土资源厅和省财政厅。

第八条 建设类项目申报要求

（一）资金使用范围：符合《中央分成新增建设用地土地有偿使用费使用指南（暂行）》（财建〔2007〕861号）、《财政部 国土资源部关于印发中央分成新增建设用地土地有偿使用费资金使用管理办法的通知》（财建〔2008〕157号）及本办法有关规定。

（二）规划建设期：一般为1年，最长不超过2年。

（三）基础条件：项目所在区位具有基本农田建设、土地开发整理所必需的路、水、电等配套基础设施；或已经拟定相关的道路、水利、电力工程、村庄改造等建设方案，有关措施与资金已经落实，拟同步实施；项目区原则上未进行过高标准基本农田建设。

(四)建设规模：

1.基本农田建设项目：

(1)丘陵山区30～1000公顷(450～15000亩)，项目相对集中连片，单片面积不少于5公顷(75亩)，片块不超过20片。

(2)平原地区50～1000公顷(750～15000亩)，项目相对集中连片，单片面积不少于10公顷(150亩)，片块不超过10片。

2.土地整理项目：

(1)综合整治类：丘陵山区50～1000公顷(750～15000亩)，项目相对集中连片，单片面积不少于10公顷(150亩)，片块不超过10片；平原地区100～2000公顷(1500～30000亩)，项目相对集中连片，单片面积不少于10公顷(150亩)，片块不超过10片。

(2)毁损复垦类：总面积不少于30公顷(450亩)，项目相对集中连片，单片面积不少于2公顷(30亩)。

3.耕地开发项目：

丘陵山区50～600公顷(750～9000亩)，项目相对集中连片，单片面积不少于10公顷(150亩)，片块不超过10片；平原地区100～1000公顷(1500～15000亩)，项目相对集中连片，单片面积不少于10公顷(150亩)，片块不超过10片。

(五)土地开发净增耕地面积不低于项目规划设计面积的60%。

(六)项目区内可建成高标准基本农田比例：水田的标准化率不低于90%，其他耕地的标准化率不低于70%。

第九条 建设类项目申报时间

项目所在地国土资源管理部门、财政部门于每年3月底前，将项目可行性研究报告(具体要求见附1)报省国土资源厅、省财政厅。可行性研究报告通过审查后，项目承担单位组织编制项目规划设计和预算(具体要求见附2)，由项目所在地国土资源管理部门、财政部门于当年7月底前分别报省国土资源厅、省财政厅。

第十条 基本农田保护以及其他项目申报要求和申报时间

市、县(市、区)国土资源管理部门，结合当地实际编制年度项目实施计划和预算方案，于当年7月底前会同当地财政部门上报省国土资源厅和省财政厅。项目具体申报要求见附3。

第十一条 项目审核

省国土资源厅会同省财政厅组织对申报项目的可行性研究报告、规划设计和预算进行审查。审查的程序、内容按照《浙江省中央分成新增建设用地土地有偿使用费建设类项目审查手册》执行。对通过审查的项目在省国土资源厅门户网站上予以公示，公示期15天，公示结束后纳入浙江省中央分成新增建设用地土地有偿使用费建设类项目库。

第七章 项目实施管理

第十二条 根据省财政厅、省国土资源厅下达的项目预算，项目所在地政府应成立项目实施领导小组，负责协调解决项目实施中的有关问题。

第十三条 建设类项目承担单位应为项目所在地具有土地开发整理职能的企事业法人单位，负责组织项目实施。

基本农田保护以及其他项目承担单位为各级国土资源管理部门。

第十四条 项目实施管理实行项目法人制、招投标制、工程监理制、合同制、公告制和审计制。

第十五条 建设类项目实施管理

(一)项目所在地国土资源管理部门按照有关规定核实项目涉及土地地类、面积、界址、权属及补偿方案等，保证地类、面积准确，界址清楚，权属合法，权属调整方案和补偿方案等无争议。

权属调整方案应实行公告制，公告期15天，内容应包括：权属调整类型、原则、依据，需要调整的土地面积、位置、编号、用途、质量等级、调整前后的权利主体等。

(二)项目实施前应明确土地权属关系，项目实施过程中一般不作权属调整；项目竣工后，应按照可行性研究报告中土地权属调整方案及时进行土地权属调整、变更调查和登记发证等工作。

(三)项目承担单位完成项目实施准备后，对项目实施准备情况进行总结，提出项目开工申请报告，经项目所在地国土资源管理部门审核同意后开始施工。

(四)项目开工前，项目承担单位应在项目区设固定标牌、标记进行项目基本情况公告，接受群众和社会监督。

项目公告内容包括：项目名称、建设位置、建设总规模、新增耕地面积、项目总投资、建设工期、土地权属状况、项目承担单位、项目施工单位、项目工程监理单位、项目设计单位等。

(五)项目招投标按照《浙江省土地开发整理项目招投标管理暂行规定》(浙土资发〔2001〕298号)等有关规定执行。

(六)工程开工后，项目承担单位在施工过程中要建立现场办公会制度，召集施工、工程监理、设计等单位协调解决施工过程中施工进度、工程质量、资金使用和项目规划设计执行中出现的问题。

(七)项目设计单位对项目实施中有关规划设计进行咨询、指导，规划设计需要变更的，负责按要求修改。

(八)在施工过程中，各有关单位要严格执行项目计划与支出预算和规划设计。确需变更规划设计的，按以下情形处理：

1.不涉及项目建设位置、建设总规模、新增耕地面积和项目支出预算调整的，由项目承担单位研究解决；

2.涉及项目建设位置、建设总规模、新增耕地面积或项目支出预算调整的，由项目承担单位报原批准机关批准。

具体要求按照《浙江省国家投资土地开发整理项目验收工作方案》(浙土资办〔2006〕87号)的相关规定执行。

(九)因规划设计变更，造成土地权属重新调整的，应按规定对原权属调整方案进行补充、说明，并报项目所在地国土资源管理部门确定。

项目因重大政策调整和不可预测原因，无法按原规划实施要求撤销的项目，须由项目所在地财政部门、国土资源管理部门提出项目撤销申请，报省财政厅、省国土资源厅批准。

第八章 项目资金管理

第十六条 项目资金拨付要求

项目资金的申请、拨付，应遵循严格管理、实事求是、按计划按进度、先申请后拨付的原则。

(一)项目资金下达后,项目所在地国土资源管理部门,根据项目承担单位项目预算和工作任务、进度等项目资金拨付要求,向同级财政部门提出用款计划,同级财政部门审核后应及时下拨资金。

(二)项目资金的拨付必须控制在用款计划范围内,不得办理无预算、无计划的拨款。建设类项目承担单位收到项目资金后,应按要求及时拨付给项目实施单位,严禁滞留或挪用资金。

(三)实行国库集中支付制度的市县按相关规定办理资金拨付。

第十七条 项目资金开支范围

项目承担单位要严格按照批准下达的项目计划和支出预算,合理安排项目资金的使用。项目资金不得用于下列支出:

(一)基本农田建设、土地整理和耕地开发项目区外,不直接与项目相配套的道路工程、水利工程、电力工程和村庄改造等基础设施建设工程支出。

(二)10 万立方米以上大中型水库、防洪堤坝、干渠、干道和 10 千伏以上输变电等工程支出。

(三)项目施工单位施工用的车辆、机械等设备;项目承担单位和施工单位管理用小汽车等设备;农业生产用具、设备等不属于项目规划设计需要的设备购置支出。

(四)对外投资;赞助和捐赠支出;支付的滞纳金、罚款、违约金、赔偿金以及国家法律、法规规定不得列入成本、费用的其他支出。

第十八条 项目资金核算

项目承担单位应根据项目资金管理的有关要求,制定并建立财务管理及报账制度、内部监督检查制度、资金支付制度。

项目资金必须实行分账核算,单独建账、单独核算反映。具体资金核算办法财政部、国土资源部将另行制定。

项目资金的使用实行报账制。报账制,是指项目实施单位按规定程序向项目承担单位报账的管理制度。报账资金的拨付实行转账结算,严格控制现金支出,严禁白条入账。

项目完工后,项目承担单位应及时办理竣工决算,并报同级财政部门批复。对决算后的资金结余按本办法规定的支出范围统筹安排使用,重点用于项目的后期管护。

竣工决算完成后,项目承担单位应委托审计部门或专业审计机构对项目进行竣工决算审计,并出具竣工决算审计报告。

第九章 项目验收及成果管理

第十九条 建设类项目验收管理

(一)项目竣工后,国土资源管理部门会同财政部门根据批准的规划设计和项目预算,以及竣工决算审计报告,组织项目的竣工验收。

竣工验收有关内容和技术标准按照国土资源部制定的《国家投资土地开发整理项目竣工验收暂行办法》(国土资发〔2003〕21 号)、《土地开发整理项目验收规程》(TD/T1013-2000)、省国土资源厅制定的《浙江省国家投资土地开发整理项目验收工作方案》(浙土资办〔2006〕87 号)等相关规定执行。

(二)项目承担单位需提交的竣工验收材料按照《浙江省国家投资土地开发整理项目验收工作方案》(浙土资办〔2006〕87 号)等有关规定执行(验收材料清单见附 4)。

(三)项目竣工验收合格后,新增耕地与其他农用地应及时加以利用,未确定土地使用权的,可通过承包、租赁等方式确定土地使用权。

项目所在地国土资源管理部门应与土地所有者(村或集体经济组织)签订管护协议,明确管护责任,落实后期管护工作。

第二十条 项目验收程序

(一)初验:根据项目承担单位提出的项目竣工验收申请,项目所在地国土资源管理、财政部门组织并会同农业、水利、统计等相关部门开展项目竣工初验,初验合格后向省国土资源厅、省财政厅提出竣工验收申请。

(二)竣工验收:省国土资源厅、省财政厅接到竣工验收申请后,组织并会同农业、水利、统计等相关部门开展项目竣工验收。

对通过验收的项目,需经省国土资源厅、省财政厅等相关行政主管部门进行确认,确认后由省国土资源厅、省财政厅下发验收合格文件。

对验收不合格的项目予以通报,责令限期整改,在限期内未能整改合格的,暂缓安排新项目或调减现有投资规模。

项目承担单位应做好项目成果有关档案管理工作,从项目申报到验收合格的有关文件和资料,要收集整理,立卷归档。

第十章 监督管理

第二十一条 各级财政、国土资源部门负责中央新增费的监督管理工作。监督管理工作的主要内容为:

(一)中央新增费项目资金的拨付情况;

(二)中央新增费项目资金的使用情况:包括支出内容和标准、财务核算、结余资金处置等;

(三)项目管理情况:包括项目法人制度、公告制度、招投标制度、合同管理制度、监理制度等执行情况,以及项目权属管理、档案管理情况;

(四)项目实施情况:包括项目施工进度、工程质量和竣工验收等;

(五)项目后期管护、绩效考核等。

第二十二条 对项目承担单位存在下列情况之一的,省财政厅、省国土资源厅根据情况,采取暂停、收回拨款或取消项目所在地新项目申报资格等措施,并依据《财政违法行为处罚处分条例》(国务院令第 427 号)及其他有关法律法规的规定进行查处;触犯刑律的,移送司法机关处理。

(一)虚报项目骗取资金的;

(二)截留、挤占、挪用项目资金的;

(三)未及时拨付项目资金,影响项目建设进度的;

(四)擅自变更项目建设地点和规模、调整规划设计和预算的;

(五)未落实项目法人制、公告制、招投标制、合同制、工程监理制,以及工程质量存在严重问题的;

(六)其他违反有关法律法规和规章的。

第十一章 附 则

第二十三条 省财政厅、省国土资源厅将根据财政部、国土资源部今后制订的相关政策和规定,对本办法进行调整。

第二十四条 本办法自颁布之日起施行。

附 1:建设类项目可行性研究报告申报材料要求(略)

附 2:项目规划设计与预算申报材料要求(略)

附 3:基本农田保护以及其他项目申报材料要求(略)

附 4:项目承担单位需提供的验收材料清单(略)

附 5:项目可行性研究、规划设计报告及预算报件装订要求(略)

浙江省财政厅
浙江省农产品出口企业境外参展资金管理暂行办法

(2008 年 12 月 6 日 浙财农字〔2008〕396 号)

第一章 总 则

第一条 为进一步加快农业"走出去"步伐,展示浙江优势农产品,拓展农产品国际市场空间,提高农业外向度和国际市场竞争力,促进我省农产品出口持续快速增长,根据省委办公厅、省政府办公厅《关于进一步加快发展外向型农业的通知》精神和财政农业专项资金管理有关规定,特制定本办法。

第二条 农产品出口企业境外参展补助资金(以下简称境外参展资金)实行项目管理,坚持公平、公正、公开原则。

第二章 补助范围和对象

第三条 境外参展资金补助范围:经批准组织参加的农产品(食品)境外展销(博览)会、农产品国际市场宣传推介和开拓农产品目标出口市场及其他经批准的项目。

第四条 境外参展资金补助对象为展会组织承办单位和参展的农业龙头企业、省级农产品进出口企业协会、重点农副产品国际贸易公司(以下简称参展企业)。

第三章 补助环节和标准

第五条 境外参展资金补助环节和标准

(一)境外展览(博览)会

1. 参加列入年度计划的全省性重点境外参展和促销活动;未列入年度计划,农业部、商务部和省政府要求组织参加的境外参展。参展企业的摊位费补助 70%,公共布展费、展品运输费补助 50%。

2. 展会组织承办单位统一制作的宣传光盘和宣传画册,其设计、翻译、制作、印刷等费用,按实际发生确定补助金额。

3. 展会组织承办单位负责展会组织的工作人员境外费用、国际旅费,按《临时出国人员费用开支标准和管理办法》规定标准补助。

(二)国际市场宣传推介

1. 宣传促销活动。每年集中在境外举办 1～2 次宣传推介会,按每次不高于 20 万元标准控制使用,根据实际发生确定补助金额。

2. 境外广告费。赴境外展览期间,在展览场馆或境外媒体上发布产品广告的参展企业,其广告费给予 50%的补助,最高不超过 5 万元。

(三)开拓目标出口市场

展会组织承办单位开拓目标市场工作团组费。每年对拟开拓的目标市场安排 1～2 次考察活动,每次 10 人以内,其境外费用和国际旅费按《临时出国人员费用开支标准和管理办法》规定标准的 50%确定补助金额。

(四)工作经费

组织境外参展所发生的会议费和行前教育费等工作经费,按境外参展工作方案和相关规定标准编制预算,根据实际发生情况确定补助金额。

第六条 境外参展资金规定用途外发生的展会其他费用,由展会组织承办单位和参展单位、企业自行负责解决。

第四章 资金申报及补助程序

第七条 省级农口有关部门根据展会组织承办单位提出的下一年度境外参展计划和经费预算,参照本年度补助资金实际使用执行情况,提出财政补助经费预算建议,报省财政厅审核。

第八条 年度境外参展资金预算批准后,执行年度内原则上不予追加。展会补助经费采取展会前预拨、展会结束后按实际审核结算的办法执行。

第九条 参展结束后,展会组织承办单位提出经费核拨申请,报省级农口有关部门、省财政厅。申请核拨经费时,需提供以下材料:

1. 组织境外参展的相关文件,包括通知文件,有关部门对组团的批复文件,出国人员的出国任务批件,摊位确认函或与展方签订的展位合同,公共布展的相关协议,出国参展(考察)报告;

2. 境外参展工作方案、实施情况总结、费用实际发生详细情况;

3. 实际发生费用的证明;

4. 省级农口有关部门、省财政厅认为还需提供的其他材料。

第十条 省级农口有关部门、省财政厅经对相关材料审核后,确定补助金额,拨付余下资金。

第五章 组织实施和资金管理

第十一条 省级农口有关部门主要负责展会的组织管理和展会补助资金使用的监管,省财政厅主要负责展会补助资金的管理和监督检查。

第十二条 展会组织承办单位具体负责境外参展的组织实施。如遇到特殊情况,无法在年度内按计划完成的参展项目,应及时向省级农口有关部门、省财政厅提出终止或顺延申请。

第十三条 境外参展经费必须专款专用,展会组织承办单位要严格按规定用途使用经费,从严控制支出,不得用于境外参展补助经费规定用途外的各项支出。

对于发现的违法违规使用资金的行为,将按《财政违法行为处罚处分条例》(国务院令第 472 号)等有关法律法规进行查处;触犯刑律的,移交司法机关处理。

第十四条 展会组织承办单位年终要按规定对境外参展资金使用情况进行总结,并报送省级农口有关部门、省财政厅。

第十五条 本办法自发布之日起施行。

浙江省财政厅
浙江省省级农业展会资金管理暂行办法

(2008年12月6日　浙财农字〔2008〕395号)

第一章 总 则

第一条 为进一步抓好我省农产品营销公共平台建设,完善我省农产品流通体系,提升浙江农产品品牌知名度,扩大我省农产品辐射范围,根据省政府办公厅《关于加强农产品营销工作的若干意见》精神和财政农业专项资金管理有关规定,特制定本办法。

第二章 补助范围和对象

第二条 农业展会资金补助范围:经省政府批准,由省级农口部门组织承办的各类展销会、博览会、推介会,省级农口部门组团参加的全国性展销会、博览会,及其他经批准同意举办或参加的重点展销(博览)会。

第三条 农业展会资金补助对象为农业展会组织和承办单位。

第三章 补助环节和标准

第四条 农业展会资金补助环节和标准

(一)省级农口部门组织承办的各类展销会、博览会、推介会

1.展馆场地租金及配套费用,按协议或合同约定确定。

2.公共布展费用,按展会工作方案编制预算,根据实际发生情况审核确定补助金额。

3.专题活动费。展会期间,省组委会办公室直接举办的产业论坛、专题讲座、产业推介、招商引资对接等专题活动,按照展会工作方案编制预算,根据实际发生情况审核确定补助金额。

4.客商邀请接待费。组委会办公室及涉外厅局负责邀请的国内外重要客商,根据展会工作方案确定的邀请客商人数和补助标准编制预算,根据实际发生情况审核确定补助金额。

5.会务费。根据展会工作方案确定的会议次数、人数和省规定会议经费标准编制预算,根据实际发生情况审核确定补助金额。

6.工作经费。视参展规模和内容,根据参展经费预算的5%确定,控制使用。

7.其他必要的补助经费。

(二)组团参加的全国性展销会、博览会

1.参展企业摊位费按省及省以下需承担部分给予60%补助。

2.综合展示区等场地费按协议约定金额或组委会规定标准确定补助金额。

3.统一布展费、工作人员交通差旅费、会务费、住宿费、省组委会办公室举办的推介会费用、资料印刷费、宣传费和其他工作经费等,按展会工作方案编制预算,根据实际发生情况审核确定补助金额。展示产品储运费用给予适当补助。

(三)其他经批准同意举办或参加的国内重点展销(博览)会,参照相似或相近的农业展会执行。

第五条 省农业展会补助资金规定用途外发生的展会其他费用,由展会组织承办单位和参展单位、企业自行负责解决。

第四章 资金申报和补助程序

第六条 展会组织承办单位根据中央部委和省确定的展会举办任务或参展计划,结合农产品市场调查情况,于每年10月底前提出下年度展会明细计划及初步办展规模、内容和工作方案等,参照本年度展会预算,编报下年度经费预算,报省级农口有关部门。

第七条 省级农口有关部门根据展会组织承办单位提出的下一年度农业展会计划、展会规模、内容和经费预算,参照本年度展会补助资金实际执行使用情况,提出财政补助经费预算建议,报省财政厅审核。

第八条 年度展会补助经费预算批准后,执行年度内原则上不予追加。展会补助经费采取展会前预拨、展会结束后按实际审核结算的办法执行。

第九条 展会结束后,省级农口有关部门提出经费核拨申请,报省财政厅。申请核拨经费时,需提供以下材料:

1.展会举办或参展的相关文件;

2.展会举办或参展工作方案、实施情况总结、费用实际发生详细情况;

3.展会相关的协议书或合同和其他费用证明;

4.省财政厅认为还需提供的其他材料。

第十条 省财政厅经对相关材料审核后,确定补助金额,拨付余下资金。

第五章 组织实施和资金管理

第十一条 省级农口有关部门主要负责农业展会的组织管理和展会补助资金使用的监管,省财政厅主要负责展会补助资金的管理和监督检查。

第十二条 农业展会组织承办单位具体负责农业展会的组织实施。如遇到特殊情况,无法在年度内按计划完成的参展项目,应及时向省级农口有关部门、省财政厅提出终止或顺延申请。

第十三条 农业展会补助经费必须专款专用,展会组织承办单位要严格按规定用途使用经费,从严控制支出,不得用于展会补助经费规定用途外的各项支出。

对于发现的违法违规使用资金的行为,将按《财政违法行为处罚处分条例》(国务院令第472号)等有关法律法规进行查处;触犯刑律的,移交司法机关处理。

第十四条 展会组织承办单位年终要按规定对农业展会补助资金使用情况进行总结,报送省级农口有关部门、省财政厅。

第十五条 本办法自发布之日起施行。

浙江省财政厅 浙江省地方税务局 关于进一步明确省级金融业税收范围及征管问题的通知

(2008 年 12 月 29 日 浙财预字〔2008〕27 号)

各市、县(市、区)财政局、地方税务局(宁波不发),省地方税务局直属一分局:

根据《浙江省人民政府关于完善省对市县财政体制的通知》(浙政发〔2008〕54 号)和《国家税务总局关于调整新增企业所得税征管范围问题的通知》(国税发〔2008〕120 号)的有关规定,现将省级金融业税收范围及征管有关问题进一步明确如下:

一、除杭州市交通银行及各市县城市商业银行(仅指原城市信用社发展而来)、农村信用社外,全省其他银行和非银行金融企业缴纳的营业税、企业所得税地方部分均为省级收入。

二、省外各类银行及非银行金融企业在浙江境内设立的分支机构缴纳的营业税、企业所得税地方部分,以及省内各市县由城市信用社、农村信用社改制而来的商业银行在异地设立的分支机构缴纳的营业税、企业所得税地方部分,为省级收入。

三、上述金融业缴纳的营业税由省地税局直属一分局征管,企业所得税由所在地税务机关征收就地缴入省库。

浙江省财政厅 浙江省总工会 浙江省送温暖帮扶财政专项资金管理办法

(2008 年 12 月 30 日 浙财企字〔2008〕330 号)

第一条 为规范困难职工送温暖帮扶财政专项资金(以下简称专项资金)的使用和管理,强化监督,充分发挥财政资金使用效益,做好困难职工的帮扶救助工作,特制定本办法。

第二条 本办法适用范围为省财政专项安排的送温暖帮扶资金。各市、县(市、区)财政安排给各级总工会用于送温暖帮扶的资金管理可参照本办法执行。

第三条 专项资金帮扶对象为纳入各级总工会档案管理的困难职工(含农民工,下同),包括:

(一)家庭人均收入低于当地城镇居民最低生活保障线,经政府民政部门救济后生活仍十分困难的职工;

(二)家庭人均收入虽略高于当地城镇居民最低生活保障线,但由于疾病、子女教育或意外灾难等原因,不能维持基本生活的困难职工;

(三)本人或配偶、子女身患大病、重病、严重伤残,医疗费支出巨大,造成生活特别困难的农民工;

(四)遭受重大灾害、重大意外事故造成生活特别困难的农民工;

(五)其他特殊原因造成生活特别困难的职工。

第四条 专项资金使用范围

(一)元旦、春节送温暖慰问款物及临时性生活帮扶;

(二)就医帮扶;

(三)子女就学帮扶;

(四)为困难职工提供法律援助、职业培训和职业介绍等活动发生的合理开支。

第五条 专项资金不得用于下列支出:支付帮扶中心工作人员工资;发放各种奖金、津贴和福利补助;购买车辆、手机等交通工具及通讯设备;帮扶中心场地建设;其他与困难职工送温暖帮扶无关的支出。

第六条 根据全省送温暖帮扶工作计划,省总工会提出专项资金使用方案。经商省财政厅同意后,由省财政厅会同省总工会联合发文下达,通过各市、县(市、区)财政部门拨付至同级总工会,并纳入各级总工会部门预算管理。

第七条 各级总工会要按照量入为出、收支平衡的原则,科学合理编制专项资金年度使用方案,做到统筹兼顾,既要为集中开展送温暖活动提供资金,也要为开展经常性的帮扶活动提供资金,推进送温暖帮扶活动向经常化、制度化、社会化方向发展。

第八条 各级总工会要规范困难职工档案管理工作,实行动态跟踪制度。上一级总工会要定期或不定期地对本地区困难职工档案管理情况进行检查,并建立和完善相关管理制度。

第九条 各级总工会要建立健全财务制度,严格审批程序;规范会计凭证和会计核算,按规定公布财务收支情况,定期向同级财政部门和上级总工会报送财务会计报表;加强内部经费审查力度,依法接受财政、审计等政府部门的检查,接受职工群众与社会的监督。

第十条 任何单位或个人不得截留、挪用、冒领专项资金,对违反国家有关法律、法规和财务规章制度的,按照《中华人民共和国工会法》、《财政违法行为处罚处分条例》等有关法律法规进行查处;情节严重构成犯罪的,依法追究刑事责任。

第十一条 各市、县(市、区)财政局、总工会可结合实际情况,制定具体实施办法。

第十二条 本办法自 2009 年 1 月 1 日起施行。

重要财政文选

服务是"雪中送炭"，而不是"锦上添花"，在保证全体公民基本健康权和生存权的前提下，要更关注社会弱势群体、困难群体的生存和发展权利。

基本公共服务不是抽象的，而是具体的，与每一个社会成员都有密切的关系。根据基本公共服务均等化的基本涵义，义务教育、公共卫生和基本医疗、基本社会保障、就业再就业服务、食品药品安全、廉租房等，是广大城乡居民最关心、最迫切的公共服务，是建立社会安全网、保障全体社会成员基本生存权和发展权必须提供的公共服务，是现阶段我国基本公共服务均等化的主要内容。需要指出的是，基本公共服务均等化的内容、范围、水平不是绝对的，会随时间、地点的变化而变化，随着经济发展和人民生活水平提高所产生的公共需求的变化而变化。

逐步实现基本公共服务均等化，是由我国现阶段的经济发展水平所客观决定的。政府提供公共服务的过程，是社会财富再分配的过程。从总体上讲，提供多少公共服务，受可用于分配的社会财富的制约。公共服务具有较强刚性，一旦设立就需要持续提供，需要政府有足够财力保障长期供给。所以基本公共服务的制度设计一定要有财力保障，不能心血来潮，一旦提供了就要有长期的财力作支撑，这个对于进行基本公共服务制度设计的主导者——市县主要领导们来说显得尤为重要。我国还处于社会主义初级阶段，城乡之间、区域之间发展差距非常大。因此，政府提供公共服务必须与我国经济社会发展的水平相适应，必将是一个由少到多、由低到高的渐进过程。现行基本公共服务均等化制度设计要把握好两个方面的倾斜：从城乡二元结构来说，主要是面向农村；从地区差异来说，主要是面向欠发达地区。在社会保障体系建设上，只能坚持"广覆盖、保基本、多层次、可持续"的指导方针；在解决民生问题上，只能坚持"低起步、迈小步、不停步"的原则。我们要按照中央和省委、省政府的各项战略部署，以解决民生问题为着力点，从"有心、有责、有力、有效"这四个方面来积极推进基本公共服务均等化。

（一）提高思想认识，使基本公共服务均等化"有心而为"

在推进基本公共服务均等化过程中，政府是主导者，因此首要的是在思想上提高对基本公共服务均等化的主观认识，真正做到"有心而为"。

1. 推进基本公共服务均等化是落实科学发展观、转变政府职能的现实要求。科学发展观的实质是以人为本，坚持发展为了人民、发展依靠人民、发展成果由人民共享。在经济发展的基础上，推进基本公共服务均等化是让全体社会成员共享改革发展成果的重要制度安排，体现了落实科学发展观的内在要求。同时，推进基本公共服务均等化，实质是政府为全体社会成员提供大致均等的公共产品和公共服务，强化政府履行公共服务的职能，切实推进由全能型政府向服务型政府的转变，实现好、维护好、发展好人民群众的各项基本权益。

2. 推进基本公共服务均等化是解决民生问题、构建和谐社会的必由之路。孟子云："民为邦本，本固邦宁。"民心不顺，社会就难以稳定；只有解民忧、顺民意，国家才能走向和谐。我国正处于生存型社会向发展型社会转变的关键时期，全社会公共需求全面快速增长与公共服务不到位、公共产品短缺的矛盾比较突出，区域、城乡、群体之间的基本公共服务差距不断拉大，加剧了社会矛盾，影响了社会和谐稳定。推进基本公共服务均等化，并将均等化真正落实到保障民生与改善民生上，可以切实改变经济发展与社会发展"一条腿长、一条腿短"的问题，保障公民基本权利，促进区域、城乡、不同群体之间的协调发展，是缓解社会矛盾，促进和谐社会建设的必由之路。

3. 推进基本公共服务均等化是促进社会公平、完善公共财政制度的客观需要。初次分配讲求效率，再次分配讲求公平。公共财政制度作为收入的再分配手段，应更注重社会公平，即无论占有资源的多少，支付能力的强弱，社会成员都有均等享有最基本公共产品和公共服务的权利。同时，基本公共服务均等化是公共财政"公共性"的重要体现，是公共财政改革与发展的基本目标之一。因此，要进一步完善公共财政制度，以社会公平为出发点，关注民生、保障民生、改善民生，通过财政支出、税收、转移支付等手段参与国民收入再分配，提高资源再配置效率，为全体社会成员提供大致均等的最基本公共产品和公共服务。

（二）明确各级政府责任，使基本公共服务均等化"有责而为"

基本公共服务均等化是一项系统的工程，不同级次的政府负有不同的责任，只有明确并落实各级政府的责任，各司其职，齐心协力，才能有力地推进基本公共服务均等化。从理论上讲，政府的级次越高，基本公共服务均等化的责任也就越大。但均等化责任并不等同于支出责任，而是为了均等化，在现实财力许可的范围内起到一个补缺兜底的作用，负有均等化的边际责任。同时，政府层级越低，基本公共服务的管理和落实责任也就越大，基层政府是直接向人民群众提供基本公共服务的第一责任人，其首要责任就是将基本公共服务的政策和资金用足、用好，为人民群众提供优质的公共服务。从我省的实情来看，省级主要是进一步加大对民生领域投入，调整和完善省以下财政转移支付制度和财政政策，提升财政转移支付的均等化功效，从而落实全省均等化补缺兜底的责任。市县一级既要做好协调、沟通和管理工作，又要用足、用好政策资金，督促和落实基本公共服务的供给责任。只有补缺兜底和管理落实责任齐头并进，才能真正有效促进基本公共服务均等化。

（三）着力解决民生问题，使基本公共服务均等化"有力而为"

民生问题是最迫切需要解决的基本公共服务，以解决人民群众最关心、最直接、最现实的民生问题为突破口，基本公共服务均等化问题就能得到较好的解决。浙江经济发展到今天，客观上有一定的财力基础改善民生，但同时也应看到民生问题面广量大，千头万绪，历史欠账多，矛盾多、任务重，在当前不可能解决所有问题。改善民生是一项长期的任务，要区分轻重缓急，逐步改善。一方面，要继续运用"增量优方向，存量调结构，增量调存量"的方法，进一步调整和优化财政支出结构，加大民生领域的财政投入，确保新增财力三分之二以上用于解决民生问题；另一方面，要遵循"尽力而为、量力而行、统筹兼顾"的原则，科学界定民生支出的内涵，既不超越经济发展水平，统筹各项事业发展需要，又根据让人民共享发展成果和"民生优先"的原则，保证民生支出和财政经济增长相适应；财政支出向人民群众最关心、最直接、最现实的就业就医就学、社会保障和环境保护、社会治安和安全生产、基层文化等方面倾斜，向低收入人群倾斜，向农村和农民倾斜，向欠发达地区倾斜，努力使基本公共服务最大限度地惠及全省人民。

一是体现教育优先，加大教育投入。加快推进义务教育、职业教育发展。完善财政资助政策，解决家庭经济困难学生入学问题。二是促进就业富民。完善支持自主创业、自谋职业政策，健全创业服务体系。三是完善社会保障体系。支持覆盖城乡的养老保险体系、医疗保障体系和新型社会救助体系建设，进一步完善最低生活保障制度和集中供养制度。四是加大卫生事业投入，优化卫生事业支出结构，完善城乡居民基本医疗服务体系。五是支持文化体育事业发展。加大公共文化体育设施建设投入，支持发展文化事业，完善城乡公共文化服务体系。六是加大对环境保护的投入力度，推进生态省建设。七是确保公检法司正常运转的经费支出，落实安全生产、重大事故防范和处置所需资金，保障食品安全检测经费，维护社会安全稳定。

(四)建立科学运行模式，使基本公共服务均等化“有效而为”

基本公共服务均等化不是一个简单的财力均等问题，它还涉及到具体的行业体制和制度改革问题，如户籍制度、基本医疗、义务教育等，如果只是追求财力上的均等，而没有合理的管理制度，那么财力再多也不会有效率。因此，基本公共服务均等化是一个系统的、全面的协调推进过程，不仅财力上要有保障，而且各项管理体制也要深化改革、不断创新，以适应基本公共服务均等化的要求。当前首先要把握处理好需要与可能、眼前与长远、生存与发展、政府主导与社会创业、增加投入与深化改革等关系，建立合法合理的制度和科学的运行模式，促使基本公共服务均等化“有效而为”。

一是贯彻落实基本公共服务均等化战略规划，制定具体实施办法，改革各项配套制度。我省已经出台《基本公共服务均等化行动计划》，明确了基本公共服务均等化指导思想、基本原则、总体目标和实施的十大工程。各地要围绕这个行动计划，制定具体的实施细则，完善十大工程相关的配套政策，并强化政策之间的协调整合。要深化教育、医疗、文化等社会体制改革，深化统筹城乡的体制改革，从制度政策层面保证基本公共服务均等化的贯彻落实。

二是创新公共服务供给机制，建立基本公共服务的多元参与机制。政府是基本公共服务的主要提供者，但不是惟一提供者，要积极利用市场和社会以及个人的力量，在全社会范围内共同创建和完善公共服务供给机制。要充分发挥财政“四两拨千斤”的杠杆和导向作用，通过招标采购、合约出租、特许经营和政府参股等形式，将原由政府承担的部分公共职能交由市场主体行使，积极引入竞争机制，整合社会各界的力量，加大对公共服务的投入力度，提高供给效率。

三是加强公共财政管理制度建设，规范财政管理。要坚持“依法治税、为民理财、务实创新、廉洁高效”的理念，建立健全与社会主义市场经济以及和谐社会建设相适应的公共财政体系。积极推进“收入一个笼子、预算一个盘子、支出一个口子”工作，进一步加强公共财政管理。进一步深化部门预算、国库集中收付、绩效评价、政府采购、“收支两条线”等各项财政改革，提升财政管理科学化、精细化、规范化水平。

四是建立健全绩效评价机制，提高基本公共服务均等化供给效率。建立体现科学发展观与构建和谐社会要求的经济社会发展综合评价体系，实现政府职能的转变。建立健全基本公共服务绩效评价体系，坚持透明性、公开性原则，以人民为中心，以满意为尺度，建立多元化的绩效评估体系。建立严格的问责制，将基本公共服务绩效评估与干部选拔、任用和内部激励相联系，结合人事制度改革，把基本公共服务指标纳入干部考核体系，加强政府对基本公共服务供给的监管职责。

二、完善省对市县财政体制，增强基层政府提供基本公共服务能力

在省直管县的基础上，现行以“两保两挂”等为主要内容的省对市县财政体制自1995年实施以来，充分调动了市县发展经济、培植财源、做大蛋糕的积极性，强化自我约束机制，增强了各地当家理财和财政平衡意识，有效改善了欠发达市县财政困难状况，促进了地区协调发展；同时也增强了省级财政的调控能力，对促进全省区域、城乡统筹协调发展、稳定财政状况起到了重要作用。但是随着全省经济的快速发展，社会各个领域的不断进步，各地经济社会事业都发生了巨大变化，财政体制面临着新的情况、新的问题，特别是党的十七大和省第十二次党代会对财政体制提出了更新、更高的要求。因此，有必要完善现行对市县财政体制，适应新形势的变化，促进各地区经济社会事业全面协调可持续发展。

(一)完善省对市县财政管理体制的指导思想和原则

完善省对市县财政体制的指导思想是：按照科学发展观要求，遵循省委、省政府“创业富民、创新强省”和“标本兼治、保稳促调”战略思想，着眼于建立适合浙江经济社会发展的财政体制，坚持“一要吃饭、二要建设、三要有所积累、四要增强宏观调控能力”的原则，促进城乡、地区协调发展，实现基本公共服务均等化；充分发挥财政体制的导向、杠杆作用，促进产业优化调整、经济转型升级、发展方式转变；通过改革完善，让经济发展方式转得快、转得好的地方多得益，进一步调动省和市县两个积极性，促进全省经济社会又好又快发展。

完善省对市县财政体制遵循的原则：一是明确责任，健全机制。进一步明确各级政府的管理职责、支出责任，努力实现权责利相结合、财力与事权相匹配。健全财政运行的激励约束机制，充分发挥各级政府依法理财、自求平衡的积极性。二是积极稳妥，突出重点。在维持现行财政体制总体框架前提下，大稳定小调整，充分兼顾省市县利益关系。新增财力向市县倾斜，加大对财政困难县的支持力度。三是公平合理，简明规范。实施方案力求客观公正、简捷透明，统一规范、便于操作。

(二)完善省对市县财政管理体制的主要内容

在确定市、县(市)财政收支基数的前提下，结合我省实际，规范省和市县收支范围和收入分成办法，调整“两保两挂”和“两保一挂”财政政策、省对市县奖励政策，健全和完善省对市县转移支付制度。

1.建立分类分档激励奖补机制

将“两保两挂”、“两保一挂”统一调整为“分类分档激励奖补机制”。全省各市县分为两大类，一类是欠发达地区(含部分海岛地区、少数困难市县)，实施三档激励补助政策(奖励系数分别为0.4、0.3、0.2)、两档激励奖励政策;另一类是发达地区和较发达地区，实施两档激励奖励政策。其中个人奖励作为今后津补贴的来源和额度，用于省委、省政府确定的生态环保、节能降耗、社会保障等各项考核奖励。

2.完善省对市县财政奖励政策

一是实行市县营业税增收上交返还奖励政策。为进一步推动各地转变经济发展方式，促进产业优化升级，大力发展第三产业，更好地建立和健全地方财政收入长效增长机制，优化地方财政收入结构，实行省对市县营业税当年增收上交省部分予以返还奖励财政政策。

二是实行省级金融保险业营业税增收奖励政策。为改善我省金融保险业投资环境，鼓励市县扶持金融保险业发展，对省级金融保险业营业税增收实行奖励政策：省级金融保险业营业税当年增收部分给予市县20%的奖励；对当年引进全国性金融保险业机构总部(或跨国公司区域性总部)的，给予引进地财政一次性奖励。

三是适当提高新办电力生产企业所在地增值税分成比例。为鼓励和促进电力生产企业发展，适当提高新办电力生产企业(包括享受原政策企业，下同)所在地增值税返还奖励比例。具体政策是：新办电力生产企业缴纳的电力增值税25%部分，电力生产企业所在市县与省返还奖励比例由“四六”调整为“六四”，即市、县得60%，省得40%，市、县所得奖励按现行体制规定返还。

3.完善财政转移支付制度

一是加大一般转移支付力度。根据省级财力状况，逐年增加因素法转移支付和生态环保财力转移支付的力度，逐步提高县乡基本公共支出最低保障水平，增强经济薄弱及相对薄弱市县基本公共服务能力。

二是整合优化专项资金。为有效解决目前资金项目过多、用途交叉、使用分散和重分配、轻绩效等问题，合理整合专项资金，优化支出结构，提高资金使用效益。同时，为简化手续、提高效率，将省对市县按相关人数计算的、具有相对固定性的专项转移支付列作体制固定补助，纳入一般性转移支付。

三是规范专项转移支付类别档次。现行专项转移支付类别较多，标准不一。为使省对市县转移支付更加科学、合理，以各市县经济发展、财力状况等因素为依据，将全省市县分为若干类别、档次，统一标准系数。

进一步探索符合省情的财政体制，是推动全省城乡、区域和经济社会全面、协调、可持续发展，实现基本公共服务均等化的需要；是促进产业优化调整、经济转型升级、发展方式转变的需要；是浙江加快全面建设小康社会、提前基本实现现代化的需要。我们要从贯彻落实科学发展观、深入实施“两创”总战略的高度，充分认识深化财政体制改革的重要意义，以开拓创新的精神，切实把此项事关全局、事关长远的工作做好。

三、以落实新一轮财政管理体制为契机，大力推进生态文明建设

我省经济欠发达市、县(市)大多处于重要的生态功能区，承担了十分重要的生态保护和建设任务，当地的经济社会发展因此受到了更多的条件制约。因此新一轮省对市县财政体制充分考虑到了这一实情，在财力分配上尽可能向欠发达地区倾斜。各地要以落实新一轮财政管理体制为契机，充分发挥生态优势，加快经济转型升级，切实转变发展方式，积极探索具有浙江特色的生态文明之路。

(一)牢固树立生态发展理念，切实转变经济发展方式

良好的生态环境是社会生产力持续发展和人们生活质量不断提高的重要基础，加强生态建设和环境保护，是一项功在当代、利在千秋、功德无量的大事。党的十七大更是把建设生态文明提到与政治文明、精神文明、物质文明同样的战略高度，是我们党科学发展、和谐发展理念的一次升华。保护生态环境、建设生态文明也是我省加快经济转型升级，提升区域竞争力，推进经济大省向经济强省迈进的客观要求。改革开放30年来，浙江凭借改革创新的精神，经济社会发展取得了巨大的成就。但与此同时，浙江的发展也遇到“成长的烦恼”，作为资源小省、经济大省，现有的资源和环境已不能支撑粗放式的发展模式，经济社会的可持续发展对资源环境的要求越来越高。今后浙江要实现区域经济的率先发展、科学发展、可持续发展，就要率先实现发展模式的转型，以转型促发展；坚持环保优先、生态优先，以生态促发展，形成可持续发展的新优势。因此，我们必须站在转型升级和可持续发展的战略高度来深刻认识生态环保的重要性，切实转变思想观念，正确认识发展与资源的关系、发展与环境的关系，树立破坏生态环境就是破坏生产力，保护生态环境就是保护生产力，改善生态环境就是发展生产力，经济增长是政绩，保护环境也是政绩的科学发展理念，把保护生态环境作为实现转型升级、提升区域综合竞争力的重要内容，作为实现跨越式发展、促进四个文明建设的战略举措。

作为欠发达地区来说，当前的首要任务就是要立足生态优势，切实转变经济发展方式，正确处理保护生态环境与促进经济发展的辩证关系，把生态优势转化为经济优势，把“绿水青山”转变为“金山银山”，坚持开发与治理相结合，做到“在保护中发展、在发展中保护”，实现保护与发展的双赢。一方面要保护现有良好的生态环境，在开发条件不具备的情况下，宁可把资源先保护起来，也不进行低档次的开发；另一方面要利用良好的生态环境发展生态产业，通过高新技术的应用改造传统产业、培育和发展生态产业，并在生态产业发展的过程中，消化经济开发对生态环境的影响，改善生态环境。要确立“绿色GDP”理念，把环境资源成本和环境资源保护费用列入经济发展成本，把绿色GDP列入对各级党委政府经济社会发展的考核内容，注重资源整合和配置，优化产业布局，调整产业结构，不断提升产业层次和质量。要大力发展循环经济，提高资源利用效率，加快建设以循环经济为核心的生态经济体系，加快培育科技含量高、资源消耗低、环境污染少、经济效益好的优势行业、优势企业和优势产品。要把生态环境优势作为欠发达地区与发达地区开展资源与产业合作，深化“山海协作”工程的资本，扩大开放力度，推进借力发展，加快发展生态工业、生态农业、生态旅游、生态文化。

(二)建立健全生态环保长效机制，促进生态文明建设

生态环保建设是一项长期性、持续性工程，要不断创新和完善工作机制，建立健全生态环保的长效机制，推动生态文明建设。

1.整合财政资源，加大财政环保投入。各级政府要把环境保护作为公共财政支出的重点，调整财政支出结构，加大对环境保护的支持，加快形成省、市、县财政合力支持生态环保建设的新格局，并积极争取国家中央预算内、国债等各类生态环保专项建设补助资金。要调整和优化生态环保资金的支出结构，着重向欠发达地区、重要生态功能区、水系源头地区和自然保护区倾斜，特别是要优先支持生态环境保护作用明显的区域性、流域性重点环保项目。要整合现有财政补助资金，集中财力，确保重点环保项目投入，认准一个，搞好一个。要充分发挥财政资金的导向作用，以财政贴息或专项补助的形式，积极引导企业资金、社会资金投入生态环保领域，完善政府、企业、社会多元化环保投融资机制。

2.完善生态环保财力转移支付制度，促进区域协调发展。2007年我们在完善原钱塘江源头地区专项补助试点办法的基础上，全面实施省对主要水系源头所在45个市、县(市)的生态环保财力转移支付。建立生态环保财力转移支付制度是一项重大的制度创新，标志着浙江省对生态补偿迈出了主动的、探索性的步伐，基本解决了建立生态补偿机制的重大难题，在全国也是首创。今后，我们一方面要根据实情进一步调整完善测算生态环保财力转移支付的因素和系数，进一步完善考核激励制度，并加大这项转移支付的力度，建立责权利相一致的比较规范的运行机制，把生态补偿与扶持欠发达地区发展有机结合起来，把生态因素引入到省对八大水系以外的其他市县的体制中，丰富和完善省对市县财政转移支付制度体系，通过体制机制和政策创新进一步推动各地的科学发展，促进全省区域间的基本公共服务均等化。另一方面，要积极探索区域间和市场化的生态补偿方式，支持鼓励异地开发、下山脱贫、生态脱贫、“大岛建小岛迁”等行之有效的生态补偿方式，积极探索资源使(取)用权、排污权交易等市场化的生态补偿模式。

3.用足用好政策资金，加强生态环保绩效管理。要以推进生态省建设、促进区域协调发展为主线，积极借鉴国内外的成功经验，加快推进体制创新、政策创新、科技创新和管理创新，不断完善政府对生态环保的调控手段，充分发挥市场机制作用，努力实现生态环保的制度化、规范化。加强部门协调和区域协调，进一步整合资源，拓宽资金渠道，完善管理体制，统筹安排使用补偿资金，切实发挥政策的积极效应。建立生态环保资金使用绩效评估制度，探索定量化的自然资源和生态环境价值评价方法，加强生态环保转移支付补助资金使用的监督和管理，切实提高资金使用效益。

(2008年9月24日　在全省“两保两挂”市县会议上的讲话)

坚持务实创新 推动科学发展(摘要)

省财政厅厅长　钱巨炎

一、30年浙江财税改革与发展的进程，是不断探索和实践科学发展观的历程

发展观是从哲学角度对发展的诠释，是人们对经济社会发展总的看法和根本观点。随着人类社会的不断进步，人们对发展的认识不断深化，发展的内涵越来越充实。科学发展观是全面、协调和可持续的发展观，它是新一届中央领导集体根据我国实际和改革开放的实践提出来的，总结了30多年来我国改革开放和现代化建设的成功经验，吸取了世界上其他国家在发展进程中的经验教训，揭示了经济社会发展的客观规律，反映了中国共产党对发展问题的新认识，是切合当代世界发展趋势的一种新的发展观。科学发展观虽然是在十六届三中全会的《决定》中正式提出的，但其精神内核早已贯穿在几代中央领导集体的行动中。

改革开放30年来，在党的路线、方针、政策指引下，在历届省委、省政府的正确领导下，我省各级财税部门和广大财税干部在财税改革与发展的道路上，积极探索适合浙江经济特点和形势发展变化的生财、聚财、理财之道，努力扩大财税收支规模，优化收支结构，深化财税改革，完善公共财政体系，财税发展的持续性、协调性和稳定性不断增强，为全省经济社会全面协调可持续发展作出了重要贡献。可以说，30年浙江财税改革与发展的进程，也是全省财税人不断解放思想、积极探索、生动实践科学发展观的历程，处处闪耀着财税人追求科学发展、和谐发展、创新发展的思想光芒。

1.理财思路不断创新。30年来，全省财税工作一直践行科学发展的理念并坚持成为目标取向，遵循经济发展的客观规律，根据不同阶段和不同时期的工作重点，探索相应的财税支持经济发展的思路，注重运用合理的财税政策手段推动经济的可持续快速发展，促进经济发展方式转变。改革开放初期，随着全党的工作重点转到以经济建设为中心的轨道上来，提出“发展经济、培植财源”和“抓两头，带中间”的理财思路，促进了全省经济的率先较快发展。随着社会主义市场经济逐步建立和公共财政的改革导向，提出了“以人为本，四两拨千斤，建立理财新机制”和“还财政于政府，赋权力予制度，建立公共财政新秩序”的理财新思路，调动了各利益主体发展经济、增收节支、自主理财的积极性，使全省财政收支规模又上了一个大的台阶。进入21世纪，随着国家加强和改善宏观调控，浙江经济面临升级转型之际，厅党组审时度势，提出了“做大蛋糕、优化结构、综合调控、推进改革”的理财新思路，并具体细化为“三个三”财税工作措施，不断优化财税收入结构，推动经济转型升级，促进全省经济实现“腾笼换鸟”，走可持续发展之路。新的历史时期，厅党组又提出“依法治税、为民理财、务实创新、廉洁高效”的理念，丰富和发展了富有浙江特色的理财治税思路。理财思路由单纯地发展经济、做大蛋糕到优化收入结构、提高效益、促进经济发展方式转变，实现了由量到质的转变，推动了财税与经济的良性互动发展，体现了科学发展的本质要求。2007年，全省地方财政收入1650亿元，是1994年分税制改革时的17.4倍，年均增长24.6%，在全国的位次由1994年的第8位上升到第5位；地方财政收入占财政总收入的比重达到50.9%，比1994年提高5.7个百分点。

2007年，全省财政总收入3240亿元，是1978年的120倍，年均增长17.9%，占GDP的比重为17.3%。

2.财政体制不断完善。积极应对中央对地方的财政体制及税收制度的调整，顺利实现由"吃大锅饭"向"分税制"财政管理体制的转变。在坚持省直管县财政管理模式的基础上，省与市县按分税制体制要求实行分税、分享，合理构建具有浙江特色的省对市县财政体制。按照"抓两头，带中间，分类指导"的工作思路，先后出台激励与约束相结合的"亿元县上台阶"、"两保两挂"、"两保两联"、"两保一挂"等一系列财政政策，并不断加以调整和完善，有效调动了市县发展地方经济、增收节支保平衡的积极性，市县财力不断壮大，省级财政调控能力不断增强。2007年全省所有县(市)地方财政收入均超亿元。不断完善省对市县财政转移支付政策，实行因素法、公式化的一般财力性转移支付，促进区域间基本公共服务均等化；建立生态环保转移支付制度，推进主体功能区建设；出台优化收入结构财力性奖励办法，推动市县加快优化产业结构步伐；建立宁波市财政上交省机制，逐步理顺省与宁波市的财政收入分配关系。新一届厅党组着眼于推动经济转型升级，建立"分类分档激励奖补机制"，通过体制内利益调整，引导、刺激地方调整产业结构，推动全省经济发展方式转变。省直管县财政体制为全国分税制财政体制改革提供了宝贵的实践经验，得到中央的肯定并在全国推广。

3.以人为本理念贯穿始终。以人为本是科学发展观的核心。30年来，全省各级财税部门在收入分配、支出导向等方面都体现了以人为本的理念。在收入分配上，兼顾公平与效率，以理性经济人为出发点，在充分承认并尊重人的利益基础上，利用合理的利益机制，较好地理顺了上下、左右及个人与集体利益分配关系，调动了各利益主体发展经济、增收节支和自主理财的积极性和主观能动性，实现了个人、集体和地区、社会利益的统一和最大化。在支出安排上，始终坚持体现党和政府的决策和意志，体现人民群众的利益和意愿，体现公共财政的原则和要求，科学界定财政支出范围，通过"存量调结构，增量优方向，增量调存量"，不断调整和优化财政支出结构，统筹城乡、区域、经济与社会发展以及人与自然和谐发展，把更多的财政资金投向公共产品和公共服务领域，使公共财政最大程度地惠及全省人民。2007年，全省财政支出1807亿元，是1978年的103.7倍，年均增长18.1%，在全国的位次由1978年的第19位上升到第6位，全省人均财政支出从1978年的第24位上升到第10位。全省财政民生支出占当年财政支出总量的比重达67.8%，当年财政支出增量中民生支出的比重达70.3%，全省财政实现了向"民生财政"的实质转变。

4.公共财政体系不断健全。随着社会主义市场经济体制改革的不断深化，全省财税改革步伐不断加快，特别是自1998年以来，全省各级财税部门积极探索和掌握财税工作规律，健全管理制度，创新管理手段，大力推进以部门预算、国库集中收付、财政支出绩效评价"三位一体"为主要内容的公共财政改革，积极推进"收入一个笼子、预算一个盘子、支出一个口子"的预算管理模式，逐步建立起运行有序、管理规范、约束有力、科学高效的财税运行机制。立足"理念先行、技术支撑"，深化地税征管改革，建立"以纳税申报为基点，以计算机网络为依托，以新组织体系和社会化税收保障网络为保证，集中办税、优质服务、科学管理、重点稽查相结合"的征管模式。

5.财税管理水平不断提高。改革行政事业经费管理办法，1980年起对行政事业单位实行经费预算"包干结余留用，超支不补"以及"抓大放小，包奖结合"等办法，2001年起，各地普遍成立会计核算中心，对行政机关的所有经费实行"统一开户、分户核算"，加大财政资金收支监管力度，严格控制行政事业经费的过快增长。在全国较早地研究提出加强地方政府性债务管理的意见，按照"适度举债、讲求效益、加强管理、规避风险"的原则，建立归口管理制度和风险监测指标体系，完善偿还机制，构建风险预警体系。逐步建立起有效的财政监督新机制，提高资金效益和内部管理水平。围绕"夯实基础，标本兼治"，推进依法治税，全省地税系统全面推行税收执法责任制，完成税收执法质量考核系统。加强行政监管和会计诚信建设，整顿和规范会计秩序。

6.高素质人才不断涌现。加强会计基础管理，建立会计从业资格制度，会计人员队伍不断壮大，注册会计师行业蓬勃发展；组织实施高级会计师考评结合试点，培养高级会计领军人才。建立较为完备的学习激励机制和制度保障体系，不断提高干部队伍的综合素质，建立健全科学、规范的干部选拔任用机制，不断拓宽选人用人渠道，发现、培养优秀人才，全省财税系统涌现出了一大批基础扎实、具有创新精神和实践能力的高素质的复合型人才，为财税事业的可持续发展提供了人才保证。

30年财税改革与发展取得的成绩和进步是有目共睹的。但在肯定成绩的同时，我们也必须清醒地认识到当前面临的严峻形势：受国际、国内多重因素影响，我省经济运行下行趋势明显，所面临的困难和挑战前所未有；财政收支矛盾突出，公共财政体制改革进入攻坚阶段，改革任务十分繁重；财税干部队伍中仍存在着固步自封、不思进取、畏首畏尾、墨守成规的思想观念，一些同志工作上安于现状、按部就班，缺乏创新意识，习惯于条条框框，对第一线、第一手、"原生态"的情况调查研究了解掌握不够等等，这些都需要我们通过学习实践活动切实加以解决。

二、深入学习实践科学发展观，创新推进科学发展的财税体制机制

开展学习实践活动，关键在于引领观念转变，推进实践创新，从而实现科学发展。从根本上说，树立科学发展观，要解决的是体制、制度问题，因此科学发展观同时也是科学的改革观。我们要"以人为本"，"全面、协调、可持续"地发展，就必须着眼于体制改革、制度创新来实现这一要求。财政地税部门开展学习实践活动，必须按照党的十七大对财税工作提出的具体要求，把学习实践科学发展观落实到各项财税工作中去，以完善公共财政体系为主线，着力研究完善有利于科学发展的财税体制机制，破除影响和制约科学发展的思维、体制和利益障碍，摆脱传统路径依赖，使财政体制更加规范透明，转移支付制度更加客观公正，激励约束机制更加科学有效，各项财税政策措施运用更加协调，努力促进经济社会全面协调可持续发展。

(一)创新省对市县财政体制，建立健全推动经济发展方式转变的导向机制

我省自1995年实施以"两保两挂"等政策为主要内容的省

对市县财政体制，对促进全省区域、城乡统筹协调发展、稳定财政状况起到了重要作用。但是，随着经济快速发展和社会不断进步，省对市县财政体制也面临着一些新的问题：一是财政状况“贫富”差距过大。2007年，从按总人口计算的人均地方财政收入看，最高的绍兴县(4615元/人)是最低的文成县(516元/人)的8.9倍；“两保两挂”县市中最高的嵊泗县为3726元/人，是“两保一挂”县市中最低的平阳县(828元/人)的4.5倍。从按财政供养人员计算的人均可用财力看，最高的绍兴县(15.54万元/人)是最低的松阳县(4.26万元/人)的3.6倍；“两保两挂”县市中最高的嵊泗县(10.29万元/人)，是“两保一挂”县市中最低的平阳县(4.55万元/人)的2.2倍。二是生产和资源要素短缺日益成为制约财政增收的客观因素。经过30年的发展，伴随着经济建设而来的环境代价大的问题也与日俱增，财政在这方面的支出压力相当大。三是现行财政体制缺乏正常的退出机制。我省实行分级财政、分灶吃饭，省、市、县各级财政之间始终处在一种博弈状态，必须变省与市县的逆向思维为同向思维，使省与市县之间能够达到“双赢”。同时，13年来“两保两挂”市县发生了很大变化，但体制规定的政策基本上是一刀切，没有适当区别对待，形成新的不公平。由于“两保两挂”与“两保一挂”政策之间是一种垂直的梯度关系，造成要求享受“两保两挂”政策的市县越来越多，但没有要求“毕业、退出”的，长此以往，省对市县体制将无法维持。这就需要我们以科学发展观为指导，创新省对市县财政体制，将“两保两挂”与“两保一挂”之间的垂直落差改变为坡度关系，建立稳妥的进退机制。

基于上述考虑，我们遵循“明确责任，健全机制；积极稳妥，突出重点；公平合理，简明规范”的原则，按照大稳定小调整的要求，对现行财政体制进行了完善。一是将“两保两挂”、“两保一挂”统一调整为“分类分档激励奖补机制”。二是完善省对市县财政奖励政策。实行市县营业税增收上交返还奖励政策和省级金融保险业营业税增收奖励政策，适当提高新办电力生产企业所在地增值税分成比例，以进一步推动各地大力发展第三产业，促进产业优化升级，转变经济发展方式。三是完善财政转移支付制度。加大一般转移支付力度，逐年增加因素法转移支付和生态环保财力转移支付的力度，逐步提高县乡基本公共支出最低保障水平，增强经济薄弱及相对薄弱市县基本公共服务能力，从“有心、有责、有力、有效”四个方面，积极推进基本公共服务均等化。

新一轮财政体制调整，是财税部门按照科学发展观的要求，围绕省委、省政府的决策部署从大局上进行完善的过程，是省对市县让渡利益的过程，是通过体制传导到产业和企业、实现产业结构合理化的过程。新体制通过财政奖补机制特别是营业税奖励政策的导向、杠杆作用，让经济发展方式转得快、转得好的地方多得益，促进产业优化调整、经济转型升级、发展方式转变；着力在增加地方财政收入总量、优化收入结构上入手，增强地方财政实力，从而不仅使欠发达地区有发展经济的动力，更重要的是使发达地区有加快发展经济的欲望和能力，为做好做大财政“蛋糕”、全面改善民生打下坚实基础。我们要通过学习实践活动，既对以前的体制执行情况进行全面回顾总结，梳理所得所失，以指导今后工作；又要指导市县做好贯彻落实新体制工作，及时核定各市县区收入、支出和财力基数；明确营业税奖励政策的兑现办法；认真考核市县实现当年财政收支平衡、完成政府职责任务情况，并根据考核结果及时兑现奖励和补助政策。

(二)准确把握当前财税经济形势，建立健全财税收支稳定增长机制

首先，要进一步统一思想认识。目前在美国次贷危机引发的金融危机波及全球的背景下，我国经济正面临着国际国内的诸多挑战，外部环境的变化也将使我省经济增长面临更大的不确定性和严峻性。虽然国家和地方对企业的扶持政策相继出台，10月份央行“双率下调”，暂免征收存款利息个人所得税，显示国家宏观政策出现了转折性改变，将成为拉动经济增长的有利因素，但宏观经济政策发挥的效应仍有一定滞后性，目前经济增长回落、近年宏观调控累积效应和税收政策性减收将会有进一步扩大的趋势，财税收入增长将继续面临较大的下行压力，当前特别是明年将是近年来财税经济运行最为困难的一年，对此我们要有清醒的认识，并以此来统一思想，切实把财税工作放在经济和社会发展大局中进行思考，实事求是地把握今年财政收支总盘子，重点是优化税收收入结构和地方收入结构；适当下调明年预算收支指标，使财政预算安排与经济运行更加吻合。

其次，要牢固树立过“紧日子”的思想。充分利用当前财税经济形势趋紧的有利时机和难得机遇，因势利导，顺势而为，引导领导、部门、地方树立长期过紧日子的意识，扭转敞开口子花钱的思维，杜绝铺张浪费的现象，并形成一种制度、形成一种氛围，把经济增长下行的“坏事”转化为观念更新的“好事”。要兼顾长远与眼前、点与面的关系，积极为党委政府算好账、做好参谋，加强财政支出管理，努力做到少花钱、多办事，巧花钱、办好事。要确保已出台民生政策的落实到位，谨慎出台新的政策、新的项目。要严格预算和支出管理，严格控制会议费、招待费、培训经费和车辆经费等支出，坚持节用裕民，减少不必要的开支。要加强财政监督和财政支出绩效评价，完善管理办法和制度，加强对预算执行和财务收支情况的监管。

再次，要确保财税经济的平稳运行。坚决贯彻落实各项财税扶持措施，在依法合规的前提下，实行有关税收缓征或减免政策，优化财税服务，积极引导企业调整产业结构、提升竞争能力。以支持自主创新为重点，充分发挥新企业所得税法“产业优惠”导向作用，为高新技术产业、现代服务业发展营造良好的政策环境。认真贯彻落实全省财税推进工业企业分离发展服务业经验交流会精神，研究和规范工业企业分离发展服务业形成的现代物流、工业设计、技术服务、检测检验、仓储运输、文化创意等应税劳务的政策和管理，促进现代服务业加快发展。进一步加强对税收政策管理的研究，密切关注个人所得税综合与分类相结合的税制改革工作；加强营业税分行业分税目税源管理，拓展水利工程水费、楼宇经济等税源新增长点；认真把握城镇土地使用税的土地等级范围，积极做好外资企业城镇土地使用税征管工作。按照“扩大覆盖、夯实基数、公平费负、适度增长”的要求，全面推进社会保险费“五费合征”，扩大社会保险覆盖面。密切关注宏观经济形势变化对财税收入的影响，各项经济政策和税收政策的动向，及时采取措施，防止收入出现大起大落，确保地方财力的可持续增长。

(三)深化财税管理改革，建立健全“三位一体”的财税运行

机制

深化财税管理改革，是深入贯彻落实科学发展观的客观要求。我们要进一步综合预算制度，推进"收入一个笼子、预算一个盘子、支出一个口子"的财政管理，完善以部门预算为龙头的预算编制体系、以国库集中收付为龙头的预算执行体系和以绩效评价为龙头的预算监督体系的"三位一体"的财政运行机制，积极构建预算编制、执行、监督"三分离"的预算管理体系，切实加强财政预算管理，提高依法科学理财水平。

1. 推进预算编制、执行、监督"三分离"改革。一是推进预算管理改革。注重"整体规划、积极稳妥、协调推进"，抓好综合预算管理、标准体系建设、项目预算管理等重点改革。完善综合预算制度，强化预算的完整性，做到"收入一个笼子、预算一个盘子、支出一个口子"。建立完善的支出标准体系，使财政资金分配有据可依，实现财政资金分配的透明化、公平化和科学化。加强项目支出预算管理，从项目支出预算的申报、审核、审批等各个环节建立制度，规范操作，确保项目支出发挥应有效益。完善各项预算管理制度，强化规范管理力度，促进以制度保障各项管理的到位。

二是推进国库集中支付改革。稳步推进设区市国库集中支付改革，逐步将所有财政性资金全部纳入国库单一账户体系运行管理，各级预算单位全面实行财政国库集中支付制度。扎实推进财税库银横向联网改革，在全省范围内推进财税库银税收收入电子缴库横向联网工作的全面实施。稳步推进公务卡制度改革，逐步在全省预算单位全面推行公务卡制度。

三是推进绩效评价改革。按照"科学规范、客观公正"的原则，完善绩效评价指标和标准、评价报告、操作流程；完善社会中介机构参与绩效评价管理办法和绩效评价专家管理办法；健全"项目单位—主管部门—财政部门"三层次评价体系，不断拓宽评价广度和深度，加强对民生项目的绩效评价；加强财政支出绩效评价结果的应用，积极探索和建立一套与部门预算相结合、多渠道应用评价结果的有效机制。

2. 正确处理"三分离"与"一体"的关系。部门预算编制是预算管理的前提、基础；预算管理要取得成效，关键在预算的执行、监督，预算编制、执行、监督三个环节是环环紧密相扣的，因此要注重管理业务的规范以及信息管理系统建设的一体化。结合当前财政预算管理实际，要构建以"部门预算编制为龙头，三个预算管理环节为抓手，打造好一体化信息管理平台"的预算管理机制，加强对部门预算各项配套改革的整合，不断增强改革合力，优化配置公共财政资源。

3. 优化整合与"三位一体"财政运行机制相适应的组织机构。"三位一体"的运行机制需要有相应组织机构的支撑，目前财政部门内部机构虽然为预算改革作了相应的调整，但还不彻底，并未建立与之完全相适应的组织管理体系。当前的预算管理仍有很大的优化余地，要通过体制创新、管理创新，围绕"三分离"组织架构的最终目标——预算编制局、预算执行局、预算监督局，整合优化预算编制、执行及监督机构职能。

4. 积极探索地税数据省级集中。地税数据省级集中能够为满足全省性、综合性业务需求，实现应用层面从前台操作层向后台管理层转移提供强大的技术依托，支撑全省地税管理在规范、效率方面达到新的高度。省级集中是又一次的开发、应用过程，需要人力(业务、技术)、财力等方面的保障。实现省级集中，管理方式将随之发生变化，其中很多可能是各级地税部门内生的、自发的变化，其中最突出的是信息技术运维体系的变化；同时风险也集中到了省局，需要建立一支强有力的技术保障队伍。因此，要做好思想准备等各项准备工作，在观念、认识等方面适应新模式，迎接地税信息化的再次飞越；要在学习、借鉴兄弟单位的经验的基础上，结合实际，研究利用成熟的社会资源的可行性，建立一套具有浙江特色的开发、运行维护体系。

(四)加强财政专项资金整合，建立健全提高资金使用绩效的监管机制

今年以来，省委、省政府主要领导对加强财政专项资金管理提出了明确的要求，省十一届人大常委会第六次会议在审议财政决算报告时，对专项资金管理问题的反映也比较集中，委员们提出了很多很好的意见和建议。近年来，为规范和加强财政专项资金管理，我们提出了财政专项资金要"立项有依据，计算有标准"，采取了"明确类别、规范申报、强化审核、软件支撑"等四项措施，制定了办公设备费用、会议费等七类费用支出标准，有效提高了专项资金的使用效益。但是，由于项目支出预算"退出机制"不够严格，缺乏完整的经费支出标准体系和资产配置标准，项目预算绩效评价缺乏约束力，出现了专项资金项目多且分散，资金使用交叉重复，预算执行进度较慢、结余资金较多等问题。因此，加大整合力度，切实加强财政专项资金管理已迫在眉睫，是当前及明年必须着力抓好的一项重点工作。

我们要按照科学发展观的要求，采取以下四项措施切实加强财政专项资金的管理。一是以建设支出标准体系为核心，提高预算管理的公平性。在完善办公设备费用、会议费等已有费用标准的基础上，进一步完善支出标准体系，加强标准的执行力度，促进预算支出的标准化，提高预算管理的科学性、公平性。二是以精细化管理为手段，促进预算管理规范化。运用信息化、专业化和系统化管理技术，改变粗放式管理的方式，精确、细致、深入地实施管理，实现对预算编制、预算执行等各环节的精确掌控，不断提高预算管理的规范性。三是以加强绩效评价为重点，提高预算管理有效性。转变预算管理理念，逐步实现从"重分配"向"重管理"转变，关注预算资金的实际使用效果，关注公共服务的供给质量，推进以提高公共服务质量为主要内容的绩效评价工作。注重绩效评价结果的应用，建立激励约束机制和整改机制，发挥绩效评价工作实效。四是以制度创新为根本，提高预算管理的科学性。建立健全政府"花钱买服务"机制，推进事业单位财政供给方式改革。完善资产管理制度体系，从"统一制度、部门管理、收益上缴、余缺调剂"等方面入手，统一完善资产管理各项制度，建立健全行政单位国有资产管理制度体系。

近期的工作重点：一是严格控制新增项目。除中央、省有关法律、法规以及中央和省要求设立的专项转移支付外，原则上不新设立专项转移支付。二是清理整合已有项目。对到期的项目按期予以取消；对方向和用途类似的项目予以归并整合，特别是加大对农业类、工业和科技类、现代服务业及节能环保类的整合力度；对需要较长时期安排且数额相对固定的项目，纳入固定结算补助。三是规范专项转移支付管理制度和类别档次。以各市县经

济发展、财力状况等因素为依据，规范分类档次，统一标准系数，积极运用公式法、因素法科学合理地分配资金，提高转移支付的公正性和公开性。

三、加强财税文化建设，不断提高贯彻落实科学发展观的能力和水平

文化决定个人修养、民族兴衰，也决定行业素质。总体上看，全省财政地税队伍政治素质高、业务能力强，工作也很出色。但是随着改革的不断深入，面临的新情况、新问题层出不穷，我们的思维方式、思想观念、工作方式等还不能完全适应科学发展观的要求。因此，要通过学习实践活动，深化"依法治税、为民理财、务实创新、廉洁高效"的理念，牢固树立政治意识、经济意识、法治意识、创新意识、服务意识、风险意识，切实加强财税文化建设，努力营造"勤学、善思、践行"的工作氛围，培养健康、文明、阳光的生活情趣，不断提高财税干部贯彻落实科学发展的能力和水平。

（一）解放思想，筑牢科学发展的思想基石

解放思想是党的思想路线的本质要求，是我们应对前进路上各种新情况新问题、不断开创事业新局面的一大法宝。党员干部有没有解放思想、改革创新的意识，能不能牢固树立科学发展的理念，是不是具备谋划和推动科学发展的能力，在很大程度上决定着贯彻落实科学发展观的成效，决定着一个部门和单位的发展水平。厅局党员干部特别是处以上党员领导干部要在深化理论武装、更新思想观念上下工夫，用包括科学发展观在内的中国特色社会主义理论体系这一马克思主义中国化的最新成果来武装自己，筑牢科学发展的思想基石。

当前重点要抓住两个环节：一要深入学习贯彻党的十七大、十七届三中全会、省十二届四次全次精神，系统掌握科学发展观所体现的马克思主义立场、观点和方法，深刻理解和全面把握科学发展观的科学内涵、精神实质、根本要求，增强高举中国特色社会主义伟大旗帜的自觉性和坚定性，增强贯彻落实科学发展观的自觉性和坚定性。二要坚持以科学发展观为指导，推动改造主观世界和客观世界相统一。要紧密联系当前我省财税干部队伍建设实际，把深入学习实践科学发展观与继续解放思想、坚持改革创新、推动科学发展、促进社会和谐有机结合起来，切实做到学习理论、调查研究以科学发展观为主要内容，查找问题、分析原因以科学发展观为基本依据，破解难题、完善思路以科学发展观为重要指导，解决问题、创新体制机制以服务和推动科学发展为根本目的，努力把科学发展观真正内化为世界观和方法论，转化为行为准则和自觉行动，努力把科学发展观转化为推动科学发展的坚强意志、谋划科学发展的正确思路、领导科学发展的实际能力、促进科学发展的政策措施和有利于科学发展的体制机制，不断提高科学发展的能力。

（二）改革创新，提升科学发展的能力水平

改革是推动科学发展的活力源泉，创新是推动科学发展的不竭动力，要实现科学发展就要不断改革创新。合格的财税工作者不是终身的。过去是"不进则退"，现在是"慢进则退"。财政地税业务纷繁复杂，这些年发展这么快，变化这么大，只有与时俱进，摒弃固步自封、停滞不前的思想，做思想解放、改革更新的表率，不断汲取新信息、新知识、新理论，提升自己的思想观念、工作方法、专业知识、业务技能，同时把学习新知识理论与研究解决本部门本单位发展中的实际困难和问题结合起来，完善知识结构，提高改革创新的能力，从而进一步提高科学发展的谋划力、执行力和战斗力。党员领导干部要始终把财政地税工作放在党和政府的大局中、历史发展的大局中考虑，切实从战略上、全局上、长远上考虑问题、作出决策，切实把科学发展观的要求转化为谋划科学发展的正确思路。要善于从大处着眼，从细微入手，锻造一种严谨、细致的工作作风，追求卓越，把小事做细，把细节做精，不折不扣且又富有创造地执行好各项重大战略决策和工作部署，把贯彻落实科学发展观转化为自觉抓落实的执行力。要进一步增强干部职工的事业心责任感，丰富干部职工的文化生活，完善干部选拔任用机制，建立健全重实干、抓落实的领导机制和工作机制，增强干部职工贯彻落实科学发展观的凝聚力、向心力和战斗力。

（三）求真务实，弘扬科学发展的实践作风

求真务实是工作作风，科学发展是工作成效，前者是手段办法，后者是目的要求，有必然的因果、条件关系。只有发扬求真务实精神，才能实现科学发展。求"实"既是财税部门的职责所在，也是财税文化的灵魂和精髓。财税数字反映经济社会运行的态势，是各级领导决策的依据，财税干部必须有精益求精、追求卓越的精神，对党忠实、做人诚实、做事扎实，尊重实际，注重实干，讲求实效，以求实的精神、务实的作风、扎实的工作不断推动财政地税事业向前发展。特别是在当前宏观经济形势趋紧的背景下，更要增强科学发展理念，不要盲目攀比，过度追求"数字"上的漂亮，而要实事求是，尽力而为，量力而行，努力实现可持续发展。

一是要尊重实际。尊重实际就是要从财政地税工作所处的环境条件来研究分析财政地税工作，就是要从历史发展的过程去把握财政地税各项改革，就是尊重客观规律。当前，我省经济正面临着加快经济结构调整、转变经济发展方式的重要时期。我们必须充分认识这一阶段性特征，坚持用科学发展观指导各项工作，正确认识和把握经济社会发展规律，按客观规律办事。

二是要注重实干。《荀子·修身》云："道虽迩，不行不至；事虽小，不为不成。"不注重实干，再好的思路，再好的规划，再好的政策，也都是空的。要坚决摒弃形式主义、官僚主义和急功近利的思想，坚持实事求是、脚踏实地，坚持"为人实、工作实、数字实"，积极引导激励党员干部把精力集中到干实事上来，把功夫下到抓落实上来，把本领用到促发展上来，以扎扎实实的工作，做出实实在在的业绩。

三要讲求实效。要强化宗旨观念和公仆意识，树立正确的政绩观，坚持立党为公、执政为民，心系群众、服务人民，坚持把实现和维护好人民群众最根本的利益作为工作的出发点和落脚点，多做功在当代、利在千秋的工作，多做雪中送炭的事情，使我们所做的一切工作、所从事的一切事业经得起群众的评价、实践的评判和历史的评说。

（四）争做表率，发挥科学发展的引领作用

孔子曰："政者正也，帅之以正，孰敢不正？"毛主席也说过，"政治路线确定之后，干部就是决定的因素"。一个单位、部门总存在着三种人：一种是勤于学习、善于思考、勇于实践，积极主动地想问题、出主意、当参谋，能为单位增光添彩的人；一种是做好自己份内工作，但思考创新不够，不给单位添乱的人；还有一种是给单位添乱、抹黑的人。一个单位，前两种人占多数，就能干好事、干成事；第三种人多了，只会坏事。正处长作为处室、单位的一把手，办事要公正，言行要慎重，面对困难要上，面对荣誉要退，这样才能树立威望。在深入学习实践科学发展观活动中，各级党员干部必须争做第一种人，努力消除第三种人，始终坚持讲党性、重品行、作表率，带头创业创新，在领导科学发展的实践中发挥引领作用。

一是加强厅局领导班子建设。按照省委关于厅局领导班子比例结构，根据经济社会发展和财政地税事业发展对班子整体功能提出的客观要求，配合省委组织部积极做好厅局领导班子的配备工作，注意选拔政治素质好、熟悉财政地税工作、能够处理复杂问题、有创新创业精神的优秀处级干部进厅局领导班子，优化厅局领导班子结构，不断增强班子活力。

二是加强处级干部队伍建设。要解放思想，更新用人观念，改进选人办法，拓宽用人渠道，尽可能想办法解决老处长、老同志的职级待遇问题，实在解决不了的实转虚的老处长们也要予以理解、支持；要选拔任用能干事、会干事，大胆创新、年轻有为的优秀年轻干部尽快走上处级领导岗位，加快厅局处级领导干部队伍年轻化步伐；老同志要从大局出发，从培养年轻同志出发，正确认识这个问题，年轻同志要尊重老同志，爱护老同志。加强后备干部培养，推进干部交流和实践锻炼。党员领导干部要树立正确的世界观、人生观、价值观、权力观，不断加强自身修养，勤学、善思、践行，发挥自己的聪明才智，为财政地税事业作出自己的贡献。

(2008 年 10 月 31 日　在深入学习实践科学发展观活动中的主题报告)

总结经验 与时俱进 改革开放 创新发展(摘要)

省财政厅副厅长 罗石林

浙江是资源小省，但在改革开放的洪流中，浙江人民以自己的智慧和勤劳建设自己的家乡，创造了巨大的物质财富和精神财富，使之跃居全国经济大省的行列。2007 年，全省生产总值 18640 亿元，全省财政总收入 3240 亿元，全省城镇居民人均可支配收入 20574 元，农村居民人均纯收入 8265 元，我省已经进入全面建设小康社会的新阶段。

浙江经济的高速发展，不乏有天时地利人和各项因素的优化组合，而财务会计工作的创新与发展，也是其中不可或缺的一项。从浙江经济发展的大视野来总结，我省会计工作 30 年来取得的成就与全省的经济和社会发展一样耀眼。

一是会计管理体制机制框架初步形成。30 年来，我省初步建立了以会计管理机构、行业组织、教育培训机构和学术团体之间分工明确、运转高效、协调通畅的管理体系和工作机制。全省各级财政部门、各企业、各单位的会计管理制度逐步健全，会计管理功能逐步拓展，会计服务作用日益强化。一个由政府监督指导、行业自律管理、社会监督约束和单位内部控制协调发展的会计监管体系，在维护法律尊严、经济秩序和公众利益中发挥了重要作用。我省的会计管理工作还多次得到财政部的嘉奖。

二是会计制度改革扎实推进。改革开放后，为适应社会主义市场经济的需要，我省一方面积极贯彻落实国家新会计制度，另一方面结合实际努力完善各行各业的会计制度体系。特别是 2006 年《企业会计准则》、《中国注册会计师执业准则》等一系列会计制度发布后，我省结合实际，补充制订了《新型农村合作医疗基金会计核算办法》等多项会计制度，从而形成一个完整的会计制度体系，为会计更好地服务社会经济发展提供了重要的技术支撑。

三是会计队伍不断壮大。1988 年以来，我省着手建立和完善会计从业资格和注册会计师注册管理制度，从源头上把好职业准入关口。率先在全国进行高级会计师资格的考试与评审相结合的试点改革，建立和完善初、中、高级会计资格考试(评价)体系。截至 2007 年底，我省持有会计从业资格证书 71.47 万人，具有初级资格 16.34 万人，中级资格 5.41 万人，高级资格 6112 人，整个会计队伍的素质和人员结构不断优化。2005 年，财政部启动高级会计领军(后备)人才培养工程，目前，我省参加此类培训的已有 17 人。到 2007 年底，我省已拥有会计师事务所 307 家。在 2008 年度全国百强会计师事务所综合实力排名中，我省 7 家会计师事务所榜上有名。注册会计师执业会员 3326 人，资产评估机构 188 家，注册资产评估执业会员 1325 人，注册会计师、资产评估师从业人员 1.1 万余人，促进了经济的快速发展。30 年来，我省还大张旗鼓地开展三次会计知识大赛。在第三届全国会计知识大赛中，我省选手不畏强手，顽强拼搏，团结奋战，经过与各代表队的激烈角逐，省队和宁波市代表队双双进入全国前 8 强，获得第三届全国会计知识大赛三等奖，充分展示了浙江会计人扎实的会计功底和奋发向上的精神风采，实现了我省代表队在全国会计知识大赛总决赛中零的突破和我省几代会计人的共同梦想。通过会计诚信教育评选表彰以及会计知识大赛等活动，会计队伍整体素质不断提升，全社会理解会计、支持会计的社会氛围进一步形成。

四是会计管理职能不断创新，经济效益日渐显现。随着改革开放的深入，我省会计管理的职能不断拓宽、深化、创新，为企业、为社会创造了巨大的经济效益，在浙江经济发展中的作用愈来愈重要。不少企业财务会计部门通过资金管理、资本运作、成本控制、风险防范等方式直接或间接地为企业创造巨大的经济效益，在企业发展中起了关键作用。财会人员的社会地位持续提高，会计日益成为受人尊重的热门职业。

五是会计监督制度逐步完善。在全省建立系统的会计工作情况检查、会计信息质量抽查和企业财务会计报告审计制度，基本形成政府监管、社会监督与单位内部监控三位一体的会计监督制约体系。几年来，严厉查处并通报一批会计违法案件，单位内部控制制度建设得到加强，对制约和防范贪污舞弊等违法行为起到了“防火墙”作用。

六是会计理论研究活跃而深入。随着我省会计教育加速发展，高层次会计人才成批涌现，会计理论研究取得长足进展，一批反映我国及结合我省经济改革与发展的会计研究成果逐步得到国内会计界认可。30年来，浙江省会计学会利用多种形式，凝聚各类会计人才开展学术研究活动，发挥理论联系实际，政府连接企业的桥梁作用和作为“会计人员之家”的凝聚作用，多次被省社科联评为优秀学会。

浙江会计事业的发展，主要得益于财政部和省政府的正确领导和大力支持，得益于全省广大会计人员的积极努力。同时我们也在以下几方面感悟良深。

第一，会计工作在市场经济条件下要正确定位。会计工作作为税收、财政、经济发展的基础，我省始终将其定位为财政工作的重要内容之一，高度重视，常抓不懈，对会计发展的关键问题进行研究，积极予以支持，推动其快速发展。在浙江经济发展的实践中，每一家成功企业的背后都有一整套财务运作的成功经验，而每一家失败企业的原因却与财务失控密切相连。会计管理健全的地区，税基扎实，财政稳健；而会计管理混乱的地区则问题层出不穷。因此，省财政厅的历届领导坚持解放思想，开拓创新，始终重视会计工作，把重大会计改革摆上日程，及时给予研究和解决，支持会计工作的创新与开拓。

第二，会计队伍是开创会计工作新局面的重要力量。一支优秀的会计队伍是做好会计工作的基础。30年来，我省一向非常重视会计队伍建设，重点是培育好四支会计精英队伍。一是组织高校的会计教授，对重点经济、会计理论课题进行攻关、研究。二是组织企事业单位的总会计师、财务总监、高级会计师等进行财务管理先进经验的交流，并对这些经验宣传报道，推动我省企事业单位财务管理创新。三是打造注册会计师精英队伍，促使其在做强做大会计师事务所主业的同时，广泛开展会计咨询、税务筹划、资本运作等非审计业务，为企业成长提供多元化的增值服务。四是强化会计管理队伍建设，使我省的会计管理工作逐步由事务型向管理型转变，显著提高工作效率与管理质量。

第三，创造性地贯彻执行国家各项会计改革的方针政策，敢于结合浙江实际，开拓创新。在贯彻国家的一系列会计改革方针政策中锐意进取，一是努力争取成为全国会计改革的先行地区。上世纪80年代，争取财政部在浙江进行会计职称改革的试点。其后，在会计师事务所改革、高级会计师的考评结合、正高级会计师评审等方面，都争取浙江先行。二是在贯彻执行国家的一系列会计改革政策时坚持与浙江经济的发展实际相结合。既为全国会计改革当好试验区，又顺应浙江经济较快发展的需要。三是对国家制度尚未涉及而地方经济发展亟需解决的课题，积极进行小范围的试验、探索。比如，在浙江各地先后进行村账乡管、民主监督等多种模式的探索，较为成功地处理好农村会计的基础问题。

第四，坚持理论与实践相结合的会计理论研究方向，通过理论先导，解决浙江会计发展中的难题。改革开放以来，浙江会计在发展中涌现了许多宝贵的先进经验，也面临着许多发展难题。我省组织研究人员从理论和实际结合的高度总结，出版发行《责任会计理论与实践》一书，同时还系统总结财会创效等成功经验，对促进浙江经济的发展发挥了积极的作用。

回顾总结会计改革开放30年来我省会计界取得的巨大成绩，我们感到无比欣慰。面对新形势，新任务，我们又深感任重而道远。和30年前相比，我国经济已经全面融入国际经济，世界经济、政治形势的变化又日趋多元化、复杂化，从而给会计工作提出了走向世界会计舞台，角逐国际经济变革风口浪尖的光荣使命。在今年5月7日召开的全国会计工作座谈会上，王军副部长提出我国在2020年前要健全适应社会主义市场经济体制和国际化发展要求的会计体系的“六个”方面奋斗目标。浙江是经济大省，正处于以加速融入国际经济体系为目标的二次创业转型期，建立健全会计管理制度和融入国际体系的要求显得尤为迫切。我们要在省委、省政府领导下，扎实推进“创业富民、创新强省”战略，动员广大会计人员，群策群力，全面贯彻部领导提出的宏伟目标，不断提升会计职业整体形象，努力使我省的会计工作继续走在全国的前列，为构建和谐浙江，促进浙江经济又好又快发展，做出新的更大贡献。

（2008年7月1日　为纪念会计与改革开放30周年，浙江省会计学会举办“2008浙江会计论坛”，此文为出席论坛时的发言）

推行国库集中收付改革 建立预算执行新机制（摘要）

省财政厅副厅长　罗石林

一、财政国库集中支付改革的背景和目标

随着社会主义市场经济的发展，现行财政资金运作方式已越来越不适应构建公共财政体制的要求，主要体现在：财政资金活动透明度不高，不利于对其实施有效监管；财政收支信息反馈迟缓，难以及时为预算编制、执行分析和宏观调控提供准确依据；在预算单位重复、分散设置的账户上滞留了大量财政资金，造成资金浪费，影响资金使用效率；财政资金使用缺乏有效监督，截留、挤占、挪用等问题时有发生，甚至出现腐败现象。因此，必须加快现行财政国库管理制度改革。

为顺应财政管理改革的需要，2000年财政部成立了财政国库管理机构。2001年，经国务院第95次总理办公会议批准同意，财政部、中国人民银行制定了《财政国库管理制度改革试点方案》，要求建立以国库单一账户体系为基础、资金缴拨以国库集中收付为主要形式的财政国库管理制度。并要求按照总体规划、分步实施的原则，逐步推进改革，争取在“十五”期间全面推行财政国库管理制度改革。随后，财政部又提出了具体的工作目标：争取到2010年各地财政部门将所有财政性资金全部纳入国库单一账户体系运行管理，各级预算单位全面实行财政国库集中支付制度。目前，中央和省一级已经全面实施财政国库集中支付制度。

工作所处的环境条件来研究分析人教工作，就是要从历史发展的过程去把握人教各项改革特别是干部人事制度改革，也就是要尊重客观规律。注重实干主要是由人教工作性质决定了的。“人事工作无小事”，我们经手的事情，无论是制定政策还是调整工资，都与广大干部的利益密切相关。稍有不慎，可能会影响人家一辈子，影响人家的工作积极性。对于我们来说，可能只是百分之一甚至千分之一的差错，但具体落到一个人头上，就是百分之百。只有这样认识，才有可能把各项工作做实，才谈得上“数字实、工作实、为人实”。讲求实效，就是要细致、扎实，让人教工作效率达到最大化，就是要让做过的每件事领导放心、群众满意，经得起历史的检验。这是我们追求的最终目标。

创新是一个民族的灵魂。时代的发展使人教工作充满了挑战，如果用老思路、老方法、老作风去面对新情况、新问题，用上级部门的原则性意见机械地去面对本单位实际，就会影响人教职能的充分发挥。所以，要善于思考、善于感悟，要用创新思维，去面对新矛盾，主动地把我们的注意力集中到人教工作的热点、难点和焦点上来，观察新情况，分析新矛盾，把处理好每一个焦点、热点、难点问题都当作进一步推动人教工作的机遇，努力创新解决问题的办法、制度和机制，特别是要把上级党委政府和组织人事部门的原则性指导意见和普遍性政策规定，落实到贴近本单位实际、具有可操作性的办法、制度和机制中去。

务实与创新这两者之间，对于人教干部来说，更要注意创新。对于长期从事人教工作的同志来说，由于受老经验、老框框的束缚比较多，相对来说缺乏创新，所以要特别注意创新。当然，这种创新是建立在务实基础上的。

五是牢固树立协调服务的理念。利益冲突是客观存在的，过去、现在和将来都存在，关键看如何协调。人教部门是综合部门，也是厅局领导的参谋部门，在人事教育老干部工作中有建议权，而职能、机构的设置、人员、职位的配备、干部的提拔、培训锻炼的机会、各种各样的待遇，受客观条件的限制，总是稀缺资源，永远也不可能满足所有人的所有需求，我们的工作要大家理解支持，这就需要我们去协调。要使各种关系、各个环节、各个因素、各种层次达到和谐的状态，需要我们把握协调的底线、掌握协调的技术、提高协调的艺术。

人教部门同时也是一个服务的部门，这就要求我们树立积极主动地为财政工作大局服务、为领导服务、为广大干部服务的理念，在服务中实现人教干部的价值，在服务中实现人教工作的目标，在服务中实践全心全意为人民服务的宗旨。这里特别要强调一下老干部服务工作。现在老干部队伍整体进入“双高期”，服务需求趋向多样化，政策环境趋向规范化，因此需要我们在老干部服务管理工作中，坚持“真心、真情、真意”服务，坚持在政策范围内服务，坚持优化细化服务上下工夫。

当前和今后一个时期，要不断研究新情况、新问题，在牢固树立上述理念的基础上，着力做好以下几方面工作：

1. 积极探索适合“三位一体”财政管理运行机制的组织架构

按照十七大提出的决策权、执行权、监督权既相互制约又相互协调的权力结构和运行体制的要求，为深入贯彻科学发展观，更好地适应财政事业又好又快发展的需要，落实省委、省政府对财政综合预算改革的要求，推进“收入一个笼子、预算一个盘子、支出一个口子”的财政管理模式，完善有利于科学发展的财政体制机制，有效破除影响和制约我省财政科学发展的体制性、机制性障碍的关键突破口，同时也是为了减少工作交叉、提高工作效率，省厅人教处已经按照厅党组提出的总体思路，从人教工作职能出发，着手财政组织机构如何适应“三位一体”财政管理运行机制要求的方案设计前期准备工作。

“三位一体”财政管理运行组织机构是指建立预算编制、预算执行、预算监督既相互制约又相互协调的权力结构和运行体制。要按照这个目标要求，调整内部职能划分、机构设置和人员配备。前段时间已经做了调查研究，也召开了不同层次的座谈会。“三位一体”财政管理运行组织机构改革是一项复杂的系统工程，在全国省级财政部门中还没有先例，涉及到的不确定因素比较多。因此，对“三位一体”的财政组织机构改革，要开展积极稳妥的探索，按照钱厅长的要求，力争在本届党组任期内基本构架起这个财政管理运行组织机构。

2. 不断完善民主科学的选人育人用人工作

针对队伍建设中队伍结构、领导职数、事业发展对各级各类干部提出的素质要求等新情况，省厅将在前几年按照民主、公开、竞争、择优的原则，推进机关事业单位干部人事制度改革的基础上，建立一套能够适应机关、事业单位不同情况和领导职务、非领导职务不同特点的干部选拔任用工作制度体系，以及符合科学发展观和正确政绩观的干部考核评价体系，进一步完善干部交流、培养、奖惩、监督等方面的工作机制，用制度体系来巩固干部人事制度改革的成果，促进干部人事制度改革的纵深发展，努力形成富有生机和活力、有利于优秀人才脱颖而出的公道正派的选人育人用人长效机制。

研究干部成长规律，进一步加大优秀年轻干部的培养力度。在严格执行干部选拔任用条例的前提下，创新选拔方式，打破和改变论资排辈的现象，让优秀年轻干部在各个职级梯队中占有一定的比例。进一步拓宽干部培养使用的渠道，加强与组织部和兄弟厅局等部门的联系沟通，对外交流输送干部，尽量多地腾出中层领导职数。创新干部培养的途径与方法，通过外派（下派）锻炼、上挂锻炼、脱产学习、岗位交流、青年论坛等方式，锻炼和培养干部，促进干部成长。

3. 探索需求对接的干部教育培训工作

要在干部知识学历普遍提升、培训资源条件有限、财政事业发展提出更高要求的情况下，积极探索把财政事业发展需求与个人职业发展需求紧密地对接起来。认真落实“十一五”干部教育培训规划，按照新一轮大规模培训干部的要求和系统“十一五”干部教育培训规划，遵循“统一领导，分级管理，明确分工，密切配合”的原则，把学习实践科学发展观、完善干部知识结构、提高理财能力、创新人才工作机制更好地统一起来，组织开展各类培训，构筑终身教育培训体系。规范教育培训管理，加强培训师资队伍建设，完善培训考核办法，注重培训结果的运用，密切教育培训与提高干部能力素质、解决实际问题的关系，不断提高教育培训的质量和效果。要探索教育培训的长效机制，搞好规划与计划，针对需求合理安排培训重点，落实必要的激励政策和后勤保障。

深入推进以提升能力素质为核心的岗位培训。分析财政事业发展对各级各类干部能力素质的需求和广大干部个人职业发展对提升能力素质的培训需求，开展分层次、分专业的岗位培训，努力实现组织需求与个人需求的对接。创新培训方式方法，包括网络培训、个人自学、集中辅导、研讨交流、案例教学、情景模拟、组织攻坚克难实践活动等多种形式。开展培训考核评比和观摩交流活动，稳步推进财政系统岗位培训工作。

建立财政系统人才库。整合培训资源，有计划、有重点地在系统内选拔培养一批业务能手。初步设想，争取用 3 到 5 年的时间，搭起财政系统预算编制、预算执行、预算监督和会计、法律、计算机等 6 个人才库的架构。

要充分发挥函校、财税干校的财政干部培训基地作用。局领导要重视干校的建设，努力把函校、财税干校办成会计人员之家、系统干部培训基地。函校、财税干校的广大干部职工，要服务财政工作中心、立足财政系统、创新办学特色、实现可持续办学。

4.创新以“财税文化”为主要内容的干部队伍建设工作

每个行业都有每个行业特有的文化，财税文化建设是财税系统广大职工思想政治工作、职业道德教育、丰富多彩的文体活动和富有朝气的精神面貌等多种内容的综合体现。财税文化对财税队伍建设有着凝聚队伍、塑造队伍、提升队伍软实力的作用，财税文化的核心是核心价值观。我们干部队伍的核心价值观、理念和生活方式，正受到来自社会各方面的正面和负面的影响，财政系统干部队伍建设多年来形成的好传统好作风好办法，要通过财税文化这个平台承前启后、与时俱进、发扬光大。要认真贯彻落实即将下发的厅党组《关于开展财税文化建设的指导意见》，坚持以“依法治税、为民理财、务实创新、廉洁高效”为指导，积极推进财税精神文化、行为文化、廉政文化、制度文化和物态文化建设，以“学习型、创新型、务实型、和谐型、廉洁型”五型机关建设为主线，狠抓学习、完善制度、树立形象、强化宣传、树立典型、开展活动、标本兼治等方面下工夫，建设“学习平台、制度平台、情感平台、激励平台、宣传平台和活动平台”6 个平台，把财政文化建设与系统干部的队伍建设有机结合起来。

加强和改进思想政治建设。坚持用马列主义中国化最新成果武装头脑。深入学习实践科学发展观。遵循思想政治工作规律，发挥好全省思想政治工作研究会的作用，关键是要把思想政治研究与财政工作和改革结合起来、与队伍建设开展的各项活动结合起来，创新思想政治工作的有效形式。经常性地开展社会公德、家庭美德、个人品德教育，大力倡导科学、健康、文明的生活方式，活跃干部职工文化生活。积极开展世界观、人生观、价值观和权力观、地位观、利益观教育。

切实加强廉政建设。按照以惩防体系为主体，文化反腐、科技反腐两翼助推，教育、制度、监督三轮并驱的反腐倡廉建设总体布局，以完善惩防体系为工作重点，强化财政反腐倡廉建设领导体制和工作机制，促进科学、民主、依法、清正理财，确保财政资金和干部两个安全。

5. 着力优化细化老干部管理服务工作

党的十七大提出，要“全面做好离退休干部工作”。胡锦涛总书记要求“政治上尊重老干部、思想上关心老干部、生活上照顾老干部”。现在老干部工作也遇到了一些新情况。一是进入“两高”，二是退休干部不断增加，离休干部不断减少，三是对工作的要求越来越高，四是保持和提高待遇的压力越来越大。

在这样的情况下，老干部工作者首先要怀有对老干部浓厚的感情去做老干部工作。我们现在取得的每一份成绩，都凝聚着他们付出的心血，蕴含着他们的优良传统。历届厅党组都非常重视老干部工作，强调“要像对待自己的长辈一样对待老干部”。这些都是对老干部工作者的鼓舞和鞭策。作为老干部工作部门，首先要有这样深深的感情，才能把各级领导对老干部的关心落到实处，以落实老干部“两项待遇”为重点，在优化细化老干部管理服务机制上下工夫。

对老干部要设身处地地体谅他们的难处，尊重他们是第一位的。要建立沟通机制，定期召开老干部座谈会，了解情况、沟通思想、商讨工作、听取建议；平时主动了解老干部的所思、所忧、所盼；加强与老干部的日常联系沟通，不定期口头或书面征求老干部意见；完善老干部基本情况数据库和工作台账。通过这些信息渠道，掌握分析老同志的服务需求，以提高老干部对服务的满意程度为准则，不断调整服务重点和服务内容。

要分年龄段、区别不同情况，细化老干部管理服务工作。既要把握老干部管理服务工作的共性，又要针对老干部不同年龄、不同体质、不同职级待遇、不同兴趣爱好，来安排服务、组织活动。特别是要针对老干部普遍进入“双高”状况，在服务上要考虑由物质性服务向精神性服务延伸，由被动服务向主动服务转变，由老干部工作部门一家服务向争取各方面支持多部门齐抓共管转变。

要倡导老干部服务工作标准化。一是服务范围标准化，划分必须服务、尽力服务和无法服务的界线。具体地说，列入老干部政治待遇、生活待遇的，属于必须服务范围，要用足、用好、用活政策；对特殊困难，单位通过主观努力，创造条件能够帮助解决的，要尽力服务；超越政策范围和单位能力的，属于无法服务范围，要做好解释、说服工作。二是服务程序、服务质量标准化。通过制订并严格执行工作程序和规范，提供标准化的服务，提高工作效率和服务满意度。

三、切实加强人教部门的自身建设

(一)要树立良好的职业道德和工作作风

作为人教干部，树立良好的工作作风，在当前尤其是要树立公道正派、严谨细致、甘为人梯的作风。

“公道正派”是从事人事教育干部自身素质的基本要求。贺国强同志曾对公道正派的内涵概括为“对己清正、对人公正、对内严格、对外平等”四个方面，对组工干部的权力、责任提出了明确的要求。只有做一个公道正派的人，才能把自己从事的工作干好。要做到公道正派，一是要坚持原则，按政策规定办事。无论是进人也好，还是提拔也好，都要按政策规定办事。否则，你想做好人，违背原则，最终误人害己害事业，也没人说你好。只有按政策规定办事，一碗水端平，才能做好工作。二是要反映真实情况。要出以公心，全面地了解干部，公正地评价干部。要在领导决策前敢于说真话，敢于反映真实情况，敢于坚持正确意见，特别是当干部受到不公正对待时，要敢于讲公道话，不能看脸色行事。

"严谨细致"就是无论做什么事都要严谨要细致，要关心每个人，对每个人负责，政策规定要落实到位。做人事教育工作的同志要做到"五个勤"，即：脑勤、腿勤、眼勤、手勤、嘴勤。脑勤，就是要经常动脑筋，想问题，如何创造性地做好工作；腿勤，就是要深入基层，深入部门、单位，多听听干部职工的意见，了解大家的需求；眼勤，就是要善于发现问题，观察分析；手勤，就是要经常动手，记一些东西，写一些东西，把一些具体的典型事例上升到理论高度，更好地指导工作；嘴勤，就是要多与同志打交道，多宣传人事教育政策和工作，多做思想政治工作，多了解干部的思想状况，以更好地沟通。同时，无论做什么事，都要有精品意识，都要踏踏实实、认认真真地做好每一件事，做一件成一成，绝不能马马虎虎，应付了事。

"甘为人梯"就是甘当绿叶，真心实意地为他人添砖加瓦，默默无闻地做好事、办实事，不企求什么回报。干部人事教育工作在很大程度上是长年累月、默默无闻的工作，需要有甘当无名英雄，甘当人梯的无私奉献精神。这既是事业的需要，又是工作性质所决定的。在工作中要谦虚谨慎，平等待人，多主动联系，多沟通协商，要把在人教部门工作看成是领导对自己的信任，倍加珍惜自己的岗位，不能三心二意，更不能把在人教部门工作当成跳板，绝不能把人教部门工作当作个人利益"寻租"的资本。要干一行、爱一行、精一行，忠于职守。作为"管干部的干部"，要多为干部职工创造施展才华的机会和舞台，在经常看到别人提拔进步的情况下，要始终保持一种平常、平静、平和的心态，正确对待自己，正确对待他人，正确对待名利、地位和升迁，以实际行动维护组织部门和组工干部的良好形象。

（二）要勤于学习、善于思考、勇于实践

当前和今后一个时期，要深入学习实践科学发展观，把科学发展与人教工作紧密结合起来，并落实到人教工作中去。要学习现代人事管理理论和财政业务知识，在学习的基础上，结合人教工作实际，深入思考人教工作如何适应财政事业发展在职能、机构、人员上提供支撑的问题；思考如何营造和谐环境、充分调动人的积极性的问题；思考如何通过教育培训把组织发展对干部的要求与个人职业发展需求对接起来；如何把管理与服务结合起来，提高工作的效率和满意度。要贴近单位实际、形成有价值的真知灼见，积极向领导建言献策，推动实践、取得实效。

（三）要优化人教队伍结构，提高专业化水平

经济社会快速发展，广大干部的需求复杂多变，要胜任人教工作，必须尽快提高人教工作专业化水平。从人教干部队伍的现状看，全系统有人力资源管理专业背景人员的比例太低，近几年虽然引进了一些，但还远远不够，要继续积极引进，优化人教队伍的专业结构。要通过干部交流，吸收有财政业务工作经历的干部有序充实人教队伍。有财政业务经历的优秀干部，熟悉财政业务，对各个环节存在的问题看得比较透彻，到人教岗位后，十分有利于优化职能、机构和人员配备。要发现苗子，培养有发展前途的年轻干部成为业务、人教的复合型人才。

（四）要争取各级领导重视、关心和支持人教工作

任何一个单位，其内部机构不外乎两大类：业务部门和综合部门。两大类部门各有特色，运行规律也不尽相同，但都不可或缺，都发挥着各自的职能作用。今年初，杭州市局局长陈锦梅有个讲话，讲到人教部门在一个单位中的作用，讲得很透彻、很到位。她说，要做好局的政治思想工作、抓好学习、充分挖掘人的积极性，人教处很重要，不亚于业务线上的预算处。在日常管理中，组织人事处的作用非常大，单位的氛围、愉悦的心情比什么都重要。陈局长的一席话，言简意赅，充分揭示了人教工作的目的、内容和作用。领导能有这样高度的认识，对于人教部门来说，是最重要的环境条件。至于分管人教的局领导，我希望大家能多听听人教科、处的汇报，多与人教科、处的同志们商量探讨人教工作并多作指导，多为人教科、处创造一些条件，给予关心。

（五）要构建财政系统上下联动的工作机制

全省财政系统人教部门面临的问题大同小异，比如职能、机构、人员配备如何适应"三位一体"的财政管理运行机制这个问题，实际上各市县区财政局都要面对，各自为政、闭门造车肯定会影响工作效率和工作质量。每两年召开一次系统人教老干部工作会议，是一种交流经验、探讨问题、互相启发的形式之一，可以探索其他更加有效的方式。比如，省厅牵头，组织专题调研攻关、去省外国外专题考察学习、大的改革动作共同参与，等等。省厅系统选录公务员请各市人教处长做考官就是一种很好的尝试。只要我们开动脑筋，上下联动，一定能发挥 1＋1＞2 的整体效应，也有利于树立起人教干部专业、高效的新形象。

（2008 年 12 月 4 日 在全省财政系统人教工作会议上的讲话）

学习实践科学发展观 开创外债金融工作新局面（摘要）

省财政厅副厅长　傅钱生

一、近 5 年来外债金融主要工作回顾

（一）政府外债工作

积极、合理、有效利用政府外债是我省改革开放的一个重要标志，除了引进和利用外资外，还引进了国际先进经验和理念，推动了我省的体制改革和机制创新，为我省改革发展注入了生机和活力。

一是政府外债投向结构日趋合理。紧紧围绕财政中心工作，按照公共财政改革的要求，进一步调整工作思路，在支持我省经济平稳较快发展的同时，切实把政府外债投向政府急于办、但又无力办的公共领域上来，大力支持环保、节能减排、公共卫生、城市建设、"三农"发展等薄弱环节。

二是政府外债规模稳步上升。5 年来，先后申请并实施了浙江城建环保等世行贷款项目 2 个、全球环境基金赠款多氯联苯处理示范与管理项目 1 个、湖州消防等外国政府贷款项目 1 个，日元再贷款项目 1 个，共利用世行和外国政府贷款 2.09 亿美元，折合人民币 14.66 亿元，按照地方 1:1 配套计算，累计带动我省投资 30 亿元人民币。最近，我省利用世行贷款 1 亿美元的钱塘江流域小城镇环境综合整治项目、2000 万美元的林业综合

发展项目、利用德国政府贷款1500万欧元的嘉兴污水二期项目、利用西班牙政府贷款390万欧元的台州路桥第二人民医院项目已列入国家贷款规划;浙江泰隆商业银行中小企业贷款项目、苍南污水处理项目利用德国政府贷款3370万欧元、金华消防申请奥地利贷款510万欧元已上报财政部。这些项目的实施,将对我省应对国际金融危机,扩大内需,全力推进经济平稳较快发展产生积极的作用。

三是外债项目全过程管理水平进一步提高。在加强项目引进的同时,重视项目科学化、精细化管理,提高项目实施质量和效益。2004年以来,我省切实加强项目分类管理,创新管理机制,根据不同的项目还款责任,将政府外债项目分为三类,实行"一管、二抓、三放开"的工作方法加强项目管理。按照"借用还"与"责权利"相结合原则,重视加强债务管理,加大债务清偿力度,本着"面对历史、实事求是"的态度合理制定清欠政策,有效化解了早期外国政府贷款项目债务风险,共给有关市县和省级项目单位减轻14556万元人民币的债务负担。对世行贷款造林项目的还贷困难问题进行深入调查研究,省厅制定债务减免和代垫还款相结合的扶持政策,安排生态补助资金,既保证了按时对财政部还款,又缓解了项目市县还贷压力,减轻了林农的债务负担。从2004年开始,省厅开展财政专项检查工作,5年委托中介机构检查了13个项目的58个项目点,查摆问题,加强管理。从2007年开始,省财政除配合世行后评价工作外,还主动开展了政府外债项目绩效评价工作试点,为我省继续利用政府外债项目打下了良好的基础。积极探索政府外债外汇风险防范与管理,多次召开风险防范与管理会议,聘请相关专家讲解外债风险防范知识,建立健全风险监测体系,努力防范和化解政府外债风险。如在转贷环节将汇率、利率风险予以锁定,适时转换贷款产品,利用金融衍生工具进行外汇风险管理的研究和试点。近年来,还积极同财政部国际金融公司、亚洲开发银行私营部门等开展合作交流,先后引进资金近2亿美元,支持了我省企业创新升级。

(二)地方金融工作

近5年来,省财政根据国家宏观调控和省委、省政府的部署,研究制定了一系列政策措施,充分发挥财政职能作用,加强对地方产业政策、财政政策和金融政策的协调配合,打了一套支持金融业发展的"组合拳",促进经济金融良性互动,促进了我省经济社会的稳健发展。

一是发挥财政资金"四两拨千斤"作用,财政支持金融业发展的力度明显加强。建立资金规模1亿元的金融业发展专项资金,重点用于对"三农"、小企业提供金融服务的支持。共补助省级金融监管部门工作经费5500余万元,安排金融机构考核奖励资金858万元,提高了金融机构对我省的信贷支持力度。向财政部争取了农村信用社保值储蓄贴息资金9998万元,省财政安排6708万元帮助困难农村信用社消化不良资产,安排616万元资金用于农村信用社信息系统建设。与此同时,对农村信用社减半征收所得税、减按3%征收营业税,有力地支持了农村信用社的改革发展。

二是支持"三农"发展取得了新进展。2006年以来,我省开展了政策性农村住房保险工作,为广大受灾农户撑起了风险"保护伞"。2007~2008年,全省核拨财政补助资金14196万元,其中省财政7322万元、市县财政6874万元。2008年始,在全省农村合作金融机构开展农业贷款风险补偿试点工作,鼓励银行业金融机构加大支农信贷力度,缓解"三农"融资困难。2008年省财政拨付补偿资金2396万元。

三是支持中小企业发展的力度进一步加大。2005年以来实施了小企业贷款风险补偿制度,2005~2007年全省财政共拨付风险补偿资金14270.03万元,其中省级财政7934.42万元,市县财政6335.61万元。随着宏观调控政策效应的显现,我省小企业在发展过程中面临着诸多困难,特别是融资困难进一步加剧,2008年度小企业贷款风险补偿资金由原来的3500万元增加到6500万元,进一步鼓励银行业金融机构加大对小企业的信贷支持力度。2006年以来,我省实施了信用担保机构风险补偿制度,2006~2007年省财政共拨付担保风险补偿资金1379万元。为化解信用担保风险,鼓励信用担保机构提供更多的中小企业融资担保服务,2008年度省财政将担保风险补偿资金增加到1200万元。

四是国有金融资产管理稳步推进。在加强财政资金支持的同时,不断强化国有金融资产管理,维护国有资产权益,防范金融风险。近年来,各级财政认真履行职责,强化制度建设,加强基础管理,国有金融资产管理实行统一政策、分级管理原则,逐步形成了以产权登记、资产评估、资产保值增值考核等环节的制度体系,初步实现了管理的制度化、程序化和规范化。逐步完善金融企业财务制度,规范金融企业财务行为,保障金融企业稳健运行。积极参与化解金融风险,支持建立市场化防范和处置金融风险的长效机制,妥善解决了高风险证券公司、信托公司等金融机构的债权兑付问题,保证了金融稳定和社会稳定。

在取得成绩的同时,我们要正视工作中存在的不足,如政府外债工作还存在一些不符合、不适应科学发展的地方,在项目的选择上过于偏重于经济效益良好的项目;政府外债项目的行业、区域分布不均衡;偏重外债项目的实体建设,对引进国际先进管理经验、发展经验方面重视不够,借用世界银行等"外脑"破解我省改革、发展过程中难点问题的工作比较薄弱;部分公益性项目经济效益欠佳,还贷机制有待完善。地方金融监管工作创新不够,研究制定金融业扶持政策积极性和主动性不强,很多时候处于被动地位;金融资产财务监管领域狭窄,监管手段缺乏,监管力量薄弱,等等。这些问题,都有待我们在今后的工作中认真研究,重点加以克服与改进。

二、正确认识当前经济形势

1.国际经济环境分析。2008年是21世纪以来全球经济最为动荡不稳、诡谲多变的一年。世界经济在经历了2002~2006年5年快速增长之后,2007年出现增速放慢,2008年延续增速颓势,各种破坏性因素突发、演化,风险性因素释放,经济走势呈现周期性大调整格局。2007年爆发的美国次贷危机已经演化为全面的金融危机,对全球经济发展的负面影响持续发酵,并正在向实体经济蔓延。美国、欧元区、日本等主要经济体经济增速放缓,一些新兴市场经济国家增长速度急剧减缓,经济脆弱性矛盾进一步加剧。国际货币基金组织11月6日再次调低对世界经济的增长预期,预计2008年全球经济增幅大幅放缓,增长率从2007年的5.0%下调为3.75%。新兴市场和发展中经济体的经济增长将持续减速，预测2008年实际GDP增长率为6.6%。总的看，2008年世界经济走势呈现以下特点：一是以美国为首的西方发达国家受次贷危机影响，国际金融危机进一步加深，不仅影响虚拟经济，而且影响实体经济，实体经济增速急速回落，呈现衰退症状；二是国际资源性产品价格在次贷危机乱象中被投机者炒作大起大落，最终在实体经济急速回落中下挫，下探新的市场均衡点；三是金融资本在金融风暴与实体经济衰退双重重压下，国际资本市场风云激荡；四是国际汇率市场各国货币价格有涨有跌，美国在金融危机中转嫁国内经济矛盾，但付出了以美元为核心的金融体系面临重新洗牌的惨痛代价。

2. 国内经济环境分析。年初，温家宝总理在记者招待会上曾预言："今年恐怕是中国经济最困难的一年。难在什么地方?难在国际、国内不可测的因素多，因而决策困难。"面对复杂多变的国内外形势，党中央、国务院审时度势、正确把握、果断决策。年初，坚决地执行防止经济增长由偏快转为过热，防止价格由结构性上涨演变为通货膨胀政策，成功抵御了雨雪冰冻、汶川大地震等严重不利因素的冲击，保证了各项宏观经济指标朝着年初预定的目标发展。年中，根据国内宏观调控目标已经初步实现的事实，并针对国际经济衰退现实，及时调整宏观政策，灵活地采取"一保一控"即保持经济增长，控制通货膨胀政策，使国民经济继续保持平稳较快发展。前三季度，我国实现GDP201631亿元，增长9.9%，增幅同比回落2.3个百分点。10月份GDP增长率仅7%。

当前，我国宏观调控政策已经出现积极变化。面对世界金融危机影响的日益加深，党中央、国务院把保持国民经济平稳较快发展，防止中国经济出现大起大落作为当前经济工作的首要任务。11月5日国务院研究部署了进一步扩大内需，促进经济平稳较快增长的措施，果断实行积极的财政政策和适度宽松的货币政策，出台了扩大内需的10项措施，安排的工程涉及民生、基础设施、生态环境和灾后重建等方面，两年多时间约需投资4万亿元。12月3日国务院研究部署了金融促进经济发展的政策措施，进一步加大金融对经济发展的支持力度。政策措施主要包括：通过完善配套政策措施和创新体制机制，落实适度宽松的货币政策，促进货币信贷稳定增长；加强和改进信贷服务，满足资金合理需求；完善信用担保体系；加快建设多层次资本市场体系，发挥市场的资源配置功能；发挥保险的保障和融资功能，促进经济社会稳定运行；创新融资方式，拓宽企业融资渠道；加快金融服务现代化，全面提高金融服务水平；加大财税政策支持力度，发挥财政资金的杠杆作用，增强金融业化解不良资产和促进经济增长的能力；深化金融改革，完善金融监管体系，强化风险监测和管理，切实维护金融安全稳定。12月10日结束的中央经济工作会议指出，必须把保持经济平稳较快发展作为2009年经济工作的首要任务，"保增长、扩内需、调结构、抓改革、重民生"成为明年经济工作的总基调。会议要求明年重点做好五项工作：加强和改善宏观调控，实施积极的财政政策和适度宽松的货币政策；巩固和发展农业农村经济好形势，保障农产品有效供给、促进农民持续增收；加快发展方式转变，推进经济战略性调整；深化改革开放，完善有利于科学发展的体制机制；着力解决涉及群众利益的难点热点问题。

这些决策和部署及时而必要、果敢而科学，总揽国内国际两个大局，立足当前，着眼长远，既应对国际金融危机，又促进经济社会持续发展，体现了贯彻落实科学发展观的要求，体现了广大人民群众的根本利益。这一系列宏观经济政策的重大调整，不仅有利于提振企业信心，促进投资增长、消费扩大，继续拉动经济平稳较快增长，也会有效改善基础设施，提高人民生活水平，促进经济社会协调发展。

3. 我省经济环境分析。在国际经济与国内宏观环境日趋复杂，国际金融危机加剧的情况下，我省还遇到经济周期性回落与外部环境、外部需求变化碰头，实体经济回落和虚拟经济回落碰头等各种不利因素交织，经济运行继续保持平稳较快发展所面临的困难和挑战前所未有，我省经济将与中国经济以及全球经济基本同步放缓增长，呈现出继续下行的态势。前三季度，我省实现生产总值15302亿元，增长10.6%，增幅同比回落4.1个百分点。针对经济运行中出现的矛盾和困难，省委、省政府明确提出"标本兼治、保稳促调"的总体思路，确保经济平稳较快发展和社会和谐稳定，又大力推动经济结构调整和发展方式转变，着力推进要素保障、自主创新、品牌战略、金融支持、税费减免等10个方面的重点工作，努力确保经济发展不出现大的滑落，推动经济朝着科学发展的轨道发展。省委十二届四次全会为我省进一步转变经济发展方式、加快经济转型升级指明了方向，在困难和挑战中加快推进转型升级，努力实现发展的新跨越。省委、省政府积极落实中央扩大内需的10项措施，在原安排"三个千亿"工程预算资金的同时，提出了"三个百亿"的工作举措，即省财政拿出100亿元支持以铁路现代化为重点的重大项目建设；今明两年通过取消和暂停部分行政性收费项目、减免困难企业相关税费等途径，再减轻企业负担100亿元；明年通过企业增值税转型改革，减轻企业税负100亿元。

从财税形势看，一方面，投资、消费、出口三大需求对经济的拉动作用减弱；工业产销增幅回落，企业利润增速放缓，企业生产经营困难还将持续，将直接使财政收入增幅进一步下行；企业所得税"两法合并"税率调低、储蓄存款利息所得个人所得税停征效应进一步显现；房地产市场后期走势存在不确定性，使房地产、金融等行业税收增长增加变数，财政收入将回归平稳增长的常态。1～11月，全省地方财政收入完成1828.11亿元，增长18.9%，增幅同比回落9.9个百分点，完成年初预算的98.8%。11月当月地方财政收入负增长7.1%，为近年来所未曾有过。虽然1～11月全省地方财政收入总量已超过上年全年，但下半年以来，我省地方财政收入增幅逐月下滑，已从6月的1个百分点扩大到10月的2.4和11月的1.9个百分点，且降幅未见明显减小。另一方面，加快推进以改善民生为重点的社会建设，不断加大对教育、农业、科技法定支出及就业、医疗卫生、社会保障、环境保护等公共服务领域的投入；同时，根据中央积极财政政策要求，财政部门在为企业减轻税费的同时，更要为政府确定的民生工程、基础设施、生态环境建设和灾后重建等筹措资金，积极应对当前的经济危机，财政支出增长势头迅猛，刚性不断增强，财政收支矛盾更加突出。1～11月，全省财政支出累计完成1738.30亿元，完成年初预算的86.9%，增长23.8%，增幅同比提高2.8个百分点。而在财税改革上，部门预算、国库集中收付、绩效评价等改革仍需不断深化和完善，国家还将深化预算管理制度改革、财政体制改革和税收制度改革，公共财政体制改革进入攻坚阶段，任务十分繁重。当前财政经济形势非常严峻，保持持续快速增长面临诸多不利因素，但也存在诸多有利条件。随着一系列应对措施效应的逐渐显现和市场经济的自我调整，全省经济有望转向“适度增长、温和通胀”，而财政收入形势最为严峻的时期预计将在2009年上半年，后期也有望实现适度增长。

三、学习实践科学发展观，开创外债金融工作新局面

经济形势越是严峻，越是考验我们的时候。我们所从事的外债金融工作是财政工作的重要组成部分。在金融危机蔓延、经济财政下滑的情况下，尤其要发挥好作用，需要我们努力提高自身素质，发挥自身的聪明才智，深入了解和清醒认识当前财税经济形势的深刻变化，适时调整工作思路，认真履行职责，开创工作新局面。

(一)转变观念，进一步提高政府外债管理水平

1.切实转变管理理念，加强政府外债的全过程管理。政府外债工作要适应新形势的要求，实现从重贷款借用向重贷款管理、从重项目数量向重项目质量、从重前期审批向重中后期监督管理的转变。认真落实国际金融组织和外国政府贷款管理办法的要求，以资金、财务、债务为主线，全过程参与管理工作。要结合本地实际，完善管理制度，明确操作细则，严格执行到位。加强与有关部门的沟通和配合，创新管理方式，提高管理效率，提高政府外债管理的科学化和精细化管理水平。

2.坚持做到举债有度，切实把好贷款项目评审关。要合理控制债务规模增长，政府举债要与地方经济社会发展需要、债务负担和财政承受能力相适应，统筹考虑，科学编制长期可持续的债务规划，坚持举债有度，避免盲目举债，实现政府外债支持经济社会科学发展的目标。要从项目源头抓起，以贷款使用方向和债务可持续性为切入点参与项目规划和立项审批，主要支持经济社会发展中薄弱环节和重点领域，充分论证项目的必要性、可行性、经济社会效益等内容，与有关部门共同把好审批关，提高项目成功率。

3.加大贷款项目监管力度，建立健全责任追究制度。要加强对贷款项目实施各环节的监督，着力抓好项目采购、资金使用等薄弱环节，防治招标采购不合规、财务管理不规范、配套资金不到位等问题的发生，杜绝套取、骗取、挪用贷款资金的现象。借助审计、监督等部门力量，探索有效的监督检查办法，完善定期报告、项目审计、经常性检查等制度。建立行之有效的责任追究制度，明确各环节工作的责任人，强化责任追究。

4.积极做好绩效评价工作，提高资金使用效益。要充分认识贷款项目绩效评价工作的重要意义，扎实推进绩效评价工作。逐步建立和完善贷款项目绩效评价体系，建立项目动态监控体系，全面、准确、客观地反映贷款项目绩效。建立评比奖惩机制，总结推广先进经验，提高贷款管理工作水平。

5.积极稳妥推进偿债工作，有效防范化解债务风险。要树立风险意识，督促还款责任人严格遵守转贷协议，按时足额偿还到期本金、利息。要按规定设立和管理还贷准备金，达到比例要求，满足未来到期债务周转垫付需要，维护地方政府信用。要结合本地实际，探索地方政府外债统计、监测、预警体系，实施债务指标动态管理，防范和化解债务风险，实现政府外债“借得来、用得好、还得起”的良性循环。

(二)创新思维，积极做好地方金融工作

1.牢固树立地方金融为经济社会发展服务、为“三农”服务的理念。由于体制上、政策上、思想观念上的原因，“三农”获取贷款的难度很大。目前95%的涉农贷款来自农村信用社，农村信用社是当前我省农村金融的核心力量，也是金融体系中最为薄弱的环节。在整个经济社会发展的大局中，要更加关注为“三农”服务，“三农”贷款难的问题不改变，农村发展、农业增产、农民增收就难以得到根本性的解决。近年来，省委、省政府提出经济转型升级、加快第三产业的发展，并在财政体制上给予了重点扶持，而地方金融就属于新兴的第三产业，是经济发展的新的增长点，要在促进地方金融发展的同时，推动地方金融服务全省经济社会的发展，实现良性互动。

2.拓宽视野，探索多渠道发挥地方金融作用。一是继续发挥财政资金“四两拨千斤”的作用，改变对农业龙头企业直接拨款支持的方式，通过贴息、风险补偿、保险等多种方式发挥金融服务经济发展的作用。加强对担保行业的支持力度，进一步健全担保体系，切实改变当前一些中小企业间无序担保的现象。二是要进一步扩大融资渠道，探索设立创业投资引导基金、产业投资基金，完善企业联保贷款、股权质押贷款、股权出资等级、农房抵押贷款方式，发行中小企业集合债券，开展农户小额信贷保证保险试点。三是要按照“扶企业、扩投资、保民生”的要求，进一步加大对中小企业的扶持力度，当前90%的新增就业岗位是由中小企业提供的，所以要从促就业、保稳定的高度重视中小企业的发展，要在贷款贴息的基础上，创新扶持方式，加大扶持力度。四是要积极探索对“三农”贷款的扶持。继续发挥农村信用社的主力军作用，探索新的机制增加“三农”贷款，促进农村发展、促进农村消费、促进农村稳定。

3.加强对地方金融扶持和监管力度，融监管于服务之中。前几年由于体制上的原因，地方金融监管工作比较松散，监管手段比较单一，监管工作很难落实到位。今年财政部、国家税务总局已明确原来由国家税务部门管理的城市商业银行和农村合作金融机构财务监督管理职责划归财政部门负责管理，省里也已经同意把地方金融财务监管职能交由我们管理。管理体制理顺后，需要尽快建立工作机制。地方金融是前沿的工作，工作难度很大，需要我们创新思维，工作中注意方式方法，先易后难，先易后繁，逐步把地方金融监管工作做起来。要给有关方面一个适应的过程，既要有利于调动双方的积极性，也要有利于监管工作的开展，提供更好的服务，融监管于服务之中。

(三)努力提高综合素质，提升做好外债金融工作的能力

1.牢固树立政治意识，正确把握工作方向。政治素质是每位财政干部的根本素质，是履行职责时所体现出来的政治思想觉悟、政治理论水平和政治品质。作为财政干部，一定要有坚定不移的政治信念，把握正确的政治方向和政治立场，在观察和处理问题时，要站在党和国家的立场，准确领会国家的重大决策，增强政治敏锐性，努力提高执行力，认真贯彻执行国家经济和财政政策，用科学发展观去分析处理财政工作中所遇到的各类问题。

件和共享基本公共服务的愿望又日趋强烈。这就从客观上要求财政支农工作必须把促进社会主义新农村建设的重点放到加快公共产品供给方式的转变上来，进一步健全对农业的各类补贴制度，完善农产品价格形成机制，逐步提高财政扶贫标准，全面推进村庄整治建设，以更大的力度推进农村教育、医疗卫生、社会保障、文化体育等公共服务体系建设，加快形成广覆盖、多层次、多样化的农村公共产品供给格局，努力从根本上改变农村民生滞后的状况。

(四)构建公共财政、优化财政支出结构，迫切需要财政支农工作促进公共资源分配结构方式的转变

近年来，虽然公共财政体制改革步伐在加快，但调整、优化支出结构涉及到方方面面的利益格局调整和重组，还存在着众多的阻力和困难。因此，需要进一步加大公共财政支出结构的调整力度，逐渐退出竞争性、经营性领域的投入，压缩经济建设支出，保障社会公共需要。这就从客观上要求财政支农工作必须把强农惠农政策的制定和落实放到促进公共资源分配结构方式的转变上来，要根据保障主要农产品基本供给和增加农民收入的需要，进一步增强各项政策措施的针对性和有效性，向重点领域、重点地区和重点生产者倾斜，向生产性措施倾斜。

今年以来，面对国际经济环境恶化、国内宏观调控趋紧和低温雨雪冰冻等灾害带来的困难和影响，全省上下深入贯彻落实科学发展观，全面实施"两创"总战略，进一步加大城乡统筹力度，把改善民生作为新农村建设的重点，加大财政投入力度、政策扶持力度和合力建设力度，各地新农村建设热情高涨。全省粮食生产稳中有增，农民收入持续增长，农民收入、农村消费增长高于城市，农村固定资产投资增幅高于全社会增幅，农业农村经济运行和财政运行情况总体良好。

上半年，全省农林牧渔业总产值为712.87亿元，增长0.4%。全省春粮实现"三增"，面积218.17千公顷、公顷产量3380公斤、总产73.74万吨，分别增长4.8%、3.3%和8.3%。全省粮食总库存(不含中央在浙储备)比去年同期增加3.51亿斤，增长6.4%。全省农村居民人均现金收入6100元，比上年同期增加732元，增长13.6%，扣除价格因素后实际收入增长4.4%，高于城镇居民0.8个百分点。农村居民人均生活消费现金支出为3450元，比上年同期增加488元，增长16.5%，扣除价格因素后实际增长8.1%，高于城镇居民4.5个百分点。总的来看，当前农业和农村经济发展形势良好，但也面临一些问题和困难，主要有：抗灾防灾能力较弱，影响农业生产和农村民生问题；农资价格上涨过快，影响农业增产增效；渔业生产受资源和生产成本双重挤压，渔民转产转业困难重重；农村居民家庭经营二三产业收入增长趋缓；低收入农户增收制约因素较多，奔小康任务较为艰巨；基本农田农保率偏高影响了新农村建设规划的落实等。

今年1～6月份，全省财政总收入完成2121.59亿元，增长23.5%。其中，地方财政收入1103.67亿元，增长26.9%；全省财政支出916.44亿元，增长26.1%。全省各级财政对新农村建设的投入达到255.30亿元，完成年度预算的46.0%，比2007年同比增长30.5%，占财政总支出的比重为27.9%。全省预算内财政支农支出65.73亿元，增长25.0%。虽然上半年全省财政预算执行保持了良好的运行态势，但下半年和明年的财政运行中的一些问题仍需高度关注，收支矛盾将比较突出。一是经济增长放缓，企业生产经营困难加剧，财政收入增长乏力。目前，受"叠加效应"影响，全省多数企业出现了流动性偏紧的状况，企业经营成本的上升和流动性偏紧，已经开始影响到后续税源的数量和质量，预计下半年和明年的财政收入增长堪忧。二是支出刚性增强。按照构建民生财政的要求和全面实施省委、省政府决策部署的"六大行动计划"，必须不断加大对农业、教育、科技法定支出以及就业、医疗卫生、社会保障、环境保护等公共服务领域的投入，支出刚性不断增强，增长势头迅猛。同时，根据中央要求，近3年还将安排地方财政收入的1%支援四川灾区重建。因此在收入保持稳定增长而支出压力不断加大的情况下，明年的收支矛盾将更加突出。

在充分认清当前形势的同时，我们还要清醒地认识到财政支农工作当前存在的一些突出问题，还跟不上形势发展的需要，亟待进一步改进和完善。特别是支农投入的长效机制尚未真正建立，资金拨付进度慢，支农重点不够突出，部分支农项目"重建设、轻管护"，有的地区和部门制度不够健全、执行不够有力、监督不够到位、惩治不够得力等。这些都严重地影响了财政支农资金的安全运行和高效使用。我们必须引起高度重视，通过不断深化改革，加强管理来加以认真解决。

三、今明两年财政支农工作的总体要求和主要任务

今明两年，是全面贯彻落实党的十七大精神、扎实推进现代农业发展和新农村建设关键的两年，事关全面建设惠及全省人民小康社会目标实现的大局。今明两年财政支农工作的总体要求是：围绕党的十七大和省第十二次党代会精神，深入贯彻落实科学发展观，全面实施"创业富民、创新强省"总战略，以统筹城乡发展、建设社会主义新农村和构建农村和谐社会为主线，按照"十一五"我省农业财政工作既定的方针政策，加大投入，整合资金，规范管理，创新机制，注重实效，进一步提高财政支农工作的整体水平，推动我省社会主义新农村建设跃上新台阶。围绕这一总体要求，要重点把握好六个方面关系，创新六项机制。

(一)正确处理好事权划分与财权配置的关系，深化财政支农投入机制创新

支持"三农"发展，是各级政府共同的责任。合理划分省与市县支农责任，建立农业投入分担机制，是创新支农投入机制的基本前提和重要内容。事权与财权相统一、相匹配，也是建立公共财政的基本要求。目前，省与市县事权划分不清、投入责任不明，已经对提高支农资金的使用效益产生很多影响。特别是本该由农业生产经营主体承担的事务却由政府包揽，本该由市县承担或省和市县共同承担的事务却主要由省级来承担，由此不仅对市县的投入形成"挤出"效应，而且使市县(尤其是欠发达地区)养成对省级转移支付的过度依赖，造成省与市县的投入责任不对称。这种现象，在较多采用以一定比例补助市县的省级水利专项转移支付政策中尤为突出，必须引起各级高度关注并认真加以研究。因此，我们要在处理好政府、市场、农民关系的基础上，积极探索建立支农资金分级投入和管理的机制，明确各级政府投入的责任，逐步实现支农事权与财权的统一。各级财政部门要努力按照存量适度调整、增量重点倾斜的原则，建立健全支农资金稳定增长机制。

一是在支农投入的指导方针上，既要讲尽力而为，最大限度地整合各方资源，最大努力地解决突出矛盾；又要讲量力而行，充分考虑各方条件和承受能力，有力把握开展时机和工作节奏。

二是按照财政支农投入“三个明显高于”和“一个主要用于”的要求，提高公共财政用于农村的总量和比重。确保各级财政支农投入的增量要明显高于上年，固定资产投资用于农村的增量要明显高于上年，政府土地出让收入用于农村建设的增量要明显高于上年，以及耕地占用税新增收入主要用于“三农”。

三是按照国家和省有关规定，加大水利建设基金、造地改田资金、农业土地开发资金、水资源费等基金和行政性收费的筹集力度，确保支农投入的增长。同时，在工作中要注意研究这些政策执行过程中碰到的一系列问题，如水利建设基金的减免以及2010年到期征收的问题等，做到未雨绸缪、及早应对。

四是发挥支农资金的导向作用，积极探索贴息、投资参股、保险、担保等行之有效的机制和手段，研究运用财政资金引导金融资本、工商资本投向新农村建设的政策。

五是注重发挥市场机制的调节作用，按照公共财政有所为有所不为的原则，创新财政支农与市场调节的对接机制。

（二）正确处理好发展经济与改善民生的关系，完善强农惠农政策机制创新

发展经济是改善民生的基础和前提，改善民生是发展经济的根本目的和内在需要。发展农村经济，壮大农村实力，是社会主义新农村建设的首要任务，是农村社会发展的前提。只有经济发展了，农村经济实力增强了，村庄面貌改善了，才能真正做到发展为了人民、发展依靠人民、发展成果由人民共享。因此，必须牢牢抓住发展农村生产力这个最根本的环节，积极扶持现代农业发展，努力促进社会主义新农村建设。

一是支持农业发展方式创新，提升高效生态农业发展水平。继续稳定和强化提高粮食综合生产能力的各项政策措施。今年起，省里对早稻种植户实行普惠制补贴。各地要提高种粮大户直补、良种补贴等标准，完善农机具购置和作业补贴政策，落实粮农农资综合直补和油菜种植补贴等政策。积极培育农业十大主导产业和新兴产业的发展，扶持规模经营的专业大户、农民专业合作社和农业龙头企业发展壮大。加大对农业科技的投入，支持乡镇责任农技员制度的全面推行，加快实施现代农业科技创新工程和农村科技推广工程。支持农业标准化生产，加强农产品质量检验检测服务和动植物防疫体系建设。支持推进农业服务创新，加强农产品产供销信息服务。支持气象灾害应急预警工程、海洋气象监测预警工程和气候资源开发利用工程项目建设。

二是支持农业基础设施建设，改善农业生产条件。支持“千万亩标准农田质量提升工程”建设，加大对土地开发整理、标准农田建设、“沃土工程”和测土配方施肥的扶持力度。支持“强塘固房工程”建设，加大水利基础设施建设的投入力度。支持标准鱼塘、标准渔港和海洋渔业船舶安全救助信息系统建设。加快推进粮油生产全程机械化，大力扶持农业机械化促进工程的实施。进一步完善森林生态效益补偿制度，大力支持林业生态建设和产业建设。

三是支持鼓励农民创业，促进农村经济繁荣。进一步加大对“千万农村劳动力素质培训工程”的扶持力度，着力提升农民技能培训水平和创业就业能力。加大对农民发展“农家乐”休闲旅游业的扶持力度。把发展来料加工业作为农民就业和创业的重要途径，大力培育和扶持来料加工经纪人、专业村、重点企业，带动农户增收致富。

四是支持村庄整治建设，进一步改善农村环境。增加对村庄整治建设的投入，整合资源和资金，以村内道路建设、饮水安全、垃圾集中处理、生活污水治理和卫生改厕项目为重点，全面推进村庄整治，抓好农村环境“五整治一提高工程”，切实改善村庄环境。

五是支持“低收入农户奔小康工程”建设，提高扶贫开发水平。加大扶持力度，加快推进下山脱贫，改善低收入农户生存发展环境。今年起，省里重点扶持的下山脱贫搬迁补助标准统一调整为5600元。各级财政部门要认真贯彻实施《低收入群众增收行动计划》，明确工作目标和配套政策，健全管理和考核机制，完善对欠发达乡镇的财政包干制度，加大对集体经济薄弱村的扶持力度。加大对库区和移民安置区的后期扶持力度。

六是支持灾后重建和恢复农业生产，认真落实各项扶持政策。科学制定灾后重建规划，明确灾后恢复重建的重点和资金安排原则，统筹谋划灾后重建与生产恢复。加快救灾资金拨付进度，管好用好抗灾救灾和灾后恢复重建资金，落实责任，强化监管。

需重点强调的是，今年财政部出台了两项重要举措扶持和推进现代农业发展。一是中央财政设立了现代农业生产发展专项资金，并安排50亿元，重点支持各地优势特色、安全高效农业发展；二是中央财政加大投入力度，安排30亿元，支持各地开展“民办公助”农田水利建设。我省已按照财政部的统一部署和要求，克服时间紧、任务重、要求高的诸多困难，及时完成方案编制和项目申报工作。省里已通过专题会议的形式对这两项工作的开展进行部署，并正着手制定相应的项目和资金管理办法，本次会议将对现代农业生产发展项目资金管理办法征求意见。借此机会，对这两项工作再次重申几点要求。

支持现代农业生产发展和推动农田水利基础设施建设，将作为今后一段时期财政支农工作的重点。一是各地要在做好今年项目实施方案申报和组织实施工作的基础上，认真组织力量编制主导产业和农田水利发展的中长期规划和年度发展计划，分解落实年度工作任务。二是要借此契机，进一步加大整合力度，整合相关资金，推进和巩固整合成果。在项目审批、资金管理、绩效考评、资金分配等各方面创新财政支农方式。三是要充分调动和发挥各地和各部门的积极性，齐心协力做好此项工作。切实增强责任感和使命感，把这两项工作抓出成效，做出品牌，成为亮点。

（三）正确处理好财政牵头和部门参与的关系，推动支农资金整合机制创新

通过几年的探索和实践，全省财政支农资金整合工作正按照“政府主导、财政部门牵头、主管部门参与”的思路稳步推进，统一、协调、互补的支农资金使用格局正在逐步形成。围绕农业农村发展规划，在各级政府的主导下，财政部门和农口部门要进一步明确分工、协调配合，清晰界定各自的职责，明确落实各自

的责任，加强相互之间的沟通协作，按照"渠道不乱、用途不变、优势互补、各记其功、形成合力"的原则，形成协调配合、良性互动的工作机制。尤其是财政部门，在资金整合工作中，更要积极地争取政府领导的支持，主动与部门进行沟通与协调，最大程度地得到部门的理解与支持。实践证明，协调沟通配合机制越健全的地区，往往也是资金整合力度越大、整合范围越广、整合内容越丰富、整合方式越多样、整合成效越明显的地区。

根据今明两年财政支农工作重点，将重点围绕现代农业生产发展资金、农业基础设施建设资金、农村环境整治建设资金、农民发展资金和低收入农户奔小康工程资金等五大类支农资金开展整合。今年整合的重点资金是：现代农业生产发展资金、村庄整治资金、农民培训资金以及低收入农户农业发展资金。为此，重点要做好以下几项工作。

一是完善《农业农村发展重点领域重点项目扶持导向目录》，调整扶持方向，优化扶持环节，明确扶持重点。结合中央和省委省政府对财政支持"三农"工作提出的新要求，及时修改、充实、完善目录，使之内容更全面、形式更规范、要素更齐全。

二是深化支农资金整合试点工作。前一阶段，省厅已联合省级农口部门，对去年列入省级试点的13个县(市、区)整合试点工作及资金使用情况进行检查，总体情况良好，试点初见成效。在此基础上，省里将根据各试点县(市、区)工作的进展情况和考评结果，继续对部分支农专项资金采取"切块"下达的方式给予必要的支持。同时，还要积极总结和推广经验，加强宣传力度。

三是改革现行支农资金管理方式。今年起，省财政对重点整合的资金逐步改变分配方式，进一步下放项目资金审批权限，采用因素法、以奖代补等方法和手段，积极探索支农资金整合的机制性体制性措施。

四是完善制度，加强整合资金监管。修订并完善资金分配、使用、管理办法，为支农资金整合提供制度支撑。对经过整合后的支农资金，要采取有效措施，加大监管力度，确保资金使用安全。

(四)正确处理好转变职能与依法理财的关系，实现财政资金管理机制创新

建设服务型政府，关键是推进政府职能转变、完善管理和公共服务。全面推进依法行政，依法规范政府职能和行政行为，是政府转变职能的有力保障。财政支农工作要逐步改变重资金分配、轻资金监管的现象，就必须牢固树立"抓资金管理就是抓资金投入、抓资金管理就是抓使用效益、抓资金管理就是抓资金安全"的新理财观念，切实把强化财政支农资金监管与扩大财政支农资金投入放在同等重要的位置，不断从体制上、机制上探索加强财政支农资金监管的新思路和新举措，加强制度建设、规范预算管理，巩固和提高"财政支农资金管理年"活动取得的成效并将之推向深入。

一是要不断完善制度，逐步建立科学合理、层次清晰、分工明确、覆盖全面的财政支农资金管理制度体系。规范资金分配办法，继续推广运用公式法、因素法等科学分配方法合理分配财政支农资金，并利用有效的激励引导手段，不断完善财政支农资金分配管理机制。进一步推广财政支农资金国库集中支付、县级报账制等管理措施，努力提高财政支农资金使用管理的安全性、有效性和规范性。特别要加快支农支出进度，杜绝滞留财政支农资金特别是救灾性和涉及民生的财政支农资金的现象。

二是要按照"公平、公正、公开"的原则，进一步完善项目立项程序。规范项目申报程序，提高项目申报工作的透明度。完善项目立项机制，继续执行项目标准文本管理制度、公示公告制度和专家评审制度，规范项目立项行为。研究建立支农工程项目建设与管护并重的良性运行机制，明确和落实工程建设以后的管护措施和投入责任。

三是继续推进预算管理制度改革，进一步提高预算管理水平。根据预算管理制度改革的总体要求，不断深化部门预算、国库集中支付、政府采购以及"收支两条线"等管理制度改革，特别要注重推广科学管理和细节管理方法。

四是不断完善绩效考评制度。注重绩效评价结果的应用，发挥绩效评价工作实效，建立激励约束机制和整改机制，以强化绩效评价工作的约束性。探索建立有效的问责机制，树立责任意识，将责任落实到具体单位和个人，推进绩效评价结果的公开。

五是要充分发挥审计部门、社会中介机构和社会舆论的监督作用，积极配合有关部门做好财政支农资金审计、检查和监督工作。切实加强对财政支农资金项目全程监督检查，实现监督主体多元化、监督内容多元化和监督方式多元化。

(五)正确处理好深化改革和促进发展的关系，加快农村体制放活保障机制创新

改革是手段，发展是目的。改革的目的是为了促进发展，促进发展必须依靠改革、通过改革而实现。当前，积极推进农村的各项改革，对社会主义新农村建设具有重要的意义。改革的目的就是要调整不适应生产力发展的农村生产关系，增加农村发展活力，促进农村经济发展。因此，各级财政部门要支持推进农村改革，切实把改革的力度、发展的速度和社会的可承受程度统一起来，确保各项改革平稳推进，为现代农业发展和新农村建设提供体制保障。

一是要认真按照中央和省委、省政府关于深化集体林权制度改革的意见，积极支持推进集体林权制度改革。认真实施全额返还林业育林基金和更新改造资金的改革。今年起，林业育林基金、更新改造资金全额返还给林业生产经营者，市县返还资金原则上由各地财政承担，经济欠发达和部分征收数额较大的地区由省财政给予补助，要进一步落实相关配套政策，建立健全林业建设投入保障机制，切实把这项减轻林农负担的惠农政策落实好。

二是要支持加快推进国有农林渔场改革。积极落实各项适用于国有农林渔场的支农惠农政策，并不断加大支持力度。为支持国有林场的改革，今年起，省里提高了国有林场生态公益林的补偿标准，主要是考虑国有林场的区位优势和功能优势，同时考虑国有林场的现状，各地必须按要求予以落实。同时，还要积极落实好国有农林渔场因深化税费改革，免除农业职工五项费用后各地应给予的财政适当补助政策。要积极配合有关部门，努力解决国有农林渔场职工的就业和社会保障问题。各地在新农村建设等各方面的资金和项目安排上，对国有农林渔场要一视同仁，给予充分考虑。

三是要支持深化农技推广体系、畜牧兽医体系改革。进一步加大财政保障力度，完善扶持政策措施，科学核定公益性机构的办公、人员等经费，并全额列入财政预算。支持责任农技推广制度的推行。

四是要支持水管体制改革。配合有关部门，确保今年底前全面完成全省水管体制改革任务，认真落实好公益性岗位管理人员基本支出和公益性工程维修养护经费。今年，省财政厅与省水利厅已就水利工程维修养护的保障机制问题开展调研，并正在着手研究相关的财政扶持政策。

此外，我们还要积极支持探索农村集体土地使用权流转办法，在农民自愿的前提下，鼓励多种形式的土地适度规模经营。

(六)正确处理好发扬传统与改进作风的关系，促进干部队伍建设机制创新

发扬农财工作的优良传统，是各级农财部门义不容辞的职责和义务，理论联系实际、密切联系群众的优良传统和作风，曾经造就了一大批特别能吃苦、特别能战斗的农财干部职工。改进工作作风是对发扬优良传统的传承和发展，要求新形势下的农财干部职工要在联系群众中服务群众，在服务群众中改进作风，时刻摆正自己与农民群众的位置，深入基层、深入群众，走进矛盾、破解难题，真正为农民群众多办实事、办好事，把全面改善民生的各项工作任务落到实处。

要努力增强做好财政支农工作的责任感和使命感，认真履行职责。牢固树立终身学习的理念，多思农民群众之所想，多学为民办实事本领，不断提高处理和解决问题的能力和水平。按照求真务实的工作态度大胆探索，坚决克服形式主义和官僚主义，真正为民理好财，把有限的资金和资源用到农民群众最需要的地方，树新形象，创新业绩。当前，尤其要认真学习贯彻好省财政厅党组书记、厅长钱巨炎同志在全省财政地税系统反腐倡廉建设工作会议上的讲话精神，坚持“依法治税、为民理财、务实创新、廉洁高效”理念，念好“实、稳、优”三字诀，牢固树立政治意识、经济意识、法治意识、创新意识、服务意识和风险意识，建立健全不想为、不能为、不敢为的权力构架和运行机制，确保项目安全、资金安全、干部安全，通过完善制度、规范管理、加强监督、明确责任，牢固树立廉洁自律意识，努力建设一支“开拓、务实、高效、廉洁”的适应新时期财政支农工作需要的干部队伍。

(2008 年 8 月 28 日 在全省农业财政工作会议上的讲话)

学习实践科学发展观
推动农业综合开发工作再上新台阶(摘要)

省财政厅纪检组长　金慧群

一、2006 年以来全省农业综合开发工作的简要回顾

(一)政策引导，多方筹资，加大投入

2006 年以来，经过大家的共同努力，我省农业综合开发投入不断增加，为做大农业综合开发规模创造了条件。一是争取中央资金，通过多方努力，中央财政在集中财力投入农业主产省特别是粮食主产区的情况下，对我省农业综合开发投入逐年增长。2006～2008 年中央财政下达我省农业综合开发财政资金总额 9.9 亿元，比 2003～2005 年增长 22.5%。二是增加省级投入，省财政三年累计安排农业综合开发项目资金 11.9 亿元，比 2003～2005 年增长 49.7%。三是强化制度约束，确保市、县财政配套资金及时落实到位。根据各地经济社会发展水平和财力状况，分别确定各市、县用于土地治理项目的财政资金按省以上财政资金的 50%、30%、20%三档标准配套。用于产业化经营项目和部门项目的资金按中央财政资金的 20%配套，并将配套资金落实情况作为省级验收的重要考核依据之一，从制度上保证了地方财政配套资金的落实到位。三年来，市、县财政累计安排农业综合开发项目配套资金 5.5 亿元，比 2003～2005 年增长 7.8%。四是积极引导民间资本投入农业综合开发。通过实施农业综合开发项目，三年共吸引村群、企业自筹和银行贷款等投入达 69.5 亿元，进一步做大了农业综合开发投入“蛋糕”。

(二)扩大外延，深化内涵，注重实效

根据浙江省情和发展现代农业的要求，近年来，我省农业综合开发的范畴逐步由单纯土地资源的开发向整个农业资源的合理利用与开发转变，努力把中低产田改造成既能保证粮食生产需要，又能适应多种经济作物生产需要的多功能、标准化农田，并尽可能在项目区建成更多的高标准农田。一是根据全省山多田少的特点，创新富有浙江特色的土地治理项目建设，加大对山区中低产田改造和以单项重点水利工程为特色的控制性工程的投入力度，加大以改善农村生态、生活环境，促进新农村建设为特色的山区小流域项目建设，大力培育发展柑橘、茶叶、蚕桑、蔬菜、花卉、中药材、毛竹等特色优势产业。通过项目建设，灾年减灾、常年增效的效果十分明显。控制性工程建设以及小流域治理项目的顺利实施，使项目区路宽了、河清了、树绿了，防洪堤得到加固，村庄更安全了，生产、生活更方便了，成为当地农村一道亮丽的风景线。二是农业综合开发产业化项目围绕打造全省十大主导产业的目标，重点扶持了一批市场前景良好，辐射带动能力强的农业龙头企业，同时积极探索扶持农民专业合作社的政策与办法，力求经济、社会、生态效益的综合体现，和谐统一。三年全省农业综合开发共实施土地治理项目 320 个，治理面积 215.7 万亩；项目区预计可新增粮食生产能力 14637 万公斤，新增油料生产能力 496.8 万公斤，农民增收 4.3 亿元。三年扶持产业化经营项目 234 个。项目建成后，可安排农村劳动力就业 4 万人次，带动农民增收 13 亿元，为提高农业综合生产能力和增加农民收入，促进新农村建设，起到了积极的作用，受到农民群众的广泛好评。

(三)健全制度，完善机制，规范管理

制度是行为的规范，也是办事的依据。这几年我省在认真贯彻落实《国家农业综合开发资金和项目管理办法》(财政部 29

号令)的基础上,结合浙江实际,先后制订了《浙江省农业综合开发资金和项目管理实施办法》等10多个规范性制度与办法,使各项工作切实做到有章可循,有法可依。同时按照依法行政和政务公开的要求,完善选项机制。在项目选择上,实行自下而上、公开透明的择优选项机制,每年对农业综合开发扶持政策和选项要求通过网络、报纸、广播、电视等媒体向社会公开,严格按照"政策公示、专家评审、征询意见、集体研究"四个程序进行选项,确保所选项目既符合国家政策要求,又使选项过程公正、公开、透明,体现农民意愿。在资金管理方面坚持专户存储、专人管理、专账核算,做到专款专用,并加强和规范财务管理、会计核算工作,实行全方位的资金监控,在制度上保证资金安全有效使用。在项目管理上,积极推行全过程项目管理。所有土地治理项目均组织有关专家进行现场踏勘,并对工程设计进行仔细审查。对产业化经营项目实行专家评审与实地考察相结合,确保按规定程序选准选好项目。并特别要求土地治理项目必须实行规范的招投标和工程监理制,项目完成后要对资金使用情况进行公示,接受社会监督,真正把好事办实,把实事办好。

(四)强化监督,严格考核,提高绩效

首先是加强财政监督。2007年上半年,在全省范围内开展在建项目综合性检查,各市对项目县的检查面达100%,省重点抽查30%以上。国家农发办2007年和2008年连续两年委托中介机构对我省在建项目进行综合性检查,每次抽取4-5个县(市)。从检查的情况看,总体是好的,但县与县之间不平衡,同时检查中发现的一些问题,通过加强整改,进一步提高了资金和项目管理水平。其次是注重外部监督,密切配合审计部门,并注重运用社会中介机构的力量,定期或不定期对农业综合开发资金筹集、使用和管理进行检查。在农业综合开发项目绩效评价工作试点的基础上,2007年省农发办委托浙江新华会计师事务所对全省20个土地治理项目和5个产业化经营项目进行绩效评价,共涉及21个项目县(市),通过评价,有22个项目被评为优秀,3个项目为良好。今年结合2006年实施的农业综合开发项目省级验收,省农发办委托浙江新华会计师事务所和浙江同方会计师事务所对农业综合开发财政支出开展全面绩效评价。其中101个土地治理项目现场抽样评价的比例不低于70%,49个产业化经营项目现场抽样评价的比例不低于60%。绩效评价工作的深入开展,对提高财政资金使用管理水平起到了积极的作用。三是完善考核机制。根据国家农发办有关规定,省农发办制定了《浙江省农业综合开发资金和项目管理工作质量考评办法》(浙农综办〔2007〕41号),从今年开始,对各市、县上一年度的资金和项目管理工作质量开展全面考核,考核内容主要包括资金管理、项目管理和综合管理三大部分,考核结果与下一年度省以上财政资金的分配及项目安排挂钩,以此推动农业综合开发管理、项目建设质量和资金使用效益的提高。今年,国家农发办首次对全国31个省(自治区、直辖市)农发办和2007年资金和项目管理工作质量进行了考评,浙江名列全国第二,这是对我省农业综合开发工作的肯定,也是我们做好下一步工作的起点。

(五)抓好调研,扩大宣传,提升素质

近年来省农发办每年发文布置调研工作,下达调研课题,要求各地结合实际深入开展调研。三年来,各级财政部门、农发办累计撰写调研文章250多篇,这些调研文章内容翔实,分析入理,针对性较强,对决策部门了解情况、制订政策具有一定的参考价值。省农发办也先后完成《农业综合开发投入机制研究》、《农业综合开发土地治理项目操作规程研究》、《浙江省农业综合开发"十一五"规划研究》、《完善农业综合开发财政资金扶持方式研究》、《切实抓好工程建后管护 确保土地治理项目长期发挥效益研究》、《浙江省农业综合开发扶持农民专业合作社调研报告》等28个专题调研报告。不少地方已完成市、县农业综合开发中长期规划的编制,规划坚持突出地方的区位优势和农业资源比较优势,做到与当地农业和农村经济发展总体规划的有效衔接,兼顾全面,突出重点。与此同时,从三个层面扩大农业综合开发宣传。首先是对上宣传,积极争取各级政府领导和上级部门的关心支持。其次是对外宣传,通过媒体宣传农业综合开发政策,争取社会各界的理解与参与。此外,通过工作交流、情况沟通等形式,加强与农业综合开发领导(协调)小组成员单位的联系与协作,争取有关部门的配合与支持。三年来,共举办全省性农业综合开发办公室主任培训班2次,资金财务管理及工程设计业务培训班6次,先后有1000多人次参加了培训,多种形式培训班的举办为广大农发工作人员更新知识、提高业务素质创造条件,不少同志成了既懂管理又懂技术的复合型人才,提高了工作水平。在搞好业务培训的同时,十分注重廉政教育,强调从政务公开和完善制度两方面入手,努力杜绝资金分配、项目评估选项、工程招投标、资金结算和报账等环节可能出现的腐败行为,切实做到防微杜渐、警钟长鸣,把农业综合开发这一关乎党和政府形象的事业办实、办好。

三年来,全省农业综合开发工作虽然取得了一定的成绩,但面对落实科学发展观的要求和建设社会主义新农村的新形势,仍然存在一定的差距与不足,主要有:部分地方项目前期准备不充分,工作粗糙,导致项目实施过程中出现纠纷,建设内容调整较多,影响了项目进展;部分县(市、区)的项目资金管理特别是财政无偿资金报账管理中还存在薄弱环节,需要进一步规范和完善;少数地方农发机构与人员力量难以适应当前工作需要,亟待加强。我们要始终保持清醒头脑,积极主动地正视农业综合开发工作中存在的问题,分析其产生的原因,化消极因素为积极因素,在今后的工作中共同努力认真解决。

二、认真落实科学发展观,扎实推进下一步农业综合开发工作

当前和今后一个时期,全省农业综合开发工作的指导思想是:以科学发展观为统领,紧紧围绕建设社会主义新农村的目标和"创业富民、创新强省"总战略,加大农业综合开发资金投入,加强农业基础设施建设,改善农业生产基本条件和生态环境,大力扶持产业化龙头企业及农民专业合作组织,实施科学化、精细化管理,努力促进农业增产增效、农民增收致富,为全省社会主义新农村建设作出新贡献。

按照这一指导思想,下一阶段,全省农业综合开发要重点抓好以下几项工作。

1.将科学发展观贯彻落实到农业综合开发工作始终,不断提高为"三农"服务的思想认识。谋农业发展,助农民增收,促农村繁荣是农业综合开发的目的。为此,农业综合开发首先要紧紧抓住农民群众最关心、最迫切需要解决的问题，将农业综合开发与各级党委、政府的农村中心工作有机联系起来，使农业综合开发成为我省社会主义新农村建设的重要推动力量；同时要着力在机制创新和提升效益上做文章，更好地与财政支持“三农”工作的总体部署相衔接，真正把提高农业综合生产能力与增加农民收入，农业综合开发与生态保护和村庄整治等有机结合起来，使农业综合开发成为财政支农工作的新“亮点”。要以做大做强我省农业主导产业为导向，积极探索土地治理项目和产业化经营项目相结合的开发模式，把改善农业生产条件，提高农业科技含量，加强和改善生态环境，融入到农业支柱产业建设之中，形成一批有规模、有特色、有市场、有效益的优势农产品产业群，走出一条立足区域优势和主导产业带动现代农业发展的新路子。要将“规模开发”与“错位发展”相结合。按照高效生态农业发展要求，集中连片开发。所有位于优势农产品区域规划内的农业综合开发县，都要围绕农业优势主导产业的发展，统筹安排各类农业综合开发项目，减少项目个数，扩大项目规模，实行集中扶持、连续扶持，发挥规模效益。大力发展具有区域特色的优势农产品，重点培育富有竞争力的区域经济增长点，使资源优势变为具有市场竞争力的经济。

2. 精心建好土地治理项目，为发展现代农业创造基础条件。土地治理项目始终是农业综合开发的重点，改善农业基础设施，提高农业综合生产能力是农业综合开发的基本任务，也是社会主义新农村建设的客观要求。今后一个时期，要继续把实施好土地治理项目放在突出的位置，进一步提高建设标准，增加资金投入，千方百计提高农业综合生产能力。特别是要加大山区中低产田改造、山区小流域农业生态工程、控制性工程的投入力度，积极探索不同的工程按不同的补助方式的路子，从单一的按田亩补助向按面积补助与按工程量补助相结合转变，最终达到不同类型的项目按不同的方式补助的目的，使有限的资金得到更加科学合理的使用。同时强调三点：一是要做深做细项目前期工作。一定要依靠项目区乡镇政府与群众，摸清情况，统一思想，真正把农民群众的要求体现在项目的规划布局上，避免因政策处理出现问题而影响项目的实施。二是要高度重视工程设计，加强工程施工管理。要采用先进适用的工程技术，使工程设计更加经济、合理、实用，避免因工程设计深度不到位造成建设内容频繁变更；要建立由农发办、监理、监督、乡镇村组成的完整的工程施工管理体系，严格控制质量、进度和造价。三是要切实加强项目建后管护工作，改变重建轻管的现状，通过明确管护主体、制订管护制度、落实管护经费与管护责任，真正使已建成的项目长期发挥作用。目前，省农发办对土地治理项目建后管护工作和管护经费的安排正在进行专题研究，将出台政策明确管护经费开支渠道和使用规定，使各项管护措施落到实处。

3. 围绕主导产业，大力扶持农业产业化经营，不断提升农业产业化水平。农业综合开发产业化经营项目的扶持要突出重点、注重实效。重点扶持辐射带动力强、市场竞争优势明显的农业龙头企业和科技含量较高的农产品精深加工项目；并积极扶持具有资源和市场优势的农产品基地建设和农副产品储藏保鲜、产地批发市场等流通设施项目建设，引领农民走向市场。要加大对农民专业合作组织的扶持力度，找准扶持的关键环节，通过扶持农民专业合作组织，促进农业增效、农民增收。对农业龙头企业的扶持要注意需要与适度。所谓需要，即企业是真正需要扶持的，且扶持以后可以收到良好的经济效益与社会效益，而不是为争取扶持资金而包装项目。所谓适度，即必须视需要扶持，尽可能多地让更多的农业龙头企业享受到政府的扶持政策。最近，国家农发办对产业化项目的扶持政策进行了调整。从2009年度起，对产业化经营种植、养殖基地项目及由农民专业合作社申报并实施的产业化经营项目实行财政补贴，即100%无偿投入。其他农产品加工项目流通设施建设项目无偿有偿比例调整为30:70。这一政策的实施更加突出农业综合开发公共财政的特性，对促进农业产业化发展无疑是一大福音。但也从另一个侧面加大了选项的责任，使财政资金的安全与有效使用显得更为迫切和重要。选项是关键，只有选准项目，项目建设才有成功的保证。选项工作一要公开透明，只有公开才有公正；二要做好前期的考察论证，真正做到深入细致，尽量减少或避免项目调整，这是提高财政资金使用效益，确保资金安全的必要措施。

4. 加强资金与项目管理，切实做到建好项目，用好资金，发挥效益。各地要按照《浙江省农业综合开发资金和项目管理实施办法》的有关要求，不断加强资金和项目管理，大力提高资金使用效益和项目建设质量，切实做到资金和项目管理精细化、科学化。一是要严格资金管理。农业综合开发资金必须实行专户存储、专人管理、专账核算、保证专款专用。二是要严格项目管理。认真做好前期准备、申报审批、项目实施、竣工验收和明确管护主体等各项工作。特别是要做好项目建设的中长期规划，项目建设要与当地的社会经济发展规划相衔接，避免重复建设和浪费。要认真执行项目法人制、招投标制、工程监理制、资金和项目公示制、工程审价制，通过规范的操作规程来提高工程质量，确保项目工程长期发挥作用。要将农业综合开发规划和各部门的规划衔接起来，统筹安排，减少和避免项目的调整、变更。三是要强化监督检查。在严格竣工项目验收的同时，不放松日常的监督检查工作，使监督检查制度化、规范化。既在农业综合开发系统内部开展检查，也要利用审计、财政监督及社会中介机构等力量进行检查，并自觉接受各级人大、政协等社会各界和农民群众的监督。四是总结绩效评价和资金整合试点。认真总结好的做法和经验，分析研究存在的问题，使评价目标的设定和评价方法更加科学合理，更加切合农业综合开发实际，更加真实反映农民的客观要求，进一步提高资金和项目管理水平。

5. 促进度，保质量，抓紧完成2006～2008年项目建设任务。今年是2006～2008年三年项目建设周期的最后一年，各地要在保证项目建设质量的前提下，加快项目建设进度，确保明年5月底前全面完成三年建设任务。目前，2006年度项目省级验收已基本完成，尚有少数地方正在扫尾，也将于近期进行省级验收。2007年、2008年项目拟于明年6月份进行省级验收，请各地按照这一时间要求，抓紧各项工作，及时完成县级自验。对2006年项目省级验收中发现的问题，要及时整改，避免在2007年、2008年项目中发生类似的问题。验收不是目的，但却是检验资金和项目管理工作成效的重要手段，各地要认真对待，精心准备，以良好的工作业绩迎接省级验收和国家农发办对我省2006～2008年项目的验收考评。

部的要求，先后确定蔬菜、淡水养殖以及竹产业等三个主导产业作为今年中央财政扶持的重点，并根据中央财政下达的资金控制规模，编制浙江省蔬菜产业提升项目实施方案、浙江省淡水养殖产业提升项目实施方案以及浙江省竹产业生产发展项目实施方案并进行申报。

按照财政部对现代农业生产发展专项资金开展整合工作的要求，省财政已会同农口相关部门整合中央资金 15500 万元(6000 万元待争取)，省财政资金 10060 万元(其中农业厅 1900 万元、省海洋与渔业局 3660 万元、省林业厅 4000 万元、省水利厅 500 万元)。整合范围涉及农口相关厅局的特色优势农产品基地、高效生态渔业、种子种苗、标准鱼塘、兴林富民、欠发达地区开发性农业、欠发达地区竹林道恢复重建、小型农田水利以及产业化等专项资金。

各项目所在县(市、区)要切实增强责任感和使命感，把这项工作作为财政支农资金整合工作的重点任务，务必做好，抓出成效，做出品牌，成为亮点。特别是今年时间紧、任务重、要求高，一定要开好局、起好步。要借这项工作的契机，进一步加大本地的资金整合力度，尽可能整合相关资金，推进和巩固整合成果。认真按照《浙江省现代农业生产发展资金和项目管理实施细则(试行)》的要求，在项目审批、资金管理、绩效考评、资金分配等方面进行创新。特别要注意发挥好各方面的积极性，齐心协力做好这项工作。

(三)抓紧落实省级现代农业生产发展项目资金整合工作

除中央财政扶持的现代农业生产发展项目之外，今年，省财政设立省级现代农业生产发展资金，重点扶持全省农业十大主导产业的发展。目前，已整合省级资金 12080 万元(其中省农业厅 8970 万元、省林业厅 1790 万元、省海洋与渔业局 820 万元、省水利厅 500 万元)，整合范围涉及相关农口部门的特色优势农产品基地、高效生态渔业、兴林富民、欠发达地区开发性农业、小型农田水利以及产业化等专项资金。省财政厅已会同省级农口部门进行协商，对省级现代农业生产发展项目的申报工作进行了规范。

一是按照全省农业主导产业发展规划，由省级农口部门会同省财政厅提出年度产业发展计划，并相应提出各大主导产业年度重点建设项目区、年度建设计划、建设目标以及各产业分市县的省级补助资金控制指标，发布《省级农业生产发展类项目立项指南》和《省级现代农业生产发展资金项目标准文本》(即将下发)。

二是各地按照省下发的《立项指南》和预算控制指标，编写产业发展项目实施方案，内容包括产业发展状况、项目建设内容、资金投入概算、重点扶持环节和内容、支农资金整合方案、组织保障措施和项目预期效益等；并按照《标准文本》的格式进行填报，由当地财政部门联合农口相关部门行文申报项目，根据项目类别的部门属性分别上报省级农口相关部门和省财政厅。

三是省级农口部门会同省财政厅对各地上报的项目实施方案组织审查，综合各地申报项目建设内容和规模、基础条件及当地财力状况等因素，核定项目投资规模并提出省级补助资金分配建议。经省级财政支农资金整合领导小组审查确定后，报省政府分管领导审定，并在农民信箱上予以公开，接受公众监督。

各地要合理确定财政支持的主导产业，围绕“四促进、两带动”，即促进主要农产品产量明显提高、促进农产品区域和品种结构明显改善、促进农产品质量明显提高和促进农民增收步伐明显加快；通过主导产业发展和财政资金扶持，带动优势特色产业发展，带动财政支农资金整合。一是要合理确定优势区域，根据区域布局规划，扶大扶强，尽快形成优势特色产业带建设，形成特色明显的产业发展板块，扶持后能体现成效。二是要确定好所扶持的主导产业，选择在省里有主导性的当家产业，经过扶持后确实能带动整个产业发展，促进农民增收，能够壮大县域经济实力。三是要投向集中，不撒胡椒面。尤其要注意项目的地域集中度，以避免项目和资金分散。今年，财政部农业司领导在我省常山县检查指导财政支农资金整合工作时，再三强调集中投向的问题。四是要抓紧编制好实施方案。要与有关部门密切配合，结合自有资金，把项目实施方案认真编实、编细。

三、工作要求

(一)进一步加强工作的协调

一是要提高主动性，充分发挥协调联动机制，就支农资金统筹管理使用的措施和办法，以及整合工程中的具体问题，与有关部门进行主动沟通，共同研究解决。二是要调动积极性，按照“渠道不乱、用途不变、优势互补、各记其功、形成合力”的原则，在确保各种支农资金统筹规划、集中投放的同时，确保财政支农项目管理主体、支农资金性质用途、检查验收标准不变，充分发挥各有关部门的职能作用，有效地调动起部门的积极性。三是要把握灵活性。既要积极探索、大胆创新，又要因地制宜、扎实稳妥。要坚持从实际出发，形成灵活多样、操作性强、切实有效的整合方式，合理确定整合范围，根据资金的来源实行不同的管理方式，加强与审计、监察部门的沟通联系，对一些具体问题作灵活处理。

(二)进一步发挥规划的引导作用

在支农资金整合工作中，一定要坚持规划先行的原则，发挥规划的引导作用。依规划选择和确定本地优势区域和主导产业，并制定中长期和年度产业发展滚动计划，确定主导产业和重点项目；依规划制定资金整合方案，明确支农资金配置的流向和流量，根据规划统一申报和统筹安排资金；依规划优化组合各部门职责，发挥各自的职能优势，统筹协调各部门支农资金投入。

(三)进一步宣传支农资金整合工作

各地要采取不同形式，积极宣传支农资金整合的必要性和重要意义，介绍支农资金整合好的经验、好的做法和积极成效，促进支农资金整合工作不断迈上新台阶。各地要高度重视支农资金整合动态信息的报送，不仅要及时，而且要有质量。试点县(市、区)的工作动态至少每两个月直接报送省财政厅农业处一次。其中，常山县和桐乡市还应及时报送财政部农业司。

(四)进一步加强管理与监督

各地要认真研究资金整合过程中出现的问题，积极有效地提出解决办法。对整合工作中出现的困难和经验教训及时总结，采取切实可行的保障措施，积极推动支农资金整合工作。按照确定的现代农业生产发展资金扶持重点和支持的环节等，努力选准项目、选好项目，切实加强项目的实施管理，落实项目实施的过程管理制度。严格按照上报的项目实施方案进行实施，不得擅自改变项目的实施地点、实施内容等，并把握好项目的实施进度，确保项目按期实施完成。加强项目资金使用的监管工作，严格按照项目实施方案确定的支持环节和补助内容，并根据项目的实施进度拨付资金，保证项目顺利实施；确保资金专款专用，不得将补助资金用于与主导产业发展无关的任何支出。同时，积极配合审计等有关部门做好审计、稽查等工作。省财政厅将会同省级农口厅局，进一步加强对试点县(市、区)以及其他市县财政支农资金整合工作的指导和监督。 (2008年10月28日)

实现"三个转变" 做好六项基础性工作(摘要)

省财政厅纪检组长 金慧群

一、今年以来我省政府采购工作的情况

(一)全省政府采购规模继续扩大

政府采购规模是衡量政府采购工作广度和深度的重要指标。一年来，我省政府采购工作始终紧紧围绕"扩面增量"这一中心目标，通过加强政府采购预算和资金支付管理，强化预算执行监督，扩大、细化政府采购目录，加强集中采购和分散采购管理，以及扩大协议定点采购范围，多措并举，努力扩大政府采购的规模。同时，全省各级财政部门积极与有关部门沟通协调，努力扩大政府采购覆盖面。到目前为止，全省政府采购范围已覆盖至包括国家机关、事业单位和团体组织在内的共13441家采购人。采购对象也从单一的货物类采购扩大到工程类和服务类采购，且工程类、服务类采购比重逐年上升，建设工程项目纳入政府采购监管试点工作取得新的突破。据统计，今年前三个季度，全省政府采购预算279.22亿元，实际采购金额237.57亿元，节约资金41.65亿元。预计全年政府采购预算近480亿元，实际采购金额达430亿元。

(二)政府采购的制度体系和监督管理体系不断完善

推行政府采购制度是加强财政资金监控的重要内容，是从源头预防和惩治腐败的重要举措。为确保政府采购这一"阳光工程"顺利开展，各级政府采购监督管理部门紧紧围绕政府采购操作执行环节、审核审批等重点岗位以及社会各界关注的热点问题，积极制订管理办法，改进和创新监管模式，通过政府采购执行情况专项检查、推行政府采购协管员和督察员制度等多种形式，建立健全政府采购监督管理长效机制。同时，财政部门统一监管，监察、审计部门专业监管和主管部门分工协作的行政监管体系以及三个"三分离"的工作机制不断完善，有效遏止和预防了违法违纪行为的发生，形成了政府采购与廉政建设的相互促进、有机结合。另外，我们还畅通了供应商的质疑投诉渠道，建立以《浙江日报》及其《政府采购导刊》为主体的政府采购信息发布和政策宣传媒体，加强新闻舆论监督，共同促进政府采购工作规范有序进行。

(三)政府采购透明度建设取得新成效

一是全省各地合理确定公开招标数额标准，大力推行以公开招标为主要方式的采购活动，公开招标采购比重逐年提高。今年前三个季度，全省政府采购采用公开招标采购方式的金额达到188.26亿元，占采购资金总额的79.24%，高于全国平均水平，基本确立了以公开招标为主的采购方式。二是"浙江省政府采购信息管理系统"(内外网)已覆盖到所有省级单位，在原有使用内网系统办理政府采购预算调整、预算执行确认、合同备案登记、资金支付申请等方面审核审批工作的基础上，省财政厅还印发了《省级政府采购协议定点项目网上采购管理暂行办法》，省本级采购单位通过外网采购协议定点范围内的产品和服务以及评审专家、委托代理采购管理，努力提高政府采购活动的透明度，实现了政府采购管理的精细化和科学化。三是"浙江政府采购网"作为全省政府采购信息发布指定媒体，在全省政府采购活动中发挥越来越重要的作用。今年1至10月份，累计发布各类采购信息达16325多条，成为全省政府采购信息发布的主流媒体。

(四)政府采购执行情况专项检查顺利完成

今年5月份，财政部等四部委决定在全国开展政府采购执行情况专项检查，这是《政府采购法》实施5年来首次开展执行情况专项检查，检验政府采购法的执行效果，查找体制制度中的漏洞和薄弱环节。我省在全国电视电话会议后积极按照财政部统一部署，组织力量开展自查自纠、重点检查、整改提高、验收总结等四个方面的工作，将专项检查与开展商业贿赂专项治理"回头看"工作有机结合起来，及时发现政府采购操作中的不规范行为和监管中的薄弱环节，堵塞管理和操作中的漏洞，为建立长效机制奠定基础。同时，也防止了商业贿赂在政府采购领域中出现回潮和反复，确保巩固前一阶段治理政府采购领域商业贿赂的成效。

(五)GPA谈判准备工作顺利开展

加入GPA谈判工作是我国的一件大事，将会对经济政治发展产生深刻影响。出于对我们工作的认可和信任，财政部把东部地区牵头省份的重任交给了我们，这既是对浙江政府采购工作地位的充分肯定，也是对我们的鞭策和促进。我们应该把握好这个机会，积极向中央研究组和兄弟省份学习借鉴，力争完成财政部交给的任务。今年，我省牵头组织召开了东部地区加入GPA谈判工作小组筹备会议和省级部门加入GPA谈判工作领导小组会议，并举办了一期省级成员单位培训班，各项研究工作正在有序开展。

(六)政府采购政策功能逐步发挥

为促进经济发展方式转变和我省经济社会又好又快发展，贯彻实施省委、省政府"两创"总战略，从2008年开始，我省将政府采购制度改革的重点逐步向发挥政府采购政策功能拓展和延伸。今年4月，省政府办公厅发布了《关于建立政府优先强制采购节能环保和自主创新产品制度的通知》，对进一步发挥政府采购的政策功能，加快我省节约型社会和创新型省份建设，促进全省经济和社会的可持续协调发展提出具体要求。全省各级采购单位和采购代理机构通过多种方式，加大对节能环保和自主创新产品的支持力度，发挥政府采购政策功能日益受到全社会的广泛关注和认同。

此外，全省上下积极响应中央号召，积极支持地震灾区抗灾援建。各级财政部门全力做好救援物资采购工作，为求援物资采购开辟绿色通道，确保救援物资能及时保质支援到灾区。

回顾一年来全省政府采购制度改革的历程，我们体会到只有坚持科学发展观，明确目标，增强信心，才能实现深化政府采购制度改革的各项任务；只有树立创新意识，开拓进取，勇于实践，才能不断实现全省政府采购在管理体制、运行机制、管理手段和操作能力等方面新的突破，确保政府采购各项工作又好又快发展；只有坚持“法治”观念，不断完善政府采购法规制度体系，才能提高各级政府采购监督管理和集中采购机构依法监管、依法采购的水平，保证政府采购工作在法律法规框架下规范有序进行；只有发扬团结协作，上下一心，才能真正发挥政府采购所特有的各项政策功能，促进政府采购更好地为经济社会发展服务。

一年来，全省政府采购工作取得了一定的成绩，打下了一个良好的基础。但我们也应清醒地看到，当前，我省政府采购工作仍存在不少问题。一是集中采购“质次、价高、效率低”的问题依然存在；二是政府采购制度没有得到很好发挥，行业保护和地区封锁等现象尚未杜绝；三是政府采购相关当事人诚信意识不强，恶意投诉、吃“回扣”等事件时有发生；四是政府采购监管人员和集中采购机构工作人员的业务素质参差不齐，工作能力和水平有待进一步提高；五是不少建设工程和分散采购项目没有纳入到政府采购管理中来，采购规模总额偏小，公开招标比例仍然偏低。这些都要求我们采取有效措施，切实加以改进和完善。

二、认真贯彻落实全省政府采购工作会议精神，加快推进深化政府采购制度改革

今年6月份，我们召开了全省政府采购工作会议，会上钱巨炎厅长代表省财政厅提出了“理顺四个关系、树立四大理念”的工作要求，为当前和今后一个时期全省政府采购制度改革指明了方向。全省各级政府采购监督管理部门要根据钱厅长重要讲话和会议精神，结合目前学习实践科学发展观的总体要求，合理地安排好下一阶段的政府采购工作，有所侧重，抓住重点，切实推动政府采购制度改革向前发展。

(一)提高思想认识，切实做好“三个转变”

1.要将扩大政府采购规模为主，向注重采购规模和质量并重转变

政府采购规模体现了政府采购宏观调控国民经济运行作用的大小和在经济社会工作中的地位。我省近几年采购规模增长很快，但政府采购“质次、价高、周期长”的问题始终存在，成为深化政府采购制度改革进程中的“瓶颈”。为此，从2009年开始，要逐步统一全省政府集中采购目录，减少各地由于目录差异造成省市县各级采购范围和标准不一致的现象；要进一步扩大对建设工程纳入政府采购监管的试点工作，加大对分散采购和社会关注度大、涉及民生采购项目纳入政府采购管理的力度，提高采购综合效能；三是要把行政审批、采购信息的发布、资质资格的设定和审查、专家库的建设、评标开标等工作，全部纳入制度化、规范化轨道，遏止和杜绝任何形式的违规操作以及供应商恶意串通，弄虚作假谋取不正当利益的现象。

2.要以节约采购资金为主，向节约资金和发挥政府采购政策功能并重转变

促进经济社会又好又快发展是政府采购政策工具的内在要求。我省历来重视政府采购宏观调控作用的发挥，从2004年至今出台了一系列适合我省发展实际的制度办法，发挥了政府采购对经济社会协调可持续发展的促进作用。今后，我们要树立全局观念，转变工作思路，把政府采购制度建设的重点逐步向发挥政府采购政策功能拓展和延伸，在工作中认真贯彻落实《关于建立政府优先强制采购节能环保和自主创新产品制度的通知》要求，严格执行政府优先采购、强制采购、首购订购和进口产品审核等制度，加大对节能、环保、自主创新等产品的支持力度，将政府采购从规范采购行为、节约采购资金为主，逐步向与发挥政府采购政策功能并重转变。

3.要以集中采购为主，向集中采购和分散采购并重转变

长期以来，我省分散采购的采购金额仅占采购总规模的10%左右，分散采购项目纳入政府采购监管的广度和深度还远未达到《政府采购法》的要求，这不利于政府采购制度改革的进一步深化。为此，一是要结合部门预算改革的要求，进一步改进政府采购预算管理办法，指导和规范政府采购预算资金运行活动，约束政府采购行为；二是要全面编制政府采购预算，通过细化政府采购目录、科学合理制订采购限额标准和强化政府采购预算执行管理等手段，提高预算科学性和准确性，增强预算计划性和刚性约束，努力实现“应采尽采”的工作目标；三是要对政府采购预算资金实行国库集中支付(财政直接支付)，通过推进部门预算、政府采购和国库集中支付(财政直接支付)三项改革相互衔接、相互促进，防止采购单位规避政府采购行为。

(二)做好六项基础性工作

1.完善政府采购规范化运作机制

一是要继续抓好制度建设，重点要研究制定好政府采购流程和采购文件编制规范、采购合同履约和管理、供应商库和专家库管理、社会中介采购代理机构管理和供应商质疑投诉等制度办法，积极营造良好的政府采购市场环境。二是要指导和督促集中采购机构、其他采购代理机构和采购人建立健全内部操作流程、质量控制等制度，采取上岗考核、服务承诺和项目责任制等措施，强化内部约束机制，提高政府采购的质量和服务水平。三是加快建设全省统一开放、资源共享的评审专家库、供应商库和商品信息(价格)库，依法建立政府采购评审专家和供应商的考核评价、不良行为公告以及进入退出等管理制度。四是按照市场经济的要求，积极探索和创新政府采购管理的有效形式，进一步完善定点采购和协议供货管理办法，加强对协议定点商品服务价格的动态监测，严肃查处供应商或采购人的违规行为，实现政府采购效率、效益和规范共存。五是要做好制定《浙江省政府采购法实施细则》的前期准备工作，研究解决当前政府采购制度不全、执行不严、操作性差等方面的问题。

2.提高采购监管、操作的质量和水平

一是要转变观念，既要强化财政部门法定的监督管理职责，又要简化政府采购审核审批手续，努力提高政府采购工作效率。二是要进一步建立和完善财政部门、集中采购机构、采购人职责清晰、运转协调的工作机制，加大对政府采购工作中的采购方式

审批、项目委托、采购文件编制、信息发布、采购评审、专家管理、中标(成交)供应商确定、合同签订履行和验收、供应商投诉处理等重要工作环节的规范化管理力度，努力实现招标文件格式化和采购流程标准化。三是要指导、督促集中采购机构注重规范操作，不断优化采购程序和采购方式，实现采购活动科学合理，切实提高集中采购的质量和效果。四是要充分发挥主管部门和采购单位的积极性和专业性，不断扩大部门集中采购目录和分散采购目录范围，提高部门和单位依法采购的自觉性，共同推进政府采购工作。

3.加快推进政府采购信息化建设

利用现代电子信息技术，推进政府采购信息化建设，实现政府采购由传统向现代的“跨跃式”发展是实现科学采购，提高政府采购工作地位的重要内容。政府采购信息化建设涉及财政工作方方面面，事关政府采购改革发展大局，全省上下必须要树立“一体化”的指导思想，坚定信心和方向，坚持“全省统一、统筹规划、分级负责、共建共享”的原则，做到政府采购管理和执行平台的一体化、采购业务流程的一体化、技术和业务标准的一体化。目前，省本级的政府采购信息化建设取得了阶段性成果，浙江省政府采购信息管理系统逐步成熟完善，在省本级预算单位全面应用的基础上，要按照全省政府采购工作会议上提出的“争取在今年下半年，有重点地选择 1-2 个地方进行试点，用 3 年左右时间推广到全省大部分市县”的工作目标，为下一步建立全省统一开放的区域性政府网上采购市场奠定基础。

4.启动对集中采购机构的考核工作

对集中采购机构进行考核是《政府采购法》赋予我们的一项工作职责，也是促进集中采购机构加强内部管理和提高服务水平的有效手段，我们必须认真做好。对集中采购机构的考核应从以下几个方面着手：一是制定考核制度办法，使集中采购机构考核工作有章可循，有规可依；二是建立健全考核机制，由政府采购监管部门、采购单位和供应商等政府采购相关当事人对集中采购机构进行考核，考核结果进行公布；三是明确考核的内容，重点对集中采购机构的采购价格、服务质量、节约资金效果、有无违法违规行为等关系政府采购形象和采购质量的内容进行考核。

5.加强廉政建设

“廉政采购”是政府采购工作的生命线，也是政府采购改革的原动力。在政府采购这样一个高风险领域工作，全省各级政府采购管理部门必须增强廉政意识和危机意识，始终绷紧廉政采购这根弦，做到廉政建设常抓不懈。廉政建设的关键是要抓好制度建设，从源头上铲除产生腐败的土壤和条件。此外，还要通过政治思想学习和职业道德教育，切实提高采购人员思想道德修养和廉政意识，努力形成不想腐败的氛围；通过采购机构内部管理制度和内控机制建设，完善内部操作规程，建立健全三个“三分离”的采购管理和执行体系，积极创造不能腐败的条件；通过对一些重要岗位和关键环节的预防控制，加强监督检查和业绩考核，强化责任追究，严肃法纪，大力营造不敢腐败的声威，自觉抵制各种腐败和贿赂行为，让廉政采购和廉政监管真正落到实处。

6.加强机构队伍建设

政府采购工作的法制性、业务性、技术性非常强，对政府采购管理人员的综合素质要求高。当前，政府采购制度改革面临的复杂形势对政府采购从业人员提出了新的、更高的要求。要想顺利推进政府采购制度改革向前发展，必须始终抓好机构队伍建设，培养力量，加强力量，形成一支结构合理、廉洁高效、业务精通的政府采购管理队伍。要加强对政府采购管理人员的职业道德教育、法制教育和技能培训，增强政府采购从业人员依法行政、依法采购的观念，提高政府采购从业人员对政府采购制度改革工作的使命感和责任感。逐步探索建立系统性的从业人员上岗培训、执业考核制度，促进采购代理机构和采购人员向专业化和职业化发展，坚定不移地走政府采购专业化和职业化的发展道路。(2008 年 11 月 18 日　在全省政府采购监管人员培训班上的讲话)

注册会计师要做“创业富民创新强省”的实践者和推动者(摘要)

省财政厅副厅长　薛小杭

2007 年 11 月 6 日，浙江省委十二届二次全会作出了《中共浙江省委关于认真贯彻党的十七大精神扎实推进创业富民创新强省的决定》(以下简称《决定》)。“创业富民创新强省”(以下简称“两创”)是省委省政府从浙江实际出发，为实现全面建设小康社会、继续走在前列的奋斗目标而作出的重大战略抉择，是改革开放以来浙江发展经验的深刻总结，是浙江人民在创业创新伟大实践中锻造形成的浙江精神的集中体现，也是浙江继续走在前列，再创发展辉煌的必然选择。注册会计师作为市场经济不可或缺的一支重要力量，既要积极参与成为“两创”的实践者，又要主动服务成为“两创”的推动者。

注册会计师要身体力行做“创业富民创新强省”的实践者

浙江是市场经济的先发地区，也是全国相对发达的区域之一，注册会计师行业也不例外，其规模与实力也是处于全国前列，并已经成为浙江现代服务业的重要组成部分和经济生活中不可或缺的重要力量。能否发展得更好一些、更快一些，既是注册会计师行业自身发展的问题，也是经济社会发展对注册会计师行业提出的要求。

我们必须认识到，浙江的注册会计师行业现有规模与浙江经济大省的地位很不相称，行业的发展速度还明显落后于我省经济发展速度，行业的执业队伍在数量和质量上还远远不能满足浙江经济发展和企业服务需求，行业的精神面貌与历尽千辛万苦、想尽千方百计、说尽千言万语、走遍千山万水的浙江人精神不相称。

在当前国内外经济形势极为严峻的大环境下，贯彻落实好省委“两创”总战略极为重要。注册会计师尤其是会计师事务所的主要负责人，要身体力行积极投身于“两创”，在思想上要始终保持锐意进取、奋发有为的精神状态，在行动上要不断探索符合事务所做大做强的机制，大力创业、大胆创新，将注册会计师行业发展成为现代服务业的支柱产业之一。

——注册会计师要更新思想观念，树立创业创新人人有责的理念。省委在《决定》中指出，“创业富民、创新强省”，就是要按照科学发展观的要求，坚持以创新提升创业，以创业促进创新，高起点、宽领域、全方位推进创业创新，促进创业创新向全民参与拓展、向注重创造拓展、向省内外结合拓展、向各个领域拓展，全面推进个人、企业和其他各类组织的创业再创业，形成全民创业和全面创新的生动局面，使全省人民收入水平持续提高，家庭财产普遍增加，生活品质明显改善，走共同富裕道路。联系到注册会计师行业，每位注册会计师都要成为创业创新的主体，摒弃小富即安和安于现状的思想，充分调动与激发自己的优势与潜能，积极响应与投身于所在事务所的创业创新，真正成为创业创新的实践者与得益者。

——注册会计师要更新知识与审计技术，提高创业创新的能力与效率。我省注册会计师队伍基本素质很好，现有 3231 名注册会计师中，考试取得执业资格的 2743 人，占 84.89% ；大学本科以上学历的 1841 人，占 57%；高级职称的 678 人，占 21%；年龄 39 岁以下的 2525 人，占 78.15%。但是随着经济社会发展进入新阶段和经济全球化迅速发展，注册会计师现有的知识与审计技术明显滞后，尤其是 IT 技术与互联网的广泛应用，传统的手工审计技术难于适应新的经济形态与业务。当前，注册会计师要从开拓与服务于服务外包、互联网、文化创意产业等新业务的需要，加快自身知识更新的速度以及开发利用 IT 与互联网技术替代传统手工审计的力度，不断提高自身创业创新的能力与效率和为其他主体创业创新提供优质服务的能力效率。

——注册会计师要更新发展思路，大力创业、大胆创新。杭州市委书记王国平曾指出，“全球化、新经济、互联网”的挑战正扑面而来。当今时代，经济全球化深入发展，新经济浪潮风起云涌，互联网大有将世界“一网打尽”之势，这既给我们带来了平等的信息机会、均等的市场机会、利用国际市场和资源的机会，也使我们面临更为直接、更加激烈的国际竞争。谁游离于全球化、谁不发展新经济，谁不“触网”，谁就会被飞速前行的时代无情抛弃。

会计、审计服务市场是一个丰富的、多层次的、多需求的市场，只要法律不禁止或限制的领域或业务都可以大胆地去做、去尝试。省注协在《关于会计师事务所开展合作做大规模若干事项的指导意见》中鼓励，“会计师事务所开展合作做大规模的形式可在不违反法律、法规禁止性、限制性规定的前提下适当创新。”因此，注册会计师既要立足于当前会计、审计服务市场的传统业务与现实需求，大力拓展现有业务领域做大规模，更要着眼于未来新经济潜在的市场前景，大胆开拓新市场、发展新业务抢占先机。

注册会计师要竭诚服务做“创业富民创新强省”的推动者

今后 5 年，浙江人均生产总值将由 5000 美元迈进 8000 至 10000 美元，这个阶段，是全面提升工业化、信息化、城市化、市场化、国际化水平的关键阶段。当前浙江经济正处在经济转型升级，发展方式在转变的关键时期，企业服务需求渐趋多元化。社会经济发展和企业多元化的服务需求，既给注册会计师提供了大好的发展机遇，也对注册会计师的业务能力和服务水平提出了新的挑战。注册会计师要从适应和满足市场需要出发，在全面提升自身业务能力和服务水平的基础上，竭诚为各类创业、创新主体提供优质服务，做一名出色的“两创”服务者、推动者。

——注册会计师要有服务创业创新的意识，及时主动向客户宣传新政策、新举措。为贯彻党的十七大提出的建设创新型国家的战略决策以及省委关于”创业富民、创新强省“的决定，国家科技部、财政部、税务总局以及省里的相关部门，纷纷出台了一系列推动创业创新的新政策、新举措。当前，注册会计师自己要深入学习和研究《企业所得税法》、《企业所得税法实施条例》、《高新技术企业认定管理办法》(国科发火〔2008〕172 号)、《高新技术企业认定管理工作指引》(国科发火〔2008〕362 号)、《浙江省地方税务局关于贯彻省委推进”两创”决定的实施意见》(浙地税发〔2008〕1 号)，《浙江省国家税务局关于贯彻省委推进创业富民创新强省决定的实施意见》(浙国税所〔2008〕15 号)等，深刻领会与掌握国家和各级政府鼓励创业创新的政策规定；同时，注册会计师要通过刊物、走访、讲座等多种方式，积极主动地把上述新政策、新举措的有关内容向自己的常年客户等服务对象宣传，让企业及时了解与掌握并落实到有关具体经营决策中。

——注册会计师要发挥专业、智力优势，大力帮助客户提高创业创新的能力与水平。当前，伴随着国际国内经济环境发生的深刻变化，浙江经济面临前所未有的新机遇，正在经受前所未有的新挑战，一批困难企业步履艰难，一批优势企业脱颖而出。面对新阶段带来的机遇和挑战，浙江的各级政府和广大企业行动起来了，凭依与时俱进的浙江精神正在加快腾笼换鸟、转型升级、创业创新的步伐。在这样的关键时期，注册会计师必须有所作为，要立即行动起来主动走访常年客户，深入了解他们的困难以及转型升级、创业创新进程等有关情况；同时，注册会计师要充分发挥自己专业、智力等优势，针对客户当前的困难和需求，为客户设计并提供财务、税务、管理等多方面的专业服务，在财务会计以及资金筹措管理等方面帮助客户应对困难；或者指导客户用足、用好、用活鼓励创新的各项政策，辅导其正确归集、核算并在税前加计扣除研究开发费用，筹措并使用好创新资金，提高创新能力；或者为客户在申报认定高新技术企业过程中提供优质高效的专业服务，使符合条件的企业及时得到认定并享受税收优惠政策；或者帮助客户设计和筹划从第二产业中剥离出第三产业的方案，加快发展现代服务业，优化企业的产业结构和减轻税负，使企业创业创新具有更好的条件。总之，注册会计师在帮助和推动企业提高创业创新能力与水平方面大有作为。

——注册会计师要牢记肩负的社会责任，以公众利益为宗旨，为“两创”保驾护航。对于注册会计师的作用与责任，潘序伦先生早在 1933 年为《立信会计季刊》所撰写的《中国之会计师职业》一文中就指出：“然会计师之为职业，实为工商企业保障信用而设，苟有不道德行为，而自丧其信用，则此项职业，即失去根本存在之理由，违背国家社会期望之愿意，可不慎哉。”维护社会公共利益和投资者的合法权益，促进社会主义市场经济的健康发展，是国家建立注册会计师制度的根本目的。国家法律赋予注册会计师特许经营权以及注册会计师出具的报告具有证明效力，也就决定了注册会计师必须诚实、正直、客观、公正地出具每一份报告的责任。既然如此，注册会计师在任何时候都要牢记肩负的社会责任，以公众利益为宗旨，每做一项业务，出具每一份业务报告，首先要考虑国家和社会公众要求注册会计师尽到什么责任，发挥什么作用。鉴此，注册会计师既要竭诚为委托人提供优质高效的服务，又要遵守法律法规、执业准则和职业道德，确保审计鉴证质量，为“两创”保驾护航。 （2008 年 11 月 28 日在全省会计师事务所主任会计师培训班上的讲话）

以统筹发展理念
推进城乡基本公共服务均等化

衢州市市委书记、市长　孙建国

省委、省政府高度重视推进基本公共服务均等化，通过“两保两挂”政策，不断加大对欠发达地区的财政转移支付力度，为推进区域间基本公共服务均等化提供了强有力的财政体制保障。在新的形势下，省委、省政府提出“全面小康六大行动计划”，对推进基本公共服务均等化提出了新的更高的目标要求，这是对我们工作的极大鼓舞和鞭策。近年来，我们认真贯彻中央和省委、省政府要求，在努力推进经济又好又快发展、着力培育新的经济增长点的同时，积极创新机制，不断加大投入，在推进城乡基本公共服务均等化方面取得了一些成效。

一、把握三个原则，用科学的方法推进城乡基本公共服务均等化

我们坚持把提升农村基本公共服务水平作为转变政府职能、调整财政支出结构、衡量政府绩效的新导向，牢牢把握三个方面的工作原则。

（一）总体规划，分步实施。推进基本公共服务均等化涉及方方面面，是一项综合工程。为此，我们紧紧围绕“两大目标”，坚持把农村经济与社会发展纳入经济社会发展全局之中，把农村基本公共服务放到全面小康进程的突出位置予以总体安排、统一规划，加强城乡各类公共服务供给的统筹融合、衔接配套，并从实际出发，制定落实年度实施计划，有计划、有步骤地实施。

（二）城乡统筹，全面推进。按照城乡统筹发展的要求，深入实施“三大战略”，加快工业化和城市化进程，推进城市基础设施向农村延伸，城市社会服务事业向农村覆盖，城市文明向农村辐射。坚持把县域作为主战场，加快形成以县（市、区）为主，市、县、乡、村联动的工作局面，加快发展农业和农村经济，增强农村地区对政府公共服务的接纳能力和互动能力，形成城乡联动、互促共进的发展格局。

（三）量力而行，尽力而为。立足衢州实际和财力可能，把推进城乡基本公共服务均等化的出发点、立足点放在全面改善民生上，从事关群众切身利益和群众迫切需要解决的事抓起，整合财力物力，按照需要与可能设置阶段性量化目标，区分主次先后，分别轻重缓急，把有限的资金用在“刀刃”上，切实把群众迫切需要办、政府能够创造条件办的事办好，推动公共资源向以民生为重点的社会发展领域倾斜，实现改善民生的力度和经济社会发展水平相适应。

二、落实三项机制，为推进城乡基本公共服务均等化提供强力支撑

推进基本公共服务均等化，财力保障是基础，制度创新是根本。我们在推进城乡基本公共服务均等化中，坚持从财力与制度的结合上来操作，有效保障了各项措施落到实处。

（一）落实财力保障机制

坚持从三方面着手：一是开源。坚持把加快发展作为解决各类矛盾的根本举措，深入实施“工业立市、借力发展、特色竞争”三大战略，深化“山海协作”，努力做大经济总量，千方百计增加政府可用财力和有效投入。进一步完善公共财政收入管理制度，依法加强财政收入征管。2007 年全市财政总收入、地方财政收入分别是 2003 年的 2.1 倍和 2.13 倍，年均增长 20.5%和 20.8%；今年上半年，实现财政总收入增长 20.6%，地方财政收入增长 23.6%，为推进基本公共服务均等化提供了有力的财力支撑。二是调优。调整优化财政收支结构，努力增收节支。把加大民生投入、增加基本公共服务供给、加快新农村建设作为政府工作的重点，按照省政府提出的要求，新增财力 2/3 以上用于社会事业和民生保障，优化政府公共支出结构，把有限的公共财政资源优先用于基础教育、基本医疗和公共卫生、社会保障、就业等基本公共服务领域。2007 年，全市财政民生支出占财政支出的比重比上年提高 2.4 个百分点。三是提效。按照“收入一个笼子、预算一个盘子、支出一个口子”的管理目标要求，深化部门预算改革、国库集中支付制度改革、政府采购制度改革，完善专项资金管理，加强财政资金使用的监督检查，切实提高财政资金效益。用足用好省“两保两挂”等各方面扶持政策，严格加强资金使用监管，确保省转移支付、专项补助等扶持资金用到实处。完善项目科学决策、全程稽查和后评价制度，用“受益多少人”、“群众满意否”来衡量政府投入成效。

（二）落实政策引导机制

一方面，努力探索建立城乡统一的公共服务体制。围绕衢州市“十一五”规划和统筹城乡发展纲要，抓住城乡社会事业、社会保障、基础设施等重点，先后出台落实了推进城乡卫生事业发展、整合资源加快新农村建设、鼓励农民进城就业创业、市区城乡供水一体化、城乡公交一体化、安心工程建设等一系列政策性文件，确保政府各项投入能够真正落实到推进城乡基本公共服务均等化上。另一方面，完善政府供给为主、社会资本广泛参与的供给机制。深化城乡投融资体制改革，积极探索“投资主体多元化、筹资方式市场化、投资项目业主化”的投融资新途径。积极拓宽融资渠道，发挥好政府财政资金的主导和引导作用，按照“谁投资、谁受益、谁承担风险”的原则，凡是可以通过市场融资来解决的项目，在公开、公平、公正的前提下，尽可能吸引社会资本进入。努力探索通过各种政策安排，鼓励社会资本投向农村基础设施建设、农村生态环境建设、农村公用事业和农村社区服务业，形成政府主导、多元投资、市场运作的投入机制，增加公共产品有效供给。据不完全统计，近几年来，全市向市场推出衢常铁路、塔底水利枢纽等服务城乡的公共建设项目10余个，吸纳社会资金近50亿元，逐步建立了市场化运作的良性机制。

(三)落实绩效评价机制

以“结果”为导向，全面实施工作绩效评价，确保推进公共服务均等化工作得到有效落实。一是加强领导，明确责任。以统筹城乡发展推进城乡一体化工作为载体，成立工作领导小组，将城乡基本公共服务均等化作为重点，层层落实责任，确保工作有人抓、有人负责。二是制定计划，细化目标。制定《衢州市统筹城乡发展推进城乡一体化纲要(2005～2010年)》，层层分解，细化、量化城乡基本公共服务均等化的工作目标和任务，落实到各县(市、区)和市级机关部门，明确工作要求、完成时限，确保城乡基本公共服务能力逐年提升。三是加强督查，强化考核。将基本公共服务作为党委、政府年度目标考核的重点内容，不断加大权重，加强督查考核，确立工作导向。与此同时，规范和加强政府专项资金管理，制定出台《进一步加强政府专项资金管理的意见》，明确项目申报、部门审核、财政审查、政府审批、下达计划、财政拨付等专项资金申拨六项程序，确保专款专用；建立完善财政支出绩效激励与约束机制，认真组织实施财政支出项目绩效评价，提高财政资金使用透明度，花最少的“钱”办最多的事，使财政资金发挥最大的效果。

三、抓好六个重点，着力解决推进城乡基本公共服务均等化进程中的突出问题

推进城乡基本公共服务均等化是一个长期的复杂过程。在具体工作中，我们从实际出发，从农村最需要、群众最关心、反映最强烈的突出矛盾入手，主要抓了以下六个方面重点工作。

(一)加快城乡规划体系建设，着力解决战略导向问题。充分发挥规划先导作用，坚持以统筹发展理念，把城乡基本公共服务均等化的要求充分体现在各类规划当中。一是在编制区域总体规划时，强化市域一盘棋、城乡一体化理念，打破行政区域界限和城乡分割的束缚，在公共资源配置、重大基础设施安排、城镇体系框架设计、土地利用方向等方面，统筹考虑城乡基本公共服务设施的布局。二是在编制完善路网、水网、电网、环卫、防洪减灾等重要基础设施建设规划和教育、卫生、文化、体育、广电、公交、市场等专项规划时，优先安排促进城市公共服务向农村延伸、提升农村基本公共服务的重大项目。三是加强村镇规划，积极推进农村行政区划调整，促进农村基本公共服务基础设施的科学布局和有序建设，以规划为指导，全力推进“百村示范、千村整治”工程，改善农村人居环境。

(二)加快城市基础设施向农村延伸，着力解决硬件配套问题。着眼于“城乡统筹、延伸共享”，加快推进城乡公交、供水、供电、通信、污水和垃圾处理的对接，逐步实现同城同网、同质同价，享受均衡的服务。积极推进农村公用服务设施建设，以“百村示范、千村整治”工程为龙头，整合各类资源，加大财政投入，加快实施农村道路、污水和垃圾处理、安全饮水、沼气利用、河道整治、有线广播电视入户等新农村建设系列工程，极大地改善了农村生产生活条件，新农村建设多项工作走在全省前列，全省“千村示范、万村整治”工作现场会在我衢州召开，衢州村庄整治经验在全省推广。到2007年，累计建成示范村129个、整治村1099个，今年上半年新启动建设示范村22个、整治村278个；截至今年6月份，建成垃圾集中收集处理村2151个，在14个镇启动了镇级污水处理设施建设，其中完成7座；改善和解决农村饮水困难人口71.2万人；建成农村沼气总容积44.4万立方米，客运班车通村率达93.3%，城乡公交通乡率达100%。2005～2007年三年间，全市各级财政共投入农业发展、农村建设资金26.93亿元，年均增长51.1%。2008年上半年，全市财政投入“三农”资金5.77亿元，增长9.4%；与此同时，着眼于从根本上改善边远山区群众的生活，扎实推进下山脱贫工作。按照集聚发展的要求，把下山脱贫与推进城镇化有机结合起来，因地制宜，强化政策激励，积极引导山区、库区农民向县城、中心镇、中心村搬迁，实现异地脱贫。目前为止已累计投入下山脱贫资金22.4亿元，共安置7.45万人。

(三)加快推进城乡社会事业均衡发展，着力解决软件支撑问题。根据“城乡均衡、面向基层”的要求，努力促进城乡教育、医疗卫生、文化等事业均衡发展。一是加快城乡教育协调发展。2003年，我们在全省率先启动农村教育改水、改厕工程。2005年全面启动“食宿改造”、家庭经济困难学生资助扩面、“爱心营养餐”工程、教师素质提升工程和名师资源共享工程，到今年上半年，农村教育“五项工程”累计投入财政资金2.98亿元，极大地改善了农村中小学的办学条件。大力开展农村教师素质提升工程，累计培训了1.21万名农村教师；充分利用现代信息技术，创造性地实施了“名师资源共享”工程，开设“网上名师课堂”，累计投入700余万元，拍摄、制作名师课堂优质课800节，网上访问达23万人次，优秀教育资源延伸到了农村薄弱学校；建立城镇中小学教师到乡村任教服务制度，探索开展“一校两区”机制，由城区“强校”、“名校”结对托管农村“弱校”，实行“一个法人，一个班子，两个校区”管理模式，师资、设施共享，实现了市区优质教育资源直接覆盖到农村学校。二是加快城乡公共卫生体系建设。落实公共卫生经费保障机制，完善社会卫生服务补助政策，建立稳定的城乡社区卫生服务筹资和投入机制，扎实推进公共卫生“五大体系”建设，全面实施新型农村合作医疗和农民“健康工程”。其中，开化县是全国最早开展新型农村合作医疗试点的地区之一，国务院领导曾专题听取了试点工作情况汇报，并给予充分肯定。自2007年开始实施城镇居民基本医疗保险制度，将未参加城镇职工基本医疗保险的城镇居民纳入医疗保障，目前全市城镇居民基本医疗保险参保率已经达到72.4%。三是加快农村文化体育事业发展。着力抓好村级文化活动场所和乡镇文化站等农村文体设施建设，深入实施农村有线广播电视进村入户，到2007年入户率达73%以上。同时，着眼于丰富农村和农民工文化生活，市财政每年安排80万元专项资金，在全省率先开展了"农家乐"文化大篷车和民工文化俱乐部等特色文化服务，为群众提供家门口的文化服务。自2005年底组建到2007年底，共演出422场，覆盖了1055个行政村，直接受益观众33.7万余人，得到了农民群众和农民工的广泛欢迎和好评。

（四）加快城乡社会保障体系建设，着力解决基本生活保障问题。围绕"人人享有城乡一体化的社会保障"的目标，切实推进社会保障体制改革。2003年初，在全省率先启动了以城乡居民最低生活保障、农村五保和城镇"三无"对象集中供养、被征地农民基本生活保障、新型农村合作医疗、贫困家庭子女基础教育免费入学等"五项制度"为重点的覆盖城乡的新型社会救助体系建设，取得了明显成效。截至2007年底，城乡低保对象实现应保尽保；城乡家庭经济困难学生实现"应保尽保"、"应免尽免"、"应送尽送"，全市共有22万人次享受基础教育免费入学，减免费用5836.58万元；截至2008年6月底，全市农村五保对象集中供养率达88.1%，年供养金达到上年度农民人均收入77%，城镇"三无"集中供养率达98.8%；新型农村合作医疗参保率92.5%，筹资标准由最初的40元／人增加到103元／人，累计为129.5万人次农民报住院医疗费、门诊费共计2.3亿元，有力地缓解了农民群众看病难、看病贵问题；被征地农民基本生活保障在实现即征即保的同时，按期完成"三年消化历史旧账"的任务。五年间，全市各级财政累计投入"五项社会救助体系"保障资金达5.35亿元。2007年，全市各级财政累计拨付社保资金12.2亿元，比上年增长19.21%。

（五）加快推进城乡就业创业一体化，着力解决根本出路问题。就业和创业是民生之本，也是促进公共服务均等化的重要基础。围绕促进农民就业创业，我们着重抓了四方面工作：一是着力提高农民就业创业能力。在全省乃至全国率先开展了以"万名农民素质工程"为抓手的农民培训，实行政府买单，培训经费列入财政预算，到目前财政投入资金7434万元，累计培训农村劳动力60.23万人，有26万多人通过培训实现了转移就业或自主创业。2004年"全球扶贫大会"中国东部案例考察团将此称为"素质扶贫衢州模式"。二是着力优化农民进城创业环境。建立了城乡统一的劳动力市场，实施了就业信息平台建设和就业援助工程，促进富余劳动力转移就业。探索建立以居住地登记和人户一致为原则的户籍管理制度，实行户口一元化管理，取消农民进城的限制性政策。建立了农民工公寓、农民工子弟学校，帮助进城农民安居乐业。三是降低农民进城创业成本。对进城经商办企业的初创者，给予城镇集体企业下岗失业人员自主创业的政策；对租赁省级开发区内标准厂房办企业的，可给予较低的租金照顾；对外来创业并居住半年以上的人员，在子女入学、社会保障等方面享受市民待遇。四是加快推进农村富余劳动力转移。初步建立市、县（市、区）、街道（乡镇）、社区（行政村）四级公共就业服务网络，引导农民向二、三产业转移，通过"转移农民、减少农民"来实现"富裕农民、保障农民"的目标。自2003年以来，全市共有30多万农村劳动力实现转移就业。

（六）充分激发农村发展活力，着力解决内生动力问题。促进公共服务均等化，创新机制、加快发展是根本。近年来，我们着力在新形势下农村发展和公共投入的体制机制上作了一些探索和创新。一是探索加快农村集体建设用地流转制度改革。积极探索人口集聚与城乡土地适度流动置换的制度，鼓励通过转让、租赁或入股、合作经营、置换、抵押、整理复垦等多种流转形式，盘活农村集体建设用地，提高土地利用率。探索农村村民宅基地有偿调剂和农户退出宅基地集体有偿收储机制。大力开展农村土地整理和宅基地整理，通过整理置换的用地指标优先满足本乡镇、街道范围内使用，多余的指标可在市域范围有偿调剂，调剂净收益优先返还用于村庄整治中的公共设施建设和农业生产设施改善。二是积极推进林权制度改革。按照"依法、自愿、有偿、规范"的原则，在明确权属的基础上，鼓励通过公开拍卖、招标等形式进行林权交易，激活林业生产要素。积极探索开展林权抵押贷款业务，拓展信贷渠道，增强森林资源转化为资产的能力。在林权抵押贷款起步阶段，各级财政安排专项资金，用于林业小额贷款贴息，引导金融机构支持林业发展。三是着力构建新型农业服务体系。积极探索建立农民专业合作社、基层供销合作社、农村信用合作社、农业科技信息服务单位紧密协作、互相融合、共同发展的，集农业生产、供销、信贷、科技信息服务"四位一体"的新型农业服务体系，增强服务农业农村发展的能力。

以新渔农村建设为重点 以解决民生问题为着力点 大力推进基本公共服务均等化

舟山市市长　周国辉

以解决民生问题为着力点，加快实现基本公共服务均等化，是党执政为民的本质要求，是深入贯彻落实科学发展观的内在需要，是构建和谐社会的关键环节，也是全面建设小康社会的题中之意。近年来，舟山市以"暖人心，促发展"工程为载体，以新渔农村建设为重点，以解决民生问题为着力点，以健全公共财政体制为途径，在推进全市基本公共服务均等化方面作了积极的探索和实践，取得了明显成效。

一、近年来推进基本公共服务均等化的主要举措

舟山地处海岛，有大小岛屿1390个，常年住人岛屿98个，全市常住人口96.69万人。长期以来，由于受历史、环境等多种因素的影响，政府公共保障能力弱，城乡二元结构明显，群众基本公共服务得不到保证。主要表现在：一是全市经济总量小，政府财力弱，基础设施共享性差，建设和行政成本大，长期以来一直处于"吃饭财政"的窘境。二是区域差异、城乡差别、贫富差距扩大，失土农民、失海渔民、下岗职工剧增，2000年城乡居民收入比例达到2.1:1。三是社会救助体系、社会保障制度不够健全，养老难、就医难、上学难等问题得不到有效解决，低收入群众生活十分困难。如何转变政府职能，统筹城乡发展，推进全市基本公共服务均等化，已成为摆在党委、政府面前亟待解决的重大课题。

在省财政厅的高度关心和大力支持下，省财政于1996年对岱山县、1998年对市本级、1999年对嵊泗县相继实行了“两保两挂”财政政策。这一具有浙江特色的改革创举，“四两拨千斤”，有效调动了市、县培植财源、增收节支的积极性。近10年来，在这一体制的激励下，舟山市认真贯彻省委“八八”战略，积极落实省财政厅“三个三”工作措施，立足舟山实际，转变经济发展方式，加快发展海洋经济，大力培植地方财源，使经济实力和政府财力持续稳步增强。2007年，全市实现地区生产总值407亿元；实现财政总收入52.56亿元，其中地方财政收入35.06亿元，地方财政收入占财政总收入比重达66.7%，增速连续3年位居全省各市首位。

政以民为本。随着经济的快速发展和财力的稳步增强，全市逐步有了改善民生的财力基础。按照中央、省委的要求，面对人民群众的期望，近年来，我们大力加强新渔农村建设，不断推进七大民生工程，努力改善海岛基础设施条件，健全完善公共财政体制，使“吃饭财政”、“建设财政”开始向“民生财政”、“公共财政”实质转变，全市基本公共服务均等化不断推进。

（一）以“暖人心、促发展”工程为载体，大力加强新渔农村建设

为了统筹城乡协调发展，推进新渔农村建设，2003年底开始，在全市渔农村深入实施了“暖人心、促发展”工程。4年来，制订完善了加强城乡一体化发展系列政策制度；全市财政调整支出结构，不断增加对新渔农村建设的投入，2004～2007年全市预算内支农支出19.57亿元，年均增长20.7%；全市共有832家机关、企业、文明单位与渔农村社区结对，选调了市、县（区）、乡镇（街道）三级机关近5000名干部下乡驻村，担任指导员开展蹲点指导、帮扶工作。一是着力创新渔农村管理模式。在全市范围内以单村、联村或并村的形式建立了193个渔农村新型社区，对渔农村进行社区化管理，社区干部工资福利全部由财政支付，取消村干部拿集体固定报酬制度，减轻了渔农村群众负担。同时对符合条件的渔农村新型社区老年人实施“以奖励代保障、以奖励代福利”制度，让渔农民群众共享改革开放成果。二是着力开展帮民就业大行动。全面实施“千万农村劳动力素质培训工程”，全市培训渔农村劳动力11.2万人，其中，渔农民转移就业培训7.2万人，有5.6万渔农民实现转移就业。三是着力构建社会救助大体系。落实帮扶措施，全市1390户“无人挣现钱”家庭实现了至少1人挣现钱、至少1人拿救济的“两个至少”目标；全市4575户渔农村困难家庭全部得到了各级机关干部的结对帮助，已有807户脱贫；累计完成困难家庭危房改造2825户。四是着力推进小康社区创建。在渔农村新型社区建设的基础上，从2006年开始，在全市开展以“经济发展、生活富裕、乡风文明、环境优美、社会和谐、体制创新”为目标的小康社区创建活动，193个渔农村社区计划5年内全部完成创建目标。目前全市已命名小康社区84个。通过努力，“暖人心、促发展”工程实现了“转移渔农民、提高渔农民、保障渔农民、富裕渔农民”阶段性目标，得到了上级领导的充分肯定，受到广大渔农民干部群众的欢迎和拥护。

（二）以解决民生问题为着力点，不断推进七大改善民生工程

近年来，舟山市把解决民生问题作为推进基本公共服务均等化的着力点，加大财政投入，大力推进“富民”、“惠民”、“育民”、“健民”、“乐民”、“便民”、“安民”七大改善民生工程。一是实施“富民”工程，推进群众就业增收。近年来，通过设立专项资金、贴息、以奖代补、创业贷款等手段，充分发挥重点区域、经济强镇、重大建设项目、大型骨干企业的辐射带动作用，推动了全民创业增收。同时，进一步完善城乡统筹就业政策，加强就业培训，2003年来，全市共落实城乡就业专项资金7750万元，有力促进了群众就业和增收。二是实施“惠民”工程，提高社会保障水平。加强城乡养老保障体系建设，在扩大职工基本养老保险覆盖面的同时，2003年实施被征地农民养老保障制度，到2007年全市共筹集被征地农民养老保障资金5.32亿元；2005年开始在全市渔农村实施“以奖代保”制度，市、县（区）、乡镇（街道）三级财政已发放奖励保障金达1.17亿元。加强城乡居民医疗保障体系建设，2003年开始实施新型渔农村合作医疗制度，到2007年全市共筹集资金1.07亿元，参保率达到89%；2007年开始推进城镇居民医疗保险制度，目前参保人数已达6.61万人。完善新型社会救助体系，2003年来全市共安排城乡低保资金8510万元；建立低收入家庭住房保障体系，全市已有745户家庭享受经济适用住房政策。三是实施“育民”工程，优先发展教育。推进基础教育均衡协调发展，优化城乡学校布局，5年来撤并中小学75所，加强渔农村薄弱学校改造，并切实解决贫困家庭子女受教育问题，2006年秋季开始全面实施义务教育免除学杂费，全市已基本普及了15年教育。大力推进职业教育，2004年投入2.34亿元组建浙江国际海运职业技术学院，在校生规模已达7000人。支持浙江海洋学院发展，在校生规模已达1.5万人。全市基本形成了基础教育、职业教育、高等教育、成人教育等功能较为完备的教育体系。四是实施“健民”工程，提高城乡居民健康水平。改善医疗服务条件，相继建成了市疾病预防控制中心、舟山医院新住院大楼等市重点工程。在全面推行渔农村新型合作医疗制度的同时，2004年来全市财政共安排资金1750万元，建立了贫困群体大病医疗救助制度，并安排资金410万元组建了惠民医院及舟山群岛渔农民流动医院，解决贫困渔农民看病难问题。2006年来全市安排公共卫生专项经费880万元，实施渔农民健康工程和城乡社区健康促进工程，大力发展城乡社区卫生服务，20分钟社区卫生服务圈基本建成。同时，加大社区、中心村居民健身设施投入，深入实施全民健身和小康健身工程，不断提高群众健康素质。五是实施“乐民”工程，加强公共文化建设。加强文化设施建设，投入1.2亿元建成了舟山文化艺术中心，并积极推进新城海洋文化艺术中心建设工程。切实抓好“彩虹行动”、广播电视“村村通”工程、有线广播“村村响”工程、文化信息资源共享工程等建设，推进城乡文化基础设施共建共享，建立了500平方米以上乡镇文体中心24个、社区图书阅览室107个、文化信息资源接收点329个。五年来免费送戏下乡1390场、送电影下乡1万余场。六是实施“便民”工程，着力优化人居环境。进一步改善生态与保护，从2006年开始，5年内全市计划安排建设资金2亿元，全面推进生态廊道、城镇景观林、沿海防护林、生态公益林“四大林系”建设，加快绿色生态舟山建设。加强城乡

环保设施建设，切实推进减排工作，总投资7500万元的定海、岱山、嵊泗3个城市污水处理厂已经建成，总投资1.22亿元的小干污水处理厂和定海污水处理厂二期工程正在建设；总投资1.7亿元的6个工业区块污水处理厂已经建成。大力推进村庄整治工程、“大岛建、小岛迁”生态移民工程、“万里清水河道”整治工程和水土流失治理工程，切实加强渔农村改水、改厕、治污等工作。七是实施“安民”工程，大力维护社会和谐稳定。坚持“人、技、物”结合，深化“平安舟山”建设。2004年率先组建平安支队，目前全市平安队员已达3600多人。加强社会治安综合治理，完善矛盾纠纷排查调处机制，加强信访工作，深化“铁桶工程”建设，积极构筑大桥时代防控新格局。建立完善公共安全应急管理体系，进一步落实防汛、防旱、防台措施，健全安全生产监管体制，减少了安全生产事故，为全市经济社会发展创造了良好的社会环境。我市和四个县(区)荣获全省“连续三年平安市、县(区)”称号，全市平安乡镇创建率达到95.3%，民主法治社区创建率达到86%。

(三)以连岛工程建设为重点，努力改善海岛基础设施条件

近年来，按照适度超前原则，大力推进以连岛工程为重点的海岛基础设施建设。舟山大陆连岛工程是沟通舟山与大陆交通的重要基础设施项目，是基础设施建设的重中之重，2005年被列入省重点建设项目。整个工程由五座跨海大桥及接线公路组成，全长约50公里，其中桥长约25公里，总投资逾百亿元。一期工程的三座大桥和其间的接线公路，于1999年底动工建设，已于2006年1月1日建成通车。二期工程包括西堠门大桥(主跨1650米的悬索桥，跨径位居世界第二、国内第一)、金塘大桥(国内第三长的跨海大桥)和其间的接线公路，于2004年5月开工建设，目前已完成概算投资的80%，今年将实现“西堠门大桥基本建成，金塘大桥全线贯通”目标。整个连岛工程将于2009年下半年全面竣工通车，届时舟山人民将结束与大陆隔海相望的历史，舟山交通瓶颈制约将得到根本性改变。

同时，推进其他海岛基础设施建设，加快城乡基础建设一体化。新城大桥、鲁家峙大桥、岙山大桥等相继建成通车，完成329国道舟山段等一批等级公路建设。建成舟山发电厂2×13.5万千瓦机组，推进二期30万千瓦机组扩建工程；建成本岛电网与大陆110千伏联网工程、大陆与嵊泗电力联网工程，推进舟山与大陆220千伏联网工程。完成舟山大陆引水应急工程和岱山引水工程，实施舟山本岛城乡供水一体化，推进大陆引水二期工程；抓好海水淡化和水资源循环利用试点工作，目前全市海水淡化项目已建成7个，生产能力已达2.02万立方米/日，在建项目6个，建设规模为3.07万立方米/日；2003年来全市有100座病险水库列入千库保安建设计划，已完成81座，基本满足了全市经济和社会发展的用水要求。加快海涂围垦，缓解用地矛盾，2003～2007年全市累计围涂成陆面积4.5万亩。

(四)以推进基本公共服务均等化为目标，健全和完善公共财政体制

完善公共财政体制，是推进基本公共服务均等化的有效途径。近年来，我们坚持以法治化为前提，以公共化为取向，以均等化为主线，以规范化为原则，不断深化财政改革，健全和完善公共财政体制。一是以法治化为前提，完善地方财政收入机制。推进基本公共服务均等化，需要有雄厚的财力作后盾。近年来，在“两保两挂”财政政策的激励下，一方面以增加地方财力为着眼点，充分发挥财税政策和资金的杠杆引导作用，2002年来，全市财政用于支持工业发展资金5.40亿元、旅游业资金3.29亿元、海运业资金2.00亿元，有力推进了全市海洋经济又好又快发展，地方财源基础不断壮大；另一方面，坚持依法理财治税，将“抓大不放小”思路细化为“稳、重、优、拓”四字要求，在加强营业税等主体税种征管的同时，大力加强地方小税种征管，实现了地税收入的快速增长。同时坚持“税费并举”，完善政府非税收入征管体系，着力提高非税收入征缴率；2007年全市全面实行社会保险费“五费合征”，使政府财力持续快速增长。二是以公共化为取向，完善政府财力分配机制。近年来，一方面按照公共财政的要求，坚持“有所为、有所不为”，进一步明确政府财政的支出范围，做到有退有进、有保有压，努力解决财政职能的“越位”和“缺位”问题；另一方面，按照“事权与财权相统一”的原则，合理划分市、县(区)、乡镇政府的事权、财权和支出责任，完善市与区、县(区)与乡镇的财政体制，并完善转移支付制度，稳步推进农村综合改革，对财政困难乡镇积极探索“乡财乡用县管”，2007年建立了乡镇政府债务化解“以奖代补”激励机制，使基层财政的公共保障能力不断增强。三是以均等化为方向，完善公共财政支出机制。近年来，按照“存量优结构，增量调方向，以增量调存量”的思路，不断调整和优化财政支出结构，确保新增财力三分之二以上用于解决民生问题，并改革财政投入方式，加快建立多元化民生领域建设投融资机制；另一方面，坚持“突出重点、统筹兼顾、尽力而为、量力而行”的原则，以新农村建设为重点，以扶贫扶弱为导向，加大财政投入，大力实施七大改善民生工程，全面改善民生。四是以规范化为原则，完善财政监督管理机制。近年来，不断深化财政改革，大力推进“收入一个笼子、预算一个盘子、支出一个口子”公共财政管理模式。实行“收入一个笼子”，在进一步加强预算内收入组织和管理的同时，以健全制度为保障，以银行账户、票据结报为主要手段，完善非税收入征管体系，将所有政府性收入进入一个“笼子”，实行预算内、外收入统一管理。实行“预算一个盘子”，深化细化部门预算改革，注重公平，增强刚性，建立了以零基预算、部门预算、项目预算等为基础的综合财政预算制度；确立了全市经营性国有资产管理新体制，完成了行政事业单位资产清查，加强对国有资产管理，做到所有政府性支出进预算“盘子”。同时，防范和化解财政风险，加强政府性债务管理，健全审批、监控、预警等制度，加强政府投资项目评审，严格控制新债；按照节约型政府的要求，严格控制并努力节约会议费、招待费、差旅费等一般性支出，防止铺张浪费。实行“支出一个口子”，稳步推进财政国库集中收付制度；深化政府采购改革，扩大政府采购范围和规模，做到所有支出从一个“口子”出去。同时，推进财政支出绩效评价，不断提高财政资金使用效益。

二、近年来推进基本公共服务均等化取得的成效

(一)区域差异、城乡差别、贫富差距明显缩小

通过努力，渔农村富余劳动力培训难、就业难矛盾有了缓解，渔农民困难群体得到了及时救助，渔农民收入有了较快增长。2007年全市渔农村居民人均纯收入达到9725元，连续四年以两位数幅度增长，城乡居民收入比例缩小至2.04:1。“以奖代保”制度全面实施，10.5万名渔农村60周岁以上老年人每人每

者进行强强联合、实现优势互补，联合打造重点骨干物流企业。目前，两者已联合组建一家注册资本5000万元的物流基地有限公司，落实物流基地所需的269亩土地。

3.多种形式并举，全面推进企业主辅分离。我们在着重做好制造业主辅分离、培育重点物流企业的同时，充分尊重企业主体意愿，以多种形式实施企业主辅分离：一是引导电力、石油、电信、金融、铁路等特殊行业企业分离三产企业。这些企业具有资产规模大、配套业务丰富的特点。我们以电力系统为试点，作了探索。绍兴市电力局开展主辅分离，将电力工程安装、维修、设计、物资供应等业务分离后纳入新设的大明电力建设有限公司，今年预计可新增税款2000万元。二是引导工业企业分离出安装企业和商贸企业。如浙江新和成股份有限公司结合自身技改和设备检测业务量大的特点，专门成立了工业设备安装公司。目前，全市已有14家工业企业实现安装业分离。三是引导工商企业、建筑企业分离出中介、技术、设计等服务企业。如绍兴宝顺、五云丰田等汽车4S店将施救、代上牌照、保险、洗车等服务业务作了分离，设立了相应的服务公司(中心)。四是引导房地产企业分离物业，至今已有8家房地产企业实现物业分离。五是引导分离出其他三产服务，如绍兴华通医药公司成立了专业会展公司。

(三)整合政策，加快企业主辅分离的步伐

在认真调研的基础上，经市委常委会和市政府常务会议审议，《关于支持市区企业主辅分离的意见》、《关于支持市区企业主辅分离的补充意见》两只文件先后制定下发。文件对先前一些政策作了有效整合，充分体现了政策的针对性、导向性和有效性：一是规定对主辅分离后设立的三产企业，形成的地方财政贡献，财政在第一年给予80%扶持，第二年至第三年比上年增长部分给予50%扶持。二是规定对主辅分离后设立的三产企业在房产税、城镇土地使用税等地方税种上按规定给予减征照顾；对实行查账征收的企业，其研制新产品、新技术、新工艺所发生的技术开发费，按规定予以税前扣除；企业发生的技术开发费，按规定给予企业所得税税前加计扣除；企业年度实际发生的技术开发费当年不足抵扣部分，可在以后年度企业所得税应纳税所得额中结转抵扣；主辅分离后设立的三产企业，其所购置的固定资产允许采取加速折旧。三是规定主辅分离后设立的三产企业用水、电、气等要素价格，享受工业企业同等待遇，并享受优先供地、办证、评奖、信贷等政策。四是实行主辅分离推进工作与财政奖励挂钩，对乡镇(街道)、各企业主管部门及国有授权经营公司成功辅导企业主辅分离的，给予每家一万元的奖励；对实施主辅分离后设立的三产企业形成的地方财政贡献部分，自设立起三年内，每年合计超100万元、超300万元、超500万元的，分别按5%、6%、7%比例由财政给予企业所在乡镇(街道)奖励，用于弥补工作经费。

(四)加强服务，营造企业主辅分离氛围

市委、市政府专门成立了企业主辅分离工作领导小组，各县市也都成立了相应的组织机构。先后组织召开乡镇、街道主要负责人座谈会和主辅分离重点企业座谈会，强调开展主辅分离工作的目的意义，讲解主辅分离政策的主要内容。充分发挥新闻媒体的宣传作用，详细解读主辅分离的政策内涵。财政地税系统发挥主力军作用，逐户走访重点企业，提供政策技术层面的辅导，同时明确发改委、经贸委、财政地税局、国土局、建设局、国税局、建管局、工商局、统计局等有关部门在推进主辅分离中的工作职责、任务和目标。由财政地税部门作为牵头单位，建立主辅分离推进工作月报制度，定期通报各县市的工作进展情况。

目前，我市共有95家企业成功实现主辅分离，其中工业企业分离商贸23家、安装14家，工商企业分离物流14家、内部分离5家，电力企业分离5家，汽车4S店及其他企业分离服务业12家，建安企业分离设计3家，房地产企业分离物业8家，商贸企业分离商贸1家，其他形式分离10家。

三、下一步工作打算

这次现场会在绍兴召开，既是对我们前阶段所做工作的肯定与支持，也是对我们今后工作的鼓励和鞭策，会后我们将进一步消化吸收，以贯彻落实会议精神为契机，着重做好以下三方面工作。

(一)进一步提高认识，强化组织领导

最近，省委作出了《关于深入学习实践科学发展观加快转变经济发展方式推进经济转型升级的决定》，省政府常务会议也已原则通过《浙江省服务业发展规划》和《关于加快服务业发展的若干政策意见》，这些决定、政策为我们大力推进主辅分离，加快服务业发展指明了方向，增添了动力。我们将认真贯彻落实省委、省政府文件精神，进一步提高对实施主辅分离、加快服务业发展重要性的认识；充分发挥新闻媒体作用，加强对服务业地位作用、扶持政策、发展环境等宣传，及时报道企业实施主辅分离的成功案例，更好地营造推进主辅分离的舆论氛围；进一步健全领导机制、工作机制、部门协调机制，明确分管领导，细化完善规划，为推进企业主辅分离，加快发展服务业提供更有力的组织保障；进一步改进服务，简化程序，提高办事效率，落实主辅分离政策。对于主辅分离实际操作过程中碰到的问题，及时做好政策辅导工作，及时做好各种要素制约的化解工作，缓解分离企业用地难、用电难、融资难、招工难等矛盾。

(二)进一步延伸拓展，优化发展布局

在加快存量企业主辅分离工作的同时，重视新设企业的主辅分离工作。同时，以研发设计、品牌和营销网络管理、售后服务为重点，以生产性服务业与制造业融合为路径，科学合理地进行生产性服务业规划和空间布局，根据绍兴区位条件、交通条件、产业市场基础等实际情况，积极架构"1610"生产性服务业布局："1个高地"，就是绍兴大城市生产性服务业区域核心区，包括四大组团+镜湖绿心；"6条发展轴带"，就是充分利用沿路、沿江、沿河、沿桥优势，规划构筑柯海线、329国道、杭甬运河和上三高速(嘉绍跨江大桥)、绍诸高速、杭金衢高速"三横三纵"的6条服务业发展轴带，这是绍兴大城区联结各县(市、区)服务业和服务业集聚区的纽带；"10个集聚区"就是绍兴、诸暨、上虞、嵊州、新昌5个县(市)城区和绍兴大城市的越城、袍江、镜湖(越州新城)、柯桥和江滨组团，各规划建设1个市级生产性服务业集聚区。到2012年，全市现代服务业集聚区实现增加值占服务业增加值比重力争达到20%以上。

(三)进一步明确重点，强化政策扶持

推进主辅分离工作，发展服务业离不开政策引导，我们将充分发挥政府"有形之手"的作用。一是在全面兼顾的基础上，进一步突出主辅分离工作的重点，切实抓好经营规模大、生产环节复杂的大型制造业企业的主辅分离工作和重点物流企业的培育工作。二是积极调整财政支持结构，在政府资金给予直接支持的同时，有效引导银行信贷资金和社会资金增加对企业主辅分离、发展服务业的投入，加快发展步伐。三是根据不同服务行业的性质和特点，研究制订用地、价格、税收等优惠政策，对优先发展的服务业在土地指标安排、土地出让金、土地出让形式等方面给予相应支持。四是进一步完善积极的消费政策。围绕满足城乡居民物质、精神、健康消费需求，采取措施鼓励扩大服务消费，培育农村服务消费市场。五是进一步完善政府工作目标考核指标体系，突出服务业特别是生产性服务业考核指标的分量。

关注民生　统筹发展
加快推进欠发达地区基本公共服务均等化

丽水市代市长　卢子跃

逐步为全体公民提供大致均等的基本公共物品和社会服务，是现代政府的重要职责，是公共财政的重要内容，更是欠发达地区各级政府和地方财政的第一要务。面对撤地设市较迟、经济基础薄弱、政府财力有限的状况，近年来，丽水市以发展社会事业和解决民生问题为重点，以农村基层和困难群众为重心，努力构建惠及全市人民的基本公共服务体系。

一、推进基本公共服务均等化的主要做法和成效

撤地设市以来，省委、省政府以及省级各部门对欠发达地区在体制、政策、资金上给予积极帮助和大力扶持，使丽水基础设施日益完善，城乡面貌焕然一新，社会事业加快进步，民生状况明显改善，发展成果惠及大众，基本公共服务水平站在了一个新的历史起点上。

（一）加强社会保障体系建设，人民群众基本生活保障不断增强

从解决最低的、最基础的、最起码的保障入手，社会保障工作取得突破性进展，初步形成以社会就业、社会保险、社会救助为主体，以社会优抚和扶贫帮困为补充，政策相对完善、机制相对合理、范围覆盖城乡的大社保体系。

突出抓好劳动就业。把劳动就业作为最基本保障，加快城乡统筹就业步伐。2003～2007 年，全市新增城镇就业 5.9 万人，完成农村劳动力转移培训 21.1 万人，组织劳务输出 16.5 万人，第一产业从业人数从 73.3 万人下降到 41.9 万人。从今年开始，丽水市计划用五年时间完成 10 万山区农民异地转移，整体搬迁高山远山地区 75 个行政村、1782 个自然村、14.64 万人，以此推动人力资源的优化布局。

稳步推进社会保险。全面实行“五费合征”，加大扩面征缴力度。全市参加企业职工基本养老、医疗、失业、工伤和生育保险人数分别达到 16.05 万人、21.35 万人、13.72 万人、19 万人和 9.63 万人；被征地农民基本生活保障参保 3.46 万人；全面推行城镇居民医疗保障试点工作，已参保 13.38 万人，参保率为 62.8%。

不断完善社会救助。落实最低生活保障标准动态调整机制，全市现有低保对象 45906 人，差额分档发放低保金每人每月不少于 75 元。农村五保和城镇“三无”对象 4167 人，集中供养率达 90.1%，比 2003 年提高 62 个百分点。55.53 万农户参加农村住房保险，参保率达 95.7%。在年初的冰冻雨雪灾害中，全市各级民政部门下拨各类救灾、救济和慰问款物总计 3255.7 万元。多方筹集医疗救助资金，大力发展社会慈善事业，高度重视福利机构建设。今年上半年，全市医疗救助资金和社会慈善资金分别救助困难群众达 2143 人和 34578 人。

（二）加强城乡基础教育发展，教育公平程度不断提高

以教育公平为目标，提出“不让孩子输在起跑线上”，大力推进基础教育均衡发展。2007 年底，全市学前三年幼儿入园率、小学适龄儿童入学率、初中入学率和初升高比例分别达 90.5%、99.97%、99.7%和 92.73%，其中初升高比例比 2001 年提高 30.3 个百分点。

大力整合教育资源。撤地设市以来到 2007 年，共撤并初中、小学 1194 所，保留小学 314 所、初中 84 所、普高 12 所、完中 7 所、职高 13 所。小学校均在校生 526 人，初中校均在校生 988 人，分别比 2001 年增加 374 人和 280 人。

突出抓好农村教育。大力推进农村中小学危房、食堂和破旧校舍改造，全面实施中小学“改水改厕”和“九年义务教育万校标准化建设工程”。到 2007 年底，全市已基本消除学校危房，义务教育阶段标准化学校占义务教育段学校总数的 58%。

认真实施“五项工程”。实行贫困生助学金制度，认真开展“爱心营养餐”、“食宿改造”、“教师素质提升”、农村中小学生“放心班车”接送工程。其中，采取政府补贴的方式，全市开通中小学生接送车线路 355 条，拥有各类接送车辆 670 辆，日接送学生数达 41100 人次。

（三）加强公共卫生体系建设，公共卫生服务能力不断提升

以社区和农村为重点，切实加快公共卫生体系建设。2007 年，全市每千人医生数为 1.85 人，每千人床位数为 2.41 张，分别比 2001 年增加 0.48 人和 0.65 张。

抓好卫生强市建设规划。根据《浙江省卫生强市、卫生强县考核办法》，制定卫生强市规划，重点抓好省级卫生城市复核工作，稳步推进国家级卫生城市创建。

加强城乡社区卫生工作。全市新型农村合作医疗参合人员 183.75 万人，参合率为 90.98%，人均筹资水平从 2005 年的 40 元提高到今年的 100.58 元；2006～2007 年，共有 136.58 万人参加农民免费健康体检，占新农医参合人数的 77.8%；启动社区卫生服务工作，在丽水城区设立 12 个卫生服务中心（服务站），按照常住人口每人每年 15 元、流动人口每人每年 7.5 元的标准，由市政府安排专项经费。

完善公共卫生服务体系。初步建立县、乡、村三级公共卫生

管理网络和服务网络，基本完成县级医院传染病房建设项目和市、县疾控中心综合大楼建设任务，全面加强食品卫生、公共场所、生活饮用水、采供血等日常监督，抓好“母婴健康工程”和“妇女健康促进工程”，加强流动人口妇女保健服务和贫困孕产妇医疗救助，莲都、云和、青田、景宁、缙云、龙泉6县（市、区）已推行免费婚检。

（四）加强公共基础设施建设，城乡居民生产生活条件大为改善

坚持把公共基础设施项目建设作为经济社会发展的“生命线”，推动城市基础设施向农村延伸、城市公共服务向农村覆盖、城市现代文明向农村辐射。

加快交通网络建设。坚持“建设主骨架，改善交通网，扩大覆盖面”的工作方针，“十五”期间累计完成交通基础设施投资252亿元，结束了丽水不通高速的历史。突出抓好农村公路交通建设，各县（市、区）政府每年安排500万元以上的资金用于康庄工程建设。从2003～2007年，全市共投入近30亿元资金，完成通乡公路1133公里、通村公路10616公里。

实施农民异地转移。大力实施“内聚外迁”工程，最大限度地梯度转移农民。2007年，全市投入农民异地转移资金6.75亿元，新建下山移民小区15个、移民点32个，续建下山移民小区44个、移民点29个，实现搬迁6500户、24785人；乌溪江、紧水滩重点库区困难群众异地搬迁2023户、8173人；启动地质灾害隐患点困难群众异地搬迁7017人，完成搬迁5779人。

完善乡村基础设施。把农村饮用水问题作为农村民生问题的重中之重，2003至2007年列入省补助计划的农民饮用水工程累计完成投资6.69亿元，受益人口达84.28万人。至2007年底，全市实施垃圾集中收集的行政村2257个，覆盖率达64.86%；累计建设垃圾中转站181座、焚烧炉147个、填埋场41个；有2079个行政村配备了3576名保洁人员，1407个村配备了1343辆垃圾清运设备。

扩大公共文化覆盖。以“东海明珠·山花工程”为载体，已创建“山花乡镇”86个、“东海明珠”文化乡镇23个，已建乡镇文化站163个、村文化活动室1555个。顺利推进广播电视“村村通”和广播“村村响”工程，并于今年5月实现了有线电视“乡乡通”。

（五）加强生态市建设，自然生态环境和人居环境不断优化

正确处理发展与保护的关系，大力推进生态市建设，实现“两提高一减少”，确保了丽水生态环境质量在全国、全省领先。“两提高”：一是环境质量稳步提高。全市大气、地面水、声环境质量指标基本达到或优于功能区标准，整体生态环境质量全省第一，9县（市、区）的生态环境质量全部进入全国前50位，其中4个县进入全国前10位。二是生态屏障的保障能力逐步提高。全市受保护地面积达到30%以上，建成生态公益林436万亩，面积占全省四分之一；实施生态移民工程，已有11.5万农民走出大山，减轻了水系源头地区的环境压力；全市森林覆盖率达到77.6%，林木绿化率达到80%，分别比全省平均水平高19.7和19个百分点。“一减少”：是指污染排放减少。2007年全市削减化学需氧量2498吨，削减二氧化硫排放量1806吨，削减率分别为7.1%和10.2%。

二、推进基本公共服务均等化存在的困难和问题

撤地设市以来，从纵向比，丽水的基本公共服务均等化水平有了很大的提高，与发达的兄弟市比，丽水的基本公共服务均等化仍处于起步阶段，而且与发达市的差距在不断拉大。

（一）提高基本公共服务水平的财力薄弱

2007年，全市人均财政支出（按供养人员口径，下同）为7.99万元，仅为全省平均水平的63.6%；市本级地方财政收入与财政支出均位列全省11个市本级的末位。从总人口与财政供养人口的比例分析，全省平均水平约为32:1，丽水市平均水平为28:1，市本级约为18:1，丽水市尤其是市本级行政运行保障压力较大。

（二）提供基本公共服务的成本较高

丽水现有183个乡镇、3480个行政村、15000多个自然村，地广人稀的现状，使丽水客观上存在基本公共服务项目的共享率低、提供基本公共服务的成本较高、行政运行成本高等问题。

（三）基本公共服务水平差距较大

据《2006年浙江省社会发展水平综合评价报告》显示，2006年丽水市社会发展水平位居全省末位，社会发展水平尚未达到2003年的全省平均水平，与发达地区的社会发展差距逐年拉大，在50个评价指标中，有23个相对落后指标，其中有16个是全省末位指标。丽水基本公共服务水平的差距主要体现在以下几个方面。

1.基础教育方面。一是幼儿教育发展明显滞后。全市乡镇中心幼儿园建园率只有65%，特别是农村幼儿教学设施破旧、简陋、落后。二是学校标准化建设难度大。全市达标准化水平学校只有58%，中小学校现代信息技术教育“校校通”建设平均水平只有56%，职业教育实验实训基地和设施设备简陋。

2.公共设施方面。丽水市区至今还没有一个大型的公共体育场所、文化设施、老年活动中心，以及其他基本的公共基础设施。一是交通基础设施落后。全省平均公路密度为98.05公里/百平方公里，而丽水仅为61.77公里/百平方公里，只有全省平均水平的63%，居全省末位；全市一级公路只有48.4公里，其中四级、准四级和等外公路占全市公路总里程的85.86%。二是生态环保设施落后。全市城镇污水集中处理率仅为32.1%，全省近三年新增截污管网1万公里，而丽水仅增加140公里；丽水市区及周边共168个村中尚有129个行政村75664人未解决饮用水问题；只有62%的乡镇完成垃圾中转站建设。三是现代信息设施落后。全市行政村开通宽带率为84.6%，居全省末位。

3.公共卫生方面。2007年，全市每千人拥有卫生床位数仅为全省平均水平的72.2%，符合要求的农村卫生院只占53%、村卫生服务站只占28%，只有26%的行政村设有村卫生室；新农医人均筹资标准64元，低于全省人均90元的标准；财政预算内人均医疗卫生支出179元，只占全省平均水平的73%。

4.社会保障方面。2007年，全市企业养老保险基金支付能力19个月，低于全省平均水平9个月；全市财政预算内人均社会保障与就业支出161元，只占全省平均水平的69%。

5.文化设施方面。全市仍有4个县级文化馆未达标，其中2个县有馆无舍，还有4个县级图书馆未达标，其中1个县没有图书馆；全市达标的乡镇文化站仅占28%，还有20个乡镇无站无

舍；未建文化活动室的行政村占55.3%，已建成的1555个村文化活动室有72%未达标。

三、加快推进基本公共服务均等化水平的思考与建议

基本公共服务均等化并不是简单的平均化，是一个渐进的过程，欠发达地区推进基本公共服务均等化具有阶段性、区域性、长期性等特征，是欠发达地区需要通过不懈努力才能实现的一个系统工程。

（一）研究推进丽水基本公共服务均等化水平的体制机制

深化财政体制改革，建立公共财政向基本公共服务、欠发达地区、乡镇农村倾斜的体制机制，确保新增财力三分之二以上用于民生支出；研究公共基础设施建设市场化的运作方式，加快欠发达地区公共服务基础设施建设；完善人口内聚外迁、下山脱贫的相关政策，促进人口集聚、产业集中；构建农村社会保障体系，提高农民社会保障水平。

（二）整合有利于推进丽水基本公共服务均等化水平的各类资源

按照城乡一体化的要求，把新一轮村庄整治工程作为龙头工程，结合村庄布局调整，扎实推进中心村建设，重视资源整合，协调推进乡村康庄道路、万里清水河道、千万农民饮用水、农民健康等各项统筹城乡发展的配套工程。如探索整合用于下山脱贫的各类项目、资金；整合利用乡村卫生院、计划生育服务站等公共资源；充分利用撤并乡、镇、村学校的校舍资源，鼓励民间力量参与学前教育办学；整合各类培训资源，政府实行贴补，提高培训能力和培训资源的共享率；整合各种为"三农"服务的资源，以更好地为"三农"提供公共服务。

（三）建设生态文明促进丽水基本公共服务均等化水平的提高

生态优势是丽水最大的优势。以促进基本公共服务均等化为导向，充分发挥丽水的区域特点和生态优势，以经济生态化、生态经济化为取向，统筹推进生态产业、生态集聚、生态设施、生态涵养、生态文化等五大工程建设，推进丽水基本公共服务水平的提升。

（四）继续加大对欠发达地区推进基本公共服务均等化水平的扶持力度

建议省委、省政府和省级部门本着帮助欠发达地区增强自我发展能力的原则，在落实基本公共服务均等化行动计划中，进一步加大对丽水的体制政策扶持力度，增加对欠发达地区的一般性财政转移支付，加大对基础教育、公共卫生、社会保障、公共基础设施项目等公共产品的投入力度，加大对山区农民异地转移方面的扶持力度，加大对欠发达地区生态环保转移支付力度。

建设民生服务型财政 推进基本公共服务均等化

金华市常务副市长　劳红武

党的十七大报告提出，"加快行政管理体制改革，建设服务型政府"。服务型政府是以公共利益为目标，以满足公共需求为中心，努力实现为全社会提供高质量的公共产品和公共服务的现代政府。财政是实现政府职能的重要手段，服务型政府需要"民生服务型"财政。近年来，金华市在财力相对有限的情况下，一手抓浙中城市群和金衢丽产业带发展，努力培育浙江经济第四增长极，一手推进城乡一体化和新农村建设，通过转变政府职能，将实现基本公共服务均等化作为政府主要的社会职能，积极建设民生服务型财政，健全基本公共服务均等化的组织体系、投资体系和公共产品的供给体系，在推进基本公共服务均等化方面作了有益的探索和实践。

一、健全基本公共服务均等化组织体系，让政府职能更好地体现在服务公共利益上

服务公共利益是政府的重要职能，推进基本公共服务均等化，实质是政府为全体社会成员提供基本而又有保障的公共产品和公共服务。金华市区城乡二元结构明显，区域发展极不平衡，既有城区这个浙中城市群核心城市和靠近义乌、永康等地区相对发达的乡镇，也有南部山区欠发达乡镇。2007年，金华市区人均生产总值30628元，为全省平均水平的82%，人均地方财政收入2582元，为全省平均水平的79%。要推进基本公共服务均等化，缩小城乡、区域之间的差距，使不同社会阶层均衡受益，就需要有健全的组织体系作保证。金华市在履行政府职能时，将基本公共服务均等化作为政府主要社会职能，健全相应组织体系，理顺市、区事权、财权，重点解决"市场失灵"问题，使政府职能回归到提供公共产品、服务公共利益上来。

1. 加强领导，健全基本公共服务均等化组织机构。成立以市主要领导为组长的城乡一体化、新农村建设工作领导小组和城乡规划协调委员会及其办公室，研究部署城乡基本公共服务均等化工作，定期召开专题会议，开展专项督查，及时解决工作中遇到的各种难题。同时，还成立了以分管市领导为组长的农村饮水安全、农村综合改革、农村文化建设、义务教育经费保障机制改革、农村公共卫生建设领导小组等机构，研究解决基本公共服务均等化的各项工作。

2. 抓好规划，实现基本公共服务规划均等化。完善和提升农村基本公共服务水平，是解决市区区域内基本公共服务均等化的关键所在。以规划为龙头，完善了逐步推进基本公共服务均等化的规划体系。将基本公共服务均等化列入"十一五"规划纲要的重要内容，制定了市域城乡一体化总体规划，编制了城乡一体化公路交通网、供水、供电、交通、通讯、环境保护等基础设施规划和教育、公共卫生、体育文化等社会事业规划以及社会保障体系规划，将规划重点放在农村、放在社会事业上。

3. 强化督查，完善基本公共服务均等化工作机制。将基本公共服务均等化内容列为政府年度重点工作，以推进新农村建设、提升农村公共服务水平作为主要目标，细化分解各项工作任务，并以重点实事的形式向社会公开。同时加强督查和考核。2007年、2008年连续两年以市委1号文件的形式下发新农村建设指导意见，每年召开两次全市乡镇党委书记参加的农业和农村工作会议，按季度通报重点事实进展情况。连续6年制定城乡一体化发展和新农村建设考核办法，将推进城乡一体化发展和新农村建设列入对县(市、区)政府绩效考核主要内容。

4.层级协调，形成推进基本公共服务均等化合力。基本公共服务均等化是市、区、乡(街道)三级政府的共同责任。为此，合理调整划分三级政府之间的职能，协调政府各部门分工合作，形成了各方齐抓共管推进基本公共服务均等化的良好局面。合理划分市、区政府间基本公共服务均等化责任，确定了市级政府提目标、抓规划，区级政府保基本、抓落实的工作机制和协调机制，并完善市区财政体制，建立以事权定财权、以财权促落实的财力保障机制，做到分工有序、各尽其职。如对市区教育体制进行了调整，形成了市管高中、区管义务教育和学前教育的体制。强化部门协调，制定各部门基本公共服务均等化推进职责、年度具体目标，并进行年度考核，通报考核结果，以调动各部门的主动性。加快推进乡镇政府公共服务职能转变，按照农村综合改革要求，利用乡镇换届时机，调整了乡镇政府内设机构，重点突出乡镇政府的社会职能和服务职能。

二、完善基本公共服务均等化投入体系，让人民的钱更好地用在为人民谋利益上

温家宝总理在今年“两会”上承诺：今后五年要下决心推进财政体制改革，让人民的钱更好地为人民谋利益。作为财力相对困难的金华市，如何用有限财力来推进基本公共服务均等化，是市区公共财政改革的方向。近年来，按照“保吃饭、保稳定、保和谐”的理财原则，通过“增量调方向，存量调结构，以增量调存量”的方法，加大财政对基本公共服务领域的投入，强化财政投入的农村导向、区域导向和民生导向，向基本公共服务财政能力均等化迈进了一大步。

1.强化农村导向，着力推进城乡间公共财政保障能力均等化。围绕城乡公共服务均等化目标，政府支出向农村倾斜，基础设施建设和社会事业发展重点转向农村，提升农村公共财政保障能力。加大财政对“三农”的直接投入，确保市、区财政支农投入增幅高于财政经常性收入增幅。2005～2 007年，市区各级财政累计投入支农资金6.12亿元，年均增幅达43.3%。引导社会资金支持农村事业发展，实行以奖代补制度，设立“企业支持社会主义新农村”建设突出贡献奖，鼓励和支持企事业单位参与新农村建设。据统计，2005～2007年仅村庄整治工程市本级财政就投入资金6000多万元，年均增幅近100%。加强财政支农资金监管，将财政支农资金捆绑使用、统筹安排。大力推行财政支农资金绩效评价，确保财政支农资金安全、规范、有效使用。

2.强化区域导向，着力推进地区间公共财政保障能力均等化。近年来，坚持财力重心下移，先后就理顺财政管理体制、扩大转移支付规模、加强县乡财政建设等出台了一系列改革措施，促进了市、区财政经济的协调发展。区级财政支出占市区财政支出的比重由2005年的38.7%上升到2007年的41.1%，提高了2.4个百分点，基层政府提供公共服务的能力逐步增强。根据区、乡事权调整，全面推行乡财区管乡用，合理调整乡镇财政体制，增强困难乡镇基本保障能力，化解农村义务教育债务，减轻乡镇财政支出压力。

3.强化民生导向，着力推进群体间公共财政保障能力均等化。确保财政新增财力的三分之二以上投向民生，财政新增民生事业投入超过新增地方财政收入。三年来，市区各级财政累计投入教育、卫生、社保、文化经费分别达15.9亿元、4.2亿元、8.3亿元和2.1亿元，其中2007年支出与2006年相比，增长分别为21.8%、20.8%、23.0%和69.0%，重点解决财政在支持社会事业发展和社会保障体系建设方面存在的历史欠账，促进社会成员享受均等化的基本公共服务。

三、构建基本公共服务均等化公共产品供给体系，让发展成果更好地体现在民生改善上

基本公共服务均等化，是扩大公共财政覆盖面，让全体社会成员共享改革发展成果的制度安排。在实践中，我们以新农村建设为载体，加快农村基本社会保障体系建设、农村社会事业发展、农村公益性基础设施建设，加快实现基本公共服务内容和公共产品供给均等化。

1.以生活宽裕富民行动为载体，在“基本民生性服务”方面推进均等化。重点是推进城乡基本社会保障和就业服务均等化。一是探索完善农村养老体系。在全省率先建立了失地农民基本生活保障制度，做到即征即报、应保尽保，允许转移就业的农民工参加城镇职工基本养老保险。二是逐年提高新型农村合作医疗的筹资水平和待遇。目前，市区已有61.2万人农民参加新农合，市区参合率达95.46%，人均筹资水平已经达到104元。实施门诊报销，不断提升住院报销水平。建立新农合、城镇居民医疗保险、城镇职工医疗保险三种制度之间的衔接办法，给农民提供多层次的选择机会。三是推进建立城乡一体的就业服务。从2006年开始实施新一轮积极的就业政策，将进城农民工列入公共就业服务范围，被征地农民享受城镇集体企业下岗失业人员同等的优惠和援助政策。实施“百万农民素质培训工程”和“五十万农村劳动力转移工程”，市区每个区从今年开始，将“百万农民素质培训工程”专项资金规模提高到300万元，并全面推行以就业为导向的培训业绩申报制度。四是完善社会救助体系。落实城乡居民最低生活保障制度，提高农村低保水平。实施农村住房政策性保险制度和困难群众安居工程，到2007年底，市区21.2万农户参加了农村住房政策性保险，解决了2420户困难群众住房问题。

2.以标准化建设为载体，在“公共事业性服务”方面推进均等化。一是以标准化学校建设为载体，促进城乡教育均衡发展。到2007年底，市区农村已建成60所标准化学校。并通过建立城镇优秀教师支援农村教育制度、组建城乡教育共同体等方式，力求在硬件、师资等方面实现城乡教育均衡发展。二是以“健康新农村”建设为载体，促进农村公共卫生体系建设。目前，市区已建成区、乡、村(社区)三级公共卫生监管网络，并建成35个社区卫生服务中心、536个卫生服务站，在农村建成了26个新农合网络直报点。基本实现20分钟就医圈，参合农民在家门口就可报销。三是以“文化进农村”为载体，促进农村公共文化建设。积极实施以农村文化基础设施建设、广播电视村村通、农村电影2131工程等为内容的新农村文化建设十项工程，到2007年底，市区基本完成广播电视村村通，5个乡镇建立公共文化服务中心，211个村已建立达标文化服务室。

3.以村庄整治为载体，在“公益基础性服务”方面推进均等化。本届党委、政府作出了任期内对所有村庄全面整治一遍的决策。2003年以来，全市累计有565个村开展了示范整治村建设，创建市级以上示范村290个，其中省级113个；全市累计有3904个村开展了村庄整治，完成2463个村，占全市行政村总数的51%。市区村庄示范整治更是走在全市前列，金东区开展了整区整治试点。市区以乡镇为单位，规划建设交通、供水、供电、商贸、垃圾收集等"十大网络"，全面改造和提升农村基础设施建设水平。到2006年底，完成了乡道砂石路面改造，实现了公路村村通。到2007年底，市区已有518村完成饮用水工程改造，受益人口35.5万，占市区农村人口人数的57.7%。建立完善农村垃圾"村收集、乡镇中转、区处理"的三级网络，解决垃圾集中处理难题。启动农村生活污水集中处理工程，将用3年的时间完成所有村庄的生活污水集中处理工程。以中心村为重点，建设包括医疗就诊、法律援助、健身娱乐、图书阅览、爱心超市、来料加工中介代办等众多服务项目在内的社区服务中心，有效促进了城市公共服务向农村延伸。

四、进一步推进体制创新，让民生服务型财政落实在助推"五大行动计划"上

通过几年的努力，金华市向基本公共服务均等化的目标迈进了一大步，但受发展水平和有限财力影响，公共服务基本上还处于一个保基本、促覆盖的阶段，离实现均等化的目标还有很大的距离。今年7月，市委、市政府召开了市委五届九次和市政府第七次全会，对改善民生工作作出了全面部署，提出了全面实施"富民、利民、惠民、安民、亲民"五大行动计划，确保全市人民劳有所得、学有所教、病有所医、老有所养、住有所居。我们将以"五大行动计划"为载体，进一步创新体制，加大投入，全面推进基本公共服务均等化。

1.创新管理体制，切实强化政府公共服务职能。把公共服务和社会管理放在更加重要的位置，根据省政府基本公共服务均等化行动计划，制定符合金华实际、分步推进的基本公共服务均等化专项规划，认真加以实施。调整完善市、区、乡三级政府间在义务教育、公共卫生、公共文化以及城乡居民生产生活设施建设等方面的职能，进一步形成三级政府分工协作、共同承担基本公共服务均等化责任的局面。加快基本公共服务均等化制度建设，在制度上实现城乡居民就业、就医、就学、住房等方面的全覆盖。继续把基础设施和社会事业发展的重点放在农村，加大对农村基本公共服务的投入。

2.创新投资体制，提高公共财政投资效率。适应国际国内环境深刻变化，保稳促调，保持经济又好又快发展，进一步做强做大地方财政实力。加快推进"三个子"(收入一个笼子、预算一个盘子、支出一个口子)改革，增强市级政府财政调控能力，强化财政资金监督。加大市对区转移支付力度，将更多的财力用于支持区域间基本公共服务均等化，形成市区之间事权财权基本匹配的局面。优化财政收支结构，在确保三分之二以上新增财力用于民生的基础上，重点优化超收收入的支出结构，进一步向民生和三农、欠发达地区、弱势群体倾斜。建立基本公共服务和财力联动机制，视财力承受情况，逐步提升基本公共服务的覆盖面和水平。鼓励和引导全社会，特别是民间组织积极参与基本公共服务的提供、管理和监督。

3.创新评估机制，确保基本公共服务惠及全民。将衡量公共生活质量的重要指标纳入对各级政府绩效考核范围，建立健全基本公共服务绩效评价体系，以群众为中心，以满意为尺度，建立多元化的绩效评估体系。建立基本公共服务严格的问责制，结合人事制度改革，把公共服务指标纳入干部考核体系，建立相应的问责机制。加大政府信息公开力度，将基本公共服务均等化作为政府信息公开的重要内容，自觉接受群众监督。

的、持续的整治,取得明显成效,并全面实行在线监控。今年初,县政府又出台了《天台县坡塘化工区生态化改造实施方案》,对坡塘区域医化企业全面实施生态化改造,还出台了《重点监管排污企业法人代表向社会公开承诺制》等五项制度,进一步促进该区域的村企和谐。同时,还加强了对小橡塑业的整治,关闭了8家小橡塑生产企业。出台《天台县整治粘土砖瓦窑(企业)实施方案》,全面开展对粘土实心砖生产企业的整治。今年以来,天台县排污申报面从去年的不到100家扩大到300多家,环境违法处罚总款额在去年基础上实现翻番,信访投诉呈现逐年下降趋势,群众环境满意度明显提升。2005年,天台县在台州市率先摘掉了坡塘"环境保护重点监管区"的帽子。同时,还建成新水厂、垃圾填埋场和城市污水处理厂等重大城市环保基础设施。2007年7月,天台县成为台州首个通过"811"环境污染整治的县(市)。今年天台县已经启动第二轮"811"环境污染整治工作,出台了"811"环境保护新三年行动(2008～2010)实施方案。

突出生态乡镇建设。2004年开始,天台就在全县上下开展了以"三改五化"(改水、改路、改厕和亮化、绿化、净化、美化环境、优化布局)为主要内容的和谐生态村建设活动。政府以奖代补,每年安排600万元资金,整治一个,验收一个,奖励一个。现已完成157个行政村村庄整治。同时,出台了对乡镇生活污水处理设施建设补助政策,镇级污水处理按集中式设备处理方案设计建设,达到验收标准,按照工程建设费用决算金额85%给予补助,乡生活污水按照人工湿地处理方式设计建设,达到验收规模标准,按照每个工程一定金额进行补助。全县掀起了生态乡镇建设热潮,涌现了雷峰乡下山头村等一批全省示范村。至目前,全县12个乡镇有1个被评为国家级生态乡镇,8个被评为省级生态乡镇,10个被评为市级生态乡镇。

实行农村生活垃圾无害化处理。按照建设节约型社会,大力发展循环经济的要求,天台县在城乡环卫一体化的框架下,县财政每年拿出100万元的专项资金,在全县各山区乡镇推行"门前三包,统一收集,集中分拣,生态处理"为主要内容的农村垃圾处理模式。通过收集和分捡设施建设,实现对农村生活垃圾分捡回收、综合利用和无害化处理。到目前为止,全县共建成107个分捡点,覆盖行政村130多个,受益人口12万人。此举收到了一举多得的实效,既解决了农村生活垃圾污染问题,又实现了废物利用和垃圾的减量化,是山区农民生活垃圾无害化处理的有效模式。

加快生态文成建设　推进又好又快发展

文成县县长　谢作雄

建设社会主义生态文明,是全面建设小康社会的重要目标,是中国特色社会主义建设过程中一项重大的理论与实践课题。胡锦涛总书记在党的十七大报告中明确提出,要建设"生态文明,基本形成节约能源资源和保护生态环境的产业结构、增长方式、消费模式"。这是我们党科学发展、和谐发展理念的一次升华,对于建设生态文成、魅力文成、和谐文成具有重要的理论和实践指导意义。

一、从可持续发展的战略高度,充分认识生态文成建设的重要性紧迫性

生态文明是持续发展之基,是科学发展之魂。只有尽最大可能节约资源和保护生态环境,才能不断为经济建设提供优质资源和良好环境,实现经济社会协调可持续发展。文成生态条件得天独厚,建设生态文成,基本形成节约能源资源和保护生态环境的产业结构、增长方式、消费模式,是实现经济社会协调可持续发展的客观要求,也是实现跨越发展的必由之路。

(一)加快生态文成建设,是践行科学发展观的迫切需要

文成是后发地区,并不存在着"高投入、高消耗、高排放、不协调"的问题。相反,文成拥有着独特的资源优势和环境优势,旅游资源、生态资源极为丰富。有百丈漈——飞云湖国家重点风景名胜区、铜铃山国家森林公园、国家级文保单位刘基庙(墓)、国家级生态示范区"、"全国农村水电之乡"等5张"国"字号名片。此外森林覆盖率达70.6%,水电蕴藏量50万千瓦,居温州市第一;境内绿水青山,满目皆景;名胜古迹,星罗棋网;竹木矿石、异常丰富;空气清新,环境优越。基于文成特定的发展阶段和生态这个最大优势,加快建设生态文成是大势所趋、人心所向,上体现党的十七大精神和科学发展观要求,下符合县委、县政府提出的"生态旅游县"战略目标要求。因此,坚定不移地走"经济生态化、生态经济化"的发展路子,变生态优势为经济优势,变"绿水青山"为"金山银山",变潜在优势为后发优势,变开发潜力为现实生产力,大力发展生态农业、生态工业、生态旅游等生态产业是文成经济发展的必由之路。

(二)加快生态文成建设,是推进文成跨越式发展的战略选择

作为欠发达地区,与周边发达地区相比,在经济基础、区位条件、管理和技术方面没有优势可言,惟一的优势就在于生态优越。"思路决定出路,战略成就未来"。经过多年的探索,文成县委、县政府确立了"生态旅游县"发展战略,坚持"打生态牌"、"走生态路"、"吃生态饭",实现了经济社会又好又快发展。据统计,2007年全省人均GDP增长12.7%,全市人均GDP增长13.2%,而文成县人均GDP增长14.5%,超过全省1.8个百分点、超过全市1.3个百分点。在发展市场经济的今天,生态就是竞争力,就是市场。因此,文成要实现"共同跨越"目标,必须坚决摒弃那种"先污染后治理、先破坏后恢复"的发展路子,必须坚持立足实际、因地制宜、科学定位,努力走出具有文成特色的生产发展、生活富裕、生态良好有机统一的文明发展道路。

(三)加快生态文成建设,是落实省委"两创"总战略,实现富民强县目标的必由之路

国家要生态,地方要发展,农民要增收,连结点便是发展生态经济。近年来,文成坚持把发展生态经济作为重中之重的工作来抓,着力加快生态产业平台建设,形成了生态农业、生态工

业、生态旅游和生态城镇齐头并进的经济发展新格局。2007年，全县实现生产总值27.86亿元，增长16.4%；财政总收入2.85亿元，增长23.3%；农业总产值5.13亿元，增长15.1%；工业总产值26.88亿元，增长38.2%；实现旅游综合收入5.6亿元，增长29.3%；完成全社会固定资产投资13.38亿元，增长28.6%；农民人均纯收入4185元，增长16.1%。实践证明，要不断增强县域经济总体实力，不断增加人民群众收入，实现富民强县目标，就必须把生态这一优势挖掘好、发挥好、利用好，同时通过深入实施"全民创业计划"，大力推进"全面创新行动"，把全社会的智慧和力量凝聚到发展生态经济上来，才能使文成跨越式发展的路径更科学、步子更快捷、步伐更稳健。同时加快生态文成建设，可以促进一个舒适、便捷、安全、和谐、美丽的山城人居环境的形成，使文成这个温州都市后花园更添魅力。

二、生态文成建设的总体目标和必须把握的几个原则

在当前和今后一个时期内，生态文成建设的总体目标是：认真贯彻党的十七大精神，坚持以科学发展观为统领，立足现有资源优势，着力转变经济发展方式，全面加强生态环境保护，将生态县建设与做大做强县域经济总量结合起来，大力发展生态农业、生态工业和生态旅游业，争取与全省基本同步实现现代化；将生态县建设与改善人居环境结合起来，与社会主义新农村建设结合起来，与生态文化建设结合起来，着力推进体制创新、科技创新、管理创新，促进人与自然的和谐，推动整个社会走上生产发展、生活富裕、生态良好的文明发展道路。

建设生态文成，总的来说，要紧紧围绕全面建设惠及全县人民的小康社会这个最大的大局，立足欠发达这个最大实际，发挥生态这个最大优势，科学地认识和把握工作规律，找准突破口和切入点，用新思路研究新情况，用新办法解决新问题，用新举措开创新局面，推进生态文成建设取得更大成效。

一是坚持发展为先，保护为重。把加快发展作为建设生态文成的首要任务来抓，深刻认识"发展是硬道理"，牢牢把握欠发达地区生态文明建设中经济发展这个主要矛盾，始终用发展的思路、发展的办法、发展的成果解决各种困难。把科学保护生态环境作为建设生态文成的关键环节来抓，正确处理"金山银山"和"绿水青山"的关系，既不能以牺牲环境为代价来谋求经济发展，也不能机械僵化地就保护而保护，而是要在科学保护中促进科学发展。总之，要把保护贯穿于开发、建设的始终，树立"保护也是发展，发展是为了更好地保护"的理念，努力实现经济发展各个环节的生态良性循环。

二是坚持科学规划，分类实施。认真制订并实施好生态县建设规划，并将生态县建设规划、旅游总体规划、工业发展规划等各项规划纳入经济和社会发展规划，以规划来规范经济的建设、项目的开发和社会的管理，防止低水平建设及无序盲目开发；立足区域经济、资源及人文特点，明确各区域的发展目标和定位，分类实施，分步推进，进一步调整产业结构，优化产业布局，形成各具特色的发展格局。

三是坚持正确引导，严格管理。制订一系列扶持生态经济发展，推动产业结构调整优化的政策措施，对在高能耗、高污染治理方面有突出表现和严格遵守生态保护与建设规章的企业在信贷上给予必要的支持；对投资生态建设和生态产业的集体或个人在工商登记、场地安排、信贷支持等方面给予优惠，让发展生态的人感到经济上有实惠，社会上有地位，政治上有荣誉；对新引进项目实行准入制度，对项目的投资强度、就业和税收贡献进行评估，坚持以"亩产论英雄"；对项目的能耗指标、环境保护要求设置门槛，严格实行准入限制，坚决杜绝高污染、高能耗、造成大面积植被破坏和水土流失的项目进入，严格防止"少数人发财，人民群众受害，全社会买单"的情况出现，下决心改变粗放型的增长方式，调整经济结构。加强生态县建设专项资金使用管理，提高资金使用效益。

四是坚持全面动员，整体推进。生态文成建设是一项长期而庞大的系统工程，是人民群众提高幸福生活水平的共同愿望，一定要立足当前，着眼长远，突出重点，全面动员，整体推进，才能顺利完成。把生态文成建设列入各级党委、政府的任期目标考核内容，作为政绩考核与干部考评任用的重要依据，形成上下联动、齐抓共管的合力，实行党政一把手负总责的领导格局，努力掀起生态乡镇、生态村的创建热潮。紧紧依靠广大人民群众，充分调动一切积极因素，动员全社会力量参与生态文成建设，引导好、保护好、发挥好人民群众创业创新的热情，通过最大程度地共建共享生态文成来激发全社会的创造活力，努力与全省同步基本实现全面小康。

三、紧紧围绕生态文成建设的目标任务，扎扎实实抓好生态文成建设各项工作措施的落实

(一)树立生态理念，把建设生态文成作为基础工程来抓

建设生态文成是一项复杂的系统工程，既需要政府来正确引导，更需要全社会来共同推进。切实加强生态价值观教育，增强全民生态文明意识，使人们树立起人对于自然的道德义务感，从而把生态文成建设转变为自己的自觉行为。一是要认真执行生态保护的政策法规。认真宣传和贯彻落实国家有关环境保护法律法规，加快建立生态补偿机制，实行资源有偿使用，落实生态环境补偿措施，严肃处理破坏生态和污染环境的违法行为，在广大群众中逐步形成依法管理环境、自觉保护环境、人人参与环境保护和建设的思想观念。二是树立正确的政绩观。改变唯GDP论和唯保护论两种片面的做法，坚持大力发展绿色GDP，防止出现黄色GDP，坚决杜绝红色GDP，以生态的理念来引领经济社会发展，促进经济社会从粗放型的以过度消耗资源和破坏环境为代价的增长模式，向增强可持续发展能力、实现经济社会又好又快发展的模式转变；从把增长简单地等同于发展的观念、重物轻人的发展观念，向以人的全面发展为核心的发展理念的转变。三是精心打造生态文成的品牌形象。深入开展富有特色的生态文化建设，把刘基文化、畲乡文化、侨乡文化、山水文化等文成特色文化保护好、挖掘好，切实抓好刘基庙(墓)、刘基故里、红枫古道等文化遗产的保护和周边区域的开发工作，加强刘基文化研究，全面推进刘基文化、畲乡文化、侨乡文化、山水文化建设，让文成生态文化彰显魅力，闪放光彩。四是深入开展生态文明系列宣传教育和实践活动。大力营造全社会推进生态文成建设的良好氛围，大力组织开展生态乡镇、村创建活动，积极开展绿色家庭、绿色志愿者活动，充分利用每年举办的各种大型活动，广泛开展生态科普活动，宣传生态典型，增强生态意识，繁荣生态文化，使生态文明理念深入人心，使建设生态文成成为人人参与的自觉行

动。

（二）坚持生态立县战略，把生态保护作为系统工程来抓

生态是文成最鲜明的特征，也是文成最重要的优势。“木无根不茂盛，水无源不长流”。生态是文成加快发展的一张“底牌”，一大优势，要实现科学发展、可持续发展，必须坚持生态立县战略，把生态优势和潜力发挥好，不断增创生态环境新优势，使符合文成实际的可持续发展之路越走越宽广。当前重点要组织实施好“治山”、“治水”、“治污”三大工程，保护好青山绿水，使环境成为可持续发展的一张“王牌”。首先是要抓好“治山”工程。加强自然生态保护，重点抓好造林绿化和森林资源保护，特别是要抓好生态公益林和生物多样性保护。认真落实森林防火工作措施，严厉打击滥砍盗伐等破坏森林资源的违法违纪行为。切实加强地质灾害防治工作，对全县242处地质灾害隐患点要制定整治方案，分批逐年完成整治。其次是抓好“治水”工程。加大财政投入力度，认真抓好“珊溪库区周边乡镇环境整治工程”、“万里清水河道工程”、“千库保安工程”等工程建设，加强农田水利设施和水利工程设施建设，加强水土保持，加快治理水土流失，提高防洪标准和抗灾能力。再次是抓好“治污”工程。着眼于保护温州“大水缸”的要求，加快推进泗溪河治理工程建设，着手抓好黄坦坑、玉泉溪治理的规划工作。加强飞云江流域环境整治、养殖污染整治、石材加工业污染整治。严格执行节能减排的市场准入标准、强制性能效标准和环保标准，落实污染减排计划，全面开展重点污染源普查，增强企业保护生态环境的社会责任意识。

（三）大力发展循环经济，把发展生态产业作为支撑工程来抓

建设生态文成，必须立足产业结构调整，把壮大特色经济作为工作重点，大力发展生态工业、高效生态农业、生态旅游产业，努力实现跨越式发展。第一，大力发展生态工业。坚持把发展壮大生态工业作为富民强县的根本性措施，精心组织实施生态工业“55工程”，致力加快工业化进程。一要培育特色产业。充分发挥资源优势和比较优势，大力发展生态型、资源型、环保型产业，重点抓好农产品加工、矿产资源开发、水资源开发和旅游产品开发，促进潜在的资源优势尽快转化为现实的经济优势。二要对接转移产业。紧紧抓住当前沿海发达地区产业转移加速推进的历史性机遇，切实做好“建池蓄水”文章。充分利用国有荒滩、低丘缓坡优势，整合工业用地，加大前期投入，抓好巨屿、百丈漈、大峃、珊溪等生态工业基地和有关乡镇的工业功能区建设。依靠选商引资，大力对接沿海发达地区的转移产业，努力把文成建设成为产业转移对接基地，引进一批经济效益好、资源消耗低、环境污染少、科技含量高、人力资源得到最大发挥的优势企业，实现借力发展，借梯登高，壮大工业经济总量。三要推进自主创新。充分发挥企业在自主创新中的主体作用，落实促进自主创新的各项政策措施，鼓励企业加大自主创新力度，提升产业技术层次和产品市场竞争力。积极引导本县农业龙头企业，加强与县外优势企业的合作，通过产品和技术的嫁接改造，提高产品附加值。第二，大力发展生态农业。在稳定发展粮食生产的基础上，组织实施“产业培育、龙头带动、绿色品牌”三大生态农业促进工程。一要强化产业培育。以高效生态农业作为主攻方向，按照“区域化布局、规模化发展、专业化生产、集约化经营”的要求，重点扶持兔业、水果、蔬菜、茶叶等特色主导产业，积极培育“油茶”和“淡水养殖业”，培育一批绿色、有机的优势农产品。二要坚持龙头带动。继续实施农业“强龙工程”，进一步加大扶持力度，培育一批外拓市场、内联基地、带动力强的农业龙头企业。加快农、林、牧产品加工业发展。积极构建“三位一体”的农村新型合作体系，切实加强金融、流通、信息、科技对农业生产的服务。三要创建绿色品牌。建立健全农技推广服务体系，推进种子种苗工程，完善农业质量标准体系，立足当地优势，整合农业资源，创建提升一批区域特色农产品品牌。第三，大力发展生态旅游。组织实施生态旅游“518”工程，努力把旅游业培育成为带动第三产业全面繁荣的龙头产业。一要抓规划。编制飞云湖旅游详细规划、天顶湖景区详细规划、岩门大峡谷景区详细规划和红枫古道及其周边保护规划，并将岩门大峡谷景区、朱阳九峰景区进行精心包装，作为招商引资项目推向市场。二要促转型。在切实抓好“三色旅游”开发体系的基础上，进一步创新发展理念，努力提供“吃、住、行、游、购、娱”全方位配套服务，使旅游经济由单一的观光型向观光、休闲、度假等多元型转变，提高旅游效益。三要建设施。重点加强区域旅游交通网建设，加强各大景区的串联整合，逐步完善旅游线路。完成百丈飞瀑引水工程建设，恢复百丈飞瀑雄姿。加快猴王谷景区、刘基故里景区、西坑安福寺开发建设步伐，丰富旅游景点。大力推进刘基文化生态园、天顶湖旅游接待中心、珊溪下湾旅游接待中心、“在外温州人之家”、文成铜铃山森林旅游配套服务中心、龙麒源接待中心建设，完善旅游配套设施。四是创品牌。抓好骨干景区的深度开发，打响“刘基文化、华夏第一瀑、壶穴奇观”等三大特色品牌，在铜铃山峡国家4A级旅游景区的基础上，继续把刘基故里、百丈飞瀑、铜铃山峡三大景区建设成为国家4A级旅游景区。通过几年努力，逐步推进文成由观光旅游向休闲度假旅游转变，由旅游资源大县向旅游经济强县转变。

（四）创新财政投入方式，把构建生态建设长效投入机制作为保障工程来抓

建设生态文成，资金投入是保障，必须充分发挥财政资金引导和示范作用，创新资金使用方法，着力构建生态建设长效投入机制。一是整合财政资金，突出投入重点。生态建设工作面广，涉及部门多，建设资金存在条块分割、多头管理的现象。要积极探索财政资金捆绑使用、集中力量办大事的新机制，整合生态建设专项扶持资金、资源有偿使用收入、专项转移支付资金等相对稳定的资金，找准生态建设突破口，重点支持水源和森林资源保护、环保基础设施建设、生活污染处理等相对薄弱的环节，促进生态建设全面、协调发展。对各生态建设项目进行严格审查，及时调整交叉、重复项目，最大限度发挥财政资金合力。二是引导多元投入，创新融资机制。积极探索生态建设多渠道投入机制，切实改变目前单一、直接的政府投入方式。采取补助、担保、财政贴息等方式，吸引社会资金参与建设环保基础设施、清洁能源和可再生能源开发等投入大、急需建设而政府又难以包办的工程项目，充分发挥社会资金效益。进一步加大招商引资和项目落实力度，择优精选资源加工、旅游配套、基础设施等方面的项目进行招商引资，着重结合“山海协作”工程，做好“侨”字文章，吸引

更多的资金投入生态建设进程。积极研究生态建设相关政策，围绕整合资源、生态建设招商、环保基础设施建设等，认真组织项目包装，建立生态建设项目储备库，从项目的深度、广度、前瞻性和可操作性出发，深入开展调研，形成可行性报告，积极向省、市争取生态建设资金。三是强化资金管理，提高使用效益。不断创新资金管理使用体制，对专项用于生态建设的奖励、补助、宣传教育等资金实行专户管理、封闭运行，确保资金安全。建立健全内部控制制度和约束机制，认真做好风险防范工作，严格资金拨付和审批程序，创建科学规范、监督制衡、管理有序的资金管理和运行机制。不断加强对生态建设资金使用情况的监督检查，开展绩效评价试点工作，提高资金使用效益。

（五）不断改善人居环境，把建设生态城镇作为一项重要工作内容来抓

按照“统筹城乡发展、强化基础支撑、提升城镇品位”的要求，以县域总体规划为龙头，以城乡重大基础设施项目建设为抓手，加快推进城镇化和城乡一体化，优化区域发展环境。第一，突出县城建设，打造特色城市。按照“突出特色、完善功能、拉开框架、东扩西进”的要求，坚持高起点规划、高标准建设、高效能管理，加快县城建设步伐。进一步拉开县城框架，结合强化城市的产业支撑，着重抓好环城西路、樟山工业基地、旧城改造、新区建设和建成区内的零星用地开发。进一步完善城市功能，切实抓好城市的道路、管网、防洪、环卫等市政设施建设，切实加快文化、体育、娱乐、休闲等社会设施建设，满足城市的生产生活需要。进一步显现城市特色，创新规划理念，加强立面创意，优化色彩搭配，注重景观设计，尽量使城市建设与山水相融合，充分体现刘基文化和侨乡风貌。进一步加强城市的绿化、美化、亮化建设，继续推进泗溪河治理和环山绿化工程，不断提高县城品位。力争到2011年，县城人口达到7万人以上，建成区面积达到4平方公里以上，把县城打造成为“城在山中、水在城中、街在绿中、人在景中”独具魅力的现代小城市。第二，突出中心城镇建设，加快城镇化进程。要按照“增强实力、注重特色、提升品位”的要求，认真实施“中心镇培育工程”，更加突出城镇的实力、活力、魅力建设，努力培育经济强镇、文化名镇、特色城镇。各中心城镇要立足自身特点，找准发展定位，强化规划管理，加大建设力度，完善城镇公共设施，提升城镇的服务品位；要切实做好镇域产业发展规划，千方百计抓好规划实施，做大做强镇域经济总量，不断增强综合实力。通过强化中心城镇的集聚和辐射功能，实现城镇与农村的联动发展。第三，突出城乡协调发展，加快下山移民进程。把下山移民与城镇化结合起来，把下山移民点放在城镇，让下山的农民转产、转业、转身份，到城镇务工经商，从根本上摆脱贫困环境，彻底挖掉穷根。要把下山移民与退耕还林、土地整理有机结合起来，把移民小区建设与生态城镇建设结合起来，尽力降低生态移民成本，盘活土地资源。要按照“政府引导、市场运作、农民自愿、梯度推进”的原则，依城建区、依镇设点，有计划、有组织、分阶段地推进人口内聚外迁，确保搬得出来、稳得下来、富得起来。要加大对居住在高山深山、重点库区、地质灾害隐患点群众的迁移力度，到2011年，使100个自然村、5000户20000人实现下山脱贫。

用“小财政”构筑“大民生”

龙游县县长　连小敏

全面改善民生，是实现科学发展、构建和谐社会的内在要求。近年来，龙游县牢固树立“三个任何”理念，即任何时候考虑民生，任何项目考虑环保，任何工作考虑稳定，坚持把加快发展作为第一要务，把富民强县作为第一追求，全面推进“百亿发展支撑、百亿产业升级、百亿招商引资、十亿增收富民、十亿社会保障”五大工程，在经济发展上突出富民，在社会发展上突出惠民，努力用“小财政”构筑“大民生”，不断提高龙游人民的幸福指数。

一、突出以人为本，在破除困惑中转变理念

思想是行动的先导，只有统一的认识，才有统一的行动。龙游县始终把改善民生放在突出位置，狠抓财政投入，调整优化支出，不断推出惠民举措，努力让全县人民在经济增长中得到实利、在和谐发展中共享成果。

（一）坚定信心。作为全省欠发达地区，龙游县去年财政总收入刚突破6亿元，地方财政收入刚突破4亿元，是名副其实的“小财政”。面对民生这个“大盘子”，不少领导干部在思想上存在着认识误区。如“浪漫论”，认为欠发达地区搞民生是浪漫主义，试想在财政收支状况日趋紧张的情况下，如何腾出财力搞民生？如“冲击论”，认为欠发达地区当前最重要的是集中力量抓经济，改善民生必然会分散资金投入，影响经济发展速度，经济发展后许多民生问题自然会解决，何必要分散精力来抓?困惑不除，力量难蓄。对此，县委、县政府开展了“解放思想、破除障碍”专题大讨论活动，通过学习讨论，进一步强化了“发展经济是硬道理，改善民生是硬任务”的执政理念，进一步增强了权为民所用、情为民所系、利为民所谋的自觉性，为加快推进以改善民生为重点的社会建设奠定了坚实的思想基础。

（二）把握重心。县委、县政府坚持从人民群众最直接、最关心、最现实的利益问题入手，每年确定十方面的为民办实事工程，并以实事工程为抓手，集中财力重点投向民生领域，投向公共服务领域，加快建立公共财政保障体系。虽然地方可用财力非常有限，但在民生投入却是可圈可点：在全省率先开展新型农村合作医疗、被征地农民养老保障、广电服务均等化试点工作；在全省欠发达地区中率先创建成为省级教育强县；在全省县级城市中率先提出实施免费婚检、免费健康体检、免费健康教育、免费儿童免疫接种、免费妇女儿童保健“五免费工程”；在全市率先实现等级公路通村率和通村公路硬化率“双百”目标，等等。这一系列沉甸甸的“率先”，较好地解决了群众就医难、就学难、行路难、饮水难等方面的问题，使广大群众的生活水平和生活质量随着经济社会发展得到了普遍提高。

（三）凝聚民心。解决民生问题涉及到方方面面，既要发挥政

府的主导作用，更要调动全社会的积极性。一方面，我们正确处理好尽力而为和量力而行的关系，按照“当前可承受、未来可持续”的思想，切实强化政府在政策、规划、投入方面的职责，不断增强公共产品和公共服务的供给能力，逐步解决人民群众在教育、医疗、养老、住房等方面的问题。另一方面，加快建立公共服务供给的社会参与机制，推动公共服务投资模式的多样化，通过公助、互助、自助等方式，引导和支持市场主体和社会组织参与社会管理和公共服务，并努力激发广大群众的责任感和主人翁意识，培育共建共享的精神，增强广大群众参与共建的荣誉感，在共建共享中集中民智、发挥民力、凝聚民心。

二、突出工作重点，在统筹协调中整体推进

坚持把群众呼声作为第一信号，把群众满意作为第一标准，在广泛调查研究、征求群众意见的基础上，围绕“五个扩面”(即扩大新型农村合作医疗、养老保险、医疗保险、政策性农业保险、政策性农村住房保险的覆盖面)、“五个提标”(即提高城乡低保、五保对象集中供养、医疗救助、职工最低工资、中小学生均公用经费标准)、“五个确保”(确保“零就业家庭”动态归零，确保每个困难家庭学生不因贫失学，确保每个困难家庭基本生活有保障，确保基本医疗服务实现城乡全覆盖，确保符合法律援助条件的困难群众“应援尽援”)，每年实施就业再就业、社会保障、教育卫生、扶贫开发等十个方面的实事工程，全面吹响改善民生的“集结号”。

(一)重就业，巩固民生之本。一是推进素质培训工程。县财政每年安排600万元专项资金，深入实施“素质培训工程”，重点抓好以预备劳动力、青年农民为重点的职业技工培训，以农业管理、技术乡土人才为重点的专业技术培训以及以下山异地脱贫、被征地农民等特殊群体为重点的专项技能培训，积极推广“三单式”培训模式(企业下单、学校接单、政府买单)，进一步打造“龙游保姆”、“造纸技工”等特色劳务品牌。二是有效搭建交流平台。每年举办春夏两季大型劳务交流会，定期定向组织各类专场招聘会，方便城乡劳动力就近就地求职择业。全县15个乡镇(街道)均建立劳动保障员、村级就业服务协管员、企业招工信息联络员“三员”队伍，形成了“县城有市场、乡镇(街道)有网点、社区有窗口、行政村有发布点”的就业服务体系。三是积极创造就业机会。设立下岗失业人员小额担保贷款贴息专项资金，鼓励下岗失业人员通过承包山林、鱼塘等形式从事种养殖等农业综合开发行业。及时兑现公益性岗位社保补贴，积极组织和引导文化偏低、技能单一的人员从事保安、保绿、保洁等公益性服务行业。组织被征地村与园区企业开展村企结对活动，建立“1+1”、“1+X”等灵活用工模式，促进了企业招工与群众就业的互动双赢。

(二)重“三农”，夯实民生之基。一是村村联网“畅民路”。投入资金近3亿元实施乡村康庄工程，修建通村公路560公里、农村联网公路80余公里，提前一年实现“双百”目标，实现了由黄泥路、砂石路到通水泥路的巨大变化，全县直接受益人口达20余万人，彻底改变了农村“晴天一身灰，雨天一身泥”的交通面貌。同时，成立县农村公路管理中心，对县乡公路、通村公路实行统一管理，每年安排170万元专项用于农村公路养护，着力构筑“分级管理、县乡联动”的农村公路管养机制。二是安全饮水“解民忧”。投入资金7000余万元，因地制宜，采取城市管网延伸供水、中心镇集中联合供水、行政村单独分散供水三种模式，扎实推进农民饮用水工程。自2003年以来，全县共新建、改建集镇水厂4座，实施村级饮用水工程61个，11.5万名农民群众喝上了“放心水”。三是推广沼气“助民富”。以农村沼气工程为抓手，综合推进户用沼气池、大中型沼气工程建设和生态养殖园区畜禽污染治理工作，逐步形成了“一气”(沼气)带“三料”(燃料、肥料、饲料)、“三料”促“五业”(农、林、牧、副、渔)、“五业”出“三效”(社会效益、生态效益、经济效益)的良性循环。据测算，一个5口之家，投资2000元建设一个10立方米的沼气池，每年可以增收节支2500元左右。

(三)重教育，改善民生之计。一是大力度调整学校布局。按照“高中向县城集聚，初中向中心镇集聚，小学向乡镇中心集聚”的思路，大力实施中小学战略性布局调整，将全县小学、初中、普通高中分别从1997年的226所、28所、7所调整为目前的44所、11所和2所。其中仅2004年，就在城区推出了总投资达2.4亿元的四大教育重点项目。力度之大、投入之多，不仅在龙游教育历史上前所未有，在周边县市中也不多见，彻底改变了以往学校网点多、规模小、效益差的状况。二是大手笔丰富教育“套餐”。率先实施“学生资助扩面、爱心营养餐、食宿改造、教育素质提升、名师资源共享”五项工程，并成立全县贫困学生资助中心，构建城乡一体的教育助学体系，确保全县没有一个学生因家庭贫困而失学。同时，对全县中小学生均公用经费实行“两提高一倾斜”：小学、初中生均公用经费最低标准分别从230元、330元提高到300元、450元；二类、三类学校生均公用经费补助标准分别从50元、100元提高到75元、150元；教育经费补助重点向边远山区学校倾斜。三是大幅度提高教师待遇。建立教师福利待遇稳定增长机制，从2007年开始，将义务教育学校教师年终增收节支奖、同城补贴中考核奖的50%纳入县财政统一预算，对全县教师的住房公积金按统发工资12%比例由县财政统一缴存，仅此3项，县财政每年新增支出1600余万元，教师人均年收入增加5000余元。《中国教育报》对此在头版头条作了专题报道，并配发了短评《另一种绿色的GDP》。

(四)重社保，完善民生之依。一是着力扩大社保覆盖面。以“十亿社会保障工程”为载体，扎实推进基本养老保险工作，全面推行社会保险“五费合征”，不断扩大社会保险覆盖面。其中仅2007年，就筹集社会保险基金1.5亿元，企业养老保险基金保障能力由10.9个月提高到12.1个月。在实现城乡居民医疗保障制度全覆盖的基础上，积极探索城乡医保“两保合一”，城乡居民可根据实际情况自由选择险种，较好地实现了城乡医保政策的接轨，增强了医保基金的抗风险能力，也提高了医疗补偿和报销的比例。二是构建多层次的被征地农民保障体系。根据被征地农民原居住地域、村级集体经济、经济承受能力等方面的差异，采取不同的保障方式和保障标准，切实为被征地农民解决后顾之忧。对“城中村”被征地农民，采取社会保险与基本养老保障相结合的方式，建立与城镇基本养老保障相衔接的保障制度；对“城郊村”被征地农民，实行“土地换保障”的办法，建立基本养老保障制度；对“城郊村”和中心镇失去部分土地的农民，建立以“商业保障”模式管理的养老保险制度，由农民自主投保，政府给予一定补助，引导参与农村养老保险和各类商业养老保险。三是调整完善新型农村合作医疗制度。自2004年实行新型农村合作医疗制度以来，在实践中不断修订、调整和完善制度，将新型农村合作医疗与城乡低保、大病救助、农民健康工程有机接轨。近年来，根据县财力状况，逐步降低准入门槛，提高补助标准，不断扩大受益范围，并通过加强定点医疗机构管理、签订优惠服务承诺、扩大药品限价范围等综合措施，切实强化医疗费用控制，真正做到让利于民，进一步提高了农民参保的积极性。农民参保率由2004年的77.9%上升到2007年的95.1%，为15.52万名农民进行健康体检并建立了健康档案。

（五）重生态，保障民生之要。一是坚持生态优先。把生态发展理念融入到区域、城市、园区发展规划中，编制“十一五”生态环境保护、生态功能区等规划，明确重点发展区、限止发展区和禁止发展区，根据环境承载引导产业空间布局。围绕打造生态型文化旅游城市目标，积极开展生态县创建工作，大力发展循环经济，推进工业园区生态化改造，被命名为国家级生态示范区。二是推进产业升级。坚持“两手抓”，一手抓淘汰，一手抓提升。几年来，全面淘汰了水泥机立窑，关停了小造纸，平毁了竹料腌塘，大力实施化工、棉纺、机械等行业改造提升工程，进一步加快了产业升级步伐。同时，创造性地建立以签约承诺、落地投产、履约评估、政策兑现、项目清理等为核心的工业项目“五步工作法”，严把项目研判关、落地关，确保项目符合“四评”（环评、能评、安评、稳评）、“四规”（县域总规、土地总规、主体功能区规划、生态功能区规划），自2005年以来，全县累计否决高污染、高能耗项目近300余个。三是狠抓节能减排。完善节能减排考核体系，设立节能减排专项资金，不断加大节能减排工作投入，先后建成了城市污水处理厂、垃圾填埋场等一批环保设施，23家重点企业污染源在线监控系统全面建成。充分发挥经济杠杆作用，严格实行排污许可证和排污权有偿使用制度，完善差别电价、梯级水价等政策，形成节能减排激励和约束机制。深入开展以畜禽养殖污染整治、水环境整治和殡葬整治为重点的农村环境“三整治”活动，切实抓好黄铁矿闭坑治理、塔石溪等重点流域综合治理工作，确保“一江清水出龙游”。

（六）重文化，满足民生之需。一是加大文化投入。围绕创建省级文化先进县的目标，进一步加大对文化事业发展的投入，近三年仅预算内就投入文化建设资金5731万元。制定《龙游县文化专项资金管理办法》，着力规范农村文化活动、文化基础设施建设、文物普查、历史文化研究等资金申报、使用和管理工作，进一步提高文化发展资金使用效益。二是弘扬特色文化。深入挖掘龙游深厚的文化底蕴，举“姑蔑文化”之旗，扬“商帮文化”之名，探“石窟文化”之谜，通过龙游石窟、民居苑、龙洲公园、百竹步行街等载体，充分体现地方传统文化特色，使其成为宣传龙游的“金名片”。同时，每年举办国际龙舟邀请赛、亚太汽车接力赛两大赛事，促进文化、经济、赛事的有机融合，不断提高文化休闲旅游内涵和吸引力，努力让游客在龙游享受到“轻松读历史、自在品文化、悠闲游山水”的愉悦。三是实施文化“低保”工程。以“龙游•和谐的家园”系列文化活动为载体，组织开展创建百个文化特色村、组建百支群众文化队伍、建设百个文化活动场所、培训千名文化骨干、千场文化活动下乡、千场电影进农村的“三百三千”活动，实施“五有一免”文化保障工程，确保广大群众有戏看、有电影看、有电视看、有图书看、有广播听，并为低保家庭免除相关费用。扎实推进广电服务均等化，采取“双免、双减半”模式，即人均年收入1500元以下的低收入群体全免有线电视初装费和收视费，人均年收入在1500～2500元的困难群众减半收取初装费和收视费，并筹资1000余万元为城乡低保户配送彩电，切实保障了困难群众的基本文化需求。

三、突出资源整合，在制度创新中提升效益

欠发达地区要以“小财政”办“大民生”，必须从制度创新入手，积极整合财力资源，真正做到集中财力办大事、办实事，不断提升财政资金的运行效益。

（一）建立民生数据库，优化支出结构。按照构建公共财政的要求，着力强化财政的民生服务职能，建立教育、社保、卫生等民生支出数据库，及时关注各项民生指标的增减变化情况，不断调整、优化财政支出的结构和方向。近三年来，全县民生支出占财政总支出的比重不断提高，由2005年的65.3%提高到2007年的73.3%；三年间，民生支出年均增幅达31.4%，比一般预算财政支出高出7.4个百分点。在财政支出增量中，民生支出的比重更是迅速增长，2007年达到92.1%，新增财力的绝大部分用在改善民生上。

（二）建立民生项目库，完善投入机制。民生领域包含的各项工作，无论是有形的基础设施还是无形的公共服务，都应以项目的理念策划、项目的手段推进、项目的标准验收，只有这样，才能使民生工程真正成为“民心工程”。龙游县根据民生项目的性质、类别等不同要求，将民生项目分为就业、教育、社保等六大类，并通过媒体、网络等平台向全社会公开。在资金投入上，一方面，按照“收入一个笼子、预算一个盘子、支出一个口子”的思路，把分散在各系统、各部门用于民生建设的资金积极整合起来，统筹使用，做到投入来源集中，投入渠道集中，投入取向集中，集中财力办大事。另一方面，充分发挥财政“四两拨千斤”的导向作用，出台激励政策措施，吸引社会各界共同参与，引导社会资金投入公益设施和民生项目建设，逐步形成政府带动与市场驱动的良性循环。

（三）建立民生测评库，提升绩效意识。县财政部门将绩效评价纳入工作的“主菜单”，对各项民生项目建立跟踪问效测评库。在项目选择上，经常采用发放意见表等灵活机动形成，广泛汇集人民群众的真实要求和殷切希望，坚持把“人民需不需要，群众接不接受”作为民生建设的试金石和度量仪，注重“雪中送炭”，减少“锦上添花”，切实发挥有限财力的最大社会效益。在项目实施上，由财政、监察等部门定期或不定期地对民生项目实施情况进行检查和监督，如公益性岗位的社保补贴是否发放到人，企业残疾人补贴是否足额发放等，确保每一笔民生资金用到实处，每一个民生项目抓出成效。

建设最优生态环境 促进又好又快发展

安吉县常务副县长 陆为民

安吉县地处浙江北部，县域面积1886平方公里，人口45万，植被覆盖率达75%，森林覆盖率71%，是天然氧吧、绿色世界。安吉以竹闻名天下，以生态享誉海内外，是著名的中国第一竹乡、中国白茶之乡、椅业之乡，黄浦江源头，先后被国家有关部门授予"中国第一个生态县"、"国家园林县城"、"全国卫生城市"、"全国生态文明建设试点县"等荣誉称号，两次被评为长三角最具投资价值县。近年来，安吉县认真落实科学发展观，坚持经济建设与生态建设并举并重的发展战略，结合社会主义新农村建设，建设最优生态环境，打造"中国美丽乡村"，逐步走出一条具有安吉特色的新农村建设之路，取得较好的成效。

一、生态环境建设主要做法

安吉作为一个典型的山区县，且地处长三角经济圈的几何中心，自然资源十分丰富，区位优势明显，但由于四面环山，信息闭塞，致使对外开放程度不高。基于这样的现状，安吉县委、县政府因地制宜、因势利导，依托特有的生态优势，确立生态立县战略，积极探索生态建设举措。尤其近年来，安吉更是在"奋战五年，再造安吉"推进总行动引导下，坚持生态建设与经济发展互促共进，紧扣发展第一要务，围绕全面协调可持续目标，发挥财政四两拨千斤作用，统筹兼顾，建设最优生态环境，促进县域经济好快发展。

（一）始终坚持把完善环境基础设施作为根本

1.深化生态创建。以创建全国卫生城市、全国文明城市、全国山水园林城市等为载体，五年内共投入40多亿元，拓展城市空间，拉开城市框架，逐步把环绕城区的五座绿色山脉和贯通城区的五条绿色溪流引入城内，形成群山环绕水穿城、青山碧水绿绵延的生态城市形态。坚持生态建设城乡一体化，重点向广大农村倾斜，广泛开展全国环境优美乡镇、生态村、全面小康示范村创建，大力推进"双十村示范、双百村整治"，切实加强农村道路、农田水利等基础设施建设，塑造生态建设的示范精品。高标准实施一批城乡生态项目，建设城市生态景观、公路沿线生态走廊及乡村生态群落。

2.强化专项整治。全面开展了沿路沿线沿景区等"三沿"地区专项治理，重拳整治违法排污、私搭乱建、擅自堆放、抢占绿地等行为。切实加强自然生态植被和饮用水水源保护，下大气力整治毁林开山、滥采乱挖等突出问题。着力抓好城乡污水处理、生活垃圾分类处理、河道流域与城郊结合部环境卫生综合整治等工程。狠抓农村节能减排工作，开展污染源普查工作，抓好农业面源污染、农村生活污染治理，进一步改善农村生产生活生态条件。

3.放大魅力优势。为充分彰显依山傍水、因势因地而建的生态环境特色，环境基础设施建设、生态旅游项目开发、工业项目落地，不搞大拆大建，不强求高度集聚，尊重差异化、个性美、自然美，努力形成一村一景、移步换景的特色魅力，给人以"十里不同景，人在画中游"的视觉冲击。

（二）始终坚持把转变经济发展方式放在首位

1.突破思想观念束缚。广泛开展以"六破六立"为主要内容的思想解放大讨论活动，着力突破生态与工业、保护与发展之间永恒矛盾的形而上学思想，引导广大干部群众摒弃两者人为割裂、人为对立的错误认识，把握好这两者之间的辩证统一关系，努力做好"扬生态之长、补工业之短、提开放之速"的功课，以补硬工业软肋，解决好当前突出问题，增强生态建设的可持续动力。

2.集中集聚集约发展生态工业。大力推进布局集中。优化县域功能分工，依据自然环境和产业基础等因素，把全县划分成两大特色区块，东北部依托平原地势和区位优势，发展工业经济，西南部重抓生态保护、开发和建设，发展休闲经济。加快建设以省级经济开发区为龙头，乡镇工业功能为基础，村级工业孵化器为配套的工业大平台体系，所有工业项目都向附近的工业功能区集中，切实规范家庭工业发展，实行标准化管理、集约化配套，坚决防止遍地开花、零敲碎打的现象。着力推进产业集聚。实行最严格的项目准入机制，落实项目预评价、后评估制度，建立健全以投资强度、环境影响、亩均产出和财政贡献率为核心的项目强制性标准，严格工业项目环保前置审批，确保新引进项目不造成环境污染。加大传统产业提升力度，大力推动竹业、椅业两大传统产业高新化，促进产业链向两头延伸，价值链向高端攀升，生态链向循环再生，走以品牌为龙头、资本为纽带、创新为先导的集团化发展和抱团式竞争之路，实现由低端向高端、贴牌向创牌、实业运作向资本运作、"小而全"向"大而专"的华丽转身。积极培育新医药、新材料、新电子和新型环保产业，着力推进新兴产业集群化，重点抓好生物医药、绿色食品产业发展。积极推进资源集约。土地、资金、政策等要素资源优先向大好高项目配置，建立健全资源节约集约利用机制，探索形成了一整套资源利用考核激励体系。

3.依托资源发展生态农业和生态休闲业。培育以笋竹、白茶、竹林鸡、花卉苗木、高山蔬菜等为主的生态高效农业产品，构建立体化的生态农业开发格局，打响沪杭大都市绿色农副产品供应基地品牌。依托良好的自然生态环境，打造原生态，享受原生态，成功开发"中国大竹海"、"黄浦江源"、"天荒坪电站"等生态旅游亮点，推出"竹乡农家乐"、"探源自驾游"等特色旅游项目，新建了中南百草园、大汉七十二峰、藏龙百瀑、"天下银坑"生态影视基地等一大批生态旅游景点，安吉逐渐成为华东黄金旅游圈的重要节点。

（三）始终坚持把提升全民生态意识作为重点

1.抓创建促提升。广泛开展"3·25"生态日等群众性生态文化活动，深入推进绿色社区、企业、学校等绿色系列创建。先后完成全国卫生城市、全国文明城市、全国文化先进县和建设全国山水园林第一城为主要内容的"三创一建"工作，全县15个乡镇有12个被评为全国环境优美乡镇。同时，还积极开展生态乡镇、文明乡镇、平安乡镇等创建竞赛活动。

2.抓宣传强意识。提出"用生态的眼光认识，用生态的方式生活，用生态的理念发展"的响亮口号，鼓励和支持全县广大干部群众积极参与，做到家喻户晓、深入民心。举办"保护母亲河、共创生态县"系列宣传活动，建办了青少年环境监护站。组织了288支"巾帼义务保洁队"，经常活跃全县各地，深入环保宣传、开展义务保洁活动。加大环保宣传教育力度，设立新闻环保专栏、环保热线，强化"12369"热线投诉服务工作，进一步拓宽全民参与决策、参与监督的积极性。实施"书香飘竹乡"计划，建设一批"农家书屋"、"企业书吧"、"文化楼道"、"书香校园"、"书画长廊"，不断完善农村公共文化服务网络建设，为农民提供更多更便利的文化服务。

3.抓培训提素质。结合"十万农民素质"培训工程和"现代市民教育工程"等社会教育，切实加强生态文明价值观教育，把生态知识纳入公众素质教育之中，引导公民从改变资源浪费等陋习入手，确立生态生产生活方式，使公民对生态保护与建设的信念，反对铺张浪费、崇尚绿色消费的观念，资源节约和节能减排的理念进一步得到普及和确立，促使人与自然和谐的文化价值观和环境友好型社会的生态理念成为全社会的共识。

(四)努力探索具有安吉特色的新农村建设之路，全面提升新农村建设水平

1.建设美丽乡村，提升生态建设水平。2008年以来，县委、县政府紧紧围绕落实科学发展观、建设生态文明，依托前几年新农村建设的良好基础和成功经验，全面提升建设水平，提出打造"中国美丽乡村"总体目标。上半年，建设"中国美丽乡村"各项工程已经全面展开。主要是以突出"人与自然和谐发展"为核心，以建设"全国新农村与生态县互促共建示范区"和全国生态文明试点县为抓手，通过10年时间，在全县187个行政村全面"实施环境提升工程、产业提升工程、服务提升工程和素质提升工程"等四大工程，从抓点成线，到最终成片，逐步把安吉所有的乡村都打造成为"村村优美、家家创业、处处和谐、人人幸福"的"中国美丽乡村"，使安吉的农村成为生态环境最优美、村容村貌最整洁、产业特色最鲜明、社区服务最健全、乡土文化最繁荣、农民生活最幸福的全国新农村建设的样板。今年重点完成开发区—皈山—孝丰—报福—章村的示范带建设，启动递铺—山川—天荒坪—上墅示范带和环灵峰山休闲产业示范带建设，建成"中国美丽乡村"精品村10个，重点村20个，特色村10个，初步打响安吉"中国美丽乡村"品牌。

2.强化节能减排，确保循环持续发展。一是加强节能降耗工作。坚持以工业节能降耗为重点，通过落实目标责任制，加快淘汰落后生产能力，推进节能新技术应用和清洁生产等途径，全力以赴把能耗降下来。建立健全能源统计监测体系和考核激励体系，加快产业结构调整，严格限制高能耗项目引进，制定严格的项目准入标准，将能效指标作为项目审批、核准和备案的强制性条件，从源头上严格控制新上高能耗项目。加大政府节能资金投入，引导企业开发节能技术，鼓励企业与科研单位、高等院校合作，对关键技术进行攻关，开发一批节能技术和产品。二是抓好防污减排工作。坚持"治旧控新"，加大工作力度，抓好污水处理项目建设，提高污水处理能力；严格项目引进环保审批，坚决执行污染物替代制度，实行项目引进"禁煤限油"政策，大力推广竹屑等清洁能源，控制全社会煤炭消耗量的增长；严格执行"三同时"制度，按照清理旧账不空新账要求，提高建设项目"三同时"执行率，确保污染治理各项措施到位；加强在线监控工作和农业面源污染治理，推广垃圾堆肥技术。三是加大节能减排宣传。加强节能减排宣传教育，充分利用电视、报纸等新闻载体，集中宣传节能减排的先进典型，揭露和曝光浪费资源、严重污染环境的行为和现象，引导公众采购和使用可再生利用产品，提高全民节能减排的自觉性，形成全社会节约能源，从我做起的良好风气。

二、生态环境建设的成效

科学发展观的落实和最优生态环境的建设，使安吉的区位优势得到提升、资源优势得到释放、产业优势得到增强、人文优势得到提升，一个生态环境更加优美、生态经济初步繁荣、人民安居乐业、对内对外开放的生态安吉已初步建成。

(一)生态经济实力进一步增强。2007年实现地区生产总值120亿元，增长14.5%；财政总收入11.1亿元，增长26%。城镇居民可支配收入18548元，农民人均纯收入9196元，分别增长12.8%、14.5%。生态旅游休闲经济增势强劲，实现旅游人次450万、旅游收入17亿元、门票收入6400万元，分别增长24%、37%、37%，其中农家乐经营收入达1.5亿元。2008年1～6月，实现地区生产总值65.19亿元，增长9.1%。财政总收入7.77亿元，其中地方财政4.25亿元，分别增长41.9%、38.8%。旅游人次275万、旅游收入10.4亿元、门票收入4075万元，分别增长4%、6.2%、1.9%。

(二)生态文化活力进一步激发。坚持"生态立县、突出工业强县、加快开放兴县"战略，以人为本、全面协调可持续发展的理念逐步深入人心，全国新农村与生态县互促共建示范区建设的群众知晓率达90%以上。"中国生态博物馆"建设已经形成初步方案，竹、茶、蚕桑、森林、水、湿地、孝子、书画、工业、民俗等10个生态文化辐射馆已经明确馆点。加强了生态环保教育基地和生态道德教育基地建设，深入推进绿色企业、绿色社区、绿色学校、绿色饭店和节约型机关创建，广泛开展群众性生态文化活动。2个村申报国家级生态文明村。

(三)生态环境魅力进一步彰显。2007年组织实施2个生态精品乡镇和10个全国新农村与生态县互促共建示范点(村)建设，累计获得全国环境优美乡镇12个、省级生态乡镇1个，创建市县级生态村80个，省市全面小康示范村32个，全县所有行政村中心村和1075个自然村完成了环境整治，农村人口受益率达81.03%；启动了一类县级标准化监测中心建设，主体工程投入480余万元。2007年，全县万元GDP综合能耗下降5%，化学需氧量和二氧化硫分别削减2.53%和1.1%。全县森林、植被覆盖率、出境水质量、空气质量稳步提高，均符合功能区标准。

三、生态环境建设的基本经验

安吉县在落实科学发展观，建设最优生态环境方面，不断实践、不断创新，加快了建设步伐，提升了建设水平，收获不少，成效显著。我们深刻体会到，像安吉这样一个经济欠发达、政府财

力有限的山区县，要真正保护好生态环境，建设生态文明，关键在于结合本地实际，深刻理解和创造性地贯彻中央和省委、省政府一系列方针政策，拓展工作思路、创新工作载体，积极探索科学发展之路，全面建设新农村。

(一)解放思想，达成共识，生态建设与发展经济可以共赢

一般认为，要保持良好的生态环境，就要避免大工业的发展，而以大工业带动的经济发展势必会破坏生态环境，这种认识反而无益于环境保护和生态建设。安吉县委、县政府抓住要害，对生态保护与经济发展进行主题大讨论，从而带来思想的大解放，全县上下转变观念，充分认识生态建设是实现区域经济、社会、环境可持续发展的必由之路。生态建设与经济发展是相互联系、相互制约、相辅相成的，它们之间是一种良性循环关系。加强生态建设，可以促进经济发展，经济发展又可以支持生态建设，生态环境资源是经济发展的条件基础，经济发展是生态环境建设的有力保障，二者结合好可实现生态建设与经济发展的双赢。

同时，安吉县委、县政府带领广大干部群众跳出以破坏环境为代价来换取经济增长的误区，充分认识到：以破坏环境来换取经济增长，长此以往，经济增长越快，对资源的索取就会越多，生态环境付出的代价就越大，只会让我们饱尝破坏生态环境造成资源枯竭的恶果。县委、县政府以长远的发展眼光来看待环保与发展问题，通过对资源和生态环境这一重要生产要素的保护和科学合理配置，使其发挥最大、最优的效益并持续地承载经济发展，这样环境和资源的保护与经济的发展相互促进形成良性循环，也使全县人民从发展中真正受益。

(二)上下联动，创新破难，最大限度建设最优生态环境

生态建设、环境保护不单单是干部的事情，也不单单是老百姓的事情，仅靠一方面不能很好地进行生态建设。我们的做法如下：一是健全完善工作机制。即成立了县、乡镇、村三级生态县建设工作领导小组，实行县、乡镇、村分级管理、部门配合、上下联动的工作机制；初步形成横向到边、纵向到底的规划体系；营造全民动员、广泛参与的建设氛围；以农村整治起步、从垃圾污水突破的工作措施；以奖代补、考核挂钩的激励机制；形成产业合理、优势互补的发展格局。二是强化科技应用和推广。安吉县在建设过程中十分注重生态科研实用技术的研发和应用，积极同大专院校、科研机构开展联合攻关。首创一体化农村生活污水湿地处理系统，目前已在推广应用新型农家乐生活污水一体化处理技术；针对竹产业发展现状，完成竹制品废水治理技术攻关，建成治理示范企业一家。一些成熟的农村环保实用技术，如太阳能杀虫灯、生活垃圾堆肥技术等均得以推广应用，并取得较好成效。三是创新落实有力的建设载体。安吉建设最优生态环境是一个载体不断创新的过程，“3•25”生态日的设立、竹文化节的举办，从国家生态县的创建到“示范区”的设立，均为安吉环境、经济、社会的发展提供源源不断的动力。目前以打造中国美丽乡村为品牌效应的生态建设模式，更是全面推进生态建设的有力载体。

(三)持之以恒，强化监管，建立生态文明建设的良性循环机制

安吉从上世纪90年代初提出生态立县战略，积极进行生态建设，到目前，被授予全国第一个生态县、全国生态文明试点县，正是优良的生态环境，吸引了众多外地的企业来安吉投资生产，县域经济实力进一步壮大。但是安吉县委、县政府既没有“过河拆桥”，也没有“杀鸡取卵”，而是继续从有限的财力中合理调配，挤出资金加大生态建设力度，并且强化对经济发展的监管，严把项目引进的环保关，严把企业生产的监察关，对污染环境、破坏环境以铁的手腕加大整治、整改、淘汰力度，深入推进节能减排工作。同时，全县上下开始积极倡导绿色GDP，以全新的理念抓实做好节能减排。所谓绿色GDP，就是在现有的GDP中扣除资源的直接经济损失，以及为恢复生态平衡、挽回资源损失而必须支付的经济投资。绿色GDP这个指标实质上代表了国民经济增长的净正效应。绿色GDP占GDP的比重越高，表明国民经济增长的正面效应越高，负面效应越低，反之亦然。建立以绿色GDP为核心指标的经济发展模式和国民核算新体系，不仅利于保护资源和环境，促进资源可持续利用和经济可持续发展，而且利于加快经济发展方式的转变，提高经济效率。绿色GDP的概念是一种新态度，一种对待人与自然关系的新态度，一种对人类以往高消耗、高污染发展模式的反思。现在这个观念正在被安吉县广大干部群众接受、深化。

(四)整合财力、形成合力，建立以“公共财政为主导、乡村农民为主体、社会力量参与”的多元化投入机制

安吉县在生态环境建设中，始终坚持政府前期指导、群众自主参与、社会多方支持的共建共享原则。一是加大财政支持力度，形成资金使用合力。近年来，县政府运用财政补助、财政贴息、以奖代补、信用担保支持等手段，制定一系列扶持生态建设的办法和措施，充分发挥财政资金的导向作用，吸引大量的社会资金和民间资本投向农村基础设施建设、农业龙头企业技术改造和农业社会化服务体系建设等，逐步建立了多元化、多层次、多渠道的农业投入机制，对建设新农村、建设生态文明提供了强有力的财力保障。二是不断完善支持方式，提高资金使用效率。在今年“中国美丽乡村”建设中，清理整合支农政策和项目，采取“5+x”办法进行清理整合，即由县农办、发改委、财政局、规划与建设局和审计局等五部门牵头，会同项目实施的主管部门，对各项支农项目申报、立项、实施、考核验收、资金拨付进行全面审核把关。各项支农项目由实施的主管部门编制项目计划书，县农办汇总后会同其他四部门进行审核，县新农村示范区建设工作领导小组审定，项目主管部门负责实施，验收合格后拨付项目资金。

(五)拓展思路、勇于实践，积极探索生态环境建设新的激励机制

一是全面建立和完善生态补偿机制。生态补偿机制应体现“谁受益、谁补偿”、“谁污染、谁治理”原则，充分调动广大源头地区保护和建设积极性。特别是要尽快建立跨地域生态补偿相关政策，政府拟对重点水系和饮用水源地区实现重点补偿政策。同时，进一步加大公共财政直接补偿力度。比如，按现有政策每亩生态公益林补助只有10元左右，而在安吉种植一亩白茶，第三年收益就在几千元以上，导致少数农户不顾法律法规，冒险从事，造成生态破坏。为此，亟须研究科学合理的生态补偿机制。二是切实加大公共财政对生态建设的扶持力度。就安吉现状而言，正在抓紧实施推进生态文明建设、打造中国美丽乡村行动，县、乡镇两级财政资金投入年增千万以上。尤其在农村环境基础设

施、循环经济发展、生态文化设施等方面，将进一步研究在资金、信息、技术、政策等方面的综合立体扶持政策。安吉县还将大力开展与大专院校和科研机构合作共建，积极争取上级有关部门的大力支持，真正把美丽乡村打造成安吉又一张国家级新名片。三是给予环保任务重、生态建设好的地区一定的优惠政策。如污染减排的核算体制应当优先考虑环境保护和生态建设较好的地区。再如，对建设起步早、推进行动快的地区，是否可以考虑，在园区的生态化改造和引进"大好高"项目环境容量、土地利用等方面给予必要的政策倾斜和扶持，加快推进环境、经济和社会又好又快发展。

科学的发展观与财源建设

建德市委常委、常务副市长　章舜年

政府用税收杠杆来调节经济是构建和谐社会的重要内容，社保、教育、医疗等方面都需要政府的大量投入，财源建设便成为了政府工作的重要组成部分，直接影响着经济和社会事业的发展。我认为"科学的发展观"直观的理解就是：政府有税收、企业有利润、职工有收入、环境有保护、发展可持续。因此，加强财源建设也是全面贯彻落实科学发展观，促进财税与经济良性互动，实现可持续发展的重要举措之一。2008 年初，根据我市行政区划和产业特点，我以财源建设"4+1"座谈会形式（"4"即：新安江、梅城、寿昌、乾潭四个税收征管片，"1"即：三产服务业），对本市的财源建设进行了调研与思考，并提出一些意见和建议。

一、我市财源基本情况

近年来，我市以科学发展观为统领，深入实施"工业强市、商旅活市、环境立市"三大战略，突出工业发展、加快产业升级，坚持统筹协调，着力改善民生，全市经济保持了平稳健康发展的态势。2008 年，全市实现生产总值 162.3 亿元，增长 17.8%。完成工业总产值 428.7 亿元，增长 12.8%；完成财政总收入 19.4 亿元，其中地方财政收入 9.7 亿元，分别增长 15.5%和 15%；地税税收收入 89661 万元，比上年实绩增长 11.4%。其中，新安江片实现财政总收入和地方财政收入分别为 13.6 亿元和 8.2 亿元，占到全市比重的 70.1%和 84.5%。从 2008 年数据看，在全省 58 个县（市）中，我市财政总收入和地方财政收入均位列第 28 位，属于中等水平。

（一）从产业结构分析

目前，我市三次产业发展态势为"二产、三产、一产"，三产服务业比重由 2005 年的 28.1%到 2008 年的 28.5%，比重仅上升了 0.4 个百分点，从总量规模和年均增速来看，2008 年三产服务业的现价生产总值为 2005 年的 1.6 倍，年均增幅 18.4%。工业经济仍然是经济发展的主动力，工业以"医药化工、建材水泥、冶金加工、纺织服装、轻工机械、电子电器、五金工具、食品饮料"为主。

1. 医药化工行业是我市财政收入的支柱，仅新安江片就有 10 家重点化工企业，2008 年实现税收收入 4.28 亿元，同比增长 19.2%，占全市税收的 23.4%。其中，新安化工集团 2008 年实现税收收入 2.8 亿元，占全市税收总量的 15.3%。化工行业创造的税收无论是总量，还是占全市税收的比重，其他行业都无法比拟。也正是这种无法比拟的地位，将会导致：化工行业企业效益好，全市税收总量大，化工行业企业效益下滑，全市税收总量同时下滑，简而言之就是"一荣俱荣、一损俱损"。

2. 电子电器、纺织服装、五金工具三个块状经济主要集中在梅城和乾潭片。梅城区域的低压电器行业 2008 年税收入库 2905 万元，同比增收 867 万元，占区域税收的 14.29%（含国税免抵调因素，其中 2008 年国税免抵调库数 1473 万元，同比增加 821 万元）。乾潭片的纺织服装、五金工具两大行业税收占该区域税收收入的一半，税收增长将近 80%也来源于此。从当前情况看，粗放型产业经济仍然支撑着两个区域的财源，但外向型经济依赖偏重，缺乏龙头企业，抵御风险能力较弱。

3. 建材水泥、冶金加工业主要集中在寿昌片，2008 年仅海螺、红狮、三狮松涛三家水泥企业入库税收就达 10185 万元，占该区域税收收入的 40.26%。而冶金加工业也随横铁区块的盘活开始出现生机，2007 年以来冶金加工也实现销售产值 23 亿元，2008 年寿昌片位居前十位的冶金企业入库税收总额为 6200 万元，占该片区税收总量的 23.93%。

（二）从税收收入分析

2008 年，全市实现财政总收入和地方财政收入为 19.4 亿元和 9.7 亿元，分别增长 15.5%和 15%。其中地方财政收入中，企业所得税和个人所得税入库 1.7 亿元和 0.6 亿元，分别增长 12.2%和 21.7%；增值税实现 2.1 亿元，增长 13.5%；其他税收由于城镇土地使用税、车船税政策性因素和土地增值税清算征管因素等影响增长幅度较大，入库 4.8 亿元，增长 11.6%。

1. 从税收结构看：增值税是主要税种，工业税收是区域主要税收，工业仍然是主要税源。今年上半年受宏观经济等诸多因素的影响，下半年金融危机的冲击，我市部分企业出口销售呈负增长，导致增值税增幅的回落，而且由于利润的下降，对我市企业所得税也产生影响，利润趋于下降。同时，受 2007 年底以来一系列抑制房地产市场政策的影响和建筑税收的减少，导致营业税呈现负增长（2008 年同比增长 -8.61%）。

2. 从财税政策看：一是土地使用税提高标准带来其他各税增收，虽然短期内增加了企业负担，但其体现的"倒逼机制"，将会促使企业盘活存量土地，加快发展。同时，对乡镇（街道）财政收入也是直接贡献。二是落实企业减负政策，即企业技术开发费加计扣除、技术改造国产设备投资抵免、困难企业土地使用税、房产税、水利建设专项资金减免、暂停征收 152 项行政事业性收费等政策，合计将影响地方财政收入 5000 万元左右。三是落实高新技术企业政策，由于我市 7 家高新技术企业在今年 10 月份通过高新技术认定审核，企业所得税率降低到 15%，高新技术企业预缴企业所得税在年内退库，08 年共有 1.03 亿元退库。

3. 从重点税源企业看：企业发展不平衡造成了经济稳定性和财源稳定性不足。比如，新安江片内地方税收前 20 位的企业 2008 年入库税收 3.94 亿元，占全市国、地两税税收收入比重为生态环保是一项系统工程，不仅需要通过实施具体的治理、建设项目进行推进，还需要通过意识形态的培养，管理机制的建设，形成全社会共同关注、积极参与的生态保护长效机制。近几年，从财政生态投入的情况来看，几乎所有的投入都用于具体的实质性项目，尤其注重生态治理项目的建设，虽然在环境问题日益突出的情况下，加快治理项目建设，是解决环境问题的当务之急，也一定是见效最为直接的投入方式，但边治理边污染、重复污染的现实表明，标本兼治、眼前与长效相互统一的治理模式，才是确实有效的方法。因此在生态专项资金的使用方向上，要逐步增加用于加强公民环境保护教育、落实环保责任机制，调整关系方利益格局等方面的支出。特别是要支持在各类学校中开设环保知识方面的课程，从基础抓起，提高全社会的环境保护意识。

三、相关建议

生态环境保护事业，任务艰巨，投入巨大，单靠地方财政资金投入是远远不够的，必须建立稳定的转移支付制度，加强宣传引导，调整利益格局，调动各方积极因素，形成全社会的环境意识，通过长期的努力，方可达致预期目标。为此，我们对生态保护财政投入机制的完善，提出以下建议。

(一)多渠道筹集生态资金

1. 加大生态保护转移支付力度

生态保护治理工作具有涉及区域广、流动性强、治理难度大的特点，市、县两级人民政府承担的工作最多，压力最大，但生态问题往往会超出市、县区域范围，市、县的保护治理工作，从局部可以阶段性的改善生态环境，但整体上解决不了问题。再加上市、县两级政府基本上承担了涉及民生的所有的公益事业，且项项重要，资金问题捉襟见肘，客观上要求增加转移支付力度。因此，建议在环境保护突出领域加大中央、省转移支付力度，并实施更为积极的投资政策予以支持。从太湖流域水污染治理项目中央预算内资金对我市加大转移支付后的效果上来看，成效十分显著，整体上带动了湖州市的污水治理工作，发挥了巨大的支持引导效应。

2. 规范征收污水处理费和垃圾处理费

污水处理费和垃圾处理费原为行政事业性收费，在 2001 年实施轻费减负工作中，改为经营性收费。在当前生态问题突出的情况下，恢复污水处理费和垃圾处理费的行政事业性收费性质非常必要，既规范征收，更好的筹集生态保护资金，又可以明确其导向意义。如有可能，应考虑改征环境税。

3. 鼓励公益捐赠

生态保护事业是一项事关民生的重大事业，与教育、文化等事业相比，难分轻重。因此，建议在税收政策上给予优惠，鼓励社会各界捐赠生态保护事业。

(二)科学管理生态资金，提高资金效益

1. 建立统一的生态保护建设专项资金

整合各个部门的涉及生态保护、建设的专项资金，设立统一的生态保护建设专项资金，排污费也全部并入生态保护建设专项资金，制订统一的资金管理办法，依托统一的生态保护、恢复规划，统一预算安排，加强绩效考核，以提高资金使用效率。

2. 完善转移支付方式

目前，上级财政对市县财政的生态转移支付全部采取专项转移支付实现，且都是补助较少的一部分，如太湖流域水污染治理专项资金每个项目只补助不到 17%。项目申报时，地方上以分蛋糕的心态，包装项目，争取额度，一旦取得，因补助额度偏低，对地方配套只能想办法变通。专项转移支付对保证转移支付资金专款专用无疑具有较强的控制作用，但其不科学的方面也不能忽视。

建议上级财政对市县财政的生态建设转移支付采取一般转移支付方式，不再明确到具体项目，转移支付资金并入地方生态保护建设专项资金统筹安排，具体用于什么项目由接受方根据需要自行确定，报上级财政部门备案。如采取项目转移支付，则应尽可能对地方申报补助额度予以满足，既减少配套资金负担，也维护财政预算的严肃性。

3. 支持扩大政府购买服务的污染治理财政投入方式

通过社会主体进行生态基础设施建设，政府以有偿方式购买服务，最终达到事业目标，是近年来财政对社会公共服务事业投入的一种新的方式。这种方式一方面可解决财政资金短期内事业投入不足的压力；另一方面也解决了社会事业全部由政府包办所带来的衍生负担过重问题。近年来在污水处理厂建设、垃圾焚烧处理厂建设等方面，各地都作了有益的尝试，也取得了不少的经验和实效，在生态建设、保护和治理方面值得大力推广。为此，在国债资金的使用范围和转移支付资金使用管理方面应给予必要的支持。

(三)调整利益格局，调动各方积极因素

1. 建立生态补偿机制，确立生态资源意识

解决生态问题的根本出路在于确立生态的资源意识，生态的资源价值只有能够兑现其使用价值，能够量化其价格，才能引起地方政府对环境价值的重视。上级财政应考虑对生态尚未恶化的经济不发达地区，进行必要的生态保护补偿，以避免其迫于发展的压力走先污染再治理的老路，才是落实科学发展观的实际举措。

2. 建立强制性量化财政投入标准，引导政府生态保护自觉意识

根据地方环境污染状况和生态保护目标，划分生态建设、保护和治理级次，并确定每一级次的财政生态资金投入占地方可用财力的最低比例，以此对环境污染严重、且生态趋于不断恶化的地方，提高财政生态治理负担，促使地方各级政府主动保护环境，尽量减少环境为发展让路的现象发生。

3. 引入排污权交易机制，控制污染物排放

排污权交易在生态保护和建设方面的积极作用，可以简略的概括为三个方面：一是通过对排污权以有偿方式取得，增加排污企业的排污成本，限制排污企业的排污行为；二是通过企业减排量的有偿转让交易，对实施污染治理的企业提供经济补偿，引导鼓励企业主动对污染工艺进行改进和治理；三是通过新增排污权的量化有偿方式投放，为公共环境治污及环境保护增加治理资金来源。企业是对生态环境破坏最大的污染主体，引入排污权交易机制，用经济手段限制企业排污量，对遏制整体生态恶化趋势有着至关重要的作用，可以从源头上有效的减少全社会污染物的排放总量。

财政工作大事记

zhejiangcaizhengnianjian

汇报。

5月9日 市政府常务会议听取市财政局关于2007年全市和市本级财政决算情况、进一步加强社会保险费协议清欠工作的汇报。

5月15日 组织系统内干部职工共捐款80500元支援汶川地震灾区。

5月20日 市委常委、宣传部长胡菁菁到市财政局调研十七大主题宣传教育活动。

5月23日 召开中层以上干部会议，认真学习胡锦涛总书记在湖州视察讲话精神。

5月27日 市政府常务会议听取市财政局关于2007年度市级政府非税收入收支管理情况、对遭受冰雪灾害企业财政补助资金安排情况、抗震救灾资金安排和监督管理建议的汇报。

6月11日 市政府常务会议听取市财政局关于规范公务员津贴补贴实施工作、城市公用事业(电力)附加费收支管理情况的汇报。

是日 下发《湖州市人民政府办公室关于进一步做好财政支出绩效评价工作的通知》。

6月27日 市政府常务会议听取市财政局关于湖州市2008年农村综合改革工作要点的汇报。

7月8日 设立市派农村工作指导员项目帮扶专项资金。

7月9日 市委、市政府转发《湖州市2008年农村综合改革工作要点》。

8月6日 市政府常务会议听取市财政局关于2008年1～6月全市和市本级预算执行情况、市本级化解义务教育债务有关情况的汇报。

8月11日 市府办下发《关于化解义务教育债务意见的通知》。

8月13日 建立中小学生接送资金保障长效机制。

8月15日 组织特邀监察员对财税系统群众满意基层站所创建工作进行巡查。

8月25日 进一步明确市区财政体制中企业划分。

8月28日 召开财税服务经济企业家恳谈会。

8月29日 省财政厅副厅长傅钱生来湖调研小企业贷款风险补偿工作。

9月3日 市政府常务会议听取市财政局关于2009年市级部门预算编制工作的汇报。

9月8日 召开市级部门预算编制工作会议，研究部署2009年部门预算编制工作。

9月27日 市会计学会、市珠算协会召开第六届会员代表大会。

9月28日 市财政局牵头筹建的湖州市创业投资有限责任公司挂牌成立。

10月21日 设立1000万元专项资金推进南太湖科技创新中心建设。

10月23日 省财政厅纪检组长金慧群带队来湖调研2009年工作思路。

10月24日 组织全系统干部开展“送温暖、献爱心”——向汶川地震灾区捐赠衣被活动。

10月27日 市委、市政府分别听取市财政局关于出台鼓励工业企业分离发展服务业若干意见的汇报。

10月30日 开展“构筑思想防线，珍爱阳光人生”为主题的警示教育活动。

11月 局领导带队赴县、区局(分局)开展全市财政地税工作思路调研。

11月4—6日 举办第六期全市财税系统领导干部培训班。

11月12日 市府办下发《关于进一步支持工业企业分离发展生产性服务业的若干意见》。

11月14日 市政府常务会议听取市财政局关于2008年度湖州市本级财政支出绩效评价工作的汇报。

是日 出台《湖州市财政地税系统建立健全反腐倡廉惩防体系2008～2012年实施方案》。

12月9日 市委常委吴国升到市财政局座谈调研财政支持新农村建设工作情况。 (湖州市财政局供稿 赵明明执笔)

绍兴市

1月2日 绍兴市财税网络学校正式开学。

1月16日 市人大副主任舒炳炎一行到市局调研2007年度预算决算情况。

1月18日 绍兴农村财政研究会第二届代表大会召开。市局副局长何俊杰当选为会长。

1月21日 市财政地税局举办首期处长论坛。此论坛全年共组织12期。

2月4日 市委书记、市长张金如一行到市级机关财务结算中心慰问指导工作。

2月22日 全市财政地税工作会议召开，全面总结2007年财政地税工作，表彰了市局和各县(市、区)局先进单位和个人，部署新一年工作。局长阮坚勇与各县(市、区)局局长签订了2008年度党风廉政建设及行风效能建设责任书。

2月28日 绍兴市机构编制委员会同意市局办公室增挂财税政策研究室牌子。

4月22—23日，世界银行中蒙局局长杜大伟一行在财政部国际司及省财政厅外债金融处领导陪同下，参观考察城建环保项目。

4月28日 市政协举行物价问题资政会，并在绍兴网上直播。市局局长阮坚勇、副局长何俊杰代表财政部门参加交流，并就群众关注的低收入家庭生活物价补贴等问题现场回答代表们的提问。

5月22日 支援四川抗震救灾，全局266名党员缴纳“特殊党费”48.1万元。

5月25日 财税系统干部职工踊跃为四川汶川地震灾区捐款捐物，市本级干部职工捐款61.5万余元，市注册会计师协会捐款 32.9 万余元。

6 月 2 日 市委副书记、市长钱建民一行到市局调研创业创新、服务发展工作。

6 月 13 日 绍兴市财政税务学会第五届会员代表大会召开。听取并审议四届理事会的工作报告，修订了学会章程，选举新一届学会领导机构。阮坚勇同志当选为新一届财政税务学会会长。

7 月 28 日 据绍兴市政府文件，蔡文良同志任绍兴市财政局副局长，免去其绍兴市财政局总会计师职务；赵雄飞同志任绍兴市财政局总会计师。

8 月 12 日 省人大财经委副主任钱宝荣到市局调研上半年预算执行情况、财政支持企业发展的措施和财税改革情况。

8 月 26 日 市局成立绍兴市财税志及财税年鉴编纂委员会，开展《绍兴市财政（地税）年鉴（2007 年卷）》编纂和《绍兴财税志（2001～2006 年）》的续编工作。

9 月 18 日 市局国库集中支付系统正式启用，标志着全市国库集中支付改革工作正式启动。

10 月 8 日 全省财政科研工作会议暨学会秘书长和科研骨干培训班在绍兴市召开，会议交流全省财政科研和学会工作，听取节能减排与财税政策支持体系等专题讲座。

10 月 22 日 全省财税推进工业企业分离发展服务业经验交流会在绍兴召开。省委常委、常务副省长陈敏尔出席会议并讲话，绍兴市委副书记、市长钱建民出席会议并作交流发言。省财政厅厅长兼地税局局长钱巨炎出席会议并发言。

是日 省财政厅厅长兼地税局局长钱巨炎、省地税局常务副局长单美娟就年度工作思路与深入学习实践科学发展观在绍兴调研，听取市局与下属县（市、区）局的工作情况汇报，并赴新昌县实地考察。

11 月 15 日 市财政局在绍兴市第八届房博会上开展房产新政和契税缴纳知识宣传。绍兴市委书记张金如等市领导现场看望财税干部。

12 月 23 日 市委副书记、市长钱建民到市局专题调研财政地税工作，听取关于全年全市财政地税工作和下一年工作思路的汇报，对全市的财税工作给予充分肯定，对加强财税收支管理提出具体要求。

（绍兴市财政局供稿　丁　玲执笔）

金华市

1 月 1 日 成功运行土地出让金管理信息系统，实现信息共享、全程控管、刚性征缴和精细化核算等四个方面的功能。

是日 市区遵循低水平、广覆盖、保基本、保大病的总体要求，建立城镇居民医疗保险制度，建立健全多层次、广覆盖的社会医疗保障体系，实现全民医保。

1 月 15 日 市财税国资系统完成两年一轮的党风廉政建设责任书签订工作。局党组书记（局长）与局领导班子各成员之间、局领导班子各成员与分管处室、单位之间分层签订党风廉政建设责任书。

1 月 22 日 全市财政地税工作会议召开，传达贯彻全省财政地税工作会议精神，研究部署 2008 年重点工作任务。市委常委、常务副市长王挺革出席会议并讲话。局长周益民作《立足创业创新，坚持科学发展，扎实推进财税事业与经济社会协调发展》的工作报告。

1 月 29 日 根据市委办、市府办《关于市级机关部门（单位）2007 年度考核结果的通报》，市财政局 2007 年度考核被评为先进单位。

2 月 2—4 日 市财政局分别向市委、市政府汇报《关于 2007 年全市和市本级财政预算执行情况及 2008 年全市和市本级财政预算草案的报告》。

2 月 4 日 市委、市政府印发《关于推进工业创新加快工业经济发展的若干意见》，修订财政工业扶持政策，将扶持重点进一步向汽车摩托车行业倾斜。

是日 市政府印发《关于加快汽车产业发展的若干意见》，决定市区设立汽车产业发展专项资金 1000 万元，并保持每年有一定幅度的增长，主要用于汽车产业的技术改造、技术创新、新产品研发、品牌建设等资助与奖励。

是日 市政府印发《关于加强节能降耗工作的实施意见》，决定建立节能降耗专项资金，主要用于重大节能项目，节能技术推广应用等。

是日 市政府印发《关于加快外经贸发展若干政策的通知》，调整外经贸发展扶持政策，加大扶持力度，优化扶持结构。

是日 市政府印发《关于鼓励和扶持企业上市的意见》，加大对企业上市的扶持和奖励力度，鼓励企业通过资本市场融资，缓解资金困难。

2 月 18 日 市政府第 63 次常务会议听取了市财政局《关于 2007 年全市及市本级财政预算执行情况和 2008 年财政预算草案》的汇报，并原则上同意报告。

2 月 20 日 市委常委会听取市财政局《关于 2007 年全市和市本级财政预算执行情况及 2008 年全市和市本级财政预算草案说明》的汇报，同意市财政局提交的 2008 年全市和市本级财政预算草案。

2 月 27 日 市人大常委会听取市财政局《关于 2007 年全市和市本级财政预算执行情况及 2008 年全市和市本级财政预算草案的报告》。

是日 全市农财农税工作会议召开，副局长任晓俐参加会议并讲话。

3 月 4 日 市局召开作风建设动员大会，局长周益民作动员报告。

3 月 13 日 全市教科文财政工作座谈会召开。副局长马海清参加会议。

3 月 20—21 日 全市财政监督和绩效评价工作会议召开。纪检组长李建华参加会议。

4 月 8 日 市财政局与市科技局共同制定印发《金华市科技

特派员专项资金管理办法的通知》，加强科技特派员专项资金管理。

4月17日 印发《金华市区政府采购合同履约和验收管理(暂行)办法》和《金华市政府采购供应商询问质疑处理办法(试行)》，进一步完善政府采购制度，加强政府采购监管力度。

4月17—18日 召开全市人教科长会议。副局长杨晓明参加会议。

4月21日 市局开展2006年度财政支出项目绩效自评工作，要求各部门单位对2006年度预算安排(或调整预算后)资金在50万元以上的项目进行自评。

4月26日 市第五届人民代表大会第五次会议审议并通过《关于2007年全市和市本级财政预算执行情况及2008年全市和市本级财政预算草案的报告》。

5月6日 市局成立信息化管理委员会领导小组及办公室。局长周益民担任领导小组组长。信息化管理委员会负责制定市局信息化建设总体规划，对信息化建设中的重大事项、重要文件以及信息化建设费用预算进行审核和决策。

5月10日 根据《国务院办公厅转发国务院农村综合改革工作小组关于开展清理化解农村义务教育“普九”债务试点工作意见的通知》和《浙江省人民政府办公厅转发省财政厅省教育厅关于化解义务教育债务的意见》文件精神，市财政局提出全市化解义务教育债务实施方案。

5月12日 副市长蔡键听取农财农税工作及2008年农业专项资金安排情况的汇报。

是日 四川汶川发生特大地震，市局各基层党支部发动全体党员干部进行捐款赈灾，通过各种形式向灾区人民捐款捐物献爱心。累计向灾区捐款达19.2万元。同时各分局及时走访企业，开展捐赠税前扣除政策宣传。

是日 下发《关于2008年实行国库集中支付制度的通知》，将46家行政事业单位纳入国库集中支付。至此，市本级实现全额拨款单位的国库集中支付全覆盖。

是日 市政府印发金华市专利专项资金管理暂行办法，设立300万元规模的专利专项资金，鼓励发明创造，推动自主创新。

5月13日 全市会计管理工作会议召开。副局长杨晓明参加会议。

5月15日 全市财政地税法规工作会议召开。局党组成员、纪检组长李建华参加会议。

5月19日 市局修订“百万农村劳动力素质培训工程”财政补助资金使用管理办法，进一步提高财政资金的使用效益，推进农村劳动力培训从数量型向质量型转变。

6月3日 市政协副主席陈云青带领12名市政协委员对市本级2家会计师事务所进行视察并召开座谈会。市局调研员赵依信作了关于行业和协会情况的汇报。

6月4日 市政府批准2008年市区城建专项资金收支预算，要求市财政局按节约、高效原则，落实建设资金，确保城建项目的顺利实施。

是日 市局牵头召开市级政府采购专项检查工作动员部署大会，部署开展政府采购执行情况专项检查工作。市级各预算单位、直属单位财务负责人和财政、监察、审计、招管办等部门领导参加会议。

6月25日 市局成立金华市政府采购执行情况专项检查领导小组，加强对全市政府采购执行情况专项检查工作的组织领导和协调。局长周益民担任组长。

6月26—27日 市局召开全市财税系统纪检监察工作会议。市局党组成员纪检组长李建华参加会议。

6月 市局加强抗震救灾募捐资金监管，实行“专户储存、收支两条线”管理。对募集到的资金监管实行全过程跟踪监督，做到账目清楚、职责分明、公开透明，通过媒体张榜公布募捐情况。

7月1日 全市耕地占用税征管会议召开，副局长任晓俐到会并讲话。

7月2日 全市财政综合工作会议召开，市局总会计师徐佩琴参加会议。

7月10日 市委五届九次全会通过《关于全面改善民生促进社会和谐的决定》，要求按照建立健全公共财政体系的要求，进一步调整和优化财政支出结构，确保新增财力的三分之二以上用于解决民生问题；完善财政性资金绩效评价制度，整合财政专项资金，进一步提高财政资金使用效益。

7月14日 市财政局开展2007年度财政支出项目绩效自评工作，要求各部门单位对2007年度预算安排(或调整预算后)资金在50万元以上的项目进行自评。

7月16日 市委常委、常务副市长劳红武到市局视察工作。

7月18日 2008年中央财政油价补贴资金基本发放到位，中央财政共下达本市油价补贴资金8453万元。

7月24日 市局对现行的财政规范性文件进行全面清理，公布全文废止的规范性文件74件，已经失效的规范性文件3件。

8月25日 市局会同市地税局、市国税局、人民银行金华支行制定《金华市国库业务代理银行考核办法》，加强国库业务代理银行的管理，确保优质、高效、快速地办理各项代理国库业务。

8月27日 市五届人大常委会第24次会议听取和审议了《关于市本级2007年财政决算和2008年1～6月财政预算执行情况的汇报》，并批准了2007年市本级财政决算。

9月5日 市局印发《政府信息公开指南》、《政府信息公开目录》、《依申请公开政府信息工作规程》和《政府信息公开审查办法》等四项制度，确保政府信息公开工作的顺利开展。

9月10—12日 全市财政地税国资系统2008年运动会在永康市举行。

10月6日 市政府第76次常务会议决定设立市区流浪乞讨人员医疗救助专项资金，由市财政与婺城区、金东区、金华开发区财政按5:1:1:1的比例筹集，当年筹集110万元。

10月7日 市委办、市府办印发《关于开展“十万农民技工培训行动”的实施意见》，市本级财政每年再增加安排80万元“十万农民技工培训行动”专项补助资金。

10月15日 市局制定下发建立健全惩治和预防腐败体系2008～2012年实施方案。

10月18日 根据市府办《关于设立金华市区对外承包工程保函专项资金的意见》，自2008年10月起，市财政先期筹集

1000万元设立市区对外承包工程保函风险专项资金，纳入预算管理。

10月21日 市局组织召开学习实践科学发展观活动动员大会，市局领导、全局干部职工参加动员大会，局长周益民作动员报告。

10月23日 市局召开支部书记会议，对学习实践活动第一阶段工作进行部署。

是日 省财政厅副厅长魏跃华到市局调研财政工作思路。

10月31日 市五届人大常委会第二十五次会议听取和审议了《关于调整市本级2008年财政支出预算的报告》，决定批准市政府提出的市本级财政支出预算调整方案。

11月6日 印发《关于编制2009年市本级部门预算的通知》，就编制2009年部门收支预算政策要点作出规定。

是日 印发《关于编制2009年政府非税收入收入预算的通知》，对非税收入原则、内容、要求等作出规定。

11月14日 市府办印发《关于加强市区重点企业资金链安全保障工作的若干意见》，建立市区企业应急互助基金，保障重点企业资金链安全。互助基金由市财政借资2000万元，婺城区、金东区财政各借资500万元，市区重点企业每家自愿认缴100万元共同设立，首期筹集规模1亿元。

11月24日 市委办印发《金华市科技创新领军人才管理办法》，加强科技创新人才的培养和引进，造就适合产业升级需要的高素质科技人才，发挥其骨干引领作用。

是日 市政府印发《金华市博士津贴管理办法》，规定博士津贴分基础津贴和科研津贴，基础津贴每人每月200元，科研津贴每人每月300元，所需资金列入当年财政预算。

是日 市政府印发《关于加快发展市区总部企业的若干意见》，出台支持总部企业发展的财政扶持政策。

11月26—28日 召开全市经建财政工作会议，交流农村公路养护体制改革和对口支援青川县灾后恢复重建情况。

12月8日 市财政局与市科技局共同制定下发《金华市应用技术研究与开发资金管理办法的通知》，引导和调动广大中小企业、科技人员投入科技创新的积极性，加强和规范全市应用技术研究与开发资金的管理。

12月11日 市长陈昆忠和副市长劳红武分别听取市财政局2008年度党风廉政建设和反腐败专项工作牵头任务完成情况。

12月23日 副市长蔡键听取市财政局2008年农业专项资金预算执行情况和2009年预算内农业专项资金安排建议的汇报。

是日 市委办、市府办印发《关于加快浙中商业购物中心建设的若干意见》。决定由市财政每年安排3500万元，从优化商业购物环境、集聚知名商业品牌、塑造城市商业形象三个方面加快建设浙中商业购物中心。

是日 市委办、市府办印发《关于进一步加快发展服务业的若干意见》。将服务业发展引导资金规模扩大到3000万元。重点支持现代物流业、科技信息服务业、金融服务业、现代商贸业、旅游会展服务业和房地产业发展。

12月28日 市府办印发《关于调整2009年市区新型农村合作医疗人均筹资标准的通知》，将2009年市区新型农村合作医疗人均筹资标准提高到150元。其中市财政人均补助30元，区财政人均补助20元。

12月 继续抓好学习实践科学发展观活动第二阶段工作。

（金华市财政局供稿 陈志坚执笔）

衢州市

1月1日 市政府调整市本级城镇土地使用税征收范围和适用税额标准，一级范围每平方米年税额调整为4元，二级范围每平方米调整为8元，三级范围每平方米调整为12元。

是日 启用"金财工程"会计核算管理软件和资金申拨管理软件。

1月9日 市编委批复市财政局、地税局系统事业机构整合规范和分类方案。市财政局、地税局系统事业机构有市级会计核算中心、行政事业性收费票据管理中心、财政项目预算审核中心、财政干部学校、财政地税信息中心。

1月12—13日 财政部、国土资源部和中国人民银行联合检查组来衢检查土地出让收支管理制度落实情况。

1月29日 召开全市农发办主任会议。市委常委、副市长雷长林出席会议并讲话。

2月3日 市政府印发《衢州市政府专项资金信息公开办法》，对政府专项资金信息公开内容、途径等作出规定。

2月19日 市财政地税局召开干部职工大会，总结回顾2007年度财政地税工作，部署2008年度财政地税工作。局党组书记、局长徐素荣作题为《求真务实，创业创新，不断开创财政地税国资工作新局面》的工作报告。

2月28日 市财政局党组下发《关于开展低收入农户帮扶工作的通知》，布置开展低收入农户帮扶结对工作。

3月6日 市五届人大五次会议审议批准《关于衢州市2007年财政预算执行情况和2008年财政预算草案的报告》。

3月13—14日 财政部教科文司司长赵路率文化部计财司、国家广电总局计财司、新闻出版总署计财司四部委联合调研组来衢调研基层文化建设和公共文化财政保障机制建设。

3月14日 市会计学会召开第五次会员代表大会，选举产生第五届理事会和常务理事会。

3月17日 市局召开全市财政地税系统纪检监察工作会议，局党组书记、局长徐素荣到会并讲话。

3月19日 市财政局、市国资委联合委托中介机构对9家国有出资企业、11家国有控股参股企业的国有股红利收缴及使用情况进行专项检查。

3月26日 市财政局会同市监察局对衢州市水利局等20家行政事业单位开展财务专项检查。

3月27—29日 全省财政项目审核中心主任座谈会在衢州

召开。

3月28日 市财政税务学会召开第五届会员代表大会，选举产生衢州市第五届财政税务学会理事会领导机构。

4月1日 市政府印发《市本级行政事业单位国有资产管理暂行办法》，对市本级行政事业单位国有资产的配置、使用、处置等七个方面工作作出规定。

4月9日 市政府印发《2008年市本级财政性投资基本建设预算安排》，确定市本级财政性投资基本建设资金预算。

4月25日 印发《衢州市财政局地税局政府信息公开实施细则》，推进财政地税政府信息公开工作。

是日 市财政局会同市政法委印发《衢州市司法救助专项资金使用管理暂行办法》，规范司法救助专项资金的使用管理。

4月29日 衢州市农村财政研究会召开第三次会员代表大会，选举产生第三届理事会。

4月30日 印发《关于市级预算单位实行用款计划管理的通知》，进一步规范预算单位用款行为。

5月1日 市财政局在市农业局、市民政局、市法制办、市委党校和市安监局推行财政国库集中支付改革试点。

5月5日 印发《衢州市市级财政国库集中支付有关事项工作流程》、《市级财政国库集中支付业务流程及责任分解》，规范财政国库集中支付工作。

5月19日 印发《衢州市农业综合开发土地治理项目操作规程》，进一步规范全市农业综合开发土地治理项目管理行为。

5月25日 省农业综合开发办公室在衢州召开土地治理项目管理研讨会。

5月28日 市政府办公室转发市财政局《2008年衢州市本级财政支出绩效评价工作方案》。

5月29日 印发《衢州市财政局财政资金管理办法》，规范财政资金运作程序。

是日 全市财政地税系统736名党员缴纳“特殊党费”28.26万元，支援四川地震灾区重建家园。

5月30日 印发《衢州市高级会计人才培养五年规划》。

6月2日 下发《关于开展衢州市高级会计人才选拔的通知》，布置开展高级会计人才选拔工作。

6月20日 市人大副主任俞成钟一行到市财政局调研政府专项资金管理和使用情况。

6月26日 省审计厅派出审计组对衢州市2007年度财政决算和其他财政收支情况进行就地审计。

7月1日 由国家农业综合开发办公室李岩处长率领的国家农业综合开发检查组来衢检查农业综合开发资金和项目。

7月23日 市五届人大常委会第二十八次会议通过衢州市本级2007年度财政决算报告。

7月29日 印发《衢州市财政局地税局计算机信息系统安全和保密管理办法》，加强计算机信息系统安全和保密管理。

8月4日 市财政局会同市扶贫开发领导小组办公室印发《衢州市低收入农户奔小康工程特色专业村建设专项资金管理办法》。

8月25日 下发《关于贯彻落实〈衢州市市本级行政事业单位国有资产管理暂行办法〉实施意见的通知》，对相关管理职责、管理权限、审批程序等作进一步明确。

8月27日 省财政厅党组成员、纪检组长兼省农业综合开发办公室主任金慧群到衢检查指导农业综合开发项目建设情况。

8月27－29日 全省农业财政工作会议在衢州召开，财政部农业司副巡视员张国明、省财政厅纪检组长金慧群、省财政厅副巡视员冯狄生出席会议。

8月29日 市财政局会同市国土局联合印发《衢州市土地储备资金财务管理暂行办法》，进一步加强土地储备资金财务管理，规范土地储备资金收支行为。

9月4日 市政府出台《关于进一步降低和规范市本级涉企收费的通知》，停止和降低170项行政事业性和服务经营性收费，每年为企业减负3000多万元。

9月23－24日 全省“两保两挂”市 、县(市)会议在衢州召开。省财政厅厅长兼省地税局局长钱巨炎同志在会上作题为《有心、有责、有力、有效，加快推进基本公共服务均等化》的发言。

9月25日 市政府出台《关于开展市级经营性国有资产整合工作的通知》，推进市级经营性国有资产调整布局、优化结构，做大政府融资平台。

是日 衢州市国有资产监督管理工作领导小组成立，市委常委、常务副市长郑金平任组长，领导小组下设办公室，办公室设在市财政局。

10月23日 市珠算协会第五次会员大会召开，选举产生第五届理事会和常务理事会。

10月29日 市财政局会同市人劳局、市监察局联合下发《关于加强事业单位津贴补贴和奖金福利管理的通知》，进一步规范事业单位收入分配管理。

10月31日 市财政局党组印发《关于加强年轻干部培养和管理工作意见》，明确加强年轻干部培养和管理的原则、途径及日常管理工作。

11月6日 市财政局与《浙江财税与会计》编辑部联合举办企业财务管理研讨会。

11月11日 省财政厅副厅长傅钱生一行到衢调研2009年工作思路。

11月19日 市财政地税局印发《关于进一步加强和规范行政权力运行工作的通知》，推进党风廉政建设工作。

12月1日 市财政项目预算审核中心挂牌运行。

12月2日 印发《衢州市级工业企业还贷周转专项资金管理办法》，决定建立市级工业企业还贷周转专项资金，帮助企业缓解融资困难。

12月3日 省政协常委、农业和农村工作委员会主任叶鸿达率领省政协农业和农村界委员到衢视察农业综合开发工作，市政协副主席毛洪才陪同视察。

12月4日 市财政局会同市住房公积金管理中心联合下发《关于调整机关事业单位职工住房公积金缴存工资基数的通知》，决定自2009年1月起调整机关事业单位住房公积金缴存基数。

12月10日 市政府印发《关于进一步加强增收节支工作的意见》。

是日 市财政局党组印发《衢州市财政局地税局国资委建立健全惩治和预防腐败体系2008～2012年工作计划》，推进惩治和预防腐败体系建设。

12月16日 市财政地税局会同市国土资源局印发《关于加强土地税收管理工作的实施意见》，加强土地税收管理。

12月23日 市政府转发市财政局、市国土地局《关于进一步理顺市区土地储备管理体制意见的通知》，进一步加强市区土地储备管理。 （衢州市财政局供稿 许建华 吴叶霞执笔）

舟山市

1月1日起 对市级单位实行财政统发工资及第一批行政事业单位实行财政国库集中支付。

1月9日 市政府印发《舟山市政府非税收入管理暂行办法》。

1月18日 制订《关于实行舟山市乡镇政府性债务化解奖励办法的通知》。

1月21日 省财政厅党组副书记、省地税局副局长单美娟一行慰问舟山市财税干部。

1月29日 印发《舟山市本级行政事业单位资产核实暂行办法》。

1月31日 印发《舟山市市本级行政事业单位工作人员差旅费开支规定》。

2月1日 市财政局获2007年度全市重要事项重点工程实事项目组织实施先进单位。

2月2日 召开全局工作会议，总结2007年工作，部署2008年任务，并对先进工作者进行表彰。舟山市市长梁黎明到会并讲话。

2月22日 市局获2006～2007年度市级文明单位称号。

2月26日 市局获2007年度浙江省农村综合改革管理先进单位称号。

2月28日 财政部关税司副司长冯晋平一行到舟山调研关税有关情况。

3月3日 印发《舟山市建筑节能专项资金管理暂行办法》。

3月26日 下发《关于加强2008年计算机等通用设备协议采购有关事项的通知》。

3月27日 印发《舟山市市属国有企业监事会暂行办法》及与之配套的《舟山市市属国有企业监事会工作报告制度》。

4月2日 审计署驻上海特派办一行到舟山对中央财政“三奖一补”专项补助资金进行审计调查。

4月10日 舟山市地方储备粮首次采用网上竞价方式抛售。

4月15日 省财政厅纪检组长金慧群到舟山调研水利工程维修养护情况。

4月16日 市局获2007年度全市依法行政工作优秀单位称号。

4月22日 印发《舟山市企业安全生产风险抵押金管理暂行办法》。

4月24日 市人大常委会副主任刘国土一行到市局听取关于政府投资项目财政管理有关情况的汇报。

5月6日 印发《舟山市商贸流通业发展财政专项资金管理暂行办法》。

5月14日 市五届人大三次会议审议通过《关于舟山市2007年全市和市本级预算执行情况及2008年全市和市本级预算草案的报告》。

5月15日 市局全体干部职工为四川汶川地震灾区捐款73430元。

5月26日 市局全体党员干部为支援灾区缴纳特殊党费49913元。

5月28日 省财政厅调研组一行就干部教育培训、财税文化建设等到舟山进行调研。

6月5日 印发《舟山市国资检查工作规程》。

6月17日 财政部预算司刊发专版简报《强化制度建设，加强债务计划管理》，介绍舟山市政府性债务管理工作情况。

是日 下发《关于加强抗震救灾捐赠款物使用管理的通知》。

6月27日 市注册会计师协会召开第三届会员代表大会，选举产生第三届理事会。

6月29日 局机关党委被市委评为先进基层党组织。

6月30日 与市民政局联合下发《关于加强社会救助资金使用管理工作的通知》。

7月1日 召开舟山市预算会计研究会第二届会员大会并选举产生理事会。

是日起 通过政府采购，确定杭州15家宾馆饭店作为全市各级行政事业单位赴杭公务住宿点。

7月14日 下发《关于进一步完善市与定海区财政收入分成办法的通知》。

是日 市政府下发《关于扶持航运业发展的若干意见》。

7月16日 印发《舟山市休闲观光渔农业（渔农家乐）发展资金管理办法》。

8月1日 市教育会计结算中心开始实行财政国库集中支付。

8月7日 市人大常委会副主任刘国土一行到市局就上半年财政预算执行情况进行专题调研。

8月12日 据舟山市委文件，免去杜祖国舟山市财政局党组书记职务。

8月19日 印发《舟山市“村庄示范整治”工程专项资金管理办法》。

8月28日 市五届人大常委会第十一次会议听取和审议《舟山市2008年财政预算上半年执行情况的报告》。

9月3日 印发《舟山市企业安全生产风险抵押金专户资金监管暂行办法》。

9月9日 印发《舟山市标准渔港建设专项资金管理办法》。

9月10日 据舟山市委文件，王伟任舟山市财政局党组书记。

9月24日 市政府下发《关于新型渔农村合作医疗市级统筹工作的实施意见》。

10月13日 印发《2008年度舟山市本级外贸发展资金使用管理实施办法》。

10月20日 印发《舟山市新型渔农村合作医疗基金财务管理制度》。

10月23日 市局干部职工向四川地震灾区群众捐赠过冬棉衣棉被526件。

10月30日 市五届人大第十二次会议决定任命王伟为舟山市财政局局长，同时免去杜祖国的舟山市财政局局长职务。

11月3日 市局党组理论学习中心组召开专题学习会，学习党的十七届三中全会精神。

11月3－4日 召开局务虚会议，探讨2009年财政地税国资工作新思路。

11月6－7日 省财政厅副厅长薛小杭一行到舟山调研财政工作思路。

11月21日 省委常委、宣传部部长黄坤明视察舟山市会计核算中心。

12月20日 印发《舟山市企业财务预算管理试行办法》。

12月23日 市府办印发《舟山市全面改善悬水小岛和偏远村庄卫生指导意见的通知》。（舟山市财政局供稿 张 枫执笔）

台州市

2月2日 市财政局举办第三届迎春趣味运动会，局机关及直属单位全体干部职工参加了运动会。

2月22日 全市财政地税工作会议在椒江召开。市委副书记、市长陈铁雄参加会议并讲话。市人大常委会副主任樊友来、市政协副主席张锦鸣参加会议。局长叶维军作题为《勤奋创业，锐意进取，推进全市财政地税工作新发展》的工作报告。

2月 全市开展优秀注册会计师、优秀资产评估师评选。

3月7日 市局印发《关于在全市财政地税机关干部中推行“一线工作法”的实施意见》。

3月18日 市财政局、市地税局分别印发《推进创业创新实施意见》。

4月7日 根据市委市政府关于在市直单位开展“服务‘两创’，再增感情”为主要内容的“下村进企”蹲点调研活动安排，局长叶维军带队赴巨科集团开展蹲点调研。

4月8日 全市财政地税局长会议在临海召开，总结一季度全市财税运行态势，分析面临的经济形势。局长叶维军对下阶段工作提出要求。

4月12日 全省财政周转金决算汇审会议在台州市仙居县召开。

5月12日 四川汶川大地震后，全市各级财税干部职工共向灾区捐款578153元，其中市局捐赠帐篷200顶，交缴纳特殊党费67222元。

5月28日 台州市珠算协会第六次代表大会召开。

6月1日 市委常委、纪委书记王文娟一行到市局督查党风廉政建设和反腐工作落实情况。

6月19日 局长叶维军受市人民政府委托，向市人大常委主任会议提交2007年市级财政决算报告，接受市人大审议。

6月27日 市政府“五五”普法督查组对市局“五五”普法工作开展中期督查，督查组充分肯定市局“五五”普法工作。

7月3日 由市财政局牵头，市地税局、国税局、海关、外经贸局等部门共同召开全市2008年重点产品国际竞争力调查座谈会，就进出口税收政策、企业所得税政策调整以及市政府提高本行业国际竞争力政策措施等情况与企业代表进行了沟通交流，会议正式启动台州2008年重点产品国际竞争力调查工作。

7月18日 市局召开2009年度市级部门预算编制工作座谈会。

7月21日 市政府发文批转市财政局、人民银行台州支行制订的《台州市市级非税收入收缴管理暂行办法》，明确市财政局为负责市级非税收入收缴管理的职能部门。

7月29－30日 全市财政地税局长会议在黄岩召开，回顾总结上半年全市财政收支运行情况，分析下半年财税经济形势，并对下半年财政地税工作作出部署。

8月8日 市局召开市级部门预算编制布置会议。局长叶维军对2009年部门预算编制工作提出新要求。

8月28日 台州市会计学会第七届会员代表大会在椒江召开，选举叶维军为第七届会计学会会长。

9月3－5日 台州市财税系统思想政治工作研究会在全国大中城市社科工作大会上被授予“全国先进学会”荣誉称号。

9月12日 市委副书记、市长陈铁雄及市委常委、常务副市长元茂荣到市局调研。

10月13日 全市财政地税局长会议在温岭召开。局长叶维军在会上要求各地从讲政治的高度想方设法做好增收文章。

11月3－4日 省财政厅副厅长罗石林一行在台州开展2009年财政工作思路调研。

11月27－29日 全省财政监督工作会议在台州市黄岩区召开。

11月28日 市局与市科技局联合出台《台州市市级科技资金使用和管理暂行办法》。

12月4日 市局印发《台州市财政地税系统建立健全惩治和预防腐败体系2008～2012年实施细则》。

12月9日 市委副书记、市长陈铁雄到市局调研2008年财政收支及2009年预算收支安排情况。

（台州市财政局供稿 卢云芬执笔）

丽水市

1月25日 市财政局、市卫生局联合印发《丽水市城区社区卫生专项资金管理办法》。

2月1日 市财政局、市卫生局联合印发《丽水市艾滋病免费检测专项资金管理办法》。

2月18日 因各地遭受雨雪冰冻灾害，市财政紧急下拨各县(市、区)救灾款300万元。

2月19日 召开全体干部职工大会，对2007年度局优秀公务员及受上级表彰的先进集体和优秀个人进行表彰，局党组书记、局长何赤峰在会上作《积极履行职能，服务创业创新，为和谐社会建设作出新贡献》的工作报告。

3月份 市财政局开展为期1个月的"加快创业创新、建设生态文明、推进丽水新跨越"解放思想大讨论活动。

3月5日 市直对储备粮首次实行网上竞价交易，提高市级储备粮销售的透明度。

3月10日 市政府发文批转《丽水市直多渠道筹措社会保障资金实施办法》。

3月11日 市财政局局长何赤峰率有关处室人员参加市效能办、市人民广播电台组织的"百姓热线"，解答百姓提问。

3月14—15日 财政部干教中心主任欧文汉到丽水市调研指导工作。

3月31日—6月4日 在全市财政地税系统开展"以党的十七大精神指导反腐倡廉建设"征文活动，共收到参赛文章74篇，评出组织奖3个，个人一等奖1名、二等奖2名、三等奖4名、优秀奖6名。

4月8—9日 省财政厅厅长钱巨炎一行到松阳县调研基本公共服务均等化和省对市县财政体制贯彻落实情况。

4月13—15日 市二届人大四次会议审议通过《关于2007年全市和市级预算执行情况及2008年全市和市级预算草案的报告》。

4月15日 市财政局成立政府信息公开领导小组及其办公室，4月30日印发《丽水市财政局地税局政府信息公开保密审查办法》、《丽水市财政局地税局依申请公开政府信息工作规程》，并于5月1日正式实行政府信息公开。5月23日印发《丽水市财政局地税局公文主动公开发布管理办法》。

4月18日 印发《关于调整市直住房公积金缴存基数的通知》。

4月23—25日 省财政厅副厅长罗石林一行到遂昌县、龙泉市调研生态环保财力转移支付制度实施情况。

4月29日 省财政厅厅长钱巨炎到青田参加滩坑电站蓄水仪式。

5月6日 市委书记陈荣高到市预算会计核算中心视察效能建设工作。

5月7日 市委副书记、代市长卢子跃到市财政局调研。

5月 市财政拨付支援四川汶川抗震救灾资金100万元。市财政局干部踊跃捐款支持抗震救灾，累计捐款73.18万元，其中党员缴纳"特殊党费"42.06万元。

6月4—5日 省财政厅副厅长傅钱生到松阳县四都乡调研。

6月10日 市财政局、市卫生局联合印发《丽水市直婚前医学免费检查专项资金管理办法》。

6月12—13日 省财政厅在缙云召开全省各市及部分县(市)财政绩效评价工作座谈会。

6月15日 市编委批复，同意市财政局农业综合开发办公室单独设置。

6月27日 印发《关于行政机关工作人员出差公杂费报销的补充规定》。

7月8—10日 省财政厅厅长兼省地税局局长钱巨炎一行到庆元、龙泉、景宁调研。

7月9日 印发《市直国资营运机构2008～2010年度经营目标责任制考核办法》，完善市直国资营运机构工作绩效评价机制，调动国资营运机构积极性。

7月10日 市财政局、市安全生产监督管理局联合印发《丽水市直安全生产专项资金管理暂行办法》。

7月28—29日 由市人大常委会副主任占志妙带队的考察组到市财政局进行局班子届中考察。

8月1日 印发《丽水市会计人员继续教育培训机构管理的通知》，规范会计人员继续教育工作。

8月9日 市政府转发市财政局、市人行《关于丽水市财政国库管理制度改革方案的通知》。

8月13日 市财政局、市地税局、市经贸局联合举办财政税收扶持政策培训班，市直工业企业负责人和财务负责人共200多人参加。

8月21—22日 市二届人大常委会第二十次会议审议通过《丽水市2007年全市和市级财政收支决算草案的报告》和《丽水市2008年上半年全市和市级财政预算执行情况的报告》。

8月27日 印发《关于推广青田县化解乡镇债务的通知》，在全市推广青田县化解乡镇债务做法。

9月11日 市财政局、卫生局联合印发《丽水市市直肠道门诊检测专项资金管理办法》。

9月24日 市财政局、市经贸委等9个部门到市经济开发区联合开展送政策服务活动。

10月16日 市编委批复同意在市预算会计核算中心的基础上设立市财政国库支付中心，核增编制10名、科级领导职数1名。

11月12—14日 省财政厅副厅长傅钱生一行到丽水市本级、松阳县、青田县调研2009年财政工作思路。

11月14日 印发《丽水市本级少数民族发展资金管理办法》。

11 月 17 日 市委组织部发文，免去陈建全市财政局、地税局党组成员职务。

11 月 20 日 市财政局、卫生局、人劳社保局、民政局、残联联合印发《丽水市直城乡困难居民医疗救助办法》。

11 月 21 日 市政府发文，免去陈建全市财政局副局长职务。

11 月 24 日 市经贸委、建设局、财政局联合印发《市直节能专项资金管理暂行办法》。

11 月 市财政拨付婴幼儿奶粉事件医疗机构医疗救治费用 67.38 万元，加强对突发事件的应对。

12 月 8 日 省财政厅厅长钱巨炎一行到景宁县调研。

12 月 9—10 日 省人大财经委副主任钱宝荣带队到丽水市本级、缙云县调研财政工作。

12 月 10 日 丽水市第三届财政地税系统政研会代表大会在丽水召开，选举产生新一届政研会理事会。

12 月 12 日 市财政局、教育局联合印发《丽水市直幼儿教育发展专项资金管理办法》。

12 月 17 日 市政府召开市直规范公务员津补贴工作动员大会，市委常委、常务副市长沈仁康出席会议并作动员，局长何赤峰参加会议并讲话。

12 月 18 日 丽水市委组织部、市人劳社保局、市财政局联合印发《关于市直机关公务员规范津补贴实施中有关问题的处理意见》，明确丽水市机关公务员补贴标准、机关退休人员生活补贴费标准。

（丽水市财政局供稿 方伟英执笔）

财政机构人员

浙江省财政厅厅领导名单

（2008年12月31日）

党组书记、厅长	钱巨炎*
党组成员、副厅长	罗石林
党组成员、副厅长	傅钱生
党组成员、纪检组长、监察专员	金慧群
党组成员、副厅长	魏跃华*
党组成员、副厅长	薛小杭*
党组成员、副厅长	朱忠明*
副巡视员	冯狄生*
副巡视员	宋培军*

浙江省财政厅机构设置及中层干部名单

（2008年12月31日）

一、厅机关

办公室

主任：侯余兴
副主任：张胜凯
副主任：周　瀛
副主任：莫红民*
副调研员：祝新发
副调研员：梁顺敏
副调研员：富德荣
副调研员：朱军华

人事教育处（老干部管理处）

处长：黄克旭
老干部处处长兼人教处副处长：沈　霞
副处长：章忠良
副处长：金洪根
副处长：金国荣
副调研员：童新元
副调研员：费　萍
副调研员：何小媛

直属机关党委

专职副书记（正处）：叶承番
工会副主任：姜明路
团委书记（副处级）：杨慧芳

预算处、税政处

预算处处长：赵立妙
税政处处长兼预算处副处长：姚龙飞
预算处副处长：倪学军
预算处副处长：章启诚
税政处副处长：周爱明

国库处、国库支付局

国库处处长：罗跃琴
核算中心主任兼国库处副处长：金　涛
国库处副处长：赵利明
国库支付局副局长：吴凤珍

综合处

处长：郭昌林
副处长：周位标
副处长：孙建苗
副调研员：姚如华
副调研员：张　敏
副调研员：孙继霞

法制处（资金管理处）

处长：沈江平
副处长：朱炳仁
副处长：陈志光*
调研员：周斌舫

副调研员：陈志光

会计管理处

处长：陈建中

副处长：周克俭

副处长：杨树圣

调研员：李雪萍

副调研员：郑肖亮

副调研员：程少春

行政政法处

处长：楼梅芳

副处长：姜建成

副处长：马　勇

副调研员：陈丽君

教科文处

处长：邢自霞

副处长：何新星

副处长：董立国

行政事业资产管理处

副处长(主持工作)：陈百平＊

副调研员：傅彩莲＊

农业处

处长：冯狄生(兼)

副处长：蒋建建

副处长：杜金良

副调研员：钱伟烈

副调研员：王　静

副调研员：王小丽

农业税收征收管理局

局长：尹红平

副局长：李　鸣

调研员：胡荣兴

副调研员：许建全

企业处

处长：宋培军(兼)

副处长：童黛铭

副处长：叶光胜

副处长：肖艳菱

调研员：吴中秋

副调研员：吴新芳

副调研员：朱　玲

副调研员：冯　洁

外债金融处

处长：蒋振成＊

副处长：洪小然

副处长：郑可青

副调研员：徐剑锋

社会保障处

处长：俞建人

副处长：沈　磊

副处长：王雯琳

副处长：张才德

副调研员：幸春平

经济建设处

处长：王　俭

副处长：戚国裕

副处长：郭定方

副处长：楼慧芬

副处长：马建胜＊

调研员：余逸美

副调研员：王娟娟

监督检查局

局长：张杭平

副局长：金光对

副局长：王林尧

调研员：周炳森

副调研员：周学伟

绩效评价处

处长：吴金莲

副处长：江中亮

省农业综合开发办公室

主任：金慧群(兼)

常务副主任：谭景玉

副主任(正处)：叶　旦

副主任(正处)：张和杰

副主任(副处)：赵国瑛

副主任(副处)：魏治明＊

副调研员：何维君

政府采购监管处(采购办、控办)

处长：俞建玉

副处长：钱国兴

副处长：费国炎

副处长：俞小青

副调研员：陈志仁

省监察厅驻省财政厅监察专员办公室、省纪委驻省财政厅纪检组

主任、副组长：叶　忠

副主任：李文艳

调研员：崔华英

二、厅直属单位

省财务开发公司

总经理：杜祖国＊

副总经理：徐来兴
副总经理：姚　战＊
副总经理：祝云水＊
办公室主任：赵献平＊
资金一部经理：汪一兵＊
资金经营部（投资二部）经理：於亚雄＊
部门经理级干部：徐炳权＊

浙江华财实业发展有限公司

周金根

省级机关会计核算中心

主任：金　涛（兼）
副主任：叶时宝
副主任：宋万生
副主任：牟晨晖
副主任：何玮富

省财政项目预算审核中心

主任：郑　耀
副主任：沈　湧
副主任：沈应庚
总工程师：俞富桥

省财政票据管理中心

主任（副处级）：斯志洪
副主任（副处级）：邬达贵（援藏工作）

省财税科研所

所长、《浙江财税与会计》杂志主编：朱忠明（兼）
副所长、《浙江财税与会计》杂志副主编：王非文
副所长：余丽生
副所长、《浙江财税与会计》杂志副主编：刘东溟

省财税信息中心

主任：李　军
副主任：寿建钢
副主任：金永勤
总工程师：许智敏

省会计人员服务中心

主任：汤　淮
副主任：张光敏

省农业综合开发服务中心

副主任：沈幼华

省中华会计函授学校（省财政干部教育中心）

校长：钱巨炎（兼）
副校长：黄克旭（兼）
副校长：陈建中（兼）
专职副校长、干教中心主任：张亚平
干教中心副主任：汪国葆
干教中心副主任：吴小明
原部队副团：童联新

省注册会计师服务中心、
省注册会计师协会（资产评估协会）

主任、秘书长：何元福
副主任、副秘书长：戴祥波
副主任、副秘书长：林金松
副主任、副秘书长：蒋文军

省农业综合开发工程勘测设计室

主任：陆龙泉
副主任：许锡田

浙江财政后勤服务中心

副处级：杨仁三

省财政厅招待所

所长：陈文斌（原部队副团）
副所长：马　骥（原部队副团）

省莫干山财政干部休养所

省世界银行业务培训中心（杭州金溪山庄）

董事长：解亚东
总经理：华山月＊
副总经理：方卫国＊

（注：有＊标示者为当年职务有新变动）

浙江省各市、县(市、区)财政局领导名单

(2008年12月31日)

杭州市财政局
局长：陈锦梅
副局长：金翔＊ 吴文兴 骆 寅 石连忠
纪委书记：汤军贤
财政监督检查局局长：谢 永＊
党委委员：余田法

上城区财政局
书记：朱红卫
局长：来剑波
国资办主任、副局长：卢 伟

下城区财政局
局长：冯 伟
副局长：宋震跃＊
副局长(纪检组长)：朱 捷
副局长：陈琴萧＊

西湖区财政局
局长：梁 英
副局长：陆宝根 赵水林

拱墅区财政局
局长：孟三山
副书记：蔡桂兰
副局长：吴永军 童 立

江干区财政局
局长：项伟荣＊
副局长、纪委书记：沈福林
副局长：陈绍红

高新(滨江)区局
局长：余静漪
副局长：杨金水 胡银根 屠国平 徐 慧

萧山区财政局
局长：金 伟
国资办副主任：徐成梁
副局长：钱志明 罗松巍
纪委书记：俞大明

余杭区财政局
局长：姚文华
纪委书记：袁云亮
副局长：钱建伟 潘立军 梅建胜＊
国资办副主任：叶立新

富阳市财政局
局长：华之江
副书记：何 勇
副局长：史煜民 朱经国 李一力

临安市财政局
局长：罗石荣
书记：戚绍华
副书记：邵友良
副局长：马泽华

建德市财政局
局长：滕明湘
副局长：钱一军
副局长：金 革
党委委员：伍国良＊
总经济师：程 霄＊

桐庐县财政局
局长：俞 谷
书记：胡爱民
副书记(纪检书记)：廖天水
副局长：项丽珠 毕文浩

淳安县财政局
局长：詹 韧
纪检书记、副局长：宋士中
副局长：叶建乐
党委委员：胡长文

宁波市财政局
局长：胡谟敦
副局长：王跃鹏 章翠飞 宋济青 贺也贞 张镇岳 杨 军＊
纪检组长：陈仰家

海曙区财政局
局长：王松来
副局长：曹 杰 蔡 锐

江东区财政局
局长：章月标
副局长：涂更生＊ 叶良春
局长助理：范建杰

江北区财政局
局长：孙新土＊
党组副书记：徐焕忠

副局长：邬文珍 李　斌

北仑区财政局

局长：谢开定

副局长：朱晓雄 陆　伟 李　军 孙军泽

局长助理：叶奇丹

镇海区财政局

局长：王信永

副局长：蔡军国 庄起勇 郑建勋＊

党组成员：王镇亮＊

大榭开发区财政税务局

局长：刘黎勇

副局长：戴猛追 冯伟业

保税区财政局

局长：应日捷＊

副局长：王玉建

高新技术开发区财政局

局长：陈俊良

副局长：叶松权 谢江英

东钱湖度假区财政局

局长：李盛伦

局长助理：张松波

鄞州区财政局

局长：钱　芳

副局长：金文耀 岑卢艳

象山县财政局

局长：陈柳松

副局长：王其伟 郑　勇

纪检组长：顾卫国

党组成员：周忠财＊

宁海县财政局

局长：尤永强

副局长：陈焕龙 叶亦利 丁建华

余姚市财政局

局长：俞剑清

副局长：杨水昌 王文益 徐强辉 许真如 宋建忠

慈溪市财政局

局长：张炳华

副局长：范哲慰 施银焕 马志灿 陈亚伟 胡国富

局长助理：童树权＊

党组成员：史　军＊

奉化市财政局

局长：韩圣光

副局长：吴浩根 俞　峰 林　鑫

党委委员：李　清 胡志春

温州市财政局

局长：李步鸣

党组副书记：叶林竑

副局长：朱定钧 孙建伟

鹿城区财政局

局长：胡晓初

副局长：潘寿康 陈宇开 渠　奕

龙湾区财政局

局长：贾黎春

副局长：陈光伟

纪检组长：林碧清＊

总会计师：王晓春＊

瓯海区财政局

局长：吴　强

副局长(正局级)：项瞻文

副书记(正局级)：薛永川

纪检组长：林云海

副局长：黄筱萍

总会计师：叶国蒙

开发区财政局

局长：陈建斌

副局长：胡桂雄

瑞安市财政局

局长：苏德贤

副书记：余列平

副局长：蔡永水 陈胜泉

纪委书记：林候发

总会计师：李建中

乐清市财政局

局长：叶乐安

副局长：周庆耀

国资办副主任：郑汉胜

副局长：董法朗 孔庆元

纪检组长：陈宣定

总会计师：钱乐洋

永嘉县财政局

局长：胡国强

副局长、纪委书记：谢纯定

副局长：徐忠诚

总会计师：叶玉庭

文成县财政局

局长：郑士钗

纪委书记：郑明进

副局长：张明林 胡希勒 林永熙＊

平阳县财政局

局长：温从岳
纪检组长：叶友育
国资办副主任：薛文秀
副局长：陈钦斌 黄少斌
总会计师：黄　佩

泰顺县财政局

局长：翁晓彬
副书记：毛方酬
副局长：王官玉

洞头县财政局

局长：叶明理
党组副书记、副局长：陈后平
副局长：潘敦汉 谢月英
纪检组长：颜跃平
总会计师：张海勇

苍南县财政局

局长：徐象广*
副书记；蔡勤旺*
副局长：项延钢 池长辉 沈志安*
纪检组长：陈碧芳*

嘉兴市财政局

局长：马邦伟
副局长：吴贵敏 夏林生 张永红*
纪委书记：朱天文

南湖区财政局

局长：叶涵初
副局长：孔　俭 马立申 张　磊 顾云祥

秀洲区财政局

局长：王爱根
副局长：徐坤荣* 朱　飞 张　军 陈海明*
纪检组长：陈晓伟

平湖市财政局

局长：俞明祥
书记：许海龙
副书记：李大相
副局长：梁晓军 全　骏

海盐县财政局

局长：贺伟民
书记：马建良
副局长：陈初霞 陆国华 王晓军

嘉善县财政局

局长：沈恩达
书记：潘雨忠
副局长：蒋　健 徐金连 徐忠明
纪检组长：张小峰

海宁市财政局

局长：陈金明
副局长：许建明
副书记：闵厚文
副局长：张月明
党委委员：龙怡娟* 徐菊萍

桐乡市财政局

局长：赵洪亮
副局长：吴海燕 房治方 沈富春
国资办副主任：朱政华*

湖州市财政局

局长：沈建平
副局长：屠培红 张恩林 姚　温 钱汇丰
纪检组长：沈　蓓
总会计师：张向阳

吴兴区财政局

局长：汪胜富
副局长：滕玉文 沈国强 沈林林

南浔区财政局

局长：李　强
总会计师：韩素贞
纪检组长：高登旺
副局长：沈为民 何琪虎*

德清县财政局

局长：杨永林
副局长：徐黎娟 江洪波
纪检组长：沈　英
副局长：张金云*

长兴县财政局

局长：冯梅山
副书记：毕悦芹
副局长：李丰红 顾群伟 范首翔
纪检组长：毕明亮
党组成员：徐季强

安吉县财政局

局长：吴伟东
党组书记：胡建国
副局长：严明卯 梁蕴伟 俞土良
党组成员：杨　勇

绍兴市财政局
局长：阮坚勇
副局长：潘旺明（正局级） 房　紧 蔡文良＊ 何俊杰
纪检组长：陈建光
总会计师：赵雄飞＊
调研员：卢银银
副调研员：叶　剑

越城区财政局
局长：高玮民
副局长：陶文孺 俞谢家＊

绍兴县财政局
局长：宋天平
副书记：胡小苟 吕铁辉＊
副局长：徐利忠 徐志方＊
局长助理：宋朝忠＊

诸暨市财政局
局长：张建林
纪检组长：赵一平
副局长：杨胜新 周国新

上虞市财政局
局长：吴志育
纪委书记、副局长：邵百尧
副局长：　陈　烽 陈鑫淼＊

嵊州市财政局
局长：孙元东
副书记：吴守标
国资公司总经理：茹万红＊
副局长：孙作祥 叶　平＊

新昌县财政局
局长：求国安
副局长：谢立民＊ 吴德祥 周少卿 求伟清＊

金华市财政局
局长：周益民
副局长：任晓俐 杨晓明
副局长：倪小波＊
总会计师：徐佩琴
纪检组长：李建华

婺城区财政局
局长：李庆龙
副局长：傅得樟 章文志＊ 陶昌伟 顾再进＊
党组成员：施柯芬

金东区财政局
局长：张有钢
党组副书记、副局长：陈春华＊
副局长：郑良模
纪检组长：姜韶军＊
党组成员：施杰明＊
局长助理：王丽华＊

浦江县财政局
局长：傅兴琰
副局长：许尔清 楼向阳 王卫平
纪检书记：李国平
党组成员：黄苏安＊
总会计师：黄英俊

武义县财政局
局长：陈进一
副局长：程云庆 胡华荣 王柏宜 张李新＊
总会计师：徐国强＊
纪委书记：王献良＊
党委委员：韩宣中 徐飞云＊

磐安县财政局
局长：周丽水
副局长：陈新海 葛精兵
纪检组长：郭德富
党组成员：施逢杰 陈忠明 周国钱＊

兰溪市财政局
局长：陈玉祥
党组书记：陈根斗
副局长：毛海生 邓培昌＊
党组成员：周季容 朱益民＊

义乌市财政局
局长：赵健明
副书记、副局长：陈忠强 赵绍辉
副局长：虞建民 李晓玲 何愫洪 朱琴芳

东阳市财政局
局长：徐立刚
党组副书记、副局长：俞朝良
党组副书记：马樟云
副局长：吴正华＊ 徐跃卫＊
党组成员：林　斌

永康市财政局
局长：施建民
副局长：吕正时 杜奕铭
国资办主任：王美扬
国资办副主任：应美珍
党委委员：吴美秀 谢毅清

衢州市财政局
局长：徐素荣

副局长：吴小聪 周卫云 蒋移祥 王德华
纪检组长：郑芳美

柯城区财政局
局长：章雨土
副书记：吴维成＊
副局长：邵国英 姚正锋＊

衢江区财政局
局长：李　青
副局长：秦　勇 罗永美
党组成员：周奇虹

龙游县财政局
局长：陆　雄
副局长：翁文斌 朱云峰 何　勤
纪委书记：方伟成
党委委员：林金祥 方巧娥＊

江山市财政局
局长：巫小雄
书记：李春江
副书记：王智荣
副局长：郑宇星 张晓华 毛水芳
纪委书记：周金富

常山县财政局
局长：俞宝根
党委副书记、副局长：谢　诚＊
副局长：钱志友 朱圣杰 徐光明＊
纪委书记：张庆华
党委委员：蒋淑萍＊

开化县财政局
局长：邹燕辉
副局长：汪　涌 傅剑钢 丘森源 廖建忠 廖继军
纪委书记：项平平
党委委员：邱俊峰 汪福海

舟山市财政局
局长：王　伟＊
副局长：张世民 曹国英 竺群力
总会计师：岑瑞芳
纪检组长：张群伟
工委主任、局长助理：邵建协

定海区财政局
局长：陆赛波
副局长：姚洪波 贺松跃 朱巧星
总会计师：吴　鹰

普陀区财政局
局长：陈安振
党组副书记：孙文平
国资公司经理：周志国
副局长：张友夫 陈　峰 史海祥＊
党组成员：张雅雪

岱山县财政局
局长：童信宇
党组副书记：潘高平
副局长：舒伟强 方信伦

嵊泗县财政局
局长：王兴军
副书记、纪委书记：王荣素
副局长：徐国飞 陈和军 何世光
党委委员：郭　华 王海儿
局长助理：罗奇辉＊

台州市财政局
局长：叶维军
党组副书记：韩爱军＊
副局长：张卫平　王子剑
总会计师：余延龄
纪检组长：孙　鑫

椒江区财政局
局长：郐美荣
副局长：蔡建中 章光辉
党组成员：谷建斌

黄岩区财政局
局长：郑　斌
党组副书记：於福球
副局长：郭敬明
局长助理：林君福
党组成员：柯卫凌

路桥区财政局
书记：蔡志棠
局长：陈明炜
副书记：管敏明＊
副局长：许拓天 池昌明

临海市财政局
党组书记：赵国海
局长：冯荷琴
副书记、副局长：胡寿坚
副局长：夏　莉
纪检组长：王礼福
副局长：方　虹

温岭市财政局
局长：江涌清
副局长：柳　敏 王春连 林作明

总会计师：卢旦生

玉环县财政局

局长：张恢卓

副书记：郭显银

副局长：王克捷 张素燕 颜永昌

纪委书记：唐丹华

总会计师：姜仁武

天台县财政局

局长：余昌杰

副书记、副局长：戴敏华

副局长：方国耀

仙居县财政局

局长：潘小燕

党组书记：姚文浩

副局长：杨建明 高涌清

总会计师：吕汝韦

三门县财政局

局长：奚建华

书记：邢义钵

副书记、纪检组长：马加品

副局长：李　坚 金圣杰

总会计师：陈小撑

丽水市财政局

局长：何赤峰

副局长：崔　军 孙天宇 刘小平 魏叶华

纪检组长：李　嫔

莲都区财政局

局长：叶欣华

副局长：汤利达 赖志平

纪检组长：尹和平

丽水经济开发区财政局

局长：金雄鸥

副局长：陈卫媛

青田县财政局

党组书记、副局长、纪检组长：陈景荣

局长：朱秀雄

副局长：王伟伟 张红兵 季耀武

云和县财政局

局长：柳少康

副局长：柯志宙 陈文平

纪检组长：蓝石花

龙泉市财政局

书记：刘志伟

局长：吴旭文

副局长：商越敏 季志芬 吴小波

纪检组长：吴树儿

庆元县财政局

局长：刘义平

副书记：陈本新

副局长：周必寿 杨小芬 吴叶林

缙云县财政局

局长：陈贵长

纪检组长：谢　芳

副局长：叶伟民 施喜光 王伟民

国资委办公室主任：钭秀千

总会计师：应文央

遂昌县财政局

书记：翁小瑜

局长:赵文明

副局长：叶宏放 单崇海 韦恩军*

松阳县财政局

局长：毛建南

副书记：吴培养 徐建农

副局长：周永跃 徐建农 易　雄

景宁县财政局

局长：季晓伟

副书记：梅巧勤

副局长：蓝朝星 赵晓琴 陈华星*

（注:有*标示者为当年职务有新变动）

浙江省财政系统职工基本情况统计

单位：人

项目		总计	性别		民族		学历								
			男	女	汉	其他	研究生			大学本科	大学专科	中专	高中及以下学历		
								博士	硕士（全日制）				人数	其中35岁以下	其中36至45岁
总计	合计	12000	7194	4806	11949	51	282	4	105	6799	3367	603	949	122	241
	厅(局)级	9	8	1	9		2			5	1		1		
	地市局(处)级	518	378	140	517	1	63		10	357	84	7	7		
	县局(科)级	3395	2148	1247	3381	14	135	2	48	2077	857	166	160	1	5
	一般干部	6504	3758	2746	6475	29	81	2	46	3975	1908	263	277	8	67
	工勤人员	1574	902	672	1567	7	1		1	385	517	167	504	113	169
省(区、市)厅局	合计	1164	692	472	1159	5	136	3	55	778	145	21	84	10	24
	厅(局)级及以上	9	8	1	9		2			5			1		
	处(局)级	358	250	108	358		44		9	250	54	5	5		
	科级	447	244	203	445	2	66	2	30	336	35	3	7		
	一般干部	239	118	121	237	2	24	1	16	171	35	5	4	1	
	工勤人员	111	72	39	110	1				16	20	8	67	9	24
市(地、州)局	合计	2652	1479	1155	2641	11	90	1	29	1665	570	111	216	54	52
	局(处)级及以上	160	128	32	159	1	19		1	107	30	2	2		
	科级	1193	733	460	1187	6	49		13	816	245	41	42		2
	一般干部	893	393	500	890	3	22	1	15	648	185	18	20	2	6
	工勤人员	406	243	163	405	1				94	110	50	152	52	44
县(市、区)局	合计	5912	3577	2335	5887	25	54		19	3644	1516	266	432	54	112
	局(科)级及以上	1755	1171	584	1749	6	20		5	925	577	122	111	1	3
	股级	1451	1072	379	1446	5	16		1	1148	255	13	19		1
	一般干部	1756	795	961	1747	9	17		12	1311	346	45	37	1	7
	工勤人员	950	539	411	945	5	1		1	260	338	86	265	52	101
乡(镇)所	合计	2272	1428	844	2262	10	2		2	712	1136	205	217	4	53
	所(股)级及以上	871	651	220	865	6				268	444	61	98		26
	一般干部	1294	729	565	1290	4	2		2	429	643	121	99	4	27
	工勤人员	107	48	59	107					15	49	23	20		

（续表一）

单位：人

项目		总计	政治面貌				年龄				
			中共党员	共青团员	民主党派	其他	30岁及以下	31岁至35岁	36岁至40岁	41岁至50岁	51岁至59岁
总计	合计	12000	7493	723	137	3647	1712	2006	2088	4801	1391
	厅(局)级	9	9						1	2	6
	地市局(处)级	518	474	1	7	36		14	65	298	140
	县局(科)级	3395	2532	35	58	770	97	346	508	1704	739
	一般干部	6504	3933	564	68	1939	1373	1325	1176	2269	361
	工勤人员	1574	545	123	4	902	242	321	338	528	145
省（区、市）厅局	合计	1164	789	74	16	285	151	216	218	424	155
	厅(局)级及以上	9	9						1	2	6
	处(局)级	358	318	1	6	33		8	45	212	93
	科级	447	312	22	9	104	60	146	102	114	25
	一般干部	239	112	47	1	79	88	45	43	49	14
	工勤人员	111	38	4		69	3	17	27	47	17
市（地、州）局	合计	2652	1600	189	45	818	386	524	506	906	329
	局(处)级及以上	160	156		1	3		6	20	86	47
	科级	1193	907	10	26	250	31	157	254	540	211
	一般干部	893	394	144	17	338	301	266	153	146	27
	工勤人员	406	143	35	1	227	54	95	79	134	44
县（市、区）局	合计	5912	3508	353	72	1979	837	917	1068	2389	700
	局(科)级及以上	1755	1313	3	23	416	6	43	152	1050	503
	股级	1451	1149	20	31	251	41	243	351	763	53
	一般干部	1756	744	252	15	745	631	431	346	276	72
	工勤人员	950	302	78	3	567	159	200	219	300	72
乡（镇）所	合计	2272	1596	107	4	565	338	349	296	1082	207
	所(股)级及以上	871	747	17	2	105	18	53	87	590	123
	一般干部	1294	787	84	2	421	294	287	196	445	72
	工勤人员	107	62	6		39	26	9	13	47	12

（续表二）

单位：人

项目		总计	参加工作时间							劳模（先进工作者）	
			1949年10月至1957年	1958年至1965年	1966年至1970年	1971年至1980年	1981年至1990年	1991年至2000年	2001年以后	省（部）级	全国
总计	合计	12000		13	337	2152	4608	3437	1453	8	1
	厅（局）级	9			2	5	1	1		1	
	地市局（处）级	518		1	50	173	252	42		2	
	县局（科）级	3395		7	206	1040	1446	599	97	4	1
	一般干部	6504		3	44	656	2447	2247	1107	1	
	工勤人员	1574		2	35	278	462	548	249		
省（区、市）厅局	合计	1164			48	213	418	346	139	1	
	厅（局）级及以上	9			2	5	1	1		1	
	处（局）级	358			31	117	180	30			
	科级	447			5	40	135	205	62		
	一般干部	239			3	17	56	87	76		
	工勤人员	111			7	34	46	23	1		
市（地、州）局	合计	2652		6	105	524	846	841	330	3	1
	局（处）级及以上	160		1	19	56	72	12		2	
	科级	1193		4	66	310	502	282	29	1	1
	一般干部	893			9	73	162	400	249		
	工勤人员	406		1	11	85	110	147	52		
县（市、区）局	合计	5912		6	171	1198	2155	1637	745	3	
	局（科）级及以上	1755		3	135	690	809	112	6	3	
	股级	1451			5	225	754	441	26		
	一般干部	1756		2	16	134	334	728	542		
	工勤人员	950		1	15	149	258	356	171		
乡（镇）所	合计	2272		1	13	217	1189	613	239	1	
	所（股）级及以上	871		1	7	119	641	94	9		
	一般干部	1294			4	88	500	497	205	1	
	工勤人员	107			2	10	48	22	25		

（续表三）

单位：人

项目		专业技术人员					特贴专家
		合计	高级职务	其中：正高级职务	中级职务	初级职务	
总计	合计	7543	943	2	3663	2937	
	厅(局)级	8	5		2	1	
	地市局(处)级	392	184	1	157	51	
	县局(科)级	2446	444		1270	732	
	一般干部	4260	303	1	2041	1916	
	工勤人员	437	7		193	237	
省(区、市)厅局	合计	805	280	2	389	136	
	厅(局)级及以上	8	5		2	1	
	处(局)级	284	147	1	103	34	
	科级	346	104		194	48	
	一般干部	157	24	1	84	49	
	工勤人员	10			6	4	
市(地、州)局	合计	1677	270		965	442	
	局(处)级及以上	108	37		54	17	
	科级	870	181		500	189	
	一般干部	612	50		361	201	
	工勤人员	87	2		50	35	
县(市、区)局	合计	3855	389		2039	1427	
	局(处)级及以上	1230	159		576	495	
	股级	1204	179		669	356	
	一般干部	1121	46		659	416	
	工勤人员	300	5		135	160	
乡(镇)所	合计	1206	4		270	932	
	所(股)级及以上	490	1		92	397	
	一般干部	676	3		176	497	
	工勤人员	40			2	38	

附　录

zhejiangcaizhengnianjian

社会团体活动

浙江省财政学会

【召开五届四次常务理事会】3 月 12 日，在杭州召开省财政学会五届四次常务理事会，学会常务理事和秘书长、副秘书长参加会议。会议讨论通过学会新会长人选，选举钱巨炎同志为会长；聘请黄旭明同志为学会名誉会长。与会代表讨论了《浙江省财政学会 2007 年工作总结和 2008 年工作计划》。省财政厅厅长、省财政学会会长钱巨炎对 2007 年度学会工作给予肯定，并对 2008 年工作提出要求。

【开展课题研究】主要组织完成了以下课题：1. 参与中国财政学会、财政部科研所"增强基层政府公共服务能力的财政政策研究"的协作课题研究。该协作课题由内蒙古自治区财政学会、科研所牵头，浙江省、陕西省、太原市、武汉市财政学会、科研所以及财政部科研所税收研究室共同参与。浙江省财政学会完成分报告《完善省以下财政管理体制 增强基层政府提供公共服务能力》。2. 参与中央政策研究室的课题研究。应中央政策研究室的邀请，参与由中央政策研究室牵头，财政部科研所、中国社科院财贸所等单位参加的"深化财税体制改革研究"课题，完成"深化省以下财政体制改革研究"的子报告。3. 完成省规划办和省社科联课题研究。一是承担省社科规划办"健全财政转移支付制度 促进欠发达地区加快发展"课题，经过深入调查研究，完成课题报告。二是承担省社科联课题。从公共财政视角切入，完成"完善'和谐导向型'公共财政 推进和谐社会建设"的课题报告。4. 与市县财税学会联合开展课题研究。受宁波市鄞州区财政局委托，与鄞州区财政局联合完成了《鄞州区公共预算编制的思考》、《鄞州区镇乡财政管理体制剖析》和《鄞州区财政专项资金绩效评价》等课题。5. 组织省内协作课题研究。将"收入一个笼子，预算一个盘子，支出一个口子"作为年度的重点课题，采取上下协作攻关的形式，组织部分市、县财政学会各有侧重进行研究，完成 15 个相关课题研究报告。

【组织全省财税学会开展课题研究】组织全省各地财税学会开展科研工作，调动各地从事调研的积极性，形成良好的学术氛围。根据财政经济工作重点，提出 21 个参考研究命题，落实到有关市、县(市、区)财税学会、财经院校进行研究。到年底，共收到各有关单位上报的课题成果 114 个。12 月 30 日，学会召开课题评审会，产生一等奖 6 篇、二等奖 40 篇、三等奖 64 篇。

【加强课题成果转化利用】将获奖的课题成果汇编成《财政改革热点问题探讨——浙江省财政课题研究成果汇编(2007)》一书，由经济科学出版社出版发行。向全国财政理论评选、省社科界社科成果评选等活动推荐成果，学会秘书处完成的课题被全国财政理论第十七次讨论会收录；完成的"促进我省服务业发展的财税对策研究"、"完善财政转移支付制度 促进基本公共服务均等化实现"和"地方财政公共预算编制的思考"三个课题在财政部举办的中国财政与改革开放 30 周年纪念教育征文活动中分别获一、二等奖和优秀奖。推荐的"从我省农村税费改革看农村公共财政建设"等两项成果获省社科联第二届社科研究优秀成果对策研究类三等奖。同时，通过刊物对课题研究成果进行宣传，并向《财政研究》、《中国财经信息资料》等刊物推荐发表。

【加强科研队伍建设】为使全省广大财政科研工作者更好地适应新形势下的财政科研工作，准确把握新时期的科研工作思路，10 月 8～10 日，在绍兴市召开全省财政科研工作会议，并举办了全省财政学会秘书长和科研骨干培训班，来自各市、县(市)近 130 名科研骨干参加会议。会议邀请浙江省委政策研究室副主任、经济学博士沈建明同志，财政部科研所区域研究室主任、博导、研究员傅志华同志，浙江大学经济学院财政系主任朱柏铭教授，分别作了《实施"两创"总战略 推进浙江经济转型升级》、《节能减排的财税对策研究》、《经济人假设和模糊文化背景下的财税改革》专题讲座。

【举办课题研讨会】3 月 20 日，在金华市召开"和谐社会构建的财政政策研究"协作课题研讨会，交流研究成果。12 月 13 日，联合浙江财经学院共同举办"浙江公共财政改革 30 年：回顾与展望"研讨会。省财政厅厅长、省财政学会会长钱巨炎作"'实、优、稳'：浙江财政改革 30 年的科学发展之路"的报告，省社科联、省委政策研究室等有关单位领导和全国财政学界知名的专家学者从多角度、多层次全面回顾浙江省公共财政发展历程。

【编辑《浙江财政研究》】办好会刊《浙江财政研究》，不断丰富刊物内容，注重提高刊物质量，宣传财政工作，展示财政理论研究和改革实践的风貌，推进财税文化建设。按双月刊的要求，全年共刊出 6 期。　(省财政学会供稿　陈优芳执笔)

浙江省会计学会

【学术交流】7 月 1 日，举办以"创新与发展"为主题的"2008 浙江会计论坛"。浙江卫视经济频道、《浙江日报》等多家新闻媒体作了报道。10 月 16 日，举办"全省会计理论学术讲座"，解读企业内部控制基本规范，介绍新旧企业会计准则的变化。全省大中型企业的财务总监、总会计师，各市县和各专业分会人员以及各行各业的会计骨干500余人参加论坛和学术讲座活动。重视地区间学术交流，向东南地区会计学会第23次会计学术交流会提交学术论文8篇，并由浙江财经学院费忠新教授代表浙江省作“我国民营企业理财领域的管理新视角”的大会发言。

【培训工作】坚持为会计人员服务理念，举办各类考前培训、继续教育培训。全年共举办会计人员培训班48期，培训人员4873人次，举办会计人员电算化考试405场，考试人数12843人次。

【办好刊物】利用《浙江财税与会计》这一平台，宣传报道会计界实务热点、难点问题。一是就热点问题组织理论界和实务界人士召开一系列座谈会；二是配合财政部门推动新企业会计准则的实施，推出一批学习贯彻新准则的优秀稿件；三是宣传《企业内部控制基本规范》，组织专题报道，约请学术界和企业界人士撰写企业内控方面的文章；四是宣传报道全国会计知识大赛；五是约请教授、专家撰写文章，回顾总结改革开放30年来会计界发生的变化和取得的成绩；六是出版《2008年浙江省会计论文集》。

【问卷调查】为使学术交流和培训工作更加符合财政会计改革发展方向，了解企业财会人员需求，并广泛听取意见和建议，学会在全省范围内开展百家企业会计人员问卷调查。同时，组织召开部分大中型企业财务负责人座谈会，就会计人员的需求、需解决的热点和难点问题以及对学会工作的意见和建议等进行调查和座谈，归纳、梳理出15条意见和建议。

【宣传活动】按照省社科联的统一部署和要求，参加在杭州吴山广场举办的2008年大型咨询活动，并设立会计服务点，发放“新企业会计准则”、“新企业财务通则”、“企业内部控制基本规范”等宣传资料800多份，接受有关会计规章制度等方面的咨询。2008年，省会计学会被省社科联评为“2008年度科普咨询先进学会”。

【网站建设】投入一定的人力和物力进行学会网站建设，加强学会与全省会计人员的信息交流与沟通，让会计人员能够在第一时间了解会计政策法规、财经新闻和学会重要活动、文件信息、资料。

（省会计学会供稿　薛文耀执笔）

浙江省预算会计研究会

【参加全研会课题研究】会同江苏、山东、内蒙等省区的有关单位和研究会，共同对全国预算会计研究会下达的课题《地方政府债务的管理与会计核算研究》进行研讨和撰写。9月底，全研会在内蒙召开大组研讨会，定稿《政府性债务管理及核算引入权责发生制研究》，并报财政部国库司及全研会。

【参加全研会换届大会】4月25日，全国预算会计研究会在北京召开第三届会员代表大会，全国各省、市、自治区和计划单列市以及中央机关单位的代表共100多人参加大会。财政部部长谢旭人、副部长廖晓军致信祝贺。部长助理代表财政部党组到会作“以科学发展观为统领，开创预算会计研究会工作新局面”的讲话。大会经过讨论选出第三届理事会理事89人，常务理事30人。浙江省财政预算系统赵立妙等3人被选为全国理事会理事。

【召开常务理事会】4月，召开常务理事会。各常务理事参加会议，总结2007年工作，研究2008年工作计划，传达全国预算会计研究会换届改选情况，提出对研究会进行改选换届的建议，并向省财政厅领导汇报。

【论文评选】对2003年至2007年由各地区和部分省级单位推荐上报的244篇征文稿进行评选，评出一等奖19篇，二等奖34篇，三等奖45篇，优秀奖35篇共133篇。其中获得一等奖的有省财政厅预算处、国库处、绩效评价处和杭州、嘉兴、湖州、绍兴、丽水等市的财政局。研究会将获奖论文汇编成册印发各地。

（省预算会计研究会供稿　蒋宝康执笔）

浙江省农村财政研究会

【加强机构建设】1月15日，召开三届七次常务理事会，讨论通过《浙江省农村财政研究会2007年工作总结和2008年工作要点》，要求各市农研会结合当地实际制订切实可行的工作计划。根据省民政厅民间组织管理局的要求，及时提供省农研会年度检查报告，办理年检手续。

【课题调研】按照中央和省委、省政府关于建设社会主义新农村的要求，三届六次理事会研究拟定当年的调研计划，提出了27个参考选题，以文件形式正式布置下达，要求各地根据实际情况自行选题。

【评选优秀论文】组织2008年度农村财政研究会优秀论文评选活动，共收到2006～2007年参评文章154篇。经评委会评选，共评出特别奖4篇、一等奖10篇、二等奖23篇、三等奖55篇，并对二等奖以上的论文进行编辑出版。

【参加专题研讨会】按照中国农研会关于推进城乡一体化财税政策研究的统一部署，按时完成调研任务，并撰写研究报告——《浙江省城乡一体化建设财税政策研究》，于10月参加中国农研会在山东威海市召开的专题研讨会。会上，农研会课题组对调整完善现行财税政策、进一步推进城乡一体化建设提出相关建议。

【组织培训工作】组织全省农财、农税、农发办干部参加中国农研会举办的培训班，丰富干部知识结构，更新理念，拓宽思路，开阔眼界，提高综合素质和理财能力。

（省农研会供稿　章维士执笔）

浙江省财税系统思想政治工作研究会

【开展调查研究】结合科学发展观教育和财税文化建设活动，开展加强思想政治工作的调研活动。了解各级财税部门和基层单位干部职工在新形势下的思想状况，探索、研究新时期思想政治工作的新情况、新办法、新理论，为各级财税部门做好思想政治工作当好参谋。

【探讨财税文化建设】贯彻落实厅党组《关于在全省财政地税系统开展财税文化建设的意见》，坚持以"依法治税、为民理财、务实创新、廉洁高效"为指导，积极推进财税精神文化、行为文化、廉政文化、制度文化和物态文化建设。以"学习型、创新型、务实型、和谐型、廉洁型"机关建设为主线，抓典型，树榜样，总结和推广先进事迹，把财税文化建设与系统干部队伍建设有机地结合起来。

【加强思想政治工作】深入学习实践科学发展观，遵循思想政治工作规律，创新思想政治工作的有效形式。围绕财税中心工作，积极在系统开展社会公德、家庭美德、个人品德教育，大力倡导科学、健康、文明的生活方式；利用多种形式，开展世界观、人生观、价值观和权力观、地位观、利益观的教育，干部队伍整体素质明显提高。　（省财税政研会供稿　童新元执笔）

浙江省珠算心算协会

【举办西湖蓝天杯大奖赛】举办"2008浙江国际珠心算西湖蓝天杯大奖赛"，杭州赛区38个单位1131名选手参赛。比赛在杭州设主赛场，在温州、绍兴、湖州、慈溪、吉隆坡设分赛场。

【组织全省珠算比赛】11月中旬，全省珠算比赛在杭州举行。省财政厅副厅长、省珠心算协会理事长魏跃华莅临比赛现场并讲话。来自杭州、宁波、温州、绍兴、嘉兴等市的32支代表队参加了比赛。

【发展珠心算实验基地】全省各地举办珠心算师资培训班，127人报名参加珠心算技能培训。落实实验基地，新发展湖州市碧浪湖幼儿园、金华市雅畈镇中心幼儿园、台州市杜桥镇幼儿园为珠心算实验基地。至此，全省已发展140家珠心算实验基地。

【出版论文集】为配合"2008浙江暨杭州市科协年会"开展活动，协会出版《珠心算论文集》。出版《蔡蓬珠算心算文集》，推广珠心算教学。综合幼儿教师对已出版的珠心算《初级读本》的意见，新编出版适合幼儿园和初学者使用的配套练习册。

【加强国际国内交流】开展国际国内珠算、珠心算交流活动，组织专家学者、教师等有关人员赴国外和国内进行学术交流。组织人员参加在上海召开的国际珠心算教学研讨会，在会上作交流发言，并被选入论文集。接待由马来西亚罗文桑先生和阿赛拜疆沙敏先生、卢曼莎小姐率领的代表团，并陪同考察九堡中心小学九堡学区和九堡幼儿园，观看珠心算选手表演。接待河南省珠心算协会代表团一行21人，交流珠心算开展情况。接待马来西亚ALOHA学院罗文桑一行3人，商议珠心算比赛有关事宜及组团出访等事。

【做好协会日常工作】与省科协签署了"2008年省级学会新农村建设服务团项目实施责任书"和"2008年省科协重点活动项目实施责任书"。参加科普周活动，在武林广场的表演得到好评。经省科协、省民政厅批准，浙江省珠算协会更名为浙江省珠算心算协会。　（省珠算心算协会供稿　童粹峰执笔）

专题经验介绍

完善财政体制 推动产业升级 促进经济发展(摘要)

杭州市财政局

一、2004年以来改革财政收入体制情况

(一)2004年省级企业下划的"总额分享"财政体制改革

2004年,省财政厅根据浙江省人民政府《关于进一步完善地方财政体制的通知》(浙政发〔2003〕38号)精神,将原省属3340户企业划转杭州属地征管(杭州市区,不含萧山、余杭),实行"总额分享"体制。我市将省级下划企业直接划转到区里实行属地征收,同时对市区财政体制作了必要的调整。通过体制改革与调整,进一步理顺了企业的税收关系,统一企业税收政策,降低税收征管成本和招商引资成本,遏制无序竞争现状,为企业公平竞争创造了条件;打破按企业隶属关系划分税源的传统做法,实行彻底的属地管理,进一步优化税收征管秩序;建立省市区一体的"利益均沾,风险共担"收入分配机制;扩大财政收入总量规模,提升城市地位。

(二)2007年市级企业下划的"属地管理"财政体制改革

2007年,按照建立公共财政框架体系的总体要求,为进一步理顺市区财政分配关系,充分调动市区两级政府尤其是区级政府发展经济和培植财源的积极性,建立市区两级政府财政收入和可用财力稳定增长机制,促进国民经济和社会事业的健康发展,市委、市政府决定在市区范围内(不包括萧山、余杭)实行"市级企业下划、收入在地统计、财力递增上解"的财政体制改革。主要内容:

一是实行市级企业属地管理。取消现行按企业行政隶属关系划分财政收入级次做法,除保留少数特大型企业和跨地区经营企业外,市级企业按所在区域实行属地征管、属地入库。

二是下划财力实行8%的递增上解。由于"财力递增上解"与"总额分享"、"增收上解"叠加,市级企业当年的实际增长与8%的核定增长率的差异可以通过"总额分享"和"增收上解"自动平抑,兼顾市与区的既得利益。

三是按照因素法规范转移支付。根据"财随事转、费随事转"的要求,按工作任务、工作量等因素规范转移支付,以解决当前城市管理重心下移过程中财力保障问题。

四是建立科学的激励机制。统筹和整合市区企业扶持政策和资金资助方法,建立与新体制配套的激励机制,充分调动区级政府增收节支保平衡的积极性。

五是维持原体制中的合理部分不变。市区现行财政体制中的市区超收分成比例、两保一挂政策、省属企业总额分享体制等暂不变化,以保持与省对市体制结算方式的对接。

二、贯彻落实新一轮省对市县财政体制情况

(一)加大现代服务业扶持力度

1.建立机制,重点突破,推进企业主辅分离

杭州市以新政出台为契机,将推进企业主辅分离工作作为优化收入结构、促进服务业发展的重要举措来抓。一是围绕三力合一,建立共赢机制。坚持"企业主体、政府引导、市场配置"三力合一的工作思路,努力在"企业成长、政府得益、经济发展、民生改善"上寻找最佳结合点,积极谋求多方共赢。二是加强组织领导,建立工作机制。建立起财政、国税、地税三方联系制度,广泛开展调研,制订主辅分离实施方案,实施有效的后续管理。三是发挥财税职能,建立协同机制。注重协调配合和政策整合,形成工作合力。四是创新税源管理模式,探索以行业管理为主的税源分类管理制度。

在建立工作机制的基础上,找准工作突破口。一方面,加强主辅分离政策的宣传,做好对企业的政策辅导;另一方面,开展主辅分离的统计调研,发掘企业主辅分离的新途径,培育企业新的"增长点"。市财政、地税部门对市区范围内企业广泛开展送政策、送服务、上门辅导等活动,以重点企业为突破口,逐户走访了杭氧、世纪联华等重点工商企业,重点加强对工商企业、连锁超市、大卖场、汽车4S店等企业的政策引导,鼓励企业主辅分离,助推企业产业结构优化升级。

一是加强政策宣传,促进大企业、大集团产业升级。如杭州钢铁集团公司是全国百强企业之一,是拱墅区的重点税源企业。杭钢股份重组上市后,在税务部门与企业的密切配合下,杭钢集团主辅分离顺利开展。目前,该企业已从产品生产中成功剥离出运输业务、安装业务等服务类业务,成立多家第三产业子公司,初步实现做精做强钢铁主业和做实做强非钢产业的良性发展。

二是对大型商贸企业,鼓励引导主辅分离。辅导企业通过从大型超市中剥离出进场费、广告费、促销费,从大型商场出租柜台剥离出管理费等手段,提高营业税税基。比如,我们通过排查,发现大型商场超市对商品配送都是免费送货,实际的运费已经包含在货物价格中缴纳增值税。为此,我们力促商贸企业及连锁超市分离成立配送中心,单独缴纳营业税。再比如,通过对企业的宣传和引导,解百已成立杭州解百广告有限公司,把向厂家收取的各类广告费分离出来,统一由集团下的广告公司统一

收支。

三是对大型外贸企业引导成立出口货运代理公司。许多大的集团公司都涉及外贸出口业务。目前除了个别企业外，大多是客户指定代理公司或者委托外地大型国际货物运输公司代理货物运输。各税务分局已经开始引导有条件的企业集团进行资源整合，做大出口代理业务，增加代理费收入，从而扩大营业税税基。

四是对设备制造企业引导剥离出安装服务、运输业务。例如，我们在重点企业上门辅导过程中了解到西子奥的斯电梯有限公司大多数电梯的设备安装业务和电梯维保业务均缴纳增值税这一情况后，立即深入研究，最终在形式上确定企业将设备销售业务与安装维保业务分离。同时，为了寻求政策支撑，通过向上级税务部门汇报协调，该公司最终成功实现主辅分离。通过我们的努力，不仅扩大了营业税税基，也减少了企业的增值税负担，达到多赢的效果。

五是从汽车4S店中剥离出促销费、宣传费、广告费等营业税应税劳务。截至12月底，杭州市(不含萧山、余杭)财税部门辅导并实施各类企业主辅分离共54户，增加地方税费约6000万元；兼营行为分别核算的有42户，增加地方税费4000万元。

2.加大现代服务业发展资金投入及整合优化

2008年，杭州市本级已建立6.35亿元的现代服务业专项资金，该资金主要用于支持本市重点发展的现代服务业建设项目，吸引外资、民资、银行信贷等社会各类资金投入，对服务业发展带动性强的重点项目以及传统服务业的提升改造、新型业态的推广运用、新兴现代服务业、公益性服务业、现代服务业功能区块建设进行重点扶持。2009年起，拟将新增的营业税增收返还奖励资金用于加大现代服务业发展资金的投入，并注重资金整合和优化。

3.扶持服务业新经济发展的重点更突出

营业税增收奖励为杭州市发展电子商务、楼宇经济、服务外包、文化创意等新经济提供了资金支持，加大了“优二进三”力度，促进产业结构向高层次的“三二一”调整。

当前杭州市电子商务的发展也遇到了“瓶颈”，突破“瓶颈”就是要做大做强电子商务第三方服务企业。为此，杭州市加大政策扶持，对电子商务专业大公司实行税收减免或财政扶持；拓展空间，大力支持电子商务专业园建设；培养人才，财政对企业培养人才、引进人才给予资金支持；推广应用，财政政策大力助推企业应用电子商务。

近年来，全市各级党委和政府致力于软件信息服务的发展、服务外包的开拓，相继出台了服务外包产业发展规划、指导意见、三年行动计划和年度工作计划等政策措施，取得了喜人业绩。为推动服务外包，杭州市财税部门将大力支持打响“杭州外包”品牌，支持提升外包产业层次，支持推动外包人才培训，同时做好各项服务工作。

楼宇经济是杭州推进产业转型升级、建立现代产业体系的必然选择，是杭州建设20座新城和100个城市综合体的必然选择，杭州财政将加大扶持力度，支持楼宇经济发展，围绕打造全国总部经济中心和全国文化创意产业中心“两个中心”，突出特色楼宇、亿元楼宇“两个重点”，坚持总部经济、税源经济、省会经济“三个为主”，积极发挥财税的职能作用。

(二)出台政策促进金融保险业发展

目前杭州已具备打造区域金融中心的条件，2007年全市金融业比上年增长20.2%，是增幅最快的行业之一。金融存款余额突破万亿元，在全国城市中名列第五，在长三角中仅次于上海。为落实省委、省政府关于杭州市打造长三角南翼金融中心的要求，充分利用省政府出台的金融保险业营业税增收奖励政策，杭州市财政局研究制定了杭州市打造长三角南翼金融中心扶持政策建议。其主要政策内容，一是对当年新引进的全国性金融保险机构总部(或跨国公司区域性总部)，按其规模分档次给予一次性的补助。二是对在本市规划的金融区内新设立的金融机构总部或地区总部，新购建的自用办公房按一定标准给予一次性补助；租赁的自用办公房，在三年内每年按租金的一定比例给予补贴。三是对在本市新设立独立核算的金融机构，三年内其缴纳的营业税当年收入比上年增收(即环比)部分的20%，按项目资助等形式用于支持其在杭继续发展。对新购建的自用办公房产，免征契税及三年房产税。四是在2010年以前，金融企业向本市中小企业、个人和农户发放贷款，按其年末余额增量给予一定的奖励。五是对金融企业的高级管理人员，购买商品房、汽车和参加专业培训的，按其缴纳的个人工薪收入所得税地方分享部分予以一定奖励。六是设立金融业创新发展贡献奖，对进行金融产品和服务创新活动成果显著并对地方经济社会做出突出贡献的机构和个人给予表彰。七是加快金融人才培养，对以市政府名义或市金融领导小组名义组织开展的各类金融培训业务、专业进修活动，按实际发生费用给予一定比例补助。八是出台金融机构的评价激励政策，对于金融机构在对杭州市的政府重大项目支持、中小企业贷款等方面，开展考核奖励。

三、帮助企业共渡难关，推动产业结构优化升级

(一)出台帮扶企业政策，优化企业发展环境

鼓励大企业集团投资再发展政策，将杭州市大企业集团的地方财政收入增量部分，用于支持企业的投资发展项目，鼓励相关产业优化升级。上规模奖励政策，为企业的发展设定经济总量、税收收入特别是技术中心、品牌建设等核心竞争力上的培育目标，企业只要达到就予以重奖。实施瞪羚计划，重点培育500家成长型好、竞争力强、技术优势明显和较强自主创新能力和发展潜力的中小企业。每年安排5000万元专项资金，在中小企业技术改造、技术创新、人才培训、发展奖励等多方面、多层次形成财政资金的资助与奖励。调整出口退税机制，市财政对各区完成出口任务之上的部分，承担部分出口退税额度，支持外贸企业的发展。

(二)设立创业投资引导基金，引领企业创新环境

2008年杭州市财政出资2亿元建立创业投资引导基金，这是在杭州经济步入战略转型期的关键时刻所作出的一项重大战略决策。引导基金的设立，创新了公共财政资金市场化操作平台和资金投入方式，可以更为有效地利用公共财政资金的放大和引导作用。制定《杭州市创业投资引导基金管理办法(试行)》，建立起引导基金规范运作框架和基础。目前，引导基金中的阶段参股方式已选定深圳创新投、太平洋资本、赛伯乐等三家合作创投机构，共吸引创投资本13亿元，跟进投资方式则选取畅翔科技集团作为首个投资对象，市、区各投入300万元，后续有数个项

目实施完成，应该说引导基金已初见成效。

（三）建立多层次融资激励体系，改善企业融资环境

2008年，市财政出台了多项促进中小企业融资的政策措施，主要包括：重新调整出台中小企业信用担保机构风险补偿政策，将政策享受条件放到全国最低水平，通过基本补偿与放大倍数补偿相叠加的方式大幅加大补偿力度。同时，加入对担保机构享受政策的条件限制，为污染耗能企业实施担保的将无法获得补偿，利用政策手段，引导产业发展。积极落实省小企业贷款风险补偿政策，在杭州全市全面推开此项工作。在政策中，着重体现省政府进一步加快发展服务业的政策精神，对于鼓励发展领域的中小企业，风险补偿比例提高到0.8%。此外，根据杭州产业升级要求，特别将文化创意产业也纳入比例提高范围。加快开展杭州市再担保公司的组建工作。通过再担保公司这一载体，构建杭州市的再担保体系，进一步化解信贷风险，鼓励金融机构与担保机构对中小企业开展业务。尝试建立杭州市的债权基金，通过金融工具的创新，为中小企业提供良好的融资服务。

四、积极拓展对外服务功能，整合服务资源，为企业送政策送温暖

（一）创建“纳税人之家”

建立“纳税人之家”，是年初既定的创新创优目标，也是在“非常之时”出台的一项“非常之策”。通过有效整合语音服务、网上在线服务、面对面咨询服务、短信服务等多种服务资源，构筑一个集财政、地税、国税于一体的大服务体系，为纳税人开展多层次、全天候的财税服务。建立我局106名副处级及以上干部与2146名党代表、人大代表、政协委员、社区工作者代表的联系人制度。选聘13名专职专家开展财税专职专家预约、坐席服务。开展35位局级、处级、能手级财税志愿专家在线服务。实施对企业面对面、一对一的政策服务。2008年10月14日起，结合我市房地产新政的出台，48位财税专家与排位前100位的房地产企业开展结对服务，更好落实房产新政。

（二）增强12366财税热线服务功能

畅通与社会公众、纳税人的沟通渠道，建立财税工作意见建议收集分析反馈机制。开通在线解答、预约回呼和远程协助等多渠道接入服务方式以及国税普通发票的流向查询功能。

（三）开展“树新形象、创新业绩”主题实践活动和“向万家企业送温暖”活动

局领导带队走访企业与社区、基层，深入了解企业生产经营困难，搜集企业对于财税政策的意见和建议，举办自主创新政策宣讲会，编写并发放政策汇编书籍3000余册。既为企业解决实际问题，也为科学决策打好基础。

落实财政新体制 促进经济转型升级（摘要）

绍兴市财政局

一、对新一轮省对市县财政体制的认识

财政体制是财政工作的核心，也是处理各级政府之间利益分配关系的根本制度，各级党委政府领导都相当关注、相当重视。这次体制调整，其导向是鼓励第三产业特别是现代服务业发展，其基本手段是财政资源分配的科学、规范、透明、公开，其目的是引导地方政府促进产业转型升级，转变经济发展方式。一是保持了体制结算政策连贯性。科学地继承和发展了“两保两挂”、“两保一挂”等上轮省管县财政体制经验和成果，大稳定小调整，维护了地方政府的积极性；二是突出了转移支付的科学性。通过规范分类分档，可以提高财政资金绩效，进一步增强基层政府提供公共服务的能力；三是明确了激励政策的导向性。通过设立营业税增收上交返还奖励、省级金融保险业营业税增收奖励、新办电力生产企业所在地增值税分成比例提高等激励政策，对地方促进产业转型升级导向作用明显。尤其是从发挥财政的资源配置和调控经济的职能看，新一轮省对市县财政体制中省对市县的奖励政策，充分体现了省财政通过新体制的导向、杠杆作用，实现产业结构优化、经济转型升级、经济发展方式转变的意图，对我市经济社会发展具有重要意义。

（一）有利于促进经济转型升级

改革开放以来，我市经济得到长足发展，综合经济实力在全国城市中排名第31位，在同类城市中排名第11位，全市GDP总量2007年已接近2000亿元，人均GDP接近6000美元。但在经济社会发展进入到新阶段、国内外经济环境发生深刻变化的新形势下，经济发展中的深层次矛盾也日益显现，尤其是经济结构、产业结构方面，占经济主导地位的纺织行业目前正面临较为严峻的形势。绍兴经济要提高竞争力、增强发展后劲，根本出路就在于优化产业结构，实现经济转型升级。这次体制调整将充分激发财政的导向和杠杆作用，促进经济转型升级。

（二）有利于提升第三产业发展

第三产业特别是现代服务业发展是协调产业发展的关键环节。近年来，我市作出了一系列加快服务业发展的决策部署，服务业对拉动绍兴经济增长的作用明显增强，但与全省、全国先进城市相比，差距还较大。目前，发达国家的服务业比重一般在70%以上，北京、上海、苏州、无锡等地比重在50%以上，浙江全省平均也在40%以上，而绍兴2007年服务业比重才33.9%，服务业发展水平与经济规模不相称，已成为制约绍兴经济发展的一条短腿。这次体制调整出台了有关营业税的奖励政策，必将激励我市拟定出台一系列配套政策，加快第三产业发展。

（三）有利于优化财政收入结构

目前，第三产业已日益成为我市财政收入可持续增长的重要支撑力量。2007年，我市来自第三产业的税收收入合计82.09亿元，占全市财政总收入的比重达34.6%。其中：地税部门征收的第三产业税收占全部第三产业税收收入的比重64.2%。这次体制调整出台的市县营业税增收上交返还奖励政策和省级金融保险营业税增收奖励政策，在推进第三产业发展的同时，必将大大改善金融保险业的投资环境，对增加地方可用财力，优化财政收入结构起到深远影响。

二、贯彻落实新一轮省对市县财政体制，促进经济转型升级的主要做法

（一）以整合现有扶持政策为切入点，加快经济转型升级

制定出台综合性的《关于推动经济转型升级若干财税扶持政策意见》。按照"集合完善、整合优化、统筹安排、专账核算"的原则，加大对促进经济转型升级重点领域和关键环节的财税扶持力度，新增发展第三产业、培育总部经济、兴办电子商务等方面的财政激励政策；提高对纺织等传统优势产业和新材料等高新技术产业的技术改造项目的扶持标准。整合后的政策，内容涵盖鼓励服务业加快发展、大力推进自主创新、促进工业结构调整、支持企业节能减排、鼓励转变外贸增长方式和鼓励发展现代农业等七大方面，政策的调整、完善和整合充分体现了新一轮体制的导向作用。

与此同时，在实践中，我们还积极推进"腾笼换鸟"战略，筹措资金4亿元，重点扶持市区二环线以内工业企业提升转型搬迁工程，工业企业转型发展现代服务业项目，鼓励企业利用易地搬迁的机遇，实施符合国家产业发展导向及我市重点鼓励发展的新兴产业和高新技术产业项目等。

（二）以推进工业企业分离发展服务业为突破口，大力促进服务业发展

我们以全省财税推进工业企业分离发展服务业工作经验交流会的召开为契机，坚持"政府引导、企业主导"的原则，有重点、有计划地推进这项工作，做到成熟一家、辅导一家、分离一家，努力实现政府与企业的互利共赢。

一是深入调研，理清工作思路。由财政地税部门牵头，通过座谈会、走访、召开专题会议等形式，听取企业的意见建议，摸清实情，明确推进分离工作的六种形式。即：主营业务与上游的研发和原材料采购业务和下游的商品销售业务进行分离；建筑、房地产企业分离发展设计、工程监理、物业服务等服务企业；一般工商企业分离发展安装维护、科研开发、技术咨询、售后服务等服务企业；整合现有运输资源，发展物流企业，承接本地工商企业的运输业务；电力、石油、电信等企业，分离出工程建设施工、工程维修维护及其他一些设计、广告、房地产开发等三产企业；其他有关企业的分设，如自来水、污水生产（处理）企业的生产销售与管道运输相分离等。

二是出台政策，加快工作步伐。先后制定《关于支持市区企业主辅分离的意见》、《关于支持市区企业主辅分离的补充意见》，明确分离后设立的第三产业相关扶持和优惠政策，并整合设立财政专项扶持资金。

三是健全机制，创新服务平台。市委、市政府专门成立推进工业企业分离发展服务业工作领导小组，各县市也成立相应的组织机构。先后组织召开乡镇、街道主要负责人座谈会和重点企业座谈会，强调开展工业企业分离发展服务业工作的目的意义，讲解政策的主要内容，并结合乡镇财政体制调整，落实了激励制度。同时，建立推进工业企业分离发展服务业工作月报制度，定期通报各县市的工作进展情况。

目前，全市共有162家企业成功实现工业企业分离发展服务业，拟分离32家，已分离的企业增加营业税及地方税费共计3239万元，增加企业所得税1267万元。

（三）以体制调整为导向，促进区域经济结构调整和转型升级

新一轮省对市县财政体制文件下发后，适逢我市有关开发区、新区和镇（乡）财政体制的调整，我们按照省对市县的理财理念，变一家理财为大家理财，致力于建立激励型财政体制，充分调动开发区、新区及镇（乡）的积极性，增强其大力发展服务业和优化提升产业结构的力度。

建立激励型财政体制，充分调动开发区、新区和镇（乡）增收节支的积极性，因地制宜，根据各自不同定位，不同的经济发展水平，实行不同的激励政策，从而规范开发区、新区和镇（乡）的财政收支行为，逐步缩小彼此之间的财力差距，提高公共服务水平，防范和化解债务风险，促进开发区、新区和镇（乡）经济和社会事业健康发展。

激励型财政体制主要包括以下几个方面：一是因地制宜，建立各有特色的激励机制。对以发展第三产业为主的两个镇，将其区域范围内的营业税增收上交省部分给予全额转移支付，作为镇财力的一部分；对以发展第二产业特别是制造业为主的一个新区，将其区域内地税收入市财政可得部分给予80%的分成。二是促收节支，建立合理约束机制。对开发区、新区和镇（乡）的财政收支和管理实施动态综合考核，将经济增长质量、基本支出保障、财政平衡等纳入综合考核范围，在转移支付补助和专项资金分配中体现奖惩，从机制上调动开发区发展经济、增收节支的积极性，达到优化支出结构、有效控制支出的目的。三是加强债务管理，建立防范和化解债务风险的约束机制。建立偿债准备金制度，明确负债率不超过国家规定的最高负债率；开发区、新区和镇（乡）根据预算内、外综合财力每年按不低于年初政府性债务余额的3%筹措偿债准备金，其中预算内安排不少于增收额的20%建立偿债准备金。同时加大考核力度把制止新债、化解旧债与考核干部任期目标和工作实绩结合起来。

加强财政专项资金管理　提高资金使用绩效（摘要）

杭州市余杭区财政局

一、加大专项资金整合力度，体现集中财力办大事原则

为解决财政专项资金支出结构固化、项目安排分散、重点不突出的问题，在摸清各种专项资金的管理、使用和效益情况，客观评价各种专项资金存在的必要性、规模的合理性以及整合的可能性的基础上，大力压减不适时或效益不高的专项资金，合并资金用途或扶持对象相近的专项资金，按照"循序渐进、分步实施，先重点、后一般"的原则，整合财政专项资金，增强集中财力办大事的能力。一方面，统筹安排预算内安排的专项资金与部门预算外资金，形成"拳头"，解决预算内、外资金"两张皮"的问题；另一方面，对资金用途或扶持对象相近且又分属不同部门管

理的资金进行整合，避免多头管理、分散资金。2007年，通过整合、归并、撤销等举措，对全区36个专项资金整合归并为十大类专项资金。整合后的财政专项资金，坚持了有所为有所不为的原则，进一步明确投资方向和扶持重点，集中用于重点领域、重点地区、重点项目，努力实现经济、社会效益最大化。

二、建立专项资金管理制度，规范专项资金使用

制订《余杭区财政专项资金管理办法》。同时，根据该管理办法，出台十大类专项资金管理办法及实施细则，形成余杭区专项资金管理的“1+10”制度，汇编成册，下发各主管部门和企业。

1.严格控制专项资金设立和安排。在专项资金安排和使用上遵循五项原则：一是预算安排原则。专项资金安排做到年初有计划，预算有安排。在每年年底前由各主管部门编制下一年度专项资金的安排方案，报送财政部门审核后报分管区长，经区政府审批同意后列入当年预算计划。二是专款专用原则。严格执行专项资金管理办法，对每个专项资金制定具体管理细则，实行严格管理，确保专款专用。三是扶持重点原则。专项资金重点投向工业发展、现代服务业发展、科技创新、生态环保、品牌建设、城市化推进、新农村建设和促进经济增长方式转变等方面的支出。四是公开公平公正原则。专项资金的使用坚持补助范围公开，补助对象公开，补助标准明确，增强专项资金使用的透明度和可操作性，减少自由裁量权，项目补助实行公示制。五是政府引导原则。坚持科学发展观的要求，充分体现和发挥财政资金“四两拨千斤”的导向作用。另外，新增专项资金项目严格按照上级政府或部门规定要求和实际工作需要，上报经区委财经领导小组批准进行设立，对专项工作已经完成的专项资金及时予以清理取消。

2.明确专项资金适用的范围和用途。专项资金适用的范围主要包括工业、现代服务业、科技、生态环保、农林水利、城市化推进及新农村建设补助等6个方面。主要用于鼓励企业自主创新，加快发展高新技术产业，促进产业结构调整和经济增长方式转变；推动现代服务业发展，提高服务业在三次产业中的比重；加大对农业和生态环保的投入，促进城市化建设进程，推进社会主义新农村建设等。从严控制各主管部门以正常公用支出和专项工作无关的会议费、培训费、考察费等各种名义挤占专项资金或用于对工作的奖励，避免专项资金的分散使用。

3.建立五项专项资金管理工作制度。一是项目会审制度。对列入计划的当年拟补助项目，由主管部门牵头，并会同财政邀请相关部门或行业专家根据专项资金管理办法进行会审，会审通过后各相关主管部门和财政对口业务科室实行会签制度，并报分管领导审核同意，防止出现多头申报、重复补助现象。二是项目公示制度。对补助到企业和非政府项目的专项资金实行事前公示制度，主管部门在补助计划下达前，通过报纸、电视、网站等媒体进行公示，向社会公开给予补助的项目，广泛听取各方面的意见和建议，提高决策的科学民主水平，公示期限一般为3～7天左右，公示结束后，会同财政部门联合发文下达计划。三是项目监察审计制度。每年由监察部门牵头，财政、审计等部门配合，有重点地选择部分专项资金及项目，通过检查、审计等方式，加强对专项资金使用的监督管理，并出具检查报告或审计报告，切实发挥专项资金的作用。四是项目跟踪管理制度。由主管部门负责对补助项目的事前、事中、事后跟踪管理，建立管理档案，包括专项补助资金的上报、审批、立项、资金拨付、使用、核算和补助项目的效益等。五是项目绩效评价制度。根据省厅有关财政支出绩效评价的政策、办法、意见，结合本级财政实际情况，设立专项资金绩效评价标准，对补助金额标准在20万元以上的项目实施单位，必须对补助项目实行自评；基建项目投资额标准在500万元以上，由具体实施单位实行自评，财政部门根据项目资金安排情况，每年在单位自评基础上有重点地选择部分项目进行绩效评价，反映专项资金的使用绩效。

4.严格实行问责追究制度。对各主管部门和项目申报单位在专项资金的管理使用过程中的违规操作行为，实行问责追究制度，并由监察、财政、审计部门根据国务院《财政违法行为处罚处分条例》和相关法律制度规定，追究主管部门负责人和直接责任人员的行政责任和法律责任。

三、加大财政监督力度，提高资金使用绩效

一是加强组织机构保障。成立绩效评价科，选用业务骨干人员参与财政资金绩效评价管理，进一步规范财政资金使用，提高资金使用绩效。二是建立财政支出绩效评价实施办法。按照“统一领导、分类管理、客观公正、科学规范”的原则，采用定量与定性分析相结合的评价方法，科学、准确地对所有项目资金进行绩效评价，同时设立绩效评价指标和标准，形成项目自评，主管部门评价，财政部门评价的评价体系。三是完善绩效评价专家库建设。2008年初，对各主管局及项目单位具有一定专业职称、专业技能的人员进行了调查摸底和资格审查，进一步充实了专家库，使原有的专家库人员从60名增加到现在的83名。四是制定《余杭区财政局绩效评价内部协调工作制度》。建立财政内部各有关业务科室在绩效评价工作中的联系、协调和沟通机制，由绩效评价科具体组织实施，定期或不定期召开绩效评价工作会议，通报绩效评价有关工作，研究、协调工作中遇到的问题，提出改进措施，增强绩效评价工作的效能。

加强管理　整合资源
努力提高行政事业单位国有资产使用效益（摘要）

衢州市财政局

一、主要做法

（一）清产核资，摸清家底

针对行政事业单位国有资产管理不同程度地存在家底不清、账实不符的问题，我们把行政事业单位资产清查作为国有资产管理的一项重要基础工作来抓。2007年，我们根据财政部、省财政厅开展行政事业单位国有资产清查工作的有关通知精神，成立资产清查工作小组，认真开展行政事业单位资产清查工作。在单位自查的基础上，集中精力，通过看实地、查资料、核面积、统计数据、分析情况等五个步骤，深入各单位进行调查核实，基本摸清了市本级行政事业单位国有资产的家底。在核实的基础上，2008年以来，我们将资产的使用情况分办公、闲置、出租等，详细列明单位人数、办公资源面积、房产位置、房产租期等清单，建立国有资产台账，为下一步资产的整合、处置和调配打下基础。

(二)建立制度，规范管理

以防止国有资产流失为重点，2003年下发了《关于进一步加强市本级行政事业单位国有资产处置管理工作的通知》，对行政事业单位资产无偿划转、有偿转让、出租或承包、核销、被撤销或合并单位和改制事业单位的资产处置、单位负债、对外投资等八种情况，明确了相关处置程序和审批权限。根据政府性投资公司不断增加、投资内容增多、政府债务风险加大的实际，2005年出台了《关于进一步加强国有投资公司管理的意见》，对投资公司的建设项目管理、财务管理等进行规范。结合财政部《行政单位国有资产管理办法》和《事业单位国有资产管理办法》，2007年制定了《市本级行政事业单位国有资产管理暂行办法》和相应的《实施意见》，进一步明确资产配置、使用、处置、收益、单位负债等方面的管理办法、操作程序。这些具有可操作性的制度的出台，促进了行政事业单位资产管理的规范化。

(三)突出重点，加强监管

一是做好资产的报废核销工作。对单位核销的实物资产，除法律法规规定必须就地销毁或到国家定点单位处理外，一般由市国有资产经营公司代为收取和处置。二是规范行政事业单位资产的出租转让程序。对行政事业单位有偿转让限额以上国有资产，"利用国有资产对外出租的统一委托具有国有产权转让资格的中介机构以招、拍、挂形式公开处置，符合进入招投标中心交易的资产，通过市招投标中心进行交易。三是推进事业单位改制工作。通过改制，市本级减少20家事业单位，其中改制(产权制度改革和事业身份转换双到位)12家，改制后组建公司制企业8家；市财政通过改制清算回收房产近1万平方米，土地面积近8万平方米，收回财政现金1600多万元。四是开展行政事业单位资产处置情况专项检查。2007年，我们对市级行政事业单位近三年的国有资产处置行为进行了专项检查，处理了一些违反程序出租转让国有资产的行为，进一步完善了制度，规范了管理。

(四)整合资源，优化资产

盘活存量资产，优化资产布局，实现行政事业单位国有资产的保值增值。如，为做好市区学校资产盘活和布局调整工作，通过对衢州一中、衢州中专等各学校老校区进行土地开发置换，筹得建设资金4亿多元，向银行借款4亿元，完成衢州学院(筹)、衢州一中、衢州中专、衢州高级中学等单位的建设调整优化工作，项目总投资近8亿元，完成并交付使用的建筑物面积达35万平方米；衢州日报社采取异地建设和国有资产整合模式，自筹建设资金5000万元，加上银行融资3000万元，解决了新办公大楼建设资金需求。通过积极运作国有资产，各部门单位的大量闲置资产得到有效盘活，既缓解了我市财政的支出压力，又加快了我市各项社会事业建设的步伐。

(五)探索创新，提升效果

一是探索建立资产监管内设处室。2006年，结合国资委的设立，对内设处室职责作了调整，将一般行政事业单位的资产纳入非经营性资产监管处监管，监管内容侧重于规范处置、配置。对需承担还款兜底责任的投资公司归口投资管理处管理，侧重于债务监管和资产运作，以防患于未然。

二是探索建立收益收缴制度。将各行政事业单位资产转让收入纳入单位财务统一核算，实行"收支两条线"管理。出台《衢州市本级国有控股参股企业国有股红利收缴管理工作暂行意见》，将国有股红利收支纳入非税收入财政专户管理。

三是探索行政事业单位保值增值考核办法。实行公益性国有资产委托经营责任制，将衢州日报社、衢州市广电总台国有资产保值增值情况列入单位年度工作考核，调动经营者积极性，实现了保值增值的效果。

四是探索实行债务计划管理。按照部门提出、财政平衡、政府批准的原则，从2006年开始对市直国有投资公司政府性债务实行计划管理。2008年对行政事业单位实施债务计划管理。通过债务计划管理，加强对单位资产抵押和担保行为的监管，促进了相关单位改善管理、控制债务规模，防范政府债务风险。

五是探索国有资产合理配置。针对实物国有资产配置苦乐不均客观存在的情况，明确管理原则，行政事业单位在购建新办公用房前要对老办公房提出处置意见，报财政部门初审，市政府同意后，发改委方可办理立项。按照这一思路，先后对交通局、公管处、工商局等单位的楼房建设资金问题作了明确，下一步将结合今后城市西区发展，盘活用好西区现有的办公楼资产。

六是探索推进国有资产的整合使用。在前期调研、专项检查、摸清家底的基础上，我们制定了行政事业单位资产整合方案，对行政事业单位资产中的店铺、宾馆、商品房、对外投资股权等可经营化的资产，分别投入到城投公司、国资公司、交投公司等投资公司，充实公司资本，增强融资能力。目前整合方案已经市委研究同意，对外投资股权划转出资正在实施。

二、取得成效

(一)建立了基本的国有资产管理制度。目前，我市已建立了比较系统和完整的有关行政事业单位资产的配置、使用、处置、收益等方面的管理办法，为规范行政事业单位国有资产的配置、处置、收益的管理提供了依据。

(二)国有资产处置程序规范，公开处置观念深入人心。通过加强和规范行政事业单位国有资产监督管理，基本消除了以往有些单位"资产处置不报批、房屋租赁不公开、处置收益和租金收入不入账"等现象，从源头上防止、减少了国有资产流失和腐败现象，行政事业单位国有资产管理成为惩防体系建设的重要内容，为进一步深化和规范行政事业单位国有资产管理打下了思想基础。如2006年，我们对市某局下属的宾馆实行公开拍租，年租金达到365万元，比该局原自行出租价格270万元增加了95万元，增幅达35%；2008年，对市某部门的15间店面进行公开拍卖，评估价480万元，拍卖成交价705万元，溢价225万元。

(三)筹集了大量的建设资金，促进了经济社会各项事业加快发展。通过盘活存量，增强了政府投资公司的融资能力。通过适度举债，筹集了大量的建设资金，在支持重点项目建设、推进我市城市化、工业化方面发挥了积极的作用，促进了我市经济和社会事业的持续健康发展。

财政工作导入质量管理体系的实践与思考(摘要)

桐乡市财政局

一、主要做法

(一)营造氛围,提高认识

2006年8月,首次提出了导入质量管理体系,应用先进的管理方法和科学的标准来规范行政行为和工作过程。同年10月局长办公会议正式决定建立ISO9001质量管理体系。随后,成立了贯标领导小组,并设立了贯标办公室,具体负责贯标工作的组织协调和实施。多次开展思想动员,提高贯标认识,明确贯标纪律,营造贯标氛围,并组织全局人员进行质量管理体系文件学习和ISO9000族标准培训,消除了少数干部职工对质量管理体系建设心中无底、怕不懂、怕烦琐等错误认识,为顺利贯标奠定了思想基础,提供了组织和技术保障。

(二)精心组织,严密规划

按照质量管理体系的要求,对组织结构、资源配置、工作流程等管理现状进行摸底诊断,重点是识别和评价财政工作流程的设置、工作环节接口安排、内部管理的缺陷等,在此基础上,确定组织结构、部门职责和岗位职责、建立体系需要重点解决的问题,确定体系建设推进的具体计划和工作安排。具体工作上,重点做几个方面工作:

1.充分了解和掌握财政管理工作的实际现状和实际需求。填写《各部门工作职责情况调查表》、《岗位职责、工作标准及任职条件表》等表单,要求各部门根据本部门目前实际履行的工作职责情况,对照文件规定,逐条提出调整修改意见、拟增加的工作职责及其调整理由,以确定各级领导、科室的职责;根据本部门目前实际履行的工作职责情况、内部分工情况、工作过程流转控制情况,合理设置岗位名称、明确岗位职责及其工作标准;对现有财政业务的工作流程进行描述,并提出优化流程的建议,全面梳理工作依据、形成的工作记录等文件资料,为有针对性地建立体系文件提供依据。

2.确定质量管理体系的目的、范围和依据。首先,针对我局实际情况,提出建立质量管理体系的目的是强化内部组织管理,理顺管理关系;规范管理干部职工行为,树立组织形象;营造科学的管理氛围,适应财政财务管理改革的需要;提高全局人员素质,转变工作作风,增强服务对象满意度。其次,质量管理体系范围是以桐乡市财政局为一个整体单位,范围涵盖市局各部门、各单位所有财政财务管理服务行为。再次,建立质量管理体系的依据是GB/T19001-2000《质量管理体系——要求》;GB/T19000-2000《质量管理体系——基础和术语》;有关财政财务管理服务相关的法律法规及标准、规范等。

3.确定质量管理体系建设实施方案。重点围绕以下几个方面策划体系实施方案:一是建立质量管理体系文件思路。建立体系文件时充分考虑与地税质量管理体系文件相兼容部分;按照工作过程确定流程,形成程序文件,在程序文件中重点规定部门职责、岗位职责、完成时限、工作标准等相关要求;建立部门工作手册,将科室职责、岗位职责、人员任职要求等内容纳入手册;依据工作标准编制考核标准;整体工作文件与信息化管理、考核相结合。二是列出可能的程序文件或作业指导书清单。三是制订体系建立推进计划表。

(三)凸显特色,编制文件

编制体系文件是贯标工作的重中之重。这一环节的主要任务是,将ISO9000族标准、财政管理的特点与局工作实际结合起来,设计出合理的、具有简便操作的质量管理体系。

1.建稿的原则。具体建稿过程中,我们注意把握好实际所需原则、系统优化原则、继承发展原则和经济高效原则,最大限度增强体系的科学性、严密性和可操作性,避免将体系搞成华而不实的“花架子”。文件实际编写的过程中,我们特别注意了以下几点:一是科学实用。文件编写要“写我所做”,日后执行是“做我所写”。因此,文件编写所依据的是实际工作及相关法规,不能脱离实际去编写。二是相互协调。每个财政科室都有其独立的工作内容,但又有与其他业务科室相关联的工作。因此,建稿过程不能让各个科室闭门造车,各搞一套。对此,我局在建稿时重点对业务接口、工作流转不顺畅的地方进行了协调,各科室相互征询意见,对工作的交接、分工进行了统一,建立了相关《工作流程图》,使工作流程清晰、各科室配合更加协调一致。而与地税接口部分(公共科室),原则与地税相一致,同时进行适应财政工作的调整,实际操作中依据就高不就低的原则进行,即按相关规定要求较高的一方体系文件执行,这样避免了需同时操作的重复工作,减轻了工作量,并同时符合两方面的体系要求,使公共科室的工作有序、规范开展。三是简化操作。简化操作是提高工作效率,提高服务对象满意度的客观要求。质量管理体系要求工作有记录、交接有记录,要求工作目标可测量,顾客满意度可测量,所有的一切都要求进行记录,从而达到监测过程、控制质量的目的。但是,所有工作都产生记录会使工作量大大增加,不利于提高工作效率,影响既定目标的按时实现,更会使服务对象感到繁琐,增加双方矛盾或满意度下降。所以,建稿时着重理清工作思路,对工作流程,包括审核环节、流转环节、记录设置等在符合相关规定的前提下能简则简,既体现体系的严谨性,又体现体系的效率性;文件及程序的规范化不一味地追求模式化,而是兼顾效率。

2.体系文件的具体编写。在充分调研和理性思考的基础上,结合财政工作实际,确立了“依法理财,科学管理,优质服务,和谐发展”十六字质量方针;明确了全局和科室质量目标,明确了实现质量方针和质量目标的组织结构、工作程序、过程和资源等内容。依照总体结构设计、根据相关法规规定、实际工作需要和要求,按各科室业务特点及职责,确定程序主控科室,采用分解和集中等方式落实质量管理体系文件的编写、审核、修改、定稿等工作。

通过几个月的大量工作，全局共编制了《质量手册》、44个程序文件、15个《工作手册》、57个作业指导书，整理了493个业务表单，初步建立了质量管理体系文件，形成了贯穿内部管理各个环节、覆盖财政工作各个方面的质量管理体系框架。并于2007年7月1日正式颁布试运行。

(四)有效运行，持续改进

导入质量管理体系的目的在于将发布的质量管理体系文件付诸实施，并通过不间断地改进实现质量方针、达到质量目标。因此体系文件发布以后，我们始终将体系的运行和改进作为重要工作常抓不懈。第一，强化学习。积极开展教育培训活动，使大家充分理解并熟悉掌握岗位职责及相关的工作程序、要求和质量记录，明确自己该执行哪些体系文件，如何执行体系文件，牢固树立有输入必须有输出的"闭环"意识、全员协同作战的团队意识和持续改进的超越意识。第二，持续改进。持续改进总体业绩是组织追求的永恒目标。在实际执行质量管理体系过程中，我们通过不间断地比照、验证实际操作过程发现的体系文件中存在的一些理想化的、不符合客观实际的或是落后于实际工作的内容，及时进行修改，使体系文件更加实用、简便、易于操作，注重在实践中不断检验和完善文件体系。第三，进行内部审核和管理评审。每个季度开展一次由内审员开展的内审，检查体系的运行和实施情况，反映各科室执行和操作中的问题，着力提高体系的符合性。每年年底开展一次由管理者组织的管理评审，总结评价体系运行情况，汇总服务满意度及服务投诉情况，并提出纠正和持续改进的预防措施等，不断增强体系的适宜性和有效性。在2007年体系试运行期间，开展了两次内审、一次管理评审，并于同年底通过外部审核，取得认证证书。2008年以来，开展了三次内审、一次管理评审，制定了《质量管理体系内部审核指导手册》，并于年底顺利通过了年度监督审核。

二、主要启示

(一)统一思想是前提

由于财政管理工作的特殊性，决定了推行ISO9000族标准，既不能照搬照抄别处的现成模式，也不能完全依赖咨询公司，决定了推行工作的难度。同时在推行过程中，由于受惯性思维和惰性思维的影响，势必会受到这样或那样的阻力。因此，统一思想认识尤其重要。首先是局领导班子对贯标工作要高度统一；其次要充分发挥中层干部这支中坚力量，使他们成为积极的促进派、坚强的领导者和忠实的执行者；最后是要严格按照责任贯标的要求，将贯标责任分解、落实到岗、到人，激活科室的积极性和创造性，将"服务至上、质量第一"的观念深深植入每位干部职工的头脑。

(二)全员参与是基础

建立和实施质量管理体系是一项系统工程，涉及财政工作的每一个环节和每一位财政干部。没有全体干部职工的积极响应和参与，再严密的工作流程，再严格的工作质量要求，再精确的技术规范，都难以发挥应有的作用。因此在贯标过程中，全员参与是基础。要始终将全员学习培训摆在突出位置，贯穿于贯标工作的始终。通过专家集中授课、科室自我学习、专题讨论等形式开展学习培训，使全体干部职工深入学习和掌握质量管理体系的基本情况、相关术语、标准内涵和操作流程，明确工作要求。同时，对贯标工作中的个性化问题，广开言路、充分探讨、达成共识，以期达到人人有责、全员参与的贯标氛围，形成工作合力。

(三)工作职责和工作流程的细化、优化是关键

ISO9000族标准的核心思想是过程管理，即把质量管理体系所需的各种活动都作为过程，对过程的三个要素(输入、输出、活动)进行识别，明确过程之间的相互关系，确认过程系统，规定过程的途径和实施方法，规定相应的职责、资源和监控，通过对过程的系统中单个过程之间的联系以及过程的组合和相互作用进行连续的控制，达到满足顾客要求、让顾客满意的目标。可见，在质量管理体系建设过程中，必须抓住工作职责和工作流程的细化、优化这个关键，才能明确各个体系文件的部门职责、岗位职责、工作流程、完成时限、工作标准、工作记录等内容；才能依据工作标准编制考核标准等。

(四)持续改进是保证

质量管理体系的运行过程，是一个"写你所策划的，做你所写的，记你所做的，查你所记的，改你所错的"过程，是一个发现问题、分析问题、解决问题的过程。因此在体系运行过程中，必须秉承持续改进的理念，及时验证体系的运行和实施情况，及时查找体系运行中存在的问题，及时提出纠正和持续改进措施，不断增强体系运行的适宜性和有效性。

三、改进方向

质量管理体系在我局的顺利运行，使我局的质量管理理念得到进一步增强、财政基础工作得到进一步提升、"五型机关"建设得到进一步推进。但体系的运行也暴露出一系列问题，主要表现在：标准的认识还不够到位，体系的运行还不够规范，运行的监督还缺乏保障。下一步，我们将按照"强化三个结合，提升三个保障"的改进方向，进一步深化质量管理体系建设。

(一)结合财政管理改革，提升体系运行的体制保障

质量管理体系的持续改进必须高度契合财政管理改革的实际需要。因此，质量管理体系建设必须紧密结合当前"收入一个笼子、预算一个盘子、支出一个口子"的预算管理模式和预算编制、预算执行、预算监督三位一体的预算管理运行机制的改革进程，找到标准与实际工作的最佳结合点，使理论与实践紧密联系，以实实在在的工作措施、实实在在的工作标准、实实在在的工作成效，建设、运行、改进好质量管理体系，在循序渐进、持续改进中不断寻求财政工作新的突破。

(二)结合考核体系建设，提升体系运行的组织保障

良好的考核体系有利于质量管理体系的贯彻执行和落实到位，也有利于我们及时发现问题和纠正问题。因此，下一步我们将着手建立质量管理考核体系，强化考核制度。依据工作流程确定关键控制点，依据关键控制点制订工作标准，依据工作标准制订考核标准，依据考核标准建立考核体系，并通过强化考核进一步推进质量管理体系建设。

(三)结合金财工程建设，提升体系运行的技术保障

导入质量管理体系是对具体工作质量实现规范化的过程控制，需要信息化建设的强力支撑，以提高贯标过程中工作流程、具体操作和运行考核的自动化控制程度，达到以机管人，以机管事，以确保体系的有效贯彻执行，促进效率与规范的有机结合。目前我们在推进过程中碰到的主要难题是：现有的信息化财政

管理软件分属不同的商业软件公司，难以进行有效整合；而质量管理体系又强调以过程控制为核心，需要由一体化软件进行技术支撑。特别是各地财政管理工作的差异性，要求金财工程“定标准、留接口”的大前提下，根据桐乡实际，将质量管理体系要求融入一体化软件的研究和开发，开创以一体化财政管理软件为支撑的质量管理体系。

立足侨乡　巧设载体
扎实推进财税文化建设(摘要)

青田县财政局

一、主要做法

(一)立足青田侨乡特色，积极发掘财税文化的人文内涵

青田是我省著名的华侨之乡，地理位置虽然偏处浙东南，全县人口只有50多万人，但是有20多万华侨分布世界各地。他们的信息、他们的投资，对于青田经济的发展都是宝贵的资源。立足这个特色，我们在财税文化的建设上，注重发掘特色鲜明的人文内涵，要求财税干部有大局眼光、世界眼光，多学习外域的先进文化，多了解世界发展的潮流，同时积极发挥优势，做沟通的桥梁，通过广大华侨，把青田介绍给世界，让世界了解青田。基于这样的理念，我们格外重视单位和个人的人文修养，倡导树立精品财税文化，体现在财税干部身上，既要业务精、工作细，又要有文化、有内涵。

为了深化富有侨乡特色的财税文化，我们高度重视并充分用好与青田财税系统有直接联系的华侨资源。2008年7月，一批于上世纪80年代末、90年代初从青田财税走出、侨居世界各国的华人华侨“回娘家”探访。我局全程做好组织、接待工作，召开座谈会、组织考察参观，让喜回娘家的“海外财税人”充分了解几年来青田和青田财税事业的发展情况。同时还协助成立了我省第一个以部门为名的侨团组织——青田财税系统海外华人联谊会。通过这项活动，强化了“财税情结”的人文效应，进一步拓展了财税文化的内涵和特色。

(二)围绕“学习型组织”建设，全面提高财税干部文化修养

坚持把“学习型财税机关”建设作为财税文化建设的核心，全盘带动、全面推进财税文化建设，全面提高财税干部文化修养。不断完善制度，搭建平台，通过中心组理论学习、周一学习例会、集中学习和自我学习相结合等形式，积极倡导全体干部终身学习、全员学习、全过程学习和团队学习，在全系统营造人人讲学习、个个求知识的浓厚氛围。着重用好“走出去、请进来”的形式，从2005年开始，每年组织财税干部“走出去”，到大专院校进行培训进修，拓宽干部视野，2007年10月我局组织全体基层干部赴省财政厅培训中心参加培训；几年来，多次将省、市、县专家“请进来”开展专题讲座，提升干部综合素质，去年邀请了上海戏剧学院的教授进行行政礼仪培训。

(三)突出廉政文化建设，大力夯实财税文化基础

结合财税特点，突出廉政文化建设的基础地位，千方百计抓好廉政建设，固本强基，为财税文化建设奠定坚实基础。一是开辟多种宣传途径，增强廉政文化影响力。充分利用网络优势，依托局内网设立“廉政作风建设”专栏，通过手机信息平台，向广大财税干部发送廉政短信息，进行经常性教育。组织干部参观监区，听取服刑人员现身说法，用活生生的事例净化干部的思想灵魂，让全体干部在分析对比中得出正确的判断，在亲身体验中接受文化的熏陶，让廉政文化从情感上、心理上控制、支配和决定财税干部的言行，做到以正压邪，激浊扬清。二是积极创新载体，增强廉政文化感染力。根据新形势下干部思想活跃、文化需要丰富多彩的特点，利用组织观看教育片、开展“读书思廉”活动、举行读书辩论会、先进事迹报告会等学教模式，促进干部职工形成积极的价值观、高尚的道德情操和健康的生活习惯，使廉洁、诚信、守法等良好道德意识和法纪观念深入人心。2008年，在全市财税系统“以党的十七大精神指导反腐倡廉建设”征文活动中，我局荣获组织奖，两名同志分获二等奖、优秀奖。三是扩大教育覆盖面，增强廉政文化渗透力。把社会公德、家庭美德、职业道德教育有机结合起来，积极开展廉政文化“三进”活动：将财税廉政文化送进每户财税干部家庭，引导和教育家属当好“家庭纪委书记”，自觉把好家庭廉政关，维护家庭的幸福和安宁；将财税廉政文化建设融进企业，充分发挥纳税人监督作用，促进财税干部依法行政的能力和廉洁治税的意识；将财税廉政文化推进社区，广泛开展亲民、爱民、为民活动，切实转变机关作风，树立财税系统良好的社会形象。

(四)抓好各项主题活动，深化拓展财税文化内涵

将机关效能建设和干部作风建设纳入财税文化建设的范围，以开展各项主题活动为契机，在提高机关效能和干部作风的同时，深化财税文化建设，拓展财税文化内涵。几年来，我局按照上级的统一部署，在全系统先后开展了保持共产党员先进性教育、“作风建设年”、“和谐家园”建设、党的十七大精神宣传教育、解放思想大讨论等一系列主题活动。在活动中，按照有关要求，对照活动目标，不断查漏补缺，不断整改完善，健全各项规章制度和工作机制，将机关效能和干部作风建设推上了新的台阶，财税干部职工思想素质明显提高，工作作风明显改进，服务意识明显提升，全局上下形成了开拓进取、奋勇争先的良好局面。

(五)设立“四大财税”活动载体，立体式构建财税文化

根据财税工作特点和自身实际，确定了以“四大财税”为载体立体式构建财税文化建设。一是打造“文化财税”。为了在财税系统营造浓厚的文化氛围，我们开展了办公场所文化建设活动，用传统的书法、绘画作品装点、美化办公场所，既熏陶、提升财税干部文化品位，又对外展示了青田财税文化形象。为了展现青田财税精神，打响青田财税名片，邀请上海作曲家为我局量身定做了“青田财税人之歌”，并成立合唱队，在县纪委组织的廉政歌

曲大赛上唱响;组织年轻财税干部编写《奋翮振翅向云天——青田财税纪事》一书,总结、传承青田财税优良传统。2008年,在省厅公务员选调工作中,有三名干部进入面试;在全省竞争性选拔干部工作中,又有三名干部进入面试,充分体现了青田财税干部文化素质在不断提高。二是打造"快乐财税"。为了让财税干部以饱满的热情投入工作,在全系统积极营造"快乐工作、快乐生活"的氛围,推出多项活动丰富干部职工的生活。举办青年干部演讲赛、辩论赛,组织人员参加晚会演出、体育竞技,充分发挥财税干部的特长和才华。举办迎春酒会、趣味运动会,组织干部参加军事训练,以职工兴趣小组为单位开展登山、钓鱼等活动,增强财税队伍的活力和凝聚力。设立职工图书室、乒乓球室、健身房等活动场所,引导干部职工"三走近、三远离"。三是打造"爱心财税"。为了增强财税干部的社会责任感,我局积极组织干部职工奉献爱心。先后开展了到敬老院看望孤寡老人,为灾区贫困学生捐款,为四川地震灾区捐款、缴纳特殊党费等活动。我局干部职工积极主动到联系乡——舒桥乡与贫困农户结对,帮助他们发展经济、增加收入,同时大力支持该乡的学校建设及校园图书室、群众体育设施建设,丰富农村文化生活,受到了联系乡群众的广泛赞誉。四是打造"和谐财税"。在真切关怀在职干部职工的基础上,真诚关爱已离开财税工作岗位的"青田财税人",在青田财税系统营造全面和谐的良好氛围。特别关注老干部的需求,每年在春节、"九九"老人节等节日召开老干部座谈会,加强与老干部的交流;在日常生活中,做好老干部的医疗保障工作,确保老干部安度晚年。加强与"海外财税人"的沟通联系,将财税大家庭的温暖延伸到海外。

二、几点体会

(一)领导重视是关键。一件事情能否办好,一个决策能否执行到位,领导重视是关键。青田县财税局的领导班子高度重视财税文化建设,将其作为推进工作、凝聚队伍、提高素质、展示形象的一个重要抓手。在创建财税文化过程中,局领导加强自身修养,率先垂范,吸引和带动全局职工积极参与。

(二)立足县情是根本。财税文化建设一定要联系当地实际情况,建设特色文化。只有这样,财税文化才是有本之木,才有活力,有生命力。青田财税就是紧紧围绕青田的"三乡文化"(即华侨之乡、名人之乡、石雕之乡),努力挖掘、吸收文化内涵,从而创建了富有青田特色的财税文化,树立了良好的文化形象。

(三)全员参与是保障。财税文化建设不是一两个人的事情,只有全体干部职工热情参与,财税文化建设才有良好的局面。我局在创建财税文化过程中,高度强调全员参与。在开展活动的时候,首先考虑活动参与面广不广的问题;通过党、团、工、妇等组织,确保每一名干部职工能够并主动参与到文化创建活动中;切实把人文关怀融入财税文化建设中,增强全体干部职工的归属感,激发全员参与队伍建设的积极性。

(四)全面创建是必然要求。财税文化包括财税精神文化、行为文化、廉政文化、制度文化和物态文化等各方面的内容,涵盖财税具体工作,也涵盖八小时之外的生活、学习;包括财税文化软件建设,也包括财税文化硬件建设;既是财税干部个人综合素质提高的机会,也是财税局整体形象提升的关键。基于此,我局把财税文化建设融入干部职工工作、学习、生活的各个方面,确保了财税干部素质的全面提高。

五年来农民实际报销医疗费用54亿元,共有2766万人次受益。建立参合农民每人每两年一次的健康体检制度,有2416万参合农民享受了免费体检。

(五)公共基础设施向农村的延伸和覆盖,极大地推动了公共基础设施服务的均等化趋势

从公共基础设施建设来看,我省的投资规模和力度已经连续5年全国第一。特别是,交通建设"六大工程"、加快千村示范万村整治、千万农民饮用水、乡村康庄公路、万里清水河道、千万农村劳动力培训等工程建设,大大促进了浙江省在公共基础设施服务领域的全面建设和均衡发展。

全面建设、惠及全省的交通建设"六大工程"和"乡村康庄工程"。近5年来浙江实施干线畅通工程2.86万公里,其中:国省道新改建5010公里、大中修4431公里,省县道路面改造6161公里,乡道路面改造5835公里,安全保障工程7270公里。全省乡道以上公路全部实现路面硬化,县道以上公路安全设施基本完善。截止到2007年底,全省公路高级、次高级路面铺装率达到89%,位居全国各省区的首位。经过建设和改造,浙江省内的所有交通干线基本实现了畅通化运行,差等级公路问题基本解决,各区域的交通运行质量在明显提升基础上趋于均等化。

近5年来浙江高速公路以每年新增三四百公里的速度快速延伸,5年累计建成通车高速公路1566公里,超额完成本届政府新增里程1000公里的目标,使我省高速公路总里程达2651公里,省内成网、与周边省市贯通的全省高速公路网络骨架已基本形成。全省建成绿色通道17370公里。其中:高速公路2000公里,国省道5000公里,县乡道10000公里,内河航道370公里。此外,县乡公路平均每年建设2000公里绿色通道。浙江乡村康庄工程路基、路面建设改造累计完成6万多公里,极大地促进了社会主义新农村建设。等级公路通村(行政村)率、通村公路硬化率再创历史新高:分别达96.2%和94.4%,共有63个县(市、区)实现行政村通等级公路率、通村公路路面硬化率"双百"目标。近5年的乡村康庄工程直接、间接惠及全省3000多万农民。

"千村示范、万村整治"工程使农村面貌得到改善,城乡差别有所缩小。全省累计用于村庄整治建设的资金达到400亿元左右,其中市、县、乡财政资金投入超100 亿元,省、市两级已命名表彰的示范村358个,基本完成建设任务的示范村430个,基本完成整治任务的村庄4220 个。结合"千村示范、万村整治"工作,浙江省积极推进农村改水改厕,农村自来水普及率达89%,卫生厕所覆盖率达82%,农村生活垃圾集中收集率达到63%,无害化处理率达到35%,农村环境卫生条件得到明显改善。

(六)生态环境建设稳步推进,全省生态环境支撑能力继续处于全国前列

"十五"以来,特别是省委、省政府作出生态省建设重大战略决策,以及开展"811"环境污染整治行动以来,我省生态建设和环境保护工作迈出重大步伐。在全国率先实施生态环保财力转移支付制度,围绕水体、大气、森林等生态环保基本要素,以因素法和系数法为基础,通过奖惩分明的考核激励机制,把生态补偿与扶持欠发达地区发展有机结合起来,把财政转移支付与生态环境保护有机结合起来,丰富和完善了浙江省省对市县财政转移支付制度体系,通过体制机制和政策创新推动各地的科学发展,促进了全省区域间的基本公共服务均等化。主要污染物排放总量基本得到有效控制,工业产品的污染物排放强度逐年下降,重点流域、区域环境整治有序推进,生态保护和建设得到加强,全省环境质量基本稳定,局部地区环境质量明显改善。全省生态环境支撑能力继续处于全国前列。

(七)积极推进城乡文化体育均衡发展,文化体育事业日益繁荣

近年来,浙江省各级政府加大对公共文化体育事业的投入,在省政府"建设文化大省"、"建设体育强省"等相关政策的指导下,开展了一系列公共文化体育事业建设活动,文化体育事业快速发展,群众文化体育生活日益丰富,各项公共文化体育事业发展走在了全国的前列,逐步改变了文化事业发展与经济发展不相称的局面。人均文化活动设施面积从2004年的4.5平方米增加到2007年的6平方米,年均增长10%,人均文化事业费从2003年的19.6元增加到2007年的45.3元,年均增长29.2%,大大高于同期GDP增速,也高于同期财政支出增速,人均体育事业费从2003年的21.5元增加到2007年的32.5元,年均增长率为10.9%,与同期GDP增幅基本持平。从全国比较看,浙江省各项主要公共文化体育服务指标均大大高于全国平均水平,处于全国各省市的前列。如2006年人均文化事业费浙江是全国平均水平的3倍,人均图书馆藏书量是全国平均水平的1.4倍,人均购书费是全国平均水平的1.9倍。人均体育活动场地增长较快。2006年底,全省共有全民健身设施数23354个,总面积7058941平方米,人均0.15平方米。省、市、县三级(公益性)文化设施网络体系基本形成。

同时,加大对基层特别是农村基层文化体育活动的投入,开展了一系列面向基层的专项文化体育活动,"十五"期间全省各级财政投入农村文化建设11.23亿元,人均文化经费7.8元。农村文化设施不断完善,全省行政村有线电视和广播覆盖率达90%和98%,县级文化馆和图书馆覆盖率达98%和84%,乡镇文化站(中心)和行政村文化活动室的覆盖率分别达到了54%和55%。农村基层文化队伍不断壮大,全省农村活跃着1300多支电影放映队、1万多支业余文体队伍、400多家民间职业剧团、近2.5万支业余文体队伍,集聚了51.4万名业余文体骨干。自2006年起,全省实施了"万场演出进农村"、"万册图书送农村"、"万场电影下农村"的文化下乡"三万工程"。实施农民体育健身工程等系列工程,广泛开展群众体育活动。目前,全省已有18个县(市、区)和262个镇乡通过了体育强县、强镇验收;村级体育俱乐部达到5000多个,建设文化体育活动阵地250万平方米,有效缓解了基层文化体育活动滞后的局面,在一定程度了提升了基本公共文化体育服务均等化水平。

(八)基本食品与药品安全服务基础项目建设成效显著,均等化水平较高

近年来,通过食品安全"三网"和农村药品安全"两网一规范"建设,极大地提升了浙江省基本食品与药品安全服务均等化水平,缩小了城乡之间基本食品与药品安全服务均等化水平的差异。通过日常抽检和监测为公众提供基本食品与药品安全数据,引导公众购买安全食品和合理用药。通过为公众提供基本食

品与药品安全宣传教育服务，提高公众的食品与药品安全意识，掌握食品与药品安全知识，降低了食品与药品安全的风险。

（九）社会公共安全服务均等化取得明显成效

农村地区社会公共安全服务水平逐年提高。近年来，为解决我省广大农村地区公共安全服务有效供给不足的问题，保障农村警务战略的实施，财政加大了对农村公共安全设施以及公共安全防范力量的投入，调整农村公共安全服务供给不足与部分城区的公共安全服务供给过剩的矛盾，有效地解决农村地区的基本公共安全服务供给不足的问题，从而提高了农村地区以及城郊结合部居民的安全感。

外来人口管理与服务的理念、机制不断创新。加强对外来流动人口犯罪的预防和控制，缓解因外来流动人口犯罪对社会公众安全感的影响。数据显示，浙江省流动人口犯罪呈逐年上升、高位运行态势，但浙江省各级党委、政府通过流动人口就业、居住、子女就学、维权等环节上下工夫，使流动人口能够在流入地安居乐业，享受到其所参与的经济建设成果，增强了他们对浙江的认同感和归属感，如部分地区实行的“新居民事务管理局”是近年来探索外来人口管理方面的一条新路。据《2006年度中国农民工满意度报告》，有54%在浙江的被调查者愿意继续留在目前打工的城市，为各省市最高。这种高认同感一定程度上减少了浙江省流动人口违法犯罪。2001年抓获的流动人口犯罪嫌疑人占全部流动人口比为9.4‰，2005年下降到5.7‰，2006年为6.7‰。这一下降比率是在浙江省流动人口每年以20%速度递增的情况下取得的。

城乡应急管理机制建设不断完善。浙江省公安机关为适应动态社会治安环境的需要，加强指挥中心建设，形成了比较完善的省、市、县三级公安指挥网络。2003年全国第二十次会议之后，为有效整合警力资源，我省各地公安机关调整了机构设置，实现了县、市级公安机关110、122、119的“三台合一”。根据《浙江省公安统计年鉴》的数据显示：全省110报警服务台的接警数量已经从2000年的139.3万起，增加到2006年的399.8万，年增幅为26%左右。

（十）安全生产状况总体稳定

省委、省政府高度重视安全生产工作，建立了全省安全生产监督管理机构，并在安全生产应急救援体系建设、安全生产行政许可制度完善、深化专项整治、强化重大危险源管理以及资金投入等方面采取了一系列有力措施，保持了全省安全生产形势的基本稳定。2005年全省各类事故、死亡人数和直接经济损失与2004年相比分别下降17.5%、11.6%和28.6%，实现了省政府提出的三个“零增长”目标，安全生产状况总体稳定且趋于好转。

综上所述，浙江省基本公共服务均等化方面取得了明显的改善。不过还存在着一些均等化程度的差异。

1.地区之间、城乡之间义务教育财政投入差距仍然很大、师资队伍的“马太”效应日趋明显、义务教育上的“数字鸿沟”正在形成、义务教育的负债也加剧了义务教育均衡发展的压力。

从生均预算内经费看，1999年小学生均预算内教育事业费最高县（市、区）（899.8元）是最低县（市、区）的1.8倍，2005年这一差距扩大到了5.5倍。初中2005年最高县（市、区）与最低县（市、区）之比为3.2倍，这一比值1999年仅为1.5倍；从生均公用经费来看，全省11个地级市小学、初中生均公用经费最大值和最小值的比值2003年分别为2.9倍和3.4倍，2005年则扩大到4倍和4.1倍。2005年全省农村小学和农村初中生均教育经费支出分别为3447元和4600元，低于全省平均水平277元和571元。

农村地区、欠发达地区的师资队伍建设任务艰巨，与城镇、经济发达地区的相对差距依然不容乐观。从各地师生比看，我省城乡之间、地区之间基本平衡；换句话说教师数量基本均衡。但是从教师的学科分布看，却存在结构性失衡。短线学科的教师，如专职音体美教师，计算机、英语等学科专任教师，在农村尤为紧缺。这种失衡将严重影响素质教育的质量。

从生均拥有的计算机数量看，差距依然较大。从网络设备、网站建设、管理和应用几个方面来看，城乡、学校之间存在较大差异，城乡、学校之间的义务教育上的“数字鸿沟”正在形成。城市学校在网络设备、网络管理人员等网络资源的拥有上处于明显的优势，城镇学校处于中间，农村学校处于不利地位。

多年来许多乡镇举债筹措资金办教育。在税费改革之前，通过农村教育费附加、教育集资来保障这部分债务的偿还。但税费改革打破了此偿还机制。此外，个别地区教育事业发展所需的地方配套资金也难以保证，从而导致义务教育债务的持续增加。据了解，部分经济欠发达地区教育累计负债10多亿元，其中义务教育阶段负债在20%～30%之间。在这些负债中，90%负债属于基本建设负债，其次是设备购置、修缮负债。

2.就业形势仍然严峻，进一步加大我省统筹城乡就业问题的难度和复杂性。

未来二十年，浙江劳动年龄段人口规模总体呈扩大态势，增长速度快于总人口增长，劳动力总体性供大于求和结构性紧缺矛盾相伴而行，劳动力供给结构和需求结构不完全相适应，“就业难”和“招工难”并存。一方面，一些技术含量高的工种和熟练工种难以招收到合格的劳动者；另一方面，一些非技术工和非熟练工一旦失业，就往往难以实现再就业。加上就业弹性系数逐年降低，导致就业压力逐年增大，就业困难群体由“4050”人员向“2030”人员扩散，省内农村劳动力转移难、大中专毕业生就业难和城镇困难群体就业再就业难等问题会更加突出，研究生就业难已初见端倪。同时，劳动力市场体系建设尚不完善，公共就业服务还不能满足需要，以及随着我省城市化进程加速，失地农民会越来越多，城乡一体化后取消城乡户籍制度的限制，把过去农村隐性失业问题变成城市显性失业问题，导致失业率上升，增加统筹城乡就业的难度。

另外，城乡公共就业服务差距依然存在，区域之间的公共就业服务发展不均衡。政府对不同群体之间的公共就业服务投入不均等，对公共就业服务财政投入缺乏效果评估机制。公共就业服务机构建设还有待加强。

3.社会保障尚未实行制度全覆盖，各群体间的保障水平还存在比较大的差距。

社会养老保险制度尚未实现制度全覆盖。虽然城镇职工基本养老保险覆盖了全部国有企业、部分集体企业以及其他类型企业的职工，但是，股份制企业、“三资”企业、私营企业参加基本养老保险社会统筹的比率极低；机关事业单位未纳入基本养老保险社会统筹范围；个体工商户和灵活就业等从业人员未能参加基本养老保险等等，导致养老保险的覆盖面窄。2005年社会养老保险覆盖率仅为30.5%左右，而且参保率在地区间相差非常大，发达地区与落后地区的参保率相差大约有20个百分点。就业保障制度目前只针对城镇，农村劳动者尚无就业保障制度的安排。

各地区职工医疗保险的享受待遇相差较大。统筹基金起付标准按医疗机构的不同等级设立一、二、三级医疗机构的起付标准，其中一级医疗机构的起付标准最高的是湖州(1800元)，最低的是杭州为(400元)，差距很大，起付标准设立较高容易把职工挡在医疗保险的待遇之外。另外，统筹基金支付的标准，各地差异也很大，每一个级次可以报销的比例各异，这直接导致职工享受医疗保险的差异。

现行职业伤害保障制度主要覆盖城镇劳动者，农村劳动者得不到保障。现行生育保障制度主要覆盖城镇就业群体，农民居民和城镇非就业群体没有生育保障制度。

4.公共卫生资源配置存在城乡、地区差异，特殊人群享受公共卫生服务的均等性程度较低。

如流动人口的公共卫生服务覆盖率低、个别妇女保健项目的覆盖率低、贫困的结核病患者中的耐药人群基本医疗负担沉重、困难人群中的重症精神病人基本医疗负担沉重。公共卫生机构人员缺编严重。疾控中心检验检测能力尚待提高。市、县级卫生监督机构的基础装备不足。妇幼保健机构产前诊断能力不高。健康教育工作任重道远。

在公共卫生服务方面，全省各地享受服务水平存在差异，浙江11个市，从卫生资源的地域分布看，浙东北5个市(杭州、宁波、嘉兴、湖州、绍兴)卫生医疗资源较多；浙西南个市(温州、金华、衢州、台州、丽水)和岛屿众多的舟山市卫生资源相对较少。公共卫生机构服务能力也存在差异，表现在人力资源素质结构和设备、设施状况两个方面。农村地区公共卫生亟需提高，农村公共卫生的网络尚未健全。

5.在社会安全基本公共服务方面还存在着城乡差异。

一是农村地区基本公共安全服务供给的不均衡。目前农村地区的警力配备，仍然沿袭着传统农村地区的警力配比；在基本公共安全防范设施和设备的投入方面，如路面监控、农村社区警务室、乡镇交警中队、乡镇消防中队等基层所队建设上，与城区还存在着较大的差距。二是大量外来流动人口基本公共安全服务供给的存在非均等现象。一方面政府为其提供的基本公共安全服务非均等，另一方面公安机关及其他治安防范组织对该群体的犯罪预防与控制力度不够而导致社会公众安全感下降。三是弱势群体基本公共安全服务供给不足。弱势群体，通常容易成为违法犯罪的侵害对象。当前，浙江省范围的弱势群体主要包括留守在农村地区的老人、妇女和儿童等。由于社会保障机制的不完善，以及部门之间的责任、权限不清，导致这些弱势群体得不到社会和政府的关爱，其最基本的公共安全服务供给形成一个盲区。四是城乡应急管理服务供给的不够完善。建立科学、合理、周密的城乡应急管理机制，是政府向社会公众提供的一种公益产品，属于基本公共安全服务范围。据调查，目前我省大部分乡、镇及农村还未建立交通警察中队，由于基层警力不到位，无法实现对农村地区交通事故的快速施救和处置。五是基本食品与药品安全信息查询网络服务缺失，基本严重药品不良反应救济服务缺失，无法确保该项基本的公共安全服务有效供给。

6.在基本公共文化服务方面还存在着基本公共文化服务缺位、水平较低、地区城乡人群间差异较大等现象。

普及建设村级文化活动场所难度大；欠发达地区图书馆和文化馆难以正常运行；文化设施的“二次建设”缺乏专项经费；部分外来务工人员和留守儿童等特殊群体的基本文化权益不能得到保障。农村还普遍存在看戏难、看电影难、看书难等问题，社科普及尤其薄弱。不少乡镇综合文化建设瘫痪，难以发挥作用。外来工、未成年人、老年人、残障人士等弱势群体的文化服务少。

与国际先进水平相比，我省现有文体设施水平仍然处于低位。以公共图书馆为例，2007年底，浙江拥有公共图书馆93家，平均每50万人才拥有一家图书馆，这与国际上平均每2万人拥有一家图书馆的标准相差甚远，我省人均图书拥有量为0.58册，与国际上人均2册的标准差距也很大。又如，据2005年全国普查数据，浙江人均体育场地比全国平均水平还略低。从地区间公共文化体育服务情况看，我省十一个地区之间在公共文化服务条件、公共文化服务投入、公共文化服务设置和公共文化服务活动等方面均存在差异，有些方面的差异还很大。

7.环境保护方面仍不容乐观。部分流域特别是平原河网和城市内河污染问题比较突出，有的河段水质呈下降趋势；二氧化硫排放总量未能实现有效控制；全省酸雨覆盖率达100%；农村生态环境面临巨大压力，农业农村特别是城市近郊农村污染治理任务十分艰巨；近岸海域62.2%的海水水质为四类和劣四类，并呈现富营养化；固体废物尤其是危险废物产生量逐年增加；因环境污染引发的群体性事件增多。杭州、宁波、嘉兴、湖州以及温州等地水源地水质达标情况较差，较好的是衢州、金华、绍兴、舟山、台州等地。八大水系重点水功能区达标情况可以分为三类，一是水质达标情况最好的瓯江水系，二是水质达标情况较好的钱塘江、椒江、飞云江，三是水质达标情况相对较差的鳌江、苕溪、甬江和运河。空气污染方面，仍有部分地区的空气污染指数(API值)低于100的天数占全年天数的比例略低于85%的警戒指标。

8.安全生产形势依然严峻。一是各类事故造成了巨大经济损失，影响社会安定。我省近几年因各类事故造成的经济损失均在7亿元以上，约占我省GDP的1%。各类事故和职业危害每年造成将近1万人死亡，20多万人受伤，涉及劳动安全卫生条件和工伤保险的劳动争议案件日益增多，影响社会安定与和谐发展。二是安全事故总量虽有所下降，但基数依然较大。2005年，我省共发生各类事故53928起，死亡8247人，受伤48509人，直接经济损失39600万元，各项指数均超过全国平均水平，2004—2005年我省各类事故及死亡人数也高于其他经济发达地区，重特大事故呈波动上升态势。

二、推进我省基本公共服务均等化，加强财政保障的对策

(一)以制度统一为起点，推进基本公共服务均等化

推进基本公共服务均等化，制度统一是基础。过去我们往往

把城乡分割开来，城市一套，农村一套，而且在政策上对城市倾斜，导致城乡居民在享受基本公共服务方面差距扩大。制度不公平是最大的不公平。因此，要从城乡制度统一入手实现基本公共服务均等化，十七大报告中已经明确提出，要建立统一规范的人力资源市场，形成城乡劳动者平等就业的制度；加快建立覆盖城乡居民的社会保障体系，保障人民的基本生活；建立覆盖城乡居民的公共卫生服务体系、医疗服务体系、医疗保障体系、药品供应体系。

同时，建立一套反映地区间成本差异基础上的支出标准均等化区间指标体系。

（二）以改善民生为重点，着力调整财政支出结构，增加基本公共服务领域的投入

要推进基本公共服务均等化，必须着力调整财政支出结构，加大对公共服务领域的投入，增强政府特别是基层政府提供公共服务的能力。要改变政府热衷于基础设施方面的硬件建设，而忽略民生方面的软件建设。强化政府责任和投入，每年新增财力中要有更高的比例用于改善民生，不断提高社会性支出在财政支出中的比重，努力使全体人民学有所教、劳有所得、病有所医、老有所养、住有所居，推动建设和谐社会。政策导向上要以扶弱为目标，要重点支持帮助弱势、困难群体。护弱政策主要包括保障经济困难家庭、进城务工人员子女平等接受义务教育；完善面向所有困难群众的就业援助制度，及时帮助零就业家庭解决就业困难；逐步提高扶贫标准和最低工资标准，提高低收入者收入；完善城乡居民最低生活保障制度，并逐步提高保障水平；健全廉租住房制度，加快解决城市低收入家庭住房困难。

（三）以财政转移支付为手段，解决地区间的基本公共服务均衡化

财政转移支付就其目标来说，一般有四大目标：使外部效应内部化、弥合财政缺口、均等化各地财政地位和体现政府的偏好意图。财政转移支付就其形式来看，主要分有条件和无条件两种（即专项转移支付和一般性转移支付）。与基本公共服务均等化有关的转移支付主要涉及一般性转移支付和部分专项转移支付。各地在基本公共服务提供水平的差异取决于基本财力和支出的优先次序。但总体上看，基本财力是最主要的，财力不足，很难保证对基本公共服务的资金投入；另一方面，即便财力充足，如果对基本公共服务的投入没有放在优先考虑的位置，也有可能使基本公共服务的提供不能满足需要。因此，对于落后地区，解决地区间基本公共服务均等化需要综合运用财政的转移支付手段，用一般性财政转移支付来解决基本财力问题，用专项转移支付来诱导对基本公共服务的投入流向。但不管是一般性的，还是专项性的转移支付，都应该以一些既考虑需求因素，也考虑成本因素的客观性的指标作为依据，用公式化的拨款形式来替代基数加增长的拨款形式。

从财政保障体制上讲，基层财政（主要是县、市财政）作为基本公共服务均等化的财力保障主体，是造成地区间基本公共服务水平差异的体制原因。而各地的财力差异是由各地经济发展水平造成的。以县为单位，浙江省各地财政总收入最大最小的县市差距达到40多倍，地方财政收入差距达到30多倍，人均财政收入差距也达到10多倍。因此，对欠发达县市，省财政要承担更多的责任来帮助其增加基本公共服务的财政投入，主要手段是通过一般性财政转移支付来增强欠发达县市的综合财力。具体做法可以在现有的关于对各地财政转移支付的办法的基础上，再适当增加对最贫困地区的转移支付力度。特别是可以参考各地的基本公共服务均等化的指标来做相应的调整。

从财政保障机制看，主要是构建一个能确保财力分配向基本公共服务项目倾斜的机制和对财政资金使用效率的绩效评价机制。按照建立健全公共财政体系的要求，进一步调整和优化财政支出结构，每年新增财力中要有更大的比例投入到基本公共服务领域，并重点向低收入人群倾斜、向农村和农民倾斜、向欠发达地区和海岛山区倾斜。具体可以运用基本公共服务均等化的指标体系作为考核，建立一个以奖代补的专项财政转移支付制度。进一步提高财政资金使用效率，完善财政性资金绩效评价制度，整合专项资金，发挥财政资金的规模效益。

（四）以公民参与和立法为保障，建立基本公共服务的消费者监督与控制机制；以绩效指标体系为依据，建立基本公共服务的评价和管理新机制

在很大程度上，均等化是指最低技术标准或服务质量的均等化。实践中，基本公共服务的水平与质量，不仅取决于提供者的主观意愿、责任心和努力程度，还取决于决策与运营管理信息的公开透明以及公众参与程度。因此，有必要加强对基本公共服务（包括成本补偿机制）领域的立法，保障居民相关的知情权和参与权，建立对基本公共服务水平及其质量的消费者监督与控制机制。

绩效管理和绩效评价制度因其注重结果导向和对公民公共服务需求的回应，日益成为公共部门进行有效资源配置、提高政府效率的一个重要手段。随着我国公共财政框架的建立和逐步完善，对公共支出强化绩效管理成为建立强大、高效公共财政的关键环节。因此，通过构建基本公共服务均等化的指标体系，为基本公共服务支出的事前决策、事中审查和事后评估提供科学依据，对于基本公共服务均等化目标的实现具有重要的现实意义。省财政可以通过对各地在基本公共服务均等化实现程度的评价，出台奖补结合的财政转移支付政策。

（课题组负责人：钱巨炎 成员：罗石林 赵立妙 章启诚[执笔] 张远东 石琪琪[执笔] 蒋旗江 范愿）

城镇财政发展比较研究(摘要)

——以浙江温州、广东东莞、苏州吴中为例

温州市财政局课题组

编者按：本文获2008年度浙江省财政系统业务调研课题一等奖。年鉴摘要刊载如下。

城镇财政作为我国五级财政体制的最基层，是整个财政体制的重要组成部分。近年来，浙江温州、苏州吴中、广东东莞经济社会建设都取得了很大进步，在国内外都享有一定的声誉。作为我国发展最快的典型代表长江三角洲和珠江三角洲地区，苏州吴中和浙江温州可以作为长三角地区的代表，广东东莞是珠三角地区的标志性城市，研究这三地城镇财政发展问题对如何相互借鉴、取长补短，提升城镇财政服务经济社会又好又快发展能力具有重要的现实意义。

一、浙江温州、广东东莞、苏州吴中三地城镇财政概况

温州是浙江省的地级市，下辖8县(市)3区，故城镇数量比较多，截至2007年，为268个，常住人口658.30万，GDP 1866.00亿元，按可比价格比上年增长14.3%；按常住人口计算人均GDP为28362元；财政总收入143.89亿元，其中地方一般预算收入36.02亿元，同比增长15.1%和17.6%。一般预算支出34.95亿元，同比增长21.5%。

东莞也是广东的地级市，由原县级市升格而来，其行政管理体制与其他两地有所不同，东莞直接下辖城镇，中间没有县(市)一级，从中央到城镇相当于只有四级政府、四级财政。截至2007年，其城镇数量为34个，常住人口674.88万人，GDP3151.00亿元，按可比价格比上年增长18.1%；按常住人口计算人均GDP为45356元；财政总收入539.50亿元，地方一般预算收入186.40亿元，分别同比增长32.7%和44.6%；地方一般财政支出185.45亿元，比上年增长25.4%。

苏州吴中区是由原吴县市于2001年撤市建区、一分为二而来。近年来经过几轮乡镇机构的撤并改革，城镇数量大为减少。截至2007年底，吴中共有独立财政机构的镇(区、街道)10个，总面积742平方公里，常住人口为109.51万人，GDP391.1亿元，同比增长21.3%；按常住人口计算人均GDP为68515元；财政总收入81.60亿元，其中地方一般预算收入36.10亿元，同比分别增长25.5%和31.2%；地方一般预算支出31.20亿元，同比分别增长21.2%和26.4%。

二、苏州吴中、温州、东莞三地城镇财政比较分析

(一)财政体制各具特色

要研究城镇财政问题，第一个要考虑的就是财政体制。本文所论述的城镇财政体制指1994年国家实施分税制改革以后。这次改革只是就中央和省一级的税收进行了划分，而对省及省以下财政体制没有作统一要求，因此各地省以下财政体制五花八门，到了城镇一级更是如此。尽管后来国家又多次对分税制做了调整(例如改革所得税分成比例等)，但基本未改变这种体制状况和税收分成格局。

2007年以来，大多数县市开始了新一轮的乡镇财政体制改革，部分城镇开始实施包干制财政体制。如瑞安市对8个较发达城镇实行分税制，其余城镇实行包干制。2007年温州实行分税制的乡镇为228个，其中实行增、超收分成体制占大多数，为213个，其中增、超收分成比例由各县市按各自情况确定，基本上返还比例在30%～50%之间。如乐清市，把城镇分为较发达和欠发达两类，市、镇增(超)收分成比例分别为7:3和6:4。2007年温州又对城镇财政管理体制作了改革，主要是：对于经济发达、财政收入规模较大、具有集聚和辐射作用的中心镇，赋予相应的权利。在确定乡镇财政收支范围和乡镇财政收支基数的基础上确定乡镇的定额上交或补助数。乡镇财政收支基数确定后，对收入基数大于支出基数的乡镇，视乡镇财力状况，实行定额上交、定额递增上交或比例上交；对支出基数大于收入基数的乡镇，各县(市、区)可采取定额补助、比例补助或转移支付等形式给予适当补助。对于欠发达乡镇或财政收支规模较小的乡镇，可推行“乡财乡用县管”的财政管理方式，由县(市、区)根据确定的乡镇财政收支范围、收支基数直接管理并监督乡镇财政收支。

东莞于1996年实施了新的城镇财政管理体制，其主要内容是：“划分收入、核定基数，基数内外按比例分成”。具体是将工商税收划分为中央收入和省级收入、市级收入和镇区工商税收，以1995年镇区工商税收作为1996年的收入基数，从1997年起，基数每年递增12%。市与镇区工商税收分成比例为基数内市占70%，镇区占30%；超基数部分市占30%，镇区占70%。这一体制延续了部分财政包干体制的思路，调动了各镇区发展经济的积极性。1996～2000年，镇区工商税收年均增长达32.2%。从2001年起实行了“取消基数，镇区工商税收见税五五分成”的新体制。收入划分仍按原来的规定，属于镇区工商税收的，市与镇区五五分成。另外，从2007年开始，建立促进城镇经济发展的财政性激励机制，对城镇工商税收的超收部分进行分档按比例分成，分成比例为55%～80%。

自1994年中央实行分税制财政体制后，吴中区城镇财政实行的是“地方固定收入递增包干，收支挂钩，超收分成，单项税种单项结算”的体制，一直延续到2003年。2004年，针对建区后城镇财政运行面临的新情况、新问题，对原先城镇财政体制进行了改革，实施以“属地征收，统一政策，维持存量，增量分成，专项收入单独结算”为主要内容的体制。此次财政体制改革体现了财力向城镇倾斜的原则，积极鼓励各城镇大力增收。新一轮城镇财政体制实施以后取得了很大成效，各城镇发展经济、努力增收的积极性得到大大提高，财政收入增长速度明显加快，无论是全口径财政收入还是地方一般预算收入，每年的增长都在30%以上，个别年份还超过了40%。

纵观三地城镇体制可以看出，三地城镇财政的收入分成、增收分成体制差异较大，东莞与吴中的收入划分及增收分成体制对城镇的照顾倾斜力度较大，温州相对来说较小，如乐清市的城镇甚至不参与最大税种增值税的分成。同时可以看出，吴中和温州城镇财政体制还不是真正意义上的分税制，而是根据实际对传统的各种财政体制进行不断融合和改革，形成了符合实情、切实可行的财税管理体系和机制。而东莞则实施的是市与镇税收五五分成，真正体现了分税制的特点和内涵；这一有益做法和探索走在了全国的前列，起到了排头兵和先行军的作用，对其他地区具有重大的借鉴和启示意义。

（二）财政收入经济成分结构不尽相同，但主体税种相对一致

因苏州吴中、浙江温州、广东东莞三地行政级别不一，单纯地比较财政收支绝对数意义不大。所以本文主要讨论各地的经济成分结构和收入结构。

1. 三地城镇经济成分差异巨大

先从经济成分看，苏州作为外向型经济发展的典型代表，外向型经济在国民经济中的各种占比都比较高，表现在财政上就是外向型经济对财政收入贡献度高，且来源也相对稳定；从社会和谐角度讲，外资企业吸纳大量的劳动力，为促进就业、提高居民收入发挥了积极作用。跨入新世纪以来，苏州市开始关注民营经济，出台扶持政策支持民营经济发展，促进民营腾飞，力争形成外资经济、民营经济、股份制经济"三足鼎立"的良性局面。对吴中而言，从2005年至2007年，吴中城镇经济中外向型经济对财政收入的贡献度都在30%以上，与全口径财政收入的占比接近1/3。

对温州而言，温州向来以个体私营经济著称，因而形成了大家耳熟能详的"温州模式"，并与以集体经济的代表"苏南模式"闻名于世；从实证数据看，早在2000年温州个私经济对财政收入的贡献度就超过了60%，远高于吴中、东莞两地；而到了2007年，温州个体私营经济工业产值占全部工业总产值的96%，外贸出口额占全市外贸出口总额的95.0%，对财政收入的贡献率达到75%。而温州外向型经济所占比重则相对较小，2005～2007年对财政收入的贡献率分别为1.6%、1.7%、1.5%。

东莞作为外资经济的发源地，发展历史悠久，其制造加工业举足轻重，号称"世界工厂"，外向型经济对财政的贡献度一直居高不下，2005～2007年对城镇财政收入的贡献率分别为63.2%、61.5%和46.3%，导致个体私营经济发展相对缓慢，2005年至2007年，个体私营经济对财政收入的贡献度分别为18.8%、19.2%和38.7%。

2. 三地城镇主体税种比较

再从税种看，本文选择增值税、企业所得税、营业税三大税作一比较。

2007年温州、东莞、吴中税种结构比较(%)

	温州	东莞	吴中
增值税	54.59	35.17	42.03
企业所得税	17.94	8.04	12.87
营业税	10.41	7.06	12.99

从上表可以看出，增值税都是三地财政收入的第一大税种，是主体税种，温州更是占到了全部财政收入的半壁江山以上。企业所得税和营业税则差别不大。

（三）财政支出项目亮点纷呈

1. 三地城镇财政支出的共性

首先是维持了乡镇政府正常运转，解决"吃饭"问题。其次是支持新农村建设，例如建设农村社会保障体系、帮扶农村贫困群体、补贴农业保险等。第三，加大民生投入，建设和谐社会。加大了对教育、医疗卫生、环境保护等方面的投入力度，逐步解决人民群众上学难、看病贵等困难。第四是加强城镇基础设施建设。

2. 各地亮点

尽管各地城镇财政支出的领域基本相同，但各地均有各自的特色和亮点项目。

(1)温州的扶贫资金支出

相比东莞、吴中，温州城乡两极分化相对严重，因此温州各县市财政支出每年都专门安排一定的扶贫资金，专门用于欠发达地区脱贫致富。如温州的"139富民攻坚计划"，2007年投入大量的扶贫资金帮助全市23个欠发达乡镇脱贫；同时，帮助欠发达乡镇实现"广播电视村村通、农村新型合作医疗"等实事项目。另外，通过小额扶贫贷款扶持开发建设项目、支持欠发达地区发挥当地资源有时发展特色经济、加强基础设施建设、鼓励移民等多种形式欠发达地区脱贫致富。

(2)东莞的基础教育支出

东莞在2007年完成了由市镇村三级办学向市镇两级办学管理体制的转变，推动基础教育向优质化、均衡化方向发展；从2006年9月开始对户籍九年义务教育在读学生全面实行免费义务教育，并且从2007年9月起又免除户籍学生义务教育阶段的课本资料费，所需经费由市镇财政共同负担，实现了义务教育全免费。

(3)吴中的社会保障支出

吴中2006年就在全国率先推开政策性农业保险制度，将水稻、苗木、生猪、内塘水产养殖、家禽等纳入了保险范畴。以水稻为例，每年均对全区6万多亩水稻实行统一保费、统一理赔标准和统一财政补贴比例，吴中城镇财政不仅按苏州统一规定补贴保费40%，还对由农民承担的40%部分全部给予买单。也就是说，农民不用花一分钱就可以享受农业保险所带来的好处。而且农业保险品种正在逐年扩大，2008年又新增险种2个，财政"买单"总额达到100多万元，农业保险制度有力促进了农业生产、农民增收，充分体现了公共财政惠农效应。

（四）财政管理改革稳步推进，成效斐然

各地城镇财政均按照财政部的统一部署，先后都实施了部门预算、国库集中支付、政府采购、收支两条线、财会人员队伍管理等改革，这些改革举措大大提升了城镇财政管理的科学化、精细化水平。但是各地实施时间有所先后，而且侧重点也有所不同，各具特色。本文介绍各地比较具有特色的管理改革制度。

1. 温州的乡财乡用县管

温州针对部分城镇经济财源相对薄弱、财政运转困难、财政赤字逐年增大的情况，积极创造条件，实施了"乡财乡用县管"财政管理制度改革。即在确保乡镇财政"三权不变"(预算管理权、

资金所有权和使用权、财务审批权)的前提下,以乡镇为独立核算主体,实行“预(决)算共编、账户统设、集中收付、采购统办、票据统管”的财政管理方式,由县财政部门直接管理并监督乡镇财政收支。截至2007年,温州实行乡财乡用县管乡镇数为119个,占全部乡镇的比重为44.4%。从试行情况看,通过实行“乡财乡用县管”改革后,取得了很大成效,主要体现在:乡镇财政监督与管理得到加强,规范了乡镇财政收支行为,促进乡镇依法组织收入,确保乡镇基本支出需要;增强了乡镇财政实力,缓解乡镇财政困难;增强了乡镇政府自律意识和遵守财经纪律的意识;乡镇政府债务得到一定化解,防范了乡镇财政风险,维护了基层政权稳定,促进了县域经济和社会事业健康发展。

2. 东莞的“三个集中”

按照“高度集中财力,强化支出管理,加强财务监督”的理财指导思想,从2000年下半年起在全市32个镇区全面实施了“三个集中”(集中财力、集中支付、集中核算)财政管理模式。具体做法是:以“收支两条线”为突破口,抓源头、清账号,实施一个窗口收费,变财政资金部门化分散管理为财政集中管理,把镇属预算内、外财政收入全面纳入财政监管,实现“财力集中”;通过改革和优化预算编制方法,试行部门预算,把个人经费、公用经费和专项经费进行分类细化管理,逐步建立公共财政支出体系,实现“支出集中”;通过改革会计管理方式,完善财务管理制度,对行政事业单位、镇属企业和村(居)委会分别实施集中记账和会计委派,实现“核算集中”。经过几年的不断完善和提高,“三个集中”财政管理模式比较彻底地解决了镇区财力分散不集中,支出管理不规范、经费开支标准不统一,财政监督不到位、不及时等一系列问题,健全了政府对财政经济运行的监督管理机制,促进了基层党风廉政建设。

3. 吴中的城镇国库集中支付制度

吴中从2004年开始将所有城镇就依托原有的城镇国库运行体系和网络在江苏省率先开展了城镇国库集中收付制度改革试点工作,实现了“四直达”一改变,即:农业税收直达国库、预算外收入直达专户、转账支出直达供应商、工资支出直达个人卡,从而将财政“资金流”改变为“指标流”和“额度流”,增强了财政资金使用的监控力度;并研究开发了网上收付系统,与农行合作,增设银行IC卡密码认证系统,对城镇所有财政性资金实行一个账户进、一个漏斗出管理模式。

(五)城镇财政发展不平衡普遍存在

由于受区位优势、历史条件等多种因素影响,三地都存在城镇财政发展不平衡的现象,既有财政实力较强的城镇,也有经济困难城镇。但是,尤其以温州最为不平衡,如瑞安市财政收入最高的塘下镇为财政收入最低的北龙的436.5倍、永嘉县瓯北镇是西岙的203.5倍、苍南县的龙港镇是昌禅的222.5倍等。

温州的瓯北、灵溪、龙港、乐成、柳市5镇财政总收入占各自所在县(市)的比重分别为65%、55%、38%、18%、29%。其中,瓯北镇财政收入是永嘉其他37个城镇财政收入总和的1.86倍,龙港和灵溪财政收入是苍南其他34个城镇收入总和的13.3倍,乐成和柳市财政收入占乐清全市的半壁江山。东莞也存在类似情况,2007年税收收入最高的虎门镇为22亿元,最低的洪梅镇只有1.86亿元;目前还有11个城镇尚属东莞的欠发达地区。吴中财政收入最多的木渎镇,2007年财政总收入为11.58亿元,占全区的比重为18.22%,接近五分之一;是最弱的金庭镇的12.74倍。

正是由于存在城镇区域间发展的不平衡性,三地城镇的上级政府均出台了一系列鼓励扶持政策来支持薄弱城镇加快发展,出台的政策举措主要有:东莞从2003年起连续5年为11个欠发达镇每镇每年提供1亿元额度的扶贫贷款贴息,以支持欠发达镇发展工业,加速工业聚集和产业升级,培育新的经济增长点,增强欠发达地区的造血功能和发展后劲。吴中通过改直接资金扶持为“造血”项目扶持,集中财力在经济开发区建造标准厂房,然后再租出去,让经济相对薄弱的镇、村每年都获取稳定的租金收入。温州乐清实施了“三帮一”结对扶贫,通过落实扶贫资金、小额扶贫贷款等方式扶持欠发达城镇开发建设项目,加强老山区基础设施建设,支持其发挥当地资源优势发展特色经济。

(六)事权大于财力、城镇债务存在具有共性

综观三地城镇财政运行情况,普遍存在事权大于财力的状况。城镇的可用财力一般由地方一般预算收入城镇分成、预算外收入、基金预算收入、上级税收返还、上级补助收入、上年结余、其他调入资金等几部分构成。从地方一般预算收入看,由于三地城镇的主体税种都是增值税和所得税,而这两大税的大部分都被中央和省集中了;城镇预算外收入又具有很大的不确定性,受国家宏观经济形势与政策影响很大;而上级税收返还和上级补助收入也都要取决于上级政府,城镇自身基本无力掌控。虽然各地城镇财政体制有所不同,但总体上都是呈现财力层层向上集中的过程,中央和省、市财力得到增强,而乡镇财力增长很有限。而且乡镇作为最基层政府组织,在与上级政府的利益博弈中始终处于弱势地位。在城镇财力有限的同时,各项事权却在不断下移。按理讲,各级政府负责提供本辖区内的地方公共产品是我国政府间划分事权的基本原则,但事权属地化需要多少相应的资金却没有进行深入分析。作为最基层政府,在一个“压力型”的体制下,下级的工作成绩主要取决于他们对上级下达任务的完成情况。在自身利益的驱动下,城镇政府官员都会在其任期内竭尽全力完成上级的各项任务。在这样的体制下,事权层层分解后最终依然落到了城镇政府身上,城镇政府已经无法将压力下移,从而积累了过多的超额事权,这使得基层政府只能在财力不足的情况下履行事权,如计划生育、医疗卫生、社会治安、社会保障等多种公共物品,这中间还包括各种达标工程和各种评比活动。很显然,在这种事权与财力极不对称的背景下,乡镇政府要履行事权、完成上级布置的各项事务,只有走举债这条路;随着时间的延续和年复一年、日复一日的各种事项的累积,导致乡镇政府各种显性、隐性的债务不断增加。从实际情况看,三地城镇均不同程度地存在债务,只是规模大小有所不同。

三、三地城镇财政比较的结论和启示

(一)因地制宜,实事求是,稳步推进城镇财政改革与发展

由于三地经济发展水平、资源禀赋、区位优势、经济结构、产业特色等诸多要素都不一样,因此各地城镇财政在改革与发展过程中并没有机械地、教条地照搬上面的政策,或者某种模式,而是紧紧围绕当地实际情况,因地制宜,充分发挥比较优势,解放思想,实事求是,大胆创新,勇于改革,稳步采取了一系列贴近

实际的各种政策举措，有力地促进了城镇经济社会的全面快速发展，也大大提升了自身的聚财能力和理财水平。所以，“因地制宜、实事求是”正是多年来三地城镇财政改革与发展取得成功的关键所在和根本经验。如果三地城镇一味套用上级文件精神，或者盲目照搬其他地区做法和经验，就不可能取得现在的成就。如：温州出台的扩大中心城镇财权；东莞为困难人群每人发放1000元“红包”；吴中率先取消农业税、推行农业保险，反哺于民等一些好做法，都是城镇财政坚持实事求是、践行科学发展、推动和谐进步的最好实例和印证。

（二）共性和个性共存，为相互借鉴奠定良好的基础

三地城镇财政虽然地处不同区域，发展水平也有所差距。但毕竟同属财政系统。因此全国财政领域的一些基本特征三地城镇财政都具备，即“共性”，例如财力与事权不匹配、城镇债务等。但正如前面所言，三地城镇财政也有各自的特色，即“个性”。正因为共性和个性共存，为三地城镇相互学习、彼此借鉴、扬长避短提供了可能，奠定了基础。例如东莞城镇采取的分税制财政体制和开展的财政投资评审改革，这一改革走在了全国的前列，值得温州、吴中两地借鉴。温州城镇的“乡财乡用县管”模式可能适用于东莞、吴中两地的欠发达城镇。吴中实施的政策性农业保险也适用于温州、东莞两地，只是在险种设置上可以有所区别。如何化解现有的城镇债务、如何扶持经济薄弱城镇快速崛起等，三地也可以充分交流和借鉴，并作深入的研究探讨，以便形成新的发展思路和发展优势。

（三）以人为本，公共财政理念深入人心

“以人为本”是科学发展观的核心。三地城镇财政始终坚持把人民群众利益放在首位，始终把老百姓当做自己的“衣食父母”，始终把解决老百姓的民生问题作为工作的出发点和落脚点，积极运用财政政策杠杆和服务指导等多种手段，引导帮助农民发展生产，解决温饱，脱贫致富，实现小康。特别是近阶段以来，三地都以社会主义和谐社会与新农村建设为契机，加大“三农”投入力度，将财政资金更多地投向农村公共服务领域，并提供政策、机制、信息等多方面的支持，通过就业富民、教育惠民、保障乐民、维稳安民等，着力解决群众就业、就学、就医和社会保障等方面遇到的困难和问题。这些举措都充分体现了为民理财、公共财政普照人民群众的理念，已经深深印在所有城镇财政人的心中，并在实际工作中加以贯彻落实，其产生的业绩和成效得到了各级党委政府的肯定和人民群众的称赞。

四、促进温州城镇财政又好又快发展的政策建议

新时期、新任务，相比东莞和吴中，温州城镇财政在发展进程中面临着更多挑战与困难、存在着种种问题和矛盾，迫切需要城镇财政直面困境、化解难题，更好地履行财政职能，推动温州经济社会又好又快发展。从温州与东莞、吴中的比较表明，当今城镇财政面临的问题作为一个普遍性和全国性的现象，东、中、西部地区都存在，究其原因更是错综复杂。要改变目前这种状况，切实化解城镇财政面临的难题，必须从现行的政策体制、理财思路、监管模式、队伍建设等多方面着手，通过财政上下的齐心协力和不懈努力，逐步加以克服、化解和改善。

（一）大力发展乡镇经济，增加财源

发展是第一要务。发展壮大城镇经济，建立稳固的财源和收入增长机制，做大财政蛋糕，这是城镇财政履行职能的前提条件。从东莞和吴中城镇经济的发展历程来看，温州城镇要因地制宜，根据自身条件走出一条适合实际的经济发展道路，尽量避免千篇一律、同一模式、一窝蜂式的去追赶发展诸如总部经济、房地产业、物流业等所谓的热点产业；而应注意讲究错位发展、形成特色产业。对于经济发展较好的城镇，如乐清的柳市镇、乐成镇，瑞安的塘下镇、永嘉的瓯北镇等，要继续做大做强做优经济总量，加快转变产业结构，提升产业档次，保证财力可持续健康增长；对于经济发展暂较落后的城镇而言，如文成、泰顺的部分城镇，一方面要充分挖掘自身优势，适度加大基础设施建设力度，营造良好的经济发展环境，吸引各类经济主体来投资发展经济，既可以提高土地价格，又可以壮大经济总量，进而做大财政蛋糕；另一方面，要充分认识经济发展是个循序渐进的过程，从创业起步到走上良性循环需要一段时间；要坚持遵循经济社会发展规律，切不可盲动冒进，脱离自身经济社会实际，避免出现经济的大起大落和财政的潜在风险。只有因地制宜，根据温州的实际情况，因势利导地发展经济，逐步增加财政收入，温州城镇财政的境况才能有所好转。

（二）改革现行财政体制，加大城镇财政地方留成比例

东莞从2007年起建立了促进城镇经济发展的财政性激励机制，对城镇工商税收的超收部分进行分档按比例奖励，其中最低档的也达到55%，而最高档的高达80%。而温州城镇财政增收分成相对较少，例如，瓯海瞿溪镇2006年度税收收入比2005年度增收2860.84万元，镇级参与体制分成增收307.17万元，而增收分成却只有23.81万元，分成比例仅为7.75%。上级财政集中财力过大，影响了城镇财政增收的积极性。因此，借鉴东莞及吴中的优秀经验及做法，温州应该加快改革现行的分税制体制，进一步规范政府间的财政分配关系。要积极向上反映基本情况，争取在政策体制上有所突破，通过重新划分各税种的分成比例，降低上级留成比例，增加城镇财政留成比例；与此同时，还要规范和明确省以下各级财政各税种的分成比例，特别是加大城镇财政的分成比例，增加财力。此外，还要加大对欠发达城镇的转移支付力度，既保证其正常运转需要，并尽可能帮助其发展经济，借鸡生蛋，促使其经济早日腾飞，增加收入。否则，在现有的宏观经济背景下，单纯靠这些经济薄弱乡镇的自身努力恐怕难以实现快速发展，早日脱贫。

（三）合理界定乡镇事权，使之财力与事权匹配

相比东莞与吴中，温州城镇在执行上级政策、落实相关事项的过程中，缺乏上级应有的财力支持，当地财力超过了其承受能力，产生了一定量的债务。因此，要借鉴东莞和吴中的财事权分配原则，合理界定温州城镇的事权，减少那些不合理的事权。参考和借鉴东莞与吴中的优秀做法，温州需要逐步减少城镇事权的主要有：第一，中央出台的九年制义务教育政策所免除的费用应由上级财政来支付，而不是由城镇承担，真正建立由地方政府负责、分级管理、以各级财政投入为主的农村义务教育制度。第二，派驻在城镇各条线的部门，其工资、奖金、福利及办公经费等全部开支应由上级相应部门自己负担，城镇财政不再承担任何费用，城镇政府只履行协调职能。第三，上级财政部门应承担大部分的农村社会保障支出。同样，诸如社会抚恤、

退伍安置补助等支出，上级财政部门也应加大配套资金投入，切实减轻城镇财政负担。此外，还要加大和规范对困难城镇财政转移支付力度，增强保障能力，充分履行职能。

(四)转变城镇政府职能，完善财政支出结构

处于最基层的城镇这一级政府，掌握的资源和拥有的权力十分有限，显然缺乏宏观调控的能力，只是作为一个微观组织在具体组织实施执行上级部门各种命令，并结合实际作一些微观方面的调节与控制。基于这样的判断，我们认为温州城镇一级政府不仅要研究东莞与吴中的优秀做法，还要注意借鉴发达国家基层政权的先进管理经验，逐步调整其承担过多的具体管理经济的职能，要向东莞、吴中等地学习，更多地向提供公共服务方面转变，包括：维护本社区的秩序、贯彻落实国家的计划生育、保护耕地等政策、协调村与社区之间的各种关系，为本乡镇地区居民创造一个安居乐业的良好社会环境，也即提供公共产品和社会化服务等。

(五)与时俱进，加快城镇财政职能转型

城镇政府职能转型了，财政职能也要随之转变。温州城镇财政转型中应该注意以下几点：首先，要以科学发展观为指导，与时俱进，紧密联系当地发展实际，努力向公共服务型、民生型财政转变。其次，要转变理财观念，改变传统的不合时宜的理财做法，不断调整优化支出结构，突出就业、教育、医疗卫生、收入分配、环境保护、住房保障等民生主题，加强社会发展薄弱环节，了解人民群众的需求，缩小城乡之间、区域之间的发展差异，努力实现基本公共服务均等化。再次，要处理好一系列关系，例如城镇财政职能转变与财政政策改革、财政监督与管理、财政机构设置等。城镇财政职能转变了，财政政策取向、监督与管理方式方法、机构设置及人员配置等都将随之而变。

(课题组组长：李步鸣　副组长：叶林舷　成员：刘发顺　杨海曼)

海宁市主导产业动态能力实证分析与地方财力互动机制研究(摘要)

海宁市财政局课题组

编者按：本文获2008年度浙江省财政系统业务调研课题一等奖。年鉴摘要刊载如下：

一、海宁市八大产业动态能力现状分析

2006年，海宁市共有规模以上企业1142家，工业总产值513.4亿元，总量列嘉兴市第一，形成了以皮革(22.9%)、经编(12.1%)、家纺(7.5%)为支柱，电子信息(2.5%)、化工医药(5.1%)、印刷包装(2.6%)、五金机械(9.58%)、袜子(3.1%)等产业蓬勃发展的富有特色的工业经济新格局。八大产业实现的工业产值占本市工业总产值的65.38%。鉴于此，本课题选取这八大产业作为样本，对本市产业动态能力发展现状进行分析。

以皮革业为例。

2006年，皮革产值达160亿元，占全市经济总量的近四分之一，皮革服装产量全国第一。与此同时，该产业已拥有较完善的信息平台，先后举办了十三届皮革博览会，蜚声海内外。乐清皮革商会、皮革服装商会、皮具箱包商会、皮革工业协会等四个行业协会，已成为企业间信息交流的重要渠道。海宁中国皮革城2005年被省工商局授予“五星级文明规范市场”，入选中国商品交易市场50强。2003年9月由浙江方圆检测集团与国际著名权威皮革检测及技术服务机构——英国BLC皮革技术中心合作设立皮革检测技术服务中心，是BLC在国外设立的第一个检测实验室。截至2006年底，全市皮革产业拥有1个国家驰名商标，2个中国名牌，4个国家免检产品，6个浙江省著名商标，4个浙江省名牌，12个嘉兴市著名商标，2个嘉兴市名牌。在技术创新方面，卡森、蒙努分别设立研发中心，为海宁皮革产业的技术创新奠定坚实基础。目前，该产业共有18个省级新产品，2003～2006年共获12项专利。

根据产业动态能力的指标体系与指数计算方法，海宁市皮革产业动态能力指数为80。

按照上述方法，对海宁市家纺、经编、电子、机械、化工、包装袜子产业的动态能力指标体系与指数计算方法略，具体得分详见下表。

海宁八大产业动态能力各项指标值表

指标	皮革	家纺	经编	电子	机械	化工	包装	袜子
平均产值	8977	2587	4409	7644	2728	5982	7840	3158
上市	1	0	1	1	0	1	0	0
交易会	1	1	1	0	0	0	0	0
高端论坛	1	0	1	1	0	0	0	0
行业协	4	1	3	2	1	0	1	1
专业市场	1	1	0	0	0	0	0	0
专业检测	1	1	1	0	0	0	1	1
产业链状	很好	较好	较好	一般	一般	一般	较好	一般
商标	60	42	11	34	10	4	4	5
名牌	74	5	72	38	33	3	1	5
国家免检	4	0	1	1	1	0	0	1
国际认证	6	19	24	29	37	7	16	7
标准起草	9	0	2	4	5	6	0	0
产业品牌	有	有	有	有	无	无	无	无
研发技术	2	0	4	0	1	1	0	0
高新产品	18	2	74	62	62	41	21	0
专利	12	44	97	37	78	4	95	32
创新平台	1	0	1	0	0	0	0	0

海宁八大产业各项指标分值

指标	皮革	家纺	经编	电子	机械	化工	包装	袜子
平均产值	10	3	5	7	3	7	7	5
上市	3	0	3	3	0	3	0	0
交易会	5	5	5	0	0	0	0	0
高端论坛	2	2	2	2	0	0	0	0
行业协会	6	5	6	6	5	0	5	5
专业市场	10	10	0	0	0	0	0	0
专业检测	5	5	5	0	0	0	5	5
产业链状	10	6	6	4	4	4	6	4
商标	4	3	2	3	2	1	1	1
名牌	4	1	4	3	3	1	1	1
国家免检	3	0	1	1	1	0	0	1
国际认证	1	2	2	2	2	1	2	1
标准起草	3	0	1	2	2	2	0	0
产业品牌	4	4	4	4	0	0	0	0
研发技术	3	0	5	0	3	3	0	0
高新产品	4	3	6	6	6	5	5	0
专利	2	5	6	4	5	2	6	4
创新平台	1	0	1	0	0	0	0	0
合计	80	54	64	47	36	29	38	27

注：

(1)表中数据如不做特别说明，均指“截至2006年底”；

(2)国际认证只统计了2005、2006两年；

(3)商标分中国驰名商标、浙江省著名商标与嘉兴市著名商标，名牌分为中国名牌、浙江省名牌和嘉兴市名牌，为了计算简便，按照30:3:1的比例折算为嘉兴市商标或名牌；

(4)高新产品只统计了2004～2006的数据，为简化计算，国家级高新产品与省级高新产品按照2:1的比例折算为省级高新技术产品；

(5)研发中心只统计了省级研发技术中心；

(6)专利只统计了2003～2006年的数据。

二、主导产业动态能力与地方财力互动关系分析

(一)主导产业动态能力对地方财政能力的促进作用

1.财政收入及构成分析

按照我国目前的财政体制，地方财政收入包括预算内收入和预算外收入两大部分。其中预算内收入是财政收入的主体部分。现实情况是，地方财政预算内收入主要包括地方各项税收、地方政府收费、来自上级政府的转移收入、教育费附加和其他收入等，这些项目资金严格纳入预算，实行统一平衡和管理。

●财政收入结构分析

地方财政收入的构成，以2005年的数据为例，税收收入占90%多，是地方财政收入的主要来源。

●主要财政收入项目增长态势分析

为进一步清晰地方财政收入构成的变化，占地方财政收入81%的六个税种为例，计算出2000～2005年的年均增长率，见下表。

海宁市主要税种2000～2005年均增长情况表

项目	增值税	营业税	企业所得税	契税	个人所得税	城建税
年均增长率	16.4%	29.9%	35.8%	25.1%	42.7%	15.7%
备注			各年均以40%计		各年均以40%计	

由上表可见，在六大税种中，个人所得税和企业所得税呈现大大高于同期地方财政收入增长率(24%)的速度增长，营业税和契税增长速度略高于地方财政收入增长速度，而增值税和城建税增长速度则大大低于同期地方财政收入增长速度。

2.主导产业动态能力对地方财政收入的贡献实证分析

我们将海宁市八大主要产业动态能力及其对地方财政收入的贡献进行相关性回归分析，找出它们之间的内在联系：先从总体上分析产业动态能力对地方财政收入的影响，然后分析各动态能力要素对财政收入的影响，以及动态能力与各主要地方财政收入构成要素的影响。

海宁市八大产业动态能力数据

指标	皮革	家纺	经编	电子	机械	化工	包装	袜子
战略发现能力	26	15	21	18	8	10	12	10
产业配套能力	25	21	11	4	4	4	11	9
品牌创造能力	19	10	14	15	10	5	4	4
科技创新能力	10	8	18	10	14	10	11	4
合　计	80	54	64	47	36	29	38	27

海宁八大产业总产值及对地方财政的贡献(2002～2006加总)

产　业	地方财政收入(元)	生产总值(万元)	万元生产总值地方财政贡献(元)
皮革	228733059	4679867	49
经编	101991027	1686545	60
家纺	89588070	1184677	76
机械五金	161475073	1320160	122
电子信息	89110422	421494	211
印刷包装	78007091	525673	148
化工医药	111482847	801613	139
袜业	71025834	437165	162
总　计	931413423	11057194	967

注：包装印刷和袜业的两个行业生产总值和规模以上企业数缺少2002年和2003年的统计数据。为了分析方便，这两年的数据是按比例估计的。

海宁八大产业主要税收收入情况2002～2006年汇总表

(单位：万元)

行业	增值税	企业所得税	营业税	个人所得税	城建税	房地产税	印花税
皮革	50843	16683	252	2605	1002	911	673
印刷	16143	7251	37	730	347	200	73
化工医药	22684	8780	261	1434	614	450	135
机械五金	35683	8079	698	2945	1312	799	254
电子信息	20139	5688	53	2218	482	220	70
家纺	24810	4357	139	385	426	165	194
经编	24761	5324	178	782	889	458	260
袜业	17711	5009	49	528	261	117	124
总计	212774	61171	1667	11627	5333	3320	1783

●八大产业动态能力与地方财政收入相关性分析

从海宁市八大产业动态能力排名和地方财政贡献排名，分析两者的相关性。

海宁市八大产业动态能力和对地方财政贡献排名

指标	皮革	经编	家纺	电子	包装	机械	化工	袜子
动态能力排名	1	2	3	4	5	6	7	8
地方财政贡献排名	1	4	5	6	7	2	3	8
万元产值财政贡献	8	7	6	1	3	5	4	2

从上表可以看出，产业动态能力排名、对地方财政贡献排名之间存在比较明显的差异。说明海宁市的产业动态能力与地方财政收入贡献之间并没有形成较好的互动。

不仅如此，八大产业动态能力与对地方财政收入的贡献有比较明显的相关性，其帕松相关系数为 0.602（显著度为 11.4%），但与万元产值的财政收入贡献则呈明显的负相关（显著度 4.6%）。

海宁市产业动态能力与地方财政贡献相关分析结果

变量 1	变量 2	帕松相关系数	双尾检验显著度
产业动态能力	地方财政贡献	0.602	0.114
产业动态能力	万元产值财政贡献	-0.716	0.046

●产业动态能力与各主要税种的互动关系分析

为了进一步揭示产业动态能力对地方财政收入的影响，我们对产业动态能力与构成地方财政收入主要来源的几个税种的相关关系作进一步的分析，结果如下表。

产业动态能力与各主要税种的相关性分析结果

变量 1	变量 2	帕松相关系数	双尾检验显著度
动态能力	增值税	0.678	0.065
动态能力	营业税	-0.041	0.923
动态能力	企业所得税	0.524	0.183
动态能力	个人所得税	0.217	0.606
动态能力	城建税	0.383	0.349
动态能力	房地产税	0.477	0.232
动态能力	印花税	0.789	0.020

注：帕松相关系数是反映两组变量相关关系的一个量，取值在 -1～1 之间，其值越接近 1，表明相关性越强，越接近 0，表明相关性越差。双尾检验显著度是反映分析结果的可信度的指标，取值越小，可信度越高。一般小于 0.01 为高度可信，小于 0.05 为可信，小于 0.1 为基本可信。

从分析结果看，产业动态能力与增值税的相关系数达到 0.678，显著度较高（6.5%）；另外，印花税也很显著，但因是小税种，影响不大，企业所得税有一定的相关性，但显著度不高；营业税、个人所得税、城建税和房地产税则都没有明显的相关性。

●产业动态能力各指标与对地方财政收入贡献的关系分析

产业动态能力与各主要税种的相关性分析结果

变量 1	变量 2	帕松相关系数	双尾检验显著度
战略发现能力	地方财政贡献	0.740	0.036
产业配套能力	地方财政贡献	0.438	0.278
品牌建设能力	地方财政贡献	0.644	0.085
科技创新能力	地方财政贡献	0.230	0.583

由上表可见，在产业动态能力的四个子项中，战略发现能力与地方财政收入贡献有明显的相关度（相关系数达到 0.74），品牌建设能力与地方财政收入贡献也有比较高的相关度，而产业配套能力和科技创新能力与地方财政收入贡献的相关度则不明显。

● 重要结论

通过上面的分析，可以得到这样的结论：目前，海宁市产业的动态能力与地方财政收入之间的对应关系并不很强；从单位产业对财政收入的贡献看，这种对应关系存在严重的失衡，目前的产业结构和产业发展态势不利于地方财政收入长期稳定的增长。对于这一结论，我们作如下说明。

其一，产业动态能力与地方财政收入贡献呈正相关而与万元产值财政收入贡献呈负相关，说明本市动态能力较强的产业对地方财政收入的贡献虽然在绝对量上占优势，但在相对量上处于劣势。从海宁市产业动态能力的排名看，领先的皮革、经编和家纺等，大企业较多，产业知名度较高，在总产值上占有优势，但它们基本上都是劳动密集型产业，产业附加值和利润率比较低，除了对增值税有一定贡献外，其他税收贡献较少，加之这些产业的外销比例较高，对增值税的贡献大打折扣。相反，那些动态能力不是很强的电子信息、印刷包装和机械五金等资本密集或技术密集型产业，由于其知名度和影响力较小而在动态能力排名上靠后，但其产业附加值较高，对地方财政收入的相对贡献反而较大。因此，目前以皮革、经编和家纺为主导产业的产业结构从财政支持的角度是存在明显缺陷的。

其二，本市产业动态能力与增值税呈正相关关系，与企业所得税、个人所得税的相关性偏弱，说明目前海宁产业发展对地方财政收入的贡献还没有转到立足于产业质量的提升上来。因为增值税与产量相关、所得税与经济质量相关。印花税主要与交易量相关，也是与数量相对应的税种。因此，对产业动态能力的培养务必放到提高增长质量上来。

其三，产业从动态能力的构成不难发现，战略发现能力、品牌建设能力这两个子项的分值高低主要取决于产业的产值，大企业的数量，产业的知名度等与产业规模和影响力指标，而产业配套能力和科技创新能力等反映产业质量的指标则与地方财政收入贡献的相关性不如人意，进一步说明了本市目前的地方财政收入主要依赖于产业规模，以数量扩张来带动地方财政收入增长的，通过技术创新和产业优化带动财政收入增长，则并不显著。以科技创新能力为例，动态能力排第五的机械五金和排第七的包装印刷均高于动态能力排第一的皮革和第二的家纺，便是最有说服力的证明。因此，如何使规模大而有影响的产业提高质量，让有创新含量的产业扩大规模，无疑是主导产业动态能力提升与地方财政收入增长保持协调同步的关键所在。

另外，从大的产业结构看，本市三大产业结构不合理，第二产业占的比例过大而第三产业过小。2006年，海宁市第三产业总产值占全市GDP的比重为31.9%，远低于全国平均的40%的水平。反映在对地方财政收入的贡献上，作为地方财政收入主要来源的营业税占地方财政收入的比重也低于全国平均水平，制约了地方财政收入的进一步增长。

(二)财政扶持政策对于产业动态能力的影响

1.近年来本市实行地方财政扶持政策的回顾

近年来本市政府为了促进地方产业的发展，出台了大量扶持性政策，这些政策大致可分为两类：一是税收优惠性扶持政策，二是财政奖励性扶持政策。

海宁市地方财政主要扶持政策一览表

财政扶持类别	具体项目	措施
品牌建设	标准起草	一次性奖励
	自主创牌、著名商标、名牌产品、国家免检产品	一次性奖励 执照年检免审
	商标注册	一次性奖励
技术进步	民营科技企业	税收优惠/减免 研发费用税前扣除 加速折旧
	高新技术企业	一次性奖励 研发费用补助 税收优惠/减免
	高新技术项目/产品	税收返还/减免 技改贴息 土地出让金返还 加速折旧 水电增容配送费免收
	研究开发	研发费用资助 加速折旧
	企业技术中心(独立或共建)	一次性资金扶持
	专利：申请、授权、购买、实施、示范企业等	申请/审查费用资助 一次性奖励 购买费用资助 按销售额比例奖励
	科技进步奖	一次性奖励
	科技项目申报	配套资助 项目资助
公司上市		一次性奖励
招商引资		地价补贴 税收优惠/减免
生产标准化	标准厂房	建筑费补助 税费免交 地价优惠 贴息
	ISO9000认证	一次性奖励

资料来源：根据近5年海宁市政府出台的财政扶持政策整理而得。

2.本市财政扶持政策有效性评价

通过对近年来本市财政政策绩效的调查和分析，我们认为，本市近几年实行的财政扶持政策对地方产业的成长和地方经济社会的发展起了积极的促进作用，具体可以从以下几个方面得到反映。

(1)在品牌建设方面。本市针对品牌建设财政扶持政策极大地调动了企业争创名牌的热情，催生了一批知名品牌。在短短一年时间里，本市先后有四家民营企业四个品牌荣获了“中国驰名商标”，位居浙江省前列。海宁皮革城现在已经是中国皮革品牌集散地，更是海宁皮革品牌的发祥地与聚宝盆。以“雪豹”、“蒙努”、“三星”真皮衣王为龙头，涌现出“白领氏”、“圣尼”、“森奴”等一大批在全国有影响力的皮革服装知名品牌。“蒙努”率先向“中国名牌”产品发起冲刺，为海宁首次夺得两项“中国名牌”桂冠，标志着海宁皮革服装行业开始有了自己的名牌商品。

(2)在吸引内资和外资方面。本市的财政扶持政策增强了内外资的吸引力，对于扩大投资，提升产业结构起了积极作用。利用外资主要呈现以下几方面的特点：一是外商独资企业增多。二是利用外资方式呈现多元化。三是外商投资大项目依然占主导地位。四是开发区仍是招商引资的主战场。2007年8月份，本市举行引进市外内资项目集体签约仪式。共有投资45.8亿元的25个项目分别落户经发区、农发区、尖山新区、马桥街道等地。

(3)在促进经济增长方面，财政扶持政策加速了产业规模扩张，增加了出口，促进了本市经济的快速发展。2006年全市兴海工程入围工业企业已达到84家，2006年全市84家兴海工程工业企业累计实现销售收入243.7亿元，占规上工业的48.3%。“兴海工程”工业企业自身发展优势也日益明显，主要体现在：一是海宁市内80%以上的新产品开发都是有“兴海工程”以上企业完成的。二是创新能力比较强，大部分兴海工程企业都建立了技术开发中心。

(4)在促进外向经济发展方面，外经贸扶持政策对本市三外(外经、外贸、外资)工作的快速发展产生了重要的推动作用。以2006年为例，三外工作当年度全部位列全省十强。2006年全市外资企业369户，累计实现销售收入194.19亿元，同比增长33.99%；实现利税21.31亿元，同比增长31.14%。开展对加工贸易的增量奖励后，2006年全市加工贸易出口累计56504万美元，同比增幅33%，占全市总出口的比重为29%。

对企业境内外参展实行摊位费补贴政策大大增强了企业的参展积极性。据不完全统计，2004至2005年，海宁出国参展的企业数分别达到162家和241家，2006年达到了300多家。

(5)在科技创新方面，全市科技部门通过政策引导与扶持努力提高区域创新能力，推动产业结构优化升级，科技创新取得显著成效。2005年通过全国科技进步先进县市考核并获优秀；2006年成功创建省科技强市，在2006年公布的全省科技综合实力排名中，海宁市居全省第14位、嘉兴市第1位。具体绩效体现如下：财政科技资金的投资导向作用明显。工业技术不断进步。如天通公司的“抗电磁干扰(EMI)MnZn铁氧体TS5、TS7、TS10材料及磁芯”项目荣获省科技进步一等奖。海宁市科技创业中心于2006年6月启动建设后，累计引进高技术领域孵化企业9家；引进博士、硕士、归国留学人员等20多名。2004~2006年，海宁市共申请专利 1305 项，其中发明 77 项，实用新型 240 项，外观设计 988 项，分别是前三年的 4.64 倍、2.48 倍、1.88 倍、8.10 倍。

(6) 在商贸流通方面，政府扶持政策使商贸流通业整体发展水平不断提高。首先，通过鼓励企业做优做强，提升了商贸企业的档次。其次，通过对海宁大厦、海港超市、农工商超市等企业的政策支持，企业配送中心建设取得新进展，推进了农村连锁店工程的实施。再次，专业市场提升改造势头猛后劲足。两大龙头专业市场海宁中国皮革城、海宁中国家纺装饰城年成交额逐年提高。

(7) 财政对企业上市的扶持政策，使本市企业上市工作取得了较大成效。1997 年，钱江生化成为嘉兴市乃至浙北第一家上市公司后，本市不断加强其他企业的股份制改革，天通控股、卡森实业、宏达经编、海利得等 4 家企业相继成功上市。此外，还有海宁中国皮革城、兄弟化工、洁华环保、锦达等多家企业也在进行上市准备。

最后，本市的财政扶持政策，客观上对于促进就业，增进社会和谐起到了积极作用。本市三大支柱产业皮革、经编和家纺大都是劳动密集型产业，吸纳了大量就业人口。近年来，得益于财政扶持政策的支持，这三大产业均快速增长。特别是经编业和家纺业，近 5 年年均增长率在 40%以上，大大促进了就业，促进了社会和谐。

3. 本市财政扶持政策目前存在的主要问题

本市近几年的财政扶持政策对于本市发展等产生了积极效应。但也存在一些问题，主要有以下几方面。

(1) 在大力发展循环经济，培育战略产业和新的经济增长点方面政策力度还不够。近年来海宁也涌现了如电子、太阳能等成长快、前景好的新型产业，但大都是规模小且生产的又都是配件，企业零散且不规范，行业的整体竞争力不强。目前财政针对这样的产业虽然有意要加大扶持力度，但在投入量和投入方式上存在不足。

(2) 目标、重点、结构不尽合理。相对于对企业做优做强，本市现有的财政扶持政策在扶持企业做大规模上过于突出，进而导致结构不尽合理。在经济发展的一定阶段，这些扶持政策对于引导企业做大规模，促进技术创新，重视品牌建设等具有重要作用。但是，当政策的引导功能发挥到一定程度后，对于大企业的奖励和扶持更多的是锦上添花，其政策效益显然会受到影响。

(3) 对企业公共信息服务平台建设的扶持力度不够。在运用政策措施支持中小企业发展的同时，也要注重营造有利于中小企业发展的公共服务平台和发展环境，这是促进中小企业长远发展、健康发展的重要条件。财政应该拨出专款扶持一些为企业提供各种市场信息、产业信息、政策信息的服务平台建设。从调查的情况看，这方面是个薄弱环节。

三、构建“互动关系”的大思路(策略设计)

(一) 核心策略

1. 首先是要跳出在劳动密集型产业中选择主导产业的思路，从全国乃至全球视野，考量海宁的产业布局、主导产业定位，开启一条放眼世界、定位先进制造业去选择主导产业的发展道路。在思谋地方经济发展时必须把海宁置身于全球经济体系，把握海宁经济发展的基础、优势、劣势，通过联合、引入、兼并、收购等途径整合资源，运作资本，跨地区、跨行业选择主导产业。

2. 对于电子信息、包装、化工医药、机械五金等具有资本、技术密集型特点的产业，目前不论是横向比较还是纵向考察，其产业链配套、信息平台建设以及品牌创新、技术研发等还有待于进一步提升。因此，需要通过内部培育、外部引进，打造资金实力雄厚、研发能力突出、营销网络完善，在产业内具有较高知名度的战略性企业集团，带动相关企业的发展。

3. 借鉴无锡市政府的成功经验。引进具有科学家智慧和企业家才能的创业者；在政府设立的三个科技成果转化专项资金中，由政府买单研发费用，即实行政府主导型风险投资；政府主导型风险投资在企业获得成功后，企业做强了，政府再功成身退，不与企业争利，以实际行动宣传当地的投资环境，从而吸引更多的投资；相当大的风险是完全由政府承担的。这些鼓励冒险和宽容失败，在项目开发、市场化运作、政府扶持三者良性互动方面远见卓识、卓有成效的做法，值得学习。

4. 政府应从经营土地转向经营“土壤”，即用“四两拨千斤”的方式营造新型投资环境。新投资环境建设应落脚在品牌培育与维护、自主创新氛围培育、信息平台建设与维护、生态环境整治、知识产权保护、产业配套能力提升等公共服务上；每年按不低于可用财力的一定比例设立科技发展扶持基金，通过技术创新平台建设、企业研发中心建设、企业重大科技项目的自主研发、具有广泛适用性的科技攻关项目研发以及专利技术的产业化，充分发挥其杠杆作用，推动自主创新项目的产业化和知识产权保护。

5. 以孵化器为创新载体，在瞄准“两个金三角”，即“科技孵化金三角”(拥有科技创业园、软件园、信息产业园、国际技术转移中心等孵化载体)和“科技产业金三角”(由创新产业园、科技产业园、大学科技园等产业园区组成)上倾力而为，加快本市科技创新中心建设，吸引更多的创意设计和科技项目来本市落户。

(二) 重要举措

1. 成立机构，推动超常发展。

一是在整合现有的相关机构的基础上，应尽快成立海宁市主导产业发展委员会，其主要职能包括：(1) 制订本市主导产业选择标准；(2) 制定促进本市主导产业发展的技术、人才、信息、行业协会等相关政策；(3) 协调主导产业与其他产业之间、主导产业内企业与政府之间、各主导产业之间、主导产业内企业之间在土地、人才、能源、信息等方面的关系；(4) 督察所制定的相关政策的实施过程。

二是组建海宁市政府控股(或独资)的投资型公司，由市政府以土地出让金、财政资金或其他政府收入以及国有垄断性资源出资设立。基金会同时接受捐赠与支持。该公司的主要功能包括：(1) 选择海宁市主导产业内具有重大发展前景的项目进行风险投资，为项目所有企业分担产业化风险，并在其发展到一定规模后退出，充分发挥政府产业引导功能；(2) 拿出一部分资产对海宁市内外行业进行投资，其投资回报可以作为海宁财政的一个新的增长点，并通过控股、参股等形式投资能源、矿藏、交通等国民经济基础性行业，为海宁市主导产业发展提供资源保证。

2.推进产业升级平台建设，优化产业布局结构，来提升产业层次。(1)产业升级平台建设，引进大专院校、科研机构，设立科研院所创新基地，使之成为集高科技为特色的科研原创、人才集聚、高新技术快速转化的高地，提升区域自主创新能力。(2)优化产业布局结构，转变招商引资思路，利用区域优势，引入需大力发展的产业，同时对本市的各开发区产业布局进行研究，如形成机械、包装行业的特色产业基地。(3)完善财政扶持政策机制，突出对主导产业、产业创新、优化升级的重点扶持。

3.组织力量，抓紧编制《海宁市主导产业发展项目指南目录》，向国内外公布，以引导和规范招商引资，便于科学调控。《指南目录》以国家颁布的相关《指导目录》为依据，结合海宁市现有经济基础与实际情况制定。其内容包括：(1)以资源、环保、优势等为依据，对与海宁市主导产业未来发展方向相违背的项目应做出明确限制；(2)鼓励有利于本市产业结构优化升级，符合本市打造创新型主导产业目标的项目。

(课题组组长：陈金明　成员：许建明　曹立群　沈喜红　赵慧芳)

辉煌三十年

改革开放三十年浙江财政改革发展回顾与启示

浙江省财政厅

沐浴着改革开放的春风，伴随着市场经济的大潮，浙江省财政事业走过了辉煌灿烂的30年发展历程。30年来，全省各级财政部门和广大财政干部在党的路线、方针、政策指引下，在省委、省政府的正确领导下，解放思想，与时俱进，开拓创新，积极探索适合区域经济特点和形势发展变化的生财、聚财、理财之道，全省财政收支规模不断扩大，收支结构逐步改善，财政改革不断向纵深推进，公共财政体系框架初步建立，财政发展的持续性、协调性和稳定性不断增强，财政工作逐步走上了科学化、规范化、法制化的发展轨道，为全省经济和社会各项事业的全面、协调、可持续发展作出了应有的贡献。

一、改革开放30年浙江财政工作的主要成就

(一)财政收入规模和质量不断迈上新台阶，公共财政收入体系初步形成

政以财立，国以财兴。科学生财聚财，做大做好财政收入"蛋糕"，是提升财政公共服务能力、确保各项社会事业发展的物质基础和前提条件。改革开放以来，全省各级财政部门紧紧围绕经济建设这个中心，充分发挥财税职能作用，根据各个时期的工作重点，综合运用税收、财政补助、贴息、以奖代补等公共财政政策手段，推动经济又好又快发展，促进财税经济良性互动，夯实财源基础；加强税收和非税收入征管，优化政府财力结构，积极构建稳步增长的收入机制，全省公共财政收入体系初步形成，财政收入规模不断壮大、结构不断优化、质量不断提升。2007年，全省财政总收入3240亿元，是1978年的120倍，年均增长17.9%，在全国的位次由1978年的第14位上升到第4位；全省地方财政收入1650亿元，是1994年分税制改革时的17.4倍，年均增长24.6%，在全国的位次由1994年的第8位上升到第5位；地方财政收入占财政总收入的比重达到50.9%，比1994年提高5.7个百分点。

1.支持经济发展方式转变，财源基础更加稳固

一是加大对基础设施建设投入力度，夯实经济发展基础。着力做好能源交通重点建设基金、预算调节基金的征收管理和国库券发行工作，为国家建设积极筹措资金，争取中央国债专项资金支持，利用政府外债，集中力量支持"五大百亿"工程等一批社会急需、群众欢迎、代表未来制高点、可持续发展的重点项目，极大地改善了全省基础设施条件和投资环境。30年来，全省各级财政累计用于基本建设的支出达710亿元，相当于建国后前28年总和的13倍。1998～2007年，会同有关部门共向中央争取国债专项资金150.94亿元，其中：补助59.88亿元，转贷91.06亿元；1984年以来共向世界银行、亚洲开发银行、外国政府等举借23.42亿美元政府外债，有力地促进了我省经济和社会事业的可持续发展。

二是支持农业经济发展，推进农业和农村经济结构战略性调整。坚持农业是国民经济基础的指导方针，不断加大对"三农"的财政投入，积极开拓筹资渠道，相继开征和建立"水利建设专项资金"、"造地改田资金"、"农业土地开发资金"等支农专项资金，并综合运用财政补助、财政贴息、以奖代补、信用担保等手段，吸引社会资金和民间资本投向农业和农村，逐步建立起多元化、多层次的农业投入机制。30年来，全省财政预算内支农支出达到783亿元，年均增长16.9%；2007年全省用于"三农"支出的财政资金达496亿元，有力支持了农业基础设施建设、农业科技成果推广、高效生态农业、农业产业化经营和农业社会化服务体系建设等。为减轻农民负担，2003年全面停征农业特产税，2004年对种植粮食作物的计税土地免征农业税，2005年在全国率先全面停征农业税。同时，对种粮农民实施直接补贴、良种补贴、农机购置补贴、保护价收购等扶持政策，增加对农民的各种补贴。建立农业救灾防灾机制，2006年开始实施政策性农业保险试点，目前已扩大到全省有农业生产的所有县(市、区)。加大农业综合开发投入，自1988年成为第一批国家农业综合开发区以来，全省累计投入农业综合开发资金168.49亿元。

三是支持各种所有制企业发展，推动经济发展方式转变。不断调整国家与企业的分配关系，完善财政支持企业发展的政策体系。通过实行企业基金、利润留成制度、包干办法、两步"利改税"和支、帮、促等扶持手段以及一系列减税让利措施，扩大企业经营自主权，支持企业扩大再生产，提高经济效益。积极行使国有资产监管职能，逐步建立国有资产管理的良性运行机制，促进国有资产保值增值。支持国有企业深化改革，将国有资本从竞争性领域逐步退出，国有企业现代企业制度基本建立。支持企业进行技术改造和技术进步，引导和帮助企业从内部挖掘潜力，促进生产发展。支持内、外贸企业深化改革，转换经营机制，进一步建立健全粮、棉、油、肉等重要商品的储备制度、粮食风险基金和副食品风险基金制度，增强政府调控市场的能力。设立先进制造业基地财政专项资金，并不断调整扶持重点，支持企业关键技术创新和重点领域联合攻关，支持装备制造业和高新技术企业发展，促进传统产业优化升级。建立中小企业扶持资金

和小企业贷款风险补偿资金，支持中小企业加快发展。积极筹措现代服务业发展引导资金和流通业、旅游业发展资金，支持第三产业特别是现代服务业发展。加大对节能降耗工作的支持力度，支持可再生资源的回收、加工和综合利用，促进水泥、电力、钢铁等行业结构调整，支持循环经济发展。支持外向型经济发展，建立省级外贸进出口发展基金、进出口公平贸易专项资金等，不断调整完善各项外经贸财政扶持政策和措施，促进外经贸持续健康发展。

2.加强税源管理，优化结构，税收收入持续增长。认真贯彻落实国务院"加强征管、堵塞漏洞、惩治腐败、清缴欠税"的税收工作方针，从源头上防止税收流失。贯彻"在依法治税和规范管理的前提下，保持地税收入的可持续增长"的组织收入原则和"抓大不放小"的征管原则，率先实行税收收入计划改革。加强税收收入分析，把握组织收入的方向和力度，提高税收征管的质量和效率，"均衡入库、持续增长、优化结构、调控有力"的目标逐步成为现实，税收收入规模不断扩大，收入结构不断优化。

3.建立健全政府非税收入征管体系，政府财力更加雄厚。深化"收支两条线"改革，对预算外资金进行清理整顿，加强预算外资金管理。建立政府非税收入征管体系，科学界定政府非税收入范围，实行分类规范管理，加强征管信息化建设，提高政府非税收入征缴率。大力推行社会保险费"五费合征"，全省已有49个市县实施；积极报批出台按"三税"额的2%开征地方教育附加的政策；加强对国有土地使用权出让收入、新增建设用地土地有偿使用费和海域使用金的征收管理，强化经营权拍卖、公共资源有偿使用收入征管。不断清理和规范行政事业性收费收缴行为，切实加强政府性基金管理，做大政府非税收入"蛋糕"。

（二）财政支出结构调整不断取得新进展，公共财政支出体系基本建立

随着改革开放的不断深入，全省各级财政部门按照科学发展观、构建社会主义和谐社会的要求，科学界定财政支出范围，财政支出安排始终坚持体现党和政府的决策和意志，体现人民群众的利益和意愿，体现公共财政的原则和要求，通过"存量调结构，增量优方向，增量调存量"，积极调整和优化财政支出结构，逐步减少直至退出对竞争性领域的财政资金供给，严格控制行政管理费支出，把更多的财政资金投向民生领域，公共财政支出体系基本建立。2007年，全省财政支出1807亿元，是1978年的103.7倍，年均增长18.1%，在全国的位次由1978年的第19位上升到第6位，全省人均财政支出从1978年的第24位上升到第10位。2007年，全省财政民生支出占当年财政支出总量的比重达67.8%；当年财政支出增量中民生支出的比重达70.3%。财政民生支出占比不断提高，财政支出增量三分之二以上用于改善社会民生，全省财政实现了向"民生财政"的实质转变。

1.支持社会事业加快发展。认真实施"科教兴省"战略，各级财政重视并不断加大对教育、科技、文化、卫生、体育等社会事业的投入。30年来，全省各级财政用于文教科卫支出累计达到3249亿元，其中：2007年达到617亿元，是1978年的170倍，年均递增19.4%；教育支出年均递增19.9%，科技支出年均递增21.1%，均超过了同期财政支出的增长幅度。

进一步确立教育的基础地位，积极采取措施恢复和振兴教育事业。建立和完善"以县为主"的农村基础教育管理体制。实施义务教育经费保障机制改革，义务教育全面纳入公共财政保障范围，2006年秋季开始城乡义务教育阶段学生免交杂费，2007年秋季开始向义务教育阶段学生免费提供教科书，不再收取课本、作业本费。实施农村教育"四项工程"和农村中小学"书香校园工程"，开展农村中小学现代远程教育工作，促进基础教育均衡发展。在全国率先创立并全面推行"教育券"制度，建立新型助学机制。增加对高等教育投入，率先在全国实行"生均定额拨款"的预算分配办法，充分调动省属高校增加招生的积极性。大力发展职业教育，全省建成了一批硬件、软件都比较好的中等职业学校。

积极实施"科教兴省"战略，各级财政不断加大对科技的投入，形成稳定的财政科技经费投入机制。调整财政科技经费投向，建立省自然科学基金、高新技术研发及产业化扶持资金、重点实验室和试验基地建设资金等专项资金，着力支持基础研究和应用基础研究、高新技术研发、科技基础条件建设，促进科技成果转化。

建立健全卫生事业财政补助增长机制，全省卫生事业财政支出增幅高于同期经常性财政支出增长幅度。加大对疾病预防与控制、卫生监督和急救体系建设投入，积极支持计划免疫工作，推进公共卫生体系建设。制定农村卫生和城市社区卫生补助政策，推动实施"农民健康工程"，逐步加大对农村卫生院和城市社区卫生服务机构建设投入力度，完善农村医疗卫生服务网络。积极探索建立以人为本的计划生育利益导向机制和社会保障机制，所有县（市、区）均建立了计划生育公益金，在农村探索建立对计划生育家庭奖励扶助制度。

支持文化体育事业发展，先后建成一大批现代化的公共文化体育设施和一批文化精品；加快广播电视"村村通"建设，扎实推进文化"八项工程"建设，实施"雏鹰计划万里行"和"钱江浪花"下基层演出活动，推进民族民间文化遗产保护工程，提高公益性文化单位公共服务能力，2004年在全国率先实行省级博物馆常年免费向社会公众开放，丰富人民群众的精神文化生活。

2.支持社会保障体系建设。自1995年设立财政社会保障管理机构以来，认真履行公共财政职责，切实落实政府社会保障责任，积极参与社会保障制度改革。努力筹措资金，确保全省国有企业下岗职工基本生活费和离退休人员养老金按时足额发放，完成由下岗职工基本生活保障制度向失业保险制度并轨工作。加强失业保险制度建设，加大就业再就业投入，完善促进就业再就业政策。推进建立统一的企业职工基本养老保险制度，建立和完善基本医疗保险制度、失业保险制度以及工伤、生育保险制度改革。支持建立覆盖城乡的最低生活保障、被征地农民社会保障、新型农村合作医疗、城镇居民基本医疗保险及医疗救助、城镇"三无"和农村"五保"对象集中供养和贫困家庭子女免费入学等"新五保"制度。建立社会保险基金"地税征收、财政监管、社保使用"的征缴管理体制。积极开展社会保障预算编制和社会保险基金保值增值试点。逐年加大财政对社会保障的投入力度，建立健全社会保障资金多渠道筹措机制，规范和完善省对市县社会保障专项转移支付制度，全省覆盖城乡、多层次的社会保障体系基本建立，社会保障事业得到快速发展。全省财政社会保障支出

从1995年的14.33亿元增加到2007年的300.55亿元，增长21倍，年均增长28.8%，占同期财政支出的比重提高到16.63%；全省五项社会保险基金收入由1999年的88.4亿元增加到2007年的553.09亿元，年均增长25.8%。在财政部门的推动下，我省成为全国率先推出农村最低生活保障、养老保险费地税征收、下岗与失业并轨以及建立被征地农民生活保障制度的省市区之一。

3.支持生态环保建设。各级财政不断加大对生态环保的投入力度，推进"811"三年行动计划和生态省建设，支持全省特别是欠发达地区"生态环境保护和治理"、"城乡环保基础设施和环境监测监控设施建设"、"生态公益林建设"、"千村示范、万村整治"、"万里清水河道建设"、"千万农民饮用水"、循环经济以及自然资源保护等重点项目和重点工程建设，引导社会资金参与生态环境保护和污染治理。2003～2007年，省级财政累计安排各类生态环保专项资金86.30亿元。积极探索建立财政生态环保激励和约束机制，2006年按照"谁保护、谁受益"、"谁贡献大，谁多得益"的原则，对钱塘江源头地区的10个市县实行省级财政生态环保专项转移支付，当年安排财政资金2亿元；2007年安排6亿元，全面实施省对主要水系源头所在45个市、县(市)的生态环保财力转移支付制度；建立和完善森林生态效益补偿机制，促进生态环保和经济社会的协调发展。

4.支持欠发达地区加快发展。在不断完善省对市县财政体制，加大对欠发达地区财政转移支付力度的同时，支持实施"百乡扶贫攻坚计划"和"欠发达乡镇奔小康工程"，重点扶持贫困和欠发达乡镇发展特色产业和开展农民培训，鼓励下山脱贫、异地开发，加大下山脱贫工作力度。1988～2007年，全省各级财政共安排支援不发达地区发展资金36亿元，年均增长15.5%。

(三)财税管理改革不断取得新突破，公共财政运行体系日益健全

随着社会主义市场经济体制改革的不断深化，全省财税体制改革步伐不断加快，特别是自1998年全国财政工作会议提出逐步建立与社会主义市场经济相适应的公共财政基本框架以来，全省各级财政部门大力推进以部门预算、国库集中收付、财政支出绩效评价"三位一体"为主要内容的公共财政改革，逐步建立起运行有序、管理规范、约束有力、科学高效的财政运行机制，实现了从生产建设型财政向公共财政的历史性转变，公共财政体制建设取得了阶段性成果。

1.省对市县财政体制不断完善。积极应对中央对地方的财政体制及税收制度的调整，顺利实现由"吃大锅饭"向"分税制"财政管理体制的转变，坚持省直管县财政管理模式，省与市县按分税制体制要求实行分税、分享，合理构建具有浙江特色的省对市县财政体制。按照"抓两头，带中间，分类指导"的工作思路，先后出台激励与约束相结合的"亿元县上台阶"、"两保两挂"、"两保两联"、"两保一挂"等一系列财政政策，并不断加以调整和完善，有效调动了市县发展地方经济、增收节支保平衡的积极性，省级财政调控能力不断增强。2007年全省所有县(市)地方财政收入均超亿元。与此同时，不断完善省对市县财政转移支付政策，实行因素法、公式化的一般财力性转移支付，促进区域间基本公共服务均等化；出台优化收入结构财力性奖励办法，推动市县加快优化产业结构步伐；建立宁波市财政上交省机制，逐步理顺省与宁波市的财政收入分配关系。

2.部门预算改革全面深化。从2000年开始试编省农业厅、科技厅、教育厅部门预算，2004年起，省级137个部门全面推行以综合预算和零基预算为核心的、规范的部门预算，编制政府采购预算，强化项目预算管理。上省人代会审查的部门预算从2002年的3个增加到2007年的20个，每年有1-2个省级部门预算接受重点审查，部门预算的公平性、透明度逐步增强。2007年底，全省所有市县均实施了部门预算改革。全面实施政府收支分类改革，从2007年开始，全省和省级按照政府收支分类改革后的新科目编制预算。

3.国库集中收付改革有序推进。在金华、嘉兴两市先行试点的基础上，2000年，全省各级财政开始实行会计集中核算制度。2005年，全面启动国库集中支付制度改革，积极推进以国库单一账户体系为基础、资金缴拨以国库集中收付为主要形式的现代财政国库管理制度改革，会计集中核算逐步向国库集中支付平稳过渡。2007年起省级预算单位全面推行国库集中支付改革，支付资金涵盖预算内、外资金。积极加强指导，稳步推进市县实施国库集中支付改革，大部分设区市和部分县(市)开始实施国库集中支付改革。

4.财政支出绩效评价稳步开展。2005年开始，在全国较早地开展了财政支出绩效评价工作。全省各地组建绩效评价管理机构，并落实绩效评价职能和人员；制订绩效评价办法和实施意见、中介机构和专家管理等制度；初步建立"项目单位自评——主管部门评价——财政部门评价"三层次评价体系，对社会关注度高、影响力大，特别是涉及民生的项目实施重点评价，同时积极试行单位整体支出评价工作；探索评价结果应用机制；加快信息库建设，初步建立中介机构库、专家库和评价指标库。至2007年底，全省共对1906个项目实施了评价，涉及评价资金383.8亿元，部门和单位的绩效理念及责任意识不断强化，支出效益逐步提高。

5.政府采购制度日臻完善。自1999年开展政府采购工作以来，建立健全政府采购管理制度和监管体系，全省上下基本形成了以《政府采购法》为基本法的一整套推动和规范政府采购工作的法律、法规和制度体系。充分发挥政府采购在支持自主创新和节能减排方面的政策功能，推行定点采购管理和协议供货制度，扩大采购规模和范围，提高采购效率和效能。全省政府采购集中采购目录已包括货物、服务和工程三大类40多个品目，分散采购目录达到100多个，部门集中采购稳步推进。1999—2007年，全省政府采购合同累计总额1051.40亿元，年增幅40%以上，采购规模处于全国领先地位；节约采购资金158.08亿元，平均节约率达到12.6%。

6.农村税费改革和农村综合改革全面实施。2000年开始农村税费改革试点，从2002年起在全省全面实施以"减调改稳、合理负担、转移支付、配套进行"为主要内容的农村税费改革，并取得重大阶段性成果，全面免征了农业特产税和农业税，全面取消村提留制度，全省农民在制度层面实现零负担。为巩固和发展农村税费改革成果，2006年全面实施农村综合改革。至2007年底，全省乡镇政府内设机构和事业单位调整工作全面完成，基本

确立了以农村社会管理为主要任务的乡镇政府组织体制框架体系；基本实现义务教育"以县为主"的管理模式，城乡义务教育全面纳入公共财政保障范围；实行分类指导的县乡财政管理体制，全面开展化解乡村债务工作，财政对村级组织运转和村干部报酬的补助机制初步建立。

7."金财工程"一体化建设全面推进。从2002年开始着手"金财工程"建设，利用先进的信息技术，支撑以预算编制、国库集中收付和宏观经济预测为核心应用的政府财政管理信息系统管理。2005年，"金财工程"建设进入一体化阶段，目前财政主体业务的一体化开发已基本完成并上线运行。

(四)财政监管水平不断得到新提高，公共财政管理体系逐步完善

一是加强财政法治建设。认真贯彻实施《预算法》、《会计法》、《税收征管法》等各项财税法律法规和国务院《全面推进依法行政实施纲要》及省委建设"法治浙江"的决定等，研究制定财税法规、规章实施办法及其他财政规范性文件，推进地方财政制度建设。认真抓好财税普法规划的制定和实施工作，深入开展财政法制宣传教育。扎实开展法律监督，依法合规做好行政复议、应诉和处罚案件审查工作。积极推进政务公开，建立行政执法责任制，深化行政审批制度改革，规范行政许可和非行政许可审批行为，全面推进依法行政、依法理财工作。

二是加强财政专项资金管理。按照"一个专项一个办法"的要求，制订各类财政专项资金管理办法。加强财政周转金管理和清理整顿，财政周转金管理没有发生重大违法违纪问题。加强对财政投资项目的财政财务管理，对基建资金实行财政直接支付，健全省重点建设项目和重大财政投资项目全过程跟踪问效机制。强化财政支出项目审核与监督，提高财政支出项目预算的透明度。2000～2007年，省审核中心累计审核项目2995个，累计审核金额299.59亿元，净审减35.49亿元，平均审减率达11.84%。

三是加强行政事业单位资产财务管理。牢固树立过紧日子思想，改革行政事业经费管理办法，建立激励和约束并举机制，严格控制行政事业经费的过快增长。通过抓宏观、放微观的思路，1980年起对行政事业单位实行经费预算"包干、结余留用、超支不补"以及"抓大放小，包奖结合"等办法，对行政经费实行综合定额包干，较好地调动了单位节支积极性。2001年起，各地普遍成立会计核算中心，对行政机关的所有经费实行"统一开户、分户核算"，规范机关会计行为，加大财政资金收支监管力度。实施"削峰填谷、平衡收入"政策，认真开展津贴补贴清理和规范工作，规范公务员收入分配。加强行政事业单位国有资产管理，开展资产清查，规范资产处置。

四是加强政府性债务管理。在全国较早地研究提出加强地方政府性债务管理的意见，按照"适度举债、讲求效益、加强管理、规避风险"的原则，建立归口管理制度和风险监测指标体系，完善偿还机制，构建风险预警体系，全省政府性债务余额增势得到一定程度的控制。强化国债转贷资金管理，省和部分市、县相继设立国债转贷资金还本付息准备金。规范政府外债管理，强化项目贷前可行性论证和贷后监管，化解历史拖欠债务。加强地方金融财政监管，规避金融风险。落实省属高校建设贷款还贷方案，建立高校贷款审批制度，规避高校财务风险。

五是加强财政监督管理。积极探索具有浙江特色的财政监督思路，不断改进财政监督方式方法，强化财政专项检查和财政内部监督检查，提高资金效益和内部管理水平。2003—2007年，全省共对7400个单位开展财政监督检查，共查出违纪金额61.15亿元。加强会计基础管理，建立会计从业资格制度，会计人员队伍不断壮大，注册会计师行业蓬勃发展；组织实施高级会计师考评结合试点，大力培养高级会计领军人才。深入开展会计信息质量检查和治理商业贿赂专项工作，加强行政监管和会计诚信建设，整顿和规范会计秩序。

(五)财政干部队伍不断呈现新风貌，公共财政支撑体系更加稳固

坚持以人为本的指导思想，坚持不懈地加强干部队伍建设。认真学习党的十一届三中全会以来的路线、方针、政策和邓小平理论、"三个代表"重要思想以及中国特色社会主义理论、科学发展观，提升干部队伍政治思想素质。不断优化干部队伍结构，认真完成机构职能调整、干部选拔调配和人员招录等工作，加大对年轻干部的培养力度。积极开展创建学习型组织活动，建立较为完备的学习激励机制和制度保障体系，提升学历层次，优化知识结构，全省财政系统大专以上学历干部人数占比从1993年的42.3%上升到2007年的86.8%。加强和改进干部教育培训，举办多期"大专班"、"专升本班"、处科级培训班、分管财税工作市县长研讨班、局长培训班等，启动会计、法律等复合型人才培养，推进以提升能力素质为核心的分层次岗位培训，不断创新培训内容、方式、方法。认真开展"三讲"和保持共产党员先进性教育等各种专题教育活动，干部政治思想素质和能力素质进一步提高。坚持法治和德治并举，深入开展以"形象工程"为龙头的行风建设、机关效能建设等活动，切实加强机关作风建设。积极倡导和实践"谦虚、务实、协调"的工作作风，健全作风建设的长效机制。坚持"三靠两抓"，不断加强党风廉政建设，建立具有财政系统特色的预防腐败体系，党风廉政建设和反腐败工作不断迈上新台阶。

二、改革开放30年浙江财政改革发展的经验启示

改革开放30年来，全省各级财政部门与时俱进，开拓创新，在探索出一条具有浙江特色的理财新路上，积累了宝贵的财富，总结起来主要有以下几个方面。

(一)坚持改革创新，是浙江财政改革的强大动力

30年来，全省各级财政部门始终唱响创新主旋律，解放思想，转变观念，勇于探索，大胆实践，创造性贯彻落实国家从紧的财政政策、积极财政政策以及稳健财政政策，不断创新理财思路，创新财政工作体制和机制。

一是理财思路不断创新。30年来，全省财政工作跳出了就财政论财政的框框，树立了为经济社会建设服务和大财政的观念；摒弃了"减税让利"的做法，树立了依法理财治税的观念；走出了"赤字财政"的误区，树立了平衡的观念等，使财政工作走上了良性循环和发展的轨道。改革开放初期，随着全党的工作重点转到以经济建设为中心的轨道上来，提出"发展经济、培植财源"的理财思路，促进了全省经济的率先较快发展。随着社会主义市场经济逐步建立和公共财政的改革导向，提出了"以人为本，四

两拨千斤，建立理财新机制”和“抓两头，带中间，还财政于政府，赋权力于制度，建立公共财政新秩序”的理财新思路，调动了各利益主体发展经济、增收节支、自主理财的积极性，使全省财政收支规模又上了一个大的台阶。进入21世纪，随着国家加强和改善宏观调控，浙江经济面临升级转型之际，财政部门又审时度势，提出了“做大蛋糕、优化结构、综合调控、推进改革”的理财新思路，并具体细化为“三个三”财税工作措施，促进全省经济实现“腾笼换鸟”，走可持续发展之路。由发展经济、做大蛋糕到优化结构、提高效益，理财思路实现了由量到质的转变，推动了财政与经济的良性互动发展。

二是财政机制不断创新。随着社会主义市场经济体制的逐步建立，浙江财政的运行机制逐步由生产建设型财政向与社会主义市场经济体制相适应的公共财政模式转变，并随着社会主义和谐社会建设的推进，又进一步向民生财政模式深化，建立起了激励与约束兼容、效率和公平兼顾的理财机制，逐步形成了有利于转变经济发展方式、促进全面协调可持续发展的财税运行机制，推动了各项社会事业的协调发展。

三是财政体制不断创新。1994年实行分税制以来，浙江财政不坐等中央出台统一规范的省以下财政管理体制规定，大胆探索，勇于创新，在坚持省直管县财政管理体制的基础上，首创“两保两挂”、“两保一挂”等一系列财政转移支付政策、优化收入结构财政转移支付制度和生态补偿财政转移支付制度，丰富和完善了省以下财政管理体制，增强了基层政府提供公共服务的能力，使浙江省成为15年来全国惟一一个没有欠发工资的省份，为全国财政体制改革提供了宝贵的实践经验，省直管县财政体制得到中央的肯定并已在全国22个省(市、区)推广。

(二)坚持科学发展，是浙江财政改革的目标取向

30年来，全省财政工作一直践行科学发展的理念并坚持成为目标取向。在发展问题上，注重运用合理的财政政策手段推动经济的可持续快速发展，从运用激励与约束机制调动各地发展县域经济、培植财源的自主理财积极性，到运用“三个三”工作措施促进经济结构的优化和经济发展方式的转变，都体现了科学发展的财税政策导向。在收入问题上，一直倡导在依法治税、依法理财、规范管理的前提下，实现收入的可持续增长和结构的不断优化，不收过头税，不“鞭打快牛”，用科学的方法、合法的手段整合财政资源、优化收入结构、培育后续财源。在支出问题上，科学界定财政支出范围，运用“存量调结构，增量优方向，增量调存量”的科学方法，不断调整和优化财政支出结构，逐步减少直至退出对竞争性领域的财政资金供给，把更多的财政资金投向公共产品和公共服务领域，投向事关全省科学发展、和谐发展、长远发展的全局性、战略性领域，投向百姓最关心、最直接、最现实的民生领域。在政府间财力分配问题上，按照“抓两头、带中间，分类指导”的思路，统筹兼顾欠发达地区、发达地区和中等发达地区各方的利益，统筹兼顾公平与效率，调动了各个利益主体的理财积极性，形成了一个良性循环的财力分配机制。

(三)坚持以人为本，是浙江财政改革的立足点

30年来，全省各级财政部门在收入分配、支出导向、内部管理等方面都体现了以人为本的理念，逐步形成了以人为本的浙江财政文化。在收入分配上，以理性经济人为出发点，在充分承认并尊重人的利益基础上，利用合理的利益机制，较好地理顺了上下、左右及个人与集体利益分配关系，调动了各利益主体发展经济、增收节支和自主理财的积极性和主观能动性，实现了个人、集体和地区、社会利益的统一和最大化。在支出导向上，坚持为民理财、为民治税，把广大人民群众的根本利益作为财税工作的出发点和落脚点，统筹城乡、区域、经济与社会发展以及人与自然和谐发展，使公共财政最大程度地惠及全省人民。在内部管理上，始终坚持人本原理，把干部队伍建设摆在重要位置，通过创建学习型组织，建立较为完备的学习激励机制和制度保障体系，不断提高干部队伍的综合素质；通过建立健全科学、规范的干部选拔任用机制，不断拓宽选人用人渠道，发现、培养优秀人才；大力倡导“谦虚、务实、协调”的机关作风和“三远离、三走近”的健康生活作风，开展丰富多彩的业余活动，切实加强精神文明建设，使干部队伍的凝聚力和战斗力显著增强，从而有力地推动了各项财政改革任务的顺利完成。

(四)坚持法治规范，是浙江财政改革的关键点

30年来，全省财政改革的每一项举措、每一个步骤都实践着规范化的思想，体现着法治化的理念。加强规范、公开、透明的法制化建设，主动地“放弃”权力，使财政工作赋予制度化的管理手段，始终是全省财政改革的一大理财特色并走在全国的前列，其实质是一场深刻的主动解除各种权限的自我革命。从规范省以下分配关系来看，主要是“赋权力于制度”，通过“两保两挂”政策、优化收入结构奖励制度和生态补偿制度等，以公式化、制度化的形式来规范省与市县的分配关系，减少随意性和人为因素，增强财政分配的公开透明度，有助于推进廉政建设。从财政支出的规范管理来看，通过建立规范、科学的公共支出机制来完善财政自身的决策行为，大力推进以部门预算、国库集中支付、绩效评价“三位一体”等为主要内容的财政支出管理改革，积极探索“收入一个笼子、预算一个盘子、支出一个口子”的预算管理模式，逐步建立起运行有序、管理规范、约束有力、科学高效的财政运行机制，实现决策的制度化和科学化。

(五)坚持和谐发展，是浙江财政改革的有力保障

30年来，全省各级财政部门充分认识肩负的历史重任和所处的重要岗位，增强服务意识，充分体现为党的事业服务、为群众服务、为部门服务、为基层服务的要求，牢固树立为人民管家理财、做人民公仆的思想，紧紧围绕省委、省政府各个时期的重大决策部署及中心工作，加强对全局性、战略性问题的研究，变“事后出手”为“提前介入”，变“被动付账”为“主动买单”，提高工作的前瞻性，增强工作的主动性，为党委、政府当好参谋助手，在全国较早地提出了全面免征农业税、义务教育免学杂费等政策建议并认真加以实施。加强与上级部门的沟通，主动寻找和获取信息，争取政策和资金支持。紧紧依靠各级党政领导，经常向各级党委、政府汇报财税改革和发展中的新情况、新问题，并通过亿元县(市)会议和“两保两挂”会议，让他们走上财税会议讲台，沟通信息，交流经验，使地方党政领导进一步了解、熟悉财税方针、政策和各个时期的重要工作，更加重视和支持财税工作，有力地推动了财税工作开展和地方经济发展。在部门之间，摆正位置，放下架子，谦虚谨慎，尊重他人，坚持协商办事、相互沟通、相

互支持、相互谅解的工作方法，取得了各部门的理解、支持和配合，为财税工作的顺利开展创造了良好的外部环境。深入基层加强调查研究，了解基层群众最迫切需要解决的问题，并在实施财税政策或调整财税政策之前，通过各种形式大力宣传实施财税改革和财税政策的重要意义和作用，争取广大人民群众更多、更广泛的理解和支持。

（厅办公室供稿）

浙江省财政工作三十年大事记

1993 年

3 月 1 日　全省开始执行公费医疗改革方案。8 月 1 日，省级改革方案启动。

1994 年

是年　中央对省级财政体制实行“分税制”，即按税种划分中央和地方收入，将税种划分为中央税、地方税、中央与地方共享税，并建立规范化的中央与地方的转移支付制度。与中央对省财政体制的调整相适应，省对市县财政体制也作了变动，规定市、县地方财政收入基数按 1993 年地方决算总收入扣除固定比例分成收入、专项收入、中央和省上划收入后的数字核定。从 1994 年起，市、县财政收入比基数增长部分，省与市、地、县按“二八”比例分成，对少数贫困县和海岛县作适当照顾。

是年　根据国务院办公厅转发国家税务局有关组建直属税务机构和地方税务局的要求，省税务局着手筹建并报经批准成立浙江省国家税务局和浙江省地方税务局，单独挂牌，并升格为正厅级局，但仍与省财政厅设一个党组。

是年　税制改革前省级以下财政税务局机构合一，县市以下按经济区划设置财政税务所。1994 年税制改革后，省委省政府决定全省财税系统分工不分家，实行一个党组两套班子（财政、税务）、三块牌子（财政、国税、地税）的管理体制。

1995 年

是年　设立财政社会保障管理机构，履行公共财政职责，落实政府社会保障责任，参与社会保障制度改革。筹措资金，保障全省国有企业下岗职工基本生活费和离退休人员养老金按时足额发放，完成由下岗职工基本生活保障制度向失业保险制度并轨工作。建立失业保险制度，加大就业再就业投入，完善促进就业再就业政策。推进建立统一的企业职工基本养老保险制度，建立和完善基本医疗保险制度、失业保险制度以及工伤、生育保险制度改革。支持建立覆盖城乡的最低生活保障、被征地农民社会保障、新型农村合作医疗、城镇居民基本医疗保险及医疗救助、城镇“三无”和农村“五保”对象集中供养和贫困家庭子女免费入学等“新五保”制度。建立社会保险基金“地税征收、财政监管、社保使用”的征缴管理体制。开展社会保障预算编制和社会保险基金保值增值试点。逐年增加财政对社会保障的投入力度，建立健全社会保障资金多渠道筹措机制，规范和完善省对市县社会保障专项转移支付制度，全省覆盖城乡、多层次的社会保障体系基本建立。当年全省财政社会保障支出 14.33 亿元。

是年，相继出台激励与约束相结合的“亿元县上台阶”、“两保两挂”、“两保两联”、“三保三挂”、“三保三联”等一系列财政政策，鼓励县市增收节支，确保财政收支平衡。

1996 年

是年　浙江省国有资产管理局升格为副厅级机构，仍为省财政厅管理。成立省国有资产管理委员会，由省政府主要领导任正副主任；省国资委下设办公室，与省国有资产管理局合署办公，省财政厅厅长兼任省国资办主任。同时明确省国资委是全省国有资产管理工作的领导机构，省国资办具体履行全省国有资产的管理职能。

1997 年

1 月 1 日　实施医疗机构医药费实行“总量控制、结构调整”的改革办法。

1998 年

是年　省委办公厅、省政府办公厅联合转发省财政厅、省监察厅、省物价局《关于加强预算外资金和罚没收入收支两条线管理工作的意见》，在严格票据管理、规范预算外资金和罚没收入的征收管理、加强收费、罚没收入上缴国库和财政专户管理等方面全面阐述加强“收支两条线”管理工作的各项要求。

1999 年

是年　浙江省开始试编 2000 年部门预算，选择省农业厅、省科技厅、省教育厅三部门试点。

是年　全省政府采购工作全面铺开。省级和全省 11 市都建立政府采购制度，成立政府采购中心。

是年　省财政厅、省监察厅、省物价局、省审计厅和人行杭州中心支行联合转发财政部等五部委《关于印发〈行政事业性收费和罚没收入实行“收支两条线”管理的若干规定〉的通知》，从执收执罚单位银行账户设置、资金收缴、票据使用和管理、支出管理等方面对执收执罚部门如何加强行政事业性收费和罚没收入“收支两条线”管理提出明确而具体的要求。

2000 年

10 月　在金华、嘉兴两市先行试点的基础上，省委、省政府决定在省级机关实行会计集中核算。纳入会计集中核算的单位，取消相应的银行账户和会计核算岗位，原由各单位分散办理的会计事项，改由会计核算中心统一承担和办理。

是年　《浙江省预算外资金管理条例》出台，为全省预算外资金管理工作提供法律保障，从而使全省“收支两条线”管理工作走上法制化、制度化轨道。

2001 年

1月1日 浙江省省级机关会计核算中心正式运作。省级机关首批48家单位实行会计集中核算。对纳入集中核算的单位所有经费实行"集中支付、统一账户、分户核算"。

是日起，省级对已试编部门预算的143个二级单位预算经费实行了财政直接拨付，拨付总量占部门预算内资金的92%。

9月1日 对省级政府采购资金实行财政直接拨付，即对列入政府采购目录的采购项目资金由财政部门按照政府采购合同约定通过代理银行直接拨付给中标供应商。

12月25日 完善和规范对市县的转移支付办法，按照"适应形势，照顾基层，规范管理，简化结算"的要求，将省财政对市县转移支付的工资、专项补助等进行归并，其中：增列"两保两挂"市县的补助基数96157万元，增列"两保两联"市县的定额补助为80843万元。

2002 年

1月17日 省财政厅、省民政厅下发《浙江省最低生活保障资金管理暂行办法》，规范和加强城乡居民最低生活保障资金的使用管理。

6月8日 国务院办公厅下发《浙江省扩大农村税费改革试点实施方案的复函》，同意浙江省上报的《浙江省扩大农村税费改革试点实施方案》。

7月9日 省委、省政府印发《关于全面推进农村税费改革的通知》，决定从7月1日起，在全省实行以"减调改稳、合理负担、转移支付、配套进行"为主要内容的农村税费改革。

10月18日 省财政厅制定下发《浙江省省级政府采购预算管理办法(试行)》，规范省级政府采购预算管理工作。

12月12日 人事部、财政部下文，表彰全国财政系统先进集体和先进工作者。台州、慈溪、义乌市财政局和杭州市财政局农税征收管理局局长谢永分获全国财政系统先进集体和先进工作者荣誉称号。

12月31日 省财政厅、省采购办组织开展"《政府采购法》宣传月"活动。全省各地统一宣传时间，明确宣传主题，以配合《政府采购法》从2003年1月1日起在我国全面贯彻实施。

2003 年

4月3日 省委、省政府召开全省农村税费改革工作电视电话会议，对全省农村税费改革工作进行再动员、再部署。省委副书记、省农村税费改革工作领导小组副组长周国富讲话。

5月19日 省人事厅、省财政厅联合下发《浙江省2003年度高级会计师资格考评试点工作方案》，浙江省高级会计师资格考评结合工作正式启动，并于9月举行首次全省高级会计师资格考试。

7月2日 根据省委、省政府2004年全面推开省级部门预算改革的决定，省政府在省人民大会堂召开省级部门预算改革动员大会。省长吕祖善出席会议并讲话，省财政厅厅长黄旭明作具体部署。省级各部门、单位主要领导参加会议。

7月21日 省财政厅下发《关于农业特产税改为征收农业税有关问题的通知》，明确从2003年起，对原在非计税土地上征收农业特产税的部分农业特产品改为征收农业税。改征农业税后统一按照农业税减免政策执行。

7月28日 经省政府同意，省财政厅会同人民银行杭州中心支行印发《浙江省省级非税收入收缴管理暂行办法》，规范政府非税收入收缴管理。

8月7日 经省政府同意，省财政厅会同省国土资源厅印发《关于切实做好新增建设用地土地有偿使用费征缴工作的通知》，明确浙江省新增建设用地有偿使用费的征收范围、征收等别、缴款办法和列支途径。

10月30日 省政府印发《浙江省关于进一步完善地方财政体制的通知》，将财政政策整合为"两保两挂"、"两保一挂"政策。这些政策涵盖了全省除计划单列宁波外的63个市、县(市)，其中：4个设区市、26个县(市)共30个单位实行"两保两挂"政策；6个设区市、27个县(市)共33个单位实行"两保一挂"政策。总的原则是，市、县(市)财政收入增长越快，所得的补助越多；增收数额越大，所得的奖励也越多。与此同时，出台多种形式的转移支付政策，初步建立起以因素法、公式化为基础，一般性财力转移支付为主、特殊性转移支付或专项补助为辅的规范化、制度化的省对市县财政转移支付制度。

2004 年

5月8日 省政府办公厅印发《关于浙江省人民政府国有资产监督管理委员会职能配置内设机构和人员编制规定的通知》，省财政厅承担的管理经营性国有资产的职能划入省国资委，同时明确财政部门和国资部门的关系。

6月2日 为把好非税收入征管源头关，按照省级非税收入征管框架要求，省财政厅制定《浙江省财政票据管理暂行办法》，重新设定了财政票据的性质及范围，重新确定票据分类，并将原省级78种票据归并为25种。

10月11日 省政府印发由省财政厅代拟的《浙江省人民政府关于建立社会保障资金多渠道筹措机制的意见》。

至2004年 全省农民负担合计减少29.46亿元，人均负担从改革前的92元下降到14.41元，减幅为84%，2004年农民人均负担水平仅占当年农民人均收入的0.24%。

2005 年

1月13日 省政府下发《关于加强地方政府性债务管理的通知》，在严格控制政府性负债建设行为、建立政府性债务归口管理制度、科学编制政府性债务收支计划等十一个方面规范政府性债务管理，防范和化解债务风险隐患，确保财政平稳运行。

5月27日 省财政厅下发《关于加强政府非税收入管理的通知》，提出要按照建立公共财政的要求，加强政府非税收入管理，首次明确全省政府非税收入的性质和范围，并实行分类规范管理。

5月29日 浙江省纪念《会计法》施行20周年座谈会在省人民大会堂举行。座谈会由省人大财经委、省人大法工委、省财政厅和省法制办联合举办。

8月1日 国务院出台《关于完善中央与地方出口退税负担机制的通知》，调整中央与地方出口退税分担比例，并规范了地方出口退税分担办法,改进了出口退税退库方式。根据完善后的出口退税负担机制,2005年全省出口退税(含免抵)超基数部分实际负担23.25亿元,比原改革方案减轻了54.25亿元。

9月2日 省政府办公厅转发省财政厅、人行杭州中心支行拟订的《浙江省财政国库管理制度改革方案》。

9月23日 省政府召开省级财政国库管理制度改革动员会,省长吕祖善作动员报告,并举行省级财政国库集中支付代理银行签约仪式。

10月8日 首批省委办公厅等40家省直预算单位实行财政国库集中支付制度,省级财政国库管理制度进入实施阶段。

10月20日 省政府办公厅下发《关于认真做好财政支出绩效评价工作的通知》,随文下发《浙江省财政支出绩效评价办法(试行)》和《浙江省财政支出绩效评价指标体系》,对财政支出绩效评价的范围、原则、依据、内容与方法、基本指标与标准、组织管理与实施、工作程序、结果应用等方面作出明确规定。全省财政支出绩效评价工作正式启动。

是年 浙江省在全国率先全面免征农业税。同时,对种粮农民实施直接补贴、良种补贴、农机购置补贴、保护价收购等扶持政策,增加对农民的各种补贴。建立农业救灾防灾机制,全省有农业生产的所有县(市、区)实施政策性农业保险。在全面免征农业税的同时逐步取消村提留款制度,全省农民人均负担降低到7.78元。

下半年开始,北仑区、绍兴县、嘉善县、开化县为浙江省农村综合改革试点单位。

2006年

1月9日 财政部纪念《会计法》实施20周年暨全国杰出、优秀会计工作者表彰仪式在北京举行。浙江省传化集团有限公司财务总监杨柏樟获"全国杰出会计工作者"荣誉称号,宏润建设集团股份有限公司财务部经理黄全跃获"全国优秀会计工作者"荣誉称号。

1月15日 省政府办公厅下发《关于印发浙江省地方政府性债务管理实施暂行办法的通知》。

3月15日 省财政厅下发《浙江省财政支出绩效评价实施意见》;4月,省财政厅出台《浙江省财政支出绩效评价工作考核办法(试行)》和《浙江省财政支出绩效评价专家管理暂行办法》。6月,建立全省参与绩效评价中介机构库,有257家中介机构首批入库。8月,又建立省级绩效评价专家库,全省有265位专家入库。

3月24日 省委、省政府召开全省农村综合改革工作会议,全面部署改革工作,同时省政府下发《关于全面进行农村综合改革的通知》。

6月2日 省财政厅下发《关于对部分乡镇实行"乡财乡用县管"财政管理方式的指导性意见》,指导各市县按照"预算管理权不变、资金所有权和使用权不变、财务审批权不变"的三不变原则,对经济欠发达、财政收入规模较小的乡镇进行财政管理方式的改革,实行"乡财乡用县管"。

6月20日 省财政厅、省地税局、人行杭州中心支行下发《关于教育费附加和地方教育附加预算管理问题的通知》,规定自2006年5月1日起对我省缴纳"三税"的单位和个人按照实际缴纳"三税"税额的2%征收地方教育附加。

7月26日 省财政厅与人行杭州中心支行联合下发《关于深化省级财政国库集中支付改革的通知》,明确从2006年10月1日起,进一步扩大省级预算单位纳入国库集中支付改革的范围。

12月19日 全国财政系统先进集体和先进工作者表彰会在北京隆重召开。义乌市财政局、宁波市鄞州区财政局、上虞市财政局获"全国财政系统先进集体"荣誉称号;杭州市下城区财政局局长冯伟、仙居县财政局局长潘小燕获"全国财政系统先进工作者"荣誉称号。

12月25日 省财政厅下发《关于开展化解乡镇政府性债务工作的通知》。

是年秋季 全省开始实行城乡义务教育阶段学生免交杂费,义务教育逐步纳入公共财政保障范围。

是年 省财政厅对市县实行优化收入结构奖励性转移支付办法。

2007年

1月1日 浙江省全面实施政府收支分类改革。

1月1日 省级预算单位全面推行国库集中支付改革。

12月31日止 全省共有会计师事务所307家,其中,有限责任所183家,合伙所124家;注册会计师执业会员3326人,从业人员约11000多人;资产评估机构188家,其中,专营机构118家,兼营机构70家,注册资产评估执业会员1325人;会计代理记账机构547家。全省持有会计从业资格证书71.47万人,实际从事会计工作者63.35万人。全省具有初级会计专业技术资格16.34万人、中级会计专业技术资格5.41万人。取得高级会计师任职资格6113人。

12月31日止 全省累计对1906个项目实施财政支出绩效评价,涉及资金383.8亿元,其中:省级217个支出项目,涉及资金89亿元;各市县1689个支出项目,涉及资金294.8亿元。

是年 乡镇机构改革全面完成,初步理顺县乡权责关系,以农村社会管理为主要任务的乡镇政府组织体系框架基本确立。

是年 对钱塘江源头地区的10个市县实行省级财政生态环保专项转移支付,是年安排6亿元,全面实施省对主要水系源头所在45个市、县(市)的生态环保财力转移支付制度。

是年 全省用于"三农"支出的财政资金496亿元。自1988年成为第一批国家农业综合开发区以来,全省累计投入农业综合开发资金168.49亿元,其中:省以上财政资金51.17亿元,完成中低产田改造任务1331.85万亩,扶持产业化经营项目589个。

是年 全省各级财政用于文教科卫支出617亿元,是1978年的170倍,年均递增19.4%;教育支出年均递增19.9%,科技支出年均递增21.1%。是年秋季开始向义务教育阶段学生免费提供教科书,不再收取课本、作业本费。 (厅科研所供稿)

共 赢 的 博 弈
——波澜壮阔的三十年财税体制改革(摘要)

翁礼华

古人把改革称之为变法,革命称之为造反。无论变法还是造反,改革还是革命,都是不同利益群体为了追求利益所展开的一种博弈,只不过疾风暴雨式的革命是通过来自外部的暴力手段来调整利益格局,实现社会变革;而相对平和的改革则是通过内部体制调整,以不流血的手段来调整利益格局,实现社会变革。尽管两者实现的途径不同,其目的却是相同的,都是通过利益格局的调整,使上层建筑适应于经济基础,生产关系适应生产力发展的需要,推动社会进步和经济发展。

1978 年 12 月党的十一届三中全会犹如平地春雷,引导亿万中国人民迈进了改革开放年代。三十年来,从农村到城市的一系列改革,推动了经济发展和社会进步,彻底改变了国家贫穷落后的面貌。国家财政体制的改革则是其中的一个重要改革。这一波澜壮阔的改革,既是纳税人与国家利益的调整,也是从中央到地方各级财政利益的调整。其过程是利益博弈,其目的是共赢,而利益各方共赢与否则是衡量改革是否成功的关键,因为成功的改革一定是共赢的博弈。

一、从统收统支走向分灶吃饭的财政体制是央地利益的共赢

人是世界上 200 多万种动物中最高级、最追求利益的动物。人类由于有了成人之美的欲望,才与猿猴相揖别,昂首挺立,成为衣冠望族。同样,人由于追求利益,才推动着社会的进步和经济的发展。人不仅个体追求利益,群体也追求利益。作为一个地区、一个单位也是人格化的利益群体,他们追求利益与个体相比,常常有过之而无不及,因为在具有集体主义文化传统的中国,追求群体利益可以比个体更为冠冕堂皇。

人类为了组织有秩序的社会,建立了国家。作为一个国家,它不可能限制人们对利益的追求,而只能设计更合理的利益追求规则,让大家在框架内实现自身利益的最大化。财政之所以要进行体制改革,其目的也无非是让各方利益共沾,推动发展,做大蛋糕,取得共赢。

从 1949 年 10 月 1 日中华人民共和国建国到 1979 年的 30 年间,除了在短期实行过收支挂钩和收入分成型的财政体制外,中国的财政体制总体上实行的是统收统支的体制。这种财政体制把全国的财力绝大部分集中在中央,除地方税收和一些零星收入归地方外,主要收入,如公粮、关税、盐税、货物税、工商业税、国营企业收入、公债收入等,全归中央;各级政府的开支,由中央统一核拨。就地方来说,收归收,支归支,收支两条线,地方征收的收入再多,也无权留用;只有中央同意方可追加支出。这种高度集中统一的财政体制在建国初期最为典型,它对恢复国民经济、平衡预算和稳定物价具有重要作用,但对调动地方增收节支的积极性却缺乏应有的推动力。

在 1959—1970 年和 1976—1979 年期间,中国也曾实行过收支挂钩型的财政体制。这一体制把地方负责组织的财政收入(包括中央收入)与地方财政的总支出挂起钩来,按收支总数确定一个分成比例。这对统收统支的财政体制是一大进步,使地方对财政收支的关心程度大大提高。但缺点也是很明显:一是助长地方盲目扩大财政支出,因为地方上只要多支出就能提高分成比例,一举两得;二是在年初确定收支预算时,地方为了提高自身分成比例和收支指标,必然竭力讨价还价;三是政策会使多收少支的省市产生上缴多分成比例低的不合理后果,少收多支的省市反而会获得分成比例高的好处。从全局的意义上来看,这种财政体制诱使地方关心支出甚于关心收入,具有“鞭打快牛”的负面效应,其结果不是把全国财政的蛋糕做大,而是做小了。

在 1974～1975 年,中国还实行过收入分成型的财政体制。这一体制是中央对地方财政收入或它的超收部分另行确定分成比例,目的是鼓励地方超收。多收少支的省市可以得到较多的分成收入,以适当缓和收支挂钩型财政体制所带来的矛盾。除此之外,这种办法的优点还有:使财政收入与财政支出脱钩,财政支出包干有利于地方安排财政开支。至于其明显缺点,则在于超收部分另行确定的分成比例因地而异,既缺乏合理、科学的计算依据,又会在地方与中央讨论分成比例时出现难以避免的讨价还价,造成“会哭的孩子多吃奶,会干活的孩子反而少吃奶”的弊端。

随着 1978 年 12 月中共十一届三中全会的召开,中国进入了改革开放的新时期。从此,国家财税体制及其改革便与之紧密相连。

当代中国的改革开放始于农村的联产承包责任制。农村联产承包责任制是在“一大二公”的人民公社实行大锅饭政策,广大农民多劳不能多得,生产积极性难以发挥,整个中国农村陷入了越来越贫困的状况下出现的新事物。早在 1978 年冬,安徽凤阳县小岗村 18 位农民为了改变自己的命运,冒着风险,在土地承包责任书上按下了红手印。这一按让农民与国家走向共赢,从而改变了中国农村的发展轨迹,开创了中国改革开放的新局面。

1980 年 5 月 31 日,邓小平同中央负责工作人员谈话,肯定和支持安徽农村改革经验,同时指出:“有的同志担心,这样搞会不会影响集体经济。我看这种担心是不必要的。”在家庭联产承包责任制的地位确立后,全国粮食产量稳步增长,农民收入稳步增加。国家对农村、农业的发展给予了前所未有的重视,1982～1986 年,连续 5 个“一号文件”加速了农村的发展。粮食总产量也从 1978 年的 3000 亿公斤,上升到 1984 年的 4000 亿公斤,全国农业总产值增加68%，农民人均收入增加166%，中国农村面貌为之一新。

农村改革只是改革开放的发端，经过邓小平这位总设计师之手的推动，中国的改革由农村扩展到城市。1983年9月，邓小平指出，农村的责任制可以用到城市，用到工业。从农村到城市，改革开放迈进了一大步。

经济基础决定上层建筑，农村改革带动了财政体制的改革。1980年，实行“分灶吃饭”的财政体制改革，是农村联产承包责任制在财政上的反映。改革不但改变了以往中央财政“一灶吃饭”的大一统局面，地方财政的收支平衡由中央财政一家平衡改为各地自求平衡，而且各项财政支出由部门对口下达改为“块块”安排；同时，包干比例和补助数也由一年一定改为五年不变。它运用农村改革“一包就灵”的经验，将原本统收统支的大锅饭体制改为“划分收支，分级包干”的分灶吃饭体制，极大地调动了地方发展经济，增加财政收入的积极性。

由于各地情况千差万别，当时全国不仅省对市县财政的包干体制各不相同，就是中央对各省财政的包干体制也几乎是因省而异。在实行分税制财政体制改革前，全国有“收入递增包干”、“总额分成”、“总额分成加增长分成”、“上解递增包干”、“定额上解”和“定额补助”等6种包干形式。而华东五省一市就有5种不同类型。第一种，递增上交，如江苏省年递增5%；第二种，定额补助：主要是贫困省份，如江西、福建都是定额补助，福建每年补1.5亿元；第三种，综合分成（或叫比例分成），如安徽省，22.5%上交中央，77.5%留成；第四种，定额上交、超收分成，如上海，财政收入165亿元内上交105亿元，增加全部留成，超过165亿元，中央与地方5:5分成；第五种，分税制试点，浙江省是试点省市，但宁波市没有跟进，继续实行递增上交的老体制，年递增率为5.3%。可见不仅各省的体制不统一，就是中央对同一省的体制也会由于省内有国家计划单列市而一分为二，各不相同。

二、地方肥水不外流的财税措施导致中央收入占比日益下降

人，作为个体追求利益，地方作为人格化的群体也同样追求利益，寻求财政利益最大化是地方政府的本能。

起先，分灶吃饭的财政体制的确调动了各地发展经济，增加财政收入的积极性，在全国范围内掀起了大办地方工商业的热潮。后来追求利益最大化的地方政府发现，收入越多，上缴越多，若通过自行减免税，藏富于“企”，则地方可以通过减少上交，取得更多的利益。于是县及县以上的地方政府就抓紧兴办自己能掌控的地方国营企业，县以下的乡镇政府就大办乡、村集体所有制企业，力争“肥水不外流”，让利益尽可能在当地留下。为了扶持这些企业，让税收成为企业的积累，所得税几乎被各地五花八门的减免税政策蚕食殆尽，并且从20世纪90年代初开始向流转税进军。

除了减免税，预算外收入也是地方的一大财源。地方政府发现，预算内收入要进入财政体制进行结算；而预算外收入无需进入体制与上级财政分成。于是地方便千方百计增加预算外收入，压低预算内收入，导致预算内财政收入占GDP的比重从1979年的28.4%，下降到1993年的12.6%；而预算外资金从1979年的452.85亿元，猛增到1992年的3854.92亿元。

由于地方各级不断挤占上级财政的利益，从而形成了1986年开始的“两降、两升”：财政收入占GDP的比重和中央财政收入占财政总收入的比重持续降低；企业收入和包括预算外收入在内的地方收入不断上升。财政收入占国民生产总值的比重从1978年的31.1%下降到1989年的15.8%和1993年的12.6%，中央政府财政收入占总财政收入的比重1985年为40.5%，1993年下降到22%。由此导致了两个结果：首先，财政赤字几乎连年不断，财政压力逐步集中并上移给中央政府。1978～1991年，财政收入、支出年均增长率分别为8.19%和8.87%，11个年份出现财政赤字。中央财政收入、财政赤字占GDP的比重，1984年分别为9.3%和0.8%，1991年则分别为4.34%和1.1%。

在“分灶吃饭”的后期几年，全国每年财政收入绝对增长始终停留在200亿至300亿之间，中央财政所能获得的上缴财力每年只能增长20～30亿元。这不仅造成国家支出日益拮据，而且由于地方从局部利益出发，既推行商品销售的地方保护主义，禁止外地产品进入本地销售，还致力于重复建设，发展短平快、价高利大的加工工业项目，诸如小烟厂、小酒厂遍地开花，导致中央对全国产业宏观调控日趋乏力。而经常处于亏空状态的中央财政，由于无米下锅，重点建设工程无法保证，不得不屈尊下求，向地方借钱“要饭”过日子，改革开放初期的共赢局面不复存在，出现了中央不“赢”反“亏”的局面，新一轮的体制改革也就不可避免了。

2008年8月刘仲藜同志在《历史的机遇》一文中回忆：“从建国初到改革开放前的三十年间，我国实行的是高度集中的计划经济，相应地，财政实行的是‘统收统支’的管理体制。这种体制虽然在一定历史条件下发挥过积极作用，但由于集权过多，管得太死，抑制了经济发展的活力。因而，如何最大限度地增强经济活力必然成为改革开放的主要目标，当然也就成为财税改革的逻辑起点。

事实也是如此，改革开放以来的历次经济体制改革，财税总是首当其冲；不管进行何种改革，都离不开财税的参与。改革开放初期，财税改革以充分调动地方和企业积极性为导向，以放权让利为主线。“从1980年到1993年，在中央与地方关系上，先后实行过‘划分收支、分级包干’、‘划分税种、核定收支、分级包干’和‘财政大包干’三种体制。在国家与企业的分配关系上，从扩大企业自主权，到不规范的减税让利，再到承包经营责任制即所谓企业‘大包干’。无独有偶，二者最后都落脚到‘大包干’”。

大包干体制对激发地方和企业的活力发挥过一定的积极作用。但是，中央对地方的各类包干体制，实际结果是包死了中央财政。在这种体制背景下，为规避超收上解，富裕地区有税源但不愿多收。如某地内部规定在包干期内，财政收入每年只增长4%，决不多收，因为如果多收，超过部分就要与中央分成。又如某地，中央对其包干体制规定，以1988年核定的作为基数，超基数部分中央与地方五五分成。为了规避与中央分成，整个包干期内，该地财政收入基本无增长。同样，企业承包经营，执行中实际上是包盈不包亏，国家财政来源没有保障。结果是财源枯竭，财政收入增长乏力，财政收入占国内生产总值的比重，中央财政收入占全国财政收入的比重，即当时人们常讲的‘两个比重’逐年下降，财政陷入困境，中央财政和欠发达地区财政状况尤其如此。

为缓解财政困难，也曾想过一些办法。一是以费补税。由于税'减'掉了、'包'掉了，收不上来，为了弥补中央财力不足，80年代中期开征'能源交通重点建设基金'；1989年又出台了'预算调节基金'，直接以平衡预算为目标。二是中央财政向地方借钱。为了弥补中央财政支出缺口，要求各省作'贡献'，共借了三次。名为借款，实际上是还不了的。从效果看，即使是比较富裕的地区也不愿慷慨解囊，又影响中央财政的信誉。这种治标不治本的办法不可能从根本上解决财政问题，久而久之，还使中央与地方政府、国家与企业处于无规则的博弈之中。面对这种局面，从1987年开始，曾多次推动改革财政管理体制。但是，其结果不仅没有推进改革，反而被更不规则的放权让利所取代。”

三、分税制财政体制方案形成过程中的中央和地方利益博弈

1992年初，邓小平南巡讲话发表，澄清了长期困扰人们思想的若干重大理论问题。1992年10月，党的十四大明确提出了我国经济体制改革的目标是建立社会主义市场经济新体制。1993年11月党的十四届三中全会通过的《中共中央关于建立社会主义市场经济体制若干问题的决定》有一段专门论述财税体制改革，总计八百多字，包括三项内容：一是把现行地方财政包干制改为分税制，建立中央税收和地方税收体系。二是改革和完善税收制度，推行以增值税为主体的流转税制度。三是改进和规范复式预算制度。

十四届三中全会决议公布以后，分税制改革就开始启动了。1993年3月，中央召开会议，开始酝酿分税制财政体制改革，以提高财政的“两个比重”，重新恢复共赢格局。1993年4月22日，中央政治局常委会听取了财政部部长刘仲藜和国家税务局局长金鑫关于财税体制改革的汇报；4月26日，江泽民总书记又花了半天时间专题听取了金鑫关于税制改革的汇报；4月28日，中央政治局常委会正式批准了税制改革的基本思路。

2008年8月刘仲藜同志在《历史的机遇》一文中回忆：“小平同志的南巡讲话，党的十四大做出建立社会主义市场经济体制改革目标的决定，使得财政部门长期以来想干的事情，想搞的改革终于可以向前推进。1994年财税改革涉及的内容较多，涵盖了包括税制、分税制等在内的数个方面，但是核心是分税制改革。所谓分税制，就是在中央与地方财政分配关系上，统一按税种划分收入，彻底打破中央与地方一对一谈判、一地一个体制的财政大包干办法。改革的目标就是要提高财政收入占国内生产总值比重，以及中央财政收入占全国财政收入的比重。只有这样，才能增强中央的宏观调控能力，才能维持国家的长治久安，这也是市场经济国家的较普遍做法。但是，如何分税，是面临的一个重大课题。”

2008年6月19日，作为当年财政部常务副部长的项怀诚同志在中国财税博物馆回首往事时说：“此前，财政部和国家税务局就财税体制改革曾作了一系列准备工作。一是数据上的准备工作。财税体制改革要算很多账，调整分配关系，无论中央与地方之间还是国家与企业之间，都很复杂。地区之间要平衡，行业之间税负也要平衡，很难处理。二是要设计税种。精简哪些税种，新建哪些税种等等，税负的调整还要征求各方面意见。三是要介绍分税制，因为上上下下并不熟悉。”

1993年6月22～24日，财政部由刘仲藜部长主持在北京石景山区龙泉宾馆召开部分财政厅、局长及预算处长会议，着手探讨分税制财政体制改革问题。会上，常务副部长项怀诚拿着笔记本也顺便介绍了胡鞍钢、王绍光两位学者鼓吹分税制财政体制改革的国情报告。国情报告分为六个部分：第一部分，国家能力；第二部分，中国国家能力变化；第三部分，国家财政能力下降的主要原因；第四部分，国家能力下降的严重后果；第五部分，中央政府在市场经济转型中的作用；第六部分，提高国家汲取财政能力的途径和建议。项副部长说，1993年5月下旬，受中国科学院资助到美国耶鲁大学经济学系作博士后研究的胡鞍钢学成回国，撰写了一份国情报告，题为《加强中央在市场经济转型中的主导作用——关于中国国家能力的研究报告》，主标题是报告全文的基本结论。6月中旬，胡鞍钢特邀其在耶鲁大学的研究伙伴、耶鲁大学政治学系助理教授王绍光博士到北京向学术界和新闻界作了学术报告，并向财政部及中央有关部门负责人作了介绍。

2008年6月19日，项怀诚同志在中国财税博物馆学术楼上回忆说：“1992年6月的龙泉宾馆会议对统一思想非常有益，随后工商税制改革和分税制改革就开始紧锣密鼓地进行。当时国家税务局局长是我的老领导金鑫。他把国家税务局的同志分成改革班子和业务班子(我取的名字)。国家税务局中许多有经验的老同志做了大量工作。1993年下半年，无论财政部还是税务局两个办公楼晚上经常灯火通明。那时已普遍使用计算机，大大提高了效率。税务局出了很多改革方案，还开了很多座谈会，包括纳税人的、地方政府的、专家学者的、海外一些人的。就工商税制改革听取各方面意见而言，这次可能是历史上最充分的一次了。”

财政体制的调整，离不开两个重要的利益参数：一是收入的划分；二是基期年的确定。1993年7月底，财政部出台了第一个方案，设想是把产品税、增值税、工商统一税划为中央税；所得税、营业税、资源税作为共享税，地方得20%～10%，中央得80%—90%；其余作为地方税，把中央集中全国财政收入的60%作为当期目标。为了缩小东西部地区财力差距，确定的补助有三种：(1)体制补助；(2)专项补助；(3)特殊补助。由于这一方案比较激进，遭到参加全国财政工作会议的发达省份的强烈反对，有关领导不得不于1993年8月组织力量在北戴河研究了一个月，到月底研究出一个比较渐进的方案。方案设想：消费税归中央；增值税作为共享税，75%归中央，25%归地方；资源税没有确定，暂作地方税(后来才明确：海洋石油资源税归中央，其他资源税归地方)；企业所得税按隶属关系征收；其他没有提到的税种都作为地方税。明确以1992年为基期年，即以1992年年报数为基数；中央集中财力速度放慢，期望中央财政收入比重达到全部财政收入的57%。

2008年8月，刘仲藜同志在《历史的机遇》一文中回忆：“1993年设计分税制改革方案时，恰逢我国经济过热，固定资产投资失控，金融秩序混乱，通货膨胀严重。在经济环境并不宽松的情况下，既要达到提高‘两个比重’的目标，又要致力于改善宏观环境。因此，在划分税种时是费了一些心思的：明确将维护国家权益和实施宏观调控所必需的税种划分为中央税；为鼓励地方发展第三产业、农业和效益型经济，将主要来源于这些领域的税收，例如营业税等划为地方税；为淡化地方片面追求GDP，防止地区封锁，减少重复建设和盲目建设，将国家控制发展的一些消费品实行消费税，而消费税100%归中央；当时最红火的加工制造业的流转税，改革前主要属于地方税源的增值税，实行共享税，中央地方‘七五、二五’分享，中央拿大头；同时，为体现资源国有，国家要保留对资源税的分享权，考虑到大部分资源集中在中西部地区、资源大省一般都是财政穷省，大部分资源税全部留给地方，个别品种如海洋石油资源税划归中央。”

他还说：“这次改革选择生产型增值税，主要有两方面考虑：一是不能影响财政收入，尤其是中央财政收入。为了达到这一目标，采用生产型增值税比较现实，尽管它与规范的消费型增值税相比，还欠科学，但毕竟比传统的流转税前进了一大步。二是1993年前后，中国经济处于投资失控、膨胀状态，而消费型增值税恰恰对投资具有一定的刺激效应，与当时实行的紧缩政策不一致。

将税改前的产品税、增值税（名称与改革后增值税相同，但内涵不同）改成增值税，既公平合理，又可以防止价格扭曲，但如何确定税率，有不同意见。财政部建议税率定为18%，理由是，第一，当时普遍实行增值税的欧洲各国，增值税税率一般从21%到25%不等，如果我国按18%定税率，税负还是偏低的；第二，财政部建议18%的税率是按照改革后不增加企业税负原则测算出来的，是经过对完税额高达80%的3.8万户大中型企业前三年税源情况进行了统计分析得出的结果。改革前征收产品税，平均名义税率8%，实际税负6%，将增值税率定为18%，改革后企业税负相当于征收产品税率6%的水平。但是企业主管部门要求将税率定为16%。由于意见不统一，朱镕基副总理让我牵头协商。我的对策是，干脆复杂问题简单化，双方都让一个点，定为17%。最后上报国务院得到批准。记得时任上海市财政局局长的周有道同志曾经打电话给我，说市里领导让他们专门找了一些企业进行模拟运算，结果表明，如果按17%定税率，企业税负比改革前下降，表示赞同17%的增值税税率。”

由于在收入划分上中央作了让步，且当时分管这一工作的国务院领导在与各省交换意见时再三强调：增值税分成比例不能动，中央得75%的比例不能再让了，如果这一让，增量拿不到，中央财政状况可能比原来还要糟。这样，地方与中央利益分割的博弈便集中到基期年的确定上来了。

首先，提出这一问题的是广东省，要求以1993年当年为基期年。他们说，小平同志对我们广东省有个要求，即20年内，也就是2010年广东要赶上“四小龙”。假如中央实行以1992年的年报数为基数的政策，广东省财政到2000年为止至少要少得600多亿元，这样一来广东赶上“四小龙”就有困难了。为此，9月9日朱镕基同志带领60多人，有国家税务总局、财政部、体改办、银行等部门的同志，主要是财税系统的同志，乘专机从北京到海口，3天后从海口到广东。广东省的五套班子全部参加，地市委有些领导也参加了。朱镕基同志先向大家宣布中央决定，然后由刘仲藜部长介绍分税制情况，接着是算账。最后，广东同志说，小平同志南巡讲话是1992年上半年的事了，下半年经济发展起来，反映到财政收入上是1993年的事情。假如以1992年为基数，小平同志南巡讲话成果都没有包含在内，这怎么行？他们坚决要求以1993年为实行分税制的基期年。

当时，财政部是不大赞成以1993年为基期年的，理由是：(1)以1993年为基数，账不好算，到1994年四五月份才能算清楚；(2)有个很大问题是各个省要做手脚，基数的东西历年来都是历史的，从来没有预知的、将来式的。1980年是按1979年底的电报数为基数的，1985年那次是按1983年的决算数为基数的。以前都是静态基数，这次竟然弄个动态基数。所以，在广东的几天刘仲藜部长与国务院领导一起就餐的时间特别长，每顿饭常常要花费一个半小时，主要是讨论基期年问题。

2008年6月19日，项怀诚同志在中国财税博物馆回忆往事时说：“镕基同志就分税制改革调研去的第一站是海南，第二站是广东。财政部由时任部长的刘仲藜同志陪同。这是实施分税制改革调查研究、交换意见中最重要的一次，因为以1993年的财政收入为税收返还基数，就是广东省汇报工作时提出的。后来中央政治局常委会研究决定以1993年为税收返还基期年，这在当时是个非常大的政策。事实上当时我和仲藜同志都不同意以当年为基数，坦白讲，对于中央政治局常委会的决定，我在思想上是持有保留意见的。”

1993年9月16日自粤返京后，中央政治局开会，朱镕基副总理汇报了广东省的迫切要求。当时，政治局考虑到机制转换是有关建立社会主义市场经济体制的大事，只有不惜一切代价来推行分税制，才能实现这一长远目标。因此，中央下决心宁可损失一些眼前利益，也要换取机制的转换。而且，中央为应付改革可能带来1994年财政赤字的扩大，还打算发行1000亿元国库券以资弥补。

在9月29日中南西南十省领导参加的会议上，江泽民总书记代表中央正式宣布以1993年为基期年。2008年6月19日，项怀诚同志在中国财税博物馆回忆道：“当时，对分税制改革，各级领导特别是高层领导非常关心和支持。现在回想起来依然心存感激。我知道，小平、陈云同志始终关心分税制改革，支持中央适当集中财权。时任中共中央总书记的江泽民同志先后多次分片主持召开了各省市自治区的书记省长座谈会，宣讲政策，听取意见，消除误会。记得1993年9月，江泽民同志在广东的珠岛宾馆召开中南和西南两大区十个省的书记省长座谈会。原先财政部没有随行任务，会上贵州省省长陈士能对分税制提出一些意见，因为涉及许多具体政策，曾庆红同志临时电话通知我参加会议。我接了电话就直奔机场，当晚赶到广州。所以我赶上了那次座谈会的尾巴，亲身体会到高层领导对分税制改革的关心和支持。”

由于当时恰值9月底。9月份收入尚未报结，通过有限的几个工作日的加班和动作，效果便十分卓著，全国有四个省市9月份当月就增长超过100%。截至9月底，海南累计增长102%，广东增长36%，上海增长30%。浙江省也是最早获得信息的省份之一，因此浙江省上基数的动作也同样迅速。如果说当时仅仅通过财政系统让财税局长来参加会议，显然力不从心，因为要上基数必须举党委和政府之力才能实现。于是便通过省委、省政府值班室

央改革方略层层分解为实施策略、计划和任务，并且艰苦细致地去工作；需要在实践中检验并完善改革方案，处理好整体与个别、普遍与特殊的关系，实现文件与实际的结合；将长远目标和当前情况有效结合起来；必要时采取渐进性和过渡性措施，确保改革具有较强的可行性和可操作性。”

四、与其砍地方财政基数不如保基数把蛋糕做大的德宝会议

对人类社会而言，发展是硬道理。对财政来说，利益的博弈最终的解决办法也要在发展中把蛋糕做大，才能让中央和地方获得共赢。

1993年，拉开了分税制财政改革的序幕后，各省市基数猛增。到年底，全国财政收入达到4348.95亿元，比1992年的3483.37亿元增长900多亿元，其中要返还地方的高达600多亿元。如果1994年实际增长达不到600多亿元，中央不但不能增收还要赔本倒贴，要实现共赢成了新的难题。

当时，财政部采取的第一个措施是组织工作组到有关省市检查1993年各省收入的真实性，试图通过清理虚收过头税等途径挤干水分，压缩返还基数300亿元。工作组到浙江、云南、江苏等省检查以后，结果并不理想。对浙江省检查后，不仅没有发现虚收，反而在绍兴市发现有5亿元税收还未收上来；对云南和江苏检查后仅发现分别只有6500万元和2亿多元的税收不真实。这主要是我国税收名义税率高，实际征收率低，再加上改革开放以来，又长期实行减税让利政策，社会上积蓄的税源比较丰富，故只要依法征税，税收增长比例高于正常年份的水平是不足为怪的。

在第一个措施成效不明显的情况下，财政部着手研究通过扣减各省返还基数的办法，来解决中央财政约300亿元预算缺口的问题。1994年7月13日至15日，财政部在北京德宝饭店召开了北京、上海、浙江、江苏、辽宁、大连、湖北、广东、云南、黑龙江、陕西等11个省(市)和单列市财政厅局长座谈会(不准带助手入会场)。新任常务副部长金人庆主持会议，会上刘仲藜部长作了一个多小时的报告，提出了解决返还基数过大的难题，请大家集思广益，研究解决办法。会上，刘仲藜部长首先指定我发言。我在长达一个小时的发言中以“同心同德向前看”为主题，以共赢为目标，提出了既符合中央要求又不损害各省市利益且能圆满解决问题的两个建议：一是财政部对各省市实施扣减基数的办法似乎缺乏依据，建议通过对各省市下达中央“两税”增收指标来解决，没有达到部定指标的省市愿意如数赔补；二是上划“两税”比1993年基数增加的部分以1:0.3返还各省，不要与全国平均增长百分比挂钩，要与本省的增长比例挂钩，以调动省市本身增收的积极性。这两项共赢的建议除黑龙江省财政厅厅长曹广亮开始对第二项有所保留（主要是黑龙江企业经营收入情况不佳，“两税”增长困难与本省挂钩将会影响本省1:0.3返还）外，获得了上海、广东等10个与会厅局长的一致赞成。嗣后，经过深思熟虑的黑龙江省财政厅厅长曹广亮在会议中间也审时度势地宣布，在1:0.3返还与本省挂钩的问题上也愿意与其他10个省市(单列市)厅局长保持一致，但要求财政部在考虑困难补助时给予适当照顾。至于如何下达中央“两税”增长指标问题，有两种不同的意见：一种是与各省国内生产总值(GDP)增长比例挂钩；另一种是与各省1993年“两税”增长幅度挂钩。第一种意见，由于国内生产总值(GDP)本身有水分，如一挂钩GDP的绝对额将会出现“缩水”问题，可能会在国外产生我国国民经济搞不上去的感觉，其副作用太大，财政部门自身政治风险实在太大。第二种意见大家认为较为合理，1993年得益多的省市增幅相对高一点，应该多承担把财政收入蛋糕做大的任务，对中央多贡献一点。会议期间，财政部刘仲藜、金人庆等部领导和主持国税总局工作的项怀诚同志将座谈会的要求向朱镕基同志作了汇报，朱镕基同志原则同意了大家的意见。经过1994年8月的全国财政工作会议，10月的广东中山全国预算座谈会和12月的全国财政工作会议的不断充实和调整，形成了四条意见：(1)全国以1993年当年“两税”增幅的三分之一即16%为目标，各省以本省上年增幅的三分之一为目标；(2)完不成“两税”增收任务的省市以地方收入赔补，完不成上年基数的要扣减返还基数；(3)凡完成“两税”增长目标的地区，中央对其税收返还基数按当年本地区“两税”增长率的1:0.3返还。凡“两税”收入超过增长目标的地区，其超过部分给予一次性奖励，返还系数由1:0.3提高为1:0.6；(4)“1:0.3返还系数”不再与全国平均“两税”增长水平挂钩，而与本省上划“两税”增长挂钩。为了突出德宝会议的同心同德精神，1994年8月4日，《中国财经报》头版头条以《同心同德，确保财税改革成功和预算任务完成》为标题，强调财政部长刘仲藜在全国财政工作会议上的讲话要求。如果历史可以假设，当年真的动手挤干水分，削减各省返还基数300亿元，那么各省财政又走向“做小”的老路，不可能有1994年至1997年每年1000多亿元税收的增收，中国财政乃至整个财税体制改革将是另一副面孔。

2008年刘仲藜同志在《历史的机遇》一文中回忆：“1994年分税制实施过程中有两项重大调整，一是确定增长目标，完不成基数的地区要扣减基数；二是‘两税返还’由与全国平均增长率挂钩改为与各地区增长率挂钩。

第一个调整的起因是收入增幅的变化。分税制实行后的1994年第一个月，1月份税收比上年同期增长61%。但是，2、3、4月的增长率逐月下降。联想到1993年的最后4个月超常增长(地方财政收入后四个月分别比上年同期增长60%、90%、110%、150%)，如果这样下去，下半年收入必然增长缓慢，甚至可能出现负增长。结果中央不仅集中不了收入，可能还要赔上对地方的税收返还基数。简单的处理办法是，组织核查组核实基数，或者削减三分之一的基数，实现预算平稳。但是，检查组从年初到4月底陆续回来，都未能发现有虚增收入，提高基数的情况。后来，我们请了部分地区财政厅(局)长座谈，专门研究应对减收的方案。当时共有三种选择：一是税收增长与各地方GDP增长率挂钩，调减1993年基数；二是从上年增加的绝对额中，拿出一部分按照各省的基数增长率进行相应的抵扣；三是向前看，承认上报的1993年基数，但下达收入增长目标，通过收入增长来解决潜在赤字问题。座谈中，时任浙江省财政厅厅长的翁礼华同志提出，应当采取同心同德向前看的办法，通过确定各省两税增收目标来解决问题，得到了与会人员的一致赞同。至于如何下达中央‘两税’增长指标问题，有两种不同的意见：一种是与各省GDP增长比例挂钩；另一种是与各省1993年‘两税’增长幅度挂钩。对第一种意见，大家认为，如一挂钩，为了追求财政利益，GDP 的绝对额将会出现‘缩水’问题，其副作用太大。而认为第二种意见较为合理，1993 年得益多的省市增幅相对高一点，应该多承担把财政收入蛋糕做大的任务，对中央多贡献一点。

我将座谈情况向国务院领导作了汇报，国务院领导原则同意了大家的意见。1994 年 8 月召开全国财政工作会议，朱镕基副总理到会作了一个非常鼓舞人心的讲话，号召大家同心同德，上下一致，完成改革目标，并在会上宣布了国务院关于两项重大调整的决定。经过会议不断深入讨论，具体形成了三条意见：一是全国以 1993 年当年‘两税’增幅的三分之一、即 16%作为 1994 年增长目标，各省以本省上年增幅的 1／3 为目标。二是完不成‘两税’增收任务的省市以地方收入赔补，完不成上年基数的要扣减返还基数。三是凡完成‘两税’增长目标的地区，中央对其税收返还基数按当年本地区‘两税’增长率的 1:0．3 返还。凡‘两税’收入超过增长目标的地区，其超过部分给予一次性奖励，返还系数由 1:0.3 提高为 1:0.6。现在想来，如果当年动手‘挤干水分’，削减各省返还基数 300 亿元，那么就不可能有后每年 1000 多亿元，到每年 2000 多亿元，乃至后来每年几千亿元税收的增收，整个财税体制改革可能将是另一种情形。

关于与各地增长率挂钩的问题。1994 年开始实施的方案是，按照全国‘两税’收入增长幅度，在全国范围内按统一的系数返还给各省(区)市。当时的出发点：按统一系数，对发展速度快，增收幅度高的地区返还可以减少一些，而对增长慢的地区可以拔高一点，有均贫富的因素。后来地方同志在座谈中提出‘两税’返还系数与本省(区)市增长率挂钩计算。其理由是：第一，与本省‘两税’挂钩能体现效益原则，地方增长速度高，中央返还给地方的就多，增长低，中央返还少，不是吃大锅饭；第二，有利于地方政府关心生产和流通，关心增值税的征收工作；第三，地方多返还的同时，中央增收也增加，中央将这部分收入通过转移支付方式支援增长慢的地方，也可以达到均贫富的目的。我们认为这个意见有一定的道理，并做了调整。这是在改革方案执行过程中第二项重大调整。”

2008 年 6 月 19 日，项怀诚同志在回忆当年分税制财政体制改革成果时，欣喜地说：“财政收入数据显示，1994 年每个月的财政收入都比上年同期增加，全年财政收入增长了 869 亿元，比上年增加 20%，是以前历史上少有的。自 1994 年实施财政改革以来，到 2007 年已经 14 年了，财政工作发生了天翻地覆的变化。财政收入由 1993 年的 4349 亿元，增加到 2007 年的 51300 亿元，14 年平均年增 3354 亿元，平均年增长 19.3%。这一切充分说明了 1994 年的分税制改革功不可没。可以毫不夸张地说，这是一次广泛而深刻的改革，它奠定了中国特色财政改革的基础。”

为了提高税务工作的地位，1993 年 12 月，中央决定国家税务局升格为正部级，改称为国家税务总局。1994 年 4 月，财政部长刘仲藜兼任国家税务总局局长，原国家税务局局长金鑫任国家税务总局党组书记、副局长。7 月，财政部项怀诚副部长改任国家税务总局党组副书记、副局长(主持工作)，次年 2 月任党组书记。为了分清中央和地方收入，避免混库，1994 年 8 月，税务机构分设为国税、地税两套机构。这是中国继清末动议国地税机构分设以来，第三次进行国地税机构分设，其中第一次是民国初年，第二次是国民政府时期。

2008 年 8 月刘仲藜同志在《历史的机遇》一文中回忆国税局和地税局分设时说：“1994 年财税改革前，税法约束软化。省、市、县各级政府都有权减免税。除地方有意藏富于民的体制性原因外，征管体制也存在缺陷。当时全国是一个税务系统，实行属地化管理。在这种体制背景下，一些地方官员可以得心应手地大量减免税收。减免的税收中很大一部分实际上为应当上缴中央的收入。地方‘请客’，国家‘埋单’。企业减免税多了，财政就没有钱了，中央财政更没钱了。财政体制已实行分税制改革，如果在征收上不实行分开征收，不建立起一个合理的征管机制，就没有组织保证，税种划分再合理，执行中也会大打折扣。

在发达的市场经济国家，大都分设国家税务局和地方税务局两套机构。如美国就设有联邦、州甚至地方税务局；日本不仅分设有中央税务局、地方税务局，还设有专门的税务警察局。这些国家都是总结了多年的经验才这样做的。所以说，分设中央税务局和地方税务局两套机构，建立两套税收体系是经过上百年历史肯定的，是符合实行分税制体制要求的。我国按照分税制体制要求，分别设置了两个税务局，一个是国家税务局，一个是地方税务局。国税局实行垂直领导，地方税务局实行双重领导，以地方为主。

当时也有不同意见，认为会增加税收人员。现在 13 年过去了，情况如何？1995 年全国税收人员共 73.4 万人，其中国税 43.9 万人，地税 29.5 万人。到 2007 年底，全国税务系统 74.8 万人，增加了 1.4 万人。其中，地税 35.2 万人，增加 4.7 万人，国税 39.6 万人，还减少了 3.3 万人。即使地税系统增加 4.7 万人，也有其相当的合理性。1995 年决定，将原由财政部门征管的农业税，划给地方税务系统，由此，随业务划转，有的地方将一部分农税人员转入了地税系统，没有划转的地方招聘了一些农税工作人员。

分设税务局是一个十分重要的举措。如果没有分设两个税务局，现在根本不可能每年征收到数以万亿计的财政收入。因为分设，多盖了一些办公楼，这是事实。但它们的得失之间是不言而喻的。更为重要的是，分设税务局从制度上杜绝了拿别人的钱请客这一极不正常的现象，规范了税收征管秩序，净化了市场经济运行环境。”

1994 年在研究对国地税机构分设时，还有一种意见是缓行，即先推行新税制，处理好国家与企业的关系，然后再处理中央与地方的关系，实行国、地税机构分设，然而这一意见尽管是前国家税务局主要领导的意见，但没有被采纳。而客观上，只要中央领导让机构分设，绝大多数基层领导干部都会举双手赞成，因为只有机构分设才能产生很多领导岗位，让他们心安理得地获得晋升，得到正常环境下得不到的职位。

1994 年，有 6 个省没有完成“两税”收入增长指标，总量高达 35 亿元。当时分管的财政部常务副部长金人庆了解情况后，发现这些省不是没有税源，而是企业缺少资金，只要解决相关企业的银行贷款问题都能完成下达指标。于是在与银行沟通后，主动去主管副总理处汇报，开始领导不同意，由于他摸透了领导的脾气，继续不断地说服，最后领导不耐烦了，便说“你去办吧”。因此，1994年年终财政结算，没有一个省被扣减基数。

对于德宝会议，金人庆记忆犹深，直到2000年，时任国税总局局长的他在《中国当代税收要论》一书的《自序》里还写下了这样一段话："一位来自沿海地区的财政厅长出了个好点子，与其'争'基数，'砍'基数，不如'同心同德向前看'。我很受启发。看起来，解决财政税收问题，还得从做大'蛋糕'入手。于是大家注意力转向如何做大'蛋糕'保基数上来了"。2003年3月，十一届全国人民代表大会一次会议后，重新回到财政部担任部长的金人庆就把做大财政"蛋糕"作为他的施政纲领。

在中国用自己的钱做自己的事，会比用别人的钱珍惜。中央与地方的财权与事权的关系中也会涉及这一问题。因为过多的转移支付就会产生过程中的成本，尤其是很难避免其中有人在中间环节的寻租行为。为此，在2007年3月4日，利用时任财政部长的金人庆在财政部餐厅请来京参加全国人大会议的系统代表吃饭的机会，我问坐在左边的金部长：中央财政与地方占比以多少为合理？他回答道：2006年中央财政收入占全部财政收入近53%，其中转移支付为28个百分点，中央本级支出为25个百分点，这一比例基本合理。他还强调，在他任内他决不会再提高中央财政收入占全部财政收入的比例，让地方用自己的钱做自己的事，以便降低成本提高效率。

2008年8月刘仲藜同志在《组织实施新财税体制的前前后后》一文中回忆："中央审时度势对财税改革的问题拍了板，各地区、各部门的思想已经统一到了中央的重大决策和部署上。下一步工作就是把中央的决策付诸实践，把文件中的方案变为现实体制，实现中央的改革意图。完成具体组织实施的任务，财政、税务部门责无旁贷。我时任财政部长，1994年初又兼任国家税务总局局长，应当说是这项工作的第一责任人。

组织实施过程中，我的心情就像等待卫星升空时一样。从当时宏观经济来讲，正处于经济发展过热的时期，固定资产投资失控，金融秩序混乱，通货膨胀严重，经济环境并不宽松。从改革方案来讲，尽管经过反复研究、调整，力求万无一失，但不到成功那一刻，心里始终没底。我担心方案中存在遗漏的问题或者不切合实际的问题，而财政制度、财政政策、税收政策又与经济发展密切相关，这些问题如果不能被及时解决，堆积起来引发更大的问题，包括：新财税体制把经济搞下来啦，新税制推动通货膨胀啦，税金收不上来，国家出现支付危机啦。这几个问题无论哪一个都是天大的事，都会造成财税改革胎死腹中，都会对党的执政能力和我国经济发展、社会稳定带来极大的消极影响。发生这种情况，第一个承担责任的人应当是我。

重大改革举措和千头万绪的组织实施工作使我感到巨大的精神压力。《礼记·中庸篇》讲：'戒慎乎其所不闻，恐惧乎其所不睹'。我们当时坚持的就是'戒慎恐惧'。思想上奉行办实事，说实话，增实效；各项工作力求精益求精，周密细致，一丝不苟；所有微调措施力争瞻前顾后，谨思慎行，不轻举妄动。总之是如履薄冰，如临深渊，不敢有丝毫麻痹大意。

财税体制改革实施前后，我非常注意深入基层和实际，开展调查研究。目的主要是了解实际情况，掌握工作主动权；发现新问题不断完善改革方案；寻找解决问题的关键；总结经验和规律指导面上的工作。由于身兼两职，好多改革的具体事务需要及时研究处理，加之投资、外贸和金融等体制改革同时启动，中央、国务院召开的各种会议不断，财税部门的负责同志又逢会必到，因此我自己很难抽身远出调研。焦虑的心情至今难以忘怀！在没有办法远行的情况下，我采取了'短、平、快'的调研方式，经常带两三名同志，利用周末到北京所属各县(现改称区)及附近的保定、涿州、武清等地转一转。往往是早上七点不到就出去，很晚才回来。

调查研究中的事情，我印象深刻的一件事是解决地方财政资金留用比例。分税制办法规定，将75%增值税和全部消费税等收入上划中央，同时中央对地方实行税收返还。税收返还制度使财政资金在中央与地方之间大量流动。为了保证地方正常用款需要，避免资金无效流动，财政部制定了各地区的资金留用比例。地方财政每日按中央核定的资金留用比例从应缴税收中预留一部分，作为'预抵中央税收返还收入'划入地方金库，用于地方财政日常支出，年底中央与地方之间再统一结算。我在河北调研时，涿州提出富裕地区执行中央的办法没有问题，但困难地区留用比例偏低，资金在途时间长，不能及时保证基层运转需要。他们提出的问题引起了我的注意。我在想其他困难地方会不会也存在同样的问题。回京后我请财政部地方预算司的同志马上了解面上的情况，并要求他们根据各地区实际收入重新进行测算，合理确定地方留用比例。地方预算司的同志非常努力，几天后就将文件发了出去。至1994年底，全国初步建立了新的财政资金调度机制。现在看来，当时通过调查研究确定的调配资金的比例是有效的，它确保了分税制体制的顺利运行。

改革准备工作非常丰富，包括新税票的印制、运输和保管，计算机系统的添置和调试等，其中培训相关人员掌握新财税知识是最重要和最困难的一项工作，也是一件我心中不安的事情。

1993年7月22日，国务院总理办公会议决定，原定分步实施的改革改为一步到位，新财税体制1994年1月1日起施行。当时改革方案正在各地征求意见，尚未最终确定。这使我们面临两个问题：一是人员培训至少需要几个月，如果等方案确定后再开展培训肯定会耽误改革进程，这是不能允许的，因此只能一边设计和完善方案，一边培训人员；二是改革草案是不断变化的，培训内容必须随着草案变化而变化，不断实行再培训。为落实国务院决定，总理办公会议后第二天，财政部和国家税务总局联合召开全国财政税务工作会议部署财政改革的具体实施工作。特别要求在方案出台之前，各地财税机构要根据改革草案抓紧开展培训工作。此后，随着草案的不断调整，财政部和国家税务总局又多次召开全国性工作会议和电话会议，进行再动员和再部署，不断敦促各地财税机构做好培训等各项准备工作，确保新财税体制顺利实施。

新税制无论对征管员和纳税人来说，都是全新的内容。纳税人懂不懂，税收征管人员掌握了没有?特别是新的增值税需要抵扣包含在存货成本中的已征税款，过程比较复杂，如果征管人员对业务不熟练，操作不得当，很可能引起重复征税，而企业转嫁成本，进而推动价格上涨。分税制也是一种完全不同于过去的财政预算制度，基层财政人员能否实现新税制和新预算体制的结合，正确分配中央与地方财政收入？

当时我调查了解这方面问题的情景现在还历历在目。在天津武清县一个企业，一位年轻的会计人员把台账拿出来，逐笔说明销项税和进项税的抵扣情况，税收政策把握很清楚，我心里有底了。我还利用随国务院领导出差机会，抽空到宜昌市国税局了解情况。当我问及新增值税征收规则时，局长回答得十分圆满，当时大家热烈鼓掌，我也特别高兴。令人非常感动的是，当时全国各地、各行各业兴起一股学习新财税知识的热潮，许多省的主要负责同志在百忙之中，主动学习和研究新的财税体制，他们把财税改革方案内容搞得很清楚。比如，安徽省委省政府领导同志来京，我借机向他们了解省里新财税体制的执行情况，在交谈中我惊奇地发现，他们对新税制和分税制的内容弄得比有些财税人员还明白，讲起来头头是道。但是喜中也有忧，比如我深入到北京郊区基层税务所时，征管员的回答却不尽人意。我还记得在北京通县调研时，百货公司的财务人员反映说企业税负比以前有所加重，我心中忐忑不安，问明情况后，原来他还不清楚期初库存商品可以抵扣的政策，一场虚惊！总的说，尽管财税改革草案其间进行了多次调整，但绝大部分同志都能够随着草案的变化而不断更新自己的知识，基本掌握了新财税体制的基本内容，这说明我们的准备工作是扎实有效的。

改革方案是经过了反复研究和模拟测算的，但它是否符合实际，需要经过实践的检验，并在实施过程中，对不切合实际的进行调整，对遗漏的作补充，对错误的加以修改。为了实现改革方案与实际情况的对接，财政部和国家税务总局做了大量艰苦细致的工作。

有些比较大的政策性调整，我至今记忆犹新。比如，设计方案时认为，水电企业依靠作为天然资源的水力发电，直接按售电收入计征17%的增值税是合理的。后来，小水电企业反映税制改革后增值税负担增加较多，要求能够予以解决。我们及时进行了研究，发现税制改革前对小水电企业征收的是5%的产品税，新税制按17%征收增值税，又几乎没有进项税可扣，税负的确增加较多。根据实际情况，我们进行了调整，规定县以下小型水力发电单位生产的电力，可按简易办法依照6%征收率计算缴纳增值税，并以财政部、国家税务总局1994年财税字第4号文件发布。同样，科技部门反映有些科技产品的进项成本主要是无形资产投入，虽然难以量化，但也需从中抵扣部分税款。如果直接按销售收入征税，会加重科技企业税负。我们专门发文解决了这个问题。

又比如，改革方案中曾提出取消对农民征收农林特产税。尽管大家一致认为应该减轻农民负担，但改革方案出来后，许多地方表示实施起来有困难。记得朱镕基同志曾告诉我，至少有四个省的省委书记给他打电话反映，如果马上取消农林特产税，地方财政特别是农业县的财政将出现较大困难。经过反复权衡和综合分析，最终还是采取了两头兼顾的办法。一方面，充分考虑部分地区，尤其是农业县市百分之七八十的财政收入来自农业税的实际情况，否决了取消农林特产税的方案；另一方面，为了减轻农民负担，促进农业生产全面发展，将原产品税中农林牧水产品税与原农林特产税归并，统一征收农业特产税。另外还规定农业产品增值税税率由17%降为3%。十几年前财政状况非常困难的时期，中央就已经开始谋划减轻农民的负担，而农林特产税一直到2006年我国财政收入大幅提高后，全面取消农业税时才得以实施。"

2008年8月刘仲藜同志在《历史的机遇》一文中说："中央与地方之间分税，最终目标是中央集中60%左右的收入。中央本级支出30%左右，余下30%左右的收入通过转移支付方式分配到地方，重点是经济不发达地区。实行分税制以后的第一年，中央集中了全国财政收入的57%左右。但这次分税制方案的设计原则之一，是保地方1993年的既得财力。以1993年为基期年计算，消费税上划的部分，增值税的75%部分，减掉分税后中央下划给地方的收入，即中央净上划部分当年通过'税收返还'的方式返还地方，以后年度按照一定比例增长。这样，假以时日，在以后的收入增量分配中，中央财政比重逐年提高，地方逐年减少。事实上，直到现在，中央财政集中度尚不到60%，而中央本级支出占全国支出的比重也与改革前大致相同，说明中央并没有将从地方集中的收入用于安排本级支出，而是一部分用于欠发达地区的一般性转移支付，一部分用于对地方的专项支出，按照中央的意图在地区间实行了再分配。

国家与企业之间的分配关系是1993年财税改革又一重要内容。改革开放前的我国经济主体是以国有企业为骨干的公有制企业，非国有企业是在改革开放后逐渐发展起来，当时数量还不大，但其市场化特征比较明显。因而，处理国家与企业之间分配关系改革，核心是处理好国家与国有企业之间的分配关系。

我国国有企业改革是从减税让利、逐步扩大自主权开始的。后来受到农村实行联产承包责任制取得巨大成功的启示，探索将'包'字引进城市改革，初期，只是部分国有企业开始实行'承包经营责任制'试点，1986年全国推行。

说起来承包制有一定合理性。但是，承包制也有许多缺陷：首先，对企业的承包方案是一对一谈判确定的，没有统一标准，人为因素较多，企业之间难免苦乐不均；其次，企业经营环境年度之间变化大，情况好的时候偷着乐，不好的时候就不执行合同，政府没有制约手段。结果，企业多挣了财政拿不到，企业亏损了财政又要受损，永远是包盈不包亏。

第三，也是最大的问题，由于当时私营企业、'三资'企业等各种所有制并存，除了国有企业以外，其他所有制企业大都市场化了。在国家与企业的分配关系上，国有企业另搞一套，显然不符合市场经济要求的公平、公正和法治原则。这也是当时社会各方面议论较多的问题。

改革国家与国有企业的分配关系，首先要客观分析实际情况。与非国有企业相比，国有企业所得税率高达55%，税后利润必须上缴；由于社会保障制度尚未建立，还要承担相当大一部分社会职能，如职工养老、公费医疗等。这些负担如果降不下来，国有企业与非国有企业难以平等竞争，而承包制又面临诸多矛盾，诸多不平衡。

为了合理处理政府与国有企业的分配关系，增强国有企业的活力，1993年在财税改革的同时采取了六项措施：一是普遍提高折旧率，并允许企业加速折旧；二是国家鼓励企业增加研究开发和技术创新的投入，企业的技术开发费按实际发生额，进入成本费用；三是用于技术开发研究的设备购置，5万元（当时价）以下的进成本，5万元以上的分年摊销进成本；四是企业固定资产贷款的利息可以列成本；五是降低企业所得税率，由原来的

55%降为33%；六是作为过渡措施，近期可根据具体情况，对1993年前注册的多数国有全资老企业实行税后利润不上缴的办法，同时，微利企业缴纳的所得税也不退库。

上述措施中的最后一条是时任国务院副总理的朱镕基同志说服我接受的。我当时认为，出资人（即老板）应当有回报。税是公共收入，利润才是出资人的红利。朱镕基副总理的理由是，当时国有企业承担了相当大一部分社会服务职能，而我们的社会保障制度还未建立，税后利润留给企业可以适当减轻企业负担。他的理由是正确的，我接受了。近几年，随着社会保障制度日臻完善；公共的社会职能（如子弟学校、幼儿园等）逐步移交给当地政府；企业的利润水平大幅提高，国家开始正式编制资本预算，规范出资人与经营者的关系。

实施上述措施后，国有企业终于可以与非国有企业具有同样的市场地位，这也是建立现代企业制度的重要起点。”他还说：“1993年的税制改革是按照系统设计，通盘考虑的原则进行的。改革的指导思想非常明确，就是要统一税法、公平税负、简化税制、合理分权，理顺分配关系，保障财政收入，建立符合社会主义市场经济要求的税制体系。流转税是整个税制改革的关键，因为它是收入的大头。改革后的流转税由增值税、消费税和营业税组成。流转税改革中，增值税改革是核心。改革后实行统一的生产型增值税，取消旧的多环节重复征收的产品税。”

2008年8月刘仲藜同志在《历史的机遇》一文中还回忆：“在党中央、国务院的正确领导下，以及各地的大力支持和配合下，1994年1月1日，我国顺利推出了财税体制改革。尽管执行中还有过不少微调、完善，但总的来说改革既积极又稳妥，达到了预期目标。以分税制为核心的财税改革初步规范了国家与企业、个人关系，以及中央和地方的分配关系，调动了各方面积极性。改革以来财政收入先后上了几个台阶，建立了财政收入稳定增长的机制。财政收入1999年迈上万亿元台阶，2003年、2005年相继突破2万亿元和3万亿元大关，现在已达到5～6万亿元。2007年达到5.13万亿元，占GDP的比重从1993年的12.3%提高到2007年的20.6%。分税制扭转了中央财政收入比重下滑势头，1993～2007年，中央财政收入比重由22%提高到54.1%。中央财政实力增强后，对地方特别是中西部地区的转移支付力度不断加大。目前，中央财政对中西部地区的转移支付资金已占这些地区财政支出的三分之一到二分之一。十几年来的改革实践证明，党中央、国务院的决策是正确的。

当然，由于种种原因，财税体制还存在这样那样的问题，如地方税收入体系尚未建立，资源税等还需要进一步改革，政府间事权划分与财力配置还不配套，省以下财政管理体制还不够完善，部分地区县级财政仍然有困难，等等，这些都有待在未来的改革中继续完善。

中国是一个地区间差异大，情况十分复杂的大国，制度与政策的统一性与各地情况的差异性之间的矛盾在所难免。如何根据我国的实际情况，认真总结十几年来财税改革经验，进一步完善现行财税体制，规范政府间财政分配关系，优化资源配置，仍然是我们改善民生，构建和谐社会过程中必须认真面对的挑战。”

五、所得税分享改革过程中上有政策下有对策的利益博弈

有人就不同文化背景下的领导、群众与法律的关系，打了这样一个比喻：在西方文化背景下，由于法律事先都经过各方利益群体的博弈，已平衡了方方面面的利益，所以在实施时领导与群众的关系，相当于一个聪明人领着一群一板一眼的傻瓜干活；而在中国文化背景下，事先不会安排各方的利益博弈，因此在执行时就会进行博弈的补课，从而出现一个聪明人领着一群比他更聪明的人一起干活的景象，干活的下属为了调整自己的利益就会不断地进行变通。这就是说，在西方按法律办事才能获得自身利益，是聪明人；而在中国上有政策下有对策，才能获得利益，是聪明人，上有政策下无对策则是傻瓜一个。2001年所得税共享改革过程中上有政策下有对策的利益博弈就充分反映了中国这一典型的文化特点。

1994年中国财政一改“分灶吃饭”的包干办法，实行分税制财政管理体制改革，当年就取得巨大成效，国家财政收入达到5071亿元，比1993年增长了953亿元，中央财政收入占全国财政收入的比重高达55.7%，比上年净增33.7个百分点。

由于中央财政在分税制改革的博弈中取得了较多的利益，地方不甘心落后，就开始动脑筋，千方百计增加自己的收入。其措施有：一是挖掘地方税潜力，如强化对所得税、营业税、契税等地方税种的征收；二是对那些亏损的国营、集体企业进行转制破产，减轻财政包袱；三是从经营城市着手，开辟以卖地作为第二财政的房地产业财源；四是继续在非税收入中挖掘潜力，扩大财源。因此，从1995年开始，到2001年的7年间中央财政收入占全国财政收入的比重不增反降，一直徘徊在50%上下。于是，中央政府在2001年10月再次进行了集中财力的“所得税共享改革”，以满足实施西部大开发战略的财力需要。

其实，早在1996年财政部就着手研究所得税的规范问题，不过当时研究的目的仅仅是以理顺关系为目标，并无丝毫提高分享比例的利益念头。后来随着国家经济的发展，企业效益的提高和个人收入的不断增加，两种所得税收入与日俱增，全国个人所得税和地方企业所得税2000年分别达到510.2亿元和1005.5亿元，与1993年的25.5亿元和293.3亿元的实际数相比，增长比例分别为2000.78%和342.8%。浙江省2000年分别达到29.22亿元和87.9亿元，与1993年的3.7亿元和12.4亿元相比增长比例分别为789.73%和708.87%。在如此迅猛增长的势头面前，中央财政开始见利起意，出现了分肥的念头。其第一个动作就是通过拉动内需，促进消费，从1999年11月1日起征收个人储蓄存款利息税，并将这一本属地方的个人所得税税目列为中央收入，使个人所得税成了事实上的共享税。紧接着财政部拟就了包括提高中央财政分享比例内容在内的划分所得税收入的改革方案，并报送国务院。

2001年10月初的国庆长假刚刚过去，国务院常务副总理李岚清就召财政部常务副部长楼继伟到中南海，告诉他国务院原则同意财政部报送的改革方案并决定从2002年1月1日起实施这项改革。于是10月15日财政部便发出通知，10月17日在北京召开30个省、市、自治区和6个计划单列市的财政厅局长会议，通报改革的主要内容及有关政策。

财政部部长项怀诚在长达16页纸的会议报告中明确指出：以2000年为基期，分享比例有两个方案：第一方案，中央分享

75%，地方分享25%；第二方案，中央分享70%，地方分享30%。按现行财政体制，中央与地方分享所得税的比例分别为38%和62%。改革后，中央分享比例按两个方案分别提高了37和32个百分点，如果再考虑少数特殊行业或企业的所得税全部作为中央收入的因素，中央分享所得税的比例分别提高了39和34个百分点。并且要求厅局长们回去以后务必及时向当地党政领导汇报，在限期内以书面形式反馈意见。

各省、市、自治区及单列市经研究后基本上都于10月22日前后如期向财政部反馈了意见。意见大致都是在原则上赞成和支持中央的决策，在具体问题上都提出了一些要求，这些要求归纳起来无非是提高分成比例和以2001年实际执行数为基数。朱镕基总理为了进一步调动地方支持中央实行改革的积极性，根据1993年分税制财政体制改革的历史经验，打算以2001年当年实际执行数为基数。项怀诚部长鉴于所得税弹性过大和1993年在改革过程中产生的人为做大基数的严峻问题，提出了不同意见。大约在11月10日前后，国务院会议会间休息时，朱镕基总理让秘书找到在草坪上散步的项怀诚部长，说他打算同意地方上以2001年当年为基期年的要求。他的理由是1993年以当年为基数都搞成改革，今天我们的干部经过"三讲"，思想觉悟和实际水平都比1993年有所提高，更能搞成改革。紧接着在11月14日国家税务总局副司以上的干部座谈会上，朱镕基总理在讲话中首次披露了以2001年为基数的消息，并且要求国家税务总局把好关，不要帮助地方人为做大基数。随后中央正式通过了以2001年为基期的决定，于是财政部在11月23日立即召开会议由预算司张弘力司长出面开会布置。

张司长指出，考虑到按现行体制2000年中央分享所得税的比例已达38%的实际情况，现方案规定2002年中央与地方按"五五"分享，2003年按"六四"分享，以后年度的分享比例根据实际收入情况再行考虑。再次是关于所得税的征管体制。在原方案中，从降低征收成本和规范税收征管考虑，拟在改革后将企业所得税由国家税务局征收，个人所得税由地方税务局征收。根据税务部门的建议，为了稳定税制，加强征管，现方案规定：除新注册企业的所得税由国家税务局征收外，其余所得税的征管体制暂不作变动，原来由谁征管继续由谁征管。同时，张司长还就若干政策问题作了说明。

会后不到一个月，即12月21日，国务院便正式发布了国发2001〕37号《国务院关于印发所得税收入分享改革方案的通知》，通知进一步明确了以2001年为基期年和中央与地方2002年按"五五"分享、2003年按"六四"分享的比例关系。

11月23日会议以后，实际上是11月14日消息披露以后，再加上国务院〔2001〕37号文件的正式发布，全国不少地方受利益驱动，闻风而动，纷纷挖空心思千方百计上基数，急得国家税务总局早在12月3日就发出了《关于做好2001年12月份所得税征收管理的紧急通知》，通知要求：首先各级税务机关要切实坚持"依法征税，应收尽收，坚决不收过头税"的组织收入原则，任何地方和任何机关都不得违反税法规定多征、虚征、有税不征或者混淆税款入库级次，如发现有上述问题的，将按有关规定严肃处理。其次，要严格遵守企业所得税征收规定，保持政策的连续性和统一性。前十个月按季征收的，原则上不能改为按月征收；预缴税款约数额也要按前10个月已经确定的办法计算缴纳；对按照税法规定应该在2002年征收的税款，不得在今年提前征收入库。再次，各地要从税源上对下进行监控。根据税收会计核算资料，并将国家税务总局掌握的地方级企业所得税的税源情况作为会议材料发放，要求各级税务机关严格按照税源情况逐级监控管理，及时掌握所得税收入情况，对超出税源较多的地区要进行研究分析，发现问题，及时处理。但是在向来以基数治天下的中国，面对一劳永逸的厚利，不少地区还是有令不行，有禁不止，为了扩大基数，不惜为之一搏，尤其是有人竟以国税总局《紧急通知》中"前10个月按季征收的原则上不能改为按月征收"的"原则上"三个字大做文章，作为变通的突破口，扩大了全年的收入基数。对此，国家税务总局金人庆局长高度重视，12月10日总局选择了所得税总量大、增幅高的10个省市及部分计划单列市座谈，要求各级税务机关依法治税，制止人为抬高基数的违纪行为。会上金局长作了重要讲话，他深有感触地说，1993年基数问题记忆犹新，我经历了当年的全过程，包括擦屁股也是我，今年虚，明年怎么办？要多少年才能消化掉水分呵！我们要实事求是地处理好2001年的基数，不要搞人为的虚增和扩大基数。这样做的结果只能是贪图一时之小利，带来长期的祸害，一些地区不惜用寅吃卯粮，查账改定额，按季变按月，假盈真亏等非正常手段扩大基数只会搬起石头砸自己的脚。朱镕基总理来总局时说过，以2001年为基数，还有一个多月，有人还可以造假，但是等待他们的将是严厉的打击。目前，有些地方一个月增长100%多、甚至200%多，11月份全国增167%。都想占便宜，你想想，财政部会不会让你占便宜，你今年上去，明年会扣你基数。作为税务干部大家要有清醒的头脑，不能光顾今天，不顾明天，要瞻前顾后，依法治税，决不能收过头税。

但在利益为诱导的市场经济条件下起作用的毕竟是价值规律，并不是"孔融让梨"一类的高风亮节。2001年12月全国各地风起云涌的扩大基数热潮方兴未艾，一浪高过一浪，势不可挡。对于这种异乎寻常增长，十分震惊的财政部领导不得不在12月29日向国务院发出了《关于2001年11月和12月上中旬地方企业所得税增长情况的报告》，要求批转，以扭转全国各地烽烟四起上基数的危急局面。

《报告》指出：2001年11月份地方企业所得税完成170.44亿元，比上年同期增收99.23亿元，增长139.4%；12月上中旬完成137.82亿元，增收89.82亿元，增长187.1%。其中，12月上旬完成35.29亿元，比上年同期增收21.6亿元，增长157.8%；12月中旬完成102.53亿元，比上年同期增收68.22亿元，增长198.8%。12月上中旬增幅超过100%的地区依次为：

江西省增长816%、宁波市增长708.7%、河南省增长609%、广西壮族自治区增长597.7%、青岛市增长577.2%、内蒙古自治区增长496.9%、浙江省（不含宁波市）增长467.5%、宁夏回族自治区增长462.2%、安徽省增长404.5%、贵州省增长376.5%、新疆维吾尔自治区增长352.9%、吉林省增长314.8%、山东省（不含青岛市）增长235.6%、天津市增长230.1%、江苏省增长223.5%、重庆市增长197.5%、湖北省增长179.2%、河北省增长173.3%、甘肃省增长167.4%、大连市增长164%、山西省增长155.7%、云南省增长142.8%、湖南省增长128.6%、陕西省增长104.6%。

国务院办公厅接到报告后，立即在2002年元旦以1号文件转发了财政部的报告，并强调所得税收入分享改革是中央作出的一项重大战略决策，对于进一步规范中央和地方之间的分配关系，建立合理的分配机制，防止重复建设，减缓地区间财力差距的扩大，支持西部大开发，逐步实现共同富裕具有重大意义。为确保此项改革顺利进行，地方各级人民政府要从讲政治的高度，进一步提高认识，严格依法治税，严禁弄虚作假。2002年1月国务院有关部门将组织专项检查，严厉查处作假账和人为抬高基数的行为。对采取弄虚作假手段虚增基数的地方，相应扣减中央对地方的基数返还，依法追究当地主要领导和有关责任人员的责任。要求各地务必根据本通知精神，对地方企业所得税收入中出现的问题认真进行检查，坚决杜绝和纠正一些地区人为抬高基数的错误做法。

2001年四季度全国企业所得税平均增长111.4%，增幅最高的省市竟达700%，全年平均增长62.7%。2002年1月上旬收到财政部关于2001年全年所得税增长汇总报表的国务院总理朱镕基终于被极端离谱的增长率震怒了，他立即下令审计署派员赶赴各地专项检查2001年企业所得税征收情况，并要求对弄虚作假人员严惩不贷。审计署在征得财政部等有关部门的同意后，于1月14日以财政部、审计署、中国人民银行、国家税务总局的名义发出《关于对2001年地方企业所得税入库情况进行专项检查的通知》(财预明电〔2002〕1号)，财政和审计两部门从1月15日开始先后派出16个审计特派办检查组和19个财政专员办检查组，共1500余人赶赴除西藏以外的35个省、市、自治区和计划单列市进行为时长达近一个月的检查。由于检查属于重点抽查性质，国务院总理朱镕基听取汇报后并不满意，于是35个检查组又在3月中旬重新集结再次分赴35个省、市、自治区又进行了为时半个月左右的全面检查。在前后长达40天的检查中，估计也有不少于1万名的财政、地税干部参与其中配合核查。检查结束后，面对浩如烟海的检查材料，审计和财政两个部门经过数十天的认真梳理后，终于排查出了不正常收入256亿元，其中28亿元属于中央收入混入地方库，228亿元被认定为地方人为抬高的基数，两者占全部企业所得税超收总量631.2亿元的40.6%。

5月中旬国务院总理朱镕基在听取汇报后，对财政部的处理建议仍不满意，认为这是一起严重的作风问题，必须处理到人并要求进一步扣减基数。财政部部长项怀诚认为，经济问题不宜政治化，还是用经济手段处理为好。于是财政部的有关业务部门根据领导指示着手草拟了八个方案，进行一一比较，并以十分密集的频率接二连三地上报给国务院总理朱镕基作为决策参考。其中以2000年地方企业所得税的实绩加上一定的增长率，然后推算出2001年基数的原则，体现了与国务院文件相衔接的精神。这一基本原则于2002年6月12日晚，在安徽省铜陵市铁山宾馆得到朱镕基总理首肯后，随同视察长江防洪大堤质量的项部长当即提笔，用计算器进行试算。开始时，项部长以各省、市、自治区2001年1～9月的增长率（扣除混库，全国平均为32.1%)，推算出2001年全年的基数，即2001年地方企业所得税基数=2000年地方企业所得税实绩数×(1+2001年1)9月的增长率)，后来由于内蒙古自治区2001年1～9月为负增长(-15.7%)致使这个方案无法成为惟一的方案，于是又改用前三年的平均增长率推算出2001年的基数形成第二方案，鉴于1998年全国地方企业所得税为负增长(-0.2%)，不得不改为以前两年的平均增长率(全国为23.5%)推算出2001年基数的方案。由于在试算过程中，发现青海省2001年全年实绩数只比2000年增长30%，而用上述两年平均增长率的办法计算却能达到增长36%的基数，超过2001年实绩数6个百分点，于是就确定了一个推算数字不得超过2001年实绩数的封顶规定。上述两个方案于6月12日得到朱镕基总理的原则同意后，很快在6月14日召开的总理办公会议上通过。紧接着财政部便按照基数最大化的原则对各省市分别进行两个方案的优选，通过分析比较，适用第一方案的省市有22个，适用第二方案的省市有13个，两个方案出台后能扣除基数301亿元，比原来通过检查仅仅扣除228亿元的基数要多出73亿元，与2000年实绩数相比全国平均基数增长率仅为35.6%，不但与2001年1～9月平均增长率32.1%相仿，而且还高于前两年平均增长率23.5%。由此可见，两个互补的方案具有相当的合理性。财政部对浙江省宁波市选用2001年1～9月的增长率70.8%，换算成基数为29.66亿元，浙江其他地区即所谓小浙江选用前两年平均年增长率42.7%，换算成基数为101.38亿元，两者合计基数为131.04亿元，折合全省平均增长率为48.2%，比全国平均增长率高12.6个百分点。2001年财政总收入856亿元的浙江省比2001年财政总收入1748亿元的广东省、1019亿元的上海、1016亿元的江苏省的234.91亿元、131.06亿元、125.91亿元基数比例为高。6月21日财政部又一次召开各省、市、自治区财政厅局长会议，会上首先明确各省、市、自治区个人所得税如无特殊情况均按2001年实绩确定基数，其中手续费提退部分只按2%比例调整基数，其计算公式为：2001年个人所得税基数=2001年个人所得税入库数+(2001年个人所得税入库数/98%)×2%，原各省、市、自治区自定提退率超过2%部分，皆不予承认(2001年浙江省仅为5%已比2000年的15%减少了10个百分点)，同时强调地方企业所得税必须重新核定，会上对推算办法作了详细说明，也许由于变化太多的缘故，财政部不再像前两次那样给与会代表发放书面讲话材料，而是在部领导作讲话后，给每一个省、市、自治区发一张仅供参考的算账表格。因为6月底7月初还要进一步与各省、市、自治区对账才能最终确定具体数字，至于回去如何汇报，也只好让大家发挥主观能动性用自己的理解去自圆其说地传达体制改革的戏剧性演变过程和2001年基数的推算方法。会上有人欢喜有人愁，如以2001年地方企业所得税实绩为封顶基数的青海省喜不自胜，江西省则悲从中来欲哭无泪。2000年实绩只有9亿多元的地方企业所得税好不容易在2001年做到了22亿多元，扩大了基数逾13亿元之巨，结果一夜之间按财政部两种方案中最大增长率19%推算，全省基数为11.33亿元，被一刀砍掉基数高达11亿多元，至于那些在2001年4季度扩大基数和2002年1季度核查基数的烽火中感受到的建功立业和委曲求全都在弹指间消失于无形，尤其是那些为了地方利益，不惜通过做假来提高基数的财政局长，他们被检查组填了表格等待处理的人们也终于有机会走出了近半年来愁肠百结的痛苦状态，获得了解脱。为此，曾有不少财政局长感激万分地说：想出这两个方案的项怀诚部长堪称观音菩萨，救苦救难，普度众生，真是功德无量啊！

尽管围绕着上基数和查基数的利益之争的烽烟，随着财政部2002年6月21日会议的召开，已经烟消云散了，但它留给人们的思考却远远没有结束。中国人思维重悟性，西方人重逻辑，悟性是一种境界，只有少数人才能达到，而逻辑讲究推演，每个正常人都能做到。因此在市场经济条件下，处置各种利益关系是依靠人，还是依靠机制，将永远是摆在我们面前的重大课题，上至宰辅下及黎民谁都回避不了！

对于企业所得税的征收，项怀诚部长的意见是改革完成后统一由各地国家税务局征收，结果讲话一经传达，各地地税局反映十分强烈，南方一个发达省份的地税局长竟直面总局，提出如果不让地税局征收他就要愤然辞职。而作为地方国家税务局和地方税务局两个税局的主管机关——国家税务总局的局长金人庆，为了平衡地方国税局和地税局的关系，不得不明确老企业继续由地税征收，新办企业由国税局征收，让国地税征收机构在征收业务上获得共赢，从而平息了这场平地波澜。

六、中央与地方在出口退税财政负担比例上的若干次博弈

在世界贸易的发展中，为了避免国与国之间的重复征税，出口国输出境外的货物免征其在本国境内消费时应缴纳的税金或退还其已按本国税法规定缴纳税金的制度被简称为出口退税制度。中国由于20世纪50年代开始实行计划经济体制，并通过“一化三改造”的措施，相继在国内消灭了农业、手工业和工商业的私有制，再加上受前苏联非税思想的影响，不但税种逐渐减少，利润上交成了公有制企业与国家的主要经济关系。因此，在当时的中国的确没有必要建立国际上通行的出口退税制度。

改革开放以后，中国的税制逐步健全，1984年又在国有企业推行第一步利改税，再加上多种经济成分在外贸领域中的出现，与国际接轨，实行外贸出口退税制度便提到了议事日程。于是国家在1983年9月对钟表、自行车等17种产品退还生产环节的增值税和最后环节的工商税的基础上，1985年4月把外贸贴息改为退税，扩大到除原油、成品油以外的所有出口商品，并规定按企业隶属关系，中央外贸退中央国库，地方外贸退地方国库；1986年又对卷烟、服装等10种产品的中间环节实行退税。1988年开始核定综合退税率对出口商品的生产和流通环节实行征多少，退多少。从1991年开始，中央财政为了给地方压担子，明确规定计划内出口退税除中央负担90%外，地方负担10%，超计划部分地方100%自负。1992年为了调动地方出口的积极性，中央财政又改定出口退税无论计划内外均由地方和中央按“2:8”比例分担。1993年综合退税率为7%至11%，加权平均为10.7%。

1994年实行分税制财政体制改革后，财政部指令各地将1993年外贸出口退税中地方负担的20%部分作为基数上划，此后出口退税100%由中央财政负担，当年浙江省上划3.3亿元(其中宁波0.6亿元)。1994年工商税制全面改革时，对出口退税进行了完善，《增值税暂行条例》规定对出口货物实行国际通行的零税率征收，将出口货物所缴纳的增值税、消费税都退还给出口商，使我国出口货物以不含税的价格进入国际市场，提高我国出口货物在国际市场的竞争力。据测算，1994年1月1日至1995年6月30日的平均出口退税率为16.13%，但由于财政部对自身财力估计不足，以致1995年7月1日起不得不将出口退税率调整为14%和10%，测算结果1995年7月1日至1995年底平均退税率降为12.90%；到1996年1月1日又调整为3%、6%和9%，平均退税率又降为8.29%；直至1998年1月1日起至1999年7月1日，为应对亚洲金融风暴引发周邻各国货币大幅度贬值的冲击，启动国内经济，我国除决定人民币盯住美元汇率不变以外，又连续7次上调出口货物退税率。其中1998年平均出口退税率为9.32%，现行出口退税率为17%、15%、13%、6%和5%，平均退税率约15%。

我国1985年刚全面实行出口退税制度时，全年出口退税额仅为17.9亿元，1993年上升到299亿元；1994年分税制财政体制改革时跃升为450亿元；2002年达到了1259亿元，比1985年增加69倍，比1994年也增加1.8倍。作为外向型经济发展势头迅猛的浙江省增幅特别显著，2002年出口退税达到166亿元，比1994年的30.8亿元增加了4.4倍，名列全国前茅。

由于国家财政实行补贴的出口退税政策，使出口商能够利用国内廉价的劳动力制造大量中国具有优势的外销产品，从而推动了我国国民经济的快速发展。1978年，我国出口额为97.5亿美元(折合人民币167亿元)，占当年GDP3624亿元的4.6%，如加上当年进口额，外贸依存度仅为9.8%；2001年出口额增加到2661亿美元(折合人民币22029亿元)，占当年GDP95933亿元的22.9%，加上进口额，外贸依存度为44%；2002年出口额增加到3256亿美元(折合人民币26950亿元)，占当年GDP102000亿元的26.4%，加上进口额，外贸依存度高达50%。2002年中国已是世界上排行第六的贸易大国了。

从1994年开始，中央财政根据年度财力情况安排退税计划，并规定各省、市、自治区的出口退税在总财力盘子内实行指令性计划指标管理，即无论出口增长幅度大小，都只能在中央下达的计划指标额度内退税，应退和实退相脱节的制度安排使欠税情况越来越严重，尽管2001年开始在全国范围内对生产企业直接出口货物改“先征后退”为“免、抵、退”的办法，即直接出口货物销售时免征增值税、消费税、城市维护税及教育费附加；出口货物的进项税额在内销商品应纳税额中抵扣，未抵扣完的税额允许留作下期抵扣，或报经国税局批准给予退税，客观上减少了由于国家不能及时退税对生产企业的资金占用，也避免了先征税，再办退税手续的复杂过程，而且由于中央财政在免征增值税、消费税的同时也免征了属于地方财政收入的城市维护建设税和教育费附加，在减少地方收入的同时也减轻了企业负担，一定程度上调动了生产企业直接出口的积极性。但产生的新问题是中央对地方在“免、抵、退”中地方财力的调库返还仍然乏力，以另一种方式继续出现拖欠，而且对退税额远远超过生产企业的外贸企业欠退问题，更是束手无策。其根本原因不是方法问题，而是财力问题。1999年到2002年中央财政收入年均增长率仅18.2%，而同期出口退税额年均增长却达到了36.3%，是财政增幅的2倍之多，这就是说中央财政按现行15%的出口退税率和财政体制难以承受来势汹汹的出口退税，因为中国人口多就业竞争激烈，劳动力特别廉价，为外向型的制造业发展提供了极其有利的条件，因此优惠的出口退税政策在中国所产生的效应特别显著，截至2002年，全国拖欠出口退税已高达2477亿元。

在全国人大十届一次会议期间，不少对财政有所了解的代表对项怀诚部长的财政预决算报告提出了强烈的质疑，认为全国财政赤字应再加上2477亿元的拖欠退税款。同时与会的企业家也对企业与国家在法律上不能站在同一条起跑线上表示了强烈不满，他们说企业拖欠国家税款要缴纳滞纳金，甚至罚款，而国家拖欠企业的出口退税款却置若罔闻，这不符合现代国家公民与政府之间关系的平等原则。

2003年3月，在全国人大十届一次会议上选举产生的新一届政府上任伊始就十分重视这一涉及政府信誉和外贸发展的挠头问题，国务院不但在很短时间里组织了以财政部牵头、国家税务总局、发展和改革委员会、商务部参加的专题小组，着手调查研究，提出解决方案。9月17日，国务院领导听取了调整方案的汇报，次日(9月18日)政治局常委听取汇报，并原则同意了上报的方案。此后，财政部又分别征求了有关部门对方案的意见，并将综合意见向国务院领导作了汇报。10月10日，国务院在北京召开了有各省、市、自治区的政府领导和财政、外经贸、国税负责人参加的出口退税机制改革工作座谈会议，对出口退税办法作适当调整。

这次方案的大原则是“新账不欠，老账要还；改革机制，共同负担；推动改革，促进发展”。一是对出口退税率进行结构性调整。从2004年1月1日开始，将目前平均约15%的退税率调低2.946个百分点；二是建立中央财政和地方财政共同负担出口退税增量的新机制。对截止2003年底累计欠退部分由中央财政全额负担，其中出口退税免抵未调库影响地方财政收入部分，由中央财政在2004年归还，2004年起出口退税超基数部分由中央和地方分别按75%和25%比例分担；三是新增加的进口环节增值税和消费税收入，首先用于出口退税，例如2003年预计收入2650亿元，比计划1950亿元超收700亿元，其中500亿元用于2003年的追加退税指标，200亿元用于2004年，使2004年出口退税预算在2003年1650亿元(其中计划1150亿元，追加指标500亿元，不包括2002年结转2003年的139亿元)的基础上达到1850亿元；四是累计欠企业的退税款由中央财政解决。为不影响企业资金周转，从2004年起中央财政按1年期贷款利率5.39%给企业贴息，2004年全国约需贴息130亿，其中东部地区为115亿，占88.46%，

对于基数的确定，开始的第一方案以2002年1259亿元的实际退税数为全国总基数，考虑到出口退税在地区间、年度间分布不均衡，各地按2000～2002年应退数在全国的份额推算，考虑到2003年增长情况，在2002年基数的基础上给基数一定增长，增长率为25%。随着上半年财政部召开厅局长座谈会，把行将改革之风吹出去以后，东部沿海地区不少省市一方面开始猛增基数，另一方面提出以2003年为基数的要求。曾经吃足1993年以当年为基数苦头的财政部主要领导在坚持绝对不以2003年当年为基数的前提下，重新设计了第二方案，该方案把2003年包括上年结转139亿元、当年计划1150亿元以及追加退税额500亿元在内的1789亿元实际退税数作为全国总基数。地方所占分额数改按2000～2003年4年应退数在全国所占份额计算，全国2003年应退税额则按1～8月比上年增长33.6%推算出全年为2694.58亿元加上2002年的2155.69亿元、2001年的1704.27亿元、2000年的1384.89亿元，合计为7939.43亿元。由于中央确定当年只能按比去年增长25%拿钱增基数，所以在推算各地2003年基数时要乘上0.744的系数(k=25%÷33.6%=0.744)，于是便得出地方2003年的出口应退税额的计算公式为：

△本地2003年应退税额(亿元)=2002年应退税额(亿元)×(1+1-8月增长率)×0.744

△基数(亿元)=本地2000～2003年应退税额合计/全国2000～2003年应退税额合计×1789(亿元)

运用上述公式进行计算可得出小浙江(不包括宁波)基数为196.97亿元，宁波为77.33亿元。如果2004年出口增幅10%，根据财政部测算地方负担将增加148.38亿元，相当于2002年全国地方财政可用财力12733.4亿元的1.17%，其中上海13.81亿元，小浙江为18.02亿元，宁波为6.75亿元(根据宁波市2003年1～8月外贸实际增长率46.3%测算为6.99亿元)。这对推动出口比例较高的沿海经济及地方财政将产生重大影响。

由于在2004年执行中发现外向型经济发达地区的负担过重，以至于地方收入增长还不如出口退税负担增长来得快，最典型的是浙江省宁波市2004年地方可用财力只增加40亿元，而外贸出口退税(折算为4个季度)负担竟增加19亿元，负担占增收的比例差不多二分之一。不堪重负的地方政府不得不开始以各种手段限制和驱逐纯外贸企业。为了维持博弈的平衡，财政部及时调整了2005年中央财政与地方财政的负担比例：中央财政增负到92.5%，地方减负为7.5%。中央与地方财政的负担比例基本上回归到1991年计划内出口退税中央负担90%，地方负担10%，超计划部分地方100%自负的水平。这一并不沉重的负担，不但有效地保持了共赢的格局，并且也带来了中国对外贸易的持久发展。

七、农村税费的形成及其在改革中的诸多利益博弈和废除

随着岁月的推移，农村税费的不断增加是中国历史上的基本规律。为了缓解社会矛盾，历代王朝都试图通过改革农村赋税制度来减轻农民负担，巩固自身统治。除了汉初和曹魏两次减负改革取得实质性成效以外，其余几次并税改制都催生了若干年后的“杂派”高潮。这种现象是南宋自学成才的思想家李心传(1167～1244年)最早发现并在其《建炎以来朝野杂记甲集·身丁钱》中指出：“唐之庸税，杨炎已均入两税，而后差役复不免焉，是力役之征既取其二也。本朝王安石令民输钱已免役，而绍兴(南宋赵构年号)以后，所谓耆户长、保长雇钱不复给焉是取其三也。合丁钱论之，力役之征盖取其四也。而一边有事，则免夫之令又不得免焉，是取其五也。”

明末清初浙江余姚籍的著名思想家、史学家黄宗羲(1610～1695年)在《明夷待访录·田制三》又中作了进一步的论述，他说唐初的租庸调制度本来分为租，征收谷物为土地税；庸，征收绢帛为人头税；调，征收麻布为户税。唐代杨炎改革为两税法，全都以贫富为标准(主要是拥有土地多寡)来征收，虽然没有了户税和人头税的名目，其实这两项征收已经并入土地税中。相沿至宋期，一直没有从中减去户税和人头税，然而却在此之外重又开征新人头税目(丁身钱米)。后人习以为常，认为“两税”只是土地税，“丁身”才是户税和人头税，其实那是重复征收的。如果当初

不把庸调之名目取消，何至于此？所以杨炎税制改革一时有小利，给后世却留下大害。到明代，在两税、丁口税之外，又征役（力差）和代役租（银差），本来是10年轮一次的到嘉靖末年改革为一条鞭法，把两税、丁口、差役和各项杂派全都归并到一起征收，原来每10年中轮值1年的差役负担，如今分摊到10年里征收了。这实际上是把银、力二差又归并到两税中。但不久每到轮值之年，各种杂役又派了下来，后人习以为常，认为"一条鞭"只是两税，而杂役则是该轮流当差的，谁知道那是重复征收的。如果当初不取消银差、力差的名目，何至于此？所以一条鞭法也是一时有小利，却给后世留下大害。到明末，朝廷又先后加派旧饷（辽饷）500万两，新饷（剿饷）900万两和练饷730万两。户部尚书倪元璐要改革，又把三饷归一，实际上是把这些杂派又并入正税（两税）。如今人们以为两税之征理所当然，岂知其中包含的三饷加派正是导致明朝灭亡的原因之一！设若三饷之名目不改，人们或许还会顾其名思其义，知道这是税外的加派。

1958年6月3日，全国人大常委会96次会议通过《中华人民共和国农业税条例》，并以中华人民共和国主席毛泽东名义颁行全国。《条例》规定，全国农业税平均税率为15.5%。随着大跃进期间社村合一的人民公社制度的建立，确立了生产队、生产大队、公社三级集体所有制。生产队除了要按规定上缴农业税外，还要按上年纯收入的3%向公社上缴管理费，本来税率为15.5%的农业税在历史上属于较高的税率，加收3%管理费后则达到18.5%，远远超过儒家鼻祖们所津津乐道的"什一税"，即10%税率。这么高的税率中国农民之所以能承受，要感谢当年的征收者把比例税换算固化为定量税。因为随着农业科技的进步，诸如优良品种的推广，农药、化肥的使用，农业机械化水平的提高，促进了农业单位面积的产量大幅度提高，而定量税则从1958年核定后维持数十年不变，所以到20世纪九十年代末，江浙两省农业税负担的实际水平仅为3%左右，比西汉文帝以后"三十税一"的负担水平还要低一些。

改革开放后，人民公社改为乡镇政府，生产大队改为行政村，生产队成了自然村。原来公社的管理费也就随之演变成乡镇的"五统筹"，村里的开支则成了村级的"三提留"。"五统筹"指的是向农民收取的农村教育费附加、民兵预备役费、计划生育费、民政优抚费和乡村道路建设费。"三提留"指的是向农民收取的公积金、公益金和管理费。随着乡镇村人员的膨胀和支出的扩大，"五统筹"和"三提留"的比例也在不断扩大。农民的负担日益加重，一些地方因此出现了摩擦和纠纷，严重影响了干群关系。为了减轻农民负担，1992年国务院发布了《关于农民承担费用和劳务管理的通知》，规定农民负担必须控制在上年人均纯收入5%的范围内。

由于农民纯收入是一个边界很难界定的数字，有些乡镇村为了多收费，不惜人为地放大了纯收入的基数，从而使5%成了向农民收费的最低比例。因此，2000年3月2日中共中央、国务院发布了《关于进行农村税费改革试点工作的通知》（中发[2000]7号）。《通知》指出，农村税费改革试点的主要内容是：取消乡统筹费、农村教育集资等专门面向农民征收的行政事业性收费和政府性基金、集资；取消屠宰税；取消统一规定的劳动积累工和义务工；调整农业税和农业特产税政策；改革村提留征收使用办法，并首先在安徽省试点。在试点的基础上，2001年3月24日国务院又发布了《关于进一步做好农村税费改革试点工作的通知》（国发〔2001〕5号），在农业税及其附加总体水平不超过8.4%的前提下征税。其中，7%是农业税正税，1.4%是相当于农业税20%比例的附加税。土地面积以二轮承包土地面积为依据，常年产量以1998年前五年农作物实际平均产量计算。

随着农业生产技术的不断改进，我国农作物实际产量1958年后有了大幅度提高，但是各地的农业税仍然按1958年的实物量固定征收。因此，按当期产量计算全国农业税平均征收率很低，正如2000年4月13日温家宝副总理在安徽农村税费改革试点动员会议上所指出的那样，仅为实际产量的2.5%，显然安徽试点方案有了"并税改革"之嫌，历史上并不引人注目的黄宗羲定律也随之成了人们议论的热点。

本来农村税费改革是基层地方政府与农民的博弈，随着2000年3月2日中共中央、国务院发布了《关于进行农村税费改革试点工作的通知》（中发）〔2000〕7号）的发布，中西部一些省的农税部门也参与博弈，而且还成了这场博弈的胜出者，他们为了表示对农税工作的重视，乘改革之机把原来的农税部门升格为副局级，如县级农税部门从股级升格为副科级、地市级的农税部门从科级升格为副处级……可见，在中国基层不怕上级有动作，就怕上级没有动作，因为有动作他们就有了获利的机会，而没有动作他们什么机会都没有了。

农业税收的征收基础是土地的面积和每亩的产量。要通过继续征收农业税来推进农村税费改革势必组织人员下乡，清丈土地，评估产量，以明晰税基。而中国自古以来"瞒田隐产"十分严重，很多地区农民实际拥有的耕地面积往往都超过纳税登记面积；再加上估算产量也常常会发生毗邻地区的不平衡，引发新的矛盾。考虑到浙江省每年名义上的农业税额为8.7亿元，实际常年征收仅5.9亿元，不足全省财政收入的百分之一（2001年浙江省财政总收入856亿元）。若按试点方案执行不仅事倍功半，而且反而加重了农民的实际负担，因为浙江省实际农业税征收率仅为常年产量的3%左右。同时，早在20世纪90年代，浙江省考虑到农业税在整个税收收入中所占的比例越来越小的实际情况，已对征收人员进行清理，凡考试合格者正式录用为地税干部，不合格者遣散，不存在队伍的生存问题。于是，浙江省财政厅建议省委、省政府暂时动口不动手，先停征农特税，待时机成熟全面取消全省的农业税。

农业特产税是以粮为纲的年代为保证粮食生产而出台的税收。浙江省是一个人多地少的省份，在市场经济的条件下，只有鼓励多种经营才能促进农民增收。为此，浙江省在2001年就决定在25个欠发达县市和9个沿海县市停征农业特产税，以鼓励农民走上增收之路，取得了良好的效果。于是，浙江省打算从2002年1月起在全省范围内全面停征农业特产税。由于这一消息被一个姓"慎"的新华社记者在1月16日"不慎"报道出去了，当晚新华社向全国发布通稿，第二天《经济日报》、《农民日报》、《新华每日电讯》等50多份报纸都报道了这一消息，结果引发了轩然大波。不仅很多报纸都发表了诸如《谁有权停征农业特产税》、《农业特产税目前不会停征》、《农业特产税不会停征》等文章表示坚决反对和强烈谴责，有一个省级政府还向新华总社状告这位姓"慎"的记者。他知道后不但不思悔改,反而在1月24日拉了新华社一位张姓部门领导一起署名发表了一篇题为《顾大局算大账》的新华时评,将论战推向了高潮。随着论战的深入,浙江省早在2001年停征农特税的34个县市的农村运销户也因此遭到了周边省市地方政府的阻击。他们设卡检查从浙江省出境的农产品是否持有农特税纳税凭证,如拿不出凭证就以逃税为名加以打击。为了打破僵局,浙江省对农特税采取了先征后返的办法,即对运销到外省的农特产品先征税取得农特税纳税凭证,以便通过关卡,运销结束后当地农税征收机关再如数返回所征税款。

2001年12月,浙江省财政厅给省委省府主要领导呈报了《关于在全省农村实行"减、停、免"税费改革的建议》,建议2002年1月1日开始在全省范围内停征农业税和农业特产税,取消农村屠宰税,取消农村各种政策外的乱收费,从2003年1月1日起每年减少"三提五统"三分之一。由于这一建议只获得了主要领导的个人支持,没有取得相关部门和领导的整体支持,而难以实施。

为了取消占全国财政收入不足百分之一、而且其中相当部分被征收人员作为成本消耗掉的农业税,我曾做通了财政部税政司解学智司长的工作,鼓动解司长斗胆去做领导的工作。领导说,从收入规模来说,你讲得有道理,但一旦取消农业税,岂不是与西藏自治区取消牧业税一样,农民与政府就没有了义务纳税的关系了。天下之大,无奇不有,持有皇粮国税是维系百姓与政府关系的纽带观点的人真是不少,当时在浙江省所遇到的不同意见,亦不外乎这一观点。

由于皇粮国税是维系国家与百姓"纽带"关系这一思想束缚了浙江省取消农业税的改革,在这种情况下,浙江省财政厅不得不改"取消"农业税为建议"稳定"农业税、调整(停征)特产税、取消"五统筹"、取消屠宰税的办法,并以省政府的名义向国务院呈报。2002年1月12日,在听取了我的电话汇报后,财政部项怀诚部长表示原则支持这一方案。在3月5日召开的全国人代会上,朱镕基总理请浙江省主要领导就方案的具体内容直接向温家宝副总理作一次详细汇报。3月11日下午,我随省委书记、省长去中南海。在小会议室里听取浙江省委书记、省长的汇报后,温家宝副总理表示"浙江农民转移到第二、第三产业的比重大,地方财政实力强,与中西部情况大不相同,浙江可以根据本省实际情况制订农村税费改革方案"。根据温家宝副总理的指示,3月29日至4月1日国务院农村税费改革工作小组办公室领导亲自来浙作了实地调研和协调,6月8日国务院办公厅以国办函〔2002〕60号正式批复《浙江省扩大农村税费改革试点实施方案》的报告。当年7月,具有浙江特色的农村税费改革在全省全面推开,2004年免除了全省种粮农民的农业税,2005年全面免除农业税。

2003年7月财政部、国家税务总局发文将农特税并入农业税,在全国范围内改征收税额较高的农特税为征收税额较低的农业税。在第十届人大二次会议召开以前,财政部金人庆部长向温家宝总理积极建议从2004年开始三年内在全国范围免除农业税,温家宝总理在政府工作报告中采纳了这一建议,在中国存在了数千年之久的农业税终于在2006年走到了尽头。

八、内资企业所得税和外资企业所得税的形成及统一的博弈

所得税是西方发达国家的主要税种,公元1799年始创于英国。中国所得税制度的创建受欧美和日本等国影响,动议于20世纪初。清末宣统年间(约公元1910年),清朝政府有关部门曾草拟出《所得税章程》,包括对企业所得和个人所得征税的内容,但因社会动荡等原因未能公布施行。

1912年中华民国成立后,以清末《所得税章程》为基础制定了《所得税条例》,并于1914年初公布,但因社会动乱,企业生产经营不稳定,以及税收征管条件差等原因,在此后20多年间未能真正施行。

1936年,国民政府公布《所得税暂行条例》,自同年10月1日起施行。这是中国历史上第一次实质性地开征所得税。1943年,国民政府公布了《所得税法》,进一步提高了所得税的法律地位,并成为政府组织财政收入的重要方式之一。

1950年1月,中央人民政府政务院发布《全国税政实施要则》规定全国设置14种税收,其中涉及对所得征税的有工商业税(所得税部分)、存款利息所得税和薪给报酬所得税等三种税收。工商业税(所得税部分)自1950年开征以后,主要征税对象是私营企业、集体企业和个体工商户的应税所得。国营企业因由政府有关部门直接参与经营和管理,其财务核算制度也与一般企业差异较大,实行利润上缴国家财政的制度,而不缴纳所得税。这种制度设计适应了当时中国高度集中的计划经济管理体制的需要。1958年和1973年,我国进行了两次重大的税制改革,核心是简化税制。其中工商业税(所得税部分)主要还是对集体企业征收,国营企业只征一道工商税,不征所得税。

改革开放后,为适应引进国外资金、技术和人才,开展对外经济技术合作的需要,根据党中央统一部署,我国的企业所得税制度改革在"七五"计划期间逐步推开。1980年9月,第五届全国人民代表大会第三次会议通过了《中华人民共和国中外合资经营企业所得税法》并公布施行。针对中外合资经营企业开征企业所得税,税率确定为30%,另按应纳所得税额附征10%的地方所得税。1981年12月,第五届全国人民代表大会第四次会议通过了《中华人民共和国外国企业所得税法》,针对外国企业开征企业所得税,实行20%至40%的五级超额累进税率,另按应纳所得税额附征10%的地方所得税。

1983年,作为企业改革和城市经济体制改革的一项重大措施,国务院决定在全国试行国营企业"利改税",即将新中国成立后实行了30多年的国营企业向国家上缴利润的制度改为缴纳企业所得税的制度。

1984年9月,国务院发布了《中华人民共和国国营企业所得税条例(草案)》和《国营企业调节税征收办法》,将国营企业所得税的纳税人确定为实行独立经济核算的国营企业,其中,大中型企业实行55%的比例税率,小型企业等适用10%至55%的八级超额累进税率;将国营企业调节税的纳税人确定为大中型国营企业,税率由财税部门商企业主管部门核定。

1985年4月,国务院发布了《中华人民共和国集体企业所得税暂行条例》,实行10%至55%的八级超额累进税率,原来对集体企业征收的工商税(所得税部分)同时停止执行。

1988 年 6 月，国务院发布了《中华人民共和国私营企业所得税暂行条例》，针对私营企业开征企业所得税，税率为 35%。

国营企业“利改税”和集体企业、私营企业所得税制度的出台，重新确定了国家和企业之间的分配关系，使我国的企业所得税制度建设进入健康发展的新阶段。

为适应建立社会主义市场经济体制的新形势，进一步扩大改革开放，努力把国有企业推向市场，按照“统一税法、简化税制、公平税负、促进竞争”的原则，国家先后完成了外资企业所得税的统一和内资企业所得税的统一。

1991 年 4 月，第七届全国人民代表大会将《中华人民共和国中外合资经营企业所得税法》和《中华人民共和国外国企业所得税法》予以合并，制定了新的《中华人民共和国外商投资企业和外国企业所得税法》，并于同年 7 月 1 日起开始施行。

1993 年 12 月 13 日，国务院将《中华人民共和国国营企业所得税条例(草案)》、《国营企业调节税征收办法》、《中华人民共和国集体企业所得税暂行条例》和《中华人民共和国私营企业所得税暂行条例》进行整合，制定了《中华人民共和国企业所得税暂行条例》，自 1994 年 1 月 1 日起开始施行。

2008 年 8 月刘仲藜部长在《历史的机遇》一文中回忆：“1993 年的企业所得税改革，只涉及国内企业，没有考虑涉外企业。企业所得税税率为什么定为 33%，这也是有原因的。记得姚依林同志曾经问我是否还可以定得更低一些，我作了汇报。因为当时的外资企业所得税率为 30%，另外地方可以有 10%(即 3 个百分点)的附加，合起来为 33%。如果国内企业再降，就不符合企业公平税负这一市场经济的基本原则了。现在想来，正是当时合理确定了企业所得税税率，才使得我们去年(注：指 2007 年)推出的企业所得税两法合一改革具有了税率上的法理基础。”

2003 年 10 月 11 日至 14 日，中国共产党第十六届中央委员会第三次全体会议召开，会议审议通过了《中共中央关于完善社会主义市场经济体制若干问题的决定》，决定分步实施税收制度改革，确定了“统一各类企业税收制度”的改革目标，而统一各类企业税收制度最主要的内容就是统一内外资企业所得税制。

统一内外资企业所得税是又一场博弈，它意味着不同资金性质的企业会发生利益得失。1994 年推行分税制财政体制改革时，企业所得税税率统一为 33%，对微利的内资企业分别实行 27%和 18%的二档照顾税率；对一些特殊区域的外资企业实行 24%和 15%的优惠税率。由于在实施中，地方政府为吸引外资、发展经济，对外资企业采取了有别于内资企业的税收政策，如外资企业在开发区享受“二免三减半”的优惠政策等，因此内资企业平均实际税负为 25%左右，外资企业平均实际税负为 15%左右，内资企业高于外资企业近 10 个百分点。而且，同样作为企业，由于资金来源不同而税负不同，显然有失公平。

当 2004 年 12 月 7 日，财政部部长金人庆在《人民日报》上发表文章，提出 2005 年的税制改革要积极推进内外资企业所得税合并，为企业公平竞争创造良好的税收环境时，内资企业欢欣鼓舞，而外资企业则十分紧张。2005 年 1 月 13 日，《中华工商时报》发表题为《内外资企业所得税并轨 54 家跨国公司上书国务院》的文章，报道 54 家在华跨国公司针对内外资企业所得税并轨可能对跨国公司产生的影响，准备联合向国务院法制办提交一份报告。至于国内的不同利益群体也作出了不同反响。相比之下，商务部的态度要“暧昧”些。有关人士说：“我们并没有阻挠两税并轨的步伐，商务部只是出于保护吸引外资的立场，提出要暂缓并轨，因为现在对外商投资的优惠政策只有税率的优惠，在中国还需要外资的今天，这种最后的优惠有必要维持下去。”主管港台事务的部门则担心统一后税率提高，会引起港商、台商的不满，进而引发包括香港特首和台湾地区领导人选举在内的政治问题；主管侨务的怕影响华侨和外国华人的投资热情，影响侨务工作的开展；西部地区怕取消刚发布不久的大开发优惠政策，影响地区经济发展；还有些地方政府怕统一后内资企业所得税从 33%下降到 25%，收入一下子减少，影响当地财政平衡。总之，得益者拥护，利益受损者反对，假外资者沮丧。统一内外资企业所得税，不但是税收国民待遇的基本原则，也是国际上通行的做法，对如此明白的问题之所以会产生纷纭意见，难以统一，皆缘于屁股的不同。诚如人们所知，屁股构造不如脑袋复杂，简单的屁股之所以能指挥复杂的脑袋，其根本原因在于人是追求利益最大化的动物，利益往往会超越理智，冲垮公平和正义。

为了完善《中华人民共和国企业所得税法(草案)》，全国人大常委会多次在不同地区召开不同形式、不同范围的座谈会，听取不同意见。作为全国人大代表，我曾在 2006 年 8 月初出席了全国人大常委会预算工委冯淑萍主任在新疆召开的座谈会，与会的有包括香港在内的企业界、经济界、会计界，高等院校、科研机构，财政、税务部门，地方人大常委会、地方政府等各方面人士。与会者畅所欲言，各抒己见，仁者见仁，智者见智，真可谓众说纷纭。全国人大常委会有关领导分析了各方诉求后，会同财政部对《草案》作了多次修改，让《草案》尽可能体现不同利益的意见，包容不同利益的诉求，最终使原体制得益者延缓利益损失，以换取他们对改革的支持。

《草案》将内外资企业所得税税率统一为 25%，在成本扣除方面，除保留企业公益性支出在年度利润总额 10%以内部分准予扣除外，广告支出、研发支出由国务院制定实施条例予以明确。《草案》规定了一个过渡期，在这个过渡期内允许原来实行低税率的这些企业，在一定的期限之内逐步过渡到 25%的名义税率，而且所享受的一些减免措施在一定期限之内还可以继续享受完。

博弈各方在几经较量后，终于走向妥协。2006 年 12 月 24 日，水到渠成的《中华人民共和国企业所得税法(草案)》正式提交第十届全国人大常委会第二十五次会议进行首次审议，会议最终以 155 票赞成、1 票弃权高票决定，同意将企业所得税法草案提请十届全国人大五次会议审议。

2007 年 3 月 16 日，十届全国人大五次会议表决通过了《中华人民共和国企业所得税法》，该法将于 2008 年 1 月 1 日起正式开始施行。

九、以人为本，四两拨千斤，把“蛋糕”做大的浙江财政改革

1994 年的分税制财政体制改革，有效地提高了中央财政进行转移支付的力量。1993 年中央财政自给能力只有 73%，到 2006 年增加到 205%，13 年间净增 132%，年均增幅 10%。

正如人世间一切事物都要“一分为二”那样，分税制财政体制改革也出现了各级政府财权和事权不对称的问题。这就是说，在中央把各省的一部分财力上收时，各省也依葫芦画瓢把地市政府的财力上收；地市一级则把县乡财力上收。上行下效，上收财力的结果是大大削弱了处于低层的县乡一级的财力，基层政府越来越感觉财政捉襟见肘。地方财政自给能力由1993年的102%下降至2006年61%，年均下降3.2%。2005年全国赤字县、市达556个，赤字面27.5%，赤字额127.4亿元。据国务院农村税费改革工作小组办公室与国务院发展研究中心农村经济研究部"深化农村税费改革政策走向研究"课题组在《建设新农村背景下的农村改革》报告中提供的数字显示：2002年，全国乡镇财政净债务1770亿元，乡镇财政平均净负债400万元。全国有65%的乡村负债，其中中西部不发达地区的负债面更大。比如河南90%以上的乡镇都有负债，湖南全省2000多个乡镇中的负债率达到88.2%，湖北乡级负债面在95%以上。

中国历史上从春秋战国产生直隶中央的县以来，经过秦始皇郡县制的进一步强化，县的建制和称谓二千多年来一直恒久不变。不仅从秦到清历代县官都由皇帝直接任命，直至今天，中国广大农村仍由县来管辖，而且农村建设的好坏很大程度上取决于县的管理能力和财政实力。可见，县一级在国家管理体制中所起的承上启下的作用十分重要。

因此分税制财政体制改革后，为了确保基层财政稳定，浙江省财政厅决定从实际出发，不按一级政府一级财政的文件要求实行市管县，而是继续实行扁平化的省直接管县的体制，以简省中间层级，避免其中的雁过拔毛。曾有县市长任职经历的我深知，县一级产业单一，企业稳定性较差，如果省对县市实施分税制财政体制，势必产生由于产业波动而大起大落，出现基层财政收入极不稳定的局面。再加上中国传统文化与西方文化存在着一定的差别，西方文化中你的就是你的，我的就是我的，犹如通过圆心画一条垂线，分成两个半圆，一边是"NO"，另一边则是"YES"，以这条垂线为界，是非十分分明。中国文化则是你中有我，我中有你，对中有错，错中有对的"中庸"，犹如通过圆心画一条"S"线，形成太极图，产生阴阳两条鱼，其中阴鱼有阳眼睛，阳鱼有阴眼睛，如果说阳鱼是对的，则阴眼睛是错的；如果说阴鱼是错的，则阳眼睛是对的，说明对中有错，错中有对。因此，省对县实行中庸文公范畴的"超收分成"财政体制，不但有利于保持县乡财政的稳定，也容易被人们所接受。于是，省财政厅根据市县所处地理位置、经济基础、发展潜力的不同，进行测算，将它们划分为国家级贫困县、省级贫困县、海岛县、半海岛县、一般县等不同类型，实行以1993年为基数，地方收入超收分别按20%、15%、10%、5%、0%上交的体制。

早在20世纪90年代初期浙江省财政就比较困难，1993年财政预算不仅47个县市打赤字，甚至连省会杭州市都要每月借钱才能发放工资，最困难的时候省级机关工资发放也不得不到处筹措资金。随着1994年分税制财政体制改革的推行，事权未减，财力上行，犹如雪上加霜，更加剧了浙江省市县级财政困难。尤其是贫困县的财政困难，可谓捉襟见肘，工资不能正常发放成了家常便饭。

1994年省财政厅对17个贫困县按原体制每年分别递增5%～10%补助的基础上再增补5500万元，结果还是出现了12220万元的赤字。在当时既无激励也无约束的体制条件下，省财政厅对如何挖掘各县市增收节支的潜在能力，可以说摸不到底。

为了寻找出路，谋求解决方案，浙江省财政厅提出"以人为本，四两拨千斤，开创理财新机制"的理财思想，我带领预算处干部走访了20多个县，调查摸底、听取意见，尤其是听取县级领导发自内心的意见。通过大家推心置腹的沟通，既了解人追求自身利益最大化的理性，也统一了对做好财政工作的认识。财政问题看上去是经济问题，其实是一个理财思想问题，其关键在于如何调动人们追求正当利益的积极性。

以前，财政部门扶贫的传统做法是：定额补助几年，几年后不再补助；或者是确定补助基数，每年增长百分之几；或者是年初确定体制补助数，到年底再根据县市困难程度和省级自身财力状况给予临时性补助。其结果都会造成"会哭的孩子多吃奶"，越是困难的县补助越多，赤字越大的县补助越多，助长了"等、靠、要"思想，造成了谁都不想把"蛋糕"做大。因为谁做大"蛋糕"，谁就会被摘掉贫困县的帽子，谁的补助就会减少，县委书记、县长就会成为当地减少补助的罪魁祸首。更要命的是，平衡财政收支县领导不但一点好处都没有，而且由于要平衡财政势必要减少政绩工程支出，从而搬起石头砸自己的脚，影响了自己的仕途。话说回来，即使书记、县长思想通了，采取切实可行的措施平衡财政收支，常委、副县长等领导干部的思想也难以统一，他们还是会从自己的仕途出发搞看得见、摸得着的政绩工程。说到底领导干部也是人，不是不食人间烟火的神仙，他们总要有所图，不是图名就是图利。按平衡财政、做大蛋糕的要求去做，省财政厅能给什么回报，这是问题的实质所在！

名和利是人类社会永恒的追求。组织人事部门管"帽子"可以以升官之"名"来鼓励；财政部门管"票子"，只能用财政政策的"利"来鼓励。按"会干活的孩子多吃奶"的思路设计人性化的政策，让县市的整体以及县市领导个体都会从做大财政蛋糕，实现收支平衡中得到好处，财政工作才能越做越好。于是，省财政厅就选择一个贫困县——景宁县为"麻雀"，进行解剖、试算和谈判。景宁县不仅是一个山区小县，而且也是华东地区惟一的少数民族县，更重要的是该县的局长和县领导具备较高的思辨能力，比较"通情达理"。

通过一系列工作和讨价还价之后，产生了一个能够被贫困县接受的"激励与约束相结合"的"两保两挂"政策。所谓"两保"是约束：一保收支平衡，二保消化历年赤字（起先，中央实行赔补政策时，为保"两税"上交任务）；所谓"两挂"是激励：一挂体制补助随地方收入增长的1:0.5比例增长，二挂个人奖励为地方收入增长的5%。这一政策于1995年率先在全省以丽水地区为重点的17个贫困县推行。作为地级的丽水地区财政，实行与全区九个县挂钩的政策。在9个县财政都实现"两保"的前提下，省对其财政拨款为全区地方财政总和的14%，奖励为全区各县奖励总和的5%。

1995年实行结果，效果显著，17个县财政收入比上年递增34%，不仅县县收支平衡，还有了节余。尤其是国家级贫困县——文成县，以前每年财政收入总是在七八百万元间徘徊，1995年竟增长了125%，不仅消除了历年赤字，还将300万元用于财源建设。由于县领导千方百计动脑筋，通过规划水电资源，让在欧洲各国开饭馆的温州籍华侨来投资开发，文成县1996年财政又比上年递增75%，创造了令人难以想象的奇迹。原来总是以帮助各县反映财政困难给财政厅施加压力，增加属县补助为己任的丽水地区党政领导机关也一反常态，千方百计帮助各县实现“两保”，成了财政厅和各县财政的共同朋友。如1994年地区下辖的松阳县只差200万元就能平衡，为了大家的利益，也为了地区自身的利益，地区财政不惜拿钱，让该县实现当年财政平衡以享受政策，实现共赢。

由于省财政没有多少直属企业，其财源十分有限，让“会干活的孩子多吃奶”，这个“奶”除了贫困县自己能创造一部分外，还有相当一部分得靠其他发达市县增收上交来解决，从而就产生了如何让发达市县多增收、向省财政多上交的问题。对调动发达县市多上交，不能以体制返还为重点，而是要以调控对县市领导的奖励为出发点，作为考虑地方整体利益的体制返还只能作为给领导干部个人奖励的一种必要掩饰而已。这就意味着省财政要以“四两拨千斤”为手段，拿小钱来奖励领导干部，然后让他们心甘情愿地把不断增收的县市财政大钱自觉地交上来。

在“以人为本，四两拨千斤，开创理财新机制”的理财思想指导下，浙江省财政厅对发达市县从1994年开始实行每超过亿元给财税部门和市县领导干部集体奖励30万元、每增收3000万元奖励20万元的基础上，从1997年开始对发达市县统一实施“两保两联”财政政策。作为约束的“两保”内容与贫困县的“两保”相同，作为激励的“两联”：一是按增收额，环比奖励发展资金(4%～4.5%)；二是环比奖励个人(1%～0.5%)。从2003年开始归并改称为“两保一挂”。

追求利益最大化是人的天性，财政增收奖励与个人挂钩起着“四两拨千斤”的作用，对调动县市领导做好财政工作和促进本人的廉洁奉公起到了举足轻重的作用。

一省之财政，除了有激励与约束相结合的政策以外，还要让县市领导具备现代的理财思想，于是让县市领导走上财政讲台，则是浙江省财政颇具特色的创举。从1994年开始，浙江省每年分上、下半年举办两次县市领导理财论坛，一次贫困县县长(书记)参加，另一次经济发达县县长(书记)参加，根据不同目标就如何理财进行有的放矢的研讨。根据行政隶属关系，财政部门无权召集县市党政领导开会，省财政厅就让一个县先做“庄”，邀请其他县市领导参加。第二次会则仿照奥林匹克运动会的模式进行竞争，让取得举办权的县市筹办下一次会议。每次会议在半年前就确定专题，事先准备材料，材料由厅财税科学研究所负责审查通过后方可上会。会上，县市领导不能拿书面材料照本宣科，必须脱稿限时演讲。县市领导发言结束后由财政厅长(兼地税局长)作一次具有指导性的发言。会后，县市领导的书面材料经本人进一步修改后交厅财税科学研究所，以便及时将所有文字材料汇总出书。

由于每年的内容不同，促使县市领导事先进行调研，作好充分准备，从而提高了他们理财的理论水平和实际能力。在会议结束时还要举行上下次会议交接仪式，在仪式上互存信物作为纪念，引发了人们极大兴趣，许多县市领导都以在任时能争得举办权为荣。

1998年秋天，时任国家体改办主任的前财政部部长刘仲藜带领一批司局干部来丽水地区召开县市领导财政工作座谈会时，对他们的发言大加赞赏：在全国其他省市很难看得到像浙江省县市领导如此熟悉和理解财政工作，如果说中医针灸要把银针扎在穴位上才有治疗效果，浙江省财政管理体制的确把功夫下在了关键部位，下在了调动县市领导的积极性的穴位上才有了这样的成效。

由于浙江省坚持从实际出发实行省管县的财政体制和“以人为本，四两拨千斤，开创理财新机制”的理财思想，推行“抓两头，带中间，还财政于政府，赋权力为制度”的工作方法，建立了一整套“激励与约束相结合”的财政体制，财政面貌大为改观，取得了卓著成效。首先，从1995年开始浙江省财政年年平衡无赤字。其次，全省没有出现过公教人员欠发工资事例。再次，促进了贫困县的经济发展和财政增收。1994年17个贫困县财政总收入为67459万元，1995年达到84981万元；而省财政补助亦从20278万元增加到26390万元，不仅地方可用财力大大提高，而且消灭了长期消灭不了的赤字。同时，省管县促进了经济发展和财政收入规模的不断扩大，浙江省财政收入在全国的位置不断往前移动，地方财政收入从1994年全国第8位，前移到2001年的全国第4位，成为典型的地域小省、经济大省。

改革意味着对常规的超越，循规蹈矩就永远不会有开创性的突破，浙江省财政厅实行上述改革措施同样是在超常规的情况下运作并取得卓著成效的。首先，在全省贫困县实行“两保两挂”政策没有发过文件，我事先只跟常务副省长柴松岳打了个招呼，说：如果失败了，你就说不知道，这是翁礼华干的！如果成功了，我们再写材料总结也不晚。由于“两保两挂”实施一年便使全省贫困县改变面貌，浙江省成了全国惟一能实现县县财政平衡的省份，在全国近四成县乡都欠发工资的情况下，浙江的这一举措不免令人瞩目，因为当时连以富裕著称的广东、江苏都有不少发不出工资的县。得悉这一情况的新华社记者写了一个内参，中央领导看了便要求中央政策研究室了解浙江省的具体做法。于是，浙江省财政厅替省里拟写了上报材料的初稿，从此“两保两挂”政策进入了浙江省委、省政府、省人大的相关文件和决议，成了一个有特殊内涵的专用名词。随着次年全国人大常委会财政经济委员会印发了一期有关浙江省“两保两挂”的专题简报，“两保两挂”便成了财政扶贫的代名词。至于紧接着在1997年对发达市县推出的“两保两联”政策，也只是请柴松岳以代省长的名义在请示报告上签署同意字样而已。

此外，浙江省实行财政省管县和财政与地税合署办公也经历了风风雨雨，才坚持到现在。浙江省财政实行省管县之初，国务院领导并不知情，直到1995年，朱镕基副总理到千岛湖(即新安江水库)现场办公解决20世纪50年代移民遗留问题时才发现。当时，要建造环湖公路，改善上迁移民的生产生活问题，朱镕基副总理提出由中央、浙江省、杭州市三方各出资6000万建造这条公路，在场的杭州市领导说，浙江省实行省管县，杭州市财政出不了这笔钱时，他才知道浙江省没有按国务院文件精神实行市管县。当时，朱镕基立即要求省委书记李泽民改变财政管理体制，实行市管县。

为了继续实行省管县，我在省委副书记、常务副省长柴松岳的支持下，找了一些老领导到李泽民书记处做工作，说只要坚持几年，就能证明我们财政体制的合理性。就这样翻来覆去折腾了一年多，直到后来全国各地普遍欠发工资，连江苏的苏北、广东的西北部清远等地区都不能保证工资正常发放，朱镕基才没有继续催逼李泽民书记实行市管县。而让李泽民书记真正放下心来的则是刘仲藜任国家体改办兼专题办主任时所作的调研报告，这一报告肯定了浙江省财政省管县的成效，并提出在全国范围内实行省管县，包括国务院总理朱镕基、政治局常委胡锦涛在内的中央领导都在上面作了批示。当我从刘仲藜主任处拿到复印件，送给李泽民书记审视时，他才长长地叹了一口气，说我这才放下了心。

1994年国务院决定省及省以下税务局分设为国税局和地税局，国家税务总局规定各省最迟必须在当年8月15日分设挂牌。浙江省考虑到分设带来机构增加，人员膨胀，税收征收成本迅速增加的现实问题，决定挂牌不分家，以减少省局际协调，提高工作效率，降低征收成本。因此，直到1997年8月浙江省国地税都合署办公。由于1997年春浙江省金华发生虚开增值税发票案，在国税总局主要领导的强大压力下，同年6月省委、省政府才决定由省委副书记、代省长柴松岳打电话要求正在中央党校学习的我在一年学习期满后，负责国地税两局分家。同年7月中旬，在北京学习结束的我直接赴长春参加全国财政工作会议，回杭后即部署国地税彻底分设方案。8月完成了省局分设，9月完成了省以下的市、县、区局分设。考虑到分设后地税与财政仍然是一家，应对单独分开的国税局有所照顾，因此方案确定省局人员按国税60%、地税40%，经费按国税70%、地税30%比例划分；尽管在国地税两局合署办公的3年间，所有国税征收成本都由浙江省地方财政开支，对分家后国税总局补发的3亿元办公经费，省地税局也没有提出任何要求，表现了互相支持的良好风尚。

浙江省国地税机构分设后，地税和财政在市县一级仍然合署办公，没有进行实质性的分设，地税局局级领导实行系统和地方双重管理体制，因此能够继续保持人员少、费用低、协调容易、办事效率高的特点，并且也有利于干部流动，避免出现进得来出不去的死水一潭的局面。省一级财政厅与省地税局也同样继续实行党组合一，行政分设，一把手身兼两职，干部统一调配的格局。

浙江省从1994年8月开始，实行国税局和地税局合署办公，两套班子、两块牌子、一套人马。到1997年9月市县地税与财政局继续合署办公的做法，尽管有利于大局，但毕竟不利于机构内部个人的晋升，所以从1994年8月以来，就浙江省在财税机构分设中没有与中央保持一致的问题，向中央和国务院控告的告状信不绝于途，以至于柴松岳先生跟我说：北京有人给我打招呼说，你们真犯不着硬着头皮这样顶下去！翁礼华呀，我们如果继续这样做，得有丢掉乌纱帽的思想准备啊！

事过境迁，远去的历史让人们看得更清楚。对于全国国地税机构分设以及浙江省财政和地税不分家的问题，项怀诚同志2008年6月19日在中国财税博物馆对此作了这样的评价，他说："新的工商税制执行以后，中央和地方实行分税制，按照中央的要求税务系统要分设，原来一个税务系统一分为二，一个直属中央，由中央直接管理的国家税务局系统；一个是归地方政府管理的地方税务局系统。严格地说，这是中国税务史上的第一次。回过头来看，中央政府和地方政府在处理税务分家问题上是非常谨慎的，税务系统内部也是非常通情达理的。分家很容易造成矛盾。瓶瓶罐罐，油盐酱醋，财产物资，争多论少，引起争执也是情理之中。但这次税务分家应该说非常顺利，个别地方有点小意见难免。分设以后当然也有一些问题，但事实已经证明，分设以后对于加强税务工作起了非常好的作用。特别是以前对地税的小税种是忽视的，因为以前税务局往往就盯住几个大税种，对小税种难免不够重视。后来有了地税局以后，不得不重视小税种，不重视小税种就没税了，这方面的作用是非常明显的。分设的最后期限是8月15日。实际上在分设问题上地方政府是有一点保留的，比较有代表性的是上海、浙江和海南。这件事情应当是要统一的，但中国之大也不要强求大一统，有个别省市保留一点他们自己认为比较好的管理方式也不见得就是坏事。这就是从实际出发，通情达理，通过实践来总结经验。后来全国基本上都分设了，但是上海保留了一点上海特色，浙江保留了一点浙江特色。从后来十几年的历史来看，由于这样一种不同的方式和这两个省市同志的努力，税收征管工作没有削弱，可以拿出这两个省市的税收增长率来佐证。税收永远不可能完全收上来，但是这些年来，不管上海也好，浙江也好，财政收入在全国各个省市属于增长比较快的，高于平均水平的。所以在国地税分设问题上也不能一概而论，当然也有人说分久必合，合久必分，这是见仁见智的事。我觉得各有利弊，不要简单而论，由历史鉴定。"

为了解决浙江省财政税务系统分税制财政体制改革以前硬件建设一直滞后的问题，改革后浙江省财政厅对税务经费继续实行与收入挂钩的办法进行结算。具体做法是将各县市1993年与集贸税收收入挂钩的绝对额换算成与当年全部地方收入挂钩的比例，从1994年起按率结算。全省平均为6.8%。在此基础上，省财政厅对比率畸高畸低的市县作了适当调整：如个别小县算下来有超过12%的，一律以12%为最高限；杭州市只有1.8%，显然太低，增为2%。由于分税制改革后，地方收入增长很快，使各县市有了一笔可观的建设经费，这对迅速改变全省各地财政税务机关的硬件建设起到了重要作用。这笔经费开始走国营企业退库渠道，1997年国家审计署上海特派员办事处审计时认为不妥，紧接着全省普遍以1997年为基数改为走财政支出，从此税务经费纳入了正常渠道，不再快速增长了。

（作者系中国财税博物馆馆长）

“实、稳、优”：浙江财政改革30年的科学发展之路(摘要)

省财政厅厅长　钱巨炎

一、浙江省经济财政的基本情况

经过30年的历程，浙江经济取得了长足的发展。GDP从1978年的124亿元发展到2007年的18640亿元。人均GDP从310元发展到2007年的37130元。2007年城镇居民可支配收入是20574元，农民的人均纯收入8265元，除直辖市外，在全国各省区中浙江省应该是比较高的。

从财政来看，我们是从1978年的27亿元到2007年总收入的3240亿元、地方收入的1650亿元。从数字规律看，上世纪80年代的时候是5年翻一番，1978年浙江省总收入是27亿元，到1985年的时候刚好是58亿元，1990年是106亿元；90年代是4年翻一番，到1994年的209亿元，1998年的402亿元；这之后是3年翻一番，2001年的850多亿元，2004年的1805亿元，到去年的3240亿元。从全国来看，2007年总收入排位第一是广东，第二是江苏，第三是上海，第四是浙江，第五是山东。从地方收入来看，第一是广东，第二是江苏，第三是上海，第四是山东，第五是浙江。仅从财政收入的质量来看，浙江省还是可以的。从地方收入的结构来看，主要由税收收入和非税收入两部分组成。全国这两部分收入之比平均是82:18。虽然从财政收入机制看，费也是地方收入，但是从收入结构的质量来看，费越少收入结构的质量就越高。从全国范围看，北京的结构最优，税收收入比重在97%左右，上海是95%，第三是浙江，约93%，江苏在84%左右，山东是77%左右。因此，从总体来看，浙江这些年发展是快的，质量也是好的。

二、“实、稳、优”浙江财政改革30年的基本特色

通过这些数字的对比分析，我们可以看到浙江财政改革30年来讲求的主要是三个字“实、稳、优”。“实”是浙江财政工作的一个主要原则，也是整个浙江的工作作风，浙江人的本质也是一个“实”。“稳”，就是稳健。“优”，即无论是产业结构还是财政体制，还是收入结构，我们都尽量从“优”这个角度去考虑。

(一)坚持“实”字，做实财税经济

“实”，就是实事求是，浙江的财政和浙江的经济要面对浙江的实际。浙江的文化、地缘，都决定我们必须“实”。浙江是资源相对贫瘠的一个省，无论是矿产资源，还是土地资源，都是比较贫乏的。从土地上看，浙江与江苏的国土资源差不多，但是江苏大部分是平原地区，可利用面积大，并且江苏7000多万人有7000多万亩地，人均一亩地；而浙江真正的耕地只有2000万亩，其他的基本上就是山地，不能耕种，人均耕地只有0.4亩。所以下一轮的发展，浙江面临的是土地资源紧缺的问题。江苏有很大的发展空间，但浙江基本上没有发展空间，浙西南都是山区，如果盲目发展可能会导致严重的环境污染，最后全省都会遭受危害。浙江这个实际形成的倒逼机制迫使我们走“高精尖”的路子，走节约利用土地资源的路子。所以浙江的财政要从浙江的实际情况出发，必须走创新的路子。

浙江从上世纪80年代、90年代开始研究发展问题。80年代我们研究发展问题，主要就是“抓两头、带中间”，当时的目标是要达到亿元，这个目标在当时来讲是很困难的。包括萧山、余杭，原鄞县、绍兴等地，尽量鼓励它们发展，发展以后，再跟欠发达地区实施挂钩，带动欠发达地区发展。那时余杭跟磐安挂钩、鄞县跟景宁挂钩。财政实施挂钩慢慢就成了政府的一种扶贫行为。

到上世纪90年代，根据国家分税制改革的要求，我们提出了“两保两挂”的体制，这个体制一直延续到今天，经过几轮的调整，它的形式做了一些变化，但它的实质基本没有变化。这个体制也是一个倒逼机制，那个时候国家把增值税75%的大头拿走了，所得税留给我们，但后来所得税也实行分享，留下的较少。“两保两挂”体制是激励县市发展，而不是“等、靠、要”的机制。我们在寻求一种自身的发展而不是单靠国家。过去财政部说我们浙江是“不给不要”、“不叫不到”、“不吵不闹”，这一方面说明了我们浙江的文化底蕴，还有就是我们浙江人习惯眼睛朝下，习惯自己解决问题。

2000年以后，我们的政策就是追求发展质量。因为根据小平同志的讲话精神，整个经济就是要讲究发展，但是这样发展下去也带来了很多问题，经济是发展了，我们更要注重发展的质量。对于西部山区，我们不再一味的求发展，还要考虑其他问题，比如环境问题，所以我们的财政政策在方向上做一些调整，适当削减了在发展经济方面的奖励，而在其他方面我们则相应地给予一定的补助。比如说生态环保问题，像淳安，因为它水质保护得很好，2007年就奖励5000万元。对于欠发达地区，如果经济发展不好，环境保护好，省里也照样给予补助。还出台了一般性转移支付制度，根据地域面积、人口因素、人均财力状况等因素实行转移支付。因为有些欠发达地区，由于历史、区位等原因，没办法继续提升，并不是它不努力。上世纪90年代我们采取1:0.5的比例实施补助，将近10年我们采取这样一种补助形式。但是任何一项制度，走到极端以后就会走向反面，所谓物极必反。过分强调发展经济，对他们以后的可持续发展也是有影响的。所以2008年我们调整了体制，将“两保两挂”和“两保一挂”打通。“两保两挂”从开始的17个县发展到现在的30多个县。“两保两挂”的县市可以享受优厚的待遇，“两保一挂”的县市却无法享受。由于不同体制享受的待遇差距太大，形成了两极分化。在这种情况下，所有的人都想冲进去，却没有人愿意出来。对此，我们又要采取一些措施，设计一个级差，能“走下来”，而不是“摔下来”的体制。我们现在提出一个“分类分档，激励奖补”的体制，将实行“两保两挂”的县我们将其分成三档，就是补助比例调整为0.2、0.3、0.4，对应的专项补助就是0.8、0.9、1；非“两保两挂”的地方也分成三档，专项补助系数是0.6、0.4、0.2，这样就将“两保两挂”和“两保一挂”打通，实施能上能下、能进能出

的机制。

我们浙江体制最大的特点就是省直管县的财政体制。回顾省管县体制的历史，认同省管县体制也有个过程，也曾经有过争论，特别是上世纪90年代初，具体是1993年到1998年这段时期，曾有领导同志提出浙江的体制应该是省管市、市管县体制。分税制改革以后，除直辖市等少数地方实行省管县体制外，就是浙江了。对此，浙江省压力很大。1998年张德江同志提出城市化的战略，部分市提出财政体制也要调整，要市管县而不是省管县。当时我们做出了这样的解释：浙江经济是县域经济，省管县体制对县域经济的发展是有重要意义，如果要进行城市化，可以通过体制微调适当挂钩。1998年之前，全国出现较大范围县市发不出公务员工资的问题，而浙江没有一个县市出现这个问题。1998年以后，老部长刘仲藜同志到浙江调研以后得出的结论是：这与省管县体制有关。国务院领导同志开始肯定并推广浙江的省管县体制。十六届六中全会、十七大把省管县写进文件中，现在全国有十几个省在推行省管县体制。总的来说，省管县或包括其他的管理体制，我认为都是可行的。原则上，管理层级包括中央、省、县三级，要形成扁平化的管理，减少中间行政层级，有利于提高办事效率。中国历史上县是最基本的行政单位，是一个重要的行政层级。如果中间层级多，势必影响行政效力。现在我们是五级政府，中央、省、市、县、乡镇。设置几级政府是个值得研究的问题。从财政角度看，我们希望是三级政府，一般的乡镇可以作为一个预算单位来考虑。

（二）坚持“稳”字，稳健推进财政改革

“稳”，就是财政体现一个稳健的理念。浙江的财政收入特别的实，首先就是稳健的问题，稳健就是财政收入每年都有一定的增长，是可持续的。从1994年到2001年，地方财政收入平均年增长24.6%，其中有两三年在20%左右，没有出现大起大落的情况。

第二，所有措施的出台都奉行稳步推行的政策。公共财政从1998年开始已经走过了10年的历史，可以说浙江的公共财政建设并不是走在很前面的。无论是部门预算改革，还是国库集中支付改革，起步都是比较晚的。但是认准了，就要扎扎实实地把它做好。比如部门预算，浙江是相对而言有条件做好的，但有一些地方尚不具备。在财力不充分的条件下，我认为包干比较好，因为一旦细化，财力就捉襟见肘了；在财力相对充裕的情况下，可以细化。所以一旦浙江走上这条改革之路之后就走得比较稳也比较快，体现稳健的原则。又如现在推行的公务卡，这个改革措施非常好，可以控制财政资金的流向。但是要真正地推行，社会条件尚不成熟，因此，步子不能太快。现在的社会大环境还没有达到财政可以超前的阶段，而事实上财政改革已经超前。比如部门预算，8月份要开始编报，12月份前要提交到人大，但明年的大事要到经济工作会议上才能确定。还有有的领导同志喜欢今天定的事情，明天就能用钱，按照部门预算的要求，今年没有编报预算的事要放到明年去办。总之，财政改革必须走下去，方向有了，但是怎么样稳固地走下去，这是值得我们思考的问题。

（三）坚持“优”字，推动经济转型

“优”，主要从优化产业结构、体制机制、收入结构方面来考虑。浙江2007年一产、二产、三产比重分别为5.5:54.1:40.4。从人均GDP5000美元的水平看，浙江省服务业发展水平还是低的，产业结构有待于进一步优化。所以，财税政策的调整也是从这个角度入手，将营业税的当年超收20%让渡给市县，希望市县把营业税的蛋糕做大。因为就目前的税制看，营业税100%属于地方，而营业税绝大部分来自三产。现在二产中包含了大量的三产，可以从二产剥离出来。我们希望市县能够将本来属于三产的从二产里分离出来，分离并发展服务业从而做大营业税。通过剥离来发展三产，而不是简单的分离，实际上是把原来的仓储、物流、运输等为二产服务的产业实施剥离，剥离后，它不仅为本企业服务，还可以对其他的产业发展起促进作用，这样通过体制机制促进第三产业的发展。所以，财政工作必须着眼于经济大局，不能就财政论财政、就收入论收入。2008年体制调整时把营业税当年超收20%让渡给市县后，省里所占蛋糕份额肯定是小了，但是我认为我们要从发展、从动态的角度来考虑，这个20%下放以后，地方的积极性会很大，它把蛋糕做大以后，实际上省里得到的绝对量是增加了。你一定要使人家看到他的利益，他才有积极性。以前金融业营业税的100%都归省级，地方引进金融机构积极性就不高。现在给他20%，他就有积极性去引进。包括现在杭州搞金融一条街，引进金融总部机构的，再给他奖励。这些政策看似都是让利了，但是从长远角度来看，是可以做大的。所以财政税务工作一定要按照党委政府确定的大方向来开展，从产业结构的大的角度去演进，从体制效益上、从历史的时间段去演进，不能只盯住眼前利益。

收入结构优化有两个层次：一个是税收收入结构，浙江是93%；另一个是地方收入占总收入的结构也是好的，2007年达到50.9%，2008年估计会接近52%。从优化的角度来看，不能单纯地看地方收入结构多少，必须把两个结构联系起来。如果非税收入比例高，地方收入肯定高，但这没有意义，因为非税收入本来就是地方的收入，这就属于虚高，所以必须在税收收入结构优化的情况下看地方收入结构。从这两个结构来看，浙江应该是比较理想的，我们不求绝对数多少，而求结构好。所以在2008年这种情况之下尽量把数字做实，做实的前提就是两个结构要优，而不是绝对数字的多少。

（2008年12月13日　在“浙江公共财政建设30年：回顾与展望”研讨会上的讲话）

在"浙江公共财政建设30年:回顾与展望"研讨会结束时的总结发言(摘要)

省财政厅副厅长 朱忠明

一、在改革开放30年的宏大背景下,全面演绎了浙江公共财政30年发展的历程

这个历程可以从线、面、点三个方面来概括。从线来讲,中国人民大学陈共教授简要、全面、也很经典地回顾了我国财政改革30年的历史,指出当前财政改革已经到了一个深化的阶段,提出今后财政改革的三个方向。浙江财经学院的王美涵教授总结了浙江改革开放30年中财政改革的亮点就是财政体制和财政政策。从时空概念讲,这两位资深专家的演讲非常到位。从面来讲,浙江省财政厅钱巨炎厅长用"实、稳、优"三字诀精辟地概括了浙江财政丰富的内涵,也是浙江财政改革30年一个非常精要的总结。钟晓敏副院长牵头编著的《公共财政思路:浙江的实践与探索》这本长达37万字的巨著,也很客观地架构了浙江财政改革30年的总体框架,内容严谨,非常全面,特别是从实践部门的角度来看,他的解读是非常到位的,我们两方面的总结非常合拍。我们实践部门对浙江财政30年作了一个总结,可以用这么一句话来概括:浙江财税改革30年发展的历程,就是浙江财税不断解放思想、积极探索、生动实践科学发展观的历程。这一点刚刚蒋经法教授也点到了,我觉得我们的想法是一致的。我们正在进行学习实践科学发展观活动,科学发展观的提出是积极的设想,在整个发展的进程中,我们三代领导人的这个思想光辉一直都在闪烁。正如专家所提到的,改革开放以来浙江财政改革30年的一些实践,自觉不自觉地按照科学发展观的一些理念和思路进行探索。浙江财税改革处处闪耀着财税部门追求改革创新、务实有为的思想光辉,也充分展示了浙江人的精神,就是"创新创业"的精神。从点来讲,很多专家都提到了,浙江公共财政改革30年有很多特色和亮点,归纳起来有这么几个方面:一是理财思路,随着社会主义市场经济的推进和发展,我们的理财思路不断地发生演进和变化。我们一直都坚持省直管县财政体制,这是全国刚解放时确立的体制,而非浙江省独创,但我们一直在坚持这种体制,最终成为全国财政体制改革的成功典范。二是在支出管理改革方面,1998年国家提出公共财政改革的方向以来,浙江省起步虽然不是很早,但是迈出的步子非常实。正如钱巨炎厅长讲到的,我们的每一项改革,要么不做,要做就做得很实在,无论是部门预算改革,还是从2005年进行的绩效评价改革,都非常实在。此外,温岭等地的改革也为中国公共财政改革的民主方向提供了一种典范。

二、客观评析了浙江公共财政改革的得失

一是改革开放30年来浙江经济所产生的奇迹,财政发挥了什么样的作用。我认为,财政在其中起到了关键性的作用,这种作用体现在体制和机制方面,但也不能盲目夸大财税的作用。

二是放眼全局,展望未来,改革开放30年来还是存在一些值得反思的问题。专家们讲到了我们实践部门的一些困惑,也是很多专家教授在调研中看到的某些问题,比如:上海财经大学丛树海教授讲到省管县怎么样在全国推广,提出了需要反思的三个问题。确实是这样,我们的体制在浙江省非常成功,但在其他省是不是能够推行还是值得商榷的,因为每个省情差异实在是太大了。所以我非常赞赏丛校长提出的实行省管县要根据各省的实际情况,因时因地地进行演化。财政改革的推进,无论是大环境还是行政管理体制的配合,我觉得从某种意义上来说,必须要有一种文化的土壤。"两保两挂"的"挂"是奖给个人的,在浙江实行反响不大,而在其他省实行后很快就成为全国炒作的一个焦点。我认为这是由文化决定的,对同一个问题的看法,在不同的环境下就会有所不同。

三、清晰地展望公共财政改革的目标和方向

这是我们举办这次研讨会很重要的一个目的。我们回顾历史,是为了更好地展望未来,把公共财政的事业向前推进。这可以总结为三个方面:一是在指导思想上,要按照科学发展观的要求,公共财政建设一定要坚持依法、科学、民主的思想,这是非常重要的。二是在目标取向上,公共财政发展的方向和目标就是基本公共服务均等化。当然,什么是基本公共服务需要界定,基本公共服务的标准也需要作出规范。同时,对基本公共服务怎么来实现,怎样充分发挥市场机制的作用,更需要我们实践部门不断探索。三是在运行机制上,要不断地创新公共财政体制和制度,构建一个科学、规范、合理的财政运行模式。这三个方面都是今后公共财政改革发展不可或缺的。

总之,这次研讨会是财政理论界与实践部门特别是地方财政部门成功合作的一个典范。诸多专家教授的真知灼见,给浙江公共财政改革和建设提供了重要的理论支撑。同时,我也希望能以这次会议为起点,让财政实践工作者与专家学者形成一个良性的互动,共同为公共财政事业作出应有的贡献。

(2008年12月13日)